The Press and America

アメリカ報道史

ジャーナリストの視点から観た米国史

Michael Emery　　　　　Edwin Emery
マイケル・エメリー　　エドウィン・エメリー
Nancy L. Roberts
ナンシー・L・ロバーツ
著

大井　眞二　武市　英雄　長谷川倫子
別府三奈子　水野　剛也　訳

松柏社

Authorized translation from the English language edition, entitled *Press and America, The: An Interpretive History of the Mass Media*, Ninth Edition by Michael Emery, published by Pearson Education, Inc. publishing as ALLYN & BACON, Copyright ©2000 A Pearson Education Company.

All right reserved. No part of this book may be reproduced or transmitted in any form or by any means, electronic or mechanical, including photocopying, recording or by any information storage retrieval system, without permission from Pearson Education, Inc.

JAPANESE language edition published by SHOHAKUSHA, Copyright ©2016.

目　次

はしがき　　ix
著者略歴　　xvii
書誌紹介　　xix

第 1 章　アメリカン・プレスの遺産　　1

印刷の発展　1／変化の動因としての印刷機　4／古代の文書：歴史の保存　5／アメリカ・ジャーナリズムにおけるスペインの影響　7／ヨーロッパのニュース報道　9／イギリスでのプレスの発展　10／テュダー王朝：特許検閲を通じた事前抑制　11／イギリス初のコラントス　14／内戦：ミルトンのアレオパジティカ　17／特許検閲体制の崩壊　19／中産階級の台頭　20／18 世紀のジャーナリズム　21／カトー書簡　22

第 2 章　植民地時代　　25

ニューイングランドの環境　26／商業：プレスの予兆　28／南部・中部植民地　29／政治的混乱　30／印刷人、ベンジャミン・ハリス　31／パブリック・オカーレンセズ、1690 年　32／ジョン・キャンベルのニューズ・レター：1704 年　34／競争：ボストン・ガゼット、1719 年　36／ニューイングランド・クーラント、1721 年　36／反逆者ジェイムズ・フランクリン　39／徒弟ベンジャミン・フランクリン　40／フィラデルフィア・ジャーナリズムの始まり　41／ベンジャミン・フランクリンのペンシルベニア・ガゼット　42／他の植民地の新聞　45／イギリスの標準印刷機　46／第 4 階級の台頭　48／最初の広告文　49／高まる政治的緊張　50／ゼンガー事件：その背景　51／ゼンガー裁判、1735 年　53／アンドルー・ハミルトンの偉大な抗弁　55／ゼンガー裁判の分析　56

第3章　プレスとアメリカ独立革命　　61

革命への歩み　62／ジェイムズ・リビントン：トーリー代弁者　64／ジョン・ディキンソン：ホイッグ思想家　68／サミュエル・アダムズ：急進的煽動家　70／イーズとギルのボストン・ガゼット　72／自由の息子　73／サム・アダムズの重要な役割　75／アイザイア・トマス：愛国派編集者　76／トム・ペイン：急進派作家　79／独立宣言　80／ペインの「危機」論文　81／革命派の新聞　83／植民地時代の女性印刷人　85

第4章　新国家の建設　　89

権利章典とプレスの自由　90／フェデラリスト・シリーズ　92／アレグザンダー・ハミルトン：フェデラリストの指導者　93／フェデラリスト編集者：フェノ、ウェブスター、コベット、ラッセル　95／フランス革命　97／トマス・ジェファソン：反フェデラリスト　98／フィリップ・フレノー：ジェファソン派編集者　98／フレノー対フェノ：党派的中傷　100／ベイチとオーロラ　101／フランス問題　103／外国人・煽動法：1798年　104／煽動法による訴追　106／戦いの終焉　108

第5章　西部への拡大　　111

ニューヨーク・イーブニング・ポスト、1801年　113／ジェファソンのプレス観　114／プレスの成長：最初の日刊紙　117／プレスの西部への発展　118／フロンティアの新聞　121／フロンティアの影響　122／1812年の戦争　123／連邦政府報道：ナショナル・インテリジェンサー　123／雑誌の台頭　125／ナイルズのウィークリー・レジスター　126／印刷物の拡大　127／ジョン・マーシャルの判決　128／1820年代の合衆国　130／市場の革命　132／最初の労働者の新聞　136／ケンドルとブレア：ワシントン・グローブ　138／人民のプレスのための発明　140

第6章　大衆のための新聞　　145

デイのニューヨーク・サン、1833年　146／コモンピープルのためのペニー・プレス　148／ベネットのニューヨーク・ヘラルド、1835年　150／ペニー・プレスの拡大：フィラデルフィアとボルチモア　154／グリーリーのニューヨーク・トリビューン、1841年　155／レイモンドのニューヨーク・タイムズ、1851年　160／ボウルズとスプリングフィールド・リパブリカン　162／ニュ

ース競争　163／郵便のニュース　164／最初のワシントンの記者　165／海外ニュース　167／ポニー、伝書鳩、鉄道、蒸気船　168／電信によるニュース　170／アソシエーテッド・プレス (AP) の起源　171／米墨戦争のニュース　173／大部数のための印刷機　175／新聞西へ移動　177

第7章　抑しがたい対立（南北戦争）　181

ギャリソンとリベレーター　183／奴隷制廃止主義者と「ファイヤー・イーターズ」186／自ら発言する黒人ジャーナリスト　188／フレデリック・ダグラス、編集者　192／北部の新聞と奴隷制問題　194／戦争とニューヨークの新聞　197／北部の戦時検閲　200／北部新聞の発行停止　202／北部の戦争報道　203／南部の戦争報道　207／画家・写真家：マシュー・ブレイディ　210／戦時の技術発展　213

第8章　国民生活における変革　217

政治・財政危機　219／グリーリーの共和党脱党の大統領選　221／政府内のスキャンダル　222／デイナとニューヨーク・サン　224／ゴドキンとネーション誌とポスト紙　226／ウォータソンのクリアー・ジャーナルとスコットのオレゴニアン　230／産業革命へ　232／都市の興隆　235／通信網　236／新聞の伸張　237／教育の進歩　238／新しい社会・経済学の思想家　239／知の進歩　241／雑誌の影響　243／社会の欠陥と不満　244／ニュー・ジャーナリズムの台頭　246／東部のジャーナリズム　248／西部の新しい日刊紙　248／南部：アトランタのヘンリー・W・グレイディー　249／中西部での改革：E・W・スクリップス　250／ストーンのシカゴ・デイリー・ニューズ　252／ネルソンのカンザス・シティ・スター　254／他の中西部都市：セントルイスの興隆　255

第9章　ニュー・ジャーナリズム　257

ジョゼフ・ピュリツァーの若き経歴　258／ニューヨーク・ワールドの買収（1883年）261／ワールド成功の理由　265／編集記者の充実　270／新聞批評　273／ジャーナリズムと女性　274／ニュース取材協力の発達　276／新聞営業面：広告の発展　279／新しい雑誌：広告のライバル　284／印刷革命　285／写真製版術が写真家を生む　287／ビジュアル・メディア：記録写真と映画　290／イエロー・ジャーナリズム時代　290／ウィリアム・ランドルフ・ハースト　292／ハーストのサンフランシスコ・エグザミナー　294／ハースト、

ニューヨークへ進出　295／ピュリツァーのサンデー・ワールド　296／"イエロー・ジャーナリズム"と米西戦争　297／自明の運命説の精神　301／キューバ・ニュース取材（1895–98）　303／特派員、戦場に赴く　306／自明の運命説への勝利　310

第10章　庶民の擁護者　315

経済支配力の危機　316／政治、経済改革への要求　317／大統領とプレス　319／女性平等運動　320／新たなプレス：社会主義者　321／"庶民の擁護者"　322／ピュリツァーのワールドでのキャンペーン報道　323／ワールドの終焉　326／ハーストの使命強まる　327／スクリップスと"庶民紙"　330／ホワイトとエンポリア・ガゼット　333／他の新聞のキャンペーン報道　335／雑誌：マックレイキングの時代　338／リアリズムの時代　343／エスニック・プレスの成長　344／成長する黒人プレス　346／W・E・B・デュ・ボアとクライシス紙　350

第11章　ニュース企業のとりで　353

アドルフ・S・オックスとニューヨーク・タイムズ　353／1896年オックスがタイムズを買収　356／編集局長カール・バン・アンダ　359／ニュースの指導者ニューヨーク・ヘラルド　363／ニューヨーク・サン廃刊へ　365／シカゴの有力紙インター・オーシャン　366／ロサンゼルス・タイムズの登場　366／通信社の登場　369／APの起源　369／1900年新たなAP誕生　371／スクリップスとハーストがAPに挑戦　373／第2のUPとロイ・ハワード　374／INS通信社　376／特集記事のシンジケート：娯楽もの　376

第12章　第1次世界大戦とアメリカ　379

1914年のヨーロッパ戦争とアメリカの反応　381／合衆国、参戦へ　383／ジョージ・クリールと広報委員会(CPI)　385／ドイツ系・社会主義系の報道機関に対する検閲　388／1918年の煽動法　390／第1次世界大戦中の従軍記者たち　391／ベルサイユ条約と国際連盟の失敗　393／吹き荒れる「赤狩り」　394／判例：「明白かつ現存する危険」の法理　398／「赤狩り」の長期的な影響　400

第 13 章　ラジオ、映画、ジャズ・ジャーナリズムの1920年代　403

初期のラジオ実験放送　407／ラジオの先駆者たち：フェッセンデン、ド・フォレスト、ヘロルド　409／初期のラジオ放送局　411／AT&T、ウェスティングハウス、GEの台頭　414／RCAの設立　414／RCAのデイビッド・サーノフとNBC　415／CBSとウィリアム・ペイリー　418／連邦政府のラジオ放送規制とFCCの設立　418／ラジオ・ニュース報道をめぐる攻防　420／ラジオの人気娯楽番組　421／映画の興隆　423／映画の発展とトーキー映画　427／タブロイド新聞とジャズ・ジャーナリズム　429／ニューヨーク・デイリー・ニューズの創刊　431／デイリー・ミラーとデイリー・グラフィック　433／パターソンのニュース価値観の方向転換　435／タブロイド時代の終焉　437／デンバー・ポストの「血まみれ」時代　438／コミックの世界　440／新聞の集中化：1910～1930年　442／1890～1930年における大都市圏の日刊紙の状況：マンジー、カーチス、コールサットの新聞発行事業　444／1920年代におけるハーストとスクリップス・ハワードによる新聞の集中化　448／広告の発展：広告代理店とコピーライター　449／パブリック・リレーションズのルーツ　455

第 14 章　大恐慌とニュー・ディール　461

FDRとプレスの関係　465／「プレス王」たちに対する批判　467／ウィリアム・ランドルフ・ハーストの功罪　468／ロバート・マコーミック大佐とシカゴ・トリビューン　472／ロイ・ハワードとスクリップスのイメージ　475／憲法修正第1条をめぐる歴史的な判決　478／解説的報道の興隆　480／海外特派員たちの活躍　482／ウォルター・デュランティーとマウラー兄弟　484／政治コラムニストたち　489／論説漫画家たちの活躍　493／ラジオ・ニュースの成熟　495／新聞とラジオの対決　497／ミューチュアル・ネットワーク：『ザ・マーチ・オブ・タイム』　499／国内問題を論じるラジオ解説者たち　501／ネットワークの海外進出　504／1930年代のテレビジョン開発競争　507／ベアード、ジェンキンス、アイビスたちの実験　508／サーノフ、ツボルキン、ファーンズワースのテレビ開発競争　509／映画でのニュース番組　511／論調・解説雑誌：メンケンのマーキュリー　513／ハロルド・ロスとニューヨーカー　515／デウィット・ウォレスとリーダーズ・ダイジェスト　517／ヘンリー・ルースとタイム　517／ニューズウィーク、US・ニューズ＆ワールド・レポート、ビジネス・ウィークの登場　520／フォトジャーナリズム：ライフ、ルック、ドキュメンタリー映画の発展　521／転機を迎えた書籍出版界　524

第 15 章　第 2 次世界大戦の勃発　　527

アメリカ人特派員とヨーロッパ戦線　529　／ルーズベルトの 3 選キャンペーン　530　／民主主義の兵器庫　531　／太平洋戦争の開戦　532　／検閲とプロパガンダの再登場　534　／軍の検閲　536　／新聞とラジオの戦争報道　538　／前線からのグッド・ニュース　540　／戦争勝利とルーズベルトの急死を伝える通信社の至急電　541　／トルーマン大統領と原子爆弾の投下：冷戦の始まり　543　／戦後におけるアメリカ国内外の状況　545　／「チャイナ・ウォッチャーズ」の出現　548　／ニューヨークの日刊紙、最盛期を迎える　551　／トルーマンの大統領当選：1948 年の奇跡　552　／トルーマンと記者会見　554　／朝鮮戦争とプレス、1950～1953 年　556　／マッカーサーとプレス：検閲強化　558　／トルーマンがマッカーサーを解任：大統領の危機　560　／朝鮮戦争の休戦　562

第 16 章　テレビ時代の到来　　565

テレビと 1952 年の大統領選挙　567　／アイゼンハワーと報道機関　569　／ネットワークの拡大：テレビの黄金時代　572　／マローとマッカーシー：「国への非忠誠と異議申立て」をめぐる論争　575　／NBC ニュース：ハントレーとブリンクリー　580　／テレビ時代に適応するラジオ　581　／通信社：AP のケント・クーパー　583　／UP と INS の合併で UPI 誕生　586　／アメリカ文化情報局とボイス・オブ・アメリカ　588　／広告：マディソン・アベニュー、アメリカ　589　／企業広報活動の発展　595　／1950 年代の雑誌　597　／ハーパーズ、アトランティック、サタデー・レビュー　598　／バックレーのナショナル・レビュー　600　／リベラル左派のオピニオン・ジャーナル　601　／宗教関係の刊行物　602　／フォトジャーナリズム：エボニー、ナショナル・ジオグラフィック、スミソニアン　604　／書籍の出版：老舗出版社による戦後の出版ブーム　606　／ペーパーバックのブーム　609　／テレビの挑戦を受ける映画産業界　610　／さまざまな警告　614

第 17 章　挑戦そして異議あり　　617

ニクソン対ケネディ：大討論会　618　／ケネディとプレス：生中継の記者会見　619　／ケネディ暗殺：「1000 日間」の終わり　621　／人種差別・性差別・帝国主義に対する抗議運動　628　／テレビニュース：クロンカイトと CBS　632　／NBC：チャンセラーとマックギー　636　／ABC：ウォルターズとレイノルズ　637　／ベトナムの泥沼　640　／サイゴン記者団の設立　641　／攻撃を受けるサイ

ゴン記者団　643／ジョンソンとプレス：戦争の拡大　645／1968 年のシカゴとウォーカー・レポート　649／アンダーグラウンド新聞　651／新しいジャーナリズム　654／調査報道　659／ニュー・ジャーナリズムの旗手たち　661／都市・環境問題の専門家　664／生き残った黒人向け新聞　665／黒人向け新聞のリーダーたち　667／黒人向け雑誌　671／ラテンアメリカ系の新聞　672／アメリカ先住民の新聞　676／ゲイ・レズビアン向けのプレス　677

第 18 章　信頼のゆらぎ　　679

ニクソンとアグニュー　681／事前抑制：ペンタゴン記事差し止め事件　683／ウォーターゲート事件　686／ニクソンと戦争　691／特派員たち：受賞者と犠牲者　693／ベトナム戦争における検閲　695／敗北と降伏　696／ベトナム再考：戦争からの教訓　698／中国と環太平洋地域　702／信頼回復をめざすフォードの苦戦　705／「遊説バスの随行記者さん」：大統領キャンペーン　706／カーターの時代：イラン危機　709／レーガンとメディア：接近への苦闘　711／イラン－コントラ・スキャンダル　716／中央アメリカとカリブ諸国への内政干渉　721／ブッシュと「新しい世界秩序」　729／中東地域におけるアメリカの役割の増大　733／湾岸戦争　739／クリントンの奮闘　748／大衆から見たメディアへの信頼度　755／テレビ・ニュースへの批判　760／増大するテレビ視聴者　765／CBS ニュース　767／NBC ニュース　771／ABC ニュース　773／ケーブル・ニュース・ネットワーク　777／フォックス・ブロードキャスティング　779／UPN とワーナー・ブラザーズ　780／公共放送：マックニールとレイラー　781／マイノリティの雇用　785／テレビ番組編成への懸念　790／FCC と放送局：認可をめぐって　795／FCC 公正原則　798／プライバシー侵害への懸念　801

第 19 章　メディアを改善する努力　　803

大統領選挙時の新聞　804／新聞記者同業組合　807／アメリカ新聞発行者協会 (ANPA) とアメリカ新聞協会 (NAA)　811／アメリカ新聞編集者協会 (ASNE)、全国放送事業者協会 (NAB) と行動規約　813／全国論説委員会議 (NCEW)、AP 通信編集局長会議 (APME)、ラジオ＝テレビ・ニュース・ディレクター協会 (RTNDA)　816／その他の専門職能団体　818／ジャーナリズム教育の開始　819／社会制度としてのジャーナリズム　820／社会科学としてのジャーナリズム　821／教育に対するメディアからの支援　822／改善のための努力：

プレス研究 823／改善のための努力：新聞評議会 824／改善のための努力：オンブズマン 825／改善のための努力：ジャーナリズム評論誌 826／改善のための努力：パブリック／シビック・ジャーナリズム 827／メディアの女性たち 828／画期的な判例：名誉毀損 831／わいせつ罪とポルノグラフィー 836／検閲 839／商業目的における言論活動 840／受け手からメディアへのアクセス 841／自由なプレス、公正な裁判 842／知る権利 846

第20章　メディア・テクノロジー：21世紀の挑戦　　849

1990年代のアメリカ 851／ジャーナリズムにおける不安な動き 855／印刷技術 864／テレコミュニケーション法 1996年 868／国内放送の技術 873／インターネット 876／ターナー・ブロードキャスティング・システム 878／複合企業：メディアの富と影響 880／メディア間の広告競争 885／AMラジオとFMラジオ 888／業績を維持する映画界 889／21世紀に向かう雑誌 893／書籍出版 897／専門家としての広報 900／世界的な広告業 901／国際的な人工衛星の技術 903／ニュースの国際的な流れ 907／アメリカの通信社：APとUPI 908／アメリカの海外ニュース・サービス 912／新世界情報秩序 913／技術の時代への教訓 915

注　　917
訳者あとがき　　975
補遺　　985
索引　　1029

はしがき

　ジャーナリズムの歴史は、人類がコミュニケーションをはかるために長い間行ってきた闘いの物語である。つまり、ニュースを発見したり、解釈する、あるいは思想の市場に知的情報や興味深い思想を提供するなどといったコミュニケーションを行おうとする物語である。この物語の一部では、世論が大いに依存している情報や思想の流通を妨害する障害物を打破しようとする、絶えざる努力がテーマとして扱われている。また、あまり意識されていないだろうが、もう1つの課題は、ジャーナリズムを大いにわずらわせてきた偏見や自己検閲に反対するジャーナリストたちの内的闘争である。

　物語の別の側面では、手段つまりメディアの問題を扱っている。手書きの「ニュース・レター」から印刷された新聞、ラジオ、テレビそして最近の高度なCATVやコンピュータ・サービスの時代に至るまで、メディアによって不可欠のニュース、意見など望ましい情報は、人びとのもとに届く。この物語では主役と悪役だけでなくもちろん端役も大切であり、彼らは現代コミュニケーションの複雑な基盤をつくりだしている。このように、アメリカのジャーナリズムの発展は、米国民の文化的アイデンティティと本質的に不可分の関係にあるのである。

　この *The Press and America* の第9版は、エドウィン・エメリー (Edwin Emery) とマイケル・エメリー (Michael) の、ジャーナリズム史の学問領域に対する、はかりしれぬ大きな貢献の栄誉をたたえるものになった。エドウィン・エメリーは、1993年9月に亡くなるまで、本文の書き直し、構成、イラストなどの計画に関わってきた。この第9版はまた、エドウィンの妻にしてマイケルの母メアリー・エメリー (Mary) の死去を記すものであり、彼女の愛と支援によって、*The Press and America* の初版から第8版までの刊行は、つつがなく進行したのである。そして第9版はまた、マイケル・エメリーの死去を記すものである。彼は第3版から共同作業を始め、原稿の改訂や改善の責任を果たした。マイケル・エメリーは、1996年12月、私が支援してきた第8版が

まさに刊行されようとする時に、亡くなったのである。

　ほとんど事前の警告もなく、私は第9版の責任を1人でとることとなり、共著者とその家族に対する約束を果たすことになった。それは挑戦であると同時に名誉でもあった。エドウィン・エメリーは、ミネソタ大学における私の博士課程の指導教授でありかつ後の同僚であり、彼の息子マイケルはよき友人・同僚であった。私は、彼らの構想、貢献そして記憶に敬意を払い尊重するが、他方で新たな、批判的なパースペクティブも提供しようと思っている。

　この第9版はエドウィンとマイケルが直接関わることができなくなった最初の版ではあるが、すでによく知られている本書の特徴と革新を残している。つまりアメリカの生活やアメリカのメディアの検証が、依然として本書の核心である。

　The Press and America という書名は、初版の作業が始められた1949年に考えられたが、当時は新聞が支配的であった。ラジオ史への関心はそれほど強くなく、テレビは生まれたばかりの時代であった。それ以来メディアの役割やコミュニケーション技術に多くの変化が生じた。伝統と継続性を重んじるため、書名は変わらないが、ジャーナリズム史と政治、社会、経済および文化面の動向との相関性を重視する視点を、常に反映している。この相互作用において、メディアはアメリカのたどってきた道程に影響をおよぼしてきた。逆にいえば、それぞれの歴史的時代に存在する条件や影響は、積み重なってメディアの形態や性格を決定してきた。この枠組みの中で、ジャーナリストとジャーナリズムの制度と伝統に関する個性的な物語が生まれてくるのである。この物語の範囲は、新聞編集者ジェイムズ・フランクリン (James Franklin) からキャサリン・グラハム (Katharine Graham) まで、世論形成者ホラス・グリーリー (Horace Greeley) からエドワード・R・マロー (Edward R. Murrow) まで、急進的宣伝家サム・アダムズ (Sam Adams) からI・F・ストーン (Stone) まで、非凡な作家トム・ペイン (Tom Paine) からトム・ウォルフ (Tom Wolfe) までにおよぶのである。

　本書は、新聞、通信社、雑誌、書籍出版、広告、PR、フォト・ジャーナリズム、映画、ラジオ、テレビそしてCATVやインターネットなどすべてのメディアを広範に検証する。こうして1920年代では、ラジオのデイビッド・サーノフ (David Sarnoff) や『エイモス・アンド・アンディ』(*Amos'n Andy*)、ハリウッドのデイビッド・ウォーク・グリフィス (David Wark Griffith) やチャーリー・チャップリン (Charlie Chaplin)、新聞のアドルフ・オックス

(Adolph Ochs) やニューヨーク・デイリー・ニューズ、雑誌のリーダーズ・ダイジェストやニューヨーカー、そして広告代理店や PR 会社の台頭などに関する物語は、相互に関連するものとなる。文字や映像とともに、本書は、コミュニケーション史において時代を画する事件を概説し、また重要な問題、人物、メディア組織、さまざまな傾向にメスを入れ、他方でアメリカ史における重大事件が記者・編集者・放送記者によって、どのように取材報道されたか、作家・広告主・論者がアメリカの生活にどのような影響を与えたか、といった問題をたどっていく。

　この版では、植民地時代から現代に至るまでの米国史のあらゆる時代について、最新の学問的解釈を反映するように、史料編集は完全に改訂された。そのねらいは、研究者のジャーナリズム史理解・解釈に役立たせるだけでなく、本書を信頼できる歴史学のコンテクストに依拠させることにある。

　最新のマス・メディアの発展を扱う最後の 4 つの章は、目下の論争はもちろん、メディア技術（インターネットとサイバー・パブリッシング）、メディアの合併の衝撃、パブリック・ジャーナリズム、メディア倫理（例えば、パパラッチとプライバシー）、そして修正第 1 条（例えば、1996 年の電気通信法の意味）のような問題に関する歴史的なパースペクティブを反映するように、大幅に改訂された。以前の 8 版の第 20 章「生き残る新聞」は削除されたが、必要不可欠な情報は本書のいたるところに組み入れられた。このことは、本改訂版の中心となる主要な目的の 1 つに起因する。すなわち、それは、（一種の「記録の教科書」として）膨大な事実データを単に列挙するよりむしろ、より多くの解釈と分析を加えることで、研究者に最も不可欠の情報を提供する、という目的である。

　このほかに本版には次のような特徴がある。つまり 2 期にわたるクリントン政権の検証、ジャーナリズムの世界における悲しむべき傾向についての継続的かつ批判的な検討、テレビ番組編成におけるセックスと暴力に伴う問題の継続的分析、メディアにおける女性とマイノリティやゲイ・レズビアン・プレスに関するデータ、主要メディア組織の所有パターンに関する最新情報、メディアの信頼性に関する新しい世論調査、新しい図表を加えての、発行部数・読者・販売データの更新、テレビ・ニュースの主要人物やネットワークのプロフィール、そして、プライバシーや他の倫理的・法的問題を含めた、新しい技術の賛否に関する議論、などである。

謝　辞

　この50年間に本書に援助を与えてくれた多くの人びとに感謝の意が表されねばならない。この版での、現代マス・メディアと社会を扱う諸章の変更に関する、批判、示唆については、ミネソタ大学のジャーナリズム／マス・コミュニケーション学部の、ジーン・ウォード (Jean Ward) 名誉教授、助手のマリリン・ジャクソン (Marilyn Jackson) からいただいた。ミネソタ大学の歴史学博士課程のキャサリン・メアス (Katherine Meerse) とデイビッド・E・ウッダード (David E. Woodard) は、本書の史料編集について価値ある批判を提供してくれた。

　私の大学院生で調査助手のジェネレ・ベルマス (Genelle Belmas) にも大いなる援助を受けた。彼女は、メディア倫理と法律のセクションの改訂だけでなく、パブリック・ジャーナリズム、インターネット、そして電気通信法に関する完全に新しいセクションの執筆にも、特別な責任を担ってくれた。彼女はまた、調査補助一般に実にすぐれた援助をしてくれただけでなく、つねに卓抜したユーモアをもって、写真の著作権確保を大いに助けてくれた。彼女は、ミネソタ大学の博士論文執筆有資格院生であり、ウィスコンシン大学の政治学の修士号をもっている。彼女のミネソタ大学における研究は、メディア法・倫理、ジャーナリズム史、グラフィック・デザインを中心とするものであり、博士論文は、ポルノ、プライバシー、そして人種的憎悪の言論の領域を含む、インターネット法の研究である。彼女は、このプロジェクトに知的で豊かな背景と展望をもたらし、彼女の貢献があったればこそ、一層すぐれたプロジェクトとなった。そのことに私は深い感謝の意を表したい。

　原稿の一部を読み、さまざまな示唆を与え、時にはかなりの精神的支援を与えてくれた、ミネソタ大学の他の学生や同僚は、ヘイズル・ディッケン＝ガルシア (Hazel Dicken-Garcia)、サラ・エバンズ (Sara Evans)、キャスリーン・ハンセン (Kathleen Hansen)、ナヒド・カーン (Nahid Kahn)、そしてアル・ティムズ (Al Tims) である。ベン・ハセット (Ben Huset) は衛星に関する情報を与えてくれ、アメリカン大学のロジャー・ストライトマター (Rodger Streitmatter) は、ゲイ・レズビアン・プレスの発行部数について、最新の数字を提供してくれた。

　ここでは、以前の版で援助をいただいた一部の方々にしか謝辞が申し上げられない。衷心からの謝意が向けられるべきは、初版でエドウィン・エメリーと

共著者であった当時ウィスコンシン大学のヘンリー・ラッド・スミス (Henry Ladd Smith) 教授である。非常に有益な助力となったのは、カリフォルニア大学の今は亡きロバート・W・デズモンド (Robert W. Desmond) 名誉教授がまとめた研究であり、また研究誌『ジャーナリズム史』(*Journalism History*) の創刊者であるカリフォルニア州立大学ノースリッジ校のトム・ライリィ (Tom Reilly) 教授、後任のやはり同校のスーザン・ヘンリー (Susan Henry) 教授およびネバダ大学ラスベガス校バーバラ・クラウド (Barbara Cloud) 教授によって、同誌のために整理・編集された研究の知見であった。ウィスコンシン大学のハロルド・L・ネルソン (Harold L. Nelson) 教授は、テキスト訂正、とくに植民地時代に関して多くの示唆を与えてくれ、初版作業中は貴重な助言をいただいた。他に以前の版に協力をいただいたのは、グリーン・ベイのウィスコンシン大学のビクトリア・ゴフ (Victoria Goff) 教授であり、彼女は第8版のスペイン語およびフロンティアのジャーナリズムを扱う題材を与えてくれた。他は、フリーダム・フォーラムのフェリクス・グティエレス (Félix Gutiérrez) 博士、法学領域では、ミネソタ大学のドナルド・M・ギルモア (Donald M. Gillmor) 名誉教授、放送を扱うセクションでは同じくミネソタ大学のアービング・ファング (Irving Fang) 教授である。われわれが非常にお世話になったジャーナリズムの書誌学者は、オレゴン大学のウォーレン・C・プライス (Warren C. Price)、カンザス大学のカルダー・M・ピケット (Calder M. Pickett)、イリノイ大学のエリナ・ブルム (Eleanor Blum) そしてクリストファー・H・スターリング (Christopher H. Sterling) である。またミネソタ大学のセバライド図書館司書のジャン・ニュバーグ (Jan Nyberg) にも感謝を表したい。

　原稿の批評をしてくれたのは、ミネソタ大学ラルフ・D・ケーシー (Ralph D. Casey) 教授、ペンシルベニア州立大学フレデリック・B・マーバット (Frederick B. Marbut) 教授、ノースウェスタン大学ケネス・E・オルソン (Kenneth E. Olson) およびリチャード・A・シュウォーツローズ (Ricahrd A. Schwarzlose) 教授、ミズーリ大学ウィリアム・H・タフト (William H. Taft) 教授、ケンタッキー大学ブルース・ウェストリー (Bruce Westley) 教授、カンザス大学ピケット教授、コロラド大学サム・クズン (Sam Kuczun) 教授、カリフォルニア州立大学フラトン校テッド・C・スマイズ (Ted C. Smythe) 教授、テネシー大学ジョージ・エベレット (George Everett) 教授、ジョージア大学アーネスト・C・ハインズ (Ernest C. Hynds) 教授、ネブラスカ・リンカーン大学ピーター・メイヨウ (Peter Mayeux) 教授そしてサンフランシスコ州立大学の

ピーター・メリーニ (Peter Mellini) 教授であった。以前の助力に関して言及されるべきジャーナリズム学教授は、ウィスコンシン大学ラルフ・O・ナフツィガー (Raplph O. Nafziger) とウィリアム・A・ハクテン (William A. Hachten)、ノーザン・イリノイ大学キンタス・C・ウィルソン (Quintus C. Wilson)、シラキューズ大学ローランド・E・ウォルズリー (Roland E. Wolseley)、カンザス大学ポール・ジェス (Paul Jess)、ブラドレー大学シャロン・マーフィー (Sharon Murphy)、ラトガーズ大学バーバラ・リード (Barbara Reed)、ケンタッキー大学コーバン・ゴウブル (Corban Goble)、ネブラスカ・オマハ大学ウォーレン・フランカ (Warren Francke)、ミズーリ大学ベティ・ウィンフィールド (Betty Winfield)、ボストン大学ヘンリー・G・ラブリー 3 世 (Henry G. La Brie III)、ミシガン大学ジョン・D・スティーブンズ (John D. Stevens) とマリオン・マーソルフ (Marion Marzolf)、フリーダム・フォーラムのエベレット・E・デニス (Everette E. Denis) である。

他に批評してくれたのは以下の方々である。インディアナ大学デイビッド・ノード (David Nord)、アイオワ大学ジェフリー・スミス (Jeffery Smith)、ワシントン大学リチャード・B・キールボビッツ (Richard B. Kielbowitcz) とウィリアム・E・エームズ (William E. Ames)、ノース・カロライナ大学ドナルド・L・ショー (Donald L. Shaw)、カリフォルニア工科大学サンルイオビスポ校ランドル・L・マリー (Randall L. Murray)、オハイオ大学ラルフ・E・クリーシュ (Ralph E. Kliesch)、オハイオ州立大学ジョゼフ・P・マカーンズ (Joseph P. McKerns) とポール・ピーターソン (Paul Peterson)、アンジェロ州立大学のハーベイ・ザールバーグ (Harvey Saalberg)、サザン・コネティカット州立大学フェンウィック・アンダーソン (Fenwick Anderson)、ミシガン州立大学ロバート・V・ハドソン (Robert V. Hudson) そして、ミネソタ大学 R・スミス・シュウネマン (R. Smith Schuneman)、ディッケン＝ガルシア、レイモンド・B・ニクソン (Raymond B. Nixon)、エドウィン・H・フォード (Edwin H. Ford) および J・エドワード・ジェラルド (J. Edward Gerald)、ボーリング・グリーン州立大学キャサリン・キャサラ (Catherine Cassara) およびアメリカン大学ストライトマターである。注で言及されているメディア史に貢献してきた多くの人びとにも感謝をしたい。

アリン・アンド・ベーコン (Allyn and Bacon) 社の編集長カロン・ボワーズ (Karon Bowers) と助手のスカウト・ライリィ (Scout Reilly) には、とくに感謝を表したい。ウッダードの索引作成作業には大いに感謝している。助力

と激励をくれた多くの友人にも感謝したい。とくにジョン・アーノルド (John Arnold) は、犬の世話を大い軽減してくれた。そして深甚な謝意を表すべきは、エメリー家の全メンバー、とくにアリソン (Allison) とローレル (Laurel)（エドウィンおよびメアリー・エメリー夫妻の娘でマイケルの姉妹）とルー (Lu)（マイケル・エメリーの未亡人）の好意と支援に対してである。

ナンシー・L・ロバーツ

著者略歴

The Press and America の初版は、ジャーナリズム界最高の栄誉である、シグマ・デルタ・カイ賞 (Sigma Delta Chi Award) を得た。

マイケル・エメリー博士は、カリフォルニア州立大学ノースリッジ校のジャーナリズム学教授であった。主著には、*On the Front Lines: Following America's Foreign Correspondents Across the Twentieth Century*、共編書として *Readings in Mass Communication* および *America's Front Page News, 1690–1970* がある。研究誌『ジャーナリズム史』の編集協力者であり、フリーダム・フォーラムの新聞博物館 (Newseum) 計画の顧問であった。彼は、UPI の元海外特派員であり、ビレッジ・ボイス、ロサンゼルス・タイムズなどの他のメディアに寄稿するフリーランスの海外特派員であり、中東やユーゴスラビア、中央アメリカからの報道にも従事した。

エドウィン・エメリー博士は、ミネソタ大学のジャーナリズム・マス・コミュニケーション学部名誉教授であり、1945 年から 1984 年までは現役教授であった。彼はジャーナリズム・マス・コミュニケーション教育学会の会長、同学会の研究誌『季刊ジャーナリズム』(*Journalism Quarterly*) の編集長（1964 年から 73 年）を務めた。*Introduction to Mass Communication* を含めて 11 冊の著者である。著書 *History of the American Newspaper Publishers Association* でシグマ・デルタ・カイ賞を授与され、その他にもジャーナリズム教育学会ブライヤー／ブルム (AEJ Bleyer and Blum) 賞、米ジャーナリズム史家協会のコーバー (Kobre) 賞、そしてグッゲンハイム・フェローシップ (Guggenheim Fellowship) を授与された。元 UP 通信の局長、第 2 次世界大戦中はデスク編集長であった。

ナンシー・L・ロバーツ博士は、現在ミネソタ大学ジャーナリズム・マス・コミュニケーション学部教授である。同大学ではまた、アメリカ研究プログラムの非常勤スタッフでもある。米ジャーナリズム史家協会の会長、その研究誌『アメリカ・ジャーナリズム』(*American Journalism*)」の書評編集長、ジャーナリズム・マス・コミュニケーション教育学会の歴史部会長を務めている。著書として *American Peace Writers, Editors, and Periodicals: A Dictionary: Dorothy Day and "Catholic Worker"* があり、アメリカーナ、クリスチャン・サイエンス・モニター、フィラデルフィア・エンクワイアラーなどの新聞雑誌に多くの記事を執筆している。

書誌紹介

　アメリカのジャーナリズム史研究者にとって不可欠の参考書誌は、マーガレット・ブランチャード (Margaret Blanchard) 編 *History of the Mass Media in the United States: An Encyclopedia* (Chicago, London: Fizroy Dearborn, 1998) である。同書の収録項目は、マス・メディアに影響を与えた経済、政治、技術その他の発展に関して（またマス・メディアが他に影響を与える逆の場合についても）、優れた概観と書誌を提供している。つぎはプライスの *The Literature of Journalism: An Annotated Bibliography* (Minneapolis: University of Minnesota Press, 1959) である。同書では3147項目が紹介され、さらに彼とピケットの *An Annotated Journalism Bibliography, 1958–1968* (Minneapolis: University of Minnesota Press, 1970) は、1958年以前を含めて2172項目を扱っている。記載項目は、ジャーナリズム通史、専門史、個別史、伝記および現役ジャーナリストの著書などの分野でとくに充実している。他の部門は、プレス批評、プレス法、国際コミュニケーション、雑誌、ラジオ・テレビ、世論・宣伝、コミュニケーション理論、ジャーナリズムの技法、ジャーナリズム教育、プレスの定期刊行物、書誌、目録を扱っている。英国とカナダのジャーナリズムも、十分な収録の対象となっている

　マス・コミュニケーションの書誌の中で最良の1冊であり、20年にわたるプライスとピケットの書誌を改訂したのが、ブルムとフランシス・ウィルホイト (Frances Wilhoit) の *Mass Media Bibliography: An Annotated Guide to Books and Journals for Research and Reference* (Urbana: University of Illinois Press, 1990) である。同書はブルム博士の *Basic Books in the Mass Media* の1972年版および1980年版を継続したものである。編者は1947項目を選んでいる。また非常に有益なのは、エリナ・S・ブロック (Eleanor S. Block) とジェイムズ・K・ブラッケン (James K. Bracken) の *Communication and the Mass Media: A Guide to the Reference Literature* (Englewood, CO: Libraries Unlimited, 1991)、スターリング、ブラッケンそしてスーザン・M・ヒル

(Susan M. Hill) の *Mass Communications Research Resources: An Annotated Guide* (Mahwah, NJ: Lawrence Erlbaum Associates, 1998) およびジョー・A・ケイツ (Jo A. Cates) の *Journalism: A Guide to the Reference Literature* 第2版 (Englewood, CO: Libraries Unlimited, 1997) であり、同書は、出版物、放送、そしてインターネット・ジャーナリズムについて約800項目の情報を提供している。最近の注釈つきの書誌は、スターリング編で Lawrence Erlbaum Associates によって発行されている *Communication Booknotes Quarterly* の中で扱われている。

アメリカの新聞ファイルの目録としては、クラレンス・S・ブリガム (Clarence S. Brigham) の *History and Bibliography of American Newspapers, 1690–1820* (Worcester, MA: American Antiquarian Society, 1947) が、現存する初期の新聞の手引き書である（同学会の1961年4月の Proceedings および1962年版で更新・訂正がなされており、また同学会は、1972年にブリガムの協力で年表を出版した）。ウィニフリド・グレゴリー (Winifred Gregory) の *American Newspapers, 1821–1936: A Union List of Files Available in the United States and Canada* (New York: Wilson, 1937) は、図書館がマイクロフィルムを重視して最近の書籍版を軽視するようになっているので、その有効性は薄れてきている。連邦議会図書館は Newspapers on Microfilm を発行し、新聞毎にマイクロフィルム所蔵図書館を紹介している。またそのデータを定期的に更新している。

アメリカ史全時代を通じて最大の新聞コレクションを所蔵するのは、連邦議会図書館である。植民地時代に関する最大のコレクションはアメリカ好古学会 (American Antiquarian Society) にある。全体的レベルで上位にくるのは、ウィスコンシン州立歴史協会とハーバード大学図書館であり、カリフォルニア大学バンクロフト図書館も米西部のコレクションとして有名である。特定地域を対象とした極めて重要なコレクションを誇るのは、ニューヨーク歴史協会、ニューヨーク公立図書館、シカゴ歴史協会、シカゴ大学、ペンシルベニア歴史協会、ボストン公立図書館、コネティカット歴史協会、そしてカンザス州立歴史協会である。一般的なコレクションで名高いのは、ミズーリ大学、ミネソタ大学、エール大学、ワシントン大学、UCLA、イリノイ大学、テキサス大学、デューク大学、西部居留区歴史協会である。連邦議会図書館の映画、報道、音声記録部門は、10万本の映画、8万のテレビ番組、50万のラジオ放送、150万以上の音声記録を所蔵している。

アメリカの展示規模の大きい博物館は、フリーダム・フォーラムによって、バージニア州のアーリントンの同フォーラム本部に建てられ、1996年にオープンした新聞博物館 (Newseum)（訳者注：現在はワシントン D.C. に移転）である。ワシントンのスミソニアン博物館は、工芸品の展示物「情報時代：人、情報そしてテクノロジー」を展示している。ニューヨーク市には、その種の博物館が多数存在し、テレビ・ラジオ博物館、アメリカ映像博物館、現代美術館の映画研究センターなどがある。もう1つの映画博物館は、カリフォルニアのハリウッド・スタジオ博物館である。写真国際センターは、ニューヨーク展覧会を行っている。ポートランドには、アメリカ広告博物館があり、スミソニアン博物館は広告史センターをつくった。放送のコレクションは、バンダービルト大学テレビニュース・アーカイブ、連邦議会図書館、国立公文書館、シカゴ大（とくに初期のラジオ）および UCLA の放送コミュニケーション博物館などに所蔵されている。漫画の博物館はフロリダ州のボカ・レイトンとオーランド、さらにサンフランシスコにある。

特定の主題の書誌には、マカーンズの *News Media and Public Policy: An Annotated Bibliography* (New York: Garland, 1985)、ウィリアム・デイビッド・スローン (Wm David Sloan) の *American Journalism History: An Annotated Bibliography* (Westport, CT: Greenwood Press, 1989)、ローランド・Eおよびイザベル (Isabel)・ウォルズリーの *The Journalist's Bookshelf: An Annotated and Selected Bibliography of the United States Print Journalism* (Indianapolis, IN: R. J. Berg, 1986)、シュウォーツローズの *Newspapers: A Reference Guide* (Westport, CT: Greenwood Press, 1987)、ジョン・バンデン・ホイベル (Jon Vanden Heuvel) の *Untapped Sources: America's Newspaper Archives and Histories* (New York: Gannett Foundation Media Center, Columbia University, 1991)、エレン・メイザ・トムソン (Ellen Mazur Thomson) 編の *American Graphic Design: A Guide to the Literature* (Westport, CT: Greenwood, 1992)、とくに米映画の精選リストであるロバート・アーマー (Robert Armour) の *Film: A Reference Guide* (Westport,CT: Greenwood Press, 1980)、フレッドおよびナンシー・ペイン (Fred and Nancy Paine) の *Magazines: A Bibliography for Their Analysis with Annotations and Study Guide* (Metuchen, NJ: Scarecrow Press, 1987)、アーサー・F・ワルトハイム (Arthur F. Wertheim) の *American Popular Culture: A Historical Bibliography* (New York: ABC-Clio Information Services, 1984)、J・ウィリアム・スノーグラス (J. William

Snorgrass) およびグロリア・T・ウッディ (Gloria T. Woody) の *Blacks and Media: A Selected, Annotated Bibliography, 1962–1982* (Tallahassee: Florida A&M University Press,1985) などがある。以下の2書 *Native American Periodicals and Newspapers, 1828–1982: Bibliography, Publishing Record and Holdings* (Westport, CT: Greenwood Press, 1984) と *Women's Periodicals and Newspapers from the 18th Century to 1981* (Boston: G.K. Hall, 1982) の編集者はジェイムズ・P・ダンキー (James P. Danky)、編纂者はモウリーン・E・ヘイディ (Maureen H. Hady) である。放送については、不可欠のガイドとして、ダイアン・フォックスヒル・カロザース (Diane Foxhill Carothers) の *Radio Broadcasting from 1920 to 1990: An Annotated Bibliography* (New York: Garland, 1991)、そしてマイケル・マリー (Michael Murray) の *American Journalism*, I:2 (1984), 77 所載の "Research in Broadcasting: An Overview of Major Resource Centers," を参照のこと。

　2つの百科事典の1つは、ハドソンの編年体の歴史書の *Mass Media* (New York: Garland Publishing, 1987)、もう1つはドナルド・パネット (Donald Paneth) 編集の *The Encyclopedia of American Journalism* (New York: Facts on File, 1983) である。2つの価値あるレファレンス・ガイドは、ウィリアム・L・リバース (William L. Rivers)、ウォレス・トンプソン (Wallace Thompson) およびマイケル・J・ナイハン (Michael J. Nyhan) 編集の *The Aspen Handbook on the Media* (New York: Praeger, 1977) と、スターリング (Christopher H. Sterling) 編集の *Electronic Media: A Guide to Trends in Broadcasting and Newer Technologies, 1920–1983* (New York: Praeger, 1984) である。3つの伝記事典は、マカーンズの、メディア界の約500人を詳述する *The Biographical Dictionary of American Journalism* (Westport, CT: Greenwood Press, 1989)、タフト編集の *Encyclopedia of Twentieth-Century Journalists* (New York: Garland, 1986)、および *Dictionary of Literary Biography* (Chicago: Gale Research, 1983ff.) シリーズの、4巻からなるペリー・J・アシュリー (Perry J. Ashley) 編集の *American Newspaper Journalists* であり、同シリーズにはサム・G・ライリー (Sam G. Riley) 編集の、4巻からなる *American Magazine Journalists* がある。また非常に有益なのは、以下の伝記文学事典である。アーサー・J・コール (Arthur J. Kaul) 編の *American Literary Journalists, 1945–1995* (Detroit: Gale Research, 1997)、スティーブン・E・スミス他 (Stephen E. Smith et al.) 編の *American Book and Magazine Illustrators to 1920* (Detroit:

Gale Research, 1998) と *American Newspaper Publishers, 1950–1900* (Detroit: Gale Research, 1993) である。

　アメリカの定期刊行物に関する最初の年鑑は、George P. Rowell & Co.'s *American Newspaper Directory* (1869) で、同書に取って代わったのが *N.W. Ayer & Son's American Newspaper Annual* (1880) で、後にタイトルが変わって *Directory of Newspapers & Periodicals* となり、さらに 1990 年以後のタイトルは *Gale Directory of Publications and Broadcast Media* となっている。標準的なアメリカの資料年鑑には、*Editor & Publisher International Yearbook* (1921) があり、国際的な項目を掲載している。ロンドンからは、*Benn's Press Directory* (1846) の英国版と国際版が別々に毎年出ている。*Willings Press Guide* (1874) は、国際的視野に立つが焦点は英国にある。

　アメリカ史研究のための 2 つの主要書誌は、*A Guide to the Study of the United States of America* (Washington, D.C.: Library of Congress, 1960) と、*Harvard Guide to American History* (Cambridge, MA: Harvard University Press, 1974) である。前者は、それほど大部ではないが、後者に欠けている広範な注釈を掲載している。1989 年合衆国情報局 (USIA) は、ウィリアム・ベイト (William Bate) およびペリー・フランク (Perry Frank) 編集の *Handbook for the Study of the United States* を出版し、アメリカ研究の基本的な書誌を付けて、ジャーナリズムとメディア、映画、大衆文化、歴史、法律そして政治を取り上げている。参考資料集を 2 つあげると、ジョエル・マカウワー (Joel Makower) 編集の *The American Hisotory Sourcebook* (Englewood Cliffs, NJ: Prentice Hall, 1988) とジョン・A・ギャラティ (John A. Garraty) の *1001 Things Everyone Should Know about American History* (New York: Doubleday, 1989) である。

史料編集

　歴史学の方法についての議論は、マイケル・カメン (Michael Kammen) 編の *The Past Before Us: Contemporary Historical Writing in the United States* (Ithaca, NY: Cornell University Press, 1980) において紹介されており、同書はアメリカ歴史学会によって企画された 20 編の論文から構成されている。またジョン・ハイアム (John Higham) とポール・K・コンキン (Paul K. Conkin) の *New Directions in American Intellectual History* (Baltimore: Johns Hopkins

University Press, 1979) およびジョン・クライブ (John Clive) の *Not by Fact Alone* (New York: Knopf, 1989) は歴史の叙述・読み取りに関する論文集である。修正主義者による、アメリカのユニークさ否定の書はデイビッド・W・ノーブル (David W. Noble) の *The End of American History* (Minneapolis: University of Minnesota Press,1985) であり、バーバラ・タックマン (Barbara Tuchman) の *Practicing History* (New York: Knopf, 1981) は歴史叙述と社会における歴史の役割を論じている。リチャード・E・ベリンジャー (Richard E. Beringer) の *Historical Analysis* (New York: Wiley, 1978) は、歴史研究の19のアプローチを明らかにし、ジェイムズ・ウェスト・デイビッドソン (James West Davidson) とマーク・ハミルトン・ライトル (Mark Hamilton Lytle) は、*After the Fact: The Art of Historical Detection* (New York: Knopf, 1986) において、データ化可能なエピソードの観点から歴史の方法を検証している。また数量化の技法は、ロバート・P・スウィレンガ (Robert P. Swierenga) の *Quantification in American History* (New York: Atheneum, 1970) やロデリック・フラッド (Roderick Floud) の *An Introduction to Quantitative Method for Historians* (Princeton, NJ: Princeton University Press, 1973) などで論じられている。

　アメリカの歴史研究の様々な傾向に関する、十分バランスのとれた議論については、エリック・フォナー (Eric Foner) 編の改訂拡大版 *The New American History* (Philadelphia: Temple University Press, 1997) を参照されたい。同書は、アメリカ史の最近の傾向を検証したアメリカ歴史学会によって企画されたもので、13編の論文からなる。また、ジェラルド・N・グローブ (Gerald N. Grob) とジョージ・A・ビリアス (George A. Bilias) の *Interpretations of American History: Patterns and Perspectives*, Vol. 1, *to 1877* 第6版 (New York: Free Press, 1992) と Vol. 2, *Since 1877* 第6版 (New York: Free Press, 1992) を参照のこと。また有益なのは、一時コンセンサス学派であったリチャード・ホフスタッター (Richard Hofstadter) の *The Progressive Historians: Turner, Beard, Parrington* (New York: Knopf, 1968) である。比較的新しい学派の批評家のひとりハイアムの *Writing American History* (Bloomington: Indiana University Press, 1970)、C・バン・ウッドワード (C. Vann Woodward) 編の *The Comparative Approach in American History* (New York: Basic Books, 1968) も有益である。本書の書誌は、アメリカ史のこれら多様なアプローチの主唱者を紹介している。

　ジャーナリズムとマス・コミュニケーションの史料編集について、最良の1

冊はスティーブンズ (John D. Stevens) とディッケン＝ガルシアの *Communication History* (Beverly Hills: Sage, 1980) である。他には、ジェイムズ・D・スタート (James D. Startt) とスローンの *Historical Methods in Mass Communication* (Hillsdale, NJ: Erlbaum, 1989)、ルーシー・シェルトン・カズウェル (Lucy Shelton Caswell) 編の *Guide to Sources in American Journalism History* (Westport, CT: Greenwood Press, 1989)、ケイツの *Journalism: A Guide to the Reference Literature* 第 2 版 (Englewood, CO: Libraries Unlimited, 1997)、および M・ギルバート・ダン (M. Gilbert Dunn) とダグラス・W・クーパー (Douglas W. Cooper) の *Journalism Monographs* LXXIV(1981) の "A Guide to Mass Communication Sources," がある。ノード (David Paul Nord) とメリーアン・ヨーデリス・スミス (MaryAnn Yodelis Smith) の史料編集に関する 2 つの章は、グウィドウ・H・ステンペル 3 世 (Guido Stempel III) とブルース・H・ウェストリー (Bruce H. Westley) 編の *Research Methods in Mass Communication* 第 2 版 (Englewood Cliffs, NJ: Prentice Hall, 1989) に所載されている。またハノウ・ハート (Hanno Hardt) の *Critical Communication Studies: Communication, History, and Theory in America* (London, New York: Routledge, 1992) も参照のこと。1991 年コロンビア大学のフリーダム・フォーラムのメディア研究センターは、アメリカニュース編集者協会 (ASNE) の新聞史プロジェクト・チームのため、ジャーナリストに関する本についてのかなり長い書誌、およびアメリカの主要新聞アーカイブの詳細な目録を含む書籍を出版した。書名は *Untapped Sources: America's Newspapers Archives and Histories* で、執筆はホイベル (Jon Vanden Heuvel) である。

　研究誌の論文の中では、ジャーナリズムとマス・コミュニケーションの史料編集に関する概観は、マイケル・エメリーの『ジャーナリズム史』10: 3–4 (Autumn-Winter 1983), 38–93 所載の "The Writing of American Journalism History," に見られる。また、*Journalism and Mass Communication Quarterly*, 74:3 (Autumn 1997) のメディア史特別セクションを参照のこと。同号は、シュドソンの論文 "Toward a Troubleshooting Manual for Journalism History" (463–476)、キャロリン・キッチ (Carolyn Kitch) の論文 "Changing Theoretical Perspectives on Women's Media Images: The Emergence of Patterns in a New Area of Historical Scholarship" (477-489) その他を掲載している。補足的な論文には、*Media Studies Journal*, 11:2 (Spring 1997), 1–177 の "Defining Moments in Journalism" という表題の下で収録されている 22 編の論文が含ま

れる。さらに、スローンの *American Journalism*, 3:3 (1986), 154–166 所載の論文 "Historians and the American Press, 1900–1945"、『ジャーナリズム史』7:1 (Spring 1980), 20–23 所載の "A Conversation with Edwin Emery"、『ジャーナリズム史』12:2 (Summer 1985), 38–50 所載の "...A Conversation with James Carey" がある。『ジャーナリズム史』2:2 (Summer 1975), 33–47 には、ガース・S・ジュウィット (Garth S. Jewett)、シュウォーツローズ、ジョン・E・エリクソン (John E. Erickson)、マーソルフおよびデイビッド・H・ウィーバー (David H. Weaver) の諸論文とシンポジウム "Seeking New Paths in Research" が掲載されている。

　全 20 章の注は、917 頁から始まる。若干の場合、章の注は補足的な参考資料を含んでいる（個人の名前、新聞のリスト、他の価値ある調査資料データ）。索引は 1029 頁からである。

第1章

アメリカン・プレスの遺産

> 我にただプレスの自由を与えよ、さすれば大臣に腐敗した上院……卑屈な下院を与えよう。我は服従を購い抵抗を威圧するための、地位が与えるすべての権力をかの大臣に与えよう。しかし、我はプレスの自由で武装することにより、かの大臣が築いた強力な政治組織を攻撃し……隠れ家である悪弊の真只中にそれを葬り去ってしまおう。
> ——リチャード・ブリンスリー・シェリダン (Richard Brinsley Sheridan)

現代のプレスの制度はただ一国の貢献によってできたものではない。それはすべての大陸にまたがり少なくとも1万年に及ぶコミュニケーションの営みの、進化の現在の段階に過ぎない。中東やアジアで始まり徐々にヨーロッパそして最後にアメリカに普及していった印刷と文書の一連の発展は、今日の報道人・コンピュータ・高速カラー印刷機・衛星に連なっていった。それぞれの歴史的転機は交易の記録を保持する、広がった帝国に対しコミュニケーションを行う、宗教思想を普及させる、あるいは芸術的な記録を後世に残す、といった欲求に動機づけられていた。アメリカのジャーナリズムの物語は、こうした多くの目覚ましい成果の検証をしなければ完全なものにはならないだろう。

印刷の発展

情報を組織的に収集・流通させる最初の試みは紀元前59年〜紀元222年の間、ローマの広場に定期的に掲示された手書きの「日刊言論」つまりアクタ・ディウルナ (Acta Diurna) であった。その報道は、最古のニュース記者たちとして知られている記録係 (actuarii) によって準備され、元老院の投票や人びとの関心をひきそうな事件を伝えた。これらは相次いで写字生によって筆写され、帝国中に運ばれた。この啓蒙的計画を享受したのはローマ人で、彼らは政

The Daily Courant.

Wednesday, March 11. 1702.

From the Harlem Courant, Dated March 18. N. S.

Naples, Feb. 22.

ON Wednesday last, our New Viceroy, the Duke of Escalona, arriv'd here with a Squadron of the Galleys of Sicily. He made his Entrance drest in a French habit; and to give us the greater Hopes of the King's coming hither, went to Lodge in one of the little Palaces, leaving the Royal one for his Majesty. The Marquis of Grigni is also arriv'd here with a Regiment of French.

Rome, Feb. 25. In a Military Congregation of State that was held here, it was Resolv'd to draw a Line from Ascoli to the Borders of the Ecclesiastical State, thereby to hinder the Incursions of the Transalpine Troops. Orders are sent to Civita Vecchia to fit out the Galleys, and to strengthen the Garrison of that Place. Signior Casali is made Governor of Perugia. The Marquis del Vasto, and the Prince de Caserta continue still in the Imperial Embassador's Palace; where his Excellency has a Guard of 50 Men every Night in Arms. The King of Portugal has desir'd the Arch-Bishoprick of Lisbon, vacant by the Death of Cardinal Sousa, for the Infante his second Son, who is about 11 Years old.

Vienna, Mar. 4. Orders are sent to the 4 Regiments of Foot, the 2 of Cuirassiers, and to that of Dragoons, which are broke up from Hungary, and are on their way to Italy, and which consist of about 14 or 15000 Men, to hasten their March thither with all Expedition. The 6 new Regiments of Hussars that are now raising, are in so great a forwardness, that they will be compleat, and in a Condition to march by the middle of May. Prince Lewis of Baden has written to Court, to excuse himself from coming thither, his Presence being so very necessary, and so much desir'd on the Upper-Rhine.

Francfort, Mar. 12. The Marquiss d'Uxelles is come to Strasburg, and is to draw together a Body of some Regiments of Horse and Foot from the Garisons of Alsace; but will not lessen those of Strasburg and Landau, which are already very weak. On the other hand, the Troops of His Imperial Majesty, and his Allies, are going to form a Body near Germesheim in the Palatinate, of which Place, as well as of the Lines at Spires, Prince Lewis of Baden is expected to take a View, in three or four days. The English and Dutch Ministers, the Count of Frise, and the Baron Vander Meer; and likewise the Imperial Envoy Count Lowenstein, are gone to Nordlingen, and it is hop'd that in a short time we shall hear from thence of some favourable Resolutions for the Security of the Empire.

Liege, Mar. 14. The French have taken the Cannon de Longie, who was Secretary to the Dean de Mean, out of our Castle, where he has been for some time a Prisoner, and have deliver'd him to the Provost of Maubeuge, who has carry'd him from hence, but we do not know whither.

Paris, Mar. 13. Our Letters from Italy say, That most of our Reinforcements were Landed there; that the Imperial and Ecclesiastical Troops seem to live very peaceably with one another in the Country of Parma, and that the Duke of Vendome, as he was visiting several Posts, was within 100 Paces of falling into the Hands of the Germans. The Duke of Chartres, the Prince of Conti, and several other Princes of the Blood, are to make the Campaign in Flanders under the Duke of Burgundy; and the Duke of Maine is to Command upon the Rhine.

From the Amsterdam Courant, Dated Mar. 18.

Rome, Feb. 25. We are taking here all possible Precautions for the Security of the Ecclesiastical State in this present Conjuncture, and have desir'd to raise 3000 Men in the Cantons of Switzerland. The Pope has appointed the Duke of Berwick to be his Lieutenant-General, and he is to Command 6000 Men on the Frontiers of Naples: He has also settled upon him a Pension of 6000 Crowns a year during Life.

From the Paris Gazette, Dated Mar. 18. 1702.

Naples, Febr. 17. 600 French Soldiers are arrived here, and are expected to be follow'd by 3400 more. A Courier that came hither on the 14th. has brought Letters by which we are assur'd that the King of Spain designs to be here towards the end of March; and accordingly Orders are given to make the necessary Preparations against his Arrival. The two Troops of Horse that were Commanded to the Abruzzo are posted at Pescara with a Body of Spanish Foot, and others in the Fort of Montorio.

Paris, March. 18. We have Advice from Toulon of the 5th instant, that the Wind having long stood favourable, 22000 Men were already sail'd for Italy, that 1500 more were Embarking, and that by the 15th it was hoped they might all get thither. The Count d'Estrees arriv'd there on the Third instant, and set all hands at work to fit out the Squadron of 9 Men of War and some Fregats, that are appointed to carry the King of Spain to Naples. His Catholick Majesty will go on Board the *Thunderer*, of 110 Guns.

We have Advice by an Express from Rome of the 18th of February, That notwithstanding the pressing Instances of the Imperial Embassador, the Pope had Condemn'd the Marquis del Vasto to lose his Head and his Estate to be confiscated, for not appearing to Answer the Charge against him of Publickly Scandalizing Cardinal Janson.

ADVERTISEMENT.

IT will be found from the Foreign Prints, which from time to time, as Occasion offers, will be mention'd in this Paper, that the Author has taken Care to be duly furnish'd with all that comes from Abroad in any Language. And for an Assurance that He will not, under Pretence of having Private Intelligence, impose any Additions of feign'd Circumstances to an Action, but give his Extracts fairly and Impartially; at the beginning of each Article he will quote the Foreign Paper from whence 'tis taken, that the Publick, seeing from what Country a piece of News comes with the Allowance of that Government, may be better able to Judge of the Credibility and Fairness of the Relation: Nor will he take upon him to give any Comments or Conjectures of his own, but will relate only Matter of Fact; supposing other People to have Sense enough to make Reflections for themselves.

This Courant (as the Title shews) will be Publish'd Daily: being design'd to give all the Material News as soon as every Post arrives: and is confin'd to half the Compass, to save the Publick at least half the Impertinences, of ordinary News-Papers.

LONDON. Sold by E. Mallet, next Door to the *King's-Arms* Tavern at *Fleet-Bridge*.

府の命令、法律公告そして最新の剣闘の結果さえ知ることができ、そしてこの計画以前に情報の蓄積と流通を便利にしようとする多くの試みが存在したのである。紀元前 3500 年頃、中東のシュメール人は、円筒の刻印を使って湿った粘土版に記号や象徴を刻み、次いでそれを天火で焼くことで、記録を保存する方法を考え出した。彼らはまた骨を使って湿った粘土版に記号を記す、楔形文字のシステムを考案した。所有権を表示するために利用された彫刻である刻印は、それよりも 1000 年早く一般的に使用されていた。象形文字や表意文字 (ごく普通の認識対象である動物や人間を描いたもの) は、地中海地域・中国・現在のメキシコそしてエジプトでは一般的であり、そうした地域ではそれらはヒエログリフ (象形文字) として知られるようになった。可動活字システムが紀元前 1700 年以前に小アジアで考案された証拠があるが、その時代はクレタ島で陶製の平らな円盤が発見された頃である。その円盤には、個々の活字が彫られ陶版に押し付けられてできる 45 の異なる記号が付されていた。

　石や樹木に彫られる手の込んだ彫刻は、紀元前 1500 年頃地中海地域で一般的になった。それと同じ頃、交易業者、金融業者として 1000 年もの間栄えたフェニキア人が、音の記号を導入してアルファベットを考案した。色のついた液体がアルファベットの「活字」の輪郭を描き、象形文字を作るのに利用された。およそ紀元前 500 年頃エジプト人はナイル河に自生する葦を使ってパピルスを作った。次に筆や羽根ペンを使って写字生は、象形文字を「書き」、パピルスの紙はまとめられて巻子本にされた。数百年の間巻子本は学びの場に収納された。陶版や石版は重く、収蔵したり遠くへ運んだりするのが困難であったが、これに対してパピルスの紙や巻子本はそれが楽で、情報を簡単に共有することができた。

　ベラム (子牛皮紙) はもう 1 つの筆記の材料として紀元 100 年頃から使われ始めた。動物の皮から作られるパーチメント (羊皮紙) は、特別な原稿や巻子本のためギリシアやローマ帝国で使われた。これと同じ頃中国人はパルプや繊維から滑らかで白い紙を発明し、表面にインクを付けた後に石から紙へと表意文字を移す方法を発見した。これらの「彫拓」はまとめられて美しい彩色が施され、巻子本に仕上げられた。

　王禎 (Wang Chieh) は紀元 868 年、木版から世界最古の現存物と考えられる書籍を出版した。両面刷りの 1 枚の紙が 32 頁の本のサイズに折られるように、大きな木版が彫られた。馮道 (Feng Tao) は 932〜935 年の間に儒教の古典を印刷した。およそ 1045 年頃畢昇 (Pi Shen) は再使用できる陶版の活字 (一種

の陶製活字）一揃いを考案した。その工程はまたペルシアとエジプトで使われた。木版印刷はマルコ・ポーロ (Marco Polo) が 1295 年中国から帰国した時にヨーロッパにもたらされ、14〜15 世紀の間で一般的になった。木版が最も顕著に利用されたのは絵本の制作であった。その一方でアジアでは印刷の技術革新が続いた。銅で鋳造された活字が 1241 年朝鮮で使用された。

マインツとシュトラスブールのヨハン・グーテンベルク (Johann Gutenberg) には、ヨーロッパに活版印刷技術を導入した栄誉が与えられている。彼はパートナーのヨハン・フスト (Johann Fust) の援助を得て、およそ 1450 年頃鉛と他の金属の合金を使って、反転で高浮彫りのそれぞれ独立したアルファベットの活字を鋳造した。彼がこうした技法が中国で行われていたことを知らなかったのは明らかであった。彼はワイン圧搾機を改良した印刷機を使って、数冊の本を印刷した後に、1456 年有名な聖書の印刷に着手した。しかしフストに対して債務の支払いができず、グーテンベルクは翌年印刷工房を手放し、フストは 1460 年聖書の印刷を完成した。イギリスではウィリアム・カクストン (William Caxton) が 1476 年に初の印刷機を輸入し、1490 年までにヨーロッパのほとんどの大都市で少なくとも 1 台の印刷機が作動するようになった。

変化の動因としての印刷機

印刷機の出現の西欧の生活への影響は、とてつもなく大きかった。エリザベス・エイゼンシュティン博士 (Elizabeth Eisenstein) は、その精緻な研究において、[1] 仮説を支持する証拠を集めた。15 世紀後半から 16 世紀の印刷の普及は、西欧の生活における社会的・構造的な組織構成を解体し、現代のパターンを表現する新しい方法でその構成を再編した、というのがその仮説であった。印刷物が利用できるようになったことで、ルネサンス、宗教改革、そして科学革命を促進する社会、文化、家族、産業の諸変化が可能になった。

数世紀にわたって受容されてきた思想や慣習に、可動活字はどのようにして変化をもたらすことができたのであろうか。まず第 1 に、印刷機は、大衆に届く十分安い価格で文学や印刷物を生産することができた。手仕事で生産される本やニュースレターは、制作に大変な労力を要し、かつ時間もかかった。印刷機は単位当たりのコストを引き下げ、大量の部数を生産することができた。このことは、知識がもはや特権階級の独占的財産ではないことを意味した。安価な印刷物を利用できることが、読み書き能力の成長を促した。以前は想像もし

なかった事柄が理解できるようになるから、読書の学習は人間の好奇心を発展させた。中世が終わりを告げる頃、様々な傾向が固定した慣習の外皮を打ち破り、議論の時代の先導役を務めた。

　15世紀のいわゆる揺籃本 (cradle books) は、手書きのそれと非常によく似ていた。しかし、印刷機はもっと簡素な本、パンフレット、1枚ものの印刷物を勢い良く吐き出していった。本の制作は大学や修道院から小さな町や村へと広がっていった。マルティン・ルター (Martin Luther) や彼の支持者たちは1520年以後、広範に複製され議論される印刷物によって、ドイツの奥深い田舎に至るまで、プロテスタンティズムの言葉を広めていった。聴衆の多くは必要な読み書きの知識や理性を働かせる経験を欠いていたので、しばしば情緒的な訴えかけが効果的だった。人びとは理性的思考よりも情緒に反応する場合、時として現状維持の秩序や、従順の安全さや、中世社会を支配する貴族の、カトリック教会の極印を見捨てた。伝統的なエリート集団には、印刷機を通じた、慣習を打ち破るような情緒への訴えかけがもたらす社会的な成り行きを恐れる十分な根拠があった。こうしてヘンリー8世 (Henry VIII) は、ルターがドイツで読書に根ざすプロテスタントの宗教改革に成功したことを知り、すぐさまイギリス（イングランド）で印刷機の制限に動いた。

　新聞は印刷機の最も新しい産物であった。新聞がニュースや娯楽を提供する役割を発展させ始めるにつれて、社会的政治的変化に影響を与えることが印刷機の主たる触媒機能となっていった。そうした新聞、印刷人、作家の物語を語るのが、本書の主要なテーマである。後に活字メディアの物語は、今日変化の要因として同様に重要な視覚的な電子メディアのそれと融合していく。そうしたメディアの影響の中心は、情報やニュースの伝達である。

古代の文書：歴史の保存

　記録の上で最も長く継続した情報伝達の計画は中国におけるものであった。中国の宮廷は、紀元750年頃から月刊の公報や暦に加えて、人民の生活状況に関する年2回の報告書を刊行した。これらの公報は邸報 (Tching-pao) として知られるようになり、1350年頃には週刊で発行され始め、ついで1830年までには日刊となった。それは後に京報 (Peking Gazette) として知られるようになり、こうした文書は、1911年清朝の崩壊まで継続した。もう1つの地方の知事向けの発行物は、950年頃現れ始め、同じく1911年まで続いた。

歴史を文書として保存することは古代から作家の目標であった。世界のニュース報道に関する記念碑的な4巻本の歴史書の冒頭において、デズモンドは、こうした初期の作家たちが「後世の印刷メディアの文人やジャーナリストが果たしたのとよく似た」機能を遂行したことを示唆し、「彼らは自分たちの時代と人びとについて文章を書いた。彼らは情報を集め、記録していたのだ」[2]と述べている。デズモンドはそうしたものの中に、ギリシアの叙事詩人ホメーロス (Homer) と彼の著作『イリアス』(*Iliad*) や『オデュッセイア』(*Odyssey*)、「歴史の父」といわれる、中東中を旅して歩いたヘロドトス (Herodotus)、そしてしばしば他人の演説の原稿を書き、一種のPR専門家の役割を果たしたアテネのデモステネス (Demosthenes) などを含めた。儒者は中国の自分の時代と同時代人を扱った。トゥキディデス (Thucydides) はアテネとスパルタの間の戦争の歴史について8巻の本を書いた。ユリウス・カエサル (Julius Caesar) は『ガリア戦記』(*Commentaries*) で古代ローマの戦争を報告した。またプルターク (Plutarch) は数多くの著名な指導者のプロフィールを書いた。イスラムの聖典『コーラン』(*Qur'an*) と同様、イエス・キリストの生涯に関する報告書である新約聖書や、使徒パウロの書簡は無数の人びとに影響を与えた。アクタ・ディウルナのコピーは、ちょうど巻子本が多くの土地で保存されたように、民衆のために特定の建物の中に保管された。

総計で33年にも及ぶマルコ・ポーロの2回に渡る中国旅行の詳細な手書きの報告は、筆写され、250年以上の間流通した。最終的に『東方見聞録』(*The Travels Of Marco Polo*) は1559年にヨーロッパで出版された最初の本の中の1冊となった。世界全体の歴史はモンゴルの歴史家ラシッド・アルディン (Rashid al-Din) によって14世紀の初めに書かれた。少なくとも3巻はアラビア語で書かれ、チンギス・ハーン (Genghis Khan) の征服、予言者ムハンマド (Muhammad)、中国の歴史、ブッダ (Buddha) の生涯を含めたインドの歴史、旧約聖書の歴史、そしてモンゴルが13世紀の侵略で出会った他の民族に関する考察などを扱っていた。約500年の間行方不明であったが、第2巻の豪華な挿画つきの部分的原稿が発見され、1980年ロンドンで200万ドルで競売された。[3]

アメリカ・ジャーナリズムにおけるスペインの影響

　時事的な出来事に関する現存世界最古の記録として知られているのは、1541年のグアテマラの嵐と地震に関する記述である。この8頁のブックレットは公証人であるフアン・ロドリケス (Juan Rodoríquez) という名の男が書いたもので、メキシコ・シティでフアン・パブロス (Juan Pablos) というイタリア人によって発行された。このパブロスは著名なセビリアの印刷工房の所有者フアン・クロムベルガー (Juan Cromberger) の当時のニュー・スペイン（メキシコ）における代理人という地位にあった。スペイン人は高い文明を持つアステカ、インカ、マヤの世界に入っていき、1534年アメリカ大陸初の印刷機を導入した。司教のフアン・スマラガ (Juan Zumarraga) がメキシコ・シティに印刷機を送り、エステバン・マルティン (Esteban Martin) が最初の印刷を行ったと言われている。しかし現存する印刷物は、くだんのパブロスの手になるもので、日付は1539年から始まっている。彼は印刷工ギル・バーベイロ (Gil Barbero) と黒人奴隷を使って印刷を開始した。[4] 先の1541年の嵐の記録の表紙の標題は、次のように書かれている。

　　　グアテマラという都市のインディオを再び襲った恐ろしい地震の報告。
　　　それは大いなる驚異と教訓たるべき事件であるので、我々はみな我が罪を悔い、神の思し召しを進んで受けいれよう。
　　　グアテマラの事件の概要は以下のとおり……

　アメリカ大陸における印刷の第2の中心地はリマであった。リマでは印刷機は1583年に設置された。同地の最初の印刷人はアントニオ・リカルド (Antonio Ricardo) であり、彼は翌年インディアン語で公教要理を印刷した。初期の発行物の多くは2か国語による宗教書であり、その多くは華麗な装飾が施されていた。1600年までに少なくとも174冊の本（実際はもっと多いはず）が刊行された。ホジャ・ボランテ (hojas volantes = flying pages or bulletins) あるいはノティシア (noticias)、レラシオーネ (relaciones)、スセソ (sucesos)、レラト (relatos) と呼ばれた原始的なニュース・シートもスペインに現れた。若干は16世紀後半にアメリカ大陸で発行された。1つは1594年リカルドによってリマで印刷されたもので、現存している。それはペルーの沿岸に出没するジョン・ホーキンズ (John Hawkins) の息子であるイギリスの海賊"ジョン・

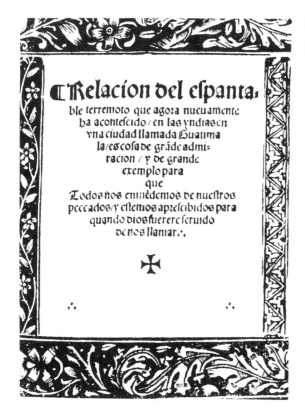

現存する中で最も古いとされるニュース報道。1541年、メキシコ・シティーで印刷された。（ジャーナリズム・ヒストリー誌）

オブ・アキネス (John of Aquines)"の逮捕の模様を描いたものだった。コラント (Corantos) と称されるイギリスの良く知られたニュース・シートより時代が前のホジャは、18世紀に入ってもなお人気が高かった。そうした技術的な偉業と並行するように、印刷人の未亡人がアメリカ植民地史における「印刷人の未亡人」と類似した方法で夫の仕事を実行した証拠が存在する。[5]

定期的な刊行物の発展は、スペインの検閲制や識字者たちが少ないがゆえのニュース印刷物の高コストといった理由でアメリカ大陸では遅れたが、1618年にほぼ月刊と言える発行頻度の出版物がリマに現れ始めた。こうしたノティシアはヨーロッパ・ニュースへの熱烈な関心を反映するものだが、ヨーロッパのニュース紙の複写もあった。研究者は真の定期刊行物が17世紀中に誕生したという確定をしてこなかったが、1667年にはガセタ・デ・メヒコが不定期に刊行され、メキシコにおける軍事行動を詳しく描いたメルクリオ・ボランテの4巻が1693年カルロス・デ・スジェンゼ・ゴンゴラ (Carlos de Siguenzay

Gongora) によって出版された。最初の定期刊行物は、1722年地元ニュースはもちろん海外ニュースも掲載し始めたメキシコのガゼタ・デ・メヒコであった。同紙はウルシア・イ・ゴイエネチェの教会役員ホアン・イグナシオ・カストレナ (Juan Ignacio Castorena) によって月刊で発行され、彼はカリフォルニア、マニラ、ハバナ、グアテマラ、アカプルコ、その他のニュー・スペインの都市からのニュースを掲載した。最初の号でカストレナは、他の都市の総督や教会役員に対して「人びとが知るに価する、良い例となるような」[6] 記事を送ってくれるよう要請した。彼の新聞は彼が転任になったので半年しか続かなかったが、1728年に復活し1739年まで続いた。2番目の定期刊行物ガゼタ・デ・グアテマラがグアテマラに誕生し、3番目は1744年リマのガゼタ・デ・リマであった。これら3紙はみな短命だったが、将来の強力なスペイン語の新聞の基礎を築いた。

ヨーロッパのニュース報道

標題が付けられ、定期発行されるニュース・シートの中で最古と知られ、現存するものは1609年ドイツで発行されたが、現存の紙面では、発行地、印刷人、あるいは発行者が不明である。紙、活字、印刷技術、政治的内容および宗教的色彩の分析から、専門家はこの最古として知られる新聞の発行地を北ドイツと推論した。ドイツ研究者の証拠を詳細に検討したナフツィガーによると、1609年のアビソは以前考えられていたブレーメン近郊よりむしろボルフェンビュッテルに現れた。この新聞は、シュトラスブールのレラチオンやアウグスブルグのアビサ・レラチオン・オデル・ツァイトゥンクと同様に週刊発行であった。これら2つの刊行物もまた1609年からの日付になっている。[7]

1610年から1661年の間に、スイス、イギリス、スペイン、オーストリア、ベルギー、オランダ、スウェーデン、イタリア、ポーランドなどの国ぐにに標題付のニュース紙が生まれた。アムステルダムの印刷屋は早くも1603年、オランダ、イギリス双方の読者のために標題なしのコラント (Corantos) を発行した。およそ1620年から1631年まで、フランス版がパリに送られた。これは1631年にパリで最初の標題付の新聞が誕生した時に終った。デズモンドの研究が示すところによれば、ヨーロッパの印刷屋は早くも1415年頃木版から標題のない小さな「フライシーツ」(flysheets = 1枚刷りのニュース紙) を制作した。片面だけ印刷されたこうしたニュース紙は、ドイツ諸邦や中央ヨーロッ

パで販売された。伝えられるところでは、1415年にはアジャンクール の戦闘の記事が、1493年にはクリストファー・コロンブス (Christopher Columbus) の書簡が発行された。[8] ニューズ・レターも一般的で、最も有名なニューズ・レターはアウグスブルグの金融業フガー (Fugger) 家から出されたものである。1568年から1604年の間一般読者たちは、スコットランドの女王メアリー (Mary Queen of Scots) の処刑や、スペインの無敵艦隊の敗北やドレーク (Sir Francis Drake) の初期航海のような歴史的事件を知った。1645年ストックホルムで始められた宮廷新聞は今も存在し、継続して発行される新聞では世界最古として知られている。[9] 1616年に始められたドイツの新聞フランクフルター・オベルポスタムト・ツァイトゥンク（ポストツァイトゥンクに改題される）は後に世界初の日刊新聞になった。[10] 同紙は有名なフランクフルター・ツァイトゥンクと合併する1866年まで継続発行された。イギリス議会の詳細な記事は、オリバー・ウィリアムズ (Oliver Williams) による小さなブックレットとも言うべき彼のパーフェクト・ダイアヌル (Diurnal) で、1660年には4週間続けて毎日発行された。

イギリスでのプレスの発展

　ここでの重要な論点は、イギリスはジャーナリスティックな意味で他のどの国より進歩が早かったとしても、現代新聞の発祥地としてとくに主張できるものを何も持っていない、ということである。他国と同様イギリスでもニュースは、最も原始的な新聞が誕生するずっと以前から交換されていた。中世の地方の定期市の大きな呼び物のひとつは、ゴシップや情報を交換する絶好の機会がある、ということだった。地方住民や中流上層階級の人びとは毎年店の商品を仕入れるのと同様に、ニュース交換のためにも、バーソロミュウ、ドニイブルック、ストアブリッジへと旅に出かけた。まさに新聞がニュースを作るのではなく、ニュースが新聞を作ったのである。

　20世紀の基準のもとでは、真の新聞は次のような条件を満たさなければならない。つまり、新聞は、日刊や週刊で定期的に発行されなければならない、特定の読者よりむしろ一般的関心を持つ読者にアピールをもたねばならない、タイムリーなニュースを提供しなければならない。これらの基準を17世紀に当てはめてみると、「真の新聞」はなかなか現れそうもなかった。ここで最も頻繁に指摘される基準は、可能な限り多くのタイムリーで、一般的関心の材料

を使った発行物の継続性である。

　このタイプの発行物を生み出すために、一般大衆に関心のある情報——つまりニュース——を収集し処理するある種の誘因が存在しなければならなかった。それによってニュースは、食料や雑貨のように、需要を満たすことで生じる利益のために生産される商品になることができた。およそ1500年頃までに「タイディング」(Tydings) という言葉は、時事的な事件の報道を意味するようになった。「ニューウェス」(newes) という言葉は、情報を行き当たりばったりで普及させることと、最新の情報を収集・処理するために意識的に努力していることを区別するために造語されたものである。

　新聞は初めドイツのように中央政府が弱体な地域で栄えたことは重要である。当時のドイツは、小さな公国の寄せ集めのように分裂していたのである。また新聞はオランダ低地地方のように、支配者が比較的寛容な地域で繁栄した。こうした事実はイギリスで新聞の発展が遅れた理由を説明する。カクストンが1476年にイギリス初の印刷機を導入したのは確かであるが、同国が本物の新聞を手にするまでほぼ2世紀かかったのである。

　カクストンは、印刷が15世紀半ば以来1つの職業となっていた印刷術を欧州大陸で学んだ。彼は海外の企業に関心を持つ商人つまり特許を受けた「冒険的事業家」(adventurers) 協会の役員であった。彼はまた学識豊かな人物であり、若干の書籍の著者・翻訳者であり、貴重書の収集家であった。カクストンは大陸の文化を自国の人びとに紹介するのが自分の使命と考えた。当時のエドワード4世 (Edward IV) はこうした考えを奨励した。彼はイギリスを分断した内戦（バラ戦争）の後を受けて、権力の座についたばかりであった。1471年になってようやく彼は支配権を確立した。[11] エドワードは直ちに内戦で荒廃した国土の復興に着手した。彼は法律、産業、文化の発展の重責を担った。こうした状況のもと、カクストンは1476年ウェストミンスター寺院の施物分配所に"レッド・ペイル紋章"をかかげて、そこにちっぽけな印刷機を設置したのである。[12]

テューダー王朝：特許検閲を通じた事前抑制

　1485年のボズワース・フィールドの戦いによって新しい王朝が誕生した。勝利者ヘンリー・テューダー (Henry Tudor) は、ヨーク (York) とランカスター (Lancaster) の両王家の間の積年の不和に終止符を打ち、これによって待ち焦がれていた安定がイギリスにもたらされた。血統の上ではランカスター家に属

し、結婚によってヨーク家ともつながったテュダーは、バラ戦争から生れ、究極的には絶対権力を持つ君主の座についた。以前には国王の権力を制限した貴族たちも、長年の戦争で没落していった。テュダー王朝の国王たちは、そうした状況を徹底的に利用した。テュダー王朝の国王の大半は聡明で有能な行政官であった。テュダー王朝の支配のもとで、イギリスは黄金時代を迎えることになった。しかし、そうした支配はプレスの発展に貢献するものではなかった。

カクストンは大体において、自分の地位がどれほどかを試してみるようなことをしなかったので、国王の干渉から相対的にかなりの自由を得た。イギリスに導入されておよそ50年間、印刷は社会的な勢力と言えるものではなかった。しかしテュダー王朝のもと、国王は印刷機に特別な関心を示すようになった。というのも、テュダー王朝は明らかに可能な限りあらゆる権力を貪欲に獲得しようとしていたからだ。ヘンリー8世は、1529年禁書籍目録を示してプレスの統制を始めた。彼の狙いはプロテスタンティズムの上げ潮に対して防波堤を築くことにあった。翌年政府統制の下の最初の特許検閲体制が作られ、1534年のクリスマスの日、彼は布告を出し、印刷屋に対して店をかまえる前に、国王の許可を得るよう求めた。こうして「事前抑制」(prior restraint) は法律となったのである。

この間枢密院の権力は、議会や旧式な裁判所を犠牲にして増大したが、それはひたすら国王の利益になるものだった。枢密院は法律の執行を監督し、貿易を規制し、法廷に目を光らせ、プレスを統制した。1542年に始まる枢密院の記録が示すところによれば、「不適切な表現」(unfitting worddes) や煽動的言動 (seditious utterances) などに対する個人の処分の記録が延々と続いている。早くも1540年に枢密院は、政治問題に関し街頭で頒布されるバラッド (ballads) を印刷したかどで、印刷屋を逮捕している。[13]

こうした抑圧的手段にもかかわらず、一種の文字通りのブラック・マーケットが、禁じられた情報や娯楽を供給したのである。例えばわれわれは、ヘンリー8世の在位36年目に、彼がスコットランドのある戦闘事件の記事に立腹したことを知っている。当のニュースは、ロンドンの「ブロード・シート」(特定事件の報道のために印刷される発行物) の売子によって呼び売りされた。国王が怒り不満を持ったのは、報道が誤りであったからではなく、ニュースが彼の許可なく発行されたからであった。

ひとつの産業を統制する方法は、その産業を独占とし、独占の監督者に乱用に対して責任を持たせることである。テュダー王朝は1557年、メアリー女王

(Queen Mary) が印刷書籍商組合 (Stationers Company) を設立した時、まさにそれを実行したのだった。この組織は、1357 年以来法廷及び聖書作家の組合として存続してきたもので、1404 年以後「挿絵画家 (limner)」の加入が認められた。1500 年までに印刷屋も加入を承認されたが、メアリーの時代までには「ステイショナー」(stationers) という言葉は、印刷人 (printers) とは明確に区別されて、書籍の発行人や業者に対して使用された。[14] 印刷書籍商組合は印刷トラストの一種であり、組合によって当局は組合員、つまりエリート集団のメンバー以外の、組合によって認められていない反体制的な印刷屋の捜索をより簡単にすることができた。例えば 1576 年印刷書籍商組合はロンドンの印刷屋（ほとんどすべての印刷が集中していた）を週 1 回検査する命令を採択した。数組の検査担当者は、進行中の仕事、手元にある注文の数、顧客の身元、被雇用者数、支払賃金などを報告した。これは広範囲に広がっていた無許可印刷に対する効果的なチェック手段となった。

　悪名高き星室庁法廷は、元々は国民を保護する目的で設立されたが、後に抑圧の象徴となったもので、星室庁はイギリスの新聞が誕生する前の長い期間、表現の自由のもう 1 つの障害であった。1566 年の枢密院そして 1586 年の星室庁の布告によって、それ以後の 100 年間の統制の方式の輪郭が出来上がった。当局に挑戦する愚かな印刷屋には厳罰が規定された。奇妙に思われるかもしれないが、そうした危険を進んで侵す印刷屋がいた。そうした 1 人がウィリアム・カーター (William Carter) で、彼はカトリックの主張に好意的なパンフレット印刷の罪で厳罰に処された。カーターは 1580 年逮捕され、拷問を受け、1584 年に処刑された。[15] 国教会に反対するピューリタンの反逆者には、ヒュー・シングルトン (Hugh Singleton)、ロバート・ウォルデグレイブ (Robert Waldegrave)、ジョン・ストラウド (John Stroud) やジョン・ホジキンス (John Hodgkins) がいた。独占的統制に反対する攻撃は、ジョン・ウォルフ (John Wolfe)、ロジャー・ウォード (Roger Ward)、ウィリアム・ホームズ (William Holmes) 及びジョン・シャーウッド (John Charlewood) らによって繰り広げられた。ウォルデグレイブは、国教会に反対して秘密に発行されたピューリタンの論文集「マーティン・マープレレート」(Martin Marprelate) を最初に印刷した人物であった。ウォルデグレイブが国外追放になった時に、ホジキンスがそれを引き継いだ。

　テューダー王朝の印刷統制は、公共の安全つまり治安のためと称された。ヘンリー 8 世からエリザベス 1 世 (Elizabeth I) にいたるまで、国王は治安のために、

是認されない異端の抑圧が必要という原理に基づいて印刷統制を実行した。全体としてテューダーの国王たちは有能で、国の「実感」とも言うべき感情を掌握している支配者であった。そうではなかったのが後継のステュアート (Stuarts) 家で、彼らは 1603 年権力の座についた。ジェイムズ 1 世 (James I)（スコットランド王ジェイムズ 6 世 = James VI of Scotland）は、誠実で善意の人物であったが、まったく時代や臣民とかみ合わなかった。彼は、その生涯がスキャンダルと暴力で彩られた不運なスコットランドの女王メアリーの息子であった。メアリーの息子として彼は、「カトリック教徒」(Papist) という言葉が、反逆を意味する宗教用語であった時代に、カトリックに共感を持っていると疑われた。ジェイムズとともに始まるステュアート王朝の下で、彼に反対する勢力は戦線を形成した。抑圧が崩壊すればこうした雰囲気の中でプレスは成長するという事実は、おそらく 17 世紀中のジャーナリズムの急速な発展を部分的に説明する。

　17 世紀の前半、ニュースはイギリス国民にとってきわめて重要になった。宗教論争、海洋国家としてのイギリスの台頭、国王と議会の対立・紛争そして変化する社会的諸条件などによって、国民は地方の範囲を越えた事件に大きな関心を持つようになった。バラッドの作家やブロードシートの売り子は、こうした需要を満たすことができなかった。論文集マープレレートの成功に立証されるように、散文のパンフレットはずっと効果的だったが、こうした発行物は十分ではなかった。ニュースレターの作家つまり手書きのシートの発行者で当時の呼称でいう「インテリジェンサー」(intelligencers) は有能なジャーナリストであったが、平均的市民には彼らの発行物を買うだけの余裕はなかった。[16] 新しいタイプの発行物が誕生する機は熟したのである。

イギリス初のコラント

　カクストンがイギリスに印刷機を導入してからほぼ 1 世紀半たった 1621 年の夏、現代につながる新聞の原始的な原型がロンドンの街頭に現れた。これら原始的なニュース紙はコラントと呼ばれた。コラントは真の新聞に必要な定期性を欠き、内容が余りにも特殊であったが、ある種の需要を満たした。

　1620 年イギリス人は欧州大陸の展開に関心を払っていた。大衆に人気の高い王女エリザベス (Princess Elizabeth) は、1613 年パラチネートの選挙候フレデリック (Frederick) と結婚した。彼はプロテスタントで、欧州大陸でもイギ

リスでも国教会反対派の高い支持を得ていた。彼が神聖ローマ帝国の意に反してボヘミア王就任を決意した時、結果的に三十年戦争の引き金を引くことになった。

　オランダの印刷人は、素早くこの関心を商業化した。戦争ニュースを報道する少なくとも25の英語のコラントがジョージ・ベセラー (George Veseler) とブロア・ジョンソン (Broer Jonson) によって、大半はアムステルダムで制作された。現在大英博物館に所蔵されているこれら1枚刷りのニュース紙は、1620年12月2日から1621年9月18日の日付になっている。本屋であったナサニエル・バター (Nathaniel Butter) がイギリスでの流通業者であった。こ

パーフェクト・ダイアヌル、1843年4月27日号。

の売れゆきは非常によく、彼は1621年の夏オランダのニュース紙からニュースを引き写して自分で発行する決意を固めた。印刷屋であったトマス・アーチャー (Thomas Archer) がバターの相棒であった。1621年の夏に印刷された彼らのニュース紙は現存しないが、9月24日から10月22日付けまでの同種のコラント[17]が残っている。しかしその時までに印刷人アーチャーは法律違反を犯していたのであった。

　新たに選ばれたボヘミア王フレデリックが、自軍を率いてプラハ近くでのハプスブルグ家に対する反逆の戦闘で敗北した時、イギリスの感情は義理の息子のためのジェイムズ1世の仲裁を支持した。しかしジェイムズは決心がつかなかった。コラントは彼の外交政策に批判的であり、ジェイムズは報復としてテュダー王朝時代の古き法令を使ってコラント編集者を厳罰に処した。国王は1620年12月、また1621年7月「国事に関する大いなる議論の自由」に反対する布告を発した。さらに彼はこれにコラントを禁止する命令を付け加えた。しかし若干の印刷屋は明らかに彼の命令に逆らった。というのも、8月アーチャーを印刷書籍商組合が召換しているという記録が残っているからだ。アーチャーは投獄された。

　ついでニコラス・ボーン (Nicholas Bourne) が舞台に登場した。彼は周囲の尊敬を集めるる印刷屋で、バターは彼の威信を利用しようとして彼と手を組んだといってよい。最初の彼らのコラントは1621年9月に認可され、後の諸号と同じように「官許をもって発行」(Published With Authority) という刻印が付けられていた。この印刷機から生れた現存最古のコラントは1622年5月23日付けとなっている。その頃出所していたアーチャーが印刷人で、おそらくバターが編集者でボーンは発行者つまり責任者であったのだろう。同紙は片面刷りで、紙面は現代のタイプライターの用紙よりやや小さい。

　1624年になって初めてコラントは紙名によって確認されるようになり、ようやく真の新聞に求められる継続性が若干備わることになった。紙名つきで刊行された最初の発行物として知られているニュース紙は、コンティニュエーション・オブ・アワ・ウィークリー・ニューズであり、ボーンとバターの店から発行された。この紙名は少なくとも23号続いてつけられているから、これは新聞の発展のもう1つの段階を記すものと言えよう。

　初期のコラントは、海外ニュース以外まったく掲載していない。国内報道の最初は、1628年頃の日付の議会議事に関するウェストミンスター吏員による報道にまでさかのぼることができる。こうした報道から地方の事件を日々報道

するダイアヌル (*diurnals*) が発展していった。ダイアヌルは、国王と議会の闘争の時代に隆盛を誇った。この時代にあっては、国王も議会も処罰のための手段を講じられるほど強力ではないために、地方のニュースに論評を加えても安全であり、そして両派が国民の支持を求めて競争している時代であった。プレスに関する制約の多くは長期議会によって緩和され、1640年以降多くのダイアヌルが現われるようになった。この種の発行物で最古として知られているのは、ジョン・トマス (John Thomas) のダイアヌル・オカーレンスであり、初登場は1641年11月29日であった。

内戦：ミルトンのアレオパジティカ

1642年から1649年までイギリスは、オリバー・クロムウェル (Oliver Cromwell) に率いられるピューリタンと、ステュアート家とジェイムズの後継者のチャールズ1世 (Charles I) の支持者との間の内戦に巻き込まれていった。この対立は人びとの支持を求める2つの集団の間の内戦を刺激し、プレスにとって抑制が緩和される時代となった。長期議会は、1641年恐怖の的であった星室庁を廃止した。より大なる表現の自由を支持する声が上がり始めた。1644年11月24日詩人ジョン・ミルトン (John Milton) は、恐らく言論の自由を求める偉大な請願の中で最も有名な「アレオパジティカ」(Areopagitica) を刊行した。[18] ミルトンは討論の権利を雄弁に論じ、以下のように断言した。

> たとえあらゆる教義の風を自由に地上に吹きまくるようにさせても、真実がその場にあるならば、我々が検閲や禁止によってその力を疑うのは不当である。真実と虚偽とを組み打ちさせてみよ。自由・公開の舞台で真実が負けたためしを誰が知っているだろうか？[19]

ミルトンはプレスの自由の思想に完璧な表現を与えたが、同様に勇敢かつ明解だったのが、以下のようなジャーナリズムのヒーローだった。ウィリアム・ウォールウィン (William Walwyn) は、宗教的寛容の研究に続いてプレスの自由を主張し、ヘンリー・ロビンソン (Henry Robinson) は、自由なプレスの理論を経済の原理と自由企業に依拠させ、リチャード・オバートン (Richard Overton) は、当時のトム・ペイン (Tom Paine) ともいうべき人物で、宗教に関する分離主義的な見解をデモクラシーの原理へと拡張し、ジョン・リルバーン (John Lilburne) は、同僚の誰にもまして討論の権利を自覚させるのに貢献

した。[20] 現実には、ミルトンは何らかの改善をもたらすほどの影響をほとんども持たなかった。彼の考え方は当時それほど広く普及しなかった。「アレオパジティカ」で表明されている思想はほぼ100年後、すでに享受している以上の自由を獲得しようと戦う世界中の人びと、とくに北米の人びとによって取り上げられたのである。

1649年チャールズ1世が処刑され、オリバー・クロムウェルのもとでのコモンウェルスが隆盛をむかえると、プレスは再び暗黒の時代に入っていった。クロムウェルの「円頭党」(Roundheads) は、かつての国王の大権を引き継ぎ、時としてピューリタンの作家や発行者を激しく抑圧し、新しい政治体制はかつての時代と同様に決してプレスに寛容ではなかった。クロムウェルはミルトンによって検閲されるメルクリウス・ポリティクス、一時期同じくミルトンが支配下においたパーフェクト・ダイアヌル、そして後のパブリック・インテリジェンサー (1655) のような政府機関紙しか発行を許可しなかった。認可されない発行物はみな厳しい取り扱いを受けた。マーチャモント・ネダム (Marchamont Nedham) は、クロムウェルの中心的な編集者だった。

マーキュリーやインテリジェンサーは、イギリスにおけるニュース報道の発展の過程では、コラントやダイアヌルに続くものだった。これらの発行物は広範な情報を掲載し、発行されている間は毎週継続的に号数が打たれた。欧州大陸でも同種の発展が見られた。イギリスでは大半の印刷業者は1660年代までにブックレットの形態から抜け出ることになった。

1660年のチャールズ2世 (Charles II) の復古は結果として、ヘンリー・マディマン (Henry Muddiman) とロジャー・レストレンジ (Roger L'Estrange) の下での、ニュースの独占特許体制の確立をもたらした。しばらくの間旧式の手書きのニュースレターがある程度の自由を持つ情報伝達の唯一の手段となった。印刷される新聞は印刷機の没収で一掃されたが、これに対してニュースレターは写字生が隠れ家を見つけることができるかぎり、また当局に挑戦しようという意図がある限り、制作されうるのである。この間最終的な統制は、国王と議会の間で分割された。ニュースの規制や制約はより少なくなったが、明確な規定がなされ執行は印刷監督長官 (Surveyor of the Press) の下で効果的であった。

チャールズの下で、新しいジャーナリズムの時代は1665年のオックスフォード・ガゼットの創刊とともに花開いた。ロンドンを襲った疫病のため宮廷が首都を離れている間、マディマンによって編集されたオックスフォード・ガゼ

ットは、厳密に言って真の新聞のすべての条件を満たす最初の定期刊行物であった。同紙は国王の当局者によって週2回発行された。23号を発行した後、宮廷がロンドンに戻った時、同紙はロンドン・ガゼットとなった。さらに同紙は後には正式の官報として20世紀に至るまで発行され続けた。

特許検閲体制の崩壊

　王政復古時代の終焉が近づくにつれて、旧来の特許検閲体制は崩壊しつつあるかのように見えた。この現象は政府当局の選択によるものではなく、階級的・政治的連携の増大する傾向の結果のように思われた。1679年議会は、1662年の特許検閲法の失効を承認した。同法は時々復活されたが、国王と議会の間の緊張が高まるにつれて、両派はそれぞれ自派の代弁者を擁護しようとした。いわゆる印刷規制・免許法(Regulation of Printing, or Licensing, Act)は1694年に失効することになったが、政府当局が特許検閲の不当性を認識したからではなく、特許検閲が政治的に不健全である、という理由からであった。1694年から1712年の第1次印紙税法可決まで、唯一の統制は反逆罪と煽動的文書誹毀罪の法律と、議会の議事報道に関する規制だけであった。事前抑制は終焉を迎えたのであった。

　チャールズの下での最後の1人の犠牲者は、軽率で多少向こう見ずなジャーナリストであるベンジャミン・ハリス(Benjamin Harris)であった。ハリスは、国王の法律に対する違反で有罪判決を受け、罰金とさらし刑に処された。彼は罰金が払えずに2年間獄中で過ごした。1686年再びハリスの店が当局の急襲を受けた時、彼は家族とともにブリストルに逃れ、さらに北に渡った。彼はまたアメリカ初の新聞の発行者として、まもなく舞台に登場することになるのである。

　君主制に転換をもたらした1688年の名誉革命の後、ジャーナリストにはかなりの自由が与えられた。ウィリアムとメアリー(William and Mary)は、世論の力によってその地位についた統治者であり、世論の発展にとって重要な印刷人や発行人と敵対しないように心掛ける常識を持っていた。彼らの統治した時代に、重大な訴追事件はまったく存在しなかった。1694年までに古き特許検閲法は老衰と無視のために死んだ。ウィリアムとメアリーの治世の間に2党制が台頭してきたので、もはや特許検閲法の維持は困難になっていた。古き君主の決定的な行動がなければ、こうした古き制度の継続は不可能になってい

た。下院における特許検閲法に対する攻撃は、独占体制の経済的不公正、印刷業界の抑圧、ワイロを使う容疑者の横行そして検閲制の不適正といったことに集中した。しかしマコーレー (Macaulay) が自著『イギリス史』(*History of England*) の中で述べたように、「原理に関する重要な問題、つまり無検閲の印刷の自由が全体としての社会にとって良いものか悪いものか、という問題についてはひとことも発言がなされなかった」[21] のである。

中産階級の台頭

　ジャーナリズムの発展は、イギリスの政党政治の成長によって加速された。ますます政治に関心を持つようになってきた人びとが関わる政治・社会問題において、新聞が1つの勢力となり始めたちょうどその時に政党が誕生したことは重要な意味がある。コラントは、旧式の社会制度が死の苦しみの中にあった時代に発行された。イギリスは、その経済的発現が、利用のための生産である封建主義から、利益のための生産と経済学的に解されるような資本主義へと着実に移行しつつあった。権力が他の階級を犠牲にして1つの階級によって掌握されたので、そうした変化は社会的緊張をもたらした。

　新しい種類の市民、つまり商業従事者（交易業者、商人、そして後の製造業者）が出現し始めた。大規模な中産階級が台頭しつつあった。彼らは生産者と消費者の中間に位置し、商品の取り扱いや流通から利益を得た。中産階級はまたそうした経済活動を行い、生活水準を最高のレベルに押しあげるのに貢献した。この過程で蓄積された富は、必然的に権力へと転化した。現われ始めてきた中産階級は、伝統的な諸々の階級の封建的特権や権力のある部分を奪取することで社会的承認と影響力を勝ち取ることができた。

　権力を巡って3つの階級が争った。第1はおおむね宗教的には国教会派、政治的にはトーリー、階級としては貴族主義的だった。第2は長老派でホイッグで中産階級という傾向があった。第3は宗教的異端派、政治的には急進派、階級では身分の低い人びとから構成されていた。3つの階級はみな新聞とジャーナリストを生み出した。ホイッグの中産階級はおそらく不可避的に、労働者階級つまり彼らから見れば異端派、急進派から生まれた作家や編集者に資本や印刷機器を提供するようになるのである。

18世紀のジャーナリズム

　新聞の人気は非常に高くそのため発行者は日刊発行を試みた。1702年3月11日、デイリー・クーラントがロンドンの街頭に現れた。同紙は英語で印刷された最初の日刊新聞であった。クーラントは「E・マレット (E. Mallet) によって販売」・制作されたのだが、研究者の間で創刊者の性別つまりエドワードかエリザベスかで意見が一致していない。いずれにせよ、この初めての事業も数日しか続かなかった。

　デイリー・クーラントの真のヒーローはサミュエル・バックリー (Samuel Buckley) であって、彼は同紙を復活し注目すべき新聞に作りあげた。バックリーは当時にあっては聞き慣れないジャーナリズムの基準を主張した。[22] 同紙は「ニュース」の新聞であり、噂の工場ではない、という主張だった。彼は意見よりも事実のニュース報道を提唱し、事実の掲載は中立的であった。バックリーは慎重に記事にクレジットをつけ、「……市民は、政府の許可付きのニュース記事がどんな国からきたかを見極め、記事の信頼性や公平さについて賢明な判断を下すことができる」[23] と述べた。彼は自説を実行した。バックリーはホイッグであったが、ホイッグが必死に権力闘争している時でさえ、ホイッグに都合のいいようにニュースを操作することはなかった。わずか1枚刷りで、例外的なニュースがある日を除いて、裏面は利益率の高い広告に当てられた。彼は紙面構成の実験の機会をほとんど持たなかった。しかしながらバックリーは時おり報道を分かりやすくするために地図や図表を使った。広告の多くは現代の基準からすれば怪しげなものであったが、高い収益を上げた。確かにこの広告収入によって彼は優れた海外ニュースを入手することができたのである。

　18世紀ジャーナリズムの質の高さは、今日ですら英米の研究者によって読まれている「評論新聞」(essay papers) に示される。タトラー (1709～1711年) とスペクテイター (1711～12年、1714年) は、初めはリチャード・スティール (Richard Steele)、後にはスティールとジョゼフ・アディソン (Joseph Addison) の2人によって刊行された。1シートの片面刷り1部1ペニーで売られ、この種の発行物は非常に人気が高かった。スペクテイターは日刊で、一時は6万人の読者を擁すると発行者は豪語した。さらにこの種の文学的形態は広く模倣され、アメリカではベンジャミン・フランクリン (Benjamin Franklin) によって模倣された。

　この時代のイギリスの最高のジャーナリストはダニエル・デフォー (Daniel

Defoe) であり、1717年から1720年の間ミスツ・ジャーナルを編集した。スティールは、おそらくデフォーの初期の著作を読んでタトラーのアイデアを得たのであろう。デフォーを現代の論説の創始者である、とまで主張する専門家もいる。彼の文体は非常に魅力的でかつ説得力があり、あらゆる種類の話題を論じた。彼はまた、アメリカのジャーナリストたちに広く模倣された。しかしデフォーは当時の他の編集者と同様、常に煽動的文書誹毀罪による逮捕の危険にさらされていた。トーリー支持者ジョン・ダイヤー(John Dyer)のようなニュースレター作家は、読者を選んで手書きの秘密報道を行った。

カトー書簡

　トーリーとホイッグの大論争において、主席司祭スウィフト(Dean Swift)はエグザミナー(1710)を編集する傍らで、きわめて辛辣な風刺を書いた。この論争からその他の大作家が誕生し、彼らの思想は主として新聞を通じて多くの人びとに伝えられた。イギリスでもアメリカでも大きな影響を及ぼしたのは、「カトー」(Cato)の筆名によってジョン・トレンチャード(John Trenchard)とトマス・ゴードン(Thomas Gordon)によって書かれたいわゆるカトー書簡(Cato's Letters)であった。このシリーズは1720年から23年の間ロンドン・ジャーナルついでブリティッシュ・ジャーナルに掲載された。[24] 確信のこもった、読みやすい文体で彼らは自由の諸理論、代議政体、表現の自由を論じた。1724年にはカトー書簡のシリーズはまとめられて4巻の書籍として出版された。独立革命の最初の動きが感じられ始めた植民地では彼らの著作には大いなる需要があった。「カトー」の影響はアメリカの新聞やパンフレットを通じて、独立宣言が署名されるまで見られた。

　しかし、こうした進歩には大きな犠牲が伴った。党派的闘争は、表現の自由のコーラスを生み出しはしたが、政権の座にあった反動的政府は、新しい抑圧的政策を断行することができた。1712年トーリーは、新聞や広告への課税に成功した。これらの「知識課税」(taxes on knowledge)は経済的統制であって、新聞を抑制する傾向があった。さらに悪いことに、こうした課税は新聞の価格を押し上げ、そのため大衆はこうした発行物に容易に接近できなかった（それが政府当局の狙いの1つであった）。広告と新聞への印紙税はその後140年間完全には撤廃されなかった。結果としてイギリスの新聞は1850年代まで発行部数も少なくサイズも小さかった。サミュエル・ジョンソン(Samuel

Johnson) 博士の風刺やジョン・ウィルクス（John Wilkes = 1760 年代の彼の煽動罪による投獄は広範な大衆の反応を惹起した）の勇気などによって、下院の議会議事報道の禁止は 1771 年廃止になった。しかし煽動的文書誹毀罪による裁判の威嚇は、当局に挑戦しようとする人びとに重くのしかかっていた。

現代のジャーナリストが過去の経験から多くのことを学ぶことができるのは、この時代の研究から明白である。プレスの自由の進歩はプレスが支配する者に属することを示している。もし権力が君主やエリート集団の手中にあれば、政治や社会的問題に関する情報や思想を市民が手に入れる必要性はまったくなかった。実際市民に情報（ニュース）を与えることは、現実に国家の安全や安定に脅威となるかもしれない。そのためこうした制度の下では、プレスの利用は娯楽や無害な評論に厳しく限定されねばならなかった。他方市民が政治に参加するなら、政治体制における地位に応じて情報に接近できなければならない。

この時代の研究から得られるもう 1 つの教訓は、政府が安定していればいるほど、政府の脅威はより少なくなり、プレスにより多くの自由が与えられるようになる、ということである。この教訓は現代にいたるまで当てはまる。政治指導者やその支持者が国家の安全に気を使う戦争中や戦争の後には、言論・出版の自由は抑制の危険にさらされる。国教会の設立後のヘンリー 8 世の時代の不安定さのために、結果的に厳しいプレスの規制が実施されるようになった。エリザベスは自分の即位の主張に多少の疑念がもたれていた時代に、プレスを弾圧した。他方 17 世紀末からの統治の安定によって、かつて見られなかったようなプレスの自由がもたらされた。フレデリック・シーバート (Frederick Siebert) 博士が述べているように、「政府はみずからが攻撃されたり、重大な脅威にさらされていると考えたりしない限り、自らの保護に努力しないのは自明の理なのである。」[25]

次の章においてわれわれは北米での過程を考える。北米において自由なプレスの概念は究極的には他のどの国よりも支配的になっていった。しかしこの進展に刺激を与えた哲学はイギリスから発展したものであり、イギリスのプレスの伝統にアメリカが負うものは計り知れないのである。

北米植民地時代における最初の新聞とその発禁命令。

第 2 章

植民地時代

> わずかな一時的な安全を得るために本質的な自由を放棄するものは、自由にも安全にも値しない。
>
> ——ベンジャミン・フランクリン

植民地時代に関する伝統的な見解は、以下の引用のように、この時代がとりわけ英雄的であった、という立場をとる。

> しばしば神聖なる使命感、あるいはヨーロッパが与えることのできる以上に完全で、神への義にかなった生活の探求に突き動かされた大胆な男女は、過酷な大西洋横断に挑戦し、「荒涼たる荒野」を攻略し、小さな開拓地を作り、大きな繁栄する家族を築き上げ、常にたゆまず、今日に至る我々の民主的な社会の礎となっている自由な諸制度を作り上げたのである。[1]

しかし、現代アメリカの歴史家はすべてを考慮した上で、ヨーロッパの植民者がアメリカ両大陸にやってきた時、7千万人以上の先住民と遭遇したことを指摘する。最終的にヨーロッパの探検、征服そして開拓は、少なくとも4千万、おそらくは6千万もの多くの人命を奪うことになり、その多くを占めた先住アメリカ人たちは、ヨーロッパの疫病の免疫がなかったため病に倒れた。ヨーロッパの入植者と先住アメリカ人との戦争はまた多くの犠牲者を生んだ。他方、英米の1808年の奴隷貿易の廃止まで、8百万以上のアフリカ人奴隷が、意志に反してアメリカ両大陸に連れてこられた。このように植民地アメリカの歴史は、単なるヨーロッパの植民者の歴史（とくに、かつての歴史が説明するような、ニューイングランドにおける歴史）ではなく、それ以上のものである。それは先住アメリカ人、植民者、奴隷からなる3つの人民の物語であり、その複雑な経験が、悲劇とともに様々な革新を生み出した。[2]

こうした背景に対して、ニューイングランドは北米の新聞の誕生の地となった。しかし、ニューイングランド地域初の植民地政府樹立に成功してから84年たった1704年、初めて真の新聞の条件をすべて満たす刊行物が生れた。印刷人は植民当初からいた。1620年プリマスにやって来たピルグリムの長老、つまり指導者の2人ウィリアム・ブルースター (William Brewster) とエドワード・ウィンスロー (Edward Winslow) は印刷人であった。彼らはイギリスのプロテスタンティズムの中でも急進的な宗派である分離主義者のための宗教パンフレットを出版したり、またしばらくの間ジョージ・ベセラーの近所に住んでいたことがあった。ところでそのベセラーがちょうどオランダで最初のコラントを印刷している頃、ピルグリムたちは、メイフラワー号で北米へ向けて航行中であった。こうした背景があるにもかかわらず、プリマス植民地が新聞や大衆的な定期刊行物を持つようになるには、ほぼ1世紀も待たなければならなかった。

　ピルグリム到着から10年後、別の集団が、プリマスより北方に位置し、船で約1日かかるボストン周辺に定住を始めた。このマサチューセッツ湾植民地は後に知られるように北米ジャーナリズムの揺籃の地となった。植民者の多くは豊かであった。教育程度は高く、学者として尊敬される人もいた。成長が緩慢であったプリマス植民地と違って、マサチューセッツ湾植民地は人口でも影響力でも急速な成長を遂げた。同植民地は初めから高度の自治を持っていた。その植民者の一団が持つ特許状が北米に持ち込まれ、北米でその特許状は、本国政府の非常に用心深い役人の干渉を乗り越えて、一種憲法の機能を果たした。実際マサチューセッツ湾植民地は、ニューイングランドの発展にとってきわめて重要な意味を持つ、自治あるいは少なくとも参加的地方自治の形態を持っていた。

ニューイングランドの環境

　マサチューセッツ湾植民地の入植者は、子供の教育に関心を持っていた。自身が教育の恩恵を受けていたので、続く世代にその遺産を継承したいと考えていた。植民地建設から早くも6年後、彼らはハーバード・カレッジ（1636年）を創立した。大きな町にはハーバード入学準備のための「グラマー・スクール」ができた。この教育過程の一部として政府当局は、1638年英領植民地初の印刷機をケンブリッジ（訳者注：カレッジ所在地）に設置した。この印刷機の役割

は、学校やカレッジで必要な宗教書の印刷にあった。最初に印刷された書籍は 1640 年の『祈祷書』(*Bay Psalm Book*) であった。[3] 第 2 の印刷機もそれほどたたぬうちに設置されるようになった。後にこれらの印刷機は、同植民地の最初の歴史や若干の詩集をふくめ、文化的な題材も印刷するようになっていった。読み書き能力について一言すると、歴史家サラ・エバンズは、若干の女性は「読書の基本」を教えられたが、「はるかにずっと読み書き能力を持つ可能性が高かった」のは彼女たちの兄弟であったことを指摘している。[4] また、読みと書きは全く別個の技能と考えられ、別々に教えられたから、読みよりも書きのできる植民地女性ははるかに少なかった。[5]

ボストンが新世界の知的な首都として有名になったのは、植民者の教育や文化の普及への関心のためであった。ボストンには新聞が発展するためのすべての要素（高い読み書き能力、コミュニティ問題への関心、自治、繁栄そして文化的リーダーシップ）が存在したが、成功を収めることになる新聞は 4 世代後になるまで出現しなかった。

この遅滞には理由があった。初めは荒野が入植者のエネルギーを吸収した。港に入ってくる船にはみなイギリスの新聞が積み込まれており、このイギリス紙でニュース需要は十分満たされた。入植者は新世界の他の植民地とはほとんど交流をもたなかった。北米に到着して数年、彼らの目は近隣ではなく本国に向けられていた。

ニューイングランドの植民者は、岩だらけの土地に小さな農場を築いた。彼らは狭い渓谷に互いに接近して暮らしたので、タウンの生活はタウン・ホールやタウンの政治とともに、重要なものとなっていった。植民者が築いた権威主義的社会では、神学上の意見の不一致は、政治・社会秩序にとって脅威とみなされた。ロジャー・ウィリアムズ (Roger Williams) のような宗教的反対者は、アン・ハッチンソン (Anne Hutchinson) と同様、植民地を追放され、ハッチンソンは、マサチューセッツ湾のピューリタンによって破門された後に、ロードアイランドの小さな入植地に合流した。[6]

ニューイングランドの生活は、人びとの「信仰」によって厳密に形成された。ピューリタンの背後にある神学はカルビニズムであった。16 世紀スイス、ジュネーブの宗教改革者ジョン・カルバン (John Calvin) は、予定説を中心に神学理論を形成した。予定説というのは、神は自ら救われるものを予め定めている、つまり選民を持つという信仰であった。有名なピューリタンの労働の倫理——一生懸命働け、さすれば成功しよう——は、繁栄は神の選択の証であると

いう人びとの信仰に由来するのである。

　こうしてニューイングランドの植民者は、財産とくに土地の形態の財産を高く評価した。イギリスでは土地は威信と地位の象徴であった。封建制の衰退と資本家階級の出現によって、土地を持たない多くのイギリスの農民が北米に渡ってきた。彼らの荘園領主が自耕自給農業から羊毛飼育に転換していたからである。彼らは北米で愛する土地を耕すだけでなく、上流階級の象徴である財産をも獲得することができたのである。[7]

　女性はニューイングランドの発展のもう1つの重要な要素であった。女性は、最初の開拓者として男性とともに渡来し、家庭を築きビジネスを生み出した。彼女たちは大家族を養い、家族集団はアイデンティティを維持した。これはまた、他のイギリス、ドイツ、スウェーデン、オランダの北米植民地でも同じであったが、南米のスペインの植民地ではまったく、カナダのフランス植民地では少々、事態は異なっていた。ニューイングランドのパイオニアは、古い民族の伝統と偉大な文化の特徴を維持したのである。

商業：プレスの予兆

　新聞の発展を促す商業的刺激は、奇妙な方法でニューイングランドにもたらされた。農業は投資されるエネルギーに対してわずかな報酬しかもたらさなかったので、ニューイングランドの住民たち(Yankees)は生計を立てていくもっと簡単な方法として漁業に頼ることになった。周辺の海域は魚の宝庫であった。まもなく彼らは地中海海域への主たる魚資源の供給者となった。地中海海域は、宗教と食生活が結び付き、格好の市場になった。

　漁業によってニューイングランド人は偉大な船乗りになった。彼らはまもなく特別な目的のために設計され、当時使用されているいかなる船よりも優れた自前の船を造るようになっていった。森林は繁栄する造船業に原材料を供給した。ニューイングランドには良港がたくさんあった。造船と海洋商業は材木業、木工業その他の小産業の成長を促した。そうした産業に必要な水力は豊富であった。結果として、たくましく抜け目のない独立した事業家の階級が、ニューイングランドにおいて名声を獲得し始めた。彼らの多くは富を蓄え、商品の広告や関連情報を普及させる能力をもつ発行物の支援に貢献するようになっていった。

　前数世紀のヨーロッパの市場や定期市と同様に、しばらくの間コーヒーハウ

スはニュースのメディアとして十分な機能を果たした。同じ関心を持つ人びとがコーヒーハウスで出会い、ゴシップや有益な情報を交わし合った。買い付け人はもちろん小売商人も船舶の出入港に関心を持っていた。事業家はイギリスの新聞では通常無視される地域の状況に関心を持った。例えば北米の沿岸商業はゆっくりと発展し、西インド諸島との取引も活発であった。各地の海賊を追い払うためにどんな手段を講じたらよいのだろうか？　新しい郵便制度がイギリス王政府によって設立されようとしているのは事実か？　最終的には競争によって成長しつつあるコミュニティの交易に拍車がかけられるようになるにつれて、商人は顧客に読まれる発行物の形態で告知や広告を印刷すれば、以前より早く顧客に商品を渡せることに気づいた。ジャーナリズムのこの側面に重点がおかれたことは、新聞の紙名に「アドバタイザー」(Advertiser) と付いた初期の新聞の数に表われている。さらに商業の発展は草創期の新聞の創刊と重要な関係をもち、初期の定期刊行物はみな商業中心地に誕生した。

南部・中部植民地

　南部の地勢は、大規模なプランテーションの成長に好都合であった。南部の一般的な観点はなお商業的よりむしろ農業的であり、タウンの成長はゆっくりしていた。「ピューリタンが聖書を読み、神学を理解する能力を重視したことによって、17世紀の間、ニューイングランドは世界で最も読み書き能力の高い地域となった」が、南部や中部の状況は全く異なっていた。[8] 教育はそれほど重視されず、また奴隷は読書を教えられることがほとんどなかったので、全体の読み書き能力は、北部の自由植民地と比べずっと低かった。[9] こうした社会ではコミュニケーションの発展はゆっくりしていた。「旧ドミニオン」たるバージニアの植民は、ピルグリムのプリマス植民より13年も早かったが、新聞の発展ではずっと遅れをとった。しかし南部はやがて新聞と密接に結びつけられることになる民主主義の発展に不可欠な偉大な思想と思想家において貢献した。そして実際、バージニアは、植民地からの英語による最初の報道的な文章に貢献したのである。それは、1607年のジェイムズタウン開拓の指導者であったキャプテン・ジョン・スミス (Captain John Smith) によるものであった。彼の『バージニア便り』(Newes from Virginia) は、1608年ロンドンで40頁の『真相』(a true relation) として刊行され、第1章で説明された新聞以前のコラントやニューズ・レターの中で、北米について以前に発行された5冊のパンフレ

ットよりもジャーナリスティックと評価された。[10]

　大西洋中部植民地、通称「食料」(bread) 植民地は、諸植民地の地域的特性の融合に貢献した。フィラデルフィアとニューヨークは大商業センターであった。この点で中部植民地は、植民地歴史の最初の世紀つまり 17 世紀において、ボストン、セーレムそしてプロビデンスといったニューイングランドと似ていた。しかし、中部植民地は様々な民族的・宗教的背景を持つ開拓者を引きつけた。スウェーデン人は、デラウエア河沿岸に 17 世紀初頭にはじまるコミュニティを建設した。1621 年オランダの西インド会社はニューネザーランド植民地を築いた。ペンシルベニアの各地は、「Pennsylvania Dutch(Deutsch)」の出身地パラチネートの都市のようにまったくドイツ的になっていった。この地域はまたカトリック、ルター派、クエーカー派そしてオランダ改革派のような宗教的追放者を吸収した。

　17 世紀末までに北米植民地には約 25 万のヨーロッパ系住民がいた。マサチューセッツの人口は 1620 年の約 100 人から 1700 年までに 4 万 5 千人へと増大した。バージニアは約 5 万の白人人口を抱え、メリーランドが 2 万でそれに続いた。他の植民地の規模は、これらよりずっと小さかったが急速に成長していった。この時期までに尊敬に価する財産を蓄積した家が多少あったが、一般的な収入のレベルは相対的に低かった。

政治的混乱

　北米植民地は、ヨーロッパでの宗教的・政治的問題を反映することになった。多くの北米人は信仰の相違によって移民してきたし、彼らはそうした問題を抱えたまま渡来してきた。1640 年代の革命後のチャールズ 2 世の王政復古は反動政治の時代であった。国王は再び古き彼の権力を行使した（あるいはそうしようとした）。チャールズを継いだジェイムズ 2 世 (James II) は、臣民の善意に対する侮辱は危険であることを悟るべきであったが、彼は以前の諸国王にまして不人気であった。ジェイムズの下で反乱が沸騰した。その状態は植民地にも反映された。

　イギリスは 1664 年オランダを打ち破り、戦利品の 1 つとしてニューネザーランド植民地を獲得し、名前をニューヨークと改めた。続く数年チャールズ 2 世は国内の権限強化を図った。同じ過程が植民地でも進行したことに、何ら不思議はなかった。マサチューセッツの総会議は、例えば 1662 年プレスを制限

する旨の最初の公式の法律を可決した。当時のマサチューセッツ植民地には印刷所がハーバード1か所しかなく、それも印刷機は2台であったが、政府当局は政府転覆を謀る可能性をもつ言論の機会を許さず、法律は厳格な検閲を規定した。

　ちょうどこの頃植民地に送られた植民地総督の1人がエドマンド・アンドロス卿 (Sir Edmund Andros) であった。1674年彼は初めにニューヨークの統治権を接収した。彼の理解では自分の任務はデラウエア川からコネティカット川の間の地域の統治権を行使することだった。一方植民地の指導者は、こうした理解の仕方を、国王が集権化の手段によってこの地域のもっと効果的な統制を確立しようとしている証拠と受け止めた。ニューイングランド諸植民地の特許状の無効が宣言され、アンドロスはこの地域の接収も委任されていると信じた。1686年までに彼は人口密度が高く繁栄する諸植民地の大半を支配するようになった。

　2年後（1688年）イギリス議会は「名誉革命」でジェイムズ2世を追放した。彼の長女メアリーとその夫オレンジ公ウィリアム (William of Orange) へ共同で王位が与えられた。ウィリアムとメアリーは賢明な統治者であった。2人は王位を与えられた状況を熟知しており、協調的な傾向を持っていた。こうした事件の北米版がアンドロスに代表される王権への反乱であった。彼は1689年裁判のためイギリスに送られた。[11]

印刷人、ベンジャミン・ハリス

　ロンドンの元本屋兼発行人が、普通の植民地人たちが買うことができ、理解できる定期刊行物を出そうと決意したのが、ちょうどこの時であった。当時のボストンは人口7千、北米最大の都市だった。この本屋兼発行人が構想したような発行物に対応できる潜在的能力を、当時のボストンは十分持っていた。文化や読み書き能力のレベルも財政的リスクに見合うものだった。商業的従事者による需要もあり、彼らの不可欠な支援を期待できた。新聞を必要とする条件は整い、時の人も身近にいた。

　このエピソードの主は、法律を逃れるため北米にやって来たと考えられていた亡命印刷屋ベンジャミン・ハリスであった。1686年ボストンにやって来た彼は、すでにロンドンで出版業のかなりの経験を積んでいた。不幸なことに彼はトラブルメーカーで、1679年新聞を創刊した直後に、煽動的文書保持

の罪で逮捕されてしまった。ハリスはさらし刑の宣告を受け、2年間の獄中生活を送った。1686年彼の店が再び当局の捜索を受けた時、彼は家族ともどもボストンに逃れ、ステート通り (State Street) とワシントン通り (Washington Street) が交差する一角に、コーヒー屋と本屋が一緒になった店を開いた。

　店はボストンの中でもとりわけ興味深い市民のお気に入りの集会場となった。当時の年代記録者でかつては出版屋でもあったシーアル (Sewall) 判事は常連の顧客であった。地元の知識人や物書きたちが店をたまり場にした。彼の店は上流婦人が歓迎される町唯一のコーヒー店であったという事実に、彼の進歩的思想が如実に示されている。

　ハリスは抜け目のない事業家であり、手強い競争に抗して成功を収めた。開店したとき近所に7軒の本屋があった。彼は腰を据え、長い間ニューイングランドのベストセラーになる綴字教本を書いた。著名の顧客のために書籍を出版したりして、競争業者に欠けている尊敬と威信を勝ち得た。この時彼は印刷屋ではなく文学のプロモーターであった。ところがアンドロスの没落によって、彼は一番好きな仕事つまり新聞の発行に戻る機会を与えられることになったのである。

パブリック・オカーレンセズ、1690年

　1690年9月25日、リチャード・ピアス (Richard Pierce) の印刷所は4頁の新聞を発行した。4頁目は読者が他の人に自分のニュースを加えて送るため空白になっていた。紙面のサイズは6×10¼インチで、紙面構成の工夫はほとんど見られなかった。これが若干の権威筋によって北米最初の新聞と称されているハリスのパブリック・オカーレンセズであった。同紙は創刊号を出したのち発禁となったこと、新聞の条件の1つが周期性や継続性であることを別にすれば、北米初の新聞と言ってもよい。しかし仮に継続性を無視すれば、それ以前の、大きなニュース事件のブロードシートやリプリントの実例すら存在する。パブリック・オカーレンセズを際立たせた特徴は、他紙と違って同紙は新聞のように見え、新聞のように読め、恒久的なニュース発行紙として意図されていた、ということにあった。[12] ハリスは、当時としては有能な記者であった。文体は簡潔で、現代の編集者の言うように「パンチが効いて」いた。国内外双方のニュース（これもまた初期のニュース発行物と違う）を掲載した。実際「オカーレンセズ」は多くの興味深いニュースを載せた。こうして第1面の外側の

コラムの下方の記事が目につく。

> 「ボストンで猛威を奮った天然痘はしばらく荒れ狂った後、現在は大分鎮静化している。患者の数は 12 年前襲われた時よりずっと多いと考えられるが、死者はそれほどではない。今回の流行によるボストンの死者は約 320 人で、おそらく前回の流行の時の半分である……」[13]

　ハリスは、文書誹毀を印刷したからではなく、見たままの真実を印刷したため、当局と衝突した。彼はまた 1662 年に初めて課された特許検閲の制限に違反した。ハリスのある記事は「西部の英領植民地」のインディアン同盟のせいで、ウィンスロップ (Winthrop) 将軍率いる植民地軍は、フランス軍攻撃を延期せざるをえなくなったと報じた。インディアンは軍隊を敵地へ輸送する「カヌー」を用意できなかったと書いた。軍の司令官たちは兵士が天然痘でひどく弱っており、任務を遂行できなかったと説明していて、それはおそらく真実であっただろう。しかし軍隊は個人に襲撃をかけられないほど弱体ではなかった。こうした襲撃の 1 つから捕虜を連れ返り、捕虜をイギリス人なら是認しないような残忍なやり方で扱ったとハリスは報じた。また彼はインディアンを「哀れな野蛮人」と表し、彼らを「われわれはあまりにも信用しすぎた」と述べた。

　こうした論評はみな植民地政府の政策批判ととられてもしょうがないものだった。当時の植民地政府の方針は先住アメリカ人を敵ではなく味方にすることに重点が置かれていた。ハリスはまた悪趣味でも非難された。フランス国王が王子の妻にけしからぬ行為をはたらき、そのため王子は反乱を起こしたといった報道で、紙面に面白みを加えた。シーアル判事は日記の中で、ボストン市民に届く出版物のこうした記事で、ピューリタン聖職者が中傷された、と書いている。

　しかし北米の新聞発行者としてのハリスのキャリアに終止符を打ったのは、マサチューセッツの特許検閲法であった。彼がその制約をどのように回避しようとしたかは全く不明である。結局ハリスはイギリスに帰り、貧しいインチキ薬の行商としてジャーナリズムの舞台から消えていった。

　北米植民地に次の新聞が登場するのは 14 年後のことであった。次の 30 年、ボストンで成功した新聞発行者はみな、用心深く自分の新聞が「官許を得て」(by authority) 発行されていることを読者に告げた。もっと重要なことに、彼らは重要な公職の保護を得た。というのはハリス以後のジャーナリストはみな郵便局長であった。

ヨーロッパでは郵便事業とジャーナリズムの間には、長い提携の伝統があった。初期のヨーロッパ大陸の新聞は大方、郵便局長によって発行された。これには十分な理由があった。郵便局長は職業上情報の普及に関心を持ち、それが彼らの仕事でもあった。彼らは社会にとって利用可能な情報の大半にアクセスすることができた。郵便の小袋の封印を切り、重要な郵便を配達した。当時の郵便局長は今日のように地元のゴシップをしばしば耳にした。つまり「事情通」であった。植民地には1692年まで公式の郵便事業が存在しなかった。つまりこの年にイギリスは植民地間の郵便制度を認可したのであるが、このことは植民地が相互に関心を持ち始めた兆候でもあった。

ジョン・キャンベルのニューズ・レター:1704年

新しい植民地間事業のため、国王によって郵便局長のひとりに任命されたのが、ジョン・キャンベル (John Campbell) であった。彼は1700年にボストンの郵便局長となった。彼は他の植民地にいる臨時の通信員に情報を供給するのに、はじめから郵便を利用した。キャンベルはこの種の情報をニューズ・レターの形態で発行した。これは手書きの原始的な報道であり、印刷の発明前にあってはヨーロッパ共通のコミュニケーションのメディアであった。キャンベルの送る情報の大半は商業と政治の問題に関係していた。ボストンは当時北米植民地では最も重要な都市であり、したがってその郵便局長の情報は大西洋沿岸都市すべてに大きな関わりを持っていた。集会、布告(宣言)、苦情の申立て、法律公告、訴訟、利用可能な貨物の空きスペース、重要人物の到来、といったものがキャンベルのニュースの題材になった。ニューズ・レターにはこうした多くの需要があったので、彼は、地域の数少ない印刷屋の1人バーソロミュー・グリーン (Bartholomew Green) の助力を求めた。

1704年4月24日の朝、ニューベリー通りのグリーンの店は北米初の継続的新聞を印刷した。ボストン・ニューズ・レターである。同紙はキャンベルが1700年以来出していた刊行物の単なる継続に過ぎなかったから、適切なタイトルであったと言えよう。ニューズ・レターはハリスの新聞のサイズより多少大きく1シートの両面刷りで、タイプライター用紙よりやや大きめであった。

創刊号のニュースには目新しいものは何もなかった。発行者兼編集者兼郵便局長はすでに数週間遅れになっているロンドンの新聞をただ抜粋するだけで、それらの記事を海外ニュース交換 (foreign exchange) として掲載した。すべて

のヨーロッパ通信を掲載するスペースはなかったから、将来利用するために余分な情報を蓄えていた。結果的に若干のニュースは読者の元に届く前に数か月遅れになった。他方ローカルニュースはずっと時宜的であった。簡潔だが、驚くべきほど情報が多かった。例えば……

> ボストン、4月18日　ジャマイカから約4週間の航行でシル船長到着、引き続き同地、病気が流行と語る。
>
> 当市大物商人ナサニエル・オリバー氏、4月15日死去。4月18日厳かに埋葬、享年53歳。
>
> 20日、ペンバートン師が聖書テサロニケ信徒への手紙1節4：11句について、優れた説教をした。題して「汝自身の務めを果たせ」。つまり、いかなる階級、資格の人びとも、自分の仕事に力を尽くせ。宗教改革をはかるために。この点、とくに総督閣下が新聞への掲載を命じた。
>
> 21日、総督閣下、総会議を解散す。[14]

しかしハリスが残忍な野蛮人や好色な国王の報道をしたあとでは、同紙は味もそっけもないジャーナリズムだったとしか言いようがない。キャンベルはすべての原稿について、総督か彼の書記官の認可を得た。そのため彼の新聞は、文書毀損を「防ぎ」、検閲を「防ぎ」、あげくのはてほとんど読者を「防ぐもの」にしてしまった。キャンベルは収益の上がる事業にするために十分な購読者の数を決して得られなかった。発行部数はめったに300部を越えなかった。

キャンベルの記事選択や叙述の文体は、ニューイングランド・ジャーナリズムの宗教的ルーツを反映した。研究は、神の摂理の原理が、慣習的かつパターン化された主題と共に、時事的なニュースを志向する神学的秩序を形成したことを示している。[15] こうして貧しい女性の自殺に関しては、キャンベルは「本紙におけるこうした恐るべき摂理の掲載が、不快感を惹起するのではなく、むしろ他の人びとに悪魔の策略に対する警告となることを願う」と書いた。彼は明らかに、囚人のむち打ちの刑の記事を掲載しなければならぬことを悔やんだが、その囚人は、ほこり混じりのタールを売ることで人びとを欺いていた。ニュースは、「もっと悪しきことが身に降りかからないようにするため、同じ行為が他人に対する警告となるよう、本紙に掲載されるにすぎない」とキャンベルは悲しげに説明した。このような記事は当時の典型的なものであった。

ニューズ・レターは印象的ではないが、聖書にあるカラシの種（訳者注：大発

展の原因となるもの）のようであった。そこから誰にも無視できないアメリカの強力な第四階級が生まれてきたのである。

競争——ボストン・ガゼット、1719 年

　キャンベルが政治の後ろ盾を失った1719年12月21日、植民地の読者は、初めて新聞を選択することができるようになった。ウィリアム・ブルッカー(William Brooker)はボストンの郵便局長の任命を得た。彼は後援者から準公式の新聞の発行継続を奨励された。しかしキャンベルはニューズ・レターを手放すことを拒絶したので、ブルッカーは新しい発行物を自分で始めざるを得なかった。こうして15年の独占状態の後、北米のパイオニア的新聞は「競争」に直面することになった。新しい競争紙はボストン・ガゼットであった。

　この競争によって準公式のガゼットも自由企業のニューズ・レターも著しく改善されることはなかった。ガゼットは模倣紙として出発し、おまけに退屈であった。市場のページを除いてニューズ・レターと何ら変わるところがなかった。しかしブルッカーには大きな利点があった。郵便局長として廉価で新聞を流通させることができたのである。

　その後引き続いて5人の郵便局長が1741年までガゼットを続けて発行した。そしてその時その間に創刊されたもう1つの競争紙ニューイングランド・ウィークリー・ジャーナルと合併されることになった。これら初期の新聞が挙って精彩を欠いていたので、この合併はアメリカのジャーナリズム史上最初のものとして注目されるにすぎなかった。キャンベル、ブルッカー、そして後続発行者は小役人として、自分の特権や援助を依存する役人を攻撃しないよう気を使った。イギリスでは1700年以前に特許検閲法が失効していたにせよ、新聞は毎号、発行前に政府代表のお墨付きをもらっていた。「官許を得て発行」(Published by Authority) の字句はまた、印刷人がニュース・ソースを指摘したり、個々の記事の信頼性を確証するのが困難な時代にあって、内容に信頼性の雰囲気を与えるものだった。

ニューイングランド・クーラント、1721 年

　こうした新聞の安全策は、1721年ニューイングランド・クーラントの創刊で、突然終りを告げることになった。このエネルギーに満ちた小新聞は、ジェ

THE
New-England Courant.

[N° 58]

From MONDAY September 3. to MONDAY September 10. 1722.

Quod est in corde sobrii, est in ore ebrii.

To the Author of the New-England Courant.

SIR, [No XII.

IT is no unprofitable tho' unpleasant Pursuit, diligently to inspect and consider the Manners & Conversation of Men, who, insensible of the greatest Enjoyments of humane Life, abandon themselves to Vice from a false Notion of *Pleasure* and *good Fellowship.* A true and natural Representation of any Enormity, is often the best Argument against it and Means of removing it, when the most severe Reprehensions alone, are found ineffectual.

I WOULD in this Letter improve the little Observation I have made on the Vice of *Drunkenness,* the better to reclaim the *good Fellows* who usually pay the Devotions of the Evening to *Bacchus.*

I DOUBT not but *moderate Drinking* has been improv'd for the Diffusion of Knowledge among the ingenious Part of Mankind, who want the Talent of a ready Utterance, in order to discover the Conceptions of their Minds in an entertaining and intelligible Manner. 'Tis true, drinking does not *improve* our Faculties, but it enables us to *use* them; and therefore I conclude, that much Study and Experience, and a little Liquor, are of absolute Necessity for some Tempers, in order to make them accomplish'd Orators. *Dic. Ponder* discovers an excellent Judgment when he is inspir'd with a Glass or two of *Claret,* but he passes for a Fool among those of small Observation, who never saw him the better for Drink. And here it will not be improper to observe, That the moderate Use of Liquor, and a well plac'd and well regulated Anger, often produce this same Effect ; and some who cannot ordinarily talk but in broken Sentences and false Grammar, do in the Heat of Passion express themselves with as much Eloquence as Warmth. Hence it is that my own Sex are generally the most eloquent, because the most passionate. " It has been said in the Praise of some Men, " (says an ingenious Author,) that they could talk " whole Hours together upon any thing ; but it " must be owned to the Honour of the other Sex, " that there are many among them who can talk " whole Hours together upon Nothing. I have " known a Woman branch out into a long extempo- " re Dissertation on the Edging of a Petticoat, and " chide her Servant for breaking a China Cup, in all " the Figures of Rhetorick. "

BUT after all it must be consider'd, that no Pleasure can give Satisfaction or prove advantageous to a *reasonable Mind,* which is not attended with the *Restraints of Reason.* Enjoyment is not to be found by Excess in any sensual Gratification ; but on the contrary, the immoderate Cravings of the Voluptuary, are always succeeded with Loathing and a palled Appetite. What Pleasure can the Drunkard have in the Reflection, that, while in his Cups, he retain'd only the Shape of a Man, and acted the Part of a Beast ; or that from reasonable Discourse a few Minutes before, he descended to Impertinence and Nonsense ?

I CANNOT pretend to account for the different Effects of Liquor on Persons of different Dispositions, who are guilty of Excess in the Use of it. 'Tis strange to see Men of a regular Conversation become rakish and profane when intoxicated with Drink, and yet more surprizing to observe, that some who appear to be the most profligate Wretches when sober, become mighty religious in their Cups, and will then, at no other Time address their Maker, but when they are destitute of Reason, and actually affronting him. Some shrink in the Wetting, and others swell to such an unusual Bulk in their Imaginations, that they can in an Instant understand all Arts and Sciences, by the liberal Education of a little vivifying *Punch,* or a sufficient Quantity of other exhilerating Liquor.

AND as the Effects of Liquor are various, so are the Characters given to its Devourers. It argues some Shame in the Drunkards themselves, in that they have invented numberless Words and Phrases to cover their Folly, whose proper Significations are harmless, or have no Signification at all. They are seldom known to be *drunk,* tho they are very often *boozey, cogey, tipsey, fox'd, merry, mellow, fuddl'd, groatable, Confoundedly cut, See two Moons,* are *Among the Philistines, In a very good Humour, See the Sun,* or, *The Sun has shone upon them ;* they *Clip the King's English,* are *Almost froze, Feavourish, In their Altitudes, Pretty well enter'd,* &c. In short, every Day produces some new Word or Phrase which might be added to the Vocabulary of the *Tiplers* : But I have chose to mention these few, because if at any Time a Man of Sobriety and Temperance happens to *cut himself confoundedly,* or is *almost froze,* or *feavourish,* or accidentally *fees the Sun,* &c. he may escape the Imputation of being *drunk,* when his Misfortune comes to be related.

I am SIR,
Your Humble Servant,

SILENCE DOGOOD.

FOREIGN AFFAIRS.

Berlin, May 8. Twelve Prussian Batallions are sent to Mecklenburg, but for what Reason is not known. 'Tis said, the Emperor, suspecting the Designs of the Czar, will secure all the Domains of the Duke of Mecklenburg. His Prussian Majesty, to promote the intended Union of the Reformed and Lutherans in his Dominions, has charged the Ministers of those two Communions, not to make the least mention in the Pulpits of the religious Differences about some abstruser Points, particularly the Doctrine of Predestination, and to forbear all contumelious Expressions against one another.

Hamburg, May 8. The Imperial Court has order'd the Circles of Lower Saxony, to keep in Rea-

イムズ・フランクリン (James Franklin) によって創刊された。彼は有名なベンジャミン・フランクリンの兄だが、ジャーナリズム史上独自の地位を占めている。ジェイムズはブルッカーが郵便局長であった時代にガゼットの印刷人を務めた。ブルッカーが局長職を失いガゼットが後任の局長の手に渡った時、同紙の印刷は別の印刷人に回されることになった。フランクリンはこの事態の成り行きにうんざりし、支配集団に反対する有力市民に別の新聞の創刊を奨められ、提案を承諾した。

当初からクーラントには反逆の精神が横溢していた。同紙はわずか 5 年しか続かなかったが、アメリカの新聞に多大な影響を及ぼした。ボストンの沈滞したジャーナリズムの空気に対する一陣の新鮮なそよ風となった。クーラントは自分のことしか考えない官僚によって統制される情報よりむしろ、読者が好み欲する情報を提供しようとするアメリカ最初の新聞であった。文体は大胆で、文学的な質は高かった。またジェイムズはボストンでは最高の蔵書家の 1 人だった。彼はまたロンドンの優れた文学刊行物にも通じていた。読者の関心を引く術を心得ている発行者がいたわけである。彼は競争紙を嘲笑することで紙面を引き立たせた。彼の人物描写は地元民の関心にアピールした。

ジェイムズ・フランクリンは、ずっと後にほぼ新聞の不可欠の要素となる工夫を初めて用いたジャーナリストであった。これは「プレス・キャンペーン」(crusade) というタイプのジャーナリズムであって、ドラマチックな形でニュースを提示することで成果を生み出すよう計った論説キャンペーンである。キャンペーンをリードする編集者は、事件の単なる報道に満足するのではなく、読者に関心のあるストーリーを生み出す方法を心得ている。フランクリンはこの仕掛けを熟知した専門家であった。

ジェイムズは、たくましく独立した新聞所有者という形容以上の人物であった。クーラントはまた文学的真空をも満たした。北米では大衆が消費するための質の高い文学は、18 世紀の最初の四半期においては稀であった。時にはハクルート (Richard Hakluyt) の『航海』(Voyages) のような古典を売り歩く行商もいたが、当時利用できる読み物は道徳的教訓や宗教的教義で飾り立てられていた。ジェイムズは、当時の社会にあっては教養人に属し、イギリスで印刷業の修行をするかたわら、当時流行の評論新聞を読み楽しんだ経験があった。

フランクリンや後続の多くの編集者は、読書に飢えた読者大衆に新しい読み物を提供した。スペクテイターやガーディアンのほとんどのエッセイは、植民地新聞に転載された。ジョゼフ・アディソンやリチャード・スティールはクー

ラントのような新聞を通じて多くのアメリカ人に紹介された。これらの作家は植民地で模倣され、この種の模倣作品は結構読みがいがあった。年少で兄ジェイムズの徒弟になった若きベンジャミン・フランクリンは、兄の新聞に掲載してもらうためにこうしたエッセイをひそかに書いた。実際ベンジャミンの「Silence Dogood」欄の評論は、書いた当時わずか16歳にもかかわらず、北米の模倣作として最優秀に位置付けられるものであった。

　クーラントに掲載された文学は機知に富み、的を射たもので、時には華麗でさえあった。しかし同紙の出現後、植民地の新聞は、もっと堅実な文化的貢献をなした。ダニエル・デフォーの傑作『ロビンソン・クルーソー』(*Robinson Crusoe*) は、分冊本が海外で剽窃出版されるやいち早く多くの植民地の新聞に連載された。読者がみなデフォーの著作の重要な意味を見抜いていたわけではなかった。この作品は小説の形式で既存の社会構造に対する批判を表現していた。こうした社会的メッセージを見落とした読者でも優れた叙述を楽しむことができ、今なおそうした目的でも読みつがれている。こうして新しい文学を普及させた時、アメリカの新聞は新しい社会の文化にもう1つの貢献をしたのである。

反逆者ジェイムズ・フランクリン

　しかしジェイムズ・フランクリンの最も重要な貢献は、アメリカの新聞を検閲者の束縛から解放したことであった。以前の新聞発行者はみな政府当局の圧力に屈して、現実の特許検閲法の廃止にもかかわらず、「官許」を得て新聞を印刷した。フランクリンは「官許」ではなく、むしろそれを無視して新聞を発行した。こうして彼は、それなくして新聞が自由と呼ばれ得ない編集の独立という伝統の樹立に貢献した。

　抑圧的な権力者は、宗教の世界でも政治の世界でも君臨していた。検閲制が政府当局によって課されたのはもちろんだったが、直接的でないにしても教会の影響力はかなり強大であった。この地域をピューリタン思想が支配し、そのヒエラルヒーは2人の有能で強固な意志を持つ聖職者インクリース・マザー (Increase Mather) とコットン・マザー (Cotton Mather) 親子によって支配されていた。市民の多くはひそかにマザー親子やその追随者によって課された厳格な教義を嫌悪していた。

　ジェイムズ・フランクリンのような知的独立性を持つ男は、確かにマザー親

子によるこうした抑圧にうんざりしたに相違ない。彼はすぐに攻撃を開始した。しかし、マザー家と争うのに別の問題を選ぶ道もあったのに、と思われるかもしれない。というのは、彼はこの場合医学の進歩を現実に妨害したからだ。

　論争の話題は天然痘の接種についてであった。この病気は当時多くの人命を奪い、1721年5月ボストンで流行し始めて、翌年の3月までに実に844人が死んだ。コットン・マザーは治癒した患者の血液を他の人に注射する実験（種痘）の知識をもっていた。彼はボストンの医者たちにこの実験を勧めた。そして6月医者のザブディエル・ボイルストン (Zabdiel Boylston) は自分の息子と2人の奴隷に種痘を施した。この実験はニューズ・レターで大々的に支援されたし、ガゼットにはマザー陣営を含めて種痘賛成の投書が掲載された。

　こうして種痘の論争は、医学はもちろん政治的・社会的問題へと広がっていった。ジェイムズ・フランクリンは8月になってクーラントによってこの論争に加わり、しばらくこの論争をマザー家攻撃の手段として使った。彼は創刊号の第1面でボイルストンと種痘を支持するピューリタン聖職者を攻撃した。クーラントはキャンペーン的なニュースや論評で豊かな機知を示すと同時に執念深かった。反マザー親子の反体制派はフランクリンを中心に結集し、論文を寄稿したりして新しい新聞への市民の関心を喚起した。この動きに我慢のならないマザー家[16]は、世論の流れが自派に不利になっていることに気づいた。彼らはガゼットで弁明をしたが効果がなかった。ところが結局は流れは彼らに味方した。つまり種痘がイギリスでもボストンでも効果を発揮し始め、効能を証明し始めたのだ。フランクリンですら、問題自体が終わりに近づく頃には種痘について好意的なニュースを報道するようになった。[17]

　しかし血気にはやるジャーナリストが方向転換して政府に一斉射撃を加えたとき、政府当局は、このうるさいアブをひねり潰す潮時と考えた。フランクリンは沿岸に出没する海賊対策が手ぬるいと政府を非難した。1722年彼は政府に対する侮辱罪で議会に召喚されたが、紙面と同様に率直であった。こうした行為のため、編集兼発行人フランクリンは投獄されてしまったのである。

徒弟ベンジャミン・フランクリン

　ジェイムズは、政府に対する荒っぽいやり方にいささかも悔いることはなかった。結局投獄は彼に何の効果もなかったのである。自由の身になるや、権力者（宗教・政治双方の）に対する批判を一層増強した。その年の終わりまでに

双方の権力者は少なくとも一点で意見が一致した。すなわちジェイムズ・フランクリンは全く手に負えない人物で、何らかの制約を課さなければコミュニティに許しおくことはできない、というのである。この点について植民地議会は「あらかじめ当植民地書記官によって監督される場合を除き、ジェイムズ・フランクリンに対しては、ニューイングランド・クーラントまたは同種のパンフレット・新聞の印刷及び発行を禁止する……」[18]ことを宣言した。これはもちろん古き検閲権限を再確認したものだった。

ジェイムズは、弟のベンジャミンを同紙の正式の印刷人にすることでこの命令をうまく逃げた。兄に課された類いの制限が若きベンに課されることはなかった。しかしジェイムズはこの禁止令を逃れるさいに、最終的には彼にとって不可欠であった弟の助力を失うことになった。つまりジェイムズは弟を発行者に指名するために少なくとも表面上は弟との印刷徒弟契約を解消せざるをえなかった。これはベンが待っていた機会であった。確かに秘密の証文は拘束力をもち、ベンが逃亡すればジェイムズは彼を連れ戻すことができた。しかしジェイムズがそれをすれば、議会の命令を侮辱したことを証明することになる。若きベンはこうした状況と展開をよくつかんでいた。われわれが彼に次に出会うのはフィラデルフィアの印刷人として独立した時である。

その後クーラントの人気と影響は衰えた。ジェイムズは同紙を創刊5年半をもって廃刊とした。後に彼はロードアイランドの政府御用印刷人の地位を受けた。1732年彼はニューポートで同植民地初の新聞ロード・アイランド・ガゼットを創刊した。同紙は短期間しか続かず、またジェイムズもかつてのようなジャーナリスティックな評判をとることはなかった。[19] もし彼が「官許」なしに新聞を発行するという原理を確立しただけであっても、ジャーナリズムの殿堂で高い位置を占めることになったはずである。しかし彼の業績はそれだけではなかった。彼は、新聞が市民の主張に奉仕する攻撃的で読みやすいものならば、強力な敵からそうした主張を防衛するに十分な市民の支持を引き出せることを示したのである。

フィラデルフィア・ジャーナリズムの始まり

この当時北米植民地で第2の規模の都市はフィラデルフィアであった。1683年すなわち同市建設の2年後ウィリアム・ブラッドフォード (William Bradford) は同植民地初の印刷機を導入設置した。彼は初めクエーカー派後援者の

ため宗教的なパンフレットや小冊子を印刷したが、彼は地域唯一の印刷屋であったので、政府にとって彼は有用であった。まもなく彼は政府文書の印刷に多くの時間を費やすようになった。不幸にもブラッドフォードは、クエーカー派の指導者といさかいを起こし、1693年印刷所をニューヨークに移した。かなり経ったあと、つまり1725年彼はニューヨークでの初の新聞を創刊した。

　ウィリアム・ブラッドフォードの息子アンドルー (Andrew) は、フィラデルフィアでの最初の新聞を創刊した。同紙はまたボストン以外の都市で発行された最初の新聞である。彼のアメリカン・ウィークリー・マーキュリーはニューズ・レターの最初の競争紙ボストン・ガゼット創刊の翌日つまり1719年12月22日の創刊であった。マーキュリーもまた郵便局長の発行する新聞であったが、これに続く20年ほどの間に誕生することになる種類の、常に安全な準政府機関紙よりも多少率直であった。マーキュリーはときおり政府を攻撃した。憤激した政府によってジェイムズ・フランクリンが投獄された時、彼を擁護した。また同紙は論争の多いカトー書簡を掲載した。同書簡は、市民的・宗教的自由の主張として初めロンドンに登場した。しかしブラッドフォードは、影が薄くなってしまったのである。というのもこの時代最大の印刷屋兼ジャーナリストがフィラデルフィアにいたからである。

ベンジャミン・フランクリンのペンシルベニア・ガゼット

　その男は、兄ジェイムズの徒弟から逃げ出した後、友愛の町に一文なしでやって来たベンジャミン・フランクリンであった。彼は5年もしないうちに町の成功した裕福な市民となった。彼の全生涯は成功・華麗・有益のそれであった。彼のようなアメリカ人は他に1人としていなかった。フランクリンは、ダビンチ (da Vinci)、ミケランジェロ (Michelangelo) あるいはロジャー・ベーコン (Roger Bacon) のような「教養人」(the complete man) であった。まず第1に印刷屋兼ジャーナリストであり、また発明家、科学者、外交官、政治家であり、先駆的な社会学者、事業指導者、教育家そして世界市民であった。

　フランクリンは、ペンシルベニア・ガゼットの創刊者であったサミュエル・キーマー (Samuel Keimer) から同紙の経営を引き継いだ。キーマーはフランクリンが初めてフィラデルフィアにやって来た時彼を雇ったが、イギリスの印刷と彫版技術を学ぶためロンドンを旅行して帰ってきた時、フランクリンはそうした役割をしのぐ成長を遂げていた。友人のヒュー・メレディス (Hugh

THE
Pennsylvania GAZETTE.

Containing the freshest Advices Foreign and Domestick.

From July 24. to July 31. 1735.

TO BE SOLD,
At the House of the Widow Richardson in Front-Street, near the North-East Corner of Market-Street.

A LIKELY Negroe Wench about 16 or 18 Years old. single and double refin'd Loaf-Sugar, Barbadoes white and muscovado Sugar. Also Choice Barbadoes Limes in Barrels at reasonable Rates.

Just Imported from London and Bristol,
And to be SOLD by JOHN INGLIS, at his Store below the Draw-Bridge, in Front-Street, Philadelphia:

BRoad-Cloths, Kerseys and Plains, Ruggs, Blankets, Ozenbrigs, Checks, London Shalloons, Tammies, Callimancoes, seven eighths and yard wide Garlix, Men and Womens worsted Stockings, Men and Womens Shammy Gloves, P'nns, Baladine Silk, silk Laces, fashionable Fans, Padusoys, Ribbons, silk Ferrits, Gartering, Caddis, Buttons and Mohair, cotton Romals, linnen Handkerchiefs, Chiloes, Mens worsted Caps, Bunts, fine Bed-Ticks made up in Suits, India Taffities, Damasks and Persians, six quarter Muslins, Suits of super fine Broad-Cloth, with Lining and Trimmings, London double refin'd Sugar, Bird, Pidgeon, Duck, Goose and Swan Shot, Bar Lead, 8, 10 and 20 penny Nails, Window Glass, Patterns of Chintz for Beds, sarsnet Handkerchiefs, Bristol quart Bottles ; and sundry other Goods, for ready Money, or the usual Credit.

WHereas George Carter, a thick short Man, with light bushy Hair, about 40 Years old, born in White Parish, six Miles from New-Sarum, in Wiltshire, by Trade a Baker, went on board a Ship at Bristol, bound to Pensylvania, about the Year 1722 : These are to desire the said George Carter (if living) to return to his native Country, or to give Notice where he lives to John Atkinson, at the White Lyon Tavern, on Cornhil, London, or to Israel Pemberton, jun. of Philadelphia, who can inform him of something considerable to his Advantage : If he be deceas'd, Information is desir'd when and where he died. And if any of his Children be living they may have the same Advantage, by applying as aforesaid.

TO BE SOLD,
BY James Oswald in Front-Street, at the House of Mr. Joseph Turner, and by William Wallace, at the Upper-End of Second-Street, Sugar Bakers, Choice double refin'd LOAF-SUGAR at Eighteen-pence the Pound, single refin'd, Sugar Candy, Mollasses, &c. at reasonable Prices.

RUN away from the Subscriber, the 4th Day of November last, a Servant Woman, aged about 28 Years, fair Hair'd, wants some of her Teeth before, a little deafish, named Susannah Wells, born near Biddeford, in England : She had on when she went away, a Callico Gown, with red Flowers, blue Stockings, with Clocks, new Shoes, a quilted Petticoat, Plat Hat. Whoever secures said Servant, and delivers her to said Subscriber at Wilmington, or to Robert Dixon in Philadelphia, shall have Twenty-five Shillings Reward, and reasonable Charges paid by Robert Dixon, or Thomas Downing.
Philad. December 4. 1740.
N. B. It's believed the said Servant was carried from New-Castle in the Ship commanded by Capt. Lawrence Dent, now lying at Philadelphia.

Just Published,
POOR Richard's ALMANACKS, for the Year 1741. Also, Jerman's Almanacks, and Pocket and Sheet Almanacks. Printed and Sold by B. Franklin.

ALL Persons are hereby desired to take Notice, That the Bills of Credit of the Province of Pensylvania, bearing Date any time before the Year 1739, are by an Act of Assembly of the said Province, made in the Year aforesaid, declared to be null and void, since the tenth Day of the Month called August last past : And that the same should be no longer the current Bills of the said Province. Therefore all Persons who are possessed of any of the said Bills, are desired forthwith to bring them in to the General Loan-Office of the said Province at Philadelphia, where Attendance will be given to Exchange them for New-Bills. J. KINSEY.

RUN away from the Subscriber the 3d Inst. a Servant Man named Thomas Wenn, by trade a Barber, appears by his looks to be at least 40 Years old, but pretends he is not 30, middle Stature, well set, sore ey'd, and near sighted : Had on when he went away, a small Hat not good, a small black Wig, but may have taken another of some other colour, a kersey Coat almost new of a mixt colour redish and white, lin'd through with a red half thick or serge, large flat metal Buttons, old white dimity Jacket, a pair of stout buck skin Breeches almost new with brass Buttons, a pair of new thick mill'd Stockings of a bluish colour, Shoes about half worn. Whoever secures the said Servant so that he may be had again, shall have if twenty Miles off this City Twenty Shillings, if thirty, thirty Shillings, and if forty, forty Shilling Reward, paid by
Philad. January 5. 1740. William Crosthwaite.

TO BE SOLD
By ELIZABETH COMBS, at her House over the Draw-Bridge,
ALL kinds of white and check Linnens, Dimities, Callimancoes, Frises, Hankerchiefs, Cotton Gowns, sortable Shot, Sail Cloth, and several other Goods, for ready Money or short Credit.

For SOUTH-CAROLINA directly,
The Ship Loyal-Judith, LOVELL PAYNTER, Commander,
WILL Sail when the Weather permits. For Freight or Passage agree with the said Master on board the said Ship, now lying at Mr. Samuel Austin's Wharff ; or with Benjamin Shoemaker, Merchant, in High-Street Philadelphia.

Just Imported,
A Parcel of likely Negro Men, Women, and Children : As also, choice London double and single refin'd, clay'd and Muscovado SUGARS, and GINGER ; to be sold by Joseph Marks, at the Corner of Walnut and Second-Street, Philadelphia.

Just Imported,
And to be Sold very reasonably by Peter Turner, at his Store over against the Post-Office in Market-Street, Philadelphia ;
A Large Sortment of Kerseys, napt and fine Drab Kerseys, Broad-Cloths, London Shalloons, ſlombo'd Flannels, Womens Shoes and Cloggs, Hat Linings, fine Gulic and Hingham Holland, Seven-eights Garlix, Callicoes, Writing Paper, crimson, blue and green hairstoens for Beds, fine half Ell crimson, blue and green worsted Damasks, 3, 4, 8 penny Nails, London Steel, Scythes, Wool-Cards, Shot and Lead, fine and coarse Bolting Cloths, Hungary Water, fine Green Tea, fine lacked Sconces, all wide Persians, black and coloured Taffitys, with sundry other Goods.

PHILADELPHIA: Printed by B. FRANKLIN, POST-MASTER, the NEW PRINTING-OFFICE, near the Market. Price 10 s. a Year.

ペンシルバニア・ガゼットに掲載された黒人奴隷と『貧しきリチャードの暦』の販売広告。

Meredith) とともに 1728 年の春自店を開業し、アンドルー・ブラッドフォード (Andrew Bradford) のマーキュリーと競争する新聞創刊の計画を立てた。しかし彼らの計画を事前に知ったキーマーは、1728 年 12 月ペンシルベニア・ガゼットを創刊した。同紙は、競争紙マーキュリーに新しい読み物が登場するまで若干の読者を引き付けた。その読み物はアディソンやスティールの文体を真似た一連の楽しいエッセイで、その記事をもとめて、喜んだ後援者がブラッドフォードの店を訪れてくるようになった。この読み物のシリーズは「お節介屋 (Busy-Body)」集として知られるようになった。このシリーズの匿名の作家は実際ベンジャミン・フランクリンであり、彼のきわめて頻繁な風刺の対象は、キーマー以外の何物でもなかった。部数は 100 部にも足らぬところまで落ち、キーマーは競争を断念した。そこでフランクリンは 1729 年 10 月 2 日発行人として同紙を引き継いだ。

　フランクリンは難なく読者に受け入れられ、このため多くの利益の上がる広告が出稿されるようになった。彼の新聞は読みやすく加えて大胆でもあった。ボストンでの経験に加えてフランクリンは生来の常識によって当局と深刻な問題を起こすことはなかった。しかしそれでも彼は、様々な問題に、まさに同様の一定の態度をとった。つまり人は多くの意見を持つものであり、印刷屋はそれを仕事の一部として掲載する、と読者に説明した。さらに付け加えて、「印刷屋というものは、人の意見が異なる時、双方の言い分は平等に耳を傾けられるべきであり、真実と虚偽が公平に組打ちすれば、真実が必ず勝つ〔ミルトンと彼のアレオパジチカの影響〕という信念の教育を受けている」と述べ、「……もし印刷屋がみな、誰も怒らせないことが明らかになるまでなにも印刷しない決心をすれば、印刷されるものはほとんどなくなってしまう」[20]と主張した。

　キーマーが舞台から去り、ブラッドフォードがフランクリンの唯一の競争相手となった。政府印刷契約を通じてブラッドフォードは、政府助成金に匹敵する利益を得ていた。フランクリンは、重要な議会演説の詳報でこれに挑戦した。演説を自分の費用ですべての議員に送付した。同じ報道はマーキュリーにもあったが、ガゼットの記事の方がずっと優れており、フランクリンは議会に好印象を与えた。彼はこの報道を続け 1 年足らずで政府印刷契約を獲得することになった。

　フランクリンは次にフィラデルフィアで短期間に交際を深めた有力な実業家から借りた金で共同出資者のメレディスの持ち分を買取った。こうして彼は

24 歳のとき北米植民地において新聞の最も有能な単独所有者となった。ガゼットはまもなく地域の新聞のなかでも最高の部数、最多の頁、最大の広告収入、最も知的なコラムや生気に溢れる論評を抱える新聞となった。

　フランクリンは、印刷屋、製版屋そして活字の母型屋としても優秀だった。彼は印刷屋の守護聖人と見なされるだけでなく、自身の広告コピーや事業の熟練からみて広告の守護聖人とも見なされる。フランクリンの店は、ガゼットで全収入の 60％、残りの 40％をその他の印刷仕事から得た。他の仕事には 1732 年に始められ驚異的な成功を収めた『貧しきリチャードの暦』(Poor Richard's Almanack) が含まれていた。彼はまた競争相手のブラッドフォードと同様に 1741 年雑誌を発行したが、ともに失敗に終わった。フィラデルフィア近郊のジャーマンタウンで最初のドイツ語新聞創刊に援助を与えたのもフランクリンであった。42 歳でガゼットの実質的な経営から退いても、彼は他の植民地の若い印刷屋の独立に援助を与えるのに忙しかった。彼は郵政副長官となり、植民地間に新聞を配達するため郵便配達夫を雇った。彼の外交官・政治家としての役割は先のことになる。

　しかしフランクリンのアメリカジャーナリズムへの最大の貢献は、ジャーナリズムに尊敬を勝ちえたことだった。フランクリンは、良きジャーナリスト・企業家がこの分野でも収益を上げることができることを証明した。それは何時の時代にも事業を尊敬されるものにする効果的な方法である。新聞界の老巨人によって発展が計られたので、賢明で勤勉な若者がジャーナリズムの可能性を見て取り、いままで以上にこの職業に就くようになった。こうした優れた人材がジャーナリズムの世界に入ってくるようになることが、アメリカジャーナリズムにとって考えられるかぎり最良の刺激となったのである。

他の植民地の新聞

　1725 年以後新聞は植民地中に芽ばえ始めるようになった。ボストンでは 1727 年 3 月 20 日サミュエル・ニーランド (Samuel Kneeland) がニューイングランド・ウィークリー・ジャーナルを創刊した。同紙には一言の価値がある。すなわち同紙は近隣のコミュニティに通信員を置いた初めての新聞であった。通信員の職務は近隣に関する適切な情報を送ることであり、この慣行はいまなお新聞発行人によって行われている。もう 1 つの重要なボストン紙は、1731 年弁護士のジェレミー・グリドリー (Jeremy Gridley) によって創刊されたウィ

ークリー・リハーサルであった。1年後グリドリーは、ジェイムズ・フランクリンのかつての印刷職人トマス・フリート (Thomas Fleet) に同紙を譲り渡した。数年後フリートは紙名をイーブニング・ポストに変更した。彼の下で同紙はボストンで最良かつ人気の高い新聞になった。ポストは革命時代まで発行を続けた。一方グリドリーはボストンのアメリカン・マガジンの編集長になった (1743～46年)。

　メリーランドは新聞を持つ4番目の植民地になった。[21] 以前イギリスの編集者であったウィリアム・パークス (William Parks) は、1727年アナポリスでメリーランド・ガゼットを創刊した。彼の新聞は良き嗜好、文才を反映し、またイギリスの有能な印刷親方の下で修行してきた職業の誇りを反映していた。のちに1736年パークスは、バージニア初の新聞バージニア・ガゼットをウィリアムズバーグで創刊した。その小さな店は復元され、現在は古き植民地の興味深い展示物の1つになっている。それは印刷業が植民地時代においていかなる職業であったかを教えてくれるもので、この古風な建物にちょっとだけでも立ち寄ってみる価値はある。

イギリスの標準印刷機

　ウィリアムズバーグの印刷店は、小さなレンガ造りの建物の一階にあった。中央にイギリス製の標準的印刷機が据えられ、印刷機はロンドンから部品で送

植民地時代に使われた木製手動印刷機。

られてきた。というのもコネティカットのアイザック・ドリトル (Isaac Doolittle) が 1769 年に印刷機を造り始めるまで、北米では印刷機は製造されなかったからである。付属品は手近に入手できた。例えば上に活字が集められる製版台、そこから紙が印刷機に送られる脚立 (horse) と台座 (bank)、紙の準備のための水盤、インクをねるスタンド、そしてウィリアム・キャスロン (William Caslon) 自身によってイギリスで製作された活字鋳造用の母型パンチ（これによって彼の名前がついた美しい活字のカットができた）などがあった。印刷機は高さ 7 フィート、重さ 1,500 ポンドであった。重圧が活字の版にかけられる時、剛性が保たれるように、印刷機は硬い樫の木の梁によって床と天井に固定された。

　こうした見栄えの良くない機械から、ブラッドフォード家、グリーン家、ソウアー (Sowers) 家、パークス家、フランクリン家は高品質の凸版印刷を生み出した。[22] この時代にはまた当然劣悪な印刷もあったが、それは未熟な機械操作や壊れかかった機械のせいであった。植民地時代の印刷機が熟練の印刷屋の監督の下で、実に見事な仕事をした例は豊富なのである。印刷屋は自分のビジネスを熟知していなければならず、たった 1 回の刷りに 13 の異なる工程が必要であった。2 人の職人と徒弟 1 人で 1 時間に 200 刷できたといわれている。

　植民地時代の印刷屋の仕事を見てみよう。印刷機の台座は、歯車と滑車で上下に回転する。活字は、すべて手拾いで、組版にしっかりと固定され、台座の上に置かれる。若い徒弟（つまり devil）が活字に自家製のインクを塗り、その際には棒につけられたなめし皮の刷毛を使った。紙は刷りがうまくいくように水盤で十分湿り気を与えられ、慎重に活字の上に置かれる。台座は印刷機の下で反転させられる。プラテンつまり上部の圧力プレートは、ネジとテコを応用した装置で活字に押しつけられる。プラテンが取り除かれ、台座は車つきの台から引き出される。そして裏面を印刷する 2 回目の準備のため、紙は乾燥用の針金に吊される。

　通常の植民地時代の新聞は 4 頁建て、サイズは約 10×15 インチといったところが普通だった。おおよそフールスキャップ判であった。周知のように、1750 年以後ようやく見出しが登場するようになったが、その時でもあまり一般的ではなかった。唯一のイラストは、奥付けすなわちタイトル頁の印刷屋のトレードマークと広告を飾る時にたまに見られる木版カットであった。グリーン家とソウアー家は紙を自家生産したが、大半の紙はイギリス輸入品であった。紙はボロ布から作られ、斑点のついた外見にもかかわらず驚くほどの耐久

性を持っていた。こうした原始的な機械を使って、印刷屋兼ジャーナリストは優れたグラフィック・アートを制作するだけでなく、まもなく新聞を真の第4階級に押し上げることになる手段を身につけたのである。

第4階級の台頭

　新聞は18世紀の第2四半期において、その地位を見いだした。確かに未熟な新聞の死亡率は高く、それはたいてい財政的栄養失調の結果であった。たとえば1690年から1820年までの間に創刊された新聞2120紙についていうと、半分は2年もたずに潰れてしまった。[23] 1世代の生命を持てたのはわずか34紙であった。にもかかわらず1750年までには読み書きのできる大半のアメリカ人は何らかの情報紙に接触できるようになった。1750年には6大都市で14紙（週刊）が発行され、その後次章で見るように新聞の数は急増していった。

　製品の質も向上した。ずっと以前に誕生していた半週刊そして週3刊紙は、18世紀半ばには利用可能になった。発行部数は上昇した。このビジネスで富と名声を得るようになった発行者も多少出てきた。人口の急成長、輸送やコミュニケーション施設の向上そして高まる政治的緊張は、部分的に新聞の成長を説明する。多くの植民地人は豊かになり、資本を投資する道を探していた。ニューヨークのような港湾都市は世界的に重要になった。イギリスの商船の約3分の1はニューイングランドの船大工によって進水された。北米の港を出る捕鯨船は360隻もあった。いろいろな熟練の職人が町にいた。例えば当時最大の武器であったペンシルベニア・ライフルはこうした職人の製品であった。英本国の様々な制約にもかかわらず、完成品の製造は、多の人びとに雇用を提供し続けた。この時代のある1年だけでニューイングランド人は1万3千足の靴を輸出した。[24]

　新聞は野心的な貿易業者や商人にとって利用価値が高かった。広告は、台頭する商業階級によって提供される製品を販売促進する、最も廉価な方法であった。植民地間の交易は増大し、それに従ってアメリカのジャーナリストのみが迅速に、安価に提供できる情報に需要が高まっていった。

　改良された道路はコミュニケーションの改善につながった。初期の新聞編集者兼郵便局長は、道路の改良に2重の理由を持っていた。ジャーナリズムの世界にまず入り、後に郵便局長に指名されたベンジャミン・フランクリンは、通常のコースと逆であったが、彼はバージニアのもう1人の印刷屋兼ジャーナリ

スト、ウィリアム・ハンター (William Hunter) とともに全植民地の郵政副長官に任命された。フランクリンが副長官に就任した時、ボストンからフィラデルフィアの陸路郵便は 6 週かかり、郵便の集配は 2 週に 1 回であった。ハンターが病気のため、郵政の大半の責任を負うことになったフランクリンは、所要時間を半分に縮め、集配を週 1 回に改善した。

　新聞にとって常に有利な読者開拓の要素である教育も改善された。多くの親たちはいまや自分の子供を学校に送る余裕が生れ、神学校や専門学校も都市の中心で利用できるようになった。多くの植民地のカレッジは、読み書き能力の涵養に効果的な教師や牧師を養成するだけでなく、作家や政治指導者を生み出した。

　印刷の大きな技術的進歩はまだずっと先のことだったが、この時代には良質の活字が使えた。1720 年頃ウィリアム・キャスロンはニコラス・ジェンソン (Nicolas Jenson) の 15 世紀タイプの活字を読みやすい形に改良した。キャスロンの活字はその後すぐにアメリカの印刷屋によって採用され、なお現在でも親しまれている。最上の標準的印刷機は 17 世紀のオランダの職人ウィレム・ヤンツォン・ブラウ (Willem Janszon Blaeu) の発明であった。1800 年になって初めてアダム・ラメイジ (Adam Ramage) とスタンホープ伯爵 (the Earl of Stanhope) が鉄製の印刷機をもたらし、不可欠の機械に大きな改良が加えられた。

最初の広告文

　商業の発展は広告の分野の発展につながった。広告と印刷はほとんど初めから密接な関係を持ってきた。イギリスで最初に印刷機を設置したウィリアム・カクストンは、1480 年礼拝用の本 *The Pyes of Salisbury Use* を広告するブロードサイドを発行した。英語での初の本格的な新聞ロンドン・ガゼットの第 62 号は、1666 年 6 月の特別広告付録の告知を掲載していた。興味深い広告利用は同紙 94 号に見られる。1666 年のロンドン大火のあと、ロンドン・ガゼットは愛する人の消息を求める人びとに紙面を開放した。焼失をまぬがれた家具、四散した家族の住所、焼け出された人びとに避難場所を提供する家などに関する広告もまた掲載された。

　プレスブリー (Frank Presbrey) は、ジョン・ホートン (John Houghton) を現代広告の父と呼んでいる。[25] ホートンは、薬屋であり、コーヒー、チョコレート、茶の商人、書評家、イギリス学士院 (Royal Society) の会員そして発行人

であった。彼は1692年商人読者のための新聞を創刊した。このウォールストリート・ジャーナルの原型とも言うべき新聞は、広告の役割を初めて重視した新聞であった。ホートンは、インチキ治療と専門的知識の差がきわめて小さい時代に、広告の倫理を評価する人物であった。彼は喜んでほとんどすべての広告を掲載したが、「危険なほど不正直」と考える広告文案には彼の17世紀的な「承認のシール」を与えなかった。200年前に、現代のように広告が論争や批判の話題であったことは、有名な博学者サミュエル・ジョンソン博士の論評によって示唆されている。彼は1758年1月20日付けのアイドラー紙上で次のような論評をしている。

> ……いまや広告は非常に多く、怠けていてはついていけなくなる。したがって公約の立派さや、時には壮大な、時には哀れを誘うような名文句で注意を引く必要があるのである。公約（誇大広告）は広告の魂である……広告業はほぼ完璧の域に達し、何らかの改善策を見付けるのは容易ではない。[26]

広告主は、読者の反応という課題について、ジャーナリストにいくつかの重要な教訓を与えることができた。例えば広告主は、広告文が読者に届くためには単純に述べられる必要があることにすぐ気づいた。これをニュース作家が学ぶにはかなり時間を要した。広告主は魅力的なプレゼンテーションの価値も知っていた。彼らは活字、イラスト、メーキャップ、読みやすさ、といったものの実験に道を開いた。新聞はこうした実践的な心理学者やグラフィック・アーティストに多くを負っている。

高まる政治的緊張

この時代の北米の新聞の発展にとって最大の刺激は、独立革命で頂点に達する政治的緊張であった。新聞は進行するドラマに不可欠の役割を担った。新聞はある程度の自由を与えられて論争に参加することができれば、論争によって成長する。18世紀前半の新聞の大いなる発展は、そうした自由を制限してきた勢力に対する勝利であった。この勝利によって新聞は、アメリカの革命家の最も強力な武器となった。この概念が一般的承認を勝ち得るまでの闘争や犠牲は、今日ほとんど忘れられている。

1692年すなわちアメリカ最初の成功紙の誕生以前、フィラデルフィアの印刷屋は自由なプレスの基本的な原理の1つを大胆に述べている。彼は有名な印

刷屋の家系の創始者であるウィリアム・ブラッドフォードであった。彼が小さな印刷店を開いた時、用心深い政府や神経過敏なクエーカー派支配層となんとかうまくやっていかなければならなかった。彼は定期間隔で発行するパンフレットに表現された思想のため、あちこちから時々脅しを受けた。1692年軽微な違反で逮捕された時、彼はこうした干渉にうんざりし、もっと性分に合うコミュニティに印刷屋を移すことを当局に通告した。この出方に当局は驚いた。というのも政府や宗教や商業の情報の普及をみな彼に頼っていたからだった。したがって総会議はその罪を取り消し、年間40ポンドの召しかかえ料と自身で扱う全印刷の許可を与えることで、彼の慰留に努めた。

こうした事件の性格のため、ブラッドフォードの弁明は周知とは言えないが、これから1世代ののち激しく論じられることになる問題を取り上げているので、ここで一言ふれる価値があると思われる。彼はこうした事件において陪審が「法律」と「事実」の双方を判断する責任を負う、と主張した。この時法廷は煽動的文書誹毀（つまり政府批判）の罪が問われる時、文書の筆者を決定することだけが陪審の職務と主張した。これは「事実」の論点であった。文書が処罰の対象になるかどうかの決定権は裁判官にあった。これは「法律」の論点であった。ブラッドフォードはこれに異議を唱えた。約40年後、ブラッドフォードが主張するのに成功した論点は、ジョン・ピーター・ゼンガー (John Peter Zenger) の裁判で主要な論点になるのである。

ゼンガー事件：その背景

プレスの自由に関する最も有名な事件は、1734年から1735年にかけて起きたゼンガー事件であった。この事件は法律改革への影響についてあまりに過大な評価を受けてきたし、またその怪しげな状況のために、何ら解決に資するものではなかった。しかし精神的な衝撃は非常に大きかった。

ここでまたフィラデルフィアのウィリアム・ブラッドフォードに出会う。老ブラッドフォードは、ニューヨーク植民地政府の御用印刷人の地位が提供されたとき、当地へ移ってきた。彼は政府の助成を受ける事業家として後援者を立腹させるようなものは一切印刷しなかった。1725年11月8日、彼は同植民地最初の新聞ニューヨーク・ガゼットを創刊した。同紙はもちろんあらゆる問題で政府を支持した。後に続く多くの編集者と同様、ブラッドフォードはフィラデルフィア時代のように迫害された時は抵抗した。しかし別の環境では、つま

り戦わねばならない当の階級によって特権や供与がなされる時には、彼は従属的であった。

ニューヨークでは1733年までに穏健な形態の革命が進行しつつあった。富裕な商人や地主階級の集団は、植民地の問題により大きな権力を主張し始めた。しかし彼らは自分の見解を伝達する方法をまったく持っていなかった。ブラッドフォードは植民地唯一の新聞を持ち、王党派にしっかりと荷担していた。しかしかつて彼の徒弟であり、パートナーであった男が新聞の印刷店を開業した。彼は13歳の時徒弟になった男で、ドイツのパラチネート選帝候領出身の移民ジョン・ピーター・ゼンガーであった。1733年の秋、商業階級の代表が彼の店を訪れた。そして自分たちのニュースや意見を表明するメディアとなる新聞を出してくれる意志があるかどうかを、ゼンガーに問い質した。

こうした要請を生み出す状況はやや複雑であった。1731年ニューヨーク植民地の総督が死に、後任であるウィリアム・コズビー(Sir William Cosby)がロンドンから着任したのはそれから13か月後のことであった。30年間総督下の参議会議員で、植民地のオランダ人指導者であったリップ・バン・ダム(Rip Van Dam)がその間総督代理を務めた。コズビー総督は、バン・ダムが総督代理として得た俸給の半分を要求したが、バン・ダムはそれを拒否した。金銭の係争事件は通常の法廷で扱われるべきであったが、総督はこの訴訟を自分が統制権を持つ衡平法裁判所に移してしまった。続いて起きた揉め事の中で、ルイス・モリス裁判長(Lewis Morris)はバン・ダムの味方をし、コズビーによって解任されてしまった。バン・ダムとモリスは、イギリス政府によってコズビーを解職してもらおうと画策した。反コズビー派は、自らの財産と密接に関係を持つ別の苦情も抱えていた。すなわちコズビーは彼の管轄下において売却される全公有地の販売価格の3分の1をリベートとして要求したとして非難された。また現在のウティカ(Utica)周辺の土地の不法取得の疑いが持たれていた。またコズビーは自派の若いジェイムズ・ドランシー(James Delancey)を裁判長にするため参議会工作をしていた。[27]

反コズビー派の指導者たちは、自分の思想を明確に表現できる有能な市民であった。その中にはバン・ダムやモリス判事のような人物、そして参議会議員でニューヨーク、ニュージャージー両植民地の公有地監督官であるジェイムズ・アレグザンダー(James Alexander)、著書『ニューヨーク植民地史　創設から1762年まで』(*History of the Colony of New York from Its Founding to 1762*)で有名で、また当時も著名のウィリアム・スミス(William Smith)など

がいた。彼らやその他主だった市民は自分達の見解を表明する新聞をゼンガーに発行させたいと思っていた。

　ゼンガーのニューヨーク・ウィークリー・ジャーナルは 1733 年 11 月 5 日に創刊された。同紙は創刊号から政府当局と衝突した。ガゼットのブラッドフォードはゼンガーの相手にならず、ブレーンもゼンガーのそれより劣っていた。ゼンガーのブレーンの代表格はアレグザンダーで、彼は友人とともに補欠選挙でモリスを総会議員に当選させるのに成功した。ジャーナルの創刊号は有権者の資格を巡っての当局の嫌がらせにもかかわらず、モリスが当選したことを報じていた。フランスの軍艦が沿岸防衛施設に対してスパイ行為をしているのを見逃している、とコズビーを攻撃する記事が 12 月 3 日付ジャーナルに掲載された。同じ号には怒ったニュージャージー市民が植民地官僚を無能と非難し（アレグザンダーの文体に酷似していた）、バン・ダム－モリス論争に言及していた。

　ニューヨーク市民はこの政治ショーを楽しみ、ゼンガーは顧客を満足させるため号外を出さねばならなかった。コズビー総督はこうしたジャーナリズム活動にそれほど熱心ではなかった。彼はゼンガーを「政府に中傷的で敵意に満ちた、煽動的な攻撃をした」と非難し、配下のドランシー裁判長にこの生意気な編集者の告発を可能にするよう命じた。しかし大陪審は起訴状の提出を拒んだ。同じように総会議もあらゆる告発の提出を妨害した。最終的に総督の機関たる参議会の選ばれた議員が告発の提出に同意した。1734 年 11 月 17 日、日曜の午後、ゼンガーは「煽動的文書誹毀罪」で逮捕された。

ゼンガー裁判、1735 年

　1735 年 8 月 4 日になってようやくゼンガーの裁判は始まった。リチャード・ブラッドリー (Richard Bradley) 検事総長は、ゼンガー逮捕・留置の訴因たる「起訴状」を提出した。その間ジャーナルは発刊され続け、妻アンナ (Anna) が店の切り盛りをし、アレグザンダーが編集長役を務めた。アレグザンダーとスミスが告発の妥当性について疑義を挟んで論争を挑んだ時、2 人は弁護士資格を剥奪された。後任弁護士として指名されたジョン・チェンバーズ (John Chambers) は 8 月までの裁判の延期を求めた。ゼンガー弁護団は、次に法廷活動で名を馳せた 80 歳のフィラデルフィアの老弁護士を説得し、裁判のため危険を犯してニューヨークまで来てもらうことに成功した。彼がアンドルー・

ハミルトン (Andrew Hamilton) であり、彼の登場でドラマの舞台が出来上がった。

　チェンバーズは、ドランシー裁判長に嘆願し、ついで肩まで白髪が届くハミルトンが立ち上がった。最初の言葉は爆弾発言であった。「不平の公表を否定することは適切とは私には思えない。それは自由に生れたすべての臣民のなすことのできる権利と考える」と述べて、「したがってその点について証人を尋問する労を検事のために避けて進ぜようと思う。さらに私は依頼人について、彼が起訴状に記載されている2つの記事を掲載したことを自認する。しかしそうした行為によって彼は何の罪も犯していないと考える」。

　この明白かつ簡単な勝利に喜んだブラッドリーは、中傷的記事の発行が弁護側によって認められたので、陪審は有罪の評決を提示する以外は何らの余地もないと宣言した。これに対してハミルトンは冷静にしかし確固たる態度で以下のように反論した。「そんなことには全くならない、検事総長殿。その規定には2つの側面がある。われわれの単なる記事の印刷・発行が文書誹毀になるとは思えない。貴殿は被告を文書誹毀罪と断じる前に、なすべき何かがもっとあるはずである。つまり、言葉自体が『偽りで、悪意があり、煽動的』でなければならないのである。さもなければわれわれは無罪である」。

　ブラッドリーは裁判官席に近付き主張を改めた。ハミルトンはそれらを1つひとつ粉砕していった。ハミルトンはマグナ・カルタや星室庁の廃止にさかのぼり、彼が支持する概念（正当と認められる、真実を表現する自由）は以前の法廷で認められているのであり、植民地ニューヨークは時代に遅れていることを証明した。彼の主張は断固たる表現で述べられたが、あくまでも態度はていねいであり、声は非常に穏やかだった。そのため魅了された群衆は催眠術にかかったように耳を傾けた。しかし傍聴人が小休憩の間に応援を始めた時、検事はハミルトンの陳述に異議を唱えた。そしてハミルトンが「虚偽が『中傷』を生み出し、虚偽も中傷もともに文書誹毀である」が、「文書誹毀とされたこれら新聞自体が『真実』であることを証明」しようとした時、ドランシー裁判長は彼をいさめた。

　「誹毀の真実を証明しようとする貴殿の陳述は認められ難い、ハミルトン殿……新聞の真実の証明を認めるべきではないというのが法廷の考え方である」と判事は厳しく述べ、それを支持する典拠の長いリストを引いた。

　ハミルトンは辛抱強く「これらは星室庁のケースであって、そうした処置は本法廷では無効であることを希望する」と答えた。

自分の法律知識の婉曲な批判に立腹した若きドランシー裁判長は怒りで声を荒げて、「法廷はすでに意見を提示した。適切な態度の対応を期待する。貴殿は本法廷に反する陳述の提出を許可されない」と応じた。

アンドルー・ハミルトンの偉大な抗弁

ハミルトンはしばらく間をおいた。彼は人びとのムードを敏感にかぎ取る偉大な俳優のように、陪審、傍聴人そしてゼンガーを見やった。次に裁判官の方を向き、ていねいにおじぎをした。

「私は諸君に感謝している」と何ら恨みの感情を示すことなく答えた。ついで彼は判事席に背を向けて丁重に恭しく陪審員たちに謝意を示した。彼は部屋の隅々まで届くような声で、直接陪審員たちに語りかけた。「次に、われわれが提示しながら、立証する自由を否定された事実の真実性の証明を直ちに要請しなければならないのは、紳士諸君に対してである……」

ハミルトンはあたかもドランシーが法廷にいないかのように話し始めた。彼は陪審員たちに対して、権力の報復を恐れることなく、イギリスの法体系の下で保証されているように、自由な人民として行動し、自分自身の良心に従うよう説得した。彼は以下のような言葉で陳述を結んだ。

> ……私は歳をとり体も弱っているが、求められれば世界の果てまで出向くのが義務と考えている。そうした地では、権力を持つ人びとの恣意的な試みから、人民の諫言（そしてまた不満）を述べる権利を奪取しようとして、着々と政府によって計画される犯罪の告発の炎を消すのに、私のつたない力が何か役に立つだろう。『自らの統治下にある人民を害し抑圧する人間は、人民を煽動して叫び声を上げさせたり、不満を述べさせたりして、そうした不満それ自体を新たな抑圧や告発の基礎に据える』
>
> ……しかし結論を言えば、法廷の前のそして陪審紳士諸君の前の問題は、小さなものでも私的なものでもない。諸君がいま正に審理しているのは、貧しい印刷屋の事件でも、ニューヨークだけの事件でもない。断じて違う。それは結果的に『アメリカ』の地でイギリス政府の下で暮らすすべての自由な人民に影響を及ぼす。それは最も重要な訴訟事件である。それは自由の訴訟事件である。そして私は全く疑問を持っていないが、今日この日、諸君の率直な行為によって、諸君は同僚市民の愛と尊敬の評価を与えられるだけではない。奴隷の生活よりも自由を取るすべての人びとが暴政の試みをくじいた人として、諸君を賞賛し誉めたたえるであろう。そして公正かつ正しい評決を下すことによって、われわれの国の自然と法がわれわれに１

つの権利として与えたもの——すなわち真実を話し書くことで、恣意的な権力（少なくともこの地の）の正体を暴き反対する双方の自由——をわれわれ自身、子孫近隣に対して、確保する重要な基礎を築いた人として、祝福し誉めたたえるであろう。

この陳述でハミルトンは裁判に勝った。陪審員たちは「無罪」の評決を答申し、ゼンガーは釈放された。彼はいまやアメリカジャーナリズムの英雄となった。あまり知られていないが同様に英雄的であったのは、アンドルー・ハミルトンであった。彼は自由の大義を雄弁に主張したのだった。

ゼンガー裁判の分析

しかしゼンガー裁判には、多少否定的な側面があった。陪審の評決は半世紀以上の間文書誹毀法に何らの効果も持たなかった。ペンシルベニアは、1790年の州憲法に抗弁としての真実性の原則と、法律と事実双方を決定する陪審の権利を規定することで、それらを承認した最初の州となった。ニューヨークは1805年それにならった。イギリスでは陪審の決定権は1792年の「フォックス文書誹毀法」(Fox's Libel Act) によって与えられ、抗弁としての真実性は1843年の「キャンベル卿法」(Lord Campbell's Act) によって認められた。

裁判後政府当局を支配したのは原則というよりむしろご都合主義であった。政府当局はゼンガー裁判に何ら新しい法的先例を認めなかった。状況を度外視すれば、ゼンガーが次の違反行為で再逮捕される可能性はきわめて高かった。コズビー総督は裁判終了後しばらく慎重にしていた。というのもモリス判事がイギリスにあって彼の免職を主張していたからだ。彼はこれ以上自分の悪名がとどろくのを望んでいなかった。さらに彼は1735年から1736年の冬にかけて重病にふせって翌3月には死んでしまった。もし彼が生きていれば、そう簡単に敗北を受け入れなかったに相違ない。

またゼンガー裁判の報告はみな一方的である。裁判自体の唯一の完全な報告は彼自身の新聞であった。王党派は評決のそうした側面を扱う報告を決して出さなかった。被告は、白黒で全体像を描く十分な理由を持っていたので、国王側の主張や原理は大抵無視された。オキャラハン (O'Callaghan) の『ニューヨーク植民地史関連文書』(Documents Relative to the Colonial History of New York <Albany, 1849, V>) は、コズビー総督の商務院への陳述を掲載しており、それは反対側の主張に最も近いものであった。[28]

XCIII.

THE
New-York Weekly JOURNAL.

Containing the freſheſt Advices, Foreign, and Domeſtick.

MUNDAY Auguſt 18th, 1735.

To my Subſcribers and Benefactors.

Gentlemen;

I Think my ſelf in Duty bound to to make publick Acknowledgment for the many Favours received at your Hands, which I do in this Manner return you my hearty Thanks for. I very ſoon intend to print my Tryal at Length, that the World may ſee how unjuſt my Sufferings have been, ſo will only at this Time give this ſhort Account of it.

On *Munday* the 4*th* Inſtant my Tryal for Printing Parts of my Journal *No.* 13. and 23. came on, in the Supreme Court of this Province, before the moſt numerous Auditory of People, I may with Juſtice ſay, that ever were ſeen in that Place at once; my Jury ſworn were,

1 *Harmanus Rutgers*,
2 *Stanley Holms*,
3 *Edward Man*,
4 *John Bell*,
5 *Samuel Weaver*,
6 *Andrew Marſchalk*,
7 *Egbert Van Borſen*,
8 *Thomas Hunt*,
9 *Benjamin Hildrith*,
10 *Abraham Kitaltaſs*,
11 *John Goelet*,
12 *Hercules Wendover*,

John Chambers, Eſq; had been appointed the Term before by the Court as my Council, in the Place of *James Alexander* and *William Smith*, who were then ſilenced on my Account, and to Mr. *Chambers*'s Aſſiſtance came *Andrew Hamilton*, Eſq; of *Philadelphia* Barreſter at Law; when Mr Attorney offered the Information and the Proofs, Mr. *Hamilton* told him, he would acknowledge my Printing and Publiſhing the Papers in the Information, and ſave him the Trouble of that Proof, and offered to prove the Facts of thoſe Papers true, and had Witneſſes ready to prove every Fact; he long inſiſted on the Liberty of Making Proof thereof, but was over-ruled therein. Mr. Attorney offered no Proofs of my Papers being *falſe*, *malicious* and *ſeditious*, as they were charged to be, but inſiſted that they were Lybels tho' true. There were many Arguments and Authorities on this point, and the Court were of Opinion with Mr. Attorney on that Head: But the Jury having taken the Information out with them, they returned in about Ten Minutes, and found me *Not Guilty*; upon which there were immediately three Hurra's of many Hundreds of People in the preſence of the Court, before the Verdict was returned. The next Morning my Diſcharge was moved for and granted, and ſufficient was ſub-

(Library of Congress)

無罪放免を報告するゼンガー。陪審員の名前も挙げている。

常に傲慢な判事として描かれるドランシーは、無罪評決を拒否したり、ハミルトンの主張を却下したりしないようにするのにも大変な抑制を示した。彼は老弁護士を法廷侮辱罪で逮捕しても良かった。イギリス政府は1765年の印紙税法を含めた多くの例に見られるように、この事件では世論を抑えるためにその権力を使わなかったのではなく、圧倒的な世論の不満に直面して譲歩したのだ。

これは重要な論点である。プレスと同じように法廷は、民主的な人民によって用心深く主張された自由を保護した。新聞がかかわる事件で、ご都合主義で法律を無視するのは危険な先例である。被告が既知の法律の冷静な評価によってではなくむしろ政治的感情のために釈放されるとすれば、それはどこから見てもプレスの自由だけでなく、われわれの自由にとって重要なシステムに対する1つの脅威である。

ドランシー判事はこの種の文書誹毀事件で、真実は抗弁として提出され得ないという意見を持っていたがために、今日多少嘲笑されているようだ。実のところ彼は自説を支えるかなりの先例を持っており、当時の法廷で承認されている原則は「真実であればあるほど、それだけ文書誹毀も重大だ」ということだったからだ。この原則の背後にある論理は、こうだった。すなわち権力の座にある人びとに関する大衆の非難あるいは批評は、社会全体を混乱させ、治安の重大な侵害になる、ということだった。ゼンガー事件において、大衆の意見は彼に味方していたが、このことが煽動的文書誹毀罪に関して植民地の作家に影響を及ぼすことはなかった。彼らのほとんどは、政府は誹毀され得るし、そうした行為が犯罪と見なされるべきことに同意していた。しかし、ジェフリー・スミス (Jeffery Smith) 教授の研究によると、そのような見解は煽動的文書誹毀罪の理論を拒む多くのジャーナリストたちによって支持されるリバータリアンの自由理論に反するものだった。しかし、彼らにとって、役人を批判した者に対する処罰の脅威はなお強力であった。それが薄らぐのは、1798年の煽動法を巡る闘争によって、問題が絶頂にいたる18世紀末以後のことだったのである。[29]

ゼンガー事件のこうした否定的側面は、ゼンガーとハミルトンのインスピレーションに満ちた貢献や裁判の心理的効果によって相殺される。というのもゼンガー事件は、1つの原則（たとえそれが法的先例を確立しなかったとしても）を表明し、そしてこの原則は今日、言論出版の自由の問題ではリバータリアニズム哲学にとって決定的に重要であるからである。政府批判の権利は、プ

レスの自由の主要な柱の 1 つである。[30] 心理的にゼンガー裁判はこの目標を促進した。というのも 1735 年以後煽動的文書誹毀罪に関しては、他の植民地では、全く裁判が行われなかったからだ。印刷屋の中には植民地の議会や参議会によって軽蔑されているのも多少いたことは明らかだったが、国王の名の下に裁判にかけられる者はいなかった。[31] 大衆の世論はその力を証明した。このようにゼンガー事件は従うべき先例として歴史に名を残す価値を持っているのである。

1765年印紙法に抗議する有名な「墓石版」。

第3章

プレスとアメリカ独立革命

> アメリカにおける国王閣下の自由にして忠実なすべての臣民の一致した主張は、自由と財産であって、決して印紙税ではない。
>
> ——諸植民地紙のモットー

　アメリカ独立革命は厳密な意味で、専制的なイギリス国王からの独立のための、自由を愛する国民による闘争であった、と今日多くの人びとは信じている。現実には革命の理由はもっとずっと複雑である。債務者と債権者との利害の衝突が1つの要素だった。イギリスの政策の弱点、不十分なリーダーシップ、そして重商主義（それによって、ヨーロッパ人は植民地を搾取した）の行き過ぎ、といった要素は革命に関連している。植民地人は、北米の商業や工業の発展に対するもろもろの制約に不満を持っていた。彼らは厳しい闘争の結果たる対フランス戦勝利の後に、フロンティアへの入植を否定されたことに不平を持った。植民地人は、新しい広大な土地を開拓・拡大していきたいと考えていた。イギリスが自治を与えることを拒否したことも、もう1つの紛争の論点であった。
　しかしこれらは、戦争の「理由」としては不十分だった。むしろ独立へ向かう動きは、名誉革命後も生き残った、ステュアート諸王とその君主権力に反対するイギリス人の著作の、植民地人の思想への影響によって、徐々に形成されたのである。これらの著作で最も重要であったのは、トレンチャードとゴードンによって書かれた「カトー書簡」であった。植民地人が政治活動を見る際の、イデオロギー的なプリズムを形成する手助けをしたその他の批評家にボーリングブルック子爵 (Viscount Bolingbroke) とジェイムズ・バーグ (James Burgh) がいた。歴史家バーナード・ベイリン (Bernard Bailyn) は、植民地の様々なパンフレット、著述、主張に見られるイギリスに端を発する主題を以下のように確認している。それらは、常備軍の恐怖、抑制と均衡を持つ政府の主

張、農業社会へのあこがれ、腐敗、贅沢そして悪徳に関する厳しい見解、邪悪で腹黒い連中が人民から自由を奪取するだろう、という恐怖への強迫観念、であった。[1]

革命時代の政治文化を理解するのに鍵となる概念は、共和主義である。歴史家リンダ・カーバー (Linda Kerber) が説明するように、共和主義は複雑であり、「共和国をまとめるセメント」として市民的有徳を重視する。市民的有徳性の中には、「市民は男性であること、市民は財産の支配によって独立していること」、共和国の高次の善のため、「市民は自らの熱情と利己心を抑制する義務を負うこと」が含まれる。本質的に、共和主義は、財産を支配する市民を重視する点で保守的であったが、同時に、共和主義の理論は、植民地人に「政治は変革の力を持ち得る」ことを教えたのである。[2]

革命への歩み

イギリスと米植民地の関係に影響を与える、個々の政策の変化や不快な事件が起こったので、政治的な代弁者は、こうしたイデオロギー的背景に自らの見解への支持を見いだした。ジョン・ディキンソン (John Dickinson) は、代表なければ課税なしの要求への支持を見いだし、サム・アダムズ (Sam Adams) は、ボストンを占領し制圧した常備軍への恐怖を煽ることができた。また別の植民地グループは、新しい政策や法律に、抵抗の理由を見いだした。

1765年の印紙税法が、2つの影響力のある集団（法律家とジャーナリスト）を敵に回してしまったことは重要である。新しい法律は、新聞を発行するために使用される紙に重い課税をした。法令文書にも重課税があった。こうして話される言葉で大衆を揺り動かす法律家と、書かれた言葉で広範な大衆に影響を及ぼすジャーナリストは、ともにこの不評の法律の賛成者と敵対することになった。しかしはじめから、印紙税法は、かなりの群衆の行動を引き起こすことになった。歴史家は、革命に対する大衆の支持について説得力のある主張をしてきた。[3]

しかし、印紙税法のような法律を提案したことに対し、イギリスを非難することはできない。フランスに対するイギリスの勝利で終わった七年戦争後、北米とインドにおいて、大英帝国は歴史上最大の帝国の1つとして出現するに至った。他方イギリスはその勝利で破産にも瀕していたのである。そこで広範なフロンティアの防衛費が何らかの手段によって支払われねばならなかった。北

米人は対フランス勝利からかなりの利益を得たから、防衛費の一部を喜んで負担すべき、とイギリスの政治家は主張した。

　植民地人は自分の流儀で援助を喜んで提供しようとした。植民地の議会は課税の用意をしたが、十分な徴税ができず、必要な時にこうした資金調達に十分な影響力を行使していなかった。植民地議会が植民地の財布の紐を握っていたから、徴税が遅滞する時に多くの期待はできなかった。大英帝国の指導者は、このためにより効果的に徴収される特別税が問題の解決になると考えた。印紙税法は1つのこうした試みであった。イギリス自身がこの税金を払っていた。憎悪の的になった法律の主唱者であるジョージ・グレンビル (George Grenville) は、マサチューセッツでさえ1755年に同様の法律を課したことがあったことを指摘した。そのしばらく後ニューヨークも同じ課税を行った。

　地方の印紙税法は税金を払う人自身によって課されたのだ、と植民地人は主張した。サム・アダムズが1765年の決議で展開したように、植民地はイギリス議会に直接代表を出していなかった。アダムズは、イギリスと植民地を隔てる距離を考える時、これが実行不可能であることを認めた。植民地は共通の国王の下で自治が与えられるべきと、彼が主張したのはこのためであった。[4] しかし、それは当面の問題解決には何の意味も持たなかった。

　新聞編集者の反対は、多くの形態を採った。発行を停止する新聞があった。若干の発行物はタイトルや発行人欄なしで出版された。それは、技術的に新聞の分類を免れようとする処置だった。ただ単に入手不能という告知をつけて、必要とされる印紙なしで発行される新聞も多少あった。ほとんどの植民地で印紙の販売が暴徒によって妨害されたから、それは嘘ではなかった。その事件を風刺する発行物もあった。印紙税法が施行になる前日、ペンシルベニア・ジャーナル・アンド・ウィークリー・アドバタイザーは、太いコラム罫つまり「裏罫」のフチ取りを使って発行された。これは弔意を示すジャーナリズムの象徴であったが、この時はそれ自体が墓石の格好で表現されていた。

　印紙税法反対のアジテーションは、現実には英米の長期に及ぶ紛争のほんの1つのエピソードに過ぎなかった。イギリスは「重商主義制度」の主たる擁護者だった。この制度の下では、植民地は原材料の供給地、そしてまた最終生産物の市場として開発されねばならなかった。重商主義制度にとって本質的なことは、イギリスにとって有利な貿易のバランスであり、輸出額が輸入のそれを上回るべきことを意味していた。この政策はどの政党が政権の座につくかに関係なく、支持された。イギリス政府が、1651年に始まる植民地の貿易、産業

そして財政に制約を課したのは、このためであった。例えば植民地の通貨の不足が深刻な問題になったが、イギリスの債権者が負債の軽減を拒否したことは多くの植民地人を怒らせた。[5]

　植民地人は、対フランス勝利までは暴力的な異議申し立てはしなかった。公然たる密輸が尊敬される市民によって行われ、地方のコンセンサスでは正しい方法とはされなかったが、合法的とされた。しかし1763年以後イギリスは古い法律の執行を強化し、新しい法律も課し始めた。これに対する反応は、初めは平和的で、後にこうした政策が失敗した時には、もっと直接的な方法による苦情の申し立てが試みられた。憎悪の対象となった印紙税法撤廃に成功した印紙税法会議は、一致した断固たる行動の成果を北米植民地に示した。こうした事情すべてを考慮してもなお、経済は来たるべき革命において1つの要素に過ぎなかった、という結論を下さざるを得ない。というのも様々な思想が、人びとを煽動していたのである。実際、思想を基準とするなら、革命は1775年までに完成していたといえる。この場合戦争は、新しい思想に賛成できない人びとに対する、新しい思想擁護の手段に過ぎなかったのである。

　革命が進行するにつれて発展した対立する思想は、個々の階級なり集団なりを代表する3人のジャーナリストの著作を研究することで都合よく押えることができる。彼らはトーリーのスポークスマンたるジェイムズ・リビントン (James Rivington) であり、ホイッグの思想を代表する「革命の文士」ジョン・ディキンソンであり、デモクラシーの福音伝道家で、急進主義「アジテーター」の指導者サム・アダムズであった。

ジェイムズ・リビントン：トーリー代弁者

　トーリーは独立戦争においてイギリス相手に武器を取ることを拒んだため、北米人はトーリーを反逆者と考えがちである。現実に、他の集団が反乱を起こした時に自分の国にあくまでも忠実であったのはトーリーたちであった。ただ戦争の敗北によってトーリーは反逆者の汚名を着せられた。ケネス・ロバーツ (Kenneth Roberts) の歴史小説『オリバー・ウィズウェル』(Oliver Wiswell) の読者は、18世紀中ごろにあってトーリーの原理を信奉する多くの誠実で正直な北米人がいたことを理解できるだろう。1776年の時点で約20～30%がトーリーであった。

　トーリーの目標は、明らかに植民地の基本的構造を保持することだった。彼

THURSDAY MAY 25, 1775. [N°. 110.]

RIVINGTON's
NEW-YORK  GAZETTEER

Connecticut, Hudson's River, New-Jersey and Quebec
WEEKLY ADVERTISER

PRINTED at his OPEN and UNINFLUENCED PRESS fronting HANOVER SQUARE.

PHILADELPHIA, May 13.

AFFIDAVITS and depositions relative to the commencement of the late hostilities in the province of Massachusetts-Bay; continued from our last:

Lexington, April 25, 1775.

JOHN PARKER, of lawful age, and commander of the militia in Lexington, do testify and declare, that on the 19th instant, in the morning, about one of the clock, being informed that there was a number of regular officers riding up and down the road, stopping and insulting people as they passed the road; and also was informed that a number of regular troops were on their march from Boston, in order to take the province stores at Concord; ordered our militia to meet on the common in said Lexington, to consult what to do, and concluded not to be discovered, nor meddle or make with said regular troops (if they should approach) unless they should insult or molest us, and upon their sudden approach I immediately ordered our militia to disperse and not to fire; immediately said troops made their appearance, and rushed furiously, fired upon and killed eight of our party, without receiving any provocation therefor from us. JOHN PARKER.

We, Nathaniel Clarkhurst, Jonas Parker, John Munroe, junr., John Winship, Solomon Pierce, John Murray, Abner Meeds, John Bridge, junr., Ebenezer Bowman, William Munroe, 3d, Micah Hager, Samuel Sanderson, Samuel Hastings, and John Brown, of Lexington, in the county of Middlesex, and colony of Massachusetts-Bay, in New England; and all of lawful age, do testify and say, that on the morning of the nineteenth of April inst. about one or two o'clock, being informed that a number of regular officers had been riding up and down the road the evening and night preceding, and that some of the inhabitants as they were passing had been insulted by the officers, and stopped by them; and being also informed that the regular troops were on their march from Boston, in order (as it was said) to take the colony stores there deposited at Concord: We met on the parade of our company in this town; after the company had collected, we were ordered by Captain John Parker (who commanded us) to disperse for the present, and be ready to attend the beat of the drum; and accordingly the company went into houses near the place of parade. We further testify and say, that about five o'clock in the morning we attended the beat of our drum and were formed on the parade—we were faced towards the regulars then marching up to us, and some of our company were coming to the parade with their backs towards the troops; and others on the parade began to disperse when the regulars fired on the company, before a gun was fired by any of our company on them; they killed eight of our company, and wounded several, and continued the fire until we had all made our escape.

Signed by each of the above Deponents.

NEW-JERSEY, May 16.—

SPEECH of his Excellency WILLIAM FRANKLIN, Esq., Captain General, Governor and Commander in Chief, in and over the Province of NEW-JERSEY, and Territories thereon depending in America, Chancellor and Vice Admiral of the same, &c.
To the GENERAL ASSEMBLY of the said Province, Convened at Burlington.

Gentlemen of the Council, and
Gentlemen of the General Assembly.

THE sole occasion of my calling you together at this time is to lay before you a resolution of the House of Commons wisely and humanely calculated to open a door to the restoration of that harmony between Great-Britain and her American colonies on which their mutual welfare and happiness so greatly depend.

This resolution, having already appeared in the public papers, and a great variety of interpretations put upon it, mostly according to the different views and dispositions by which men are actuated and scarcely any having seen it in its proper light, I think I cannot at this juncture better answer the gracious purposes of his Majesty, nor do my country more essential service than to lay before you as full an explanation of the occasion, purport and intent of it as is in my power. By this means you, and the good people you represent, will be enabled to judge for yourselves how far you ought or ought not to acquiesce with the plan it contains, and what steps it will be prudent for you to take on this very important occasion.

You will see in the King's answer to the joint address of both Houses of Parliament on the 7th of February, how much attention his Majesty was graciously pleased to give to the assurance held out in that address, of the readiness of Parliament to afford every just and reasonable indulgence to the colonies whenever they should make a proper application on the ground of any real grievance they might have to complain of. This address was accordingly soon followed by the resolution of the House of Commons now laid before you. A circumstance which afforded his Majesty great satisfaction, as it gave room to hope for a happy effect, and would, at all events, ever remain an evidence of their justice and moderation and manifest the temper which has accompanied their deliberations upon that question which has been the source of so much disquiet to the King's subjects in America.

His Majesty, ardently wishing to see a reconciliation of the unhappy differences by every means through which it may be obtained without prejudice to the just authority of Parliament, which his Majesty will never suffer to be violated, has approved the resolution of his faithful Commons, and has commanded it to be transmitted to the governors of his colonies, not doubting that this happy disposition to comply with every just and reasonable wish of the King's subjects in America will meet with such a return of duty and affection on their part as will lead to a happy issue of the present dispute, and to a re-establishment of the public tranquility on those grounds of equity, justice and moderation which this resolution holds forth.

What has given the King the greater satisfaction in this resolution, and the greater confidence in the good effects of it, is his having seen that, amidst all the in-

らは財産権、世襲、地位そして伝統（それらは貴族の属性のように思える）によって、支配の継続を望んだ。これはデモクラシーの基準からすれば、奇妙かつ嫌悪すべき要求のように思えるが、説得力のある論客を抱えていた。そうした男がリビントンであった。

「ジェミー」(Jemmy) リビントンは、競馬で財産を失った後 1762 年北米にやって来た——付言すると、こうした苦労を重ねた新聞人は彼が最後ではない。王侯の遊びへの熱中にもかかわらず、彼はジャーナリズムと彼の階級の誉れであった。彼のトーリー的見解について、誰も彼を非難することはできない。なぜならば、彼の家系は数世代にわたってイギリス教会の宗教書の御用発行人であった（つまり大抵の良きトーリーに最もアピールを持つ教会であった）。国王と主教は権威を代表し、権威によって秩序が最も効果的に維持される、とトーリーは主張した。したがって国家の権威への攻撃はまた教会の権威に対する脅威でもあり、革命の歴史はまさに異常な結末をもたらす、とリビントンのような男は主張した。つまり無政府主義的な分子に対して、法と秩序の力を支援するのが全市民の義務であった。

彼は北米では大きな影響力をもち、トーリーの主張に多大な貢献をすることができた。北米最初の本屋のチェーンの所有者であり、支店をボストン、ニューヨークそしてフィラデルフィアに持っていた。彼はこの事業で非常な成功を収めたので、新聞を発行する決意を固めた。1773 年つまり植民地における反逆の前夜、全国紙的な印象にもかかわらず地方紙に過ぎないリビントンズ・ニューヨーク・ガゼッティアを創刊した。同紙は編集も優れ印刷も上質だった。平均約 55% の広告という事実に示されるように、ガゼッティアは経営的にも非常に優れていた。

リビントンは、新聞事業でも尊敬に値した。というのも彼は政治的問題の双方の側の議論を喜んで掲載した（当時にあっては、客観性はジャーナリズムの基準となっていなかった）。しかしこうした客観性はまさに「愛国派」の気に入らないものだった。彼らは公平で正確な報道に関心を持っていなかった。それは主義主張のための闘争にとって、何の意味も持たないと信じていた。そうした中、1775 年 4 月 20 日号でリビントンは不平を漏らした。

「印刷人は、自分の印刷機があらゆる党派の意見の掲載に開放されていることを大胆に肯定する……彼は公共的職業の観点から自分の印刷機を考え、すべての人が印刷機を利用する権利を持っている、と考える。しかし印刷人がある種のデマゴーグの危険な見解や企みに反対する意見をあえて掲載しようとする

と、自分が国家の敵に仕立て上げられていることに気づくのだ。」

　リビントンの不満は、戦争の勃発に先立つ 10 年間、トーリーにとって共通のものだった。権力はイギリス政府当局の手から滑り落ち、植民地議会の掌中にあった。彼らの目からは、国王の批判はもはや煽動的文書誹毀ではなかった。しかし植民地議会や愛国派の主張を批判することは煽動的文書誹毀であり、軽蔑であるといって良かった。表現の自由は主として彼らの側にあり、トーリーは不利な立場にあった。

　トーリー派編集者の問題は、公式活動からというよりむしろ、サム・アダムズのような急進的な「アジテーター」によって生み出される公然たる圧力に由来するものだった。威嚇の組織的なキャンペーンや経済的強制は、時として急進派の主張に必ずしも全面的に賛成ではない編集者に対する暴動によって、展開された。トーリーつまり忠誠派はみな迫害を受けて失業してしまったといってよい。つまり中立的であろうとする編集者は、急進派の陣営に入るか発行を中止するか、いずれかを強いられたのである。[6]

　例えばボストンでは、かなり組織化された急進派集団は威嚇を用いてしぶる印刷人にプロパガンダを強制し、トーリーの声をかき消すように説得した。ジョン・ミーン (John Mein) は、トーリー派の新聞クロニクルが威嚇に屈するのを執拗に拒み、そのかわりに急進派指導者を攻撃した時、彼に似せた人形が作られて縛り首にされたり、彼自身が街頭で攻撃を受けたりして、最後には暴徒の襲撃に見舞われた。彼はイギリスに亡命せざるをえず、新聞は 1770 年に発行停止になった。双方の主張を掲載しようとしたトマス・フリートのイーブニング・ポストは、トーリーのポスト・ボーイと同じく、1775 年店を閉めた。最後に残るトーリー新聞ニューズ・レターは 1776 年早々に廃刊となった。フィラデルフィアでは愛国派のウィリアム・ゴッダード (William Goddard) は、自分の新聞ペンシルベニア・クロニクルに親国王の記事を掲載したことで、袋だたきにあった。こうして、リビントンは急進派主導の世論に反対する時、仲間の新聞の経験はもちろん自分自身の経験に基づいても不満をもらすことができたのである。

　レキシントンとコンコードの戦闘の後、リビントンは客観的であることを止めた。戦争中、彼は愛国派競争紙と同様に党派的であった。ロイヤル・ガゼットと改題した戦時新聞は、アメリカの指導者に対する事実無根の非難をまき散らした。彼は反逆者を中傷する悪質な噂をねつ造した（しかし時まさに戦争の時代であり、その最初の犠牲者が客観性であった）。そして彼には政治上社会

上の敵を容赦する理由はほとんどなかった。自説を述べて、暴徒によって彼の人形が焼かれたりした。彼の店は2度にわたる暴徒の襲撃を受け、一度は活字などが破壊された。単に自分の意見を述べただけで、屈辱的にも大衆の面前で謝罪を強制された。リビントンは仕方なく1776年イギリスへ一旦帰国したが、再び1777年には国王の印刷人として復帰した。1781年ヨークタウン陥落のニュースがロイヤル・ガゼットのもとに届いた時、彼は宥和的になった。イギリス軍が撤退した後、ワシントン将軍がニューヨーク市において部下への告別の辞を行った時、彼はその情景を客観的に報道した。しかしアイザック・シアズ(Isaac Sears)率いる急進派は容赦なかった。すなわち1775年彼の人形を焼いた当の暴徒が1783年の大晦日の夜に再来し、店を閉鎖させてしまった。彼は他のトーリーのように帰国せず、1802年ニューヨークで死んだ。

ジョン・ディキンソン：ホイッグ思想家

　他の集団の論客も（穏健なものも、暴力的なものもいた）トーリー的見解と論争した。アメリカのトーリーは、しばしば植民地ホイッグと称される、台頭する資本主義派（政党とはなお呼びえなかったが）と対立した。代表的なホイッグは、時として「革命の文人」と称されるペンシルベニアのジョン・ディキンソンであった。

ジェイムズ・リビントン、代表的なトーリー編集者（マガジン・オブ・アメリカン・ヒストリー誌）

ジョン・ディキンソン、植民地時代のホイッグ（ペンシルバニア・マガジン・オブ・ヒストリー・アンド・バイオグラフィー誌）

彼は発行人でも印刷人でもなかったが、この時代の偉大なジャーナリストと称されるに値する。彼は新聞やパンフレットによって政治的信念の福音を普及させた。彼の思想の要点は「ペンシルベニア一農民の手紙」(Letters from a Farmer in Pennsylvania) と題される一連の論文に示されている。この最初の書簡は1767年ペンシルベニア・クロニクルに掲載された。他の11の書簡が1768年にかけて発表された。この書簡は北米の至るところで広く転載された。

1767年の2つの事件にディキンソンは危機を感じた。すなわちイギリス議会による直接課税のタウンシェンド諸法の賦課、そして総督への税金不交付を理由としたニューヨーク総会議の停止であった。自らの財産の保全のため植民地ホイッグは、自らの総会議において租税を管理しなければならない、とディキンソンは主張した。財産の重視は健全な政府の品質証明であった。

ディキンソンは、独立のための戦争を引き起こすつもりは毛頭なかった。しかし彼は植民地ホイッグが擁護しなければならないと感じるようになった基本的な原則を述べたことによって、サム・アダムズは別として、他の誰よりも革命のための世論を用意したのである。皮肉なことに、この穏健なクエーカー教徒は印紙税法会議の『権利宣言』(Declaration of Rights of the Stamp Act Congress) と2つの『国王への請願』(Petitions to the King) の執筆者と連合規約の共同執筆者となった。

ディキンソンは、リビントンたちのトーリーと同じように民衆煽動家を軽蔑していた。というものホイッグはむしろ狭い自由観を持っていたからだ。例えばホイッグの偉大なスローガンは「代表なければ課税なし (no taxation without representation)」であって、これは厳密に言えば闘争の経済的側面であった。ホイッグは、庶民の台頭に何ら関心を持っていなかった。彼らはただ社会改革の「自然権」哲学に関する思想の中でもきわめて漠然としたものしか持っていなかった。というのも人権の見地より財産の視点からものを考えていたからであった。しかし彼らも1つの原則のために戦っており、その闘争において公正な条件で戦う能力に恵まれなかった人びとに自由をもたらした。こうしたすべてにいたる奇妙なねじれによって、北米のホイッグの最大の敵はイギリスのホイッグとなった。イギリスのホイッグは、北米の事業家にとって有害と考えられる商業的な諸制約を課したのである。北米の実業家は、もし国内でも海外でも統治権力を握るイギリスの実業家が、植民地代表なくして恣意的に課税できるとするならば、その場合北米の競合する実業家は忘却の彼方に追いやられることになると主張した。

アメリカ革命が武器によって防衛されなければならなくなった時、北米のホイッグは、非常に賞賛される法と秩序を与えた国王への忠誠か、あるいは彼らが熱望した無制限の企業の保証を主張する植民地政府への忠誠か、つまり両者の間の選択を迫られることになった。板ばさみになったホイッグは、戦争の間忠誠派になるか愛国派になるかを強制された。というのもその時点までに中立の余地はなくなっていたからだ。ディキンソン自身もこの選択をしなければならなかった。彼は愛する母国からの無条件の独立を支持することができず、独立宣言の署名を拒んだ。しかし自宅防衛のためにマスケット銃を身につけたのである。

　ディキンソンは、財産所有階級（一般的に頑固で、現実的で、冷静と見なされていた集団）の尊敬を得ていたために影響力を持っていた。ひとたび確信を持つと実業家達は、一定の主義主張のため隣人を動かす比類ない力を発揮した。というのも隣人はもし「信頼できる」実業家が提案されている変革を信じるなら、この態度には十分な根拠があるはずと推論したからである。ディキンソンは彼らの関心にかかわる論文によってこうした集団に手を差し伸べることができた。彼の書簡は華麗で確信に満ち、読みやすいものだった。書簡は広く転載された。当時の新聞の中で3紙を例外として、すべての新聞はこの「ペンシルベニア農民」の完全なシリーズを掲載した。この諸論文に表現された思想は数週間、さらには数年に及んで新聞の紙面に表現された。

サミュエル・アダムズ：急進的煽動家

　闘争の当初最も弱体で最後には最も重要になった集団は、いわゆる「急進派」(Radicals) あるいは「愛国派」(Patriots) であった（これらの言葉は後には全く同義ではなくなった）。トーリーは、世襲の権利に大きな関心を持ち、ホイッグは経済的問題しか念頭になかった。しかし急進派は、非常に異なる分野で活動を行った。急進派は社会変革に真剣な関心を持つ唯一の集団であった。もし北米において非常に効果的なリーダーシップがなかったら、急進派はイギリスの場合と同様に圧倒されてしまったかもしれない。おそらく急進派指導者の最も適切な典型は、当時にあってきわめて多作のジャーナリストの1人サミュエル・アダムズであった。

　煽動家として彼は比類ない能力を持っていた。不可避的な闘争に勝つためには、彼と彼の支持者集団は、5つの主要な目的を達成しなければならないこと

急進派のサミュエル・アダムズ
(ベットマン・アーカイブ)

アイザイア・トマス、愛国派の編集者
(C・K・シップマン、アメリカ好古学会)

を知っていた。すなわち、自ら主張する進路を正当化しなければならない。勝利の利点を宣伝しなければならない。敵への憎悪を教え込むことで大衆(実際の突撃部隊)を奮起させなければならない。反対派によって提示される論理的で理性的な主張を無力化しなければならない。そして最後に問題を普通の労働者にも理解できるようにするために、すべての問題を白か黒かで表現しなければならなかった。アダムズはこれらすべてを行うことができ、彼の主要な用具は植民地の新聞であった。しかし、アダムズの役割を過度に強調するのは禁物である。歴史家はかつて、愛国派への支持を築き上げていく上で、サミュエル・アダムズと他の「プロパガンダのパイオニア」の策謀を非常に重視してきたが、最近の解釈は、「イギリス政治の腐敗に対する深く広範な不信から生まれてきた、大衆の本物の感情」が果たした中心的役割を指摘するのである。[7]

アダムズは、イギリス議会が基本的権利を無視し続けているから、北米植民地は母国との縁を切っても正当化されると信じた。契約を破ったのはイギリスであって、そのため植民地の様々な義務はもはや無効であると主張した(今も昔も契約法の理論は、一方の当事者の違反は、他方のすべての契約当事者を義務から解放する)。アダムズは彼の階級と党が、あたかも現在イギリス議会に無視されている伝統的諸権利のために戦っているように思わせた。この場合技術的には、反逆しているのはイギリスであった(植民地人は伝統的方法を維持しようとする人民であった)。

サム・アダムズは、革命の煽動家であるだけでなく、最も偉大な人物であった。驚くべきことではないが、敵は彼を「操り人形の名人」(Master of the Puppets) とあだ名したが、彼はその役割にうってつけであった。アダムズは牧師、法律家そして教育者から身を転じたが、それらの専門職すべてに通暁していた。若い急進派として、彼は、父やボストンの進取の精神に富んだ人びとによって創立されたコーカス・クラブで定期的に会合を持った。このクラブは新聞インデペンデント・アドバタイザーを支援し、アダムズは1748年26歳の時、同紙の編集長になった。後に彼は、北米植民地2番目の新聞の後継紙であるボストン・ガゼット・アンド・カントリー・ジャーナルの定期寄稿家となった。
　アダムズは、1764年5月、植民地議会のボストン代表に指示を与える5人の委員の1人に選ばれ、自由のためのストライキをした。そこには、憎悪の的となったグレンビルの印紙税法を課すイギリス議会の権利の否定が含まれていた。その文書の最後の段落はまた、苦情の最も効果的な表明のための全植民地の同盟を示唆していた。[8] こうした指示はガゼットに掲載され、同紙は明確に「愛国派」分子の代弁者と見なされていたので、その煽動的メッセージは北米植民地のいたるところに伝えられた。

イーズとギルのボストン・ガゼット

　アダムズはすぐに、小さいが騒々しい集団の指導者と認められるようになった。この集団の2人のメンバーは、子供の頃からの友人でいまではボストン・ガゼットの所有者であるベンジャミン・イーズ (Benjamin Edes) とジョン・ギル (John Gill) であった。1764年末までに、同紙はボストン急進派の中枢機関となった。多くの著名北米人が、とくに不快なタウンシェンド諸法（植民地の輸入品に新しい課税を行う）の可決以後、同紙に執筆したが、アダムズの筆力をしのぐものは誰もいなかった。
　アダムズは単なる作家以上の存在であり、ニュース取材の専門家であった。1772年に組織された通信委員会によって、彼は植民地中のあらゆる動きや感情に油断なく目を光らせ続けた。彼の部下たちは、現代の記者が通信社のため情報を取材するのと同じくらい有能に、あらゆる重要な集会を「取材」した。驚くべき短期間でこれらすべてのニュースはアダムズの地方委員会に届き、委員会はこうした情報が必要なところへ効果的に伝わるよう情報を加工・処理し

た。この原始的なニュース・サービスは非常に効率的であったが、アダムズが現われるまで誰もこうした工夫を考えたことがなかった。

　彼は、運動に対する熱意を有能な助力者の心に教え込むのに成功した。人物の偉大さというものは仲間の度量や才幹によって計ることができるから、われわれは、アダムズが実に偉大であったと言わざるをえない。後に合衆国の第2代大統領になった従兄弟のジョン・アダムズは、「ボストン大虐殺」に連座した英兵士を擁護した時のように、時々サムを失望させたが、2人が議論している最中でさえサムはジョンのために自分の影響力を使ったという事実に示されるように、概して互いに尊敬しあっていた。ともに誠実な男だった。ジョン・アダムズはコミュニティのもっと品位のあるメンバー、とくにサム・アダムズの騒々しいやり方を軽蔑していた法曹界の人びととの支持をうまく取り付けた。

　もう1人の仲間は、オルガナイザーが現在では「連帯」と称するものを理解していたジョサイア・クウィンシー (Josiah Quincy) であった。彼は正しく考えるだけでは不十分と主張した。それだけでなく、運動の戦士を無敵にするだけの十分強力な世論の一致した力が存在するようになるまでは、市民もまた「同じ」ような思考法をとらねばならない、と主張した。さらにもう1人の偉大な協力者は、魅力的で親切な医者ジョゼフ・ウォーレン (Joseph Warren) であり、彼は愛国派の運動のために、入念な論理で弁じた。ウォーレンは、戦闘が始まった時直接行動を主張した。彼は、ブリーズ（バンカー）ヒルの最初の激戦で高位の将校として戦死した。ジェイムズ・オーティス (James Otis) は、愛国派集団の有能な演説家で、当時最高の雄弁家の1人であった。イギリスは、彼の説得力が故に彼を1番恐れた。

自由の息子

　ガゼットのオフィスでサム・アダムズの周囲に集結したボストンの急進派は、革命運動の核となった。しかし彼らは、マサチューセッツで展開している対英強硬路線への他の植民地の支持を獲得する方法を必要としていた。この方法は「自由の息子」によってもたらされた。ところで自由の息子の支部は、1765年の印紙税法を巡る自然発生的な大衆蜂起のさなか、あっという間に広がって出来たものだった。ガゼット・グループ出身の、ボストンの主要メンバーであったのは、アダムズ、印刷屋のイーズ、彫版工のポール・リビア (Paul Revere) であった。自由の息子の政治宣伝網で積極的な活動家とされ

る他の印刷屋は、ボストンの僚友紙マサチューセッツ・スパイのアイザイア・トマス (Isaiah Thomas)、ニューヨーク・ジャーナルのジョン・ホルト (John Holt)、チャールストンのサウス・カロライナ・ガゼットのピーター・ティモシー (Peter Timothy)、フィラデルフィアのペンシルベニア・クロニクルとボルチモアのメリーランド・ジャーナルのゴッダード、そしてニューポート・マーキュリーのソロモン・サウスウィック (Solomon Southwick) であった。ウィリアム・ブラッドフォード3世 (William Bradford III) は、フィラデルフィアの自由の息子の将校だったが、彼はペンシルベニア・ジャーナルを急進派路線に完全にはコミットさせていなかった。

1767年のタウンシェンド諸法によって、急進派は商人に英製品の輸入を停止させ、市民には英製品の不使用を義務付ける輸入反対協定を展開させることができた。ディキンソンの書簡は、ボストングループに支持を与え、ジェイムズ・オーティスやジョゼフ・ウォーレンは、ガゼット紙上でフランシス・バーナード総督 (Francis Bernard) を攻撃した。バーナードはロンドンに対し、支配権確保のためさらに2連隊の英軍の増派を説得することで、彼らの術中に陥ってしまった。ボストンの新聞と市民は、英軍を憤慨と敵意で迎えたのである。

アダムズと自由の息子は、「丸20年間（1763〜83年）のうちになされた、ニュース記事を通じて思想を普及させようとする最も一貫した努力」[9]と称されてきた、植民地間の政治宣伝コミュニケーションの集中的なキャンペーンによって、決着をつける決心をした。これが1768年から1769年にかけての「ジャーナル・オブ・オカーレンセズ」(Journal of Occurrences) であり、新規の英軍到着とともに始まり、バーナード総督の辞任とトマス・ハッチンソン (Thomas Hutchinson) の就任の時に終わった。

この「ジャーナル・オブ・オカーレンセズ」のなお未確認の著者は、アダムズ指揮の下に行動し、英軍がかかわっていると言われる事件の記録をまとめ、それをジョン・ホルトに送り、ホルトは、ニューヨーク・ジャーナルに掲載した。そしてニューイングランドからジョージアにいたる他の新聞は、それらの記事を取り上げた。その著者は侮辱行為や恥ずべき行為から襲撃事件や婦女暴行未遂にいたる、ボストン駐留の英軍の不行跡を記録した。ホルトがニューヨークにおいて「ジャーナル・オブ・オカーレンセズ」を印刷してからほぼ2か月後に（同時ではない）、こうした事件はボストンの新聞に転載されたから、研究者は虚偽だというトーリーの不満はおそらく正当化されたと結論づけている。「ジャーナル・オブ・オカーレンセズ」の目的は、占領軍が市民を虐待し

ている、ロンドンはこうしてボストンの愛国派をひどい目にあわせている、という一般の感情を、助長することだった。

ジョン・ホルトは、自由の息子のこうした活動の主要なメッセンジャーであり、ボストン以外では最も重要な急進派印刷屋であった。彼は1766年ホイッグ紙としてニューヨーク・ジャーナルを創刊する以前は、フランクリンの同僚ジェイムズ・パーカー (James Parker) と一緒に仕事をした。彼は、自由の息子の運動を盛り上げるような一連の事件が起きると、ますます活動的になった。そうした事件には、1770年の「ボストン大虐殺」、12月の「ボストン茶会事件」をひきおこすことになる1773年の茶法、1774年その報復としての不寛容法 (Intolerable Acts) の可決やボストン港閉鎖などがあった。ホルトは、ボストン紙から記事を転載し、急進派の主張を集めてチャールストンのティモシーやボルチモアのゴッダードらに送り込んだ。

このコミュニケーションによって、ボストン急進派が提案する強硬路線への植民地間の支持が生まれることになった。1774年9月マサチューセッツで怒りの炎が燃え上がった時、ジョゼフ・ウォーレンはサフォーク決議を書き、それは馬の背に載せられリビアによってフィラデルフィアに運ばれた。フィラデルフィアに置かれた貧弱な組織の大陸会議は、アダムズに急き立てられて決議を採択した。こうした行動はまもなく英軍の銃口の前に立つことになるボストン急進派への支持の誓約であった。その当時票を投じたすべての人びとがアダムズがなしとげた成果を理解していたというわけではなかった。

サム・アダムズの重要な役割

アダムズは1774年の時点で勝利の手ごたえを感じることができた。彼には、政治宣伝、運動の組織化そして自分の目標を推進するためのあらゆる手段の利用といった20年の経験があった。来る日も来る日も彼は新聞やパンフレットを通じて敵に圧力をかけた。夜遅くに通行人はアダムズの家の明りがともっている窓を見上げ、老練の革命家がまだ仕事に精を出し、おそらくトーリーを怒らせるようなガゼットの原稿を書いていることを知った。アダムズは、トーリーの堅い外皮の弱点をどのように見つけるかを熟知していた。

偶像破壊者の方法は格好の良いものといえないかもしれない。ハッチンソン総督は、アダムズを評判の殺害者と呼んだ時、それは正しかった。総督は彼が誰に向けて話をしているか分かっていた。というのもこのイギリス最後の行政

官は、痛烈な反逆的ジャーナリストの格好の標的であったからだ。結局、自主独立のアン（北米の公的生活における最初の傑出した女性）まで祖先をさかのぼることのできるハッチンソンは、故郷を離れイギリスに亡命せざるを得なくなった。

「操り人形の名人」は十分な活動を展開した。1775 年 4 月 19 日の朝、「世界中に鳴り響く銃声」がレキシントンとコンコードの戦闘で火を吹いた。それ以後、北米は戦火にまみれ、アダムズが精力を傾けて取り組んだ究極的な勝利のために戦った。

アイザイア・トマス：愛国派編集者

印刷人や発行人や編集人たちは、人びとに革命の準備をさせ、革命戦争の間士気を維持するのに、重大な影響力をもった。急進派ボストン・ガゼットの所有者イーズとギルは、愛国派兼ジャーナリストの代表例であった。ウィリアム・ブラッドフォード 3 世は、有名な印刷一家の創立者の孫であったが、彼は革命中ペンと剣の双方をふるった。彼のペンシルベニア・ジャーナルは、愛国派のイデオロギーに忠実であった。しかしこの時代の最も偉大なジャーナリストは、アイザイア・トマスであり、アメリカの第 4 階級の重要なパイオニアのひとりであった。

トマスは、わずか 6 歳の時すでに印刷屋の徒弟として働き始めた。彼は未亡人の母を支えていかなければならず、そのため正規の教育の恩恵を得ることはできなかった。後に彼は、偉大な学者、最も優れた個人図書館の所有者、学術的な考古研究学会の初代会長、そして植民地時代の新聞の歴史家となった。

アザイア・トマスのマサチューセッツ・スパイの題号。有名な「団結か死か」というスローガンが見える。

彼は活字を組むことで文字のつづりの勉強をした。ゲラ刷りを勉強することで知識を拡大していった。印刷親方であったゼカリア・フォール (Zecharia Fowle) は、その若者の価値を正しく認識せずに、店の経営のかなりを彼に委ねた軽率な雇用者であった。憤慨したトマスはハリファックスに逃げた。1770 年ボストンに戻ってきた時、フォールは逃亡徒弟を歓迎し、組合契約を結ぶ提案までした。彼らは共同でマサチューセッツ・スパイを創刊し、同紙は 1904 年まで続いた。

トマスは、まもなくふがいない共同経営者の持ち分を買い取った。彼の所有権の下で、スパイは、米植民地で最も成功した新聞のひとつとなった。同紙は名目的には無党派的であったが、たいていはホイッグ哲学に従った。敵対行動が生じるまでは、こうした政策は成功を約束するものだった。というのも 21 歳の時、このハンサムな若者の発行する新聞は発行部数と規模では、リビントンに次ぐものになっていたのである。

トマスは、ディキンソンのような宥和主義が効果的でないことが明白になってくるにつれて、ホイッグ原理を変え始めた。彼は間もなく地域の独立派集団の代弁者と認められるようになった。英軍がボストンに到着し、植民地人に以前から軽蔑されていた法律を執行した時、彼は地下運動の指導者になった。レキシントンとコンコードへの英軍の急襲が切迫していることを警告する信号を、民兵の急使にオールド・ノース・チャーチの尖塔から点滅させたのは、彼らであった。[10]

トマスは明くる日、独立戦争の発端になる最初の戦闘の目撃者となった。彼は「世界中に鳴り響く銃声」を聞かなかったとしても、少なくともその重要性は分かっていた。英軍と民兵の衝突に関する彼の報道は、今日にいたるまでこの戦闘の最も有名なものとして残っている。彼は真っ先に戦闘「記事」が客観的であることを否定しただろう。その時点までに戦争の道具として新聞を利用する決意を固め、したがって彼の報道は、同胞に都合の良い政治宣伝という色彩が濃厚であったからだ。たとえそうであっても、この事件の描写は、その論旨においておそらく正確であっただろう。その報道には、かなり多くの生彩と活力が込められていた。ここに引用する価値がある記述だ。トマスの報告によると……

　　4月18日の夜 10 時ごろ、ボストンの英軍部隊はきわめて秘密裡に移動し、共有地のふもとにあるボート（夜闇に乗じてそこに彼らが用意した）に乗り込むのが目

撃された。そこで急使は防衛に当たるよう警告を発するため急いで出発した。急使がレキシントンから約1マイルほどやって来た時、馬に乗った約14人の将校に制止された。将校はその日の午後ボストンからやって来て、暗くなるまで横道に潜んで隠れていた。急使の1人がすぐに逃げ（これはおそらサムエル・プレスコット = Samuel Prescott = 博士）、1将校から2マイルの追跡を受けた。そして将校が追いついた時、銃を突きつけて止まらぬと殺すと言い放った。しかし彼は家が迫ってくるまで馬に乗って逃げ、突然止まって馬から降りた時、人家の住民に「オーイ」と叫ぶ心の余裕があった（もちろん馬ではなく乗り手が）。

『出てこい、出てこーい、ひとり捕まえた！』

将校はすぐに退却し追跡の時と同じ早さで逃げていった。別の急使（リビア）は厳格な取り調べを受けた後、何らかの手段を講じて逃亡に成功した。

一方スミス中佐が指揮する軍隊は、川を渡りフィップス・ファームに上陸した。彼らは1,000人に達する軍勢で、非常に静かにコンコードの約6マイル南のレキシントンへ進軍した。約80人の民兵が集会所の近くに集結した。英軍は夜明け直前に彼らの見えるところまで進んできた。ついで英軍は疾走し、ときの声を上げながら数ヤードのところまで迫ってきた。司令官は次のようなことばを民兵に投げかけた。

『散れ、畜生！　反逆者め、いまいましい、散れ！』

それに従い英兵は再び叫び声をあげ、すぐに何人かの将校が銃を発砲し、瞬時に4、5人の兵隊の銃声が続いた。そして両軍の交戦状態が始まったようだ。わが方は8人が死亡、9人が負傷した。[11]

戦争は愛国派編集者にとって辛いものだった。運動の主張に真底傾倒していたので、英軍の占領下の地に留まることは不可能だった。もしガゼットもスパイも、愛国派の機関紙としてアメリカの主張を打ち鳴らし続けるのなら、両新聞の印刷機はひそかにボストンから別の地に運び出されねばならなかった。ガゼットは、夜のうちにチャールズ川を渡ってウォータータウンに移動し、同紙は1776年英軍がボストンを退却せざるをえなくなるまで同地で発行を続けた。トマスはレキシントンの戦闘の前夜、信用している雇い人に印刷機をウスターに送らせ、その後同地を恒久的な発行地とした。

ひとたびウスターに腰を据えると、トマスは再びジャーナリスト、発行者として目標の達成に邁進した。同僚愛国派が戦争の勝利者として帰還してくるまでには、彼は有力な新聞発行者となっていた。7台の印刷機と150人の従業員がウスターの店で活発に立ち働いていた。トマスの奥付の下で、400冊以上の法律書、医学書、農業書そして科学書が出版された。またアメリカ人としては初めてブラックストンの『英法釈義』、ギリシア語文法書、楽譜、そしてア

メリカ人作家の小説、ウィリアム・ヒル・ブラウン (William Hill Brown) の『憐れみの力』(*Power of Sympathy*) を刊行した。ウィリアム・ペリー (William Perry) によるアメリカ初の辞書は、トマスによって出版され、5 万部を売った。後にトマスはまた、ペリーのつづり字教本を出版し、いくつも版を重ねて計 30 万部を売った。彼の 100 冊を越える子供向けの本の中には、アメリカ最初の『マザー・グース』(*Mother Goose*) や『リトル・グーディ・トゥーシューズ』(*Little Goody Two-Shoes*) があった。トマスは誰にでも何かを残した。1802 年事業から引退した時、いまや古典の 2 巻本『アメリカにおける印刷の歴史』(*History of Printing in America*)（1810 年出版）を執筆し、そして米好古研究学会を創立した。ウスターにある同学会の建物は現在植民地時代の印刷関係の優れたコレクションを所蔵している。

トム・ペイン：急進派作家

　トマスは大衆の独立戦争への心の「準備」に多大な貢献をした。革命戦争で、もう 1 人の影響力のあったジャーナリストは、無 1 文であり、北米大陸にとってあまり評判の良くない外国人であった。[12] 彼はイギリスのセトフォード出身のクエーカー教徒で、戦争の前夜北米に渡ってきたトム・ペイン (Tom Paine) であった。当時 34 歳で、その年までの生涯は何ら特筆すべきものはなかった。彼が嫌った母親は、国教会に属していた。明らかに初めから両親と息子の間には思想上の摩擦があった。コルセット製造業で失敗した後、若きペインは徴税使に任命され、まもなく無能力と怠慢の非難を受けることになった。復職した後、ペインは今日で言うところの「組合結成」のかどで再び解任された。つまり彼は地区の徴税使に選ばれた人びとを代表して賃上げのアジテーションをしたのだった。彼が母国を去り北米にやって来た理由のひとつは、アジテーターとして失敗したためであった。

　幸い偶然に彼は、ベンジャミン・フランクリンと出会った。当時のフランクリンはヨーロッパでのアメリカのスポークスマンとして活発な活動をしていた。彼は性格を的確に判断する能力を持っており、ペインに十分な才能を見出し、推薦状を書いた。ペインは北米行きを勧められたのだ。北米ではベンジャミンの義理の息子リチャード・ベイチ (Richard Bache) が有益なアドバイスをしてくれることになっていた。ペインは心身ともに病んでフィラデルフィアにたどり着いた。後に彼は北米の空気が強壮剤になったと回想している。自由

の空気を吸って健康を回復した。彼は「紳士階級」と一緒に同じコーヒーハウスに行くことができるのに驚いた。彼の最初の寄稿はロバート・エイトキン (Robert Aitken) のペンシルベニア・マガジンであった。この雑誌は、この時代に繁盛しやがて衰退していく定期刊行物事業の1つであった。エイトキンの雑誌は、優れたものの1つだった。雑誌自体は長続きしなかったが、ペインは挑戦的な批評家として評判を上げるまでの期間は同誌に留まった。すでに彼は奴隷制度やイギリスの傲慢さに反対する主張をし、普通選挙や普通教育を支持する論陣を張った。

　ペインの作家としての名声が得られるようになったのは、1776年多くの植民地新聞に転載されることになったパンフレットという手段によるものだった。これが『コモン・センス』(*Common Sense*) であり、このパンフレットは逡巡する愛国派を革命運動へと駆り立てるのに役立った。『コモン・センス』は1776年1月に刊行されたが、その時はみすぼらしい英移民として北米にやって来てわずか一年ちょっとという頃だった。人気は瞬時に上り驚異的であった。発行後3か月で12万部以上売れた。「この大陸がイギリスに結び付けられることから生じるたった1つの利益を示して、和解をもっと熱心に提唱する者に、私は挑戦する」とペインは書いた。この挑戦はディキンソン派ホイッグに向けられたもので、ホイッグは独立という言葉に戦慄を覚え、地方の新聞で彼らはこの成り上り者に反論を加えた。しかし『コモン・センス』で展開された彼の見解は、数週間で事実上文字の読めるすべてのアメリカ人の知るところとなった。またたった6か月後の独立宣言によって、かつての植民地住民たちがこの原理に支持を誓うようになった事実は意義深い。

独立宣言

　大陸会議は、1776年6月7日バージニアのリチャード・ヘンリー・リー (Richard Henry Lee) によって提出され、マサチューセッツのジョン・アダムズに支持された動議を承認し、7月2日、イギリスからの植民地の独立を宣言した。ベンジャミン・タウン (Benjamin Towne) は、その日新聞印刷に取りかかった時、彼の週3刊紙のペンシルベニア・イーブニング・ポストに以下の一行を挿入した。「本日、大陸会議は連合植民地が自由かつ独立の国家である旨の宣言を行った」(This day the CONTINENTAL CONGRESS declared the UNITED COLONIES FREE and INDEPENDENT STATES)。[13] 大陸会議は、

プレスとアメリカ独立革命　81

> The American CRISIS,
> NUMBER I.
> By the Author of COMMON SENSE,
> Will be published in a Hand-Bill this evening.

ペンシルベニア・パケット掲載の、トマス・ペインの『危機』第１号の広告。

　7月4日、ペンシルベニア・パケット・オア・ザ・ジェネラル・アドバタイザーの印刷屋ジョン・ダンラップ (John Dunlap) に対して、トマス・ジェファソン (Thomas Jefferson) が執筆しフランクリンとアダムズが編集した独立宣言文書のブロードサイド（訳者注：片面刷りの大判印刷物）の刊行を要請した。事実7月4日、ジェファソンとアダムズはダンラップの店で作業をし、校正の手伝いをしたのだった。タウンは、宣言の完全な原文を7月6日、ダンラップは7月8日に掲載し、7月末までに少なくとも29の新聞がこの名誉あるニュースを掲載した。[14]

　大陸会議の次の課題は、イギリスに反対するように世界の世論を動員することだった。多くの国に検閲制度があったにもかかわらず、この衝撃的な声明が広まっていくのを抑えるのは不可能だった。ロンドンではロンドン・クロニクルとデイリー・アドバタイザーが、8月17日同記事を掲載し、2週間後国王ジョージ3世 (King George III) は、下院の前で植民地人を「大胆不敵で、自暴自棄である」と非難するに及んで、さらに多くのニュースが流れることになった。このニュースはアイルランドやインドのようにイギリスの圧制下にある国では歓迎されたが、スペインやドイツ諸国家やロシアのような専制主義体制の国家では、秘密にされるか無視されるかのいずれかであった。最大の影響を受けたのはフランスであり、フランスでは、独立宣言と諸州の憲法が、イギリスに対するプロパガンダ・キャンペーンの一環として出版された。

　実際1789年のフランス革命から1945年のインドシナにおけるホーチミン (Ho Chi Minh) 革命にいたるまで、独立宣言の文言は、旧世界支配に対する劇的で、創造的な挑戦であることが認識され、模倣されたのである。

ペインの「危機」論文

　1776年後半戦闘が始まった後、反乱派は困難な状況を自覚するようになった。戦争のイデオロギーは、ボロボロの服を着ていた植民地軍にとってなお曖昧なままであった。部隊は急速に解体に向かいつつあった。英軍はペインが義

勇兵として戦ったニュージャージーのアンボイで米軍を蹴散らした。ペインは苦労の末、リー砦のワシントン将軍 (Washington) の司令部にたどり着いた時、敗残の米兵が傷の手当をし、デラウエア川の線まで退却する用意をしているのを知った。将校という地位でもなく、また召集という地位でもない外国人という奇妙な立場のおかげで、彼は将校にも徴兵にも接近することができ、荒涼とした道をトボトボ歩きながらあらゆる種類のアメリカ人と話をした。現実には季節はいつもと違って温暖であったが、疲れ切った軍隊にとって夜のビバークは大変惨めであった。こうしたまさに重大な時期に彼は最初の『危機』(Crisis) 論文を書いたのである。

ペインが、この論文を太鼓の皮の上の蝋燭の光のもとで、ワシントン将軍の指示に従い書いたかどうかは取るに足らない問題である。しかし心の底から、そして英軍の圧迫の中で書かれたことは疑問の余地がない。彼の議論には何ら新しい論点はなかったが、詩人と同じように感じるがままを表現した。議論は粗雑であったが、そのためむしろ対象たる一般人に一層の説得力を持つことになった。徒歩行進の民兵は自分の仲間の 1 人が話をしているような印象を持った。

もしそうだとしたら、戦闘意欲を喚起する際の言葉を、誰が過大評価できようか。歴史を振り返ってみても、望みのない戦争や戦闘は、言葉が戦力を 2 倍にした時、勝利を得てきたのである。つまりそれがペインの『危機』論文であった。文体は一種の聖書のような響きとリズムを持っていた。ウィンストン・チャーチル (Winston Churchill) の、第 2 次世界大戦の「水際で敵と戦おう」(We shall fight them on the beaches) 演説と同様に、主義主張への献身という最も有力な精神的強壮剤によって、言葉は疲弊した人びとを奮い立たせたのである。ペインの言葉は数世代経ても生き続けた。第 2 次世界大戦の先行きが暗たんとしている時、つまり報道すべき勝利がなかった時、自由の希望を失い打ちひしがれていた人びとは、以下のような 1776 年 12 月 19 日に書かれた言葉が秘密のラジオで聞こえてきた時、燃え立つような期待を抱いて耳を傾けた。

> 今や人びとの魂を試す時期に来ている。若い兵士も快活な愛国者も、この危機に当たって、国への献身にひるんでしまうだろう。しかし今それを耐え忍ぶ人こそ、人びとの愛と尊敬に価するのである。地獄と同じように、圧制は容易に克服されるものではない。しかし我等には、戦いが厳しければそれだけ勝利が輝かしいものになるという慰めがある。われわれは、安く手に入れたものを非常に軽んじるものだ

が、貴重なものこそすべてに価値を与える。天はそうしたものに払うべき適切な代価を知っている。『自由』のごとき、神聖なものが余りにも低く評価されるとすれば、それは全くおかしなことではないだろうか。

　最初の『危機』論文は、人気の点で『コモン・センス』をしのいだ。同論文は 12 月 27 日、最初にダンラップのペンシルベニア・パケットに掲載され、クラリオンのような響きが植民地中の愛国派新聞にこだました。ワシントンはこうした言葉がペインの筆から新鮮な響きをもって生まれた時、疲労の極に達している自分の兵隊に『危機』論文を読ませた。ペインが落胆した兵士に最初に訴えた翌週に、彼らが、敵に猛然と攻撃を開始し、待望久しいトレントンでの勝利を得たことは重要である。

　他の『危機』論文は、まさに必要とされている時に発行された。他のいかなる作家よりも彼はアメリカ革命の重要性を認識していた。他の作家が政治的、経済的議論を展開する一方で、ペインはその上に立って社会的反抗を主張した。しかしペインが養子縁組した国は、彼の急進主義が故に彼を拒絶した。『人間の権利』(Rights of Man) や『理性の時代』(Age of Reason) の著者であり、アメリカ革命にもフランス革命にも参加したペインは、1809 年無視されながらその生涯を終えた。彼の墓石には民主主義への最も重要な貢献として、パンフレット『常識』の文字が刻まれている。

革命派の新聞

　戦争が始まった時に発行されていた 35 の新聞のうち生き残ったのはたった 20 紙であった。時代の変動を考える時、この数字は悪い記録ではない。戦争が全くなくても多くの新聞が消えていっただろう。さらに 35 の新しい新聞が 6 年に及ぶ戦争の期間中に創刊された。こうした新聞は十分困難に耐え、結局戦争が終わった時の新聞総数は戦争前の状態にあった。すべて新聞は週刊で、大半は心情において愛国的であった。

　革命派の新聞は、約 4 万の家庭に届いたが、各号は現代の新聞の場合よりも 1 部当たりの読者の数はずっと多かった。言葉すべてが「短信」や広告にいたるまで読まれた。こうした進取の気性は印象的である。他方当時の研究をすると、すぐに当時の原始的なコミュニケーション施設を認識するようになる。レキシントンとコンコードのニュースがサバナに届くまで 6 週間を要した。しば

しば戦争報道は、ほとんどが偶然的の産物だった。転向した愛国派の編集者ヒュー・ゲイン (Hugh Gaine) は、彼のニューヨーク・ガゼット・アンド・マーキュリーの1778年2月2日号で、「ハートフォードの郵便が伝えるところでは、以下の情報を伝える紳士に出会ったという。その紳士の言うところによれば、彼はハウ (Howe) 将軍のある将校からバーゴイン (Burgoyne) 将軍の別の将校へあてた書簡を目撃した。その書簡は強力な大英帝国に対してフランスや、スペインの側でも宣戦が布告されたことを伝えるものであった」と書いた。そのニュースは現実にはすでに1か月前ボストンの新聞から届いており、その記事はともかく間違っていたのである。[15] しかし質の高いニュースもあった。しばしばそうしたニュースは、戦闘参加者の説明を文字通り印刷し、魅力と典拠を添えていた。それはヨークタウンの戦闘の詳細がいかにしてフィラデルフィアのフリーマンズ・ジャーナルの編集室に届いたかを教えるものであった。

> 記憶すべきこと
> 1781年10月17日、約5千の英軍を率いるチャールズ・アール・コーンウォリス (Charles Earl Cornwallis) 中将はフランス・アメリカの連合軍の司令長官ジョージ・ワシントン将軍閣下に降伏した。神に祝福あれ。[16]

この記事は独立戦争における最大かつ最終的勝利について同紙が伝えねばならないすべてのことだった。そのニュースの典拠は正しいはずであった。というのは記者はワシントン将軍以外の誰でもなかったのである。編集者は、彼によって送られた至急便を文字通りに印刷した。

こうした重要な事件が十分な取り扱いを受けなかったとすれば、地方や植民地のニュースは推して知るべしであった。植民地時代の新聞を専門とする研究者は、18世紀の間中ほんのわずかな地方ニュースしかなかったことを知っている。そうした地方ニュースは主として政治的なニュース、危機の時代においては軍事的なニュースから成り立っていた。敬虔な死亡記事、説教、火事、殺人、自殺、流行病そして天候がその他の話題だった。最近の研究が明らかにしているところによると、地方の裁判過程にかなりの注目が払われたというが、通常は要約的なものだった。しかし、1730年代にボストン・ニューズ・レターは法廷における被告の反応の描写を含んだ裁判報道を掲載した。[17] 犯罪や法廷の詳しい報道が定期的に紙面に表われるにはさらに100年待たなければならなかった。イギリスと同様に、植民地人はこうしたヒューマン・インタレス

トの記事を得るためには、特別に制作されたパンフレットを買った。海外ニュースに利用される部分でも事情はそう変わらなかった。すなわち、1760年代では紙面の約3分の2は政府・軍事ニュースで、たった15％がヒューマン・インタレストの記事だった（そのうちの3分の1が犯罪と裁判）。海外ニュースの4分の3はイギリスニュースであった。さらに、たいていの記事では事件が起こって植民地の新聞に掲載されるまでの時間のギャップが6～11週もあった。[18]

　重大な問題は印刷資材の不足だった。独立戦争前は、紙、インクや活字はたいていヨーロッパからの輸入だった。1769年になって初めて北米製の印刷機が商業的に販売された。北米の製紙工場は在庫需要を供給し始めることができなかった。当時紙はリネンから製造され、どんな種類の布であれとくに戦時中は不足していた。愛国派婦人に印刷用紙に転換できるすべての材料の節約を求める訴えを出すことが、自分の体面にかかわるとワシントンが考えなかったのは、このためであった。その事実はワシントンがいかに新聞を重要と考えていたかを示していた。この関連で彼が自分の威信を利用してクエーカー教徒アイザック・コリンズ (Isaac Collins) にニュージャージー・ガゼットの創刊を奨励したことは注目に値する。同紙は1時期1種の軍隊新聞の役割を果たした。

　戦時でジャーナリスティックに成功した例はコネティカット・クーラントだった。1781年までに同紙は各号について購読者8千という驚異的な発行部数を獲得した。また広告を満載していた。こうした成功を誇るロンドンの新聞はほとんどなかった。同紙は自家製の紙に印刷をした。それはアメリカで最良の新聞のひとつだった。他方愛国派のジョン・ホルトは、英軍が1776年にやって来た時、ニューヨーク・ジャーナルの印刷機材をニューヨークから持ち出さざるを得なかった。彼はキングストンに居を定めたが、再び英軍によって追走された。最後にはポキプシーでジャーナルを再建し、1783年ニューヨークに戻ってきたが、翌年過労のため死んだ。

植民地時代の女性印刷人

　研究は初期ジャーナリズムにおいて、女性が重要な役割を果たしたことを示してきた。新聞印刷人であったことが知られている17人の植民地の女性の多くは、彼女らの夫である印刷人の死後にあとを引き継いで仕事を続けた。それは植民地時代には当然の慣行だった。2人の有名な例外はサラとメアリー・キ

ハナ・バンス・ワトソンは、夫が天然痘で亡くなったため、コネティカット・クーラント（1778–79 年）の発行人となった。この時、彼女は 28 歳で、5 人の子供がいた。彼女は別の未亡人とともに製紙場も所有していた。

ャサリンのゴッダード (Sarah and Mary Katherine Goddard) だった。2 人はそれぞれ印刷人ウィリアム・ゴッダードの母と長姉だった。[19]

1755 年未亡人のサラがウィリアムをジェイムズ・パーカーの徒弟に出した時に、ゴッダード一家はロードアイランドのプロビデンスに住んでいた。1762 年ウィリアムは帰郷し、母とメアリー・キャサリンとともに印刷屋を開業し、プロビデンス・ガゼットを創刊した。ウィリアムはまもなく同地を去り、ニューヨークとフィラデルフィアで、パーカーのために働いていた頃得たコネを生かして、フィラデルフィアで、1767 年ペンシルベニア・クロニクルを創刊した。サラとメアリー・キャサリンは、ほとんどひん死状態のガゼットを立て直し、プロビデンスに印刷屋と本屋と郵便局をもたらした。彼女たちの新聞は忠実なホイッグだった。ガゼットとクロニクルは、例えば、すぐにジョン・ディキンソンの 12 の書簡を掲載し、サラは、ウィリアムに「この国の十分な賞賛を受けるに足る『農民』に対して」中傷的な記事を掲載しないよう忠告した。[20] サラは、政治的タイミングの鋭い感覚を持っており、ディキンソンの書簡を「アメリカにおいてこの主題について書かれた最も完全な作品」と呼んだ。[21]

ウィリアムの常軌を逸したけんか好きの所行によって引き起こされた問題のあと、彼がペンシルベニア・クロニクルの援助を求めて 2 人を訪ねてきた時に、サラとメアリー・キャサリンのプロビデンスでの成功は妨害された。1768 年末 2 人はフィラデルフィアの印刷屋に働きに行ったが、サラは 2 年後死んでしまった。メアリー・キャサリンは印刷屋の経営を続け、1774 年までにその店を植民地最大の印刷屋の 1 つに育てた。再びウィリアムの放浪への渇望が変化をもたらした。彼は 1773 年ボルチモアでメリーランド・ジャーナルを創刊し、その経営のため姉を必要とし、他方で彼は、イギリスの支配から独

立した郵便制度を確立するために活動した。そこで彼女は、メリーランド・ジャーナルとその印刷屋を、その後 10 年間指揮監督した。キャサリンは口論の後に同紙をウィリアムに返し、1802 年まで自分の本屋を経営した。彼女は「並外れた判断力、精力、神経、そして強力で十分な感性をもつ女性」と称された。植民地時代の新聞歴史家であるアイザイア・トマスは、彼の厳しい「熟練の、正確な植字工」としての基準に照らして、彼女を合格とした。

　印刷人ルイス・ティモシーの未亡人であるサウス・カロライナのエリザベス・ティモシー (Elizabeth Timothy) とジェイムズ・フランクリンの 2 人の娘もそうであった。ティモシー夫人は、植民地時代最初の女性新聞発行者であった。サウス・カロライナ・ガゼット（1738 年〜40 年の間）を発行し、また彼女は、自由の息子の英雄であるピーター・ティモシーの母だった。アン・フランクリン (Anne Franklin) と娘たちは、1735 年夫ジェイムズのロードアイランドの印刷屋を引き継ぎ、フランクリン夫人は、息子のニューポート・マーキュリーを 1762〜63 年の間発行した。ボストン・ニューズ・レターの最後の印刷人（1774〜76 年）であったマーガレット・ドレイパー (Margaret Draper) は、急進派と戦いイギリスに去った。最初の女性印刷人（メリーランド、1696 年）であるダイナ・ニュサッド (Dinah Nuthead) から現在にいたるまで、女性は、アメリカの印刷事業に貢献を続けている。[22]

ジョン・フェノのフェデラリスト新聞創刊号

第4章

新国家の建設

> 人民と将来を信頼せぬものは、その学識によって我々を圧倒するかもしれないが、彼らが英知によって我々に感銘を与えることはない。神に祝福あれ。
> ——ジェラルド・ジョンソン (Gerald Johnson)

　革命戦争の間に、トーリーはアメリカにおいて政治的な党派としては消滅したが、今度は他の2つの集団が政治権力を求めて戦った。党派の1つは、大部分が商業、銀行業、製造業、そして財産管理に従事する市民から構成されていた。一般的にこの集団——フェデラリスト（連邦主義者）——は、社会的な実験の危険を冒すよりも、経済的利益の保護ないし拡大に大きな関心を持っていた。もう1つの党派は主として農業に従事する小農民階級からなり、都市の賃金労働者すなわち当時「職人」(mechanics) と呼ばれた人びとの支持を得て、ますます力を増した。しかし彼らは、社会改革に関心を持つ知識人や政治哲学者の大きな影響を受けていた。彼らは、反フェデラリストとして知られるようになった。

　しかしこれら2つの集団は、経済階級のみに基づいて簡単に区別することができないのである。フェデラリストと反フェデラリストの指導者の多くは、現実には同じ社会的背景を出自として持っていた。主として経済的観点から、憲法形態をめぐる彼らの闘争を描こうとすれば、不正確なものとなろう。対立する思想——政府について、権力について——は、彼らの論争を大いに刺激した。反フェデラリストは、遠隔地にある政府に与えられる権力に深い懸念を持ち、彼らは、共和政府が成功するためには、人民が近接して暮らさなければならないと考え、そこで州や地方の支配を重視した。他方フェデラリストは、強力で中央集権的な連邦政府が不可欠であると考えた。[1]

アメリカ革命が終わった時、合衆国人民は1つの選択をしなければならなかった。社会変革の実験を続行し、戦いの掛け声となった思想を支持する。あるいは財産の権利を基本的に尊重することで力を強化する。あるいは誰もが完全に満足する調整ではないが、相互の支持を保証する。1781年から1788年の間、諸邦は、アメリカ初の憲法である連合規約に要約される法律のもとで活動した。連合規約は、国家統一の概念を強調したが、他方で、初めから明らかだったが、連合会議がしばしば始末に負えぬ諸州を統制する能力を持たなかったこと自体が、より中央集権的な政府の必要性を示していた。連合規約時代の記録は、保守派に対して世論が彼らの側に転換する期待を与えた。その機会が新しい国家憲章を起草する提案であった。

州議会はフィラデルフィアの憲法制定会議に代表を送り、しかも州議会は財産所有階級によって支配されていた。これは、大きな商業中心地がフェデラリストの強力な地盤であり、そうした地域では土地の所有権や投票資格のせいで、多くの「職人」や労働者に参政権が与えられていなかったからであった。したがって憲法の下の政治に基本的な変化をもたらしたのは、財産とコミュニティでの名望をもつ市民だった。彼らは財政権力を強力な中央政府の手中に委ねるのに成功した。しかし彼らは全体として自分たちの思い通りにできたわけではなかった。憲法起草者たちが妥協をしなければ、人民による新しい憲章の受け入れは不可能だった。彼らの生み出した文書は、驚くほど力のバランスの取れたものだった。

権利章典とプレスの自由

フェデラリストが提示した妥協の1つは、権利章典だった。この条文は、憲法修正第1条から第10条までのいわゆる最初の修正10箇条 (first ten amendments) として提示され、憲法の批准を可能にする反フェデラリストの同意を得るために、起草者たちによって支払われた代償という意味で、以来憲法の1部と考えられてきた。リンダ・カーバーは、権利章典を要求することで、「マイノリティの権利保護の必要性に対峙するようフェデラリストに強い、それによって新しい政治秩序におそらく最も明白かつ重要な特徴を与えた」[2] と書いている。しかし、憲法（独立宣言と同様に）は限界を持っていた。奴隷制の問題は、南部諸州による批准を危うくしかねないものであったから、憲法制定会議の間、公然たる議論の問題とはならなかった。最終的に憲法は、誰が選挙権

を持つべきかの問題を諸州に委ねた。諸州が維持した選挙権のための財産資格は実際、女性と奴隷に選挙権を与えなかった。

　権利章典の第 1 条は、とくにジャーナリストに関係するものであった。それは「連邦議会は、国教の樹立を規定する、もしくは信教上の自由な行為を禁止する法律、また言論および出版（プレス）の自由を制限する法律、または人民の平穏に集会をする権利、およびまた苦痛事の救済に関し政府に対して請願をする権利を侵す法律を制定することはできない」ことを規定している。これはアメリカのプレスの自由の基礎であったが、憲法の起草者がこの問題の議論にさして時間をかけなかったという証拠がある。ジェイムズ・マディソン (James Madison) の入念な議事録は、プレスへの言及が、たまたまで、しかも稀でしかなかったことを示している。

　しかし、最終的にプレスに与えられた保護については、歴史の長い先例があった。諸州で利用されたイギリスのコモン・ローは、たとえ依然として煽動的文書誹毀法を認めているにせよ、以前の時代でも、大きな表現の自由を与えていた。同じ原理は、1774 年最初の大陸会議が招集された時に、ジョン・ディキンソン執筆の権利宣言にも述べられていた。13 州のうち 9 州は、1787 年までにこうした憲法上の保護を与えていた。1776 年のバージニア権利章典は、「言論出版（プレス）の自由は、自由の有力な防塞のひとつであって、これを抑制するものは専制的政府といわなければならない」と規定していた。1780 年のマサチューセッツ権利章典第 16 条も同様な感情を表現し、他の諸州も表現は違ってもこの原則を確立した。[3]

　このため、おそらく新憲法の起草者はプレスの問題を無視したのである。つまり、彼らは諸州の下で完全な保護がすでに与えられているものと考えた。サウス・カロライナのチャールズ・ピンクニー (Charles Pinkney) は、最終的に採択されたものに類似した条文を持つ憲法草案を提示したが、その時は明らかに彼の提案に対してほとんど注意が払われなかった。

　しかしまもなく国民感情に対して妥協しなければ、憲法はおそらく制定されないことが明らかになった。マサチューセッツの代表は、表現の自由に関する条項を入れなければ、同州では憲法の採択が不可能であることを報告した。バージニアでは、エドマンド・ランドルフ (Edmund Randolph) 知事が草案者に権利章典の付加を要請するまで、批准に必要な投票が集められなかった。憲法起草委員会が任命され、こうした権利章典の草案が練られた。その決議はバージニアの文書を修正したものだった。次いで代表たちはそれぞれの州に戻っ

て、権利章典の条項が憲法に入れられることを公約として、憲法の批准に支持を集めるため利用できる影響力をすべて使うよう要請された。最終的にニューヨークが憲法を批准したのはこのことを理解したためであった。しかし例えそうであっても、それは保守派として知られるようになったフェデラリストにとって容易な勝利ではなかった。

こうした公約が与えられたため、権利章典は連邦議会の第1議会において重要な争点になった。マディソンは、諸修正を起草する責任を持つ委員会を率いることになった。彼の最初の草案が委員会で読み上げられた時、草案は次のようになっていた。「いかなる州であれ、良心もしくは言論の自由の、平等な権利を侵してはならない……」。その報告が付託される特別委員会は、「……もしくはプレスの」という文言を付け加えた。その条文は上下院によって修正され、1791年に批准された時、憲法修正第1条となった。

フェデラリスト・シリーズ

奇妙なことに、国民感情への妥協として保護されなければならなかったプレスは、自分たちの利益維持のために得ることができる最良の文書とフェデラリストがしぶしぶ認めた憲法への支持を獲得する際のフェデラリストの手段となった。フェデラリスト原理を最もよく示しているのは、1787年10月から1788年4月まで、最初は半週刊のニューヨーク・インデペンデント・ジャーナルに登場した論文のシリーズだった。これらの論文は、アメリカ中で転載され、後にはパンプレットや書籍（6編の新しい論文が付け加えられた）の形で出版され、今では総称してザ・フェデラリスト (*The Federalist*) として知られている。

このシリーズの85の論文は、多くの市民に向けて書かれ、またその効果は非常に大きかったので、まもなくフェデラリストというより、実のところ原理的にはナショナリストである政党の名称になった。[4] 後の日刊紙の社説のように時間に迫られて書かれてはいるが、これらの論文は今日でもなお重要な政治研究のためだけでなく優れた文学としても読まれている。この中ではアレグザンダー・ハミルトン (Alexander Hamilton) が「パブリアス」(Publius) の筆名で最も多くの論文を執筆した。マディソンは、29論文の執筆者と考えられ、いくつかの論文はそのシリーズで最良の作品となっている。著名のニューヨーク州の政治指導者ジョン・ジェイ (John Jay) はおそらく6編を書いた。明確

かつ簡潔な文体で、ザ・フェデラリストは立憲政党の哲学を説明した。この原理の骨子は、おそらくマディソンによって書かれたと言われている第10論文に説明されている。マディソンは、2人の対立する指導者の間のどこかに立つことになった。彼は、ハミルトンの財政理論や独裁的な考え方を承認しなかったが、より強力な国家政府を支持する点では、恩師ジェファソンと意見を異にした。マディソンは憲法起草委員会の会議にすべて出席し、文書中の多くの修正を生み出した。憲法起草者によって規定された統治形態を説明する時、不安定な国民の気まぐれから、国家という船の難破を防ぐために、「司法は過半数にすら優越する必要がある」と彼は述べた。こうした統制は共和制的統治形態を通じて達成されうる。つまり、この形態は、真の「民主的」制度におけるように、大衆の直接支配なくして大衆に保護を与えることができるのである。

アレグザンダー・ハミルトン：フェデラリストの指導者

　ザ・フェデラリストによって、ハミルトンはそのシリーズの標題名を採った政党の確固たる指導者となった。ハミルトンは、自由主義者の急進主義や無秩序によって育てられた無政府主義の竜を退治するイングランドの守護聖人セント・ジョージを自らに任じた。ハミルトンは「われわれは民主主義から救われなければならない」と主張し、彼の伝記作家の少なくとも1人によれば、彼は貴族制の復古を主張し、それを期待した。[5] ハミルトンが貴族制に敬意を払い、世襲制度を最も高く評価する人びとの承認を絶えず求めたのは、彼の出生の不確実性による可能性があると示唆されてきた。そうすると、彼は革命ではなぜトーリーではなく愛国派だったのだろうか。英領西インド諸島で生まれ青年期まで育った彼は、イギリスの社会・政治制度への憎悪からよりむしろ、その腐敗や政策の過誤への軽蔑からアメリカ人になったのである。

　このため自治を求めて戦ったのだし、革命の大義が一般的に支持される以前に、その大義に強力な感情を抱いたのは疑いない。彼の戦歴は立派なものだった。ハミルトンの長所を認め、彼の欠点（若さ、レキシントン・コンコードの戦闘時18歳だった）を理解していたワシントン将軍は、熱烈な愛国派ともめ事を起こさないように気を使い、彼がもっと能力を発揮できる経理畑にかくまうのに随分と苦労した。

　これがフェデラリストを主導した男だった。あれこれ偏見を指摘せず、ハミルトンに言及することは不可能だ。当時にあって政府の中で最も尊敬され、最

も悪口を言われる男だった。様々な社会的な勢力についてほとんど知識を持っていなかった。ハミルトンは生活の苦労を経験したことがなかったから、労働者の問題を無視してしまう傾向があった。彼は素晴らしい表現や華麗な標語によって飾られる政府が、非効果的であることにすぐに気付いた。ハミルトンは統治の効果的な実行方法は、統治に特別な利害を持つ人に統治を任せること、と考えた。彼らこそが、不適切な支配によって失うものが最も多い人びとだったからだ。常に協議によってよりむしろ、命令によって支配する、自らを理想的な兵士と考える資格のある人びとに命令を下させることを主張した。

ハミルトンは欠陥を持つ金融制度による不運な犠牲者を顧みず、思い切った財政政策によって国家の信用を確立することが彼の義務と信じていた。もろもろの自由は言うに及ばず、小農民の生活そのものを脅かした課税や厳しい金融政策に反対して、1786年展望のない反乱を指導したマサチューセッツの在郷軍人ダニエル・シェイズ (Daniel Shays) のような大衆的指導者に彼は何の共感も持たなかった。ハミルトンはこうした庶民の蜂起に危険を感じ、それを1つの理由として、多くの問題を解決すると正確に予測していた憲法の批准を急いで進めようとした。しかし彼は苦悩する人びとをなだめるよりむしろ、力でシェイズの反乱を片づけようとした。軍事的な効率を高く評価した。しかし彼の生涯は兵士としてではなく作家・政治思想家としての彼の天分を証明することになった。ボワーズ (Bowers) が述べているように……

> 彼は天性のジャーナリスト・パンフレット作家——アメリカの論説の父の1人だった。洞察力、眼識、要約能力、表現の明晰さは1級の論説作家のそれだった。まさにこれらの資質が彼を並ぶもののないパンフレット作家にした[6]

これが憲法の批准のために邁進する勢力を率いた人物だった。奇妙にもハミルトンはその憲法を好んではいなかった。かつてハミルトンは「長続きしない、あるいはもっと良いものへの1つのステップに過ぎない、水で薄めた牛乳のような優柔不断なもの」と述べた。[7] いくつかの点で、憲法はハミルトンのような貴族主義の賛美者にとって余りにもリベラルなものだった。しかし、彼は事実と信じるものを直視することで憲法を支援した。憲法は政府を統治すべきと彼が信じていた種類の人びとを協力させる手段を与えた。ハミルトンはポピュリスト的な様々な妥協案を認めなかったが、何らかの財産の保護が課されるべきとするなら、抜け目なく不可欠な妥協をした。ある夏の日、ニューヨークの

定期船でハドソン川をゆっくり下り、そこで最初の『ザ・フェデラリスト』論文を書く際に個人的好みを二の次にする決心をした時、彼は偉大な人物になった。もし彼が生涯においてほかに何も成し遂げなかったとしても、彼のジャーナリストとしての働きは、同僚市民の記憶に残る地位を保証するものになったであろう。

フェデラリスト編集者：フェノ、ウェブスター、コベット、ラッセル

　フェデラリスト党が優勢であった時代に傑出した同党の新聞は、ガゼット・オブ・ザ・ユナイテッド・ステーツであった。同紙はハミルトンによって後援・支持され、ジョン・フェノ (John Fenno) によって編集された。フェノは1789年4月15日当時の首都であったニューヨークで創刊号を発行した。学校教師フェノとともに、われわれは専門職業的なジャーナリストの発展の幕開けを見始めるのである。以前の編集者・発行者の大半は印刷人出身であった。彼は職人的な徒弟としての経験なくしてジャーナリストとしての評価を確立した。まもなく彼の新聞は、フェデラリスト党の代弁者として認められるようになり、1791年フィラデルフィアが首都になった時政府と行動をともにした。

　もう1人の強力な同党の代弁者は、ノア・ウェブスター (Noah Webster) であった。彼は辞書で記憶されている人物だが、多くの側面を持つ男だった。彼は弁護士、パイオニア的な天気予報官、翻訳家、歴史家、経済学者、科学的農業家であり、当時は偉大な編集者として認められていた。彼は初め弁護士と教師からスタートした。彼は言葉に魅惑された。彼の趣味は、結果として3部からなる『英語文法講座』(*Grammatical Institute of the English Language*) を生み出した。第1部は綴り教本で1784年に出版され、記録的な売り上げを達成し（もちろん彼の生涯の間にすべて売れたというわけではないが）最終的には6,000万部の売り上げを示した。ウェブスターは1793年ニューヨークにおいて、ハミルトンの支持者として日刊のミネルバと半週刊のヘラルド（1797年以後それぞれコマーシャル・アドバタイザーとスペクテイターへと改題した）を編集した。

　ウェブスターは、フェデラリストの計画の表現力豊かなかつ知的な解釈者であった。彼はフィリップ・フレノー (Philip Freneau) やベンジャミン・フランクリン・ベイチ (Benjamin Franklin Bache) のような編集者の中傷戦術に対して、ワシントン大統領を擁護し、反対派の攻撃に対してフェデラリストの立場

ベンジャミン・ラッセル

フィリップ・フレノー

に敢然と立った。しかし彼は決して単なる政党の雇われ文士ではなかった。彼はハミルトンによるアダムズ大統領へのいわゆる「背信」に憤慨した。その辺りの事情は後で述べることにする。いずれにせよミネルバは支配を再び獲得しようとするフェデラリストの重要な機関紙だった。しかし最終的にはウェブスターは政治に疲れ、彼の古巣つまり言語学へ戻っていった。彼は今日辞書で記憶されているが、この辞書は1803年予備的な形で現れ、1828年の辞書編纂に多大な貢献をすることになった。

　もう1人の偉大なフェデラリスト編集者は、ウィリアム・コベット (William Cobbett) であった。彼はアメリカ人ではなかったが（ジェファソン派の）共和主義に厳しい批判を展開し、1794年から1800年の間フェデラリストを擁護した。コベットはイギリス軍隊の不正・腐敗を暴露した後に、アメリカに亡命してきた。彼は最初ジョゼフ・プリーストリー (Joseph Priestley) 攻撃で文才を示した。ところでプリーストリーの科学的見解は、奇妙なことに彼の左翼的な政治的見解と関係していた。コベットは著作の成功に勇気づけられ、フェデラリスト党の友人の後援を受け、1797年地味な教師業を放棄し、フィラデルフィアでポーキュパインズ・ガゼット・アンド・デイリー・アドバタイザーの編集・発行を始めた。同紙はジョン・アダムズの大統領就任にタイミングを合わせ登場した。

　コベットは3年という短期間で、北米中に名前をとどろかすことになった。彼は客観性をまったく主張しなかった。目的は敵を暴露・攻撃することで、武

器は毒舌的な文章だった。一貫した毒舌で彼を凌ぐ編集者は歴史的にほとんどいなかった。一般的テーマはイギリスとの同盟、フランスとの戦争であり、リパブリカンの全滅だった。トム・ペインは特別の攻撃目標であり、革命の文士ペインに関するコベットの伝記は、事実に制約されることをよしとしないものだったから、なおさら読みやすいものとなった。要するに彼の敵とその思想を風刺する格別な機会をコベットは得たのであった。彼の筆名であるピーター・ポーキュパインは、「A Kick for a Bite」と題するパンフレットで、ある雑誌編集者をこきおろした後に定期的に現れるようになった。そのパンフレットの批評者はコベットをヤマアラシに例えた。ヤマアラシは人が襲ったりすると針を立てる動物である。それはまさにコベットが自分自身がそうだと考えていた動物だった。彼はその名前を誇りとした。

　最も古いフェデラリスト新聞はボストンで発行されたベンジャミン・ラッセル (Benjamin Russell) のマサチューセッツ（後のコロンビアン）センチネルであった。ラッセルは13歳の若者としてレキシントンの戦闘に参加した。彼はアイザイア・トマスの下で印刷を修行し、渡り職人としてしばらく務めた後に1784年に自分の新聞を創刊した。彼の最初の大きなキャンペーンはマサチューセッツ州を憲法の批准へと推し進めようとするものだった。それによって彼は究極的にはフェデラリストの旗のもとに立つことになる勢力の先頭に立つことになった。ラッセルは親イギリス、反フランスであり、アメリカの貴族の擁護者であり、後にはジェファソンを憎悪した。彼の新聞は100%フェデラリストの路線を追随したが、加えてニュース報道に優れ、大いに成功した。

フランス革命

　あわれな反対者の犠牲の上に鍛え上げられたこうしたジャーナリズムの強力な武器で、フェデラリストは急速にその権力を強固にしていった。もしフランス革命がなかったなら、そのために多くのアメリカ人が戦った思想をフェデラリストは消滅させてしまったかもしれない。トマス・W・ヒギンソン (Thomas W. Higginson) 大佐が当時に関する膨大な記録の中で書いたように、フランス革命は「アメリカの歴史によって灼熱のすき刃を引き抜いた」[8]のである。アメリカは自らの自由のための戦いの後、フランスの大変動を誘発し、他方でフランスが同種のお返しをしつつあった——まさに適切な時期に。フランスの影響はアメリカの貴族制が軌道に乗るのを押し止めた。それは貴族主義

者の最後の望みを打ち砕き、イギリスとの再同盟への流れを変えた。それはまたフェデラリストの要塞を守る熟練のジャーナリズムの砲列に対する攻撃手段として必要な文学と哲学を提供した。必要とされるものは偉大な指導者だけだった。こうした緊急事態では常に偉大な指導者が出現したのである。

トマス・ジェファソン：反フェデラリスト

　偉大な指導者はワシントン内閣の国務長官トマス・ジェファソンだった。彼は同僚ハミルトンと、気質においてもイデオロギーにおいても対照的だった。商人よりもむしろ農民の方が主権者たる市民として適切、というのがジェファソンの理想だった。彼はアメリカの地方の独立土地所有者ほど幸せなものはいないと確信していた。彼はヨーロッパの諸都市の貧弱さを目撃し、アメリカの農民の利益が維持されなければならないと、ますます確信するようになった。しかしジェファソンは人民から構成されるすべての集団の擁護者としての立場を必ずしも持っていなかった、ということが指摘されるべきである。彼はプロレタリアート（都市の労働者）を信用しなかった。スラムは病める社会の象徴と判断していた。

　ジェファソンの目的としては、分権的な、州権に基づく政府で十分であった。信用、商業、そして製造業は副次的問題であったから、ジェファソンは内部的秩序を守るのに必要な政府だけで満足であった。ハミルトンは正反対の立場に立った。こうしてフェデラリストの指導者は責任ある政府（財産を擁護し、商業を援助する政府）を主張した。これに対してジェファソンは、敏感に対応する政府にずっと関心を持ち、安全よりむしろ人民の目下の様々な要求に関心を持っていた。

フィリップ・フレノー：ジェファソン派編集者

　アメリカの第2の国内的革命の出発を支援したフレノーは、生涯にわたる反逆者であった。彼がユグノーの血統を引いていることは重要である。ユグノーは宗教的自由の主張のため、数世代にわたって迫害されてきたからである。フレノーは1771年プリンストンを卒業した。当時このカレッジは煽動の温床だった。フレノーがジェイムズ・マディソンと共有した部屋に集まる学生の中にはハリー・リー (Harry Lee)、アーロン・バー (Aaron Burr)、ブラッドフォー

ド (William Bradford) のような「急進派」がいた。彼らは後にワシントン内閣の閣僚になった。革命よりはるか以前に、彼は新聞に投稿し、自由に関する激しい詩を書いていた。レキシントンとコンコードの戦闘後、彼は闘争に積極的な役割を果たした（かなり感傷的な小男であり、結局、大して役に立たなかったが）。それにうんざりした彼は父の持つ船の１つに乗って海に向かった。

　独立宣言のニュースが届いた時にはバミューダにいた。自分の理解できる革命が起きたのである。彼はすぐに故郷に帰り、運動に積極的に参加した。大陸会議から敵国商船捕獲免許状（民間人が戦争に加われる免許状）をもらい、みずからオーロラと呼ぶ民間武装船に入手可能な物資を積み込んだ。フレノーの船は最初の戦闘でその旗を降ろさねばならず、ニューヨーク港に錨を降ろしている悪名高いイギリスの牢獄船でうんざりするような数週間を過ごした（肉体はボロボロになり、彼を一層の執念深いイギリス嫌いにする経験であった）。彼はようやく捕虜交換で解放された。病気と文無しでニューヨークに戻り、最後の手段に頼ることになった。それがペンだった。フレノーの詩「監獄船」(The Prison Ship) は、気を落している愛国派を新たに敵に立ち向かうよう勇気づけた。ジョン・ポール・ジョーンズ (John Paul Jones) の手柄の描写は落胆している国民に誇りを植えつけた。

　独立戦争の終結までに、フレノーは自由の大義に、自分の健康、財産と全精力を傾けていた。しかし予想していたように、犠牲は空しかった。1776年の公約を実行できなかったことに対してかつての指導者（ワシントンを含め）を非難した。彼はフェデラリストの反対に抗して、ジェファソン派の共和主義を、革命の本来的な要求を実行する運動と考えた。

　ジェファソンが小さな反逆者に注目するように仕向けたのは、プリンストンの級友マディソンだった。彼はフレノーこそがまさにフェノやラッセルのようなチャンピオンにジャーナリズムの戦いを挑める男だ、と反フェデラリストの指導者に述べた。ジェファソンは常にマディソンの考えをすぐに察した。マディソンはモンティセロ（訳者注：バージニア州シャーロッツビルのジェファソンの邸宅）の主人の息子のようだった。ジェファソンはフレノーにもし反フェデラリストの新聞を創刊するなら、国務省の翻訳官として若干の助成をするという提案をした。しかしフィラデルフィアの首都にフレノーを誘い出したものは金銭ではなかった。彼は自分自身をジャーナリズムの十字軍と考えていたのである。

フレノー対フェノ：党派的中傷

　こうしてフレノーは1791年ナショナル・ガゼットの編集長になった。初期の同紙は、かなり穏健であったが、将来を暗示するものがたくさんあった。競争相手フェノは「世論はすべての政府に限界を設定し、それはすべての自由な政府の真の主権者である」[9]のような表現に決して寛容を示しはしなかった。ナショナル・ガゼットの第1頁の4つのコメントのコラムは、初めの数か月は迫力を欠いていたが、フェノが政府の役人に対して不満を述べる教養のない市民の権利を嘲笑した時、フレノーは「政府への継続的な警戒心は、野心のある陰謀に対して必要である」と読者に述べ、「警戒心が相当程度ないところでは、馬の鞍はまもなく人民の背中に用意される」[10]と警告した。

　ついである日フレノーは負債金融の不正な措置に関してハミルトンに大攻撃をかけた。彼は当時「ブルータス」というペンネームを使い、フェデラリストの指導者はジャーナリズムの好敵手の存在に気づいた。来る日も来る日もフレノーは最初の一斉射撃のあと次々と一斉射撃を続け、彼の猛烈な攻撃に他の明確な意見の持ち主たちに刺激され、戦闘配置の呼び声を発した。それほど才能のない編集者でさえ、ナショナル・ガゼットの「新聞交換」(exchange) を転載することで、その当時の読者を刺激することができた。フェデラリストからの警報は、論説のペンから流れて出る中傷の連発としてあらわれたが、フレノーはまた2倍にして返すことができた。

　フレノーは非常に短気だったので、ハミルトンは個人的にその争いに加わる過ちを犯してしまった。ハミルトンは政府の被雇用人は政府の政策を批判すべきではない、という趣旨の無署名の論文をフェノの新聞に書いた。フレノーはジェファソンの国務省で彼に支払われる少額の給付金は彼を口止めするものではないと反論した。ハミルトンの著者としての身元はすでに割れていたので、彼はいまやナショナル・ガゼットの中傷の真の責任者はジェファソンだと非難した。2人の閣僚間の争いはワシントン大統領によって仲裁されねばならなかったが、大統領はその不和を修復できないものと考えた。実際ワシントンは、フレノーが「国家第1の行政官が、もしとくに国民と時どき交わることが品位を汚すと考えるような、公人の尊大さに支えられているならば、彼はめったに国民の真の状況を知ることはない」といったような記事を書いた時、「あのごろつきフレノー」（ワシントンはそう呼んだ）に狼狽した。フレノーは、編集者として、ワシントンはフェデラリズムの「前線に立つ男」として自分の名前

を貸したのであるから、ワシントンを絶好の目標と考えた。

　結局フレノーが負けたのは野党でも政府でもなかった。ナショナル・ガゼットは財政的な栄養不良のため死んだのだった。ハミルトンに後援されたフェノとは違って、救いの「天使」はまったく現れなかった。ジェファソンは若干の援助をすることができたが、彼が1793年内閣を去った時、フレノーは事実上財政的支持をまったく失うことになった。黄熱病によって雇い人が町を出ていかざるを得なくなった時、フレノーは発行所を閉鎖した。決して再開されることはなかった。同紙はたった2年しか続かなかったが、他のどのような発行物であれ、短期間にこれほど多くの業績を挙げられたかどうか疑わしい。同紙の最後はまさにまたジャーナリストとしてのフレノーの最後であった。彼は一時ニュージャージーとニューヨークで自分の能力を試したが、最終的に彼は海に戻った。後に彼は詩人として再登場することになる。

ベイチとオーロラ

　フレノーによって降ろされた反フェデラリズムの松明を燃やし続けたのは、ベンジャミン・フランクリンの孫ベンジャミン・ベイチであった。ベイチはオーロラとしてよく知られている（その名は新聞の題字周辺に小さな活字で印刷されていた）フィラデルフィア・ジェネラル・アドバタイザーを1790年に創刊した時、ちょうど21歳だった。彼は機知に富む若者（動きは早く、聡明で、そして表現においては容赦なかった）だった。フレノーの文体に影響を受け、彼の新聞はナショナル・ガゼットよりも激しく党派的だった。非常にしばしば徹底的に悪意のある言葉をまき散らした。

　フェデラリストは、彼の論説の中傷に対して争わなかったというわけではなかった。彼は、祖父（アメリカの偉人の1人）の彫像がごろつき集団に冒瀆されるのを目撃したことがあった。チンピラたちは、フランクリンの有名な暦『貧しきリチャード』によって雄弁に表現されている諸原則に反対する連中に唆されて、故意の破壊行為に及んだのであった。彼を溺愛する祖父によってフランス、スイスで育てられた若きベイチは、ジャーナリズムのキャリアの最初からフランスの主張に共感を持っていた。そのため彼は、戦争の老英雄ワシントンがハミルトンらの率いる反フランスの政党を支援した時、ワシントン大統領に敵対することになった。フレノーと同様に、ベイチはフェデラリスト党攻撃のキャンペーンにおいて個人攻撃に依存した。彼は「建国の父」の人格にあえて

泥を塗ることすらした。彼は、「もし国民がたった1人の男に堕落させられたとすれば、ワシントンによってアメリカ国民は堕落させられた」と1796年12月23日付オーロラに書いた。フェデラリストは、オーロラの印刷所を襲撃し、仕返しにベイチを殴打した。フェノは、街頭でベイチに鞭を見舞い、コベットはポーキュパインズ・ガゼット紙上で彼について次のように述べた。

> このたちの悪い小僧（老ベンにふさわしい子孫）は、知性のあるすべての人が、見下げ果てたうそつき、手先、打算的な男として軽蔑していることを知っている。人相の良くない悪魔であり、彼の目は人を正視することはない。血色の悪い顔をしており、ほほこけ、死んだような目をしており、「全体的印象」として1週間か10日前絞首台で処刑後さらし者になっていた仲間と同じだ。[11]

この時代を新聞の下品さゆえに「ジャーナリズムの暗黒時代」と呼んでいる歴史家もいる。しかし時代は移行時代であり、新聞に反映された暴力的な党派性はおそらく、戦後イギリスに対して蓄積された、ある種の激しい憎悪を拡大する手段であった。[12] その緊張に加わったものが、イギリスと革命のまっただ中にあるフランスとの戦争であった。アメリカ人にとってワシントンの忠告を受け入れるのは簡単ではなかった。ワシントンは、政権の最後の瞬間まで、外国との同盟関係を紛糾させるなと警告を発していた。[13] 新しい国家には外国に味方することで得るものはほとんどなかったが、不幸なことに戦争は交戦国によっていやでもアメリカ人の注目を引くことになった。

フランスとイギリスは、アメリカの外交政策についてほとんど同じように冷淡であった。ナポレオンによって課された「新聞」の封鎖は、国際的な先例を破るものであり、アメリカの商船業者は、フランスによる船舶の不法な捕獲に激怒した。しかしイギリスもまた迷惑をかけていた。イギリスは、中立国が戦時において、通常の定期顧客ではない国と交易することを禁じる「Rule of 1756」を持ち出した。これはイギリスにとって意味があった。さもなければ封鎖にもかかわらず、敵が隣接する中立国を通じて物資を調達できることは明白だったからだ。しかしこの政策はアメリカの商業の発展を脅かすものであった。

フランス問題

　しかしフェデラリストはフランスにのみ害悪を見ていた。彼らはフランス革命の行き過ぎを、そしてナポレオンの成功を嫌悪していた。フェデラリストは政府を強固に支配していたので、イギリスに都合の良いように外交政策を操作することができた。反フェデラリストは、アメリカはローシャンボー (Rochambeau)、ラファイエット (Lafayette)、そしてドグラース (DeGrasse) の名においてフランスに味方する義務があると主張した。彼らは、アメリカ人の対英戦争勝利の援助のためフランスからやって来た人びとであった。フェデラリストは、難局に陥っているフランスを援助するアメリカの公約は、われわれがまったく義務的なつながりを持たない政権によって打倒された政府に対して与えられてきたものだ、と主張した。事実は、説得力のある論理によってではなく、党派的闘争の激化のため、その問題を巡ってフェデラリストと反フェデラリストが対立している、ということだった。

　両派ともにヨーロッパ問題における自分の主張に弾薬を見つけた。例えばフランス共和国からアメリカに派遣された特使「市民」エドモン・シャルル・ジュネ (Edmond Charles Genêt) の事件があった。ジュネは1793年にチャールストンにやって来た。もし彼がボストンに来ていれば袋叩きにあって本国に送り返されたであろうが、南部は反フェデラリストの勢力範囲であり、1か月にわたる北部への旅の間ずっとジュネの人気は高まっていった。その頃には、世論が自分に味方しているとジュネは強く確信していた。ワシントン大統領が、フランスは被害を受けた船舶の修理にアメリカの港を利用する許可が得られる、という提案を跳ねつけた時も、彼は方針通り計画を進めた。ワシントンが無遠慮な客を跳ねつけたのは正しかった。そして全体として国民はそれを承認した。フェデラリストは事件を親フランスの反対派の信用を落すために利用した。

　さらに反フェデラリストにとって厄介だったのは、いわゆる「XYZ事件」だった。その事件では、破廉恥なフランスの外務大臣タレイラン (Talleyrand) が、アメリカの外交官から賄賂を受け取った後にのみ、彼らを信任された公使として受け入れると彼らに伝えた。こうした国家的な誇りに対するあからさまな侮辱に直面して、親フランスの感情を擁護するのは非常に困難だった。

　他方反フェデラリストもまた、敵に投げつける石を集めていた。ジュネの失態は、ある意味で反フェデラリストの主張を台無しにしたが、それはフェデラリストの政策に反対するアメリカ人がどれほどいるかを示すものだった。こう

して多くの臆病なリパブリカンはこれに刺激されてジェファソンの党に入った。1794年ジョン・ジェイによって調印された条約は、フェデラリストに対抗する形で利用された。「ジェイ条約」は、独立戦争を集結させたパリ和平条約の間に交渉された協定を、イギリスに守らせるようにする試みであった。撤退を公約したフロンティアの砦からイギリスを退去させるものであった。しかしアメリカの船員強制徴募には何の解決もなかった。そのことは多くのアメリカ人、とくにイギリス海軍の厳しい生活を運命づけられた人びとを怒らせた。

　1796年の選挙の後、ジョン・アダムズが合衆国の第2代大統領として職務の宣誓をした時、党派的な感情に高まりがみられた。同政権はフェデラリストの完全な統制下にあり、フランスとの戦争を準備し始めた。連邦議会は3万5千人の軍隊を従順に承認した。それはかつて革命中にワシントンが指揮したよりもずっと大きな軍隊であった。2隻の超フリゲート艦ユナイテッド・ステーツとコンスティテューション号が戦争計画の一部として配備された。こうした準備の支払いのため、とくに対外戦争にほとんど利益を持たない小土地所有者に負担の大きい税金が課された。

　結果的に生じたのは、品位のあらゆる限界を越えた政治的なジャーナリズムの闘争であった。トーリーと愛国派が互いにしのぎを削った革命戦争中でさえ、こうしたいがみ合いはなかった。ベイチとフェノは道端の喧嘩で、新聞の紙面を越えた個人的な不和を募らせた。「ピーター・ポーキュパイン」（ウィリアム・コベット）は、生きている人物であれ故人であれ、著名の反フェデラリストを攻撃することで、毒舌に鮮やかな花を添えた。注目すべきは、多くの政党新聞は基本的には伝統にのっとったもので、政党システムの秩序だった発展に貢献したことであった。

外国人・煽動法：1798年

　政府が1798年の夏、暴力的な反対派を抑えようとした時は、こうした状況だった。1798年の6、7月連邦議会は外国人・煽動法を可決した。1つはアメリカに在住する厄介な外国人を狙った法律で、もう1つは目障りな編集者の抑圧に関する法律だった。

　当時アメリカには約2万5千の外国人がいた。彼らの大半は、母国の厳格な政府当局から難を逃れてきた亡命者であり、ジェファソン派の側に立つ傾向があった。ジェファソン派は可能な限り小さな政府を信奉していた。他は貧

しいか、少なくとも財産のない人びとであり、またこうした人びとは、反フェデラリストの隊列に引き寄せられる傾向がより強かった。アイルランドの移民のような集団は、伝統的にイギリスに反対し、恐らくハミルトンのイギリス融和政策に何らの利点も認めなかった。またこうしたカテゴリーに属する多くの知識人がいた。酸素や他の7つの気体の発見者であるジョゼフ・プリーストリー博士は、彼の左翼的見解で有名な国外追放者であった。当時の自由主義者の積極的な後援者であるデュポン家 (Du Ponts) はフランスの思想を反フェデラリストの綱領に取り入れた。ジェファソンのもとで偉大な財務長官になる運命のアルバート・ギャラティン (Albert Gallatin) がいた。彼は生れ故郷のスイスとは非常に異なる国に適応するための障害にもかかわらず、すでにペンシルベニアにおいて独力で名を上げつつあった。こうした人びとはほとんど確信を持ってフェデラリスト政権に反対した。外国人法には、脅威になる外国人の隊列を削減するという期待が込められていた。同法の規定の1つは、帰化に必要とされる年限を5年から14年に延長していた。もう1つの条項は、大統領が破壊主義者と判断する人物を国外追放できる権限を大統領に与えた（その権限をアダムズは行使しなかった）。

　煽動法は、反フェデラリストのジャーナリズムの代弁者を統制する明白な試みだった。同法は、次のように述べていた。

>　いかなる者であれ、合衆国の政府、連邦議会のいずれかの院、あるいは大統領に対して……合衆国の善良な国民の憎悪を鼓舞するために、あるいはこうした法律のいずれかに抵抗、反対あるいは打倒するために……それらに対する虚偽の、中傷に満ちた、あるいは悪意のある著述を書き、印刷し、あるいは刊行する者は……2千ドル以下の罰金あるいは2年以下の禁固によって処罰されねばならない。[14]

　同法は2年効力を持った。重要なことは、この時は、新しい国家が自由な言論の範囲と限界を整理しようとしていた時代であり、さらに政治における合法的反対の概念が成長の途上にあった時代であったということだ。[15]

　プレスの自由の砦のひとつは、政府、つまりその政権の批判を表明する権利である。外国人・煽動法は、アメリカを抑圧された者の羨望の的にした過程を逆転してしまった。しかしそれらの法律には若干の重要な貢献があった。抑圧的特徴は当時の多くの説明でも適切に評価されなかった。もともとの法案はフランスに対する宣戦布告を求めていた。それに続く条項は、こうした敵に何

らかの援助あるいは力づけを与えるすべての人への処罰を規定していた。最後の最後で宣戦布告は僅かな票差で敗北したが、それに続く外国人と新聞に関する条項は有効であることが認められた。親フランス感情がこれほどまでに徹底的に政府によって攻撃されたのはそのためだった。

若干の点で、煽動法はプレスの自由への道における一里塚と呼ばれ得る。同法は政府批判を禁じなかった。同法はただ、政府官僚を中傷するために発行される悪意のある、虚偽の陳述を制限しようと試みた。同法は1組の安全装置を規定した。つまり、真実は弁明として提示されることができ、また陪審は法律と事実の双方を決定することができた。これはジョン・ピーター・ゼンガーの裁判でアンドルー・ハミルトンによってなされた一対の主張だった。それがいま1798年の法律の中に取り入れられたのであった。[16]

一見すると煽動法は支持する価値のあるもののように思えるかもしれない。しかし経験が繰り返し教えるところによれば、政権の座に付いている政党は不可避的にこうした統制を便宜主義のために乱用するのである。1798年がまさにそうだった。政治的に無能力であったにもかかわらず誠実な男であったジョン・アダムズ大統領は、法案修正にできるかぎりの力を尽くした。不幸なことに、過激派が支配権を持ち、彼らは野党の編集者によって彼らに浴びせかけられた侮辱に報復するつもりだった。ジェファソンと彼の友人は身体の安全に不安を感じて、モンティセロに集まり、連邦政府の行動を無効にする州の権利を確認するバージニアとケンタッキーの決議を計画した。「違憲立法審査権」という遥かに有効な安全弁、つまり立法行為に憲法違反を宣言する合衆国最高裁判所の権利は、1798年の時点では欠けていたのである。1803年になって初めてジョン・マーシャル (John Marshall) が、マーベリー対マディソン事件 (*Marbury v. Madison*) において違憲立法審査権を裁判所の役割としたのである。ジェファソンは唯一利用可能な手段を採った後、しばらく傍観して次の機会を待った。

煽動法による訴追

アダムズ政権は適切に自分に有利な状況を導いた。フェデラリストはこの新しい法律をきわめて公然と乱用したので、しばらくプレスの自由はアメリカで深刻な危機を迎えた。野党によって非難された「恐怖政治」には程遠かったが、その記録はアメリカ人が誇りにできるようなものではなかった。国務長官ティ

モシー・ピカリング (Timothy Pickering) は、違反者を探し回るため自分の時間の半分を反フェデラリストの新聞の閲読に当てた。

煽動法の犠牲者の1人はバーモントのマシュー・ライアン (Matthew Lyon) であった。彼はスコットランドで生れ、契約召使としてアメリカに上陸した。コミュニティで尊敬と威信のある地位にまで出世し、バーモント選出の連邦下院議員までになった。独立戦争の時は有名な「グリーンマウンテン・ボーイズ」の一員だった。本来であれば勲章に価する行為のために、軍隊から免職されたが、後に復権し大佐の地位に昇格した。

下院のある日の午後、フェデラリストの砦であるコネティカット選出の主要な党員ロジャー・グリスウォルド (Roger Griswald) は、ライアンの戦績に対して侮辱的な言及をした。ライアンは初め無視したが、同僚が彼のコートをつかみ侮辱を繰り返した時、フロンティアの武骨だが効果的な方法で応じた（グリスウォルドに向かって唾を吐きかけた）。次の日グリスウォルドは下院のライアンの机に歩み寄り杖で彼を叩き始めた。ライアンは携帯用の火ばしをつかみグリスウォルドを殴り返した。フェデラリスト党員はライアンを議会から追放しようとしたが、必要な3分の2の票を集めることができなかった。

煽動法はこうして人物に対する恨みを晴らすために利用された。煽動法の下でライアンが負わされた罪は、アダムズ大統領を「滑稽な飾り物、愚かなへつらい、そして利己的な強欲」と非難する投書の掲載であった。こうした言動のためライアンはフェデラリストの裁判官の前に召喚され、裁判官は彼に3か月の禁固と1,000ドルの罰金の判決を言い渡した。判事の報復的意図は、裁判はまずまずの刑務所のあるバーモントのルトランドで行なわれたのに、それより約40マイル離れたバージェンヌの不潔な刑務所行きを宣告されたという事実に示された。多くの地方市民が彼の仮釈放を求める請願に署名したが、それは無視された。編集者アンソニー・ハズウェル (Anthony Haswell) が罰金支払いのために金を集める福引きを公表する広告をバーモント・ガゼットに掲載した時、彼もまた「犯罪人」ほう助の罪ですぐ刑務所行きになった。

フェデラリストはそうした警告に注意すべきであった。こうした不当な措置に対する大衆の反応は積極的かつ直接的であったからだ。ライアンはいわゆる政敵の陪審集団によって有罪を宣せられ、1798年10月投獄された。12月彼は最も強力な競争相手に対して2対1の票で下院に再選された。1799年2月、罰金支払いのための金が入ってきた後、彼は釈放され勝利のうちに首都フィラデルフィアへ凱旋した。ライアンのあとに続く行列はある時には12マイルに

外国人・煽動法のもとでの訴追は、時としてそれほど重要ではないとされてきた。結局総計で煽動法の下で 14 の告発があった。11 件が裁判になり、10 件が有罪となった。同じ期間、連邦および州の裁判所では、イギリスのコモン・ローに基づく煽動的名誉毀損に関して、少なくとも 5 件の有罪判決があったにすぎない。有罪のうち 8 件が新聞に関係したものだった。[17] それらの数はどうあれ、そうした告発を巡る喧騒は、諸州が煽動的文書誹毀の概念を永続させる法律を規定する際に、革命時代にすでに過ちをおかしていたことを十分明確にするものだった。トーリーを魅了したものはいまやリパブリカンを魅了することになった。1800 年以後もさらに数件の煽動的文書誹毀の事件があったが、煽動法の例は疑問の余地がないものとなった。すなわち、圧政の基準は告発された人の数ではなく、恐怖のため自由な発言を控えた人の数であることを人民は理解したのである。

戦いの終焉

　1800 年までに戦闘は終わった。フェノとベイチは 1798 年の夏フィラデルフィアに猛威を奮った恐ろしい黄熱病のため死んだが、ベイチは告発を受けている最中だった。黄熱病を逃れたフレノーは決してガゼットを再建しようとはしなかった。コベットは破産に追い込まれた誹毀訴訟の後アメリカを去った。
　あからさまな人身攻撃がとにかく禁じられた後に、全体的に新聞は、改善された。ベイチの未亡人は夫の助手であり、黄熱病で妻をなくしたウィリアム・デュエイン (William Duane) と結婚した。彼はオーロラを高級な新聞に仕立てあげた。オーロラは相変わらずジェファソンと彼の党を支援し続けたが、彼の編集の下で非常に穏和な調子になった。彼はフレノーのやかましさや悪趣味はなかったけれども、フレノーに劣らず勇敢であった。コベット同様精彩のある文章を書いたが、彼ほど無鉄砲ではなかった。デュエインはその主義主張のため、他の反フェデラリストとともに迫害を受けた。凶漢に殴打されもしたし、また煽動法のもとで逮捕されもした。
　議会での煽動法を巡る党派論争は、1798 年の 44 対 41 の際どい票差による同法案可決後も続いた。1799 年そして 1800 年に同法修正ないしは廃止の試みがなされた。1801 年 2 月さらに 2 年同法を延長しようとするフェデラリストの試みは、53 対 49 で敗北した。党を見捨てた南部出身の 6 人のフェデラリ

ストが47人に加わって、全員新しい大統領ジェファソン支持者である党派に加入したのであった。同法はそれ自体の期限に基づき1801年3月3日に期限切れとなり、1917年の戦時まで連邦レベルで類似の法は作られることはなかった。ジェファソンは直ちに獄中のすべての関係者を釈放し、残っている裁判を破棄した。[18]

　国家の首都のフィラデルフィアからワシントンへの移転は、ひとつの時代の終息を宣言し、新しい時代の頁を開いた。また政党や行政の統制にも完全な変化があった。1800年の選挙の年、フェデラリストは下院、上院、大統領職、内閣、法廷、教会、そして実業界・教育界において支配的だった。新聞の5分の4までがジェファソンと彼の党に反対だった。しかし、ジェファソンは勝利を収めた。

　建国初期のプレスの専門家であるデイビッド・スローン教授は、当時の新聞の主要の目的は党派的大義に奉仕することであったから、新聞は今日の非党派性の基準によって判断されるべきではないと主張する。当時の新聞は、忠実な政党支持者を政治活動へと仕向けるようにニュースと意見を形成した。スローンは、この政党プレス観を人びとによってもジャーナリストによっても広範に是認されたもの、新国家の成長に決定的に重要な政党システムの安定化に貢献したもの、と見なしている。

　しかしスローンは、2大政党とそれを支持する新聞はまったく対立する役割を果たしたと続ける。フェデラリストは、伝統的価値の支持者、消えつつある政治的・社会的生活スタイルの擁護者であった。反フェデラリストは、現代的つまり出現しつつある条件を反映し、より大なる政治的自由と「人民」による広範な参加に向かう機会を唱導した。[19] 支配の立場にあったフェデラリストの新聞は、ジェファソンと彼を支持する新聞を破壊的急進派——いつの時代でも保守派の共通の戦術である—として攻撃することによって、現状維持の擁護を選択したのである。その努力も1800年までに色あせてしまった。

　歴史家アーサー・シュレジンガー・ジュニア (Arthur Schlesinger Jr.) が書いているように、「ある政党が人民をあざむくことで台頭する時、自己欺まんによって滅亡する可能性が高い」[20] のである。本章で示されたように、この指摘が妥当する十分な根拠があった。プレスは政党の欺まんを暴露するその役割において、かつて以上に不可欠なものとなった。というのもこうした暴露がなかったら、大多数の人民はそれほど早く解放されなかっただろう。不幸なことに人びとは（ライアン、ベイチ、デュエインそしてボストン・インデペンデン

ト・クロニクルのトマス・アダムズのような人びとと同様に）このことが一般に理解される前に迫害に耐えなければならなかった。アダムズと弟アバイジャ(Abijah)は、フェデラリストの迫害の威嚇を拒否したが、投獄とそれ以上のものに直面した。病気で瀕死状態のトマスは、ダブル・スペース、ダブル・メジャーのキャスロンのボールド活字で、威嚇者に答えた。「クロニクルは迫害の運命にある……本紙はアメリカの自由とともに生き、死す。われわれの独立達成を導いたすべての原理を廃止する以外には、何者であれ本紙の声を沈黙させることはできない」。[21]

第5章

西部への拡大

> 私はプレスの自由と秩序ある統治が相入れないという主張が誤りであることを示すために……偉大な実験の対象にわが身を喜んで提供した。
> ──トマス・ジェファソンからシーモアへの書簡

　ジェファソンの1800年の勝利によって、彼の党は、フェデラリスト党が政権の座にある間向けられていたのと同じ種類の攻撃にさらされることになった。ジェファソン派のリパブリカン党が政権を支配することになったが、ジェファソン大統領は新聞編集者の5分の3までがフェデラリストの政策を支持すると見積もった。フェデラリストの新聞が5対1という大差で数の上で反フェデラリスト党をしのいでいる地域もあった。おそらく一般の有権者はこの「1党制的」新聞に影響されなかった。というのも彼らはリパブリカン党を代表する候補者を続々と復職させたからである（反フェデラリストは究極的に民主党という名称を採用する前に、リパブリカン党の名前で知られるようになった）。

　ジェファソンとアンドルー・ジャクソン (Andrew Jackson) の時代、そしてフランクリン・ルーズベルト (Franklin Roosevelt) とハリー・トルーマン (Harry Truman) の時代における、大衆と新聞の意見の分裂は、新聞研究者の関心を引きつけてきた。彼らは、圧倒的な大衆の付託が、新聞の大衆的主張への圧倒的な反対と同時に起こる事例を指摘し、批評家は時として、アメリカの新聞はジャーナリストが言うような権力であることに疑問を呈する。この歴史は、重要か取るに足らないものであるかどうかにかかわらず、プレスの権力が意見による説得にあるのではなく、情報の普及、問題への関心の喚起にあることを示している。

National Intelligencer.

1820年のミズーリ協定の可決を伝えるナショナル・インテリジェンサー。

ニューヨーク・イーブニング・ポスト、1801 年

　フェデラリストの重要な機関紙の1つは、同党の大統領選敗北の1年後にアレグザンダー・ハミルトンによって創刊された。このフェデラリストの指導者は、リパブリカン党の人気の潮流に立ち向かうためには、かつて以上に信頼できる党の新聞が必要だと信じた。その結果生れたのが、その都市最古の新聞となる運命のニューヨーク・イーブニング・ポストであった。ハミルトンは初代編集長にウィリアム・コールマン (William Coleman) を選んだ。コールマンが弁護士でかつて法廷記者であったことはまた、印刷屋兼編集長が原則であった時代以来のジャーナリズムの傾向を示している。彼は有能な編集長であったが、「将軍」(the General) と呼ばれるのを好んだハミルトンが戻れば、コールマンが職務上部下になることは誰の目にも明らかだった。

　しかしコールマンは文学的主張を持つ作家であった。彼は、党内外で揺れ動く反対をしばしば切り捨てる容赦ない文体で自分の確信を表明することができた。また非常に個人的な魅力と勇気のある男だった。最終的にコールマンは、アーロン・バーへの忠誠のためハミルトンとたもとを分かったが、[1] ポストの草創の時代に、彼の後援者との協議なしで編集活動をすることはなかった。彼が速記の名人であったことは重要であり、それは彼がハミルトンに選ばれたひとつの理由だった。夜遅くコールマンが人通りのない町を急いで行くのが見られた。次の日の新聞の論説を書き取りにハミルトンの家に行く姿だった。こうした論説には書き直しの必要はなかった。それはジャーナリスティックな意味でハミルトンの全盛期の論説だった。それらの論説はアメリカ中のフェデラリスト編集者によって取り上げられ、党に重要な影響を及ぼしたのである。競争する党の新聞が新しい西部の入植地に生まれ、フェデラリストとリパブリカンの代弁者として機能し、2大政党（後に共和党と民主党となる）へ向かう傾向を全国化させた。

　1800年に勝利を収めた党は、政権の座にあるいかなる党とも同様に野党が必要だった。ジェファソンはしばしばプレスの自由の信奉者であることを公言した。彼とその党はこの原則と一致して外国人・煽動法に反対した。彼はフェデラリストによる新聞抑圧への攻撃としてバージニア・ケンタッキー決議を後援し奨励した。彼はフレノーとトマス・リッチー (Thomas Richie) に援助を与え、フェデラリスト支配の潮流を押し止めるのに役立つ新聞を創刊させた。[2] 今や反フェデラリスト党の勝利の後、フェデラリストによって新聞抑圧

の非難を受けていることにジェファソンは気づいた。これはアメリカ・ジャーナリズム史において見られる共通のパターン（ひとたびある集団が権力を握ると、表現の自由政策が逆転する）なのである。

ジェファソンのプレス観

ジェファソンは、自由なプレスの擁護においては誠実であったように思われる。プレスが彼の自尊心を傷つけた時でさえ、彼はその自由を擁護した。ジェファソンは1787年友人キャリントン (Carrington) に次のような書簡を書いた。

> 私は、国民の良識が常に最良の軍隊であることを信じている。国民はしばらくの間、道を誤るかもしれないが、まもなくそれを正す。国民はその統治者の唯一の検閲者である。彼らの過ちでさえ統治者に制度本来の原則を守らせる結果となる。これらの過ちをあまりに厳しく処罰することは、人民の自由の唯一の砦を抑圧することになろう。こうした国民への変則的な、不規則な介入を予防する方法は、新聞 (the public papers) を通じて、事態に関する完全な情報を彼らに与えることであり、これらの新聞が国民大多数に浸透するよう図ることである。我々の政府の基礎が国民の意見にあるとするならば、その最初の目的はそれを正しく保つことであるべきだ。そしてもし新聞なき政府と政府なき新聞のいずれかを採れと言われれば、躊躇なく私は後者を取るであろう。

キャリントンに宛てた書簡のこの部分は広く引用される。しかしジェファソンの書簡の第2の部分は先の声明にとって本質的な条件であるが、それほど知られていない。彼は続いて次のように言う。

> しかし私の言っている意味は、すべての人がそうした新聞をとり、それが読めるようになるべきだということだ。

後にフェデラリストの編集者が彼の人生を惨めなものにした時には、彼は友人に怒りの書簡を書いた。

> わが国の新聞は、その破廉恥な虚偽の精神によって、ボナパルトによって考案されたすべての拘束以上に効果的に、プレスの効用を破壊してしまった。[3]

しかし、それはジェファソンが非常に疲れている 1813 年の書簡であった。悪意ある野党派プレスに関する彼のもっと熟考された見解は、以下の 1802 年の書簡に要約されている。

> 彼ら（フェデラリスト）は新聞を虚偽、中傷そして厚顔さで満たしている……我々は、議論の自由が、強制に助けられることなく、真実の普及と保護にとって、およびその行動や見解における純粋・率直な政府の維持にとって、十分かどうかの実験を今まさに経験している……私は虚言や中傷の権利においてそれらを保護しようと思う。[4]

ジェファソンのプレス観は追随者にとっては十分承知のことであり、彼は自党に強力な統制権を奮ったが、ジェファソン派が政権についてからは、ジェファソンは部下に野党編集者に制約を課さないようにすることはできなかった。

こうした報復のひとつの実例は、リパブリカン党の指導者らによって煽動的と判断されたジョゼフ・デニー (Joseph Dennie) の告発であった。一時ボストン・ニューズ・レターの印刷屋を務めたことのあるバーソロミュー・グリーンの孫であるデニーは、当時の最も有能な新聞編集者の 1 人だった。ニューハンプシャーのウォルポールで発行される彼のファーマーズ・ウィークリー・ミュージアムは非常に人気が高かったので全国的な知名度を持っていた。後にデニーはフィラデルフィアで発行されるフェデラリストの率直な雑誌ポート・フォーリオの編集権を引き継いだ。ジェファソンが未完成のホワイトハウス入りした直後、デニーは人民統治の弱点を指摘する一連の論説を書いた。彼はとくにジェファソンの政府を批判したわけではなかったが、デモクラシーは無意味、と信じていることを明確にした。これらの発言は政府の役人によって煽動的と断言され、煽動罪で告発された。かつて、ジェファソンが政府の正当な検閲官として新聞に論及してきたにもかかわらず、政権の行動はきわめて偽善的であったように思われる。陪審もまたそう考えたに違いない。というのも愛国派の歌「ヘイル・コロンビア」(Hail Columbia) の作者ジョゼフ・ホプキンソン (Joseph Hopkinson) の華麗な弁護の後、デニーは無罪釈放されたからだ。

この期間のプレスにかかわる最も有名な事件は、ジェファソン大統領によって推奨された州法の下で告発された。被告はハリー・クロスウェル (Harry Croswell) で、ニューヨーク州ハドソンのフェデラリスト編集者であった。クロスウェルは彼の小さな週刊新聞をザ・ワスプと名付けた。ザ・ワスプはすべ

てのコラムで政敵を刺激した。ある日のことクロスウェルは、ジョージ・ワシントンは泥棒、反逆者、偽証者であるという話を広めるため、ジェファソンがリッチモンドの編集者ジェイムズ・キャレンダー (James Callendar) に金を出したと報じた。これはジェファソンや彼の政権の品位に対する重大な非難であった。クロスウェルは1804年に起訴された。彼は有罪を宣告されたが、上告した。

　裁判が開かれた時、巨人が弁護に立った。ジェファソンの宿命のライバルであるハミルトンであった。4人の裁判官は明らかに敬意をもって耳を傾けた。ハミルトンは、プレスは「たとえ政府や役人、あるいは個人の批判であっても、正当と認められる目的のため、善き動機をもって、何ら罪に問われることなく、真実を発行する権利」を持っていると主張した。「善き動機」(good motives) と「正当と認められる目的」(justifiable ends) の反証は原告によって提示されなければならなかったから、ハミルトンは本質的に、真実そしてただ真実のみが、文書誹毀裁判の抗弁となることを述べていたのである。ハミルトンはたまたま訴訟に負けてしまった。というのも4人の裁判官が2対2の意見になったからだった。ハミルトンはまた法律と事実の双方を決定する陪審の権利を主張した。双方の問題はゼンガー事件で提起されたもので、法律として認められていたのはペンシルベニア州だけだった（1790年）。

　クロスウェル裁判の意義は、ハミルトンの弁護の直後の立法に見出される。判事が判断を示す前なのに、真実が抗弁として認められるべきことを規定する法案がニューヨーク州議会に提出された。同法は法律および事実を決定する権利を陪審に与えていた。1805年までにこれらの原則はニューヨーク州で法律となった（ゼンガー裁判から70年後）。まもなく他の州もそれにならい、煽動的文書誹毀罪のイギリスのコモン・ローの影響は除去された。1812年最高裁判所は、連邦政府がその古き法律の下で起訴することができないことを支持する判決を下した。

　ハミルトンは自分の最終的な勝利を見ることなく死んだ。クロスウェル事件が審理されている間、オルバニーのある新聞に掲載されたハミルトンが書いたとされる論評が、ニューヨークで2番目に重要な政治家アーロン・バーをひどく立腹させた。彼はハミルトンに決闘を求めた。ハミルトンは、名声を大きく傷つけることなく、決闘を拒否することができたが、受け入れた。1804年7月11日、彼は介添え人が漕ぐ船でハドソン川を渡り、ウィーホーケン近くの草深い堤についた。そこは彼の息子が7か月前決闘で死んだところだった。バ

ーは射撃の大変な名手であって、撃ち合いの末ハミルトンは重傷を負い、それがもとで翌日死んでしまった。

プレスの成長：最初の日刊紙

　アメリカ初の日刊紙は、1783年ベンジャミン・タウンによってフィラデルフィアで創刊された新聞だった。彼のペンシルベニア・イーブニング・ポストは、発行人同様特徴のないものだった。タウンは1776年の時点では愛国派であり、市民のために独立宣言を最初に印刷した1人だったが、後にトーリーになった。イギリスの降伏後、彼は自分の罪を認め、コミュニティで部分的な恩赦を再び得た。しかしこの安っぽい小さな日刊紙はたった1年5か月しか続かなかった。

　続く日刊紙は非常に優れた新聞で、ジョン・ダンラップとデイビッド・C・クレイプール (David C. Claypoole) の共同経営によって創刊されたペンシルベニア・パケット・アンド・デイリー・アドバタイザーであった。タウン所有のペンシルベニア・イーブニング・ポストと同様、パケットはもともと1771年にダンラップによって創刊された週刊新聞だった。1784年に週3刊から日刊に代え、ダンラップとクレイプールの事業は初めから成功した。アメリカ初の外国語日刊紙は1794年から1798年の間にフィラデルフィアで発行されたクリアー・フランセで、アメリカの忠誠がフランスとイギリスに分裂していた時代に登場した仏語紙の1つであった。

　1800年までに、アメリカの大港湾都市や大商業都市はほとんどどこでも、日刊新聞を支援することになった。フィラデルフィアは6紙、ニューヨークは5紙、ボルチモアは3紙そしてチャールストンは2紙だった。しかし奇妙な理由で、アメリカの新聞の故郷たるボストンには、この時点で日刊紙がなかった。こうした発行物の多くはコーヒーハウスとの競争に対応するため日刊分野に参入せざるを得なくなったのだ。コーヒーハウスではロンドンの新聞が利用でき、ニュースが自由に交換された。アメリカのジャーナリストは初め半週刊次いで週3刊、最後には日刊を発行することでこの課題に対応した。

　フィラデルフィアではしばらくの間全日紙すらあった。それは朝夕刊版として、サミュエル・ハリソン・スミス (Samuel Harrison Smith) によって創刊されたニュー・ワールドであった。同紙は不成功に終わったが、それは新鮮なニュース提示への高まる関心を示すものだった。1820年に発行されていた

新聞512紙のうち、24が日刊紙、66が半週刊ないし週3刊紙、そして週刊紙は422紙だった。こうした新聞は依然として一般的には富裕な市民向けのものだった。というのも新聞の価格は平均的国民が買うことのできる以上のものだったからだ。発行部数も現代の基準からするとさしたるものではなかった。1,500の発行部数は大都市以外のすべての都市で十分と考えられたのである。

　アメリカの後背地域でも新聞は花開いた。都市周辺以外の新聞の数はこの間6倍に増えた。[5] 広告がこうした新聞のブームを支えた。というのも大半の家庭は、季節ごとの貯蔵のため卸売で食料を買う傾向にあったにもかかわらず、後に新聞を支援することになる小売店の発展がすでに多少見られたのである。郵便制度の発展もまたこうした新聞の拡大の原因の1つであった。1782年と1792年の郵便法によって、教育や情報に関わる郵便物は非常に低い郵送料で利用できたのである。

プレスの西部への発展

　プレスの拡大はアメリカの精神の反映であった。大西洋沿岸の開拓には150年かかり、そうした歴史の記録に基づくと、フロンティアをミシシッピ川まで推し進めるにはさらに200年かかるはずだった。しかしひとたびアパラチア山脈が征服されると、西部の土地は急速に買い上げられるようになった。1803年、それまで常にアメリカの領土拡張主義に反対してきたジェファソンは、ルイジアナの広大な領土を購入する機会を得た。その取引は、その原則に外れるとして拒絶するにはあまりにも魅力的であった。この領土が開拓のための広大な土地として合衆国に加えられた時、開拓者が東部からなだれ込んでいった。西部への熱望はこの間の州昇格への数多くの請願に示される。1790年から1820年までの間に9つの州が新たに合衆国に加入した。

　水路がこうしたフロンティア地域への幹線道路であった。オハイオ、カナワ、カンバーランド川にそって、やがてあふれんばかりの数の都市になる小さなコミュニティが現われ始めた。現代の基準からすると、これらのコミュニティは単なる小村落であるが、それぞれ広範な交易地域に有用であった。こうして人口が示す以上に市場や社会的な中心地としてかなり重要であった。もしこれらのコミュニティが法廷、法執行当局そして国有地管理局を要する郡庁所在地であれば、さらにもっと重要だった。そしてこうしたコミュニティで最初に店を開いた人の中に、通常、フロンティアの印刷屋兼編集者がいた。彼らは、いつ

初期の先住アメリカ人（インディアン）向け新聞のひとつ。

　かロンドンに匹敵するようになると確信する村落の、熱心なプロモーターであり、主導的な実業家だった。彼らはたいてい月並み以上の人間であり、コミュニティを遠隔地に文明をもたらし始める組織へと形成していった。

　このニュー・ウェストの最初の新聞は、1786年のジョン・スカル (John Scull) の冒険的事業ピッツバーグ・ガゼットであり、同紙は今なおポスト-ガゼットとして繁栄している。1年後、有名なフィラデルフィアの出版名家とは間接的な関係しかないが、印刷業では著名な名前のジョン・ブラッドフォード (John Bradford) がケンタッキーのレキシントンに店を開いた。彼のケンタッキー・ガゼットは、ピッツバーグの新聞が創刊される前年に、印刷機器が輸送中に壊れなければ、西部初の新聞になったかもしれない。1800年までに、21

の新聞がアパラチア山脈の西側で創刊された。オハイオ川はこの初期の時代の最も重要な動脈だったが、ウォバッシュ川やマスキング川、サイオウタ川、モーミー川、カイホーガ川のような小規模河川に沿ってもまた、重要な開拓地や新聞があった。

広告は、ニュース・ビジネスを支えるにはめったに十分ではなかったが、幸運なことにこうした新しい地域には法情報を発行する何らかの手段が必要とされており、それは新聞を始めるのにしばしば十分な誘因となった。例えば、エリフ・スタウト (Elihu Stout) は、ウォバッシュ川流域で自分の印刷機で生活を支えながら、1804年ビンセンヌでインディアナ・ガゼットを創刊した。彼は地域の法令印刷契約（新聞を創刊する賭としては十分）が与えられるという前提で、ケンタッキーのフランクフォートでの事業を処分して同地に来るよう勧誘を受けたのであった。

フロンティアへの北方ルートはモホーク渓谷に沿い、ハドソン川からまっすぐニューヨーク州を縦断するものだった。これはエリー運河のルートであって、この運河によってまもなくニューヨーク市は最大のメトロポリスになったが、それ以前でさえこれは重要な幹線道路だった。渓谷の終わりには五大湖があり、それは広大な荒野と東部の間の輸送とコミュニケーションのルートだった。当時フロンティアの外側の砦であったデトロイトは、1817年までにガゼットという名の新聞を持った。まもなく他の地域も同じように新聞を持つことになった。1814年の連邦法は、すべての連邦政府の法律は、それぞれの州および準州の新聞2紙（後に3紙）に印刷されなければならないことを規定した。これは立法府の活動を選挙民に知らせる理にかなった方法だったが、新聞事業の支援の用意がまったくなかったコミュニティにパイオニア的新聞の創刊を促すものでもあった。[6]

1794年に始められた最初のニューオリンズの新聞は、スペイン統治下のフランス人向けの4頁建てのモニトゥール・ド・ラ・ルイジアンヌであり、1814年まで続いた。合衆国最初のスペイン語の新聞は、1808年のエル・ミシシッピで、スペイン語圏の国とアメリカを結びつける都市ニューオリンズでウィリアム・H・ジョンソン (William H. Johnson) の英語で事業を営む会社によって創刊された。エル・ミシシッピは2年間英語とスペイン語で発行された。テキサス最初の新聞ラ・ガセタは1813年に生まれた。もう1つのテキサス紙はエル・メヒカーノであった。これら3つの初期のスペイン語新聞は、スペインとその植民地間の戦争や権力を追求する集団間の分裂などを報道した。

数年後の 1828 年チェロキー族は、先住アメリカ人最初の新聞チェロキー・フェニックスをジョージアで創刊した。編集者イライアス・ブードノウ (Elias Boudinot) は 4 頁の新聞を 1 部英語で、1 部チェロキー語で印刷し、セコイヤ考案の 86 字からなるアルファベットを用いた。チェロキーの学校の教師であったブードノウはチェロキーの法律、つづり字教本、ニュースおよび彼自身の観察などを発行し、そのうち 20 編がナイルズ・ウィークリー・レジスターに転載された。ブードノウは 1832 年職を退き、同紙は 1834 年最終的に廃刊になった。後続の新聞たるチェロキー・アドボケートは 1843 年にチェロキー民族評議会によって公認された。プリンストンで教育を受けた、チェロキーの族長ジョン・ロス (John Ross) の息子ウィリアム・P・ロス (William P. Ross) によって編集されたバイリンガルの週刊新聞は、1844 年から 1853 年までオクラホマで発行された。1835 年カンザスで先住アメリカ人の方言でショーニー・サンを印刷したバプティストの宣教師は、1844 年から 1846 年にかけて、オクラホマで雑誌形態によるバイリンガルのチェロキー・メッセンジャーを 12 号印刷した。[7]

フロンティアの新聞

　孤立した村やブームになった河畔の町の、薄っぺらな小週刊新聞は、西部をアメリカ政治の新しい要素にする世論の結晶化と大いに関係していた。西部における、こうした影響を及ぼした新聞はどんなものだったのか。概していえば、このような新聞は小さく、手組みで、みすぼらしかった。明らかに多くのスタッフ、定期の通信員もなく、あるいはあまりにも忙しく、独自の意見を形成する余裕のない読者に意見を示すコラムニストを置く余地もまったくなかった。もちろん多くの意見が掲載されたが、その大半は読者からの寄稿であった。通常地方ニュースは 1 コラムないし 2 コラムに掲載され、見出しの恩恵を受けることもなくバラバラの記事として印刷された。コラム半分の「ニュース交換」(exchange) つまり最新の郵便によって到着した他紙から抜粋されたニュースがあった。告知つまり広告を除いた残りの紙面は、たいていは読者提供のものだった。文章が書ける購読者はすべて遅かれ早かれ紙面に意見を開陳できた。不当な扱いや不満を抱える人はみんな地方の新聞の紙面にお得意の不満を包み隠さず書いた。政府の役人ですらいつも公然というわけではないが、この意見交換に参加した。しかし彼らは十分身元を明らかにして元気の良い反論を

許した。こうした題材はしばしばあくどく、悪趣味であった。「ストレート・ニュース」は歪曲、けばけばしさ、悪意といった方向へ向かう傾向があった。しかしそうした欠陥はどうあれ、たくましく生彩にみちた新聞だった。フランスの偉大な観察者アレキシス・ド・トックビル (Alexis de Tocqueville) は多少後のことになるが、新聞という制度について記述し、その論評は多少この時代とも関連している。彼は、アメリカの新聞の地方第1主義に好感を持っていないものの、その活力・活気には感銘を受けている。西部の素朴・粗雑さは彼にショックを与えたが、民主的な実験の成功に目を見張り、新聞がこうした発展の重要な手段であったことを認めた。ド・トックビルは地方ジャーナリズムの活動における積極的な読者参加によって新聞と読者の密接な関係が育成されたのは確実と考えた。読者は第4階級に敬意を払っているようだと報告し、このことは新聞という制度に与えられている大きな自由において明白である、と述べた。

　19世紀の最初の10年代の終わりまでに、西部の新聞は活発に活動し、かつ影響力を増加させた。自分たちの読者や選挙区を理解していた編集者や政治家は、地域が独自の問題を抱えていると考えた。彼らは人民の権利についてはジェファソン派に立つ傾向があったが、先住アメリカ人の領地内にある開拓地の防衛を連邦政府に依存しており、そのために強力な中央集権化された政府を支持した。

フロンティアの影響

　合衆国の新しい州はまた、その成長や繁栄に不可欠な交通・運輸の発展を連邦政府に依存することになった。また利潤を目的として開拓を推進するため組織された大土地会社は、準州のまたは親州の政治家よりむしろ連邦政府を頼りにした。当時西部人は自らの運命を切り開いていくために、地方規模ないし州規模の自治を要求する傾向があった。つまり西部人は政府のイメージを、富者・強者のための特権の分配者としてではなく、一種の公共サービスのための機関として思い描いた。北西条例 (Northwest Ordinances) の下で、土地は教育費支出にそなえて将来のために取っておかれた。参政権は定住が進んでいる地域よりも広範になる傾向があった。財産は選挙の条件になったが、簡単に獲得できたのである。

　西部は新しい国家の発展に確実に影響を及ぼした。フロンティアの影響の重要性は、フロンティアが、アメリカ人特有の国民性を生み出す政治的・社

会的実験室であったことを、1893 年にフレデリック・ジャクソン・ターナー (Frederick Jackson Turner) 教授が指摘して以来、様々に論じられてきている（その国民性は、独立とデモクラシー、逆境に負けない力と自助、そして強烈なコミュニティー意識をこよなく愛するという特徴を含んでいる）。[8] 今日大半の歴史家は、ターナーの命題を拒否し、例えば、ターナーが、女性、先住アメリカ人、非白人一般を含めた、西部の多くの人びととの存在を無視していることを指摘する。現代の歴史家の注目は、西部の異なる民族の間に起こった対立、文化的な相互作用や交流に、焦点が集まるようになっている。さらに生態学的歴史家は、西部の物理的環境（とくにその乾燥状態）に注目し、その環境が人間および人間以外の生物をどのように形成したか、その環境がそれらの生物によってどのように形成されたか、を見ようとするのである。[9]

1812 年の戦争

1812 年の戦争は、いずれの交戦国にとっても価値あるものではほとんどなかった。われわれは、デトロイトでの、戦力の劣るイギリス・先住アメリカ人軍に対するウィリアム・ハル (William Hull) 将軍のみじめな降伏や首都ワシントンの焼き打ちといったことを思い出したくない。また、エリー湖での海軍準将オリバー・ハザード・ペリー (Oliver Hazard Perry) の無駄になった勝利、[10] 世界最大の海軍力を誇るイギリスに対する勇敢だが不毛に終った米海軍軍艦や私掠船の海戦、ゲント和平条約調印の 2 週間後のニューオリンズでのアンドルー・ジャクソン (Andrew Jackson) 将軍の勝利、といった英雄的なエピソードもあった。[11]

初期の見解は、1812 年の戦争を支持するよう世論に与えた影響の点で、西部の新聞を高く評価してきたが、投票の分析は、同戦争に賛成の投票は、セクションの影響よりも党派的なそれを反映したものであることを示している。[12] 大半の現代の歴史家は、イギリスの政策が、新しい国アメリカに精神的であると同時に物質的な課題を突きつけたことを認めている。[13]

連邦政府報道：ナショナル・インテリジェンサー

この時代のプレスの最も重要な発展は、連邦政府報道であった。一般大衆の利害が関わる集会、つまり議会を報道する権利は、英米的な概念からする

と、自由なプレスの試金石の1つである。新聞記者は、連邦議会創設2日後の1789年4月8日から下院に自由に出入りをすることができた。しばらくの間、上院は記者のみならず下院議員をも論戦から排除し、下院より秘密主義であった。しかし1795年12月9日までに上院は記者席を完備した。首都がニューヨークからフィラデルフィアに移された時、記者席は演壇からあまりにも離れていたので、記者は議論を明瞭に聞き取れなかった。1802年1月2日（その時までにはワシントンにあった）上院は議場への記者の出入りを認める票決をした。いくつかの取り決めを巡って記者と下院の間で若干の悶着があった。フィラデルフィアでは記者は「窓の下枠の4席」が割り当てられ、ワシントンでは熱心な討論の後、記者は論戦報道の権利を獲得した。[14]

最も印象的な政治報道の1つは、この時代の傑出した新聞であるナショナル・インテリジェンサーによって提供された。同紙の創刊者はサミュエル・ハリソン・スミス (Samuel Harrison Smith) であった。フィラデルフィアでの将来性豊かな出版事業をやめて新首都ワシントンで新聞を創刊するというジェファソンの誘いを受けた時、28歳だった。ジェファソンは、学究的なフィラデルフィア米哲学会（フランクリンが創立）の会長であり、スミスは同学会の幹事であった。ジェファソンはこの若者にいたく感心した。ナショナル・インテリジェンサーはまもなく同政権の準公式の機関紙となったが、非常に客観的な議会報道によってワシントン以外の地域にあるすべての党派の新聞に役立った。

スミスは1810年同紙から退いたが、彼の仕事は、後を継いだ共同経営者ジョゼフ・ゲイルズ・ジュニア (Joseph Gales, Jr.) とウィリアム・シートン (William Seaton) によって立派に果された。1人が下院の議事を報道する一方で、もう1人は上院を取材した。2人は当時完成された速記術の専門家であり、論戦の完全で正確な報道を提供することができた。ゲイルズとシートンは発行を継承した時、同紙を日刊にした（1800年の創刊以来週3刊）。

連邦議会の法律や議事録の御用印刷制度は、ナショナル・インテリジェンサーや首都の競争紙の発展にとって非常に重要であった。この制度の下、下院・上院その他の諸官庁は、自らの御用印刷人を選任した。ジョン・フェノは1800年以前にフェデラリストからの上院御用契約を保持し、ナショナル・インテリジェンサーは1801年から1805年まで下院御用印刷契約を保持した。議会の論戦を取材し、諸新聞にすぐに利用できる記事を提供する働き者の記者に、連邦議会がその印刷業務を与える決定をするまで、印刷屋は有利な条件で仕事を手に入れた。ゲイルズとシートンは1819年から1826年まで上院御

用契約を保持し、下院は1819年から1829年まで彼らに契約を与えた。政治の風向きが民主党に傾くと、ダフ・グリーン (Duff Green) のユナイテッド・ステーツ・テレグラフは議会の投票で契約を獲得し、後にフランシス・P・ブレア (Francis P. Blair) のワシントン・グローブと契約を共有した。連邦議会は1846年新聞の御用制度をやめ、1860年に政府印刷局 (Government Printing Office) を設立した。26年間の御用制度の間、ナショナル・インテリジェンサーは諸契約によって100万ドル、同様にワシントン・グローブは50万ドル、ユナイテッド・ステイツ・テレグラフは約40万ドルを得た。この制度は少なくとも首都の高級紙2紙、時には3紙に財政的支援を与えたのである。[15]

ゲイルズとシートンはさらに議会年報 (*Annals of Congress*、1789～1824年) および米政府文書 (*American State Papers*) シリーズの印刷で65万ドルを得た。彼らは1824年レジスター・オブ・ディベーツを始め、それは1834年にはコングレショナル・グローブに取って代わられ、さらに同紙は1873年公式の『連邦議会議事録』(*Congressional Record*) にその地位を譲った。ナショナル・インテリジェンサーはホイッグ党の機関紙となっており、1840年ホイッグがウィリアム・ヘンリー・ハリソンを選出し、1850年フィルモアが大統領になった時、一時的に政権のための機関紙となった。ゲイルズとシートンの親友であるダニエル・ウェブスター (Daniel Webster) は両政権の国務長官であった。ホイッグ党の崩壊および1860年のゲイルズの死によって、かつて偉大であったナショナル・インテリジェンサーも地盤沈下をきたしたが、南北戦争終結まで生き残った。

雑誌の台頭

しかしナショナル・インテリジェンサーは「好感情の時代」の新聞の典型ではなかった。[16] この時代には、歴史的に重要な新聞は他にほとんどなかった。他方この時代には雑誌の分野に興味深い発展があった。雑誌創刊の努力は1741年以来時おりなされてきた。1741年、ベンジャミン・フランクリンはアンドルー・ブラッドフォードによって雑誌出版計画を妨害された。すなわちブラッドフォードはフランクリンの雑誌の創刊の3日前にアメリカ最初の雑誌を発行したのである。

独立革命時代に5つの雑誌が創刊された。その時までに雑誌がいつかは自立できるある種の徴候が多少あった。それを示すのはロバート・エイトキン

(Robert Aitken) によってフィラデルフィアで創刊されたペンシルベニア・マガジンであり、エイトキンはアメリカ市民にトム・ペインの最初の論文を提供した。この雑誌は編集も優れ、興味深い政治情報、良質の文学寄稿、重要な問題の議論を満載していた。結局同誌は失敗に終わったが、雑誌の可能性を示すものだった。

　政党新聞時代に始められた興味深い発行物は、コネチカット川のニューハンプシャー側のウォルポールで発行されたファーマーズ・ウィークリー・ミュージアムであった。同誌は、持ち分を保持したアイザイア・トマスによって創刊され、同じ持ち分所有者のジョゼフ・デニーのもとで最大の名声を博することになった。デニーは後に、第1次ジェファソン政権の間、ポート・フォリオに掲載されたデモクラシー攻撃で問題を起こすことになった。彼は機知に富み、批判的で、読みやすい文章を書いたので、彼の新聞はアメリカ中で人気があった。同紙は実際ニュース雑誌の先駆者であった。

　18世紀末に利用可能であった他の雑誌は、現代の歴史家にとって価値ある情報源である。1786年創刊のコロンビアン・マガジンは、手の込んだ挿絵（銅版）が掲載され、ビジュアルな雑誌の方向性を示すものだった。アメリカの雑誌史の権威フランク・ルーサー・モット (Frank Luther Mott) によれば、1年後の創刊のマシュー・キャリー (Mathew Carey) のアメリカン・ミュージアムは当時の最良の編集の定期刊行物だという。同誌はこの時代の研究者にとって政治史、社会史、経済史に関する情報の宝庫になっている。100頁を越える号もあった。

ナイルズのウィークリー・レジスター

　1830年代までのそれぞれの時代に、数100の季刊、月刊、週刊の雑誌が印刷されたというのがモットの推定である。その多くはずっと以前に忘却の彼方に追いやられてしまった。しかしとくに注目に値する雑誌はナイルズ・ウィークリー・レジスターであった。常識と誠実さと時代の風潮を簡潔に報道するセンスを持つ印刷屋ヘジカイア・ナイルズ (Hezekiah) によって編集され、同誌はこの時代の歴史家にとって周知の雑誌である。同誌はボルチモアで発行されたが、アメリカのほとんどの州で読まれた。レジスターは現代のニュース雑誌の19世紀初期版といってよい。1811年に始められた彼の雑誌は、はじめ最小限の意見しか掲載していなかった。題材の大半は、時事的な問題に関するアメ

リカ中の政治家の演説、重要な文書、声明などの週単位の総括であった。ナイルズは客観的なジャーナリストであった。彼は保守的な見解を持っていたが、事件の評価については誠実であった。こうして論争の双方の立場が紙面に掲載され、後の研究者にとって大変ありがたいことに、題材にはすぐ検索できる索引が付けられていた。同誌のファイルは歴史家にとって非常に重要であり、19世紀前半（1849年まで）の権威ある記録を必要とする世界中の図書館のため、全刊が1号ごとにリプリントされた。

印刷物の拡大

　ナイルズの企業が成功したことは、増大する政治参加によって拍車がかかった政治的関心の広がりの証拠であった。アメリカの新たに誕生した州はすべてバーモント州の例に従い、白人男性全員に参政権を与えた。必ずしも平和のうちにではなかったが、1810年以後、東部の諸州は次々と選挙資格制限をはずしていった。コモン・マンの参政権獲得は、多くの変化をもたらしたが、1820年代にあっていわゆるコモン・マンは自分が獲得した新しい力を十分認識していなかった。

　実際プレスは、社会の情報、熱意、煽動そして学校ではしばしばその需要を満たすことができない社会教育を供給することで、ますます頼りにされるようになった。新聞、書籍や雑誌はこの時期非常に急速に成長したので、印刷機はこうした題材の需要に対応することができなかった。1810年には375の印刷所があった。1825年までにその数は3倍になった。1820年から1830年の間に、書籍出版だけで10%の成長を示し、なお需要に応じられなかった。というのもアメリカ人は、ヨーロッパの出版社から彼らの読む書籍の70%を買い続けていたのである。こうした旧世界への文学的依存にもかかわらず、アメリカはジャーナリズム企業家にあらゆる奨励を与えていた。重要なことは、1820年までに書籍や雑誌や新聞を含めて5万タイトル以上がアメリカのものとしてリストに掲載されたことだ。こうした出版物の売り上げは、総利益が約250万ドルであった1820年から10年間に、100万ドル以上増加した。[17]

　確かに、こうしたアメリカの出版物の多くは、極端に薄っぺらで地方的であった。雑誌で最も読みやすいものの1つポート・フォリオでさえ、購読者はめったに2,000を越えなかった。権威あるノース・アメリカン・レビューでも普通は約3,000の部数であった。最大規模のニューヨークの新聞は、1号当

たり 4,000 部に及んでいたが、1,500 から 2,500 部はごく当り前の数字であった。発行部数が目覚ましかったのは宗教の分野だけであった。メソジストのクリスチャン・ジャーナル・アンド・アドボケートは、例えば 1826 年自称で約 25,000 人の読者を抱えていた。しかし部数は少なかったが、大衆的な出版物はますます多くの市民のもとに届くようになり、その数も年々増加していった。

　不幸なことに大半の普通の市民は、こうした出版物に前金で 1 年当たり 5 ドルから 10 ドルを支払う余裕がなかった。当時の一般的な賃金水準では、大方の労働者は週給たった 8 ドルほどで、事実上そうした賃金レベルではすべての雑誌やたいていの新聞には手が届かなかった。たとえそうであっても、世界における新聞普及率ではアメリカは最高であり、十分な部数が多くの一般庶民に届いた。1826 年アメリカの新聞の発行部数はイギリスのそれを年間で 300 万以上上回っていた。1810 年アメリカには新聞が 376 紙あった。1828 年ジャクソン大統領選出の年には、900 近くの新聞（大半は週刊）があった。にもかかわらず、アメリカが必要としたのは、人びと（最初は中産階級、ついで労働者）の中に深く入っていく新聞であった。

　多くのコミュニティでは、新聞は大半の市民の利用できる唯一の文学であった。新聞は、他の文化的制度が発達するまで、主たる教育手段としての機能を果たした。実際アメリカは、この真空を満たし始めていた。文学の分野では、アメリカはワシントン・アービング (Washington Irving)、ジェイムズ・フェニモア・クーパー (James Fenimore Cooper)、ウィリアム・カレン・ブライアント (William Cullen Bryant)、マーガレット・フラー (Margaret Fuller)、ナサニエル・ホーソン (Nathaniel Hawthorne) やラルフ・ワルド・エマーソン (Ralph Waldo Emerson) を世に出し、彼らは皆間もなくヨーロッパでさえ認められるようになったのである。

ジョン・マーシャルの判決

　より啓蒙的な時代への潮流は、1820 年代末までに顕著になった。その時までに、アメリカには 49 のカレッジがあった。寄付基金にもとづく学校の増加は、1819 年のダートマス・カレッジ (Dartmouth College) 事件の最高裁判決以後目覚ましかった。それまで、こうした教育制度は、州による統制に向かう傾向があった。それゆえ大学を支援しようとする慈善家の無関心も理解できるものであった。ダートマス・カレッジ事件において、法廷は州が民間の制度を

ナショナル・インテリジェンサー（1823年）とアーガス・オブ・ウェスタン・アメリカ（1836年）に掲載された広告。

州立大学にするために、定款を変える権限をまったく持たないと判示した。寄付基金による法人の教育の潜在的後援者たちは、州統制に脅かされる教育施設への寄付をためらってきたのだった。

　ダートマス・カレッジ事件の決定は、ジョン・マーシャル (John Marshall) 長官が、政治哲学の確立において最高裁を導いた一連の判決の 1 つであった。2 つの有名な判決、マカロック対メリーランド事件 (*McCulloch* v. *Maryland*, 1819) とギボンズ対オグデン事件 (*Gibbons* v. *Ogden*, 1824) は、州政府よりも合衆国政府の優位を主張した。他の判決は財産所有者の権利の制限に関して州に限界を設定した。こうした決定は、私的統制の優位に関する一般的態度を示すものであった。当時は無制約の企業の全盛時代だった。こうした主題に関する態度はまた、『憲法釈義』(*Commentaries on the Constitution*) の著者であるマサチューセッツ出身の判事ジョゼフ・ストーリー (Joseph Story) や『米法釈義』(*Commentaries on American Law*) を書いたニューヨーク出身の判事ジェイムズ（チャンセラー）ケント (James<Chancellor>Kent) の哲学にも反映されている。強い影響力を持つ 2 人の傑出した法律家は、ますます商業国家として成長するアメリカのニーズに適合するように法律を解釈したのである。彼らは個々の事業家を制限する政府規制の拡大にまったく共感を持っていなかったが、商業利益の救済が有益な時には喜んで政府にそうした手助けをした。

　このことはミズーリ選出の上院議員トマス・ハート・ベントン (Thomas Hart Benton) が心中ひそかに考えていたことだった。すなわちベントン議員は、20 年代末に、ビジネスと金融の象徴たる「東部」は、東部事業家への安価な労働力の供給を維持するために、西部の公有地払下法 (homestead laws) の要求が妨害されるよう画策していると主張したのである。この時期有効であったこうした哲学のもう 1 つの例は、1828 年の関税法（嫌悪関税＝ tariff of abomination）の可決であり、それは他の利益を犠牲にしてビジネス企業家を保護したのである。

1820 年代の合衆国

　しかしこの右への旋回は、社会的・政治的緊張をもたらした。実業家が連邦政府の統制においてより支配的な地位を占めるにつれて、また彼らが自分の利益のために影響力を行使し始めるにつれて、平等へ向かう反動が生まれてきた。労働組合や労働者新聞がこの頃誕生したことは重要である。とくに農業地

域での「嫌悪関税」への苦悶の叫び声は、南北戦争の鬨（とき）の声の序曲であった。そしてさらに奇妙なことに、この時期にアメリカの運命を形成していた勢力にアメリカの作家はほとんど言及しなかった。われわれは、彼らより19世紀の最初の30年間にアメリカを訪れた外国の観察者の報告から多くのことを知ることができる。

　バジル・ホール (Basil Hall) やフランシス・トロロープ夫人 (Mrs. Frances Trollope) のような多くの外国人訪問者は、アメリカの文化や物質主義への軽蔑の念を深めた。理解しようとする気持ちのある熟練ジャーナリスト、ハリエット・マーティノー (Harriet Martineau) のような観察者は、アメリカの虚飾を見抜いた。そうした記者の中には、一般的には厳しかったが、相当正確な観察をしたチャールズ・ディケンズ (Charles Dickens) のような記者もいた。[18] 彼らは、たいていアメリカの地方主義に仰天し、アメリカ人が荒野から国土の開拓に没頭していることに無関心だった。この天然資源の開発への完全な没頭によって、結果的に外国の観察者には不快な、強烈なナショナリズムが生まれた。初期の観察者は、その観察を最も洗練された東部に限定したが、1820年代から1830年代の観察者は、西部地域に関心を持った。彼らは、すぐに政府の統制に乗り出そうとするタイプのアメリカ人の自賛、傲慢な態度や粗野な無知にうんざりした。観察者の大半は、アメリカの人民支配の概念に対する大いなる軽蔑をもって母国に帰った。そうではなかった観察者がフランス人、ド・トックビルであった。彼の観察記である『アメリカのデモクラシー』(Democracy in America) は、1831年から32年の観察を反映している。1980年、ジャーナリストのリチャード・リーブス (Richard Reeves) は、トックビルの旅を再びたどり、はるか以前にアメリカを魅力的たらしめたのと同様の基本的価値を発見した。もう1人の初期のアメリカ称賛者は、1831年の訪問の後『北米旅行』(Journey in North America) をまとめたハンガリーの知識人シャンドル・ファルカス (Sandor Farkas) であった。ヨーロッパでは政府が人民のために行動しかつ考える。ところがアメリカでファルカスは、人間の結びつきに注目した。

　　　ヨーロッパでは、アメリカが非常に急速に啓蒙の国民的レベルを上げたことをある種の魔法のような解決策と考えている。アメリカで機能している魔法は、新聞の印刷である。例えば、駅馬車は定期的に新聞を運び、新聞の荒野での配達は私を喜ばせ、驚かせた。文明からいかに遠く離れていようと、また植民者がいかに貧しかろうと、彼らは新聞を読むのである。駅馬車は荒野の開拓地に近づいてくると、角笛を鳴らし、ついで御者は座席の下に手を延ばし、道端に新聞を放り投げる。その

シーンは一日中繰り返される。つまり道端の開拓地（時には寂しい丸太小屋しかない）に新聞を放り投げる。[19]

アメリカの産業革命の結果はもっと後にならないと十分明白にならなかったが、その傾向はすでに1820年代に始まっていた。1825年のエリー運河の開通は、ニューヨーク州を真に「エンパイア・ステート」にし、その首都を世界最大の商業センターの1つにした。1830年には国民のたった約7％しか都市に住んでいなかったが、工業の影響は、関税や労働者の選挙権の承認のような問題への政治指導者の強迫観念に明らかに示されていた。

全体として、産業革命から生み出されてきた新しい階級は、初めは明確な発言をしなかった。しかし早くも1820年、労働者が政治におけるより強い発言権を要求していたマサチューセッツ州では、人民主義的な反乱の端緒が見られた。1821年にはニューヨークも同じ経験をした。初めは労働者が成功したとは言えなかったロードアイランドでは、圧力が積み重なって現実の暴力へと発展したが（ドアの反乱=Dorr's Rebellion）、その解決は後まで長引いた。問題は財産権対個人の権利であった。当時都市の労働者の呼称であった職工(mechanics)たちは、時には契約賃金の半分以下に価値が下がる信用のない銀行券での支払いに憤激していた。1829年に約7万5千人が負債のため監獄にいたことは重要である。こうした犠牲者の半分以上は、20ドル以下の負債だった。労働条件とくに女性や子どもの条件は、保護立法を主張する社会改革家の長い隊列を生み出した。

コモン・マンは徐々に選挙において自分の力を認識し始めた。1824年、なお州議会を通じて大統領選挙人を選出するのはわずか6州になっており、それはこれまで財産所有集団がしばしば用いる手段であった。1832年までにこの制度を維持するのはサウス・カロライナだけになり、党大会が「King Caucus」（政治リーダーの秘密会議による候補者選出）から権力の一部を奪ったのはこの年であった。

市場の革命

アンドルー・ジャクソンの名前は、1815年から1848年までの時代の形容詞として、しばしば使われてきた。この時代は、また民主的諸改革を引き合いに出して、「コモン・マンの時代」と称されきてた。[20] 確かに、1824年までに

アメリカ政治の再編が進行していた。

　1819 年の金融のパニックは、南部や西部の投機家・債務者に災厄をもたらした。南部や西部では合衆国銀行は、抵当流れを通じて大変な不在地主になってしまった。深刻な影響を被った人びとは、もし救済法や新しい公有地や関税の政策を掌中にし、国立銀行に代表される東部の古い金融利益を攻撃できれば、政治も 1 つの解決策と考えた。しかし、大統領政治は 1824 年においては分断され、党の綱領の差異もぼやけていた。軍の英雄であり西部人であったアンドルー・ジャクソン (Andrew Jackson) は、一般投票でかろうじて先頭に立ち、最多の選挙人を獲得したが、過半数にはいたらなかった。フェデラリストでエリート主義の伝統を代表するジョン・クインシー・アダムズ (John Quincy Adams) は強力な 2 位だった。ヘンリー・クレイ (Henry Clay) は下院での投票でアダムズ支持票を投じた。そしてアダムズがクレイを国務長官に指名した時、ジャクソンはそれに「取引」(deal) のレッテルを張り、1828 年を目指して民主党としてのキャンペーンを始めた。

　ジャクソンは、南部と西部ではそれぞれの地盤の代表のように思えた。つまり彼は先住アメリカ人を「巧みに操る」戦闘的なナショナリスト、古き東部の金融勢力の当然の敵、平等主義のチャンピオン、さらにとくに公職への平等なアクセスの象徴であった。リチャード・ホフスタッター (Richard Hofstadter) の言うように、「ジャクソンが大衆委任を得たといわれるかぎりにおいて、その委任は大衆がアダムズに対して考えたのとは当然異なり、大衆の未定型の願望や熱望に表現を与えることになった」[21] のである。政治革命におけるすべての勝利者と同様に、ジャクソンは彼を支持した若干の集団を失望させることになった。東部にあって、ジャクソンの民主党に対して増大する支持者には、多くの労働者や移民が含まれていたが、彼らより政治の民主化のもっと直接的な受益者たる熟練工や大小の商人も含んでいた。輸送や交通あるいは製造業の変化する傾向はまたビジネスの民主化を創り出した。すなわち新しい企業家や資本家は、時として古き金融勢力やフェデラリズムとアダムズに象徴される政治権力から疎外されてきた。不運なアダムズは知的な俗物、貴族主義者、旧秩序の擁護者というイメージを持たれてしまった。そのイメージのため、ジャクソンは西部・東部両方の票をかせいだのである。

　しかし、ジャクソンは初めは明らかに西部と南部の候補者であった。ジャクソンの民主党が一時的に東部に食い込むのは後のことに過ぎなかった。1828 年、ジャクソンは一般投票の 56% を獲得し、選挙人団では 178 対 83 でアダ

ムズを破った。しかしジャクソンは、東部ではペンシルベニアとニューヨークで勝っただけで、他方アダムズは南部と西部ではメリーランドとデラウエアで勝っただけだった。1832 年にはジャクソンは南部のそれにメイン、ニューハンプシャー、そしてニュージャージーを加える一方で、弱体のホイッグ党候補ヘンリー・クレイに対して 54％の一般投票を保持した。他方クレイは、西部の地元ケッタッキー州をとっただけであった。ジャクソンの抜け目ない政治マネージャーであった東部出身のマーティン・バン・ビューレン (Martin Van Buren) は、3 人のホイッグの対立候補に対して、1836 年民主党の候補として、マサチューセッツとニュージャージーを除きすべての州で勝った。しかし 1840 年ホイッグが鬱病に苦しむバン・ビューレンに対して、西部の軍人の英雄たるウィリアム・ヘンリー・ハリソンのもとに結集した時、ジャクソンの政党連合は崩壊した。

　ジャクソンのリーダーシップに対し、西部で貢献したエイモス・ケンドル (Amos Kendall) は事態について別の見方を持っていた。ケンドルは、農民、労働者、熟練工の「生産する」階級と、資本家と地主の「非生産の」階級の間の闘争と考えた。この非生産階級は数の上では劣っていたが、銀行や教育、大半の教会や新聞の統制を通じてなお支配的であった。こうしてケンドルは「すべての富を生産している人が貧しいままに放置されている」[22] ことを指摘した。

　その間、財産の尊厳は、フィラデルフィアで発行される過激なホイッグのアメリカン・クオータリー・レビューできわめて明快に説明された。同誌は 1830 年代が終わった直後、以下のように報じた。「社会の最も低い階級は通常最も貧困な階級を意味する——そして最も高い階級は最も富める階級である。官能の過剰、知識の欠如、道徳的堕落は前者の本質的特徴である——知識、知的優越、洗練され社会的で家庭的な愛情は後者の特徴である」。この時代についてピュリツァー賞を獲得した歴史家アーサー・シュレジンガー・ジュニア (Arthur Schlesinger, Jr.) が指摘しているように、「［ホイッグの考え方では］財産は人格とほぼ同義となった」のである。強力な第 2 次合衆国銀行の総裁として、ジャクソン派によって試みられた抑制の努力に対してかなり強力に抵抗する階級の指導者を自らに任じたニコラス・ビドル (Nicholas Biddle) は、野党民主党を「評価すべき財産をまったく持たず、失うべき人格をまったく持たない連中から形成された」[23] 政党と、独善的に評した。

　1832 年の夏、ジャクソンが合衆国銀行に再免許を与える法案に拒否権を発動した時、尊大なビドルはまったく仰天した。ボストン・ポストのチャール

ズ・ゴードン・グリーン (Charles Gordon Greene) は、ジャクソンの拒否権発動について「驚いた (Biddled)、騙された、破滅した」と書いた。ジャクソンは拒否権の演説の中で、政府の不公平から保護を求めている農民、職工そして労働者に敬意を払ったが、階級の高低や貧富にかかわらず双方に平等の保護を政府は与えるべきとも述べた。それは新しい企業家の同意できる話であった。ジャクソンと彼の党にとって不運なことに、ビドルの合衆国銀行の解体は、貧弱な財政政策、信用のない銀行そしてインフレに門戸を開くことになった。1837年までに富者も貧者も大規模な「恐慌」の犠牲になった。「頑固おやじ」(Old Hickory＝ジャクソンのあだ名) よりむしろバン・ビューレンがその責任を引き受けた。しかし、すべての人びとが言うように、政治改革、拡大する経済的機会、学校の改善、成長する文学、そして大衆的な新聞の「時代」にジャクソンの名前が冠せられる価値があるのであろうか。こうした呼称は、ずっと以前から使われてきたが、大半の歴史家は今日、このことを問題にする。ジャクソンによって始められた改革は、真に民主的であったと主張する歴史家がいる。彼らは例えば、コーカス制度から政党大会への転換を指摘する。政党大会によって普通の市民が公職に立候補することがより簡単になったからである。また彼らは、より多くの市民が選挙権を持つことによって、党の指導者は市民の欲求を無視することができなくなったと主張する。しかし、人種とジェンダーが市民権を規定したことを指摘する歴史家もいる。そしてまた、より多くの白人が選挙権を持つようになったにもかかわらず、権力は意義あるような方法で再配分されなかったと彼らは主張するのである。政治指導者は、選挙民より富裕であり、高教育であり続けた。様々な歴史家はまた、ジャクソンの改革は、「コモン・マン」を助ける以上に、ある種の企業家や投機家を助けた、と見るのである。[24] さらに、アンソニー・ウォーレス (Anthony Wallace) のような歴史家は、先住アメリカ人の強制移住移動がジャクソンの多くの改革にとって基本であったことを、われわれに想起させる。ウォーレスが、この時代のめざましい市場の変化と経済の拡大と、ジャクソンの先住アメリカ人対策とを結びつける一方で、シーン・ウィレンツ (Sean Wilentz) は、これらの多くの論争について、卓越した概観を提供する。[25] おそらくこの時代の呼称として最も正確なものは、経済の発展と変化を強調する――市場の革命――であり、それは社会関係に、そしてアメリカの生活の事実上あらゆる側面に、すでに述べたような影響を及ぼしたのである。

最初の労働者の新聞

　産業革命や、新しいタイプの市民の認知の必要性が高まったことの直接的結果は、労働者の新聞の発展であった。1828年から1829年の厳冬の間の不況と上昇する生活費は、すでにその機が熟していた労働者の反乱を惹起した。1827年最初の労働者の新聞、フィラデルフィアのジャーニーマン・メカニックス・アドボケートの出現は、財産所有階級が長い間自らの利益のために戦ってきたように、労働者が自分の利益のために戦わんとする明確な合図であった。最初の労働者の新聞はたった1年しか続かなかった。時代状況はまだ非常に厳しく、労働者は新聞に支援を与えられなかった。しかし同紙は重要な「最初」の新聞だった。というのも1828年の選挙におけるポピュリストの成功とともに、労働者の自己表現の試みは予言的だったからである。ジャクソンの選挙の2か月前、最初の労働者の政党が組織された。同党は労働組合メカニックス・ユニオン・オブ・トレード・アソシエーション (Mechanic's Union of Trade Association) の支援を受けた。同じ年、メカニックス・フリープレスが創刊され、労働者の新聞として初めて成功した。1837年の不況によってつぶれるまで、フリープレスは平均して約1,500の部数を維持した（最多部数のニューヨークの新聞ですらめったに4,000部を越えなかった時代としてはきわめて高い部数）。

　初期の労働者新聞は多くの点で、現代の労働者の機関紙より優れていた。初期の労働者新聞の役割は主として、労働者に対する様々な偏見を打破し、商業紙が無視した情報を労働者に供給し、労働者に活力を与える、といったことにあった。フリープレスは、典型的な現代の労働者新聞に見出されるよりも、現実には政治宣伝や偏向した報道がずっと少なかった。同紙は関連立法について思慮深い報道を提供し、報道は簡潔であり、当時としては事実中心で、記事もよく書けていた。

　こうした情宣活動によって、全米規模の最初の労働者の結社ナショナル・トレード・ユニオン (National Trades Union) が1834年に創立された。労働者の組織化運動を強力に支援したのは、イギリス人の印刷屋ジョージ・H・エバンズ (George H. Evans) によって1829年ニューヨークで創刊されたワーキングマンズ・アドボケートであった。労働者の運動（その他の社会問題とともに）を支持するもう1つの重要な出版物は、魅力的で才能豊かなフランセス"ファニー"ライト (Frances "Fanny" Wright) 編集のニューヨークのフリー・エ

ンクワイアラーであった。1818年スコットランドからやってきたファニー・ライトは、ロバート・デイル・オーウェン (Robert Dale Owen) によって行なわれたニュー・ハーモニーのユートピア実験の有力支援者になった。彼女は1829年以降フリー・エンクワイアラーとしてニューヨークで発行されるニュー・ハーモニー・ガゼットの発行に助力した。ファニー・ライトの賛美者の中にデモクラシーの大いなる信奉者である若き大工がいて、彼の詩集『草の葉』(Leaves of Grass) の詩は、国民を謳い上げることになった。詩人はウォルト・ホイットマン (Walt Whitman) であり、ブルックリン時代はジャーナリストであり印刷屋であった。

　標準的な新聞の大半は、この労働者の運動にほとんど注意を払わなかったが、1、2の新聞は運動を援助した。詩人でありニューヨーク・イーブニング・ポストの編集者であったウィリアム・カレン・ブライアントは、労働者階級の主張を弁護した。ポストの立場は、フェデラリズムの創立者アレグザンダー・ハミルトンによる創刊以来、同紙がいかに方向を変えたかを示すものであった。ブライアントは、同紙の戦闘的なフェデラリスト編集者であるコールマンによって1825年に雇われた。4年後ブライアントは同紙の完全な責任者になり、若干の中断を除き、半世紀の間同紙とともにあった。ブライアントの下で、ポストはそのフェデラリズムの伝統の多くを放棄した。同紙は多くの問題についてジャクソンの民主党の側に立った。こうしてポストは、仕立て職人組合 (Society of Journeyman Tailors) の「犯罪的陰謀 (criminal conspiracy) ＝ストライキのこと」に対して下された不当と考えられる評決を非難して、次のように述べた。

　　　彼らは提示された賃金のために働くまいと決心したがために、批判を受けた……これがもし奴隷制でないとすれば、我々は奴隷制の定義を忘れている。自由人の特権から労働力を売るために結社を作る権利を剥奪せよ、そうすればすぐに自由人を縛って主人になることができる[26]

　ポストの共同所有者の1人で、1834年ブライアントが海外に出かけた後の臨時編集者を務めたウィリアム・レゲット (William Leggett) はブライアントよりもずっと労働者びいきであった。彼は実際のところ非常に率直だったので、彼より節度のあるブライアントは、時おりレゲットを冷静にさせねばならなかった。後に見るように、労働者の主張を取り上げたもう1人の有名な編集者はホラス・グリーリー (Horace Greeley) であった。この時代労働者のため

に戦う雑誌がいくつかあった。ひとつは気性の激しいジョン・L・オサリバン (John L. O'Sullivan) によって編集されたデモクラティック・レビューであった。しかし恵まれない人びとに対する、こうした新聞による紙上の擁護にもかかわらず、新聞は一般的に労働運動に関してあいまいな態度をとった。

ケンドルとブレア：ワシントン・グローブ

　ホイッグ党にとって労働者の運動と同様に嫌悪の的であったのは、大統領の「キッチン・キャビネット」(私設顧問団) であった。この内部サークル中で、最も影響力を持つメンバーは何人かのジャーナリストであった。ワシントンの政党紙の編集長ダフ・グリーンは、カルフーン (Calhoun) を支持してジャクソンの支持を失うまで、仲間の1人であった。障害を持つ反抗的でかつ毒舌家のニューハンプシャーの編集者アイザック・ヒル (Isaac Hill) はもう1人の大統領の友人だった。しかし、同党の背後にいる2人の重要な実力者はケンドルとフランシス・プレストン・ブレア (Francis Preston Blair) であった。

　ケンドルはその集団の最重要人物だった。ニューイングランドの農場で育てられた彼は、こうした荒っぽい仕事をするにはあまりにも虚弱であった。彼は学問への情熱を持ち、家族は彼の性向を認めた。ダートマス・カレッジを卒業した後、経験不十分の弁護士でも十分な成功の機会があるフロンティアを目指し、ケンタッキーで弁護士を開業した。

　法律家として彼はすぐにエネルギーを政治に注いだ。彼は地域の政治リーダーの秘蔵っ子になった。彼は、学問のあるニューイングランド人ケンドルに民主党の機関紙の編集の仕事を引き受けるよう主張した。その新聞はフランクフォートで発行されるアーガス・オブ・ウェスタン・アメリカであった。ケンドルは同紙を地域全体の党代表紙にした。彼は有能かつ誠実、また表現力豊かなジャーナリストであり、党のスポークスマンとしての彼の名声は、結局同党の最高司令官たるジャクソン将軍の注目するところとなった。恐らく肉体的欠陥が共通の絆を与えたのだろう。大統領は年老い、多くの苦痛の種を抱えていた。ケンドルは心気症の気味があったが、常に虚弱で、そうした彼の態度が認められたのであろう。ともかく、2人の間には強い絆があった。ジャクソンは洗練された文章家ではなく、ケンドルに自分の重要な声明を編集してもらうのを喜びとした。ケンドルは再三病弱の武人ジャクソンの指示を書き留めた。ジャクソンは、愛する妻レイチェルの肖像画の下の色褪せたソファに横たわり、一方

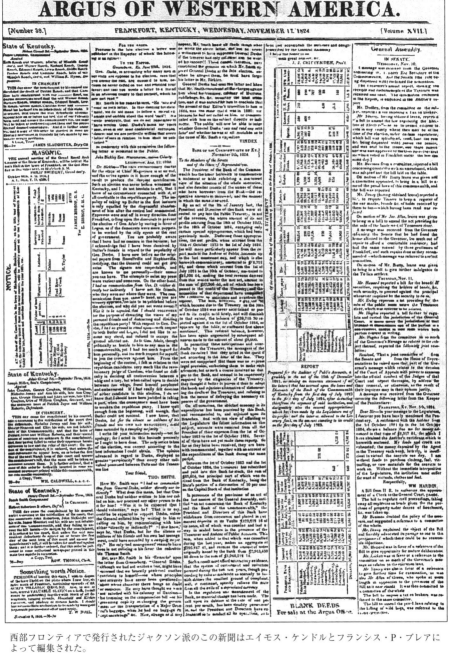

西部フロンティアで発行されたジャクソン派のこの新聞はエイモス・ケンドルとフランシス・P・ブレアによって編集された。

ケンドルは巧みに主人のラフな考えを解釈し、それを人前に出せる格好に仕立て上げた。

　ジャクソンが最初にホワイトハウス入りを果たした時、同政権のワシントンの機関紙は、1826年創刊のユナイテッド・ステイツ・テレグラフであった。[27]
　ダフ・グリーンが同紙編集長であった。彼はジャクソン選出に懸命に働いたが、彼の他の英雄はジャクソンの党でのライバル、ジョン・C・カルフーン (John C.) であった。忠誠の分裂のため彼はジャクソンの支持を失った。ジャクソン派は、グリーンの後任にフランシス・ブレアを当てる決心をした。ブレアはケンドルがワシントン入りした後にアーガスの編集の仕事を引き継いでいた。

　ブレアの新聞ワシントン・グローブは、1830年末に創刊された。その時までにジャクソンとブレアは最も良好な関係となった。大統領がジャーナリスティックな技巧を要する、とくに説得力のある声明にしたいと思う時、彼は「ブレアに任せろ」というのが常だった。彼のペンから、膝の上に載せた紙切れから、民主党をさらにもっと緊密に結合させるのに役立つ戦闘的な論説が生まれた。

　しかしケンドルは、彼らすべての中で最も重要であった。ジャクソンのライバルの1人が述べているように、ケンドルは「……大統領の思考 (thinking) 機械、文章を書く (writing) 機械——しかり、彼のうそつき (lying) 機械であった……彼は主任監督官、主任記者、筆記者、主計官であり、あらゆる仕事のできる男であった——彼の悪魔の才の手助けなくして何事も十分にはなし得なかった」。[28] また元大統領アダムズは、かつてバン・ビューレンとジャクソンについて、誇張ではなく「2人は……12年間、彼らのドミニオンの支配者エイモス・ケンドルの手先であった」と述べた。ケンドルは1835年郵政長官になった。

人民のプレスのための発明

　産業革命は結果的にそれほど高価ではない製品を生み出したが、またあまり高価でない新聞の生産を可能にした。新聞発行人は、今やより多くの頁数の新聞を発行し、以前に利用できるよりも優れたスタイルで、財やサービスのためのより多くの広告スペースを提供することができた。魅力的な製品ができさえすれば、新聞発行者を誘惑する、巨大な未開拓の大衆が存在していた。そして1833年までに技術的発展がこれを可能にするところまで到達していた。

西部への拡大　141

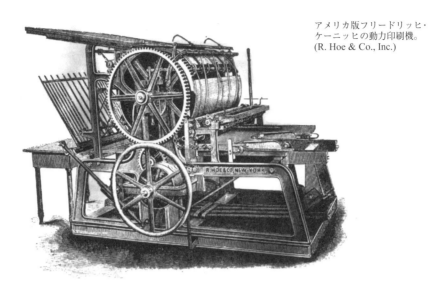

アメリカ版フリードリッヒ・ケーニッヒの動力印刷機。(R. Hoe & Co., Inc.)

　1822年、印刷機メーカーであるR. ホー社と関係を持つピーター・スミス (Peter Smith) は、当時まで利用されていたものより、ずっと早いレバー操作の手動印刷機を発明した。5年後、ニューヨークのサミュエル・ラスト (Samuel Rust) は、今なお小さな印刷所に多少見られるワシントン手動印刷機を製作した。この印刷機は、多くの自動装置を備えていた。すなわち、スプリングによって上下動するプラテン、迅速な刷りのための巧妙なトグルの装置、素早く動く版盤そして後には自動インク・ローラーが備えられた。

　次の段階は、動力を印刷機に利用することであった。これは蒸気の時代とともに実現し、発明家は直ちにその問題に取り組んだ。ボストンのダニエル・トレッドウェル (Daniel Treadwell) は、1822年に部分的な成功を収めた。蒸気の書籍印刷機は、1830年ボストンのアイザック・アダムズ (Isaac Adams) によって開発され、長年一般的であったが、迅速な動力印刷のための工程を完全なものにしたのは1人のヨーロッパ人であった。彼はサクソニー出身のフリードリッヒ・ケーニッヒ (Friedrich Keonig) であり、彼は遅れに遅れた後、1811年ロンドンで最初の印刷機を製作した。ケーニッヒの印刷機は各刷りの後に活字を前後に動かす可動版盤を備えていた。紙はシリンダーのトップに給紙された。3年後ケーニッヒは、紙の両面に印刷する2シリンダー印刷機（いわゆるperfecting press）を発明した。1814年末ロンドンのタイムズはこの印刷機を初めて新聞製作のために利用した。同紙は1時間に1,100刷の信じられない効

率で新聞を印刷する能力を持ち、すべての競争紙をしのぐことができると誇らしげに宣言した。

　1830年イギリスのデイビッド・ネイピア (David Napier) は、ケーニッヒの印刷機をさらに改良し、印刷スピードを3倍にした。後に新聞工場の代名詞になるアメリカのR.ホー会社は、アメリカの印刷屋のための新製品の試作品としてネイピアの印刷機を選んだ。新しいホー社の印刷機は、実際ネイピアのそれ以上に大きく改良されており、1時間に4000刷の両面刷りを生産することができた。こうした技術的進歩は、大衆が買える高価でない新聞の製作に不可欠であった。

　1833年までに、こうした冒険的事業を始めるためのすべての材料が利用可能になった。1部6セントの平均的な商業日刊紙に対して、1セントで売れる新聞の印刷は可能であった。労働者にとって6セントはベーコンでは4分の1ポンドあるいは地元のウイスキーの1パイント相当の値段であった。イギリスではヘンリー・ヘザリントン (Henry Hetherington) が大衆のための2つの定期刊行物を発行していた。彼は、設定した価格のためではなく、いわゆる「知識課税 (taxes on knowledge)」を出し抜こうとして捕まったがため、失敗してしまった。ところで、知識課税は意図通り、イギリスの新聞の価格をコモン・マンの手の届かないものにし続けた。ボウ街の警察担当記者のジョン・ワイト (John Wight) もまた、1820年までに大衆のための印刷機を成功に導くニュースのタイプを示した。

　1829年メーン州のポートランドでシーバ・スミス (Seba Smith) は日刊紙を創刊した。同紙は標準的新聞より小型で価格は通常の日刊紙の半額であった。同紙は前金払いで年額4ドルだった。1年後ボストンの旧家出身のリンド・M・ウォルター (Lynde M. Walter) が既存紙を買収し、同じく年額4ドルの、日刊紙トランスクリプトに変えた。スパイスの効いた記事を掲載したので、おそらく同紙よりも人気が高かった新聞は、1831年にチャールズ・G・グリーン (Charles G. Green) が創刊した、年額4ドルの日刊紙ボストン・モーニング・ポストであった。2年後同じ価格で提供されるボストン・マーカンティル・ジャーナルをジョン・S・スリーパー (John S. Sleeper) 大尉が創刊した。新聞はみな成功したが、普通の労働者には手が届かない予約購読で販売された。

　フィラデルフィアでは、クリストファー・コロンブス・コンウェル博士 (Dr. Christopher Columbus Conwell) が、1830年ペニーの新聞ザ・セントを始めた。大衆のための新聞の先駆としては興味深いが、同紙は短期間しか続かず、現在

ではあまり重要視されていない。予約購読はもちろん 1 部単位でも販売される、大衆のための真のペニー新聞を創刊しようとする真剣でほぼ成功したといってよい試みは、1833 年 1 月になされた。それは、ホラス・グリーリーが歯科医シェパード (H. D. Shepard) 博士との共同経営で始めたニューヨーク・モーニング・ポストであった。荒れ狂う雪嵐で同紙創刊の最初の数日、非常に多くの市民が屋内に閉じこもってしまい、結果的に彼らは事業を断念してしまった。

　しかしペニーの新聞の成功の機は熟していた。実際、ペニー新聞を創刊する次の試みは「革命的」という表現がおかしくないほどアメリカ・ジャーナリズムに重要な変革をもたらしたのである。

ニューヨーク・ヘラルドのジェイムズ・ゴードン・ベネット

ニューヨーク・トリビューンのホラス・グリーリー

第6章

大衆のための新聞

　しかし世界は立ち止まることなく動き、神の下でその原動力は、あえて時代に先立たんとする人びとの恐れなき思想と言論である——すなわち、彼らは狂人、夢想家、非現実家、空想家そして奇想、奇行、主義の人として、苦難の生涯を通して冷笑され敬遠される人びとである。彼らは船のマストであり帆であり、その船のバラスト（訳者注：砂袋）の役割を果たしているのが保守主義である。バラストは重要であり——時には不可欠であるが——もし船が前進しそうもないなら、バラストには何の意味もないであろう。

——ホラス・グリーリー

　多くの人びとが、あまりにも長期にわたって既存のコミュニケーション機関から無視された時はいつでも、最終的にはそうした欠落を補うような機関が考案されてきた。この大衆の新聞は、つねに内容が初歩的だとか感情的だとかの理由で、洗練された読者から軽蔑をもって迎えられた。こうした軽蔑はかならずしも正当な評価ではないのである。子供がもっと上級の勉強に進む前に、普通マザー・グースやおとぎ話を読むことから始めるのと同じように、初めてニュース機関が到達した大衆は、批評家がしばしばセンセーショナリズムと呼ぶものを好む傾向がある。そしてそのため感情や情緒に重点がおかれるのだ。このパターンは、最も注目すべき大衆的なジャーナリズムの発展が明白になった時代に見られることになる。1620年、1833年、1890年代および1920年において、この新しいまさに無視されてきた大衆の開拓は、センセーショナリズムの波とともに始まった。

　そうした現象は、本章が扱う1830年代と1840年代にはっきりと示されている。というのも最初に成功したペニー・プレスが、「人民」（コモンピープル）と総称される読者の宝庫の封印を切ったのが1833年であったからだ。こ

の貧しい人びとに提供された最初の新聞は、非常にセンセーショナルになる傾向があった。しかし、これはひとつの発展段階に過ぎなかった。ペニー・プレスはすぐに他の社会的・経済的階層の読者を引きつけ始めた。読み書きの技能が改善されるにつれて、コモンピープルは以前より良質の製品を要求するようになった。最初のペニー・プレスの出現から10年足らずで、コモンピープルの新聞には、重要な情報やリーダーシップを提供する尊敬に値する発行物が含まれるようになったのである。

　ペニー・プレスの出現以前は、新聞発行者は新聞の予約購読について、年間6ドルから10ドルの前払い料金を設定していた。その額は、最熟練の労働者の週給以上であり、いずれにせよ限られた収入の人びとは、まとめてそのような高額を払うことができなかった。標準的な新聞は、通常資産を持つ人びとを対象に編集されていた。このことは新聞が保守主義に傾いていたことを部分的に説明することになろう。それはまた発行部数を低く抑え続ける要因であったのだが、技術的制約も間違いなく同様の効果を与えた。1833年、ニューヨーク最大の日刊紙は、派手で短気なジェイムズ・ワトソン・ウェッブ (James Watson Webb) 大佐発行の朝刊紙クリアー・アンド・エンクワイアラー、1827年にアーサー・タパン (*Arthur Tappan*) が創刊したがまもなくジェラード・ハロック (Gerard Hallock) とデイビッド・ヘイル (David Hale) の手に渡ったジャーナル・オブ・コマースであった。[1] 最大の午後紙はウィリアム・カレン・ブライアントのポストであった。これらの新聞や他の8つの市内の新聞は1部6セントで売られ、大半はペニー・プレスを特徴づけることになる街頭販売よりむしろ予約購読で流通した。

デイのニューヨーク・サン、1833年

　見慣れぬ外観の小型新聞、ニューヨーク・サン ("It Shines for ALL" ＝すべての人に光り輝く) の出現によって、ジャーナリズムの新しい時代が1833年9月3日に始まった。同紙の創刊者はマサチューセッツの優れた新聞スプリングフィールド・リパブリカンの徒弟を務めた後に、20歳の若者としてニューヨークにやって来たベンジャミン・H・デイ (Benjamin H. Day) であった。1831年のことだった。デイは2年間印刷店を経営したが大して成功しなかった。財政的な不安があり、1832年には疫病がニューヨークの町の繁栄にさらに陰りをもたらした。デイは、傾いていく端物印刷事業の減益を必死にな

って食い止めようとして、新聞創刊を決心した。彼は、ボストン、フィラデルフィアそしてニューヨークにおける初期のペニー・プレス創刊の試みを注意深く見守った。そして彼にはこうした発行物が1号ずつを基礎として販売され、資金が調達されれば、成功するように思われた。彼は、その提案を2人の友人アルーナ・S・エイベル (Arunah S. Abell) とウィリアム・M・スウェイン (William M. Swain) と議論した。彼らはその事業に多少忠告した。それはいつか後に, 彼らがフィラデルフィアやボルチモアで自身の成功したペニー・プレスを創刊する時、傾聴しなければならない忠告でもあった。デイはともかく計画の実現に進んだ。

1833年9月3日のサンの出現は、まもなく当時発行されていた他のすべての競争紙の顔色をなからしめるような印象を与えなかった。[2] 4頁建てで、各頁は現代のタブロイド版の約3分の2のサイズであった。第1面は3コラム幅で、視覚的な工夫はまったくなかった。地方の出来事や犯罪や暴力のニュースに重点がおかれた。題材の大半は取るに足らない軽薄なものだったが、非常に読みやすかった。最も重要なことに、同紙は安価だった。半年足らずで、サンの部数は最も部数が近接する競争紙のほぼ2倍、約8,000部に到達した。

ジョージ・ウィスナー (George Wisner) の報道は、こうした成功の理由の1つであった。デイは、ロンドンのペニー・プレスの先駆紙に掲載されたボウ街の警察署ニュースの人気を思い出して、ボウ街記事のベテランであるウィスナーをサンで書かせるために雇った。ウィスナーは、法廷取材で週給4ドルさらに、同紙の利益に応じた歩合を貰うことになった。1年足らずで彼は同紙の共同所有者になった。

「ヒューマン・インタレスト」ニュースがサンの特徴であった。以下の記事は、同紙の基盤が確固たるものになった後の、典型的な紙面から抜いてみたもので、サンの技巧の模範たるものが窺える。

> およそ6年前、イギリスの有名な准男爵の長男である若い紳士は、教育の課程を終えた後、家に帰り両親に対し敬意を表し、社交界の交わりを楽しむことになった。[3]

その記事には続いて、彼の父親が世話役として雇った少女とハンサムな青年がいかに恋に落ちたかの説明があった。こうした結婚は禁じられていたから、2人は駆け落ちをし、息子は怒った男爵によって廃嫡にされてしまった。しか

し父の死とともに、息子に称号継承が宣せられた。彼の弟は兄に乱倫の罪を負わせることで、財産を奪取しようとした。物語のこの部分はその日のサンの第1面のすべてを埋めた。登場人物の名はまったく使われていなかった。話にニュースらしさを与えるため使用された「最近」という言葉を除いて、まったくの作り話と言えるだろう。相続人の運命は決して明らかにされていないが、記事は潤色されている。

　　……そしてわれらが主人公が、安らかに花嫁の柔らかな胸でくつろいでいる時、弟の憎悪に駆られた手が振り上げられ、残忍な兄殺しは破滅に向かってつき進んだ。

　この典型的な号で、コミュニティの商業上の利益に唯一歩み寄りを示しているのは、第3頁の海運ニュースの欄である。明らかに同紙は富裕階級のための新聞ではなかった。にもかかわらず、同紙が多くの広告収入をもたらしていることは、誰の目にも明らかだった。裏頁にはぎっしり詰まった広告があり、3頁目のほぼ半分は「求人広告」を含む案内広告に当てられていた。第1頁ですら広告を掲載しており、それはゴールド街29番地の印刷機メーカーであるロバート・ホー・アンド・サン (Robert Hoe and Son) 社の広告であった。このメーカーはサン用の新しいシリンダー印刷機を設置したばかりで、この機械はニューヨークで一番早い印刷機であり、1時間で新聞の完成品を1,500部製作することができた。

コモンピープルのためのペニー・プレス

　われわれは、ペニー・プレスの出現とジャクソニアン・デモクラシーにおけるコモンピープルの台頭が統合されたことをすでに指摘した。社会学者マイケル・シュドソン (Michael Schudson) はそれを支持して、ペニー・プレスは、大衆デモクラシー、市場のイデオロギーや都市社会の成長によって創出された、彼の言うところの「民主的市場社会」のニーズに対応して出現した、と述べている。新しい新聞は「その販売の組織化、広告の勧誘、ニュース重視、多くの読者育成や低下する論説への関心を通じて、政治、経済生活および社会生活における平等主義の理想を代弁していた」と彼は要約し、すべての傾向はこれらの新聞の紙面において詳細に立証されるという。彼は、論文の中で掘り下

げた分析を行っているが、それぞれが、たったひとつの主要な原因にペニー・プレスの誕生の理由を依拠させる3つの理論、すなわち、技術革新、読み書き能力の普及（ともに寄与因）、さらに新聞成長の自然的進化、を否定している。[4]

　ジャクソン時代に認知され始めた労働者階級のための政治は、工場制度の欠陥に対応する欠点をいくつか抱えていた。多数決原理は、非常に多くの場合利権制やボスの政党支配や月並な政治に拍車をかけた。そして、初期のペニー・プレスはたいてい様々な水準を引き下げた。例えばサンは、それが読者増につながるなら、平気で真実を犠牲にしようとした。記者の1人で政治哲学者のジョン・ロックの末裔が、月での生活を描いたと称する一連の記事を書いた1835年には、同紙の部数はほぼ3倍になった、というのが事実であった。リチャード・アダムズ・ロック (Richard Adams Locke) のいわゆる「月かつぎ」(moon hoax) では、新聞への読者の信頼を増大させはしなかったかもしれないが、読者は自分たちに仕掛けられたジャーナリズムのトリックに憤激したようには思えなかった。

　にもかかわらず、この新しいジャーナリズムの日の出 (sunrise) に、良いものとして示される事柄も多くあった。白人の男性労働者はすでに選挙権を持っていた。ペニー・プレスは、正統派新聞の主な内容を構成する衒学的意見とは異なる意見を持って、労働者に手を差し延べることができた。新たに認知された大衆は「見解」(views) より「ニュース」(news) に関心を持っていた。ペニー・プレスは、読みやすい形でこの種の情報供給に精力を集中した。サンと模倣紙群は、生き生きした形で扱えば、ニュースが価値ある商品になることを証明した。

　大衆のための新聞にとくに関心を示すようになった人が別にいる。それは新しいメディアの驚異的な発行部数に感銘を受けた広告主であった。小さく分かれた読者集団によって購読される発行物のすべてに広告を出すことは、販売促進としてはコストが高くつき、効果的ではなかった。ペニー・プレスの大部数によって、以前は広告費用に見合わなかった商品を広告することが可能になったのである。新聞と実業家のかけ橋役として1849年に開業した最初の広告代理人ボルニー・B・パーマー (Volney B. Palmer) はまもなく数都市に事務所を構えるようになった。

　他方、広告収入によって、編集者や発行者はニュース取材の新しい方法を拡大したり、実験したりできるようになった。広告が部数のリーダー格のところへ流れ込んで以来、また、ニュースが最も人気のあるタイプの記事であるよう

に思えるようになって以来、発行者はニュース取材を改善するさまざまな工夫に巨額の投資を始めた。こうした発展の全体の領域は次章で説明されるが、広告とペニー・プレスの関係はここで言及する価値がある。発行者は大部数を獲得するテクニックを理解し始めると、もっと優れた印刷機を所有しなければならなかった。1837 年にサンを引き継いだデイの義兄モージズ・Y・ビーチ (Moses Y. Beach) は、利益の一部を使って 1 時間に 4,000 部も発行可能な新しい蒸気駆動のホー社のシリンダー印刷機を買った。それは当時最も進んだ印刷機であった。

　ペニー・プレスはまた流通の方法に変化をもたらした。商業中心の標準的な新聞は、予約購読を基礎に販売された。労働者は前金で大金を払えないばかりか、多くはあちこちを頻繁に移動したので定期購読は不可能であった。彼らはまた仕事のため、また貧困のため少しも新聞を読むことのできない時があった。ペニー・プレスはいわゆる「ロンドン計画」のもとで、主として街頭販売に依存することでこうした読者に到達することができた。売り子は新聞を発行者から 100 部 67 セントのレートで買い、1 部 1 セントで販売した。紙面構成を改良したり、もっと読みやすい活字を使用したりして、多くの編集者が競争紙から読者を引き寄せようと試みたのと同じように、流通制度は避けがたいほど新聞の外観を変化させたのである。

ベネットのニューヨーク・ヘラルド、1835 年

　この時代の党派性を克服した新聞を創刊して、最も成功した発行者の 1 人はジェイムズ・ゴードン・ベネット (James Gordon Bennett) であった。[5] 彼は厳密に言うと、ジャーナリズム史では目立つ存在である印刷屋兼発行者とは対照的に、記者であり編集者であった。彼はワシントン特派員として貴重な経験を持っており、その経験は、商品としての全国ニュースを開発し始めた時、役立つことになった。ベネットはウェッブ大佐の編集長として、クリアーとエンクワイアラーの 1829 年の合併劇を巧みに操り、同紙をニューヨーク最大の新聞に仕立て上げた。彼は 2 度自身の新聞の創刊を試みたが成功にはいたらなかった。1835 年 5 月 6 日の朝、彼の作った新聞はこうした状況を変化させた。

　ベネットがニューヨーク・モーニング・ヘラルドを創刊した時、40 歳で人生迷わぬ歳ではあったが大きな借金にあえいでいた。彼の資本はたった 500 ドルだった。さらに彼の印刷屋からの多少信用貸しがあった。彼の仕事場はウォ

ール街20番地のビルの地下の穴蔵であった。備品は、衣類箱2個にわたした厚板の机、中古の椅子、ファイル用の箱といったものだった。スタッフは彼自身だけであった。これをもとにベネットは、この時代において最も収益を上げる新聞のひとつを作り上げた。

　ヘラルドの創刊号から第2号が出るまで1か月の遅れがあったが、1835年6月から同紙の人気は沸いた。ヘラルドはセンセーショナルな題材の利用ではサンの模倣新聞であったが、ベネットは自身の多くの計略を加えた。ヘラルドが犯罪報道をするようになった時、並ぶものはなかった。同紙の定期発行開始から1年後の1836年6月4日号は、ヘラルドのこうしたニュースの典型的な扱い方を示すものだった。見出しによる変化の少ない第1面全体は、ロビンソン・ジュウェット (Robinson-Jewett) 事件を扱っていた。この事件は、町の悪名高い男による売春宿での売春婦の殺人事件であった。この浅ましい殺人事件にベネットは、自分の新聞のすべての資源をつぎ込んだ。彼はこの事件への関心を大きく駆り立てたので、被告が裁判に出廷した時、証人審問が続けられなかった。ヘラルドの報道の調子は裁判の本筋に先立つ「緒言」と法廷内の騒乱によって示される。

　　　少佐――郡保安官は、秩序回復にあらゆる努力をしたが――みな無駄だった。戸外では恐ろしい雨嵐、戸内では群衆の嵐が吹き荒れた。裁判官と官吏はホールから去った。ロビンソンは法廷から連れ出され、この号外が印刷に付される時、裁判所当局はホールから群衆の排除にかかった。
　　　なぜ民兵が召集されないのか？
　　　ぎりぎりの時間まで我々は追加の証言を伝える……流血のドラマの謎はいや増すばかりである。[6]

　こうしたニュース取材の特別 (extra) 記事は（extra は号外版）、ベネットの攻撃的なジャーナリズムのスタイルであった。まもなくこの種のニュース処理は、もっと重要なニュースへの高まる関心に道を譲ることになった。ベネット自身は犯罪暴力ニュースの利用に何の呵責も感じなかった。というのも彼は自分の新聞が日々改良されていくのを確信していたからだ。彼は1836年の夏にはペニー・プレスの枠から飛び出し、ヘラルドの読者は自分で払う金（新価格は2セント）によって、他紙以上の情報を得ていると述べて、自身の政策を擁護した。

　ヘラルドは、年を追って他のジャーナリズムの分野に手を広げていった。同

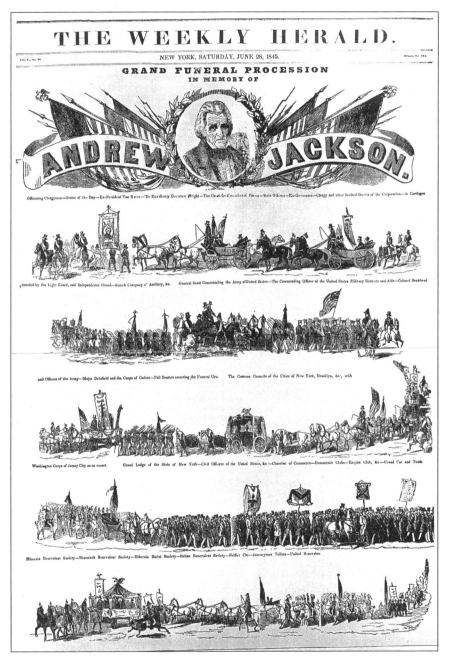

ベネットの最も有名な第一面の図柄のひとつ
(1845年アンドルー・ジャクソンの葬送行進を描く木版画)。

紙は標準的新聞の中でも最良の金融記事部門を発展させることで実業家階級にアピールしていった。経済の元教師であるベネットは、彼の言うところの「金融ページ (money page)」を書いた。彼はこうした報道の経験を持っており、このジャーナリズムの側面にとくに関心を持った。管理的な責任のため、ついにこの仕事を止めなければならなくなった時、彼の最良のスタッフをウォール街の取材に割り当てた。その間ベネットはライバル紙サンより真剣に背景的情報を提供をした。彼の論説は読みごたえのあるものではなかったが、決断力に満ち、筋が通り、そして情報指向であった。次章に見るように、ヘラルドはあらゆる地域（地方、海外、全国）からのニュースを鋭く追及して、他紙の取材陣をリードした。ベネットは、読者が新聞や事件について論評できる興味深い「投書」欄を作り上げた。彼は評論欄や社交ニュースの発展に寄与した。他の編集者がそのテーマの訴求性に気づくずっと以前に、ベネットはスポーツ・ニュースを提供していた。いつもこのような調子だった。ヘラルドの偉大な貢献は、革新とそれを実行したことにあった。

　この攻撃的なやり方は大きな配当を生み出した。ヘラルドは広告を満載し、部数もトップに向かっていた。1836年には2万の読者を抱え、1860年までには7万7千となり、おそらく世界最大の日刊紙になった。同紙を嫌悪する競争紙は、こうした成功に対してヘラルドのボイコット運動を起こした。ベネットの批判者による攻撃は1840年5月、ニューヨーク・シグナルのパーク・ベンジャミン (Park Benjamin) によって始められた。一時ベネットの雇用者であったウェッブ大佐も騒動に加わり（彼はかつてヘラルドの編集者を杖で殴って忠告を与えたことがあった）、まもなくすべての反対紙はこの成り上がりジャーナリストに対する「道徳戦争」(moral war) に参戦した。ベネットは神への不敬で非難され（彼は宗教問題の取材に図々しいスタイルを持ち込んだ）、指導的な牧師たちは影響力を使ってボイコットを効果的にした。道徳の専門家を攻撃することを恐れた広告主は広告を手控えた。

　ベネットは彼らしいやり方で同紙が直面している問題を解決した。最優秀の記者を、重要性はどうあれあらゆる宗教的集会を含めて、教会関係の取材に送り出したのである。ほとんど宗教的感情のない男ベネットは、教化に値するのに無視されてきた大衆がいることを理解できるニュース・センスを持っていた。彼はまた、悪ふざけの象徴と称されるようになったヘラルドの明らかなかつぎ話をある程度和らげた。結果はベネットの勝利であった。

　ベネットはアメリカジャーナリズムに必要とされる要素をいくつか持ち込ん

だ。彼はニュースに香辛料を加えたり進取の気性を取り入れたり、さらに攻撃的なニュース取材を行った。彼は商品の継続的な改善に献身する発行者は豊かな報酬を期待することができることを証明した。ヘラルドを競争紙の先頭に立たせるためあらゆる機材や人員を用意するのには巨額の金がかかったが、そうした投資は巨額の配当をもたらした。ベネットは息子に価値ある財産を残し、金持ちとして死んだ。しかし、ヘラルドは何を語ったかではなくむしろ、どのように語ったかによって記憶されることになった。

ペニー・プレスの拡大：フィラデルフィアとボルチモア

　ペニー・プレス・ジャーナリズムの福音を他の都市に広めた発行者が何人かいる。デイの印刷屋仲間のスウェインとエイベルは、彼らの悲観的な忠告にもかかわらずサンの繁盛ぶりを眼の当たりにすることになった。しかし、2人は共同経営者アザライア・シモンズ (Azariah H. Simmons) とともに、1836年3月フィラデルフィア・パブリック・レッジャーを創刊した時、自分たちの誤りを十分に認識していた。フィラデルフィアには、コンウェル博士によってペニー・プレス・ジャーナリズムが導入されていた。彼は、1830年ペニー・プレスのザ・セントの実験を行い、失敗した経験を持っていた。1835年、ウィリアム・L・ドレイン (William L. Drane) はデイリー・トランスクリプトを創刊し、先の3人の共同経営者がパブリック・レッジャーを出した時には、経営に成功していた。新しい新聞はまもなくアメリカの偉大な日刊紙の1つになることになった。同紙はヘラルドを身ぎれいにしたもので、広告を満載したが、ニューヨーク紙の極端な悪趣味はなかった。それは効果的な政策だった。創刊2年足らずで、パブリック・レッジャーは競争紙トランスクリプトを吸収し、1日に2万部以上を印刷するようになった。ヘラルドと同様に、パブリック・レッジャーはきわめて現代的な技術とニュース取材の発展を見事に利用した。
　スウェインは同紙の中心人物であり、しばらく後にエイベルは自ら新しい道を進む決心をした。彼はボルチモアを有力な候補地として選んだ。同市は商業中心地としてはニューヨークにつぐ地位にあり、当時人口の点では第3位だった。初めスウェインとシモンズはその事業に熱心ではなかった。最終的に彼らは投資に同意したが、エイベルはほとんど自分ひとりでボルチモアの新聞を推進した。ボルチモア・サンは1837年5月17日創刊された。しかしサン創刊はすでに銀行閉鎖の事態まで悪化していた不景気と一致してしまった。ボ

ルチモア・サンの創刊号は、前日の市議会の議論の模様を強調していた。それによれば市議会で、額面10万ドルの少額通貨 ("shin-plasters") が財政危機対策として承認されたのである。こうした時期は新聞創刊の好機ではないように思われたが、ニューヨークの同名紙と同様にサンは繁盛し、その年の末までに1万2千部の部数に達して、経営はかなり安定したように思われた。フィラデルフィアの姉妹紙と同様、サンはその企業性と技術開発で常に有名になった。同紙は電信ニュース開発のパイオニアであった。ボルチモアのペニー・プレスもフィラデルフィアのペニー・プレスも、最新ニュースの交換ではニューヨーク・ヘラルドと協力した。その協定は、とくに米墨戦争の間、数多くのスクープをもたらした。しかしボルチモア・サンは独自の貢献をした。すなわち同紙は創刊の年にすでに早くもワシントン支局を開設した。まもなく他紙も全国ニュースの完全で正確な取材についてサンを評価するようになった。政府高官たちもまた、政治展開の動向をつかむため同紙を丹念にフォローし始めた。

　パイオニア的ペニー・プレスの成功によって、他の発行者はそのパターンに従うことができた。1830年代にニューヨークでは、35のペニー・プレスが始められた。サンとヘラルドを除くペニー・プレスはすべてつぶれたが、他の都市では発行者は幸運に恵まれた。1840年までに、アメリカの四大都市ではペニー・プレスが発行されていた。そうしたペニー・プレスの大半は同じような政策をとった。つまり、多くの地元ニュース、ヒューマン・インタレスト記事の重視、そして娯楽的題材の過剰供給、であった。しかしますます多くの重要なニュースが紙面に掲載されるようになり、ペニー・プレスは攻撃的なニュース取材をリードした。

グリーリーのニューヨーク・トリビューン、1841年

　大衆のためのペニー・プレスの成熟は、1840年代の初めに創刊された新聞によって最も明瞭に示される。その新聞はニューヨーク・トリビューンであり、創刊者はグリーリーであった。彼はまもなくアメリカのジャーナリズムの歴史上最も影響力のある編集者の1人となった。リンカーンを別にすれば、この時代にグリーリー以上に多くの本が書かれたアメリカ人はいない。

　グリーリーは、ディケンズの小説の登場人物のような男であり、それがあまりにリアルで、現実の方がカリカチュアに思えるくらいである。彼はバーモント人（彼がそうだった）の気むずかしさと、自尊心が強くかざらない性格を持

ち、それがまた内気、人見知りと結び付いていた。そのため他人は、彼をニューイングランド人とはなかなか理解できなかった。彼の首尾一貫性の欠如は伝説的であった。彼は自称ホイッグ（人民支配に反対した政党）党員として、コモンピープルに物質的・政治的利益のより大なる配分をもたらすよう全生涯をかけて働いた。現状の維持を代表する政党の1指導者としては、彼は当時にあって最も「急進的な」(radical) 人物の1人であった。民主的な過程が非常な緊張状態にある時、グリーリーは「自由な精神への信仰」を表明した。

彼は合衆国の十分な資源を認識し、すべてのアメリカ人は、ごく普通の正義が行き渡るようになれば、豊かな生活を享受できると確信していた。彼は、いわゆる「慈善的資本主義」(beneficent capitalism) を信じた。この理論の実際的適用は、ヘンリー・クレイによって後援されたアメリカン・システムであった。クレイはグリーリーの信奉する偉大な英雄だった。「偉大な妥協者」(Great Compromiser) クレイの生涯が終わるまで、グリーリーは、ヘラルドの常設の見出し「ヘンリー・クレイ」の下で、時事的問題の議論に紙面を捧げた。グリーリーはクレイと同様に、もし保護関税の利益が、農民のための市場を発展させるために使用され得るなら、アメリカのすべての労働者は豊かになる、と正直に信じた。グリーリーは高関税を唱導したので、彼は時おり自分たちの利益に反対していると大衆に疑念を持たれた。拡大する産業主義の時代において、農業支配をほとんど考慮しなかったから、彼は農民から偽善の非難を浴びた。彼は労働組合の組織化が特権階級による搾取を防ぐと考えていたから、しばしば財産所有集団の攻撃を受けた。

実際彼の思想は、共通の運命の改善において、産業、労働、農業が互いを補い合って完全を目指すよう、資本主義の諸力を導いていく、ということだった。グリーリーが心に描いた時代は、機会、仕事そして教育がみなに利用可能になる時代であった。女性は同じサービスに対しては、男性と同じ率の賃金が支払われ、平等な公民権を持つ。節制・自制があらゆる事柄を支配する。労働者は自分自身の保護のため十分な組織化を達成する。資本家は豊かな社会の利益を刈り取るが、よりよい生活水準への責任を感じる。奴隷制と負債のための禁固刑は廃止される。労働運動の偉大な権威者ジョン・R・コモンズ (John R. Commons) は、トリビューンを「建設的なデモクラシーの思想と実験について、この国が知っているものの中で、最初でたったひとつの偉大なメディア」[7] と称した。

革命的思想を提案した人物は、外貌はとてもメシア的とは言えなかった。彼

は現代の漫画から抜け出てきたような容貌であった。彼はあたかも暗闇が自分の道であるかのように、だらだらした不確かな歩き方をした。通常の服装としてライトグレーの「ダスター」つまりガウンをまとい、彼は3ドルでそれをある移民から買い、しっくりこない名状しがたいスーツの上に夏といわず冬といわずはおっていた。正直なベビーブルーの瞳は、まばらなほほひげに縁取りされた、お月様のような顔に据えられ、そのほほひげは苔むした石の回りの葦のように、襟元から生えていた。ピッチの早い、泣きごとを言うような声は、この印象の薄いアンサンブルに何も加えなかった。しかし、これがアメリカ・ジャーナリズム史上まれな編集者として、新聞読者の忠誠をつかむことになる男であった。

　グリーリーは、まもなく事業が失敗することになる印刷屋の徒弟として、15歳の時職についた。グリーリーは5年間印刷職工としてニューヨーク州中を歩き回り、その間貪欲に読書をした。1831年ニューヨーク市に戻ってきた時、自分の財産として持っていたのはたった10ドルであった。植字工としてパートタイムの仕事をした後、最終的にイーブニング・ポストでようやく定職を見つけた。

　まもなく彼と共同経営者のフランシス・ストーリー(Francis Story)は、自分たちの店を開くことになった。彼らは請負で小さな週刊誌を印刷したが、主な収入は宝くじ広告からのもので、こうした状況を彼の敵や競争者は後になっても忘れなかった。2人の共同経営者が1833年の冬にペニー・プレスを創刊しようとしたことはすでに説明した。1834年グリーリーは、文芸中心の刺激的で編集の優れた刊行物ニューヨーカーを創刊した。彼は同誌を編集するかたわら、デイリー・ホイッグの論説を書き、ホイッグ党の指導者によってオルバニーで発行される政治誌の全責任を負った。1840年の大統領選挙の半年間、グリーリーはキャンペーン誌ログ・キャビンを編集・発行した。従って1841年4月10日にスタートする日刊のペニー・プレスのニューヨーク・トリビューンの創刊をログ・キャビンで公表した時、彼は経験を積んだジャーナリストになっていた。

　グリーリーは、その政治活動によって、ニューヨーク・ホイッグの3人組の1人になった。他の2人はオルバニーのジャーナリストでニューヨーク州の同党のボス、サロー・ウィード(Thurlow Weed)とウィリアム・シューアド(William H. Seward)知事であった。今やコモンピープルにホイッグのメッセージを伝えることのできる新聞を創刊すべき時に来ていた。1840年のホイッ

グの勝利に続く、ウィリアム・ヘンリー・ハリソンの大統領就任のちょうど1か月後に、トリビューンが誕生したことは重要である。しかし大統領は就任1か月後に亡くなり、それによって多くの野望が実現不能になった。しかしグリーリーのそれは違ったのである。[8]

　借金千ドル、ほぼ同額の自己資金、加えて店を抵当に入れて——総資本3千ドルたらず——、グリーリーはニューヨーク・トリビューン第1号をペニー・プレスとして創刊した。同紙は4頁建て5コラム幅、現代のタブロイド紙とほぼ同じ大きさだった。しかし印刷は良好で、内容もまた明らかに秀逸だった。少なくともトリビューンは読者を引きつけた。というのもグリーリーは、2か月後に1万1千を越える部数を誇ったからだ。これはアメリカで最も人気の高い新聞ヘラルドの印刷注文の約4分の1であったが、その部数でトリビューンは十分安定してやっていけた。

　トリビューンは、日刊の部数では常にサンとヘラルドの後塵を拝したが、トリビューンの名声の一部は、驚異的な成功を収めたその週刊版によるものだった。週刊版は1841年9月2日に初めて出された。年間2ドルあるいは20人のメンバーの「クラブ」が購買する時は1ドル（非常に一般的だった方式）で提供され、週刊トリビューンは当時の偉大な編集者としてのグリーリーの名声を確立することになった。同紙は中西部諸州で「聖書に次いで」読まれたと言われている。

　周知のように、トリビューンの内容の多くは、広い意味でのみ理性的であったにすぎない。変わり者の社会哲学者であっても、説得力のある文章が書ければ、紙面に自己表現をすることができた。グリーリーに共通する批判は、実際彼が完全に非理性的だったということにある。しかし彼の「理想主義」の中には、穏当な論理の上に築かれたものもある。彼は、ジャクソンの農業社会に基づく思想が急速に産業大国化する国には適用できないと見ていた。彼はまた無制限の産業主義がもたらす危険を認識していた。ヨーロッパのスラムがそれを警告していた。

　そこでグリーリーはその問題を解決する方法を模索した。彼は正式な教育を受けていなかったので、社会・政治哲学者についてほとんど知識がなかった。彼は実験によって学ぶことを好んだ。そのためグリーリーは、アルバート・ブリズベーン (Albert Brisbane) が紙面を使うのを認めた。ブリズベーンは、フーリエ主義のアメリカでの提唱者であった。フーリエ主義というのは、いわゆる組合主義 (associationism) つまり共同生活の1形態によって資本主義の弊害

を矯正しようとする計画であった。ブリズベーンとグリーリーは、ブルック・ファーム (Brook Farm) をともに訪れたことがあった。ブルック・ファームは、シャルル・フーリエ型社会主義に基づく、1840年代の共同体主義の実験場であった。そこでグリーリーは後のスタッフ、チャールズ・A・デナ (Charles A. Dana) とジョージ・リプリー (George Ripley) に出会った。1850年代にトリビューンは多くの紙面を使って社会主義を説き、グリーリー自身はニューヨーク・タイムズのヘンリー・レイモンド (Henry Raymond) を含む、有力な反対論者と公けにその問題を論じた。10年間、デナがトリビューンのために雇ったロンドン通信員の1人がカール・マルクス (Karl Marx) であった。グリーリーはまた移民が開拓することのできる西部の土地を提供するホームステッド法案 (Homestead Bill) を含め、農業改革のために絶え間なく戦った。これらはみな、ホイッグの原理と全く相容れぬものであった。しかしグリーリーは同党のリーダーの1人だった。彼の批評家が混乱するのも無理はない。

　しかし明らかにすべきは、グリーリーがトリビューンに掲載された論議をみな支持したという訳ではなかったということだ。彼は示唆の多くが実行不可能であることを知っていた。しかしグリーリーはまた、アメリカが1つの目標に向かってなお手探りで進んでいること、もしデモクラシーがダイナミックであり続けるべきなら、実験を続けなければならないことを知っていた。彼の読者はそれを理解していたようだ。

　グリーリーの人気の秘密は、彼の読者に対する責任の自覚であった。彼の社会主義的幻想への飛躍は、おそらく常軌を逸しているし、無責任であろうが、平均的読者は、動機は誠実なことを理解していたように思える。それは、しばしばグリーリーの見解と激しく対立した農民が、彼らの言うところのトライビューン (Try-bune) を読んだ理由であった。富のより公平な配分を唱導した男の、トリビューンから作り上げた富の僅かな取り分を除いて、すべてを被雇用者に分配することで自分の信念に従って生きた男の誠実さを、誰が疑うことができるだろうか。彼は大衆の新聞をセンセーショナリズムの通俗的なレベルから、文化と刺激的な思想の推進者へと変革し、かつ配当が払えるような企業に仕立て上げた。彼の部下はまた第4階級の基準を高めた。後に本書に再び登場するデナは、長い間グリーリーの助手を務め、トリビューンの初期の成功の多くはデナに帰せられてきた。まもなくニューヨーク・タイムズを創刊するレイモンドは、グリーリーの下でジャーナリズムの世界に入った。当時の正に真に偉大な文学者の1人マーガレット・フラー (Margaret Fuller) はトリビュ

ーンに定期的に寄稿をした。カール・シュルツ (Carl Schurz)、ジョン・ヘイ (John Hay)、ホワイトロー・リード (Whitelaw Reid)、ヘンリー・ジェイムズ (Henry James)、ウィリアム・ディーン・ハウエルズ (William Dean Howells)、リプリーそしてリチャード・ヒルドレス (Richard Hildreth) などは、みな文学やジャーナリズムや歴史といった様々な分野で名を残したが、彼らはみな「アンクル・ホラス (Uncle Horace)」の下で働いたのである。

　グリーリーと彼の新聞との同一視は、ポストの元編集長ジョゼフ・ビショップ (Joseph Bishop) が語った秘話によってもたらされた。グリーリーが1872年に死んだ1、2年後のこと、バーモントでビショップは、最近のトリビューン掲載記事について若干発言をした。すると聴衆のある農民が「トライ・ビューン (Try-bune) はまだ出ているの？」と問うた。「グリーリーは死んだと思ったのに」。[9]

レイモンドのニューヨーク・タイムズ、1851年

　新しい読者の封印がマス・メディアによって切られる時、そのアピールは常に情緒的なレベルになる、という命題を本章の冒頭で提示した。その結果はセンセーショナルなコミュニケーション媒体である。サンの読者は初め、主として警察報道のために同紙を購読した。しかしこうした読者の多くは、年月の経過とともに成熟していった。というのも時の経過とともに、サンと成功のうちに競争する安価な新聞がもっと滋養分のある食事を提供したからであった。グリーリーは、発行者がセンセーショナリズムに頼ることなく、大衆に到達できることを証明した。サンやヘラルドでさえ時とともにもっと内容のある題材を提供するようになった。つまり読者の高まる理解力に遅れずについていくためには、そうせざるを得なくなったのである。結局こうした新聞は半分程度の読み書き能力しかない読者を置きざりにすることになり、別のセンセーショナルな新聞の波（1890年代のように）が活を入れるために創刊されなければならなかった。このような周期の完了は、ニューヨーク・タイムズのヘンリー・J・レイモンドによって例証されたのである。

　大学生時代レイモンドは、自ら非常に賛美したグリーリーのニューヨーカーに論文を寄稿をした。彼はグリーリーを訪問した後、トリビューン創刊の年の1841年、グリーリーのチーフ・アシスタントとなった。ジョージ・ジョーンズ (George Jones) はトリビューンの営業局での同僚であった。2人は一緒にな

って「理想的な日刊紙」の創刊計画を練った。しかし、いずれも十分な資金を持たなかった。というのもベネットの時のように、500ドルと衣類箱の机でニューヨーク紙を創刊するのはすでに不可能になっていた。

　レイモンドとグリーリーは当然相容れなかった。レイモンドは雇用者グリーリーの常軌を逸した精神の行動を決して評価することはできず、まもなくトリビューンを去り、クリアー・アンド・エンクワイアラーでウェッブ大佐のために働くことになった。この間彼は雄弁家、新進政治家としての名声を確立した。彼は1849年ニューヨーク州議会に選出され、1851年には議長になった。この時彼は自由土地党 (Free Soil Party) 問題でウェッブとの関係を断った。彼はついでハーパーズ・ニュー・マンスリー・マガジン（1850年6月創刊）の編集長の地位につき、パートタイムの編集長として1856年まで務めた。

　レイモンドとジョーンズが自分たちのニューヨーク紙を創刊するという昔の野望を実現したのは、1851年であった。ニューヨーク・デイリー・タイムズの創刊号は1851年9月18日に誕生した。1部1セントで売られ、したがって大衆の新聞であるという意向を示したが、初日に表明された編集政策で説明されているように、サンやヘラルドのセンセーショナリズムやトリビューンの奇抜さを避けた。すなわち「……われわれは激情にかられているかのように書いたりするつもりはない［いつもレイモンドの愚弄の的だったグリーリーに対する非難］──まさに本当に怒っている時は別にして、可能な限りめったに激情を表に出さないことを目的として達成したい」。[10] タイムズの力点の1つは海外ニュースの解釈であった。レイモンドは、ヨーロッパの出来事の報道で他紙に勝るよう努めた。

　レイモンドの貢献は、公共報道において道理をわきまえた品位を作りあげた点にある。タイムズは、人身攻撃を最小限に抑えた。同紙はグリーリーの好きな白か黒かでの問題提示をほとんどしなかった。内容においてはそうではないにしても、常に語調としては公正であり、注意深い報道のテクニックの開発では、匹敵する競争紙はなかった。タイムズはレイモンドが政治に深くかかわっている時でも、希望的観測の代りに正確さを据えた。政治に溺れたレイモンドは、自分の新聞では奇妙なほど客観的な非党派性を示した。それはレイモンドは2つの完全に異なる性格を持っているかのように思えた。

ボウルズとスプリングフィールド・リパブリカン

　この時代の傑出したもうひとつの新聞は、マサチューセッツのスプリングフィールド・リパブリカンであった。同紙の創刊者はサミュエル・ボウルズ 2 世 (Samuel Bowles II) であったが、彼の息子ボウルズ 3 世の方がジャーナリズム史にとって重要である。父はコネチカットで育ったが、同地で家族は不況に追い詰められることになった。彼は 15 歳の時印刷屋の徒弟となった。1819 年彼は、ハートフォード・タイムズで、ウェザーズフィールドのジョン・フランシス (John Francis) と共同経営を始めた。同紙は週刊紙で、時代の逆流の中、まもなく失敗に終わった。彼と妻と家族は家財道具とタイムズの印刷機を平底船に載せ、竿を操りコネチカット川をのぼり、マサチューセッツのスプリングフィールドについた。同地では反フェデラリストのグループが、発行者としての再出発に援助を与えた。スプリングフィールド・リパブリカンの創刊号は 1824 年 9 月 8 日に出された。同紙は週刊で、250 人の予約購読者は年間購読料 2 ドルを支払った。1840 年までに、スプリングフィールドは、鉄道中心地としてにわかに景気づき始め、部数は 1,200 へと伸びていった。

　サミュエル・ボウルズ 3 世は、父によって与えられた絶好の機会を最大限に利用した。同紙の全国的名声を確保したのは、実は息子であった。1844 年 3 月父に「日刊化」(going daily) を主張したのは彼であった（当時は夕刊紙であったが 1 年後朝刊紙となった）。ボウルズは地域通信を巧みに組織化することで同紙を成功に導いた。そのため上流のコネチカット渓谷のすべてのコミュニティには、同紙を購読する理由があった。

　リパブリカンの成功の理由の一部はウィリアム・B・カルフーンにあった。彼は読者がボウルズの功績だとする論説の多くを書いた。他には筆達者で明晰な表現力を持つ作家ジョサイア・ギルバート・ホランド (Josiah Gilbert Holland)、そしてエイブラハム・リンカーンの友人で著名の政治家のジョージ・アシュマン (Goerge Ashmun) らがいた。しかしリパブリカンの重点は何といってもニュースであり、ボウルズはニュースを彼の特別部門とした。彼は 1851 年の父の死後、完全に同紙の全権を掌握した。ボウルズは、新しいリパブリカンの後援者であった。1860 年までに彼の週刊版は全国的に評判となり、約 1 万 2 千の部数を抱えていた。アメリカ中に評判をとどろかし、リパブリカンに勝るのはトリビューンだけだった。日刊は約 6,000 部あたりを上下したが、その数字は地方紙としては立派なものだった。

リパブリカンの記者や編集者は、その製品を誇りにする職人であり、仕事に熱を入れた。アメリカ中から若者がリパブリカンのスタッフを志願してきた。このスプリングフィールドの新聞を視察するのは、一種のジャーナリズムの上級コースの学位であった。「リパブリカン出身者」は、国内最大の新聞でも歓迎されたのである。

ニュース競争

　ペニー・プレスの開拓者はおそらく、自分たちがアメリカジャーナリズムにいかに重大な変革をもたらすことになるかを認識してはいなかったのだろう。かつて歴史家兼ジャーナリストのジェラルド・W・ジョンソン (Gerald W. Johnson) が指摘したように、デイ、ベネット、グリーリーやエイベルのような新聞編集者は、大きな変革の時代に生きた――その変化は非常に大きく、比べると独立戦争以後の様々な変化が取るに足らないものに思えるほどであった。[11] 1830年以後多くの制度がドラスティックに改められたが、新聞ほど変革が大きかったものはなかったのである。

　3つの要素が新聞の発展を規定する。まず (1) 読者大衆、(2) コミュニケーションのシステム、(3) 生産の改良、である。19世紀の第2四半期において、これらすべての要素はプレスに大きな影響を及ぼすことになった。読者大衆は、読み書き能力を以前にも増して向上させ、またますます多種多様なタイプの出版物が提供されるようになると、ますます敏になっていった。コミュニケーションのシステムは、その推進者のきわめて突飛な夢を超えて発展した。また蒸気印刷、自動印刷の始まりや製紙の完成は新聞の変革を助長した。こうしてペニー・プレスの開拓者は気がつくと、たとえ新しいルールが形成される過程にあるにしても、かつてのルールがみなキャンセルになったゲームに参加していた。ジョンソンの言うように、「生き残るためには、新しいルールがどんなものになるかを予測する、つまり時代の大勢を正確に予測することが必要であった。もろもろの条件が、しっかりした常識に裏打ちされた油断のない柔軟な情報を要求した。というのも、その必要性がいまや明白となっている政策が、当時は曖昧さに包まれていたからである」。[12]

　ニュース競争は、技術発展を推進しようとするアメリカ人の熱意を反映した。本章で説明されるコミュニケーションの革命は、この拡張主義から生み出されてきた。新聞へのこの革命の影響は、ノース・カロライナ大学で行われた、

1820 年から 1860 年までのニュース取材の研究において評価された。研究結果によれば、出来事があってから 1 週間以内に日刊紙に掲載されたニュース記事の平均数は、45% から 76% に増えた。1 か月以上かかるニュースは総計 28% から 8% へと減少した。電信ニュースを利用する能力が増したことが、さらにそのタイムラグを減少させたと言っていいだろう。この改善の一部は、標本抽出された新聞の記者、編集者や特派員（通信員）によって積極的に収集されたニュース記事数が増加したこと——32% から 55% ——によるものであった。[13] このことは他紙からの切り抜き記事や寄稿や他の一般的な内容の記事が大いに減少したことを意味している。

郵便のニュース

1758 年に、植民地の郵政長官として、新聞編集者間の新聞無料交換政策を確立したのはベンジャミン・フランクリンであった。彼はまた、出版物のための定期の郵便制度も整備した。

1792 年そして 1794 年に連邦議会は、植民地時代の郵便制度を連邦の管轄に改めた。連邦憲法や修正第 1 条を起草した世代は、脆弱な国家を統一する手段として、コストを下回る新聞郵送料を採用した。実際、リチャード・キールボビッツ (Richard Kielbowicz) 教授は、これが米政府の最初のコミュニケーション政策であったという指摘をしている。手紙代筆屋は安い新聞料金で契約を引き受けた。400 マイルを超えるシングル・シートの手紙の郵送代は 25 セントかかったからだ。しかし他方で、新聞はサイズや重量にかかわりなく最高 1.5 セントで郵送された。新聞の郵送料は 1845 年以後下がった。

同様に重要であったのは、新聞に提供された特別な郵便サービスであった。それは 1851 年に始まるが、連邦議会は、広範に流通する大都市の新聞が享受する郵便料金の利点を相殺するために、地方紙が発行される当の郡内での、新聞の無料郵送を認可した。1792 年から 1873 年まで、連邦議会は、新聞編集者に自分の新聞を無料郵便で交換し続けることを認めていた。これは電信のニュース・サービスが作られる前にあって、多くの新聞に他の都市のニュースを提供するサービスであった。さらに、郵便局は 1820 年代から 1860 年代まで、通常の郵便よりも早くニュースを送る至急便を断続的に運営した。[14]

大衆のための新聞　165

最初のワシントンの記者

　組織的に封印が切られるべき最初のニュース・ソースの1つは連邦議会だった。ワシントンの記者団の始まりは、1822年12月ナサニエル・カーター (Nathaniel Carter) が、自らの新聞ニューヨーク・ステーツマンのために首都サービスを設置したことにさかのぼることができる。カーターの新聞は、その時から1824年まで「ワシントン通信」という言葉を使った。連邦議会が1827年12月に招集された時、次の舞台に3人のジャーナリストが登場した。それはニューヨーク・エンクワイアラーのジェイムズ・ゴードン・ベネット、ボストン・クリアーのジョゼフ・I・バッキンガム (Joseph I. Buckingham)、そしてチャールストン・クリアーのサミュエル・L・ナップ (Samuel L. Knapp) であった。これら3人の記者は、それ以後ずっと続くことになった新聞による連邦議会の継続的取材を始めた。バッキンガムは、その会期後その任を離れたが、ナップは1830年代まで留まった。ベネットは後にクリアー・アンド・エンクワイアラーの特派員になり、初期のワシントンの新聞記者団の中で最も有名であった。[15]

　最初に長期間にわたってワシントン特派員を務めたのは、イライアブ・キングマン (Eliab Kingman) であり、彼は1830年から1861年まで、様々な顧客のため非常勤特派員サービスを提供した。マシュー・L・デイビス (Matthew L. Davis) は、ロンドンのタイムズと、クリアー・アンド・エンクワイアラー (同紙は彼を「ワシントンのスパイ」と呼んだ) のため、1832年から1840年まで働いた。ニューヨーク・エクスプレスの創刊者ジェイムズとイラスタス・ブルックス (James and Erastus Brooks) は、1830年代にワシントン報道に携わった。

　ワシントンの最初の重要な女性ジャーナリストは、アン・ロイヤル (Anne Royall) であり、彼女は因習にとらわれない有能な記者兼編集者であり、1831年61歳の時4頁建ての新聞ポール・プライを創刊した。ロイヤルは1836年から1854年までザ・ハントレスを刊行し、同紙はジャクソン流の原理、自由公教育、自由な言論そして移民や先住アメリカ人に対する正義を訴えた。連邦議会の記者席に座った初めての女性という栄誉を得たのは、ピッツバーグの奴隷制度反対を掲げるサタデー・ビジターの編集者ジェイン・グレイ・スウィスヘルム (Jane Grey Swisshelm) であった。スウィスヘルムは、ワシントンに来てグリーリーのトリビューンに週5ドルでコラムを送ることになった。1850

年4月17日、彼女は上院記者席に座ったが、その後2度と戻らぬ決心をした。改革運動家、フェミニストとして全国的に著名になり、彼女は、1857年不幸な結婚を逃れ、心の平静を求めてミネソタの編集者となった。しかし彼女の戦闘的な文体に刺激された暴徒は、彼女の印刷機を略奪し、活字を川に投げ捨てた。剛胆な彼女は、自分の新聞セイント・クラウド・デモクラットを、新たに結党された共和党の声、奴隷制の猛烈な反対論者で女性の公民権の激しい唱導者に仕立て上げた。[16] こうした女性ジャーナリストのトップにランクされるのは、コーネリア・ウォルター (Cornelia Walter) である。彼女は1842年から1847年まで一族所有の新聞ボストン・トランスクリプトを預かった時、主要新聞の最初の女性編集者となった。

マーガレット・フラーは、1844年から1846年にかけてニューヨーク・トリビューンのスタッフとしてワシントンにいた。ところで彼女は、1840年30歳の時、ラルフ・ワルド・エマーソンが後援する超絶主義的な哲学雑誌ザ・ダイヤルの編集者となった。ボストンにおいて知的なリーダーシップ、文学的才能、フェミニスト的関心で知られた彼女は、グリーリーを魅了し、グリーリーは文学評論と人物紹介を書くよう彼女に求めた。1846年彼女はアメリカ初の女性海外特派員となり、トリビューンにイギリス、フランスやイタリアから寄稿した。彼女はローマに腰を落着け、社会主義的思想を信奉するようになり、彼女の子の父親となるイタリア人革命家と結婚した。グリーリーのため1848年の政治変動を取材・報道し、そしてアメリカ女性の役割に関する著作のため、1850年帰国途上にあった彼女は、東海岸での難破で夫、子供とともに亡

当時の代表的な女性ジャーナリスト、ジェイン・グレイ・スウィスヘルム（左）とマーガレット・フラー

くなった。

　1860 年までに上院は 23 人の特派員をリストに載せ、他方下院は 51 人だった。1853 年以後ローレンス・A・ゴブライト (Lawrence A. Gobright) は AP の通信員になった。ボストン・ジャーナルのベン・パーリ・プア (Ben:Perley Poore) は 1854 年に着任し、33 年のキャリアを持つことになった。ニューヨーク・ヘラルドのジョン・ニュージェント (John Nugent)、ニューヨーク・タイムズのジェイムズ・W・サイモントン (James W. Simonton) はともに、南北戦争前に議会と小競り合いを起こすことになった。サクラメント・ユニオンのノア・ブルックス (Noah Brooks) とニューヨーク・トリビューンのサミュエル・ウィルクソン (Samuel Wilkeson) は、それぞれ戦時記者団のリーダーであった。

海外ニュース

　ヨーロッパの新聞から抜粋される海外ニュースは、アメリカの新聞に常時掲載された。しかし 1811 年になって初めて、鮮度を失わないうちに、海外ニュースを報道することに多くの関心が生れた。当時、英海軍の船舶は、イギリスの脱艦兵を追って海上でアメリカ船を捜索していた。戦争が切迫し、ヨーロッパからのメッセージすべてがアメリカの商業への新たな脅威に言及した。こうした情報に対する顧客の渇望を満足させるために、サミュエル・ギルバート (Samuel Gilbert) は彼の 7 階建てのエクスチェンジ・コーヒー・ハウスに読書室を提供した。その建物はアメリカで最も高いビルとして、ボストンの海岸地区の他の建物を圧倒していた。その読書室は、コーヒー・ハウスの典型であり、海外の新聞が提供された。ギルバートの特別な貢献は、一種のマリン・ニュース・ブック (Marine News Book) であり、それは商人や海運業者の顧客のため、非常に多くの時事的な地元の情報を提供した。ニュース・ブックの準備にかなりの時間がかかり始めると、ギルバートはこの仕事のため助手を雇った。1811 年 11 月 20 日、彼はコロンビアン・センチネル紙上で、若きサミュエル・トップリフ・ジュニア (Samuel Topliff, Jr.) が今後「マリン・アンド・ジェネラル・ニュース・ブックス」(Marine and General News Books) の責任者となることを公表した。トップリフは重要なニュースをいち早く持って帰れるようにと、自分のローボートで入港する船を待ち受け始めた。これはアメリカにおいて、海外ニュース収集の初めての組織的な試みであった。後にトップリフはヨーロッパに通信員を雇って至急便を用意させ、入港する船から至急便を受け

取った。

　他の都市も、同種のサービスを完成させた。チャールストン・クリアーは、1814年のイギリスとの和平のニュースをアメリカで最初に報道した。というのも同紙の船記者が、その事件発生後たった7週でそのニュースをつかんだからだった。1828年までにニューヨークはこうしたニュース取材をリードすることになった。急成長を遂げる都市ニューヨークで最も企業性豊かなニュース商人は、タパン発行のジャーナル・オブ・コマースの支配人、ヘイルであった。同紙は、当時ニューヨークで発行される日刊紙10紙の中で最新参であった。ヘイルはまもなく、既存紙が入港船からのニュース取材のためのサービスを設立していたことに気づいた。強力なクリアー・アンド・エンクワイアラーの所有者、大佐もそうしたサービスを持っていた。既存紙を出し抜こうとして、ヘイルは高速のスループ船を買い、サンディ・フック沖で、湾への入港のため船倉内の荷繰りをしているヨーロッパの貨物船を捕まえた。彼はバッテリ・プレースから商船が沖合に見え始める数時間前にニュースを持ち帰ることができた。当然ウェッブらもこの挑戦に対応した。

　この後しばらくして、ヘイルと彼の共同経営者ハロックは、ジャーナル・オブ・コマースを買収し、6セント新聞の中で最も攻撃的な新聞に仕立て上げていった。ペニー・プレスの編集者と同様、2人は商品としてのニュースの価値を理解していた。彼らは読者に提供すべき重要な記事があると、時おり号外を出した。彼らは現代の新聞の慣行のように、第1面をショウウィンドウにした。しかし、とりわけ彼らが推進したのはニュースの取材と伝送を速めるシステムであった。ワシントンとニューヨークの間のポニー便サービスを始めたのはヘイルとハロックであった。クリアー・アンド・エンクワイアラーは厳しい競争を挑んできたが、ベネットが現われこの2人を圧倒するまで、ヘイルとハロックは、ニュース競争でニューヨークの他の新聞をリードした。

ポニー、伝書鳩、鉄道、蒸気船

　もちろんベネットは、最上とは言えぬニュース取材の方法に満足していなかった。ダニエル・クレイグ (Daniel Craig) が、遠隔地からニュース報道を送るために伝書鳩を使い始めた時、ベネットはそのサービスと契約を結び、さらに自分自身の鳩を使った。蒸気船、鉄道、電信が帆船、馬そして伝書鳩に取って代わった時、ベネットはすぐにその新しいコミュニケーション手段を利用した

が、彼のライバルもそうであった。

　合衆国政府は、この時代の迅速なニュース処理の開発に手を貸した。新聞人の先例にならって、1835年郵政長官エイモス・ケンドルは、クリアー・アンド・エンクワイアラーから1つのルートを接収して、フィラデルフィアとニューヨークの間に、定期のポニー至急便サービスを設立した。[17] 1836年までにこの至急便サービスは主要ルートを越えて拡大し、ニューヨークとニューオリンズの所要時間を7日足らずに短縮した。至急便の配達夫は、新聞自体ではなく、むしろ重要ニュースのゲラ刷りを運んだ。当時「スリップス」(slips) と称されたゲラ刷りは、ニューオリンズ・システムのような長距離のルートでは、ほぼ1週間定期の新聞よりも先行することになった。この体制によって、アメリカ中の新聞は、重大ニュースで競争紙を出し抜くための共同交換制度を作り上げることができた。

　1830年代および1840年代において、徐々に鉄道がポニー至急便に取って代わり始めた。鉄道敷設距離は1830年の23マイルから、1850年までに9,000マイルとなった。鉄道は新聞にとって大いなる恵みであった。鉄道は迅速な流通を提供するだけでなく、コミュニケーション媒体としての機能を果たした。1837年5月、ボルチモア・サンは、ボルチモア＆オハイオ鉄道を用いて、2時間以内にワシントンからバン・ビューレン (Van Buren) 大統領のメッセージを急送した。以前はエイベルと彼の同僚は、こうしたワシントン紙からのニュースを得るために、翌日の朝まで待たねばならなかった。

　1841年ベネット、スウェイン（フィラデルフィア・パブリック・レッジャー）そしてエイベル（ボルチモア・サン）は、ワシントンからボルチモア、フィラデルフィアおよびニューヨークまでハリソン大統領の就任演説を運ぶために、共同で汽車を雇った。ボルチモア・サンは正午の演説をカバーする号外を午後の早い時間に出すことができた。演説のゲラは、同紙の交換のために郵送され、そのため競争紙より24時間早いスクープをものにすることができた。

　蒸気船もまた迅速なニュース取材に貢献した。大西洋を横断する航行時間は、数週から数日に短縮された。1845年オレゴン問題がイギリスとの戦争の脅威をもたらした時、主要紙は共同して大西洋横断蒸気船の最初の寄港地ハリファックスで高速船を出迎えた。馬はノバスコシア半島を越えてファンディ湾にニュースをもたらした。そして同湾で高速蒸気船はメイン州のポートランドへ情報をリレーした。他方鉄道列車はハリファックスでニュースを受信した後、50時間足らずでそのニュースをワシントンに届けた。

電信によるニュース

　しかしニュースの迅速な伝達の最大の促進は、電信によって提供された。1844年5月24日サミュエル・F・B・モース (Samuel F. B. Morse) は、ワシントンの旧最高裁判所の判事室のテーブルにつき、信号のメッセージをトントン叩いた。ボルチモアにいる彼の助手は、その信号を解読した。そのメッセージは「神は何をし給うたか」(What hath God wrought?) であった。その後同じ日の午後モースは、ボルチモア・パトリオットに掲載される最初の電信文を送った。「1時：ちょうどこの時オレゴン問題について全院委員会に入る動議が下院に提出された。賛成79対反対86で否決」。これは19世紀の重要な報道の1つであった——それはニュースの本質的な価値のためではなく、まったく新しいコミュニケーションのシステムの前兆であったがために重要であった。

　フィラデルフィアの新聞発行者スウェインは、モースの発明を企業化するマグネティック・テレグラフ社 (Magnetic Telegraph Company) の設立者の1人だった。ボルチモアでは、エイベルは自分の新聞の紙面を使って発明家モースの仕事に助成を与えるよう連邦議会の援助を求めた。彼はまた電信のワシントン——ボルチモア間の試験に資金を援助をした。しかし伝統的な理由で、ボルチモア・サンは、19世紀最大の事件のひとつにほとんど紙面を割かなかった。すなわち月曜の新聞は、「磁力による電信」という見出しで第2頁の地元記事の下に、最初の電信ニュースの特電を載せた。11行の記事は世界のいたるところのコミュニケーションに多大な貢献をすることになる実験について述べていた。

　新聞はすぐに新発明を利用した。1846年5月大統領ジェイムズ・K・ポーク (James K. Polk) の、メキシコとの戦争を要求する議会へのメッセージは、サンによる電信の独占使用によってボルチモアに伝えられた。ベネットはこの発明の利用で有名になり、電信は競争紙を出し抜くのに役立ったのである。

　電信はまた、小さな町の日刊新聞の成長にも刺激を与えた。抑制なく拡大する大都市の新聞が、イギリスの場合と同様に、まもなくジャーナリズムを支配する機が熟していた。イリノイ州ではセントルイスやシンシナティなど大きな新聞発行センターから来る都市の日刊紙がますます多くの発行部数を吸収するようになっていった。しかし電信ニュースサービスの開始以来10年の間に、同州では30の日刊紙が創刊された。大都市の競争紙と同様のニュースを得る能力は刺激的であり、共同ニュース取材へと向かった。例えば、1846年1月

早々オルバニーからユーティカへと電信線が到達した時、同地のユーティカ・デイリー・ガゼットは、その最初の電信ニュース速報を受信した。そのニュースは非常に新しく、電信による通信が目新しかったので、同紙の編集者はその速報に約 1 コラムを費やした。電信のコストを分担し合うため、ユーティカの新聞発行者や他のニューヨーク州北部の新聞は、1846 年 3 月自ら組織化して、後にニューヨーク州 AP 通信 (New York State Associated Press) となるものを作り上げた。19 の新聞が 8 月までにこの最初の電信サービスに加入し、ニュース通信員がオルバニーとニューヨーク市で雇用された。[18] 電信線は 7 月までにオルバニーとバッファロー、9 月にはオルバニーとニューヨーク市を結んだ。同様の電信線がアメリカの内陸部へと、他の新聞へと延ばされていった。

アソシエーテッド・プレス（AP）の起源

　すべての遠隔地の発行物にサービスを提供するだけでなく、大きなニューヨークの新聞のニーズに応える大規模な電信サービスの組織化が、今や次の当然の段階のように思われた。医者から記者に転じたアレグザンダー・ジョーンズ (Dr. Alexander Jones)、伝書鳩の専門家ダニエル・クレイグ、その他様々な電信サービスのプロモーターを含めて、多くの人びとがビジネスの機会をうかがっていた。しかし、企業性豊かなニューヨーク市の日刊紙は、状況を巧みに支配できる能力を証明することになった。

　後にジャーナリズム史を書いたヘラルドの編集局長フレデリック・ハドソン (Frederic Hudson) は、難問の端緒を開いた功績をジャーナル・オブ・コマースのヘイルに帰している。すなわち、ヘイルは軽蔑していたベネットに呼びかけ、1846 年の米墨戦争の報道活動のために、競争紙がニュース取材資源をプールする（共同負担する）ことを提案したのである。[19] 戦争の取材には何の結果も生じなかった。しかし最近の徹底的な調査によると、ヘラルドとトリビューンが 1846 年 5 月 7 日に、ワシントンから同一の電信速報を送り始めたことが確認された。このような同じルーティンの記事は、ほぼ日刊を基礎として続いた。[20] 土台が築かれつつあったのである。

　1848 年 5 月、主要なニューヨークの新聞発行者が、サンのオフィスに集まり合意に達した、と考えられている。記録は全く残されていないが、後の説明では、出席者の名前を次のように指摘している。ヘラルドのベネットとハドソン、クリアー・アンド・エンクワイアラーのウェッブ大佐と助手のレイモン

ド、トリビューンのグリーリー、サンのビーチ、エクスプレスのイラスタスとブルックス、そしてジャーナル・オブ・コマースのヘイルとハロックであった。彼らはすでに、西行きの大西洋横断蒸気船を押さえるため、高速船ブエナ・ビスタ号をチャーターし、そして港のニュース船も購入していた。[21] 1848年5月13日レイモンドは、ボストンの電信代理業者に手紙を書き、彼に対して、これら6紙の「ボストンからの電信によるニュースを共同で調達」する希望を伝えた──それは、ニューヨークに向かう前にボストンの波止場に入る蒸気船によって届けられるニュースおよびハリファックスからリレーされるニュースの双方を含んでいた。1週間後レイモンドは、「アソシエーテッド・プレス」(Associated Press) を代表して契約に同意し、電信ニュース3,000語につき100ドルを支払い、ニュースはまたフィラデルフィアとボルチモアの新聞に送られることになると述べた。[22]

しかし1848年のAP公式結成の記録文書は全くない。現代のAPに成長していくこの前身の組織の法律上の結成についての、最も正確な日付は1849年1月11日である。前に紙名をあげたニューヨークの日刊6紙の間でハーバー・ニューズ・アソシエーション (Harbor News Association) を結成したという同日に署名された協定の写しは、1967年シュウォーツローズ教授によって、ニューヨーク公立図書館の手稿部門のヘンリー・J・レイモンド・ファイルの中から発見された。以前には知られていなかった文書の詳細は、6パートナー紙はニューヨーク港で入港船からニュース取材を行うために2隻のボートを操船する、費用を分担する、ニュースをニューヨーク市以外の新聞に売る、そして会員社の規則を作る、といったことを規定していた。[23] 1851年明らかに電信によるニュースの販売が以前に増して重要になったため、同グループは、テレグラフィック・アンド・ジェネラル・ニュース・アソシエーション (Telegraphic and General News Association) として新しい協定に署名した。

「アソシエーテッド・プレス」という言葉は、1860年代になって初めて一般に使用されるようになったが、ニューヨーク市のグループは現代の通信社の先駆であった。ジョーンズ博士は、サービスの管理者となり、1851年その職をダニエル・クレイグが引き継いだ。その年にはニューヨーク・タイムズがそのグループ7番目のメンバーになった。1856年、「ニューヨーク市一般ニュース協会規則」[24] と称される規則を採択することで組織を強化した。まもなく同グループはニューヨーク・アソシエーテッド・プレスと呼ばれるようになり、共同のニュース報道活動の堅固な統制体制を確立し、外部へサービスの販売を行

うようになった。顧客の中には、最初のニューヨーク州 AP 通信やボストン、フィラデルフィア、ボルチモアそして南部の AP グループがあった。[25]

米墨戦争のニュース

　米墨戦争は、アメリカの新聞にニュース企業のデモンストレーションを行うまたとない最上の機会を与えた。この戦争はアメリカの通信員によって広範にカバーされた最初の対外戦争であり、新聞は費用のかさむ入念な取材体制を作って、報道をアメリカに送り返させた。ポニー至急便、蒸気船、鉄道そして巣立ち始めた電信のそれぞれの能力を結び付けることで、新聞は、前線からのニュースをもたらす軍事急使や合衆国郵便をたびたび出し抜く 2,000 マイルのコミュニケーションのネットワークを確立した。

　新聞によって考案された至急便のシステムは非常に効果的であったので、事態の成り行きに腹を立てていたポーク大統領も、ボルチモア・サンの発行者エイベルからの電報経由で、ベラ・クルーズでの米軍の勝利のニュースを知った。[26] このような企業精神によって新聞の発行部数は押し上げられた。あるボストンの作家は次のように観察していた。「もしニュースボーイが号外で大衆に対して行ったのと同じような激しい攻撃をわが軍が敵に行えば、勝利は疑いなくわがものとなろう」。[27]

　しかし戦争の目的については、多くの編集者は困惑した。彼らがたとえ誇りと愛国主義とビジネスの入り交じった感覚で、アメリカの勝利を報告したとしても、戦争の道徳的帰結に懸念を持つ者もいた。グリーリーにとってその戦争は「神がわれわれに反対して加担するに相違ない」[28] 戦争だった。一方ベネットは米墨戦争の断固たる支持者で、「われわれは、民族の運命に大きな未曾有の変化が起きようとしている瀬戸際にいる」[29] と主張した。

　ペニー・プレスの指導者たちは、背後で論説によって戦争の支持を与えると同時に、戦闘地帯からのニュースを伝えるため、ニューヨークからニューオリンズへの至急便システムを確立した。至急便システムは「現代の創造物」であり、「そしてアメリカ民特有のもの」とベネットは読者に説明した。[30] 必ずしも国民に特有ではないとしても、そのシステムは 1840 年代のアメリカの新聞にとって明らかに特徴的なものであった。ニューヨークの朝刊日刊紙にリードされて、フィラデルフィア・ノース・アメリカンとパブリック・レッジャー、精力的なボルチモア・サン、チャールストン・クリアーそしてニューオリン

ズ・ピカユーンを含めて、多くの新聞がそのシステムに参加していった。戦争の最後の半年間、これらの新聞は、日刊を基礎にニュースの配達システムを運営する活動を負担し合った。

戦闘地帯に一番近いニューオリンズの新聞は、戦争取材をリードした。[31] 当時の新聞は、「交換紙」(他紙から受領する無代紙)からのニュースに大きく依存していたから、軍隊とともにいるニューオリンズ特派員による報道活動は、アメリカ中で広く転載された。革新的なニューオリンズ紙のひとつは、アメリカ初のスペイン語日刊紙であるラ・パトリアであった。ボルチモア・サンや他の主要日刊紙は、ラ・パトリアの特派員書簡やメキシコおよびラテン・アメリカのスペイン語新聞の翻訳に頼った。[32] カリフォルニアのスペイン語新聞もまた、戦闘報道に大きな注目を寄せた。

米墨戦争のスター記者は、ニューオリンズ・ピカユーンの編集兼発行者のジョージ・ウィルキンス・ケンドル (George Wilkins Kendall) であった。ケンドルは、モンタレーからチャプルテペクにいたるすべての主要な戦闘をカバーし、関連する軍事戦略を正確に記事にした。少なくとも他に10人の「特別通信員」が、ケンドルの後を追って戦場に入った。すなわち、ピカユーンのクリストファー・メイソン・ハイル (Christopher Mason Haile)、ニューオリンズ・デルタのジェイムズ・L・フリーナー (James L. Freaner)、そしてデルタ、ビーそしてクレセントのジョン・ピープルズ (John Peoples) らである。[33] ウエストポイント(陸軍士官学校)の中退者のヘイルは、ケンドルの取材能力と互角で、戦闘の犠牲者の詳細なリストを読者に提供するという新たな試みを行った。元ニューオリンズの印刷屋であったフリーナーとピープルズは熟練の記者となり、それぞれ「野生馬」(Mustang) や「低木の茂み」(Chaparral) のペンネームで全国的に有名になった。フリーナーは、当時の記録となる17日かけて和平条約をメキシコ・シティからワシントンへ1人で伝えた。いかなる戦時特派員よりも大きなキャリア上の名誉を得たのは彼だった。

前線の特派員からの報道はしばしば、アメリカの戦争への関与や「明白な運命」(Manifest Destiny) の思想を支持した。彼らはまたメキシコの奥地に侵攻し孤立した米軍の苦境を強調した。またメキシコ人に対する不信と偏見の態度を反映し、ザカリ・テイラー (Zachary Taylor) 将軍とウィンフィールド・スコット (Winfield Scott) 将軍の大衆的な戦争の英雄のイメージを促進し、強化した。戦場での功績から結果的に生じた好意的な新聞のパブリシティの波を利用したテイラーは、1848年ホワイトハウス入りを果たした。

米墨戦争のドンキホーテ的なひとこまは、ニューヨーク・サンの非常に個性的な発行者モージズ・エール・ビーチによって提供された。ビーチはサンの論説記者ジェイン・マクマナス・ストームズ (Jane McManus Storms) に同行し、米政府のための秘密の和平使節団として1847年メキシコ・シティに向かった。その努力は失敗し、メキシコの反戦勢力支援の疑いを持たれたビーチは、メキシコ軍将軍のサンタ・アナによる逮捕をかろうじて免れ逃げた。明白な運命説の強力な唱道者であったストームズは、ハバナ、ベラ・クルーズ、メキシコ・シティから「モンゴメリー」という筆名で、サンとトリビューンに戦争についての評論を書いた。[34]

1848年5月30日に批准されたグアダルーペ・イダルゴ (Guadalupe Hidalgo) の和平条約は、長期にわたる影響を及ぼした。メキシコ人は条約の規定を不公平なものと考え、今日にいたるまでの不幸をもたらしたと見なしている。彼らはテキサスに対するすべての主張を断念し、カリフォルニアを含めて領土の約40％を失った。カリフォルニアは1850年正式に州となった。アメリカの中でもこの戦争の勝利は、強力な政治的・軍事的な意味を持った。新たに獲得された領土の奴隷制の問題は、1850年代に大きく問題化し、最終的に南北戦争につながっていった。

もちろん、南北間の様々な相違点は、はじめアメリカ史の初期に生まれ、次の章で論じられるように、南北戦争前の時代に深化していった。こうした分裂のただ中におけるメキシコ領の獲得は、奴隷制という重要な問題を前面に押し出すことになったのである。

大部数のための印刷機

印刷機によって新聞の発展における最後の要素がもたらされた。すなわち、もし新聞が安価に迅速に大量に制作され得なければ、大発行部数とそれがもたらしたすべての変化は達成され得なかった。この問題は、技術の専門家とくに印刷機の製作者によって解決されなければならなかった。

印刷機の改良と高速印刷の必要性は、フィラデルフィア・パブリック・レッジャーの経験によって示される。同紙は1836年に、部数に成功を依存するペニー・プレスとして創刊されたが、その印刷機器は大半の新聞に見られる手動の印刷機であった。半年でレッジャーは約8千の発行部数を獲得するようになり、旧式のクライマー印刷機で読者の需要を満たすことはもはや不可能になっ

1855年に開発されたこの画期的なホー社製回転印刷機は、1時間に2万刷を印刷することができた。

た。そこでスウェインは当時手に入る最も優れた印刷機を設置した。つまり、蒸気動力のネイピア・シングルシリンダー印刷機である。1年後スウェインはまた印刷機を注文しなければならず、今度はダブルシリンダー印刷機であった。

　最初のシリンダー印刷機は、平らな組版の版盤の上を前後に動くだけであった（今日印刷屋でみられるゲラ刷り印刷機のようなもの）。一度に2つのシリンダーを使用することでスピードは2倍になった。しかしこの印刷機でさえも、ペニー・プレスによって開拓された発行部数をこなすにはスピードが十分ではなかった。問題は、1846年レッジャーに導入されたリチャード・ホーの活字の回転する輪転機によって解決された。ホーは平らな版盤の代わりに水平シリンダーを使った。これらのシリンダーのカウンターサンク(countersunk)は、曲線に曲げられた版盤で、新聞の1面につき1つ使われた。活字の組版は、シリンダーが高速で回転する時、活字が飛び出さないようにするために、クサビ型の罫の精巧なシステムによってこれらの版盤にしっかりと固定された。1849年ニューヨーク・ヘラルドは、1時間で1万2千刷が可能な6シリンダーを備えた"電撃"印刷機を1台設置した。南北戦争の勃発までに、企業性ある発行者は1時間に2万刷まで印刷できるようになった。

　活字が回転する印刷機（輪転機）はニュースの処理をスピードアップしたが、それはまた多数のコラムの紙面構成（整理）にいくつかの制限を課した。これ

らの制約はステロ版のプレートの開発によって克服された。ロンドンの印刷屋ジェイムズ・ディラガナ (James Dellagana) は、柔らかな母型に活字の鋳型を押しつけることで、カーブしたベタ組のプレートを製作した。ついでこの母型をシリンダーに合うようにカーブさせ、ついで活字版を作る母型、つまり「マトリックス」の上に熱い鉛を流し込む。ステロ印刷によって、複製頁のための複製印刷機、以前より大きな見出し、広告ディスプレーの工夫といったことが可能になった。ベネットは南北戦争の間5台の複製印刷機を使用した。

新聞西へ移動

　小都市の新聞は大都市の競争紙ほど大きな変化は被らなかったが、僻地でさえ新聞はコミュニケーション革命の衝撃を経験しつつあった。電信線は1846年までにメイン州のポートランドまで届き、翌年南部のチャールストンおよび中西部のセントルイスまで伸び、1848年までにシカゴとミルウォーキーまで広がった。ポニー至急便は路線の果てを越えて活動を続けた。とくに1860年に開かれたミズーリ州のセント・ジョゼフからカリフォルニア州サクラメントまでの大陸横断のポニー至急便は、電信が5万マイルの線を架設して1861年10月太平洋岸に到達するまで、続けられた。

　内陸部の新聞は最善を尽くした。地元ニュースが主要な商品だったが、ゲラ刷り、交換紙そして貧弱な電報から、ワシントンや海外のニュースを急いでかき集めた。シンシナティとセントルイスは、とくに主要な新聞発行中心地であり、ともに1850年代までにいくつかの日刊紙をかかえるようになった。シンシナティの主要紙は、1815年週刊紙として創刊され1827年に日刊化されたシンシナティ・ガゼットであり、コマーシャルは1843年に創刊された。セントルイスのトップの日刊紙としては、1808年ガゼットとして創刊されたミズーリ・リパブリカンと、1852年に創刊されたミズーリ・デモクラットがあった。新聞が入植線のあとを追って行くにしたがい、中古の印刷機、機材、インクや紙は、これらの中心地からもっと小さな町へと移動していった。

　人口は、シカゴやミルウォーキーといった町が新聞発行中心地になる五大湖地域で急増した。シカゴ最初の新聞は、1833年に始められたシカゴ・ウィークリー・デモクラットであり、1840年に日刊に転じた。シカゴ・トリビューンは1847年に始まり、同紙は1855年ジョゼフ・メディル (Joseph Medil) と彼の共同経営者によって買収された後、主要日刊紙となった。トリビューンは、

1861年ウィークリー・デモクラットを吸収した。ミルウォーキー最初の週刊新聞は、アドバタイザーであり、同紙は1836年に創刊され、後にウィスコンシン・ニュースとなった。1837年に始まったミルウォーキー・センチネルは、1844年同市初めての日刊新聞になった。週刊から日刊への変化はいたるところで繰り返された。ミネソタ州最初の新聞である1849年のミネソタ・パイオニアは、1854年に日刊となり、セントポールには競争紙が数紙生まれた。

　政治集団の代弁者としての競争紙の創刊は、新聞の成長の側面をある程度説明する。西部の新聞には、入植と土地の売却を促進する手段として発刊されたものもあった。こうした新聞のひとつが、太平洋沿岸の最初の発行物として1846年オレゴン・シティで始められたオレゴン・スペクテイターであった。他の新聞はカンザス、オクラホマ地域の最初の出版物と同じように、伝道用の新聞であった。軍事郵便もまた新聞に貢献した。週刊新聞は一般的には地方ニュースに加えて、多くの文芸的な題材を掲載した。日刊紙もまた、ニュースはもちろん読み物への渇望を満たそうと試みた。1849年サンフランシスコで始められ、1850年には同市最初の日刊紙となったアルタ・カリフォルニアは、ブレット・ハート(Bret Harte)や、マーク・トウェイン(Mark Twain)としてよく知られるサミュエル・クレメンス(Samuel Clemens)の著作を掲載して有名になった。1858に創刊されたネバダのテリトリアル・エンタープライズの誇りは、1860年代初期に社会部長としてマーク・トウェインを擁していることだった。

　南西部諸州およびカリフォルニアの多くのスペイン語を話す人びとのため、新聞を発行しようとする努力は、1834年エル・クレイプスクロ・デ・ラ・リベルタがサンタフェで印刷された時に始まった。しかしメキシコ領土をアメリカが征服した後、ジャーナリスティックな仕事は初め英語新聞のスペイン語部門に現われた。モンタレーのカリフォルニアン（1846年）、サンタ・フェ・リパブリカン（1847年）、そしてロサンゼルス・スター（1851年）は、助成を受けてスペイン語で法律公告を印刷した。後にカリフォルニアンはサンフランシスコに移り、カリフォルニア・スターと合併してカリフォルニア・スター・アンド・カリフォルニアンとなったが、スペイン語頁を外してしまった。数年のうちに、テキサスからカリフォルニアまで、スペイン語新聞が多数現われた。[35]

　さらに極西や鉱山地域の開拓に伴い、他の初期の新聞が生み出された。それらは、ポートランドのオレゴニアン（1850年）、サクラメント・ユニオン（1851年）、サンフランシスコ・ブレトゥン（1855年）やサンフランシスコ・コール

（1856 年）である。またモルモン教会発行のソルトレイクシティーのデゼレット・ニューズ（1850 年）やデンバー・ロッキー・マウンテン・ニューズ（1859 年）などであった。しかし、カリフォルニアの金鉱山地域へ、ネバダへ、そしてコロラドへ群れをなしてやって来た東部人は、地方紙が提供するよりもっと多くのニュースを欲した。ニューヨークの新聞、とくにヘラルドとトリビューンは南米のホーン岬回りの蒸気船か大陸横断の馬車によって送られるカリフォルニア版を発行した。まもなく他の東部の諸新聞もそれに倣った。というのも拡大する国家の中のどこへ行こうとも、アメリカ人は果敢な新聞記者集団が提供するニュースを欲したからである。

南北戦争の勃発を伝える当時最も人気のあった絵入り週刊新聞（ハーパーズ・ウィークリー）

第 7 章

抑しがたい対立（南北戦争）

　　　　人民の自由に反対するものは、自らの自由をも破壊することになる
　　　　　　　──ウィリアム・ロイド・ギャリソン (William Lloyd Garrison)

　ジャクソン時代は明らかに、ますます多くのアメリカ人がセクションによる相違点に夢中になる事態をもたらした。ある歴史家が南北戦争を、「抑しがたい対立」と称しているが、これは、植民地時代までさかのぼることができる。[1] 1776 年はるか以前の国王への請願、フィラデルフィア憲法制定会議での憲法を巡る様々な主張、外国人・煽動法可決後のケンタッキー・バージニア決議の起草、そして 1828 年の関税を巡る論争は、アメリカがいつの日か分裂する断層を抱えていた証拠である。1848 年までに米国民は、もはや政党ではなくセクションによって票を投じるようになっていた。最終的に、奴隷制は南北戦争の「主要な」原因となった。いずれにせよ、戦争を導くセクション間の様々な分裂のルーツにあったのが、奴隷制の問題であった。[2]

　1861 年南部が連邦を離脱した時、南部をアメリカの伝統から逸脱するものと考える傾向があった。しかし 1820 年以後異なる生活方法を発展させたのは南部ではなく、北部（産業化する北東部を意味する）であった。一般的に言えば、南部は 1761 年の時と 100 年後の 1861 年とほぼ同じ状態にあった。諸州間の戦争の前夜、南部は 18 世紀の特徴を保持していたのである。奴隷制は、綿花王国の農業制度の基礎であった。生活はプランテーションを中心に展開し、したがって商業都市は北東部ほどの重要性を持っていなかった。こうした中心地を欠いていたので、南部には小規模のミドルクラスしかおらず、事実上白人のプロレタリアートはいなかった。しかし南部は、偉大な雄弁家、政治指導者や作家を数多く輩出した。イギリスの綿花やタバコのバイヤーは南部の主

要作物を買いつけ、南部人は海外に物を売ったり買ったりした。

　こうした環境から、名誉や道徳の高い感性を持つ支配集団が生まれてきた。金銭は北部の資本家や賃金労働者とは違って、農民にとってそれほど本質的なものではなかったから、家族や土地の方が南部では金銭以上の価値があった。北部では金は成功の証であった。南部では土地が基準だった。しかし主要作物が土地を疲弊させていくにつれて、1800年以後土地の価値はいつのまにか下がっていった。土壌を肥沃にする知識はほとんど知られておらず、したがって移民は新しい土地を求めて移動し、それによって旧地の需要そして結果的には旧地の価値は下がっていった。土地の投機、交易や産業において全く収益が生まれなかったから、資本家は農民を完全に支配してしまう傾向があった。こうして南部にはその将来を懸念する十分な根拠があった。産業化する北部は、南部よりもずっと急速に成長を遂げた。人口の圧力は、不可避的に北部に政治的支配権を与えた。1828年の「嫌悪関税」は、どう解釈しても、北部が南部に何を課そうとしているかをすでに暴露していた。

　フロンティア地域が紛争の結果を決定することが明瞭になった時、南部も北部も同盟として西部に目をむけた。西部は南部同様農業が中心だった。西部はまた高関税の被害を受けていた。西部人は産業化する北部に対して当然反感を抱いていた。彼らは、農民の負債を緩和し、未開拓地を開放するあらゆる立法努力を北部が妨害していると、憤慨していた。他方で、西部人は南部人とは違って世界的な市場には依存していなかった。西部人は地元や地域の市場に到達することに関心があった。彼らの問題は、いかに生産物をこうした市場に安価に簡単に送り込むことができるか、ということであり、彼らはこの点で北部資本家という味方を見出した。道路、運河、蒸気船の助成や鉄道は、南部に反対する西部の一時的な忠誠を得るため北部が支払った代価であった。

　西部人は、また入植者へのフロンティアの開放を要求した。南部も北部もこれには反対だった。南部人は、新しい土地の開放が、南部に対してさらに圧倒的な重荷となる、自由州の優位につながることを恐れた。他方北部人は西部への膨張を妨害する傾向があった。というのも西部への膨張は、北部の財産価値を低下させるからであり、また未開拓の土地によって賃金がどちらかといえば高くなるからであり、またさもなければ産業地域における安価な労働力の蓄積を削減することになるからであった。要するに、この問題についての西部の勝利は、西部の支持を得るために北部によって支払われた一種の賄賂であった。この証拠のひとつが、北部が長年反対した後、南北戦争前夜に可決されたホー

ムステッド法であった。ひとたび西部がこうした言質を与えた時、南部にはたった2つの選択肢しかなかった。つまり、南部は敗北を認め、北部に適合するよう生活方法を変えるか、異質な制度からわが身を解き放ち、独自の道を歩む——脱退するか、であった。

われわれは、南北戦争を、異なる社会的価値観を持つ、2つの対立する文化の間の衝突と見なすことができる。そしてその多くは奴隷制に由来するものであった。他の相違点は切り抜けられるものであったが、奴隷制に関しては双方に妥協の余地は全く存在し得なかった。また奴隷制は、米連邦の理念が試される問題となったのである。

奴隷制の問題のため死を賭してもいいと思う多くの人びとの1人が、1859年ハーパーズ・フェリーにいた奴隷制廃止論者ジョン・ブラウン (John Brown) であった。エマーソンにとって、ブラウンは、「絞首台を十字架のごとく名誉あるものに変えた」のであった。そして詩人で一時ジャーナリストでもあったウォルト・ホイットマンはブラウンの処刑について以下のように書いた。

> 私は、白髪の老人がバージニアでいかに処刑されたかを歌うだろう（私はすぐ近くで歯を食いしばり、黙って立ち尽くしていた。私は見た。私はすぐ近くに立っていた。冷静に、無頓着に振る舞うが、年齢と治癒せぬ傷で震えるあなたのそばで。あなたは処刑台へ登っていった）。[3]

これは、奴隷制問題が高潔な心情を持つ人びとにどのような意味を持ったかを示している。大衆を運動に動員していくのには多少時間がかかったが、最終的に北部人は奴隷制を戦争の争点とし、新聞は奴隷制を争点化するのに役立った。奴隷制反対のキャンペーンの唱導者は「奴隷制廃止主義者」(abolitionists) と呼ばれた。著名な奴隷制廃止主義の編集者ギャリソンは、新聞がこうした闘争において、いかに重要な要素になるかについて優れた事例研究を行っているのである。

ギャリソンとリベレーター

ギャリソンは、イングランド人およびアイルランド人の血統をひいて、マサチューセッツ州ニューベリーポートに生まれた。父は家族を虐待した大酒飲みで、ギャリソンがまだ若かった青年時代に禁酒問題に関心を抱いた時、当然の

ようにこうした環境の影響を受けたに相違なかった。彼は印刷屋になるまで何でも屋であった。それは彼のいいところのように思われた。ベンジャミン・ラッセルやアイザイア・トマスと同じように、彼は活字ケースのそばで教育の大半を身につけた。彼を学識ある人物というよりむしろ読み書きのできる（教養ある）人物に育て上げたのが教育であった。

彼がベンジャミン・ランディ (Benjamin Lundy) に出会ったのは20代の時であった。ランディははじめ禁酒運動の伝道師であったが、以来改革の情熱を奴隷制反対にまで広げていった穏健なクェーカーであった。クェーカーがイギリスにおいて反奴隷制運動を成功させる上で有力な存在であったことは重要である。いずれにせよギャリソンはランディの新兵の1人になった。まもなくギャリソンは迫害を受けても不満を持たぬようになった——それは、実際熱狂者の運動では不可欠の段階であった。7か月の投獄生活を終えて出獄した時、彼は断固たる奴隷制廃止主義者となっていた。そしてすぐれた才能を備えていた。しかし彼の主張はあまりにも熱狂的なもので彼の生涯自体はその代償に見合うものではなかった。彼はボストンに居を移し、1831年1月1日リベレーターの第1号を発行した。

同紙は奴隷制反対の代弁者としてはあまり印象的ではなく、ギャリソンは、1837年にリベレーターの部数は3,000を決して越えなかったと述べている。大抵は1,500部くらいを上下し、部数の約4分の1は黒人の地域で流通し、そういった地域では黒人読者は公民権を与えられていないか、政治的にほとんど影響力がないかの、いずれかであった。ギャリソンは、ある種の人びとにとって神聖な人物、制度あるいは伝統を戦術なく嘲笑するだけだったので、常にまとまった読者を失っていった。それでもなお、これは北部を戦闘へと煽動する

ギャリソンの有名な奴隷制度廃止派新聞（ザ・リベレーター）の題号。

メディアの役割を果たした。

　ギャリソンは、新聞という1つの武器を持っていたが、その武器によって彼は無敵になった。彼は、奴隷制廃止論が無関心層の心に働きかけ始めるまで、新聞を通じて彼の信条を遠くそして広く普及させた。彼は以下の言葉でそのような人びとの心を動かした。

　　　人民の自由に反対するものは自らの自由を破壊することになる……力なくば安全なし。団結なくば、力なし。正義なくば団結なし。忠誠・真実が欠けているところに正義なし。自由の身たることの権利は、人間の精神に植え付けられた真実である。[4]

　こうした言葉は、狭量で狂信的な、正義感が充満した、勇気と断固たる決意の男ギャリソンをよく表現している。彼の発言は事業にとってはマイナスであった。アメリカ中がこの時期繁栄に沸いていた。人びとが安逸に暮している時、良心は半分睡眠状態にあった。ギャリソンは良心の覚醒を試みたが、それは常に人気のない運動であった。宗教指導者でさえ、彼に、とくに彼の独善性に、憤然とした。ある牧師は、ギャリソンのような奴隷制廃止主義者の言動は「クリスチャンの紳士」のそれとは違うと不満を提示した。それに対してギャリソンは以下のように反論した。

　　　クリスチャンの紳士は「慎重」で、「思慮分別」があり、「賢明」です。だが、みなさん、私はそうした言葉を憎悪するようになりました。我々が偉大なるお手本に見習い、良心に基づいてきわめて簡潔に神の真実を主張しようとすればいつでも、我々は無分別になってしまうのです。なんとなれば、確かに大きな興奮が沸いて来るからです。奴隷制は、興奮（どうしようもなく身震いするような興奮）なしに、打倒できないでしょう。[5]

　ギャリソンは、ペイン以来の最も荒々しい大衆の反応を惹起した。自ら偉大なジャーナリストであり、ジャクソニアン・デモクラシーの指導者であったケンドルでさえ、ギャリソンの言論の自由を抑圧しなければならないと考えた。すなわち郵政長官としてケンドルは、そうした抑圧の使命を帯びた南部の「受託人」(committees) が奴隷制廃止主義の新聞を、公式の郵便袋から強奪するのを許したのである。[6] マサチューセッツ州はリベレーターの州外輸出禁止に動き、多くの州では同紙の配達人が暴力的な脅しを受けたが、何の補償もなかった。

奴隷制廃止主義者と「ファイヤー・イーターズ」

　もっと理性的な奴隷制廃止主義者の 1 人ジェイムズ・G・バーニー (James G. Birney) は、シンシナティで新聞フィランスロピストの印刷を始めた時、暴徒の襲撃を受けた。この事件が起きたのが南部州ではなく北部州の都市であったことに注意する必要がある。

　少なくとも 1 人の廃止主義者がこの運動のために死んだ。その男は、1835 年週刊として創刊された声高な奴隷制廃止主義の新聞セントルイス・オブザーバーの編集者イライジャ・ラブジョイ (Elijah Lovejoy) であった。怒りに駆られた大衆の集会は、結果的に以下のことをラブジョイに通告する決議を採択した。すなわち、権利章典に保障されている自由な表現は、社会の平和を脅かすラブジョイのような編集者には及ばない、というものだった。ラブジョイは大衆的な決議によって彼の言論を封じることはできないと反論した。

　しかしラブジョイは誠意を示そうとして、印刷機をミシシッピ川を越えてイリノイ州のアルトンに移した。しかし彼の印刷所はすぐに暴徒によって破壊された。彼は全国に訴えて、別の印刷機を組み立てるのに十分な支援を受けることができた。この印刷機がまた破壊された。再び彼は支援を訴えて、また迅速かつ積極的な反応があった。クライマックスは彼が 3 番目の印刷機をアルトンに組み立てている最中の 1837 年訪れた。ある市民の集団は、ラブジョイの迷惑行為は排除されるべきだと決意した。彼らは大衆集会を呼びかけ計画を練った。ラブジョイは威嚇に屈するのを拒否して、大胆に集会に出席し、自説を表明した。彼は読者が要求するなら発行の中止を約束するが、暴徒のヒステリーに屈しはしないと宣言した。彼はもし必要ならオフィスに帰り妻とともに新聞発行の権利を守るつもりだと述べた。暴徒は、集会の後、街頭を行進して来た時、印刷機を破壊しようとする欲求ではなく、自ら考え表現する権利を否認しない男を破壊しようとする欲求に動機づけられていた。ラブジョイは暴徒に殺された。

　南部で奴隷制廃止主義者に相当する存在だったのがファイヤー・イーターズ (fire-eaters)（過激な南部州連邦脱退論者）であった。中でも著名だったのは、ウィリアム・ラウンズ・ヤンシー (William Lowndes Yancey)、エドマンド・ラフィン (Edmund Ruffin) そしてロバート・バーンウェル・レット (Robert Barnwell Rhett) である。ヤンシーは当時の偉大な雄弁家の 1 人だった。1860 年の民主党党大会から南部を指揮したのはヤンシーであった。ラフィンは、疲

CHARLESTON
MERCURY

EXTRA:

Passed unanimously at **1.15 o'clock, P. M. December 20th, 1860.**

AN ORDINANCE

To dissolve the Union between the State of South Carolina and other States united with her under the compact entitled " The Constitution of the United States of America."

We, the People of the State of South Carolina, in Convention assembled, do declare and ordain, and it is hereby declared and ordained,

That the Ordinance adopted by us in Convention, on the twenty-third day of May, in the year of our Lord one thousand seven hundred and eighty-eight, whereby the Constitution of the United States of America was ratified, and also, all Acts and parts of Acts of the General Assembly of this State, ratifying amendments of the said Constitution, are hereby repealed; and that the union now subsisting between South Carolina and other States, under the name of " The United States of America," is hereby dissolved.

THE
UNION
IS
DISSOLVED!

1860年12月20日の南部の連邦脱退を伝える1枚刷の号外。
(チャールストン・マーキュリー)

弊したタバコ栽培地の回復のための肥料として泥灰土を採用した農業改良家にして作家であった。彼は疲れを知らない不屈の南部愛国者であった。1861年臆病な人びとがサムター砦への攻撃を躊躇していた時、至近にあった大砲の引き綱をひき、戦闘のメッセージを鳴り響かせる最初の弾丸を発射したのはラフィンであった。そして南部の敗北を決めたアポマトックスの後、忠誠の誓いをするよりむしろ自殺をしたのがラフィンであった。しかしファイヤー・イーターズの中で最も印象深い人物はレットであった。

　時として「南部連邦脱退の父」(Father of Secession) と称されるレットは、チャールストン・マーキュリーの編集者であり、彼は同紙を深南部の主要紙の1つに育て上げた。1832年までに彼は南部にとって唯一の安全策は、独自の道を歩むことであると公言していた。初めは誰もレットにさしたる注目を与えなかった。ギャリソンが北部でそうであったのと同様に、彼は南部で冷淡な扱いを受けた。しかし『アンクルトムの小屋』(Uncle Tom's Cabin) のような壮大な政治宣伝が成功した後、南部はその正当化をレットやヤンシーやラフィンの議論に頼り始めた。1848年までに、レットは再び政治的な力をつけ1851年には偉大なカルフーンの上院の議席を継承することになった。

　皮肉なことに、レットは南部を戦争に関わらせるつもりはまったくなかった。彼は南部を戦争の限界まで煽動したが、北部には争うつもりがないと初めから見ていた。サムター砦が攻撃されたその日、再度レットはなお南部の平和的な連邦脱退をマーキュリーの読者に請合った。彼はもっと情勢を知るべきであった。リンカーンがサムター砦を平和的に撤退することを拒否したのは、今度は北部は本気だという証拠であった。

自ら発言する黒人ジャーナリスト

　ギャリソンのような奴隷制廃止主義者やレットのようなファイヤー・イーターズは、白人が支配するアメリカの黒人奴隷制度に対する反応の両極を代表するものであったから、即座にかつ継続的に、奴隷制の問題への関心を惹起し、最終的にはその両極の感情的衝突は、南北戦争を生み出したのであった。奴隷が自らのためになす言動は、彼らを経済的・政治的・教育的な平等に値しないと見なす社会にとって重要とは全く思われなかった。1850年にはアメリカの人口の中に約50万人の自由黒人がおり、半分は南部、半分は北部にいた。しかし南部では州法が、黒人が公式教育を受けることを禁じており、しかるべき

FREEDOM'S JOURNAL.

"RIGHTEOUSNESS EXALTETH A NATION."

CORNISH & RUSSWURM, Editors & Proprietors. | NEW-YORK, FRIDAY, MARCH 16, 1827. | VOL. I. NO. 1.

TO OUR PATRONS.

IN presenting our first number to our Patrons, we feel all the diffidence of persons entering upon a new and untried line of business. But a moment's reflection upon the noble objects, which we have in view by the publication of this Journal; the expediency of its appearance at this time, when so many schemes are in action concerning our people —encourage us to come boldly before an enlightened publick. For we believe, that a paper devoted to the dissemination of useful knowledge among our brethren, and to their moral and religious improvement, must meet with the cordial approbation of every friend to humanity.

The peculiarities of this Journal, render it important that we should advertise to the world the motives by which we are actuated, and the objects which we contemplate.

We wish to plead our own cause. Too long have others spoken for us. Too long has the publick been deceived by misrepresentations, in things which concern us dearly, though in the estimation of some mere trifles; for though there are many in society who exercise towards us benevolent feelings; still (with sorrow we confess it) there are others who make it their business to enlarge upon the least trifle, which tends to the discredit of any person of colour; and pronounce anathemas and denounce our whole body for the misconduct of this guilty one. We are aware that there are many instances of vice among us, but we avow that it is because no one has taught its subjects to be virtuous: many instances of poverty, because no sufficient efforts accommodated to minds contracted by slavery, and deprived of early education have been made, to teach them how to husband their hard earnings, and to secure to themselves comforts.

Education being an object of the highest importance to the welfare of society, we shall endeavour to present just and adequate views of it, and to urge upon our brethren the necessity and expediency of training their children, while young, to habits of industry, and thus forming them for becoming useful members of society. It is surely time that we should awake from this lethargy of years, and make a concentrated effort for the education of our youth. We form a spoke in the human wheel, and it is necessary that we should understand our pendence on the different parts, and theirs on us, in order to perform our part with propriety.

Though not desirous of dictating, we shall feel it our incumbent duty to dwell occasionally upon the general principles and rules of economy. The world has grown too enlightened, to estimate any man's character by his personal appearance. Though all men acknowledge the excellency of Franklin's maxims, yet comparatively few practise upon them. We may deplore when it is too late, the neglect of these self-evident truths, but it avails little to mourn. Ours will be the task of admonishing our brethren on these points.

The civil rights of a people being of the greatest value, it shall ever be our duty to vindicate our brethren, when oppressed, and to lay the case before the publick. We shall also urge upon our brethren, (who are qualified by the laws of the different states,) the expediency of using their elective franchise; and of making an independent use of the same. We wish them not to become the tools of party.

And as much time is frequently lost, and wrong principles instilled, by the perusal of works of trivial importance, we shall consider it a part of our duty to recommend to our young readers, such authors as will not only enlarge their stock of useful knowledge, but such as will also serve to stimulate them to higher attainments in science.

We trust also, that through the columns of the FREEDOM'S JOURNAL, many practical pieces, having for their bases, the improvement of our brethren, will be presented to them, from the pens of many of our respected friends, who have kindly promised their assistance.

It is our earnest wish to make our Journal a medium of intercourse between our brethren in the different states of this great confederacy: that through its columns an expression of our sentiments, on many interesting subjects which concern us, may be offered to the publick: that plans which apparently are beneficial may be candidly discussed and properly weighed; if worthy, receive our cordial approbation; if not, our marked disapprobation.

Useful knowledge of every kind, and every thing that relates to Africa, shall find a ready admission into our columns; and as that vast continent becomes daily more known, we trust that many things will come to light, proving that the natives of it are neither so ignorant nor stupid as they have generally been supposed to be.

And while these important subjects shall occupy the columns of the FREEDOM'S JOURNAL, we would not be unmindful of our brethren who are still in the iron fetters of bondage. They are our kindred by all the ties of nature; and though but little can be effected by us, still let our sympathies be poured forth, and our prayers in their behalf, ascend to Him who is able to succour them.

From the press and the pulpit we have suffered much by being incorrectly represented. Men, whom we equally love and admire have not hesitated to represent us disadvantageously, without becoming personally acquainted with the true state of things, nor discerning between virtue and vice among us. The virtuous part of our people feel themselves sorely aggrieved under the existing state of things—they are not appreciated.

Our vices and our degradation are ever arrayed against us, but our virtues are passed by unnoticed. And what is still more lamentable, our friends, to whom we concede all the principles of humanity and religion, from these very causes seem to have fallen into the current of popular feeling and are imperceptibly floating on the stream—actually living in the practice of prejudice, while they abjure it in theory, and feel it not in their hearts. Is it not very desirable that such should know more of our actual condition, and of our efforts and feelings, that in forming or advocating plans for our amelioration, they may do it more understandingly? In the spirit of candor and humility we intend by a simple representation of facts to lay our case before the publick, with a view to arrest the progress of prejudice, and to shield ourselves against the consequent evils. We wish to conciliate all and to irritate none, yet we must be firm and unwavering in our principles, and persevering in our efforts.

If ignorance, poverty and degradation have hitherto been our unhappy lot; has the Eternal decree gone forth, that our race alone, are to remain in this state, while knowledge and civilization are shedding their enlivening rays over the rest of the human family? The recent travels of Denham and Clapperton in the interior of Africa, and the interesting narrative which they have published; the establishment of the republic of Hayti after years of sanguinary warfare; its subsequent progress in all the arts of civilization; and the advancement of liberal ideas in South America, where despotism has given place to free governments, and where many of our brethren now fill important civil and military stations, prove the contrary.

The interesting fact that there are FIVE HUNDRED THOUSAND free persons of colour, one half of whom might peruse, and the whole be benefitted by the publication of the Journal; that no publication, as yet, has been devoted exclusively to their improvement—that many selections from approved standard authors, which are within the reach of few, may occasionally be made—and more important still, that this large body of our citizens have no public channel—all serve to prove the real necessity, at present, for the appearance of the FREEDOM'S JOURNAL.

It shall ever be our desire so to conduct the editorial department of our paper as to give offence to none of our patrons; as nothing is farther from us than to make it the advocate of any partial views, either in politics or religion. What few days we can number, have been devoted to the improvement of our brethren; and it is our earnest wish that the remainder may be spent in the same delightful service.

In conclusion, whatever concerns us as a people, will ever find a ready admission into the FREEDOM'S JOURNAL, interwoven with all the principal news of the day.

And while every thing in our power shall be performed to support the character of our Journal, we would respectfully invite our numerous friends to assist by their communications, and our coloured brethren to strengthen our hands by their subscriptions, as our labour is one of common cause, and worthy of their consideration and support. And we do most earnestly solicit the latter, that if at any time we should seem to be zealous, or too pointed in the inculcation of any important lesson, they will remember, that they are equally interested in the cause in which we are engaged, and attribute our zeal to the peculiarities of our situation, and our earnest engagedness in their well-being.

THE EDITORS.

From the Liverpool Mercury.

MEMOIRS OF CAPT. PAUL CUFFEE.

"On the first of the present month of August, 1811, a vessel arrived at Liverpool, with a cargo from Sierra Leone; the owner, master, mate, and whole crew of which are free blacks. The master, who is also owner, is the son of an American slave, and is said to be very well skilled both in trade and navigation, as well as to be of a very pious and moral character. It must have been a strange and an animating spectacle to see this free and enlightened African, entering as an independent trader with his black crew into that port, which was so lately the *nidus* of the slave trade.—*Edinburgh Review for August, 1811.*

We are happy in having an opportunity of confirming the above account, and at the same time of laying before our readers an authentic memoir of Capt. *Paul Cuffee*, the master and owner of the vessel above alluded to, who sailed from this port on the 20th ult. with a licence from the British Government, to prosecute his intended voyage to Sierra Leone.—The father of Paul Cuffee was a native of Africa,—whence he was brought as a slave into Massachusetts. He was there purchased by a person named Slocum, and remained in slavery a very considerable portion of his life. He was named Cuffee, but as it is usual in those parts, took the name of Slocum, as expressing to whom he belonged. Like many of his countrymen he possessed a mind far superior to his condition; although he was diligent in the business of his master, and faithful to his interest, yet by great industry and economy he was enabled to purchase his personal liberty. At the time the remains of several Indian tribes, who originally possessed the right of soil, resided in Massachusetts. Cuffee became acquainted with a woman descended from one of those tribes, named Ruth Moses, and married her. He continued in habits of industry and frugality, and soon afterwards purchased a farm of 100 acres at the point in Massachusetts.

Cuffee and Ruth had a family of ten children. The three eldest sons, David, Jonathan, and John, are farmers in the neighborhood of West Point; filling respectable situations in society, and endowed with good intellectual capacities. They are all married, and have families to whom they are giving good educations. Of six daughters four are respectably married, while two remain single. Paul was born on the Island of Cutterhunker, one of the Elizabeth Islands, near New-Bedford, in the year 1759—when he was about fourteen years of age, his father died, leaving a considerable property in land, but which being at that time unproductive, afforded but little provision for his numerous family, and thus the care of supporting his mother and sisters devolved upon his brothers and himself. At this time Paul conceived that commerce furnished to industry more ample rewards than agriculture, and he was conscious that he possessed qualities which under proper culture, would enable him to pursue commercial employments with prospects of success—he therefore entered at the age of sixteen, as a common hand on board of a vessel destined to the bay of Mexico, on a whaling voyage. His second voyage was to the West Indies, but on his third he was captured by a British ship during the American war, about the year 1776—after three months detention as a prisoner, at New-York, he was permitted to return home to Westport, where owing to the unfortunate continuance of hostilities he spent about two years in his agricultural pursuits. During this interval Paul and his brother John Cuffee, were called on by the collector of the district, in which they resided, for the payment of a personal tax. It appeared to them, that by the laws and constitution of Massachusetts, taxation and the whole rights of citizenship were united. If the laws demanded of them the payment of the personal taxes, the same laws must necessarily and constitutionally invest them with the right of representing and being represented in the state legislature. But they had never been considered as entitled to the privilege of voting at elections, nor of being elected to places of trust and honor. Under these circumstances they refused payment of the demands. The collector resorted to the force of the laws, and after many delays and detentions, Paul and his brohter deemed it most prudent to silence them by paying the demands; but they resolved, if it were possible to obtain the rights which they believed to be connected with taxation. They presented a respectful petition to the state legislature. From some individuals it met with a warm, and almost indignant opposition. A considerable majority was, however, favorable to their object. They perceived the propriety and justice of the petition, and with an honorable magnanimity, in defiance of the prejudice of the times, they passed a law rendering all free persons of color liable to taxation, according to the established ratio, for white men, and granting them all the privileges, belonging to the other citizens. This was a day equally honorable to the petitioners and the legislature—a day which ought to be gratefully remembered by every person of color, within the boundaries of Massachusetts, and the names of John and Paul Cuffee, should always be united with its recollection.

To be Continued.

COMMON SCHOOLS IN NEW-YORK.—It appears from the report of the Superintendent of Common Schools in the state of New-York, presented last week to the House of Assembly, that of the 723 towns and wards in the State, 721 have made returns according to law: That in these towns there are 8114 school districts, and of course the same number of schools; from 7544 of which returns have been received: That 341 new school dis-

黒人により発行された合衆国初の新聞（フリーダムズ・ジャーナル）の創刊号。「あまりにも長い間、他の人びとがわれわれのために語ってくれた」とある。

収入を稼ぐ機会はほとんどなかった。北部では州法が黒人の投票権を制限し、公立学校は利用できたが、実際は不平等であった。そのため公民権を持たず、貧しくそして読み書きのできない黒人たちの子供には、すぐに学校は重荷となった。しかし「出世する」(get ahead) 機会はあり、若干の黒人は成功した。一握りの自由黒人は南北戦争前の時代にあって、十分な教育を受けて作家、弁護士、医者そして実業家になった。1827年から1865年までの間、40の戦う黒人新聞が、彼らに向けて、そして白人人口の中の彼らの友人に向けて発行された。[7]

　これらの新聞は、事実上すべてが奴隷制反対、奴隷制廃止運動に捧げられたものであった。そしてこれらの新聞はそれ自体として、アメリカにおける黒人体験を今日研究する人びとによって高く評価されている。自らのために自由に発言するアフリカ系アメリカ人がいたことを発見しても驚くに値しない。つまり驚嘆すべきは、彼らが実際やってのけたように、大半の読者の貧困と読み書き能力の欠如に直面しても、と同時に彼らの存在を無視する白人社会のほぼ全面的な拒絶に直面しても、十分な成功を収めることができたということである。

　奴隷制は、1804年（訳者注：この年までに北部の諸州は奴隷解放を決定した）までにメーソン－ディクソン線の北部のどこでも廃止されたというわけではなかった。解放を求める奴隷の間での初期のリーダーシップは、1800年以前では、マサチューセッツとペンシルベニアに見出される。1830年には、約50の黒人の奴隷制反対結社があり、最も活動的なものはニューヨーク、フィラデルフィア、ボストンとニューヘブンにあった。黒人の自己表現は、長い間黒人奴隷のフォークソングや黒人霊歌に限定されていた。いまや若干の解放奴隷は、雄弁術に詩歌にそして自伝的著述に熟達するようになった。そうした自己表現は、奴隷として生きることの意味について書籍の形態で人を感動させる物語を生み出していった。解放奴隷の論文や書簡が白人の新聞に掲載されることも多少あった。ギャリソンとその新聞リベレーター・グループや他の白人の奴隷制廃止主義者と協働する解放奴隷も多少いた。コネチカット州のハートフォードで自由黒人として生まれたマリア・W・スチュワート (Maria W. Stewart ＝ 1803～1879年) は、1831年から1833年にかけてギャリソンのリベレーターにおける奴隷制反対の情熱的な代弁者であった。同紙に掲載された、鎖に繋がれた黒人女性のカットが添えられた彼女の「婦人部門」の記事は、さらにパンフレットにも転載された。これらの黒人指導者にとくに悪意のこもった攻撃を仕掛けたのが、ニューヨーク・エンクワイアラーの編集者モーディカイ・M・ノア

(Mordecai M. Noah) であった。彼の攻撃は、アメリカ初の黒人の新聞創刊に拍車をかけたと評価されている。[8]

それがフリーダムズ・ジャーナルであり、1827 年 3 月 16 日の創刊号において、以下のような事業の簡単な説明を掲載した。すなわち「われわれは、自らの主張を弁論したい。あまりにも長い間他の人びとがわれわれのために語ってきてくれた」と。同紙の編集者は、アメリカのカレッジ（1826 年ボードン＝Bowdoin）を初めて卒業した黒人であるジョン・B・ラスワーム (John B. Russwurm) と、この時期にニューヨーク市で 3 つの異なる週刊紙を編集した長老派牧師のサミュエル・コーニッシュ (Samuel Cornish) 師であった。フリーダムズ・ジャーナルのサイズは 10×15 インチ、4 頁建ての新聞で、同紙は奴隷制の残酷さに対して情け容赦なく煽動を展開したが、ニュース価値のある記事、説教、詩歌その他の文学記事もまた掲載した。1828 年ラスワームは同紙を去ってリベリアで編集者・政府役人の職を引受け、他方コーニッシュは、紙名ライツ・オブ・オールの下で、同紙の発行を続けた。[9] 同紙の発行は 1829 年 10 月に終わっている。

1829 年デイビッド・ウォーカー (David Walker) はボストンからアピールを発行し、奴隷制の廃絶のため暴力的な手段を唱え、ジョージ・モージズ・ホートン (George Moses Horton) は、ローリーで自身の新聞ホープ・オブ・リバティの紙面を通じて抗議運動を展開した。1965 年の人種暴動の際、ウォーカーの暴力的抵抗の呼びかけがペーパーバック版で再版された。

1837 年、ニューヨーク市のある黒人新聞でもう 1 つの大きな活動が展開された。すなわち同年フィリップ・A・ベル (Phillip A. Bell) がウィークリー・アドボケートを創刊したのである（2 か月後にカラード・アメリカンに改題）。同紙は 1842 年まで続いた。同紙の初代編集長はコーニッシュ師で、発行者はトロントのカナダ人ロバート・シアーズ (Robert Sears) であった。コーニッシュとベルは、1839 年 5 月同紙を引退し、チャールズ・ベネット・レイ (Charles Bennet Ray) 博士がこの勇敢な小さな新聞の指導者となった。彼はこの新聞を奴隷制反対の機関紙にするだけでなく、「主として有色住民の利益に献身する新聞……第一級の家庭紙」に育てた。発行部数は、メーン州からミシガン州にかけての地域で、2,000 部に達した。[10]

ピッツバーグの日刊紙が、1843 年黒人による寄稿の掲載を拒否した時、ハーバードを卒業した最初の黒人であるマーティン・R・デラニー (Martin R. Delaney) 博士は、ザ・ミステリーを創刊した。当時の黒人作家のウィリアム・

ウェルズ・ブラウン (William Wells Brown) はデラニー博士を「会話において断固かつ精力的で、人種において純粋、そして自らの肌の色を誇りにしていた」[11] と評した。デラニーは名誉毀損罪に問われることもあったが、アフリカン・メソジスト・エピスコパル教会によって買収される 1848 年まで、何とか同紙の発行を続けた。ザ・ミステリーはクリスチャン・ヘラルドと改題し、さらに 1852 年クリスチャン・リコーダーとして発行地をフィラデルフィアに移した。同紙は、1970 年までに黒人宗教週刊紙の中で最古となった。[12]

他にも注目すべき努力の結晶がいくつか見られた。1 つは 1852 年から 1856 年にかけて、オバリン・カレッジの卒業生 W・H・デイ (Day) によってクリーブランドで発行されたエイリアネイテッド・アメリカンであった。もう 1 つはニューオリンズ・デイリー・クレオールであり、同紙は 1856 年に試みられたもので、南部初の黒人所有の新聞で、最初の黒人日刊新聞であった。ニューヨークのアドボケートの創刊者ベルはサンフランシスコに移り、1865 年ジ・エレベーターの発行を始めた。同紙は 1889 年まで発行を続けた。それは黒人新聞にとって珍しい偉業であった。しかし南北戦争前の黒人新聞で最も有名だったのは、活動的な指導者、フレデリック・ダグラス (Frederick Douglass) によって編集された新聞であった。

フレデリック・ダグラス、編集者

1970 年代、フレデリック・ダグラスは、黒人としての偉業と感動の象徴となった。つまり、ワシントンの生家は全米的な聖地となり、自伝的な著作は版を重ね、彼の顔は郵便切手になり、若い黒人男性が、もし氏名が Douglas であれば、"s" を重ねて、姓をつづっていた。すべてが当然のことだった。というのも、黒人女性奴隷と白人男性から生まれたこの息子は、メリーランドのプランテーションから逃亡し、自分たちの主張を強く訴えるために、彼の文章と弁論のうまさを必要とした黒人たちの指導者になったからである。

1817 年に生まれたダグラスは、1838 年に奴隷の身を逃れてニューイングランドに赴き、そこで働きながら奴隷制廃止主義者のギャリソンの奨めでさらなる教育を受けた。彼は新聞に執筆を始め、奴隷制度の悲劇の目撃者として発言も始めた。1845 年彼はイギリスに渡り、同地で友人たちはメリーランドの所有者からダグラスの自由を買うのに十分な資金を募ってくれた。アメリカに戻り、彼の自伝的著作としては最初のもの (*Narrative of the Life of Frederick*

フレデリック・ダグラス
(ベットマン・アーカイブ)

Douglass) で著名となり、ラムズ・ホーンの編集長に指名された。同紙はニューヨーク・サンの以下のようなやり方に対する黒人の抗議として、1847 年 1 月ウィリス・A・ホッジズ (Willis A. Hodges) によって始められた。ニューヨーク・サンは、かつてホッジズの書簡を掲載し、そして 15 ドルの請求書を送ったのである。ホッジズの事業は翌年に失敗したが、同紙のコラムは 1847 年末以下のような告知を掲載した。

> 奴隷制反対新聞の創刊趣意書：題号はノース・スター。フレデリック・ダグラスは、上記の題号を用いてロチェスターでの週刊の奴隷制度反対の新聞発行を提案する。ノース・スターの目的は、あらゆる形態・側面において奴隷制を攻撃すること、世界的な解放を唱導すること、人民のモラリティの水準を高めること、有色人種の道徳的・知的な向上を促進すること、そしてわれらの 300 万隷属民の自由の日を一日も早く実現すること、にある)[13]

ノース・スターの発行は 1847 年 11 月 1 日に始まった。同紙の発行部数はすぐに約 3,000 に到達し、アメリカの多くの地方はもちろん、ヨーロッパや西インド諸島でも読まれると同時に、それらの地域からの寄稿が掲載された。ノース・スターは奴隷制や黒人に関する記事に加えて、多くのアメリカや世界のニュースを掲載した。同紙の第 1 面の標語は次のような宣言を掲載していた。「権利は性別に関係なく――真理は色を問わず――神はわれらすべての父、わ

れらは皆同胞である」。ロチェスターの誰もが、そう考えていたわけではなかった。すなわち、白人の奴隷制度廃止主義者がテロに見舞われたたように、ダグラスは家が焼かれたり、新聞が破棄されるのを目撃した。しかし同紙の活気ある性格や文学的な質は、ともに非常に高かったので、財政的な問題や人種的敵意に耐えて生き残った。弱小紙との合併の後1851年にフレデリック・ダグラスズ・ペーパーと改題したが、同紙はすべての黒人の指導者として認められた同紙編集長ダグラスの地位を象徴するものだった。

1860年代半ばまでに、奴隷制の問題は明らかにアメリカを内戦の瀬戸際に追い込み、ダグラスは財政問題の大きさを痛感し、同紙を休刊にした。続く3年間彼はダグラスズ・マンスリーを発行した。同誌はイギリスの読者を狙った奴隷制度廃止主義の雑誌であり、北部の戦争の主張に力を貸した。1870年彼はワシントンの週刊紙ニュー・エラの寄稿編集者となった。同紙はいまや自由の身となった黒人の援助を目的としていたが、その主張と同じように人気に欠けていた。そこで、ダグラスは同紙に資金を投資し、紙名をニュー・ナショナル・エラに改め、そして1875年に敗北（と1万ドルの損失）を認めるまで、同紙の戦闘的編集長を務めた。[14] 彼の2番目の自伝的著作 *My Bondage and My Freedom* は1855年に刊行され、そして最後の *Life and Times of Frederick Douglass* は、1878年に刊行された。著名の元奴隷にして有能な編集者、洗練された雄弁家にしてインスピレーション豊かな市民ダグラスは、1895年78歳で死んだ。

北部の新聞と奴隷制問題

当時の重要な標準的新聞は、黒人編集者、奴隷制度廃止主義者、そしてファイヤー・イーターズによって提示された奴隷制度の問題を取り上げた。1852年までにグリーリーの週刊ニューヨーク・トリビューンは、20万部以上の発行部数を擁し、その多くは明らかに西部で流通していた。同紙は奴隷制反対のリーダーと認められていた。グリーリーは奴隷制の問題に強く共鳴していたので、ホイッグへの生涯にわたる忠誠を進んで放棄して、1860年にリンカーンをホワイトハウス入りさせることになる新党結成に援助を与えた。

1861年1月、グリーリーは彼の「断固たる態度を取ろう」(stand firm) 論説の第1回を掲載した――それを読者は少なくとも、リンカーン自身の命令と受け止めた。グリーリーは2月には南部に対する団結を求め、論説欄のトップに大

きな活字で次のように記した。「反逆者に／現行憲法に／いかなる妥協も／譲歩もしてはならない」(NO COMPROMISE/NO CONCESSIONS TO TRAITORS/ THE CONSTITUTION AS IT IS)。1861 年 4 月 12 日、最初の戦火が交えられた時、グリーリーは次のように書いた。「サムターは一時的に失われたが、自由は救われた。サムターを失うのは耐え難い、サムターを失った時われらは団結した人民を得た。アメリカよ、永遠に」。ニューヨーク・タイムズのレイモンドを含め批評家が膠着状態を打破するため非現実的な示唆をした時、彼は忍耐を求めた。しかし夏までに彼もまた行動を要求していた。6 月 26 日、記念すべき論説が掲載された。「アメリカのときの声、目指せ、リッチモンドを！ 反乱軍の議会を 7 月 20 日に同地で開催させてはならない。その時までに、同地は国民軍（訳者注：連邦軍）によって制圧されてなければならない」。この論説はその後の諸号で繰り返された。このような圧力をかけるだけかけたので、グリーリーはブル・ランの最初の戦闘で連邦軍が敗走した後、良心の大きな咎めを感じた。編集局長デナはグリーリーが旅行中同紙の責任者を務め、現実には論説を書いたのはトリビューンのワシントン特派員フィッツ＝ヘンリー・ウォーレン (Fitz-Henry Warren) であった。

この間ずっと、ニューヨーク・タイムズの「穏当さ」ゆえに、同紙とその編集者レイモンドは、ジャーナリズムの上でも政治の上でも重要になった。グリーリーがホイッグのシューアド知事とウィードと関係を断った時、レイモンドはホイッグの主要な代弁者としてグリーリーの跡を継いだ。ホイッグが自由土地 (free soil) 問題の泥沼にはまり込んだ時、レイモンドは新共和党と運命をともにした。彼は 1856 年ピッツバーグ党大会の基本方針の声明を書いた。しかし彼がサムターの後まで奴隷制度廃止主義に不熱心であったことは、注目に値する。リンカーンに対して初めは批判的であった（おそらく、彼のライバルであるグリーリーがリンカーン指名に力を貸したためであろう）レイモンドは、大勢にすぐに順応した。ひとたび戦闘が始まると、レイモンドは大統領の力強い擁護者となっていた。

他方ニューヨーク・ヘラルドは、全体としては奴隷制廃止運動に反対した。同紙は、カンザス‐ネブラスカ法案を支持し、南部は同法案を奴隷制の勝利と見なした。ベネットは 1854 年 2 月 28 日に次のように書いた。「……20 年あまりの間、朗報や悲報を通じてニューヨーク・ヘラルドは、南部の憲法上の権利を変わることなく擁護してきた北部唯一の新聞であった」。当然のようにヘラルドは南部の指導者たちに人気が高く、彼らはしばしば同紙を引き合いに出

した。ヘラルドはイギリスで最も人気のあるアメリカの新聞であり、イギリス人はアメリカの繊維産業と綿花農家との緊密な関係を通じて、南部びいきの気味があったので、同紙は広く転載された。

　ベネットはリンカーンにとって不快な種であり、彼の論説は戦争前夜の北部について読者の誤解を招くような考え方を示したが、ヘラルドのニュース欄は連邦諸法を守ろうとするリンカーンの断固たる決意についての手がかりを与えた。リンカーン一家についての事実上あらゆる詳細が、ヘラルドやニューヨークのAPメンバー社のために、当時25歳のヘンリー・ビラード(Henry Villard)によって報道された。彼は就任前の次期大統領を取材した最初の記者であった。ビラードは、3か月間ほぼ毎日スプリングフィールドで大統領に会い、ワシントンに到着するまでの長い道のりを彼と同行した。その間リンカーンは「比較的無名の地方政治家から、国民の関心と高まる支持を動員する全国的に著名な人物へと」変わっていったのである。[15]

　西部では、メディルのシカゴ・トリビューンが奴隷制反対を主導した。1847年に創刊されたトリビューンは、メディルと5人の共同経営者が1855年に同紙を引き継いだ後、急速に発展した。メディルは共和党の西部の指導者の1人であり、彼が新しい政治組織の名前を提案したと言われている。トリビューンはリンカーンの早くからの支持紙であり、メディルはリンカーン・ブームに大いに貢献した。彼は熱心に将来の大統領を追いかけ、今や歴史の一部となっている演説を報道した。メディルはいつも主題（リンカーン）に関する生気あふれる論説によって報道をフォローした。リンカーンはしばしば、西部の主要なスポークスマンつまりメディルとの協議のため、トリビューンのオフィスにやってきた。メディルとリンカーンとの親密さは、この上昇気流に乗る政治家との会話でみせた遠慮ない親しみに示されている。「ちくしょうめ、エイブ、てめぇの足を俺のデスクからおろせ」(Dammit, Abe, git your feet off my desk)、メディルはある時、手足のひょろ長い田舎者リンカーンにこういったと言われている。

　リンカーンが大統領となり、平和を保つという事実上不可能な課題に直面した時、彼のあらゆる動きを見守っていた新聞は、大きな発展を遂げていた。典型的な日刊紙は、現代的な基準から見れば、生気のないものと言えるかもしれないが、紙面の体裁や読みやすさは、初期のペニー・プレスの発展以来改善されてきた。標準的な新聞は6コラム幅であった。通常はたっぷりとした8頁建てであったが、レイモンドのタイムズは、しばしば10頁を発行した。絵や

イラストの類はほとんどなかった。ペニー・プレスの多くは、この時期の終わりまでには倍の価格で売られ、タイムズは3セントであった。見出しはたいていコラム罫に1コラムものに限られ、コラムをまたがった大型見出しへの本格的な発展は、戦争待ちの状況にあった。広告は着実に増加していった。スプリングフィールド・リパブリカンの保守的な体裁の週刊版の8頁のうちの3頁は、通常案内広告に割かれ、これはアメリカ全体でごく普通であった。

全体的に、新聞は強力で繁栄していた。出版業は非常に健全であったと言ってよい。というのも、かつてないような試練が今まさに訪れようとしていたからである。その試練は、サムター砦に向けて、ラフィンが南北戦争の第一撃を放ったその日、すなわち1861年4月12日に始まった。

戦争とニューヨークの新聞

1861年の終わりまでに、ニューヨーク・トリビューンは占領地域の奴隷解放のキャンペーンに取り組んでいた。大統領はすでに閣僚とその問題を議論しており、彼は奴隷解放を達成するための明確な計画を持っていた。トリビューンのキャンペーンのクライマックスは、1862年8月20日の「2,000万人の祈り」と題するグリーリーの有名な論説であった。この論説は、奴隷制の問題への行動の呼びかけであった。リンカーンはグリーリーへの個人的な書簡で答え、リンカーンはまた書簡の、8月23日付のナショナル・インテリジェンサーへの掲載を認めた。書簡は、この時代の研究者にとってなじみのある行文を含んでいた。

> 私にとってこの戦いの至高の目的は連邦を救うことであり、奴隷制度を救うことでも廃止することでもありません。もし奴隷を1人も解放せずに連邦を救うことができるならば、私はそうするでしょう。またもしすべての奴隷を自由にすることで、連邦を救うことができるならば、そうするでしょう。またもし奴隷の一部を解放し、一部をそのまま放置することで、連邦が救えるなら、私はやはりそうするでしょう。

グリーリーは大統領宛てに、この問題にもっと関心を持つよう説くもう一通の公開書簡を書いた。リンカーンが1か月後、1863年1月1日に発効する予備的な奴隷解放宣言を公表した時、トリビューンの読者の多くは当然のように、「アンクル・ホラス」がまたやったのだと受け止めた。グリーリーは9月

23日号で「それは国民の新しい生活の始まりを記すものである」と大いに喜んだ。しかしリンカーン大統領とその閣僚は、アンティータムの戦闘で南軍の攻勢を食い止めた後であったが、すでにその計画の詳細を作り上げていた。

　1864年の選挙の時までに、リンカーンとグリーリーは互いにうんざりしていたように思われる。「貴兄は私に――私のしたことにあるいはしなかったことについて不満を述べ、そのことがトリビューンの敵意をひき起こしているのではないか」とリンカーンは問うた。[16] しかし最終的に、グリーリーは気持ちを切り替え再び旧友を支持した。ニューヨークの17の日刊紙のうちで、たった5紙（トリビューン、タイムズ、イーブニング・ポスト、サン、コマーシャル・アドバタイザー）しか同政権の堅固な支持紙がなかった。グリーリーは、戦時の激情によってこうした率直さが極めて危険になる時に、あえて不人気な立場を取るのをためらわなかった。グリーリーが1863年のリンカーン大統領の草案の呼びかけを支持した時、トリビューン社に投石が加えられた。

　南北戦争は、ニューヨーク・タイムズを当時の有力日刊紙の1つに築き上げたレイモンドにとって黄金時代であった。同紙は、穏当で、洞察力があり、完全な報道記事を提供した。タイムズの記者の側の客観性に対する心情は、レイモンドが南部のファイヤー・イーターズの1人ヤンシーに宛てて書いた4通の公開書簡に示されている。それらの書簡の内容は、南部の視点への理解を示す巧みな、客観的な南部脱退の反対論であった。しかし、本質的な問題についてタイムズは、リンカーンを強力に支持した。

　レイモンドは、熟練の特派員兼記者であり、彼の相棒ジョーンズは賢明にもレイモンドに、政治よりもジャーナリズムに限定して精力を注ぐべきと説いた。しかし政治の誘惑はあまりにも大き過ぎた。1863年には、彼は共和党全国委員会の委員長となった。それはアメリカでは重要な政治的地位の1つであった。彼は、その秋の連邦軍の手堅い勝利のお陰で、リンカーンと「連邦」副大統領候補のテネシー出身のアンドルー・ジョンソン (Andrew Johnson) が、民主党候補者ジョージ・B・マクレラン (George B. McClellan) 将軍を破った1864年の選挙キャンペーンを指揮した。レイモンドはまた、同党の綱領を書き、下院議員に選出された。

　連邦議会が1865年に招集された時、レイモンドは当然同政権を代表すると思われた。彼は明らかに、サディアス・スティーブンズ (Thaddeus Stevens) や他の南部処罰を唱導する政治家の競争相手では全くなかった。しかしリンカーンの暗殺によって、彼は党の後援者を失ってしまった。彼は全国委員長の地

位を失い、1866年の連邦議会への出馬を辞退した。彼は党を脱退するよりも、政治的キャリアの幕引きを選んだ。グリーリーはトリビューンで、このエピソードに関する記事に「逃亡奴隷にとって衝撃的な残虐行為」という見出しをつけた。後にレイモンドとタイムズは、共和党との親密な関係を回復したが、創刊者レイモンドは、市の金を略奪する政治にまつわる贈収賄で悪名高きトウィード一味 (Tweed Ring) を相手にしたキャンペーンの戦いの最中の1869年、脳出血で死んだ。

ベネットと彼のヘラルドは、リンカーン政権にとってかなり悩みの種であった。ヘラルドは政治的には独立していたが、南部に対しては明らかに「寛大」であり、南部で大きな影響力を持っていた。ヘラルドの広範なニュース収集、とくにビジネスや商業についてのニュース収集のため、同紙はヨーロッパで最も人気の高いアメリカ紙であった。この時期英政府は南部に対して友好的な提案をしていた。南部は平時にイギリスの工場に綿花を供給してきたのであった。従って広く読まれたヘラルドの態度は、リンカーンとその閣僚にとって関心事であった。ヨーロッパの中立国が問題を公平に評価するかどうかが重要であったからである。

ブルランの最初の戦闘の後、ベネットはリンカーン政権と戦争に対して、全面的ではあるがやや不承不承の支持を与えた。たとえそうであっても、大統領は常にヘラルドの攻撃的な編集者の「機嫌をとる」（リンカーンの表現を借りれば）必要があった。リンカーンは、分遣隊とともにポトマック川を下る許可を拒絶されたヘラルドの記者の件を個人的にとりなした後、ベネットに次のような書簡を書いた。「私は以下のことを貴君に保証する。すなわち我が政権は、貴紙が我々を寛大に支持する間はとくにそうだが、ヘラルドに対して差別をしない、ということを」。[17] ヘラルドの記者が当局と争った例は他にもあった。実際ヘラルドの攻撃性は、軍幹部がその権力を行使すれば、もっとずっと多くのトラブルを引き起こしかねないものだった。いずれにせよ、同紙の報道戦術は成果を上げた。というのも、ヘラルドの発行部数は戦争勃発直後10万部以上に上昇したからだ。同紙は当時アメリカで最も人気のある新聞だったのである。[18]

リンカーンほど論説の攻撃の被害を受けた大統領は他にはいまい。反対派の編集者や彼に愛顧を求めて失望した人びとは、印刷物で彼の不道徳な行為を非難したが、リンカーンは通常それらを無視した。リンカーン大統領は、金の延べ棒で俸給を受け取り、他方彼の兵隊は価値が減じたグリーンバック紙幣で支

払いを受けている、という虚偽の非難を受けた。彼はまた、重要な決定を下す最中に酩酊している、投票を確保するために恩赦を与えている、貪欲な勝利欲の結果として兵士を不必要に犠牲にしている、といった非難を受けた。一度は公然たる反逆罪の非難を受けた。新聞でリンカーンを誹謗した典型は、ウィスコンシンの週刊新聞ラ・クロス・デモクラットであり、同紙は徴兵について次のように述べた。「リンカーンは、50万以上の犠牲者を要求した」。

政敵は継続的で勝手気ままな批判を浴びせた。民主党は実際、1860年共和党より多くの票を獲得した。[19] しかし民主党は地方的な意見の違いで大きな分裂状態にあったので、1人の候補に意見の一致を見ることができなかった。共和党は敵失で勝利したことを知っていた。

北部の大半の民主党政治家は、南北戦争中忠実であったが、リンカーンの目的にとって全面的勝利とはいえない和平提案を歓迎する傾向があった。しかし、南部のために一種の第5列（スパイ）を務める者もいた。彼らは、攻撃前に全く警告を発しない危険な爬虫類になぞらえて、「カッパーヘッド」（アメリカマムシ＝Copperheads）（訳者注：南部に共鳴した北部人たち）と呼ばれた。反逆罪的な行為に関わった組織化された地下グループがあれば、声高な地上のカッパーヘッドの組織もあった。遠隔地カリフォルニアでは、英語紙もスペイン語紙も幅広く取材した。多くが南部出身であった英語読者は複雑に入り交じった忠誠心を抱き、他方スペイン語読者の大半は親北部で、彼らの新聞はリンカーンの共和党を支持した。

オハイオの編集者で政治家のクレメント・レヤード・バランディガム (Clement Laird Vallandigham) は、著名なカッパーヘッドであった。1847年彼は奴隷制廃止論に反対する雑誌デイトン・エンパイヤの共同経営者となり、1858年には連邦議会に当選した。彼は1860年民主党全国委員会の書記として、戦争回避に努めた。1863年までに、アンブローズ・E・バーンサイド (Ambrose E. Burnside) 将軍の命令でカッパーヘッドの1人として逮捕された。彼は投獄を宣告されたが、リンカーンの命により南部連合線のはるか後方へ追放された。

北部の戦時検閲

今までに、これほど完全に、自由に報道された戦争はなかった。ニューヨークの新聞は普通、少なくとも紙面の3分の1を戦争ニュースに割いた。しか

し遅かれ早かれ新聞は、公共の安全のため軍当局との協定を作っていかなければならなかった。実際、アメリカの新聞は、南北戦争に先立つ時代に、非常に繁栄し、攻撃的で、かつ独立的なものになっていた。従っていかなる形態の抑制に対しても新聞は敏感だったから、問題は一層厄介であった。電信や鉄道郵便にも、考慮されるべき要素があった。電信や鉄道郵便によって以前より速くニュースを流すことが可能になった。それ故、敵に有利な情報を提供する潜在的危険性がますます大きくなった。他方、南北戦争は、民間人を巻き込む最初の総力戦であり、国民の士気は今や戦争遂行の極めて重要な要素であったから、情報のチャンネルは常に開かれた状態にしておく必要があった。[20]

南北戦争の戦時検閲の発展には3つの段階があった。1861年8月軍事関連情報を送るため、ジャーナリストや民間人によって差別なく使用されている電信をめぐって、ワシントンの司令部内で懸念が生じた後、連邦軍を指揮するマクレラン将軍は、ワシントン特派員と共同で自主的な検閲計画を作った。しかし10月、シューアド国務長官が正規の検閲官H・E・セア(Thayer)に、政府の軍事・民間作戦に関係するワシントンからの電信便を禁じるよう指示したので、この計画は破棄された。失意の新聞は、旧来のシステムに逆戻りし、できるかぎり最良のニュースを取材するしかなかった。[21]

検閲制の第2段階は、検閲官が国務省から引き上げられ、エドウィン・M・スタントン(Edwin M. Stanton)陸軍長官の指揮下に置かれた時に始まった。1862年2月25日の命令によって、従軍記者たちは記事送稿前に承認を求めるために、憲兵司令官に原稿を提出しなければならなかった。削除は軍事的問題にのみ適用される、という理解であった。その時記者たちは戦闘を報道する際にどの程度まで踏み込んで書けるかを認識した。

記者との個人的な争いで知られるウィリアム・T・シャーマン(William T. Sherman)将軍は、すべての従軍記者たちは正式に信任されたつまり承認されたジャーナリストでなければならない、しかも彼らは戦場において司令官に容認されねばならない、という彼の主張を通すことができた。こうして以後従軍記者によって遵守されるべき先例が確立された。1864年から南北戦争終結までに、検閲は第3の成功的な段階に入った。シャーマン将軍は、彼の作戦を1度も新聞に暴露されることなく、アトランタから東海岸まで進軍した。全体的に記者たちは戦争終結まで軍に協力的であった。

北部新聞の発行停止

　全体として、北部の新聞は、南北戦争の間大きな自由を享受した。大統領による人身保護律の停止後、大統領の強大な権力は控えめに用いられた。懲罰的な行動の大半は、軍司令官によってとられた。1863年6月、シカゴ・タイムズはバーンサイド将軍の命令によって発行停止に処された。タイムズの発行人ウィルバー・F・ストーリー (Wilbur F. Storey) は、奴隷解放宣言が出された後、リンカーン攻撃に極めて暴力的な言葉を使った。彼は、地域のカッパーヘッドの不満を助長するのをやめろという軍の警告を繰り返し無視した。しかしリンカーン大統領もまた表現の自由について明確な考えを持っていた。リンカーンは、3日後軍の命令を撤回した。

　他の新聞も検閲官と衝突した。そうした新聞の1つは、宗教的色彩を持つペニー・プレスとして1860年に創刊されたニューヨーク・ワールドであった。初めワールドはリンカーン政権の支持紙であった。同紙は経営不振となり、歴史のある有名なクリアー・アンド・エンクワイアラーの資産を吸収した後でさえも、後退を続けた。最終的にワールドは、有能な編集者マントン・マーブル (Manton Marble) に引き継がれた。彼は「和平支持の民主党員」の主張を支持することで、部数増を達成した。奴隷解放宣言の後、ワールドは公然とリンカーン政権に敵対した。同紙はすでに戦争が不人気になっていた地域において、カッパーヘッドの活動の中心となった。1864年5月、軍当局は逆襲の機会をつかんだ。この時ワールドとジャーナル・オブ・コマースは、大統領がさらに40万人の徴兵を命じたと称するでっち上げの声明を掲載した。その文書は、実際、ブルックリン・イーグルの社会部長 (city editor) であるジョゼフ・ハワード・ジュニア (Joseph Howard, Jr.) の作り事で、彼はこの捏造記事で株式市場でのひと儲けを企んだのであった。緊張した大都市でのこの種の記事は、暴動による流血や死者さえも生み出すことがほぼ必至であった。他の新聞の編集長は、事実をチェックした後掲載を拒否したが、ワールドとジャーナル・オブ・コマースは、派手な紙面扱いでその記事を掲載したから、ジョン・A・ディクソン (John A. Dixon) 将軍は即座に2紙を発行停止処分にした。2日間2紙の編集長が厳しい譴責を受けた後に、両紙は発行再開を許された。

　ニューヨーク以外の都市の最も有名な発行停止事件のひとつは、コロンバスのクライシスとオハイオ・ステーツマンの編集長サミュエル・メダリー (Samuel Medary) の事件だった。クライシスはカッパーヘッドの特殊な機関紙

であり、カッパーヘッドの知事候補者バランディガムを支持していた。1864年メダリーは破壊的と宣言された集団のスポークスマンとして、連邦大陪審の告発を受けた。彼は、戦時のプレスの自由をテストしようとしたシンシナティ・エンクワイアラーの編集長によって用意された保釈金で釈放された。メダリーは、事件が法廷で審理される前に死んでしまった。

北部の戦争報道

　実際のところ、軍事行動を報道する段になった時、南北戦争の従軍記者すなわち当時使われた言葉でいえば「specials」（特派員）は、現代では許容されないような自由を享受した。戦闘の多くは遠隔の地で行われ、直接取材した記事を送ろうとする努力はしばしば英雄的であった。アメリカジャーナリズムにおいて最も優れた報道のいくつかは、この国家の試練の間、多くの特派員によって国民に提供された。

　新聞記者はいたるところにいた。彼らは、査問によって結果的にスパイとして処刑される可能性があるにもかかわらず、長い間南部を歩き回った。すでに有名であった記者もいた。そうした記者の中には、ブルランにいたタイムズのレイモンドや、クリミア戦争で名を馳せ、世界的に有名であったイギリスの従軍記者ウィリアム・ハワード・ラッセル(William Howard Russell)がいた。

　しかし、最良の従軍記者の何人かは、戦争が始まった後に名をあげた。こうした記者の1人がB・S・オズボン(Osbon)であった。彼は航海と冒険の生活に乗り出した牧師の息子であった。彼は、アメリカの大きな悲劇の幕の1つが上がった1861年4月12日の朝、週9ドルでニューヨーク・ワールドで働いていた。オズボンは海軍小帆船のデッキから、サムター砦の砲撃を見守った。彼が送った記事の前文は、戦争中に開発されたニュースのスタイルの原型であった。

　　チャールストン発、4月12日——砲撃が開始され、戦争が始まる。
　　　サリバン島、モリス島及び他の岬の砲台は、今朝4時サムター砦に発砲を開始した。サムター砦は砲撃を返し、激しい連続砲撃が続けられた[22]。

　その後しばらくして、ベネットがオズボンを週25ドルで雇い、ヘラルドの報道を担当させた。彼はニューオリンズ攻囲の時、ファラガット(Farragut)提

督とともに後甲板にいた。彼は、いいニュースが手に入るところであればどこにでもいるように思えた。

しかし別のスターもいた。トリビューンのアルバート・D・リチャードソン (Albert D. Richardson) は、ニューヨークの諸銀行を通じて暗号文で記事を送ることで、深南部の戦線から記事を送った。彼は木の頂きの観察場所からヘンリー砦の大戦闘を見守った。彼は、連邦軍装甲艦のハリケーン甲板にフート (Foote) 准将とともに立っていた時、ビックスバーグへの進入路のアイランド・ナンバー・テンが瓦礫の山に変わってしまうのを目撃した。彼はビックスバーグの封鎖をかいくぐって入った。だがかろうじて直撃を逃れた砲弾の衝撃でデッキから放り出された。そして海中から引き上げられ南部連合軍に捕まってしまった。彼の戦線からの脱出は、当時のジャーナリズムの胸躍るような離れ業の1つだった。

後にパイオニア的な海外特派員の1人になるジョージ・W・スモーリー (George W. Smalley) は、トリビューンのために戦争を取材している最中に初めて名をあげることになった。彼は、フッカー (Hooker) 将軍の伝令役を務めたアンティータムの戦闘の時、砲火で2頭の馬を失った。その戦闘のニュースを最初にワシントンにもたらしたのは、スモーリーであった。ワシントンではリンカーン大統領が、奴隷解放の計画を公表する前に、何らかの励みになるような報告を心配げに、待っていたのであった。

従軍記者の多くはペンネームで記事を書いた。例えば、「Agate」という署名があったが、それは、実際はリードのことであり、彼は1870年代初めにトリビューンでグリーリーの後継者となった。彼はゲティスバーグから至急便を送った時、すでにシャイローの戦闘報道で有名になっていた。「7月2日、ゲティスバーグ近くの戦場」という日付けと発信地の入った彼の記事は、シンシナティ・ガゼットの48のコラムのうちの実に14を占めた。その記事は、古典的な南北戦争の報道として今なおその名を留めている。南軍の砲火に最もさらされやすい地点すなわちセメトリー・ヒルに立って、リードは決定的な戦闘の目撃記事を書いた。以下はその抜粋である。

> ハンコックが負傷し、代わってギボンが指揮を引き継いだ——彼は定評のある、危機への備えができた兵士だった。砲火の嵐が絶頂に達した時、彼は戦線に沿って歩きながら砲撃を控える命令を出した。南軍は——縦3列になって——徐々に近づいてきた。彼らは直射の範囲に入ってきた。
>
> ついに命令が下った！3度6,000丁の銃が炎と煙の砲撃の雨を降らし、砲声がと

THE NEW YORK HERALD.

WHOLE NO. 10,451.   NEW YORK, MONDAY, APRIL 10, 1865.   PRICE FOUR CENTS.

THE END

SURRENDER

OF

LEE

AND HIS

WHOLE ARMY

TO

GRANT.

TERMS OF SURRENDER.

All Honor to Grant, Meade, Sheridan, Ord, Humphreys, Wright, Griffin, Parke, and their Brave Troops.

Highly Interesting Details of the Fighting Before the Surrender.

Ord Makes a Forced March of Thirty Miles a Day South of Lee's Line of Retreat.

Our Main Columns Follow Closely in the Enemy's Rear.

The Woods Filled with Rebel Stragglers and the Roads Strewn with Caissons, Limbers, Wagons, Ambulances, Muskets, Sabres, Knapsacks and Cartridge Boxes.

Announcement of the Capture of Richmond to the Troops.

INTENSE ENTHUSIASM.

Our Men Clamor to be Led Forward.

Sheridan, with a Force of Union Cavalry, Reported Destroying the Railroad Between Danville and Greensboro'.

JEFF. DAVIS AT DANVILLE,
&c., &c., &c.

THE SURRENDER.

戦争報道をリードしていたニューヨーク・ヘラルド。南部の降伏を伝えている。

どろいた。戦線は文字通り消えてなくなった。しかし、次の砲撃が襲い、じっとしているほかなかった。それが我々のできる限りの努力だった——たちまち我々は、もうこれ以上の攻撃には耐えられなくなった。

　射撃壕に近づき、それを飛び越え、バリケードを乗り越えて来る——彼らの攻撃の勢い、彼らの強力な兵器による複合的な攻撃が戦線を押し進めた。我々の薄い戦線は戦うことはできたが、この勢いに十分対抗できる力はなかった。戦線は砲列の背後に押しやられた。南軍がすぐにやってきた。彼らは、銃を持ち銃剣を奮い、我々の銃座の上で旗を振り回した。

　しかし彼らは破滅に向かって突入していたのであった。[23]

メリーランド州のハガースタウン近くの南軍野営地では、リー軍とともに退却するリッチモンド・エンクワイアラーの記者は、故郷に残された人びとへの衝撃を和らげるために、同じ戦闘について、以下のように感銘を与える解釈を施して記事を送り返した。

　多くのバージニアの家族は尊い命が失われたことを悼むであろうが、ピケット師団とゲティスバーグの戦闘の名において、倒れた兵士の目の輝き、激しい血流、心臓の温かな鼓動が思い起こされよう。同様に死者の中に、慈しみ育てられた子供の名が思い起こされよう。英雄戦士の墓から彼らを思い起こすのは誰か？　彼ら1人1人が英雄の墓に眠っている。[24]

伝統に忠実だったニューヨーク・ヘラルドは、積極的な戦争報道で競争紙をしのいだ。ヘラルドはいついかなる時期でも戦場に40人以上の特派員を送り込んでいた。中でも第1級の記者の1人は、若きバイエルン移民のヘンリー・ヒルガード (Henry Hilgard) であった。彼は、1853年にアメリカにやって来て間もなく名前をビラードに変えた。彼は英語を学ぶ一方、ウィスコンシン州ラシーヌで発行されている独語紙フォルクスブラットを編集した。後に彼はニューヨークのシュターツ・ツァイトゥンクのためリンカーン-ダグラス論争を報道した。リンカーンがワシントンを目指してスプリングフィールドを旅立つ時の報道、高まる国民的緊張の下でのリンカーンの長旅の報道によって、彼は当時最も優秀な特派員の1人という地位を築いた。ヘラルドのために南北戦争の報道を始めた時、彼は25歳に過ぎなかった。彼が最も鮮明に記憶されているのは、2つの偉大な「スクープ」報道のためである。その第1は、ブルランの最初の戦闘記事であり、それはニューヨークに届いた最初の正確な記事であった。第2のスクープは、フレデリックスバーグの戦闘報道であった。

南部の戦争報道

　これまで十分な言及がなされなかったが、南部の新聞は南部連合国の浮沈に重要な役割を演じた。多くの点で、論説の反応は北部・南部で同じであった。南部の編集者たちは、軍事戦略に極めて批判的で、例えばレットのようなジャーナリストは、リンカーンが北部で攻撃されたのと同様に、まさに手ひどく南部連合国政権を攻撃した。しかし、戦争目的は北部におけるほどには重要な問題ではなく、またカッパーヘッド新聞に相当するようなものは全くなかった。

　戦闘ニュースの多くは、「PA」として有名な、南部連合のプレス・アソシエーションによって南部の編集者に供給された。PA は、まさしく北部最大のニュース通信社 AP のロゴの裏返しであった。[25] 戦争が始まった時、南部は、断たれたニューヨーク AP との関係に取って代わるべき、国民の関心に応えるニュースを提供・伝達する組織を全く持っていなかった。新聞発行者は、戦争取材の膨大な費用に対処するためには、協同しなければならないことを認識していた。一連の会議の後、メコン・テレグラフのジョゼフ・クリスビー (Joseph Clisby) は、南部のすべての日刊紙の編集長に対して、1862 年 2 月 4 日オーガスタの会議に出席するよう呼びかけた。ちょうどリッチモンド・プレス協会 (Association of the Richmond Press) という組織が作られたところで、PA を組織化することで、リッチモンドの構想を拡大する計画が立てられた。理事会は、「3,000 ドルを越えない俸給で」管理者 J・S・スラッシャー (Thrasher) を雇い、組織はすぐに動き出した。

　PA の価値は、電信会社との契約調印や、面倒な郵便の規制廃止において、すぐに明確になった。1863 年 5 月 15 日、理事たちは非公認の軍事検閲に反対するスラッシャーの立場を擁護する決議を可決した。

　全体的に、PA は加盟紙に十分なサービスを提供した。P・G・T・ボーレガード (Beauregard) 将軍が至急便を押え始めた時、スラッシャーは個人的に将軍を訪ね、以下のように述べた。すなわちニュース通信社の目的は、国民の利益のために正確な報道を得ることであり、それは軍事的な安全と相容れないものではない、という趣旨を説明したのである。同将軍は感心し、スラッシャーに対し次のように述べた。PA の記者は、「国民の利益と一致する情報にいち早くアクセスするためのあらゆる便益を持つべき」である、というのである。そして彼は同様の協力を勧告する書簡を軍当局高官に書いた。スラッシャーは他の指導者の信頼を勝ち得た。彼はその代わりに、PA の特派員に対して、事

件について意見や注釈を全く差し挟まぬように指示した。それは北部の司令官をいら立たせるやり口だったのである。特派員は、噂をふるいにかけて、敵を助ける情報を提供しないよう警告された。PA の記事の客観性は、ジャーナリズムの記事執筆の「完全な革命」をもたらした、とこれまで見なされてきているのである。[26]

　PA の発展は、南部ジャーナリズムの発展における大きなステップとなるものであった。戦争のこの時点まで生き残っていた 43 の南部の日刊紙は、すべて加盟紙であった。このグループの論説の重みは印象的だった。至急便は、軍の設備である軍事電信線を使って、半額料金で送られた。定期的にニュース通信費をめったに負担できなかった新聞も、今や読者に最新のニュースを送り続けることができた。従軍記者には、週給 25 ドルが支払われ、その俸給は当時としては高給であり、記事のレベルは良質であった。崩壊する南部連合が自制の喪失と組織の解体を見るまで、PA は概して十分な機能を果たした。

　1861 年、南部連合の 11 州において発行される新聞はおそらく 800 紙くらいあっただろうが、そのうちの 10% ぐらいが日刊であった。これらの新聞社の大半では、手動印刷機が使われ、発行部数も少なかった。戦争が勃発した時、1 万 8,000 部を擁していたリッチモンド・ディスパッチをしのぐ新聞は、ニューオリンズの最大手の日刊紙だけだった。ディスパッチの部数は、リッチモンド・エンクワイアラー、リッチモンド・ホイッグそしてリッチモンド・デモクラット 3 紙合計部数よりも多かった。エンクワイアラーは、1863 年センチネルがジェファソン・デイビス政権のための機関紙として創刊されるまで、同政権の機関紙であった。リッチモンドはまた、ハーパーズ・ウィークリー喪失の空白を埋めるために、1862 年リッチモンド・サザン・イラストレーテッド・ニュースを生み出した。同紙は間もなく 2 万人の読者を擁するようになった。[27]

　南部の新聞発行者は、印刷用紙の不足に悩まされた。しまいには、1 シート印刷、ゲラ刷り用紙による号外印刷、果ては古い壁紙の裏面印刷にまで追い込まれた。彼らはまたインクや活字の不足、それらの製造工場の人員不足にも悩まされた。ビックスバーグが陥落した 1863 年以後、南部の諸都市は連邦軍によって制圧された。リー将軍が降伏した時になお印刷を続行していた日刊紙は、わずか約 20 紙であった。しかし、そうした新聞は、南部連合軍の記録を新聞記事としてまとめ、100 人以上の従軍記者を南部連合軍取材のために送り込んだのである。

　南北戦争の従軍記者・特派員の歴史家である J・カトラー・アンドルース (J.

Cutler Andrews) は、とりわけ抜きんでた従軍記者として 2 人を挙げている。[28] 1 人はフェリックス・グレゴリー・ド・フォンテーヌ (Felix Gregory de Fontaine) であり、彼はチャールストン・クリアー宛ての至急便に自ら「ペルソンヌ」と署名した。もう 1 人は、主としてサバナ・リパブリカンの記者と見なされることの多いピーター・W・アレグザンダー (Peter W. Alexander) であったが、彼の署名「P.W.A.」は、アトランタ・コンフェデラシー、コロンバス・サン、モビル・アドバタイザー、リッチモンド・ディスパッチやロンドンのタイムズに載った。彼らより下位にランクされる従軍記者には、以下のような多才な記者たちがいた。ニューオリンズ・ピカユーンなどの新聞に記事を送ったサミュエル・C・リード・ジュニア (Samuel C. Reid, Jr.)、リッチモンド・ディスパッチのジェイムズ・B・シーナ (James B. Sener) やウィリアム・G・シェパードソン (William G. Shepardson)、さらにはモビル・レジスターのアルバート・J・ストリート (Albert J. Street)、メンフィス・アピールのジョン・H・ラインボー (John H. Linebaugh)、さらにアトランタの戦闘を取材した正体不明の「シャドウ (Shadow)」がいた。「シャドウ」は、将来ルイビルの名物男になるヘンリー・ワターソン (Henry Watterson) だった可能性がある。

ド・フォンテーヌとアレグザンダーの活動は、主要な戦闘において「常連 (regulars)」として交錯した。2 人とも 1862 年の 9 月にはアンティータムにいた。この時、リー将軍は、北部侵入を企てて撃退され、圧倒的に優勢なマクレラン軍から敗走した。ド・フォンテーヌは、その戦闘について 7 コラムにわたる 8,000 語の記事を書いた。この記事は、アンドルースが南北戦争において最も秀逸な記事と評したものであった。その記事は最初に、チャールストン・クリアーに掲載された。ある意味では若いけれども戦争に疲れ果てた従軍記者ド・フォンテーヌは、「血したたる小道」と称されるくぼんだ道沿いの、南部連合軍の中央部隊の前で進行する戦闘の状況を記事にした。

> 荒れ狂う銃口から火の手が上がるやいなや、20 の異なる地点から、大量の煙が上がった。破裂した砲弾から浮かび上がる白い、この世のものとは思えない形のものがあたりを満たした。兵士は右往左往し、弾を込め、銃を放ち、火器を操作した。また時には、騒乱の中で激しい叫び声が耳に届き、その叫び声は、狙いを定めた砲弾による死者や被害を叫んでいた。我々の前には敵がいた。1 つ 2 つの連隊が川を渡り、土手沿いの森から数分隊が走り出し、戦線を形成しようとした。突然、砲弾が彼らの間に落ちたかと思うと、数千の兵士が蠅の大群のように四散し、森に消えるまで、次々と砲弾が降り注いだ。2 回目の攻撃がなされ、またそれは失敗に終わ

った。ついで陽動作戦があった。連邦軍の砲撃がまた火を吹いた。そして連邦軍の歩兵は、別の地点を目指し、ついにこちら側の占拠に成功した。D・H・ヒル(Hill)指揮する我が軍は、敵兵に出遭い、ついで中心地で苛烈な戦闘が起こった。後退、前進、嵐に舞う船のように、様々な縦隊が動くのが見えた。それは我々にとって厄介な場所であったが、敵にとってはもっと厄介な場所だった。敵は我々の銃下にあり、我々は草のように彼らをなぎ倒した。古参兵によって支えられる未熟な招集軍隊は、十分期待に添う働きをし、新しい戦闘経験にありがちな興奮を伴い、しばらく戦ったが、彼らの隊列の１部は崩れ混乱に陥った。彼らの予備兵がやってきて、この日の武運を回復すべく戦った。しかし我々の中央部隊は、強固な姿勢を固持し彼らは後退した。[29]

時は昼、２時までにヒルは、中央部隊を守る部下を失った——しかしマクレランは突破作戦に失敗し、圧倒的とは言えない勝利に甘んじた。アメリカの歴史上、たった１日の戦闘でアンティータムほど多くの兵の死者を出した戦闘は他になかった。全体で２万3,000人の犠牲者が出たのである。

アレグザンダーもアンティータムにあって、野戦病院の死者や負傷者の真っただ中で、モビル・アドバタイザーのためにその戦闘記事を書いた。「あたりには死者の空気が漂い、働く軍医は文字通り、頭からつま先まで犠牲者の血にまみれていた」と書いた。南部の側で一貫してゲティスバーグの戦闘を記したのはアレグザンダーであり、彼は２日目の全面攻撃を行った際のリーの判断を疑問視した。リーと参謀たちが自軍の戦闘能力に十分な信頼を示さなかったので、困難に立ち向かって勝利を収めることができなかったのではないかと疑った。大半の南部の新聞は彼の記事を転載した。[30]

画家・写真家：マシュー・ブレイディ

画家の小部隊も戦争を取材し、ほとんど写真画のように事件を描き取った。そうした絵は、手彫による木版の入念な処理が施されて印刷に付された。こうした木版カットは新しいものではなかったが、1861年以後は以前にまして定期的に新聞に利用され、戦闘の様子や戦時中の主要人物の肖像を描いた。もう１つの発展としては、若干の大都市の新聞は戦闘のイラストとして大きな地図を掲載するようになった。これによって、もはやコラム罫に拘束されない新しい紙面整理の道が開かれるようになった。[31] 1863年９月12日付のヘラルドは、この技術の良い見本であった。同紙は現在の標準的な日刊紙のサイズより多少

小さめで、6 コラム幅で 8 頁建てであった。この新聞の第 1 頁の約 4 分の 1 は、アーカンソーの戦闘記事に添えられる地図に割かれた。3 頁目では、チャールストン港におけるモリス島の勝利の大きな地図が、その頁の 2 コラムを除いて、天地をすべて占めていた。

　イラストはまた、雑誌出版の成功の試金石であった。20 世紀のニュースと写真の週刊誌の 2 つの先駆は、1855 年創刊の 16 頁建ての 10 セント週刊誌フランク・レスリーズ・イラストレーテッド・ニューズペーパーと、1857 年創刊のハーパーズ・ウィークリーであった。これらの雑誌では、画家の華麗な木版によるイラストが、戦争報道のビジュアル化のために動員され、事実上 10 万以上の購読者のもとに届いた。こうした雑誌はまたスポーツ、犯罪、災害なども報道した。同じ発行所から 1850 年に雑誌界に参入したハーパーズ・マンスリーは、通常の 2 倍のサイズで、フィクションに添えた木版のイラストを呼びものとして、戦前に 20 万という記録的な発行部数を達成した。紳士淑女のため流行のファッションを手彫にしてさらに色刷りしたイラストは、ルイス・ゴディー (Louis Godey) によって 1830 年に創刊され、1836 年から 1877 年までサラ・J・ヘイル (Sarah J. Hale) によって編集されたゴディーズ・レディズ・ブックの人気の秘密の 1 つだった。イラストや豊富なフィクションや詩文は、1850 年代に同誌に 15 万の部数をもたらした。ヘイルの有名な寄稿は「Mary Had a Little Lamb」であった。彼女はまた、50 冊の本を書いたり編集したりし、国民の祝日として感謝祭を推進し、ゴディーズで女性の権利を論じた。ファッションのイラストで競争した雑誌は、ピーターソンズ・マガジンであり、同誌は 1842 年、副編集長兼フィクション作家としてアン・スティーブンズ (Ann Stephens) を擁して、チャールズ・J・ピーターソン (Charles J. Peterson) によって創刊された。同誌は南北戦争中に発行部数でゴディーズをしのぎ、経済面において女性の評価が高まっていることを示した。

　1860 年代のピクトリアル・ジャーナリズムへの最も顕著な貢献は、写真であった。イングランドの写真家ロジャー・フェントン (Roger Fenton) とジェイムズ・ロバートソン (James Robertson) は、クリミア戦争で英軍の写真を撮ったが、戦闘の様子を記録する機器を持たなかった。南北戦争の間、300 人の写真家に対して、陸軍省によって許可証が発行された。傑出した真のパイオニア的な従軍写真家は、マシュー・ブレイディ (Mathew Brady) であった。印刷工程における明暗転写を実用化する方法が完成するまでに、さらに 10 年を要したので、確かに彼の写真は当時の新聞に利用されなかった。しかし画家は本

物そっくりに描き、ブレイディは戦争写真で有名になった。彼と20人の同僚による南北戦争の写真記録は、報道の最も優れた例の1つとして、伝えられている。

　ブレイディ自身は戦時中いたるところに出没した。彼はサムター砦で扱いにくいプレートにその場面を記録した。彼はブルランやアンティータムやゲティスバーグにも赴いた。連邦軍を視察中のリンカーンを写真に撮ったし、アポマトックスでの降服後にリー将軍の有名な写真を撮影した。有名な戦闘と戦争の指導者についての写真による彼の解釈は、雰囲気と正確さにおいて、印刷言語の太刀打ちできるものではなかった。カメラを持つ人がほとんどいない時代に、多くの偉人がこぞってブレイディのためにポーズをとったことは、まさに驚くべきでことであった。[32]

　ブレイディは1823年、ニューヨーク州北部に誕生した。若い時彼は、ニューヨークのパイオニア的な百貨店所有者A・T・スチュワート(Stewart)のもとで働いたことがあった。スチュワートは聡明な若者に関心を持った。ブレイディが写真の勉強を始めた時、富裕な商人スチュワートは後見人として、ブレイディをモースに紹介した。モースは、電信の発明者として有名であったが、同じように光の科学にも関心を持っていた。モースはブレイディを自分の代役にした。彼らは一緒にニューヨーク大学のJ・W・ドレーパー(Draper)教授と協同して研究を進め、後に教授はアメリカ初の即時写真露光を後に発明することになった。[33] 1839年モースはブレイディをヨーロッパに連れて行き、そこで2人は銀版写真ダゲレオタイプの発明者ルイ・ジャック・マンデ・ダゲール(Louis Jacques Mande Daguerre)に会った。他のヨーロッパのパイオニアには、フランスのジョゼフ・ニエプス(Joseph Niepce)やイギリスのフォックス・タルボット(Fox Talbot)がいた。

　ブレイディは帰米し、P・T・バーナム博物館の反対側、ブロードウェイとフルトン通りの一角に、ダゲレオタイプの店を開いた。1842年頃のことであった。まもなく彼は偉人や有名人の写真家として有名になった。[34] 彼は5年連続で米写真家協会賞を、写真への貢献で受賞した。

　しかしブレイディは、この成功に満足しなかった。ダゲレオタイプは時間がかかり過ぎるので肖像写真以外には適用が難しかった。そこで彼は、もっと時間の早い処理を追求した。1855年彼は、科学者スコット＝アーチャー(Scott-Archer)によって開発された、新しくてより早い「湿板」を学ぶためにスコットランドへ赴いた。ブレイディはスコット＝アーチャーの同僚アレグザンダ

ー・ガードナー (Alexander Gardner) を伴って帰米し、半官的な政府の写真技師としてワシントンに店を開いた。南北戦争が前途に立ちはだかってきた時、彼はこの有利な事業を他人の手に委ねた。

　ブレイディは、友人であるリンカーン大統領と彼のシークレット・サービスのアラン・ピンカートン (Allan Pinkerton) に対して、ガードナー、ティモシー・H・オサリバン (Timothy H. O'Sullivan) 及びブレイディの他のカメラマンとともに、戦争の写真記録を撮る許可をくれるよう口説いた。彼らはシークレット・サービスの保護を受け、どこへでも行ける許可を得た。ほどなく移動可能な暗室を備えたブレイディの小さな黒い幌馬車は、激しい戦線で見慣れた光景となった。兵士たちは、ブレイディが姿を現わすのを怖がった。その後まもなく銃撃戦が始まることを彼らは知っていたからであった。彼は、写真にとって好位置だが危険にさらされる場所にカメラを設置したので、しばしば狙撃の対象となった。南北戦争終結までに彼は、約 3,500 枚の写真を収集した。これらの写真は、ナショナル・アーカイブや議会図書館に収蔵されている（そのうち優れた数葉の写真はガードナーやオサリバンの作品である）。ブレイディの戦後の出版事業は立ち消え、1896 年忘却の彼方で死んだ——しかし彼の写真は生き残っている。[35] いずれにせよ、ブレイディはレンズを通じて、戦争のヒステリー、恐怖、時おりの歓喜を活写することができた。

戦時の技術発展

　南北戦争は、新聞にとって重要な技術上の変革をもたらした。電信への依存のため、特派員は料金を節約しようと簡潔な記事執筆を心がけ、結果的に記事の書き方の変化につながった。記事を圧縮するひとつの方法は、意見や潤色を省くことだった。現代的な基準から見ると、南北戦争の報道は散漫で潤色されているが、それ以前のジャーナリズムと比較すると、はるかに読みやすくなっていた。ニューヨークの AP によってワシントンから、あるいは南部連合の PA によってリッチモンドから送られた、ある種の記事は、現代の新聞に載せてもひどく場違いということにはならないだろう。

　記事の主な特徴を第 1 段落に置く要約的なリードは、戦場の記者によって南北戦争中に開発された。記者たちは、彼らの完成した至急便が目的地に届かないことを恐れたのであった。ベネットはかつて、電信よりむしろケーブルがこの原因であったと述べているが、ケーブルは 1866 年になって初めて稼働に成

功したのであり、要約的リードはその時までにかなり一般的になっていた。例えばここに、ニューヨーク・タイムズが、1865年4月16日、その日の重要な第1面記事の1つを書き出したスタイルの実例がある。

> ワシントン発、4月15日―正午。アンドルー・ジョンソンは、本日11時チェーズ最高裁長官立ち会いのもと、アメリカ合衆国大統領として宣誓を行った。

　重要なニュースは時間決めで電信で流されたので、大都市の新聞はハイライトを速報し始め、まもなく非常に小さな新聞ですら、このやり方を模倣するようになった。これらの速報は、数行で記事を要約する現代の新聞の見出しにつながるものであった。

　大半の新聞は、南北戦争前から持ち越された8頁建て、6コラム幅の体裁の利用を続けた。現代的な基準によると、これらの新聞は単調でつまらないものといっていい。活字は小さく、イラストもなく、1コラム幅の整理方法は、驚くべきほどに画一的であった。しかし大きな地図の利用は、コラム罫の制限を打ち破りつつあり、見出しの実験はたった10年ほど前の頁の紙面と、対照的な体裁を生み出した。

　印刷機は、ジャーナリズムの他の発展に対応すべくもっと高速化されねばならなかった。サムター砦陥落に続く日曜、ヘラルドは13万5,000部を印刷した。その部数はこの時代までの印刷機の記録であった。1863年、ウィリアム・ブラク (William Bullock) は、輪転印刷機をもたらし、この印刷機によって、輪転機を使った巻き取り紙による継続的両面印刷が可能になった。1871年になって初めてR. ホー社がこれらを標準装備した印刷機を生産したが、にもかかわらず戦争が刺激となったことは明らかであった。

　実際のところ、1865年4月14日の晩に興奮するような時代は終わりを告げた。ニューヨークAPのゴブライト (Lawrence A. Gobright) は、オフィスで遅くまで働いていた。彼はリンカーン大統領の劇場パーティについての至急便をすでに送り、グラント将軍が夫人とニュージャージーに行くため、「Our American Cousin」観劇の招待を辞退したことを報じた。ドアが突然開けられ、興奮した友人がフォード劇場での悲劇のニュースを持って飛び込んできた。コブライトは、晩の展開を記事として引き伸ばす作業をする前に、すぐに速報を書き始めた。そのニュースをこれ以上簡潔に伝えることのできる記者は、現代にもいないだろう。その前文は次のように述べていた。

ワシントン発、1865 年 4 月 14 日金曜。今夜大統領が劇場で狙撃され、致命傷を受けたもよう。

FRANK LESLIE'S ILLUSTRATED NEWSPAPER

No. 128.—Vol. V.] NEW YORK, SATURDAY, MAY 15, 1858. [Price 6 Cents.

OUR EXPOSURE OF THE MILK TRADE OF NEW YORK AND BROOKLYN.

From a hundred sources we are receiving, day by day, thanks for our public spirit and fearless exposure of a nefarious and revolting trade, and good wishes and prayers for the ultimate and speedy success of our undertaking.

We feel sincerely gratified and deeply grateful for the outside encouragements we receive; it will move us to new exertions, for we feel that we have obtained the ear of the public; that its sympathies and hopes are with us, and armed with this assurance we feel our power equal to the emergency. That our blows have been dealt strongly and truly we have ample evidence. Our exposure has not only broken up all the milk routes we have published, but one whose name we were fortunately enabled to give, is selling off his swill milk cows. His stable is broken up, his swill trade, gone, and mark the consequence—he has contracted with the country dairies for the milk he requires for his customers. Is not the good work begun? May we not hope for the future?

初期の告発報道、1858年の「ミルク不正取引」キャンペーン。フランク・レズリーズ・イラストレイティッド・ニュースペーパーに掲載された。

第8章

国民生活における変革

> 新聞には歴史がある。しかし、それはまた自然に出来た歴史である。今日存在しているプレスは、道徳風を吹かす評論家たちが時おり考えるように、少数の集団が意図的に作ったものではない。いやむしろ、それは歴史的な過程の産物なのである。
>
> ——ロバート・E・パーク

　多くの点でアメリカの歴史は南北戦争が終わった段階から再出発している。と言っても、それは、アメリカの2世紀半の経験が国の経済の成熟や政治・社会的な骨格の発展に影響を与え続ける、根本的で指針になる力を生んだという明らかな事実を否定するわけではない。しかし、新たな力が大きく動き始めた。1865年から1900年にかけて、アメリカは国のあらゆる場面に影響を与える変革を経験しようとしていたのである。その力とは、集中的な産業化、機械化と都市化で、いずれもそれに伴って社会、文化、政治的な変化が生じた。南北戦争と20世紀への曲がり角との間のある時点で、それまでありとあらゆる面で緩やかに発達していたアメリカの生活が、力強く新しい方向転換へ弾む力を与えられたのである。

　アメリカのジャーナリズムについても同じことが言える。アメリカの成長期であったジャクソン時代に到来したコミュニケーションの発展やジャーナリズム技術の発達は、南北戦争時代を通じて見られ続けた。読者の人間的な関心をくすぐる大衆紙が登場したのである。それは新しいコミュニケーション設備を利用し、ニュース企業を成長させ、時に論説の力を高めることになった。しかし、登場した型や創造された技術は変わっていった。この変化と平行して、1830年代に始まった新聞運動に関わった有名な人物が一線から姿を消していった。1869年から1878年にかけて、パーソナル・ジャーナリズム時代の5

人の指導者たちが亡くなったのである。つまり、ニューヨーク・タイムズ創始者のヘンリー・レイモンド、ニューヨーク・ヘラルド創刊者のジェイムズ・ゴードン・ベネット、ニューヨーク・トリビューン創始者のホラス・グリーリー、スプリングフィールド・リパブリカンの編集者として名を残したサミュエル・ボールズ3世、そしてニューヨーク・イーブニング・ポストの編集長を半世紀も続けたウィリアム・カレン・ブライアントの5人である。

　ニュース報道や論説の表現に対する新たなアプローチが発達したのには十分な理由があった。南北戦争後に合衆国が直面した問題は深刻なものだった。身近な政治的リーダーシップはまったく功を奏していなかった。グローバー・クリーブランド (Grover Cleveland) が、主として誠実さと勇気によってかなり名を成したものの、1865年から20世紀への転換期まで、真に偉大な大統領はいなかった。大統領の指導力には欠けるところがある一方で、それ以外の政治の現場は大変活発だった。南部の政治を再建しようとする努力が、復讐心の高まる議会と無能な大統領との間に醜い争いを生じさせることになった。恣意的な再建政策によって南部で勢力を得たカーペットバガー (carpetbaggers)（訳者注：南北戦争後に南部へ渡った渡り政治屋）やスキャラワグ (scalawags)（訳者注：南北戦争後、共和党に味方した南部白人）は、今度は黒人の参加なしの内政自治の道を開いた。スキャンダルがグラント政権を揺さぶった。汚職が市政にはびこった。経済の不均衡、通貨供給量の不公平、農民にとって荷の重い輸送や買い付け金利の問題について、"徹底的な反抗"の火が上がった。そのような状況の中で、チャールズ・A・デイナやエドウィン・ローレンス・ゴドキン (Edwin Lawrence Godkin) のように、独立した立場を守りながらニュースの提供に身をささげた編集者たちには、確かに勇気づけられるものがあったと言えよう。

　デイナやゴドキンのジャーナリズムは、過渡期におけるアメリカ社会の産物であった。つまり南北戦争直後の10数年の間に国民の生活に生じたことは過渡期と呼ぶことができよう。しかし、その後、社会や経済の変化のうねりが高まることによって、もはや過渡期ではなく変革の時が生じたのである。

　アメリカ人の生活のすべてのように、ジャーナリズムでの変革の結果は、その直前の時代よりも20世紀により通じる新しい考えや実践を登場させることになった。新しい指導者たちは、古い慣習にしがみついているよりも、急激に変化した環境に呼応することによって、新聞や雑誌を変革しようとした。1890年代における、デイナの偏屈なまでの変化に抵抗するジャーナリズムと

ジョゼフ・ピュリツァー (Joseph Pulitzer) に象徴される新秩序のダイナミズムとは、まさにまばゆいばかりの対象であった。しかし、文学や科学、政治・経済思想、産業、アメリカ人の生活・労働の仕方などにおいて起こった変化ほど目を見張るものはなかった。アメリカ史と同じように、アメリカのジャーナリズムは、歴史家ヘンリー・スティール・カマジャー (Henry Steele Commager) が"90年代の分岐点"と呼んでいるような特徴を持っている。分岐点とはどこでもそうだが、その形状がぼんやりとしていながらも、全体の輪郭ははっきりと見えて来ているのである。[1]

政治・財政危機

　この時期の編集者たちがどのようなことをしたかについて考える前に、彼らが活躍していた当時の政治、経済、社会状況をもっと詳しく調べてみなければならないだろう。歴史家は南北戦争後の南部諸州の再統合を一方的な悲劇と見ていた。とくに北の渡り政治屋や寝返った南部白人が、民主的な責任や、破綻した南部の生活（南部の内政は1877年に回復する）のために、黒人投票権のできていないのを利用した。このようなありきたりの見方は修正を要することがわかる。エリック・ホーナー (Eric Foner) のような歴史家は南部諸州の再統合を「南部の特殊な慣行を変えるかもしれない労働、人種、政治関係の新しい方法をめぐって長期化した苦闘の一部」と見ている。[2] 南北戦争後の南部諸州の間では、渡り政治屋や共和党に味方した白人やアフリカ系アメリカ人や連邦軍が黒人のために、教育の機会を広げたり、投票権を充実させたり、黒人の雇用を図る意味深い改革をともに行った。連邦政府が1877年に撤退し、南部の白人たちが主権を再び主張し、黒人が2級の市民に戻ると、次の50年にわたり人種差別法や活発なクー・クラックス・クラン (Ku Klux Klan) が生まれアフリカ系アメリカンへの暴力的な私的制裁が行われたのである。[3]

　1860年、エイブラハム・リンカーンを初の大統領に選出した共和党は、1864年の党公認候補としては、リンカーンとテネシー州のアンドリュー・ジョンソンをペアにして選挙戦を戦わせる必要があると判断した。当時でさえ、リンカーンは、南部を投票から外しても、民主党候補のジョージ・B・マクレラン将軍を40万票上回るに過ぎない予想だった。このような状況において、多くの共和党員たちは、南部に、直ちに全面的な投票権を回復させることは、大いに懸念すべきことだと考えていた。連邦は分離できないから、戦争が終結

すれば、南部諸州は自動的に元の地位に戻るというリンカーンの説を受け入れた場合の結果を、多くの共和党員たちは恐れていた。この方針はリンカーンの死によってもはや縛られることがなくなったため、ペンシルベニア州選出の下院議員サデウス・スチーブンスとマサチューセッツ州選出の上院議員チャールズ・サムナー (Charles Sumner) は、南部は"州としての自殺"行為を図ったわけで、被占領地と見なされるべきだ、と主張するグループのリーダー格になった。彼らを始めその追随者たちは、戦後の議会で優位を占め、"共和党急進派"と呼ばれた。

共和党急進派は、ジョンソン大統領を、どんな資質があるのかはっきりしない意思の弱い性格で、攻撃しやすい相手と見なしていた。ジョンソンによって連邦に復帰した南部諸州が黒人の政治参加の権利を無視すると、共和党急進派は、自分たちのやりたいように南部を統御し始めた。彼らは市民権法案を通過させた。次に、憲法修正第14条を成立させるよう提案した。さらにジョンソンの拒否権を押し切って、再建法案を通過させた。これは南部諸州に、共和党急進派の路線に沿った形での連邦への復帰をもう一度強制的に求めさせるものであった。また過激派は南部に軍事的な統治を行った。共和党急進派と大統領との間の争いが最も激しくなったのはジョンソン大統領に対する弾劾の時であるが、上院でわずか1票差で公職からの追放は免れた。その結果、共和党は1868年の同党大統領候補にユリシーズ・S・グラント (Ulysses S. Grant) 将軍を立て、大統領選で容易に勝利を得たのである。

このように政治的な再建問題は大いに議論を呼んだが、経済的な再建問題はそれ以上であった。北部の日用品物価は5年間の戦争の間に2倍に高まってしまった。"グリーンバック"（訳者注：裏が緑色の法定紙幣で、初め南北戦争中に発行された）と呼ばれた紙幣を刷るために印刷機を稼働させたことによって、硬貨が姿を消し、通常の戦時下のインフレを増大させた。それ故議会は1866年、11年間にわたって徐々にグリーンバックを回収するように議決した。グリーンバックは政府の大きな赤字のもとになっていたが、これを回収することはデフレを生じさせ、通貨価値を上げるのではないかとの議論が高まった。そのような措置は債権者や、収入が物価に追いつかない給与所得者にとっては恩恵になったであろう。しかし、債務者の多い農民にとっては金の価値が高まり、農産物の価格は下がってしまうことになった。出回っているグリーンバックを回収することに反対する声が中西部の農業地域から高まった。もちろん南部からもわき起こった。何しろ南部の経済は、南部連合国が発行していた通貨が使え

なくなったことや戦争による荒廃などによって衰弱しきっていたからである。紙幣に反対する人びとは1879年、最終的なグリーンバックの回収を強行したが、これによって、急激に拡大してきたアメリカ経済に対して通貨供給が支障をきたす問題が深刻化した。通貨供給問題だけが、西部や南部の農村部の不満ではなかった。農民たちにとっては、借りた金の利子が異常に高まるし、不作や農産物の価格低下によって返済が難しくなっていた。当時全国的に鉄道路線が拡充していたが、農産物の相場は"当然ながら"鉄道輸送料金の現状によって左右されていた。

1870年代初冬には不況が忍び寄っていた。当時国はさんざん痛めつけられた戦争からの復旧と戦い、利潤が得られるよりももっと早い段階で投資を拡大し、ヨーロッパの投資家たちからも経済拡大のために多額の金を借りていた。1873年財政崩壊が生じると、農産物価格は暴落し、農民たちはもはや生活を維持できないくらいになった。農村地帯の西部や南部で経済救済を求める声が高まるとともに、"絶えざる暴動"が起きた。通貨改革、金融改革、鉄道料金や穀物倉庫使用料金などの規制、金利の引き下げといった問題がおもな政治論議のテーマになった。その結果、グリーンバック党が栄え、続いて人民党 (Populists) が台頭した。農民救済組合 (The Patrons of Husbandry) がグレージ結社（訳者注：農民が消費者と直接取引きをすることを目的にした農協共済）を結成し、鉄道貨物料金の上限を定めるよう中西部諸州で州法を強引に通過させた。また連邦最高裁は有名な判決、マン対イリノイ (*Munn v. Illinois*, 1877) で、鉄道料金は公共利益の規制に従うべしとの原則を支持した。[4]

グリーリーの共和党脱党の大統領選

この政治、経済面での困難な状況において、新聞にとっては、報道すべき重要なニュースが大いにあった。新聞の新たな原則が支配的になり、論説欄は、政党やその方針に不動の忠誠を尽くしていることに対して確固たる反抗を示すようになった。政党の幹部の中での対立が起きたり、とくに共和党急進派や大統領グラント将軍に反対する"共和党穏健派"が出現することによって新聞は反抗しやすくなった。論説・主張の独立は、編集者が通常支持している政党の指導者や政策を批判することを主に意味したが、ある面では、脱党し、ライバルを支持する自由をも意味したのである。脱党した人びとは、反対者から"マグワムプ"(Mugwump) と呼ばれた。

1872年のマグワムプは編集者クループによって先導された。グラントに対抗する適当な候補者を見つけるための会議に参加した共和党穏健派の中には編集者が多く含まれていた。そのうち重要な人物としてはスプリングフィールド・リパブリカンのサミュエル・ボールズや、シカゴ・トリビューンのホレス・ホワイト (Horace White)、シンシナティ・コマーシャルのムラー・ハルステッド (Murat Halstead)、セントルイスのウエストリック・ポストのカール・シュルツ (Carl Schurz) らがいた。会議は、もう1人の有名な編集者であるホラス・グリーリー (Horace Greeley) を候補者に選ぶことを決めて終わった。グリーリーは民主党からも候補に上がっていた。従って、共和党陣営の新聞の有力な勢力には親民主党陣営の新聞と通じるところがあった。しかし、グリーリーを大統領に押し上げようという企てはミス・キャストだった。多くの穏健派たちはこの年老いた編集者を支持する手立てを明らかにすることができず、彼の偏狭的なまでの主張を容赦なく批判するものもいた。このようにして、ニューヨーク・イーブニング・ポストを始めニューヨーク・サンや影響力を持った雑誌のハーパーズ・ウィークリーやネーションといったグラント政権への批判者たちはグリーリーの主張を避けるようになった。急進的な共和党の再建政策やグラント政権の行政的な欠陥や未解決の経済問題などに不満が募っていたにもかかわらず、グラントは楽々と再選された。グリーリーはその数週間後に死亡した。

　グリーリーのキャンペーンは失敗したものの、影響力ある編集者たちによって起こされたマグワムプ反抗の効果は、ジャーナリズムの地位向上に実質的な成果を上げた。この反抗は編集者は政治的な立場を変え、生き延びることができることを新たに示すことになった。また、強い政治集団を攻撃することを義務と感じていた新聞を激励することにもなった。

政府内のスキャンダル

　政府内のスキャンダルは、どの編集者にとっても意欲をそそられる取材対象になる。南北戦争後に目立った政治的な無能や道徳上の退廃はなおさら新聞や雑誌に行動を起こさせる刺激になった。市レベルでの最も悪名高い腐敗例はニューヨーク市のタマニー派の悪政であった。タマニー派のボスであるウイリアム・M・トウィードと彼の民主党の仲間たちは、市から2億ドルの甘い汁を吸い、1870年には、裁判所の建物の工事で、石膏細工人に丸1か月もの間1日

国民生活における変革　223

1871年、ハーパーズ・ウィークリーに掲載されたトマス・ナストの有名な風刺画タマニー・タイガー。「やりたい放題のタマニー・タイガー。あんた、いったい何をしようっていうんだ？」とある。

あたり5万ドルも支払わせるほど大胆で、厚かましくなっていた。トウィード派はいくつかの新聞を自分たちの勢力下に置き、他の新聞を黙らせた。しかし、ニューヨーク・タイムズやハーパーズ・ウィークリーにはかなわなかった。ニューヨーク・タイムズは創刊者のレイモンドが1869年に死亡した後、ジョージ・ジョーンズが発行人で、ルイス・J・ジェニングズ(Louis J. Jennings)が編集を担当していたが、1871年トウィード派の窃盗罪を証拠付ける文書を入手し、大々的に報道した。一方、ハーパーズ・ウィークリー誌は当時ジョージ・ウィリアム・カーティス(George William Curtis)が編集していたが、偉大な政治風刺漫画家のトマス・ナスト(Thomas Nast)に風刺画の場を与えていた。彼はペンとインクを使って破壊的な形でトウィードに歯向かったのである。ジョーンズもナストもともに攻撃をやめるように賄賂を提供されかかった。しかし、その返事は、あくまでもトウィード派の勢力を吹き飛ばすことであった。[5]

　グラント政権の評判を汚すスキャンダルが1872年の大統領選の前から臭っていた。しかし、ニューヨーク・サンがモビリエール信託事件として知られる

ようになった出来事を報道したのは、大統領選挙が終わった後であった。選挙後に証拠が次々と明るみになったのだが、それによると、ユニオン・パシフィック鉄道とセントラル・パシフィック鉄道が鉄道路線の建設のために連邦政府の土地を取得するのに国会議員たちの支援が必要で、彼らを動かす単純な方法を編み出していたのである。つまり鉄道建設会社は、モビリエール・オブ・アメリカ信託という名の会社を運営し、多くの公人たちに株を売ったのである。と同時にその株を取得してもらうための金を貸し、貸付融資がたったの1年で返済できるほどの巨額な利益が得られると公言した。国会議員の協力を求める人びとによってもたらされた贈与がいかに多額に上っていたかが報道されたことによって、何人かの政治家たちは破滅をきたし、さらに、有名な共和党の指導者であるメーン州選出のジェイムズ・G・ブレイン (James G. Blaine) を始めとする多くの議員たちにも疑惑が投げかけられた。

　他にもグラント政権の弱点が次々と矢継ぎ早に明るみに出た。つまり、財務省におけるウイスキー税の詐欺事件とか、陸軍長官の賄賂事件や、グラント大統領の私的秘書による不正な贈与を受けた収賄事件などである。茫然自失のグラント自身はスキャンダルに巻き込まれなかったが、彼の政党は1874年、下院の過半数の議席を民主党に奪われ、さらに政治はシーソーゲームを繰り返した。国はもはや"死に体"の中央政府の時代に入った。次の22年間のうち16年間は、両院と大統領の支配権が共和、民主の両政党の間で分裂した。得票数も両者半々に分かれた。このような状況では政治の前進は不可能であった。そして、経済的な不満を抱いている西部と南部の"絶えざる反抗"を引き起こしている諸問題に、うまく対処できない欲求不満の野心的政治家たちにとって、ついに保護関税問題が主要なテーマになった。

デイナとニューヨーク・サン

　この混乱した戦後時代に活躍した編集者の中で、指導者として目立つ編集者が2人いる。しかし、2人の貢献は大いに異なっている。ニューヨーク・サンの編集者時代に、デイナはジャーナリズム界に、ニュースの扱い方や書き方について新しい教訓を与えた。ネーションやニューヨーク・イーブニング・ポストの編集者時代のゴドキンは、信頼のおける論説欄作りで指導的な力を発揮した。

　色々な点で、デイナと彼のサンは古いタイプの新聞と19世紀末から発達していく"ニュー・ジャーナリズム"との架け橋を象徴している。デイナは、産

ニューヨーク・サンのチャールズ・A・デイナ（ベットマン・アーカイブ）

ネーションとニューヨーク・イーブニング・ポストのE・L・ゴドキン（ニューヨーク・ポスト）

業革命によってもたらされた諸問題への解決策を求める知識人たちとともに、1840年代のブルック・ファーム（訳者注：マサチューセッツ州ロックスベリーで1841～47年に行われた共同生活運動）の社会主義の実験に興味を引かれたニューイングランド出身者で、その実験場の関わりでグリーリーと出会った。彼はグリーリーの編集スタッフに加わり、1849年にはトリビューンの編集の長になった。そのような地位についた最初のアメリカ人である。デイナとグリーリーの仲は南北戦争の初期に崩れ、デイナは国家公務員になり、さらに新しいシカゴの新聞、つまりデイリー・リパブリカン（有名なインター・オーシャンの前身）の編集長として1年間奮闘した。その新聞事業は成功したが、デイナはシカゴに飽きてしまった。ニューヨークへ戻った彼は、もともとペニー・ペーパーとして始まったサンを買い取る資財のある後援者を得た。サンの印刷工場と4万3,000部の発行部数には、父が創業者のベンジャミン・デイから同紙を買収したモーゼス・S・ビーチ (Moses S. Beach) によって、17万5,000ドルの値がつけられていた。デイナはすでにトリビューンでグリーリーとともにキャリアを積んでおり、1868年彼はそれから29年間も続くサンの編集長に就任した。

デイナの読者の多くは平均的なニューヨーカーたちであった。つまり労働者や中小商店主たちが多かった。彼らに対してデイナはサンの最初の社説で、新聞作りについての自分の考えを明らかにした。つまり彼によると、サンは「世

界のすべての出来事を最も明るく、生き生きとした形で、日々写真のように照らし出す」というのである。サンの記者たちは、世界の出来事はもとより、ニューヨークの人びとの生活を写真に映し出すように単純、明快に書くようにした。サンは安く読みやすく、仕事のエネルギーと資金はもっぱら最善の新聞を作るために費やされた。

　ジャーナリストは政治や経済、政府の動きに関心を持たなければならないが、それよりもまず人間にこそ最も強い関心を抱くべきである、とデイナは説いている。平均的なアメリカ人は仕事熱心だが、情緒や笑いも好きで優しさとウィットが特別効いた筆致の記事を好む、ということをデイナは承知していた。彼とサンについて伝記を書いたある作家によると、デイナは"時にはバルカンの危機よりもニューヨーク市庁舎の階段に居着いた雄猫の方がより重要である場合もある、とのいわく言いがたいニュース本能"を持ち合わせていた。[6] 1876年までにはサンの発行部数は13万部と3倍に跳ね上がった。

　しかし、サンにも、深刻な弱点があった。デイナはサンの紙幅を4ページに限定していたので、重要なニュースを総合的に報道できなくなっていた。トウィード派と争うのに"市政には王様もピエロも要らない"とか、グラント大統領を攻撃するのに"ならず者は追い出せ"といったけたたましい文句を編み出した社説欄は、ほぼ冷笑にも等しいほど、知的に"痛烈な"ものだったと言えよう。

　議論を要する問題については、サンは次第に保守的になっていった。同紙は労働組合が大嫌いだった。公職の不正行為に対してはキャンペーンを張っていたが、行政事務の改善など政治改革に関する意見はばかげていた。そして、同紙は長い間、カナダ、キューバを始めとする近隣地域の併合への帝国主義的な計画を唱道していたのである。

ゴドキンとネーション誌とポスト紙

　南北戦争後に求められていた、活気があって理性的な編集指導力をアメリカ合衆国に与えることが1人のイギリス生まれのジャーナリストの手に帰せられていた。その人はゴドキンで、ネーション誌の創刊者であり、ニューヨーク・イーブニング・ポストの精力的な精神の担い手としてブライアントの後継者でもあった。

　ゴドキンについて、歴史家のアラン・ネビンズ (Allan Nevins) は「ゴドキン

は、それまでのアメリカのジャーナリズムに決してなかった特有のスタイル、つまり胸のすくような洞察力と皮肉を込めた分析手腕を同時に示した」と記している。それだからこそ、哲学者のウィリアム・ジェイムズ (William James) は次のように述べているのである。つまり「私の世代にとって彼は明らかに政治、社会問題のあらゆる考え方に大きな影響力を与えた。間接的には彼の影響力は同時代のいかなる他の著述家よりも明らかに幅広い浸透力を持っていた。なぜならば彼は自分の言葉を直接引用しない人びとにも影響力を与え、全体の議論の流れを決していたからである」。[7] ハーバード大学のチャールズ・W・エリオット (Charles W. Eliot) 学長、ジョンズ・ホプキンズ大学のダニエル・C・ギルマン (Daniel C. Gilman) 学長、ジェイムズ・ラッセル・ロウエル (James Russell Lowell)、ジェイムズ・ブライス (James Bryce)、チャールズ・エリオット・ノートン (Charles Eliot Norton)、彼らはみんなゴドキンと同世代の知的指導者たちだが、全員がネーションの記事に負うていたことを認めている。もちろん彼らがいつも編集者の見解に賛成していたというわけではないが。

　ゴドキンは初めイギリスの新聞の記者や論説委員をし、レイモンドのニューヨーク・タイムズの社説を書くようになった。その後アメリカはイギリスと同じように論説や文芸批評を盛り込んだ高度の週刊誌が必要であると決断した。1865 年彼はネーションの財政的な支援者を見出し、その目的を公にした。

　ネーションは"今日の日刊紙に見受けられるよりも、より正確で中庸の精神を踏まえて"日々の政治・経済問題を論じる、とゴドキンは述べている。また"法律面でも風習面でも、発展と文明の果実をより平等に分配することを促進し得るであろうこと"を唱道する、とも説いている。黒人たちの状況を改善するよう求めていく、とも言っている。また同誌は"政治が教育を重視し、いかなる地域においても、このことをないがしろにして現在の制度を進めることは危険であるということについて人びとに注意を促す"ことに的を絞っていく、とも述べている。さらに同誌は書籍や芸術作品について健全で公平な批評を掲載する、とも明言している。[8]

　ゴドキンは、ジョン・スチュアート・ミル (John Stuart Mill) 学派の経済思想と同調する中期ビクトリア時代のイギリスの進歩派の 1 人だった。それ故に、政府は経済の問題に介入してはならないと信じていた。しかし、多くの同世代の人びととは違って、政府は社会問題には行動を取るべきであるという信念を持っていた。そのため、20 世紀近くになると、経済、社会両面で政府を規制権力として用いようとする状況が出てきたが、彼はこれに対してはしばし

ば反発するかのような姿勢を示している。

　しかし多くの点においてゴドキンは進歩的な思想の最先端を行った。たとえば、彼は南部への軍事支配時代にすでに南部との完全な和解を主張した。行政の腐敗に終止符を打つために行政改革を行うことを最初に唱えた人の1人だった。彼は婦人参政権がまだ叫ばれていない時に早くもそれが必要であると信じた。公教育や政府の土地の無償払い下げによる大学の設置を強く支持した。また前述のように黒人の立場で物を書いた。なかんずく、ネーションは国の進歩的な改善よりも、個人的な収入により関心を抱いている政治家たちを絶え間なく執拗に攻め立てた。同誌の影響力は1万部の発行部数をはるかに超えていた。

　1881年、ゴドキンは規模としてはもっと大きいが実質的な影響力としてはもっと小さいジャーナリズムへ活動の舞台を移した。その年、かつて南北戦争の特派員で後に鉄道を敷設して富を得たヘンリー・ビラードはニューヨーク・イーブニング・ポストを買収し、同紙のために3人の有能な編集者を雇った。1人はホワイトで、1866年から1874年までシカゴ・トリビューンを編集し、同紙を一時、共和党進歩派陣営の新聞にした。なぜならば彼は関税の引き下げ、行政改革や農民のために有利な貨幣政策を唱えていたからである。2番目の編集者はシュルツで、セントルイスのウエストリック・ポストの元編集長で、ヘイズ大統領政権の内務長官を務めた、アメリカの進歩派の指導者である。第3番目はゴドキンで、ネーションをビラードに売ったが、イーブニング・ポストの週刊版としてその編集を続けた。2年もしないうちに、シュルツとゴドキンの両者は、ゴドキンの反組合的な見解で衝突し、シュルツは新聞社を辞めた。このためゴドキンが、ホワイトを相談相手にしながら、イーブニング・ポストを取り仕切ることになった。

　ゴドキンの下で、イーブニング・ポストとネーションは1884年の大統領選挙で新たに有名になった。対決は、メーン州出身の共和党の議会指導者のジェイムズ・G・ブレインと、ニューヨーク州知事で民主党のグローバー・クリーブランド (Grover Cleveland) との間で行われた。ゴドキンは、ブレインは南北戦争後のスキャンダル事件で受け入れられないと公言し、社説で彼の選挙に歯向かう論陣を張った。選挙戦が進むうちに、クリーブランドに対する不道徳的な行為の批判が起き、選挙運動がエキサイトしてきた。主要都市の信念の固い共和党系のいくつかの新聞は、イーブニング・ポスト、ニューヨーク・タイムズ、スプリングフィールド・リパブリカン、ハーパーズ・ウィークリーそしてネーションといった常時反対を唱えているメディアと同調してブレインに反

対することになった。サンのデイナはどの大政党の候補者をも支援しない立場だったが、早速こういった新聞に、党の会則から脱したという意味の"マグワムプス"という名をつけた。この名称は、1856年の結党以来、共和党寄りであったイーブニング・ポストに対してとくに授けられたのである。

イーブニング・ポストの特別な貢献は、ゴドキンの有名な"まったくの平行線"のコラムであった。つまり、彼はブレインの選挙運動中の主張内容と、鉄道建設業者や投資家との個人的な交際を批判する国会の議事録とを並べて見せたのである。選挙は激戦になり、ニューヨークの票で選挙が決せられるのが明らかになった。クリーブランドがニューヨークで2万3,000票差で勝ち、南北戦争後、大統領選で勝利した初の民主党員になった時、その勝因について、いろいろ説明がなされた。たとえば、民主党を"大酒のみ連中で、カトリック教徒で、反逆者ども"の党だと述べていたブレイン支持者は大きな非難を受けた。反労働者主義のニューヨーク・トリビューンも非難を受け、彼等のブレイン支持は、労働者票を求めるには不利な条件だと判断された。しかし、ゴドキンの主張には、ある程度妥当性があり、その勝利は、党への忠実よりも公共の福祉を優先させた何物にも捕らわれない有権者たちがもたらした結果だと説いている。

ゴドキンは、偉大な才能だけでなく、同時代の編集者たちの欠点にも助けられて、1880年代初頭ニューヨークの指導的な編集者になった。レイモンドの死亡後、ニューヨーク・タイムズは下向きになり、ごく散発的に、息吹と影響力を見せるだけだった。デイナのサンは一貫性のないところがあり、ベネットのヘラルドは論説の力が弱かった。グリーリーのトリビューンは、1872年に創業者の彼が死ぬと、立場を変え、共和党の中心をなす保守派の代弁者になった。トリビューンの新しい編集者は有名なジャーナリストのリードだったが、彼の社説の視点には当時多くの編集者たちが見せていたような独立の機運に欠けるところがあった。ゴドキンが南部との和解を迫っているのに対して、トリビューンは共和党の優位を保つために1880年末まで敵意をあおっていた。ゴドキンは関税の改正に賛成だったが、トリビューンは高い関税を支持し、広がる資本主義の産業利益を保護する立場を取っていた。ゴドキンは長い間、文官勤務改革を支持していた。これは、1881年官職推挙を求める精神異常者によってジェイムズ・A・ガーフィールド (James A. Garfield) 大統領が暗殺されてから、ようやく共和党首脳部に気に入ってもらえた。トリビューンにはゴドキンの反労働組合の姿勢に匹敵する以上のところがあった。つまり、15年間も

同紙に仕掛けられた印刷組合のストライキと闘ったのである。[9] しかしながら、トリビューンのニュースの取材と編集は相当なもので、イーブニング・ポストが「紳士と学者たち」と呼んだ読者層を獲得するのに侮りがたい競争相手であった。

ゴドキンは天才肌の論説人であったが、不幸にも新聞記者ではなかった。彼は自分の特別な関心のあるテーマ以外は、イーブニング・ポストのニュース方針についてほとんど関心を示さなかった。彼はニュース記事における感傷や表現上のあやを嫌った。新聞から犯罪や暴力関係の記事を締め出したいくらいだった。彼の主義それ自体は立派だったが、販売競争においては同紙は大変不利な状態に置かれた。同紙は立派な社説に見合うような読者数をどうしても確保できなかった。

ゴドキンは1899年イーブニング・ポストとネーションの編集長を退いた。そして1902年に死亡した。ヘンリー・ビラードが1900年に死に、息子のオズワルド・ギャリソン・ビラード(Oswald Garrison Villard)が両紙誌の発行人兼編集責任者になった。両紙誌とも闘う進歩的なメディアの姿勢を取り続けた。[10]

ウォータソンのクリアー・ジャーナルとスコットのオレゴニアン

ゴドキンが幅を利かせていた時期にニューヨーク以外の地でも強力な論説の声が上がった。その最も有名な人はルイビル・クリアー・ジャーナルのヘンリー・ウォータソンとポートランドのオレゴニアンのハーベイ・W・スコット(Harvey W. Scott)だった。2人とも南北戦争の終末から第1次世界大戦までの長い編集者人生を楽しんだが、活躍したのは、おもにジャーナリズム史の過渡期にあたるこの時代であった。ニューヨーク・タイムズで長らく腰を落ち着ける前にクリアー・ジャーナルでウォータソンの仕事仲間だったアーサー・クロック(Arthur Krock)は、ウォータソンがその後の時代の編集者と一線を画していた理由として「彼は社主の権力を持って書いた編集者の最後の人だった」と述べている。[11] 同じことがスコットにも言えた。ゴドキンも含め、この時代の編集者たちは、自分が新聞を所有している関係があるからこそ自由に手綱を捌くことができ、その後もずっとそのように続けていった。しかし、新聞が会社組織になるに従って、それは次第に難しくなっていったのである。

ウォータソンは50年間もクリアー・ジャーナルの編集責任者を務めたが、その個性があればこそ、彼の新聞はアメリカにおける一流紙の1つになったの

である。彼はパーソナル・ジャーナリズム時代に華やかに生きた1人で、他の編集者と論説欄で論陣を張るのをこよなく愛した。彼の好敵手はデイナだった。彼は生き長らえ、20世紀における次世代のジャーナリズムの編集者たちをも揶揄した。彼は「自分は騒々しいけれど独立心を持ったパーソナル・ペーパー、つまりワンマン・ペーパー」の時代に属する、と自ら語っている。[12]

ウォータソンは様々な若者としての野心を持っていた。つまり、偉大な歴史家になりたいとか、偉大な脚本家とか、偉大な小説家とか、偉大な音楽家になりたい、といった野心である。彼は小説を書いてみたが出版社からは門前払いを食わされ、ニューヨークで音楽評論をしたくらいで、こういった夢に近づくことはできなかった。しかし、幅広い関心があったことがちょうどうまく彼を多才にし、論説記者の仕事をするのに役立った。南北戦争が始まった頃、ワシントンで論説記者になり、南部と運命をともにし、レベル（反抗者）と題するテネシー州の新聞を編集した。その後、シンシナティ、アトランタ、ナッシュビルなどの新聞に席を置き、28歳の時ルイビルで自分の一生の仕事を見出したのである。

ルイビルでは、クリアーの編集責任者のウォルター・N・ハルデマン (Walter N. Haldeman) がちょうどジャーナルとデモクラットを自分の新聞に合併しようとしていた。そこで、新しいクリアー・ジャーナルの編集権と共同所有権がウォータソンに回ってきたのである。それは1868年のことだった。ウォータソンは、それまで南部の大義のために働いてきたにもかかわらず、南部11州の連邦脱退は間違っていたと考えていたので、北と南との和解のために声を上げ、双方の人びとに自由に助言した。北部の人びとに対して彼は、軍事統制は緩めるべきだと呼びかけた。彼は黒人に対して同情の念を抱いていたので、その主張は聞き入れられた。一方、南部の人びとに対しては、リンカーンは偉大な人で、大半の窮状は彼が暗殺された結果生じたのだと、彼は語りかけた。彼らはその声に耳を傾けた。なぜなら彼は良家の出身の南部人で、改革派のヤンキーではなかったからである。まもなくクリアー・ジャーナルの社説欄は、とくに週刊版は、新南部の指導的な声としての地位を獲得したのである。

はるか西でも別の編集者の声が上がった。その知的な能力と力強い筆力によって彼は地元地域の指導格的なスポークスマンとして注目されるようになった。その人はハーベイ・W・スコットで、ポートランドでオレゴニアンを45年間も編集した。ウィラメット川とコロンビア川の合流点近くの村で1850年に創刊されたオレゴニアンは地域社会とともに成長した。スコットは法律家の

道をあきらめ 1865 年編集長になり、1877 年ヘンリー・L・ピトック (Henry L. Pittock) とともに所有者になった。[13]

ゴドキンと同じようにスコットも学究的で自分の意見の表現に力強さがあった。しかし、ゴドキンと同様、スコットにはウォータソンの持つ人間味のある筆致に欠けていた。それでもスコットの社説がなぜ広く読まれ、引用されたか、大きな理由が1つある。それは、多くの編集者が避けていた複雑な問題に取り組み、自分の論法と分析力に基づいた新たな見解を打ち出す能力があったからである。彼の情報収集の広さには際限がなく、編集者たる者は、公共の利益に世論を誘導すべきと考えて、彼は幅広い情報源を活用した。オレゴニアンはとくに共和党寄りであったが、スコットは独立の立場の論説人として記事を書いた。とくに公益とは何かという点に自分の基本的なスタンスを置いた。いかなる時代でもスコットのような才能を備えた編集者はまれであり、彼の名声は、彼が指導的な人物であった地元の町を越えて、オレゴニアンが全国的な発行部数を獲得し、その社説の主張が全国的に認められるにつれ広がっていった。

デイナ、ゴドキン、ウォータソンとスコット——とくに最後の2人は、産業革命が本格化し、アメリカ社会に激変が生じた時代に生きた人びとである。彼らはその変化に気づき、受け入れた。彼らやともに働いた人びとは、"90年代の分岐点"に近づくアメリカのジャーナリズムに新たな力を及ぼす貢献を果したのである。

産業革命へ

何が起きつつあったのだろうか？　産業化が大規模に進んだのである。つまり生産過程の機械化、都市の興隆、コミュニケーション手段の大幅な拡張、鉄鋼時代の台頭、照明やエネルギー源としての電気の利用、数多くの発明や新しい事業。こういったものが一挙に到来したのである。

このことは、合衆国が真に国家として確立していくことであり、経済と社会が相互に依存性を高めていることを物語っていた。[14]　国の成長や富の増大は、文学、自然科学、社会科学における文化の発展を意味した。しかし、富は公平には分配されなかった。そこで、富や経済力を無制限に利用したり、大いに集中させたり、物欲時代の多くの不正を許している個人主義的な考えに対して、鋭く問題を投げかける動きが起きた。こうして政治の不安定、労働組合の興隆や経済・社会改革への要求が生まれてきた。

アメリカは、進取の気性に富み、熟達者を目指した独創性ある人びとにとっては豊かな大陸であった。1865年から1880年の間に、国の富は2倍になり、それが1900年までにはさらに2倍になった。1865年から1900年の35年間に人口は2倍に膨れ上がった。アメリカが埋蔵する鉄鉱石、石油、木材や西部の農地は未開の富の資源であった。多くの人びとは成功した事業に目を見張り、熱心に投機的な資金を投じた。資源発掘の利益が多くの人びとを犠牲にしてごくわずかな人びとにもたらされることが明らかになると、ようやく抗議が効を奏してきた。だが同時に行動パターンはすでに定まってしまっていた。つまり拡張していくアメリカの躍動的な資本主義は、自然資源を今までになかったほど強奪し、産業革命で登場した新しい機会を利用し、国の経済を変質させたのである。[15]

　この新しい経済秩序の象徴的な存在としてよく知られているのはジョン・D・ロックフェラー (John D. Rockefeller) とその石油独占事業、そしてアンドリュー・カーネギー (Andrew Carnegie) とその製鉄企業体である。しかし、同じような富の集中化や企業協定は全国の産業界で発達していた。たとば金融関係では、コーネリウス・バンダービルト (Cornelius Vanderbilt)、ジェイ・グルド (Jay Gould) やJ・ピアポント・モーガン (J. Pierpont Morgan) らがそうである。鉄道建設事業では、リーランド・スタンフォード (Leland Stanford)、コリス・P・ハンチントン (Collis P. Huntington)、ジェイムズ・J・ヒル (James J. Hill) やジョージ・プルマン (George Pullman) といった人物である。また、大平原が開拓されミネアポリスに集中した製粉事業にはC・C・ウォッシュバーン (C. C. Washburn) やチャールズ・A・ピルズベリー (Charles A. Pillsbury) らがいた。さらに牧畜が大規模な事業になり、シカゴやカンザス・シティに栄えた精肉業にはフィリップ・D・アーマー (Philip D. Armour) やグスタブス・F・スウィフト (Gustavus F. Swift) がいた。この他皮革業者、既製服業者、食品包装業者、時計業者、写真業者、農機具業者、金物業者たちがいたし、製材業者や鉱山王たちもいた。これらすべての人びとが19世紀後期のアメリカの舞台を支配しようと台頭してきたのである。

　産業、金融界の大物たちは色々な手段で勢力を獲得した。天然資源のかなりの量を支配下に入れる者もいた。何人かの人びとは基本的な発明品で特許を得た。ロックフェラーの場合が最も有名だが、輸送料金の操作や冷酷な競争戦術で覇権を得た企業もあった。また金融投資面で恵まれていた者もある。しかし、最も重要なことは、ロックフェラー・グループでもカーネギー・グループ

でも、新しい製造、金融事業を創り出すのに有能な人材を持っていたり、雇うことができたからこそ成功したという点である。

しかし、常にあることだが、新しい秩序には欠点もあった。機械はアメリカ経済を改変したが、新製品生産者たちの間に過剰生産と過当競争の恐れをもたらした。当然生じる労働者たちの配置転換、弱小企業の倒産が経済の不安定を助長した。企業主たちは、弱者はもとより強者にとっても恐ろしい産業、金融パニックを避ける手段を思案し始めた。

この危機を乗り切ろうとする1つの試みはプール制度の導入であった。直接の競争関係者たちが業界全体の生産額上限を自ら密かに決め、生産割当てをし、価格を一定にしようというものである。都合の悪いことは、売れ行きが悪くなると、この取り決めは「おれの知ったことか」とばかりに、すぐさまこわされてしまう点であった。

もっと成功した業界支配形態はトラストである。これは1880年頃スタンダード石油グループによって作られた。この方法によると、元の会社の株主たちは株式資本を企業合同評議員会へ譲渡し、その見返りとして信託物件預り証を受け取る。評議員会は合法的に各株主をコントロールできるようになる。つまり評議員会は生産割当て量を決め、販売価格を設定し、競争を排除することができたのである。

他の多くの業界も1890年までに石油会社の先例に従った。砂糖、塩、ウイスキー、ロープ、鉛、ブリキ板、ビスケット、マッチ、新聞用紙、フェンス用針金他多くの製品が独占に近い形態になった。毛織物、鉄鋼・製鉄、皮革、農機具などの分野で生産会社の数が急激に減少した。連邦議会は、自由な競争を回復させるために、1890年代にシャーマン反トラスト法を成立させた。しかし、その結果は独占に反対する者たちにとって決して満足できるものではなかった。つまり、砂糖会社はただ単に、ニュージャージー州法に基づく有限責任会社になっただけだし、スタンダード石油グループは持ち株会社の制度を導入した。製造事業であろうが、鉄道、鉱山、牧畜事業であろうが、多くの企業の合併はいまや1社のみの大企業という形態を生み出すことになったのである。

とくに、企業や政府もこの時代にアメリカの商品過剰について外国のはけ口を探していたのは注目すべきことである。というのは、積極的な外交政策やアメリカ帝国主義が生まれることになったからである。[16]

都市の興隆

　1880年から1900年にかけて高まった産業の集中化は非常に重要であるが、それはアメリカ人の生活の激変の一部に過ぎなかった。機械化、産業化と都市化がすばやく、広範囲にわたって、社会、文化、政治上の発展をもたらした。人びとは経済革命によって身体的にも精神的にも、従来の生活形態から根こそぎ引き離されつつあった。さらに新しい環境では、どのような社会的な制度もそのまま変化を受けないでいるわけにはいかなかった。この新しい環境の特徴について行ったちょっとした簡単な調査結果にも、1880年代までにアメリカの都市部の日刊紙に起きたおびただしい変化の根本的な原因となるものを見出すことになろう。

　アーサー・M・シュレジンガー・シニア (Arthur M. Schlesinger, Sr.) は1878年から1898年までの時期の特徴を言い表すために「都市の興隆」という言葉を使った。[17] 国勢調査の統計によると、人口8,000人以上の市町の数は1880年代から1900年の間に2倍になった。このような2倍以上になった都市部の総人口は約1,100万人から2,500万人に膨れ上がった。1880年時点ではアメリカの人口は5,000万人で、そのうち22.7％が人口8,000人以上の市町に住んでいた。1900年になると、この数字が総人口7,600万人中の32.9％に上がった。

　都市化が最も早く進んだのは1880年から1890年までの10年間だった。この時期は日刊新聞企業にとっていままでにない激動の年月であった。都市の興隆は、北東部の工業地帯の州でとくに顕著だった。そこでは、都市の中心部がいまや衰退する農村地帯を支配していたのである。それはまた中西部の昔ながらの州においても同様であった。ニューヨーク市の人口はこの10年間のうちに100万人から150万人に跳ね上がった。アメリカ内陸部の鉄道・商業の中心地であるシカゴは規模が2倍になり、1890年には100万人を超して、アメリカ2番目の大都市になった。その次はフィラデルフィアで100万人、次いでブルックリンが80万人、ボストン、ボルチモア、セントルイスがそれぞれ50万人規模であった。1890年には人口5万人以上の都市は締めて58も存在し、その80％は東部と中西部だった。またその50％はニューヨーク、ペンシルベニア、マサチューセッツ、ニュージャージーとオハイオの5つの州に固まっていた。

　これらの都市には移民が絶え間なく流入しており、アメリカ社会に新たな人種と新たな問題をもたらした。1880年から1890年の10年間はきわだってい

た。500万人以上の移民がアメリカにやって来たのである。その500万人はそれ以前のどの10年間の移民数に比べても2倍になった。1880年から1900年の20年間に約900万人の外国生まれの人口が加わったが、これは1880年以前の40年間よりも多くやって来たことになる。この結果、1890年では、ニューヨーク市の新聞は人口の80%が外国生まれないし両親が外国生まれの人びとにニュースを伝えていた。そこで当然予期できるように、新聞の性質が変わるものもあった。ニューヨーク以外の都市では25%から40%が外国生まれの移民だった。以前からのアイルランド、イギリス、ドイツ系の移民に、スカンジナビア諸国、ポーランド、フランス領カナダ、イタリア、ロシア、ハンガリー人たちが加わった。このうち、とくにドイツとスカンジナビア諸国の人びとが中西部へ移り、他のグループは大西洋湾岸諸州に留まる傾向が強かった。

　都市の興隆によって物質的な進歩が早まることになった。進歩は初めは都市在住者に反映され、次第にそれ以外の地域へと伝わっていった。新しいアメリカの都市は南北戦争後、上下水道の取り付け工事を急いだ。道路にはアスファルトやレンガが敷かれ、1883年ロウブリングズ(Roeblings)が造った有名なブルックリン橋を真似た鋼鉄の橋をあちこちの川に架けるようになった。1885年になると、シカゴで鉄鋼の骨組みを使った10階建てのビルが建ち、摩天楼時代の到来を告げた。

　電気は、産業、輸送の燃料源としても電灯のエネルギー源としても新たな偉大な従者であった。トマス・A・エジソン(Thomas A. Edison)が実用的な白熱灯を発明する1879年まではアメリカの都市はまだほとんどアーク灯を取り付け始めていなかった。電気が1882年ニューヨークのパール通りの発電所から株取引所やニューヨーク・タイムズやニューヨーク・ヘラルドの社屋へ送られるようになると、生活面の新時代が到来した。全国的に企業や家庭が電気を取り付け、電動エレベーターが新高層ビルに設置され、電気モーターが全国のあちこちの工場で幅広く使われるようになったので、1898年には、全国に2,800か所近い発電所が存在した。

通信網

　アメリカでは産業革命によって各州が結び付き合っていった。種々のコミュニケーション・メディア網は、時代の新秩序の特徴である至急という感覚にペースを合わせていった。たとえば、1870年代にアレグザンダー・グラハ

ム・ベル (Alexander Graham Bell) によって発明された電話は、1880年には住民1,000人当たりに1台の割合で持たれるようになった。1900年には100人当たり1台に広がった。都市と都市とを結ぶ電話は1880年代に数倍に増え、1900年までにはベル・システム社が全国をカバーするようになった。ウェスタン・ユニオン社は1880年から1900年にかけて電信線を4倍にした。鉄道は、1880年には9万3,000マイルの軌道を持っていたが、1900年には19万3,000マイルにいたり、ほとんど飽和状態に達した。連邦郵便制度は、いまだにコミュニケーションの主力手段で、1880年から1900年の20年の間に都市における無料配達サービスを広げ、1897年には地方における無料配達も始めた。連邦議会は、1879年の郵便法によって第2種郵便物を決め、1885年には新聞・雑誌は1ポンドあたり1ペニーにすることによって、出版物の低料金の配達の道を開いた。会社や商店ではタイプライターや金銭登録器が導入されたことによって、仕事の能率が上がり、増える手紙や文書記録の取り扱いが簡素化した。

新聞の伸張

　新聞に何が起きているのかを示すのに、最も目立つ証拠は、統計の概算を見るだけで明らかである。1870年から1900年の間に、アメリカは人口が2倍になり、とくに都市居住者は3倍になった。この30年の間に、新聞の数は4倍になり、日々の発行部数はほぼ6倍に膨れ上がった。日刊紙の増加は数の上でも発行部数の面でも、その母体となる都市の増加よりも早かった。英字一般紙の数は1870年には489紙だったのが、1900年は1,967紙に増した。[18] 日刊紙の総発行部数は1870年では260万部だったのが、1900年には1,500万部に上がった。同じような増加は週刊新聞でも見られた。週刊新聞はおもに小さな町や農村地帯で出ていたのだが、都市の郊外や一部都市区域でも発行されていた。1870年から1900年の間に、週刊新聞は3倍になった。つまり約4,000紙から1万2,000紙に増えた。しかし、週刊新聞はまだ個人的なジャーナリズム事業で、新聞製作手法上の革命は大都市レベルの日刊紙で起きていたのである。
　新聞がアメリカの社会制度として飛躍的に進歩しつつあったことについては、目に見えにくい理由が色々考えられる。社会と経済の相互依存の力や、産業化や都市化の成果が、活発な"ニュー・ジャーナリズム"を作り出す指導的な役割を演じたといえよう。都市の住民たちは、経済的にも文化的にも一団と

なったために、都市生活や共通の関心事に関する情報を得ようとして日刊紙を見たともいえよう。同時に、国自体も、急激な経済的な相互依存によってにわかに統一化されつつあった。通信の便の向上があって、このように全国に広がり、アメリカの生活の隅々にまで届く影響力は誕生した。そしてまた、日刊紙は、全国的な事件の記録者であり、新しい環境の解説者でもあった。都市の読者は、路面電車の新しい快適な座席に座っていようが、照明設備の行き届いた家の中に座っていようが、ジャーナリズムの新たな変化に順応している発行者にとっての格好なお得意さんであった。

教育の進歩

　アメリカの社会、経済生活がより複雑になり、国の富が蓄積していくとともに、文化面の進歩も起こってきたが、これは新聞の新しい利益を促進することになった。都市は、人口と働く場が集中しているために、社会的、知的な活動を自然に広げ始めていった。しかし、都市は、全国的な文化の発展の先端を行ってもいた。書店、図書館、画廊、美術館、劇場、オペラハウス、教会、小売店舗、学校、新聞社といったものは都市の水準を高めたが、これらは全国の関心や欲望をも刺激した。知識やより良い生活への渇望の結果としての、教育の発展はとくに新聞、雑誌、書籍といったマス・メディアの成長に重要であった。アメリカにおける公立学校の就学学童の比率は1870年が57%であったのが1900年には72%に上がった。この間の文盲率は人口の20%から10.7%へ減少した。高校の数は1860年には約100しかなかったのが、1880年には800校になり、1900年には6,000校と急上昇した。

　高等教育レベルでは、州立大学やアメリカの新たな金持ち階級の人びとによって財政支援された私立大学が、自然科学や人文科学はもとより、社会科学においても目覚ましい進歩を遂げた。1862年制定のモリル法 (Morrill Act) によって連邦政府が資金を助成して、これが州立大学の創設と発展を促進した。とくに中西部や西部の大学、たとえばウィスコンシン大学、カリフォルニア大学、ミネソタ大学、イリノイ大学といった州立大学は栄え始めた。私立の単科大学や総合大学も数が増え、影響力を増した。たとえば、電信線によって巨額な富を得たエズラ・コーネル (Ezra Cornell) によって1865年に創設されたコーネル大学、ボルチモアの経済人によって1876年に作られたジョンズ・ホプキンス大学、カリフォルニアの鉄道企業人によって1885年に作られたルラン

ド・スタンフォード大学、ロックフェラーの寄付によって 1892 年に創設されたシカゴ大学などである。ジョンズ・ホプキンズは、高等教育における研究の役割を強調し、ハーバードは、学生たちに科目の選択制を認めることによって新しい大学のパターンを設定した。そして、ハーバード大学のエリオット、ジョンズ・ホプキンズ大学のギルマンやコーネル大学のアンドリュー・D・ホワイト (Andrew D. White) といった学長たちは有力な指導力を発揮した。もはや、学問の追究に関心のあるアメリカ人たちが海外に行かなくてもいいようになった。アメリカにおける大学院生数は 1880 年では 400 人だったのが、1900 年には 5,600 人に増えた。教育の新たな普及に女性も例外ではなかった。州立大学は男女共学になった。また女子学生のためのスミス・カレッジが 1875 年に創設され、それに続いてブライアン・モア大学やラドクリフ大学などが、女性参政権運動の成果として作られたのである。

新しい社会・経済学の思想家

　大学の学者たちや、国が得た新たな富によって知的、文化的業績を支援されていた人びとは、1880 年から 1900 年にかけて、大きな進歩を遂げた。最も重要なことは、彼らが 19 世紀の社会で発展した社会経済思想に挑戦し、革命を図ったアメリカ人の生活様式によりふさわしい新しい思想を提唱したことである。彼らは、国がこの問題を理解し、うまく対処しようとするために必要な知識を組み立てた。そして、そうすることで、20 世紀における膨大な研究と、20 世紀をどう解釈するかの基礎を築いたのである。[19]

　社会経済的な個人主義理論が 1880 年までにすでに大いに発展していた。これは、政府は経済の問題には干渉してはならないという議論を支持することになった。この思想の学派の主張によれば、個人は、産業の発展や富、国力をもたらす企業を提供するというのである。それ故に政府は、私的な経済事業に逆らうような影響を与えてはならない、と説く。政府の機能とは個人が自らの人生の定めを成し遂げる際に邪魔されない秩序ある社会を作ることにある、と主張した。

　個人主義は、イギリスの科学者チャールズ・ダーウィン (Charles Darwin) の研究によって強力に支持された。彼は 1859 年に『種の起源』(*Origin of Species*) を出版している。ダーウィンは、進化の過程で個人が存在をかけて闘うことを強調しているが、これが個人主義の理論とうまく一致したのである。

アメリカ人の考えに大きな影響を与えたもう1つはイギリスの哲学者ハーバート・スペンサー (Herbert Spencer) の著作である。スペンサー理論によると、完全な社会が最終的にたどり着くところは自然の過程の結果であろう、というのである。つまり、人間が急がせたり変更しようとすべきではない避けがたい発展というものがある、と説く。アメリカでは、社会学者のウィリアム・グラハム・サムナー (William Graham Sumner)、歴史学者のジョン・フィスク (John Fiske) や政治学者のジョン・W・バージェス (John W. Burgess) らが社会ダーウィニズムやスペンサーの個人主義と路線を同じにする教えや著作活動を行った。この社会経済理論の影響力は非常に強く、とくに改正法案を無効とする連邦最高裁の判決文の中で強かったので、オリバー・ウェンデル・ホームズ (Oliver Wendell Holmes) 判事は、スペンサーの『社会統計学』(Social Statistics) は憲法とは関係ない、とあえて異議を申し立てる気持ちにかられたほどである。[20]

個人主義理論の懐疑的思想傾向を非難する声が1880年代に聞かれるようになってきた。彼らは、個人は自らの人生の定めを統御する能力もあれば、経済や政治の行動を社会福祉の求めるように変えていく能力もある、と主張した。一部の人間が個人の権力を無制限に行使することは、他の人びとに不幸や貧困をもたらすだけであり、その結果として国は強くなるよりも弱くなるであろう、とその一派の人びとは考えた。進歩は、互いに協力し合うことと、政府権力が公益のために行使されることに委ねられている、と彼らは主張した。

社会学者レスター・ウォード (Lester Ward) は1883年『動態社会学』(Dynamic Sociology) の第1巻を出版したが、彼は、政府は肯定的な権力と見なされるべきで、社会改良を達成する方法を積極的に求めなければならない、との信念に基づいた論理的な議論を展開した。経済学者リチャード・T・エリー (Richard T. Ely) は自由放任主義者たちの都合のよい理論を攻撃した。つまり、彼を始めとする何人かの経済学の教授たちは、自由放任主義理論は労働者の生活の現実に適合し得ない、と主張した。1894年に出版されたエリーの『社会主義、その性質、力と弱さ』(Socialism, Its Nature, Strength, and Weakness) は、理に適った改革法案が必要であることを明確に提案した。エコノミストのソースタイン・ベブレン (Thorstein Veblen) は、経済における個人主義理論と、産業資本主義の実現の動きとを比較し、1899年の著書『有閑階級の理論』(Theory of the Leisure Class) で、鋭く抗議の声を上げた。ヘンリー・ジョージ (Henry George) は著書『進歩と貧困』(Progress and Poverty)（1879年）で、土地所有に伴う不労所得としての富の増殖を責め立てた。またヘンリ

ー・D・ロイド (Henry Demarest Lloyd) は『連邦に逆らう富』(*Wealth against Commonwealth*) の中で石油の独占を非難した。この点は社会経済面の協力を訴えるのに有効であった。

　前に見てきたように、デイナ、ゴドキン、リードといった編集者は個人主義理論の支持者で、政府が経済活動の領域に介入するのに反対した。現実の状況を考えると、社会的に協力し合うという原則や、経済生活を規制するために政治の権力を利用するといったことに賛成する編集者が現れるだろう、と人は予想したかもしれない。まさに、"ニュー・ジャーナリズム"の特徴の1つは、論説欄で庶民を支持していくことであった。ジョゼフ・ピュリツァーやエドワード・ウィリス・スクリップス (Edward Wyllis Scripps) といった新聞社主や編集者たちがジャーナリズムで表現したものは、アメリカ人の思想、生活におけるより大きな動きの表れの1つに過ぎなかった。

知の進歩

　個人主義の支持者たちと直接論じ合った人びとは、知識への貢献によってアメリカの歴史、政治、人間の思想・行動に対する国全体の理解を拡大させた人びとから加勢を受けた。1880年代と1890年代の時代は、学問、出版活動が集中した時であり、どの分野においても大きな業績が上がり、国民たちが、経済、社会の変化に挑戦していくのに役立った。

　歴史学者たちは、政治はもとより社会・経済史を研究、著述することによって新天地を開いた。ジョン・バッハ・マックマスター (John Bach McMaster) は、1883年に出版された『アメリカ合衆国民史』(*History of the People of the United States*) とあえて題した著作のために新聞を資料としたと著述の方法を述べている。ヘンリー・アダムズ (Henry Adams) は1889年、ジェファーソンやマディソンの行政について優れた歴史書を生み出している。ジェイムズ・フォード・ローズ (James Ford Rhodes) は1892年『アメリカ合衆国史』(*History of the United States*) の出版を始めた。フレデリック・ジャクソン・ターナー (Frederick Jackson Turner) の「アメリカ史におけるフロンティアの意義」と題する有名な論文は1893年に発表され、新しい歴史解釈の流れを促進した。植民地時代史も初期のアメリカの経済、社会状況を理解している人びとによって書き直された。

　政治・行政学分野での、この時代の傑出した著作は、ジェイムズ・ブライス

の 1888 年の『アメリカ連邦』(*American Commonwealth*) であり、この中でこの優秀なイギリスの著者はアメリカに対してその新しい環境の特徴を述べている。社会科学の著作で傑出した他のものには、たとえばジョン・デューイ (John Dewey) の『学校と社会』(*School and Society*)（1899 年）や、ウィリアム・ジェイムズの『心理学原理』(*Principles of Psychology*)（1890 年）などがある。

　文学では、ヘンリー・ジェイムズ (Henry James) の『一貴婦人の肖像』(*Portrait of a Lady*)（1881 年）や、サミュエル・クレメンス (Samuel Clemens) の『ミシシッピ川の生活』(*Life on the Mississippi*)（1883 年）や『ハックルベリー・フィン』(*Huckleberry Finn*)（1885 年）、ウィリアム・ディーン・ハウエルズ (William Dean Howells) の『サイラス・ラパムの良心』(*The Rise of Silas Lapham*)（1885 年）など、アメリカ文学における初期のリアリズムの作品が登場した。1890 年代は、エミリー・ディキンソン (Emily Dickinson) やエドウィン・アーリントン・ロビンスン (Edwin Arlington Robinson) といった詩人や、小説家のスティーブン・クレイン (Stephen Crane) やハムリン・ガーランド (Hamlin Garland) が大いに活躍、貢献を果した。一方、セオドア・ドライザー (Theodore Dreiser) やフランク・ノリス (Frank Norris) といったリアリズムの作家も有名になりかけていた。

　彼らより先には、スーザン・B・ワーナー (Susan B. Warner) のような女性作家が膨大な読者を集めていた。ウォーナーの『広い、広い世界』(*The Wide, Wide World*) は後にベスト・セラーの道を歩んだ。E・D・E・N・サウスワース (E. D. E. N. Southworth) 女史の『クリフトンの冒瀆』(*The Curse of Clifton*) やメアリー・J・ホームズ (Mary J. Holmes) の『あらしと日ざし』(*Tempest and Sunshine*) やマリア・S・カミンズ (Maria S. Cummins) の『点灯夫』(*The Lamplighter*) などは非常に人気を博した。1880 年代になると家庭を題材にした小説への需要が大いに高まった。

　この大きな文化的な活動や事実に基づいた知識の広がりは知的な階級の人びとだけに限られていなかった。何百万人という人びとが、文化講習会とか公的な学習コースを通じて新しい知識を分かち合い、こういう講習会は 19 世紀末にかけて、成人教育の手段として非常に重要な意味を持つようになった。また、この時期にアメリカ人の夢を捉えた世界博とか博覧会も、一種の大衆教育の手段であった。1870 年に開かれたフィラデルフィア 100 年祭とか 1893 年のシカゴ博覧会では、何百万ものアメリカ人がこの時代の物的、芸術的な業績物を見学した。また 1880 年以降になると、カーネギーの支援によって、無料の公

立図書館が全国的に設けられるようになった。このような図書館では、英米の作家の文学作品や大衆小説などを読むことができたのである。

雑誌の影響

　雑誌がアメリカ人の生活に影響力を増すようになってきた。ノース・アメリカン・レビュー（1815 年）とか 1833 年から 1865 年にかけて出版されたより人気のあった雑誌のニッカーボッカーといった初期の出版物は、1850 年にニューヨークの出版社から創刊されたハーパーズ・マンスリーに押されるようになった。ハーパーズは木版の挿し絵をふんだんに使い、イギリスやアメリカのトップ級の著者の作品を掲載し、南北戦争前に 20 万部という世界的な記録の部数を発行した。2 つの女性雑誌グディズ・レディーズ・ブックとピーターソンズはそれぞれ 1830 年と 1842 年に創刊され、1850 年代には 15 万人以上の読者に、ファッションや小説などを手刷りの多色版画入りで提供した。

　西海岸では、サンフランシスコのゴールデン・エアラ（1852–1895 年）が主要な雑誌になり、ゴールドラッシュ（訳者注：カリフォルニアの金鉱地）向けに編集した文学的な内容を提供した。マーク・トウェイン (Mark Twain) はその貢献者の 1 人だった。[21] 1881 年にはセンチュリーが高級な文芸雑誌としてハーパーズの仲間入りをした。1886 年になるとスクリブナーズが加わり、三すくみとなった。アトランティック・マンスリーは挿し絵なしだが同様に高い質を誇る文芸雑誌で、1857 年に創刊され、主にニューイングランドの著者たちの作品を掲載した。週刊誌分野では 2 つの挿し絵つきの雑誌があった。つまりフランク・レスリーズ・イラストレーテッド・ニュースペーパー（1855 年）とハーパーズ・ウィークリー（1857 年）である。後者はゴドキンの週刊誌ネーション（1865 年）とともに政治、経済問題に強い影響力を与えた。さらに、インディペンデント（1848 年）、ノース・アメリカン・レビューとか、フォーラム（1886 年）、アリーナ（1889 年）、アウトルック（1893 年）といった新入りの雑誌も新しい政治、社会環境について論じた。リタラリー・ダイジェストは 1890 年、同時代の論説を要約する形の雑誌としてスタートした。

　ユーモアとかマンガ、政治戯画を中心とした出版物も新たに参入した。パック（1877 年）はジョゼフ・ケプラー (Joseph Keppler) の躍動的なカラー・マンガを連載した。他にもジャッジ（1881 年）とかライフ（1883 年）というのがあったが、とくに後者はチャールズ・デイナ・ギブソン (Charles Dana

Gibson) の描く『ギブソン・ガール』(Gibson Girl) の連載で有名だった。子供向けの雑誌ではユース・コンパニオン（1827年）があったが、セント・ニコラス（1873年）が参入し、競争関係になった。

　連邦議会が1879年の法律によって定めた低郵便料金に助けられて、1880年代には、アメリカ雑誌発行者の出現を待ちわびていた大衆的読者層に向って打って出た、新たな指導者もいた。その1人はサイアラス・H・K・カーティス (Cyrus H. K. Curtis) で、1883年にレイディーズ・ホーム・ジャーナルを創刊して、エドワード・W・ボック (Edward W. Bok) を編集長にすることによって、まもなく50万部の売り上げを得た。カーティスは1897年にはサタデー・イーブニング・ポストを買収し、ジョージ・ホレス・ロリマー (George Horace Lorimer) を編集長にし、同紙を低価格の週刊誌のリーダー格にした。1888年にはこの分野にコリアーズ (Collier's) が参入した。以前からある高級月刊誌は3つの低価格の大衆向け雑誌から手強い競争を強いられた。それら3つの雑誌とは、フランク・マンズィー (Frunk Munsey) が1889年に創刊したマンズィーズ、S・S・マックルア (S. S. McClure) が1893年に始めたマックルアーズとコスモポリタン（1886年）である。これら3つの雑誌は、それ以前のどの雑誌よりも発行部数が多く、多くの読者たちに社会、文化の動向に目を開かせることができたのである。

社会の欠陥と不満

　しかしながら、文化の達成度の一般水準はまだ低かったということに注目しなければならない。1900年でも、平均的なアメリカ人の就学年数は5年くらいしかなかった。一般大衆がいろいろなことを知りたいと思って、出版社から出ている百科事典を大いに買ったとしても、三文小説の方も何百万部も売れたのである。文化講習会がいまや社会に根付いたとしても、競馬やボクシングの懸賞試合や野球も定着したのである。文化的団体や企業組織が多数生まれたが、それよりも速く、同好、社交的なグループが増えていった。新聞界では、アドルフ・オックス (Adolph Ochs) が再建したニューヨーク・タイムズを支えるために必要な真面目な読者を、大都市ニューヨークで多数見出せたとしても、一般大衆読者は、娯楽、報道両面で俗っぽい路線を取ろうとしているジャーナリズムの手法に引かれたのである。

　産業化が国にもたらした一時的な恩恵はあるにしても、誰もがこの新しい経

済、社会状況において成功し、満足していたのではない、ということにも、端的に注目しなければならない。全国的な経済上昇過程の中で富を得た人びとと、都市の住宅で家族ぎゅうぎゅうの１間暮らしや、南部の貧困にあえぐ小作農や、西部の当てにならない乾燥地を得たくらいの人びととの間に、歴然たる格差が生じ始めた。1880 年代に生じた農産物価格の下落は、南部や西部の不満を募らせる住民たちの政治運動に拍車をかけた。その地域では、グレーンジ結社やグリーンバック党、農民同盟や人民党が農業における経済の平等を要求し、第 3 党設立運動を始め、実際に力のほどを見せた。1896 年までは、どの主要政党も"一貫した反抗"の声に答えなかったが、同年には、ウィリアム・ジェニングズ・ブライアン (William Jennings Bryan) 率いる民主党の旗の下で行われた銀貨鋳造、紙幣発行や政治、経済の改革の影響がアメリカに、政治的な興奮を最大限に高める一時期をもたらした。しかし、1893 年の厳しい不況の経験にもかかわらず、ウィリアム・マッキンリー (William McKinley) や政治、経済の保守派の唱道者たちが政策決定権を獲得したのである。

　都市では、労働組合運動の高まりが全国規模に達し、商工業と農業との間の対立よりももっと激しい衝突が生じた。レンガ工や鉄道員や印刷工といった熟練工員の組合が南北戦争の前から結成され、いくつかの組合が集まった全国労働組合が 1866 年に組織されたが、1873 年の不況期に崩壊してしまった。テレンス・V・パウダリー (Terence V. Powderly) の指導の下で"1 つの大きな組合"を組織していこうという労働騎士団 (The Kinghts of Labor) は、1884 年の恐慌に続く産業界の不穏な 2 年間のうちに、70 万人の組合員加入というピークに達した。パウダリーは、給料や仕事の条件などを改善し、必要な時だけストライキという武器を使うという全労働者による穏健な協力路線の活動を提唱した。熟練工だけで組合を結成する伝統的なやり方からの根本的離脱である、"1 つの大きな労組"の労働騎士団案は、熟練労働者も未熟練労働者も、男性も女性も、土地の人も移民も、ともに組合に算入した。そのゴールは、賃金体系を廃止して、それを労働者が所有する産業の協力的な経済に取り替えることであった。[22] しかし、労働騎士団にとって不幸なことに、1886 年シカゴのヘイマーケット広場で起きた暴動によって、騎士団の積極的な活動は信用を失ってしまった。というのはその広場では、1 日 8 時間労働を支持する集会が扇動的な小グループによって開かれたのだが、何人かが無政府主義者で、警察によって粉砕されてしまったのである。爆弾が投げ込まれ、7 人の警察官を含む 11 人が死ぬという暴力沙汰が誘発されてしまった。証拠が十分でない形で

告発されたが、8人の無政府主義者たちが爆弾を投げたということで有罪判決になり、うち4人が絞首刑に処せられた。裁判は公正でなかったにもかかわらず、労働運動反対者たちによって、この事件は労働騎士団への攻撃に利用されてしまったのである。この批判の結果として、1881年に各種熟練工組合の全国組織として作られていたアメリカ労働連盟がサミュエル・ゴンパーズ(Sumuel Gompers)を新たに会長として選び、労働運動の主要な声となった。1886年には立て続けにストライキを行い、35万人の加入組合員中、約20万人が1日8時間ないし9時間に労働時間を軽減されることになった。

　これに対して多くの産業界では、雇用主たちが協会を作り、個々の熟練工組合が十分戦術を練って出してくる要求やストライキに抗していくための防御財源を増やした。1880年代と1890年代のストライキは大半は平穏な形で行われたが、規模が大きく暴力沙汰に走ったものも多少あった。私設ガードマンたちと労働者たちとの衝突が続き、1892年7月に起きたペンシルベニアの製鉄工場ヘンリー・C・フリック工場構内での騒動や同じ月に起きたアイダホ州のクール・ダレーン鉱山での騒動では、全国の保安部隊が鎮圧のために使われた。アメリカ鉄道労組がプルマン会社に対して行った1894年5月のシカゴ鉄道構内でのストは多くの州での暴力事件を誘発した。それは1877年に鉄道ストが広がったのと同じ状態だった。あちこちで鉱山ストが起きたが、その1つ、1897年のペンシルベニアでのストでは、保安員たちが18人の炭鉱員を殺すという事件が起きた。コロラドでは、1894年に10年にわたる鉱山戦争が勃発した。またトラック運転手や港湾労働者たちがいくつかの都市で組織化を始めると、抵抗に合うという事態になった。

ニュー・ジャーナリズムの台頭

　このような目まぐるしく変化する、躍動的な時代に、日刊紙が成熟の期に達していった。1880年には英字の一般紙は850紙発行されていたが1900年には1,967紙に増えた。この間、成人の予約購読者は10%から26%に増加した。こういった統計は、いよいよ新聞が主要産業の1つに到達したことを立証したといえよう。1883年から1887年にかけて、アメリカの新聞発行の記録をことごとく打ち破ったピュリツァーのニューヨーク・ワールドの大成功は、日刊紙の性格と外観を変え、大衆への影響を著しく増大させていく"ニュージャーナリズム"が生まれた証しであった。

ニューヨーク・ワールドの勝利は新聞界の中で他紙の動きにまさに最も疎い新聞の関心も引きつけたが、ワールドについて焦点を絞る前に、他の都市でも起きていた変化について簡単に調べてみなければならないだろう。確かに、アトランタのヘンリー・W・グレイディー (Henry W. Grady)、クリーブランドやシンシナティのスクリップス、シカゴのメルビル・E・ストーン (Melville E. Stone) とビクター・ローソン (Victor Lawson)、カンザスシティのウィリアム・ロックヒル・ネルソン (William Rockhill Nelson) たちも、ピュリツァーが最初にセントルイスで後にニューヨークで手腕を発揮していたのと同じ時代に、"ニュー・ジャーナリズム"を創造していたのである。他の多くの都市でも、新聞ははつらつとした新入りの編集者たちによって挑戦を受けていた。その中にはその後アメリカで最高の地位を得る者もいた。新しい新聞は低価格で、進取の気性に富んでおり、また読みやすかった。新しい新聞は、ニュース報道の機能こそプレスが行うべき主要な義務であると信じていた。つまり、これらの新聞は社説の独立性を示し、地域社会の利益のために積極的にキャンペーンを張った。また記事の文体を改善し、見出しやイラストなどの紙面編集を改良し、中身を大衆化することによって大衆にアピールした。こういった点が"ニュー・ジャーナリズム"の一般的な特徴であった。もちろん個々の新聞でその度合いが異なったのは当然である。

　夕刊紙が盛んになったことも日刊紙隆盛の特徴であった。1880年から1900年にかけて日刊紙の増加の8分の7は夕刊紙が占めていた。1890年になると日刊紙3紙のうち1紙は夕刊だった。夕刊紙の発行に振り子が動いたのは、一部には都市住民の閲読習慣の変化によるところがあった。小売店の広告が女性たちに向けて掲載されたが、女性たちは午後に配達される新聞を好むということが明らかになって、その傾向は強まった。印刷技術や取材上の工夫によって、夕刊が"今日のニュースを今日"届けることができるようになった。とくに中西部や西部では時差の関係で東部やヨーロッパのニュースを同じ日付のニュースとして取り込むことができた。朝刊紙の中には同じ題字で夕刊紙を出したものもあり、やはり部数が伸びた。また夕刊を別立てで発行するところも出た。

東部のジャーナリズム

　ニューヨークは、ピュリツァーが進出する前までは夕刊紙として名声を博していたイーブニング・ポストが唯一あっただけで、基本的には朝刊紙の都市だった。しかし、1867 年になると夕刊紙分野に 2 紙が参入した。1 つはイーブニング・テレグラムで、ベネットがヘラルドの午後版として始めたものである。もう 1 つはイーブニング・メイルである。メイルは 1882 年エクスプレスと合併し、メイル・アンド・エクスプレスになった。この時期の発行部数トップはデイリー・ニューズで、創刊が 1855 年にまで遡る 1 セントの夕刊紙であった。デイリー・ニューズは値段が安く内容も貧弱であったが、アパート地区で部数を伸ばしており、1870 年代になると、サンやヘラルドにも迫る勢いだった。同紙の成功はニューヨークの移民密集地区に手を伸ばす新しいやり方を、同業の新聞経営者に示唆したといえる。

　ボストンの静かな新聞界はグローブ紙の登場によって混乱した。同紙は 1872 年に創刊され、チャールズ・H・テーラー将軍 (General Charles H. Taylor) が 1873 年に社主になった時はたったの 8,000 部の発行部数に過ぎなかった。テーラーは夕刊を発刊し、価格を 2 セントにカットし、大きな見出しをつけ、地元ニュースを重視し、民主党支持の社説を載せた。1890 年までにはグローブは朝、夕刊合わせて 15 万部になり、アメリカ国内で上位 10 位の中に入った。真面目なヘラルド（1846 年創刊）やセンセーショナルなジャーナル（1833 年）も夕刊を出して遅れを取らないようにした。しかし、朝刊紙のアドバタイザー（1813 年）とポスト（1831 年）と夕刊紙のトランスクリプト（1830 年）とトラベラー（1825 年）は、互いに限られた部数の取り合い競争を演じた。アドバタイザーは 1884 年にはレコードという名の夕刊紙を発行した。

　同じような傾向は、フィラデルフィア、ボルチモア、ピッツバーグ、バッファロー、ブルックリン、プロビデンス、ワシントンという東部の都市においても見られたのである。[23]

西部の新しい日刊紙

　西部では、現在のダラス・ニューズになる新聞が 1885 年に創刊され、その未来の社主ジョージ・B・ディリー (George B. Dealey) はその年にダラスにや

ってきた。ロサンゼルス・タイムズは1881年に始まり、その未来の社主のハリソン・グレイ・オーティス (Harrison Gray Otis) は1882年にスタッフに加わった。サンフランシスコでの、この時代の最も大きな出来事は、1880年にエグザミナー（1865年創刊）がジョージ・ハースト (George Hearst) に売られたことである。そして彼は1887年には若きウィリアム・ランドルフ・ハースト (William Randolph Hearst) に同紙を委譲した。サンフランシスコのジャーナリズムはハーストが参入する前からすでに活気があった。つまり、クロニクル（1865年創刊）が公共問題でキャンペーンを張ったり、政治浄化運動を展開したりしていた。その社主のミシェル・H・デ・ヤング (Michel H. de Young) は、同紙創刊の2人兄弟の1人だが、60年間も同紙の采配を振るった。

南部：アトランタのヘンリー・W・グレイディー

　この時代での最も輝かしい南部の新聞製作者はグレイディーであった。彼は39年という短い人生の中で、優れた記者、編集者の資質を示した。彼は1880年にアトランタ・コンスティテューションの編集局長になったが、その10年ほど前から彼の才能は広く知られていた。実際に、グレイディーが1872年アトランタ・ヘラルドの編集長および3人の経営者の1人になった時、彼はその4年前に創刊されたコンスティテューションを倒産寸前にまで追い込んだ。しかし、ヘラルドは、ジャーナリズム的には優れていたのにもかかわらず、1873年の不況の犠牲になり、4年後に倒れてしまった。そこでグレイディーはコンスティテューションやニューヨーク・ヘラルド、ルイビル・クリアー・ジャーナル、フィラデルフィア・タイムズやデトロイト・フリー・プレスといった進取的な新聞向けのフリー・ランス特派員になり、政治取材やインタビュー記事やニュース解説もので頭角を現した。彼はあちこち旅行し、いろいろな出来事を取材し、従って顔は広くなった。

　1876年以降エバン・P・ハーウェル (Evan P. Howell) によって発行されていたコンスティテューションは、グレイディーを経営パートナー兼編集局長として迎えると、新聞事業が活気を呈してきた。特派員の取材網が整備され、グレイディーは政治から野球にいたるまですべての分野で可能な限りの取材をするよう取材費を惜しみなく投じた。主要なニュース記事や政治の出来事は彼自身が報じ続けた。1886年チャールストンで起きた地震について優れた記事を書いたが、これによって彼は全国的な注目を受ける記者になった。やはり同じ年、「新

南部」と題する、南部の産業発展を国家の団結への再建手段にしようという内容の論説によって、彼は南部のスポークスマンとして全国的に有名になった。この結果彼は1889年に死ぬまでコンスティテューションの社説欄により多くの注意を払い続けるようになった。彼の影響力によって、同紙はルイビル・クリアー・ジャーナルとともに南部の指導力を分かち合うことになったのである。[24]

グレイディーの死によって、社主の息子のクラーク・ハーウェル・サー (Clark Howell, Sr.) がコンスティテューションの編集局長になった。1880年代のアトランタのジャーナリズム界でのもう1つの出来事は、1883年にジャーナルが創刊されたことである。これは夕刊紙で、1950年代には、コンスティテューションよりも戦略的機動性で勝るようになっていた。[25]

中西部での改革：E・W・スクリップス

上述してきた事柄はいずれも、いたるところで国のジャーナリズムに事が起きていることを十分に証明しているといえよう。テーラーのボストン・グローブも、グレイディーのアトランタ・ヘラルドやコンスティテューションも、"ニュー・ジャーナリズム"の主な特徴を物語っていたといえる。バッファローのバトラー (Butler) 家、ワシントンのノイズ (Noyes) 家、北カロライナ州のローリーのジョゼフス・ダニエルズ (Josephus Daniels)、アトランタのハウエル家、ロサンゼルスのハリソン・グレイ・オーティス (Harrison Gray Otis) などの登場は、それぞれ著名なアメリカの新聞製作の始まりを意味した。しかし、最も大規模な新聞改革が、まさに1870年代から80年代の中西部において起きようとしていた。それはデトロイト、クリーブランド、シンシナティ、シカゴ、カンザスシティ、ミルウォーキーとセントルイスであった。

スクリップスの名前は、1870年代と1880年代初期における中西部の新聞の発展の物語の中では特筆されている。有名なエドワード・ウィリス・スクリップスの片親違いの兄であるジェイムズ・E・スクリップス (James E. Scripps) は、シカゴとデトロイトの新聞社で働いた後、1873年にデトロイト・イーブニング・ニューズを創刊した時から、家族揃って、ジャーナリズムの道を歩み始めた。1880年末までに、スクリップス家はクリーブランド、シンシナティ、セントルイスとバッファローで新聞を育てた。スクリップス新聞チェーンの台頭の話は後述するが、初期の成功は"ニュー・ジャーナリズム"の発展の一般的なパターンと一部類似していた。つまり、スクリップスの新聞は低価格の夕

刊紙であった。また、サイズは小さいが記事の文体は良く、きちんと編集されていた。地元のニュース、社説の取り上げ方に活気があった。とりわけ、スクリップスの新聞は労働者の利益のために献身的に報道するので有名だった。

　ジェイムズ・スクリップスがデトロイト・ニューズを発行し続けるために手助けを必要としたために、彼は弟のジョージと妹のエレン、そしてついに若きエドワードに助けを求めた。エドワードは、イリノイ州の農場に居を構え、3度目の結婚をしたイギリス生まれの父の13番目の子供であった。エドワードはニューズ紙のために配達順路表を作成する手伝いをし、広告支援の競争が進んでいる間に、それを記事で発表した。デトロイトにはすでに、朝刊のフリー・プレス（1831年）など基礎のしっかりした新聞が存在していたが、1880年代までにはニューズ紙は新聞としての質はもとより、新聞経営面でも知られた指導的な夕刊紙として浮上していた。

　スクリップスの資金は4つの1セント夕刊紙へ投じられた。つまり、短命で終わったバッファロー・イーブニング・テレグラフ、不運なセントルイス・クロニクル、そして有名なクリーブランド・プレスとシンシナティ・ポストである。最後の2紙はエドワード・スクリップスの天才的な新聞作りの能力が生み出したもので、彼の夕刊チェーン紙の基幹的な新聞になった。

　1878年当時のクリーブランドでは、3つの新聞が発行されていた。つまり、リーダー（1854年創刊）、ヘラルド（1835年）とプレイン・ディーラー（1842年）である。ペニープレスが1ページ5コラム建てで4ページ夕刊紙として登場した頃は、裏通りのバラック小屋の社屋同様いつまで続くものやらと思われた。しかし、編集長のエドワードは、広告取りの勧誘員に高級を払い、曲がりなりにもこの冒険的な事業に全身全霊のエネルギーを注いだ。そのために数か月のうちにこの夕刊紙は1万部の発行部数に達し、スクリップス新聞帝国の台頭の兆候を示すことになった。その新聞こそクリーブランド・プレスであった。

　革新のプレス紙が急激に成長した結果、クリーブランドのジャーナリズムに何が起きたかについては、かいつまんで語ることができよう。1885年、プレイン・ディーラーの新しい所有者であるL・E・ホールデン (L. E. Holden) が最初にやったことの1つは、プレイン・ディーラーの重点を夕刊から朝刊分野へ切り換えたことである。ホールデンはヘラルドの印刷工場と朝刊を買収した。リーダーとヘラルドの夕刊はニューズ・アンド・ヘラルドとして合併した。しかし、プレスはクリーブランドの夕刊競争紙を悩まし続け、1905年には他の午後刊紙はクリーブランド・ニューズという新しい新聞に合併された。

シンシナティでのスクリップスの競争相手はもっと手強かった。1880年に、タイムズ（1840年創刊）とスター（1872年）が、チャールズ・P・タフト (Charles P. Taft)（後の大統領ウィリアム・ハワード・タフト＝William Howard Taft の片親違いの兄弟）によって合併させられた。タイムズ＝スターは2セントで保守的な共和党紙であった。その年、スクリップスが参入した新聞は1セントで民主党系だった。しかし、朝刊分野には、センセーショナリズムの手法を取っていることで知られている民主党系の新聞として、ジョン・R・マクリーン(John R. McLean) によって発行されていたシンシナティ・エンクワイアラー（1841年創刊）があったし、さらに、著名な進歩的共和党員ホルステッド[26]が編集しているシンシナティ・コマーシャル・ガゼットが存在していた。しかしながら、1883年エドワードが支配してからシンシナティ・ポストになったスクリップスの新聞は、プレス紙がクリーブランドで見せたのと同じように、まもなく発行部数のリーダー格にのし上がったのである。

ストーンのシカゴ・デイリー・ニューズ

中西部におけるもう1つの輝ける星はシカゴ・デイリー・ニューズだった。もう1つの新参紙のヘラルド[27]とともに、デイリー・ニューズはたちまちのうちに以前からあるシカゴの新聞と同じような名声を獲得した。シカゴ・トリビューン（1847年創刊）は、1874年以降メディルが社主兼編集局長として指揮を取っていて、編集がしっかりとしており、機敏な新聞のリーダーとして発展を続けていた。インター・オーシャン（1865年に編集長のデイナによって創刊されたリパブリカンの後続新聞）は、ニュース取材や新しいジャーナリズム的な印刷技術の導入で広く知られていた。しかし、部数競争は新参者に軍配が上がった。

デイリー・ニューズの創刊者であるストーンはシカゴ・ジャーナリズムと新しい全国の新聞環境の両方が生み出した人物である。ストーンは1872年、まだ24歳の経験浅い若者であったが、リパブリカンの編集部長になった。同紙が同年中頃にインター・オーシャンになった時、社会部長として退職した。秋には彼は新聞社訪問の旅に出た。とくに南部の状況を学んだ。彼は自叙伝でグラディと彼のアトランタ・ヘラルドの社員たちと親交を深めたと記している。つまり、「彼らは毎夕私とジャーナリズムの仕事について話し明かした。この討論から我々はみんな大いに学んだ」[28]と書いている。同じ旅で、ストーンは

ニューオーリンズやセントルイスの新聞にも学んでいる。セントルイスでは彼は才能豊かな若き記者ユージン・フィールド (Eugene Field) に出会った。その後フィールドは彼自身の、あるいは他の新聞の特派員としてワシントンへ出ている。ストーンは自叙伝の中で、大きな影響を受けたもう 1 つのことを記している。つまり、彼は 1 セントのニューヨーク・デイリー・ニューズの成功をつぶさに見ていたのである。そしてシカゴでも同じ 1 セントの新聞を出してみようという気になったのである。

1876 年 1 月、デイリー・ニューズは、ほんの数千ドルの資本金で、1 ページ 5 コラム、4 ページ建てでシカゴに登場した。彼の信念としては、第 1 の責任はニュースを報じることで、第 2 の責任は世論を導くこと、そして第 3 の責任は娯楽を提供することだった。同紙はセンセーショナルな手法を厭わなかった。ストーンの個人的な好みは、新聞で犯人を追ってみることだった。デイリー・ニューズは娯楽を提供するのに失敗はしなかった。ストーンは 1883 年、フィールドを初期のセントルイスやカンザスシティの環境からシカゴへ呼び出した。フィールドは有名な「シャープ・アンド・フラッツ」というコラムを担当し、政治の動きや市民の生活についてコメントした。最初の年に、シカゴの財界人ローソンが同紙の営業権と株の 3 分の 2 を引き継いだ。しかし、1878 年までに、デイリー・ニューズはポスト・アンド・メイルを買い取り、AP 通信社との契約権を得た。レコードと名づけた朝刊は 1881 年に始まり、1885 年までにはデイリー・ニューズとの合計発行部数が 10 万部を超えた。ストーンが 1888 年、35 万ドルでローソンに権利を売った時は、アメリカの新聞の中で、デイリー・ニューズの 20 万部を上回るものはピュリツァーのニューヨーク・ワールドしかなかった。

ストーンが育て上げた編集スタッフには有名な人物が揃っていた。たとえば、コラムニストとしてはフィールド、論説記者としてはスレイソン・トムソン (Slason Thompson)、若手記者としてはジョージ・ハーベイ (George Harvey)、ジョージ・エイド (George Ade) やフィンリー・ピーター・ダン (Finley Peter Dunne) らがいた。また寄稿者としてシカゴのジェイムズ・ローレンス・ラフリン (James Laurence Laughlin) やウィスコンシン州のリチャード・T・エリー (Richard T. Ely) といった文芸評論家や科学者や大学教授たちもいた。ローソンも 1925 年に死ぬまで同じような指導力を発揮していた。一方、ストーンは近代的な AP の再建者、総支配人として再び物語に登場する。

ネルソンのカンザス・シティ・スター

　中西部の新聞革命の指導的人物としてスクリップスやストーンと同じ地位に位置付けられる人は、カンザス・シティ・スターの創刊者のウィリアム・ロックヒル・ネルソン (William Rockhill Nelson) である。ネルソンは、1879年インディアナのフォートウェインの新聞を買い取る前は弁護士やビル建設業者であった。しかし、1880年秋にカンザス・シティに来るまでに、彼は時代の流れに乗る準備ができていた。彼と部下の編集者たちは小さな2セントの夕刊紙を作った。この新聞は文体がよく、ニュースはもとより娯楽記事が満載されており、キャンペーンものにも積極的だった。しかし、スターは見出しやイラストなどをセンセーショナルにすることは避けていた。

　もう1つ際立って異なるところがある。それは、ネルソンが彼以前の優れたジャーナリストと違って、記者ではなかった点である。彼は、記者こそ新聞の心臓部であると信じ、創業時の7人の編集スタッフを信用していた。また彼は最も優れた編集者や論説記者を探した。

　ネルソンが1880年カンザス・シティにやってきた頃は、町はまだ美しさのない荒っぽい、新興の町であった。この町は大草原への入り口であり、西部の畜牛を受け取る場でもあった。町は半分出来上がっていたが、よくある政治の腐敗や1880年代の功利主義的なアメリカの悪徳に呪われており、それだけに力強い編集者にとっては大きな機会があった。ネルソンはまさにそういう人物

メルビル・E・ストーン　（シカゴ・デイリー・ニューズ）

ウィリアム・ロックヒル・ネルソン　（カンザス・シティ・スター）

だった。大きな顔と頭を持った大男で、断固とした独立の意志を持つ連隊長という呼び名が与えられるような威厳を漂わせていた。ネルソンが死んだ年、ウィリアム・アレン・ホワイト (William Allen White) は彼について、こう評している。「彼は決して文字通りの連隊長ではなかったが、連隊長をしのばすところがあった」。[29]

ネルソンは、大義や小義にかかわらずカンザス・シティにとって必要と考えるキャンペーンを粘り強く行った。彼は安く能率の良い公共輸送機関を主張した。そして市の丘陵にケーブルカーを導入した。政治家や博打打ちたちと闘った。彼はカンザスシティに有名な公園や大通りを作るのに何年もキャンペーンを張り、後に大通り沿いにモデル住宅を建て、入居した人びとに木や花を植えさせた。カンザス・スター紙は、市やミズーリ渓谷沿いの新聞の販売地域に、町並み造りの管理委員会のようなものを作るのを手助けした。

カンザス・シティとカンザス州は1890年までにすっかりスターによって占められ、ネルソンが1915年に死ぬ頃には発行部数が17万部に達していた。スターの購読料は、日曜版が加わり、1901年に朝刊タイムズ（1868年創刊）がネルソンに買い取られた後でも、週に10セントだった。年25セントで売られた週刊版は、15万部にも伸びた。料金の設定と、地元ニュースの集中的な取材、人間の関心を誘う記事や文芸関係記事などによって、同紙は、ネルソンが避けたセンセーショナルな手法を用いて打ち勝とうとする競争相手を全く寄せ付けなかった。[30]

他の中西部都市──セントルイスの興隆

他の中西部の都市でも、新聞事業に変化の兆しが見え始めていた。たとえば、ミルウォーキーでは1882年地元数紙が新たな競争相手を迎えることになった。それはルシアス・W・ニーマン (Lucius W. Nieman) と彼のミルウォーキー・ジャーナルで、朝刊紙リッチモンド・センティネル（1837年創刊）を除いた競争相手を次の60年間押さえ込むほどの熱意を直ちに示し始めた。ミネアポリスでは、別のジャーナル紙が1878年指導的な夕刊紙としてスタートした。そして朝刊紙のトリビューン（1867年創刊）が1890年代にウィリアム・J・マーフィー (William J. Murphy) によって新たな命を与えられた。セントポールのパイオニア・プレス（1849年創刊）は編集長のジョゼフ・A・ウィーロック (Joseph A. Wheelock) と営業部長のフレデリック・ドリスコル (Frederick

Driscoll) の名コンビで経営されていたが、夕刊紙ディスパッチ（1868 年創刊）と競争関係になった。もう 1 つの積極的な夕刊紙はインディアナポリス・ニューズ（1869 年創刊）であった。

　しかし、クライマックスに達したのはセントルイスにおいてであった。川の都市セントルイスはずっと長い間、新聞のセンターであった。1888 年にはセントルイス・リパブリックという名前になったミズーリ・リパブリカン（1808 年創刊）やミズーリ・デモクラット（1852 年創刊）、シュルツのドイツ語新聞のウェストリケ・ポスト（1857 年創刊）などが指導的な新聞だった。最初の衝撃は J・B・マッカラー (J. B. McCullagh) がシカゴからやって来たことで、新たに作ったモーニング・グローブをミズーリ・デモクラットと合併させ、1875 年グローブ・デモクラットをスタートさせた。さらに大きな出来事はジョゼフ・ピュリツァーの登場である。文無しの移民だった彼は 10 年以内にセントルイス・ポスト・ディスパッチを作り、その後ニューヨーク・ワールドで新聞界を驚かせた。彼の周辺では、新しい日刊紙が絶えずアメリカ人の生活に変化をもたらしながら、成長していた。しかし、ピュリツァーは類いまれな天才的な能力によって、"ニュー・ジャーナリズム" の指導者として認知されることになった。彼の物語はまさに現代的な新聞の登場の物語になるのである。

第9章

ニュー・ジャーナリズム

> 本紙のどの記事も、勇気と、真実であることを述べる機会と義務をはらんでいる。また月並みで、ありきたりなことを乗り越える機会と義務さえ持っている。さらに、共同体の中で知性と教養と独立心を持ち合わせている人びとの尊敬を集めるような記事を書き、党派根性や民衆の偏見を恐れることを乗り越える機会と義務を負っている。
>
> ——ジョゼフ・ピュリツァー

　ジョゼフ・ピュリツァーは、南北戦争後の新しいアメリカ合衆国を築くのを手助けした多くの移民の1人である。そうすることによって、彼は与えもし、また受け取りもした。つまり、彼が築いた2つの新聞は彼に、近代の指導的なアメリカの編集者と呼ばれる名誉を与えた。[1] さらにそれだけでなく、死亡時には2,000万ドル近い財産を築いた。これは新聞界ではかつてない最大規模の金額の一例といえよう。

　ジョゼフ・ピュリツァーのジャーナリズムの成功の物語は、国の新しい社会的な環境の物語をクライマックスに到達させた。ピュリツァーは"ニュー・ジャーナリズム"を作るのに自らの貢献を果たしたが、それ以上に大切なことは、他の人びとのアイディアを受け入れることによって指導力を発揮した点である。彼の膨大なエネルギーと高度に発達したジャーナリズム感覚によって、彼はこの時代の新聞発行の観念と技術を自分なりに適用し、発展させることができた。また優秀な人材と偉大な近代的な新聞の複雑なメカニズムを確立した人として、疑問の余地がないほどの認知を獲得したいという熱烈な望みを満足させることもできた。これは注目に値する業績である。しかし、それだけでピュリツァーは新聞製作の技術の評価において、最も有能で価値あるアメリカの編集者としての名声を獲得したわけではない。彼の真の偉大さは新聞の役割につ

いて高潔な理念を持っていた点にある。とくに、社説の指導性を発揮したことと、自らの新聞にその理念を生かしていったやり方にこそ、真の偉大さがあるといえよう。

ジョゼフ・ピュリツァーの若き経歴

　ピュリツァーは1847年ハンガリーで生まれた。父はマジャール系ユダヤ人で、母はオーストリア系ドイツ人だった。私立学校での良質な教育を受けた後、17歳で軍隊に入ろうとして家を後にした。しかし、彼は視力が弱く、顔つきも軍人らしくなく、オーストリア軍にもフランスの外人部隊にも入隊を拒否された。しかし、1864年、南北戦争の北軍の義勇兵をヨーロッパで募っていたアメリカの機関員はとくに拒否しなかった。彼はピュリツァーを入隊させ、リンカーン騎兵隊の一員になったのである。

　実戦を体験することなく戦争が終わると、ピュリツァーはニューヨークへ出たが、まさに文無しで、英語ができないというハンデを負っていた。セントルイスのレストランでボーイをやるなど、あれこれ短期間のつらい仕事を体験した後、類いまれなる好奇心と尽きることのないエネルギーによって成長した。1867年には、アメリカ市民権を獲得し、翌年、カール・シュルツの率いるドイツ語新聞ウエストリック・ポストの記者として雇われた。ピュリツァーは、仲間連中から、何時間もすべての記事を徹底的に調べるぎこちない仕草を笑われていたが、直に彼らを追い越してしまった。

　ピュリツァーはもともと民主党の地盤のところから共和党員としてミズーリ州議会に選ばれるよう急いでいた。つまり、彼は議会担当記者になり、1872年の選挙ではホラス・グリーリーのためにドイツ語を話すミズーリ州の地域を遊説して回ったシュルツと手を結び、彼のウエストリック・ポスト紙の共同経営者になった。ピュリツァーは自分の将来の計画を考えて、ポストの株を3万ドルで売り、月並みのセントルイスの日刊紙だったが、たまたま価値あるAP通信社加盟紙であった新聞を買うことによって別に2万ドルの利益を得た。つまり、なんとかグローブと競争紙のデモクラットとを合併させるために通信社加盟紙を求めていたシカゴの新聞人、ジョゼフ・B・マッカラーに、ピュリツァーはこの新聞を譲ったのである。金を手にして、ピュリツァーは数年間セントルイスでの新聞の仕事から身を引いた。彼は4度もヨーロッパを訪れ、結婚し、さらにコロンビア特別区の法曹界に加入を認められた。同じ時期に、

1876年の民主党大統領候補サミュエル・J・ティルデン (Samuel J. Tilden) を推す運動を行い、チャールズ・A・デイナのニューヨーク・サンに選挙管理委員会の様子を報道したが、委員会はこの議論の沸騰した選挙をラザフォード・V・ヘイズ (Rutherford B. Hayes) 寄りに取り仕切った。1878年にはピュリツァーは、自分の選んだ国について多くの知識を仕入れ、英語も自在にこなせるようになって、セントルイスのジャーナリズムへ戻ったのである。

　ピュリツァーの運はいまや開かれようとしていた。1864年に創刊されたディスパッチ紙が破産し、保安官立ち会いの競売にかけられていた。彼は1878年12月9日、2,500ドルの付け値で同紙をせり落とし、貴重なことに再びAP通信社加盟権を手にした。3日後、彼は、1875年ジョン・ディロン (John Dillon) によって創刊されたポスト紙との合併をも実現させた（ディロンは1年間だけ共同経営者になり、その後はピュリツァーの仕事仲間として残った）。

　このようにして、この国の最も偉大な新聞の1つであるポスト・ディスパッチが誕生した。4年以内に、同紙はセントルイスのリーダー格的な夕刊紙になり、1年間に4万5,000ドルの純益を上げ、影響力のあるミズーリ・リパブリカンやマッカラーの活気に満ちたグローブ・デモクラットといった朝刊紙に匹敵するほどになった。この業績の背後には、当時30代早々の編集者兼社主の才能があった。彼は、野心的であるとともに自制心を備えた人物で、芸術家が質の良い音楽を愛するのと同じ心を持ち、卓越した文章力と、経済、政治、社会の動向に対する学問的な関心を兼ね備えており、優れた知性と燃えるようなエネルギーでもって、新聞事業を活発に前進させていったのである。ピュリツァーのぎらぎらとした目は成功への強い意志を示していた。神経質な気質に満ち、近寄りがたいところがあり、側近たちでさえ、一定の距離を保っていた。しかし、彼が目指す新聞作りの基準に達している人びととの仕事に対しては、彼流のやり方で高い評価を示した。多くの有能なジャーナリストたちが、その後何年もの間、ピュリツァーの旗の下に仕えようとしていた。しかし、その中で最も影響力のあった人物はピュリツァーの初期の右腕になったジョン・A・コッカリル (John A. Cockerill) であり、彼は1880年編集局長としてポスト・ディスパッチに迎えられた。コッカリルは骨身を惜しまず働く一方で、ケンカ早いところもあったが、ピュリツァーの指示を実行できる能力を持ち、新聞作りの手法に鋭い感覚を備えていた。その感覚をもって、彼はその後重要な12年間をピュリツァーに仕えることになったのである。[2]

　しかし、ポスト・ディスパッチに特有の精神を吹き込んだのはまさにピュリ

ツァーであった。彼の方針の声明には次のような、記憶すべき言葉が含まれている。

>　ポスト・ディスパッチは政党に仕えるのではなく、一般の市民に仕えるのである。共和党主義の機関紙ではなく、真理の機関紙である。主義に従うのではなく、その結論に従うのである。"行政"を支持するのではなく批判するのである。どこの何であれ、欺瞞やごまかしに反対する。また偏見や党派根性よりも正義や理念を唱道する。[3]

晩年近い1907年、より円熟したピュリツァーによって書かれた言葉はもっと記念すべきもので、ポスト・ディスパッチの綱領になり、社説のページに印刷された。

>　小生が引退しても本紙の基本的な方針にいささかの揺るぎもないことを承知している。つまり、本紙は絶えず発展と改革のために闘い、決して不正や腐敗に屈することなく、絶えずいかなる政党といえども、その欺瞞に対して闘い、いかなる政党にも属しない。また、絶えず特権階級や市民にとっての略奪者に反対するとともに、貧者に対する同情を決して欠かすことなく、また、絶えず公共の福祉に仕え、単にニュースを印刷することだけに満足することなく、常に敢然と独立を維持し、略奪を図ろうとする金権政治家であろうが、略奪を図ろうとする貧者であろうが、その不正に対して攻撃することを決して恐れることはないであろう。

　ピュリツァーは表面的なニュース報道に満足せず、「底の底をすくい上げるまで、1つも落としてはならん。続けること、続けること。完全に問題が終わるまで続けることだ」[4] と部下たちをせき立てた。その結果、公共の利益に関する敢然としたキャンペーンが生まれた。それはピュリツァーが個人的に関わったことと、コッカリルの記事や編集の技能によって強められた。キャンペーンの対象になった相手は不正を働いていた政治家とか、金持ちなのに税を逃れようとしている人びととか、警察の保護のもとで、賭博を行っていた連中とか、何の規制もない公共事業体などであった。

　しかし、初期のセントルイス時代のピュリツァーの業績記録の中には深刻な欠点もあった。コッカリルは殺人、罪、セックスといった記事を利用したり、暴力やリンチ、公開の絞首刑、劇的な死などのセンセーショナルな記事を利用して、ピュリツァーの名を高めた。ピュリツァーは、こういったニュースの多くを"話題になりがち"なニュースとの定義に、ふさわしいものと考えていた。

彼らは、セントルイスの少数支配者の「良き家柄の人びと」が「セントルイスは尊大ぶっている」、「不義を働いた男女」、「料理長の恋人」、「テューダー師は深酒をするのか」といった見出しでゴシップ的なスキャンダルになることを喜んでいた。この種の多くの記事には、戸惑う市民たちを犠牲にした誇張や、半面の真理や、気まぐれがあったりした。[5] もちろん、この時代は他の新聞でもそのような記事が載っていたわけではある。

　社説では、ピュリツァーの初期のポスト・ディスパッチは全国で 5 番目に大きな都市を独占的に支配していた富裕階級を厳しく攻撃した。しかし、同紙が進めたキャンペーンは、貧者や労働者階級の問題だけに絞られていたわけではなく、社主の関わりもある中流階級や小規模企業の問題にも焦点を当てていた。[6] 当然、独占に対する批判や生活環境を清潔にする闘いや、不正に対するキャンペーンなどによって、誰もが恩恵を受けた。しかし、ニューヨークでピュリツァーのトレードマークになった抑圧されている貧者の窮状に焦点を当てた報道は、まだ出現していなかった。

　新聞製作のすべての分野において、ピュリツァーやコッカリルやポスト・ディスパッチの同僚たちはまもなくニューヨークで応用することになるいろいろな教訓を学んでいた。間違いも多くあったし、ピュリツァーの目標に達しない記事や社説も多くあった。しかし、成功した点もあった。というのは、ニューヨークの彼の新聞が 1890 年に「ニューヨーク・ワールドの基盤はセントルイスで培われた。……新しいジャーナリズムの理念や理論はポスト・ディスパッチの旗印の下で基礎を固められた」[7] と評していた。

ニューヨーク・ワールドの買収（1883 年）

　1883 年になると、ピュリツァーは絶え間ない仕事のために視力は衰え、神経はひどくすり減り、体はボロボロになってしまっていた。コッカリルが、ポスト・ディスパッチのコラムで叩いていたセントルイスの著名な弁護士を射殺してしまうという出来事が起き、事態はよくならなかった。コッカリルは自衛であった旨の弁解に成功したが、力を落としたピュリツァーは、しばらくヨーロッパで休暇旅行を取るというかねてから考えていたことを実行に移した。ところが、ニューヨークに立ち寄った時に、彼は、1860 年民主党系の朝刊紙として創刊されたワールドが売りに出ていることを知った。同紙は一時、マントン・マーブル (Manton Marble) によって優れた紙面作りがなされたが、悪名

1880年代にジョゼフ・ピュリッツァーのニューヨーク・ワールドに掲載された2つのキャンペーン報道の例。

高い財界人のジェイ・ゴールド (Jay Gould) が所有するところとなり、彼は34万6,000ドルで売りたいと望んでいたのである。

ワールドがうまく行く見通しは必ずしもなかったが、ピュリツァーは、弟アルバートが2万5,000ドルの資本金で前年1セントの新鮮なモーニング・ジャーナルをスタートさせるのに成功したことにおそらく励みを感じたのだろう。5月9日に取引を完了させた。最初の分割払い金はポスト・ディスパッチからの収益でまかなわれた。しかし、グールドが驚いたことに、残金は、ワールドから上がった利益によって支払われたのである。

ピュリツァーは新しい新聞を8ページ建てで、2セントで、たったの1万5,000部からスタートさせた。同紙のパーク・ロウ街の競争紙はジェイムズ・ゴードン・ベネットのヘラルドが3セントで12～16ページだった。また2セントで4ページのデイナのサンや、4セントで8ページのホワイトロー・リード (Whitelaw Reid) のトリビューンやジョージ・ジョーンズのタイムズなども競争相手だった。

ピュリツァーはすぐさまワールドのスタッフの編成を変え、セントルイスへ電報を打ち、2人の優秀なポスト・ディスパッチの編集者を呼び寄せ、5月11日付けの第1号を発刊した。1面トップはニュージャージーに100万ドルの損害を及ぼした暴風雨についての記事だった。1面の他の記事としては、有罪判決が下された殺人犯との会見記やウォール・ストリートの向こう見ずな相場師やピッツバーグでの絞首刑、ハイチの暴動、不正を働いたお手伝いの話などが載っていた。2万部刷るように命じるようになると、センセーショナルな報道でピュリツァーと張り合えるのはベネットしかいなくなった。次の日には、ワールドは街の話題になった。

ピュリツァーの成功の方程式でもう1つの重要な要素は新聞部数拡張に積極的だったことである。つまり彼は、"題字わき"といわれている1面の題字付近に、繰り返し、繰り返し、発行部数と独占記事の案内を出した。彼の最初の評判を呼んだキャンペーンものは、世界の驚異の1つとして称賛された新ブルックリン橋を仕事のために毎日渡る人びとには無料にすべきだという主張だった。

しかし、センセーションと販売運動には、優れたニュース取材と新しい編集方針とが入り交じっていた。簡単な10か条の方針が論説のページに掲載された。つまり「贅沢品に税をかけろ」「遺産に税をかけよ」「高収入者にもっと課税せよ」「独占企業から税を取れ」「特権企業に課税を」「不労所得への税率を

設けよ」「公務員を改善せよ」「腐敗した公務員を罰せよ」「票の買収を罰せよ」「従業員に誰に投票するかについて無理強いをする雇用主を罰せよ」の 10 点である。「安いだけでなく生き生きとした紙面で、生き生きとした紙面だけでなくページが厚く、ページが厚いだけでなく真に民主党的で――つまり市民の大義に奉仕する新聞が、この大きな、さらに大きくなりつつある都市に存在し得る余地があろう」[8] とピュリツァーは創刊号の中で述べている。

　金持ち階級が富を見せびらかすことに憤慨し、経済・社会改革が必要だと信じていたニューヨークっ子たちはワールドを痛快な新聞と感じるようになった。逆に、金権猛者はワールドの社説欄は納得いかない論しか載っていないと感じた。ピュリツァーはセントルイスの時以上に貧者や身寄りのない人びとを支援したが、移民であった彼にとっては、ニューヨークの読者、受け手は一風変わったように思った。移民や貧者や労働階級の人びとのための十分に練られたキャンペーンがワールドを買収した最初の 2 年間に登場した。とくに、工場地区で女性の移民が苦労を強いられていたことで、移民児童の就学機会の不足や、税負担の不公平などはピュリツァーにとって緊急の社説および記事のテーマであった。1883 年 7 月、熱波でニューヨークの子供の多いスラム街で驚くほどの死者が生じた。つまりワールドによると、1 週間に 716 人が死亡、そのうち 392 人は 5 歳以下の乳幼児だった。ワールドの記者たちはあちこちの死亡事例を取材し、整理記者たちは、当局にショックを与え、関心と行動を起こさせようとして、"いかに赤ん坊の肌は焼かれたか"とか"小さな霊柩馬車の列"といった見出しをつけた。ワールドのアパート改善のキャンペーンは、フェリックス・アドラー (Felix Adler) 教授の貧者救援の運動を報道したのを皮切りに 1884 年早々再開された。他の記事としては――数十年もの間ワールドに載ることになったものだが――移民の支援の会合とか、移民への暴力とか、場所ふさぎ状態になっている工場内の様子とか、日曜に労働者たちが美術館など公共の建物に入れる権利とか政治団体内の偏見といったものがテーマだった。

　1884 年の大統領選挙で、ピュリツァーがニューヨーク州の民主党知事グローバー・クリーブランドを、保守的な共和党の闘士ジェイムズ・ブレインに対抗して支持したので、ワールドは、政治、社会問題における進歩的な姿勢によって、発行部数を上乗せさせた。増えた部数の一部はデイナのサンの読者層だった。というのは、同紙は常識はずれのコースを取り、信頼に値しない第 3 党の候補ベンジャミン・バトラー (Benjamin Butler) を推したからである。ピュリツァー自身も国会議員に選ばれたが、直にこの道は放棄した。

一方、コッカリルはセントルイスから到着し、編集局長に就任した。彼はヒューマン・インタレストの記事を重視する一方、重要な地元、全国、国際ニュースも手堅く編集する才に相変わらず長けていたが、セントルイスでもやっていたように、女性やスポーツ関係の特集記事も組んだ。活字の面では、新しいワールドは、前の所有者時代と比べて見出しは小ぶりですっきりした書体の活字を使っていたが、見出しの言葉自体に迫力があった。たとえば「突風のように死者激増」とか「'助けて'と切り裂くような悲鳴」、「かわいいロッタの恋人たち」(Little Lotta's Lovers)、「血染めの洗礼」(Baptized in Blood)、などである。[9] とくに韻を踏む頭韻法がしばしば使われた。セックスや争い、犯罪などの記事の見出しもそうだった。

　新ワールドの最初の年の末の発行部数は6万部以上になった。つまり4倍に増えたのである。このため他のニューヨーク紙はピュリツァーの脅威に対処するために価格を下げざるを得なくなった。ヘラルドですら、ワールドの紙面に値下げを知らせる広告を出した。4か月後にはサンデー・ワールドがたくさんの板目木版画や線画[10]を有効に使って、10万部を記録した。ピュリツァーの販売促進担当のおかげで、従業員1人ひとりにシルク・ハットが贈られ、お祝いのために市庁舎後援で祝砲100発が打ち上げられた。1887年にワールド紙が25万部になると、合衆国で最大部数の新聞を祝って銀のメダルが壁にはめ込まれた。加えて、1884年までにはワールドはヘラルドよりも広告段数で上回り、ウィークデーが12〜14ページとなり日曜版は36〜44ページになった。しかし、費用はかさんだが広告料を上げたので、読者への心づかいが行き届いたことに、価格は2セントに据え置かれたままだった。

ワールド成功の理由

　ピュリツァーはどういうことをしたのだろうか。最初に、彼は潜在的な読者の特徴を知っていた。ニューヨークの人口は1880年代に50%増加した。ピュリツァーは新参者の注目が自分の新聞へ向けられるように努力した。彼自身移民だったので、ニューヨークの住民の5人のうち4人は外国生まれか外国生まれの両親の子供であるという事実に通じていた。この時代の社会、経済傾向に明るい人として、彼は、読者が有効的で進歩的な指導性と娯楽性の両方を欲していることを理解していた。そこで彼は、一方の傾向として、変貌する社会状況を納得してもらうために、ワールドの重要ニュースの取材に力を入れ

た。また、もう一方の傾向を満たすために、記事の内容や編集の仕方の両方にセンセーショナリズムを導入したのである。

　ピュリツァーが批評家たちに答えて言うには、ヒューマン・インタレストやセンセーショナルな記事は大部数を得るのに必要であって、部数を獲得した後は、論説コラムや、政治・行政関係のニュースに読者たちの関心を引きつけることによって健全な世論を形成していくのだ、ということである。彼は、エドウィン・ローレンス・ゴドキンの経済論には反対したが、イーブニング・ポストにおける有能なゴドキンの業績を賞賛した。しかし、ピュリツァーは、ポストとワールドのニュース報道方針の比較で非難された時、次のような有名な反論の弁を吐いた。「私は国民に語りたいのであって、選ばれた委員に語りたいのではない」。[11]

　次の一説はピュリツァーが晩年部下の編集者の1人に書いたものだが、勇気があり、尊敬に値する有能な編集人としての評判を得るにふさわしい高潔で、気高い精神を根本的に反映しているといえよう。

　　本紙のどの記事も、勇気と真実であることを述べる機会と義務をはらんでいる。また月並みで、ありきたりなことを乗り越える機会と義務さえ持っている。さらに、共同体の中で知性と教養と独立心を持ち合わせている人びとの尊敬を集めるような記事を書き、党派根性や民衆の偏見を恐れることを乗り越える機会と義務を負っている。少なくともこの種の記事を1日1本は載せたい。10行、20行の記事によって、記者がいかに物事を集中して真剣に考え、洗練された重荷のある言葉へと手を加えていったかという1日の苦労多い仕事ぶりがすぐさま明らかになろう。[12]

　ふだんのピュリツァーの新聞にはこの高いジャーナリズムの目標を達成するには欠けるところがあったが、他の編集者たちの努力に刺激を与え、彼らの賞賛をかち得るのに十分なところまでは、しばしば達していたのである。[13]

　妙案の本社企画ものは、有益なキャンペーンものや部数拡張運動とは異なるワールド社のもう1つの得意技であった。大変大掛かりな企画は、ジュール・ベルヌ (Jules Verne) の小説『八十日世界一周』(Around the World in Eighty Days) で言っている時間を破ることができるかどうか試すために、1889年ネリー・ブライ (Nellie Bly) を世界旅行に送り出したことである。ネリー・ブライはエリザベス・コックレーン (Elizabeth Cockrane) のペンネームで、ワールド紙の紙面を飾った女性記者である。たとえば、ニューヨーク市内の「モガ・モボ」たちを誇って、裏話を聞いたり、ニューヨークの精神病患者の収容施設

ニューヨーク・ワールドが販売促進のために掲載したネリー・ブライの双六（すごろく）ゲーム。（ジャーナリズム・ヒストリー誌）

の状況を記事にするために、彼女自身がわざと精神病のふりをして取材するなどして、ワールド紙の紙面を喜ばせた。ブライが船や記者、馬、はしけなどを使って世界一周の旅をしている間、ワールド紙は彼女が何日かかるかを当ててもらう予想コンテストを行い、100万人近くの読者を引きつけた。彼女は自紙の期待を裏切らなかった。特別仕立ての汽車がサンフランシスコからニューヨ

ークまで旗をなびかせて彼女を運び、国中が 72 日世界一周を称えたのである。[14]

　ワールド紙のページが増えたことによって、編集者たちは、本社企画ものや読みもの風の記事で紙面を賑わすことができ、また重要なニュースをも大いに提供することができるようになった。ピュリツァーがセントルイスをくまなく取材したのと同じように、野心を抱いた多くの編集スタッフたちがニューヨークを徹底的に取材した。ニュース編集者たちは入手しにくい国内ニュース記事も海外からの外電ものも同じように求めた。徐々にワールドがピュリツァーの手になった初めの数年間の下品なセンセーショナリズムは消え始めていた。とはいえ、優れた文章のヒューマン・インタレストな記事や、読者を引きつける挿し絵などに対する要求は止まることがなかった。社説は民主党を支持し続け、1888 年と 1892 年の大統領選ではクリーブランドを支援した。しかし、同時にワールドは、ニューヨークのタマニー・ホールの指導者たちに反対することによって、新聞の独立性を保った。1892 年、ピッツバーグ付近のホームステッド製鉄所で起きた激しいストライキで労働者数人が会社側のピンカートン守備隊によって殺されたが、労働者たちはワールドを信頼できる自分たちの擁護者と見なしたのである。

　1887 年になるとピュリツァーの新聞帝国はさらに拡大した。つまり、デイナがサンの夕刊を発行する決断をした後、すぐそれに続いてピュリツァーはイーブニング・ワールドを発行した。この夕刊紙は 1 セントで売られ、たちまちのうちに朝刊紙に優る勢いになった。しかし、夕刊紙は朝刊紙ほどはっきりとした特徴がなく、新聞人にとってワールド紙という名称は元の朝刊紙を意味していた。

　3 種類のワールドのために 250 万ドルの金をかけて社屋を建てることが次の仕事であった。それは当時の高層ビルの中では印象的なビルだった。つまり、一番上は金メッキしたドームで、社屋の中には、当時の最新の印刷機械が多数備わっていた。しかし、建物が完成する前に、悲劇が襲ってきた。つまりピュリツァーは完全に目が見えなくなってしまったのである。神経もずたずたになり、ヨーロッパの専門医から治療を受けることになった。1890 年 10 月、彼は新聞編集から事実上引退する、と宣言した。ヘラルド紙は、彼に別れを告げるつもりで「ピュリツァーへの弔意に伏せる」と記したほどである。

　しかし、ピュリツァーは死ななかった。彼は 1911 年まで生き続けることができ、新聞に自分の個性を発揮し続けた。彼はわずかな騒音にも耐えることができない苦悩の状態に陥っていた。彼は、音の悩みから自らを解き放つために

信じがたい長い年月を耐えた。仲間たちは彼が怒り狂うほどの困難な状態に陥っている姿を見たが、同時に、新聞の発展に大いに関心を抱く姿をも見届けた。目が不自由で、ひげを生やしたピュリツァーはどこに行っても、たとえば、メーン州のバー・ハーバーや地中海沿岸に停泊中の自分のヨットの上にいても、絶えずワールドのスタッフと接していた。若い男性秘書が毎日の新聞記事を読み上げたのだ。一方、ピュリツァーは電報や郵便やメッセンジャーを使って、矢継ぎ早にどんどんワールドの金ピカ・ドームの編集局へ指示や提案を送ったのである。

ワールドの社屋の中には有力な編集局長や業務局長たちがいた。80年代後半から90年代初期にかけては、たとえば次のような人たちがいた。主筆になったコッカリル、ボストン・ヘラルドから来て論説委員長になったウィリアム・H・メリル (William H. Merrill)、ルイビル・クリアー・ジャーナルとニューヨーク・ヘラルドの元編集局長でワールドでも編集局長になったバラード・スミス (Ballard Smith)、サンの記者で、イーブニング・ワールドの社会部長になり、後に取締役になったS・S・カルバロー (S. S. Carvalho)、ニューヨークとセントルイスの発行人を務めた派手好きの南部人のチャールズ・H・ジョーンズ (Charles H. Jones) 大佐、後に、大物政治家になったジョージ・ハーベイ (George Harvey)、記者や日曜版編集次長の体験に基づいて1898年に出版した『社会部物語』(*Tale of the City Room*) で文学的な才能を花開かせたエリザベス・ガーバー・ジョーダン (Elizabeth Garver Jordan) たちである。

ワールドのドームでは、優秀な才能を持った人を多く集めるという方針の下で、権限を手に入れるための、そしてピュリツァーの気に入られるための、個性の強い競争相手同士の衝突は避けられなかった。しかし、どの編集、業務責任者も不在の社主の意向を無視できるほど力を持ってはいなかった。コッカリルは1891年ピュリツァーがスタッフに強要した大規模改革によって地位を失った。ジョーンズは、1895年にはポスト・ディスパッチの編集を完全に制していたが、ピュリツァーの方針をないがしろにしたため、2年後には引退させられた。ピュリツァーは、国中の従順で有能な協力者を絶えず探し求めながら、"ニュー・ジャーナリズム" と呼ばれるものの指導的な担い手として、自ら考える方法によって、ワールド紙を着実に前進させ続けることができたのである。

編集記者の充実

　大都市における日刊紙の編集スタッフは、1890年頃には数の上でも、独立した部門としての活動の面でも、明らかに現代的な形態をとるようになった。編集のプロセスが複雑になり、スタッフの数も多くなるにつれ、編集スタッフの役割が専門化していくことが必要になった。1830年代に大衆紙が確立されて以来、編集スタッフは1人から、ワールドのように数十人にも膨れ上がった。

　1840年代にペニー・プレスが十分確立された後も、定期的に雇用される記者というものはまだまれであった。新聞編集者の仕事は、自分がたまたま出くわしたり、取材する時間があった地元ニュースや、通信社から配信された記事を載せるぐらいだった。あるいは互いに他紙の記事を転載するか、または、1820年代中頃から登場した国会取材グループなど外部の寄稿者たちの記事を掲載する程度であった。オーナー編集長の中には首席編集次長を求めるところがあった。たとえば、1840年代初期、ニューヨーク・トリビューンのニュース報道をヘンリー・J・レイモンドや後にデイナに手伝ってもらったグリーリーたちである。首席編集次長はまもなく編集長となった。その初期のケースはトリビューンのデイナやニューヨーク・ヘラルドのフレデリック・ハドソンである。1850年代には、社会部長の前身として、首席記者が登場した。1854年当時のトリビューンには記者が14人、編集者が10人おり、他に論説記者、文芸記者など専門記者が数人いた。しかし、こういった進んだ例は、先進的な新聞社だけにしか見受けられなかったのである。

　南北戦争は何百人もの従軍記者たちによって集中的に報道されたが、このことは取材記者の台頭を刺激した。報道の手腕を示した南北戦争取材記者の中には、後に新聞社の編集長やオーナーになった者もいた。たとえば、ムラー・ハルステッド、リードや、ヘンリー・ヴィラードらである。ヨーロッパでの戦争や、アメリカ西部平原でのアメリカ先住民との戦いへの取材に出かける者もいた。ビスマーク・トリビューンの特派員マーク・ケロッグ (Mark Kellogg) は、1876年モンタナ州リトル・ビック・ホーン川でのカスター (Custer) 将軍最後の戦いで殺されたが、最初はウィスコンシン州で記者をし、1872年にはミネソタ州のグリーリー支持派の新聞で編集者をしていた人である。

　ジョージ・W・スモーリーは新しいタイプの記者の一例だった。彼はイェール大学とハーバード大学法学部を卒業した後、トリビューンの記者として南北戦争を取材し、さらに普仏戦争を報道し、同紙のロンドン特派員としてヨ

ーロッパにとどまった。ニューヨーク・ヘラルドのヘンリー・M・スタンリー (Henry M. Stanley) は南北戦争やインディアンとの戦いを取材したことがあるが、さらにヘラルドの特派員としてアジアやアフリカへ行った。とくに彼の記者生活にとって、最も華やかだったのは、行方不明の宣教師のデイビッド・リヴィングストン (David Livingstone) を探すために 1871 年アフリカを探検したことである。やはり、ニューヨーク・ヘラルドの記者だが、ジェローム・B・スティルソン (Jerome B. Stillson) は 1877 年、アメリカン・インディアンの長老シッティング・ブル (Sitting Bull) への独占インタビューを果し、同紙の紙面を 14 段分の記事で埋めた。ピュリツァーのエース格の記者で編集者でもあったコッカリルは露土戦争の取材をした。こういったケースはごく一部の事例に過ぎないが、彼らは、1890 年代に報道が強化されていくことを前もって予知していたといえよう。

次第に記者を重視する動きが出てきた。ヘンリー・グラディは、アトランタ・コンスティテューションの編集局長になる前はフリー・ランスの記者で、取材とニュースの意味づけの両方の手段としてインタビューの手法を発展させた。デイナとピュリツァーは自らがニュースを捌いていたので、記者たちに賞を出した。オーストリア・イタリア戦争を取材したことのあるニューヨーク・タイムズのレイモンドもやはり部下に賞を出していた。ニューヨークの大新聞はもとより、ニューヨーク・サン、シカゴのインター・オーシャン、ネルソンのカンザス・シティ・スター、ストーンのシカゴ・デイリー・ニューズといった新聞は若手記者の訓練の場として知られるようになった。そこで腕を磨いた記者たちが後に他のいい地位へと移っていったのである。

1880 年から 1900 年にかけて、客観報道の概念が発展し続けた。公正さを示すことは、読者層の増大を得、その結果、広告収入の増加を獲得しようとする新聞社主や編集長たちにとって、大切であった。後に"逆三角形"スタイル記事として標準化する、より組織的で非個性的な記事スタイルが親しまれるようになった。とくにコスト高と編集者からの圧力により、明確さと簡潔さが求められた通信社などでは、このスタイルが一般化した。

ニューヨーク・サンは、ジュリアン・ラルフ (Juliam Ralph)、アーサー・ブリズベーン (Arthur Brisbane)、カルバロー、エドワード・W・タウンゼンド (Edward W. Townsend)、リチャード・ハーディング・デイビス (Richard Harding Davis) といった偉大な記者を輩出した。軟派記事のエクスパートで編集長になったエイモス・J・カミングズ (Amos J. Cummings) や、1880 年以降

編集長になったチェスター・ロード (Chester Lord) など編集次長クラスの連中はここでキャリアを積んだ。ラルフは後にハースト紙の花形記者になった。ブリスベーンはピュリツァーやハーストの新聞で華々しいキャリアを積む前は、イーブニング・サンの編集長を務めていた。カルバローは、ハーストの新聞に身を投じ最終的にトップの重役にのし上がる前はイーブニング・ワールドの最初の社会部長だった。デイビスはハーストの誘いに乗ってサンを辞めたが、最も有名になったのはヘラルドにいた時である。ジェイコブ・A・リース (Jacob A. Riis) はサンとトリビューン両紙でキャリアを積み、ニューヨークのスラムの状況やそこで生じている悲劇を明敏な目で報道した。

　新聞の発行部数が伸び、競争が高まってくることによって、編集局の中での細分化が進んだ。1870 年代までには大都市の有力紙には、主筆、編集局長、夜間編集長、20–30 人の記者を抱える社会部長、増える通信、ケーブル・ニュースを扱う電信部長、経済部長、劇評記者、文芸記者、論説記者たちがいた。時が経ち、編集スタッフが増えるに従って、社会部長の役割が強まってきた。

　しかしながら、社会部はすべてバラ色というわけにはいかなかった。編集者たちはしばしば自分の仕事に心配になることがあった。固定給の代わりに、劣悪時間と職場環境の下で、おそらく週 20–30 ドル稼ぐために 1 日当たり 14–16 時間もしゃにむに働く記者が多かった。トップクラスの記者は固定給があり、1890 年頃には週 50–100 ドル稼いだ。これは当時としてはいい給料だった。大新聞の編集局長はおそらく週給約 125 ドルだったが、大概の部員は週給 15–25 ドルで、南北戦争後も代わり映えがなかった。というのは、編集部門では印刷部門と違って有効的な労働組合がなかったからである。ベネットやピュリツァーらは部下の記者たちに記事掲載の競争を強いたり、社内の密偵取材をさせたり、手当を最小限に抑えたりした。ニュース作りで 1 つ効果のあったことは、広範な連携取材であった。つまり、競争相手からの記事に批評を排し、さらに相当量の分量のスペースを埋めるよう互いに団結していたのである。もう 1 つの効果はセンセーショナリズムだった。つまり、扇情的な記事を作り出すよう圧力をかけられていた記者は、スクープをすると、2 倍の手当がもらえた。このような下らぬ、浅ましい編集局の慣行は、読者に様々な価値ある事柄を説いていたワールドのような新聞でもみられた。こういった習慣が衰えるには数年かかった。[15]

　電話やタイプライターやリライト部員などを使うことによって、編集局の仕事はいままで以上に洗練されたものになってきた。版を増やすことによって、

ますます地元ニュースを手早く処理する必要性が高まり、記事を凝縮させる手段として要約した前文が求められるようになった（しかし、文学的な名文家やとりとめなく時系列的に書く記者もまだ多くいた）。日曜版の新聞が一般化すると、編集長を支える記者が何人も必要になった。漫画家や画家を交えた特別の日曜版編集部が組織された。一般のニュースへの関心が高まるとともに、スポーツ記事が一般大衆にとって次第に大切になってきた。ピュリツァーはこの点を認識し、ワールドに初めて独立した運動欄を設けた。それぞれのスポーツ分野に専門記者が登場し、1890年までには大新聞社では、数段にわたるスポーツ記事が掲載された。20世紀初頭には、常設のスポーツのページが設けられるようになった。

新聞批評

"ニュー・ジャーナリズム"は"低俗"であると見なし、伝統的な新聞が安定するよう支援する人びともいた。このような声は、米西戦争が始まり、"イエロー・ジャーナリズム"(Yellow Journalism)と名付けられたセンセーショナリズムが広がってくると、大いに聞かれるようになってきた。最初の代表的なプレス批評家はネーションのゴドキンで、次いでダイアルの編集者たちや1911年になるとコリアーズのウィル・アーウィン(Will Irwin)らが続いた。

2人のジャーナリズム教授、つまりマリアン・マーゾルフとヘイズル・ディケン＝ガルシアは新聞批評家の名をあげ、彼らの記事や本を分析する本を著している。新聞批評に全面的に尽くした最初のアメリカの本は、ランバート・ウィルマー(Lambert Wilmer)の『我らのプレス・ギャング』(Our Press Gang)で、1860年に出版され、14の問題領域について辛辣に徹底的に告発している、とディケン＝ガルシア教授は述べている。同教授が探し当てたところによると、題名に"倫理"という言葉を使った最初の新聞批評論文は1889年に登場しており、1890年には最初の倫理綱領が見受けられる。マーゾルフ教授によれば、1880年から1950年にかけての新聞批評は2つの流れにまとめられるという。つまり、民主主義社会における諸々の自由を守る意味での自由なプレスの役割と、プレスの社会文化的な役割とである。[16]

ジャーナリズムと女性

　もう1つの発展は女性ジャーナリストが急激に増えたことである。産業ブームや仕事の機会が拡大したことは、女性の就職をもたらした。新聞業界でも同じことが言えた。有名な女性ジャーナリストは独立戦争時代にまで遡ることができる。たとえば、南北戦争前だと、ニューヨーク・トリビューンのマーガレット・フラーやワシントン特派員やミネソタの新聞の編集長を務めたジェイン・グレイ・スウィスヘルムらが注目を浴びた。ヴィクトリア・ウッドハル (Victoria Woodhull) と妹のテネシー・クラフリン (Tennessee Claflin) は1870年ニューヨークで週刊紙を出し、女性解放、妊娠中絶、自由恋愛などを擁護した。エリザ・ジェーン・ポイトバント・ホルブルック (Eliza Jane Poitevant Holbrook) は1860年代ニューオーリンズ・ピカユーン紙の文芸部長で、同紙の社主と結婚し、彼の死後同紙を経営した。エレン・スクリップス (Ellen Scripps) は有名な兄弟が1870年代、80年代に新聞経営に乗り出した時、ともに働いた。ナンシー・ジョンソン (Nancy Johnson) は1857年ニューヨーク・タイムズのヨーロッパ旅行担当記者だった。

　ニューヨーク・プレスクラブとソロシス（女性社交クラブ）というアメリカでの最初の女性記者クラブを作ったジェニー・ジューン・クローリー (Jennie June Croly) は、最初のファッション欄を始め、後にシンジケート・サービス（訳者注：新聞、写真などの配給企業）への先駆けとなったニュース記事交換サービスを手がけた。彼女は1855年ニューヨーク・ヘラルドで働いたのが始まりで、プロとしての生活が40年間続いた。ケイト・フィールド (Kate Field) はニューヨーク・ヘラルドに記者兼批評家として加わる前は、ロンドンのタイムズに論説を書いていた。1891年彼女は新刊書、音楽、芸術に関する週間批評を載せる"ケイト・フィールドのワシントン"という欄を設けた。1890年代に最初の女性欄に女性ニュースを書いたのはフィラデルフィア・レジャーのファニー・ファーン (Fanny Fern) やニューヨーク・タイムズのグレース・グリーンウッド (Grace Greenwood) だった。いくつかの新聞で働き、1889年ニューヨークで女性記者クラブの設立を手伝ったフローレンス・フィンチ・ケリー (Florence Finch Kelly) は1906年ニューヨーク・タイムズに加わり、新刊書批評欄の担当を30年も務めた。

　活動的な女性記者には次のような人びとがいた。1893年に創刊されたマックルアーズ (McClure's) 誌に社会の不正をすっぱ抜く記事を最初に書き始めた1

人のアイダ・M・ターベル (Ida M. Tarbell)。ハースト初期の花形記者の 1 人だったウィニフレッド・ブラック (Winifred Black) (筆名は Annie Laurie)。ワールド紙で社会不正キャンペーンをし、新聞社の宣伝的な企画事業で世界一周をしたエリザベス・コクレーン (Elizabeth Cochrane) (筆名は Nellie Bly)。グリーリーの孫娘で、ピュリツァーに雇われ、20 年間記者として勤めたニクソラ・グリーリー＝スミス (Nixola Greeley-Smith)。ボストン・ヘラルドのファッション記者で、1880 年代にニューイングランド女性記者協会の初代会長になったサリー・ジョイ (Sally Joy) (筆名は Penelope Penfeather)。ジェシー・ホワイト・マリオ (Jessie White Mario) は 1860 年から 1904 年にかけてイタリア駐在の信頼おけるネーション誌の特派員だった。またヘレン・キャンベル (Helen Campbell) はニューヨーク・トリビューンにスラム関係の暴露記事を書いた。

　ワシントンにおける女性特派員は、スウィスヘルムが 1850 年上院記者席に自分の席を獲得してから増え始めた。1879 年版の議会年鑑のリストにある 166 人の特派員の中には、20 人の女性記者がいて記者席の特権を得ていた。しかしながら、議会記者が各紙 3 人までに限られてから、女性記者の数は減った。なぜなら女性記者はニュース現場の取材記者ではなかったからである。1866 年から 1880 年にかけて、一流の女性ワシントン特派員は、週刊のニューヨーク・インディペンデントにコラムが掲載されたメアリー・クレマー・エイムズ (Mary Clemmer Ames) と、フィラデルフィア・プレスのコラムニストのエミリー・エドソン・ブリッグズ (Emily Edson Briggs) だった。サラ・リッピンコット (Sara Lippincott) は 1870 年代ニューヨーク・タイムズに進歩的なコラムを書いた (彼女はグレース・グリーンウッドというペンネームも使っていた)。メアリー・アビゲイル・ダッジ (Mary Abigail Dodge) は 1877–78 年にかけて、ニューヨーク・トリビューンに保守的な記事を執筆していた。

　初期の女性記者の伝統を受け継いだ形としては、ミリアム・フォリン・レスリー (Miriam Follin Leslie) が夫の死後、フランク・レスリーズ・イラストレーテッド紙を編集した。アンナ・ベンジャミン (Anna Benjamin) は同紙のために米西戦争を取材した。また同年、マリー・マニング (Marie Manning) はハーストに記者として雇われ、ニューヨーク・ジャーナルの恋愛相談欄担当ビートリス・フェアファックス (Beatrice Fairfax) として記者生活を終えた。後にドロシー・ディクス (Dorothy Dix) (ペンネームはエリザベス・メリウェザー・ギルモア Elizabeth Meriweather Gilmore) がハースト・シンジケートで同じような欄を担当した。ある研究者によると、1889 年に、専門誌のジャー

ナリスト誌は特集で 50 人の女性の編集者と記者の紹介に紙面を割いている。このうち 10 人は黒人で、たとえばニューヨーク・フリーマンの女性のページを編集したモーセル女史 (N. F. Mossell) や、バート・イズルー (Bert Islew) というペンネームを使っていた人気コラムニストのリリアン・アルバート・ルイス (Lillian Albert Lewis) らがいた。彼女の記事はボストン・アドボケイトを始めいたるところで掲載された。[17]

ニュース取材協力の発達

　日刊紙同士の競争や新たな社会環境の必要性によって、より速く、総合的なニュース取材が求められるようになると、ニュース取材の協力に変化が生じた。1840 年代に鉄道や電信線はニュース競争の役割を演じることになったが、双方とも全国を覆うようにどんどん伸びていった。1880 年から 90 年の間に、鉄道線路は 2 倍に増え、電信線は 4 倍に伸びた。ベル電話会社の回線は各都市をつないだ。連邦郵便業務は 1897 年に、地方向け配達料金を無料とし、都市部の集配サービスを向上させた。1860 年に開業した大西洋海底ケーブルはアメリカとロンドンをつなぎ、さらにインドやアジア各地と東へ進む別のケーブルが伸びた。

　大西洋海底ケーブルが敷設されたことによって、ニューヨーク AP（1848 年にニューヨーク市内の朝刊各紙によって創設）とヨーロッパの通信社、つまりイギリスのロイター（1851 年）、フランスのアバス（1835 年）、ドイツのヴォルフ（1849 年）、イタリアのステファニ（1853 年）との間の相互ニュース交換が容易になった。アバス、ロイターとヴォルフが 1870 年に交わした協定によって、3 社は特権的な報道、送信の権利を求めて世界を地域分割してニュース配信を独占するようになった。このような大手の協定加盟社が小規模の国内ニュース機構とともに共有しあった地域もある。世界の海底ケーブルの半分以上をコントロールしていたのはロイターで、「大カルテル」と呼ばれたように、世界の大動脈を支配していた。1893 年にはニューヨーク AP とウェスタン AP が合併して、イリノイ AP (API) となり、大動脈ロイターと協定を結んだ。このことによって API はアメリカ合衆国においてロイター電を流すことができるようになり、またメキシコなど中央アメリカのニュースをロイターやアバスと共有し、西インド諸島のニュースをロイターと共有することができるようになった。ロイターの大動脈体制は諸々の戦争や国内政治や同業者のねたみな

どによって障害を受けることもあったが、とにかく1934年まで続いた。一方、APは20世紀になるとロイターに対して、一歩平等に近づいた役割を演じることになった。[18]

　AP通信社は、創設メンバーであるニューヨーク朝刊紙7社によって運営されており、ウェスタン・ユニオン電報会社との間で、会員社に対して料金などの取り扱い面で優遇措置を取るよう協定を交わしていた。地域、地元の加盟新聞社は他社の加入に規制を施すことができた。つまり、新規の競争相手に対して、AP提供の基本的な記事配給を得られないよう妨害できた。競争相手の通信社を制するために、ニューヨークAPは加盟社が他の通信社の記事を買うために記事配信サービスを受けるのを禁じた。

　当然、このニュース独占体制に対して苦情が多発した。このニュース配信サービスでは、朝刊紙の方が恩恵を被った。加盟社の支払い査定には恣意的なところがあり、ニューヨーク以外の新聞社は、必要以上にコストを支払っており、それでいて配信サービスの運営について発言できないでいる、と感じていた。1880年には、朝刊紙の半分と夕刊紙の4分の1しか受信していなかったにもかかわらず、競争相手になれたのはUP（後のUPとは別）ぐらいしかなく、それも、まもなく、競争相手のAP系列の各社に打ち負かされてしまった。[19]

　しかしながら、共同ニュース取材にとって重要な手段がいくつか取られていった。たとえば、1875年にニューヨークとワシントンとの間に設けられた賃貸契約の電信線によって1日当たり2万語も送信できるようになった。1884年にはこのサービスはシカゴにまで延び、1900年までにはAPが賃貸契約した電信線はニューオーリンズ、デンバー、ミネアポリスへ延びた。小規模な新聞社は、コラム欄用に直接セットできる薄手のステロ版製版を作ることによって、割安のニュース・サービスを受けた。1880年代におけるこのような製版の主な送り手はアメリカ新聞連合(The American Press Association)で、同連合はAP電ニュースを利用した。特集記事やイラストもの、娯楽関係記事などもこのようなシンジケートから入手可能になった。[20] さらに、主要紙の中には、スクープ記事の校正刷りやその内容を速達や普通郵便や、電報などで加盟社へ配信したところもある。1890年代になると、ニューヨークやシカゴで市内ニュース・サービスが正式に始まった。もともと、このような日常的な市内ニュースの配信サービスは南北戦争の頃に始まったのである。

　ジャーナリズムの新しい指導者たちは、ニュースの取材に積極的に資金を投じた。AP電をさらに補うために、議会担当記者を増やした。南北戦争勃発当

初は、議会記者は 45 人だったのが、1870 年には 130 人に増えた。有名なワシントン・グリッドアイアン・クラブ (Washington Gridiron Club) は 1885 年、首都プレス組合会長のボストン・ジャーナルのベン・パーリー・プア (Ben Perley Poore) によって創設された。しかし、金で解決できない重大な問題もあった。AP は相互互助的な性質から、会員社や外国通信社によって取材されたニュースに大いに依存していた。しばしばこれでは足りないことがあって、ウェスタン・ユニオンの運営者たちは、AP 加盟社が提供できない単発ニュースの取材を補うよう求められた。AP の外側にいた新聞は、AP 以外の通信社が競争できる日を待ちわびながら、1 人で闘わなければならなかった。

　ニュースの配信に伴って起きた変化は、"客観的" な報道手法が受け入れられたことである。どういうことかというと、記者は、高い通信費用によって要求された簡潔なスタイルを用い続けながらも、記事に個性を保ち、立証できる事実にこだわるよう求められたのである。AP は "逆三角形" の前文（誰が、いつ、どこで、何をしたのか、それはなぜか）を一般に使うようになり、それによって、信頼できる通信社としての名声を高めた。

　1865 年から 1934 年にかけての地方紙や通信社の記事を分析した 1986 年の調査によると、"客観的" な記事は、1865 年から 1874 年までは全体の記事の 3 分の 1 だったのが、1885 年から 1894 年になると 2 分の 1 に、1905 年から 1914 年には 3 分の 2 に、そして 1925 年から 1934 年では 80% に増えている。この研究を行ったハーラン・S・ステンサース (Harlan S. Stensaas) は、"逆三角形" の使用と信頼すべきニュース源との間に強い関連性があるとの知見を明らかにしている。また同氏の研究によると、地元ニュースと通信社の記事に見られる客観性にはその間、ほとんど差はなく、通信社が客観報道の発展に影響力を与えたというはっきりした証拠は見られなかったという。[21]

　一般に客観報道が受け入れられたことと、明らかに政治、社会、経済上の視点の異なる加盟社に、価値観にとらわれない簡潔な表現の電報記事や通信社電を送ることが盛んになっていったこととの間に関連性があると、長年にわたり新聞研究者は考えていた。加盟社が通信社の記事を買うのを控えることを避けるのは、通信社の経営上の優先事であった。この "安全な" 解説抜きの記事スタイルは 1960 年代に大いに批判された。その理由は、客観報道では記者が無感情で、潜在意識的な価値意識にもとらわれていない、と考えられ、さらに、複雑な出来事をストレートと見られる報道をするだけでは、真実を大幅に欠いてしまう、と思われたからである。このような問題点は、いまだに結論が出て

おらず、客観報道や報道手法の発展について、さらに研究することが求められている。

新聞営業面：広告の発展

　編集スタッフや取材活動の拡大は現代ジャーナリズムの到来を告げるものだったが、これは都市部の日刊紙が営業、工務部門で飛躍的な発展を遂げたことによって可能になったことである。しかし、このような発展によって、昔流の編集者の影は薄くなり、新しい企業ジャーナリズムの時代での彼らの影響力は比較的減じられることになった。とはいっても、編集者や編集担当役員たちが脇へ追いやられたわけではなく、編集長を兼ねた社主がかつて、それほど複雑でない職場の指揮をとっていた頃と同じような形で采配を振ることができなくなった、という意味である。

　複雑な企業体になった大手の新聞社——たとえば、1890 年代中頃には 1,000 万ドルの見込み資産があり、年商 100 万ドルの利益を上げていたニューヨーク・ワールドなど——は新たな多くの問題に悩んでいた。ニュー・ジャーナリズムにおける企業面の問題を最初に反映したのは、こういった大手の新聞社であった。とはいえ、大手新聞社が直面した企業面の諸難事は、まもなく、増えつつある中規模の新聞社にも見られ、多少の程度ならばどの新聞社でも見受けられるようになった。

　広告と部数で優位に立つための争奪戦、新聞製作技術の開発・普及や増加する一方の出資総額、拡大する給与総額と深刻化する労使問題、急増する部数をまかなう新聞用紙の供給にまつわる心配の高まりなどの問題によって、一般のアメリカ企業でもグループとしての管理職集団が登場しつつあったのと同じように、新聞製作においても管理職集団が台頭してきた。

　日刊紙の業務面の問題が浮上してきたことを示す象徴的な出来事として、1887 年に業界団体としてアメリカ新聞発行者協会 (The American Newspaper Publishers Association=ANPA) が創設された。協会の指導者たちは進取の気性に富んだ新しい新聞の代表者や、ニュー・ジャーナリズムの問題に負けず生き残っている昔タイプの新聞の代表者たちだった。協会の行事に関わっている人たちはほとんど、自らの新聞で営業関係の地位についていたり、とくに経営管理に関心のある発行者だった。

　アメリカ新聞発行者協会の初期の会長としては、シカゴ・ヘラルドのジェ

イムズ・W・スコット (James W. Scott) とセントルイス・リパブリックのチャールズ・W・ナープ (Charles W. Knapp) がおり、2 人とも取材報道の訓練を経験している発行者だった。しかし、1890 年代にピュリツァーのワールドで経営面の業績を上げるために競ったジョーンズやカルバロー、ジョン・ノリス (John Norris)、ドン・C・サイツ (Don C. Seits) たちの方が、ANPA のより典型的な指導者だった。サイツはワールドの支配人として激務に耐え、ノリスはニューヨーク・タイムズの営業部長になったが、2 人とも 20 世紀初頭の ANPA の重要な指導者だった。両人とも、各々ピュリツァーとオックスという留守がちの発行人のために発言した。

　ANPA は、ジェイムズ・E・スクリップスの新たな有力紙であるデトロイト・イーブニング・ニュースの広告部長ウィリアム・H・ブレアリー (William H. Brearley) の呼びかけに応じて組織化された。州レベルの編集者協会はたくさんあった。つまり 1853 年から 1880 年の間に 17 団体が設立された。しかし、会員社はほとんどが週刊紙や小規模な日刊新聞社だった。1885 年、ミネソタのレッド・ウィング・デイリー・リパブリカンの B・B・ハーバート (B. B. Herbert) によって、全米編集者協会 (The National Editorial Association) が週刊紙や零細日刊紙を会員として創設された。

　ブレアリーや同僚たちが主に望んでいたものは日刊紙の同業者団体で、会員たちが全国規模の広告を獲得できるよう手助けすることにあった。ANPA はまもなく労働問題や、用紙供給、政府の郵便料金、工務面の改良などの問題に深く関わるようになったが、主たる関心は広告の件に集中していた。

　1840 年代になると、広告主と新聞社との間をとりもつ機関として、広告代理店が初めてニューヨークや東部の都市に登場した。広告代理店は顧客のために、正規の広告料金の 15～30％、時には 75％ も値引いてもらって広告記事スペースを買い取った。この値引き分が利益になったわけである。大手の新聞社は安定した形で広告を入手でき、代理店の手数料を規制できたが、小規模な新聞社は、代理店が発行者を互いに張り合わせたので、時折りカモにされることがあった。

　このような広告の慣行を規制しようという試みが色々なされた。もちろんどこの代理店も上述のようなやり方をしていたわけではないのだが、ジョージ・P・ローウェル社とか N・W・エア・アンド・サン社、ロード・アンド・トマス社といった 1870 年代に設立された尊敬される代理店が役立った。つまりローウェル社は新興の新聞社すべての住所を確認するために、1869 年アメリカ

現在でも有名なシカゴの2つの百貨店の広告。1898年にシカゴ・タイムズ＝ヘラルドに掲載された。

初期の登録商標やブランド広告。

新聞年鑑を発行した。エア・アンド・サン社は 1880 年代から新聞年報を発行し始めた。[22] しかし、本当の新聞発行部数はなかなか分からず、1914 年になってようやく新聞雑誌部数公表機構（ABC 協会）(The Audit Bureau of Circulations) が創設され、この問題は解決をみることになった。信頼のおける広告代理店がどこか名前を明らかにするのも、難しい問題であった。何年も議論を重ねた後、ニューヨークの ANPA 本部は 1899 年に定評ある代理店をリストアップすることを認めた。総意として割引率は 15% と定まった。

　新聞の総収入のうち、販売収入に対する広告収入の比率は 1880 年では半々であったのが、1910 年になると 64% に伸びた。一般日刊紙の場合、広告の占めるスペースは記事スペースと比べて 25% だったのが、第 1 次大戦頃までには半々の比率になった。広告の量が増える一方、その内容も変化していった。デパート業界の 3 人のパイオニアはフィラデルフィアのジョン・ワーナメイカー (John Wanamaker) とシカゴのマーシャル・フィールド (Marshall Field) とニューヨークの A・T・ステュワート (A. T. Stewart) だが、彼らは小売り店広告に刺激を与えた。アイボリー石けん（「泡が浮き立ちます」）やビクターの蓄音機（「ご主人様の声」）やロイヤルふくらし粉などは 1880 年代の全国広告の先端を走った作品で、さらに 1890 年になるとイーストマン・コダックやリグレーのチューインガムとかケロッグのシリアルなどの食料品が続いた。

　しかし、広告業界に暗雲が立ち込めてきた。というのは、新聞や雑誌の主な顧客は製薬会社で、カストリアやスコット・エマルジェンやリュディア・ピンカム婦人化合物といったまがい物を疑うことを知らない大衆に売り込んだのである。このような人を迷わす、巧みに人を欺く、しばしば見た目にも明らかに不正な広告が、多額の金が絡んでいるがゆえに、ほとんどの代表的な新聞や雑誌に、たちまちのうちに受け入れられた。このような習慣は、議会が第 1 次世界大戦の頃に介入するまで、大掛かりに続いた。政府が規制を試みているのにもかかわらず、テレビの映像が新聞の強引な売り込みに取って代わっただけで、相変わらず破廉恥な広告業者や金に飢えているメディア関係者たちが、効力のない、時には有害ですらある店頭売りの薬の売り上げを上げようと今日にいたるまでずっと精を出し続けている。消費者運動の人びとがアメリカ国民の薬の乱用に抗議の声を上げているが、とくに辺地やアパート群の密集した地区で万能薬が適当な医療として受け入れられるようになると、最大級の被害が発生した。一部の被告たちが言うように、大半の薬は無害であったにしても、それにもかかわらず、まやかしは入念で、毒性の高いものが含まれていることもあった。[23]

新しい雑誌：広告のライバル

　新聞の場合と同じように、雑誌ジャーナリズムでも新たなリーダー格の成功者が登場した。1人はフランク・マンズィーである。彼は真面目で勤勉な性格をそなえたニューイングランド出身者で、ニューヨークで雑誌作りに10年間努力を重ねた後、1889年にマンズィーズの出版に成功した。2人目は、S・S・マックルアで、新聞社向けに背景解説記事の配信サービスを始めた後、1893年にマックルアーズを創刊した。3番目はコスモポリタンで1886年に創刊され、1905年にウィリアム・ランドルフ・ハースト (William Randolph Hearst) へ売られた。

　こういった優れた編集の大衆月刊雑誌は日刊紙が過去に見出したのと同じ大部数獲得の秘訣を見つけ出していた。その秘密は、従来の35セントの雑誌と競争する場合、定価をまず15セントに下げ、さらに10セントにカットすることだった。地域別の郵便料金制度が確立される前の、1885年から第1次世界大戦中まで敷かれていた1ポンド1ペニーの安い郵便料金制度があったからこそ、雑誌の値下げは可能であった。20世紀初頭にはマンズィーズは65万部にも達し、大きく他の雑誌を引き離し、マックルアーズとコスモポリタンがそれに続いた。これら3つの雑誌の常用手段は大衆小説や一般記事やイラストであった。

　サイアラス・H・K・カーティスは1883年に創刊したレイディーズ・ホーム・ジャーナルによって、女性雑誌における新たなリーダーシップを確立した。1889年以降は編集長としてエドワード・W・ボックを迎えたことによって、同誌は年間購読料1ドルでたちまちのうちに50万部へ部数が伸びた。5セントの週刊誌の中では、1879年カーティスによって買収されたサタデー・イーブニング・ポストと、1888年創刊のコリアーズが上記の諸月刊誌よりももっと高い発行部数へと達した。

　このような、大衆に出回った雑誌が可能なかぎりの広告収入で、最も大きな成功を果たした。ちょうど全国規模の広告が盛んになってきた時だからこそ、食い込むことができたのである。しかし、ハーパーズとかセンチュリーとかスクリブナーズといった高級な文芸の香りのするイラスト入り総合月刊誌も、発行部数面で追い越されたとはいえ、大きな影響力を持ち続けた。一方、読者の注目と発行部数の競争で競い合ったのは、イラスト入りの週刊雑誌のハーパーズ・ウィークリーやレスリーズ、ユーモアや漫画に力点を置いた週刊誌のパッ

ク、ライフやジャッジ、また子供の雑誌のユース・コンパニオンやセント・ニコラスなどである。

　雑誌が広告収入を増やしている現状を判断して、新聞所有者たちは、2つの業界組織を設けた。1つは1898年に作った国際発行部数管理職協会で、もう1つは1900年に設立した新聞広告担当管理職協会で、ともに地域的な協会も設けた。1870年代後半になると、各種の代表や協会が広告媒体としての新聞を盛り立てていこうと働きかけ、1913年にはアメリカ新聞発行者協会が広告局の設立母体になるよう説得された。広告局には専従の職員を置き、新聞の部数問題について有効な仕事を行うことになった。1900年には雑誌が全国広告収入の60%を得ていたが、第1次世界大戦頃には雑誌と新聞の全国広告収入は半々の比率を保つようになった。新聞は地元の広告も得ていたので、20世紀初頭には全広告収入のうち、大雑把にいうと70%を獲得していたといえる。

印刷革命

　前述してきた現代的な新聞は、印刷技術の改良、イラストや写真技術の改善、労働組合結成による労使関係の変化、新聞用紙の価格闘争などといった問題と同一歩調を取りながら発展してきた。

　19世紀後半に起きた産業革命の一環として、印刷技術の発展は、植字機、高速輪転機、カラー印刷、製版厚紙、電動タイプや写真製版などに及んでいる。オトマー・マーゲンサラー(Ottmar Mergenthaler)のライノタイプ機は1886年ニューヨーク・トリビューンの印刷工場で使われ、新聞活字を一行ずつすばやく植字できるようになった。リノタイプによって印刷時間を節約できるようになったために大手の夕刊が助かることになった。というのは、夕刊は締め切り間際のニュースをもっと入れるように迫られていたからである。活字の行を支えるインテルを作る機械も発達し、活字の字体も改良され、新聞が一段と読みやすくなった。醜いデザインのゴシック体活字は姿を消し始め、1900年以降は新たにデザインされたチェルテンハム系や優雅なボドニなどの見出し活字が好まれるようになった。ニューヨーク・トリビューンは、ボドニの大文字、小文字の見出し活字を早い段階で使ったために、印刷面での評判を勝ち得ていた。

　締め切りが厳守されるようになったり、部数拡大競争が激しくなったりすることによって、それまで以上に大型で、高速の印刷機が開発されるようになっ

た。この分野のリーダー格の企業は R. ホー社で、同社は南北戦争前には、主要な新聞社において、手動から蒸気、そして平版から輪転機へと印刷機を換えさせる実績を持っていた。その次に登場したのは新聞印刷に鉛版を採用したものである。これによって、以前の印刷ではできなかったことだが、イラストや見出しや広告を載せるために行間の罫線を取り外すことができるようになった。鉛版を円筒状にして使うことによって、時間当たりの印刷量が増え、同じページの鉛版を余分に作ることによって同時に2台以上の輪転機にかけることができるようになった。また、新聞用紙を巻いて連続して用いたり、1つの工程で両ページ印刷ができたり、自動的にページを折り曲げたり、さらに1890年代になるとカラー印刷もできるというような変化が生じた。

1890年までには、従来の印刷機は鉛版使用の印刷機に換えられた。最新鋭のホー社の印刷機は1時間に12ページ建ての新聞を4万8,000部も刷ることができた。大新聞社の経営者は急増する発行部数に追いつけるように何台も印刷機を設置する計画を立てていた。パリの全面カラー印刷機をモデルにした印刷機が1892年ウォルター・スコット (Walter Scott) によりシカゴ・インター・オーシャンのために建造されると、それまでの別刷りのカラー折り込みは用いられなくなった。その後1年も経たないうちに、ニューヨーク・ワールドはカラー印刷機を導入し、まもなく日曜版マンガが同紙の連載の目玉になった。

このような工務面の発展には労働者の専門化や労働力の拡大といった問題が内包されており、いずれ新たな労使問題が生じることになった。アメリカ労働者同盟は、植字工、印刷工や製版工を組織化し、彼らは絶えず労働時間の削減と賃金アップを要求し続けた。印刷工場の一斉ストライキ——新聞と広告主や読者大衆との関係を危うくするかもしれないサービスの中止を意味する——の危険性は、国際印刷工組合が専門職によって4つの独立した組合に分化した時に減少した。[24] アメリカ新聞発行者協会の指導により、労働組合と経営者たちが、地元の調停や仲裁の手続きを取るとともに、全国調停委員会への提訴権を獲得するよう努力したことによって、他の産業では厳しい争議が展開していた時代であったのにもかかわらず、1899年には新聞産業に比較的平穏な状況がもたらされたのである。

アメリカ新聞発行者協会は会員に対して安価な新聞用紙を供給するキャンペーンにも指導力を発揮した。1867年ドイツから導入されたフォルドリニア製法ではボロを加えた木のパルプから安い新聞用紙を作ることができたが、この製法こそがアメリカにおける新聞の発展の基本要素になった。それ以前は、限

られた業界が金をかけてボロから手で紙をすいていた。南北戦争の頃は新聞用紙はトン当たり 440 ドルだった。しかし、1890 年代には、亜硫酸塩パルプといわれる化学的に製造された木製パルプが新聞用紙を強くする要素としてボロくずに替わった。1899 年にはトン当り 42 ドルと用紙価格は急落し、用紙不足の時期を除いて、この状態が何年も続いた。[25]

しかしながら、ひとつ問題があった。国内の製紙業界は輸入用紙に対する高い関税障壁の恩恵を受けており、国内での生産量や価格に対して実質的な独占権を手にしていた。新聞発行者協会は、豊かなカナダの木材資源がアメリカの印刷用途に開放されることを望み、高い関税への反対キャンペーンを何年にもわたって行った。ついに 1913 年、議会は関税を下げるというウッドロー・ウィルソン (Woodrow Wilson) 政権の公約を実行し、カナダの新聞用紙がアメリカにドッと取り入れられるようになった。

写真製版術が写真家を生む

イラストを改良する必要性を感じた新聞経営者は 1 人だけではなかった。ニューヨーク・ヘラルドは早い段階で木版画を使うことに突出していた。1870 年頃には、ヘラルドの姉妹紙のイーブニング・テレグラムが毎日、政治マンガを載せた。もちろんフランク・レスリーズ・イラストレーテッド紙やハーパーズ・ウィークリーなどの定期刊行物は芸術的に優れた木版画を仕上げた。女性雑誌にはスチール板にイラストを彫り込んだ版を使ったところもあった。しかし、費用を抑え、早くイラストを印刷することが必要だった。1870 年代には、亜鉛版にエッチングしてできた線カットを用いる亜鉛版印刷がアメリカの新聞に登場し始め、イラストレーターたちは写真をじかに版木や亜鉛版に印刷することができるようになった。これによって、彼らは、挿し絵を仕上げる画家やエッチング担当者を指導したのである。

1 つの大きな躍進が訪れた。つまり 1884 年からニューヨーク・ワールドは地元有名人のスケッチ画を掲載し始めたのである。瞬く間に主要紙が画家バレリアン・グリベドーフ (Valerian Gribayédoff) の作品を使い出した。1891 年には 5,000 の新聞、雑誌にイラストを提供する仕事についていた画家が約 1,000 人もいた。[26] 次第に自社の画家を雇い、彫版の設備を整える新聞社が増えてきた。

しかしながら、写真製版が登場することによって画家たちにとっての彫版ブ

ームは一気にしぼんでしまった。ハーフトーン（訳者注：網凸版；そのグラビア）の写真製版は1860年までにイギリスで発明されたが、フレデリック・E・アイビス (Frederic E. Ives) が印刷プロセスにおいて、写真を復元する問題に取り組むまでは、その結果は満足できるものではなかった。アイブズは1876年、20歳の時、コーネル大学写真実験室の主任になった。翌年、彼はペンとインクで書いた絵の写真製版を作り、この絵の写真がコーネル大学の学生新聞に掲載された。1878年彼は最初のハーフトーンを作り上げた。アイブズは黒白の濃淡をつける方法は感光板に一連の突起部分を配置することにあると悟った。つまり、網点ごとにインクを紙に移していくやり方である。もし網点が密であれば、その部分は濃くなり、もし網点がまばらに広がっていれば、その部分はより淡くなるのである。彼はボルチモアへ移り、さらに1879年以降フィラデルフィアへ転じ、商業ベースに載せられるハーフトーンを開発した。1886年には彼は自分の工法を完成させた。

しかし、ハーフトーンをいかに輪転機にかけて使うかという問題が残った。写真をアメリカの新聞に取り入れるのに奮闘した英雄の1人はスティーブン・H・ホーガン (Stephen H. Horgan) である。彼はニューヨーク・デイリー・グラフィックという絵入り新聞のアート担当編集長だった。同紙は1873年に創刊され、1889年まで紙名をはせたが、大都市ニューヨークでの競争で敗れて

この「老朽化した住宅地域」は、アメリカの新聞に掲載された初めての鮮明な網版写真。1880年のことであった。

しまった。1880年、「掘っ立て小屋の街」と題する良質のハーフトーンの新聞を出すことに成功したのはまさにホーガンだった。いかにハーフトーンを輪転機にかけるか最初に考えたのはホーガンである。しかし、彼は疑心暗鬼の印刷工たちによって拒否され、ようやく1897年、ニューヨーク・トリビューンのために工法を完成させたのである。まもなく他の主要紙も写真のハーフトーン復元を手がけ始めた。

　挿し絵画家たちは、写真が直接掲載できるようになったことで、ニュース写真記者たちが真剣に自分たちの分野に割り込んできたことに気づくようになった。米西戦争の取材には挿し絵画家と写真記者の両方のグループが当たった。シンジケートは挿し絵以外にすぐさまニュースと特集写真を注文に応じられるように加えた。大都市の新聞社は、重たく、厄介な機材やフラッシュの薬剤などを撮影現場へ運ぶ地元の写真記者を雇い始めた。写真ジャーナリズムの道が開き始めていたのである。

> **"KODAK"**
>
> Stands for all that is best in Photography.
> *If it isn't an Eastman, it isn't a Kodak.*
>
> EASTMAN KODAK CO.,
> Rochester, N. Y.
>
> Kodaks $5.00 to $35.00.
> Catalogues at the Dealers or by Mail.

ハーパーズ・マンスリー、1901年。

ビジュアル・メディア：記録写真と映画

　1870年デンマークから移住したリーズは7年間住んだニューヨークのスラムの窮状と欠陥について洞察力のある記事を書いたことによって、ニューヨーク・サンの記者として有名になった。彼は貧民の汚い部屋と顔つきを視覚的に捉えようと、カメラとフラッシュ薬剤を用いた。1888年、サンは"スラムからのフラッシュ"と題する記事とともに、写真から起こした12枚のデッサンを載せた。『残り半分の人びとはどのように生活しているのか』(How the Other Half Lives) という1890年の彼の有名な本には、17枚のハーフトーンと19枚のデッサンが掲載されているが、芸術的な質は低かった。しかし、1947年になって初めて、ニューヨーク市立美術館保存のオリジナルのガラス・ネガからの引き延ばし写真が現像され、彼は記録写真における開拓者として大いに認知されるようになったのである。[27] 他にも写真ジャーナリストはいた。たとえばフランシス・ベンジャミン・ジョンソン (Frances Benjamin Johnson) で、23歳の時ジョージ・イーストマン (George Eastman) に最初のコダックの1台をくれるように懇願した人物である。彼女はホワイト・ハウスの写真家となり、そこでの生活の記録を撮ったが、最も大きな功績は1901年暗殺される前のウィリアム・マッキンリー (William McKinley) 大統領の最後の写真である。[28]

　1888年イーストマンがコダック・カメラを市場へ出したことによって、新しい時代が開幕した。コダック・カメラは巻き上げフィルムを用いた。1889年にトマス・A・エディソン (Thomas A. Edison) が開発したキネトスコープ (Kinetoscope) は50フィートの"のぞき見ショー"を作るためにイーストマンのフィルムを使った。1896年にはエディソンのヴァイタスコープ (Vitascope) がアメリカの劇場で初めて公に映画を上映するために用いられた。エドウィン・S・ポーター監督の『大列車強盗』(The Great Train Robbery) が1903年、一貫した物語を伝える8分もののフィルムとして、後世に名を残すことになった。活字に写真が加わり、映画フィルムが登場し、視覚重視の時代が始まった。ニューヨークの日刊紙はその時代にすばやく飛びつくことになるのであった。

イエロー・ジャーナリズム時代

　急速に拡大していったアメリカの新聞は、1890年代に企業として、また1つの社会の機関として、鋭い挑戦を受けた。1つの挑戦は1893年の不況を生

き抜くことであった。この不況は90年代最後まで収まらない大きな経済危機であった。もう1つの挑戦は、国際的な出来事の中で合衆国の高まる役割や、圧倒的に支配していた"自明の運命説"(Manifest Destiny) 精神から生じた道徳危機にどう対応していくかという点である。プレスがこのような危機にどのように対応していったかは、決してバラ色の話ではない。清濁合わさったさまざまな対応を本章とその次の章で記していく。

　大都市の新しい日刊紙が経営的に安定していられるかどうかは、常に、より多くの広告収入を得るために、より多くの読者を獲得することにかかっていた。不況の時には、失われた読者を穴埋めするために新しい読者にアピールするよう一層の圧力がかかった。新聞を大衆化することは、多数の読者を得るには必要ではあるが、ただ単にセンセーショナルになる必要はなかった。より大きな見出し、読みやすい記事、写真、カラー刷りなどが新聞に新しさを与え、時にはやり過ぎるが、効果的で有効的で望ましいやり方となった。

　だが同じように、このような新しい手法はニュースを犠牲にしてセンセーショナリズムを強調するのに用いられることにもなった。1890年代中頃、以前にも新しい読者を獲得するために行われたことだが、この手法を押し進めようとした編集者が何人もいた。しかし、以前と違う点は、センセーショナリズムを際立たせ、一見新しいもののように思わせる新しい道具を、編集者たちは手にしていたのである。この労力の低俗化した所産が"イエロー・ジャーナリズム"として知られるようになったのである。

　イエロー・ジャーナリズムは、最悪の場合、魂のないニュー・ジャーナリズムであった。イエロー・ジャーナリストたちは、"一般市民"への関心を吹聴しながらも同時に、ニュースを得る手段をふさぎ込んでしまっていた。というのは一般の人びとは、大声を張り上げ、けばけばしくも、センセーショナルを好み、さらに向こう見ずなジャーナリズムに頼らざるを得なかったからである。このジャーナリズムは高尚な人生のドラマを安っぽいメロドラマにし、記事をわめきながら街頭で売るのに最もふさわしい形にねじ曲げてしまった。そして、もっと悪かったことは、イエロー・ジャーナリズムが効果的なリーダーシップを与える代わりに、罪やセックスや暴力などの姑息な手段を提供したことである。

　ピュリツァーの目を見張る成功によって、昔から続いている感動を煽る手法の魅力が再び見せつけられたのである。フィラデルフィア・レコードやボストン・グローブといった他の新聞もワールドと同じゲームを演じた。しかし、ワ

ールドの部数増加がセンセーショナリズムだけに因っていると見るのは間違いである。ワールドの巧みな販売促進やうわついた面だけを見ている者は、懸命なニュース報道の体制や質の高い社説ページを見ていなかったり、無視してしまっている。情報と娯楽のバランスを図る試みをしなかった人びとが行ったふざけた行為は、稼いだ金を見事に使い果たしてしまうことになった。競争相手もしばしば黄色い色合いをはらむよう無理強いされた。結局、ほどんとの新聞はこの病気から回復したが、現代ジャーナリズムはそれ以来イエロー・ジャーナリズム時代の影響をある程度窺わせているといえよう。

ウィリアム・ランドルフ・ハースト

　イエロー・ジャーナリズム時代を築き上げた張本人は、ピュリツァーが1880年代中頃ニューヨーク・ジャーナリズムを沸かせている頃、それを興味深く観察していた。その人こそウィリアム・ランドルフ・ハースト (William Randolph Hearst) であり、64歳の新聞事業の人生を終える前に、現代ジャーナリズムで最も議論を呼び起こす人物になる人であった。若きハーストは、ピュリツァーが栄光の道を登っていくのを、自分の将来の計画のためにじっと見届けていた。そしてハーストがワールドの支配に挑戦するためにニューヨークへ侵略した際は、ピュリツァーの面目を潰すほどのセンセーショナルな自己流のジャーナリズムでニューヨークっ子たちを幻惑させてしまう準備が出来上がっていた。その結果生じた奮闘は反響をもたらしたが、その影響は今なお残っている。

　ハーストは1863年生まれのカリフォルニア出身者であった。彼は、コムストック・ロードの銀山を当てて金持ちになり、後にアナコンダの銅山や、西部とメキシコ州の牧場地でさらに富を築くのに成功した開拓者の息子だった。ジョージ・ハースト (George Hearst) とフィーブ・ハースト (Phoebe Hearst) の1人っ子であり、忙しく野心に燃えた父と、学校の教師をしたことがあり、後に有名な慈善家になり、家族の財産の有能な管理者となった母に慈しまれながらサンフランシスコで育った。

　ジョージ・ハーストは富を得た後は，政治の権力への野望を高めた。1880年彼は、サンフランシスコ・エグザミナーを獲得した。同紙は赤字経営の朝刊紙でクロニクルに先を越されていたが、彼はエグザミナーを民主党の機関誌に変えた。若きハーストは新聞に関心を抱いたが、父親は自分のために働いてい

1930年代、絶頂期のハースト。
(サンフランシスコ・エグザミナー)

る新聞人たちを一段低く見なしており、1883年跡継ぎをハーバード大学へ送り出した。

　ハーバード大学でのハーストの生活は成功どころかセンセーショナルなものだった。彼は浪費家の西部人で、いつもビールをがぶ飲みし、バンド音楽にのめり込み、ランプーンと題するユーモア雑誌の営業部長の仕事に浸りきっていた。2年生の時には、クリーブランドが大統領選に当選した際、騒がしい花火を打ち上げて祝ったために停学処分を受けた。さらに数か月後にはハーバード大学の教授陣をちゃかしたかどで停学処分を喰らってしまった。ウィリアム・ジェイムズ (William James) やジョサイア・ロイス (Josiah Royce) といった有名な教授たちは、しびんに自分たちの似顔絵を描かれたことのユーモアを解せなかったようである。

　しかし、東部の教育は全く無駄であったわけではない。ハーバードはハーストの心に感動を与えなかったが、ボストン・グローブやニューヨーク・ワールドは彼に感動を与えた。ハーストはチャールズ・H・テーラー将軍の繁盛しているグローブのいくぶんセンセーショナルな技法を学び、最新の印刷工場を見学した。しかし、ハーストはピュリツァーのワールドにより強い関心を抱いており、いずれ争う相手となる同紙で、大学の休暇の時、新人記者として働いた。ハーバード大学を退学した後、ハーストはワールドの手法を学びながら再びしばらくニューヨークに滞在し、その後サンフランシスコへ戻ったのである。

ハーストのサンフランシスコ・エグザミナー

　1887年、父ジョージ・ハーストがカリフォルニア州選出の上院議員に指名された時、ウィリアム・ランドルフ・ハーストはサンフランシスコ・エグザミナーの編集を引き受けた。当時24歳だが、背が高く、青い目で、はにかみ屋さんの編集長で、堂々とした体格とは対照的に高い調子の声だった。そしてハーストは直ちに新聞スタッフを補充し始めた。編集局長にはサム・S・チェンバレン (Sam S. Chamberlain) を持ってきた。彼はベネットとピュリツァーの両方で働いた人で、ベネットのヘラルドのパリ版を編集し、1884年パリでル・マタンという新聞を創刊した。才気あふれるアンブローズ・ビアス (Ambrose Bierce) は、後に短編小説を書いて有名になったが、"むだ話"と題するコラムに寄稿した。エドワード・H・ハミルトン (Edward H. Hamilton) のようなスター記者は、論説記者でハースト・ジャーナリズムの中心人物になったアーサー・マクユーエン (Arthur McEwen) と同じようにエグザミナーに転職した。ホーマー・ダベンポート (Homer Davenport) は漫画を描き始め、ジェイムズ・スイナートン (James Swinnerton) は、新しい分野の漫画に技量を発揮し、文学的な香りは「鍬を持った男」を同紙に最初に発表したエドウィン・マーカム (Edwin Markham) や「打席のケイシー」を寄稿したE・L・セア (E. L. Thayer) らによってもたらされた。

　チェンバレンのニュース技法は彼を逸材ならしめた。彼はウィニフレッド・ブラック (Winifred Black) の才能を育て上げた。彼女は後の世代の読者には"アニー・ローリー" (Annie Laurie) として知られ、強烈な記事でサンフランシスコの女性読者たちを引きつけた。ブラックは、市営病院の運営状況を調べるよう命じられると、都合よく街頭で目まいを起こし、病院に運ばれ、"どこでも、不幸な人びとのために涙を誘う"ような記事を書いて出した。エグザミナーはキャンペーン記事や本社主催ものなど、読者を引きつけながらニュースを提供しようという工夫を試みた。ハーストは根っからの民主党支持で、共和党の支援組織であった南パシフィック鉄道を攻撃したり、深刻な社会問題を取り扱おうとした。しかし、同紙はマッキューアンのいう"世間をアッといわせる"ような感情に訴えた記事を目指していたので、重要だが面白みのないニュースはとかく二の次に扱われていた。[29]

　ハーストの新聞製作技術面の実験はニュー・ジャーナリズムにとって重要で、建設的な貢献だった。ハーストは、多くの新しいレイアウトを試みたり、

左右対称的な見出しを配置したり、魅力的な新しい活字体を使ったりして、ついに、他紙がまねるような特徴的な編集方針に到達した。ハースト自らが紙面作りに携わることがしばしばあったが、工務関係の天才はジョージ・パンコースト (George Pancoast) で、1888 年エグザミナーに加わり、50 年もの間、ハースト帝国のために電気駆動の印刷機を完成させたり、カラー印刷を改良したり、14 か所の印刷工場を設計したりした。

野心家のハーストはエグザミナーを「日刊紙の中の帝王」と呼んでいたが、同紙の発行部数はハーストがてこ入れした最初の年には 3 万部に達し、1893 年には 7 万 2,000 部に伸びた。これはリーダー格の新聞として公認されていた M・H・デ・ヤング (M. H. de Young) のクロニクルを上回っていた。父親のハースト上院議員は 1891 年に死んだが、その前に、息子が赤字の新聞事業を年平均 35 万から 50 万ドルの利益を上げる新聞に変えたのを見届けた。[30] 成功を重ねて若きハーストは、ジョゼフ・ピュリツァーの街であるニューヨークで見た難事業に取り組む態勢を整えたのである。

ハースト、ニューヨークへ進出

エグザミナーで得た利益でもって、いまやニューヨークへの進出が可能になった。しかしハーストにとっては、もっと資金が必要で、彼はアナコンダ銅山の一族の株を 750 万ドルで売るよう、母親を説得し、新たな新聞事業に手を染めるための金を用意した。[31] 後にハーストの母親のある友人が、「ニューヨーク・ジャーナルは年間 100 万ドル赤字を出しているという話を聞きましたけど、お宅の財産が湧き水のように使い捨てられてしまうんじゃないかと心配ですわ」と彼女に話すと、母親は「そのくらいのことだったら、息子はまだ 30 年間持ちこたえるでしょう」と答えたという。

やや皮肉なことに、ハーストは、1882 年ジョゼフ・ピュリツァーの弟アルバート・ピュリツァー (Albert Pulitzer) が創刊した新聞を買収することによってニューヨークへ進出した。その新聞モーニング・ジャーナルは気まぐれに買う読者層にアピールする有力な 1 セント紙だった。1894 年に新聞代を 1 部 2 セントにすると、部数が落ちた。そこでアルバート・ピュリツァーは、シンシナティ・エンクワイアラーの野心的な発行主であるジョン・R・マックリーン (John R. McLean) にジャーナルを 100 万ドルで売却した。マックリーンはセンセーショナルな方法で新聞を発行することに疎かったわけではないが、

競争の激化しているニューヨーク市場へ割り込んでいくことができなかった。1895年秋、ハーストは敗れたマックリーンから18万ドルで同紙を買い取ったのである。

ピュリツァーのサンデー・ワールド

ジョゼフ・ピュリツァーは、ハーストがサンフランシスコで身を立てようとニューヨークを去った後の10年間というものは、繁忙を極めた。とくに彼は編集者の求めに応じて印刷設備を拡充し、新しい技術をサンデー・ワールドの発展に振り向けた。

日曜版というものがニュースと娯楽性を盛り込んだ、利益を生む媒体になることを最初に証明したのはピュリツァーであった。1796年以来、日曜紙として発行された週刊新聞は色々あった。日刊紙ボストン・グローブは1833年一時的に日曜版を発行したが、ベネットのヘラルドが1841年から継続的に日曜版を発行しており、同紙が最初の日曜版を発行した日刊紙だったといえる。南北戦争期ではニュースを求める声が高まり、これが日曜版の発行を促すことになったが、ピュリツァーが1883年ニューヨークへ進出した頃は、(約900あった日刊紙のうち)日曜版を持っていたのは100紙程度に過ぎなかった。その大半は東部の都市で発行され、多くはドイツ語など外国語で印刷されたものだった。娯楽記事や小説やこまごまとした記事で埋まった4ページ建ての付録版もあった。

ピュリツァーのサンデー・ワールドは普通のニュースの個所以外に多くの娯楽関係のページを追加した。女性向けの特集記事や若者向けの記事やスポーツ熱狂者向けの読み物が登場した。日曜版のページにはユーモアのある絵やイラストが集中的に掲載された。マックルアーによって培われた文芸関係記事の配信サービスが日曜版に色を添えた。サンデー・ワールドの発行部数は1887年には25万部を突破し、1890年代初期までには同紙は40〜48ページ建てになった。というのは、小売り品の広告スポンサーたちが同紙の家族、女性層への浸透に気づいたからである。他の新聞も直ちに同紙の後を追い、1890年には日曜版を持った日刊紙は250になり、それらは主に大都市周辺に集中し、独立した日曜週刊紙は影を潜めることになった。

初期のワールドの日曜版スタッフを率いていたのはモリル・ゴダード(Morrill Goddard)であった。彼は大学出で、若い社会部長として、ニュースを物語風

に仕立てる能力に長けていた。日曜版でゴダードは紙面を活気づけ、事実に基づいた情報を大げさに報道し、科学や医薬関係者など真面目なニュース源の人びとの影を薄くさせてしまった。この時代のセンセーショナリズムやえせ科学的な記事は新聞への信頼問題を引き起こしたが、問題は無視された。

　1893年にカラー印刷の装置が導入されたことによって、ゴダードは新たに利用できる媒体を与えられることになった。5色ものカラー印刷がいまや日曜版付録に利用できることになったのである。その付録に、部数を高めるのに多いに効果があるとわかっていた漫画が載せられた。ワールドは1889年に常設の漫画欄をスタートさせたが、カラー印刷はこれが初めてであった（雑誌では1870年代に始まっている）。最も成功した画家はリチャード・F・アウトコールト(Richard F. Outcault)であり、彼の"ホーガン裏通り"はアパート街の人びとの生活を描いていた。毎回の漫画の中心人物はブカブカの上っ張りのような服を着た、歯が欠けた、ニヤニヤ笑っている坊やであった。ワールドの印刷工たちが坊やの上着に黄色を着色すると、彼は不品行な"イエロー・キッド"になったのである。

"イエロー・ジャーナリズム"と米西戦争

　ハーストはニューヨークの舞台に着くと、直ちに、サンデー・ワールドを成功させている人びとを引き抜き始めた。エグザミナーがワールドのビルの中に借りていたオフィスを使いながら、ハーストはゴダードや彼の下で働いている記者や画家たちをごっそり引き抜いた。ハーストの金に糸目をつけないやり方によって、ピュリツァーの引き止め策は効果を上げなかった。まもなく、ワールドの発行人のカルバローまでがジャーナルで働くことになった。戦いは続き、ピュリツァーはアーサー・ブリズベーン(Arthur Brisbane)に救いを求めた。彼は社会主義者アルバート・ブリズベーン(Albert Brisbane)の優秀な息子で、ピュリツァーのスタッフに加わる前にサン紙で記者活動の経験を積んでいた。新しいサンデー・ワールドの編集長として、ブリズベーンは、部数を60万台に乗せ、ニュースをなじみよい形にし、ピュリツァーの社会的な関心テーマを大いに推進していった。一方、ゴダードはアウトコールトを連載"イエロー・キッド"("Yellow Kid")とともに引き抜いたが、ブリズベーンはこの連載漫画を続けるために、後に有名な絵描きになったジョージ・B・ラックス(George B. Luks)を使った。

販売促進担当者たちは、楽天家でニヤッと笑った珍しいほどポカンとした顔つきの子供を描いたポスターを使った。相対立するジャーナリストたちにとっては、"イエロー・キッド"は当時横行していたセンセーショナルなジャーナリズムのシンボルのようなもので、一般大衆もそれに同感だった。"イエロー・ジャーナリズム"という言葉はまもなく、あまねく使われるようになり、その技法もまもなくあちこちで熱心な詮索の対象になった。ピュリツァーにとって不幸なことに、ブリズベーンは1897年イーブニング・ジャーナルへ編集長として移籍してしまい、ルックスもハーストの新聞に加わってしまった。当時アウトコールトは次のようにぼやいたものである。

> 私が死んだ時は、どうか黄色い喪章を着けてくださるな。墓石にイエロー・キッドなど置かせないように。ましてや、イエロー・キッドを葬式に連れてきてはだめだ。イエロー・キッドをイースト・サイドにずっと居るようにしてやってくれ。何しろ、そこが彼の古里なんだから。[32]

ピュリツァーのスタッフたちを襲うかたわらで、ハーストは、チェンバレンやマッキューアンやダベンポート、ローリーといった自分のサンフランシスコの最優秀スタッフたちにもニューヨークへ移るよう働きかけた。デイナのサン紙は、ラルフ、デイビスやタウンゼンドといったスター記者たちをハーストの資金によって失った。ディクスも女性スタッフ陣に加わり、作家のステーブン・クレイン、アルフレッド・ヘンリー・ルイス (Alfred Henry Lewis) やルドルフ・ブロック (Rudolph Block) も雇われた。他にも多くの才能ある記者や評論家や画家たちが雇用のサインをした。

もう2つの出来事によってハーストはピュリツァーとの争いの真只中に狩り出された。1896年ジャーナルが1セント紙として15万部に達した時、ピュリツァーはワールドを1セントに下げた。これによって部数を伸ばすことができたが、ピュリツァーは挑戦者におののいているという推測を許すことになった。もっと重要なことは、ピュリツァーはウィリアム・ジェニングス・ブライアン (William Jennings Bryan) の考えの多くに同情はしていたものの、彼のインフレを誘う金融政策を支持することができなかった。しかし、ハーストは銀鉱山の所有者として金の規定純度に異議を差しはさむ必要はなかった。政党人たちは、保守的な東部でのブライアンに対するハーストの姿勢に引かれていった。東部ではブライアンは恐怖の念を持って見られていたのである。

1896年、ニューヨーク・ワールドに登場した寝巻姿の"イエロー・キッド"は大ヒットになった。

　イエロー・ジャーナリズムの過ちをあからさまに犯しながら、ジャーナルは発行部数を伸ばし続けた。1896年の秋には、たった1か月で12万5,000部も跳ね上がった。が、その頃の見出しといえば、次のような感じのものがちょくちょく見られたのである。たとえば、ある考古学者の探索によって化石が見つかった記事について"本物の怪獣と竜"という見出しがついた。「薬を与える

素晴らしい新方法、入院患者のそばに薬のチューブをつけておくだけで素晴らしい成果」という見出しは医学研究者たちを驚かせた。「ヘンリー・ジェイムズの新たな不道徳と罪の小説、大作家がセンセーショナル小説の領域に驚くような突入」とはジャーナルがジェイムズの作品『アザー・ハウス』(The Other House) の出版を紹介した時のものである。次のようなセンセーショナルな見出しは日常的に見られた。「ベシー・リトルの謎の殺人」、「狂った一撃が子供を死なす」、「何が彼を強盗にさせてしまったか、エドガー・サルタスがニューヨークで過ごした本当の生活の物語」、「大虐殺者の驚くべき告白〈私を絞首刑にして〉」、そしてアニー・ローリーは「なぜ娘たちは自殺をするのか」とか「女性たちが愛のために行う不思議な事柄」について書いた。[33]

ジャーナルは社会改良キャンペーンも行った。ニューヨークの他紙よりも徹底的な手法で行い、「他紙はジャーナルの行動を噂している」と言わしめるほどだった。ジャーナルの報道によって、あるガス会社に市の営業特権が与えられるのを阻止する裁判所の強制命令が下されることもあった。また同紙は政府内の特権乱用疑惑に対しても同じような行動に出た。さらにハーストは全国の市民運動指導者たちからの賛辞を求め、その賛辞を掲載した。その例を挙げると、「行動するジャーナリズム、生活のすべての場で行動する人びとは心から、市民のために闘うジャーナルを支持している」とか「その新しい手法は、アメリカのジャーナリズムでは初めて用いられたもので、いまや新しいニュース紙の機能の一部として認知されているといえる」というような見出しで、読者からの賛辞を印刷した。[34]

ニューヨークに進出したハーストは1年が経つ前にジャーナルに大型のカラー印刷機を取り付けた。そのためアメリカン・ユーモリストと題する8ページのカラー・マンガの特集欄ができ、後には日曜アメリカン・マガジンと題する16ページのカラー付録に変わった（後にこれは、ブリズベーンが編集長になった有名なアメリカン・ウィークリーになった）。1896年後半にはジャーナルの発行部数は43万7,000部になり、日曜版は38万部になった。1年以内に日曜版はワールドの60万部に追いついた。部数は、その時々の街頭売りでのアピールの仕方によって伸びたり下がったりした。マッキンリー対ブライアンの大統領選の翌日にはワールドもジャーナルもそれぞれ約150万部売りさばき、それまでの記録をすべて打ち破ったのである。

指導的な新聞が国内外のニュースをめぐって闘ったのは、このような雰囲気の下であった。そして、アメリカの新聞が国際危機や米西戦争などの出来事に

近づいていったのは、まさにこのような状況の時であった。

自明の運命説の精神

　アメリカ合衆国が戦った戦争の中で、米西戦争ほど苦労の少なかった戦争はない。しかし、その結果はアメリカの外交政策の路線を完全に変えてしまった。4か月もしないうちに、スペイン政府は休戦を申し出ざるを得なくなった。アメリカの人命の犠牲が極度に少ない形で、アメリカ国旗はプエルトリコからフィリピンにいたる帝国の上に翻った。この正義といえない戦争の原因を説明しようとする人びとは、とくにハーストやこの国の新聞にしばしば非難を集中させた。1930年代に行われたマーカス・M・ウィルカーソン (Marcus M. Wilkerson) とジョゼフ・E・ワイゼン (Joseph E. Wisan) の周到な記録研究によると、ハーストのジャーナルやピュリツァーのワールドやシカゴ・トリビューン、ニューヨーク・サンやニューヨーク・ヘラルド（他のアメリカの多くの新聞はいつものように無視されているが）は、メイン号の沈没の危機につながっていく出来事のニュースを、まるで戦争精神病が発病していくように取扱った。[35] しかし、各紙が好意的な雰囲気で世論を培ってきたことを忘れるべきではない。

　米西戦争は幅広い視点で見ると、アメリカが世界、とくに太平洋における覇者になったことを示す一連の出来事の1つに過ぎなかった。アメリカは脇を固めるためにアラスカを新たな領土として手に入れ、いまやサモア諸島への足場を得ようと動き出した。1880年代になるとハワイ併合を叫ぶ世論が高まり始めた。1895年のベネズエラ危機では、クリーブランド大統領が最新の海軍を自由に用いて、モンロー・ドクトリン（訳者注：1823年ジェイムズ・モンロー <James Monroe> 大統領が教書で示した外交方針で、欧州諸国がアメリカ諸国の政治干渉をしないという方針）を試し、イギリスと一戦を交える寸前にまでアメリカを追いやった。この後ハワイやフィリピン、グアム、プエルトリコなどの併合が続き、さらにパナマ運河の建設につながった。アジア大陸への関心によって、ジョン・ヘイは1899年門戸開放政策を取り、T・ルーズベルト大統領は1904年から5年にかけての日露戦争を終わらせる和平交渉をニューハンプシャーの小さな町で開いた。汎アメリカ主義によって、アメリカは公に中央アメリカ諸国の問題に介入するようになった。またルーズベルトは、ドイツの拡張主義者たちによって進められていた1905年のモロッコ危機に関わるなど、アメリカをヨーロッパの出来事にも関係させた。

世界的な出来事に精力的に関与していきたいというこの欲求だけが、アメリカ人が関心の枠を広げていく原動力となったのではない。多くの国民は、新たな領土の獲得に誇りを感じていたし、貿易と外国への投資の拡大に関心を高めていた。しかし、アメリカ国民は、世界に平和と正義の理念を推し進める役割も感じていた。1890年代に自分たちの自由のために闘っていたキューバ人やアルメニア人やギリシャ人たちに対する深い同情心もあった。米西戦争の際は理想主義と国民的な誇りとの両方が作用した。しかしながら、社会ダーウィン主義をたきつけられた、強い人種主義がこの戦いにアメリカを参戦させたことを認めざるを得ない。それは、ちょうど歴史家リチャード・ディーン・バーンズ (Richard Dean Burns) が次のように述べているように。

　　ある種の聖職者や歴史家、政治科学者や政治指導者たちなど社会ダーウィン主義者は、アングロ＝サクソンの人種、文化的な優越性を確信し、必要ならば、より貧しい人々へ恩恵深い文明を広めようとしていた。スペインとの戦争で取得できる外地に、アメリカの使命が実行できるのではないかと、彼らは思っていた。政治指導者たちは、大海軍主義者と一緒に、民族主義と愛国心に動機づけられて、アメリカの力を世界に広め、土地や人間、さらにヨーロッパ列強の間で当時流行していた威信の争奪戦に加わることを望んでいた。[36]

　新聞はこのゴール争いを反映していた。つまり、スペイン軍がキューバ反乱分子たちに振る舞った残虐行為を報じるとともに、新しいアメリカ海軍がスペインに対抗できる成算があるということも報道した。しかし、アメリカの力を誇示しようという欲望が大いにあったことは明らかである。南北戦争の記憶が遠ざかっていくにつけ、年配の人びとは、自国の軍隊の剛勇さがいまだに健全であるかどうかいぶかっていた。若手世代は、若者たちの功績を南北戦争の北軍と南軍に比べようという熱心さがあった。彼らにとっては、1898年スタイルの戦争はエキサイティングな個人的な冒険のようなものだった。第一級の歴史家で、新聞には世論形成の機関としての役割があるということを認識しているジョン D. ヒックス (John D. Hicks) は、次のように、米西戦争の大義について自分の議論をまとめている。

　　後にセアドア・ルーズベルトは1898年の精神を呼び起こした。というのは、彼が"それはたいした戦争ではなかったが、今までの中で最もよい戦争だった"と弁解がましく哀悼の言葉を述べたからである。1898年春のアメリカはいかなる戦争に対しても準備が整っていて、国のムードとしては拒まれてはいなかった。[37]

キューバ・ニュース取材（1895-98）

　キューバ内乱が起きた1895年3月から、米西両国が戦闘状態になった1898年4月まで、ニューヨークのどの新聞にもキューバについての記事が出なかった日は、十数日しかなかった。[38] その理由は一部には大新聞が攻撃的な報道政策を取っていたからであり、一部にはでっち上げのニュースを報じた新聞（とくにジャーナル）があったからであり、さらに読者のこの論争多い記事への関心が高まったためでもあった。また、ニューヨークや、キューバに最も近いニュース基地のフロリダにいるアメリカ人記者たちに情報やプロパガンダを振りまいたキューバ革命評議会の活躍の結果でもあった。

　かなり多くのキューバ人たちがアメリカに移住しており、ニューヨークやフィラデルフィア、ボルチモア、ボストンやフロリダ州内のいくつかの都市に住み着いていた。革命評議会はニューヨークに本部を設けていたが、そこではキューバ人の新聞が発行されていた。東部の諸都市に住むキューバ住民たちによって、大衆集会の計画が練られた。募金運動が展開され、どの都市でも数百人のボランティアたちが、武器を密輸出し、先導部隊の遠征に参加するために集められた。キューバの特務員たちはアメリカの新聞に、キューバでの戦いの経過情報を流した。1895年には、この工作は順調に進み、危機が深まるに伴い、革命評議会の活動は高まりを極めた。つまり、評議会はアメリカの閣僚、教育者、民間指導者、政治家たちにも接するようになった。

　1896年スペインが、キューバで強力な弾圧手段を用いようと決断したことによって、バレリアーノ・ウェイラー (Valeriano Weyler) 将軍が時の人になった。キューバ人たちは全員、スペインの軍事基地に隣接する狭い土地に集合するよう命じられ、従わない者たちは敵と見なされた。しかし、キャンプにぎゅうぎゅうに詰め込まれた人びとは伝染病にかかったり、食料が途絶えて餓死した人が多かった。多くの新聞がこの飢餓と疫病の影響に焦点を合わせて報じた（およそ11万のキューバ人が3年間で亡くなったが、[39] 新聞は確かに深刻な状況をさらに誇張して、40万人と推計した）。ウェイラーはアメリカ人記者たちから"屠殺者"というあだ名を付けられ、スペイン人の征服時代の"血に飢えたコルテスやピサロ"にたとえられた。

　報道競争は激しくなった。APは自前の取材による記事だけでなく、加盟社に掲載された情報をも配信した。[40] ジャーナルとワールドはキューバに特派員を置いている新聞として絶えず先頭に立っており、他紙に記事を売った。ライ

ハーストのニューヨーク・ジャーナルの1898年2月17日号紙面。メイン号は2月15日夜に沈没した。

バル紙のあるところの新聞は、ライバル紙がワールドや、ジャーナル、サン、ヘラルドや大連合を組んだ新聞と提携を結んだと公表するやいなや、競って契約競争を演じた。絶えず先頭を切っているのはハーストだった。彼は、ジェイムズ・クリールマン (James Creelman) がワールドのために報道するのをやめさせ、1896年にはジャーナルのために仕事をするよう説き伏せた。またデイビスと一緒に画家のフレデリック・レミントン (Frederic Remington) をキューバに送り込んだ。視覚に訴えるジャーナリズムの影響が1897年に高まった。ちょうどこの年にニューヨークの新聞はハーフトーン（網凸版）の写真を使用し始めたが、それは時にはキューバ人の困苦を正確に映し出すこともあれば、でっち上げになることもあった。クリールマンが1901年に思い出話として書いた記事によると、レミントンが、戦争が起きそうもないので帰国しようと思っている、とハーストに電報を打ったのは、まさにこのような時であった。これに対してハーストは「レミントン君、貴殿はハバナに留まれたし。挿し絵を送るように。小生は戦争をもたらすから。W・R・ハースト」との返電をしたと言われている。[41] この電報は彼にとって決定的に不利な証言としてしばしば引用されているが、本当に彼がこのような電報を打ったかは証拠がない。だが、ある程度これはその時の状況を反映していたといえよう。全米の新聞の中で、ハーストのジャーナルは戦争への大衆感情を最も盛り上げた。このようなエピソードは"ハーストの戦争"というレッテルを彼に貼り付けるのに大きな効果をもたらした。

　1897年夏、ちょうどジャーナルが1年もの間、あからさまに主戦論を展開し、小さな出来事を扇情的に報じていた頃のことだが、同紙は日々の介入要求の中でエバンジェリナ・シスネロス (Evangelina Cisneros) 物語をでっち上げた。シスネロス嬢はキューバ革命委員長の姪で、反逆活動によって20年の判決を受けていた。ジャーナルは、彼女の監獄での詳しい様子や同紙のカール・デッカー (Karl Decker) 記者による彼女の"救出劇"について375コラムという信じられないほど多くのスペースを使って報じた。多くの著名人たちがジャーナルのこのお手柄をほめそやした。そしてシスネロス嬢はホワイト・ハウスの前庭でマッキンリー大統領から歓迎を受けたのである。後に、ニューヨークの他紙がこのエキサイティングだが周辺の事情をまったく伝えないニュースをどのように報じたか明らかになった。つまり、ワールドは12.5コラム、タイムズは10コラム、トリビューンは3.5コラム、サンは1コラム、ヘラルドも1コラムだった。[42] 出来事の最中、ワールドはウェイラーのシスネロス嬢の取

り扱いがオーバーであると報じたところ、ピュリツァーには非国民的な動機があるとジャーナルは非難した。

1898年2月9日、ジャーナルにものすごいスクープ記事が載った。つまり、ハーストは、駐米スペイン大使、デプイ・デ・ローメ (Dupuy de Lome) がハバナを訪問中であったスペインの新聞編集長に宛てた私信を掲載したのである。ハバナでキューバ革命評議会メンバーによって盗まれたこの手紙は、マッキンリー大統領のことを"弱々しく、大衆に迎合しているお粗末な政治家"と述べていた。その頃T・ルーズベルトは大統領のことをチョコレート・エクレアのように背骨がない、と評していたが、いくら私信でもスペイン大使が同じことを言うとなると、事態は異なってきた。スペイン政府に対するアメリカの世論は最悪になった。さらに6日後にはハバナ港に停泊中のアメリカの軍艦メイン号が爆沈した。この2つの出来事の衝撃によって、外交危機にさらに重大な転機が生ずることになったのである。

特派員、戦場に赴く

メイン号を沈没させたことによって266人のアメリカ人の命を奪うことになった爆発の原因については今日にいたるまで誰も十分に立証できていない。しかし、スペインには沈没の間接的な責任があることを明らかにしようと企てる新聞がいくつかあった。ジャーナルは、犯人の逮捕と有罪につながる情報に対して5万ドルの懸賞金を出すと発表した。そして3日後には、"全国民に戦争の緊張感最高潮に"という全段ぶち抜き見出しが同紙に掲載された。大都市の新聞では大きな見出しや派手な挿し絵は日常茶飯事になっていた。その手法をリードしたのはブリズベーンで彼は、フロント・ページを埋め尽くしてしまいそうな挿し絵付き見出しで、記事はほんの数語という手法を編み出した。後年彼は次のように記している。

> 活字の大きさが最大に達する前は、"戦争必至" (War Sure) は1行に納められることができ、実際に1行に納められ、愛国心豊かな新聞売り子たちによって街頭で何度も大声をあげて売られた。戦争が必至の情勢だったので、とくに不都合はなかった。[43]

次第に状況は宣戦布告へと傾いていった。義勇騎馬兵隊員などボランティア組織が編成された。議会は戦争を控えて5,000万ドルの防衛予算を通過させた。

また再三シャーマン (Sherman) 国務長官がジャーナルの記事に基づいた声明文を発表した。3月中旬になると、バーモント州出身の指導的な上院議員がキューバへの自らの視察に基づいた見解を明らかにした。彼は、ここ3年間にわたって報道されていたキューバ人死亡被害について真実であると証明するとともに、マッキンリー大統領に戦争支持を表明するよう圧力をかけた。ワールド

1898年2月17日付ニューヨーク・ワールドの第1面。ニューヨーク・ジャーナルよりもやや慎重ではあった。

はメイン号の取り扱いについて最初は慎重に行うよう注意を発していたが、4月10日にはピュリツァーが"短期で効果的な"戦争を支持する署名入りの社説を掲載した。大半の国民もこの感情を支持し、議会も4月18日に戦争宣言を可決した。

ニューヨーク・サンはデイナの皮肉を効かせた編集手法の下で極端な主戦論を唱えてきており、アメリカの介入を主張する点でジャーナルやワールドと同じ立場を取っていた。ニューヨーク・ヘラルドは、ニュース面ではセンセーショナルに報道し続けたが、社説では介入に反対した。矛盾しているがこの点はシカゴ・タイムズ・ヘラルドやボストン・ヘラルド、サンフランシスコ・クロニクルやミルウォーキー・センティネルなども同じだった。介入を強く主張した新聞はシカゴ・トリビューン、ニューオーリンズ・タイムズ・デモクラット、アトランタ・コンスティテューションやインディアナポリス・ジャーナルなどであった。冷静を保っていた新聞はニューヨーク・トリビューンやニューヨーク・タイムズ、シカゴ・デイリー・ニューズ、ボストン・トランスクリプトなどで、社説欄で実業界の考え方を反映していたところである。ウィルカーソンのこの時代の新聞についての研究によると、ジャーナルが最も過激で、シカゴ・トリビューンとワールドがそれに続いていた。ショゼフ・メディルのシカゴ・トリビューンは、ナショナリズム的な社説だったが、ジャーナルやワールドのようにセンセーショナルなニュース報道はしていなかった。しかし、トリビューンはジャーナルとワールドが取材した記事のさわりを載せていたのである。

ワールドは主戦論の新聞ではなかったことを指摘しなければならない。ピュリツァーはハワイの併合に反対であったし、1895年のベネズエラ危機ではクリーブランド大統領を支持しなかった。その時は大概の主要新聞は、アメリカが英領ギアナとの国境問題に関するベネズエラの主張を支持して戦うよう促していたのである。キューバ危機の際、ワールドは外国の領土の併合を支持せず、フィリピンを領有するのに反対した。ワールドが戦争を支持したのは人権問題に基づいていたわけで、それに続く行動を見ると、ただ単なる主戦論の立場でないことが分かる。ピュリツァーは後に、ワールドが人殺しの世論形成の下地を整えることになったことを悔やんだ。1907年、T・ルーズベルトが日本に圧力をかけるためにアメリカの艦隊を太平洋に派遣するよう命じた時、ピュリツァーは編集者たちに「スペインが我々の要求していたすべてのことをキューバに許したことを明らかにするように、さらに、スペインが実質的にすべ

てを許した後に、キューバ戦争を引き起こした主戦論について詳しく報じるように」と指示した。[44]

しかし、1898年になると、ニューヨークの日刊紙の中で、イエロー・ジャーナリズムやスペインを力ずくでキューバから追い出そうという決意をやめるよう主張していたのはゴドキンのイーブニング・ポストのみであった。ゴドキンはハーストやピュリツァーを激しく非難しようとして、次のような言葉で大いに攻撃した。

> イエロー・ジャーナルの編集室は、雰囲気としては、おそらくキリスト教国の中で最も地獄に近いところにある。若者に、永遠の断罪の用意をさせる場として、イエロー・ジャーナルの編集室以上にふさわしいところは存在しない[45]

各紙は戦争を育んできた時と同じように決然と戦争に突入していった。約500人の記者、挿し絵画家、カメラマンたちが、アメリカ軍が集結しているフロリダを始めキューバやプエルトリコの前線へと群がっていった。[46] 記者たちを乗せた小舟の船団は戦闘配備についている海軍に同行した。特派員たちはデューイ (Dewey) 提督とともにマニラまで航行したし、シェリー (Schley) 提督とともにハバナまで航海した。彼らはキューバにおける会戦、戦闘をすべて取材したし、度々、戦闘そのものに参戦した。ジャーナルの特派員は1度の突撃で片足を失った。当時ニューヨーク・ヘラルドとロンドンのタイムズのために取材していたデイビスは突撃の指揮をとり、義勇騎兵隊のT・ルーズベルトから賞賛された。

ジャーナル分遣隊を指揮したのは社主自身で、男・女性記者、画家、1人の映画カメラマンを含めた写真記者たち20人の部下を指揮し、意気軒高だった。戦闘で負傷したクリールマンはハーストのイメージを次のように記録に留めている。つまりハーストはリボンを付けた麦わら帽をかぶり、腰にピストルをつけたいで立ちで、血を流している記者から話を聞き取り、やおら馬にまたがり、ジャーナル社お抱えの船へと走り去ったのである。

アメリカ人特派員は記事を本社へ送るスピードを上げるためにどのようにボートや電報を使ったらよいか学んだ。キューバからの記事はニューヨークへ転送するためにキー・ウェストへ運ばれてこなければならなかった。主要紙ではニューヨークへ1日当り数千語も打電した。非常に費用がかかったが、ニュース競争は刺激的なものであった。ワールドは、デューイ提督のマニラでの目を

見張る勝利を目撃証言するために送った、3人の特派員の1人であるエドワード・W・ハーデン (Edward W. Harden) が1語9ドル90セントという"至急"便特別扱いの支払いで一番乗りで記事を送った時、最大の特ダネを手にした。ハーデンの特ダネは未明にニューヨークに届き、ワールドは号外を出した。ワールドのニュース配信を受けていたシカゴ・トリビューンは最終版を組み替える時間があり、劇的な海戦記事で紙面を飾ることができた。

　ハーストは金がいくらかかっても気にしないと言っていた（現にジャーナルは戦争の4か月間で50万ドルを使い、1日に40回も号外を発行した）。一方、ピュリツァーは仰天して事態を見直し始めた。ジャーナルは1面題字脇で"ジャーナルの戦争、お気に召してもらっていますか"と楽しげに問うた。一方、ピュリツァーは撤退し始めた。最終的にはピュリツァーは20世紀初頭には、センセーショナリズムの競争から身を引いたが、ハーストは庶民のチャンピオンという自らの優れた役割を著しく損なう形でセンセーショナルなニュースを利用し続けた。1900年までには大都市の約3分の1の日刊紙がイエロー・ジャーナリズムの傾向に走り、センセーショナリズムの波が静まり、ジャーナリストたちが見出しや写真、カラー印刷などをより理知的に用いることに集中するようになるのには、さらに10年間の歳月を要したのである。

自明の運命説への勝利

　カリブ海でのスペインに対するアメリカの攻撃的な政策に、一般大衆は熱狂的に反応したが、このことが、自明の運命説 (manifest destiny) 支持者たちに、軍事力を発揮できるかぎりアジアへの覇権を認める口実を与えることになった。この支持者の中には、T・ルーズベルトやヘンリー・カボット・ロッジ (Henry Cabot Lodge) らによって導かれた政治家たちがいた。また歴史家のブルックス・アダムズ (Brooks Adams) や伝道者ジョサイア・ストロング (Josiah Strong)、鉄道建設者のジェイムズ・J・ヒル (James J. Hill)、海軍の戦略家アルフレッド・T・マハン (Alfred T. Mahan) などもいた。さらにアメリカ・中国開発会社などの経営者、また地域的な農業ジャーナルでの影響力ある発行者や編集者などもいた。またネブラスカ出身のウィリアム・V・アレン (William V. Allen) 上院議員に代表される有力農業地域の強硬な発言者なども含まれていた。

　アメリカ国民の政治信念を煽った上記の指導者たちは、フィリピンの流血の併合にいたる考えや感情を生み出すことになった。それは、アメリカが大西洋

の大国よりも太平洋の大国になろうと向こう見ずに突っ走り、たどり着いたところであった。それは、その後アジアで起きる紛争の火種でもあった。残留スペイン軍を一掃すれば、アメリカ軍はフィリピンの独立を保障するし、友好国フィリピンの基地は日本との貿易拡大に使用されるとの反乱指導者エミリオ・アギナルド (Emilio Aguinaldo) への約束は守られなかった。それだけでなく、アメリカは東アジアにおけるいっぱしの植民地支配勢力になる決意を明らかにした。アメリカは、大規模な内陸地で生じる穀物の余剰を売り捌く広大で、富をもたらす市場の土地として中国を妄想し、魅せられていたのである。

　アメリカを、日本の南下政策の軸線に沿ってあからさまに軍事介入させることになった、この軍事的な冒険は、アメリカ史にさらに3つの戦争を導くことになる途方もない大失策だった。マニラ湾でのデューイ提督の勝利は、短期だが興奮を呼び起こす1898年の国民の体験であった。しかし、1899年から1902年にかけてのフィリピン国内でのゲリラ戦は、歴史家リチャード・オコナー (Richard O'Connor) の言葉によると、米西戦争にとって直ちに忘れられた"暗い帰着点"であった。[47] ゲリラ戦のピーク時では、人種、宗教上の優位性に取りつかれていた7万人の米軍が常に反乱者たちを残忍に鎮圧した。フィリピン兵に下された恐ろしい残虐行為や民間人への大虐殺は約20万人の死者をもたらした（アメリカ人の死者は約1万人）。アメリカは南部フィリピンのモロ住民を服従させようと奮闘したので、モロとの闘いは第1次世界大戦まで続いた。皮肉なことに、この支離滅裂な外交政策の一部としてアメリカはスタンレー・カーノウ (Stanley Karnow) の名付けた"はだかの征服"のために、フィリピン人を建物の再建、英語の教育、病気予防で援助するために、熱心な使命感を抱いている何千人ものボランティアを送り込むことによって、罪滅ぼしをしようと努めた。[48]

　約50万人のアメリカ人たちが、ボストンに創設された反帝国主義連盟に加入した。後にベトナムでの戦争に対して抵抗して繰り返された行動のように、彼らは大衆集会やデモや座り込み、学習会などに参加し、議会議員たちに、フィリピンなどの併合に反対するよう圧力をかけた。上院の痛烈な議論によってマサチューセッツ州出身の老練議員ジョージ・H・ホア (George H. Hoar) の存在が浮き彫りになった。彼は、上院での拡張主義の指導者であるインディアナ州出身のアルバート・J・ベバリッジ (Albert J. Beveridge) に反対し、強制収容所や焼き打ちされた村、水攻めの拷問などを報告することによって同僚たちを目覚めさせようとした。

シュルツは、1893年の雑誌ハーパーズの記事で、アメリカは"こういった国ぐにを自国に取り入れずに"[49] 経済的目的を達成できたはずである、と主張しているが、彼はジェイン・アダムズ (Jane Addams) やカーネギー、ジェイムズ、サミュエル・ゴンパーズ (Samuel Gompers)、クレメンスなど影響力のある市民たちとともに反帝国主義運動に加わった。クレメンスは、新しいアメリカ国旗のデザインは白いシマを黒で塗りつぶし、星はどくろに置き換えるべきだと記している。しかし、多くの反対意見は、ルイビル・クリアー・ジャーナルの"ご当主"ヘンリー・ウォータソンのような編集者の熱弁によってかき消されてしまった。彼はぶっきらぼうに次のように発言している。つまり「我々は、社会主義や土地均分論運動の脅威を、イギリスが植民地主義や征服によって避けたのと同じように避けている。……確かに我々は帝国主義の危険を冒しているが、帝国主義は無政府主義よりはましである」[50] こういったことが唯一の選択ではなかったが、多くのアメリカ人は、新たな市場を支配しようとして、このような二者択一のアプローチを追求したのである。

フィリピンでの主な戦いが終わった後、1904年には日露戦争が起き、100人以上の特派員たち——その大半は米西戦争や南アフリカのボーア戦争や義和団の乱を取材したベテラン記者たち——が日本へ集まった。デイビス、フレデリック・パーマー (Frederick Palmer)、ジャック・ロンドン (Jack London)、カメラマンのジミー・ヘア (Jimmy Hare) たちは巧みな日本の検閲に不満を募らせていた。セントペテルスブルグと東京からのAP電はポートアーサー（旅順）と満州（現・中国東北部）で2度目の検閲の闘いに遭った。アメリカ国内では大手の新聞の多くが腐敗しているロシア体制を批判する社説を載せた。しかし、カリフォルニアの新聞はアジア系移民との体験に影響を受けて、日本の勝利を恐れていたので例外だった。ついに1905年5月、帝政ロシア皇帝の艦隊が朝鮮半島沖合いでの海戦でせん滅され、日本はアジアで唯一着実に前進することになった。つまり、中国は1894年に敗れ去ってしまっており、アジアにおける日本の優勢に唯一挑戦できそうな者は、新しい到着者であるフィリピンにおけるアメリカ人たちだけであった。

母国に近く、この血気盛んなアメリカの精神と関連して、パナマ運河は占領地区で作られた。これについてコロンビアはアメリカが支援している革命分子によって行われたばかげたことと不満を示していた。この行動や、中央アメリカやカリブ海地域でのアメリカの軍事、経済的な支配を拡大していくことは、汎アメリカ理解への希望を広めた。キューバとパナマは事実上1901年のプラ

ット修正案の下で、アメリカ保護領になった。ドミニカ共和国やハイチ、ニカラグアはモンロー主義の当然の結果として、T・ルーズベルトの下でアメリカの介入を強制的に受け入れさせられた。モンロー主義によってアメリカがこれらの諸国における秩序を整え、ヨーロッパの強国からの介入を避けるために財政問題を収めることを引き受けた第1の意図は、重要な地域におけるアメリカの安全性を保障することであった。しかし、国旗の後にはアメリカの貿易や金融上の利益が続いた。そして、多くの人びとは、その順序が時々逆になることに対して不満を述べた。

　しかし同時に、アメリカは国際問題で全く異なる役割を演じるよう列強諸国によって求められた。義和団の乱後、中国との間に文化、宗教的なつながりができた。フィリピンは一定の保護期間後に最終的に独立できるよう約束された。ルーズベルトは日露戦争を終結させたり、アルヘシラス会議でドイツ、フランス、イギリスの関係を円滑にするなど、仲介者としての役割を演じた。アメリカは、1899年のハーグ平和会議で進められた国際仲裁裁判所の理念を受け入れ、何回も仲裁条約の交渉を行った。アメリカは、不成功に終わったが、1907年のハーグでの第2回平和会議では、国際司法裁判所の創設に向けて主導的役割を果した。このような動きの中から、第1次世界大戦の終戦時に、国際連盟と世界裁判所の創設提案にアメリカは指導力を発揮した。しかし、多くの国ぐにがこういった提案を採択したのに、アメリカは孤立主義に落ち込んでしまったのである。

ヨットに乗る引退間際のエドワード・ウィリス・スクリップス (Edward Willis Scripps)。

第10章

庶民の擁護者

> 私は信念を1つだけ持っている。つまり金持ちがより金持ちになりにくく、貧者がより貧しくならないようにしようとする努力だ。
>
> ——エドワード・ウィリス・スクリップス

　20世紀に入りたての頃、アメリカは工業国としての地盤を固めつつあった。その枠組みは1900年までに出来上がっていた。つまり、南北戦争後に始まった経済の拡大、人口の増大と国民の結びつき、豊かな天然資源の急速な開発、独創性と生産性、政治と文化の発展。こういったもののすべてが新たな世界の強国の将来を保証した。

　しかし、新しいアメリカの性格に影響を及ぼす重大な論争はまだ進行中であった。新しい時代の経済、政治、社会の潮流が形作られている時、このような論戦は非常な重要性をはらんでいた。国は世界の中でいかに身を処していくか。どれほど民主主義的であり続けるか。拘束のない経済的個人主義の唱道者と社会正義の推進者との間のバランスは崩されるのか。進歩の果実は生活条件の向上、教育・文化の機会、より高い健康水準や個人の安全のために、すべての人びとに分けられるであろうか。政府は公共の福祉に敏感に反応するのか。必要な調整を進めたり、あるいは遅らせたりするのに、プレスの役割はどうあるべきか。

　産業革命がアメリカ社会の性格を変えてしまって以来、人びとはこのような質問に対して肯定的な答えを得ようと努力した。経済の不平等に対して農業地帯で起きた"一貫した反逆"は1つの闘いの様相を示した。つまり、各都市に労働組合を起こすことになった。広く人びとの手により力強い力をもたらそうとした強力な政治運動の成長、賢明な社会・政治上の決断の基礎になっている知識を分け与えようとする社会科学者たちの努力、この国の良心を呼び覚ます

よう、改革家や扇動家、政治指導者、作家たちが行う訴え、これらすべてがこの国の進路を決めるのに役立ったのである。

しかし、新世紀の最初の数年間は、思想、行動に大きな違いがあり、それは、世論を形成し、大衆の意志を強く主張するための重要な闘いがあることを示した。外交問題でナショナリストとインター・ナショナリストたちは争った。経済の個人主義者と社会改良論者は国内闘技場でぶつかり合った。新聞、雑誌、書物といった当時のマスメディアはこのような国レベルの論議を行うのに非常に重要な役割を演じたのである。

経済支配力の危機

外交に関する論議は重要であったとはいえ、それは20世紀初頭のアメリカ国民の主要関心事ではなかった。むしろ国民の関心は産業革命によって生じた国内の諸問題に置かれていた。つまり、トラスト（企業合同）の成長や経済力の寡占化、労働者や農民の収入不足、政治と企業の腐敗や不正、といった問題である。多くの国民にとっては、国の富や力は、すべての国民のためになる基本的な発展を反映しているとはいえ、現実は、多くの人びとの自由を奪っている一握りの収奪者たちを潤しているように見えた。[1]

経済支配力の集中化は1880年代に急速に発展し、1900年以降大いに拍車がかけられた。1904年時の調査によると、318の工業トラストがあり、その4分の3は1898年から法人化していた。これら318のトラストは総資本が70億ドルで、5,300の企業が合体していた。製鉄、石油、銅、砂糖、タバコ、造船の6大トラストはこの6年間に法人化されたが、総資本は25億ドルであった。国勢調査によると、1914年にはアメリカの企業の8分の1が、全サラリーマンの4分の3以上を雇用し、全製造物の5分の4を産出していた。

この経済の独占化に抗議した新聞・雑誌の編集者や記者たちは、資本家たちの支配力に対する表面上飽くことを知らない欲望に、強い関心を抱いた。1つの領域を占拠した人びとは直ちに別の領域へと手を伸ばし、ついに全国の経済支配は2つのゆるやかな組織体の手に落ちた。つまり、モーガンとロックフェラーの利権とその付随集団である。1913年の有名なプジョ調査の報告によると、ニューヨークにおける4つの連合経済団体が銀行、鉄道、船舶、保険、ガス・電気・水道などの公共事業などで341人の役員を有し、220億ドルの資産を持っていた。

富の分配が行われたといっても、それはあまりにも偏ったものであった。男子成人就労者の3分の2は年収が600ドルに達しなかった。600ドルというのは、当時の生活で一応快適な水準を保つための最低限の金額だったと社会学者たちは算出している。多くの物質的、社会的な発展が成し遂げられた。つまり、家庭用の電気・ガス・水道、学校や公園の改善、都市生活の利便、電話、道路、ハイウェーなどである。しかし、それらはニューヨークのアパート群に住む何百万の人びとにとっては関係がなかった。彼らの窮状はジェイコブ・リースによって報じられている。

　労働組合加入者は1900年から1910年にかけて増大した。つまり、全労働者の3.5%から7%に伸びた。熟練工たちの収入は高まった。つまり、鉄道労働者、建設労働者、機械工、鉱夫、印刷工、被服工たちである。非熟練工や女性、移民たちは経済秩序の犠牲者であった。移民は社会的な問題を起こす大きな要因だった。1880年から1900年にかけての移民流入に等しい人数が1900年から1910年のたった10年間で流入したのである。新しい移民の大半は南欧や東欧からで、到着した人びとの4分の1は文盲だった。1910年時点でアメリカの人口の7分の1は外国生まれで、工業地帯の東部では人口の半分以上は外国生まれないし、外国生まれの親の子であった。こういう人びとは"貧しく、しかも情報に疎く"、エドワード・ウィリス・スクリップスのような進歩主義の新聞発行者に擁護されようとしていた。同時に、進歩主義はその唱道者が種々の人種、民族グループに対してコントロールをし始めようとすると、父親的な温情主義で強制的にもなった。[2]

政治、経済改革への要求

　このような状況が改革を求めたが、ユージン・V・デブズ (Eugene V. Debs) の社会党は、1912年の大統領選で約百万票を獲得し、約300の市町村で社会党員の首長、議員を選出した。労働運動では、ウィリアム・D・ヘイウッド (William D. Haywood) の率いる世界産業労働者組合が非熟練工の窮状に対して、過激な形で解決を図ろうとした。しかし、進歩派の運動は貧しい人びとのセットルメント（居住区）を作ることが中心であった。[3] しかし、政治的なリーダーシップが2つの政党の手に委ねられた。[4] 多くの労働者たちはサミュエル・ゴムパーズ率いるアメリカ労働者同盟の中道路線に従った。

　全国規模での政治行動を促す政策はT・ルーズベルトの"公平政策"とウッ

ドロー・ウィルソンの"ニュー・フリーダム"だった。しかしこの2つの政権が、金融改革、政府の企業規制、福祉法制、関税改善などの分野で勝ち得た決定は、時代の精神から生じたものであった。この精神は、人民党の先導によって様々な形で反映された。たとえば、1896年ウィリアム・ジェニングス・ブライアンによって先導された偉大な運動や、ロバート・ラ・フォレット (Robert La Follette) や彼の個人主義のウィスコンシン進歩党によって提案された行政改革や、労働組合指導者の原稿、知識人の論文、女性運動の要求などに反映されたのである。

　T・ルーズベルト政権時代には、ミシシッピ川西部の鉄道輸送の独占を阻む、ノーザン証券会社への反トラスト法訴訟の勝訴が、経済力の過度の集中の流れを変えた。ヘップバーン法は、政府に効果的に輸送料金を規制させることになった。さらにT・ルーズベルトの資源確保政策は、アメリカの天然資源のかなりの部分を乱開発から守った。ウィルソン政権時代には連邦準備預金制度が初めて現代の通貨、信用貸しシステムをもたらした。また、クレイトン法は、スト中の労組に対する裁判所の禁止命令や法廷侮辱罪での召喚の乱用を制した。さらに、連邦取引委員会は不公平な商取引きを規制する権限を与えられた。その他の分野でも、政府はそれまでのアメリカの歴史にはなかったほど影響力を拡大していったのである。

　図られつつあった進歩も現実には大企業の支持者たちにしばしば妨げられてしまった。ロード・アイランド出身のネルソン・オルドリッチ (Nelson Aldrich) のような上院議員らは保守的な大義を率直に代弁する人びとであり、大きな影響力を持っていた。ネブラスカ出身のジョージ・ノリス (George Norris) のような下院議員たちは、大企業の有力同盟者のジョー・キャノン (Joe Cannon) 下院議長の野望を阻止することはできたが、しかしながら反対派の保守派との闘いに何度も敗れてしまった。T・ルーズベルト大統領の後を継いだウィリアム・ハワード・タフトは自分の共和党の大企業派とうまく対応できず、怒ったT・ルーズベルトは1912年に第3党の進歩党の運動を始めた。彼のこの運動は失敗したが、共和党に大きな亀裂が入り、ウィルソンは小差での一般投票でホワイト・ハウス入りし、民主党政権を樹立した。

　州や地方レベルでいろいろな収穫はあった。上院議員の一般投票、大統領予備選挙、国民投票や国民発議やリコールの採用などは新しい動きだった。働く婦女子の保護、労働時間の制限、労働者の報酬の規定、社会保障の前進といった内容の州法は、一般に不利益な判決の試練を大いに受けた。都市部では、

トレドのサミュエル・M・ジョーンズ (Samuel M. Jones) やクリーブランドのトム・ジョンソン（Tom Johnson）やニュートン・D・ベイカー (Newton D. Baker)、ニューヨークのセス・ロウ (Seth Low) やガルベストンの行政委員会改革指導者たちが行政の信頼回復のために努力した。当時、市議会や州議会での汚職は日常茶飯事のように起きており、浄化改革者たちとともに働こうとした新聞記者たちにとっては信じがたいほどの贈収賄など暴露すべき事例があった。

当時は多くの新聞でプロ意識のレベルが高まっていたとはいえ、選挙の取材ではまだ大いに党派色が強かった、ということを指摘しておくべきであろう。記者が取材対象から間隔を置いた観察者になるには数十年を要したといえよう。

大統領とプレス

初期の大統領、とくにアンドリュー・ジャクソンとエイブラハム・リンカーンだが、彼らとプレスの関係についてはすでに論じてきた。議会は 1857 年まで大統領の私的な秘書に予算をつけなかった。ウィリアム・マッキンリー (William Mckinley) 大統領の頃になると 6 人の秘書たちの予算が出た。その 1 人であるジョージ・B・コーテルユー (George B. Cortelyou) はプレスへ配布する文書を準備することを始めた。ワシントン・イーブニング・スターのウィリアム・W・プライス (William W. Price) 記者は 1895 年に、ホワイト・ハウスの外で見張りを始め、訪問客にインタビューした。そこで、コーテルユーは大統領執務室近くの廊下にテーブルを置きプレスをそこへ移した。1897 年 3 月マッキンリー大統領はイースト・ルームでレセプションを開き 120 人の記者が出席した。コーテルユーは随行記者団の列車の手配もした。

T・ルーズベルトは引き続きコーテルユーをプレス担当に使い、そして 1903 年に閣僚の一員に任命した。そこで次にウィリアム・ローブ・ジュニア (William Loeb, Jr) がプレス担当官になった。ローブは T・ルーズベルトが嫌っている記者たちを同じように嫌っていた。大統領はインフォーマルな記者会見をした。それも月曜の朝刊がニュース量が少ないのを見越して、しばしば日曜日に行ったのである。大統領が納得しない記事を書いた記者たちは"うそつき記者クラブ"というレッテルを貼られた。しかし、T・ルーズベルトは 1904 年ホワイト・ハウスの西ウィングを建てると、執務室の隣にプレス用のスペ

ースを確保した。ホワイト・ハウス記者協会は1914年に創設された。

　タフトは1週間に2回定期的に記者会見した初の大統領だった。しかしこれは、不都合なことが起きてまもなく中止になってしまった。タフトは家族が経営しているシンシナティ・タイムズ・スターの影響力ある記者にもっぱら情報を流した。ウィルソンは定期的な記者会見を復活させたが、教授時代（訳者注：ウィルソンは大統領になる前はプリンストン大学の学長）を忍ばせるようなやり方だった。ルスタニア号沈没事件の発生に伴って困難な事態になり、ウィルソンは秘書官のジョゼフ・P・テュマルティ (Joseph P. Tumulty) を政権のニュース・チャンネルにした。ハーティング、クーリッジとフーバー大統領は定期的な記者会見を持ったが、フーバーは忍び寄る大恐慌でプレスとの関係が悪くなってからは、定例会見を実施しなかった。

女性平等運動

　20世紀の最初の20年間に訪れたクライマックスは女性平等運動だった。つまり、女性の参政、教育、財産所有の権利を求める運動である。もちろん、これは死刑廃止、平和推進や節酒といった諸改革の一部である。いずれも婦人たちが19世紀ないし20世紀初期にかけ携わってきた。[5] 19世紀末の女子大学の成長と19世紀前の州立大学における男女共学といったものが、徐々に参政権運動と呼応していくようになった。ニューヨーク州セネカフォールスで開催された1848年の女性の権利を求める会議は、地元の禁酒運動協会によってリリー（1849年から1859年まで発行）が創刊されるきっかけになった。その編集者はアミーリア・ブルーマー (Amelia Bloomer) だった（コルセットに抵抗して着られるようになった、本人考案による緩やかなサイズのトラウザーにはブルーマーという彼女の名前が付けられている）。女性の権利運動の指導者エリザベス・キャディー・スタントン (Elizabeth Cady Stanton) はブルーマーとともに女権拡張運動の月刊誌リリーの発行に努め、6,000部の予約読者を得た。フェミニストの新聞で大いに有名だったのはスタントンのリボルーション（1868年から1871年まで）で、スーザン・B・アンソニー (Susan B. Anthony) が営業部長を務めた。女性が憲法修正第14条と15条の保護から除外されているのに失望して、ルーシー・ストーン (Lucy Stone) ら保守的な指導者たちは1869年アメリカ女性参政権協会を設立した。その週刊誌のウイメンズ・ジャーナルは参政権の問題だけに焦点を絞った。同誌は1893年まで

ルーシー・ストーンが編集し、ついで夫のヘンリー・ブラックウェル (Henry Blackwell) と娘のアリス (Alice Blackwell) が 1917 年まで編集を担当したが、読者は 6,000 人だった。

1900 年には職業婦人の数が増え、女性のクラブやグループが約 3,300 もできることになった。その結果、1919 年にはナショナル・ビジネス・ウーマンが機関誌の声として発行されるようになった。しかし、女性運動が男性の新聞編集者から真面目に、客観的に取材されることは難しかった。女性参政権の発展によって 1 面に男女両者の支援の記事が載るようになった。たとえば 1912 年 5 月のニューヨーク・プレスに、こんな見出しが載っている。「2 万人の女性たちが男性たちに励まされながら投票権を求めて行進」。そして次のように続いていた。「50 万人が 5 番街を行進し、大半が馬に乗っている若き協会所属の女性たちによって先導された女子工員や女性店員とともに歩んでいる金持ち女性たちへの参政権の承認を叫んだ」。1917 年頃には、ニューヨーク・トリビューンのエマ・バグビー (Emma Bugbee) やエリナ・ブース・シモンズ (Eleanor Booth Simmons) やニューヨーク・メイルのリタ・チャイルド・ドア (Rheta Childe Dorr) などが女性運動の集会を取材した。[6] 1920 年には憲法修正第 19 条が制定され、性に基づく投票権の差別は禁じられ、この運動は所有権問題について決議宣言することなく静まってしまった。

結局のところ、特筆すべきは、ロザリン・タボック＝ペン (Rosalyn Terborg-Penn) のような歴史家たちは、参政権運動について一層批判的見方をするようになり、中産階級の白人参政権論者の多くが階級や人種にかなりの偏見を示していた、と指摘していることである。進歩派の人びとの多くと同じように、率直に言って彼等の話も誇張ではない。[7]

新たなプレス：社会主義者

アメリカの新聞が文化、社会、経済面であまりにも同一視点に出来上がっていると見なした人たちは自らの代替新聞を発行しようとしたが、あまり成功はしなかった。社会労働プレスは実質的に 2 つの新聞を発行した。つまりニューヨーク・イーブニング・コール (1908 年から 1923 年まで) とミルウォーキー・リーダー (1911 年から 1942 年まで) である。両紙の創刊年は 20 世紀の最初の 20 年におけるアメリカ社会党の繁栄を反映している。1912 年、大統領候補のユージン・デブスは一般投票の 6% を獲得した。24 の州で 79 人の社会党市長

が選ばれた。1913年には323の社会党系の新聞が200万部発行されていた。その中での最大紙は週刊のアピール・トゥ・リーズン（1901年から1922年）で、カンザス州ジラードの工場から全国へ鉄道便で76万部配達されていた。特別の場合などでは、数百万部の新聞を送ったこともある。創刊者で編集長のJ・A・ウェイランド (J. A. Weyland) は、社会主義理論や党活動についてのニュースには20％のスペースを割いたに過ぎず、むしろ当時の"マックレイキング"（訳者注：醜聞あさりのスキャンダラスなジャーナリズム）に反抗することに没頭した。[8] イーディシュ語の社会主義新聞フォアワーツ（「前進」というユダヤ系新聞）は1897年にニューヨーク市で創刊され、1923年には11の都市で地元の日刊版を持っていて、エイブラハム・カーハン (Abraham Cahan) 編集の下で25万部発行された。共産党の日刊紙デイリー・ワーカーは、1924年に創刊され、1930年代後期には、10万部の発行部数に達した。

"庶民の擁護者"

　世直しの精神はジャーナリズムと同じように以前からあるが、アメリカの歴史の中で、1900年初めの数年間ほど"庶民の擁護者"にとってよりよいチャンスの時はなかった。抵抗の声というものはジェイムズ・フランクリンやサミュエル・アダムズのような人びとによって植民地時代において高まった。また共和国誕生当初にはジェファソン派やジャクソン派の編集者たちによっても声が上がった。さらに南北戦争前には最初の大衆プレスの創始者たちによっても、また19世紀末には"ニュー・ジャーナリズム"の指導者たちによっても抵抗の声が上げられた。大企業と労働者、農民との争いは政府の統制をめぐって連邦派と反連邦派とが争ったのと同じように古いものである。労働者の権利と富のより平等な分配の争いも根本的には同じ立場の問題である。市政の腐敗との闘いは都市生活の興隆以来、良心的な新聞人にとっての仕事だった。しかし、このような争いの盛衰の中で、20世紀初頭の数年ほど、重大な争いの時期となった時はない。

　このような挑戦にはっきりとした反応を示した新聞もあった。同様の新たな大衆雑誌もあり、それは、ついにはテディ・ルーズベルトが"マクレイカー"（醜聞暴露者）と名付けた連中にとって重要な媒体となった。そして20世紀初頭に台頭したリアリズム作家の一派がアメリカ文学に重要な作品を添えることになったが、その内容は時代の生活や問題点を扱ったものである。政治家や労働

組合指導者、改革者、先導者、大学教授や聖職者、ソーシャル・ワーカーや慈善家たちと手を携えることによって、ジャーナリストや文学者たちは大きな社会改革の道を切り開くのに力を尽くしたのである。

ピュリツァーのワールドでのキャンペーン報道

　ジョゼフ・ピュリツァーとニューヨーク・ワールドは米西戦争後、"庶民の擁護者"としての影響力を増していった。外交問題では同紙はフィリピンの併合やカリブ諸国政策に見られる帝国主義的姿勢に強く反対した。ワールド紙は国際協調主義運動や国際問題に関する平和的な調停政策を支持し続けた。とくにベネズエラ危機において同紙はこの考え方を信奉した。国内政治では、ワールドはその外交方針から1900年の大統領選では"反帝国主義"的な綱領を掲げているということで、ウィリアム・ジェニングズ・ブライアンを支持するようになった。ただし、同紙は、ブライアンの急進的な金融政策についてはピュリツァーの意にそぐわないため、これを無視したのである。

　ワールド紙の独立した資質や世直し報道精神は国内、外問題ともに新たな評判を博した。これは、この時代の他紙に見られたように急にキャンペーン報道に関心を示したわけではなく、ピュリツァーの社説ページに関する哲学が花を開いたのである。ピュリツァーは、政治に関しては民主党に共感していたが、自紙は政党から独立しており、ワールドの方針にたまたま合った政党のある部分を支持すると論じている。当時の主要政党を見ると、ピュリツァーは共和党を信頼していなかった。というのは共和党には大企業の利益を強く反映している要素があったからである。しかし、彼はキャノン議長の力や、ニューヨーク州知事のチャールズ・エバンス・ヒューズ (Charles Evans Hughes) のような才能のある共和党候補者の力を破ろうとしている共和党反対派を賞賛し、支持した。ピュリツァーにとっては、民主党が最もよく自らの信じる政治哲学を示し、個人の自由や手作りの政治や進歩的な民主主義の擁護者として振る舞っている、と見えた。

　ワールドの論説欄が新たに充実した理由は論説担当者を刷新したことにもよる。1904年、慢性的な病気に悩まされていたピュリツァーは、つまり、晩年の数年間を悪夢のような状態にした極度の神経症に悩まされていたのだが、若き、輝かしい編集者を見出した。彼こそ、後にワールドの論説ページの中心的な戦力になるよう運命づけられていた。その名はフランク・I・コッブ (Frank

I. Cobb) である。

　コッブは当時 35 歳で、新聞の仕事に 15 年間携わってきたベテランであり、うち 4 年間はデトロイト・フリー・プレスの論説委員長を務めていた。正式な教育体験はいくぶん限られていたが、歴史や政治哲学に関する学問的な関心と読書、さらに取材記者や政治記者としての経験によって、彼の教育を十分補っていた。コッブは以前から円熟した判断力や優れた知的能力を見せていたが、それだけでなく、人間性を理解し、温和で、真面目で、情熱的な生活姿勢が人びとを引きつけた。[9] 1 年も経たないうちに彼は論説委員長として認められるようになり、1911 年ピュリツァーが死ぬと、編集の責任を引き継ぐことになるのである。

　ワールドのキャンペーンの中で最も有名な事例が 1905 年に始まった。エクイタブル生命保険会社の経営をめぐって闘いが展開した。同社は、人びとが本人や家族の安全無事のためにかける保険給付金の証書を買い取り始めることによって、膨大な財源を築いた生命保険会社の 1 つであった。ところが、同社の社員が保険契約者によって支払われた金を個人的な投資に使い、膨大な私的な財産を作り上げていた。つまりワールド紙によると契約者の金をギャンブルに使っていた、という証拠がデイビッド・ファーガソン (David Ferguson) とルイス・セイボールド (Louis Seibold) の 2 人の記者によって報じられた。ニューヨーク・プレスのアービン・ウォードマン (Ervin Wardman) らの編集者たちもこの報道合戦に加わり、疑惑の目はミューチュアル・ライフ社やニューヨーク・ライフ社へも向けられたのである。

　ニューヨークの州議会委員会による調査を求める声が高まった。その法律顧問はヒューズで、若く精力的な検事で、保険会社に非を認める形でこの事件の報告書をまとめた。彼はまた、保険会社が州議員たちに多額の賄賂を渡しているというワールドの告発を実証した。生命保険会社を支配していた"私利私欲"の亡霊があまりにも高く世論を喚起し、ニューヨークでは厳しい法律の規制が制定された。ヒューズは 1906 年州知事にのし上がった。

　もう 1 つのワールドのキャンペーンも紹介する価値が大いにある。1908 年暮れ、コッブは彼のいうところの"パナマ・スキャンダル全体,"について議会で調査するよう長文の社説を書いた。コッブの怒りは、パナマ運河問題を挙げたインディアナポリス・ニュース編集長に T・ルーズベルト大統領が行った"スキャンダルな個人攻撃"によって起こったのである。T・ルーズベルトは「事実を意図的に偽って述べた」とコッブは非難しながら、もともと運河を

建設しようとしてフランスの会社の権利を不必要に買ったとの内容を概略説明した。これに対して、T・ルーズベルトはピュリツァーを名指しで攻撃し、政府は彼を名誉棄損で告発するとの内容の特別教書を議会に送るなど仕返しに出た。司法省は告発しようとした際、新聞がウェスト・ポイントの連邦用地にも配られているので連邦裁判所で裁くよう求めた。しかし、連邦裁判事は、憲法修正第6条は被告に犯罪が行われたと見られる州や地域で裁判を受ける権利を保障しているから、このような形で連邦裁判所での審判を強要される必要はない、との判決を下した。連邦最高裁もそれを認め、T・ルーズベルトは州裁判所で争わずに訴訟そのものを取り下げた。コッブは、これを抑圧的な政府に対する言論の自由の全面的な勝利と呼んだ。彼の立場は根本的に正しかったといえる。ついに議会はパナマ地域の喪失に関してコロンビアに弁償し、アメリカは1979年運河の権利をパナマ共和国へ返した。

　コッブの論説ページは、ピュリツァーのニューヨーク・ワールドを十分発展させたいという望みを実現させたものである。ピュリツァーが1911年に死ぬ前に大事に鍛えてきたコッブは論理的に組み立てた意見を力強く表現するのに飛び切りの才能を持ちあわせていた。ワールドは、公共の重要問題に対して知的で公正な心でアプローチし、取材記者の取材能力と論説陣の支援と時には常軌を逸することがあるが華々しい紙面編集とを一体化させた前向きで活気あるキャンペーンに深い尊敬の念を勝ち得ていた。その点は、新聞界ではおなじみになっており、"新聞記者の新聞"と呼ばれていたのである。

　ワールドはウィルソンを大統領候補として"見出す"のに一役買い、コッブとウィルソンは親しい仲になった。コッブは権威の集中化を恐れることをしばしば表明していたが、この点は彼がウィルソンと親しくなったことによって部分的に解消した。ワールドは、連邦政府に膨大な新たな権限を与える経済、社会改革であるウィルソンの遠大なニュー・フリーダム計画を熱烈に支持した。コッブはベルサイユでの講和会議におけるウィルソンの顧問団の1人になったが、この会議はワールドが長年主張していた国際協力への希望を高めることになった。彼はワールドのコラムで、アメリカが国際連盟や世界裁判所に加入するよう主張したが、効果は上がらなかった。しかし、彼のコラムでの闘いはその後もワールドを民主党の指導的な声として位置づけることになったのである。

ワールドの終焉

　1923年、ニューヨーク・ワールドを悲劇が襲った。つまり、コップ編集長が仕事の脂が乗りきっている最中に死んだのである。ちょうど8年後、ワールドは崩れ去ってしまい、「もしコップが生きていてくれさえすれば……」と悲しみに更けりながらぼやく記者たちが大勢いた。多分ワールドの運命には変わりがなかったかもしれないが、コップの死後、同紙には、ピュリツァーが1883年に買収して以来誇っていた天才的なリーダーシップが欠けたのは明らかであった。

　1920年代中頃には、ワールドは影響力ある地位を保ち続けているかのように見えた。コップは、いまやウォールター・リップマン (Walter Lippmann) 率いる優秀な論説人の陰に隠れてしまった。論説委員の中には、マックスウェル・アンダーソン (Maxwell Anderson) やローレンス・スターリングズ (Laurence Stallings) やチャールズ・マーツ (Charles Merz) らがいた。スターリングズは「栄誉なんぞ何になる」という自作の演劇の方がより有名で、マーツは後にニューヨーク・タイムズの編集長になった。ワールドの解説・論説のページには、"自分にはこう思われる"という評判のコラムを担当していた進歩派のヘイウッド・ブルーン (Heywood Broun) が登場していた。また「司令塔」欄担当のフランクリン・P・アダムズ (Franklin P. Adams) や、アンダーソンやストーリングズのように創造的な分野に進出したフランク・サリバン (Frank Sullivan) らも執筆していた。この時代には、ワールドのために3回もピュリツァー賞を受賞した漫画家ローリン・カービー (Rollin Kirby) もいた（ピュリツァー賞はピュリツァーの遺志を継いでできた基金で創設され、コロンビア大学でのジャーナリズム教育もその基金で賄われた）。

　ワールドは輝かしい卓越した業績を打ち立てたにもかかわらず、このピュリツァーの盛り立てた新聞はニューヨークの朝刊紙の競争で敗れつつあった。ワールドは時どきヒットを飛ばしたものの、徹底的なニュース取材で月並みな競争に追いついていけなくなり、地下鉄利用客たちがタブロイド紙の魅力に取りつかれるのを眺めているだけだった。ピュリツァー家の相続人の1人であるジョゼフ・ピュリツァー・ジュニア (Joseph Pulitzer, Jr.) は手腕を発揮してきたが、セントルイス・ポスト・ディスパッチの方を治めただけだった。彼の兄弟であるラルフ (Ralph) とハーバート (Herbert) は、債務権限の大半を専務取締役・編集主幹のハーバート・ベイヤード・スオープ (Herbert Bayard Swope)

に委ねたが、ソープは 1928 年にワールドを去ってしまった。同紙はすでに赤字に陥っていた。1930 年の大不況時には、朝刊、夕刊と日曜版でのピュリツァーの損失は 200 万ドル近くに達していた。ワールドの売却が目前に迫っているという噂が広がると、新聞社の従業員たちは何とか自分たちでワールドを買い求めようとそれに足る資金を集めることに必死に努力した。ピュリツァーの遺言では同紙を売却することはできないはずだと社員たちは主張したが、1931 年 2 月、ニューヨークの裁判所はロイ・W・ハワード (Roy W. Howard) がスクリップス・ハワード・グループのために買い入れたことを承認した。ワールドの夕刊はテレグラムと合併された。ピュリツァーの天才的なジャーナリズムの象徴であったワールドの朝刊は消え去ってしまった。非常に大切で、かけがえのない何かが策略にかかって失われてしまった、と感じない新聞人はほとんどいなかったといえよう。

ハーストの使命強まる

　ワールドが成長している期間、ニューヨークにおける大量発行部数の主たる競争相手は"庶民の擁護者"としてのリーダーシップを断固として主張していた。ウィリアム・ランドルフ・ハーストは、国がフィリピンとハワイを併合し、カリブ海に軍事基地を作り、ニューヨーク・ジャーナルによって主張された様々なナショナリスティックな政策を採択していく方向に進むのを見届けてきたが、自らの関心を国内問題へと振り向けた。1899 年初頭には彼は、公共事業特権は公共機関によって所有されるべきであるとか、"犯罪トラストの撲滅"、累進課税の導入、州議会でなく住民投票による上院議員の選出、国・州・市町村レベルでの公教育制度の改善などを求める社説の論陣を張った。ハーストは新産業時代の象徴ともいえる炭坑や鉄道、電話事業のすべてを国営にすべきであると主張し始めた。さらには労働組合を全面的に支援した。

　1 つの例は、ジャーナルがペンシルベニアの無煙炭鉱山でストを行った鉱山作業員たちを支持したことである。1897 年 9 月、ラティマー付近で武装保安隊が移民のスト労務者たちに向かって発砲し、死者が 20 人、ケガ人が数十人生じた。保安官と 66 人の保安係員たちは 1898 年 2 月逮捕され、裁判にかけられた。東欧からの移民によって鉱山での劣悪な労働状況はさらに悪化し、とくにアメリカ生まれの独身者たちにとっては移民労働者たちは給与面でも文化面でも脅威と見なされた。ハーストは、もし正義が労働者たちに与えられなけ

れば、社会はひっくり返ってしまうだろうと論じた。イーブニング・ジャーナルは 2 月 24 日付け紙面で、鉱山所有者の代理人である保安官と保安係員たちを殺人者と名指しし、23 本もの記事と 8 本の社説と 9 本のマンガを掲載した。この大掛かりな報道はメイン号の沈没事件でようやく下火になった。しかし、非移民の陪審員たちが被告たちは無罪の審判を下すと、ハーストは鉱山所有者たちに暴力を使わない救済方法を見出すよう勧めた。1900 年と 1902 年の激しい無煙炭鉱山ストでは、ハーストの新聞は炭鉱経営者たちに対して徹底的な攻撃を加え続けるとともに、労働者たちを支援し続けたのである。

　このような手法がワールドなどの当時の進歩的な新聞よりももっと過激的であっただけでなく、ハーストの論説手法の影響力は痛烈で極端であった。1900 年の大統領選の際、ホーマー・ダベンポートの描くマッキンリー大統領はまさにドル札のスーツを着たマーク・ハナ (Mark Hanna) の操り人形で、それは残酷だが、効果的だった。ハナはオハイオ州の金持ちの政治家で、公職を目指してマッキンリーを仕込んできたのであった。マッキンリー大統領が、1901 年 9 月ポケットにジャーナル紙を突っ込んだ無政府主義者によって致命的な傷を負った時、ハーストのとどまることのないマッキンリー攻撃は撤回された。ハーストは賢くも、自紙のニューヨークの朝刊紙をアメリカンと紙名を変更した。しかし、この事件は一生彼の脳裏を去ることがなかったのである。

　ハーストは自ら公職につくことによって自分の政治信念を押し進めようと努めた。彼は 1903 年から 1907 年までニューヨーク市の民主党地盤地区からの選出上院議員を 2 期務めた。しかし、彼の目標はホワイト・ハウスだった。1904 年彼の見せ場が訪れた。つまり、民主党全国大会で 204 人の代議員が彼に一票を投じたのである（民主党候補のイスを獲得したのはアルトン・B・パーカー = Alton B. Parker 判事で、658 票を得た）。翌年、ハーストはニューヨーク市長選に無所属候補として立ったが、タマニー派の連中によって投票箱の得票数を故意に減らされ、約 3,500 票差で敗れた。

　これは顕著な躍進であり、ハーストは 1906 年のニューヨーク州知事選をホワイト・ハウスへの踏み台にしようと決意した。彼は民主党大会で同党の候補になったが、11 月の本選ではヒューズに敗れてしまった。T・ルーズベルトの親友のエライフ・ルート (Elihu Root) が演説でマッキンリー大統領暗殺事件のエピソードを思い出させたのである。そのためにワールドなどニューヨークの新聞は、彼が前年挑戦したタマニー派の連中と同じように、彼に背を向けてしまった。ヒューズは 6 万票差で勝った。これはその年の州知事選で共和党が勝

利した唯一のケースであった。そしてハーストの政治家としての人気は落ちてしまったのである。

　彼の政治や新聞での奮闘の中で、彼は労働者や中小企業経営者を始め普通の市民たちの支援者として重要な役割を演じた。"犯罪的なトラスト"、つまりアイスクリーム・トラストや、炭鉱トラスト、ガス・トラストといったものや、不正な政治家のボスに対する容赦ない攻撃は、体制に不満を抱く人びとを喜ばせた。率直な労組擁護によって、彼はアメリカ労働総同盟の支持を得た。彼の所有する新聞の大衆的な記事内容は多くの読者を引きつけた。センセーショナルな犯罪や堕落行為の記事や、ヒューマン・インタレストな物語、写真、マンガ、読みやすい活版印刷、ディスプレイなどが、多くの読者たちをハーストの新聞に引きつけるのに役立った。しかし、ハーストは次々に引きつけるものを持っていたにもかかわらず、当時の知的指導者たちの中には、彼のジャーナリズムや政治的な動機に疑問を感じる人びとが多かった。[10]

　20世紀の初め数年間、ハーストは4つの大都市で新たな新聞事業に乗り出し、注目を浴びた。つまり、それまでのサンフランシスコ・エグザミナーやニューヨーク・アメリカン、ニューヨーク・イーブニング・ジャーナルに8つの新聞を加え、新聞のグループ化経営に乗り出した。シカゴでは、夕刊のアメリカンが1900年に発行され1902年には朝刊のエグザミナーが発刊された。ボストンでは1904年、夕刊のアメリカンの誕生が見られ、さらにハーストは1917年、100年もの歴史を持ったデイリー・アドバタイザーを、1920年にはレコードを加えた。ハーストは1912年アトランタのジョージアンを、1913年にはサンフランシスコ・コールをそれぞれ買収した。ロサンゼルスは1903年朝刊のエグザミナーの創刊によって侵略された。ロスへの参入は地元の労組によって歓迎された。なぜならば反労働者体質のロサンゼルス・タイムズと労組は激烈な闘いを演じていたからである。ハーストはタイムズとの全面競争の火ぶたを切るために、2人の労組代表の間に立って車でパレードした。

　ロサンゼルス・エグザミナーの第1号で、編集者は自紙を宣伝している。つまりハーストの執筆陣を次のように紹介した。エラ・ウィーラー・ウィルコックス (Ella Wheeler Wilcox) は"世界的に有名な詩人でエッセイスト"であり、ジョン・A・ローガン (John A. Logan) 夫人は将軍夫人で"アメリカの家庭や婦人のため"の著述家である。ギャレット・サービス (Garrett Serviss) 教授は著名な天文学者であり、ドロシー・ディックスは90年後に知られるようになる最初の人であり、アンブローズ・ビアス (Ambrose Bierce) は真に偉大

な作家である。その広告記事によると、社説ページには、「この国に公共社会に関する思想を形成するのに大いに役立ってきた思想啓発型の社説が掲載されている」と述べている。社説欄の漫画家としてはオッパー (Opper)、パワーズ (Powers)、ダベンポートやハワース (Howarth) らの名がリストアップされていた。また連載漫画作者としてはカッツェンジャマー・キッズ (Katzenjammer Kids) やチャイルド・ハロルド (Childe Harold) らの名が載っていた。そして、同紙は「ハースト紙の雑誌欄のようなものは新聞界にはない」とうたっている。1か月のうちに同紙は3万2,500部を得たと公称した。同紙は半世紀の間、有力紙であり続けた。[11]

スクリップスと"庶民紙"

　一方、もう1つの"庶民派の新聞"がスクリップスの指揮の下に台頭してきた。彼はイリノイの農村の少年として育ち、一連のスクリップス紙の第1号に成功したのは、24歳の時だった。スクリップスは中西部からスタートした。当時はちょうどピュリツァーがセントルイスで初めて成功をなしている頃であったし、またストーンがシカゴで、ネルソンがカンザスシティで成功しつつある頃だった。彼が兄ジェイムズの下に徒弟に入っていたデトロイト・ニュースは早くもニュー・ジャーナリズムを実行していた。彼の最初の2紙であるクリーブランド・プレスとシンシナティ・ポストは安い夕刊紙で大衆にアピールした。

　しかし、大都市で大発行部数を求めたピュリツァーやハーストとは違い、スクリップスは地方の小さいが、工業化しつつある都市の労働者に照準を合わせた。労働者向けにスクリップスは明快で読みやすく、サイズは小型だが心を大きくさせる新聞を作った。綿密に編集した記事、ヒューマン・インタレストな読み物、恐れを知らぬ取材、地元キャンペーン、戦闘意識の高い、独立精神に富んだ社説といったものがスクリップスの定番となった。

　スクリップスを"庶民の擁護者"としての特有な指導者に仕立てたものは、彼が労働者への責任の念を持っていたからである。「自分が第一義としている信条は、金力に富み、インテリである人びとと1対1で同等に戦うには世間的な物質面でも、また、生来の知性でもともに豊かでない大勢の人びとのための唱道者たらんとしてきたことである」と語っている。[12] スクリップスは自紙を労働者が通える唯一の"教室"だと見なした。彼は、他の新聞はほとんどが

資本主義的で、労働者階級に反対で、訴えがあまりにもインテリ過ぎている、と信じた。また、そのような状況では、教育制度は彼の"大衆"にとっては失敗である、と悲しく語っている。そこで彼は、貧しく、情報の乏しい人びとの生活を向上させる前提条件として、労働組合組織と団体交渉とが必要である、と社説を通じて納得させようと努めた。スクリップスは、自紙が自らに設定した気高い目的をいつも主張していたわけではなく、「いつも金持ち階級に反対し、絶えず労働者階級を支持する」ことは時には間違っているということをも認めた最初の人でもあった。しかし、彼は、このような基本方針に焦点を合わせていけば、登場して欲しいと望んでいた長期的な社会パターンを押し進めることができるだろう、と信じていたのである。

　なかんずく、スクリップスの新聞は、新聞の所有者であり編集長である人の性質としては生来のものである"反抗の精神"を反映していた。スクリップスは自分はすべてのものに対して反抗する、つまり自分のモットーは"何事にも間違いがある"ということだ、と言明している。彼は、古臭い政治制度や、非民主主義的な政治行為、金持ちやインテリによる権力や名誉の強奪、機会の不平等、またヒューマニティのために行ったことを除いた宗教、法律、政治におけるありとあらゆる権威、政治不正、経済権益などについて反抗した。彼は、自分は"ばかげた老いた変人"であり社会に抗していると述べている。しかし、実際は進歩的な民主主義を築こうと努めたのである。同時に彼は、生産性を高め、分配の富を増やすことで労働者に自らを向上させようとする立派な資本家でもあったのである。

　スクリップスが新聞経営の人生を歩み始めたのはデトロイト・ニュースの株に分担して600ドル投資してからである。姉のエレンと兄のジェイムズとジョージの助けを受けて、彼は1878年にクリーブランド・プレスを創刊。1883年には1年に1万ドルの収入を得るようになり、シンシナティへ転じ、苦闘するペニー・ペーパーで後のポスト紙を買収した。

　こういったことはスクリップス新聞帝国の形成期のことであった。クリーブランドではスクリップスはロバート・F・ペイン(Robert F. Paine)編集長を見出し、彼は30年以上も編集方針作りの指導者だった。シンシナティではスクリップスは営業局長、ミルトン・A・マックレイ(Milton A. McRae)を見出した。1889年にはスクリップスとマックレイはスクリップス＝マックレー新聞連盟を作った。マックレイは演説者であり、表看板の人物であり、また業務の責任者でもあった。スクリップスは好きなカリフォルニアの牧場で生活する方

針を立てた。1890年、36歳の時、スクリップスは"引退"し、ミラマールというサンディエゴ付近の大牧場へ移った。そこで彼は牧場の作業服を着、カウボーイ・ブーツを履き、ポーカーを楽しみ、ウィスキーを飲み、数え切れないほどのタバコを吸うなど、飾らぬ生活を送った。ミラマールでは彼は、主要な編集と営業の責任者と手紙を往復させることによって連絡を密にし、協議を重ねていた。この地で71歳まで生き、自らの力で5,000万ドルほどの財をなしたのである。

スクリップスの拡張戦略は簡単なものだった。彼とマックレーが工業化しつつある都市だが普通は小さなところで、古臭い競争紙のあるところを探し求める。彼らはそこに数千ドルを投じ、新聞を発行させるために若く、野心のある編集長と営業部長を送り込む。もし若いジャーナリストが成功すれば、株の49％を持たせる。もし、もたつくのなら新顔に交代させる。もし10年以内に利益が上がらなければ失敗として諦める。この方針の結果、スクリップスの新聞にはかなり多くの社員株主ができた。しかし、あまり才能に恵まれない者に対しては、当時の安いサラリーを払っていた。この点で、スクリップスは新聞発行の仕方が典型的に資本主義的であったといえる。

スクリップスの新聞は安い夕刊紙で、主に購読料金に依存していたので、編集には慎重を期さなければならなかった。スクリップスは小さな見出しと短く簡潔な記事を書くよう指示することによって、新聞用紙を節約した。スクリップスの新聞が最大限のニュースを盛り込むことができるよう余計な言葉を除くようにしたが、これは編集者たちにとっては高度な技術であった。言葉を節約することによって、最重要のニュースを載せた後は、論壇や特集記事に、たっぷりスペースを割くことができるようにもなった。

1911年までにスクリップス＝マックレー連盟はオハイオ、インディアナ、テネシー、アイオワ、コロラド、オクラホマとテキサスに18の新聞を所有した。一方、スクリップス自身は自らの西海岸新聞チェーンを作り上げ始めた。つまり、1893年にサンディエゴ・サンを買収したのを手始めに、10以上の西海岸の都市で新聞経営に携わった。しかし、ここではあまり工業化は進んでおらず、彼の業績は極端にふるわなかった。スクリップスのチェーン紙として登場した有力紙はなんとサンフランシスコ・ニュースだけだった。1920年スクリップスと息子ジェイムズとの間にいさかいが生じると、ロサンゼルス・レコードと4つの太平洋北西部の新聞がスクリップスの親組織から離脱し、スクリップス連盟の基礎を築いたのである。

スクリップスは1911年にもう1つの実験を行った。つまり、シカゴでデイ・ブックと題する、広告を載せないタブロイド紙を発行したのである。ネグリー・D・コークラン (Negley D. Cockran) が編集長で、詩人のカール・サンドバーク (Carl Sandburg) が報道主任になった。この小型の新聞は、スクリップスの好みの夢を実現したもので、2万5,000部の発行部数に達し、1917年、第1次世界大戦の最初の1年に新聞印刷代が高騰し、休刊した時でさえ、1か月の損益は500ドル以下だった。第2の無広告紙であるフィラデルフィア・ニュース・ポストは1912年に創刊されたが失敗してしまった。

　何年もの間、スクリップスの新聞は、労働者たちが組織を作る権利のために闘い続けた。同紙は国有化へのキャンペーンを張るとともに、公益企業の横暴に抗議するキャンペーンも行った。T・ルーズベルトの改革や彼の第3党の立候補を支持した。さらに同紙はウィルソンの"ニュー・フリーダム"政策や彼の再選をも支持した。同紙は外面的にも内容面でも一般紙よりも労働者新聞に近かったが、スクリップスが避けようとしていたインテリからも支持を得たのである。

ホワイトとエンポリア・ガゼット

　スクリップスやニューヨーク・タイムズのオックスらが比較的個人の感情を交えないやり方で新聞発行を指導していた一方で、カンザス州の小さな町の一編集者がアメリカ社会に非常に個人的なインパクトを与えていた。ウィリアム・アレン・ホワイト (William Allen White) はカンザス州のエンポリアで1868年に誕生し、1944年その地で死んだ。しかし、その間彼は全アメリカの市民になるとともに、エンポリアがシンボルになっている全国の小さな街のためのスポークスマンにもなった。エンポリア・ガゼットの編集長は、ジャーナリズムに対してパーソナルでオープンに対応していく典型的な人物というわけではなかった。彼の新聞編集は、最初は保守派として後には改革派としての、もっと大きな活動の基盤であった。

　ホワイトはカンザス大学在籍の頃、記者兼編集長として働いたことがある。24歳の時、彼はウィリアム・ロックヒル・ネルソン (William Rockhill Nelson) のカンザス・シティ・スターの論説記者になった。1895年までになんとか3,000ドルをかき集め、当時600部も出ていなかった倒産一歩手前のポピュリスト（人民）党紙のエンポリア・ガゼットを買い取った。その時ホワイトは27歳

だったが、妻のサリー (Sallie) とともに、故郷で暮らすために、エンポリアに戻っていたのである。

　カンザスは1893年の経済不況の間に、人民党と民主党に支配されていた。ホワイトは活動的な共和党編集者であり政治家だった。彼は生涯、政治が好きで、党のために働いた。またマッキンリーやT・ルーズベルトの頃から、ウェンデル・ウィルキー (Wendell Willkie) やフランクリン・ルーズベルトの時代まで多くの政治家たちの親友であった。1896年8月15日、ホワイトは社説で人民党に対する怒りをぶちまけた。これがもとで彼はピストルで撃たれ、全国的に有名になった。ホワイトが後に"完全満開の保守主義"を説明するものとして言及したのが"いまのカンザスで構わんじゃないか"と題する社説である。この社説は、カンザスでは人口や経済が下降しているという事実の裏付けを引用し、"取るに足らない、極端で軽薄な凶器じみた"改革運動を、徹底的に有効な形で非難した。[13] この社説は民主党大統領候補のブライアンに対する攻撃材料としてまさに全国のすべての共和党紙に再録された。マッキンリーの選挙参謀のハナはこの若き編集長ホワイトを雇った。しかし、カンザスでの選挙ではブライアンと民主党が勝利した。

　ホワイトはいまや全国的な舞台に登場した。彼は政治指導者の友人になり、ニューヨークの若き共和党員のT・ルーズベルトを知るようになった。ホワイトにとってT・ルーズベルトは、深い尊敬の対象であり、生涯の英雄的な政治家であった。もっと重要なことは、ホワイトが雑誌発行者のマックルアと知り

ウィリアム・アレン・ホワイト
（エンポリア・ガゼット）

合い、マックレーカーの仲間の一員になったことである。その仲間の中にはリンカーン・ステファンズ (Lincoln Steffens) やレイ・スタナード・ベーカー (Ray Stannard Baker)、ジョン・フィリップス (John Phillips) やアイダ・M・ターベル (Ida M. Tarbell) らがいた。ホワイトのカンザスや政治についての記事や評論はいくつかの雑誌に掲載された。ホワイトはいまや時代の波に乗り、マックレーカーたちと親しく交際するようになり、T・ルーズベルトのオイスターベイの自宅にも妻とともにしばしば招かれるようになった。エンポリア・ガゼットは各種の改革を要求し始めた。つまり、自然の資源の保護、鉄道料金の規制、労働者給与の保証制度、直接投票による予備選挙、国民発議権、国民投票、児童労働力の廃止などである。

　T・ルーズベルトは1912年タフトと不和になり、進歩党が結成された。ホワイトはこの新しい第3党のカンザス出身の全国委員会委員になった。彼は国際連盟の支持者であった。つまり孤立主義の国における国際主義者だったのである。また、第2次世界大戦が勃発した時、連合軍を支援することによってアメリカを守る委員会のリーダーであった。彼はニュー・ディール政策がもたらす社会的な利益を高く評価したが、F・ルーズベルトよりはT・ルーズベルトの指導力をより強く好んだのである。

　小さな街の優れた編集者として、もう1人、カンザスに住み、働いた者がいる。その人はエド・ハウ (Ed Howe) といい、1877年、22歳の時200ドルの資本金で日刊紙アチソン・グローブを創刊した。しかし、彼にはホワイトのような幅広さと情感がなく、むしろ、自らトラブルを起こす才に長けていた。彼は、宗教とはバカげたものだ、とカンザスの住民たちに語りかけている。女性の権利が叫ばれている時に、女性の場はあくまでも家庭にある、と主張した。だが、彼の簡潔で冷笑的な社説はしばしば人間性に対して鋭い洞察力を見せていて、社説は広く全国の新聞に、"じゃがいも丘の賢人"の記事として再録された。優れた小説『田舎の物語』によって彼はいっそう有名になった。

他の新聞のキャンペーン報道

　ピュリツァーとハーストとスクリップスだけが、20世紀初頭における新聞発行者、編集者の中で、庶民の擁護者だったわけではない。だが、企業トラストに反対したり、一方的な公共事業の特権に抵抗したり、政治の不正や腐敗を暴いた人びとすべてをリストアップすることは不可能である。しかしながら、

新聞人によってなされたある程度の貢献は、全国的に一見すれば理解できよう。[14]

　堅固な政治支配集団に挑んだ戦いが、ボルチモア・イーブニング・ニューズの編集長のチャールズ・H・グラスティ (Charles H. Grasty) とボルチモア・サンによってなされた。グラスティは、政敵たちから名誉棄損罪で訴えられたにもかかわらず、ボルチモアの政治腐敗を暴いていった。1895年サンが民主党とのつながりを絶ち、アーサー・P・ゴーマン (Arthur P. Gorman) 上院議員のメリーランド州における政治派閥を攻撃した時、グラスティはゴーマン一派を追い出すのに協力した。その結果、メリーランドでは、南北戦争後初めて共和党が指導権を握り、ゴーマンは上院議員の地位を1期失ったのである。

　全国的に見ても壮観だが矛盾をはらんだフリモント・オールダー (Fremont Older) の人生はサンフランシスコで演じられた。オールダーは若い頃あちこちの新聞社を転々と渡り歩く典型的な記者だったが、1895年ブルトゥンの編集長として落ち着いた。彼はヨタついているこの夕刊紙を、センセーショナルな方法で十分価値ある新聞に仕立て、堅実な市民の指導者であるサンフランシスコ・クロニクルに同調し、市政のボス連中への闘いに踏み切った。批判の対象にした連中はユージン・E・シュミッツ (Eugene E. Schmitz) 率いる労働党と市政のボスのエイブラム・ルーフ (Abram Ruef) であった。オールダーは新聞人としての役割から踏み出して、市民改革指導者になった。市政に公僕精神をと叫ぶエネルギーを駆り立てたのは彼の威圧するような気質であった。改革グループは、売春業者から賄賂を受け取ったかどで、シュミッツとルーフを訴え、ルーフを刑務所へ送り込んだ。検察官のフランシス・J・ヘニィ (Francis J. Heney)（法廷内でピストルに打たれ重傷を負った）やハイラム・W・ジョンソン (Hiram W. Johnson) が捜査したにもかかわらず、有罪を免れた関係者もいた。オールダーの最後の大がかりなキャンペーンはトム・ムーニィ (Tom Mooney) のためのものだった。ムーニィは1916年サンフランシスコで起きた防衛の日の爆弾事件で不当に起訴されたとオールダーは最終的に判断した。オールダーはムーニィ問題でブルトゥンとの関係を清算し、1918年ハーストのコールの編集長になった。同紙は1929年にコール・ブルトゥンになったが、オールダーは、ムーニィが無罪判決を獲得する前の1935年に死去した。

　オールダーはサンフランシスコでの裁判の最中に誘拐され殺されかけた。南カロライナでは1人の編集長が暗殺された。その人はコロンビア・ステート紙のN・G・ゴンザレス (N. G. Gonzales) で、1903年のことだった。ゴンザレ

スは、3人兄弟の1人で、1893年彼らが創刊した新聞で政治ボスのベン・ティルマン (Ben Tillman) を攻撃した。一方、コロンビア・ステートは、義務教育制度を主張したり、児童の労働や"リンチ法"に反対するなど指導力を発揮し続けた。

華やかさには欠けるが、実直で品格のある庶民の擁護者は北カロライナのジョゼフス・ダニエルズ (Josephs Daniels) であった。彼は1885年ローリーでステート・クロニクルの編集長になった。同紙は週刊紙で、2年前にウォルター・ハインズ・ページ (Walter Hines Page) によって創刊された。ダニエルズは、ローリーでの最初の数年間、サザン・レールウェイ（南部鉄道）が他の鉄道への支配を広げようとすることに対して反対のキャンペーンを張った。彼は教育の機会均等の手段として州の公立学校基金を作ることを主張し、州立大学の経済支援を説き、教員養成大学の設置を支持し、識字不能率を克服する手段として義務教育制度を唱えた。1890年、アメリカ・タバコ会社がデューク家によって設立されると、彼は"タバコ・トラスト"に対し長い間反対のキャンペーンを行った。

ローリーにおける老舗の新聞はニューズ・アンド・オブザーバーであった。1895年ダニエルズは同紙を買収し、南部の指導的な新聞の1つに作り上げた。

ジョゼフス・ダニエルズ（ノース・カロライナ州ラレイのニューズ・アンド・オブザーバー）

ジョゼフ・メディル（シカゴ・トリビューン）

彼は熱烈な民主党支持者で、ブライアンの3期目の大統領選挙でキャンペーンを張った。またウィルソンを懸命に支持した。1913年ウィルソンが彼を海軍長官に任命した時、彼の政治キャリアは始まった。

シカゴでは、ジョゼフ・メディルが創刊したトリビューンが様々な記録を打ち立てていた。彼は1899年に死亡したが、彼の最後の編集の数年間では、トリビューンは外交面で非常にナショナリスティックであり、一般に保守的な趣を見せていた。同紙は進歩的なイリノイ州知事ジョン・オールトゲルド (John P. Altgeld) を攻撃し、ユージン・デブス率いるシカゴ労働組合を激しく非難した。しかし、トリビューンは公共事業や路面電車の特権取得に徹底的に反対するキャンペーンも行った。また、1903年漫画家ジョン・マッカッチャン (John T. McCutchen) がレコード紙からトリビューン紙へ移籍すると、彼の1面のマンガを効果的に利用した。

トリビューンの卓越した編集局長ジェイムズ・キーリー (James Keeley) は1910年における州最大の暴露記事の1つの進展に貢献した。つまり同紙は、ウィリアム・ローラマー (William Lorimer) が上院たちに賄賂を渡すことによって当選した証拠を報じたのである。キーリーが入手した証拠にもかかわらず、ローラマーが上院から追い出されるまでにトリビューンとレコード・ヘラルドによるキャンペーンは2年も要した。

雑誌：マックレイキングの時代

重要なことは"庶民の擁護者"とは雑誌であったことである。20世紀初めの十数年間に雑誌は暴露文学を発展させ、T・ルーズベルトはそれを"マックレイカー"の作品と名付けたほどである。T・ルーズベルトはこの表現を軽蔑的な意味合いで用いた。つまり彼は、センセーショナルな作家たちをジョン・バニアン (John Bunyan) の『天路歴程』(Pilgrim's Progress) に出てくる肥やし熊手を持った男と比較した。肥やし熊手の男は、顔を上げて天界の王冠を見ることなく、ただ肥やしをかき混ぜ続けていたのである。しかしながら、雑誌の社会改革者たちは、この名称を名誉の象徴として受け取り、アメリカの雑誌の歴史では、この時期は"マックレイカーの時代"として知られている。[15]

1893年にマックルアーズ、コスモポリタンとマンズィーズという新しい大衆的な雑誌が定価を10セントに下げたので、3誌の発行部数は上昇し始めた。20世紀初頭以降、これらの雑誌やレイディーズ・ホーム・ジャーナル、コリ

アーズ、エブリボディズやサタデー・イーブニング・ポストといった雑誌はそれぞれ数十万部の発行部数に達した。ほとんどの雑誌が、大企業や汚職に抵抗し、社会正義を求めるキャンペーンを大いなる情熱を込めて行った。書き手たちは大半が新聞社の出身で、各地でキャンペーンを張っている新聞に掲載された記事をしばしば転載し、全国的な読者を獲得した。記事を外部から得たとしても、雑誌は全国の読者向けに社会、経済、政治問題についての情報を解読、説明する労を払ったのである。

マックレイキング時代をもたらしたのはマックルアである。彼の雑誌は1902年後半に3つの重要な連載記事を始めた。彼は1884年新聞の特集記事の配信サービスを始め、多くの読者や記者たちを引きつけ、1893年には定価を安くし、興味深く、タイミングのよい記事や文芸作品を盛り込む形で、雑誌界に切り込んできた。彼と編集次長のジョン・フィリップスは、マックルアーズ誌のノンフィクション部門を取り仕切る才能があり、信頼の置ける書き手を選んだ。その1人はターベルで得意分野は伝記と調査ものだった。もう1人はリンカン・ステフェンズである。彼はイーブニング・ポストの記者をした後、ニューヨークのコマーシャル・アドバタイザーの社会部長を務めたことのある人で、アメリカでの有名な社会キャンペーンの進歩派記者の1人になった。三番目はレイ・スタナード・ベイカー (Ray Stannard Baker) である。彼は1897年シカゴ・レコードからマックルアーズへ移った人で、後にウィルソン大統領の伝記作家として名声を博すことになった。1902年後半に、ターベルがジョン・ロックフェラーとスタンダード石油会社の経営策略を暴いたのを皮切りに、ステフェンズが市や州当局の汚職を攻撃し、ベイカーが労働者たちの問題について議論を始めた。マックルアーズの部数は50万部を超え、雑誌編集のマックレイキング現象は頂点を極めた。

マックルアがやっていたことは、何も雑誌界にとって目新しいことではなかった。ハーパーズ、スクリブナーズ、センチュリーとかアトランティック・マンスリーといった質の高い既存の雑誌も、色調は主に文芸ものだったが、時局に対する関心をある程度払っていた。比較的少数だが影響力を持った読者を擁していたオピニオン誌もあった。たとえばゴドキンのネーション、アルバート・ショー (Albert Shaw) のレビュー・オブ・レビューズ、ライマン・アボット (Lyman Abbott) のアウトルック、ノース・アメリカン・レビューやインディペンデントなどである。同じ種類だが、社会経済や政治改革のためのキャンペーンに指導的な力を発揮していた初期のものはベンジャミン・フラワー

McClure's Magazine

VOL. XX   *JANUARY, 1903*   NO. 3

THE SHAME OF MINNEAPOLIS

The Rescue and Redemption of a City that was Sold Out

BY LINCOLN STEFFENS

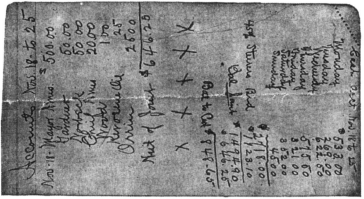

FAC-SIMILE OF THE FIRST PAGE OF "THE BIG MITT LEDGER"

An account kept by a swindler of the dealings of his "Joint" with City Officials, showing first payments made to Mayor Ames, his brother, the Chief of Police and Detectives. This book figured in trials and newspaper reports of the exposure, but was "lost"; and its whereabouts was the mystery of the proceedings. This is the first glimpse that any one, except "Cheerful Charlie" Howard, who kept it, and members of the grand jury, has had of the book

WHENEVER anything extraordinary is done in American municipal politics, whether for good or for evil, you can trace it almost invariably to one man. The people do not do it. Neither do the "gangs," "combines," or political parties. These are but instruments by which bosses (not leaders; we Americans are not led, but driven) rule the people, and commonly sell them out. But there are at least two forms of the autocracy which has supplanted the democracy here as it has everywhere it has been tried. One is that of the organized majority by which, as in Tammany Hall in New York and the Republican machine in Philadelphia, the boss has normal control of more than half the voters. The other is that of the adroitly managed minority. The "good people" are herded into parties and stupefied with convictions and a name, Republican or Democrat; while the "bad people" are so organized or interested by the boss that he can wield their votes to enforce terms with party managers and decide elections. St. Louis is a conspicuous example of this form. Minneapolis is another. Colonel Ed. Butler is the unscrupulous opportunist who handled the non-partisan minority which turned St. Louis into a "boodle town." In Minneapolis "Doc" Ames was the man.

Copyright, 1902, by the S. S. McClure Co. All rights reserved.

マクルアーズをマックレイキング雑誌のリーダーたらしめた記事のひとつ。

(Benjamin Flower) のアリーナである。このような雑誌は増加する企業トラストや収賄事件、政治ボスなどに関心を示していたが、真に一流企業を真正面から初めて攻撃したのはやはりマックルアーズだった。

　ターベルの「スタンダード石油会社の歴史」と題するシリーズは 1904 年までマックルアーズに連載された。彼女は、競争相手を締め出すために、ロックフェラー社が使った不正な経営策略を詳しく、徹底的にドキュメントしたが、このために同社はその後何年もの間、抗弁に立たなければならなかった。ステフェンズは「都市の恥」と題する連載を行った。これは初めセントルイス・ポスト・ディスパッチが摘発した同市の状況を詳報したものだが、彼はさらにミネアポリス、ピッツバーグ、フィラデルフィア、シカゴ、ニューヨークなどの都市での政治腐敗を報道し続けた。スプリングフィールド・リパブリカン出身のジョージ・キッブ・ターナー (George Kibbe Turner) はその後 10 年ほどこの都市シリーズものを引き継いだ。ベイカーは労働問題を取り扱った。つまり、児童労働の問題や黒人の経済状況などである。マックルアーズへの寄稿者は他にバートン・M・ヘンドリク (Barton M. Hendrick) がいる。彼はニューヨークの生命保険会社の問題を扱った。カンザスの編集者ホワイトも寄稿者の 1 人だった。また新聞記者のウィル・アーウィンが 1906 年に同誌の編集長を務めた。

　コスモポリタンの所有がジョン・ブリズベーン・ウォーカー (John Brisben Walker) からハーストの手へ渡ると、同社は 1906 年に「上院の反逆」と題するシリーズものを掲載することによって、マックレイカーに仲間入りした。その執筆者はデイビッド・グラハム・フィリップス (David Graham Phillips) で、彼はピュリツァーのワールドの論説委員の 1 人で、社会問題についてのシリーズ本を書くために新聞社をやめたのである。フィリップスは、相手が共和党員であろうが民主党員であろうが、"利権" のスポークスマンになっている保守的な上院議員たちを非難した。他の有名なマックレイカーたちの中には、ルイスがおり、彼はコスモポリタンで国際穀物会社を批判し、さらにアメリカの代表的な百万長者たちの経歴を調べるシリーズを行った。21 歳でミネアポリス・ジャーナルの編集局長になり、ニューヨークやシカゴの新聞で働いたことのあるチャールズ・エドワード・ラッセル (Charles Edward Russell) は 1910 年の連載もので、州政府の弱点を調べ上げた。

　1899 年に創刊され、ジョン・オハラ・コスグレーブ (John O'Hara Cosgrave) によって編集されていたエブリボディズもマックレイキング的な報道に精を出していた。同誌が 1904 年、派手なウォール・ストリートの金融業者トマス・

W・ローソン (Thomas W. Lawson) に連載「逆上した金融」を書くよう説得すると、ローソンの内幕ものに対する大衆の欲求によって、1 年のうちに発行部数が 20 万部から 73 万 5,000 部に跳ね上がった。有力誌ではないがピアソンズやハンプトン（1907 年から 11 年にかけて 44 万部の読者層を獲得した）や、ウィスコンシン州の進歩党を代弁するラ・フォレッツ・ウィークリーは影響力があった。

1905 年以降マックレイキング報道でマックルアーズからリードを奪ったのはコリアーズだった。この雑誌はロバート・J・コリア (Robert J. Collier) によって発行され、ノーマン・ハプグッド (Norman Hapgood) によって編集されたもので、国内政治問題で有益な論説を掲載していった。記事はさまざまな社会、経済問題にわたっていたが、サミュエル・ホプキンズ・アダムズ (Samuel Hopkins Adams) が新薬販売について書いた一連の記事が注目を浴びた。アダムズの連載記事は「大がかりなアメリカのいんちき」という題で、1905 年から 1906 年にかけて掲載された。アダムズの記事は、おなじみの"万人に効く"という薬の効能書きに偽りがあることを暴き、さらに、毒性のある成分を含んでいる薬もあることを明らかにした。同じように製薬業界を攻撃して有名になったのはレイディーズ・ホーム・ジャーナルのエドワード・ボックである。アメリカの女性たちが助言を得ようと手紙を書いていたリディア・E・ピンカム (Lydia E. Pinkham) はすでに 22 年前に死んでいたということを明らかにして、女性たちにショックを与えたのもボックであった。

新薬への攻撃と機を一にしたのは食品加工工場での混ぜ物食品や不衛生な作業に対する猛攻だった。農務省の科学検査主任のハーベイ・H・ワイリー (Harvey H. Wiley) 博士の指導の下に、連邦政府や州当局の役人たちは粗悪な食品がはびこっているだけでなく、精肉包装出荷業者たちが化学薬品や人工染色剤を加えていることを明らかにしていた。しかし、事態がもっとはっきりしたのはアプトン・シンクレア (Upton Sinclair) が 1906 年に『ジャングル』(*The Jungle*) と題する小説を書いた時である。その内容はシカゴの精肉包装出荷工場で働く移民労働者たちの状況を描いたもので、非衛生的な作業状況は恐るべきものだった。

その結果、1906 年には純粋食品・薬品法が成立した。同法は製造業者の作業内容をいろいろ規制しているが、"広告における真実"の問題は置き去りにされた。つまり、読者から、薬の効用を激賞する感謝の言葉を入手し、それをコラムに載せるという新聞も出てきた。このいわゆる"読者"を使うやり方は

1段いくらでパブリシティ原稿を載せることにまで広がっていった。"広告における真実"へのキャンペーンが進むに従って、新聞人たちはそれに協力していった。間違った、ごまかしの、まぎらわしい広告文を違法とする州法が、印刷業界の機関誌プリンターズ・イングが1911年にモデル案を採用した後成立した。1912年の連邦政府の新聞広報法は、金を得て掲載されたものはすべて"広告"であることを明記すべきだと定めた。

　他の雑誌についても言及しておくべきであろう。その1つはアメリカン・マガジンで、1906年マックルアーズの執筆陣によって買収された。方針の不一致によってマックルアーズの副編集長のジョン・フィリップスはスタッフから去った。彼はターベル、ステフェンズ、ベイカー、ホワイトや"ミスター・ドゥーリー"ことフィンリー・P・ダンらを連れ立って去った。彼らはマックレイカーのリーダーたちであり、数年の間アメリンのために優れた編集陣を組んだ。マックレイキングの頂点は1906年に到来したが、進歩的な反乱が続き、1912年にはT・ルーズベルトの第3党による立候補やウィルソンの大統領選などでクライマックスに達した。ニュー・リパブリックはハーバート・クローリー (Herbert Croly) 編集長の下で1914年にスタートした。クローリーの『アメリカ生活の約束』(*The Promise of American Life*)（1909年）はウィルソン流進歩派にとっての信条となった。クローリーとその編集メンバーのリップマンは第1次世界大戦中ウィルソンを支持した。マッシィズはマックス・イーストマン (Max Eastman) によって編集された。同紙は、反戦・社会主義者たちが戦時中に迫害を受け消滅していった1911年から1917年にかけて、反逆の輝かしい代弁者であり、ウィルソンを支持しなかった。その寄稿者の中にはリップマンやサンドバーク、シャーウッド・アンダーソン (Sherwood Anderson) や漫画家のアート・ヤング (Art Young) らがいた。

リアリズムの時代

　アメリカの作家たちも、社会を正そうと役割を演じた。ウィリアム・ハウエルズやヘンリー・ジェイムズはもともとリアリスティックな小説への道を目指していた。この運動に加わったのは小説家のスティーブン・クレインや短編小説家のアンブローズ・ビアスやハムリン・ガーランドらだった。同じ流れのものとして詩人のウォルト・ホイットマンやエミリー・ディキンソンらもいた。この文学的な遺産や時代の緊迫によって、20世紀に入ってからの文学の世界

にリアリズムが開花したのである。

　カリフォルニアのフランク・ノリス (Frank Norris) は、32歳で短い人生を閉じる前に、"麦の叙事詩"について練った3部作のうち2巻を出版した。彼の『タコ』(The Octopus) は1901年に出版されたもので、南太平洋鉄道の権力と闘うカリフォルニアの農民たちの物語である。『仕切り売り場』(The Pit) はシカゴの小麦投機家への抵抗の物語で、この作品も読者に深い感動を与えた。同じカリフォルニア出身の作家ジャック・ロンドン (Jack London) は冒険や、未熟で残忍な経験の物語で、資本主義体制に対して高まる抵抗を大いに描いた。ロンドンの『鉄のかかと』(The Iron Heel) は1907年に発行され、シンクレアの『ジャングル』は冷徹なリアリズムのハイライトであった。またセオドア・ドライザー (Theodore Dreiser) の『シスター・キャリー』(Sister Carrie) （1900年）もリアリズムの作品で、最初は驚いた出版社によって一部削除された。また彼の後の作品『財界人』(The Financier) （1912年）や『巨人』(The Titan) （1914年）もリアリズムの路線である。

　多くの読者がノリス、シンクレア、ロンドンやドライザーらの作品を読むよりは、歴史小説や冒険物語や『デイビッド・ハーラム』(David Harum) や『キャベツ畑のウィッグス婦人』(Mrs. Wiggs of the Cabbage Patch) といった大衆小説を読んでいたのは事実である。ステフェンズやターベルやサミュエル・アダムズらの暴露記事を読んでいた人びとよりも、マンズィーズやサタデー・イーブニング・ポストに掲載されている小説を読んでいた人びとの方が多かったであろう。新聞の読者の中でも、スクリップスやピュリツァーおよび彼らに匹敵する当時の人物の論説をむさぼり読んでいたという人はあまりいなかったかもしれない。しかし、アメリカ史の重要な時期に、つまり、政治、経済の前進やより平等な社会システムを確実に実現するために世論の喚起が求められていた時に、ジャーナリズムと文学は自らの役割を演じ、役立つ指導者を生んだのである。

エスニック・プレスの成長

　外国語の新聞は南北戦争前はほとんどがドイツ語かフランス語であったが、1860年には300紙、1880年には800紙、1910年には1,200紙になった。エスニック紙は1917年がピークで、1323紙に上った。1970年代になるとこれは1,000紙以下に減少した。1732年ペンシルベニアで始まったドイツ語の新

聞は1890年には750紙とピークに達したが1910年には627紙に落ち、1920年には戦争の影響で258紙に落ちた。1910年当時では、ドイツ語紙を除くと、最も多かったエスニック紙は言語別に見るとスカンジナビア諸国語（132紙）、イタリア語（73紙）、スペイン語（58紙）とポーランド語（48紙）だった。

　外国語の日刊紙は1914年に160紙になりピークに達した。その3分の1はドイツ語紙（55紙）だった。それ以外としては、フランス語、イタリア語、ポーランド語（各12紙）、イーディッシュ語と日本語（各10紙）、スペイン語とボヘミア語（各8紙）に中国語（5紙）があった。[16] これらの日刊紙の総発行部数は1914年で260万部で、そのうちドイツ語が82万3,000部でイーディッシュ語が76万2,000部だった。外国語日刊紙のうち最も発行部数が高かったのはニューヨーカー・スターツ・ツァイトゥングで、1845年に発行され25万部出ていた。その発行者はハーマン・リッダー (Herman Ridder) で、アメリカ新聞発行者協会の会長に選ばれたこともある。

　アメリカ合衆国での最初のユダヤ語の新聞はジューで1823年、ニューヨークでの最初のユダヤ人印刷業者だったソロモン・ヘンリー・ジャクソン (Solomon Henry Jackson) によって月刊で創刊された。ロバート・ライアン (Robert Lyon) は1849年ニューヨークで、最初の英語によるユダヤ人の週刊紙アスモニアンを発行した。ユダヤ人のプレスはユダヤ移民を守り、信条を擁護し、人種同化政策との闘いの中でユダヤ人としてのアイデンティティを明確に示した。[17] アラビア語で印刷された最初のアメリカにおける新聞はカウカブ・アメリカ（アメリカの星）といい1892年に創刊され、1909年まで続いた。アメリカにおける最初のアジア系の新聞はサンフランシスコのゴールデン・ヒルズ・ニュースで、中国から帰ったばかりのメソディストの宣教師たちによって発行された。2か国語新聞で中国語のページには中国からのニュース記事を載せ、英語のセクションは中国人移民に対する公平な政策を求めるために主に用いられた。

　大都市では多くの外国語プレスが移民たちに役立っていたのに対して、南西部の各州では土着の少数民族に尽くすエスニックのプレスが発達した。1846年から1900年にかけて150紙近いスペイン語の定期刊行物がこの地域に誕生し、最も多かった州はニューメキシコやテキサス、カリフォルニアであった。プレスが最も多様性に富んでいたのはカリフォルニアで、そこでは1870年代にはスペイン語の新聞の編集長としてスペイン、メキシコ、チリ、コロンビア出身のジャーナリストはもとよりカリフォルニオス（ヒスパニック系でカリフ

ォルニア生まれの人びと）もいた。英語の新聞の中にスペイン語のセクションのあるものがこの地域にはまんべんなく見られた。少数派を社会的に抑制する道具として機能した新聞もあれば、ヒスパニック文化を唱道し、反映させようとしたものもある。

　エル・クラモール・プブリコ（1855年から1859年）紙はロサンゼルスにおける群衆の暴力に対抗して率直に発言した。ラ・クロニカは1870年代にその闘いを続けた。トゥースンのエル・フロンテリッソは1880年代に敵対的な承認をボイコットするよう呼びかけた。サンタフェのエル・ガトは1894年低賃金に対抗して労働者階級の人びととの連帯を叫んだ。ラスクルセスのエル・ティエンポはヒスパニック系を排斥する道路封鎖戦術に抵抗するニューメキシコ住民の地位のために立ち上がるよう迫った。[18] 1890年には全国でスペイン語の新聞は49紙あり、1910年には58紙、1920年には95紙になった。1914年にはスペイン語の日刊紙8紙の合計は2万8,000部に過ぎなかった。しかし、エスニック紙の影響力は読者の間では強く、一般紙もエスニック紙のニュースや見解を反映していたのである。

成長する黒人プレス

　アメリカで、マスメディアに自分たちの抱負や関心を示せないでいる集団といったら、それは黒人層であった。1950年代までは普通のアメリカの新聞や雑誌は人口の10%の黒人に思いやりのある関心を持っていなかった。彼らを読者として意識したメディアはもっと少なかった。黒人プレスが必要なのは明らかだった。しかし、社会でも、経済界でも、人材の少ない黒人コミュニティから経済的な支援を得ることは難しかった。しかしながら、1827年から始まった黒人プレスは生き残り、発信を続けたのである。

　1827年にフリーダム・ジャーナルが創刊されて以来、黒人読者のために黒人が所有し、編集する黒人の新聞が3,000以上も登場した。最も優れた歴史的な統計はリンカーン大学のアーミステッド・スコット・プライド(Armistead Scott Pride)教授が1950年に博士論文で調べたものである。プライドの調べた数字によると、黒人の新聞は1865年以前に創刊されたのが40紙であるのに対して、1865年から1900年の間に1,187紙が加わった。1951年までにさらに1,500紙が加わったが、生き続けたのは175紙のみであった。プライドの調査によると、黒人新聞の平均寿命は9年だった。[19] 1880年代中頃から黒人

新聞が増えていったいくつかの理由として、彼は、黒人の教育の機会向上、南部における宗教、福祉グループによる黒人紙への支援、公民権を得た黒人への政治新聞の確立、新聞を維持できるほどの都市部における黒人コミュニティの成長などを挙げている。

　一般の日刊紙が1880年から第1次世界大戦の間のニュー・ジャーナリズム時代に数、発行部数、組織ともに成長していったのと同じように、黒人新聞も発展していった。この時期に創刊し、今日も指導的な役割を演じている新聞には、フィラデルフィア・トリビューン（1884年）やボルチモアのアフロ・アメリカン（1892年）、シカゴ・ディフェンダー（1905年）、ニューヨークのアムステルダム・ニュース（1909年）、ノーフォークのジャーナル・アンド・ガイド（1909年）やピッツバーグ・クリアー（1910年）などがある。その時代の歴史的に重要なものとしてはニューヨーク・エイジ（1890年）、ボストン・ガーディアン（1901年）やクライシス（1910年）がある。

　フレデリック・ダグラスと彼の1847年のノース・スターに知名度で匹敵するのはW・E・B・デュ・ボア (W. E. B. Du Bois) と1910年創刊の彼のクライシスである。1910年以前での黒人発行者の主要人物としては、アフロ・アメリカンのジョン・H・マーフィ・サー (John H. Murphy, Sr.) やニューヨーク・エイジのT・トマス・フォーチュン (T. Thomas Fortune)、ボストン・ガーディアンのウィリアム・モンロー・トロッター (William Monroe Trotter)、シカゴ・ディフェンダーのロバート・S・アボット (Robert S. Abbott) やピッツバーグ・クリアーのロバートL・バン (Robert L. Vann) らがいた。彼らの話と、他の主要な黒人新聞の物語は後述する。[20]

　週2回発行のフィラデルフィア・トリビューンは1984年に創刊100年を祝ったが、現在アメリカで継続して発行されている黒人新聞としては最も古い。同紙はクリス・J・ペリー・シニア (Chris J. Perry, Sr.) によって創刊され、最もしっかりとした編集ができている黒人週刊紙の1つである。ペリーが1921年に死んだ後は、未亡人と2人の娘がトリビューンを発行し続けた。義理の息子E・ワシントン・ローズ (E. Washington Rhodes) が1970年に死去するまで発行人兼編集人となった。同紙は、富める黒人が貧乏人を十分助けていないことを批判して、共同社会の責任の一端として、慈善運動と奨学金制度を組織化した。

　卓越した黒人女性ジャーナリスト兼編集者の最初の人物はアイダ・B・ウェルズ＝バーネット (Ida B. Wells-Barnett) である。現役時代（1887年から1931年）は、フェミニスト改革者であり、人種問題改革指導者として知られ

たが、本質的にはジャーナリストであった。メンフィスのフリー・スピーチの共同所有者兼編集長として、とくに当時はびこっていたリンチに対して決然たる態度で果敢に批判したので、1892年には新聞社が暴徒に襲われるほどだった。その後、彼女はニューヨーク・エイジやシカゴのコンサベイターで働いた。彼女は生涯を通して、ジャーナリストとして社会改革指導者として人種問題に対して声を大にして発言し続けたのである。

ジョン・H・マーフィ・サー (John H. Murphy, Sr.) は、ボルチモアに本拠を置いて、4つの地域版と1つの全国版を持ったアフロ・アメリカンの創刊者と見なされている。マーフィは生活のために塗装業をしていたが、アメリカン・メソディスト協会日曜学校の校長でもあった。彼は自宅地下室で小さな教会報を編集し始めた。バプティストの牧師ウィリアム・M・アレグザンダー (William M. Alexander) が1892年別の宗教紙アフロ・アメリカンを発行し始めた際、マーフィは同紙を買収した。この新聞は1920年には全国的に有名になった。その年彼はアフロ・アメリカンのために信条を発表した。それは一般市民との信義を守り、スラムをなくし、全員に職をもたらすよう戦うとともに"汚職を暴き、不正や人種差別や安易な妥協を正す以外は政治から距離を置く"ことを旨とした。信条はいまでも新聞に掲げられている。1922年マーフィが死んだ後息子のカール・J・マーフィ博士 (Dr. Carl J. Murphy) によって引き継がれてきたのである。

フォーチュンは20世紀初頭における有名な黒人編集者の1人であり、彼のニューヨーク・エイジは全国的な注目を獲得した。フォーチュンは奴隷の両親の元に生まれ、南部の新聞社で使い走りの仕事をし、植字工になり、印刷所を経て、ニューヨークのジャーナリズム界にたどり着いた。1879年、ルーマーと題する黒人のタブロイド紙がジョージ・パーカー (George Parker) によってスタンダード判になり、ニューヨーク・グローブと紙名を変えた。10年もしないうちにフォーチュンが同紙の中心人物になり、紙名がエイジと変わった。フォーチュンは編集長として全国の新聞から発言を引き合いに出されるようになり、T・ルーズベルトら政治指導者たちからも読まれるようになった。ブッカー・T・ワシントン (Booker T. Washington) はエイジを黒人のための全米の声と認め、資金面の助成をし始めた。しかし、このことはW・E・B・デュボアら好戦的な黒人指導者たちの反感を買った。というのは彼らによれば、ワシントンは人種分離主義を認め、白人への従属を認めているというのだった。フォーチュンは1907年エイジの株を売り、1920年代にはマーカス・ガーベ

イ (Marcus Garvey) の幅広く出回っている雑誌ニグロ・ワールドのために執筆した。一方、エイジはフレッド・T・ムーア (Fred T. Moore) の編集の下にニューヨークにおける主要黒人紙として続いたが、1952 年発展めざましいシカゴのディフェンダーのグループに買収された。

トロッターは 20 世紀初めにおけるもう 1 人の偉大な黒人指導者で、フォーチュンの場合と違った人生背景を持っていた。彼の父親は南北戦争の北軍の白人将校で、人種平等問題に関心を抱き、黒人の奴隷と結婚した。彼はボストンで商人になり、息子はハーバード大学でフィ・ベタ・カッパ（訳者注：成績優秀学生の学生友愛会）のメンバーに選ばれ、修士号を取得した。1901 年、アマーストの卒業生であるジョージ・フォーブズ (George Forbes) とともに、トロッターはボストン・ガーディアンを創刊した。この新聞は大いに挑発的で、好戦的で、デュ・ボアの称賛を勝ち得たほどである。ワシントンが 1905 年ボストンで活動し始めた際は、ガーディアンは、黒人の教育、投票権などでの彼の保守的な指導力に異議を唱えた。トロッターは後にウィルソン大統領に会い、黒人の大義を訴えるために、首都への抗議代表団作りを指導した。しかし、1920 年代になると彼の新聞は勢いを失った。トロッター夫妻は家を失い、彼は 1934 年に死んだ。ガーディアンは彼の姉が 1957 年に死亡するまで発行を続けた。

ロバート・アボットのシカゴ・ディフェンダーは 1905 年に創刊され、トロッターのガーディアン以上に大衆の支援を得るよう頑張った。1915 年には同紙は 23 万部の発行部数に達した。1935 年の大恐慌で部数は 3 分の 2 に落ちたが、戦後の 1947 年には再び 16 万部になった。このシカゴの新聞は全国版を持っておりアメリカ最大の黒人新聞グループの基礎を固めることになった。

アボットは 1868 年ジョージアで黒人の両親の下に生まれた。父親が死んだ後、母親は、奴隷と結婚したドイツ商人の息子ジョン・H・H・セングスタック (John H. H. Sengstacke) と結婚した。アボットはハンプトン専門学校で印刷術を学び、義父の小さな新聞社で働き、法律を学び、1905 年にはシカゴに住む 4 万人の黒人たちのためにディフェンダーを創刊した。この新聞は、彼の女家主の家から借りたわずかな金で経営されたが、アボットは通俗的な定番の黒人紙に仕立てていった。つまり黒人種のために、キャンペーンを張り、人種問題の角度から見出しや犯罪記事を書くなどセンセーショナルな報道をしたのである。また犯罪やスキャンダル記事を載せたり、クー・クラックス・クランや人種暴動、リンチなど黒人アメリカ人の安全を脅かすものに対して堅固

とした挑戦を行った。1930年代になるとアボットはディフェンダーの論調を弱め、より個人的、社会的、文化的ニュースやファッションをも取り上げた。彼が1940年に死ぬと、後継者は甥のジョン・H・セングスタック (John H. Sengstacke) となった。

バンのピッツバーグ・クリアーは1910年に創刊され、1940年代後半には30万部にもなり、黒人紙では最大の発行部数に達した。バンは弁護士で、教会紙を買収し、人種差別や人種隔離政策と闘い続けた。クリアーは黒人運動選手を支援し、野球での有色人種への障壁を破るようジャッキー・ロビンソン (Jackie Robinson) を助けた。バンは南部での発行部数を伸ばし、優秀な黒人ジャーナリストを引きつけるために影響力を発揮した。

P・バーナード・ヤング (P. Bernard Young) は全国紙を育て上げたもう1人の黒人発行者で、1910年にジャーナル・アンド・ガイドを買収し、1965年に死ぬまで、同紙を中道的でセンセーショナルでない週刊紙として発行した。これとは対照的に、ニューヨークのアムテルダム・ニュースの何人かの発行人たちは、1909年ジェイムズ・H・アンダーソン (James H. Anderson) が創刊して以来、地元ニューヨークの部数拡大に努めてきて、競争の激しいハーレム地区で徐々にだがリーダーシップを勝ち得ることになった。

W・E・B・デュ・ボアとクライシス紙

デュ・ボアは20世紀初頭の数十年、好戦的な抵抗指導者だったが1960年代には黒人平等運動の偉大な英雄の1人になった。彼の訴えはこの運動のラディカルな左派の人びとにとって強力であった。というのは、彼は晩年、共産主義の唱道者になり、アフリカの新興国ガーナに移り住み、1963年95歳で当地で死んだからである。

デュ・ボアはいくつかの新聞のために特派員やコラムニストになったが、新聞記者ではなかった。彼は1つの信念を持った物書きであり教師であった。その信念とは、黒人の能力を打ち砕こうと脅す危機から黒人たちを救おうというものだった。彼はとくに1910年から1934年の間の全国黒人発展協会 (NAACP) 理事としての活動で、また協会誌クライシスを発刊し、編集したことでよく知られるようになった。この雑誌は、黒人に関する記事を報道しているニュース雑誌であり、論説誌であり、評論・文学誌であり、文芸誌でもあったが、最初の50年間の記事はすべて「黒い人種の記録」として再版されている。

庶民の擁護者　351

W・E・B・デュ・ボア
（ベットマン・アーカイブ）

　デュ・ボアは1868年ニューイングランドに生まれ、比較的差別の少ない白人社会の中で母親によって育てられた。彼自身は混血であった。彼は高校新聞を編集し、スプリングフィールド・リパブリカンやニューヨークエイジの特派員を務めた。フィスク大学では学生新聞を編集した。ハーバード大学やドイツ留学では社会学を学び、アトランティックやワールズ・ワークへ寄稿した。2つの黒人雑誌に関わった後、彼はクライシスを引き継いだ。そこで彼は当時全国的に受け入れられていた白人優越の考えや、その逆の黒人劣勢の考えに挑戦し始めた。その目的は「今日とくに有色人種に対して示されている人種偏見が危険であるということを示す事実や議論を提示することである。さらに、人間の発展の歴史において、現代は危機的な時代であると編集者たちが信じている事実からクライシスという名前を採った」と述べている。
　「精神的に黒人は白人より劣っている」と1911年版のエンサイクロピディア・ブリタニカは記している。デュ・ボアが破壊しようとしたのはまさにこの考えであった。彼は目前の様々な困難に立ち向かった。つまり黒人兵士に対す

る戦時下の差別、第1次世界大戦に起きた幅広い人種暴動やリンチ事件、クー・クラックス・クランのテロリズムの高まり、投票、教育、住まいの問題で黒人の権利を考えようとしない白人たちの変わらぬ姿勢などである。クライシスの部数は1918年には10万部を超えた。しかしNAACP内部の不和や他の要因によって、彼が1934年65歳で編集長を退いた頃は1万部以下に減っていた。1949年まではロイ・ウィルキンズ(Roy Wilkins)編集長の下で、その後はヘンリー・リー・ムーン(Henry Lee Moon)編集長の下で、部数は10万部以上に戻った。

　デュ・ボアはアトランタ大学社会学科長になり、ファイロン（Phylon 種族）という名の世界の人種問題に関する学術誌を創刊し、本を書き、主要雑誌に無数の記事を執筆した。ダグラスのように彼の著作は1990年代に再び出版された。それらはまさに、著名な黒人の業績であるとともに、ジャーナリズムによるキャンペーンという武器を有効的に用いた人間の業績でもあった。

第11章

ニュース企業のとりで

> 恐れもせず、おもねりもせず、えこひいきもせず、ニュースを伝えることこそ、自分にとって心から目指していきたい目標である。
>
> ——アドルフ・S・オックス

　前の各章は、プレスの行動パターンの史的発展に関するものであった。プレスのある部分は重要な一般的な傾向に継続的に関係している。つまりニュー・ジャーナリズムの台頭、イエロー・ジャーナリズムの隆盛とか"民衆の擁護者"としての奉仕などである。しかし、すべての新聞をそのようなパターンに当てはめるのは難しい。なぜなら新聞はそれぞれ、発行に伴う環境が異なる個性を備えているからである。たとえば、コミュニケーションの時代の体制的な指導者の中には、論説にかける情熱よりも、ニュース記事の報道の方でより知られている場合もある。その1つの顕著な事例はニューヨーク・タイムズである。同紙は1896年忘れかけられたところから救い上げられ、ジャーナリズムの大御所としての偉大な道へと歩み始めたのである。他の例としてはタイムズ紙のライバルのヘラルドやサンがあり、またシカゴのインター・オーシャンや、未来の西部の代表紙のロサンゼルス・タイムズなどがあった。このようなニュース本体の企業を成長させるもととなったのはAPとか、そのライバルのUPやINSといった近代的な通信社の台頭である。それぞれについて順次詳述しよう。

アドルフ・S・オックスとニューヨーク・タイムズ

　ニューヨーク・タイムズの物語は、1896年同紙を破産から救い、1935年に死去するまで同紙を育て上げた男の物語である。その人はアドルフ・S・オッ

20世紀最大規模のニュース（タイタニック号沈没）を伝えるニューヨーク・タイムズ。

クスといい、テネシー州出身でかつては新聞発行者の鬼と称されていた人で、ヘンリー・J・レイモンド時代のタイムズ紙の栄光を守り、アメリカの指導紙としての道を歩むようにさせた。彼がタイムズのスタッフに選んだ人びとこそ、同紙を権威ある新聞にしたのである。

　オックスは、他の多くの偉大な新聞発行者と同じように、低い身分から自分の地位を獲得するために奮闘努力した。彼の両親はドイツ生まれのユダヤ人で、南北戦争前にアメリカへ移住した。1858年シンシナティで生まれたアドルフは6人兄弟の一番上だった。一家は幌馬車に乗ってテネシー州へと移住した。14歳の時、アドルフはノックスビル・クロニクルの印刷業者の助手として徒弟職についた。1875年にはルイビル・クリアー・ジャーナルの副製版室長になり、ヘンリー・ウォータソンのために多少記事も書いた。しかし、彼は記者としては精彩がなく不器用であった。しかしながら、営業の仕事や職場のリーダーシップにおいては天才的な才能を発揮した。

　1876年オックスがノックスビルに戻ると、チャンスが待ち受けていた。ライバルのトリビューンの編集者ジョン・E・マックガワン大佐(Colonel John E. MacGowan)が歩道もなく、通りはぬかるんでいて、新聞に関心のない1万2,000人の町チャタヌーガで新聞を発行することを望んでいた。その町には40年間に16の新聞がやって来ては、立ち去っていった。その中にはオックスとマックガワンが最初に発行したディスパッチもあった。唯一の生き残りはタイムズで、発行部数は250部だった。オックスは対等の経営権を手にした。時に1878年7月の事で、まだ21歳に過ぎなかった。しかし、彼と45歳の編集者はチャタヌーガの地元の人びとに、すべての地元ニュース、電報による最新ニュースや、景気上昇中の町の強力な経済、経営展望記事を提供することを約束した。タイムズはチャタヌーガとともに伸び、1892年には1年で2万5,000ドルの純益を上げた。しかし、オックスは投資した不動産事業が1893年頃の不況によって危機にさらされ、借金を負った。必要なことは、もう1つ新聞を入手して利益を上げることだ、とオックスは決意した。彼は国内のあちこちを物色し、1896年3月、ニューヨーク・タイムズを買い取るチャンスがあることを知った。

　当然オックスはこの好機に感激した。彼は、タイムズが1851年レイモンドによって創刊されて以来、いかに尊敬されてきたかを知っていた。1869年レイモンドが死んだ後、同紙は営業担当支配人のジョージ・ジョーンズの指揮下に入った。ジョーンズと編集長ルイス・J・ジェニングズ(Louis J. Jennings)

と首席次長のジョン・フォード (John Foord) は 1870 年代にボス・トウィード (Boss Tweed)（訳者注：ニューヨーク市政のタマニー派の指導者）を粉砕するために助け合った。ジョン・C・リード (John C. Reid) が 1872 年から 1889 年まで編集局長としてよく務め、タイムズは 1891 年ジョーンズが死ぬまで名声を維持していた。しかし、その頃からニュー・ジャーナリズムの影響力が功を奏してきた（訳者注：アメリカのジャーナリズム史における「ニュー・ジャーナリズム」は 2 つある。1 つは 19 世紀末の米西戦争。もう 1 つはベトナム戦争前後。ここでは米西戦争の時代。1851 年にニューヨーク・タイムズが誕生し、1890 年代になり、タイムズも「ニュー・ジャーナリズム」の影響力をもった、とのこと）。

　タイムズの新しい指導者になった人は、ダートマス大学出身で、スプリングフィールド・リパブリカンの編集スタッフだったチャールズ・R・ミラー (Charles R. Miller) で、1883 年編集長を引き受けた。1893 年ミラーは編集次長のエドワード・ケアリー (Edward Cary) ら編集スタッフとともに、ジョーンズの遺族から約 100 万ドルでタイムズ紙を買い取る交渉した。しかし、紙勢は上がらなかった。当時ニューヨークでは 8 つの朝刊が発行されていたが、タイムズ紙は最低の部数だった。公称 2 万 1,000 部と言いながら有料の部数はなんと 9,000 部に過ぎなかった。トリビューンの 1 万 6,000 部と比べるとそれほど引き離されていないにしろ、サンの朝刊 7 万部、ヘラルドの 14 万部、ワールドの 20 万部と比べると、タイムズの部数ははるかに低かった。

1896 年オックスがタイムズを買収

　オックスはタイムズを救うカネを持っていなかったが、自分はこの新聞を十分競争に耐える状態にするのに必要な手法やビジョンを持っている、とミラーに確信させた。もしオックスがタイムズを生き返らせるのに成功したら 4 年以内に同紙の所有権を彼に与えるという詳細な財政再建案が提案された。オックスは J・P・モーガンを含む財界人たちに、この新しい企業の社債を買ってもらうよう説得するために数か月ウォール・ストリート街を歩き回った。1896 年 8 月ついに契約が交わされた。その内容はオックスが 7 万 5,000 ドルの自己資金を出し、新聞が成功しなかった場合はチャタヌーガの新聞を差し出すというものだった。印刷工場の下働きの時代から 24 年間の経験を積んでいる 38 歳のこのテネシー出身者は、いまやニューヨーク新聞界のピュリツァー、ウィリアム・ランドルフ・ハースト、チャールズ・A・デイナ、リードやベネット

1896年、アドルフ・S・オックス（上の写真）は倒産しかかっていたニューヨーク・タイムズを救い、1935年に死去するまで、同紙を世界に名だたる新聞に押し上げた。長年にわたって彼の右腕として辣腕を振るった編集長、カール・バン・アンダは、タイムズの卓越したニュース報道を作り上げるのに最も貢献した人物として知られる。だが、バン・アンダをはじめ彼の編集部員たちの偉業を可能にしたのは、他ならぬオックスのリーダーシップなのである。　（ニューヨーク・タイムズ）

たちと張り合っていくことになった。

　オックスがニューヨーク・タイムズを救うために工夫した攻め手は単純なものだった。つまり、彼はハーストやピュリツァーのセンセーショナリズムと調子を合わせようとはしなかった。つまり、当時のニューヨークの新聞発行者たちが行おうとしていたように、大量発行紙の指導者たちに歩調を合わせて、不完全な形で紙面の内容を大衆路線にしようとはしなかった。むしろ彼は、娯楽記事や特集ものを重視し過ぎている新聞を好んでいない読者に向けた堅実なニュース取材と論説を備えた新聞を作ろうとした。オックスの路線宣言は次のような内容である。

　　私が心から目指している目的は次の点である。つまり、ニューヨーク・タイムズは、いかなるニュースも簡潔に魅力的な形で提供すること、それも議会制度に根差した良き社会を守るための言葉遣いをすること。またニュースは、早過ぎないにしろ、信頼できる他のメディアを通して知らされるよりも早く伝えること。さらに、いかなる党派や利益団体にもとらわれることなく、恐れもせずおもねりもせずニュースを公平な形で伝えること。そしてニューヨーク・タイムズのコラムを、重要な

公共の出来事を検討する討論の場にすること、そしてその問題のために、あらゆる意見に基づく知的討論を誘導することである。[1]

　オックスが取った第一歩は華々しいものではなかったが、効果的であった。タイムズは市内にある郊外地を扱う不動産業者のリストを掲載した。また同紙は日々の不動産の取り引きを報道した。さらに同紙は市況報道を拡充し、日々の取材に加えて週単位の経済レビューも載せるようにした。経済界は次第にタイムズの特集を価値あるものと見なすようになったのである。弁護士たちも裁判の予定表と記録リストに関心を引かれるようになった。オックスが目指していた読者層は同紙が政治関係に重点を置いていることを喜んだ。とくに彼らは日曜雑誌を好んだ。というのは同誌は娯楽関係記事より最近の重要ニュースの記事を特集していたからである。また彼らは書評欄も気に入っていた。

　オックスは、ニュー・ジャーナリズムでおなじみになっている鳴り物入り的な記事に断固として反対することにした。つまり、世間をあっと言わせるスタイルの記事を排し、コラムからマンガを取り除き、その償いとして写真を載せることにした。彼はイエロー・ジャーナリストたちを攻撃した。かの有名な1面題字脇に「本紙は印刷するにふさわしい記事しか掲載しません」というスローガンを決める前には「本紙は朝食のテーブル・クロスを汚しません」というスローガンでタイムズ紙をPRしたのである。しかし、1898年当時は部数はまだ2万5,000部だった。そこでオックスは最後の賭けに出た。当時タイムズは3セントで売っていたが、ワールドやジャーナルは2セントだった。なぜタイムズは1セントに値下げし、安定した広告収入を得るに必要な部数を確保しないのか。

　再び価格調整の方程式が成功したのである。ペニー・ペーパーとしてタイムズは1899年には部数が7万5,000部に跳ね上がり、1901年には10万部を突破した。広告の出稿量は2年経たずに倍増した。赤字は黒字に転じ、オックスは買収した時の協定によって、同紙の株の過半数を制することになった。彼は直ちに再び資金を借り受け、ブロードウェーにタイムズ・タワーを建てると、そこにタイムズ・スクエアができた。そのタワーには250万ドルかかり、1904年にはニューヨークの最も壮大なビルになった。タイムズ紙の印刷工場はニューヨークの夜の中心街にあり、後に電光ニュースが取り付けられるようになったが、その戦略的な立地によって同社はニューヨークの公共的な建物の1つになったのである。

編集局長カール・バン・アンダ

　しかしながら、1904年のもう1つの出来事はタイムズの将来にとってもっとずっと大切なことだった。つまりその年に、アメリカでの一級の編集局長であるカール・V・バン・アンダ (Carr V. Van Anda) がタイムズのニュース部員たちを引っ張っていく天才として25年間のタイムズでの人生をスタートさせたのである。彼をアメリカの指導的な編集局長と見なすのは変かもしれない。というのは、異なる時代や、異なる出版業界の事情における人びとの業績比較は決めるのがむずかしい。しかし、ニューヨーク・タイムズの優れたニュース報道部門の支配者がバン・アンダであることは誰しもが認めるところであろう。また個人的なPRを厳に慎んだので、信じがたい業績を成し遂げているのにもかかわらず、自らの技能に関してすら、ほとんど伝説的な人物になってしまった人であることも、一般に認められよう。[2]

　アレグザンダー・ウルコット (Alexander Woollcott) は、バン・アンダは「世の中で新聞編集を最も愛した」とかつて述べたことがある。まさにバン・アンダはその愛情を抱いて生まれたといえよう。というのは、1870年6歳の時、オハイオの村で、彼は紙に新聞の切り抜き記事を貼り、1部10セントで売りながら時を過ごしていた。10歳の時には木枠の印刷機と、布を巻いたほうきの柄でインク・ローラーを作り、村の新聞からもらい受けた活字を使って印刷した。次にしたことは、小型印刷機を入手し商売として印刷を始め、科学や物理を学ぶための学資としてその利益を使った。16歳でオハイオ大学に入学し、数学と科学を専攻したが、ジャーナリズムには魅力を抱いてはおらず、そのため天文学と物理の学者になりたいと強く希望していた。そのまま、この分野に進もうと思えば進めたであろう。

　バン・アンダは18歳で大学を去り、故郷の村の新聞の主任になった。続いて、クリーブランド・ヘラルドを始めとするクリーブランドの新聞社で植字と取材の仕事についた。22歳の時、ボルチモア・サンに応募し、夜間編集部長という重要なポストを得た。2年後、つまり1888年、ニューヨーク・サンへ移り、そこで5年後に夜間編集部長になった。1904年オックスが彼の最初の編集局長であるヘンリー・ローエンサル (Henry Loewenthal) に経済ニュースに徹底的に集中してもらうべきだと決意した時、その代わりの人事としてバン・アンダの名が挙がったのである。コミュニケーションの組み合わせは理想的だった。つまり、オックスはニュースの取材には惜しみなく金を出そうとし

ていたし、バン・アンダはオックスのために金を使うことに大いなる喜びを感じていた。

　彼はいまや編集局長なのに、夜間編集部長として働くことを決してやめなかった。20年間もタイムズでの日常業務は決して変わらなかった。つまり午後1時に編集局に現れ、6時には夕食と休憩のために帰宅し、再び10時には帰社し、午前5時に最後の社員が社を立ち去るまで留まった。彼が最後に退社することがしばしばあったのである。1日に12時間、1週に7日間もバン・アンダはニュースを取り扱っており、大きな特ダネ記事だけでなく、ニュースの流れにも大いに注意を払った。彼は、締め切り時間に向けて、速さと知性とを調和させることを好んだ。彼は、重要だがまだ掘り起こされていない記事を活用し、骨の折れる取材をさせ、大きな記事に仕立てるのが非常に好きだった。しかし、ほう大なニュースを念入りに、知的に処理していくのが大切であることを決して見失わず、その精神を部下に伝えていったのである。彼は溌剌とした躍動的な指導者ではなかった。むしろ、控えめで冷たい表情で、人を射る目つきは"バン・アンダの死のまなざし"といわれていたほどである。しかし、彼とともに働いた人びとにとっては、彼は部下を徹底的に支え、決して怒鳴りつけるようなことをしない、慎み深く、思いやりのある上司であることが明らかだった。彼の秘訣は、自分の職務を非常にうまくやってのけることにあったので、新聞にも部下にもその影響を与えた。

　バン・アンダの才能についてほとんど伝説になっている話がたくさん残っている。タイムズの編集局長になってまもなく、日露戦争での勝負を決める海戦が近いとの情報が入った。彼は事の重大性に気づき、自ら紙面作成を手がけた。早朝4時半、東郷元帥がロシア艦隊を撃破したとの速報が入電した際、彼の綿密な下調べと準備とが功を奏した。つまり19分以内にタイムズは、第1報と1ページの半分ほどの記事でもって号外を刷り上げた。しかも大組みをしている間にバン・アンダが自ら見出しを付けたのである。その号外の中身には、彼がこの瞬間のために準備していた予定稿が詰まっていた。4万部が刷られた。自分の手がけたスクープ号外がニュース売店で目立つように並べられているかこっそりと見届けるために、編集局長は明け方、数頭立ての馬車で市内を巡回した。

　バン・アンダの最も優れた手柄は、1912年に起きたタイタニック号沈没事故での報道手腕だった。別の報道でもそうだったが、このケースでも、彼の個人的な才能と、十分訓練を受けた優秀な記者たちの働きがあってこそ、優れた

取材を成し遂げることができたのである。

　それは1912年4月15日（月）、午前1時20分のことだった。AP至急報がタイムズの編集局に届いた。イギリスからアメリカへ向けて処女航海中の豪華客船タイタニック号が氷山に衝突したというのである。SOSの無線信号がニューファンドランドのマルコーニ無線中継所で傍受された。タイタニック号は沈没することはあり得ないと思われていた。しかし、バン・アンダがハリファックスやモントリオールの同社の特派員やタイタニックのホワイト・スター汽船会社へ電話を入れたところ、タイタニックからの無電は救助を求める第一報が入ってから半時間もプッツリと音無しであることが分かり、タイタニックが沈没したと、確信した。

　午前3時半前にはバン・アンダとその部下たちは記事を作り上げてしまった。2,200人の乗客の中には有名人が多数いた。乗客名簿に基づいて背景記事が準備され、タイタニック号の写真が1ページ目に載せるために準備された。他の2隻の船が北大西洋で氷山に衝突しそうになったと報告してきた。このことはタイタニック号にも当てはまるニュースだった。タイムズは朝刊で数段を使って、すでにタイタニック号が沈没したと報じた。それに対して他紙は記事の扱いが不完全で、沈没したのかどうか要領を得ない内容だった。

　火曜日も水曜日も木曜日も、カーペシア号が生存者を乗せてニューヨークへ航行してくるのに伴って、この事件のニュースは世界の注目を独占した。火曜日にはバン・アンダはカーペシア号の着く波止場から1ブロックしか離れていないホテルの1フロアーを借り切り、タイムズ社の編集局への直通電話を4台備え付けた。木曜の夜の救助船の到着を取材するために、社会部長アーサー・グリーブズ (Arthur Greaves) の指揮の下に全スタッフが動員された。バン・アンダは無線の発明者であるググリエルモ・マルコーニ (Guglielmo Marconi) を船内の無線士にインタビューするために乗船するよう説得した。そしてタイムズの記者がマルコーニにくっついていくことによって警察の警備ラインをくぐり抜けて乗船することができた。この記者はタイタニック号からの最後の通信についての記事をスクープした。

　救助船が到着して3時間もしないうちに、タイムズの第1版が街に出回った。24ページ建てのうち15ページがタイタニック号の惨劇で1,500人の命が失われたことを伝える記事で埋められていた。このものすごい出来事の取材と編集ではタイムズのこの版は秀作として歴史に名を留めているといえよう。[3]

　バン・アンダもオックスもともに、ニュース収集のスピードを大切にした。

この点を大事にしたからこそ、タイムズは、タイタニック号沈没事件などにおける、特派員や通信機器の利用でリーダーシップを取ることができたのである。両人ともイタリア人科学者マルコーニの発明品を見たことがあった。その発明とは彼が1895年から1900年にかけて、電磁波を使って空間を通して電信メッセージを送る実用的なシステムを考案したことである。マルコーニの"無線"電信は何人かの人びとの実験に基づいていたのだが、1897年ロンドンで最初の商業無線会社を創設したのはまさにマルコーニだった。続いて、船から岸に向けて電信が使われたり、イギリスの新聞やニューヨーク・ヘラルドがスポーツ取材に無電を使うようになった。1901年12月はマルコーニはイギリスからニューファンドランドへ信号を送ることに成功した。しかし、定期的な大西洋横断のサービスが始まったのは1907年になってからである。[4]

タイムズを他紙よりも秀でた新聞に格付けさせたものは第1次世界大戦の取材であった。ちょうどこの頃同紙は演説や記録類を全文掲載し始めた。この方針は図書館司書や研究者、政府関係者や他紙の編集者たちにとって同紙が主要な参考資料としての新聞となることにつながった。さらに、ニューヨーク・タイムズ・インデックスの編集は同紙のこの立場を強固なものにした。

1914年8月にはタイムズは6ページ全部をつぶしてアメリカの読者に向けてイギリスの白書を載せた。イギリス外務省のドイツとオーストリアとの往復文書のコピーを初めて入手したアメリカの新聞はタイムズで、全文を掲載した。翌日にはタイムズのベルリン特派員が打電してきた、宣戦布告にいたるドイツ語の外交文書を載せたが、これもスクープものであった。

一方バン・アンダは詳細な軍事ニュースを読者に提供していた。通信社電や、各軍に張り付いた同紙の特派員からの記事やロンドン・クロニクルから入手した記事などを使ったのである。戦争関係の写真はロートグラビア（訳者注：輪転グラビア印刷物）写真のページに載ったが、この欄はバン・アンダがドイツのロートグラビア写真印刷を調査した後1914年にオックスによって設けられたのである。軍事関係ニュースとともにヨーロッパの各首都から送られてくる政治、経済ニュースも適度に重視された。アメリカが参戦した頃はタイムズは取材網を広げ、1年間の電報代は75万ドルにも上った。

アドルフ・オックスがタイムズを所有して25年経った、1921年時のタイムズは偉大な成長を成し遂げていた。この成功には1つの大きな理由があった。同紙は25年間に約1億ドルの収入を得たが、配当金として支出したのはほんの4％に過ぎなかった。つまり、オックスはタイムズの建物や設備、スタッフ

やバン・アンダが築いたすばらしいニュース報道のために巨額の金を投じた。発行部数は日刊が 33 万部に、日曜版が 50 万部以上になり、広告文量は 25 年間で 10 倍に増えた。

　政治的にはタイムズはブライアンのキャンペーン期間を除くと民主党寄りであった。しかし、根本的には保守的な論調で、それはとくに経済の展望関係の記事で著しかった。1920 年の民主党正副大統領候補のジェイムズ・M・コックス (James M. Cox) とフランクリン・D・ルーズベルトとともに、国際連盟問題で破れたタイムズは 1928 年にはアルフレッド・E・スミス (Alfred E. Smith) を、1932 年には F・ルーズベルトをオックスが亡くなる前の最後のキャンペーンで支持した。

　1920 年代はタイムズにとって 1 つの時代の終わりであり、また 1 つの時代の始まりでもあった。編集長のミラーが 1922 年に死に、長らくニューヨーク・ポストの編集長を務めたロロ・オグデン (Rollo Ogden) が後を継いだ。バン・アンダは 1925 年には半ば引退した。オックスはまだ経営に意欲的だったが、後継者として義理の息子のアーサー・ヘイズ・ザルツバーガー (Arthur Hays Sulzberger) と甥のジュリウス・オックス・アドラー (Julius Ochs Adler) を仕込んでいた。1935 年オックスと営業局長のルイス・ワイリー (Louis Wiley) が死んだことによって、タイムズを築くのを担ってきた 4 人組みんなが姿を消した。しかし彼らが作り上げた組織は、その後も新たな高まりへと同紙を導き続けたのである。

ニュースの指導者ニューヨーク・ヘラルド

　ニューヨーク・ヘラルドは創業者ジェイムズ・ゴードン・ベネットの指導の下でリーダー格のニュース・メディアに成長した。息子のジェイムズ・ゴードン・ベネット・ジュニア (James Gordon Bennett, Jr.) が 1872 年に経営権を握った頃はヘラルドはニュースの収集と紙面作りにかけては第一級であった。同紙の記者や特派員は一流だった。同紙はあくまでも最も早いコミュニケーション手段を用いることにこだわっていたために、ピュリツァーやハーストがニューヨークへ進出した際は、両社にとって手ごわいライバルになったのである。ヘラルドの伝統は 1870 年代初頭の冒険的な特派員ヘンリー・M・スタンレーにあった。つまり若社長ベネットの指示でアフリカで 2 年間も探索活動を続け、ついに行方不明の宣教師を見つけ「あなた様はリビングストン博士だとお

見受けしますが」と尋ねたのである。ヘラルドは 20 世紀初頭においても報道第一の新聞で、世界的な出来事を完全かつドラマチックに取材するのに精力的に競い合った。ヘラルドにはデューイ提督に伴ってマニラへ赴いたジョゼフ・L・スティックニー (Joseph L. Stickney) がいた。リチャード・ハーディング・デイビスはボーア戦争を取材した。オスカー・キング・デイビス (Oscar King Davis) と W・H・ルイス (W. H. Lewis) は日露戦争の取材で他紙を抜きんでた。フレデリック・A・クック (Frederick A. Cook) 博士は自らの北極点探検を報じた。第 1 次世界大戦での政治・従軍記者たちの編成陣はいかなる他紙のチームとも劣らぬものだった（一部はパリ版ヘラルドによって提供された）。絵や写真を使うことによってジェネラル・スロカム号やタイタニック号の沈没惨事などの出来事のすぐれた報道にさらに色を添えたのである。[5]

しかしながら、ニューヨークでの生き残り闘争では、ヘラルドはオーナーの若きベネットの人柄や習性面でハンディキャップを背負っていた。彼は知的で機敏であり、精力的な力で同紙をコントロールしていた。彼は 1887 年ヘラルドのパリ版を創刊したが、同紙は現在の有名なインターナショナル・ヘラルド・トリビューンの前身である。45 年間社主の座についていたが、独裁的な人で、気まぐれなところがあった。人生のほとんどをパリで過ごし、めったに本社へ出向かなかった。豪華な生活ぶりによって、自らの新聞の利益から 3,000 万ドルも費やした。[6] ハーストを除けば、無責任かつ個人的に、ジャーナリズム企業をコントロールした人でベネットに匹敵する者はいなかったといえよう。

ジョージ・ジーン・ネイサン (George Jean Nathan) は 1909 年、67 歳の時と思われるベネットについて次のように語っている。[7] つまりベネットは背が高く、すらりとして、エネルギーに満ちていたが、すでに髪はグレーで口ひげを生やし、軍人のように背筋をピシッと直立させていた。彼はパリに住んでいたが、ニューヨークの部下の編集者たちは彼の承諾なしには記者を雇ったり解雇することはできなかった。論説委員会は上席が空席になった形で開かれた。それがベネットの席だった。彼の席には毎日刷り上がったばかりの新聞が置かれていた。それはあたかも彼がいつ入って来てもいいようにしているかのようだった。

しかし、ベネットの新聞との結びつきは、単なる心理的なものではなかった。毎日パリから電報による指示が届いた。しばしば部長が会議のためにパリに呼び出された。ベネットは従業員 1 人ひとりの仕事ぶりをしっかり見ており、個人に自分勝手に重要なことをさせない方針を貫いた。彼は感度の良いニュース感覚を持っていたが、自分の特異な性癖に基づいた数多くの原則を自紙に守ら

せるよう強い、自分の個人的な信条を押し付けた。1918年、ベネットが死ぬと、ヘラルドはフランク・マンズィーへ売却されたが、彼は指導者のいない新聞を黒字にすることができず、1924年には同紙を廃刊にした。さらにヘラルド・トリビューンにし、ベネットのニュース報道の伝統を残そうとした。

ニューヨーク・サン廃刊へ

　デイナが編集発行人でアモス・J・カミングズが編集長の時代のニューヨーク・サンは報道の技術、原稿のスタイルやヒューマン・インタレストな記事の書き方などに力を入れ、ニュー・ジャーナリズムの実践者たちからも称賛を得ているほどだった。とくにサンの社会部長ジョン・B・ボガート (John B. Bogart) は最初若い記者に向かって「犬が人に噛みついても、それはニュースではないが、人が犬に噛みつけば、それこそニュースだ」と説いたものだ。1897年「サンタさんているの」というバージニアという名の女の子の質問に対して、説明しながら答えたのは論説委員のフランシス・P・チャーチ (Francis P. Church) であった。この社説は何年もの間、あちこちの新聞に幅広く転載された。1906年、地震と火事でサンフランシスコが破壊されたのを追悼して「当時の街」と題するジャーナリズムの傑作原稿を書いたのはサンの記者ウィル・アーウィンだった。[8]

　1880年代から第1次世界大戦の頃までサンの社員たちを導いていたのは編集局長のチェスター・S・ロードと夜間社会部長のセラ・M・クラーク (Selah M. Clarke) の2人で、とくに後者は同僚たちから"ボス"と呼ばれていた。2人はアーウィンやアーサー・ブリズベーン、ジュリアン・ラルフ、サミュエル・ホプキンス・アダムズ、リチャード・ハーディング・デイビスやジェイコブ・リースといった記者たちを鍛え上げるのに助力した。バン・アンダは夜間のデスクからニューヨーク・タイムズで偉大な業績を積み上げた。編集責任者のデイナの後継者は有能で上品な名文家のエドワード・P・ミッチェル (Edward P. Mitchell) だった。サンは若きジャーナリストたちにとってジャーナリズム学部であり、卒業生達は同窓会の組織を作った。1916年サンがマンズィーの手に落ちた時、卒業生者たちは失望した。マンズィーは投機を狙って同紙を買収したが、新聞のジャーナリズム的な伝統には無関心・無理解だった。サンの有名な朝刊版は1920年に消滅した。イーブニング・サンはサンとは似ても似つかない新聞で、ついには忘却の彼方へとぼとぼと歩き続けたのである。

シカゴの有力紙インター・オーシャン

　シカゴ・ジャーナリズムの歴史の中で、一時、後続の記者たちを魅了した新聞はインター・オーシャンだった。同紙は1865年シカゴ・リパブリカンという名でスタートしたが、最初の1年間はデイナによって編集された。1872年同紙はインター・オーシャンに改名したが、同紙はウィリアム・ペン・ニクソン (William Penn Nixon) の所有で忠実な共和党の声の代弁者になった。フロンティアでの事業や宗教ニュースや農業ニュースの取材などを通じて、同紙は中西部での発行部数を増やした。インター・オーシャンは工務関係の改善でもリーダーシップを取った。たとえばアメリカの他の新聞に先駆けて1892年カラー印刷機を取りつけた。1890年代になると同紙は資金を失い、シカゴの電鉄会社のボスのチャールズ・T・ヤーキス (Charles T. Yerkes) へ売却された。公益問題でキャンペーンをした記録は残っているが、同紙はヤーキスの所有の下で苦しみ、1902年にはサンからインター・オーシャンの編集責任者に転じていたジョージ・W・ヒンマン (George W. Hinman) に売られた。

　ヒンマンの下でのインター・オーシャンは新聞人の訓練学校としての名声を獲得した。同紙は当時の"渡り歩く記者"たちに応じる新聞の1つで、明るいジャーナリズムの将来を背負った多くの若い記者たちを雇った。インター・オーシャン同窓会に属している記者には、たとえばマーキス・ジェイムズ (Marquis James) やウィリアム・カッピー (William Cuppy) やリング・ラードナー (Ring Lardner) らがいた。また後に有名なハースト紙の重役になったウォルター・ハーウェー (Walter Howey)、シカゴ・タイムズやサン・タイムズの編集責任者になったリチャード・J・フィネガン他数十人の優秀な新聞人がいた。しかし、1914年になるとインター・オーシャンはシカゴの新聞の競争の犠牲者になり、追憶の新聞リストに加えられてしまったのである。[9]

ロサンゼルス・タイムズの登場

　ロサンゼルスと呼ばれている人口1万2,000の小さな町の地元印刷人たちが1881年、ヘラルドとエクスプレスのライバルとしてロサンゼルス・タイムズを発刊した時、町と同紙が1世紀後には全国の先頭に立つとは誰も予想しなかった。両者を築くのに助力した人、それはハリソン・グレイ・オーティスで1882年印刷業に参入した。彼は45歳で南北戦争の退役軍人で大佐の位を持っ

ており、2度ほど道楽半分で新聞作りをしたことがあった。1886年までに彼は部数7,000の朝刊紙を所有した。不動産ブームで富を増やし、1900年までにはタイムズは、2万6,000部という控えめな部数ながらも、全国で最も多くの広告段数を自慢していた。オーティスはカリフォルニアやメキシコで土地を買い占め、たちまちその合計100万エーカーに及んだ。[10]

オーティスはフィリピンで軍隊を指揮していた時大将に昇格したので、「オーティス将軍」と呼ばれるようになった。彼は冷酷な資本家で、議論を楽しみ、反対者を痛烈に非難するために自紙を使ったのである。彼は何人かの企業家たちを「泥棒男爵」と酷評したり、1905年のロシア革命を支持したりした。しかし、それでも、反動的な考えや行動で幅広い名声を得ていた。彼の最大の困難な問題が1890年に起きた。クローズド・ショップ（訳者注：労組員だけを雇う取り決め）や広告の紙型の組直し規則などをめぐる国際印刷工組合との争議で、植字工たちを締め出してしまったのだ。1894年彼は組合に反対するためにロサンゼルスにおける雇用主の組織を作った。国際印刷工組合は、エグザミナーというライバルの朝刊紙を創刊するために1903年ハーストを引っ張り出し、タイムズの広告主たちをボイコットしようとした。オーティスや彼の保守的な姿勢に対する抵抗は高まり、1910年にはロサンゼルス市長の予備選挙で社会党の候補者が勝利したほどである。

少し前の労働争議で爆弾が使われたこともあった。現にロサンゼルス・タイムズ社の社屋を焼き払う出来事が1910年10月1日に起き、センセーションを巻き起こした。オーティスと義理の息子ハリー・チャンドラー (Harry Chandler) は社屋には不在で死を免れたが、植字工20人の命が奪われた。捜査陣はインディアナ労組員のマクナマラ (McNamara) 兄弟が犯人であることを突き止めた。告発は反動的なオーティスによって計画された陰謀と見なされ、進歩派は1911年の裁判で弁護の主任にクラレンス・ダロウ (Clarence Darrow) を雇った。しかし、マクナマラ兄弟の1人が告白し、2人の兄弟は罪を認めた。ダロウは訴訟を取り下げ、社会党は市長選挙に敗れ、オーティスは屋根にワシの飾りをつけた要塞風の印刷工場を再建した。オーティスの死の3年前の1914年、彼はタイムズ紙をハリーとマリオン・チャンドラー (Marion Chandlar) へ委譲した。2人の息子のノーマン (Norman Chandler) と孫のオーティス (Otis) が一家の役割を継いでいくことになったのである。

In Two Parts, Complete —28 Pages Part I—General News Sheet—16 Pages

The Los Angeles Times

Twenty-fifth Year.
PER ANNUM, $9.00 THURSDAY MORNING, APRIL 19, 1906. 5 CENTS

The stricken city. Panorama of San Francisco before the catastrophe, showing principal buildings that are partially or wholly destroyed.

HEART IS TORN FROM GREAT CITY.

San Francisco Nearly Destroyed By Earthquakes and Fire—Hundreds of Killed and Injured—Destruction of Other Coast Cities—California's Greatest Horror.

By the Associated Press P. M.

SAN FRANCISCO, April 19.—It looks now as if the entire city would be burned, following the great quake of yesterday. The government is furnishing tugs to convey news to Oakland, but the confusion is so great that they cannot be relied upon. It will be impossible to send full details for several days.

The latest reports from Leland Sanford University indicate that the magnicent stone buildings c. that institution have suffered severe damage Many of the buildings were ruined by cracks, which split them from cornice to foundation. The buildings are practically intact. Only a few structures collapsed in Berkeley, the earthquake shock being slight there.

At 10 o'clock at night, the fire was unabated, and thousands of people are fleeing to the hills and clamoring for places on the ferry boats.

The damage is now believed to have reached $200,000,000 and 50,000 people are thought to be homeless.

Under the fierce heat of the sun today, 29 bodies lay in Washington Square, where they were taken at the order of the Mayor when the morgues and Hall of Justice basement held all that could be cared for.

At 10 p. m. last night the newspapers ceased all effort to collect news, and the Associated Press force is compelled to act independently.

THE PRESIDENT'S MESSAGE:

The President sent the following telegram to Gov. Pardee, Sacramento:

"Sir: Rumors of great disaster from an earthquake in San Francisco, but know nothing of the real facts. Call upon me for any assistance I can render.

(Signed) THEODORE ROOSEVELT, Washington, April 18."

The President later sent the following additional telegram to Gov. Pardee:

"It was difficult at first to credit the catastrophe that has befallen San Francisco. I feel the greatest concern and sympathy for you and the people, not only of San Francisco, but of California in the terrible disaster. You will let me know if there is anything that the national government can do.

(Signed) THEODORE ROOSEVELT."

Gov: Pardee sent the following in reply:

"Owing to interruption of telegraphic communication extent of disaster in San Francisco not yet known here, but no doubt calamity is very serious. People of California appreciate your kind inquiry and offer of assistance. State troops doing patrol duty, and if federal assistance is needed will call upon you.

Signed, "GEO. C. PARDEE."

TOSSING SIX HOURS ON SEISMIC WAVES.

SAN FRANCISCO, April 18.—[Special.] During six hours of mortal dread and nameless terror San Francisco was today tossed upon the seismic waves of the most disastrous earthquake known to the history or the traditions of America's west coast. In the mad confusion and helpless horror of this night uncounted bodies of dead-men and women are lying in morgues and under unpillowed walls. g through the mists and through the mists and fogs that hung in gray lieved that nearly 1000 lives have been lost. The moss the wa ers of the placid bay and over the wait- not fall far short of that, and it may prove to be mad o Through t the Golden Gorough the Golden Gate were blowing the Fire and f ume have added to the destruction, the winds wit the greeting ofis with the greeting of the sea to the gro... and despair. The material losses are beyond computation clad heights and flower-strewn fields that skirted the shores Wounded and hurt inexpressibly the chief city of the West and stretched away into the dim distances beyond. The lies at this hour humbled to the dust, blackened, battered and sailors still slept in their hammocks in the harbored ships. A charred, her glory of yesterday but a hideous dream, the few war-eyed wanderers of the night were stealing through moans from her stricken heart filling the pitying world. the streets, a few early toilers were astir. But that was all.

The first shock came while still the mighty city lay deep Then came the rumble of deep thunder from the mighty in slumber, weary with the revelries and pleasures of the night bowels of the startled earth. The city shook like an aspen leaf, before. In the quiet homes, in the crowded hotels, men had and her gray highways suddenly cracked and split as though not yet awakened to the strifes and endeavors of the new- the batteries of Satan and its America's west coast. In the dawned d y. The stars had but wane d, and the m rn was against them from underneath nor of this night uncounted era of the placid sea of the placid bay and over the wait- fell like stacks of cards. The lieved that nearly 1000 lives be fell far short of that, and cocked like forests in the wind. Fire and fume have added

1906年の大地震を伝えるロサンゼルス・タイムズ。

通信社の登場

　アメリカの通信社——つまりいかなるニュースでも早く、詳しく、公平に収集、伝播することに専念する組織——の台頭はジャーナリズムの歴史における画期的な発展である。"知る権利"はニュース通信社を作ることによって大幅に前進したが、通信社はニュースを見出し、公平に報道し、世界や国のあらゆるところへ速報するために、ジャーナリズムの技術や近代的なコミュニケーション技術を活用してきた。いままでわずかなアメリカの日刊紙が世界や自国における主要なニュースの中心地に特派員を置こうとしてきた。また AP、UP、INS、UPI といった通信社のロゴが、外の世界から見ると、信用のおける事業を示す象徴になったのである。

　アメリカ合衆国には世界的な規模で稼働している主要通信社が 3 つあった。第 1 は AP (The Associated Press) で、共同でニュースを取材していこうという意図で 19 世紀に生まれた。その 20 世紀における競争相手は 1907 年エドワード・ウィリス・スクリップスによって創設された UP (The United Press Associations) と、ハーストによって 1909 年に創業された INS (The International News Service) である。この 2 社は 1958 年に合併し、UPI (The United Press International) となった。一方、海外の主要な競争相手は 1851 年に創設されたイギリスのロイターと、アバス通信社（創業は 1826 年）の流れを汲み、第 2 次世界大戦後に生まれた AFP(Agence France-Presse) である。1920 年までにアメリカの通信社 3 社は国内サービスを広げ、国際ニュース報道と契約取りでヨーロッパの通信社（イギリス、フランス、ドイツ）に挑戦した。

AP の起源

　アメリカの通信社の中で最も古い歴史を有しているのは AP である。AP という名称の近代的なニュース取材の通信社が最終的に組織化されたのは 1900 年で、それにいたるまではこの国が通信社という便益を規制していることに対して厳しい戦いがあったのである。ニューヨークの主要紙が 1849 年にニューヨーク AP を設立する協約を交わしたが、これは同じような通信社の模範となった。1862 年には中西部の日刊紙が集まって西部 AP を組織した。次いでニューイングランド AP が誕生した。また地域的な支援グループも作られた。しかし、常にニューヨーク AP の勢力が他を圧していたのである。

19世紀末、ウォール・ストリートのAP事務所。(ベットマン・アーカイブ)

　ニューヨークAPは初期の総支配人たち、つまりアレグザンダー・ジョーンズ博士（任期は1849年から1851年）やニュース取材のパイオニアのダニエル・H・クレイグ(1851–1866)や元ワシントン特派員でサンフランシスコの記者ジェイムズ・W・サイモントン(1866–1882)らによってうまく運営された。しかし、優勢な西部AP会員たちへと地歩はゆずられていった。つまり、西部APの総支配人ウィリアム・ヘンリー・スミス(William Henry Smith)がニューヨークAPの総支配人に任命され、5人からなる執行委員会の2人の席が西部APへ与えられた。これにもかかわらず、ニューヨークAPは、1869年以来競争相手になろうとしていた離反分子や1882年にUP（後のUPや現在のUPIとは無関係）を作った連中から厳しい競争を仕掛けられた。UPはウォルター・ポウク・フィリップス(Walter Polk Phillips)を総支配人として、強力な日刊紙を会員とし、外国ニュース報道で評判をとっていた。ニューヨーク・サンの営業部長だったウィリアム・M・ラファン(William M. Laffan)はUPの指導者だった。

　APとUPの中の支配的なグループの行動は当時としては典型的なものだった。両方の執行委員会は、両通信社が互いにニュースを交換し、実質的に競争をやめる秘密の協定を交わした。内情に明るい人たちにとっては財政的な見返りがあったが、一般にAPの会員たちは充分なサービスを受けられなかった。

1891年取り引きが明るみに出ると、APの中での新たな闘いが避けられなくなった。[11] ニューヨーク・サンとトリビューンは1892年にUPへと鞍替えし、翌年には残りのニューヨークAP会員が続いた。APの組織を統御したのは新しい企業で、1892年末に生まれたイリノイAPだった。

新しいAPの総支配人メルビル・E・ストーンはイギリスのロイター、フランスのアバスとドイツのヴォルフと独占的なニュース交換の契約を交わした。それにより彼は、長年ニューヨークの会員社が享受していた外国ニュースの配信元とUPを分断した。そこで4年間に及んだ闘いが1897年初めに終わりを告げた。というのはデイナのサンとハーストのジャーナルを除くニューヨークの各日刊紙がAPに加盟し、UPは破産したからである。一方ハーストは決してAPには加盟せず、サンのラファンは頑なに自らのラファン・ニュース社を組織し、1916年まで経営を成功させた。

AP通信社の進路が最終的に定まる前に、間接的にラファンはAPをトラブルに巻き込んだ。つまりシカゴのインター・オーシャンが、自社がラファン・ニュース社を使っていることに対してAPが処罰の意味でニュース配信を止めるのを阻止しようと1898年訴訟を起こしたのである。1900年に下されたイリノイ州裁判所の判決は、APの定款は非常に包括的に書かれており、通信社は公共事業として、加入を望む新聞社全社へサービスを提供しなければならない、というものだった。当時はイリノイ州の判決はAPの地域独占的な会員制度に終止符を打つようなものだった。しかし、APの指導者たちは1つの方法を見出した。イリノイAPを解散し、新たなAPをニューヨーク州法に基づいて、非営利会員組織として作ったのである。ストーンは新たなAPの総支配人になった。

1900年新たなAP誕生

1900年新たに生まれたAPについて最も大切なことは、この通信社が協同的な動きをしていた点である。つまり、加盟社は個々の発行地域で起きたニュースを互いに提供し合うことになっていた。加盟社は、このニュースの交換や、ニュースの流れを指示したり他の取材で記事を補強したりする通信社スタッフを維持する費用を分かち合うことになっていた。総支配人を長としたスタッフ陣は幹事や理事を通して会員社のみに責任を負うことになっていた。このようにAPはその加盟社の利益のためにのみ存在するのであった。

しかしながら、APの組織にはいくつかの欠点があった。1915年までAPの加盟社は他の通信社と契約できなかった。1900年時の最初の加盟社は株を所有し、さらに投票権を持っていた。このため理事会は古い、大きな新聞社の手に押さえられていた。1937年には18の理事の枠のうち、小規模な新聞社は3つの枠を与えられたに過ぎなかった。しかし, もっと深刻なことは加盟社を保護する権利についての問題である。加盟社は、同じ都市のライバル社がAPに加盟するのを妨げることができた。このような拒否権を覆すには、全加盟社の5分の4の票が必要で、そのようなことはほとんど実現不可能だった。大都市でAPに加入する唯一の方法は、既存の加盟社を買収する以外になかったのである。

APが陥っていたもう1つの不幸な状況は、1893年ヨーロッパの通信社と交わしたニュース交換協定によって生じたものだった。つまりAPによって集められたアメリカ関係のニュースは外国通信社によって国外へ配信された。AP総支配人のストーンはヨーロッパ諸国にAPニュースのチャンネルを開くことに最善を尽くした。[12] APは第1次世界大戦前に独自のニュースを収集するためにいくつかの海外支局を開設した。しかし、海外ニュースを外国で売る権利を欠いていたので、APがそのようなことのできる海外サービスを築くまでには何年もの歳月を要したのである。

ストーンが総支配人を務めていた初期の頃、APには有名な人物がたくさんいた。イリノイAPのベテラン記者チャールズ・S・ディール (Charles S. Diehl) は総支配人になった。第1次世界大戦中のニュース報道部長のジャクソン・S・エリオット (Jackson S. Elliot) も同じ地位についた。プロビデンス・ジャーナルの優秀な編集長だったフレデリック・ロイ・マーティン (Frederick Roy Martin) は1912年に副総支配人になり、1921年にはストーンの後を継いで総支配人になった。有名な支局長としては、ローマのサルバトーレ・コルテッスィ (Salvatore Cortesi) やベルリンのセイモア・B・コンガー (Seymour B. Conger)、ワシントンDCのエドウィン・M・フッド (Edwin M. Hood) らがいた。第1次世界大戦で活躍した特派員としてはチャールズ・T・トンプソン (Charles T. Thompson) やフレデリック・パーマーや後にAPのニュース解説記者となったデビット・マッケンズィー (Dewitt Mackenzie) がいた。

スクリップスとハーストが AP に挑戦

　強力な競争通信社として AP と張り合ってきたのはスクリップスの UP 通信社とハーストの INS 通信社だった。UP も INS も AP のような共同組織ではなかった。両通信社とも普通の企業で、契約によって顧客にニュースを売った。両社とも AP の閉鎖的な会員方式に対応して開業したのである。UP も INS も創設した人たちはチェーンの新聞経営者で、集めたニュースは AP サービスを受けることのできない、あるいは受けるのを望んでいない国内外の新聞社へ売ることができると、彼らはまもなく気づいた。UP も INS もたちまちのうちに様々な顧客へサービスを提供したが、両者とも、果断な新聞経営者の所有物であったのは偶然の一致だった。AP でも他の新聞人でもそうだが、両者の取材・編集スタッフ陣は読者のためにすべてのニュースを完全かつ公正に取材しようと一生懸命働いたのである。

　AP をコントロールしている仲間の新聞発行者たちが疑わしいからこそ UP 通信社を創設したのだ、とかつてスクリップスが語ったことがある。1897 年、つまり古い UP がつぶれた時、彼は自社のチェーンの新聞を AP に加盟させなかった。「アメリカのジャーナリズムの同僚たちのうち、少なくとも 90% は資本家的で、保守的だった」と彼は説明している。そして、さらに次のように述べている。

　　少なくとも当時、私が新しい通信サービスの分野に入っていかないかぎり、アメリカ国民が AP の媒体を通じて正しいニュースを得ることは不可能であろうということを知っていた。……私は AP をコントロールしている人びとが真実を隠したり、まやかしをうまく広めたりできないようにしたのである。[13]

　反抗的なスクリップスは仲間の新聞経営者たちに対して確かに、あまりにも批判的であったが、互いのチェック機能としての競争通信社という彼の考えはアメリカのジャーナリズムにとって計り知れない価値があるということを証明した。

　スクリップスには、自分自身の通信社を創設する理由が他にもあった。AP は朝刊を発行している大新聞社の加盟社向けのニュース報道に関心があったが、スクリップスは夕刊紙を発行していた。AP が閉鎖的な会員制度であるということは、スクリップスが作っている新しい新聞にとっては AP の加盟社に

なるのが困難であるということを意味していた。もし彼が自らの通信社を作るならば、スクリップスが発行するタイプの新聞によりよいサービスを提供する取材体制や記事スタイルを作り上げることが可能であった。そして、ついに彼は通信社を経営する資金を作ることにした。

第2のUPとロイ・ハワード

10年ほど中西部や西部の自分の新聞向けに2つの地域的な通信社を経営した後、スクリップスは1907年それらをパブリシャーズ・プレス・アソシエーション（1898年非APの東部紙によって創業）と合併し、UPを創設した。ジョン・バンダークック (John Vandercook) という名の若きスクリップス系新聞人が合併の話をまとめUPの責任者になったが、翌年死亡してしまった。総支配人として彼の跡を継いだのが25歳のロイ・W・ハワードで、スクリップスの新聞帝国を治める運命を背負っていた。ハワードはセントルイス・ポスト・ディスパッチや、インディアナやシンシナティのスクリップス系の新聞に勤めた後UPとの大きなチャンスを得たのである。スクリップスはその当時のハワードを次のように描写している。

> 印象的な人物で、背は低く、大きな頭で、表情豊かな顔つきをしており、目は並外れた知性への窓といった感じだった。彼の態度は力強く、控えめとは逆であった。顔中に厚かましさが溢れていた。発する声1つひとつにそれは漲っていた。体の毛穴中から野心と自尊心と荒々しさが滲み出ていた。[14]

ハワードは急ぎ海外へ進出し、ヨーロッパの主要都市に支局を開設した。彼はAPに加盟していない有力な外国新聞社や商業ベースの通信社と連係していった。イギリスが第1次世界大戦の間、交戦国や中立国へ向けてドイツの通信社が送る海底ケーブルを切断した時、ハワードに好機がめぐってきた。ラ・プレンサとラ・ナシオンという2つの有力なアルゼンチン紙がフランスのアバス通信社の一方的な報道記事だけを受信するのに反発し、APに配信を依頼してきた。しかしAPはヨーロッパの通信社との協定があるので、南米には進出できなかった。そこでハワードは直ちに入り込んで、アルゼンチンの新聞に、彼らの欲するタイプの記事を送ったのである。まもなくUPは南米に幅広く顧客を作り上げることができるようになり、支局も開設するようになったのである。

しかし、UP が注目を得つつある頃、つまり 1918 年の 11 月にハワードと UP は大失敗をしでかしてしまった。ハワードが 11 月 7 日ブレストのアメリカの海軍本部に行った時、パリから休戦の署名が午前 11 時に交わされたとのメッセージが入った。上層部にそのメッセージの真偽を確かめずにハワードはニューヨークの UP 本社へそのニュースを打電し、同通信社にとっては不運にも、信じられない速さで、そのメッセージは検閲官たちをパスしてしまった。UP 至急電は国中に喜びの嵐を引き起こした。だが数時間後には、UP が早まったニュースを流したとの記事を AP が報道したのである。正式な降伏文書は 11 月 11 日に署名された。ハワードは、海軍本部でそのメッセージを見たなら、いかなる記者もしたであろうことをしたまでだと主張した（彼は後に、そのメッセージはパリにいたドイツ人の秘密工作員からのものだったといっている）が、二度と UP を信用しなくなった外電担当編集長もいた。1930 年代において、AP がリンドバーグの赤ん坊の誘拐・殺害事件でのブルーノ・リチャード・ハウプトマン (Bruno Richard Hauptmann) 裁判の結果で、間違った評決を速報してしまった時にも、また 1944 年に、AP が連合軍のフランス上陸の日のニュースを早まって報じてしまった時にも、昔の新聞人たちはいかに「ロイ・ハワードが第 1 次世界大戦を 4 日も早く終わらせてしまったか」[15] を依然として思い出したのである。

しかしながら、UP はこの間違った休戦記念日の一件を何とか切り抜けた。ハワードがスクリップスの新聞チェーンのパートナーになるために 1920 年 UP を去った頃、UP は顧客が 780 社あり、大変優良な通信社だった。スクリップスは 51% の株式を保有しており、最初の 10 年間に 20 万ドルの配当金を得たと思われる。スクリップスの流儀で、残りの 49% の株は UP の柱になる人びとへと渡った。この計りしれない"善意"の資金は当時ハワードによれば 250 万ドルほどだったという。[16]

若く、給料の低い UP の記者の間でよく言われていたことは"署名入り原稿で埋め合わせしてくれているんだよ"だった。最初の頃から UP は熱心な若いスタッフにある種の栄光と、自分自身の文章スタイルとニュースの専門分野を伸ばす機会を与え始めた。第 1 次世界大戦を取材した AP 記者はほとんどが特徴のない記事を書いていた。これに対して UP はウェブ・ミラー (Webb Miller)、フレッド・S・ファーガソン (Fred S. Ferguson)、ウィリアム・フィリップ・シムズ (William Philip Simms)、ウィリアム・G・シェパード (William G. Shepherd) やウェストブルック・ペグラー (Westbrook Pegler)

といった若い特派員たちを自由にさせた。彼らの生き生きとした背景解説的な記事は注目を引き、AP 加盟紙に対して第 2 の通信社として UP を売り込むのに役立った。ミラーはヨーロッパの報道局長になり、第 2 次世界大戦初期のロンドンでの灯火管制中の空襲で死ぬまで指揮を取った。ペグラーは手広いシンジケートのコラムニストになった。1920 年代にはトマス・L・ストークス (Thomas L. Stokes)、ポール・マロン (Paul Mallon) と、レイモンド・クラッパー (Raymond Clapper) の 3 人のワシントン支局の記者がコラムニストになったが、ペグラーは彼らと軌を一にしたのである。

INS 通信社

　第 3 のアメリカの通信社としての競争社は INS である。ライバルの通信社よりは規模が小さかったし、総合的な通信社へと成長するのも遅かったにもかかわらず、INS は競争意欲の点で傑出していた。

　INS はハースト系の新聞が以前から賃借していた電話回線設備の副産物として 1909 年に創設された。最初の支配人はリチャード・A・ファレリー (Richard A. Farrellly) だった。1918 年までに INS は 400 の加盟社へ配信していて、賃借の回線システムは、AP や UP と比べて回線の及ぶ範囲は半分ぐらいであった。

　1916 年以後の INS の指導者は主筆のバリー・ファリス (Barry Faris) である。彼が作った支局の数は他の通信社よりも少なかったが、その代わり、主要なニュースの中心地に INS の資力を集中的に投じた。彼が最も成功した計画は、人気ライターによる有名な署名記事や大事件の特別取材を提供することだった。ピュリツァー賞受賞者の H・R・ニッカーボッカー (H. R. Knickerbocker) やフロイド・ギボンズ (Floyd Gibbons) は長年 INS の外国特派員を務めた。1921 年にはジェイムズ・L・キルガーレン (James L. Kilgallen) が移動特派員として大きな国内の事件を取材し始めた。

特集記事のシンジケート：娯楽もの

　新聞の中にシンジケート（訳者注：新聞、雑誌向けに記事サービスを配給する企業）が与えた影響力で最も大きかったのは非ニュース部門だった。編集者たちがニュース交換している新聞や雑誌からコラムや小説、詩などの娯楽記事を切

り抜く手間を省いてくれた最初の人はウィスコンシン州のアンスル・N・ケロッグ (Ansel N. Kellogg) である。彼は南北戦争の頃シカゴで印刷済みの記事サービスを始めた新聞人である。彼の発行した新聞用紙の片面には娯楽記事が印刷され、もう1つの面は地元の記事や広告を載せられるように空白になっていた。1875年には鉛版がアメリカ新聞協会によって各社へ供給され始めた。この分野の大組織になったのは西部新聞組合 (The Western Newspaper Union) で、1872年ドゥモイン（訳者注：アイオワ州）で創設され、1890年以降はジョージ・A・ジョスリン (George A. Joslyn) によって経営された。彼は1917年までに競争相手を排除し、"特別の差し込み広告"ビジネスに磨きをかけ、事前に準備した記事を編集者たちに提供した。このサービスは最高時で7,000社近くに供給されたが、次第に下火になり、1952年には廃業してしまった。

　西部新聞組合が週刊紙分野で発展している一方、日刊紙にはアービン・バッチェラー (Irving Bacheller) (1883年)、マックルア (1884年) やエドワード・W・ボック (1886年) らの特集記事サービス用の系列（シンジケート）への文学作品が提供されていた。マックルアとボックは大衆が娯楽的な記事を読みたがっているのに気づいていた。このことが雑誌の発行者としての有名なキャリアにつながったのである。ハーストは1895年に系列設立の動きに加わり、1914年にキング・フィーチャーズ・シンジケートを創業した。ジョージ・マシュー・アダムズ (George Matthew Adams) は1907年にこの分野に入り、ジョン・N・ウィーラー (John N. Wheeler) は1913年に参入した。

　初期のシンジケートはロバート・ルイス・スティーブンソン (Robert Louis Stevenson) やラドゥヤード・キプリング (Rudyard Kipling)、マーク・トウェイン、ブレット・ハート、ヘンリー・ジェイムズ、アルフレッド・ヘンリー・ルイス、ジャック・ロンドンら文豪たちの作品を特集した。また初期のシンジケートは、詩的なセンスのあるコラムニストやユーモア作家として注目株の作品も試しに提供し、それらは全国の新聞に掲載された。シンジケートはデトロイト・フリー・プレスやニューヨーク・ヘラルドの「4人組」の評判を広げた。またワイオミングのララミーやニューヨーク・ワールドのビル・ナイ (Bill Nye) も有名にした。またV・ナスビー石油を作ったトレド・ブレイドのデイビッド・ロス・ロック (David Ross Locke) やアーカンソー・トラベラーで有名なオーピー・リード (Oopie Read) やアトランタ・コンスティテューションのジョエル・チャンドラー・ハリス (Joel Chandler Harris) らの名声も広めた。またシカゴの新聞人フィンリー・ピーター・ダンも有名にした。彼の

"ドゥーリィ氏"は時局の出来事を思索している酒場の主人だが、全国的に評判になったのである。

　昔の新聞人にとっては、コラムは"わずかだがすべて"のテーマが載っているものだった。つまり、ウィットあり、詩あり、所感あり、ニュースの中の人物や出来事についてのコメントあり、といった調子である。そのようなコラムを書いた1人がユージン・フィールドである。彼はセントルイスやカンザスシティで記者をしていたが、ストーンが彼をシカゴ・デイリー・ニューズへ連れていき、1900年より前に「シャープス・アンド・フラッツ」と題するコラムを書かせた。バート・レストン・テイラー (Bert Leston Taylor) もそのようなコラムニストで、1901年に「ア・ライン・オ・タイプ・オア・トゥー」と題するシカゴ・トリビューンの有名なコラムを作った。第3の人物はフランクリン・P・アダムズで初めシカゴ・ジャーナルやニューヨーク・メイルで書き、その後1914年ニューヨーク・トリビューンで「司令塔」と題するコラムを書き始めた。ドン・マーキス (Don Marquis) はニューヨーク・サンのために「日時計」と題するコラムを書いたが、彼は"高射砲"という名で知られ、大文字を使わず小文字で書き、こまごました仕事でひどく忙しい人だった。

　ウォルター・ウィンチェル (Walter Winchell) はコラムの別のスタイルを切り開いた。彼は1920年代際どいタブロイド紙からジャーナリズムの世界に入ったニューヨークっ子でグラフィックと題するタブロイド紙のブロードウェー担当の記者として"ゴシップ"コラムを盛り立てた。1929年には彼はミラーへ転じ、ハーストのキング・フィーチャーズ・シンジケートの花形記者になった。ウィンチェルのように、センセーショナリズムや私生活の詳報をやってのけるコラムニストはそれまでいなかった。しかし、ルーエラ・パーソンズ (Louella Parsons) やヘッダ・ホッパー (Hedda Hopper) といったハリウッドのコラムニストはベストを尽くした。アール・ウィルソン (Earl Wilson)、レオナード・ライオンズ (Leonard Lyons) やドロシー・キルガーレン (Dorothy Kilgallen) らはニューヨークを基盤としたコラムニストで私的なものを書いた。一方、O・O・マッキンタイヤー (O. O. McIntyre) やマーク・ヘリンガー (Mark Hellinger) は古くさい文学スタイルでニューヨークについてのコラムを書いた。

第12章

第1次世界大戦とアメリカ

> マルヌ会戦後、東西両半球の各国が戦争に引き入れられ、どのような講和条約をもってしても解決できないような国際紛争に巻き込まれる結果となった。……各国は罠にかかってしまった。その罠は決着をつけることに失敗した最初の30日間の作戦によってしつらえられた。罠に出口はなかった。いまだに見つかっていない。
>
> ——バーバラ・タックマン (Barbara Tuchman)
> 『八月の砲声』(*The Guns of August*)

　1914年8月にヨーロッパで始まった大戦は、比較的に平和な19世紀が生み出した生活パターンを完全に変質させてしまった。合衆国は世界を民主主義にとって安泰なものにするための「大事業」に乗り出し、1917年までにそれは世界的な大戦になってしまった。しかし、戦争が終わって人びとが知ったのは、もはや古い秩序を回復することも、新しい平和的な秩序を構築することもできないということであった。政治的・社会的な幻滅、経済的な落ち込み、そして現代的な専制政治の出現により2度目の大戦が引き起こされ、第1次・第2次世界大戦という言い方がされるようになった。その後も、戦争あるいは戦争の脅威は、まるで底なし沼のように続いている。
　『八月の砲声』の中でバーバラ・タックマンは、エドワード・グレイ卿 (Edward Grey) の言葉を引いてこう書いている。「ヨーロッパ中の燈がいま消えていく。生きているうちにまた燈が灯るのを見ることなどできそうもない」。タックマンの作品はその冒頭で、1910年のイギリス国王エドワード7世 (Edward VII) の葬列の壮観さを次のように描写している。「かつて世界に君臨した太陽は、いま燦然と燃えながら、永劫のふちに姿を消そうとしている」。新国王ジョージ5世 (George V) の傍らでは、彼のいとこでドイツ皇帝のビル

The New York Times

VOL. LXVIII...NO. 22,206. NEW YORK, MONDAY, NOVEMBER 11, 1918.—TWENTY-FOUR PAGES. TWO CENTS

"All the News That's Fit to Print."

THE WEATHER: Fair today and Tuesday; diminishing northwest winds.

ARMISTICE SIGNED, END OF THE WAR! BERLIN SEIZED BY REVOLUTIONISTS; NEW CHANCELLOR BEGS FOR ORDER; OUSTED KAISER FLEES TO HOLLAND

SON FLEES WITH EX-KAISER

Hindenburg Also Believed to be Among Those in His Party.

ALL ARE HEAVILY ARMED

Automobiles Bristle with Rifles as Fugitives Arrive at Dutch Frontier.

ON THEIR WAY TO DE STEEG

Belgians Yell to Them, "Are You On Your Way to Paris?"

LONDON, Nov. 10.—Both the former German Emperor and his eldest son, Frederick William, crossed the Dutch frontier Sunday morning, according to advices from The Hague. Their reported destination is De Steeg, near Utrecht.

The former German Emperor's party, which is believed to include Field Marshal von Hindenburg, arrived at Eysden, [midway between Liége and Maastricht,] on the Dutch frontier, at 7:30 o'clock Sunday morning, according to Daily Mail advices.

Practically the whole German General Staff accompanied the former Emperor, and ten automobiles carried him and his party of fugitives with rifles, and all the fugitives were armed.

The ex-Kaiser was in uniform. He alighted at the Eysden station and paced the platform, smoking a cigarette.

Many photographs were taken by [eff] the members of the Imperial party. On the whole the people were very quiet, but Belgians among them yelled out "En voyage à Paris." (Are you on your way to Paris?)

Chatting with the members of the staff, the former Emperor, the correspondent says, did not look in the least distressed. A few minutes later an imperial train, including restaurant and sleeping cars, ran into the station. Only servants were aboard.

The engine returned to Visé, Belgium, and brought back a second train, in which were a large number of staff officers and others, and also scores of food.

The preparations began for the departure at 10 o'clock this morning, but at 10:40 o'clock the train was still at Eysden. The blinds of the train were all drawn.

The Daily Mail remarks that, if the party arrived in Holland armed, as if common foe, it must be interned.

While other dispatches confirmed...

Kaiser Fought Hindenburg's Call for Abdication; Failed to Get Army's Support in Keeping Throne

By GEORGE RENWICK.

AMSTERDAM, Nov. 10.—I learn on very good authority that the Kaiser made a determined effort to stave off abdication. He went to headquarters with the deliberate intention of bringing the army around to his side. In this he failed miserably.

His suite, composed of a number of officers, nearly all of Prussian regiments, who formed themselves into two regiments and placed themselves at his Majesty's disposal. To do anything with such support was none, of course, to be unthinkable.

During the night the Kaiser called the Crown Prince, Hindenburg, and General Gröner to him, and the consultation lasted a couple of hours. Staff officers already pressed the Kaiser to bow to the inevitable. Hindenburg told him that any more delay in making his decision to abdicate would certainly have the most terrible consequences and lead to serious events in the army. For these consultations Hindenburg and he must refuse responsibility.

The Crown Prince, it is said, was the first to give way. General Gröner fully supported Hindenburg's view, but when the conference broke up the Kaiser remained unconvinced of the advisability of abdication. It is said to have been none to the final declaration by he Emperor, after several communications had reached him from Berlin and other sources that were already dying out...

BERLIN TROOPS JOIN REVOLT

Reds Shell Building in Which Officers Vainly Resist.

THRONGS DEMAND REPUBLIC

Revolutionary Flag on Royal Palace — Crown Prince's Palace Also Seized.

GENERAL STRIKE IS BEGUN

Burgomaster and Police Submit—War Office Now Under Socialist Control.

LONDON, Nov. 10.—The greater part of Berlin is in control of revolutionists, the former Kaiser has fled to Holland", and Friedrich Ebert, the new Socialist Chancellor, has taken command of the situation. The revolt is spreading throughout Germany with great rapidity.

Dispatches received in London today announce these startling developments. The Workmen's and Soldiers' Council is now administering the machinery of government of the German capital.

The War Ministry has submitted, and its acts are valid only when countersigned by a Socialist representative. The official Wolff telegraphic agency has been taken over by the Reds.

The Red flag has been hoisted over the royal palace and the Brandenburg Gate. The former Crown Prince's palace is also in possession of the revolutionists.

There was severe fighting in Berlin between 9 and 10 o'clock last night and a violent cannonade was heard from the heart of the city.

Burgomaster and Police Submit, says a Copenhagen dispatch states that Dr. Liebknecht, the famous Socialist, who spent many months in prison for antagonizing the German Imperial Government and who was recently released, has issued the following announcement in Berlin in behalf of the Workmen's and Soldiers' Council:

"The Presidency of the police, as well as the Chief Command, is in our hands. Our comrades will be released."

A dispatch from Berne states that the Burgomaster of Berlin has placed himself and his staff at the disposal of the new Government.

Some German newspapers describe the movement as Bolshevism. The people are shouting "Long live the Republic!" and singing the "Marseillaise."

Officers Shelled by Reds.

When revolutionary soldiers attempted to enter a building in Berlin in which they supposed that a number of off...

Socialist Chancellor Appeals to All Germans To Help Him Save Fatherland from Anarchy

BERNE, Nov. 10. (Associated Press.)—In an address to the people, the new German Chancellor, Friedrich Ebert, says:

"Citizens:—The new Chancellor, Prince Max of Baden, in agreement with all the Secretaries of State, has handed over to me the task of liquidating his affairs as Chancellor. I am on the point of forming a new Government in accord with the various parties, and will keep public opinion freely informed of the course of events.

"The new Government will be a Government of the people. It must make every effort to secure in the quickest possible time peace for the German people and consolidate the liberty which they have won.

"The new Government has taken charge of the administration, to preserve the German people from civil war and famine and to accomplish their legitimate claim to autonomy. The Government can solve this problem only if all the officials in town and country will assist them.

"I know it will be difficult for some to work with the new men who have taken charge of the empire, but I appeal to their love of the people, support for the hard work which is indispensable to Germany and the surrender of the country to complete disorder. Therefore, help your native country with fearless, indefatigable work for the future, every one at his post."

"The food supply is the first task of all, for without food there will be anarchy. The food supply must not reduce, and the production of food supplies and their transport to the towns.

"Food shortage signifies pillage and robbery, with great misery. The poorest will suffer the most, and the industrial workers will be affected hardest. All who thereby injure are affected.

"Production of the necessaries of life in the many cases of economy. Therefore, help your native country with fearless, indefatigable work for the future, every one at his post."

COPENHAGEN, Nov. 10.—The new Berlin Government, according to a Wolff Bureau dispatch, has issued the following:

Fellow-Citizens: This day can assure a peaceful solution has been reached. The Social Democratic Party and the Independent Socialist Party is now the Government with equal rights.

Reds Announce Success.

BERLIN, Nov. 9. (Copenhagen Wireless to London, Nov. 10.)—(Associated Press.)—The German People's Government has been instituted in the greater part of Berlin. The government has gone over to the Government of the Workmen's and Soldiers' Council.

The Reds, at last reports, were maintaining order.

Berlin was occupied by forces of the Soldiers' and Workmen's Council on Saturday afternoon, according to a Wolff Bureau report received in Copenhagen. News of Emperor William's abdication was received in the city on that afternoon with general rejoicing, which was tempered by the fact that it had come too late.

Russians Aid in Outbreak.

Now for the example of the Russians Bolsheviks influenced the German uprising is at informative message indicated. The greater part of Berlin garrison, and other troops stationed there temporarily, went over to the new Government.

The leaders of the departments declared that they would not object against the people. They said they would, in accordance with the People's Government, give weapons to the Government.

Friedrich Ebert (Vice President of the Social Democratic Party) is carrying on the Chancellorship.

The text of a statement issued by the People's Government reads:

In the course of the forenoon of Saturday the Revolution in a far greater measure broke out. The Berlin garrison, and other troops stationed there temporarily, went over to the new Government.

The leaders of the departments declared that they would not object against the people. They said they would, in accordance with the People's Government, give weapons to the Government.

Scheidemann Reassures Calm.

Deputy Scheidemann, formerly the majority Socialists in the Reichstag, in a speech today, said:

"The Kaiser and the Crown Prince have abdicated. The Greedy...

WAR ENDS AT 6 O'CLOCK THIS MORNING

The State Department in Washington Made the Announcement at 2:45 o'Clock.

ARMISTICE WAS SIGNED IN FRANCE AT MIDNIGHT

Terms Include Withdrawal from Alsace-Lorraine, Disarming and Demobilization of Army and Navy, and Occupation of Strategic Naval and Military Points.

By The Associated Press.

WASHINGTON, Monday, Nov. 11, 2:48 A. M.—The armistice between Germany, on the one hand, and the allied Governments and the United States, on the other, has been signed.

The State Department announced at 2:45 o'clock this morning that Germany had signed.

The department's announcement simply said: "The armistice has been signed."

The world war will end this morning at 6 o'clock, Washington time, 11 o'clock Paris time. The armistice was signed by the German representatives at midnight.

This announcement was made by the State Department at 2:50 o'clock this morning.

The announcement was made verbally by an official of the State Department in this form:

"The armistice has been signed. It was signed at 5 o'clock A. M., Paris time, [midnight, New York time,] and hostilities will cease at 11 o'clock this morning, Paris time, [6 o'clock, New York time.]

The terms of the armistice, it was announced, will not be made public until later. Military men have, however, regard it as certain that they include:

Immediate retirement of the German military forces from France, Belgium, and Alsace-Lorraine.

Disarming and demobilization of the German armies.

Occupation by the allied and American forces of such strategic points in Germany as will make impossible a renewal of hostilities.

Delivery of part of the German High Seas Fleet and a certain number of submarines to the allied and American naval forces.

Disarmament of all other German warships.

GERMAN DYNASTIES BEING WIPED OUT

King of Wuerttemberg Abdicates—Sovereign of Saxony to Follow Suit.

PRINCES MAY BE EXILED

Socialists Are Demanding That Every Sovereign in the Empire Be Dethroned.

LONDON, Nov. 10.—A Havas dispatch from Basle says:

"Wilhelm II., the reigning King of the monarchy of Wuerttemberg, abdicated on Friday night."

A Wolff Bureau dispatch from Stuttgart, by way of Amsterdam, says that the King has issued a proclamation saying that his person would never serve to hinder the development of the views of the people.

According to a report received from Berne, the German Socialists are demanding that every dynasty in Germany be suppressed and all the Princes exiled. It is reported that the Kings of Bavaria and Saxony intend to abdicate soon...

MORE WARSHIPS JOIN THE REDS

Four Dreadnoughts in Kiel Harbor Espouse the Revolutionary Cause.

GUARDSMEN ALSO GO OVER

Those Protecting Mines in the Great Belt and the Baltic Abandon Their Posts.

LONDON, Nov. 10.—Four German dreadnoughts, Posen, Oldenburg, Nassau, and Ostfriesland, in Kiel Harbor, have joined the revolution, says a Copenhagen dispatch. Marines occupied the lock gates at Galmoor and fought peasants for several hours. A court artillery division which offered resistance...

ニューヨーク・タイムズの有名な1918年休戦日の第1面。

ヘルム2世 (Wilhelm II) があし毛の馬にまたがり、イギリス陸軍元帥の深紅の礼服をまとっている。彼らの背後には9人の王と50人以上もの王族たちが続いていたが、その中には、英雄の役目を運命づけられたベルギー国王アルベール (Albert)、サラエボで暗殺されることになるアークデューク・フランツ・フェルディナンド (Archduke Franz Ferdinand)、そして世界中に「白船」を巡航させて合衆国を世界の舞台に導いた元大統領セオドア・ルーズベルト (Theodore Roosevelt) たちがいた。

羽飾りを付け、錦糸をまとった彼ら騎士たちの多くは、その後10年の間に消え去ることになる王国や帝国を代表していた。ドイツのホーヘンツォレルン家、オーストリア・ハンガリー帝国のハプスブルグ家、ロシアのロマノフ王家、トルコのスルタン、あるいは中国の清朝などである。しかし、それまでの数年間にわたる軍事競争と緊張にもかかわらず、そしてカイザー・ビルヘルム (Kaiser Wilhelm) が他の宗主国と「同等の地位」がドイツに与えられることを要求していたにもかかわらず、1910年のこの葬儀の日には、かくも多くの偉大な王朝が倒れ、1871年以来破られることのなかった西ヨーロッパの平和が引き裂かれることになるとは、誰も考えていなかった。というのも、ヨーロッパの指導者たちは戦争など不可能であるということを世界に確信させていたし、軍の戦略家たちもせいぜい短期間の戦争の青写真を描いているに過ぎなかったからである。あの運命の1914年8月に起こったドイツの戦闘計画の破たんが、戦争を出口のない罠に引き入れてしまった。

1914年のヨーロッパ戦争とアメリカの反応

ドイツが「バルカン問題」を全ヨーロッパ的な戦争にしてしまったことが、究極的にどのような結果をもたらすのか、1914年には誰にも予測がつかなかった。合衆国はスペインとの戦争の後、世界の外交舞台に登場することになった。しかし、恐らくほとんどのアメリカ国民は2つの大洋を隔てた向こう側で安心した気分でいただろうし、また彼らは自分たちの国が関わる範囲に限った平和維持に関心を持っているに過ぎなかった。こうした態度は、シカゴ・ヘラルドの冗談めいたコメントにうまく要約されている。「平和を愛するわが国の国民は、いまこそ立ち上がり、アメリカを発見してくれたコロンブスに対して、心より賛辞を申し上げるしだいである」。[1]

しかし、ヨーロッパでの出来事に対するアメリカ人の関心のなさの奥底で

は、平和が破壊されようとしていることに対する直感的な反応が見え隠れしていた。「スチールグレーの一糸乱れぬ軍隊の列が……24時間後もなおやって来る。……人間の行進というよりむしろ、津波や雪崩のような自然の力のごとく」。ドイツ軍がブリュッセルに侵攻した時のことを伝えるこのリチャード・ハーディング・デイビスの生々しい記事を読む時、また略奪されたルーバン（訳者注：ベルギー中部の都市）の街の信じがたい写真を目にする時、アメリカ国民はますます不愉快な思いを募らせたのであった。

　このようなアメリカ人の最初の反応を思い留めておくことは重要である。なぜならば、わが国の大戦への参戦が永続的な平和をもたらし得なかったことが明らかになった時、深い幻滅の中で、当初とは違った筋書きを示す議論が出てきたからである。[2] それは、イギリスのプロパガンダ、アメリカの軍需品製造者、そして冷笑的な政治家たちが、だまされやすいアメリカ国民を不必要な殺傷に誘い込んだのだ、というものだった。そこには、アメリカの新聞も外国のプロパガンダや戦争好きの資本家たちにだまされ、その結果、読者をミスリードしたのだという見方も含まれていた。そのような論理は不完全な証拠に基づきながらも、十分な説得力をもって主張された。しかしその論理は、危機をめぐるアメリカの世論に影響を与えた、次のような重要な要因を無視するか拒絶するかしていた。それらの要因とは、たとえば次のようなものである。ドイツ側にとっては決定的に評判を悪くしたルシタニア号の撃沈、（あからさまなプロパガンダ活動とは対照的に）連合国による検閲と海外通信の統制によりニュースの入手が制限されたこと、社会的に力を持つ圧力団体がアメリカ人の思考形成に影響を及ぼしたこと、英語圏同士の自然な一体感とアメリカ人のドイツ"文化"(kultur)に対する嫌悪感、事件を引き起こしたのがドイツだったためにアメリカの政府高官や外交官が堂々と親連合国的な決定を下せたこと、同じ強力な海軍でもドイツ軍よりもイギリス軍の方がアメリカの利益にとっては脅威が少ないという感情、そして最も重要な点として、ヨーロッパが一国に支配されることに合衆国が反対したこと——アメリカはそのことに反対するからこそ、国益擁護のためにドイツ軍国主義と2度の大戦を行っている——など。[3] ヨーロッパが一国に支配されることにアメリカが反対したのは、主に経済的な理由からであった。この時、恐らく初めて合衆国は、世界規模の経済システムに自らの利益がかかっていること、また自国の繁栄が自由主義的資本主義をできうる限り広めることに直結していることを自覚したのである。[4]

　軍事行動のニュースは両陣営によって遅延され、公式の声明はしばしば形勢

逆転のニュースを隠蔽するために用いられた。[5] 重要な戦闘のニュースにどうにかしてありついた特派員も多少はいたが、たいがいは運まかせだった。そのため、前線の記者たちは、ストレートな事実報道よりも特集記事により名声を得ることが多かった。その一方、長大な西部・東部前線で繰り広げられる戦闘に関しては、ヨーロッパ諸国の首都にいる軍事分析家たちが長々とした記事を提供した。そうしたニュースは、軍の検閲を通過しなければならなかったが、1914年8月5日にイギリスがドイツの大西洋ケーブルを切断してからは、さらにロンドンにある通信施設を通らなければならなくなった。ベルリン、ウィーン、中立国の首都で書かれた記事も、合衆国に到着するためにはロンドンを経由しなければならなくなった。[6]

合衆国、参戦へ

　合衆国では、一連の出来事によって急速に親連合国の感情が高まっていた。ニューヨーク・タイムズは、戦争に向かって進展する事態に関する交戦国それぞれの言い分を、「白書」として掲載した。しかし、ドイツが明らかに戦争準備に励んでいたこと、そして当初大勝利をあげていたことは、不完全なものではあったが連合国側の言い分を人びとに信じさせる原因となった。また、多くのアメリカ国民、とくに社会のリーダーや知識人たちがイギリスの伝統と自然的な結びつきを持っていたことも、親英的な態度を一般的なものにした。しかし、さまざまな理由により、多くのアメリカ国民は最後までアメリカの参戦には反対していた。理由の1つとして、20世紀初頭に前例のないほど平和改革運動が進展していたことがある。1901年から1914年の間に45もの平和団体が新しく生まれた。たとえば、カーネギー国際平和基金（1910年）、平和統一教会（1914年）などである。1915年には、女性平和党、フェローシップ・オブ・リコンシリエーションが新たに加わり、その翌年にはアメリカ反軍国主義連合が誕生した。[7] 合衆国の参戦が迫ってくる中で、沿岸部よりも中西部の方がより孤立主義的で、親連合国的な東部人に対して懐疑的であった。強力なマイノリティーであるアイリッシュ系は、親ドイツというわけでは必ずしもなかったが、アイルランド独立戦争のため当然のことながら反英的だった。ドイツ系アメリカ人たちは全体として合衆国に忠実だったが、やはり当然のことながら、多くは彼らの祖国の戦争目的にも同情的だった。彼らには、ドイツの野心がイギリスやフランスやロシアの野心ほど、危険でも帝国主義的でもないと思

えたのである。

　アメリカにとって決定的だったのは、当時、大西洋航路の女王といわれたイギリスのキュナード汽船のルシタニア号が、魚雷により撃沈された事件であった。1915年5月7日、アイルランド沖でルシタニア号が沈没し、1,924名の乗客のうち1,198名の命が奪われた。その犠牲者の中には、188名のアメリカ人乗客のうちの114名の命も含まれていた。ドイツでは潜水艦Uボートの艦長の手柄が称えられたが、合衆国では怒りが高まった。しかも、ルシタニア号が出航した朝、ドイツ帝国大使館が連合国籍の船に乗る旅行者に向けて、出航は「危険を覚悟の上でするように」と警告する広告をニューヨークの新聞に掲載していたため、怒りはなおさら高まった。後に明らかになったことだが、ルシタニア号は弾薬を積んでいた。

　ウッドロー・ウィルソン (Woodrow Wilson) 大統領の数か月におよぶ外交的努力により、ドイツは潜水艦攻撃の手をゆるめたものの、合衆国では1916年夏になると親連合国的な論調や戦争準備についての議論が支配的になっていた。1916年の大統領選キャンペーンでは、ウィルソン陣営の最も効果的なスローガンは「我々を戦争から守ってくれたのは彼だ」というものであった。ウィルソンは合衆国が中立的な調停国として働くことを希望していた。しかし、その希望も、ドイツによる2つの決定的な行為によって打ち砕かれてしまった。

　その1つは、ドイツが無差別な潜水艦攻撃を1917年2月に再開したことである。これは両国の外交関係の断絶を引き起こした。そしてもう1つ、アメリカの態度を最終的に決定づけたのが、メキシコ政府に宛てたドイツの外務大臣ジィマーマン (Zimmermann) の電報を連合国がキャッチしたという事件であった。電報は、もしメキシコがドイツと手を組むならば、アメリカの敗戦後にテキサス州、ニューメキシコ州、アリゾナ州をメキシコに返還するという内容だった。電報の文面は非公式にAPに渡され、大騒ぎになった。そして、3月に3隻のアメリカ船がUボートにより沈没させられたことを受けて、4月2日ウィルソン大統領は「世界は民主主義にとって安全でなければならない」と戦争を呼びかけ、4月6日に宣戦布告を行ったのである。ウィルソンの熟達した言い回しは、争点を決定づけるのに小さくない役割を果たした。たとえば、3月初旬にウィスコンシン州選出のロバート・ラ・フォレット率いる11名の上院議員たちがアメリカ商船の武装化を妨害したとして、ウィルソンが彼らを「分からず屋のちっぽけなグループ」と批判したことは、戦争に反対する勢力の信用を随分と失墜させた。

ほとんど最初から親連合国的だった報道機関もいくつかあった。最も声高だったのは旧ライフやニューヨーク・ヘラルドで、ヘンリー・ワターソンのルイビル・クリアー＝ジャーナルなどは、1914年10月からシンプルだが威力のある戦争標語「くたばれホーヘンツォレルン家、ハプスブルグ家！」を掲げていた。ニューヨーク・タイムズも、ニューヨーク・ワールドや他のほとんどのニューヨークの新聞と同じように、熱心な親連合国派であった。ルシタニア号が沈没させられてからは、介入主義に反対する新聞の数は徐々に少なくなっていった。一方、ウィリアム・ランドルフ・ハーストの新聞グループは強硬な反英派として際立っていた。連合国発の記事とバランスをとるためにドイツ発のニュースの取材にことさら熱心で、このためにハーストは親ドイツ呼ばわりされていた。戦争に批判的だった他の新聞としては、ニューヨーク・イーブニング・メイル（同紙は密かにドイツの工作員たちに買収されていた）、シカゴ・トリビューン、シンシナティ・エンクワイアラー、クリーブランド・プレイン・ディーラー、ワシントン・ポスト、ミルウォーキー・センティネル、ロサンゼルス・タイムズ、サンフランシスコ・クロニクル、サンフランシスコ・コールがあった。[8] もちろん、それらの新聞はすべて、宣戦布告がなされるや戦争支持に回っていった。ウィリアム・ジェニングス・ブライアンのコモナー、ラ・フォレッツ・ウィークリー、オズワルド・G・ビラードのネーションとニューヨーク・イーブニング・ポストは反戦主義であった。

ジョージ・クリールと広報委員会（CPI）

宣戦布告からわずか1週間後、ウィルソン大統領は広報委員会 (Committee on Public Information=CPI) を設立した。CPIの基本的な任務は戦争に関する事実を広く伝えること、そして、政府のプロパガンダ活動を調整し、政府と新聞各社の間の連絡役を務めることであった。CPIはまた、敵国の助けになるような情報の掲載を編集者らに自粛させる自主検閲条項を起草した。しかし、その検閲条項を徹底させるまでもなく、CPIは「世界の心を動かす」ことに成功した。マーク・サリバン (Mark Sullivan) にいわせれば、それはアメリカが戦争学にもたらした1つの功績だった。ウィルソンからCPIを指揮する任を受けたのは新聞編集者のジョージ・クリール (George Creel) で、彼は「CPIは率直な宣伝業務、または大規模なセールス活動、もしくは世界で最大の冒険的広告活動だった」と説明している。[9]

ジェイムズ・モンゴメリー・フラッグ（James Montgomery Flagg）作の有名な CPI ポスター。
（ジェイムズ・モンゴメリー・フラッグ、ナショナル・アーカイブズ）

ウィルソンがクリールに与えた仕事は、プロパガンダの分野では他の誰も望めないような絶好のチャンスだった。[10] クリールは、ニューヨーク、カンザスシティー、デンバーのジャーナリズムでもまれた、リベラル志向で猛烈なやり手の人物だった。彼は CPI の手に負える仕事なら何でもやり遂げてやろうとする強い気概を持ち、その多様で広範な職務を遂行するために、最終的に15万人ものアメリカ国民を動員した。

　クリールはまず初めに、政府に入ってくるニュースをワシントンの特派員たちに公開し、公表を差し控える情報は、軍隊の動き、船舶の航行、その他、厳密に軍事的な性格を有するニュースだけにすると約束した。そして簡素で補足的な準則を発表し、そのようなニュースの報道を新聞社が自分たち自身で自発的に自粛するよう求めた。戦争中、新聞編集者たちは戦争活動を支援したいと思っていたから、概して、クリールが求めた最低限度を越えてさらに自粛していた。1917年5月、CPI はオフィシャル・ブルトゥンの発行を開始し、発表した情報を新聞記事の体裁で再発表するようになった。戦争が終わるまでに、オフィシャル・ブルトゥンの部数は1日平均11万8,000部に達した。地方紙向けには週刊新聞の編集者がニュースのダイジェストを用意した。写真、図版、紙型なども活用された。

　その後、CPI が発表したニュースの正確性を研究したある歴史家は、次のような結論を下している。「CPI について言われることの中で最も目を見張るべき点の1つは、発表した6,000本以上のニュース記事のほとんどが、まったく疑いのないものであったということだ。どの主要国の公式の戦争ニュースも、CPI の正直さと肩を並べることはできないと思われる」。[11] ただし、その歴史家が論じているのは、作為の罪についてなのである。つまり、不作為の罪——CPI と軍によるニュースの隠蔽——は、他の連合国ほどではなかったにしろ、国家の安全保障のために必要とされる以上に行われていた。

　クリールは大手の広告主や報道機関に対して、各種の政府キャンペーンや赤十字など戦争関係の活動の宣伝のためにスペースを提供してくれるよう要請した。広告代理店は組織化され、コピーライターやアーチストたちは新聞・雑誌の広告、路面電車の宣伝板、野外ポスターなどの制作に駆り出された。チャールズ・デイナ・ギブソン率いる CPI 絵画宣伝部のアーチストたちは、人びとの心に訴えるポスターを制作した。映画産業はまだ未熟であったが、愛国的で教育的なフィルムを作っていた。ダグラス・フェアバンクス (Douglas Fairbanks) やメアリー・ピックフォード (Mary Pickford) といったスターたち

は、自由国債のセールスを飛躍させた。大学教授たちもパンフレット部門に参加して『戦争百科事典』(*War Cyclopedia*) を編纂した他、7,500 万点もの印刷物を発行した。同部門を指揮したのはミネソタ大学の歴史家ガイ・スタントン・フォード (Guy Stanton Ford) で、スタッフの中にはコーネル大学のカール・ベッカー (Carl Becker)、イリノイ大学のエバーツ・B・グリーン (Evarts B. Greene)、ウィスコンシン大学のフレデリック・L・パクソン (Frederic L. Paxson) といった著名な歴史家たちも名を連ねていた。[12]

今日的な観点から見れば、こうした運動には困った一面もあった。現代の歴史家たちは、戦中戦後の非寛容性は戦時政府のプロパガンダ活動と結び付いているとし、「愛国主義と非寛容性を別々にしておくことは不可能であることが証明された」と述べている。[13]

ドイツ系・社会主義系の報道機関に対する検閲

1917 年 6 月 15 日に制定された防諜法は、アメリカと連合国の戦争目的に逆らっていると思われる人びとを抑圧する道を開いた。同法により、陸海軍の作戦の成功を阻止する目的で意図的に虚偽の報告や発言を行うこと、意図的に軍の内部で反逆的態度を広めようとしたり、徴兵を妨害しようとすること、などには重い罰金や懲役が科されることになった。また郵便の利用に関する条項は、防諜法に反するあらゆる手紙、ビラ、新聞、パンフレット、書籍などを郵送不可にする権限をアルバート・S・バールソン (Albert S. Burleson) 郵政長官に与えた。

最も厳しい郵便規制を受けたのは社会主義系の団体やドイツ語新聞であった。その他、反戦的あるいは反連合国的ないくつかの出版物も、郵便特権を失っている。真っ先に郵便配達から除外されたのはアメリカン・ソーシャリストで、間もなく左翼的な世界産業労働者同盟 (Industrial Workers of the World=IWW) の機関紙、ソリダリティーが後に続いた。IWW は反資本主義的であることでとくに恐れられていた。アイルランド独立運動を熱心に唱導していたジェレマイア・A・オリーリー (Jeremiah A. O'Leary) は、イギリスとの戦時協力体制に反対したため、出版していたブルの郵便特権を失った。マックス・イーストマンの編集ぶりが際立っていた雑誌マッセズも、4 枚の反戦的風刺漫画とエマ・ゴールドマン (Emma Goldman) やアレグザンダー・バークマン (Alexander Berkman) といった過激派リーダーを擁護する詩を掲載した

かどで、1917年8月に郵送禁止処分を受けた。マッセズの編集者たちに対する防諜法による告発は1919年に取り下げられている。

　防諜法成立1年目で、郵便特権を失った新聞は44紙あまりに上り、他の30紙は戦争関係の記事を一切掲載しないことを条件に郵便特権を回復していた。最も良く知られているのが、社会主義系日刊新聞ニューヨーク・コールとビクター・バーガー (Victor Berger) のミルウォーキー・リーダーの2紙である。オーストリア生まれで1910年に社会主義者として初めて連邦議会議員に選出されていたバーガーは、防諜法違反を共謀した罪で有罪判決を受け、20年の懲役刑を言い渡された。合衆国連邦最高裁は後に、裁判長に偏見があったことを理由にその判決を覆している。しかし下院は、再選されているにもかかわらず2度もバーガーの議席を拒否した。また戦中および戦後の一時期、リーダーに宛てられたすべての郵便物の配達が妨害された。リーダーに対する郵送禁止措置は1921年の最高裁判決で支持され、リーダーとコールが市外地に住む多くの購読者の手に再び届くようになるには、ウィル・ヘイズ (Will Hays) 郵政長官が両紙の第2種郵便特権を再許可する1921年6月まで待たなければならなかった。郵送禁止令や法的告発により大打撃を受けたのはドイツ語プレスも同様で、戦争中、ドイツ語の新聞は、紙数・部数ともに半減している。

　その他の新聞も、戦争を全面的に支持しない者に向けられる世論という重圧を感じていた。アメリカの参戦に激しく抗議したハースト系新聞は、アメリカの戦争活動それ自体は支持しつつも、明らかに反連合国的であり続けたため、各方面から攻撃を受けることになった。ハーストに似せた人形の首が吊され、彼の新聞が不買運動を受けた地域もあり、ハースト自身は国に対し忠誠心がないと非難された。ハーストの新聞は社会主義系新聞やドイツ語新聞の告発に激しく抗議していた。これは、ニューヨーク・タイムズの社説がそうした行為を認めていたことや、憲法修正第1条が受ける影響についてメディアがまったく無関心であったことに比べて対照的である。一方、オズワルド・ギャリソン・ビラードは、彼が反戦主義的な考えを持っていたことと市民的自由を擁護しようとしたことで、ニューヨーク・イーブニング・ポストの財産価値の下落を招き、1918年には同紙の売却を強いられた。「死んだ市民的自由」と題する社説を掲載したネーションも、その号がニューヨークの郵便局から配達を拒否された。

1918年の煽動法

　意見表明を統制する政府の力は、別のもう2つの法案が可決されたことで、さらに強化された。その1つ、1917年10月に制定された対敵通商禁止法は、合衆国に出入りするすべての通信を検閲することを可能にした。また同法により、郵便局は、外国語で出版される新聞や雑誌に記事の翻訳を提出させることができるようになった。これはドイツ語の新聞を統制するためであった。もう1つは、1918年5月に制定された煽動法である。これは防諜法を修正・強化したもので「合衆国政府、あるいは憲法、陸・海軍、国旗、制服に対して不忠誠で、冒涜的で、品を貶めるような、あるいは侮辱するような言葉」を書いたり出版したりすること、またそうした考え方を流布したり、当局を「侮蔑し、嘲り、軽蔑し、あるいは評判を貶める」よう意図された言葉を使用することを罰する法であった。郵政当局はこうした幅の広い法律を使って出版物の郵送を禁止することができたので、郵政長官は行使することをためらうほど巨大な権限を持つことになった。ただし、1798年制定の煽動法による過ちを教訓とし、郵政長官は政権に対抗する一般の共和党員たちを懲らしめることはなかった。しかしその代わり、弾圧の矛先は不人気な急進主義者や親ドイツなどの少数派に向けられることになった。

　セオドア・ルーズベルト前大統領などは、なぜハースト系新聞の郵便特権を停止しないのかと声高に叫んでいた（共和党員の中にはハーストは民主党員だから助かったのだと主張する者もいた）。ルーズベルトはまた、カンザス・シティー・スターに書いた論説の中で現政権を批判し、政権が敵に対して無能で弱腰であると強く非難していた。ウィスコンシン州選出のロバート・ラ・フォレット上院議員は、APが彼のスピーチを誤って報じたことで政治的な痛手を受けたが、[14] 彼も煽動法で訴えられる可能性のある人物だった。

　しかし、司法省が標的にしたのは、知名度のもっと低い人びとであった。たとえば、逮捕され刑務所に入れられたIWWのリーダーたちがそうだ。あるいは、ローズ・パスター・ストークス (Rose Pastor Stokes) のように、カンザス・シティー・スターに宛てた投書の中で「金儲けをしている人びとに味方する政府が、同時に人民の味方でいられるはずはありません。政府は金儲けをする人びとの味方ですが、私は人民の味方です」と述べただけで10年の禁固刑を受けた者もいる。ストークスの罪は1920年に覆された。しかしそれよりもっと不運なのは、4度も社会党の大統領選候補者になったユージン・V・デブスで

あった。彼は1918年6月の社会党大会で、連合国は「強奪に出た」と述べたこと、さらにロシアのボルシェビキたちを擁護したことにより投獄された。デブスの防諜法および煽動法違反の罪は、全員一致で最高裁に支持された。それでも彼は連邦刑務所から1920年の大統領選に出馬し、社会党の最高記録となる92万票を獲得し、1921年12月にはハーディング (Harding) 大統領の恩赦を受けている。

　戦時下の世論は、市民的自由の規制に好意的な雰囲気であった。制定された州法の多くは、反平和主義的、反共産主義的な条項、あるいは刑事的サンジカリズム条項を含んでいた。それらは急進主義者が指導していたストライキや暴力行為から、経営陣や産業界を保護するためのものだった。暴徒や市民委員会が、ドイツ人を先祖に持つアメリカ人など不人気な人びとを始末しようとした。また、多くのアメリカ人は地域の圧力に説き伏せられ、望む以上の戦時自由国債を買わされた。検察官や陪審員や裁判官たちも、しばしば世論の圧力を受けて防諜法・煽動法の文言を拡大解釈した。それらが憲法に保障された言論の自由の精神にもたらした損害については、傑出したハーバード大学法学部教授であるゼカリア・チェイフィー・ジュニア (Zechariah Chafee, Jr.) が、1920年に発表した著作『言論の自由』(*Freedom of Speech*) の中で論じている。[15]

　対敵通商禁止法が定めたケーブル、電話、電信を通じた国外通信の検閲は、検閲委員会 (Censorship Board) が行った。同委員会はウィルソン大統領が1917年10月に通信施設の調整・監督のために設けたものである。委員会は主に合衆国外に出ていくメッセージやニュースを扱った。委員会についての不平不満はほとんど出ず、「よくやっている」という賞賛を浴びたほどであった。[16]

第1次世界大戦中の従軍記者たち

　初期の戦争記者の中でとくに際立っていたのはリチャード・ハーディング・デイビスである。ドイツ軍のブリュッセル入りを報じた彼の記事は、ニューヨーク・トリビューンとそのシンジケートに掲載された。ウィル・アーウィンはイープル（訳者注：ベルギー西部の町で第1次大戦の激戦地）での戦闘を取材した。トリビューンはドイツ軍による初の毒ガス使用に関する彼の記事も掲載している。アーウィンはヨーロッパで活躍したアメリカの雑誌特派員の1人で、初めはコリアーズ、次いでサタデー・イーブニング・ポストで働いた。しかしニュース取材の主力は、ヨーロッパ諸国の各首都にある支局の記者が担ってい

た。代表的な特派員として、たとえば、ベルリンではユナイテッド・プレス (UP) のカール・H・フォン・ウィーガンド (Karl H. von Wiegand) とシカゴ・トリビューンのシグリッド・シュルツ (Sigrid Schultz)、パリではシカゴ・デイリー・ニューズのポール・スコット・マウラー (Paul Scott Mowrer) とニューヨーク・タイムズのワイズ・ウィリアムズ (Wythe Williams)、そしてロンドンではシカゴ・デイリー・ニューズのエドワード・プライス・ベル (Edward Price Bell) などがいた。

　フランスにいたアメリカ人特派員たちは、他の連合国軍の軍事行動よりもアメリカ派遣軍 (American Expeditionary Force＝AEF) の軍事行動の方が自由に取材できることに気がついた。パーシング (Pershing) 将軍の管轄地域では、特派員たちは軍のエスコートなしで前線へ出て行き、戦闘の進展を追うことができた。彼らは後方の地域でも自由に歩き回り、かつ好きなところに住むことができた。戦争の初期の段階では、イギリス軍、フランス軍、ドイツ軍に従軍した特派員たちは、そうはいかなかった。しかしいずれにせよ、特派員が書いた記事はすべて、元 AP のフレデリック・パーマー少佐が率いる軍事機密情報部のプレス・セクションの検閲を受けなければならなかった。交戦一般、死傷者、部隊の消息などに関するニュースは、公式の声明で言及された場合のみ公にされた。プレス担当官は本国の訓練基地や宿営地にも置かれていた。

　1915 年までに、新聞、雑誌、通信社、シンジケートなどから派遣された約 500 人ものアメリカ人特派員がヨーロッパで取材するようになり、その数はアメリカ軍が戦闘に参加してからさらに増えた。ただし、AEF の活動を実際にカバーしていた特派員は約 40 人であった。中でも最も有名な署名特派員の 1 人が UP のフレッド・S・ファーガソンで、彼はアメリカ軍の戦闘計画を基にサンミエルの戦いの予測記事を書き、戦闘の進展に合わせて記事を打電したことで競争相手の鼻をあかした。UP のウェブ・ミラーや INS のヘンリー・ウェイルズ (Henry Wales)、それにニューヨーク・タイムズのエドウィン・L・ジェイムズ (Edwin L. James)、ニューヨーク・ワールドのマーチン・グリーン (Martin Green)、シカゴ・デイリー・ニューズのジュニアス・ウッド (Junius Wood) たちも名声を博した。シカゴ・トリビューンのフロイド・ギボンズはドイツ軍の機関銃に撃たれ、片目を失っている。

　兵士たちによるジャーナリズム活動もこの大戦中に芽を吹き始めた。最もよく知られているのが、スターズ・アンド・ストライプスである。同紙は 1918 年 2 月パリで、8 ページ建てで創刊された。後にニューヨーカーの編集者とな

るハロルド・ロス (Harold Ross) が編集長となり、その脇をグラントランド・ライス (Grantland Rice) やアレグザンダー・ウォルコットといった名の知れたライターたちが固めていた。合衆国内の基地はもちろん、海外駐在の部隊もそれぞれ出版物を出していた。

ベルサイユ条約と国際連盟の失敗

　ウィルソン大統領は戦後の安定に向けた青写真を世界に提示した。すなわち、1918年1月の14か条スピーチとそれに続く議会での演説で、国家間機構（国際連盟と呼ばれた）の設立、国際的な政治的・経済的協調、ヨーロッパにおける国境線の再画定をめぐる自己決定権、を求めたのである。しかし、ドイツの敗戦が目前となったところで、ウィルソンは政敵に彼の計画を押しつぶすチャンスを与えるような、一連の失敗の第一歩となる過ちを犯してしまった。
　その失敗とは、ウィルソンが「国内・国外において国民のための決然としたスポークスマン」になれるほど、1918年11月の選挙で民主党議員再選の支持を有権者から得ることができなかったということだ。有権者の回答は、両院において共和党が多数を占めるという結果により示された。こうして大衆は、どのような指導者も絶対に安泰というわけではないことを知らしめたわけだが、それでもウィルソンは、ベルサイユ平和会議への合衆国派遣団に1人の共和党員、そして1人の上院議員も含めなかった。条約の批准のためには共和党主導の上院で3分の2の票決が必要だったのにもかかわらずである。さらに彼にとって致命的な失敗は、連日のように大統領自身が交渉の主役となってしまったことで、柔軟性を失い、政策一般のアジェンダ・セッターとしての当初の役割を果たせなくなってしまったことであった。[17]
　1919年6月にベルサイユ条約が結ばれる頃には、ウィルソンの構想は混乱をきたしていた。イギリス、フランス、イタリアの指導者たちは14か条のいくつかについて妥協していたし、国家間のナショナリスティックな競合は理想的な領土調整を困難にさせていた。さらに、37名の上院議員の一団が国際連盟を含む条約に賛成票を投じないことを明らかにし、これにより必要とされる3分の2の承認に届かなくなってしまった。これに対しウィルソンは9月、汽車で全国をくまなく遊説し、22日間で18回もの演説をこなした。多数の人びとが集まり聴衆も友好的で、基本政策を繰り返し訴える彼の議論に報道機関も好意的だった。しかし、カリフォルニア州選出のハイラム・W・ジョンソ

ン (Hiram W. Johnson) やアイダホ州選出のウィリアム・E・ボラ (William E. Borah) といった反対派上院議員が容赦なく彼を背後から襲い、重箱の隅をつつくように条約の条項のあら探しをして、報道機関に反論をぶちまけた。そして遊説の最終日、ついにウィルソンは体調を崩してホワイトハウスに引きこもり、残る大統領任期中、彼は少し無力になってしまった。

　ウィルソンが体調を崩したことで、国際派勢力はリーダー不在になってしまった。上院の共和党リーダーであるマサチューセッツ州選出のヘンリー・キャボット・ロッジは、条約批准の引き換えとしてアメリカの国際連盟への参加に関わる多くの妥協案を示した。民主党の穏健派はそれらを受け入れたがったが、ウィルソンはそのような妥協は裏切りであると非難し、実現を阻止した。こうして合衆国上院は条約の批准を果たせず、ウィルソンが支持してきた国際機構から撤退することになった。頓挫する間際まで、連盟構想は新聞や雑誌など報道界からは非常に好意的な声援を受けていた。それなのに共和党政治とウィルソンの過ちにより水の泡になってしまったわけである。ウィルソンの支持者たちは1920年の大統領選を「本当の国民投票」と銘打って戦ったが、結果としては「平常への回帰」という共和党のスローガンがウォーレン・G・ハーディング (Warren G. Harding) とカルビン・クーリッジ (Calvin Coolidge) を勝利に導いた。

吹き荒れる「赤狩り」

　大戦後に起きたもう1つの重大事は、すさまじい「赤狩り」が吹き荒れたことであった。これは、ロシア革命、急進的な IWW の労働運動、あるいは社会党の躍進などにより触発されたものでもあった。防諜法や煽動法による戦時中の迫害や起訴は衰えるどころか、「赤狩り」は1919年に悪化さえした。防諜法と煽動法により、およそ2,000人もの人びとが起訴され、その半数近くが有罪を宣告された。

　1919年は大規模なストライキが数多く起きた年であった。ストライキを呼びかけた労働者たちは、戦時のインフレと高い生活費（頭文字をとって "HCL = High Cost of Living" と呼ばれた）に苦しみ、ただでさえ不十分な賃金が目減りしていた。ボストンでは、年収わずか1,100ドルほどの警察官たちがアメリカ労働総同盟 (American Federation of Labor = AFL) に加入し、ついにストを断行した。これに対しカルビン・クーリッジ知事は、「誰にも、いかなる時

Radical Agitators Under Arrest and at Ellis Island

Headings of some of the newspapers which have been the most ardent advocates of "direct action," which when analyzed usually means revolution. Some of their plants have been raided by the Department of Justice and many of their editors and writers are now under arrest.
(© Pathe Films.)

Types of revolutionists who have been gathered in by the Department of Justice, which has now over 6,000 such in its toils. The foreign aspect of most of the faces is evident. The majority of those arrested are aliens.
(© N. Y. H. S----)

Group of radicals, many of whom face deportation, at dinner on Ellis Island. The Island at present is unusually crowded, owing to the unprecedented activity recently shown in rounding up revolutionaries, but the food furnished is good and abundant. (© Pathe Films.)

"Reds" snapshotted at Ellis Island while at meals. A riot took place when the arrested men realized that they were being photographed. A rush was made for the cameras, and some of them were smashed, while the mob tried to "manhandle" the operators. (© Pathe Films.)

ニューヨーク・タイムズが発行していたミッド＝ウィーク・ピクトリアル。1919 から 1920 年にかけての赤狩りの際の、「外国人づら」をした「革命家たち」の写真を掲載している。

にも、いかなる場所でも、公共の安全に反するストライキを行う権利はない」とあっさりと言ってのけ、かくしてロックアウトされた警官たちは職を失い、クーリッジ自身は副大統領候補となり、ついにはホワイトハウス入りすることになった。

1905 年に結成された世界産業労働者同盟 (IWW) は、組織化されていない製材労働者、荷揚げ労働者、鉱山労働者、移動労働者、移民の織り物労働者などを集め、10 万人ものメンバーを擁していた。敵対者からは「ウォブリーズ」と呼ばれた彼らは、革命的なレトリックや暴力的な脅しをむやみに口にすることで、大衆の恐怖心をかき立てていた。そこで連邦政府は、彼らが 1917 年から 1918 年にかけて反戦的な立場をとったことを理由に IWW 本部を強制捜索し、メンバーを逮捕し、さらに外国人の組合員を国外に追放してしまった。こうした中で、1919 年 12 月、アメリカ在郷軍人会の面々がワシントン州セントラリアにある IWW 本部を急襲し数名を射殺した事件により、「赤狩り」は始まった。この結果、IWW の運動は凋落し、1930 年代に産業別労働組合委員会 (Committee for Industrial Organization = CIO) が結成されるまで、未熟練労働者たちはリーダー不在のままとり残されることになった。1919 年に起きた大規模な鉄鋼業ストライキでは、AFL が鉄鋼業界の労働組合化を試み、東部諸州の 34 万人もの労働者を動員することに成功した。しかし、ストライキのリーダーであるウィリアム・Z・フォスター (William Z. Foster) は、かつてウォブリーであったことと革命運動の信奉者であったことで、さらし者にされてしまった。その弱みにつけ込んだ US スティール社のエルバート・H・ゲアリー (Elbert H. Gary) 社長は、ストライキを打ち破り、鉄鋼業界の労働組合化は 1930 年代まで達成されなかった。その後、フォスターは戦闘的共産主義者のリーダーとして全国的に名を馳せた。

「赤狩り」は社会にパニックを引き起こすようになった。ニューヨークを始めとするいくつかの州では赤い旗を掲揚することが禁止され、ミッチェル・パーマー (Mitchell Palmer) 司法長官は国外へ追放するために「赤ども」(Reds) をエリス島にぶち込んだ。また、社会主義系の日刊紙ニューヨーク・コールは襲撃を受けてめちゃめちゃに破壊され、ニューヨーク州議会や連邦議会では社会主義者らが追放された。大学によっては、反戦主義者、社会主義者、あるいはドイツ人を先祖に持つ教授が、終身雇用権を獲得しているにもかかわらず解雇された。地方の学校では、理事会が教員に対して忠誠の宣誓を強要したところもあった。多くの州で「反共」的な法や刑事的サンジカリズム法が制定され

た。さらに、ウォール・ストリートで爆弾やダイナマイトが爆発したことは、暴力の恐怖をいっそう強めることになった。伝道師ビリー・サンデー (Billy Sunday) は、当時広まっていた感情を次のように言い表している。

> もしあの下劣でばかげた社会主義者や IWW どもを何とかできるならば、私は奴等を鉄砲部隊の前に立たせ、その分、船を軽くしてやるというのに。[18]

　幸いなことに、1919年12月に「ソビエト行きの方舟」と仇名された船がニューヨークを出航した時の責任者はサンデーではなく、ミッチェル・パーマー司法長官であった。船には、エマ・ゴールドマンやアレグザンダー・バークマンなど無政府主義リーダーを含む249名のロシア人が乗せられていた。しかし乗員のほとんどは、組合に加入してしまったがために当局に目を付けられた一般の労働者であった。
　「赤狩り」はまた、司法省における J・エドガー・フーバー (J. Edgar Hoover) の出世の第一歩でもあった。彼は1919年に新設された一般情報局の局長に任命されるが、それは後に連邦捜査局 (Federal Bureau of Investigation = FBI) となった。フーバーは1972年に死去するまで FBI を指揮したが、大衆からは伝説的なギャングの掃討者、あるいは容赦のない反共産主義者として知られている。1919年にフーバーが受けた任務は、破壊的な活動家たちを集中的に調べ上げることだった。彼のオフィスは100日間で6万人の「急進主義者」をリストアップし、18か月間で45万人分もの名簿を作り上げた。その中には、625の「急進的」な新聞社の名前も含まれていた。[19] このようにしてフーバーは、リベラル派、黒人、あるいは彼の考えでは「国家の安全」に危険を及ぼすあらゆる人びとを攻撃するという、彼の長い生涯を歩み始めたのであった。
　「赤狩り」は、サッコ＝バンゼッティ (Sacco = Vanzetti) 事件でクライマックスを迎えた。1920年、マサチューセッツ州のある工場の経理課長と護衛が射殺された。靴職人のサッコと魚の行商人であるバンゼッティが逮捕され、殺人の容疑で起訴された。被告側は、彼らがイタリア系であったこと、急進的な無政府主義思想を持っていたこと、そして反戦主義者であるため兵役を忌避していたことで、濡れ衣を着せられているのだと主張した。別の人間が犯行を自供し、リベラル派や急進主義者による抗議運動は国際的な広がりを見せた。しかし、「法規治安当局」はこれを一顧だにしなかった。そして1927年、ついに2人は処刑されてしまった。これに対し、アプトン・シンクレア、マックスウェ

ル・アンダーソン、ジョン・ドス・パソス(John Dos Passos)、ジェイムズ・T・ファレル(James T. Farrell)らが抗議の執筆活動を行い、「サッコ＝バンゼッティ」事件は国内の偏見と階級間憎悪のシンボルとなった。

　そのようにいわれもなく攻撃を受けた人びとに対し、新聞は概して彼らの市民的自由を弁護することができなかった。忠誠心がない、あるいは急進的であるとして捕まった人びとに対して、「赤ども」という形容が用いられた。この点で最もひどかった報道機関の1つが、ニューヨーク・タイムズである。発行者のアドルフ・オックスは熱心な資本主義信奉者で、彼を成功に導いた資本主義社会を脅かすあらゆる形の急進主義を、過度なまでに恐れていた。一方、ニューヨーク・ワールドの論説欄担当のウォルター・リップマンとチャールズ・マーツは、1920年8月4日号のニュー・リパブリックの付録として、「ニュースの検証」(A Test for the News)と題するドキュメント調査記事を発表した。これは、1917年から1920年にかけてロシアで起こった出来事について、APやニューヨーク・タイムズがいかに不正確な報道を行ったかを明らかにしたものであった（マーツは後にタイムズの編集者になっている）。この時代に市民的自由を最も擁護したのはネーションやニュー・リパブリックなどのリベラル派雑誌、あるいはセントルイス・ポスト＝ディスパッチ、ニューヨークのワールドやグローブといった一握りの新聞だけであった。

判例：「明白かつ現存する危険」の法理

　政治的表現に対する告発をめぐり4件の重要な判決が生まれた。これらの判決は、言論の自由およびプレスの自由という憲法修正第1条が保障する権利を確立することになった。その中でオリバー・ウェンデル・ホームズ最高裁判事は、「明白かつ現存する危険」(clear and present danger)として知られるようになる理論を示した。

　第1の判決は、チャールズ・T・シェンク(Charles T. Schenck)、エリザベス・ベアー(Elizabeth Baer)、およびフィラデルフィア社会党の他のメンバーらの事件に関わるものであった。彼らは反戦ビラを印刷し、それを兵役に就こうとしている若者たちに配り、社会党に入党し徴兵法の廃止を求める運動に加わるよう促した。ビラは戦争をウォール・ストリートの利益にしかならない残酷な暴挙であるとも批判していた。1919年の最高裁判決(Schenck v. U.S., 1919)は彼らの有罪を支持した。[20] その中でホームズ判事は次のように述べている。

しかし、どのような行為の性質も、それが行われた状況によって決まる。……どのような事件においても問題は、そこで使用された言葉が、実質的な害悪を引き起こすような明白かつ現存する危険を生み出す状況と性質で用いられており、それゆえ議会がそれを阻止する権利を有するかどうかである。それは近接性と程度の問題である。

　つまり、ホームズおよび連邦最高裁は、シェンク事件では明白かつ現存する危険が存在したと判断したわけである。1919年に出されたもう2件の防諜法事件判決においても、連邦最高裁は同じ基準を適用し、ドイツ語新聞編集者のジェイコブ・フローワーク (Jacob Frohwerk) とアメリカ社会党の指導者であるユージン・デブスを有罪にしている。

　2番目の重要判決は1919年のエイブラムス対合衆国 (Abrams v. U.S., 1919) 事件[21]である。これは煽動法についての最初の連邦最高裁判決であった。本件は、アメリカ軍によるロシアへの介入を批判するパンフレット（それはドイツの軍国主義も批判していた）を配布したかどで、エイブラムスと4人のニューヨークの急進主義者らが20年の禁固刑を受けたという事件である。パンフレットは武器製造を阻止するためのゼネストを提起しており、そのために明白かつ現存する危険の法理が適用され、ジョン・クラーク (John Clarke) 判事執筆の多数派意見により有罪が確定した。しかし、ここでホームズ判事とルイス・ブランダイス (Louis Brandeis) 判事は、真実の最善の試金石は「思想の自由な交易」(free trade in ideas) と「市場の競争の中で自らを受け入れさせる思想の力」(power of the thought to get itself accepted in the competition of the market) であると論じ、反対意見を示した。ホームズ判事は次のように述べている。

　　誤った意見の訂正を時間に委ねることが直ちに危険を招くような緊急事態だけが、修正第1条の「議会は言論の自由を制限する……いかなる法律も制定することができない」という至上命令に対して、何らかの例外を作ることを正当化できる。

　次の重要判決は1925年のベンジャミン・ギトロウ (Benjamin Gitlow) 事件で、これは被告が社会党宣言書を発行したかどでニューヨーク州の刑事的アナーキー法により有罪とされた判決であるが、最高裁多数派はここで、憲法修正第1条に関する事件で公私の利益が競合する際に両者を衡量する理論を前進させた。[22] ホームズとブランダイス両判事は、『左翼宣言書』(Left Wing Manifesto)

なるパンフレットをひどくつまらない政治的たわごととして批判する反対意見を書いている。ここでも被告側は敗訴しているのだが、しかしギトロウ事件判決は、後に修正第1条の言論・プレスの権利の防衛を手助けすることになる、保守多数派の極めて重要な意見を含んでいた。その意見とは、憲法修正第14条に則り連邦最高裁は修正第1条の遵守を州にまで適用することができるというものであった。6年後のニアー対ミネソタ事件 (Near v. Minnesota, 1931) 判決（第14章を参照）では、その画期的な理論が言論を守るために適用され、被告側がようやく勝訴できた。

　最後の重要判決は、1927年、共産党を違法とするカリフォルニア州法によりアニータ・ウィットニー (Anita Whitney) が有罪となった事件で、ブランダイス判事は判決に同意しつつも鮮やかに明白かつ現存する危険の法理を反復した。[23] もっとも、革新的な法理論が前進したということは、有罪とされた被告にとっては嬉しくもない慰めだったかも知れない。そして、1940年のスミス法の共産主義を取り締まる包括的な条項によりユージン・デニス (Eugune Dennis) が共同謀議の罪で有罪とされた1951年の判決[24]では、1948年当時における世界的な緊張を引き合いに出し、最高裁多数派は再び明白かつ現存する危険を拠り所として共産党員を有罪としている。しかし、結果はどうであれ、少なくともシェンクや彼の後に続いた者たちも彼らなりの言い分を表明できたことを考えれば、それら出版後の規制に関わる裁判は、事前の差し止め命令を受けるよりはましであったといえるだろう。

「赤狩り」の長期的な影響

　「赤狩り」とロシア革命は、多くのアメリカ人に恐怖心を植え付けたが、それによりアメリカ社会党は分裂し、それ以上に左翼的な政治的運動はすべて排斥されることになった。社会主義やマルクス主義は共産主義のレッテルを貼られて悪者扱いされ、クレムリンは世界の覇権を握るためあらゆる人間的価値を破壊する悪政だというイメージが広まった。

　社会党の機関紙アピール・トゥ・リーズン[25]について研究した歴史家デイビッド・ノード (David Nord) の指摘によれば、アメリカで社会主義が決して広まることがなかったのは、それがアメリカのリベラルな伝統から外れていたからだ、という見方がコンセンサス学派の立場だという。1910年代に社会党の人気が高まったことは、社会主義者たちが標準的な政治システムの枠内で活

動する社会の変革者であると受け止められたからだ、ということで説明がつく。一方、1960年代の「ニュー・レフト」の歴史家たちの間では、アメリカでも真に反資本主義的な大衆運動は存在したとされる。彼らは急進主義者らが内部闘争で倒れてしまったことと、「赤狩り」の時代に政府が弾圧を行ったことにより失敗したのだと主張している。1981年にウォーレン・ビーティー (Warren Beatty) が制作した映画『レッズ』(Reds) は、ジョン・リード (John Reed)、エマ・ゴールドマン、そしてロシアで起こった出来事や「赤狩り」の猛威により打撃を受けた急進的運動に関わっていた人びとに、再び脚光を浴びせた。リードはモスクワで革命に参加した後に『世界をゆるがせた10日間』(Ten Days That Shook the World) を著した若く明晰なハーバードの大学院生だった。彼は愛人であり妻でもあったルイーズ・ブライアント (Louise Bryant) とともに、マッセズのマックス・イーストマン、作家のアプトン・シンクレアやユージン・オニール (Eugene O'Neill)、といったグリニッチ・ビレッジ（訳者注：マンハッタンにある芸術家や作家などが集まることで知られる地区）の面々と付き合っていた。リトアニア生まれの無政府主義者で編集者、講演者、そして文芸批評家でもあったゴールドマンは、1885年に合衆国にやってきたが、1919年、信奉していたわけでもないロシアへ国外追放されてしまった。

　合衆国が大戦に参戦すると、アメリカ社会党は「愛国主義」派と「反戦主義」派に分裂してしまった。党の運営のために踏み止まったのは反戦主義者らであった。そして、ロシアのボルシェビキ革命は、弱体化していた社会党をさらに左派とより保守的なグループに分裂させてしまった。左派はモスクワと連帯して「プロレタリアート独裁」をもくろみ、保守派は民主主義国家での社会変革政策を追求し続けた。左派はそれから16もの団体に分派し、マルクス (Marx)、レーニン (Lenin)、あるいは反主流派の指導者であるトロッキー (Trotsky) といった人びとの名のついた共産主義を、それぞれに信奉した。1919年の鉄鋼ストライキの立役者であるウィリアム・Z・フォスターは、そうしたグループをまとめて労働者党を結成し、1924年と1928年の大統領選挙では候補者を擁立している。これに対し、保守派の社会主義者らは1924年の選挙では革新党のロバート・ラ・フォレット候補を推し、1928年には高名な反戦主義指導者であるノーマン・トマス (Norman Thomas) を支持した。党の機関紙も分裂してしまった。ニューヨーク・コールは、被服業労働者らがトマスを編集者に立てて再建に努力したにもかかわらず、1923年に廃刊してしまった。[26] マッセズはニュー・マッセズにとって代わられた。社会党系の日刊紙としてはミル

ウォーキー・リーダーだけが 1930 年代まで生き残ったが、同紙も 1937 年に廃刊してしまった。

　ソビエト連邦との外交関係はフランクリン・ルーズベルトの選挙まで存在しなかったが、ロシアの歴史書は第 1 次世界大戦の終戦間際の「アメリカによる侵攻」を事細かに記録している。合衆国では、大戦中に生み出された産業力の結集化が始まっていた。社会主義者らにとっては、資本主義的・産業主義的社会の力を押さえ、合衆国を社会主義的民主国家にするチャンスだった。しかし、そのチャンスは「赤狩り」によって消滅し、代わって 1920 年代が目にしたものは、公益事業の公有化などといった他愛のない目標をめぐる激しいつばぜり合いだけであった。団体交渉権や社会保障制度といった基本的な社会改革でさえ、実行に移されるためには大恐慌という経済的な大破綻を必要とした。

第 13 章

ラジオ、映画、ジャズ・ジャーナリズムの 1920 年代

　　　　ラジオ放送は現代のプレスにとって不可欠な一部となっている。それは在来の
　　　　マス・コミュニケーション媒体と同じ機能を有し、また同じ問題に直面している。
　　　　しかしその一方で、ラジオには重要な相違点もある。つまり、ラジオ放送は数百万
　　　　人もの人びとを指導者や現在起こっている出来事に同時に接触させることができ
　　　　る。それは、社会的なものごとを進める上で特に重要な影響力をラジオに与える。
　　　　　　　　　　　　　　　　　　　　　　　　　　　　——プレスの自由委員会

　アメリカで一般聴衆を対象とするラジオ局が最初にお目見えしたのは、1920年代のことであった。その半世紀後、合衆国におけるラジオ・テレビ局の数は、日刊新聞の4〜5倍にもなった。その間に、引っかくような音のするクリスタル製のラジオ・ヘッドフォンの時代から、ステレオ音質のFMを受信できる時代へと移り変わった。また、ネットワークのラジオと大画面のテレビは、娯楽だけでなく現在進行中の歴史的な出来事について、ジャーナリスティックな報道を現場からお茶の間の人びとに提供できるようにもなった。

　ラジオが登場後すぐには印刷メディアの強力な競争相手にならなかったとしても、1920年代になると、映画鑑賞も有力な余暇になっていた。1920年代の10年間に2万軒もの映画館がオープンし、1930年代には映画の観客動員数は史上最高となる週あたり9,000万人を記録した。

　このような1920年代の雰囲気は新聞の娯楽面にも影響を及ぼした。センセーショナルなタブロイド紙が「ジャズ・ジャーナリズム」の一時代を築き、プレス全体にわたってヒューマン・インタレスト的な記事、写真、漫画など人目を引く報道が幅を利かせた。1917年の大事業（訳者注：第1次世界大戦のこと）

1926年、ニューヨーク州、ポロ・グラウンズでの野球の試合をニューヨークWEAF局で放送するグラハム・マクナミー (Graham McNamee)。(ベットマン・アーカイブ)

映画『キッド』(1921年)でのチャーリー・チャップリン (Charlie Chaplin) とジャッキー・クーガン (Jackie Coogan)。(ベットマン・アーカイブ)

は終わりを告げていた。アメリカが世界のリーダーシップをとるというウッドロー・ウィルソンの望みも、国内の「赤狩り」や海外の動向に対してナショナリスティックで孤立主義的な立場をとる潮流に押し流されてしまっていた。政治的には、合衆国は「平常への回帰」を望んだのである。このことは、合衆国が静観を望んだというよりは、むしろ、大戦中のいざこざを忘れて「生活」に専念したいということであった。

　こうして、政治的保守主義とレッセフェール（自由放任主義）的な政策が、反動的だが人気のあった革新主義を覆してしまった。かといって、革新主義が死に絶えてしまったというわけではなかった。ロバート・ヒンメルバーグ (Robert Himmelberg)、ルイス・ガランボス (Louis Galambos)、エリス・ハウレイ (Ellis Hawley) といった研究者らは次のように主張している。つまり、1920年代に各業界の組織化が進んだこと、そして第1次世界大戦時の経済的動員が政府とビジネス界とのパートナーシップを生んだことは革新主義運動が生き残ったことの有力な証拠である、と。[1]

　1920年代のもう1つの特徴は、文化的・経済的な対立であった。たとえば、移民の規制と押し付けがましい「アメリカ化」運動、禁酒政策、クー・クラックス・クラン (Ku Klux Klan) の再興、スコープス裁判に見られるような原理主義とダーウィニズムの対立、である。[2]

　ホワイトハウスは3人の共和党員に占領された。すなわち、オハイオ州マリオンの新聞発行者で真面目ではあるがスキャンダルにまみれたウォーレン・G・ハーディング、口数の少ないヤンキーで現状主義者のカルビン・クーリッジ、そして有能ではあるが大恐慌に苦しめられたクエーカー教徒のハーバート・フーバー (Herbert Hoover) である。当時のアメリカは比較的のんきで、政治的・社会的な改革や落ち込んだ農業経済の不安といったことよりも、ビジネスで成功することやウォール・ストリートの動向の方がより重視される時代であった。

　セックスや犯罪や娯楽にばかり気を取られていたプレスも、この時代の精神を反映していたといえる。大半の新聞は、重要なニュースをしっかりと報道したり解釈を示したりすることで国家におけるリーダーシップを取ろうとはせずに、むしろ時流に乗っかってばかりいた。もっとも、戦争が終わると必ず出てくる政治的腐敗など、いい報道もあった。タブロイド新聞でさえも、ティーポット・ドーム石油貸し付けスキャンダルを始め、不幸なハーディング政権から湧いて出てくる様々なスキャンダルを派手に取り上げた。格好のいいジミー・

ウォーカー (Jimmy Walker) 市長によるお気楽なニューヨーク市政運営は、人びとを楽しませると同時に、汚職暴露の出所であった。確かに、こうした腐敗に対する非難、追及の叫びは価値のあるものであっただろう。しかし、多くの新聞社は、自国の経済的動向や世界の状況を真剣に検証するような仕事を引き受ける人材を欠いていた。同じように、人種差別、性差別、公的・私的生活にはびこっていた復古調的な態度、といった問題に取り組もうとする者もいなかった。

しかし結局のところ、1920年代の雰囲気ではそれも仕方なかったのだ。禁酒法という名の国家的実験はかえって酒類密輸入者、潜り酒屋の経営者、そしてギャングたちに脚光を浴びせることになった。実際、役者は揃っていた。アル・カポネ (Al Capone)、ダッチ・シュルツ (Dutch Schultz)、ワクシー・ゴードン (Waxey Gordon)、レッグズ・ダイアモンド (Legs Diamond)、そして彼らのライバルたちがセンセーショナルなネタになった。潜り酒屋への手入れで有名人が逮捕されようものなら、格好の被写体となった。

タブロイド紙の編集者たちも、ルドルフ・バレンチノ (Rudolph Valentino)、ファティー・アーバックル (Fatty Arbuckle)、クララ・ボウ (Clara Bow) といった魅惑的でセクシーなハリウッド・スターたちの記事で盛り上がっていた。編集者たちは、有名人とそうでない人との恋愛にも目を輝かせた。たとえば、ダディー・ブラウニング (Daddy Browning) とその恋人ピーチズ (Peaches)、キップ・ラインランダー (Kip Rhinelander)、イギリス皇太子などである。彼らの手にかかると、ジャッド・グレイ (Judd Gray) やルス・スナイダー (Ruth Snyder) など下劣な人殺しが全国的なセンセーションになった。また編集者たちは、チャールズ・A・リンドバーグ (Charles A. Lindbergh)、ルーマニアのマリー (Marie) 女王、ドーバー海峡泳者のガートルード・エダリ (Gertrude Ederle) といった有名人たちに賞賛を浴びせたりもした。編集者たちはスポーツのスター選手の名声を高めるのにも一役買っている。懸賞ボクシング選手のジャック・デンプシー (Jack Dempsey)、ゴルファーのボビー・ジョーンズ (Bobby Jones)、テニスのチャンピオンだったビル・ティルデン (Bill Tilden)、フットボール・コーチのニュート・ロックニー (Knute Rockne)、ホームランバッターのベーブ・ルース (Babe Ruth) たちがそうだ。

アメリカの国民はビジネスにも目を向けるようになった。広告業はめざましい発展を遂げ、代理店のコピーライターたちにより、自動車やタバコのマーケティングに使われた伝説的なスローガンや「良き生活」を象徴するシンボルが

生み出された。ある大胆なタバコ広告では、伝統から解放された女性がきちんとした身なりのエスコート役の男性に向かって、「その煙、わたしの方にも吐いてよね」(Blow some my way) と呟いていた。また、1920年代がビジネスの世界においてパブリック・リレーションズ（広報）というコンセプトが生まれた時代に当たるならば、それは同時に、いい加減なプレス代理業を生んだ時代でもあった。

初期のラジオ実験放送

　1920年、アメリカで初めて商業目的のラジオ局が放送を始めると、実験を試みた人びとにはある程度の聴衆を獲得できることが分かった。熱心なアマチュア無線家たちは自分たちで受信機や送信機を作って「ハム」を楽しんでいたし、クリスタル製のラジオ受信機を持っていた人たちはヘッドフォンで放送を聴くことができたからである。ラジオという魔法は、それまでの半世紀間に打ち立てられた多くの科学的進歩により可能となった。1876年のアレグザンダー・グラハム・ベルによる電話の発明や1890年代に始まったググリエルモ・マルコーニの無線実験などがその顕著な例である。

　フィラデルフィアで行われたアメリカ建国100周年を記念する万国博覧会でベルが行った電話のデモンストレーションは、電話が聴衆に向けて音楽や情報を伝える装置として使えることを明らかにした。そして、それから数年の間に合衆国とヨーロッパで積み重ねられた実験により、電話を通して音楽が演奏され、音量はカーボン・トランスミッターを通すことでより強力になっていった。1877年、電話を使ってニューヨーク市からニューヨーク州のサラソタ・スプリングスに音楽が送信された時、偶然にもボストンとプロビデンスでも同じ音楽が聞かれた。これは、電気が他の電線に漏れ、電波が空中を浮遊したために起きた。[3] この現象は後にドイツの研究者ハインリッヒ・ヘルツ (Heinrich Hertz) により明らかにされた。つまり、1888年に彼は、音波は動かすことができるということ、そして音波は探知したり受信したりもできるということを証明したのである。

　マルコーニの実験の前にも、さまざまな実験が行われていた。1880年前半には、タフツ・カレッジのエイモス・ドルベアー (Amos Dolbear) が無線電話を用いて1マイル遠方にメッセージを伝えた。その数年前には、トマス・エディソンが遠距離から電気点火を引き起こせることを確認した。ジョン・ストー

ン (John Stone) は高周波を人間の声に変調させる方法を研究し、1892年初期には声音送信機に通じるような実験を行っている。しかし、初期の実験の中で恐らく最も画期的だったのは、ワイヤーのコイルとバッテリーと電話で音を作り出したネイサン・B・スタブルフィールド (Nathan B. Stubblefield) の試みであろう。1892年、ケンタッキー州でメロンを栽培していた彼は、自分の農園で一定の距離を隔てて友人と無線電話を使って話をしたのである。記録によれば、続く10年間にスタブルフィールドはさらにいくつもの実験を行っている。たとえば、ワシントンD.C.で行われたある実験では、音声のメッセージをボートから岸に伝えたという。この実験の後、スタブルフィールドは記者たちに向かって、いつか彼の発明を利用して「どのような表現形態でもニュースを伝えられるようになるだろう」と語った。[4]

ハンガリーの首都ブダペストの電話システムは、1893年にはニュースや音楽を12時間にわたって聞かせることができた。1894年、シカゴ・テレフォン・カンパニーは同市とイリノイ州の選挙結果を1万5,000人もの人びとに知らせている。しかし最も注目を集めたのは、大々的に宣伝されたマルコーニの実験だった。ドイツの物理学者ハインリッヒ・ヘルツのアイデアを用いて、マルコーニはイタリアにある彼の家の農場で点と横棒の信号を送ることに成功したのである。1896年2月、マルコーニは家族とともにロンドンに移り、そこで発明の特許を取得し、9マイル先まで信号を送れるようになった。そして翌年には後にマルコーニ無線電信会社と呼ばれるようになる無線電信信号会社を設立した。1898年、彼は無線を使ってキングスタウン・レガッタの模様を逐一、ダブリン・デイリー・エクスプレスに伝えたことで世界的な名声を博した。1899年にはニューヨーク・ヘラルドからアメリカズ・カップで同じ実験をしてほしいという招待を受けた。1901年、マルコーニはイギリスからニューファンドランド（訳者注：カナダ沿岸の大西洋上にある島）に信号を送り、1907年にはついにヨーロッパと合衆国の間を無線でつないだ。ニューヨーク・タイムズはそのことを次のような見出しで伝えている。「2つの世界、無線でつながる。マルコーニ大西洋横断サービス、ニューヨーク・タイムズへの特電とともに営業を開始」。[5]

ラジオの先駆者たち：フェッセンデン、ド・フォレスト、ヘロルド

　しかしながら、もし次の3人の先駆的な業績がなかったら、ラジオの歴史は違ったものになっていただろう。その1人、レジナルド・A・フェッセンデン (Reginald A. Fessenden) は、人の声や音楽を連続波——マルコーニが用いたような単独波の集まりではなく——を使って送信した初めての人物として知られている。1902年に取得した彼の特許は、ヘルツ波を使ったラジオ無線電信システムとしては、合衆国で初めてのものであった。そして、1906年のクリスマスイブに、フェッセンデンは世界初のラジオ放送とされる実験を行った。その日、ユナイテッド・フルーツ社の船員たちは、マサチューセッツ州ブラントロックからのメッセージを聞くよう指示されていた。最初に聞こえてきたのは単調なモールス信号であったが、次に船員たちが聞いたのは、フェッセンデンがルカ伝福音書を朗読する声、バイオリンの音色、蓄音機から流れるヘンデルのラルゴ、そしてクリスマスを祝う言葉であった。実験は大晦日にも繰り返し行われ、放送ははるか遠く西インド諸島沖でも聞くことができた。[6]

　同年同月、「ラジオの父」との呼び声も聞かれるリー・ド・フォレスト (Lee De Forest) は真空管の前身となるものを発明し、実験室で音声の送信を行っていた。この発明は、受信をより簡単にし、音声をさらに増幅させることに貢献したという意味で、ラジオの発展を推し進める一歩であった。ド・フォレストのこの発明はオーディオン（三極真空管）と呼ばれた。

「ラジオの父」　リー・ド・フォレスト
（ベットマン・アーカイブ）

1907 年、ド・フォレストは自身を世界の偉人に押し上げることになる一連の実験を開始した。コロンビア蓄音機社から提供されたレコードを使い、船員や無線ファンに向けてコンサートを放送したのである。その翌年には、彼は妻と一緒にエッフェル塔のてっぺんから 500 マイル先に向かって音楽を放送した。1910 年には、ニューヨーク市内に点在する聴衆に向かって、メトロポリタン・オペラ・ハウスのステージからエンリコ・カルーソ (Enrico Caruso) の歌声を放送した。

一方、カリフォルニア州サンホセでは、チャールズ・デイビッド・"ドク"・ヘロルド (Charles David "Doc" Herrold) がラジオ放送の歴史を作ろうとしていた。ヘロルドはまず 1909 年にラジオ放送学校を開校し、次にガーデン・シティー・バンク・ビルディングの屋根の上にアンテナを設置した。それはかなり大きなアンテナで、ワイヤーが 7 階建てのバンク・ビルから隣接するいくつかのビルのてっぺんまで伸びていた。そこでヘロルドは原始的なマイクロフォンを使って、30 分の週刊ニュース・音楽番組を定期的に放送し始めた。1910 年に番組は毎日放送されるようになった。ヘロルドの妻シビル (Sybil) は、自分自身のラジオ・ショーを放送した恐らく初めての女性であった。ショーは若者向けの音楽番組だった。ダウンタウンのある店は「聴取室」に 2 台の受信機セットを設置して、そこで客が安楽椅子に座って音楽を聴くことができるように数十もの電話受信機をとり付けた。シビル・ヘロルドは聴取者から曲のリクエストさえ受けるようになった。

ヘロルドは、可能な限り広範な聴衆に向けた番組を作り、また初めて定期的な番組を提供したという理由で、我こそが世界初の「ブロードキャスター」であると主張した。[7] 当初は FN、その後に SJN という頭文字で呼ばれた彼の 15 ワットのラジオ局は、1921 年に KQW となり、最終的には 1949 年にサンフランシスコで KCBS となった。ただし、第 1 次世界大戦中と終戦直後に活動を停止してしまっていたため、KCBS はアメリカで最古のラジオ局になり損ねている。ヘロルドが成し遂げた多くの功績の 1 つに、双方向の音声コミュニケーション・システムがある。これは、1912 年にサンフランシスコのフェアモント・ホテルの屋根にラジオ局を開設した際に設置された。1915 年にサンフランシスコで行われたパナマ運河開通と太平洋発見 400 年を記念した万国博覧会では、ヘロルドのデモンストレーションはド・フォレストのそれを見劣りさせるほどであった。

にもかかわらず結局は、無線電信といえばマルコーニが代名詞であるよう

に、ラジオ放送の歴史にはド・フォレストの名前が刻まれることになった。彼はコロンビア蓄音機社に送信機を設置し、1916年から音楽を連日放送し始めた。彼は送信機をニューヨークのブロンクス地区にあるハイ・ブリッジに移し、1916年11月7日には大統領選の選挙結果を放送した。ただ惜しいことに、彼はその放送の最後で、チャールズ・エバンズ・ヒューズがウッドロー・ウィルソンに勝利したと言ってしまった。もちろんこれは間違いであったが、そのような重要なニュースをラジオで放送するということは、ともかく印象に残る大仕事であった。

　非政府機関によるラジオ放送は、合衆国が第1次世界大戦に参戦すると、すべて中断させられてしまった。その一方で政府は、放送の技術を大きく発展させ続けていた。マルコーニの業績をぴったり追走するように、1904年には海軍が20もの無線局を運営していた。海軍が送る信号に邪魔が入らぬようにと、議会は1912年に法案を通過させ、これにより商務省が民間の放送事業者たちに免許を付与し、政府の周波数と競合しない周波数を割り当てることになった。1915年には、アメリカン・テレフォン&テレグラフ社(AT&T)がバージニア州アーリントンにある海軍のラジオ局を使って、遠くはホノルルまでも届く信号を大西洋に向けて流した。このような実験は大戦を通して続けられた。そしてついに、何回もの話し合いと企画立案を経て、1920年3月1日に民間ラジオ放送は復活した。

　このようにして、ラジオは中流階級のささやかな娯楽メディアになっていった。ラジオの発展は報道機関が初期の実験を取り上げたことで軌道に乗ったという部分もあったが、歴史家のスーザン・L・ダグラス (Susan L. Douglas) が言うように、それだけではなく、企業や軍にとってラジオがますます魅力を持ち始めていたことや、趣味でやっているアマチュアたちに好評だったことに支えられた結果でもあった。[8]

初期のラジオ放送局

　フランク・コンラド (Frank Conrad) 博士はウェスティングハウスのエンジニアで、1916年からピッツバーグで8XKという実験局を運営していた。海軍のために機材の設計を手がけていた彼は海軍とコネがあり、そのおかげで戦後のラジオ放送界に一躍登場することができた。1919年10月17日、コンラドが蓄音機を使ったレコード演奏を放送し始めたところ、あまりにも多くのリク

THE FOUR "R'S"—READING, 'RITING, 'RITHMETIC AND RADIO
Miss Sara Muller, teacher at the South Haven school, L. I., one of the smallest schoolhouses in America, instructing her class in calisthenics with the aid of the radio set on the step.
(Fotograms)

Some of the Manifold Uses of Radio, Wonder Science of the Century

PRESIDENT'S FATHER LISTENING IN ON "CAL"
Colonel John C. Coolidge at the home of a neighbor at Plymouth, Vt., hearing over the radio the address delivered by President Coolidge at the Associated Press luncheon in New York.
(International)

GOVERNOR DONAHEY OF OHIO
in the studio of The Cleveland Plain Dealer listening to the rest of an evening's program to which he had earlier contributed a speech.
(Times Wide World Photos.)

DR. MARX, CHANCELLOR OF GERMANY
and head of the German Democratic Party, using the radio to expound his political principles during the recent electoral campaign.
(Times Wide World Photos.)

SWAYING HIS HIDEOUS HEAD IN HARMONY WITH DULCET STRAINS
The king cobra at the Bronx Zoo, most deadly reptile in the world, charmed by the "concord of sweet sounds" that emanates from the loud speaker of a radio receiving set.
(Times Wide World Photos.)

AN AMBITIOUS PROGRAM
Reginald Gouraud of Paris perfecting a radio telephone transmission set which, he claims, will be strong enough to permit President Coolidge and President Millerand of France to converse with each other.
(Times Wide World Photos.)

FASTER THAN ANY PLAYS THEY EVER MADE ON THE DIAMOND
is this radio music transmitted at the rate of 186,000 miles a second to the ears of the Yankee baseball players, Urban, Roettger and Johnson, when rain caused a postponement of the game.
(Times Wide World Photos.)

ミッド＝ウィーク・ピクトリアル（1924年）

エストが殺到したため、水曜日と日曜日の晩に2時間ずつ放送することになった。地元のデパートはウェスティングハウスのクリスタル製のラジオ受信機を販売するために「人気のフランク・コンラド博士の放送用にどうぞ」という広告を打ったほどであった。ウェスティングハウスはここに新しいマーケットが眠っていると判断し、通常形態のラジオ放送では初となる民間放送の正式免許を申請した。[9] こうして生まれたKDKAが放送を開始したのは1920年11月2日で、この時はハーディングとコックス(Cox)による大統領選の選挙結果を報じることになった。選挙の速報はピッツバーグ・ポストから電話で知らせてもらった。18時間におよんだこの番組を、数千人の人びとが聞いたという。

　しかし、同局の主張にもかかわらず、KDKAがニュースの定期放送を行った初めてのラジオ局というわけではなかった。ヘロルドがサンホセで行った仕事を忘れてはならない。さらにデトロイトでは、1920年8月20日から8MKという実験局がデトロイト・ニューズをスポンサーにして同社ビルから毎日、放送を行っていた。ド・フォレストの販売会社であるラジオ・ニューズ・アンド・ミュージック社が同局のために免許を取得し、8月31日にはミシガン州における選挙の開票結果を放送している。同局はその時から毎日、音楽、トーク、ニュースを一定の時間放送し始めた。1921年10月、同局はデトロイト・ニューズが取得した本放送免許によりWWJとなった。

　もう1つのラジオ局のパイオニアは9XMで、これはアール・テリー(Earle Terry)教授やエドワード・ベネット(Edward Bennett)を始めとするウィスコンシン大学のチームが1917年に開局した実験局である。同局は第1次世界大戦中も放送を継続することを許され、五大湖地域にある海軍の局に信号を送っていた。1922年にWHAとなった同局は、確かに最古の教育目的のラジオ局といえるだろう。しかしあらゆる面において最古であるかというと、お天気や市況を毎日レポートし始めたのはいつか、一般聴衆を対象としていたかどうか、初期の送信はモールス信号だけで行われていたのではないか、といった議論によりはっきりしなくなってしまう。

　1921年現在で運営されていた他のラジオ局としては、ピッツバーグのKQV、ユニオン・カレッジのWRUC、後にKNXとなったハリウッドの6ADZ、ノースカロライナ州シャーロットの4XDなどがあった。

　ラジオ放送は他の企業を売り込む手段としてもスタートしていた。クリスタル製のラジオ受信機を販売したいデパート、ラジオを製造しようとする企業、

あるいは販売範囲を拡大したい新聞社などである。デトロイト・ニューズに続いて、カンザス・シティ・スター、ミルウォーキー・ジャーナル、シカゴ・トリビューン、ロサンゼルス・タイムズ、ルイビル・クリアー＝ジャーナル、アトランタ・ジャーナル、ダラス・ニューズ、シカゴ・デイリー・ニューズといった新聞社もラジオ局を設立し始めた。

AT&T、ウェスティングハウス、GE の台頭

しかし、ラジオ放送を全国的に発展させた最も重要な要因は、AT&T、ウェスティングハウス、ゼネラル・エレクトリック (GE) といった通信・電気機器産業の大企業群であった。ラジオの発展は、そうした企業の製品やサービスが拡大していくことを意味していた。

パイオニアともいえるウェスティングハウスのラジオ局 KDKA は、一般市民にラジオ受信機を購入する気を抱かせたという点で、ラジオ界初の試みを多く行った。1921 年、同局は、全国的な有名人のスピーチ、賞金のかかったボクシングの実況、野球のメジャー・リーグの試合などを放送した。ウェスティングハウスはニューヨーク、シカゴ、フィラデルフィア、ボストンにもラジオ局を開設した。GE もニューヨーク州スカネクタディーに高出力のラジオ局 WGY を開設し、AT&T もニューヨーク市に WEAF（現在の WNBC）を開設して後に続いた。

RCA の設立

さらに重要なのは、それら 3 つの企業が合体して 1919 年にラジオ・コーポレーション・オブ・アメリカ (Radio Corporation of America＝RCA) を結成したことである。それらの企業は、ラジオという新しいメディアに関心の高かった合衆国海軍士官たちを始め政府の後押しを受け、イギリス人所有のマルコーニ社のラジオ機器特許を買い上げ、新しく設立した RCA の下で特許を相互に利用することにしたのである。RCA は当初、無線通信サービスを専門としていたが、こうして未来におけるラジオ産業の巨人が誕生したのであった。[10]

1922 年になると、巨大企業群はラジオ産業の覇権をめぐり激しい競争を繰り広げるようになった。AT&T には 2 枚の切り札があった。まず、ライバル会社との相互特許協定により、多くのラジオ局の放送料金の徴収権を支配する

絶大な力を持っていた。さらにこの電話会社は、スタジオから宗教番組や劇場番組を放送するのに KDKA が電話線を有効に使っていたことを知っていた。

そのため、1922 年 8 月に WEAF の放送を開始させた時、AT&T は同局を広告料で運営すると発表した。開局から 7 か月の間に、同局は 20〜30 社のスポンサーを集め、こうしてラジオ商業化の夜は明けたのであった。[11] 時を同じくして、WEAF は電話線を利用した都市間のラジオ放送の実験を試みていた。電話線はライバル社を押さえて AT&T が独占していた。

RCA のデイビッド・サーノフと NBC

優位に立つ AT&T に対して、ライバルたちも黙ってはいなかった。その 1 人、RCA で力をつけてきたのがデイビッド・サーノフ (David Sarnoff) であった。ロシア人移民の家庭で育った彼は、マルコーニ社で無線オペレーターとして働いていた。ラジオが大きな産業に成長するだろうと予想した彼は、1915 年以来、大衆向けラジオ放送の推進者であり続けた。

確かに、ラジオが多くの人びとにとって金になる商売になるであろうことは明白だった。国内のラジオ局数は 1922 年 1 月には 30 局であったが、1923 年 3 月には 556 局に増加した。ラジオ受信機の数も、1921 年には 5 万台程度であったが、1922 年には 60 万台以上に急増した。新聞もこうしたラジオの成長に関心を示し続けた。1922 年 6 月のニューヨーク・タイムズは、1 日平均 40 コラムインチものスペースをラジオに関する情報に費やしている。[12] 一般の人びとも、ラジオに登場する新しいスターたちに熱烈な関心を示した。たとえば、

デイビッド・サーノフ　RCA 会長

ウィリアム・S・ペイリー　CBS

アナウンサーのグラハム・マクナミー (Graham McNamee) やミルトン・クロス (Milton Cross)、デュエット歌手のビリー・ジョーンズ (Billy Jones) とアーニー・ヘア (Ernie Hare)、それからラジオ用電池の企業がスポンサーについていた『エバレディー・アワー』(*Eveready Hour*) の出演者などである。ラジオが番組制作の費用を直接広告料で賄い始めたことには反対もあった。しかし、そんな反対意見も、ラジオという新しいメディアの急激な勢いの前では無力であった。

　サーノフをはじめとする企業家たちが直面していた問題は、隆盛を極めるラジオ業界に君臨する AT&T の壁をいかにして打ち破るかであった。AT&T の力がどのようなものであったかは、初期のワールド・シリーズの野球放送が如実に示してくれる。ニューヨーク・ヤンキースのベーブ・ルースにとって初めてのシリーズとなった 1921 年のジャイアンツ対ヤンキース戦は、ニューヨークのサンデー・コールのスポーツ担当編集者であるサンディー・ハント (Sandy Hunt) の中継で、ニューアークの WJZ が放送した。ハントはニューアークで待機するアナウンサーのトミー・コーウェン (Tommy Cowan) に、試合の模様を逐一電話で報告した。その時、同じ情報を KDKA はまだ電信で受けていた。翌年、WJZ はスカネクタディーの WGY とマサチューセッツ州スプリングフィールドの WBZ と手を組んで、ニューヨーク・ヘラルド・トリビューンの伝説的スポーツライターであるグラントランド・ライスを実況に起用した。対戦カードはまたもやジャイアンツ対ヤンキースで、大々的なセールス・キャンペーンが展開された。WJZ を所有していたのは RCA で、新聞読者に配られた「ラジオラ・スコア・シート」は、広告に載っている 25 ドルのラジオレシーバーを聞きながら試合の行方を追うという仕掛けであった。しかし AT&T もさるもので、WJZ のネットワークに対して電話線を貸すことを拒否するという挙に出た。これにより、WJZ 側は音声を送信できない電信を使用せざるを得ないという劣勢に立たされ、混乱を引き起こした。こうして AT&T は、1923 年までに野球放送の実権を握ってしまった。3 度目となるジャイアンツ対ヤンキース戦は、WEAF を通じてネットワークのラジオ局に配信された。起用されたアナウンサーはヘラルド・トリビューンの野球専門記者である W・O・マクギーアン (W. O. McGeehan) とグラハム・マクナミーであった。マクナミーは一躍有名人となり、WEAF でその他数多くのイベントとともに 1935 年までワールド・シリーズを放送し続けた。[13]

　都市をまたぐ番組放送のために電話線を使えず、そのうえ広告料を徴収でき

ないとあっては、RCA にとって展望は厳しいものであった。1924 年初旬、『エバレディー・アワー』は十数局ものラジオ局で放送時間を確保し、全国的なラジオ広告の先駆けとなっていた。その翌年には、WEAF 率いるラジオ局チェーンが、西はカンザスシティーまで 26 局を擁するようになった。一方、WJZ と WGY を中心とする落ち目のネットワークを持つ RCA は身動きがとれなくなっていた。そこでサーノフは、規制なしに広告を受け入れることのできる子会社を RCA に作る計画を練った。しかしその時、電話線の賃貸により巨額な歳入を見込むことができるという確信を得ていた AT&T は、放送事業から撤退すると申し出た。長い法廷闘争の末の 1926 年の出来事であった。その後、WEAF は 1926 年に RCA へ売却され、間もなく RCA、GE、ウェスティングハウスは RCA の子会社としてナショナル・ブロードキャスティング・カンパニー (National Broadcasting Company＝NBC) を設立した。社長はメルリン・H・エイルズワース (Merlin H. Aylesworth) であった。

　NBC がデビューしたのは 1926 年 11 月 5 日のことであった。ニューヨークのウォルドーフ＝アストリア・ホテルのボール・ルームと全国各地の中継点からの、4 時間半にわたる華やかなショーであった。シカゴからはメアリー・ガーデン (Mary Garden) が『アニー・ローリー』を歌い、カンザス州インディペンデンスからはウィル・ロジャース (Will Rogers) がクーリッジ大統領の物まねを演じた。[14] これから先、スポンサーたちがビッグネームのバンドや歌手を売り物にしたショーに資金を注ぎ込むであろうことは明らかだった。翌年 1 月までに NBC は、WEAF をキー局とするレッド・ネットワークと WJZ が引っ張るブルー・ネットワークの、2 つのネットワークを運営するようになった。

　1927 年 1 月 1 日、NBC の 2 つのネットワークが協力し、東西両海岸を結ぶ初めてのラジオ中継を行った。マクナミーのアナウンスによるローズ・ボウルのフットボール中継であった。NBC は 1 年ほどパシフィック・コースト・ネットワークという第 3 のネットワークを持っていたが、同ネットワークは 58 局を結ぶ大陸横断放送が定期的に行われるようになる 1928 年末に廃止された。1930 年になると、連邦政府によるトラストの取り締まりにより、GE とウェスティングハウスは所有していた RCA の株式を放棄させられ、サーノフ主導による経営は最高潮に達した。RCA は蓄音機メーカーのビクターの株式を取得し、蓄音機、ラジオ受信機、真空管を製造する RCA＝ビクター製造部門を設立した。RCA コミュニケーションズ社はラジオ電信システムを全世界的に運営した。最終的には、連邦通信委員会 (Federal Communications

Commission＝FCC) が NBC にブルー・ネットワークを売却させ、そしてブルー・ネットワークは 1943 年にエドワード・J・ノーブル (Edward J. Noble) に買収され、1945 年にアメリカン・ブロードキャスティング・カンパニー (American Broadcasting Company＝ABC) へとネットワーク名が変更された。

CBS とウィリアム・ペイリー

　NBC にとって最初の試練は 1927 年に訪れた。その年、番組を制作する人材のシンジケートを作ろうと、放送業者の一団がユナイテッド・インディペンデント・ブロードキャスターズを結成し、コロンビア・フォノグラフ・レコード社の販売会社であるコロンビア・フォノグラフ・ブロードキャスティング・システム社と提携したのである。ユナイテッドは 1927 年にコロンビア社の株式を取得して、同社の販売会社をコロンビア・ブロードキャスティング・システム (Columbia Broadcasting System＝CBS) とした。このネットワークの初めてのショーは 1927 年 9 月 18 日に放送され、様々な音楽と、ある批評家に言わせれば「いらいらする」ほど多くの広告で聴取者をもてなした。[15] その 1 年後、ウィリアム・S・ペイリー (William S. Paley) と彼の一族がユナイテッドの経営権を買い取り、1929 年にその販売会社を解散させ、ネットワークに CBS という名を付けた。若きペイリーがまず初めにしなければならなかったことは、ラジオは一族のタバコ会社の売り上げを増やすことができるということを、父に対して証明することであった。ペイリーは行動力と企業家精神をぶつけ、系列局の獲得争いで NBC と張り合うまでに CBS を成長させた。1934 年までに CBS は 94 の系列局を持つようになり、一方、NBC の 2 つのネットワークは 127 局を持っていた。ペイリーは 50 年間にわたり CBS の中枢を担い続け、1986 年に企業生命が危機に陥った時には、隠居の身から呼び戻されて会社の救済に辣腕を振るうことにもなった。

連邦政府のラジオ放送規制と FCC の設立

　しかしながら、このようなラジオの発展は、放送電波の混乱を回避するために行われた連邦政府の介入なしには、可能ではなかっただろう。ハーバート・フーバー商務長官は増え続けるラジオ局の規制に努めたが、1912 年に成立した法律では、ラジオ局の放送を他の局とぶつからないようにする権限を十分に

与えられていなかった。1927年初めになると、ラジオ局は733局に増加し、各局が衝突を避けるために放送バンド上をあちこち飛び回る事態となり、とくに大都市圏ではラジオ受信機のセールスが落ち込むまでになっていた。

1922年以来ワシントンで毎年開催されていた全国ラジオ会議は、ラジオ放送波は公共のものであるという合意に基づいて、数に限りのある放送チャンネルの利用に対する連邦政府の規制をいっそう促すことになった。ラジオ受信機の製造業者らは政府が事態を打開してくれるよう望んでいたし、1923年に設立された全米放送事業者協会 (National Association of Broadcasters)、聴取者、そして相当数のメンバーがラジオ局を所有していたアメリカ新聞発行者協会 (American Newspaper Publishers Association＝ANPA) も、政府が問題を解決してくれるよう望んでいた。そこで、新たな連邦ラジオ法を制定するための調整委員会が組織され、シカゴ・デイリー・ニューズのウォルター・A・ストロング (Walter A. Strong) が委員長に就任した。法案は1927年2月に議会の承認を受けることになった。

1927年に成立したラジオ法は、5名のメンバーから成る連邦ラジオ委員会 (Federal Radio Commission) を発足させ、同委員会にあらゆる形態のラジオ通信を規制する権限を与えた。チャンネルは引き続き連邦政府が管理し、委員会は各チャンネルの利用について3年間の免許を与えることになった。免許は、「公平で、効率的で、公正なサービス」を全国あまねく提供するという、「公共の利益、利便性、あるいは必要性を鑑みて」与えられるものとされた。

この権限に基づいて、連邦ラジオ委員会は放送バンドをめぐる混乱の排除に着手し始めた。その結果、150局ほどのラジオ局が減り、その後10年間のラジオ局の総数は600を少し超えるあたりで維持された。委員会が設けた「クリアー・チャンネル」は、夜間は1つのラジオ局しかそのチャンネルで営業できないというもので、それは大都市圏の高出力のラジオ局の番組を地方でも支障なく受信できるように作られたものだ。1947年に存在した57のクリアー・チャンネル局のうち、55局がネットワークに所有されていたか、あるいはネットワークと提携していた。クリアー・チャンネルはラジオ局にとっては金になる特権だった。[16]

連邦政府の権限は、1934年通信法の成立でさらに拡大した。同法により、7名のメンバーから成る連邦通信委員会 (FCC) が設立されることになった。委員会はラジオ放送を規制する権限だけでなく、あらゆる電気通信に関する裁量権をも引き受けた。免許取得者に対しては、公共の利益に則ってラジオ局を運

営する責任があるということがより明確に規定され、その放送上の責任があからさまに放棄された場合には、委員会は免許の更新を拒否することができた。ただし、同法は委員会によるいかなる検閲の試みも禁止しており、従ってどの局も特定の番組を放送あるいは中止せよといった指導を受けることはなかった。FCCが放送事業者の免許を停止するようなことは滅多になく、局の運営を監督する際に間接的な圧力をかけるだけであった。しかしその圧力は、後にかなり大きくなっていくことになる。

ラジオ・ニュース報道をめぐる攻防

　ラジオ放送が広域に発達し、また連邦政府の介入でラジオ電波が整理されるようになったことで、ラジオは成年期を迎えた。しかし、ラジオの発展は他のメディアの利益と真正面からぶつかり、とりわけ新聞発行者の怒りを買うことになった。主要な対立点の第1は、ラジオの収入が増加した分、広告費が食われてしまう、という懸念であった。第2点は、ラジオがニュースを放送し始めたことであった。

　放送が始まったごく初期の頃、ラジオに対する新聞の反応は愛憎混じり合う複雑なものであった。新聞は読者サービスのためにラジオの放送記録を掲載し、ラジオの進歩やスターたちについても広く報道した。アメリカ新聞発行者協会 (ANPA) のラジオ委員会による1927年の報告によれば、48の新聞社がラジオ局を所有し、69の新聞社が局を所有しないまでも番組のスポンサーとなり、そして97の新聞社がニュース番組を放送していた。上位のラジオ局の半数以上が、何らかの形で新聞社と提携していた。ANPAのラジオ委員会はラジオによるニュース放送は新聞の売り上げを促進するという立場をとっていた。その考えは、後の経験により完全に支持された。[17] ラジオ放送による最もエキサイティングなニュースといえば、1924年の大統領選挙戦での党大会、1925年のテネシー州デイトンにおけるスコープス「猿」裁判がある。「猿」裁判では、クラレンス・ダロウとウィリアム・ジェニングス・ブライアンの論戦をシカゴ・トリビューンのWGNが放送した。1927年には、パリへの英雄的飛行からリンドバーグがワシントンに帰還したというニュースが放送された。同じ1927年のジャック・デンプシー対ジーン・タニー (Gene Tunney) のボクシングのタイトルマッチは、当時としては最多の69局のネットワークで放送された。

しかし、良いことばかりではなかった。たとえば、APは1924年の大統領選の開票結果の報道を新聞報道だけに限ろうとし、選挙結果をラジオで流したポートランドのオレゴニアンに100ドルの罰金を課した。ラジオの広告内容についてもかなりの批判が繰り広げられた。それでも、ラジオによる大イベントの報道を止めることはできなかった。何しろ、カルビン・クーリッジの大統領選の勝利を知るために、1,000万人ものアメリカ国民が300万台のラジオ受信機に耳を傾けたといわれたほどである。その4年後の1928年には、NBCとCBSの両ネットワークは800万台ものラジオ受信機に電波を届けることができるようになっていた。その年の大統領選は激しい争いになった。共和党のハーバート・フーバーも民主党のアルフレッド・E・スミス(Alfred E. Smith)も、ともにキャンペーン演説のためにラジオを使い、100万ドルを費やした。この年からAP、UP、INSといった通信社もすべての開票結果をラジオ局に配信するようになり、人気のスポーツ・アナウンサーで大イベント時にはニュースのアナウンサーも兼ねていたテッド・ヒュージング(Ted Husing)が記憶に残る選挙放送を行っている。

　ラジオによる選挙放送に大衆の関心が高まったことで、ニュース制作部門を拡大し始めるラジオ局もあった。1928年12月、ネブラスカ州リンカーンのKFABは、ニュースキャスターに地元紙リンカーン・スターの社会部長を雇い入れた。他の都市のラジオ局もそれに続いた。初期におけるニュース取材強化策で最も目立つ例は、カリフォルニア州ビバリーヒルズのKMPCで、同局は1930年に10名の記者をロサンゼルスのニュース報道にあてた。[18] 新聞発行者の間からは、ラジオはニュース放送への大衆の関心を広告を呼び込むためのセールスポイントとして利用しているだけだ、というもっともな批判も聞かれた。

ラジオの人気娯楽番組

　1920年代後半、最も人気の高かったラジオ番組は音楽番組であった。ほとんどはクラシックかセミ・クラシックで、『パームオリーブ・アワー』や『マックスウェル・ハウス・アワー』といったショーで聞くことができた。一方、ダンス・ミュージックも人びとの嗜好をとらえ、ガイ・ロンバード(Guy Lombardo)やポール・ホワイトマン(Paul Whiteman)といったバンドリーダーたちがあっという間に全国に知れ渡るようになった。大晦日には、何百万人

もの聴取者がロンバードとロイヤル・カナディアンズが演奏する『蛍の光』に合わせて踊り、その年を締め括るのであった。歌手たちも名声を博すようになった。ボン・デ・リース (Vaughn de Leath)、エルシー・ジャニス (Elsie Janis)、ビング・クロスビー (Bing Crosby)、ケイト・スミス (Kate Smith) などがラジオに登場してきた。1927 年のニューヨークにおけるラジオ放送について調査した研究によれば、番組の 4 分の 3 が音楽を流し、15％が宗教・教育関係で、ドラマやスポーツや情報を扱った番組は数えるほどであったという。[19]

　ドラマを求める声も高まりつつあった。NBC は『エバレディー・アワー』と『リアル・フォークス』を、CBS は『グレート・モーメンツ・イン・ヒストリー』、『ビブリカル・ドラマズ』、『メイン・ストリート・スケッチズ』、『トゥルー・ストーリー』といったショーを売り物にしていた。1929 年 8 月、ラジオ放送史上、最も人気の高かったコメディー番組の 1 つが NBC ネットワークでデビューした。フリーマン・ゴズデン (Freeman Gosden) とチャールズ・コレル (Charles Correll) 出演の『エイモス・アンド・アンディー』(*Amos 'n' Andy*) である。そもそも黒人にふんしたその喜劇を彼らがラジオに持ち込んだのは、シカゴの WGN での『サム・アンド・ヘンリー』という番組が最初であった。その後、2 人は WMAQ に移り番組名を『エイモス・アンド・アンディー』に

『エイモス・アンド・アンディー』フリーマン・ゴズデンとチャールズ・コレル
(ベットマン・アーカイブ)

改名したのである。1928 年までに、シカゴ・デイリー・ニューズのシンジケートには 30 局が名を連ねるようになっていた。ここで 5 週続きの『エイモス・アンド・アンディー』が成功したことは、シンジケートの未来がいかに有望かを実証した。聴取者は続きもののストーリーに心奪われ、「フレッシュエアー・タクシー」をめぐる次なる事件を心待ちにするようになった。ただし、聴取者はストーリーの展開を楽しんだのであって、番組を人種的ステレオタイプとは見なさなかった。『エイモス・アンド・アンディー』は、ただ、聞いて楽しい番組だったのである。

NBC は 10 万ドルをはたいてゴズデンとコレルを呼び寄せた。しかし、その結果生まれた熱狂は、一部の批評家がラジオ番組について述べていたことを裏づけることとなった。つまり、番組の第 1 の目的は、ラジオ受信機を売りつけることなのであった。ラジオ受信機とその関連機器の売り上げは、1928 年から 1929 年の間に 6 億 5,000 万ドルから 8 億 4,200 万ドルに増加していた。[20] いまや合衆国全体が『エイモス・アンド・アンディー』にスケジュールを合わせているかのようであった。工場は早めに閉められ、東部時間で午後 7 時から 7 時 15 分の間はタクシーの運転手が客を乗せるのを嫌がった。これがラジオの全盛期で、この時に全国的に広告を流すという考え方も受け入れられるようになった。1930 年代に入ると、ラジオはとりわけニュースと論評の分野で目を見張る発展を遂げていくことになる。

映画の興隆

1920 年代、アメリカ人にとって映画鑑賞はメジャーな娯楽になっていた。映写機が映し出す動作の幻影とそのリアリティー感覚は、見る者にとって映画を魅力的なメディアにした。1824 年にピーター・マーク・ロジェ（Peter Mark Roget、彼は類語辞典『シソーラス』でも知られる）が「視覚の残存」理論を発展させて以来、数々の発明家たちが映画というコンセプトを練り上げていった。ロジェによれば、人間の目は実際に見えるよりも、ほんの少し長くそのイメージを保持する。この効果により、セルロイド・フィルムのリボンに一連の静止画をプリントし、1 秒間に 16〜24 フレームの早さで映写すれば、連続して動いているかのような幻影を見ることができるというわけである。

写真制作の技術はフランスのジョゼフ・ニエプスとルイ・ダゲールが 1840 年までに開発しており、南北戦争ではマシュー・ブレイディもそれを使用して

いる。1877 年には、イードウィアード・マイブリッジ (Eadweard Muybridge) とジョン・D・アイザックス (John D. Isaacs) が 24 台のカメラを使い、走る馬の足運びを見せる有名なデモンストレーションを行った。やがて、各地を回る「幻燈」ショーが人気を博すようになった。1888 年にはジョージ・イーストマンがロール・フィルムを用いた箱形コダックカメラを売り出したことで、また一歩前進した。同じ年に蓄音機を発明していたトマス・A・エディソンは、助手にキネトスコープの開発を行わせていた。ウィリアム・ケネディ・ローリー・ディクソン (William Kennedy Laurie Dickson) は、スプロケット・システムを開発してイーストマンのフィルムをカメラに用い、1889 年に 4 フィート四方のキネトスコープ・ボックスで 50 フィートの「のぞき見ショー」を上演した。同じ頃、フランスではルイ・リュミエール (Louis Lumière) とオーガスト・リュミエール (Auguste Lumière)、そしてシャルル・パテ (Charles Pathè) が、イギリスではロバート・W・ポール (Robert W. Paul) とウィリアム・フリーズ＝グリーン (William Friese-Greene) が、動画を開発しようとしていた。合衆国で初めて映画が劇場公開されたのは 1896 年のことで、エディソンが改良を加えたビタスコープが用いられた。

　初体験の聴衆にとっては、ナイアガラの滝が流れる様子や機関車が走る様子を見るだけでもエキサイティングであったが、映画劇場が生き残るためには芸術性と技術が必要であった。フランスのマジシャンであるジョルジュ・メリエ (George Méliès) は 1,000 本近くの短いフィルムを制作し、それらは他の人び

D・W・グリフィスの映画監督現場（ベットマン・アーカイブ）

とにとっても使えるアイデアをもたらした。しかし、カメラ・アングルを変え、フィルムを編集し、かつ並行的な展開で全体性を持ったストーリーを実現させるという意味での初めての映画は、エドウィン・S・ポーターが1903年に制作した『大列車強盗』という8分のフィルムであった。ポーターは、その後続々と出てくる西部劇の先鞭をつけた人物でもある。

　20世紀も1920年代に入ると、プロデューサー、監督、俳優として活躍した3人の男が映画史に名を残すことになった。その1人は、当初は俳優であったがその後バイオグラフ社の監督に転じた、デイビッド・ワーク・グリフィス (David Wark Griffith) である。バイオグラフ社はパテやビタグラフとともに、ニューヨークで映画制作をリードした会社である。1915年、グリフィスは12リール分の3時間近くに及ぶ映画で、アメリカ映画初の「英雄的傑作」といわれる作品を完成させた。『国家の誕生』がそれで、南北戦争の戦闘で犠牲となった南部のある家族、シャーマン (Sherman) 将軍の海への行進、逃亡する黒人奴隷、クー・クラックス・クランの男たち、を描いた作品である。グリフィスは南軍の退役軍人の息子だったため、彼の映画は南軍の大義に同情的で、作品は時として反黒人の暴動を引き起こすほど激しい人種差別的ステレオタイプを含んでいた。しかし、映画制作上の高い芸術性と感情に訴えるインパクトで、彼の作品は映画史の中で永遠の地位を与えられている。

　1912年、同じくバイオグラフ・スタジオの卒業生であるマック・セネット (Mack Sennett) は、ロサンゼルスでキーストーン・フィルム・カンパニーを設立した。ドタバタ劇の名手である彼が作ったキーストーン・コップスのシリーズはロングランになった。セネットの映画の出演者には、女性の映画コメディアンのはしりの1人であるメイブル・ノーマンド (Mabel Normand)、無表情が売りのバスター・キートン (Buster Keaton)、そして若きイギリス人俳優チャーリー・チャップリン (Charlie Chaplin) たちがいた。チャップリンは『ザ・トランプ』(1915年) や『ショルダー・アームズ』(1918年) で名声を博し、ついに自分自身で映画を制作するため100万ドルの契約を結ぶことに成功した。いつもずれてる「ちっちゃな奴」をパントマイムで演じたチャップリンは、『キッド』(1921年)、『黄金狂時代』(1925年)、『街の灯』(1931年) で見せた浮浪者のコスチュームやオーケストラを用いた手法で観衆の人気を集めた。また、『モダン・タイムズ』(1936年) では流れ作業などの産業システムに反抗し、1940年には『独裁者』でこれまでのキャラクターから脱皮して全体主義に抗議した。しかし、本当にチャップリンに名声をもたらしたのは、決してやって

来ることのない客人のためにディナー・テーブルをセットしたり、闇夜の中に消えていくもの悲しげな浮浪者役であった。

　1919 年、グリフィス、チャップリン、豪傑俳優のダグラス・フェアバンクス、そして「アメリカの恋人」と呼ばれたメアリー・ピックフォードらは、彼らの仕事や収入を自分たち自身で管理するために、ユナイテッド・アーティスツ・コーポレーション (United Artists Corporation) を結成した。この時までに、ハリウッドは世界中の映画の実に 4 分の 3 を制作するようになっており、1920 年代初頭までにはフォックス、メトロ＝ゴールドウィン＝メイヤー、パラマウント、ワーナー・ブラザーズ、ユニバーサル、コロンビアといったメジャーな映画会社のほとんどが出揃っていた。各社はサム・ゴールドウィン (Sam Goldwyn)、トマス・インス (Thomas Ince)、ルイス・B・メイヤー (Louis B. Mayer)、ジェシー・ラスキー (Jesse Lasky)、ウィリアム・フォックス (William Fox) といった映画制作者を擁していた。また各社とも、乗馬の名人ウィリアム・S・ハート (William S. Hart)、コメディアンのハロルド・ロイド (Harold Lloyd)、女優ではリリアン・ギッシュ (Lillian Gish) やグロリア・スワンソン (Gloria Swanson)、そして 1926 年に急死した時には絶望的なまでに悲しまれた「親分」のルドルフ・バレンチノ、といった「スター」を抱えていた。1923 年に『幌馬車』とセシル・B・デ・ミル (Cecil B. De Mille) の『十戒』というスペクタクル映画 2 作が封切られた時には、人びとは映画を見るために劇場に列をなしたものであった。より洗練された映画としては、グレタ・ガルボ (Greta Garbo) とジョン・ギルバート (John Gilbert) が主演した 1927 年の『フレッシュ・アンド・デビル』がある。

　1920 年代のハリウッドの繁栄には諸外国の影響があったが、グレタ・ガルボはその一例である。アーンスト・ルービッチ (Ernst Lubitsch) はドイツからコメディー制作の技術を持ち込み、歌手であり俳優であるモーリス・シュバリエ (Maurice Chevalier) とチームを組んでいた。監督のジョゼフ・フォン・スターンバーグ (Josef von Sternberg) も同郷のマレーネ・ディートリッヒ (Marlene Dietrich) と組んでいた。監督のエリッヒ・フォン・ストロハイム (Erich von Stroheim) はフランク・ノリス (Frank Norris) の小説『マクティーグ』(*McTeague*) を基に、1924 年に古典ともいえる『グリード』を制作し、さらに 1926 年の『ホワット・プライス・グローリー？』では戦争の無益さを描いた。続いて 1930 年には、ルイス・マイルストーン (Lewis Milestone) がエリッヒ・レマルク (Erich Remarque) のドイツの小説『西部戦線異状なし』(*All*

Quiet on the Western Front) を映画化している。セルゲイ・エイゼンシュテイン (Sergei Eisenstein) は、ロシア史の流れやドラマを『戦艦ポチョムキン』などの映画で描いた。1925 年の同作品は、ツァーの悪政に反抗した 1905 年のロシア戦艦を記念したものであった。

映画の発展とトーキー映画

　1920 年中頃には、2 万軒以上の映画館が合衆国中のあちこちに出来ていた。1925 年の観客動員数は週平均 4,600 万人に上り、1930 年には最高記録の 9,000 万人に達した。観客数がこのように増大した理由の 1 つは、1927 年から映画にサウンド・トラックが加わったことであろう。この「トーキー映画」は、最初こそは珍しいものであったが、その後またたく間に当たり前になった。映画とともに音声が流されるようになり、たとえば、フォックス・ムービートーン・ニューズは、チャールズ・A・リンドバーグが 1927 年の大西洋横断飛行の帰路、パリとニューヨークで受けたリセプションの模様を、音声付きで上映した。しかし、「しゃべる映画」の興奮が映画界を風靡したのは、1927 年 10 月、『ジャズ・シンガー』の初日にブロードウェイでアル・ジョルソン (Al Jolson) が『マミー』を歌った時であった。1931 年の『街の灯』まではチャップリンもまだ無声で通すことができた。しかし、美しい声を持たない俳優たちは、やがて舞台の脇に追いやられてしまうようになった。

　大恐慌の時代、映画鑑賞は安上がりな娯楽であった。25 セント硬貨一枚も出せば、映画館ではチケットを 2 枚、あるいは 3 枚も買うことができたし、映画館はお金のない人や仕事のない人たちにとっては暖かく座っていられる場所でもあった。1940 年の週平均の観客数はいまだ 8,000 万人を記録していた。大恐慌下では、ユーモアは解毒剤でもあった。メイ・ウェスト (Mae West) と W・C・フィールズ (W. C. Fields) の 2 人は独自の面白さを備えたスターであった。マルクス兄弟 (Marx Brothers) は『吾輩はカモである』(1933 年）で映画史における地位を確固たるものにした。洗練されたタッチとエレガントなセッティングのコメディーといえば、コメディアンのキャロル・ロンバード (Carole Lombard)、「やせ男」シリーズのウィリアム・パウエル (William Powell) とマーナ・ロイ (Myrna Loy)、フランク・キャプラ (Frank Capra) が監督でクラーク・ゲーブル (Clark Gable) とクローデット・コルバート (Claudette Colbert) が主演した 1934 年の大ヒット作『或る夜の出来事』、など

が挙げられよう。きらびやかなミュージカルとしては、フレッド・アステアー (Fred Astaire) とジンジャー・ロジャース (Ginger Rogers) の空中歩行が売り物の『トップ・ハット』(1935年) などがある。ジミー・キャグニー (Jimmy Cagney)、エドワード・G・ロビンソン (Edward G. Robinson)、ポール・ミュニ (Paul Muni) といった俳優たちは、禁酒法とギャングというテーマでおなじみであった。

アニメーションの分野で革命を起こしたのは、ウォルト・ディズニー (Walt Disney) である。彼は自分のスタジオでアーチストの一群を雇い入れ、動作、色彩、音声、音楽によるシンクロナイゼーション、声音効果といった技術を総動員した。ミッキー・マウス (Mickey Mouse) がデビューしたのは1928年のことで、1931年にはミッキーとミニーが90種類もあるミニ・ドラマで活躍するようになった。『狼なんか恐くない』を歌ったのは、1933年のディズニーの『3匹の子豚』だ。ディズニーの長編『白雪姫と7人のこびと』(1937年) や『ファンタジア』(1940年) は、テレビやテーマ・パークといったディズニーのその後の事業を予期させる。1930年代は、ジャッキー・クーガン (Jackie Coogan) やシャーリー・テンプル (Shirley Temple) といった、子役スターたちが活躍した時代でもあった。クーガンは1921年にチャップリンの「キッド」役として出演し、テンプルは1934年の『スタンダップ・アンド・チアー』を始め、その後も心温まる映画で踊りを披露した。ミッキー・ルーニー (Mickey Rooney) とジュディー・ガーランド (Judy Garland) は、ガーランドが1939年に『オズの魔法使い』でスターダムにのし上がるまで、最も人気のある子役のコンビであった。

1930年代は傑作『風と共に去りぬ』で幕を閉じた。クラーク・ゲーブルがレット・バトラー役、イギリスの女優ビビアン・リー (Vivien Leigh) がスカーレット・オハラ役を演じた。小説はベストセラーとなり、この南北戦争の物語はアメリカでは高い売上高を記録した映画として常に名が挙げられる。1939年版の映画は1965年まで売上高の最高記録を保ち、その後の世代にも映画やテレビで定期的に再演されている。この1936年の小説は1986年にリプリントされ、累計2,500万部を超えるベストセラーとなっている。

一方、1920年代の初めには、容赦のない報道とファン信仰の相乗効果で、ハリウッドはぜいたくな暮らし、セックス、そして犯罪のシンボルとなっていた。"ファティー"・アーバックル ("Fatty" Arbuckle) は下劣なレイプ事件で人生を棒に振った。ある有名な監督が殺された迷宮入りの事件では、メイブル・

ノーマンドやメアリー・マイルズ・ミンター (Mary Miles Minter) といったスターたちが証言を求められた。ウォレス・レイド (Wallace Reid) は麻薬常習者であることをすっぱ抜かれた。危機感を持ったスタジオ側は、1922 年、郵政長官のウィル・H・ヘイズをアメリカ映画制作配給業者協会 (Motion Picture Producers and Exhibitors of America) の会長に選出した。この「ヘイズ・オフィス」は非公式な検閲を行い、さらに 1930 年には制作コードを策定し、都市や州に検閲官をおき、1934 年には礼節同盟（Legion of Decency、訳者注：倫理監督者グループ）を組織することで、より厳しい規制に乗り出した。

タブロイド新聞とジャズ・ジャーナリズム

センセーショナリズムというジャーナリズムの新たな潮流は、第 1 次大戦の終わりとともに始まった。この時も、ペニー・プレスが現れた 1833 年の頃のように、あるいはピュリツァーとハーストの戦いがクライマックスを迎え新しいジャーナリズムの幕が開けた 1897 年の頃と同じように、人びとにセンセーショナルにアピールする機が熟していた。そして、1833 年と 1897 年がそうであったように、受け手の多くもそうしたアピールを今か今かと待ち望んでいた。1919 年から 1926 年までの 7 年間に、ニューヨークでは 3 つの新しい新聞が生まれ、それらは既存の新聞の部数のバランスを過度に壊すこともなく 150 万人以上もの読者を獲得していた。これらの新聞のセンセーショナリズムは、その時代を象徴する 2 つのテクニック、すなわち、タブロイド・スタイルの紙面作りと写真の積極的な使用、を特徴としていた。また、それ以前の時代からそうであったように、センセーショナリズムの波は、それが引ける前にプレス全般に影響を及ぼし、センセーショナルなアピールが流行した後には、よりしっかりしたジャーナリズムの時代が続いた。1920 年代は「ジャズ・ジャーナリズム」[21] の時代と呼ばれ、その後は、新聞界のみならず雑誌出版や放送の分野においても、解説的な報道テクニックに重きを置く時代へと急速に進んでいった。

1919 年以降のニューヨークで大きな成功を収めたタブロイド・フォーマットの新聞は、ジャーナリズムにおいてはとくに目新しいものではなかった。新聞用紙が比較的豊富になってくる 19 世紀中葉以前においては、タブロイドのような小さなサイズの紙面は一般的であった。たとえば、1873 年から 1889 年までニューヨークで発行され、スティーブン・H・ホーガンが初期の網版製

版実験を試みたデイリー・グラフィックはタブロイド判の新聞であった。不運にも長続きしなかったが、1891 年に創刊されたフランク・A・マンジーのデイリー・コンティネントもタブロイド判であった。ただし同紙は、デイリー・グラフィックのようにイラストレーションを多用していたが、他の新聞に比べてセンセーショナルというわけではなかった。むしろ、1920 年代のタブロイド時代を触発したのは、これらアメリカ国内の先例ではなかった。良いか悪いかは別として、合衆国におけるタブロイド新聞のルーツは、英字ジャーナリズムの発祥地であるイギリスにあった。

犯罪ニュースや裁判記事を重視するイギリスのジャーナリズムは、1833 年より始まるアメリカの初期のペニー・プレスの発行者たちに、センセーショナリズムの利点を教える役割を果たした。もっとも、1855 年まで存続した印紙税の規制により、イギリスでは大衆向けの新聞発行はむしろ遅れていた。イギリスにおける初のペニー・ペーパーはデイリー・テレグラフであったが、同紙は中産階級を対象としていた。従って、イギリスで本当の意味で大衆向けの新聞のマーケットが出来上がったのは、1870 年に義務教育が始まってからであった。そして、このマーケットに踏み出した明敏な若者が、アルフレッド・C・ハームズワース (Alfred C. Harmsworth) であった。彼は後にノースクリフ卿 (Northcliffe) となり、イギリスのプレス界の大物になる人物である。1883 年に彼が初めて手がけた事業は、ヒューマン・インタレストな週刊誌アンサーズの創刊であった。同誌はジョージ・ニューンズ (George Newnes) が 1881 年に創刊した雑誌ティドビッツをモデルとしていた。両誌とも労働者階級の読者を獲得するためにコンテストを開き、ハームズワースは 10 年間に 25 万人の読者を獲得した。

その一方でハームズワースは、ジョゼフ・ピュリツァーのニューヨーク・ワールド、あるいは、長くは続かなかったがジェイムズ・ゴードン・ベネット・ジュニアのパリ・ヘラルドのロンドン版が発展していく様子を見守っていた。彼がアメリカの新聞の新しいテクニックを最初に採用したのは、1894 年に買収したロンドン・イーブニング・ニューズにおいてであり、それは 1896 年に創刊したはるかに有名なデイリー・メイルでも採用された。ピュリツァーもほどなくハームズワースから教えを受けるようになった。ワールドの発行者ピュリツァーはハームズワースをいたく尊敬し、1901 年 1 月 1 日号のワールドはハームズワースをゲスト発行者として迎え、「20 世紀の新聞」と銘打って同紙をタブロイド判で発行したほどである。しかし、ニューヨークでは反響が少な

く、ハームズワースもイギリスに留まって仕事を続けることになった。

イギリスで大部数を獲得した初のタブロイド紙はデイリー・ミラーであった。同紙は1903年にハームズワースがロンドンで女性向けに始めた新聞であったが、すぐに、小さめで、センセーショナルで、楽しませる「半ペニーでイラスト入り」の新聞に切り変わった。1909年までに同紙の発行部数は100万部に達し、デイリー・スケッチやデイリー・グラフィックもタブロイド業界に参入してくるようになった。ハームズワースはノースクリフ卿となり、第1次世界大戦を迎えるまでにはイギリスのジャーナリズム界を引っ張る人物になった。彼はニューヨークでも誰かがデイリー・ミラーのようなタブロイド紙を発行すべきだと考えていた。そんな時に出会ったのが、新聞社のデスクを出て海外にやってきたあるアメリカ人の陸軍将校で、ノースクリフはその将校にタブロイドがいかに儲かるかを話して聞かせたのであった。

ニューヨーク・デイリー・ニューズの創刊

その陸軍大尉は名をジョゼフ・メディル・パターソン (Joseph Medill Patterson) といった。パターソンは、いとこのロバート・R・マコーミック (Robert R. McCormick) 大佐と共同で1914年からシカゴ・トリビューンを経営していた。2人ともジョゼフ・メディルの孫で、彼らはその後フランスで会った際に、ニューヨークでデイリー・ニューズと呼ばれることになるタブロイド新聞を始めようと決めていた。しかし、いとこ同士のこの2人は、ニューヨークでタブロイド事業を始めるにあたり、ノースクリフが話したのとは異なる思惑を持っていた。次章で詳しく述べるが、マコーミック大佐は保守的なメディル家を代表するような大物であった。しかし、一方のパターソン大尉は、社会不正や経済的不公正に抗議する2編の小説『ある裕福な家の息子』(*A Little Brother of the Rich*) と『反逆』(*Rebellion*) を著したほど型破りな人物で、彼が属する富裕階級の人びととの間では社会主義的な考え方を持っていると思われていた。つまり、ニューヨークでタブロイド新聞を始めるという計画は、彼がそう望んだように、パターソンにとっては、多くの移民やアメリカ生まれでも文盲に近いような人びとに接近するチャンスであったのだ。他方、マコーミック大佐にとっては、その計画により、シカゴでの面倒くさい共同発行者体制から脱却することができるというわけであった。

こうして、1919年6月26日、イラストレイテッド・デイリー・ニューズ（初

めの2〜3か月はそう呼ばれていた）がニューヨークで創刊された。半分のサイズ（訳者注：タブロイド版）の第1面は、近くアメリカを訪問する予定で、すでに女性たちの心をワクワクさせていたイギリス皇太子——後の国王エドワード8世 (Edward VIII)、退位後はウィンザー公爵 (Windsor) ——の写真で飾られていた。また同紙は、販売を促進する作戦として美人コンテストを主催し、さらに次のような全面広告をニューヨーク・タイムズに掲載してタイムズの読者をびっくりさせた。「イラストレイテッド・デイリー・ニューズで毎朝ニューヨーク一番の美人をご覧下さい」。1833年にサンを創刊した際にベンジャミン・デイが鼻であしらわれたように、1919年のニューヨークの新聞業界の面々も、タブロイド新聞の試みを真剣に受け止めようとはしなかった。しかし、少なくともその中に、タブロイド新聞のセンセーショナリズム、娯楽重視、写真の多用が及ぼす影響を見抜いていた人物が1人いた。その人物とは、ニューヨーク・タイムズの敏腕編集局長、カール・バン・アンダであった。バン・アンダは、デイリー・ニューズが第1次大戦後にはびこっていた人びとの渇望を満たし、新たな読者を獲得するであろうと考え、「この新聞は200万部に達するかも知れない」とさえ予言していた。[22] 実際に、パターソンと彼の編集者たちはバン・アンダの予測を裏切らなかった。1924年、デイリー・ニューズは75万部に達した。これは国内の最大部数であった。1929年には132万部に伸びた。ニューヨークの他の朝刊紙の総発行部数が変わらなかったにもかかわらずである。そして第2次世界大戦前には、ついに200万部の大台を突破した。

とはいえ、創刊時のデイリー・ニューズはひどい有様であった。創刊後2か月間で、当初あった20万部の部数は2万6,000部に下落し、4人いた記者のうちの2名は解雇された。しかしパターソン大尉は、彼の読者はタイムズの読者とは違い、ニューヨークに埋もれている移民や教育を十分に受けていないアメリカ人たちであるということが分かりかけていた。ニューズはかつては外国語新聞しか売られなかったスタンドに置かれるようになり、写真によって売り上げを伸ばしていった。その結果、1921年までに同紙は、ハーストのイーブニング・ジャーナルに次いで2位の部数を獲得するようになった。ハーストの朝刊紙アメリカンは写真やフィーチャー記事を満載してニューズに流れる読者層を食い止めようと試みたが、競争に勝ったのはタブロイドのニューズの方であった。シカゴにおけるハーストとマコーミックの激しい部数獲得争いはニューヨークにその場を移し、くじ引きや賞金つきのクーポンなど読者勧誘が飛び交った。しかし、そこでも勝ちを収めたのは、大衆の感覚にマッチした五行戯

詩のコンテストを開催したパターソンであった。

デイリー・ミラーとデイリー・グラフィック

　ところが、ニューズがアメリカで最大部数の新聞になった1924年、同紙にも手強い競争相手が出現することになった。デイリー・ミラーである。ハーストはかつて、ジャーナリスティックな革新という意味では常に不毛な都市ボストンでタブロイドの新聞に取り組み失敗に終わっていたが、いっこうにニューズを打ち負かせないアメリカンに耐えかね、タブロイドのデイリー・ミラーを創刊したのである。直ちにハーストに続いたのが、バナー・マクファデン (Bernarr Macfadden) であった。彼は雑誌フィジカル・カルチャーやトゥルー・ストーリーの発行者で、大衆に影響を及ぼすような高い地位に就こうという野心に燃える資産家であった。トゥルー・ストーリーの成功がそうであったように、マクファデンが意図する新聞発行は革新的で、「前例を粉々に打ち砕く」新聞が欲しいと語っていたほどである。[23] マクファデンは、それまで高名なハートフォード・クーラントの編集長をしていたエミール・ガブロー (Emile Gauvreau) を編集主幹に抜てきし、こうして2人はデイリー・グラフィックを創刊した。ミラーがジャーナリズム的には多少なりともまともな方法でニューズと勝負したのに対し、グラフィックはどれだけセンセーショナルでケバケバしくなれるかにチャレンジしたという感じであった。オズワルド・ギャリソン・ビラードに言わせれば、それは「粗野なジャーナリズム」(gutter journalism) の争いであった。

　グラフィックはあっという間に最も悪名高いタブロイド新聞になった。実際のところ、マクファデンはニューズペーパーを発行するという意図など持ち合わせていなかった。いちいち通信社サービスを受けもしなかったし、もっぱら「でっかい」大衆ネタだけを扱っていた。彼が目指していたのは、新聞界のトゥルー・コンフェッションズ（訳注：当時発行されていた俗っぽい雑誌）となり得るような、ニューススタンドで毎日100万人からの読者に買ってもらえる代物だったのである。記者たちは記事の中に出てくる当事者の署名が入った第1人称的な記事を書き、編集者たちはそれに「私は誰が弟を殺したのか知っている」とか、「彼に殴られて……でも彼を愛してる」とか、「僕は別の女性と36時間の情事にふけった」といった見出しをつけるのであった。ガブローは批判に対して、大衆は「ホットなニュース」[24] を欲しがっているのだと反論し

1928年のこの第1面の写真は、ニューヨークにおけるタブロイド新聞のセンセーショナリズムの極めつけといえる。

たが、ニューススタンドでグラフィックの売り上げが上昇していったところを見ると、彼の言い分にも一理あったといえるだろう。

　タブロイド戦争のクライマックスは1926年にやってきた。まず、ブロードウェイのプロデューサーのアール・キャロル (Earl Carroll) が開いたパーティーで、裸の踊り子がシャンパンで満たされたバスタブに入るという出来事があった。そして、その熱がさめないうちにタブロイド新聞が見つけ出したのが、金

持ちの不動産業者エドワード・ブラウニング (Edward Browning) と彼の 15 歳の女店員の花嫁のネタであった。これはまったく「ホット」なロマンスで、2 人は国中で「ダディー」と「ピーチズ」として知れ渡るようになった。グラフィックは 2 人がベッドの上でふざける様子をこう描写している。「ウー！ ウー！ おばかちゃんだぞ！」。ガブローは若い女性読者たちをピーチズの秘密の日記でゾクゾクさせようとしたが、当時はさすがにここで法の待ったがかかってしまった。

1927 年の春には、センセーショナルな殺人事件の裁判が行われた。ジャッド・グレイというコルセット販売人と彼と恋仲にあったルス・スナイダー婦人が共謀して、邪魔になった夫のスナイダー氏を殺害したという事件である。スナイダー婦人がシンシン刑務所の電気椅子で処刑されることになった時、グラフィックは読者に向かって次のように宣伝した。

> 明日のグラフィックは必読です。スリル満点、びっくりすること請け合い！ 心を突き刺すこの世で最後のルス・スナイダーの胸中の物語。彼女の最後の手紙はドキドキものです。だってそうでしょう！ 焼き焦がし、真っ黒にして殺してしまう死の仕掛けに縛られる瞬間の女性の胸中なのですから！ 彼女が言い残す言葉とは！ 明日のグラフィックだけのスクープです。[25]

しかしながら、決定的なスクープをつかんだのは、写真に力を入れているニューズの方であった。グラフィックは言うところの「告白」をネタにしたのかも知れないが、ニューズは読者を処刑室の内部に引き込んだ。処刑室での写真撮影は禁止されていた。にもかかわらずカメラマンのトム・ハワード (Tom Howard) はくるぶしに小型カメラを縛り付け、電流が流された直後にシャッターを切ったのである。こうしてニューズは修正を施した写真を第 1 面に掲載し、25 万部の号外を売りまくった。ニューズはその後もその第 1 面を 75 万部も追加印刷しなければならなかった。

パターソンのニュース価値観の転換

パターソンはニュースと写真に力を入れ始めたが、それは人びとを驚かせるどころではなかった。大西洋沖で汽船ベストリス号が沈没して数百名もの命が犠牲になった事件では、生き残った人びとの中に 1 人でも写真を撮った人がい

ないかどうか確かめるために、スタッフ全員を生存者のインタビューに向かわせた。すると、中の1人が写真を持っていることが判明した。こうしてニューズは、傾いた船のデッキと今や海面に飛び込むか船と一緒に沈もうかという犠牲者たちの表情をとらえた、いまだかつてないアクションあふれるニュース写真を1,200ドルで手に入れたのであった。パターソンは1930年代初頭に75万ドルをAPワイヤーフォトに注ぎ込んだ。一方、他の発行者たちはその新しい写真配信システムを利用することに躊躇していたため、しばらくの間、パターソンはニューヨークでただ1人ワイヤーフォトを利用することができた。またニューズは、自社のスタッフを一流の写真家で揃え、さらにニューヨーク全域のフリーランサーたちからの写真も歓迎していた。報酬も悪くなかった。

　1929年に入ると、ウォール・ストリートが崩壊し、大恐慌が到来し、就職難がますます悪化していった。それでも、人びとの心の鼓動を感じていたパターソンは、編集者や記者たちに向かって、大恐慌とそれがすべてのアメリカ国民の生活に及ぼす影響は、いまや大きなネタであると説いた。これは、ニュー

読者たちは有名人の顔を見たがった。1923年、上院議員のジェラルド・P・ナイ（Gerald P. Nye）とジョン・D・ロックフェラー（John D. Rockefeller）がカメラマンに囲まれている写真。（ベットマン・アーカイブ）

ズなどの新聞が犯罪やセックスのニュースや特集記事を報道しなくなったということではなく、困窮している人びとに関する真面目なニュースにも大きなスペースを割くようになった、ということである。パターソンのデイリー・ニューズは、1930年代を通してルーズベルトのニュー・ディール政策を熱心に支持したが、一方でそのことはシカゴ・トリビューン本社ビルにいる猛烈な反ニュー・ディール派のマコーミック大佐をうんざりさせた。

　デイリー・ニューズは社説やコラムにおいても機知に富んだところを見せ、読者の目を奪うようなひねりを利かせた見出しもまだ健在であった。しかし、1939年以降、同紙はもうホワイト・ハウスの主に賞賛を送ることはなくなっていた。孤立主義を強く主張した同紙は、第2次世界大戦への介入をめぐり、ルーズベルトと決裂した。大統領の外交政策に不信感を抱いたパターソンは、徹底的に同政権と戦うことになった。1946年にパターソンが世を去ると、ニューズはマコーミック大佐の支配下に移ったが、社の運営はパターソン時代の重役たちによってなされた。民主党とは政治的に決裂することになったが、ニューズは「民衆の新聞」であり続け、部数も1947年には最高の平日240万部、日曜版450万部を記録した。しかしその後は、都市部の新聞一般に見られた部数減、そしてテレビの登場によりあえなく売り上げを急減させられた娯楽紙などと同じ問題を、同紙も肌で感じるようになった。それでもデイリー・ニューズの鋭さは相変わらずで、たとえば、1976年には、経営破綻に陥った市の救援要請に対するフォード大統領の対応に関して、次のような見出しを大文字で掲載している。「フォードから市へ　くたばっちまえ」。[26]

タブロイド時代の終焉

　ミラーとグラフィックに関しては、事はあまりうまく運ばなかった。ハーストは1928年にミラーを売却するかと思えば、1930年には買い戻し、グラフィックのコラムニストであるウォルター・ウィンチェルを引き抜き、アーサー・ブリズベーンを編集者として送り込んでテコ入れを計った。それでもハーストにとってミラーは利益の上がる持ち物とはならず、結局、1963年に廃刊するに至った。グラフィックも広告の後押しを得られず、マクファデンに数百万ドルを失わせたまま、1932年に悲しまれることもなく廃刊してしまった。

　ここで明らかにしておくべきポイントが2つある。まず、タブロイド・フォーマットを採用した新聞のほとんどは、ニューヨークのタブロイド紙ほど激

しい性格ではなかったということ、そして、グラフィックが消え去り、デイリー・ニューズもその性格を変えてしまったからといって、センセーショナルなニュースが追求されなくなったわけではなかったこと、である。有望なタブロイド紙発行者の1人にコーニリアス・バンダービルト・ジュニア (Cornelius Vanderbilt, Jr.) がいた。彼は1920年代初頭から、ロサンゼルス、サンフランシスコ、マイアミで世直し的で真面目な写真紙を発行していた人物である。バンダービルトの新聞はそこそこの部数を獲得していたが、広告主からの支援を取り付けることができず、結局、彼のチェーンは間もなく衰退してしまった。ロサンゼルス・デイリー・ニューズはリベラルなマンチェスター・ボディー (Manchester Boddy) の手に渡り、自由奔放な記事の書き方を除いては、非常にオーソドックスな親ニュー・ディール派のタブロイド新聞となった。同様に、1929年創刊のシカゴ・タイムズも、リベラルで簡素な書き方のタブロイド新聞であった。1947年にマーシャル・フィールド (Marshall Field) がシカゴ・サンとタイムズを合併した時にも、同紙のタブロイド・フォーマットは維持された。その他の代表的なタブロイド紙としては、ニューヨークのデイリー・ニューズとポスト、ロングアイランドのニューズデイがあった。

　1930年代の新聞は、1920年代の新聞よりもはるかに多くのスペースを政治的・経済的な出来事や海外事情の記事に費やしたが、かといって第1次大戦後のジャーナリズムの特徴である「特ダネ」への執着心を失ったわけではなかった。リンドバーグの赤ちゃんを誘拐し殺害した容疑で1934年に行われたブルーノ・ハウプトマン (Bruno Hauptmann) の裁判では、300人以上もの記者が集まり、28日間で1,100万語以上の記事が配信された。目立ちたがり屋の判事が裁判を記者たちの格好の獲物にしてしまい、「報道裁判」になってしまったという批判が頻出した。

デンバー・ポストの「血まみれ」時代

　アメリカ・ジャーナリズム史を語る上で欠かすことができないのが、ハリー・H・タメン (Harry H. Tammen) とフレッド・G・ボンフィルズ (Fred G. Bonfils) の時代のデンバー・ポストである。彼らの時代のポストは、真っ赤なインクで染めた巨大な見出しを使い、びっくり、慌てふためかせるような紙面デザインを施し、非常にセンセーショナルな記事で飾り立てていた。そのため、ダイナミックではあるが無責任な新聞という評判を広げてしまっていた。同紙

のオーナーである 2 人についても、ジャーナリズムの金鉱を容赦なくむさぼる連中といった評判が広まってしまった。タメンはかつてバーテンダーをしていた男で、ボンフィルズは土地と宝くじのビジネスで金を作ろうと西部にやってきた男であった。1895 年、そんな 2 人が共同でポストを買収したのである。彼らのイエロー・ジャーナリズム戦略は、デンバーにおける情け無用の新聞戦争の中で成功し、1920 年代の絶好調時には、年に 100 万ドル以上もの儲けを生み出していた。

　ポストの紙面は特集やセンセーショナルな記事であふれていた。しかし、思い切った企画や不正暴露キャンペーンにも力を入れ、同紙自身が「みんなの兄貴分」と豪語したように、ロッキー山脈地域ではある程度の名声を広めてもいた。2 人のオーナーは赤くペイントされた壁に囲まれたオフィスで仕事をしていたので、デンバーではやがて「血のバケツ」と呼ばれるようになった。ポストの不正追及や暴露報道の犠牲となった人びとはタメンとボンフィルズに対して名誉毀損訴訟を起こし、怪文書による中傷が加えられたりもした。しかし、法廷ではそうした容疑は認められず、ポストは自画自賛するところの「民衆の擁護者」としての役割を果たし続けた。

　ポストの命運は、タメンが世を去った 1924 年をきっかけに揺れ始めた。ティーポット・ドームの不正石油貸し付け事件に関して、ポストに 50 万ドルの利益をもたらす契約をボンフィルズが借り手に結ばせるまで、そのニュースを隠していたことが判明したのである。この事件は、アメリカ新聞編集者協会 (American Society of Newspaper Editors = ASNE) の倫理委員会がボンフィルズを ASNE のメンバーから追放するよう勧告する事態にまで発展した。ボンフィルズは追放される代わりに自ら脱退することにしたが、彼の評判は 1933 年に死去する前にさらに汚れたものになってしまった。というのは、彼がライバルのロッキー・マウンテン・ニューズを名誉毀損で訴えたところ、彼とタメンにまつわる多くの醜聞をニューズに報道され、結局、戦う気を失ってしまったからである。

　しかし、それでもポストは唸り続け、デンバーの新聞にまつわる話はますます増えていった。1926 年にはスクリップス・ハワード (Scripps Howard) のチェーンがポストをめぐる激しい競争に参入し、この戦いは合衆国で最も熾烈なものとなった。スクリップスは朝刊紙のロッキー・マウンテン・ニューズと夕刊紙のタイムズを買収し、自身が所有するエクスプレスと合併させた。この結果、それから 2 年間というもの、編集デスクや販売部門ではどんな手段もあり

という状態となり、デンバーではセンセーショナルなニュースや拡材が飛び交うことになった。1928年には休戦協定が結ばれ、タイムズは廃刊に追いやられ、夕刊市場ではポストが、朝刊市場ではニューズが残ることになった。しかし、経営陣が入れ替わり政策が刷新されてタメンとボンフィルズの時代の記憶が過去に追いやられるまで、この何でもありの時代の慣習は、その後20年間にわたりデンバーのジャーナリズム界にまとわりつくことになった。

コミックの世界

　新聞の日曜版を大いに活況にしていたのはコマ割漫画 (comic strip) であった。日曜版のカラー漫画セクションをめぐる激しい争いは、1896年にリチャード・F・アウトコールトの『イエロー・キッド』の獲得をめぐりピュリツァーとハーストが競い合った時から始まっていた。新聞読者を楽しませた初期の人気作品は、いつも決まった登場人物をめぐりユーモアあふれるエピソードを描いていた。チャールズ・E・シュルツ (Charles E. Schultz) の『フォクシー・グランドパ』は男の子たちをいたずらで煙に巻き、19世紀末にニューヨーク・ヘラルドに掲載されたウィンザー・マッケイ (Winsor McKay) の『リトル・ニモ』は子供たちのワンダーランドであった。ハーストが登用したルドルフ・ダークス (Rudolph Dirks) の『カッツェンジャマー・キッズ』は、アメリカのコミック界では最長寿の作品である。ダークスがそのカラー・コミックでハンズやフリッツやママやキャプテンといった登場人物を描き始めたのは1897年のことである。同じくハーストの新聞で記憶に残る漫画としては、ジェイムズ・スウィナートン (James Swinnerton) の『リトル・ジミー』、フレデリック・バー・オパー (Frederick Burr Opper) の『ハッピー・フーリガン』、ジョージ・ヘリマン (George Herriman) の『クレイジー・キャット』などがある。

　フォンテイン・フォックス (Fontaine Fox) の『トゥーナービル・フォックス』は、シカゴ・ポストで1908年から始まった。定期的に掲載された初の漫画であるH・C・"バド"・フィッシャー (H. C. "Bud" Fisher) の『ナット・アンド・ジェフ』は、1907年にサンフランシスコ・クロニクルでスタートした。ただし、ほとんどの漫画はハースト所有のキング・フィーチャーズ・シンジケート (King Features Syndicate)、あるいはロバート・R・マコーミック大佐とジョゼフ・M・パターソン大尉が設立したシカゴ・トリビューン＝ニューヨーク・デイリー・ニューズ・シンジケート (Chicago Tribune-New York Daily News

Syndicate) から配信された。

　ジョージ・マクマナス (George McManus) がハーストに雇われてマギーとジグスの漫画を描き始めたのは、1912 年のことであった。その他、アメリカ人の日常語として定着したハーストの漫画キャラクターとしては、ビリー・デ・ベック (Billy De Beck) が描いた名馬スパークプラグのオーナーの『バーニー・グーグル』、エルジー・C・シガー (Elzie C. Segar) の『シンブル・シアター』に登場するほうれん草を食べるポパイとオリーブ・オイル、それに 1930 年から始まったチック・ヤング (Chic Young) 作の人気最高の漫画に出てくるダグウッド・バムステッドとブロンディー・バムステッドなどがいる。『ティリー・ザ・トイラー』や『ウィニー・ウィンクル』といった漫画では、1920 年代の働く女性が描かれた。

　この時代の人びとは、まだ漫画のことを「面白おかしい紙切れ」としか呼んでいなかったが、新たな発展も進行中であった。その一例が、マコーミックとパターソンのグループが 1917 年に始めたシドニー・スミス (Sidney Smith) 作の『アンディー・ガンプ』という続きものの漫画である。1921 年に始まったフランク・キング (Frank King) の『ガソリン・アレイ』はコミック漫画界の語り草である。何しろ、赤ちゃんのスキージックスがウォルトおじさんの家の玄関に捨てられ、それから現在まで 4 世代にわたる家族生活の歴史が続いているのである。それほどの長寿ではないものの、ハロルド・グレイ (Harold Gray) の『リトル・オーファン・アニー』という続きものの漫画もある。これは、ウォーバックスおじさんから逃げ出してばかりのみなし子アニーが、なかなか学校を卒業することができないという話である。キングは 1969 年に、グレイは 1968 年に亡くなっているが、スキージックスとアニーはその後も生き続けた。

　漫画界におけるもう 1 つの発展は、アクション・ストーリーが加わったことであった。ユナイテッド・フィーチャーズ (United Features) が 1929 年に始めた『ターザン』がそのはしりである。チェスター・グールド (Chester Gould) の『ディック・トレイシー』は漫画界の最も偉大な探偵もので、この作品は 1931 年に始まり、1990 年には映画化されている。痛快活劇的なアドベンチャーもので最も成功したのが、ドル箱となった 1934 年のミルトン・カニフ (Milton Caniff) の『テリー・アンド・ザ・パイレーツ』、同じくカニフによる 1947 年の『スティーブ・キャニオン』である。1929 年には超人バック・ロジャースが初登場し、スーパーマンは 1939 年からスタートしている。

　子供向けのユーモア漫画も忘れてはならない。エドウィナ・ダム (Edwina

Dumm) の『キャップ・スタブズ・アンド・ティプル』、カール・アンダーソン (Carl Anderson) の『ヘンリー』、マージョリー・ビュエル (Marjorie Buell) の『リトル・ルル』、ジミー・ハトロ (Jimmy Hatlo) の『リトル・アイオダイン』などがそうだ。最高のユーモアといえば、やはり一枚画作家たちの作品であろう。ニューヨーク・ワールドとヘラルド・トリビューンの H・T・ウェブスター (H. T. Webster) はその道の名人で、彼は『ザ・ティミッド・ソウル』でキャスパー・ミルクトーストを生み出し、『ザ・スリル・ザット・カムズ・ワンス・イン・ア・ライフタイム』、『ライフズ・ダーケスト・モーメント』、『ハウツー・トーチャー・ユア・ワイフ』などの作品も手がけている。ウェブスターはブリッジ狂たちを笑いものにしたり、『ザ・アンシーン・オーディエンス』ではラジオやテレビをうまく皮肉ったりもした。

新聞の集中化：1910〜1930 年

　1910 年から 1914 年は、合衆国で最も多くの新聞が発行された時期であった。1910 年の国勢調査によれば、あらゆる種類を含めて 2,600 もの日刊の出版物が存在し、そのうち一般英字紙は 2,200 紙を数え、週刊の一般紙も約 1 万 4,000 紙あった。このような高い数字は、アメリカの新聞界が第 1 次世界大戦による経済的圧迫を感じるようになるまで続いた。

　戦時下の苦しみが新聞発行に影響を与えたことは明らかであるが、それは 1890 年からすでに進行していた潮流を勢い付けたにすぎなかった。その潮流とは、競合紙の発行停止、ライバル紙同士の合併、多くの都市や町で見られた新聞所有の集中化、新聞チェーンや新聞グループの形成、であった。1930 年までにこれらの流れは明らかに進行し、20 世紀におけるアメリカのジャーナリズムのパターンを形成した。

　統計は時として人を混乱させるが、それはアメリカにおける新聞発行数の推移に関する数字にも当てはまる。たとえば、1910 年に日刊の一般英字紙が 2,200 紙あったとして、1930 年にはそれが 1,942 紙であったとすると、その 20 年間に 258 紙が廃刊したと考えられる。しかし実際は、その 20 年間に 1,391 紙もの日刊紙が発行を停止するか週刊に変更するかしており、さらに、別の 362 紙はライバル紙に合併されているのである。そして同じくその 20 年の間に、1,495 紙の日刊紙が新たに誕生しており、[27] そのうち長続きしたものはわずか 4 分の 1 にすぎない。

合衆国の人口は1910年から1930年の間に3,000万人増加し、9,200万人から1億2,200万人になった。8,000人以上の人口を持つ町あるいは都市の数も、768から1,208に増加した。これに対し日刊新聞の発行部数はそれよりも早いペースで増加し、1910年の1日あたりの発行部数は2,240万部であったが、1930年には1日あたり3,960万部に達していた。日曜版の部数もその20年間に1,300万部から2,700万部へと増加し、2倍以上の伸びを示した。新聞の広告収入の総計も、1915年から1929年までに、2億7,500万ドルから8億ドルへ3倍に伸びたと見積もられている。[28]

　しかし、広告収入、読者数、そして日刊紙を支えることのできる中核的な都市数が大幅な伸びを記録したにもかかわらず、同じ20年の間に日刊紙の数は実数で258減少した。表13-1は1880年から1930年までの日刊紙の発行状況を示している。

　発行される新聞の数が減少したこと、多くの町で新聞の競争が鈍化したこと、そして新聞所有の独占化が進行したことについては、多くの原因が考えられるが、大きくは次の7点に分類できるであろう。すなわち、(1)新聞発行形態における技術的変化が引き起こした経済的な圧迫、(2)部数や広告収入の獲得競争によるプレッシャー、(3)新聞の標準化に伴う個性や読者アピールの喪失、(4)いくつかの新聞社にとっては経済的あるいは社会的なニーズが失われてしまったこと、(5)経営的な失敗、(6)戦時インフレーションと一般的な経済不況の影響、(7)さまざまな理由で新聞社の集中化が画策されたこと、である。

表13-1　日刊紙を1紙しか持たない都市数の推移　1880年～1930年[29]

	1880年	1900年	1910年	1920年	1930年
一般英字日刊紙の数	850	1,967	2,200	2,042	1,942
日刊紙を持つ都市の数	389	915	1,207	1,295	1,402
日刊紙1紙しか持たない都市の数	149	353	509	716	1,002
朝・夕刊統合版1紙しか持たない都市の数	1	3	9	27	112
競合する複数の日刊紙を持つ都市の数	239	559	689	552	288
競合する複数の日刊紙を持つ都市の割合	61.4	61.1	57.1	42.6	20.6
1日あたりの総発行部数（単位は100万）	3.1	15.1	22.4	27.8	39.6

1890～1930年における大都市圏の日刊紙の状況：マンジー、カーチス、コールサットの新聞発行事業

　1890年のニューヨーク市は、実に15紙もの一般英字日刊紙を抱えていた。そのうちの8紙が朝刊紙、7紙が夕刊紙で、それらを12名の所有者が経営していた。ところが1932年になると、朝刊紙はわずかに3紙、夕刊紙は4紙、タブロイド紙は2紙、所有者は7名になっていた。

　ここで大きな役割を担ったのが、フランク・A・マンジーであった。マンジーは裕福なニューイングランド人で、ホレイショ・アルジャー (Horatio Alger) の一味と関係していた。彼は青少年向けの雑誌ゴールデン・アーゴシーの創刊でニューヨークの出版界に参入し、それからマンジーズの創刊により総合雑誌の分野に転じた。10セントの月刊誌マンジーズは1900年までに65万部のヒットとなり、他のライバル誌に大きく水をあけ、1905年までにマンジーは年間100万ドルもの収入を獲得した。しかし、彼が抱いていた夢は、アメリカで最も優秀な編集者や営業部長を集めて中央本部を設け、そこを司令塔にして全国的な大新聞チェーンを作り上げることであった。成功したビジネスマンであるマンジーからすれば、新聞業界はカオス的とまではいわなくとも、秩序に欠ける業界と映っていた。そこで彼は、新聞の世界に効率化を導入することで、製品を改善しようと提唱したわけである。

　1901年、マンジーはニューヨーク・デイリー・ニューズとワシントン・タイムズを買収し、チェーンの拠点を作った。1902年にはボストン・ジャーナルを加えた。1908年にはボルチモア・イーブニング・ニューズを買収し、フィラデルフィア・イーブニング・タイムズを創刊することで、さらに2つの東部都市を征服した。次に、マンジーはそれらの新聞の改善に乗り出し、カラー印刷機を導入し、日曜版を売り物にするなどして、読者獲得に意欲を燃やした。しかし、大衆は彼の新聞にはついて来ず、1917年までにすべての新聞が廃刊するか売却されてしまった。それはまるで、コスト削減の波に揉まれた新聞発行者が1970年代や1980年代に行ったことと、まったく同じであった。

　それでもマンジーには、まだ1紙の新聞が残されていた。1912年に買収したニューヨーク・プレスである。プレスはアービン・ウォードマン (Ervin Wardman) による編集の下、そこそこの部数を確保していた。マンジーは同紙と合併させる新聞はないかとニューヨークの新聞界を見渡し、そこで選ばれたのがサンであった。当時のサンは依然として誇り高き新聞で、1897年のチ

ャールズ・A・デイナの没後、エドワード・P・ミッチェルが編集していた。1916 年、マンジーはサンとイーブニング・サンを 250 万ドルで買収し、プレスを朝刊版に統合した。発行者にワードマン、編集者にミッチェル、そしてプレスの名の知れたキーツ・スピード (Keats Speed) が編集長となった。しかし、戦時下の困難な出版事情のため、マンジーは期待していた利益を手にすることができず、1920 年に再度の買収・合併を求めるようになった。

マンジーは、まずニューヨーク・ヘラルド、テレグラム、パリ版のヘラルドを 400 万ドルで買収した。息子の方のベネットは長らく放蕩にふけり、1918 年に死去した時には、彼の新聞社はもはや経営的にも競争力の面でも存続できる状態ではなかった。マンジーは朝刊紙のサンをヘラルドと合体させ、かくして由緒あるサンの名は夕刊版に移されることになった。

次なる犠牲者はグローブであった。1904 年に創刊した同紙は、健全でリベラルな新聞として知られていたが、1923 年、AP 加盟の夕刊紙を獲得したいマンジーに命を絶たれた。さらに翌年、彼は 1867 年創刊の保守系のメイルも買収し、テレグラムと合併させた。

朝刊紙ヘラルドの調子は思わしくなかった。そこでマンジーは日刊の朝刊紙の中では最も部数の少ないトリビューンに目を付けたが、トリビューンの所有者であるオグデン・ミルズ・リード (Ogden Mills Reid) と彼の有能な妻ヘレン・ロジャース・リード (Helen Rogers Reid) は同紙を手放すことを拒否した。それでもマンジーは、さらなる吸収・合併が必要であるとの信念を貫くように、リード夫妻にヘラルドとそのパリ版を 500 万ドルで売却してしまった。こうして幸運にも、新しくできたヘラルド・トリビューンは旧ヘラルドの購読者たちの多くを吸収することになり、またリード女史のビジネス手腕により大幅な広告収入の増加がもたらされた。マンジーが手がけた新聞事業の中では、ヘラルド・トリビューンの誕生に果たした役割が最大の功績だといえるだろう。たとえそれが、歴史あるベネットとグリーリーの新聞の合併を意味していたとしても。

マンジーが没したのは 1925 年のことであった。一般的に新聞業界の人びととは、彼ら自身に対する、また彼らの職業に対するマンジーの冷たくビジネスライクな接し方についていら立たしい思いを抱いていた。彼に敵対する人びととの感情を最も良く表現しているのが、エンポリア・ガゼットに掲載されたウィリアム・アレン・ホワイトによる簡素な死亡記事である。

　　　　フランク・A・マンジーは彼の時代のジャーナリズムに、食肉加工の才能、両替
　　　　商のモラル、そして葬儀屋のマナーを持ち込むという貢献を果たした。彼や彼のよ
　　　　うな類の者たちは、かつては気高さを誇っていた職業を、8％の利益率を保障した
　　　　担保に変質させることにほぼ成功したのである。安らかにお眠り下さい！

　フィラデルフィアにも新聞の集中化に重要な役割を果たした雑誌発行者がいた。その名をサイラス・H・K・カーチスといった。サイラスがフィラデルフィアの新聞界に登場したのは、ウィリアム・M・スワインがペニー・ペーパーの第一陣として1836年に創刊した由緒あるパブリック・レッジャーを買収した時であった。パブリック・レッジャーは、有能なジョージ・W・チャイルズ (George W. Childs) により1864年から彼が死去する1894年まで編集されていたが、1902年にアドルフ・S・オックスに売却され、オックスは弟のジョージにその責任を負わせていた。1913年になると、オックスは損をしてでも同紙をカーチスに売る気になっていた。

　マンジーと同様に、こうしてカーチスも新聞事業の買収競争に参入してきた。彼はまず、1864年以来続いてきたイーブニング・テレグラフをAP加盟権の獲得のために1918年に買収し、それを廃刊させた。1857年創刊のプレスも印刷契約のために1920年に買収した。そして1925年、新聞業界の人びとはまたもや悲しみに暮れることになった。1839年の創刊以来、E・A・バン・バルケンバーグ (E. A. Van Valkenberg) による編集の下、不正暴露で評判の高かったノース・アメリカンが廃刊の憂き目に遭わされたのである。カーチスは1,500万ドルの工場を建てたり、海外ニュース・サービスのシンジケートを始めたりするなど、傘下の新聞に巨額の金を注ぎ込んでいった。

　しかし、カーチスが1933年に死去すると、パブリック・レッジャーはインクワイアラーに合併・吸収されることになった。パブリック・レッジャーの夕刊版は、ブルトゥンと1925年創刊のタブロイド紙デイリー・ニューズと競いながら、1942年まで続いた。レコードは1928年から、J・デイビッド・スターン (J. David Stern) によりリベラルな朝刊紙になった。

　シカゴにおける新聞の集中化の中心人物はハーマン・コールサット (Herman Kohlsaat) であった。製パン業や軽食レストラン経営で成功し、新聞事業にも熱心であったコールサットは、1891年にインター・オーシャンを買収した。しかし、それで満足できない彼は、同紙を売却してイーブニング・ポストと民主党系の朝刊紙として成功していたタイムズ＝ヘラルドを買収した。コールサ

ットは共和党員であったのに、彼のタイムズ＝ヘラルドは保守系のトリビューンと張り合わなければならなかった。1901年、彼は結局、タイムズ＝ヘラルドを売りに出し、同紙はビクター・ローソンのデイリー・ニューズの朝刊版であるレコードに吸収されてしまった。

　こうして、1902年のシカゴには4つの朝刊紙が存在していた。トリビューン、インター・オーシャン、レコード＝ヘラルド、そしてウィリアム・ランドルフ・ハーストが新たに始めたエグザミナーである。一方、夕刊紙では、デイリー・ニューズ、ポスト、ジャーナル、そしてハーストのアメリカンがあった。それ以降の30年間は、大きな成功を収めたトリビューンとデイリー・ニューズ、そして資金力のあるハーストの新聞が他の競争紙を淘汰していくことになった。

　その犠牲となったのが良質な編集で知られたレコード＝ヘラルドであった。同紙は、ローソンがワシントン・スターから引き抜いたフランク・B・ノイズ (Frank B. Noyes) が指揮をとった1902年から1910年までは、合衆国で最も優れた新聞の1つとしてランクされるほどであった。しかし、1914年、再び登場したコールサットがレコード＝ヘラルドとインター・オーシャンを合併してヘラルドとし、その編集者としてジェイムズ・キーリーを起用してしまった。これが失敗に終わり、トリビューンの唯一の競争相手は1918年にハーストが始めたヘラルド＆エグザミナーだけになってしまった。ビクター・ローソンのデイリー・ニューズは卓越した外信サービスを作り上げたが、1931年にフランク・ノックス (Frank Knox) 大佐の手に渡った。夕刊紙でデイリー・ニューズのライバルとなったのは、ハーストのアメリカンとリベラルなタブロイド紙で1929年創刊のタイムズだけであった。

　ニューヨーク、フィラデルフィア、シカゴで朝刊紙の数がこのように急減したことは、全国的な傾向でもあった。読者も広告主も夕刊紙を好むようになっていたし、夕刊紙にはヨーロッパにおける戦争ニュースを掲載できるという時間差の利点があった。このため朝刊紙の数は、1910年の500紙から1930年には388紙にまで減少してしまった。ジャーナリズム史研究者であるウィラード・G・ブライヤー (Willard G. Bleyer) によれば、1933年の時点で、10万人以上の人口を抱えながら朝刊紙を1紙しか持っていない都市の数は、40にも上っていた。[30] 新聞の合併・吸収は、デトロイト、ニューオリンズ、セントルイス、カンザスシティーでも引き起こされた。[31]

1920年代におけるハーストとスクリップス・ハワードによる新聞の集中化

　合衆国の2大新聞グループであるハーストとスクリップス・ハワード、またそれより小規模ながらチェーン化に野心を燃やす人びとにより、他の都市においても新聞の集中化が引き起こされた。ハーストのグループの場合、新聞の買収は1918年から1928年の間に集中していた。彼は傘下に置く日刊紙を防衛するために集中化を行い、その結果、16紙もの新聞を死に至らしめた。一方、スクリップス・ハワードのグループは、1923年から1934年の間に15紙の新聞の統廃合に関わった。

　ワシントンは、この時期に新聞の数を増やした数少ない大都市の1つであったが、ハーストがあっという間に2紙の新規参入紙を統廃合してしまった。朝刊紙のポストとノイズ家の夕刊紙スターは、1894年にタイムズ、続いて1906年にはヘラルドの創刊により、挑戦を受けていた。タイムズは1901年にマンジーに買収され、朝刊版は廃止されていた。1917年にマンジーがワシントンから手を引くと、タイムズはアーサー・ブリズベーンの手に渡り、その2年後にハーストに売り渡された。そして1922年、ヘラルドもハースト・グループに加えられた。スクリップス・ハワードは、1921年にタブロイドのデイリー・ニューズを創刊し、ワシントンで4番目の新聞所有者となっていた。

　西海岸では、傘下にあるサンフランシスコ・エグザミナーに加えて、ハーストは3つの新聞を統合することで強力な夕刊紙を誕生させた。彼はまず1913年にサンフランシスコ・コール（1855年創刊）を買収し、AP加盟紙を獲得するために同紙をイーブニング・ポストと統合した。1929年にはブルトゥン（1856年創刊）を吸収して、コール＝ブルトゥンを誕生させた。これらの合併の結果、サンフランシスコではハーストの朝・夕刊紙、地元所有の朝刊紙サンフランシスコ・クロニクル、そしてスクリップス・ハワードの夕刊紙サンフランシスコ・ニューズが残った。サンフランシスコ湾の対岸のオークランドでは、1922年のハーストによる2紙一括の買収・合併でポスト＝エンクワイアラーができ、ノーランド家のオークランド・トリビューンの競争相手になっていた。

　ロサンゼルスでは、朝刊紙ロサンゼルス・エグザミナーを所有していたハーストが、1922年に夕刊紙ロサンゼルス・ヘラルドを買収した。1931年、ハーストはさらに1871年創刊のエクスプレスを飲み込んで、ヘラルド＆エクスプレスを作り上げた。1947年、この新聞は大都市の新聞として初めて女性の

社会部長、アグネス・アンダーウッド (Agness Underwood) を採用している。1895 年にスクリップスが創刊したロサンゼルス・レコードは 1920 年代に廃刊していたが、同紙にとって代わったのがデイリー・ニューズであった。これはマンチェスター・ボディーにより親ニュー・ディール派に育て上げられたタブロイド新聞であった。しかし、ロサンゼルスでハーストと朝刊市場を争い続けた最強の競争相手は、ハリー・チャンドラー (Harry Chandler) の保守的なロサンゼルス・タイムズであった。[32]

広告の発展：広告代理店とコピーライター

　1920 年代は広告業界が脅威的な発展を遂げた時代であった。多くの広告代理店が誕生し、伝説的な経営者やコピーライターたちが輩出した。たとえば、「キャメルのためなら 1 マイルでも歩こう」、「つい触りたくなるようなお肌」（パームオリーブ）、「甘いものよりラッキーを」、「値段のつけられない成分です」（スクイッブ）といった記憶に残るスローガンが生み出された。ジャック・ベニー (Jack Benny) のラジオ・コメディーの時間に聴取者が聞いたのは、スポンサー企業のミュージカル『ジェロ』(J-E-L-L-O) であった。広告はまた、ラジオの聴取行動や印刷メッセージの効果を測定する研究方法を確立させた。代理店にはアール・デコのスタイルを好むアート・ディレクターたちも出てきた。

　1920 年代から 1930 年代の広告業界の人びとの仕事は、先人が残した偉大なる遺産をさらに積み上げていくことであった。ジョージ・P・ローウェルの先駆的な広告代理店は、N・W・エア＆サン (N. W. Ayer & Son) と同様に 1869 年に創業し、1920 年代においても指導的な地位にあった。1878 年創業の J・ウォルター・トンプソン (J. Walter Thompson) や 1880 年創業のロード＆トマス (Lord & Thomas) も同様であった。コピーライターのはしりとしては、百貨店のコピーで知られるジョン・E・パワーズ (John E. Powers)、各種の広告代理店にコピーを書いたアーネスト・エルモ・カルキンズ (Earnest Elmo Calkins) がおり、またインスピレーションあふれるライターで、知性の形成に不可欠な名作全集や通信教育学校を作ったブルース・バートン (Bruce Barton) もいた。彼らコピーライターたちによって、アイボリーの「泡が浮き立ちます」、ビクターの「犬も聞く、ご主人様のその声を」、コダックの「あなたはボタンを押すだけ。あとは我々にお任せあれ」といったフレーズが生み出

された。

　1898 年、正に伝説的な広告ライターがロード＆トマスに現れた。その若者は名をアルバート・ラスカー (Albert Lasker) といい、彼は後に社長にまで上り詰め、1952 年まで同社を牛耳ることになる人物であった。当時のロード＆トマスは、ジョン・C・ケネディ (John C. Kennedy) やクロード・C・ホプキンス (Claude C. Hopkins) など、既存の広告のあり方を打ち破っていくコピーライターたちを擁していた。1928 年頃には、ロード＆トマスはアメリカ・タバコ社の豪傑社長ジョージ・ワシントン・ヒル (George Washington Hill) の目に留まるまでに成長していた。ヒルは 1917 年のラッキー・ストライクのスローガン、「気持ちの良い一服を」を生み出すのに一役買った人物である。広告界で語り継がれている話によれば、ヒルは、街角である女性がキャンディー・バーを食べていたところ、よりドラマチックな外見の別の女性がタバコを手にしていたことに目を付け、こうして「甘いものよりラッキーを」というメッセージがヒルからラスカーやその他のコピーライターたちに伝えられ、その結果 1925 年から 1931 年にかけてアメリカ・タバコ社の収益を倍増させることになる猛烈なキャンペーンが始まったというのである。より興味深いのが、1914 年に N・W・エイヤーが作った「キャメルがやってくる」というふざけた広告にまつわる話である。これはタバコ会社としては初の大々的な広告キャンペーンで、キャンペーンの最後は「キャメルタバコがやってきた」というコピーで締め括られていた。これはちょっと信じがたい伝説なのであるが、キャメルの広告ポスターのペンキ塗りに 1 人の男が近寄ってきて、「キャメルのためなら 1 マイルでも歩こう」といったという話もある。こうして、いまや有名なそのフレーズはペンキ塗りから会社に伝わり、広告代理店にリレーされたというのである。この話は伝説でしかないが、ともかくこうした広告の力で、キャメル、ラッキー、チェスターフィールド（1926 年の大胆な広告では、ある女性が「その煙、わたしの方にも吐いてよね」と言っていた）は、売り上げ「ビッグ・スリー」のタバコにのし上がった。その年、3 社は合衆国のタバコ市場の 80% を占めるようになっていた。

　1980 年代の初期に顧客獲得順位でアメリカの広告代理店のトップに立つことになるヤング＆ルビカム (Young & Rubicam) は、1923 年に N・W・エア＆サンの 2 人の社員、会計顧問のジョン・オー・ヤング (John Orr Young) とコピーライターのレイモンド・ルビカム (Raymond Rubicam) により設立された。代理店としての性格を決定付けたのはルビカムで、彼はすでにスタイン

タバコ業界初の大々的な広告キャンペーンと有名な2つのスローガン。

Somewhere West of Laramie

SOMEWHERE west of Laramie there's a broncho-busting, steer-roping girl who knows what I'm talking about. She can tell what a sassy pony, that's a cross between greased lightning and the place where it hits, can do with eleven hundred pounds of steel and action when he's going high, wide and handsome.

The truth is—the Playboy was built for her.

Built for the lass whose face is brown with the sun when the day is done of revel and romp and race.

She loves the cross of the wild and the tame.

There's a savor of links about that car—of laughter and lilt and light—a hint of old loves—and saddle and quirt. It's a brawny thing—yet a graceful thing for the sweep o' the Avenue.

Step into the Playboy when the hour grows dull with things gone dead and stale.

Then start for the land of real living with the spirit of the lass who rides, lean and rangy, into the red horizon of a Wyoming twilight.

コピーライティングの伝説的な作品の1つ（1923年）。

ウェイのピアノに「巨匠の楽器」、スクイッブの薬剤に「値段のつけられない成分です」というスローガンを考え出していた。一方、J・ウォルター・トンプソンは1916年に代理店経営から引退し、社の運営をスタンレイ・リーサー (Stanley Resor) とその妻のヘレン・ランズダウン (Helen Lansdowne) に任せていた。2人は広告代理店におけるコピーライティング術の体現者であった。トンプソンの代理店もヤング＆ルビカムも、ともにリサーチへの関心を高めていった。ダニエル・スターチ＆スタッフ (Daniel Starch & Staff) は1923年に雑誌のコピー・テスティングを開始し、ヤング＆ルビカムも1932年に初めて世論調査員ジョージ・ギャラップ (George Gallup) のランダム・サンプリング技術を採用した。1933年にはエルモ・ローパー (Elmo Roper) も広告研究の世界に加わっている。マーケット・リサーチ、スプリット・ラン方式など販売に関する研究、そして製品テストのための消費者調査員の活用なども新しく考え出された。

　急激に成長していた自動車産業では、今日でも広く知られているキャデラックやビューイックやフォードといった企業、あるいはかつて名声を博したピアス＝アロー、ハップモービル、アパーソン・ジャックラビット8など、数十もの自動車会社がひしめき合っていた。1915年にセオドア・F・マクマナス (Theodore F. MacManus) が書いたキャデラックの宣伝コピー、「リーダーシップの代償」という見出しのついたフル・ページのコピーは、その道では傑作とされている。アメリカのビジネス界の一匹狼ヘンリー・フォード (Henry Ford) は、1908年のT型車、1928年のA型車を世に出すために、自分自身でコピーを書いたという。また、自動車業界に身を転じたロード＆トマスのコピーライターであるネッド・ジョーダン (Ned Jordan) は、今世紀で最も興味深い広告の1つ「ララミーの西のどこか」を1923年にサタデー・イーブニング・ポストに出した人物である。ジョーダンの広告はジョーダン・プレーボーイという車の売り上げを伸ばし、クリエイティブな広告人たちの賞賛を数世代にもわたって受けた。

　この時代に「広告ベスト100」に選ばれる仕事をした女性のコピーライターとしては、ルスラウフ＆ライアン (Ruthrauff & Ryan) のリリアン・アイクラー (Lillian Eichler)、ヤング＆ルビカムのミリアム・デューイ (Miriam Dewey)、それにN・W・エアのドロシー・ディグナム (Dorothy Dignam) やフランセス・ゲレティー (Frances Gerety) がいた。彼女たちが生み出したスローガンには、アイボリーの「純度99・44%」、コカコーラの「リフレッシュす

るひととき」、リステリンの「花嫁の介添えばかりで、花嫁になれないわたし」、US・スクール・オブ・ミュージックの「僕がピアノの前に座ったらみんな笑い出したものさ。でも弾き出したとたんに！」などがある。

　歴史家のローランド・マーチャンド (Roland Marchand) は著書『アメリカン・ドリームの宣伝』(*Advertising the American Dream*) の中で、広告の形成期（1920～40年）を文化的なアプローチから分析している。彼は、技術的モダニティーを促進するものとして、かつ自己イメージの不安から解放させるものとして広告をとらえた。すなわち、人格化した広告メッセージや消費を通じて個性や平等が約束されることで、ますます非人格化する社会の不安が和らげられるというのである。ただし、広告のそうした利点はすべて、アングロ＝サクソン系の白人男性たちのものであった。広告代理店では男性が女性を10対1の割合で圧倒しており、さらに非北欧系の人びとは滅多に見られなかったという。[33]

　1980年代初頭にトップ・テンにランクされていた広告代理店は、2社を除いてすべて1930年代までに創業している。まずは、ヤング＆ルビカム、J・ウォルター・トンプソン、ロード＆トマス（1943年にフート・コーン＆ベルディング (Foote, Cone & Belding) に社名変更）がある。これらに、1930年にいくつかの代理店が合併してできた、マッキャン＝エリクソン (McCann-Erickson) とバッテン・バートン・ダースティン＆オズボーン (Batten Barton Durstine & Osborn) という大手の代理店2社が加わる。テッド・ベイツ (Ted Bates)、レオ・バーネット (Leo Burnett)、コンプトン (Compton) などの代理店も1930年代に登場した。その他の重要な代理店としては、1906年創業のダーシー (D'Arcy)、1911年創業のキャンベル＝エーワルド (Campbell-Ewald)、1912年創業のアーウィン・ウェイジー (Erwin, Wasey)、1917年創業のグレイ・アドバタイジング (Grey Advertising)、1923年創業のダンサー＝フィッツジェラルド＝サンプル (Dancer-Fitzgerald-Sample)、そして1929年創業の3社、ベントン＆ボウルズ (Benton & Bowles)、ケニオン＆エックハート (Kenyon & Eckhardt)、ニーダム・ルイス＆ブロービー (Needham, Louis & Brorby) がある。

　合衆国における広告の総支出額は、1918年の数字で15億ドルであったが、1920年には30億ドル、1929年には34億ドルへと急伸していった。ラジオの広告収入も、1927年の400万ドルから1929年には全国ネットワークの出現により4,000万ドルに増加していた。しかし、1933年になると、大恐慌の影

響を受けて広告の総支出額は13億ドルに減少した。また、1930年代が進むにつれて、広告は消費者団体や批評家たちの攻撃の的にされるようになってきた。広告の規制に向けた努力は、1913年以降、経営改善局 (Better Business Bureaus) の設立により促進され、1914年の活字メディアの部数報告を監督する新聞雑誌部数公査機構 (Audit Bureau of Circulations＝ABC)、1917年のアメリカ広告代理店協会 (American Association of Advertising Agencies) の創設と続き、1914年には連邦通商委員会 (Federal Trade Commission＝FTC) が設立された。1938年のウィーラー＝リー法は、消費者を騙すような広告に対してFTCの規制力を強化した。

パブリック・リレーションズのルーツ

　20世紀に生み出されたパブリック・リレーションズ（広報）という領域は、19世紀における3つの発展にそのルーツを求めることができる。つまり、プレス・エージェントリー（訳者注：報道機関への対応の代理業）が出現してきたこと、政治キャンペーンが激化したこと、そして企業が広報担当ライターを雇うようになったこと、である。1920年代までにパブリック・リレーションズは、専門化されたスタッフが行う企業経営の運営コンセプトとしてイメージされつつあった。

　プレス・エージェント（広報代理人）として最も成功したのはフィニアス・テイラー・バーナム (Phineas Taylor Barnum) で、彼は南北戦争後の時代に自分のサーカス団をアメリカの名物として定着させた人物である。彼と彼のお抱えのプレス・エージェントであるリチャード・F・"トディー"・ハミルトン (Richard F. "Tody" Hamilton) は、サーカス団を多くの新聞記事で取り上げてもらえるように、物事を大袈裟に誇張し、あからさまな偽物を使い、やらせのイベントをでっち上げた。そして2人は、サーカス団のメンバーにトム・サム、こびと、ジェニー・リンド、あるいは「スウェーデンのナイチンゲール」などといった名前をつけ、アメリカ流のド派手なツアーを行った。ウィリアム・F・コディー (William F. Cody) は、数名のプレス・エージェントの力により、「バッファロー・ビル」(Buffalo Bill) として知られるようになった。ウィル・アーウィンが述べたように、こうした劇場型のプレス・エージェントたちが成功したことで、ビジネスや、政界や、その他の分野でも、何千人ものパブリシスト（宣伝屋）が出現するようになった。

ジャクソン大統領の時代から、アメリカの政治家たちはパンフレットやポスターや標章やプレス・リリースを利用してきた。新聞の利用にとくに注目が集まったのは、ウィリアム・ジェニングス・ブライアンとウィリアム・マッキンリーが争った 1896 年の大統領選からであった。ジョージ・F・パーカー (George F. Parker) やアイビー・リー (Ivy Lee) といったビジネス・パブリシストのパイオニアたちは、初期の頃から政治キャンペーンを活躍の場としていた。パブリック・リレーションズ研究の権威であるスコット・M・カトリップ (Scott M. Cutlip) は、先に示した 3 つ目の要素——つまり、企業がパブリック・リレーションズを認知するようになったこと——の萌芽を、1900 年以前の出来事に見出している。たとえば、1883 年、AT&T の創業者の 1 人であるセオドア・N・ベイル (Theodore N. Vail) は、彼が経営するアメリカン・ベル・テレフォン社について意見を求める多くの手紙を送っているし、1889 年には、ジョージ・ウェスティングハウス (George Westinghouse) が個人的にプレス代理人を雇っている。アメリカ鉄道協会 (Association of American Railroads) は、1897 年の企業リストの中で「パブリック・リレーションズ」という言葉を使っている。[34]

1900 年以降、マックレーキング・ジャーナリズムの時代が興隆し、さらにそれがセオドア・ルーズベルトやウッドロー・ウィルソン大統領が主導した政治活動により拍車をかけられたことで、パブリシティー分野を発展させることが急務になってきた。ルーズベルトやウィルソンは、ホワイトハウスの政策について好意的なイメージを形成するために、組織的に記者会見やニュース・リリースを用いた。また企業にとっては、マックレーキング・マガジンは非常に差し迫った脅威であった。1903 年にアイダ・M・ターベルの「スタンダード・オイル・カンパニーの歴史」を掲載したマックリュアーズはその代表格であった。ターベルが理論整然とロックフェラーの石油独占を暴く一方、感情に訴えるタイプのアプトン・シンクレアは、1916 年の著作『ザ・ジャングル』(*The Jungle*) において精肉業界を批判した。このため、ビジネス界の人びとはいまや防衛的なパブリシティーを必要とするようになり、パブリック・リレーションズを経営的な観点からも見るようになっていた。

1904 年、ジョージ・F・パーカーとアイビー・リーはニューヨークでパブリシティー事務所をオープンした。パーカーは生涯一パブリシストであり続けたが、リーの方はトラブルを抱えている企業や業界にアドバイスを与えるという仕事を手がけるようになった。たとえば、1906 年のストライキの渦中にあっ

た無煙炭鉱業界に代わり、リーは常に公的な場で迅速かつ正確な情報を提供することをプレスに約束した。ペンシルベニア・レイルロードが列車事故を起こしたケースでは、リーは事故を隠すのではなく、むしろ取材する記者たちを手伝うべきであるとアドバイスした。しかし、さすがのリーも、1914 年にジョン・D・ロックフェラー・ジュニア (John D. Rockefeller, Jr.) のアドバイザーになった時には、自分自身のイメージを保つのに四苦八苦したようである。ロックフェラー一族のコロラド・フュアル・アンド・アイアン社が悪名高いスト破りを行っていたからである。アプトン・シンクレアなどは、リーを「ポイズン・アイビー」と称していた。リーは後にグゲンハイム一族とも関係を持つが、チリにある一族の炭鉱業をめぐり、より厳しい批判が彼に向けられた。それでもリーはパブリック・リレーションズの創始者として認知されている。彼は 1919 年に T・J・ロス (T. J. Ross) とパブリック・リレーションズの会社を設立している。

　後に AT&T のスタッフとなるジェイムズ・D・エルズワース (James D. Ellsworth) は、1906 年にボストンでパブリシティー事務所を設けている。もう 1 人のパイオニアであるペンドルトン・ダッドリー (Pendleton Dudley) も、1909 年にニューヨークで事務所を開いている。プレスを抜け目なく利用して T 型車を宣伝したヘンリー・フォードは、1908 年に社内用の雑誌ザ・フォード・タイムズを発刊した。セオドア・ベイルは 1907 年に AT&T の社長になる

エドワード・L・バーネイズ
（ジェイミー・コープ）

ドリス・E・フライシュマン
（ワンダ・ブラウン）

と、顧客とプレスの両方に対する広報戦略を急いで拡張させた。アメリカ赤十字と全国結核協会のパブリック・リレーションズ対策も1908年にさかのぼる。1917年には大学のパブリシストたちの協会が設立され、1918年には全国ルーテル教会評議会とコロンブス騎士団もプレス・オフィスを開局した。N・W・エアなど広告代理店をパブリシティー・サービスのために使う企業もあった。

　パブリシティー、プロモーション、プロパガンダといったテクニックは、第1次世界大戦中に急激に発展した。ウィルソン大統領はジョージ・クリールを委員長とする広報委員会(Committee on Public Information=CPI)を設立し、戦時下の諸政策の調整、情報の伝達、戦争目的に対する大衆の支持の獲得などに当たらせた。その当時、アイビー・リーは赤十字のために働いていたが、CPIにはパブリシティーの分野では新顔の2人が加わった。1人は副委員長を務めたカール・ビワール(Carl Byoir)で、彼は後に最大規模のカウンセリング会社の創始者となる人物である。もう1人はエドワード・L・バーネイズ(Edward L. Bernays)で、彼は後にパブリック・リレーションズというコンセプトの最も積極的な擁護者となった。CPIは、世論に影響を及ぼす政策を彼らに実行させ、パブリシティー・キャンペーンの価値を証明する機会を与えた。そこで得られた教訓は、商品の販売、企業イメージ、選挙候補者、資金調達運動、社会事業団体などにすぐに応用されるようになった。

　1920年代初頭、世論やパブリック・リレーションズといった分野の発展に方向性を示す2冊の著作が出版された。1つは、1922年のウォルター・リップマンによる先駆的な著書『世論』(*Public Opinion*)である。リップマンは各個人が持っている意見を「我々が頭の中に描く像」になぞらえ、それらの像が集団になると「大文字の世論」として作用すると論じた。彼の著作は、意見というものがいかにして社会の目的や国家の意志として結晶化するかを検証した。その翌年には、バーネイズと彼の妻でありパートナーであるドリス・E・フライシュマン(Doris E. Fleischman)が共同で『世論の結晶化』(*Crystallizing Public Opinion*)を発表した。結婚する前は、フライシュマンはニューヨーク・トリビューンの記者・編集者として働いていた。2人の著書の冒頭は次の一文から始まる。「この本を書くにあたり、パブリック・リレーションズ指南という新しい職能の一般法則を規定するよう努めた」[35] 1990年に入ってからも、バーネイズは一流の広報カウンセラー、教師、そしてライターであり続けた。彼は1995年に103歳で亡くなった。彼の長年の協力者であるフライシュマンは1980年に世を去った。

ジョン・W・ヒル (John W. Hill) は1927年、クリーブランドでパブリック・リレーションズの会社を始め、後にドン・ノウルトン (Don Knowlton) と手を組んで有力なカウンセリング会社を設立した。一方、バーネイズは1920年代を通じてGEやウェスティングハウスのカウンセラーとして働いた。アーサー・W・ペイジ (Arthur W. Page) は、AT&Tの初代のパブリック・リレーションズ担当ディレクターになった。広告キャンペーンを使った企業のパブリック・リレーションズ運動は、1920年から1923年にかけて、イリノイ・セントラル、メトロポリタン・ライフ、ゼネラル・モーターズといった企業により始められた。1920年代という繁栄の10年間で、パブリック・リレーションズという分野は着実に発展していった。1931年には、経営の引き締めに直面したゼネラル・モーターズがポール・ギャレット (Paul Garrett) を初代のパブリック・リレーションズ担当ディレクターに任命している。彼は25年にわたりそのポストに就き、企業におけるパブリック・リレーションズの型を作り上げた。

ルーズベルトの時代にラジオは成熟した。

第14章

大恐慌とニュー・ディール

> ある政治政党に偏向しているということは、すなわち論説面において意識的に真実と距離を隔てることであり、アメリカのジャーナリズムの最良の精神に損害を与えるものである。またニュース面においては、そのことは［ジャーナリズムという］専門職の根本となる原則を破壊するものである。
> ——アメリカ新聞編集者協会(ASNE)ジャーナリズム倫理綱領

1930年代のニュー・ディール政策でリベラル派が復権してくると、アメリカのマス・メディア報道に対する批判が顕著に先鋭化してくるようになった。大恐慌の打撃に焚きつけられた合衆国は、フランクリン・D・ルーズベルトのリーダーシップの下で、新しい形態の社会的正義と経済的安定を打ち立てた。同時に、社会経済的事象における政府の介入も大幅に拡大した。もっとも、このように急激な変化の時代に新聞が批判を受けたこと自体は、なにも目新しいことではない。新聞発行の夜が明けて以来、苦言を呈するプレス批評家は常に存在していた。しかし、初期に見られた批判の多くがプレスの文化的、また社会的な価値を問題にしていたのに対して、1930年代の批判が重点を置いたのはプレスの政治的な力であった。フランクリン・ルーズベルトとニュー・ディールの支持者たちは、報道機関の多くが時に極めて党派偏向的と思えるやり方で社会経済の改革に反対している、と批判したのであった。選挙において圧倒的な勝利をものにしたリベラル派からすると、プレスはあまりにも変革と民衆の意思に無頓着であるように映った。リベラル派の憤慨は、とくに「プレス王」と呼ばれた新聞発行者たちのグループに向けられていた。

ドラマのプロローグは1928年に始まった。この年、ニューヨーク株式市場において株価が急騰したのである。たとえば、ラジオ・コーポレーション・オブ・アメリカ(RCA)の株価は、1株あたり100ドル弱から400ドルにまで急

伸していた。ハーバート・フーバーが大統領に当選すれば永遠の繁栄が約束されると豪語した共和党は、「鍋に2匹のチキンを、ガレージには2台の車を」というスローガンを掲げた。「手っ取り早くリッチになる」ことが大流行し、1929年の市場は数十万人もの小投資家たちであふれ、利潤を求めて預金を全部はたいて投機的な取引に注ぎ込む者が後を絶たなかった。しかし、永遠の繁栄など実現するわけがなかった。9月になると市場はぐらつき出し、10月下旬には急降下し始め、「ブラック・サーズデー」でついに平均40ポイントの株価暴落を見た。この結果、靴屋の店員も株のブローカーも同じように路頭に迷うことになった。ブームは終わったのである。バラエティー誌はこう簡単にいってのけた。「ウォール・ストリートは完全に失敗した」。

　大恐慌に行き着いたビジネスの落ち込みは全世界的なものであった。合衆国では1920年代に約40%も生産率が上がっていたが、産業が過度に肥大化したため、消費者は生産された商品を買うお金を持っていなかった。あまりにも多くの富が、ほんの一握りの人びとの手に落ちてしまっていたのである。労働者の賃金はインフレに全く追い付けず、農民たちは慢性的に低い穀物価格のせいで破産してしまった。さらに、株式市場の崩壊がそれに弾みをつけた。それだけではない。消費者の負債は1920年代を通して250%も増加した。銀行業のシステムは統一性を欠き、それが銀行の資金を投機的投資に向かわせた。大恐慌を引き起こしたその他の要因としては、統制を欠いた不安定な企業体制や高い関税が挙げられる。[1]

　製品製造業者らは、売却不可能な在庫が山のように残ったため、工場を閉鎖し労働者を解雇した。その結果、小売店や取引き企業も共倒れした。1930年には1,300以上の銀行が、続く2年間にはさらに3,700の銀行が閉鎖した。広がりゆく混沌の中で惑う犠牲者たちには、銀行預金の保証もなければ、失業保険もなく、農園や家屋の抵当流れを防ぐ手だてもなかった。

　1932年の中頃までに、ウォール・ストリートの株は1929年の価値のわずか11%に下落していた。倒産件数は8万6,000件、失業者数は1,500万人に達していた。仕事を持っていた者でも、週の稼ぎは平均16ドル、年収にすると842ドルに過ぎなかった。人口の4分の1はまったく収入がなかった。がむしゃらな個人主義の信奉者であるフーバー大統領は、大企業に対し積極的な財政援助を行ったが、一般人には何も与えなかった。大統領はダグラス・マッカーサー (Douglas MacArthur) 将軍に命じて、退役軍人たちのみすぼらしい「ボーナス・アーミー」（訳者注：特別手当を求めて行われたデモ）を武力を使ってワ

シントンから追い出したが、この不名誉なエピソードは概してプレスから無視された。

　フーバーは「ニュー・ディール」を掲げた相手候補に1932年の選挙でわずか6州しか獲得できなかった。新大統領フランクリン・D・ルーズベルトも、基本的立場においては資本主義者であった。しかし、国民の3分の1が「住宅不足、衣類不足、栄養不足」に苛まれているという、この国の問題の解決策を探る点では、彼の方がより思い入れが強く、かつ柔軟であった。彼が1933年3月4日に大統領に就任するまでに、合衆国のほとんどの銀行は閉鎖しており、経済は停止状態にあった。「我々が恐れなければならない唯一のものは、恐れそれ自体だけである」。これはルーズベルトの就任演説での言葉である。そしてそれに続くいわゆる「100日間」に、議会はアメリカの政治史を書き直すことになった。ラジオ・ネットワークを通して放送された初の「炉辺談話」の中でルーズベルトは、「しばしの間、私は合衆国の皆さんと銀行経営について話してみたい」と語りかけた。そうして彼が行ったことは、銀行経営と財政市場の抜本的な再編成であった。1933年から1935年までの立法作業のリストには、銀行預金を保証する連邦預金保険公社、失業して救済を受けている人口の6分の1に当たる人びとを援助する事業促進局、産業の生産活動を活性化させる全国復興局、農業価格を安定させる農業調整局、そして財政市場を規制する証券取引委員会、といった組織の設立が盛り込まれていた。また、1935年の社会保障法と1935年のワグナー労働関係法は、退職後の生活と雇用を保障するために要となる法であった。

　保守派、ビジネス界、資本家、あるいはその他の親共和党的な人びとの間では、ニュー・ディールに対する厳しい批判がくすぶっていた。1932年と1936年の選挙では、ルーズベルトは全国の日刊紙の約3分の1ほどからしか論説で支持を得ることができなかった。しかも、その中には影響力の強い新聞はほとんど含まれていなかった。経済が良好になっていったにもかかわらず、大統領は彼が「プレス王」と呼んだ人びとからさらし者にされ、新聞には不平不満が満載されたままであった。ルーズベルトは、社会主義左派からは資本主義の支持者として攻撃され、逆に、1936年に最富裕層の2,000人のアメリカ人が結成した自由連盟からは、共産主義ロシアを模倣しているとかみつかれた。保守的な最高裁判所も全国復興局と農業調整局を憲法違反と判断した。電話帳と自動車登録に基づいたリタラリー・ダイジェストの世論調査は、1936年の選挙では共和党が勝利すると予想していた。（ところが、この過ちがダイジェス

トの衰退とタイムへの身売りを早めたのであった)。

　大統領候補の再指名を受けたルーズベルトは、自信を持って次のように述べた。「人間の営みには神秘的なサイクルがあります。ある世代は非常に恵まれていました。しかし、多くの犠牲が求められる世代もあるのです。そして今日の世代は、宿命を背負わされた世代なのです」。ルーズベルトのキャンペーン・スピーチに荒れ狂わんばかりの拍手が向けられたことは、電話も車も持っていない人びとの中に票が確実に存在していることを予期させた。実際、500万の共和党票が民主党に流れたことで、不運なアルフ・ランドン (Alf Landon) に対して FDR は 2 州を除く全州で勝利を収めた。この大勝利に押されたルーズベルトは最高裁判所に狙いを定めた。しかし、彼の「裁判所抱き込み」策の勢いをそぐように、最高裁は 1937 年初旬にワグナー法と社会保障法を支持した。またニュー・ディールが終わりにさしかかってきた頃、ついに労働運動においても勝利がもたらされた。自動車工場では座りこみストライキは一般的ではなかったが、それでもフォードを除く全社で組合が組織された。また、ジョン・L・ルイス (John L. Lewis) の産業別労働組合 (Congress of Industrial Organization＝CIO) は、シカゴの工場で警察が労働者に対して流血・虐殺行為をした事件を経て、鉄鋼業界との契約を勝ち得た。このようにして、世界産業労働者同盟 (Industrial Workers of the World＝IWW)、ユージン・デブス、あるいは初期の労働運動のリーダーたちの努力は、実を結ぼうとしていた。

　ニュー・ディール政策はどの程度効果があったのか、については歴史家の間でまだ論争が続いている。1950 年代の著作の中で、カール・N・デグラー (Carl N. Degler) はそれを「第 3 のアメリカ革命」と呼んだ。[2] 同じくウィリアム・ルクテンバーグ (William Leuchtenburg) も、ニュー・ディールによりアメリカの生活が変化したことを強調している。[3] 一方で、ニュー・レフトの歴史家たちは、改革は満足いくほど進まなかったとして、ニュー・ディールをより保守的な政策として評価している。[4] 最近の研究では、ニュー・ディール政策をめぐるイデオロギー的、社会的、経済的、そして政治的な制約に焦点が当てられている。同じように、ルーズベルトが「黒人内閣」を組織したり政権内の重要職に女性を任命するなどしたにもかかわらず、ニュー・ディールがジェンダーの規範や人種的ステレオタイプをいかに助長したかに目を向ける研究もある。[5]

　経済的・政治的危機により引き起こされた軍事的冒険主義という暗雲が世界中に立ち込めるようになると、合衆国もなかなか国内問題にばかり専念できな

くなってきた。そうした暴力的な動きについて、アメリカ国民は新聞や新興のニュース雑誌や写真雑誌を通してじっと読みふけっていた。彼らはラジオ放送にも耳を傾けた。1931 年に日本による満州侵略が始まると、ニュース映画を通して行進する軍隊を目にするようにもなった。崩壊しつつある国際連盟の外で、アメリカ政府は日本、イタリア、ドイツの軍国主義者たちに対抗する世界世論を結集させようと努力した。しかし、一致団結した行動は起きなかった。エチオピアはムッソリーニ (Mussolini) の手に落ち、新刊の雑誌ライフは爆破された上海の駅で泣く中国人の赤ちゃんの写真を掲載し、不快な見出しがヒトラーのライン地方の占領やオーストリア併合を伝えていた。1930 年代に反戦文学を生み出し、中立法制定への道を用意していたかに見えた幻影は、徐々に過ぎ去りつつあった。ただし、孤立主義もなかなかに頑強であった。1935 年、ノースダコタ州選出のジェラルド・P・ナイ (Gerald P. Nye) を長とする上院委員会は、合衆国が第 1 次世界大戦に参戦した責任のほとんどはアメリカの兵器製造業者と銀行家たちにある、とする考え方を吹聴していた。彼らが提出した中立法案は、アメリカが交戦国に対して借款を行ったり戦争物資を売却したりできないようにするものであった。そのような禁止措置により、「外国」の戦争へのアメリカの介入は阻止できるというのであった。1938 年 9 月のミュンヘン危機、1939 年 3 月のヒトラーによる不幸なチェコスロバキアの占領が、集中的なラジオ放送を通してアメリカ国民の耳に届くようになっても、依然として孤立主義者たちが優位を占めていた。

FDR とプレスの関係

　フランクリン・D・ルーズベルトほど、プレスと有意義な関係を持つことのできた大統領はいないであろう。彼はしばしば自分のオフィスで、ホワイト・ハウス担当の記者たちとインフォーマルな会合を持った。ニュースにもそう表われていたように、彼は付き合いやすく、コミュニケーションがうまく、楽しく、また真面目な大統領であった。あらゆる大統領がそうであったように、彼とてプレスの批判にイライラさせられることはあった。いつぞやは保守的なニューヨーク・ヘラルド・トリビューンのロバート・ポスト (Robert Post) に道化師用のバカ帽子を被せたり、またある時には孤立主義的なニューヨーク・デイリー・ニューズのジョン・オドンネル (John O'Donnell) にドイツの鉄十字をプレゼントしたりした。それでも大統領は、在任期間中の 12 年間に実に

998回も記者会見を開いている。年平均にして83回である。ルーズベルトといえば炉辺談話で知られるが、大統領としての第1期目はわずか8回しか炉辺談話を行っていない。しかし、同じ4年間に記者会見は340回も開いており、そのほとんどがニュースとしてきちんと報道されたことで、彼はアメリカ国民と対話し、次の選挙では46州を獲得することができた。大統領には、最も有能な報道官の1人であるスティーブン・T・アーリー (Stephen T. Early) もついていた。こうして大統領は、誰も真似のできないような伝統を作り上げた。後任のトルーマン (Truman) 大統領は年間の記者会見数をルーズベルトの83から42に減らしている。他の大統領たちの年平均の記者会見数を見てみると、アイゼンハワー (Eisenhower) が24回、ケネディ (Kennedy) が22回、ジョンソン (Johnson) が25回、ニクソン (Nixon) が7回、フォード (Ford) が16回、カーター (Carter) が26回、そしてレーガン (Reagan) が6回となっている。ブッシュ (Bush) とクリントン (Clinton) も低い数字である。

　ニューヨーク州の知事をしていた時代から、ルーズベルトは大衆に直接アピールするためにラジオを用いていた。1932年、彼はシカゴに飛び、ラジオ放送を通して、民主党大会における大統領候補の指名を個人的に受諾した。これはいずれも前例のないことであった。彼は自分が伝統を打破しようとしていることを公言し、そして党に対しても、ばからしい伝統を打ち壊すという仕事を公約として誓った。彼の声は品が良く、真摯な姿勢を伝えることができた。FDRはラジオ時代の大統領として安らぎや信頼感を与えることができた。炉辺談話はそのための正に格好の手段であった。[6]

　FDRの暖かい人柄は、彼の記者会見のインフォーマルで「山小屋」的な雰囲気にフィットしていた。彼は常連記者たちに気を使い、ハイド・パークやウォーム・スプリングズで彼らが快適にしているかどうか尋ねさえした。彼はとにかくストーリーを生み出す大統領でもあった。ちょっと20分ばかり立ち寄っただけで、彼は特派員たちを何回も笑わせ、そして2本のトップ記事を提供することができた。実際のところ、ルーズベルトの記者会見はワシントンでは最高の定番ショーであり、FDRもそのことを心得ていた。彼はかつてこう述べたことがある。「後ろの列にいる人はほとんど、野次馬でここに来ているんだろう？」。[7]

　ルーズベルトの記者会見には、直接引用（許可された場合のみ）、間接引用、「オフ・ザ・レコード」などのルールがあった。長めの記者会見になると、彼は30近くに上るさまざまな背景質問に答えた。そんな時、ルーズベルトはニ

ュース管理のテクニックをフルに活用することができた。彼にとって記者会見は便利なものであった。新聞発行者が望む、望まないにかかわらず、彼は新聞の見出しとトップ記事を思い通りに操ることができたからである。

「プレス王」たちに対する批判

　政治的な緊張が高まったことと、それに伴い選挙において新聞が果たす役割に批判が高まったことで、プレスを批判する著作が広く大衆に受け入れられるようになった。アプトン・シンクレアの『ブラス・チェック』(The Brass Check)（1919 年）（訳者注：邦訳は『真鍮の貞操切符』、新潮社、1929 年）は、経営部門や広告主たちに牛耳られた、嘘つきで臆病な報道機関の姿を描いた辛辣な著書である。とくに競争相手がひしめき合い、争いの絶えない大都市圏では、利益の損失が第 4、第 5 の新聞の存在を危うくすることもあったから、実際にそこで描かれている姿に合致する新聞もあったであろう。ところが、広告主の影響というのは、実は最も急迫した問題というわけではなかった。その問題は今世紀後半には後退していく傾向にあった。最も直接的な影響を与えたのは、むしろプレスの政治的な影響力であった。ことさらに問題視されたのは、ベテランの外国特派員で反ファシストのライターであるジョージ・セルデス (George Seldes) が述べたように、「プレス王」と呼ばれた新聞所有者たちが、ニュースや論説コラムを悪用したことであった。セルデスは 1988 年に 97 歳で 20 冊目の本を著すまで、この問題を追及してやまなかった。

　「プレス王」に対する手厳しい調査研究は、オズワルド・ギャリソン・ビラードの『ある新聞社と新聞人』(Some Newspapers and Newspaper-Men)（1923 年）から本格的に始まった。プレス王の研究は 1930 年代に花開き、たとえばセルデスの『ローズ・オブ・ザ・プレス』(Lords of the Press)（1938 年）、ハロルド・L・イッキーズ (Harold L. Ickes) の『アメリカズ・ハウス・オブ・ローズ』(America's House of Lords)（1939 年）といった著作が出版された。個人を研究対象とした著作としては、フェルディナンド・ランドバーグ (Ferdinand Lundberg) の『インペリアル・ハースト』(Imperial Hearst)（1936 年）がある。これらの著作は暴露ものとして価値がある。その他、キャスパー・S・ヨスト (Casper S. Yost) の『ジャーナリズムの原理』(Principles of Journalism)（1924 年）、ビラードの短編『現代のプレス』(The Press Today)（1930 年）、ハーバート・ブルッカー (Herbert Brucker) の『変革するアメリカの新聞』(The Changing

American Newspaper)（1937年）、サイラス・ベント (Silas Bent) の『ニューズペーパー・クルーセーダーズ』(*Newspaper Crusaders*)（1939年）なども刊行されている。成長過程にあった大学のジャーナリズム・スクールからも成果が出された。たとえば、レオン・N・フリント (Leon N. Flint) の『新聞の良心』(*The Conscience of the Newspaper*)（1925年）、ウィラード・G・ブライヤーの『アメリカ・ジャーナリズム史における主要な潮流』(*Main Currents in the History of American Journalism*)（1927年）、フランク・L・モット (Frank L. Mott) とラルフ・D・ケイシー (Ralph D. Casey) 編集の『インタプリテーションズ・オブ・ジャーナリズム』(*Interpretations of Journalism*)（1937年）などである。

　いずれにしても、「プレス王」たちのダイナミックで興味をそそるパーソナリティーは、新聞人あるいは新聞にまつわる他のどんな題材よりも、アメリカの読者たちを面白がらせる話題を提供した。従って、1930年代以降のプレス批判の厳しさやその広がりを理解するためには、当時最も話題に上っていた新聞発行者たちが担った役割を検証する必要がある。

ウィリアム・ランドルフ・ハーストの功罪

　前出の各章で示唆したように、ウィリアム・ランドルフ・ハーストはジャーナリズム界で最も研究・評価の難しい人物の1人である。というのも、彼は複雑なパーソナリティーの持ち主で、彼が行った多くの事業はさまざまな社会的・政治的な影響を及ぼし、かつ彼のキャリアは非常に長く、その規模も広範囲に及んでいるからである。加えて、ハーストについて書いた著者の誰も、この発行者の私的文書やハースト王国の記録文書へのアクセスを許されていない。（訳者注：ハーストの私蔵文書を使った本格的な伝記が2000年に発刊されている。David Nasaw, *The Chief: The Life of William Randolph Hearst* <New York: Houghton Mifflin, 2000> がそれで、日本語訳はデイヴィッド・ナソー著、井上廣美訳『新聞王ウィリアム・ランドルフ・ハーストの生涯』日経BP社、2000年である。）その結果、1951年にハーストが64年の新聞人人生を終えた際にインターナショナル・ニューズ・サービス (INS) が刊行した公式の自伝では、2番目のパラグラフで次のように書かれている。「彼がその巨大な企業群を作り上げるにつれ、大衆の心の中では、彼の創始者としての像がどんどん作られていった。それは、神話と伝説でぼやかされ、論争と歪曲で混乱させられた、奇妙な人物像であった」。

ハーストが88年の人生を全うした時、ある疑問が湧いて出てきた。すなわち、彼は他のどの発行者よりも激しい批判を浴びたが、果たして彼はそれに値する人物だったのだろうか、ということである。たとえば、ハーストはアメリカのジャーナリズムにプラスとなる貢献をした、という主張がなされる場合には、次のような諸点が最もよく指摘される。

1. 新聞発行数でも総発行部数でも、ハーストは世界で最大の新聞帝国を築き上げた。ピーク時の1935年には、ハーストは19の都市で26の日刊紙と17の日曜版を発行していた。それらの新聞は、合衆国における日刊紙の総発行部数の13.6%、日曜版の総発行部数では24.2%を占めていた。加えて、その分野では最大のキング・フィーチャーズ・シンジケート (King Features Syndicate)、金のなる木だったアメリカン・ウィークリー、INS、ユニバーサル・サービス (Universal Service)、インターナショナル・ニューズ・フォトス (International News Photos)、その他、13の雑誌、8つのラジオ局、2つの映画会社も手がけていた。これは認められるべき成功と言っていい。
2. ハーストがニュースの書き方やニュースの扱い方において採用した方法とアイデア——とくにレイアウト、見出し、写真の使い方——そして機械化された新しい制作工程の導入は、非常に重要である。ハーストの新聞は多くの読者にアピールするように編集され、それにより何百万人もの人びとが閲読習慣を身につけるようになった。このことと、またハーストの編集方針と彼自身の政治的活動により、彼の新聞がアメリカ人の生活様式に大きな影響を及ぼしたことは認められていい。
3. ハーストは多くの面で前向きな人物であった。彼はアメリカニズムの信奉者で、大衆教育そして民衆の力を拡大するべきだと信じていた。長い新聞人生のある時点においては、彼は国内問題に関する多くの進歩的解決策の擁護者でもあった。初期において彼が擁護した政策としては、たとえば、上院議員の国民投票制度、国民発議と国民投票、累進所得税の導入、公共事業の公有化の拡大、独占やトラストの破壊、労働組合を組織する権利、などがあった。

以上の諸点は誰の目にも明らかなことである、と議論される一方、ハーストの批判者や公的記録は反対の評価材料も提供している。

1. ある一時期に記録した規模を別にすれば、ハースト帝国は列挙された数字が示すほど大きな成功を収めたというわけではなかった。1920年代における彼のグループの財政は不安定なものであったし、1937年にはハーストもついに挫折を経験することになる。その時、彼は一時的な失脚を強いられ、一部の理事たちが帝国の一部を清算してしまうのを傍観せざるを得なかった。ハーストは1940年までに9つの日刊紙と5つの日曜版を失い、ユニバーサル・サービスはINSと合併させられ、

そして映画会社や、ラジオ局や、雑誌のいくつかも売りに出された。理事会はニューヨーク市にある 4,000 万ドル相当の不動産の清算にも乗り出した。ハーストの誇りであり、喜びでもあった 4,000 万ドルの美術宝飾品の多くも、ギンベルズやメーシーズといった百貨店でオークションにかけられてしまった。そしてついには、サンシメオン（訳者注：ハースト邸があるカリフォルニア州の地名）にある 27 万 5,000 エーカーの土地のほとんどでさえ、その購入に費やした 3,600 万ドルのいくばくかを回収するために売却されてしまった。

にもかかわらず、ハーストはなおも豪勢な生活をし続けた。ウェールズの城、エジプトのミイラ、チベットに住む野牛のヤク、スペインの修道院（修道院は 1 つひとつの石に解体してニューヨークの倉庫まで運んだが、以後ハーストは二度とそれにお目にかかることはなかった）を買いつけたこの男の金銭感覚は、正に前資本主義的であった。彼はサンシメオンに大勢のゲストを招き、16 世紀イタリア風の大理石のバルコニーから彼らを室内プールに飛び込ませたり、私有の山岳地帯に沿って伸びる 1 マイルものパーゴラ（訳者注：つる草や花をはわせた屋根を円柱などで支えたもの）で花を摘ませたり、豪華な銀製食器で食事を楽しませたりするのであった。もっとも、第 2 次世界大戦が終わるまでに、帝国のスリム化と戦時中に得られた出版利益とにより待望の奇跡をなし遂げ、一度は破産したと思われたハーストは再び全権を手にした。

1951 年に死去した時点で、ハーストの組織は 16 の日刊紙と 13 の日曜版を十数の都市に抱えていた。それらは合衆国における日刊紙の総発行部数の 9.1%、日曜版の総発行部数の 16.1% を占めていたが、1935 年の 13.6%、24.2% という数字と比べると、ハーストの影響力は決定的に下降していたといえる。ハーストの資産は株式評価額の推計によれば 5,600 万ドルに上ったが、経営報告が入手可能である同じサイズの他の新聞と比べると、ハーストの企業の利潤率は低く、さらに縮小していくであろうことが予測された。

2. 確かに、ハーストは多くの新聞読者を新たに発掘し、死を迎える日まで日刊紙では 500 万人、日曜版では 800 万人以上もの読者を抱えていた。しかし、その最終的な結果はどのようなものだったであろうか。ピュリツァーならば、ニューヨーク・ワールドのセンセーショナリズムを次のように弁明することもできただろう。つまり、まずセンセーショナリズムで読者を引きつけ、その次に彼らを周到に準備された質の高い論説ページに引き入れることができる、と。しかし、ハーストの新聞の場合、そのような弁解は決してできなかった。またハーストは、その巨大な部数が示すほどの強力な影響力を、アメリカ国民の生活に及ぼすことができなかった。ハーストが合衆国の大統領にしたいと望んだ人物といえば、ウィリアム・ジェニングス・ブライアン、チャンプ・クラーク (Champ Clark)、ハイラム・W・ジョンソン、ウィリアム・ギッブズ・マッカドゥー (William Gibbs McAdoo)、ジョン・ナンス・ガーナー (John Nance Garner)、アルフレッド・M・ランドン、ダグラス・マッカーサー将軍、そしてウィリアム・ランドルフ・ハースト、といった面々であ

った。逆にハーストは、ウィリアム・マッキンリー、セオドア・ルーズベルト、ウィリアム・ハワード・タフト、ウッドロー・ウィルソン、ハーバート・フーバー、フランクリン・D・ルーズベルト、ハリー・S・トルーマン (Harry S. Truman) といった大統領たちに楯突いた。

3.　では次に、ハーストは社会にとって有益な人物であったといえるだろうか。確かに彼はアメリカニズムの擁護者であった。しかし、アメリカによる国際的な安全保障活動への協力が要求されている時に、彼の新聞が盲目的愛国主義に近いナショナリスティックな政策に加担し続けたことは、多くの人びとにとっては一番困ったところであった。また、1930年代には、彼の新聞は政治的指導者、教育者、YMCA職員、労働組合の指導者、その他の市民たちの間で「レッド・ハント」(赤狩り) を誘発することになるが、これはよくあるデマゴーグの手法に基づくものであった。つまり、ハーストに異を唱える者はすべからく「共産主義者」というわけである。とことんまでナショナリストかつ孤立主義者であったハーストは、第2次世界大戦中とその後にアメリカ国民が選択した基本的外交政策にも反対した。彼は国際連盟を信用しなかったように、国際連合についても徹底的に不信の念を抱いていた。

　国内問題については、ハーストの新聞は公的義務教育と公共事業の公有化を熱心に支持し続けた。しかし、第1次世界大戦前のハーストの論説に見られた他の多くの革新的な論調は、1920年代と1930年代にはむしろ後退してしまった。ハーストはフランクリン・ルーズベルトの当選に一役買っており、また、ルーズベルトが行った失業救済政策、金の輸出停止、そしてハーストの論説いわく「ハーストの新聞が長らく擁護してきた基本政策のいくつかを体現する」[8] 全国復興法の提案に対しても、1933年春の時点では熱心に賞賛を送っていた。ところが、1935年頃になると様子が変わってきた。ニュース面でも論説コラムでも、ニュー・ディールは「ロー・ディール」(Raw Deal ＝ ウソ八百)、全国復興局 (NRA) は［頭文字をもじって］「ナショナル・ラン・アラウンド」(National Run Around ＝ 全国たらい回し) と呼ぶようになっていた。かつては誇らしげに支持していた全国復興局について、最高裁が全員一致で無効にする判決を言い渡すと、ハーストの新聞は星条旗と次のような見出しを掲げて判決を支持した。「最高裁に心から感謝します！」。

　1935年のハーストの新聞のコラムには、彼の当初の信念がどれだけ変化してしまったかを示す別の例も見られる。例えば、第1次世界大戦前には恐らく最も強硬に労働組合運動を支持していたこの発行者は、いまや「ワグナー労働法案は……考えつく限りで最も悪質な階級立法の1つである。それは、骨の髄から非アメリカ的で、あらゆる憲法の原則に反しており、アメリカ的な生活の

精神全体に逆行するものである。議会がこの法案を通過させるということは、すなわち国家に対する裏切りである」と論じるようになっていた。[9]

この発行者はまた、独占化とトラストに対しても相当長く戦ってきたが、いまや「持株会社に死を宣告するウィーラー・レイバーン法案は、経済的あるいは法的な正当性のふりさえも見せない、自分勝手で悪質な強迫観念により蒸留された純粋な毒である」と述べるようになっていた。[10]

さらに、常に一般庶民を理解し、また彼らからも理解されていると信じていたこの発行者は、1936年の事業促進局の活動に対しても、第1面で次のような激しい見出しで攻撃を浴びせるようになっていた。「ニューヨークの救済名簿に載っている2万人のアカどもを食わせているのは納税者なのだ」。そして社会保障法に対しては、「あなた方にとっては給料カットと同じことだ！……もしランドン知事が大統領に当選すれば、そのいわゆる保障法なるものを破棄してくれることだろう」と警告を発した。[11]

ハーストの新聞は社説とニュース面のすべての力を動員し、カンザス州のアルフレッド・M・ランドン知事を大統領に当選させるべく1936年のキャンペーンに荷担した。しかし、ルーズベルト大統領が2州を除く全州を獲得するという歴史上最大の勝利で再選を飾ったことで、ハーストは彼の敵対者たちに叩きのめされてしまった。もっとも、その勝ち誇ったリベラルたちも、1937年の最高裁再組織法案提出という勇み足で策に溺れてしまった。それは、同法案を廃案に追い込んだ者たちからは「裁判所抱き込み法案」と呼ばれていた。こうして、ニュー・ディールの改革期は突然に停止した。それから数年の間、ハーストの新聞は経済的困難にさらされ、同時に一般市民からも批判を受けた。しかし政治的気運が変化していくにつれ、ハーストの新聞はまたもや攻撃的になっていった。

ロバート・マコーミック大佐とシカゴ・トリビューン

ハーストに次いで批評家たちを怒らせた人物は、シカゴ・トリビューンの発行者ロバート・R・マコーミックであった。しかし、マコーミックをめぐる論争の場合は、大衆が国際的協調により平和と安全を求める運動を圧倒的に支持していたにもかかわらず、彼のトリビューンが時代遅れの危険でナショナリスティックで孤立主義的な見方にしがみついていた、というものではなかった。あるいは、彼のトリビューンがアメリカ政界における超保守的右翼の主たる代

弁者となり、トルーマン大統領を拒絶したのと同じ激しさでアイゼンハワー大統領を拒絶した、ということでもなかった。マコーミックに対する批評家たちの文句は、本当のところ、マコーミックがトリビューンだけが正しくて、他のほとんど全員が間違っているということを必死に証明しようとするにつれて、社説が辛辣な個人的意見表明の場となってしまい、公共の利益に関する事象について偏った見方がニュース面にも漏れ出していたこと、にあった。しかも、1955 年に死が彼を黙らせるまで、そうした批判に対してマコーミックは、トリビューンは「世界で最高の新聞」である、と反論し続けた。

　もし新聞の偉大さが、経済的成功、発行部数、施設面での優越性によってのみ計られるのだとしたら、マコーミックの主張にも一理あったであろう。1950 年代中頃、トリビューンの広告掲載量はシカゴのライバル 3 紙を合計したものに匹敵していた。1 日の平均部数は、1946 年の 107 万 5,000 部を頂点に 90 万部まで落ちていたが、それでもアメリカにおける一般紙としては最大であり、マコーミックが「シカゴ圏」と呼んだ 5 つの州にその勢力を広げていた。同紙は 36 階建てのトリビューン・タワーに 450 人のニュース・スタッフを抱え、地元や地域のイベントを網羅的にカバーした。その力はライバル紙の社会部長たちを絶望させるほどであった。アメリカで最も頻繁に批判を受けた新聞にもかかわらず、トリビューンは順調であり続けた。マコーミック大佐はこの事実を批判者たちに対する反論材料としてよく用いた。

　ただし、そうした成功のすべてがマコーミック 1 人の力で成し遂げられたというわけではなかった。トリビューンは 1847 年の創刊以来、長い歴史を持っている。同紙を育て上げたのはジョゼフ・メディルで、彼は 1855 年から 1899 年まで強力なエネルギーを注いで保守派の新聞を作り上げた。メディルは 2 人の娘の家族に信託財産を残した。それがマコーミック家とパターソン家であった。ロバート・R・マコーミックの時代が始まったのは、彼の兄のメディルが上院議員になるために新聞から引退した 1914 年のことであった。そして、将来には大佐となるマコーミックとともにトリビューンの責任を分担したのが、彼のいとこで 1919 年にはニューヨーク・デイリー・ニューズを創刊することになるジョゼフ・メディル・パターソンであった。ちなみに、メディルの 4 番目の孫であるエレノア・メディル・パターソン (Eleanor Medill Patterson) は、ワシントン・タイムズ＝ヘラルドのオーナーとなる人物である。彼ら若きいとこ同士は、第 1 次世界大戦中にトリビューンの部数と広告量を 2 倍に伸ばした。パターソンは人気最高の漫画や特集記事を見出す才に長けており、マコーミッ

クも有能なビジネスマンであった。

　ニューヨーク・デイリー・ニューズが成功を収め、パターソン大尉がそちらの事業に移っていくと、マコーミックの立場はさらに確固たるものになった。彼らの2つの新聞は年間1,300万ドルもの収益を上げた。トリビューン＝デイリー・ニューズの読み物の記事配給会社やラジオ局のWGNを始め、カナダでの製紙業や電力事業への投資にも手を広げていった。1946年にパターソン大尉が死去すると、遠隔操作で影響力を行使する形ではあったが、マコーミックがニューヨーク・デイリー・ニューズのトップに就任した。1948年にはエレノア・パターソンが世を去った。彼女はワシントン・タイムズ＝ヘラルドを7人の幹部たちに譲ったが、1949年、幹部らは同紙を450万ドルでマコーミックに売却した。しかし、ワシントンではトリビューン方式は通用せず、年間50万ドルの損失を出していた同紙にほとほと困り果てていたマコーミックは、1954年にタイムズ＝ヘラルドを850万ドルでユージン・マイヤー (Eugene Meyer) のワシントン・ポストに売却してしまった。しかし、ワシントンから撤退してもなお、2つの大新聞を抱えるマコーミックは、ハーストの後継者たちに次ぐ多数の読者を抱えていた。

　トリビューン帝国では、「R・R・Mc」のサインが入ったメモはいわば法律であった。身長6フィートと4インチもあるマコーミック大佐は、その冷水のような青い目をビジネスのあらゆる側面に光らせていた。彼は私有地としてトリビューン・タワーとシカゴ郊外に1,000エーカーの農場と不動産を持ち、そこはマコーミックが参加した第1次世界大戦の戦闘にちなんでキャンティグニー (Cantigny) と名づけられた。マコーミックは軍の歴史について造詣が深かった。しかし、国際事情に関する彼の見解は、外国人、とくにイギリス人は危険であるという信念に基づいていた。トリビューンによれば、ニューヨークの資産家、東部の国際主義者、そして教育者たちも、ほとんど同じく危険であった。

　マコーミックの側近としてトリビューンの発展に尽くした人物としては、1910年から1937年まで編集局長を務めたエドワード・スコット・ベック (Edward Scott Beck)、1939年から1951年まで編集局長、そして1951年から編集主幹を務めたJ・ロイ・マロニー (J. Loy Maloney)、1951年に社会部長から編集局長に昇進したW・D・マックスウェル (W. D. Maxwell)、そして運動部長のアーチ・ウォード (Arch Ward) らがいる。ワシントン支局長はアーサー・シアーズ・ヘニング (Arthur Sears Henning) で、その後継者がウォルタ

ー・トローハン (Walter Trohan) である。いずれも大佐の意見をバックアップするような報道の習得者だった。

　マコーミックはあらゆる手段を使ってフランクリン・ルーズベルト大統領とニュー・ディール政策に反対した。そのおかげで、1936年に行われたワシントン特派員を対象とした世論調査では、トリビューンはハーストの新聞に次いで「最もフェアでなく信頼できない」新聞という称号を与えられてしまった。第2次世界大戦の危機が進展してくると、トリビューンは長年の敵であるイギリスとアメリカの協調を辛辣に批判するようになった。武器貸与法案が論議されている時の、トリビューンの典型的な8段ブチ抜き見出しは次のようなものであった。「下院、専制君主法案を可決」。このように極端な保守主義とナショナリズムは、マーシャル・フィールドにシカゴ・サンというライバル朝刊紙を創刊させることになった（1939年にハーストが撤退して以来、朝刊市場はトリビューンの独壇場であった）。

　しかし、それでもマコーミックの命運は尽きなかった。というのも、サンが登場した3日後、孤立主義対介入主義という論戦はパールハーバーに爆弾が落とされたことで吹き飛んでしまったからである。トリビューンはアメリカの参戦を「FDRによる戦争の陰謀」と酷評していたが、マコーミックはアメリカの戦争行為自体は支持していた。にもかかわらず、1947年のワシントン特派員の調査では、トリビューンはまたもや「ニュースを歪めたり押しつけたりすることにおいて最も悪名高い新聞」との評価を受けていた。[12]

ロイ・ハワードとスクリップスのイメージ

　ロイ・W・ハワードも同じように特別な注目を浴びた新聞発行者であった。彼は1930年代までに、E・W・スクリップスが創刊した新聞を牛耳るようになっていた。ハワードが批評家たちから追及を受けた点は、彼がハーストとマコーミック＝パターソンに次ぐ第3位の発行部数を有するスクリップス・ハワード系列の20の日刊紙を右傾化させたという事であった。しかし、彼に対する不平不満は、ハーストやマコーミックに対して向けられたものとは性質が異なっていた。それはむしろ、リベラルたちの失望感や落胆を反映していた。つまり、「民衆の新聞」であったエドワード・ウィリス・スクリップスの新聞が、多くの点でお定まりの保守主義的な論調に染まってしまったと考えられたのである。

1926 年にエドワード・スクリップスが死去すると、彼が所有していた新聞、ユナイテッド・プレス (United Press=UP)、アクミー・ニューズフォトズ (Acme Newsphotos)、ニューズペーパー・エンタープライズ・アソシエーション (Newspaper Enterprise Association)、ユナイテッド・フィーチャー・シンジケート (United Feature Syndicate) の経営権は、末っ子のロバート・ペイン・スクリップス (Robert Paine Scripps) が相続することになった。ロバート・スクリップスは、1918 年以来、一家の代表として編集面におけるかじ取りをしてきた人物である。一方、UP の立役者であるロイ・ハワードは、1922 年から一家の新聞チェーンの経営面を引き継いだ。この時に、スクリップス＝マクレイ (Scripps-McRae) と呼ばれていた新聞グループがスクリップス・ハワードと改名された。

　息子のロバートは物静かで繊細な性格の持ち主で、社の方針をめぐり辣腕を振るうということはなかったが、彼には父の哲学が染み着いていた。1922 年、ニューメキシコ州アルバカーキーの編集者カール・マギー (Carl Magee) が、アルバート・B・フォール (Albert B. Fall) 内務長官（後にティーポット・ドーム・スキャンダルで、賄賂を受け取り有罪となっている）率いる政治組織の悪行を暴露しようとしたために、迫害を受け失職させられるという事件が起こった。その時ロバート・スクリップスは、マギーが勤めていたアルバカーキー・トリビューンを買い取り、彼を編集者として復職させた。1924 年には、スクリップス・ハワードの新聞は革新党の大統領候補者であるロバート・M・ラ・フォレットを支持した。スクリップス・ハワードの編集者たちは、定期的

新聞発行者、ロイ・W・ハワード
（ミルトン・J・バイク）

に会合を開いて国内政策に関する事案について論説方針を決定していた。彼らは1928年の大統領選挙ではハーバート・フーバーを支持したが、1932年と1936年にはフランクリン・D・ルーズベルトにくら替えしている。

　スクリップス・ハワード内でロイ・ハワードの力が強まってきていたことが明らかになったのは、1937年に同チェーンの新聞が最高裁改革法案をめぐりルーズベルトと決裂した時であった。そのことで、ワシントン・ニューズの編集者ローウェル・メレット (Lowell Mellett) やスクリップスの他の古株たちが組織を去った。しかも、実質的に引退していたロバート・ペイン・スクリップスも、1938年にヨット上で死亡してしまった。ロバート・スクリップスの遺言は、彼の息子たちが25歳に達するまで、ロイ・ハワード、UPのウィリアム・W・ホーキンズ (William W. Hawkins)、そしてチェーンの編集主筆のジョージ・B・パーカー (George B. Parker) らに、財産の受託者として働いてもらうという内容であった。この体制に移ったことで、スクリップス・ハワードの新聞は1940年のルーズベルト大統領の3期目の再選に反対し、それから1960年まで、4年ごとに共和党の大統領候補を支持するようになった。そして労働者団体にとっては、同グループの新聞はもはや彼らの強力な擁護者ではなくなってしまった。しかし、それでもスクリップス・ハワードの新聞は多様な意見を反映し、また読者アピールを発揮し、メンフィスやクリーブランドでは一目置かれる存在であった。第2次世界大戦後は、ロバート・スクリップスの跡取りたちが財産受託の地位を相続することになり、チャールズ・E・スクリップス (Charles E. Scripps) がグループの議長に就任した。そして編集に関する最終的なリーダーシップは、ネバダ州出身で祖父と性格の似たエドワード・W・スクリップス2世 (Edward W. Scripps II) が握ることになった。

　一方、ロイ・ハワードは、ニューヨーク・ワールド＝テレグラム・アンド・サンのトップとして、1964年に死去するまで影響力を持ち続けた。彼の死は、彼のお気に入りの同紙が倒れるわずか3年前のことであった。彼の息子ジャックはスクリップス・ハワード・ニューズペーパーズの社長兼論説委員長として、また親会社のE・W・スクリップス社の社長として、放送、シンジケート、ユナイテッド・プレス・インターナショナル (United Press International＝UPI) など広範な経営権を握る役職に就き、組織の意思決定を左右する高い地位にあった。西部では、創始者の長男で1920年に父とケンカ別れしていたジェイムズ・スクリップス (James Scripps) の家族が、ユタ州、アイダホ州、モンタナ州、オレゴン州で小さな日刊新聞を発展させ、一時はほとんど壊滅していたスクリ

ップス・リーグを成功のうちに再生させた。スクリップスのもう 1 人の孫であるジョン・P・スクリップス (John P. Scripps) は、カリフォルニア州で小さな日刊紙のチェーンを作った。スクリップスという名は、これからも確実に重要であり続けることだろう。

憲法修正第 1 条をめぐる歴史的な判決

　1930 年代に入ると、プレスの自由や人びとの知る権利に関わる重要な判決が示されるようになってきた。それらの主要判例では、新聞社の訴えにより、憲法修正第 1 条および第 14 条に守られる歴史的な権利、すなわち、合衆国のいかなる場所でも政府や裁判所による事前抑制あるいは刑罰を受けることのない表現の自由が保障された。

　ニアー対ミネソタ事件 (Near v. Minnesota, 1931) は、ミネソタのある無名の発行者により引き起こされた訴訟である。この 1931 年の判決の中で連邦最高裁は、憲法修正第 1 条と第 14 条に保障されたプレスの権利を擁護する原理原則を打ち立てた。その原則はその後 65 年たった現在でも、依然として基本的な法哲学であり続けている。すなわち、本件において最高裁は、1925 年のギトロウ事件 (Gitlow v. New York, 1925) で初めて示された包摂の原則（訳者注：憲法修正第 14 条が保障する州からの「自由」には修正第 1 条の「言論・プレスの自由」も含まれるとする原則）を引用し、憲法修正第 14 条の適正法手続条項を介することで憲法修正第 1 条が保障するプレスの自由を州に対しても適用し、原告を支持する判決を下したのであった。事件の具体的な内容は、悪意に満ちた言論やスキャンダラスな言論の出版を差し止めることを認めた 1925 年成立のミネソタ州「ギャグ・ロー」(gag law)（訳者注：言論抑圧法）を裁判所が発動し、ミネアポリスのサタデー・プレスが行っていた公務員に対する中傷的な攻撃を停止させたというものであった。これに対し、アメリカ新聞発行者協会 (ANPA) のプレスの自由委員会のロバート・R・マコーミック委員長は、いかにサタデー・プレスの言論に価値がなかったとしても、同州法はあらゆる新聞への脅威であるとして、連邦最高裁に上告するよう勧告した。最高裁の判決は 5 対 4 で、チャールズ・エバンズ・ヒューズ首席判事が多数派を代表する意見を執筆し、ミネソタ州法は出版の事前抑制を許すものであり違憲であるとの判決が下された。[13] つまり最高裁は、公務員とて名誉毀損の訴えを起こすことはいかなる場合でも可能なのであり、公務員に対する無責任な攻撃よりも、それを事前に抑

制してしまうことの方が、より危険であると判断したわけである。

　1934 年、ルイジアナ政界のボスであるヒューイ・ロング (Huey Long) が、もう 1 つの重要な判決をもたらした。ロングの一団は州議会において、2 万部以上の部数を有するルイジアナ州の新聞に対して、総広告収入に 2% の特別税を課すという法案を通過させた。しかし実は、同法に影響を受ける 13 紙中の 12 紙は、ロングのグループに敵対していた。そこで新聞社側は、再び ANPA のマコーミック大佐の委員会の助けを借りて裁判所に訴えを起こした。1936 年の判決において、最高裁はルイジアナ州の処罰的税法は違憲であると判断した。全員一致の法廷意見を執筆したのはジョージ・サザーランド (George Sutherland) 判事で、判決はロングの法案を、「憲法による保障に基づいて国民に知る権利がある情報の頒布を制限するための……意図的で計算された道具」であると断じた。[14] しかし、それは逆に、プレスにとって有利に働く裁量的な税も、憲法違反たり得ることを意味していた。

　つまり、プレスは差別的な課税により狙い打ちされることはないとしても、一般的に適用される税や政府の規制の対象にはなるというわけである。アソシエーテッド・プレス対 NLRB 事件 (Associated Press v. NLRB, 1937) において最高裁は、「新聞発行者とて一般法の適用から特別に免除されるわけではない」と述べている。こうして同判決は、プレスが憲法修正第 1 条から期待できる、政府による経営規制からの保護の限界を明示した。[15]

　新聞は確かに判事たちの活動についてコメントを差し挟む自由を有している。しかしその一方で、下級審から法廷侮辱罪の有罪判決を受け、その救済を求めて上訴しなければならないという事態もしばしば起こっていた。この分野における主要判例は、最高裁が 1941 年に示している。ブリッジズ対カリフォルニア事件 (Bridges v. California, 1941) [16] がそれで、本件はロサンゼルス・タイムズが関わっていた別の法廷侮辱罪訴訟と対をなすもので、次のような内容であった。荷揚げ労務の労働指導者であるハリー・ブリッジズ (Harry Bridges) は労働省に電報を送りつけた。電報は、ある訴訟に関してもし裁判所の判決が彼にとって不利なものであった場合はストライキを起こす、と脅しをかけていた。彼は、その文面が新聞に掲載されたために侮辱罪で出廷通告を受けた。一方、タイムズも、同紙の社説が裁判所にとって脅迫的であると判断され、同じく侮辱罪で出廷通告を受けていた。そこでカリフォルニア州弁護士協会は、その 2 つの法廷侮辱出廷通告の違憲性を最高裁に訴えた。これに対し連邦最高裁は、憲法修正第 14 条の適正法手続条項に基づいて憲法修正第 1 条の

制約を州に対しても適用し、またシェンク事件判決で初めて示された明白かつ現存する危険の法理を持ち出すことで、出廷通告は違憲であるとの判決を下した。同判決により、理論的には、閉廷していない段階での裁判所の活動について、新聞は処罰を恐れることなくコメントできるようになった。逆に新聞を処罰するためには、判事はその新聞のコメントが被告人の憲法修正第6条に基づく公正な裁判を受ける権利を減殺するほどの、重大かつ緊急の危険を生じさせるということを証明しなければならなくなった。それでも、州裁判所はこうした考え方に反抗し続け、1941年以来、別の状況で引き起こされた侮辱罪による告発に対して、その制裁から逃れるための激しい法廷闘争が繰り広げられている。[17]

解説的報道の興隆

　解説的報道（インタープリタティブ・リポーティング）の興隆は、1930年代および1940年代における最も重要な進歩であった。以前からも、ニュース・イベントの詳しい背景説明や、主要な人間行動に関する専門家による取材報道が皆無だったわけではない。しかし、ニュー・ディール時代の政治的・社会的・経済的改革の衝撃、現代的な科学技術の発展、高まる国内の経済団体の相互依存性、そして世界がパワー・ポリティクスの広大な一闘場と化してしまったことで、ニュースを新たなアプローチから扱わざるを得なくなってきた。すなわち、伝統的な「誰が何をした」的な報道に加えて、「なぜ」を説明することが重要になってきたのである。そこで、政治、経済、ビジネス、海外事情、科学、労働、農業、社会事業についての報道が、専門家を兼ねた記者たちにより改善されるようになってきた。論説面もより解説的になり、ニュース雑誌や専門的な新聞・雑誌をはじめ、ラジオのコメンテーターなども、この動きに加わるようになってきた。19世紀末にAPのメルビル・E・ストーンといったリーダーたちにより強力に推進された古いスタイルの客観主義は、あくまで言われたことや行われたことの事実的な説明に固執するものであった。しかし、その客観主義は、本当に真実を伝えるためには物事を正しい文脈の中に位置づけなければならない、という信念に基づく新しい報道コンセプトから挑戦を受けるようになった。同様に、科学や経済など難解な題材は一般読者に面白味を与えることができないとする古い考え方も、現実的な必要性の前に却下されるようになっていった。ワシントン特派員や海外特派員たちも、そういったニュー

スの要望の高まりに徐々にうまく応えられるようになっていった。

　ニュー・ディール政策により団体契約交渉権が保障されたことで、「ビッグ・ビジネス」（大企業）に対抗して「ビッグ・レイバー」（大労働組合）が力を増すようになると、労働関係の取材報道も表舞台に登場してくるようになった。ニューヨーク・タイムズの労働関係担当記者であるルイス・スターク (Louis Stark) は、その分野では先駆け的な記者の 1 人であるニューヨーク・ワールドのジョン・リーリー (John Leary) とともに、1933 年に活動拠点をワシントンに移した。そしてスタークは、他の記者たちと鉄鋼・炭鉱業界の全国規模の労使交渉、全国労働関係委員会の活動、あるいはワグナー法をタフト＝ハートリー法により修正する立法闘争を取材した。そうする中で彼は、アメリカの労働関係担当記者の第一人者として認められるようになった。ストライキ報道は常にこの国のニュース報道の一部分を成していたが、いまや労使関係の問題を詳しく解説できることが、優秀な記者が目指す目標となっていた。記者たちはまた、労働者組織の活動や動向そのものに関する報道を増加させていった。[18]

　科学や医学といった分野の報道も改善されていった。イエロー・ジャーナリズム時代のセンセーショナルな科学報道によりもたらされた損失は、記者たちの努力で修復されていった。ワトソン・デイビス (Watson Davis) が運営していたサイエンス・サービス (Science Service) は、1921 年以降の科学報道の改善に大きく貢献した通信社である。ニューヨーク・タイムズも早くからこの分野に進出していた。1927 年にはエンジニアのウォルデマー・ケンファート (Waldemar Kaempffert) が科学の専門家として同紙に加わり、1930 年にはウィリアム・L・ローレンス (William L. Laurence) も後に続いた。1937 年には、スクリップス・ハワードのデイビッド・ディーツ (David Dietz)、AP のハワード・W・ブレイクスリー (Howard W. Blakeslee)、ニューヨーク・ヘラルド・トリビューンのジョン・J・オニール (John J. O'Neill)、ハーストのユニバーサル・サービスのゴービンド・ベハリ・ラル (Gobind Behari Lal)、そしてローレンスを含む科学記者のパイオニアたちの一団にピュリツァー賞が授与された。全米科学記者協会 (National Association of Science Writers) が設立されたのは 1934 年で、40 年後には約 1,000 名の会員数になった。[19]

　農業調整局の発足に伴い、農作物の価格の安定、農民たちに対する経済的保障、土地資源の保護といった連邦政策も重要なニュースになってきた。もっとも、一連のニュー・ディール政策が始まる以前から、農業関係の記事は重要な報道分野であった。1929 年、セントポール・パイオニア・プレス・アンド・

ディスパッチのアルフレッド・D・ステッドマン (Alfred D. Stedman) とカンザス・シティ・スターのセオドア・C・アルフォード (Theodore C. Alford) は、専門的な農業ニュース特派員として初めてワシントンに赴任している。

1900 年以降、アメリカでは新聞社に特報や特集記事を配信する会社がいくつか設立されている。E・W・スクリップスの有能な編集長であったロバート・E・ペイン (Robert E. Paine) が 1902 年に創設したニューズペーパー・エンタープライズ・アソシエーション (Newspaper Enterprise Association) は、特集記事に加えて海外ニュースやワシントンのニュースを配信した。スクリップス・ハワード新聞連合 (Scripps Howard Newspaper Alliance) は同グループの新聞だけに向けたサービスを行った。しかし、1930 年に都市部の新聞の一団が北米新聞連合 (North American Newspaper Alliance) を結成したことで、大きな再編が行われるようになった。北米新聞連合はベル・シンジケート (Bell Syndicate) のトップであるジョン・N・ウィーラー (John N. Wheeler) に指揮され、アソシエーテッド・ニューズペーパー (Associated Newspaper)、コンソリデイテッド・プレス (Consolidated Press)、マックリュアー (McClure) といったシンジケートを吸収していった。

極端に解説報道を重視していたのが、1940 年にマーシャル・フィールドが出資して創刊したニューヨークのタブロイド紙、PM であった。ラルフ・インガーソル (Ralph Ingersoll) の編集の下、PM はニュース・コラムを通してリベラルな見解を表明するという方針を立てたが、それは日刊のオピニオン紙といえるほど徹底していた。優秀なスタッフを抱える同紙は、ニューヨークのジャーナリズムに戦闘意欲を吹き込んだといえる。しかし、広告抜きで、知的な文体と、良質の写真と、解説的なアピールだけで生き残りたいという同紙の希望は、1946 年までに陰りを見せ始めていた。広告を取り入れるようになってからも、PM の経営は苦しいままであった。フィールドは 1948 年に同紙を売却してしまった。ニューヨーク・スターとなった同紙は、ジョゼフ・バーンズ (Joseph Barnes) の編集の下で生き残りを賭けて戦った。結局、同紙は 1949 年に発行を停止してしまうが、ハリー・トルーマン大統領の再選を支持していた。

海外特派員たちの活躍

記者、そしてニュース解説者として、海外特派員ほど重要なジャーナリストはいないであろう。しかし当時は、アメリカの新聞社の中で、通信社の記事を

補強するために一定数の特派員スタッフを持っていたのは、ほんの一握りにすぎなかった。1930 年代において先進的だった海外特派員グループを 4 つあげるとすれば、シカゴ・デイリー・ニューズ、ニューヨーク・タイムズ、ニューヨーク・ヘラルド・トリビューン、そしてシカゴ・トリビューンの特派員たちであった。

シカゴ・デイリー・ニューズの海外ニュース・サービスの誕生は、1898 年にビクター・ローソンがデイリー・ニューズとレコード＝ヘラルドのために始めた取材にさかのぼる。このサービスは、ロンドンのエドワード・プライス・ベル、パリのポール・スコット・マウラー、ベルリンのレイモンド・グラム・スウィング (Raymond Gram Swing) などの仕事を通じて第 1 次世界大戦に入ってから広く注目を集めた。しかし、最盛期を迎えたのは 1930 年代から 1940 年代初頭で、それはフランク・ノックスが発行者を、そしてキャロル・バインダー (Carroll Binder) が海外ニュース・ディレクターをしていた頃である。バインダーは自身も著名な特派員で、1937 年には同サービスのトップに就いている。1929 年にはポール・スコット・マウラーが、1933 年にはエドガー・アンセル・マウラー (Edgar Ansel Mowrer) が、それぞれピュリツァー賞を受賞した。シカゴ・デイリー・ニューズの名だたる海外サービスは 1977 年に終わりを告げることになったが、それはデイリー・ニューズ自身が発行を停止する 1 年前のことであった。

ニューヨーク・タイムズ・ニュース・サービスが設立されたのは 1917 年のことである。1930 年代には、3 人のスタッフがヨーロッパ取材でピュリツァー賞を受賞している。1932 年のウォルター・デュランティー (Walter Duranty)、1937 年のアン・オヘア・マコーミック (Anne O'Hare McCormick)、そして 1940 年のオット・D・トリシャス (Otto D. Tolischus) である。デュランティーは、スターリンが権力を握り始めた時代のソビエト連邦を取材したことによる受賞であった。マコーミックは、1921 年の記事で無名のベニート・ムッソリーニ (Benito Mussolini) を分析し、彼のイタリア征服を予測するという手柄を立てた。マコーミックは 1937 年にタイムズの国際事情担当コラムニストとなり、論説委員のメンバーにも選ばれている。トリシャスは、1939 年の大戦勃発時にはベルリンに、パールハーバーの日には東京に居合わせたという特派員である。

ニューヨーク・ヘラルド・トリビューンの海外サービスは、第 1 次世界大戦時にフランク・H・シモンズ (Frank H. Simonds) やリチャード・ハーディング・デイビスを擁していた旧トリビューンの海外サービスを基盤として作られ

た。1930年にリーランド・ストウ (Leland Stowe) がヘラルド・トリビューンの特派員としてピュリツァー賞を受賞している。ホーマー・ビガート (Homer Bigart) も第2次世界大戦の仕事で高い評価を受けた。

シカゴ・トリビューンの海外サービスは、フロイド・ギボンズ、フレイジャー・ハント (Frazier Hunt)、ジョン・T・マッカーチン、シグリッド・シュルツといった第1次世界大戦時のスター記者たちを擁していた。時期は違えども、トリビューンの海外特派員として働いた記者の中には、ビンセント・シーアン (Vincent Sheean)、ウィリアム・L・シャイラー (William L. Shirer)、ジョージ・セルデス、ジェイ・アレン (Jay Allen)、ヘンリー・ウェイルズ、エドモンド・テイラー (Edmond Taylor) といった有名なジャーナリストたちも含まれていた。ウィルフレッド・C・バーバー (Wilfred C. Barber) は1936年にトリビューンのニュース・サービスに初のピュリツァー賞をもたらしている。[20]

ウォルター・デュランティーとマウラー兄弟

上述の海外特派員たちの中でもとくに注目されるべきは、ニューヨーク・タイムズのウォルター・デュランティーとシカゴ・デイリー・ニューズのマウラー兄弟である。イギリス人であるデュランティーは、1922年から1934年までロシアに在住しながら特派員を務め、1941年までは特別旅行記者として働き、平均して年に5か月間を彼が愛したロシアの国土を研究しながら過ごしていた。彼はロシアを取材する海外記者の第一人者として13年間におよぶ仕事を始める前から、共産主義統治の荒っぽい特性について彼なりの強固な哲学を構築していた。当初、彼はボルシェビキを嫌悪し、恐れていた。しかし、1935年にINSのH・R・ニッカーボッカーに語った次の発言を見ると、デュランティーは徐々にロシアの立場を理解するようになっていったようだ。「私が同僚特派員たちほど犠牲者たちのことを強調しなかったからといって、私のロシア報道が不正確だったということにはならないと思う。……私は記者なのであって、人道主義者ではないからだ」。[21]

1930年代を通して、デュランティーはスターリンの強権とソビエトの国家政策について批判性を欠く評価をしているとして、辛辣な批判を受けた。たとえば、ヘイウッド・ブルーン (Heywood Broun) は、デュランティーが「特電ニュースのふりをした論説」を書いていると批判していた。彼がソビエトに対

して同情的すぎるという批判をした人は他にもいた。その後、デュランティーの伝記を著した S・J・テイラー (S. J. Taylor) は、デュランティーのジャーナリストとしてのさまざまな罪に関する証拠を集めている。たとえば、デュランティーは、集団農場で強制的に働かされた数百万もの人びとが死亡した、1932～33 年のウクライナでの飢饉を見逃していたという。経済報道で 1932 年のピュリツァー賞を受賞したデュランティーであったが、多くの同僚たちによれば、彼はスターリンのさくらでしかなかったとされる。[22] ただし、忘れてはならないことは、彼が独裁者に対する偏向・傾倒した取材で批判を受けたことだけで有名な特派員だったのではなく、確かに影響力の一番大きい特派員の 1 人であったことである。話の中には偽善も入り込んでくる。中にはデュランティーの名声を貶めることに熱心な者もいるし、彼らを含めて他の多くの記者や編集者にしても、ムッソリーニやヒトラーといった 20 世紀のファシストたち、あるいはマルコス (Marcos)、ピノチェト (Pinocet)、ソモサ (Somoza) など、アメリカ政府からの支援を受け腐敗した指導者たちを批判できるまでには時間がかかっていたのである。

　デュランティーの功績を評価する際に考慮しなければならないことは、知られざる人びとを報道するという、人物取材では最も困難な任務の 1 つを彼が引き受けたという事実である。スターリンがデュランティーとの会見に同意したのは 1930 年の秋と 1933 年のクリスマスの 2 度だけである。つまりそれ以

ウォルター・デュランティー、
ニューヨーク・タイムズ

エドガー・アンセル・マウラー、
シカゴ・デイリー・ニューズ

外では、デュランティーはロシア史に関する彼自身の深い知識と言語能力を頼りに、物理的なハンディキャップを乗り越えなければならなかった。集団化という政治的に危険を伴う政策は、たとえばレオン・トロツキー (Leon Trotsky) の場合のように、多くのロシア人の生涯を決定づけた。デュランティーは長い解説記事をニューヨーク・タイムズに打電したが、彼の努力が紙面で目立つ扱いを受けることは滅多になかった。アメリカは国内問題やヨーロッパの問題ばかりに目を奪われていたからである。そのため、たとえばスターリンが権力を固めた1928～29年の冬という大切な時期に、デュランティーの100に近い記事のどれ1つとして第1面を飾ることはなかった。[23]

知的で優れた分析力を備えたデュランティーは、増大しつつあったタイムズの海外スタッフの中で貴重なメンバーの1人であった。当時のスタッフの中には、ウィーンのワイズ・ウィリアムズ、ベルリンのポール・ミラー (Paul Miller)、ローマのアルナルド・コーテジー (Arnaldo Cortesi)、ロンドンのアレン・レイモンド (Allen Raymond) などがいた。デュランティーは、第1次世界大戦の死の情景を潜りぬけて鍛えられた、自信にあふれるライターであった。彼はロシアでの生活の厳しさを受け入れ、その視点から記事を書いていた。スターリンは隠密に行動した。検閲官が障害になり、いずれにしてもソビエトのプレスが内部のいざこざなど伝えるわけはなく、高官たちの名前も滅多に報じられることはなく、そして旅行の制限までも受けた。しかし、それでもデュランティーは、拷問を受けているにも等しいその土地で、詳しく生彩ある報道を行うことができた。

ウィリアム・ヘンリー・チェンバリン (William Henry Chamberlin) は1922年から1934年までをロシアで過ごし、マンチェスター・ガーディアン、その後はクリスチャン・サイエンス・モニターとアトランティックに記事を書いていた。ルイス・フィッシャー (Louis Fischer) は1925年から1932年までの間に40本以上の記事を書き、そのほとんどはネーションに掲載された。世界を渡る旅行家のモウリス・ヒンダス (Maurice Hindus) は、数十もの記事とベストセラー『レッド・ブレッド』(Red Bread) を著した。ロシアに関する見方をごく一握りのアメリカ人に伝えていたのは、デュランティーをはじめ、彼らのような記者たちだけであった。当時は、優秀な海外スタッフを持っていた新聞も含め、合衆国の新聞の大多数は、ロシア情勢について大雑把に触れるだけだった。1920年代の後半においては、定期的に新聞に掲載されていたのはデュランティーの記事だけであった。彼のボルシェビキに関する報道は、タイムズ

へのいくばくかの信用を回復させた。というのも、「赤狩り」期のタイムズは、ロシアの共産主義者とアメリカの社会主義者について読者を混乱させていたからである。実際、ウォルター・リップマンとチャールズ・マーツがまとめた 1920 年 8 月のニュー・リパブリックの特別付録では、普段は信頼の高いタイムズが無責任な報道をしたとして批判されている。デュランティー自身も、タイムズの当初の態度は「レッド・ボギー」（赤たたき）を恐れるあまりの結果であったと述べている。そのことは、なぜ彼が他と異なる見解を投げかけ続けたのかを部分的に説明している。

ポール・スコット・マウラーがその長い記者生活を開始したのは、1905 年にシカゴ・デイリー・ニューズに職を得てからであった。彼自身が後に認めたところによれば、彼は中西部的な意識からなかなか抜け切ることができなかったという。[24] たとえば、シカゴにいた時、彼は日露戦線から送られてくるスタンレイ・ウォッシュバーン (Stanley Washburn) の特電には目もくれなかった。また彼の記憶では、奉天（現・瀋陽）で日本人に捕らえられたリチャード・ヘンリー・リトル (Richard Henry Little) とエレベーターで乗り合わせたことがあるそうだが、マウラーが関心を向けたのはあくまでミネソタ州、ミシガン州、そして彼がジャーナリズムの心臓だと考える喧噪の大都市シカゴだけであった。1910 年、彼はロンドンに赴任し他紙の特派員たちと合流した。その中にはフレデリック・ウィリアム・ワイル (Frederic William Wile) やワイズ・ウィリアムズ、あるいは戦争が政治や国境を変えてしまう以前のヨーロッパを知っていた記者たちが数名含まれていた。ウィル・アーウィンといったライターたちも時にはヨーロッパに渡航してアメリカの雑誌に寄稿していたが、当時はまだ退屈な時代であった。それ以前には、ライターたちがボーア戦争や義和団事件に大挙して向かっていったものだ。1899 年から 1901 年にかけてアギナルド (Aguinaldo) が起こしたフィリピンの反乱が厳しく弾圧された時も、多くの記者を興奮させたものだった。このアメリカの植民地的政策の実験は、一時は 7 万人のアメリカ軍を巻き込んでいた。1904 年から 1905 年にかけての日露戦争では、リチャード・ハーディング・デイビス、ジャック・ロンドン、フレデリック・パーマーを始め、100 名ものアメリカ人やイギリス人の記者たちが日本軍の検閲と戦い、合衆国でも報道機関から相当の注目を浴びた。しかし、弱冠 22 歳のポール・スコット・マウラーがエドワード・プライス・ベルのアシスタントとしてやってきた時に彼が目にしたものは、平穏なヨーロッパ情勢であった。ところが、それから約 4 年後に第 1 次大戦が勃発するや、マウラ

ーはフランスの社会主義者ジャン・ジュレーズ (Jean Jaures) の暗殺を取材し、弟のエドガー・アンセル・マウラーに手ほどきを示すほどに成長していた。こうして弟エドガーも、兄と同じくらい傑出したキャリアを歩み始めた。合衆国とイギリスの雑誌に寄稿しながらソルボンヌ大学で学んでいたエドガーは、敵の戦線に忍び入って特ダネをものにした。その後、エドガーは採鉱技師ハーバート・フーバーに同行してオランダに行くことを許され、ついに1915年にローマ特派員の職を与えられることになった。ポール・スコット・マウラーは前線に向かい、ベルダン（訳者注：フランス北東部の都市）での惨状を取材することになった。

　第1次大戦終結後、ポール・スコット・マウラーはベルサイユ会議の取材に際してシカゴ・デイリー・ニューズの支局を任されることになった。彼はパリを本拠として、1924年から1925年にかけてはモロッコにおける動乱について記事を送り、1934年から1935年にかけては同紙の編集局次長、そして論説委員長となった。彼が編集そのものに関わったのは1935年から1944年までで、第2次世界大戦の最後の年にはニューヨーク・ポストのヨーロッパ担当編集者のポストに移っている。エドガー・アンセル・マウラーは戦間期にベルリンとパリでデイリー・ニューズの支局長を務めている。第2次世界大戦の開始によりドイツから追い出されると、戦時情報局 (Office of War Information＝OWI) とつながりを持つようになった。その後、コラムニストや放送記者も手がけるようになり、兄とともに海外情勢に関する本数冊に寄稿している。

　マウラー兄弟は、多くの有名な記者たちとチームを組み、国際連盟、ファシズムの興隆、2度目の世界大戦を取材した。その1人に、ニューヨーク・ポストのドロシー・トンプソン (Dorothy Thompson) がいる。彼女はウィーン、ベルリン、モスクワ、ブダペスト、ロンドンなどを取材し、1934年にはヒトラーに追放されたという記者である。UP のウェブ・ミラーはインドにおけるガンディー (Gandhi) の登場や、ヨーロッパ担当時にはエチオピア戦争を取材した記者である。AP のルイス・P・ロックナー (Louis P. Lochner) は、ベルリンからヒトラーの隆盛を日々記録に留めた記者である。ビンセント・シーアンは才能あふれる著作家で、シカゴ・トリビューンの特派員でもあった。その他、ニューヨーク・タイムズのフレデリック・T・バーチャル (Frederick T. Birchall)、ニューヨーク・ヘラルド・トリビューンのレジナルド・ライト・カフマン (Reginald Wright Kauffman) とハロルド・スカーボロー (Harold Scarborough)、シカゴ・トリビューンのヘンリー・ウェイルズ (Henry Wales)

傑出した政治コラムニスト、ドロシー・トンプソン。（ワイド・ワールド・フォト）

といった記者たちもいた。本国アメリカでは、広く知られるヨーロッパ情勢でさえ、新聞紙面のスペースをめぐり国内問題と激しく争わなければならなかったが、彼らのような特派員は記事に生彩と深みを与えていた。

政治コラムニストたち

　政治コラムが書かれ始めたのは 1920 年代初頭のことである。シンジケートやワシントンの新聞・雑誌にコラムを寄稿していたデイビッド・ローレンス (David Lawrence)、ニューヨーク・ヘラルド・トリビューンのマーク・サリバン (Mark Sullivan)、ボルチモア・サンのフランク・R・ケント (Frank R. Kent) らのコラムから始まった。ウォルター・リップマンは 1931 年にニューヨーク・ワールドの編集者を辞め、ニューヨーク・ヘラルド・トリビューンのコラムニストとして彼ら 3 人に仲間入りした。現代政治や時事問題を論じる彼らのコラムは、1917 年に始まって以来 20 年近くもハースト系新聞の第 1 面を飾り続けたアーサー・ブリズベーンの哲学的評論と比べると対照的であった。しかし、1933 年にニュー・ディール政策が始まってワシントン報道に変革が起きると、ローレンス、サリバン、ケント、そしてリップマンたちにより、新しいタイプの政治コラムがシンジケートを通して配信されるようになっていった。

　初期の政治・時事問題コラムをリードした彼ら 4 人は、「パンディッツ」(pundits)（訳者注：政治コラムニストの別称）と呼ばれ、真剣な切り口で落ち着いたスタイルの文章を書いた。サリバンとケントは 1920 年代の実務的な政治の舞台に通じていた。しかしこの 2 人は、ニュー・ディール時代に政府の役割

を大幅に増大させることになった、社会的・経済的変化についていくことができなかった。サリバンはセオドア・ルーズベルトの革新的政策の熱狂的な代弁者で、ハーバート・フーバー大統領とも親しかった。サリバンは、後年に書いたコラムよりも、むしろ 1900 年から 1925 年までの間に執筆した『我々の時代』(*Our Times*) という優れたジャーナリスティックな仕事で広く知られていた。ローレンスは国内問題の解説者として、リップマンは国際分野の解説者として地位を築いた。

1932 年以降、新しいタイプの政治コラムが登場してきた。人物個人に焦点を当てた「ゴシップ・スタイル」のコラムである。このアイデア自体は、1931 年に匿名で出版され人気となった『ワシントン・メリーゴーランド』(*Washington Merry-Go-Round*) という著書を出発点としていた。間もなくその著者がボルチモア・サンのドルー・ピアソン (Drew Pearson) とクリスチャン・サイエンス・モニターのロバート・S・アレン (Robert S. Allen) であることが判明した。この 2 人のワシントン特派員は早々と新聞社を去り、共同で舞台裏的なコラムを執筆するようになった。最終的には、ピアソンが 1 人でその仕事を続けることになった。ニュー・ディール時代がスタートすると、ポール・マロンも人物中心のゴシップ・コラムの競争に加わるようになった。アーネスト・K・リンドレイ (Ernest K. Lindley)、サミュエル・グラフトン (Samuel Grafton)、最初はチームで書いていたが後に独立したジョゼフ・オルソップ (Joseph Alsop) とスチュアート・オルソップ (Stewart Alsop) 兄弟らも、ニュー・ディール政策に好意的な解説者として活動を開始するようになった。

「パンディッツ」の長老格のウォルター・リップマン。(AP ／ワールド・ワイド・フォト)

ゴシップ・コラムニスト、ドルー・ピアソン。(ベットマン・アーカイブ)

1930年代のユナイテッド・フィーチャーズからは、実に個性豊かで多様なコラムニストや解説者が輩出した。その1人のレイモンド・クラッパーは、1944年の飛行機事故で他界するまで、恐らく最もバランスのとれたワシントン情勢の解説者として認められていた。彼の仕事は、UPの政治記者として、またUPおよびワシントン・ポストのワシントン支局長としての取材能力と長年の経験により裏打ちされていた。そのため、国内・国際問題に関するクラッパーの意見は広く尊敬を勝ち得ていた。彼の後継者となったのは、UPとスクリップス・ハワードの新聞に記事を書いていた活発なワシントン特派員、トマス・L・ストークスである。彼は力あふれる告発的なコラムを書き、国内報道部門でピュリツァー賞を受賞している。さらに彼は1958年に死去する前にクラッパー記念賞も獲得している。ユナイテッド・フィーチャーズのコラム執筆陣には、セントルイス・ポスト＝ディスパッチの傑出したワシントン特派員でクラッパーの死後にコラムを書き始めたマーキス・チャイルズ (Marquis Childs)、そしてニューヨーク・タイムズのワシントン支局員ウィリアム・S・ホワイト (William S. White) なども含まれていた。チャイルズのコラムは1970年に、新設のコメンタリー部門の最初のピュリツァー賞を受賞している。

　ユナイテッド・フィーチャーズ所属のコラムニストたちの中には、それ以外にも幅広い個性を持った面々がいたが、その1人がウェストブルック・ペグラーである。彼はかつては辛辣なスポーツ・ライターで、UPやシカゴ・トリビューンにコラムを書いていた。ペグラーのスタイルは個性的で生彩豊かで、1941年には暴露的なキャンペーンでピュリツァー賞を受賞している。しかし残念なことに、彼の仕事は3つのグループ——労働組合、ニュー・ディーラー、フランクリン・D・ルーズベルトの家族——に対するつまらなく悪意に満ちた攻撃へと堕落してしまった。1940年代半ばにスポンサーをスクリップス・ハワードからハーストに変えてからは、ペグラーは「ジャーナリズムの詰まった笛」などと言われるようになってしまった。ペグラーと対照的なのが、機知に富んで暖かみのあるヘイウッド・ブルーンであった。「くしゃくしゃのベッドみたいにだらしない」という表現がぴったりのブルーンは、ちょっとした軽めのコメンタリーを書いたかと思えば、激高した時にはリベラル派の伝統を強硬に擁護するといったように、変幻自在のライターであった。彼のコラム「私にはそう思える」(It Seems to Me) は、初めニューヨーク・トリビューンに掲載され、1920年代にワールドに移り、最終的にはスクリップス・ハワードの新聞に落ちついた。しかしブルーンは、アメリカ新聞同業組合 (American

Newspaper Guild) で指導的立場に就いたこととリベラル路線を示したことで、ロイ・ハワードと決別することになり、1939年にブルーンが死去した時には、彼のコラムはニューヨーク・ポストに移っていた。1935年に大統領夫人として初めてコラムを執筆したエレノア・ルーズベルト (Eleanor Roosevelt) や愛嬌のあるアーニー・パイル (Ernie Pyle) なども、ユナイテッド・フィーチャーズにコラムを書いていた。パイルは合衆国を横断しながら名もない人びとやささいな出来事についてコラムを書くという独創的な取材旅行を行い、その後、第2次世界大戦では、1945年に太平洋上の島で戦死するまでアメリカ軍兵士たちの内面を見事に描いて見せた。

政治的・社会的な分野での論評でユナイテッド・フィーチャーズのコラムニストたちと肩を並べていたのが、キング・フィーチャーズのグループであった。最も有名だったのは、ペグラーと保守派のジョージ・ソコルスキー (George Sokolsky) であった。2人とも1960年代に他界している。キング・フィーチャーズではその後、ラジオ解説者のフルトン・ルイス・ジュニア (Fulton Lewis, Jr.)、道徳的哲学者のブルース・バートン (Bruce Barton)、記者のジム・ビショップ (Jim Bishop) たちが活躍した。

女性のジャーナリストたちも、コラムを執筆することで高い名声を勝ち得ていた。その1人、ドロシー・トンプソンは、1920年代から1930年代初頭にかけてフィラデルフィア・パブリック・レッジャーとニューヨーク・ポストのヨーロッパ特派員として活躍していた。シンクレア・ルイス (Sinclair Lewis) と結婚して合衆国に戻ってきたトンプソンは、ニューヨーク・ヘラルド・トリビューンに国際情勢に関するコラムを書き始めるようになった。彼女のコラムは、ヒトラー政権の脅威を理由にフランクリン・ルーズベルトの3期目の出馬を支持したために下ろされてしまうまで続いた。しかしその後も、彼女の感情のこもったコメントは、1961年に亡くなるまで広く配信され続けた。ドリス・フリーソン (Doris Fleeson) はニューヨーク・デイリー・ニューズからコラムニストの世界に入り、1970年までしなやかな政治評論を披露した。1954年には報道部門で女性初のレイモンド・クラッパー賞を受賞している。

論説漫画家たちの活躍

　シンジケートによる配信制度は論説漫画家という職業にも影響を及ぼした。新聞の読者が拡大したことで、コラム執筆者たちと同様に、才能ある漫画家たちにも名声と金銭的報酬が与えられるようになった。しかし、確かに彼らの漫画は読者を引きつけたが、新聞社が自社の漫画家やコラムニストを「育てる」ことはまれであった。もちろん、ローカルなレベルではコラムニストたちは常に広い活動範囲を得ていたが、それに比べて自社スタッフとして漫画家を雇って全国的・国際的な問題に関して真面目な評論をさせることはあまりなかった。

　しかし、南北戦争が終わる頃になると、政治漫画が論説の手段として発展してくるようになった。それまでは、新聞制作上の問題から、漫画は雑誌に掲載されることの方がずっと多かった。しかし、ステロ版印刷が導入されたことで、日刊紙でもはるかに簡単にイラストレーションを載せることができるようになった。トウィード（訳注：ニューヨーク市政を支配したタマニー派の指導者）の政治派閥を激しく攻撃した漫画家のトマス・ナストは、1870年からハーパーズ・ウィークリーやニューヨーク・タイムズに漫画を書くようになった。当時の雑誌の世界では、パックのジョゼフ・ケプラーの漫画が傑出していた。また、1896年にハーストのニューヨーク・ジャーナルに描かれたホーマー・ダ

ローリン・カービーの有名な「すべてのガレージに2匹のチキンを」。フーバー大統領への当てこすりである。1932年。（ニューヨーク・ワールド＝テレグラム）

「1936年のハロウィーン」。ジェイ・"ディン"・ダーリン作。ウォレス、ファーリー、そしてFDRらを冷やかしている。（ニューヨーク・ヘラルド・トリビューン）

ベンポートの大統領選に関する漫画も、新鮮さと表現の率直さで高い評価を受けた。

20世紀最初の四半世紀は、政治論説漫画家たちにとって黄金時代であった。というのも、この時代の社会問題には、簡単に絵に表現できるシンプルさと機知に富んだ当てこすりができる露骨さという、政治漫画に必要な2つの要素が含まれていたからであった。当時有名だった漫画家の1人にジョン・T・マッカーチンがいる。彼はシカゴ・レコードで働いた後、1903年からシカゴ・トリビューンで漫画を執筆し始め、1946年に引退するまでにピュリツァー賞も受賞している。クリフォード・K・ベリマン (Clifford K. Berryman) は1889年にワシントン・ポストからデビューしたが、むしろ1906年から働き始めたワシントン・スターの漫画家としてよく知られている。彼と彼の息子のジェイムズ・T・ベリマン (James T. Berryman) は、漫画部門のピュリツァー賞を初めて親子で受賞している。息子が父の跡を継いだのは、1949年のことであった。

一般にはなじみが薄いが、同業者たちの間で影響力を持っていたのが、自作には必ず「アート・ヤング」とサインを入れていたアーサー・ヘンリー・ヤング (Arthur Henry Young) である。彼は左翼的思想に傾倒していたため、とくに第1次世界大戦中は苦労したが、ヤングは漫画家の中の漫画家といえた。彼は毎日パネル画を描いた初の漫画家で、それはシカゴのインター・オーシャンに掲載された。しかし、彼の本領は戦闘的な社会主義雑誌マッセズで発揮された。それまでの漫画家たちとは違い、ヤングはシンプルさを売り物にし、メインとなる争点にフォーカスを絞るテクニックを用いた。たとえば、彼の作品の1つに、ボロ着を着た貧民街のある子供が夜空を見上げて次のように呟く漫画がある。「ワー、あの星空を見てみなよ。南京虫みたいにいっぱいだ」。

漫画界の偉大なる名人をもう2人紹介しよう。ニューヨーク・ワールドのローリン・カービーとボルチモア・サンのエドムンド・ダッフィー (Edmund Duffy) である。2人はともに3度もピュリツァー賞を受賞している。激しいリベラル気質のカービーは1911年から漫画を描き始め、最盛期を1920年代のワールドで迎えた。彼が描いた、やつれた、黒のフロック・コートを着た、厳格で偏屈な禁酒主義者「ドライ氏」は有名である。ダッフィーも絶妙な風刺漫画を25年にわたりボルチモア・サンで披露し続けた。

ダニエル・R・"フィッツ"・フィッツパトリック (Daniel R. "Fitz" Fitzpatrick) は、1913年から1958年までセントルイス・ポスト＝ディスパッチに漫画を描いていた。彼の激しく攻撃的な漫画は、ポスト＝ディスパッチの論説面に名

声を与え、彼自身には 2 度のピュリツァー賞をもたらした。一方、古い時代の華やかな技法を偲ばせていたのが、ジェイ・N・"ディン"・ダーリン (Jay N. "Ding" Darling) である。1906 年からデモイン・レジスターに漫画を描き始めたダーリンは、それからニューヨーク・ヘラルド・トリビューンに移り、ピュリツァー賞を 2 度獲得している。同時代の漫画家としては、同じくピュリツァー賞を 2 度受賞したブルックリン・イーグルのネルソン・ハーディング (Nelson Harding) がいる。

ラジオ・ニュースの成熟

　1930 年代に入り全国的にますますラジオの聴衆が増えていく中で、毎日放送された唯一のニュース番組は、落ちつきのある雑誌リタラリー・ダイジェストをスポンサーとしたものであった。その番組でニュースを読み上げたのは、シカゴ・トリビューンの猛烈な戦争特派員で、第 1 次世界大戦で失った目を覆う眼帯がシンボルの、華麗なるフロイド・ギボンズであった。NBC の『エイモス・アンド・アンディー』の前の時間枠を当てられたギボンズは、猛スピードでニュースを読み上げた。そもそも彼が NBC と結んでいた契約は、『ザ・ヘッドライン・ハンター』という週 1 回の 30 分のショーに出演し、そこで彼の海外での冒険談を語るというものであった。彼は初の遠距離の実況中継を行った人物としても知られている。1929 年にニュージャージー州のレイクハーストにドイツの飛行船グラフ・ツェペリン号が着陸した際、短波送信機を携えたギボンズは、一緒にいた別の 2 人にアンテナをかついでもらい、彼の声を NBC の放送施設に送信して全国放送を行った。

　「皆さん、お元気ですか」という台詞で人気を博したギボンズは、素朴で大雑把な感じ——これはシカゴ流ジャーナリズムのスタイルであった——でニュースを読み上げ、生き生きとした描写を売り物にしていた。ところが、1930 年代後半になると、大恐慌時代では破格といえる週 1 万ドルの給料を稼いでいたギボンズも、ぞんざいな態度からスポンサーたちと疎遠になってしまっていた。折しもその時、CBS のウィリアム・S・ペイリーは、リタラリー・ダイジェストの発行者である R・J・カディヒー (R. J. Cuddihy) を説得し、CBS のスポンサーに転向させて別のアナウンサーを起用させようと決心していた。ペイリーの意中にあったのはローウェル・トマス (Lowell Thomas) であった。彼は第 1 次世界大戦におけるアラビア工作をスクープし、ベスト・セラー『アラ

ローウェル・トマス
（ベットマン・アーカイブ）

ビアのロレンスと一緒に』(*With Lawrence in Arabia*) を著したことで知られるベテランの報道人であった。

　早速テスト放送が行われることになり、トマスはギボンズのNBCのショーの前にCBSでニュースを読み上げた。カディヒーは両方の放送を聴き、ギボンズの代わりにトマスを雇い入れることにした。トマスの初放送は1930年9月29日に行われ、同番組は1976年5月14日まで続いたが、これはラジオ放送の歴史上、最長記録である。初回の放送でトマスは、アドルフ・ヒトラー (Adolf Hitler) に関して次のようなコメントを述べている。「今や世界には2人のムッソリーニがおります。……アドルフ・ヒトラーは本『我が闘争』(*Mein Kampf*) を書きましたが、この好戦的な紳士はその本の中で、彼の強力なドイツ一党の基本政策はロシアを征服することであると述べています。アドルフよ、それはちょっと背伸びのし過ぎではないかな。ナポレオンに尋ねてみるがいい」。[25] 彼の夜の番組は、東部はNBCで、西部はCBSで、というように両ネットワークで6か月間放送された。しかし、カディヒーは最終的にトマスをNBCの専属にさせ、こうしてトマスは『エイモス・アンド・アンディー』の前のスポットを受け継ぐことになった。彼の「皆さん、今晩は」という一言は、合衆国ではお馴染みのフレーズとなった。

　ラジオはさまざまな形で聴衆を獲得していったが、1930年代の大きなニュ

ース・イベントや有名人についての報道も一役買っていた。ヒトラーやムッソリーニは愛国主義の名の下で、人びとを動員するためにラジオを利用した。ルーズベルト大統領も、ラジオが国家を団結させる潜在能力を持つことを理解していた世界の指導者の1人であった。大恐慌のどん底と第2次世界大戦のさなか、彼は28回も「炉辺談話」を放送している。人びとは大統領の親しみやすさに魅せられ、「ワシントンはリビングルームにあるラジオ受信機ほども遠くない」と言われたほどであった。[26] 党大会での大統領候補指名や選挙キャンペーンはニュース特報をもたらし、またリンドバーグの赤ちゃんの誘拐事件、ワシントンで行われたボーナス・マーチ、イギリス王エドワード8世 (Edward VIII) の退位演説、ドイツの飛行船ヒンデンブルグ号の爆発事件、満州、中国、エチオピア、そしてついにはヨーロッパ全土で戦いが始まったことなども、大きなニュースとなった。

新聞とラジオの対決

　1932年の大統領選でAPは、UPの選挙報道の販売を妨害すべく、選挙の開票結果をラジオ・ネットワークに提供した。ところが、1932年12月、その行為はアメリカ新聞発行者協会 (ANPA) の理事会にある行動を起こさせることになった。理事会は、通信社に対して、新聞が印刷する前にニュースを売ったり漏らしたりしないよう求めたのである。ラジオによるニュースの放送は新聞閲読を促進させる単発ニュースに限られるべきで、ラジオの番組予定表も有料広告として扱われるべきだというのである。多くの有識者には、ラジオがニュース・メディアとしてあまりに浸透していたため、そのような形でラジオに足枷をはめるのは不可能と思われた。[27] 実際に、その勧告の後、ANPAは2年間にわたりラジオ・ニュースを排除しようとしたが、それは不毛な努力に終わった。熱のこもった論戦の末、1933年のAP加盟社による会合は、ラジオ・ネットワークにはニュースを提供しないこと、そしてAP加盟社によるニュース放送は時々行われる35文字のお知らせに制限することを投票により決定した。UPとINSも、彼らの顧客である新聞社の要求に屈し、ラジオ局へのニュース提供をストップした。これに対しラジオ界は、ニュースそのものを収集するという仕事に乗り出すことで、彼らに対抗した。

　CBSはエド・クラウバー (Ed Klauber) の指揮の下、ラジオ・ネットワークの中では先導的なニュース・サービスを作り上げた。クラウバーは元ニューヨ

ーク・タイムズの夜勤の社会部長で、1930年にウィリアム・S・ペイリーに雇い入れられた。厳格な規律を重んじるクラウバーは、あっという間にCBSのナンバー2に上り詰め、同ネットワークの成長に多大な力を尽くした。彼は1943年までペイリーの下で働いた。元UPの記者ポール・ホワイト (Paul White) は、クラウバーのアシスタントとして雇われた。そしてクラウバーとホワイトは一緒になって、ニューヨーク、ワシントン、シカゴ、ロサンゼルス、ロンドンの支局の人材を新聞人の中から集める仕事を開始した。こうしてCBSは幅広い特派員システムを作り上げ、また毎日の放送用にブリティッシュ・エクスチェンジ・テレグラフ (British Exchange Telegraph) という通信社のニュース・レポートを取り入れた。ライバルNBCのニュース・サービスは、CBSでいえばホワイトの立場にあたるA・A・シェクター (A. A. Schechter) というニュース・特別イベント担当のディレクターにより、1930年代に組織化された。その一方で、ローカルのラジオ局は新聞の早版を使うという急場しのぎの方法で、定期的なニュース放送を続けた。[28]

しかし、ネットワーク側はニュースの収集にはお金がかかることに気付き、一方、新聞発行者側も新たな競争を嫌がっていた。そこで1933年12月、プレス＝ラジオ・ビューロー (Press-Radio Bureau) という形の解決策が提案された。これは、通信社から提供されたニュースを使い、ビューローがネットワーク上で5分間のスポンサーなしの放送を毎日2回放送するというものであった。大きな出来事が起きた場合は、至急報も伝えられることになっていた。ただその代わり、ネットワーク側はニュースの収集をストップしなければならないというわけである。

プレス＝ラジオ・ビューローは1934年3月より活動を開始し、1年後には245もの配信契約先を持つようになった。しかし、この試みは最初から失敗する運命にあった。というのも、それは非現実的であったばかりでなく、彼らの契約の拘束を受けない通信社をニュース収集のために新たに設立する道を残してしまったからである。実際に、ハーバート・ムーア (Herbert Moore) のトランスラジオ・プレス・サービス (Transradio Press Service) を先頭に、5つのニュース・サービスがニュース配信業に参入していった。トランスラジオ・プレス・サービスは、1937年のピーク時には230ものラジオ局を顧客に持つようになり、いくつかの新聞社とも契約を結ぶようになった。

新聞社側によるラジオ放送の切り崩し工作は、ついに1935年に破綻することになった。UPとINSがプレス＝ラジオ・ビューローの契約の縛りから解か

れ、トランスラジオに対抗してラジオ局に自由にニュース・レポートを販売するようになったからである。UP はラジオ局専用に書かれたレポートの配信を開始し、AP も 1940 年からラジオ局の顧客獲得競争に乗り出し、同様のサービスを開始した。プレス＝ラジオ・ビューローは 1940 年に活動を停止した。スランプに陥ったトランスラジオは、1951 年に消滅してしまった。

ミューチュアル・ネットワーク：『ザ・マーチ・オブ・タイム』

　1934 年までに CBS は 97 の、そして NBC の 2 つのネットワークは 127 の系列ラジオ局を持っていた。しかし、民放のラジオ局は 600 局以上もあったので、ニュース報道の競争に入り込む余地はまだ残されていた。その年、ニューヨークの WOR とシカゴの WGN を中心とする 4 つの独立局が、ミューチュアル・ブロードキャスティング・システム (Mutual Broadcasting System) を結成し、小規模な系列ラジオ局向けのサービスを開始した。ミューチュアルの設立に参加したもう 2 つのラジオ局は、シンシナティーの WLW とデトロイトの WXYZ であった。WXYZ は 1935 年にオンタリオ・デトロイト地区のウィンザーにある CKLW にとって代わられている。ミューチュアルが急成長し始めたその第一歩は 1936 年にやってきた。その年、地元のコロニアル・ネットワークと提携していたニューイングランド地域の 13 のラジオ局と、ドン・リー・ネットワークに所属していたカリフォルニア州の 10 のラジオ局が、ミューチュアルと契約することに合意したのである。1938 年にはテキサス州の 23 局も加わり、1940 年までにミューチュアルは 160 もの契約局を擁するまでに成長した。その中には、NBC とも提携している局が 25 局、CBS とも提携している局が 5 局あった。ミューチュアルの『ラム・アンド・アブナー』や『ザ・ローン・レンジャー』といったショーが強い関心を集めていたことが分かる。[29] ネットワークを組織すれば、全国的な広告主を引きつけることができるため、コストはかかるがより成功の見込める番組を制作できることが分かってきた。また、ネットワークが成長したことで、年を追うごとにラジオは広告料金獲得において競争力をつけていった。

　1930 年代に注目を集めていたラジオ番組に、『ザ・マーチ・オブ・タイム』(The March of Time) がある。その週のニュースをドラマチックに再現するという内容の番組であった。1945 年の最終回まで、『ザ・マーチ・オブ・タイム』は CBS、NBC の両ネットワーク、そして ABC で聞くことができた。このよ

うな番組の起こりはフレッド・スミス (Fred Smith) にさかのぼる。1925 年、彼はニュースの後にオルガン演奏を流す『ミュージカル・ニュース』をシンシナティーの WLW で制作した。聴取者の反応は抜群で、1928 年、スミスは 1 週間のニュースを総括する番組にタイム誌の提供を取り付けた。そしてその年の末、スミスはタイム社に加わり、毎日 10 分のニュース・ダイジェストを流す 60 局から成るシンジケートを組織化した。当時はまだ全国規模のニュース放送は行われていなかった。『ニューズキャスティング』と呼ばれる初の全国ニュース番組は、夕食時にニューヨークの WOR から放送された。スミスの主張によれば、「ニュース」と「放送」のコンセプトを合体させた「ニューズキャスト」(newscast) という言葉が使われたのは、この時が初めてだという。[30] しかし、毎日のニュースはドラマ化されなければならないと信じていたスミスは、1929 年に『ニューズアクティング』という週 1 回放送の 5 分間の録音番組を制作した。この番組は 100 以上のラジオ局で放送され、これが『ザ・マーチ・オブ・タイム』シリーズにつながった。この番組では、しばしばルーズベルト大統領など有名人の物まねがハイライトになった。番組ではその後、実際に起きたニュースの最新情報や遠距離放送も用いられるようになった。皮肉なことに、同番組に出演した俳優の 1 人にオーソン・ウェルズ (Orson Welles) がいる。彼が 1938 年にマーキュリー・シアターから放送した『世界戦争』は、

オーソン・ウェルズ監督。『世界戦争』の放送で注目を集めた時のもよう。(ベットマン・アーカイブ)

火星人が侵略してきたという噂を広め、東海岸でパニックを引き起こした。『ザ・マーチ・オブ・タイム』はドキュメンタリー・フィルムにもなり、テレビ化もされている。

国内問題を論じるラジオ解説者

　フランクリン・ルーズベルトが連邦政府を掌握し、いよいよニュー・ディール政策の是非をめぐり全国的な論議が本格化すると、アメリカ国民は極めて気鋭で議論好きな多くの放送人たちの意見を耳にするようになった。議論の激しさは、ルーズベルト政権が第2次世界大戦への準備を始めた1930年代後半からさらに増していった。そういったラジオ解説者たちの中で、大御所ともいえるのがハンス・フォン・カルテンボーン (Hans Von Kaltenborn) であった。彼は新聞業界から足を洗った後、1930年に専属の解説者としてCBSに入社した。カルテンボーンのジャーナリストとしての職歴はブルックリン・イーグルから始まっている。彼はそこで海外特派員、編集長、そして編集局次長として経験を積み、1922年からあるラジオのローカル局でニュース放送を始めるようになった。この格調高く洗練された紳士の喋り方は、語尾を省き、ハイピッチであるが発音は正確で、また彼ならではの広い海外経験と適切な洞察力に基づいたコメントは、世界の混乱状況を分かりやすく説明することができた。

　カルテンボーンの国際的な見識は、ドロシー・トンプソン、エドワード・R・マロー (Edward R. Murrow)、レイモンド・グラム・スウィング、エルマー・デイビス (Elmer Davis) らのそれに似ていた。ローウェル・トマスも、党派的な見解を電波に流すことを嫌った点を除けば、聴取者に生彩のある表現で語ったという点で、彼らの仲間に含まれるかも知れない。保守派のラジオ解説者としては、ボーク・カーター (Boake Carter)、アプトン・クローズ (Upton Close)、フルトン・ルイス・ジュニア、そして「ラジオの司祭」として知られるチャールズ・コグリン (Charles Coughlin) 神父などがいた。

　ジャーナリストとはいえないが、コグリン神父はデトロイトのWJRから全国放送されたミシガン州ロイヤルオークでの日曜日のラジオ・ショーを通して、アメリカの政治に多大な影響を与えた。1931年にCBSから降ろされてしまった時も、彼は自分でラジオ局のチェーンを作り上げたほどである。社会主義、共産主義、資本主義を悪として攻撃したコグリン神父は、国際的な銀行家たち、フーバー大統領やルーズベルト大統領、ユダヤ人の利益団体、果ては禁

酒主義者らに対して猛然と食ってかかった。フーバー大統領がダグラス・マッカーサー将軍に命じて、ワシントンで年金を要求する退役軍人たちのボーナス・アーミーを武力で追い払った件についても、コグリン神父は厳しい批判の声を上げた。しかし、やがて神父のラジオ放送は親ナチ的なスタンスをとるようになった。そして 3,000 万人ともいわれるラジオ聴取者が、革新主義者からすれば危険極まりないこの煽動家に従っていったとされる。神父が全国社会正義連合 (National Union for Social Justice) を組織することができたのは、ただ 1 つラジオのお陰であった。

　コグリン神父の親友の CBS のボーク・カーターは、リンドバーグの赤ちゃんの誘拐事件を取材して名声を得た。イギリス生まれのカーターのアクセントは、彼の放送に独特な味を出させ、非常に人気を博した。1936 年から 1938 年にかけて行われた聴取者人気投票では、カーターは NBC のローウェル・トマスにほとんど肩を並べていたほどである。カーターは 1933 年 1 月から 1938 年 8 月まで、平日にニュースと解説を読み上げたが、コグリンと同じく、なぜ CBS が彼を降板させたのかは、十分に明らかになっていない。しかし、彼がラジオ放送と新聞のコラムを通じて、ルーズベルト大統領に対して極端なまでに厳しい攻撃を加え、来るヨーロッパとアジアでの戦争に合衆国が引きずり込まれつつあることに繰り返し警告を発していたことから考えて、コグリンと同じようにカーターも、彼のコメントがますます「非理性的」になっていったために電波から降ろされてしまったのだと思われる。[31]

　アプトン・クローズは 1934 年から 1944 年まで NBC の系列局でニュースの解説をしていたが、彼も番組が物議を醸したため、NBC 社内で懸念が生じ、降板させられた。年を経るにつれて、クローズは客観性を失い反動性を強めていった。彼は他の人びとと共鳴するように、イギリス人、ユダヤ人、ロシア人を嫌悪し、右翼政治に同調していった。1937 年からミューチュアルの系列局でコメンタリーを始めたフルトン・ルイス・ジュニアは、共和党的な考え方にべったりであった。ナチの脅威をくい止める能力がイギリスにあるかどうかという議論が 1939 年に持ち上がった時、彼はチャールズ・リンドバーグを熱心に支持したが、このことで彼は保守派の聴取者たちから賞賛を受けた。

　ドロシー・トンプソンはフィラデルフィア・パブリック・レッジャーのベルリン支局長で、2 度の大戦の間にはヨーロッパに在住しながら他の新聞や雑誌にも寄稿していた。トンプソンが NBC でコメンタリーを放送するようになったのは、1937 年のことであった。堅実な国際派で鳴らすトンプソンは、政治

指導者たちへのインタビューや女性運動での活躍により、広く尊敬されている。

　レイモンド・グラム・スウィングは、ラジオ放送に関わる以前、代表的な日刊紙数社に勤めていた。イギリスで選挙が行われた1932年、彼とCBSのシーザー・セルシンガー (Cesar Saerchinger) は、大西洋を隔てた初のインタビュー放送を行っている。スウィングはミューチュアルで1936年から定時のラジオ放送を始めた。それから2年もすると、彼はラジオ編集者らの人気投票でカルテンボーンとトマスに次ぐ第3位にランクされるまでになった。[32] トンプソンやマローと同じく、スウィングもヒトラーを憎み、イギリスに全面的に同情的で、ユダヤ人の境遇について懸念していた。彼はアメリカ国内のファシズム勢力についても懸念しており、それに関して文章を書いたり講演を行ったりもした。

　この時代に仕事を始めた代表的な解説者としては、かみつき癖のあるウォルター・ウィンチェルと予測報道を旨とするゲイブリエル・ヒアター (Gabriel Heatter) の2人がいる。主としてハリウッドのゴシップ、裏世界の情報、スキャンダルなどに関わっていたウィンチェルは、アメリカ国民にドイツの脅威を説き、1940年の選挙キャンペーンではルーズベルトを強く支持した。「今晩は、北米地域の紳士、淑女の皆さん。そして海上で船にお乗りの皆さん。ニュースの時間です」。ウィンチェルはこのオープニングの言葉に続いて、「来るべき出来事の予測」を始めるのであった。彼の予測には多くの間違いがあったが、それでも多くの聴衆を引きつけた。1946年の人気投票では、11%を獲得したローウェル・トマスやその他の有名どころを引き離し、ウィンチェルは19%の聴取者支持を獲得して人気ナンバーワンに輝いている。彼は1969年に40年におよぶキャリアを終えるまで、ネットワーク数社と契約を交わした。一方、猛烈な愛国家で激情家でもあるヒーターは、リンドバーグの赤ちゃんの殺害に問われたブルーノ・ハウプトマンの裁判をニュージャージー州の裁判所から実況放送して名声を得ていた。その1年後には、ハウプトマンの死刑執行のニュースを待つ間、1時間近くもアドリブでミューチュアルの聴取者を釘付けにした。この放送後、5万通以上もの手紙が寄せられ、ヒーターは週5日、夜の解説番組を任されることになった。多くの場合、ヒーターは政治的論争について一方の肩を持つというよりも、聴取者たちに安らぎを与えるよう努めていた。そのため、彼の個人的な意見は、他の多くの解説者たちのように簡単に識別することができなかった。彼が絶頂期を迎えたのは戦後になってからである。聴

取者の心を暖めた「今夜はグッド・ニュースがあります」という彼の一言は、ピーク時には 196 ものラジオ局で聞かれた。彼は 40 万ドルの年収を稼ぐまでになった。

ネットワークの海外進出

　1936 年にスペイン内戦が勃発し、すぐそれに続いてヒトラーがオーストリアとチェコスロバキアを併合した事件は、ラジオの報道人に絶好の活躍の場を与えた。ハンス・フォン・カルテンボーンは、1936 年から第 2 次世界大戦が正式に始まる 1939 年までの間に、多くの記憶に残るラジオ放送を行った。ダーク・スーツを着込んで常に威厳をもって振る舞うカルテンボーンであったが、戦闘が行われているスペインに隣接するフランス国境近くで、干し草置き場から放送を行ったこともあった。電波妨害にもめげず、発砲の音に囲まれるカルテンボーンの声を 15 分にわたって聴いたアメリカの聴衆は、ファシズムが拡大していることを多少なりとも理解することができた。当時、ネットワークはまだ外国にスタッフを持っていなかった。その代わりに頼っていたのが、たまに行われる放送用に急場しのぎで組み立てられた送信システムであった。新聞記者が短い解説を頼まれて呼び出されることもしばしばであった。しかし、そうしたことも、ヒトラーがオーストリアに侵攻する 1938 年初頭から変化を見せるようになった。

　CBS の無名の番組調整係からヨーロッパのニュース担当主任に任命されていたエドワード・R・マローは、危機感が高まるロンドンにいた。助手として彼に雇われたのは、ハーストのユニバーサル・サービスが閉鎖したため失業中のウィリアム・L・シャイラーであった。2 人の仕事は文化的な番組やヒューマン・インタレストものを短波放送用に制作することで、作った番組は合衆国のラジオ局で再放送されることになっていた。1938 年 3 月 12 日、マローはウィーンに、シャイラーはロンドンに陣取り、史上初の複数地域からのニュース中継放送を行った。その中で彼らは、エドガー・マウラー、ピエール・ハス (Pierre Huss)、フランク・ジューベジー (Frank Gervasi) といった新聞記者に、それぞれパリ、ベルリン、ローマの印象を聞いてまわった。アンカーはロバート・トラウト (Robert Trout) であった。こうして、20 日間におよぶ 9 月のミュンヘン危機をラジオ放送する舞台は整えられていった。その月、ヒトラーはチェコに対してドイツ語圏のズデーテン地方を明け渡すよう要求し、つい

H・V・カルテンボーン、ラジオ解説者のパイオニア（ベットマン・アーカイブ）

にミュンヘン条約が締結されるに至った。

　ミュンヘン危機の最中、ラジオ聴取者たちはヨーロッパの14の都市からライブ中継を聞くことができた。ヒトラー、チェコスロバキアのエドゥアード・ベネシュ (Eduard Benés) 大統領、チェンバレン (Chamberlain)、ゲッペルス (Goebbels)、リトビーノフ (Litvinoff)、ムッソリーニ、そして教皇ピオス11世 (Pius XI) らの声が直接飛び込んできた。この時カルテンボーンは、ニューヨークの「スタジオ・ナイン」に陣取り、自慢の中継システム「ヨーロピアン・ニューズ・ラウンドアップ」を支えるCBSのヨーロッパ特派員たちを3週間にわたってバックアップし、何時間にもわたって分析や解説を述べた。また、ヒトラーの激しい口調をアメリカの聴取者に翻訳し、何か出来事があるとその次にどのような外交の進展があるかを予測したのも、カルテンボーンその人であった。その3週間というもの、彼は85回の放送をこなし、仕事の合間に簡易ベッドでうたた寝をするという具合であった。CBSはミュンヘン危機の報道に471回ものラジオ放送を行い、48時間近くの放送時間を費やした。そのうち飛び込みの緊急ニュースは135回あり、その中にはヨーロッパのスタッ

フが担当した 98 回が含まれている。NBC の 2 つのネットワークは 443 本の番組、放送時間にして 59 時間におよぶ報道を記録した。[33]

　NBC のマックス・ジョーダン (Max Jordan) は、マローとシャイラーにとって手強い競争相手であった。ジョーダンはミュンヘン条約の文面をスクープした 46 分間におよぶ放送を行っている。この条約によりイギリスとフランスはナチの暴虐の前に引き下がり、ドイツによるチェコスロバキアのズデーテン地方の奪回を許したのである。チェコ人はその決定に参加することさえ許されなかった。プラハからの放送は陰鬱なものであった。ヒトラーはいまや好きな時に自由にチェコスロバキアの残りの部分を手に入れることができた。ウィンストン・チャーチル (Winston Churchill) は条約を懐柔行為として声高に批判したが、多くの人びとは安堵のため息をついていた。ロンドンは空襲に備え始め、子供たちは田舎に疎開し、アメリカの聴取者は戦争を回避できないものかとラジオの一語一語に耳を傾けた。ある時、知事選への出馬に向けてニューヨークの共和党の指名を受けるためトマス・E・デューイ (Thomas E. Dewey) が重要な政治演説を行っていた折に、ジョーダンのラジオ放送が入ってきたことがあった。これは、ラジオ放送により重要演説がキャンセルされるという珍しい出来事の 1 つであった。

　ジョーダンには、一流の新聞記者や通信社の特派員たちから成る、頼りになるバックアップ・クルーがついていた。ニューヨーク・ヘラルド・トリビューンのウォルター・カー (Walter Kerr)、INS のカール・フォン・ウィーガンド、シカゴ・デイリー・ニューズの M・W・フォードー (M. W. Fodor)、ロンドン・デイリー・メイルの G・ウォード・プライス (G. Ward Price) たちである。プライスはケルンでヒトラーに単独インタビューを行い、10 月 1 日を最終期限とするという発言を引き出した。著名な著作家で国際通のモウリス・ヒンダスは CBS に手を貸していた。ミューチュアルはロンドンにジョン・スティール (John Steele)、パリにルイス・ヒューアット (Louis Huot) を配置していた。こうして、チェコのベネシュ大統領がヒトラーに抵抗する意志がある旨を放送した 9 月 10 日から、4 大国がミュンヘンで最終的な合意に達する 29 日までの間というものは、アメリカ国民は興味津々で緊迫したラジオ放送に耳を傾けた。もちろん、ラジオ・ネットワークは UP、トランスラジオ、プレス＝ラジオ・ビューローからの特電の助けを借りてもいた。各ネットワークは、第 2 次世界大戦が勃発した時には、アジアからヨーロッパまで広い範囲を取材できる体制を整えていた。

この時点でアメリカでは都市部の家庭の 91% 以上、そして農村部でも約 70% の家庭がラジオを所有していた。ルーズベルト政権が行った農村部の電気普及政策の効果が大きかった。実際、1930 年から 1938 年の間に、ラジオ受信機の台数は 100% 以上も増加している。電話よりもラジオを持っている家庭の方が多かった。[34] 人気の高かった番組は、『ユア・ヒット・パレード』などのミュージック番組や、『ワン・マンズ・ファミリー』、『ギャングバスターズ』、『アメリカの少年　ジャック・アームストロング』、『キャプテン・ミッドナイト』、『ザ・グリーン・ホーネット』、『ベイビー・スヌークス』、『ヘンリー・オルドリッチ』などであった。ジャック・ベニー (Jack Benny) は人気トップのコメディアンで、エドガー・バーゲン (Edgar Bergen) と彼のさえない友人のチャーリー・マッカーシー (Charlie McCarthy) も、人気最高のショーに出演していた。最も人気の高い女性歌手といえば、ケイト・スミスであった。テッド・ヒュージングとクレム・マッカーシー (Clem McCarthy) はスポーツの大イベントを放送した。その他、ビング・クロスビー、エディー・キャンター (Eddie Cantor)、ネルソン・エディー (Nelson Eddy)、ジョージ・バーンズ (George Burns) とグレイシー・アレン (Gracie Allen)、ドン・アミチ (Don Ameche) たちも有名であった。しかし、彼らの軽妙な楽しさも、やがてヨーロッパからの不吉なメッセージにより妨げられてしまった。注意を払って目を凝らしていた者なら、第 2 次世界大戦が地平線上に見え始めており、大戦が勃発するのは時間の問題であるということが分かっていたはずだ。しかし他方、そうでない人びとは、アメリカが戦争に巻き込まれるはずはもちろんないし、巻き込まれるべきでもないと信じていた。そのため、1941 年 12 月 7 日にパールハーバーが爆撃された時には、ただ驚くばかりであった。

1930 年代のテレビジョン開発競争

　1930 年代におけるテレビジョンの開発は、RCA のロシア人科学者であるウラジミール・K・ツボルキン (Vladimir K. Zworykin) と、サンフランシスコの発明家で個人の支援者たちから実験の援助を得ていたファイロ・T・ファーンズワース (Philo T. Farnsworth) との競争により象徴される。ただし、彼らが成功する以前から、ヨーロッパでは数多くの実験が繰り返されていた。画像を送信したいという好奇心は、1840 年代のファクシミリ機の発案までさかのぼる。1890 年から 1920 年までに、イギリス、フランス、アメリカ、ロシア、ドイ

ツの数多くの科学者が、テレビジョンの完成に向けてさまざまな技術を提唱していた。

　1926年1月16日、ロンドンで初めてライブのテレビジョン画像の公式デモンストレーションが行われた。デモを行ったのはスコットランド人の発明家、ジョン・L・ベアード (John L. Baird) であった。見物人や記者たちは、かすんで時々ぼやけてしまうけれども、それでもわずか数インチ四方のスクリーンに見て取れるほどはっきりと、ある部屋から別の部屋に画像が送信されるのを確認した。そしてその2年後、ベアードは短波バンドを利用して、女性のテレビ画像をロンドンからニューヨーク州のハーツデイルに送信し、また1,000マイル先の海上に浮かぶ海洋船にも画像を送ることに成功した。1932年には、ベアードがテレビ放送したイギリス・ダービーの模様を、4,000人以上もの人びとがロンドンの映画館の大スクリーンで観戦することができた。[35] 英国放送協会 (British Broadcasting Corporation = BBC) は、世界初の定時スケジュールのテレビ放送を1936年11月2日から開始している。

ベアード、ジェンキンス、アイビスたちの実験

　ベアードの競争相手でアメリカ人のチャールズ・フランシス・ジェンキンス (Charles Francis Jenkins) が開発しようとしていたものは、画像の細部を連続的に記録し、それらを動作の幻影のように見せて送信するという、スキャニング・ドラムなど数多くの部品からなる商業用の「機械式」テレビジョン走査システムであった。テレビジョン画像を生み出すプロセスで重要なのはスキャニングであるが、「機械式」走査システムではワイドなスケールの受像に必要な明瞭さ——これを画質と言う——を生み出すことができなかった。映る画は薄暗く、スクリーンのサイズもわずか数インチに制限されていた。しかし、その後「電子式」システムが開発されると、画像の様々な要素のすべてを一度に記録してから、スクリーンに画として映る電荷に変換することができるようになった。

　1923年、ジェンキンスは無線を用いてフィラデルフィアからワシントンまでハーディング大統領の写真の画像を送信し、1925年にはラジオ波を用いて動画（生の人物ではないが）を送信した。しかし1930年になると、彼の会社は管財人の手に渡ってしまい、彼の特許も結局はRCAに渡ってしまった。ベアードは1923年の時点からカラー・テレビジョンの可能性を見出し、長年に

わたって実験を続けた。しかし、1936年に一般テレビ放送を開始した時には、「機械式」システムを用いていたBBCがより優れた「電子式」システムに転換してしまい、ベアードの望みは絶たれることになった。

初期のテレビジョン実験では、ハーバート・E・アイビス (Herbert E. Ives) も欠くことのできない担い手の1人であった。1927年、ハーバート・フーバー商務長官の画像を有線を通してワシントンからニューヨークまで送るという実験が成功したが、これはアイビスがベル・テレフォン・ラボラトリーズで行った、有線写真送信に関する研究のお陰であった。2×3インチのスクリーンにフーバーの顔が映し出され、同時に彼の声も聞くことができた。未来の映像電話のアイデアを生んだのもこの実験であった。アイビスは同軸ケーブルやラジオを使ったテレビジョン画像の転送方法の開発、そして野外で使用可能なカメラの発明にも尽力した。しかし、AT&Tはそうした発明品を商業化しようとはしなかった。[36]

サーノフ、ツボルキン、ファーンズワースのテレビ開発競争

これに対し、テレビを一般に広めようと躍起になっていたのがデイビッド・サーノフであった。彼の手となり足となったのが、1923年にアイコノスコープという初の電子式テレビジョンのカメラチューブの特許を取得したツボルキンである。ツボルキンは1926年にもキネスコープという受信部の核となるブラウン管を発明している。サーノフはテレビジョンの可能性に対するツボルキンの考えに感化され、1929年に彼をウェスティングハウスの研究部門に引き入れた。翌年、裁判所の命令でウェスティングハウスとGEがRCAから分離されることになると、ツボルキンはニュージャージー州にあるRCAの大研究チームに加わることになった。このチームに集まった優秀な科学者たちは、すでに多くの画期的な業績を残していた。たとえば1928年には、GEのアーネスト・F・W・アレグザンダーソン (Ernest F. W. Alexanderson) が実験テレビ局W2XADで試験放送を行っている。この時に、ニューヨーク州スカネクタディーのラジオ局WGYから音声を運び、初めてテレビジョン・ドラマが放映された。それに続いたのがサイエンス・フィクションのスリラーもので、誘導ミサイルによりニューヨークが破壊されてしまうという内容であった。

その一方で、ファーンズワースも著しい成果を上げていた。彼は1927年に映像の送信に成功し、1930年代前半までには全電子式システムを開発していた。

サンフランシスコの支援者たちはテレビジョン・ラボラトリーズ社を通じて彼を支援し、そのお陰で彼は RCA の大研究チームとも対等に渡り合うことができた。両グループとも、それまでよりもはるかに優れた画像を映し出すことができるようになっていた。ツボルキンのアイコノスコープは画像をより明るく、スクリーン・サイズをより大きくした。ファーンズワースは、それまでの実験では画面あたりの走査線が 30〜50 本の鮮明度だったのに対し、100〜150 本の鮮明度の画質を得る方法を開発していた。RCA は 1931 年までに走査線 120 本の画像を送信することができた。その後、画質は着実に改善されていった。

RCA の資力はファーンズワースを圧倒するものであった。サーノフは 1932 年にエンパイアー・ステート・ビルディングにテレビジョン・スタジオを建設させた。その RCA の実験テレビ局は 2XBS と呼ばれた。NBC の本拠地ラジオ・シティーが建設されてから 2 年後の 1935 年には、その中のスタジオの 1 つがテレビジョン制作の一大拠点となった。それはサーノフが細部 1 つひとつのコーディネイトまで手がけたスタジオであった。1936 年、RCA の実験の中心地は実験局 W2XF に移った。1937 年には移動撮影隊がニューヨークの街角に送られるようになり、1938 年の火事では初のライブのテレビ放送が行われた。そして 1939 年に開かれたニューヨーク万国博覧会で、サーノフは初めて電子式テレビジョンを大々的に公の前に披露した。テレビジョンに登場した初めての大統領はフランクリン・ルーズベルトであった。万博でサーノフが披露したのは走査線 441 本のシステムであったが、FCC は 1941 年に走査線 525 本・毎秒画像数 30 枚という今日においても有効な規格を決定している。[37]

RCA は FM ラジオの開発にも深く関わっていた。しかし、当初こそ開発を支援していたものの、RCA はその賛助の下でシステムを開発していたエドウィン・H・アームストロング (Edwin H. Armstrong) と敵対するようになっていった。テレビジョンと FM ラジオのシグナルは同じ高周波域で競合するため、RCA の役員らが 1930 年代中頃からテレビジョンに肩入れするに従い、彼らの FM ラジオに対する熱意は脇に追いやられていったのである。このため、FM サウンドの美しさを示す実験を何回も行っていたアームストロングも、ついにはエンパイアー・ステート・ビルディングから資材を撤去して RCA と法廷で争うことになった。結局、彼は 1953 年に一文無しになり亡くなってしまった。彼はその生涯のある時期に確かに百万長者になったし、FM も定着したのであるが、サーノフからはまともに認知されず、特許使用料を支払われることもなかった。[38]

ファーンズワスとRCAも、特許権をめぐり多くの論争を繰り広げた。1939年、RCAはついに特許使用の代償としてファーンズワスに対し複雑な形の使用代金を支払うことに合意した。即座に特許権を買ってしまわずにそのような手順を踏んだのは、RCAとしてはそれが最初の例であった。

　こうして、意見の不一致はあったものの、とにかくテレビジョンが到来した。テレビ受信機は、1938年になると百貨店で手に入るようになった。スクリーンのサイズにより3インチから12インチまでのモデルがあり、値段は125ドルから600ドルであった。翌年には十数のテレビ製造業者が現れ、FCCも規格化を行わざるを得なくなった。[39]

　FCCは18のテレビ局に対して1941年7月1日より民間のテレビ放送を開始する許可を与えたが、その日までに準備を整えることができたのはニューヨークにあるNBC(WNBT)とCBS(WCBW)の2局だけであった。しかし、その9か月後にはもう8局が加わり、推計で1万から2万台のテレビ受信機の前にいる視聴者たちにサービスを行うようになった。各局は1週間あたり15時間分の番組を放送してよいことになっていた。大活躍だったのがWCBWで、1941年12月7日にパールハーバー攻撃の最新報を伝え、数千の視聴者に向けて戦域の地図を見せた。しかし、政府による1942年5月の凍結措置により、新局の設立は停止させられることになり、既存のほとんどの局も大幅に番組を切り詰めるようになった。戦争が終わり凍結が解除される1945年まで放送を続けることができたのは、わずか6局だけであった。

映画でのニュース番組

　アメリカのほとんどの映画館では、標準的なニュース映画は本番の映画が上演される間の10分ほどの時間に、他の短編と一緒に上映された。5つの中心的な制作会社が週に2度新しいバージョンを封切り、内容はヒューマン・インタレストものや、スポーツ、災害や犯罪といった味付けで、大きなニュース・イベントの映像を織り混ぜるというものであった。ニュース映画が最も活況だった時期は、1930年代から戦争期の1940年代にかけてであった。

　映画史研究家たちによれば、1907年にフランスのシャルル・パテが制作した『パテ・ジャーナル』が初のニュース映画であるとされる。1911年、彼はニュージャージー州のスタジオで合衆国で初の無声ニュース映画『パテズ・ウィークリー』を制作している。1914年になると、彼のパテ・フレーレ社は北米

で 37 名のカメラ・オペレーターをスタッフとして雇うまでになり、ニュース映画制作においてビタグラフやハーストの映画事業と競合するようになった。[40]

フォックス・ムービートーン・ニューズ (Fox Movietone News) は 1927 年 1 月に初の音声付きのニュース映画を上演し、5 月にはチャールズ・リンドバーグがパリへ向かって離陸する場面のサウンド・フィルムで大ヒットを飛ばした。10 月、フォックスは長編ニュース映画を上演した。それは観衆をナイアガラの滝の壮観へと引き込み、「アイアン・ホースのロマンス」のレビューを行い、またフットボールの陸軍対イェール大学戦とニューヨークでのロデオを披露するという内容であった。ハースト・メトロトーン・ニューズ (Hearst Metrotone News)（後にニューズ・オブ・ザ・デイ <News of the Day> と改名）は、1929 年にサウンド映画の世界に参入してきた。その他の主な制作会社としては、パラマウント・ニューズ (Paramount News)（「世界の目と耳」のスローガンで知られる）、ユニバーサル・ニューズ (Universal News)、パテ・ニューズ (Pathé News) などがあった。1937 年にはキャッスル社が、ヒンデンブルグ号の惨事、ウィンザー公爵の生涯、エドワード 8 世国王の戴冠式、などを映した 16 ミリと 8 ミリの家庭用フィルム『ニューズ・パレード』を売り出し始めた。

1938 年から 1949 年までのニュース映画の内容を分析した研究によると、平時においては 25% がスポーツに関する内容だったという。ところが、1943 年から 1944 年の間には第 2 次世界大戦が 50% を占めるようになり、戦後は海外の映像が 30% を占めるようになった。政府に関するニュースは 5〜10% で、災害や犯罪は 4% を超えることは決してなかったという。まだテレビジョンがなく、ようやく写真雑誌が出てきたばかりという当時の社会では、偉人のイメージ、戦争のドラマ、そして人生の悲劇を映し出してくれるニュース映画は、みんなのお楽しみであった。しかし、ネットワークのテレビジョンが主なニュース・イベントを報道するようになると、ニュース映画は衰退していった。20 年もの間ニュース映画だけを 1,100 万人もの観客に上映し続けたニューヨークのエンバシー・ニューズリール・シアターは、1949 年 11 月に閉館した。トランス＝ラックスのニュース映画館も 1950 年までに閉鎖してしまった。ニュース映画が最後の栄光の瞬間を見せたのは、テレビジョンと同じくらい速くクイーン・エリザベス 2 世 (Elizabeth II) の 1953 年の戴冠式を上映した時であった。この時テレビジョンは、まだ大西洋横断のサテライト送信ができなかったのである。

ニュース映画会社はテレビジョンとの関係を築こうと、蓄えていたフィルムを売りに出すようになった。1935 年以来続いてきたドキュメンタリー『ザ・マーチ・オブ・タイム』は、1951 年にテレビジョンへと転向した。パテ・ニューズは 1956 年に、パラマウントは 1957 年に、フォックスは 1963 年に、そしてハーストとユニバーサルは 1967 年にそれぞれ廃業し、以来ニュース映画はもう作られなくなってしまった。

　ドキュメンタリー形式で制作された『ザ・マーチ・オブ・タイム』シリーズは、ニュース映画として 16 年にわたり毎月、映画館で上映された。合衆国そして世界中の 9,000 の映画館で、2,000 万人もの観客が鑑賞したと言われている。『ザ・マーチ・オブ・タイム』はジャーナリストで映画制作者でもあるルイ・ド・ロシュモン (Louis de Rochemont) がタイム社のために制作したニュース映画で、300 話近くのエピソードで社会問題を掘り下げ、その多くは論議を巻き起こした。ウェストブルック・バン・ボーリス (Westbrook Van Voorhis) の危機感あふれるスタッカート口調の語りが、人びとの心を引きつけた。『ザ・マーチ・オブ・タイム』は、時には物まねを使って出来事を再現することで、ヒューイ・ロング、コグリン神父、ジェラルド・L・K・スミス (Gerald L. K. Smith)、ヒトラー、ムッソリーニなどを攻撃した。『ザ・マーチ・オブ・タイム』はまた、ダスト・ボウル（訳者注：アメリカ中西部の砂嵐地帯）、移民労働者たちの窮状、あるいは戦時の不公平についても訴えた。こうしてアメリカ国民は、映画、ラジオ、テレビジョンを通してバン・ボーリスの重々しい「時は行進します！」(Time Marches On!) という台詞を聞いたのであった。

論調・解説雑誌：メンケンのマーキュリー

　解説やニュースの専門化が流行してくると、いくつかの雑誌もその流れを形作るようになった。一方で、雑誌界における新たな胎動も始まっていた。つまり、着実に上昇する郵便料金、高い印刷コスト、店頭販売方式の変化などにより、少部数のオピニオン雑誌がますます痛手を受け、それに代わり「スリック」(slick) と呼ばれる大衆受けを狙った雑誌が主役に躍り出るようになってきた。

　マックレーキング時代には、コリアーズ、マックルアーズ、エブリバディーズ、アメリカンといった総合雑誌が、産業界の独占化や政治腐敗を暴き出し、政治経済的な民主主義を広める運動を行うことで、娯楽メディアとしても、また「民衆の擁護者」としても機能していた。しかし、その時代は第 1 次世界大

戦までに終わってしまい、それ以後、彼ら旧守派の擁護者たちは衰えるばかりであった。マックルアーズは1920年までに下降線をたどるようになり、1933年に廃刊してしまった。エブリバディーズは1930年に、コリアーズとアメリカンも1956年に廃刊してしまった。

このように、第1次世界大戦以前まで情報ソース、またオピニオンの担い手として重要な位置を占めていた硬派雑誌のほとんどは、1920年代・1930年代に入ると傍流に脱落していってしまった。センチュリーはフォーラムと合併したが、両者ともカレント・ヒストリーに吸収されて消えてしまった。最高級雑誌の1つワールズ・ワークも、レビュー・オブ・レビューズと合併せざるを得なくなり、それもリタラリー・ダイジェストに売却されてしまった。ダイジェストは1890年に創刊されて以来、アメリカにおける新聞評論や時事問題の伝え手として長く人気を博していた。しかし、そのダイジェストも、新しいタイプの雑誌の猛攻を受ける前にスランプに陥ってしまった。そしてついには、1936年の大統領選で葉書による世論調査を行い、アルフレッド・M・ランドンがフランクリン・ルーズベルトを破ると予測してしまったことで（実際は、ランドンは2州しか獲得できなかった）、あっと言う間にダイジェストの命は絶たれてしまった。優れた文芸雑誌スクリブナーズも1939年に廃刊している。

ヘンリー・ルイス・メンケン (Henry Louis Mencken) のアメリカン・マーキュリーは、1924年当時の雑誌界に輝ける新星として登場した。同誌はアメリカに広がっていた自己満足心に挑戦を突きつけ、お堅い市民たちを驚かせ、1914年以来すでにスマート・セット誌上でメンケンやジョージ・ジーン・ネイサン (George Jean Nathan) の仕事に親しんでいた反抗的な若者たちを喜ばせた。メンケンはボルチモア・サンを拠点としながら、1920年代のアメリカ批評界で中心的な人物になっていった。メンケンは、まるで国中のほとんどすべてのものを忌み嫌う尊大な貴族といった雰囲気を漂わせていた。彼は悪趣味な人びとや習慣を見つけては、それらをばからしいと批判し、とくにピューリタニズム、禁酒主義、文学におけるアングロ＝サクソン的伝統が彼の標的となっていた。またメンケンは、「頭のおかしい」言動を集めて掲載する「アメリカーナ」というコラムを執筆していた。大学生や若いジャーナリストたちは、メンケンの洗練された雰囲気とライティング・スタイルを羨望し、その両方を真似しようとした。しかし、大恐慌により国内のムードが一変し、メンケンと彼の仲間が1933年に手放した後は、アメリカン・マーキュリーはまったく振

るわなくなってしまった。

ハロルド・ロスとニューヨーカー

　アメリカにおいて恐らく最も個性的な雑誌は 1925 年に現れた。ハロルド・ロスが創刊したニューヨーカーである。ロスは第 1 次世界大戦中にスターズ・アンド・ストライプスの編集者をし、その時にフランクリン・P・アダムズやアレグザンダー・ウォルコットといった優秀なスタッフと巡り会った。そして 1925 年、ラウル・フライシュマン (Raoul Fleischmann) の財政的支援を得て、アダムズらの力を借りながらロスはニューヨークで新しい雑誌をスタートさせた。ロスによれば、ニューヨーカーは大都市圏の生活を映し出し、軽快で皮肉っぽく日々の出来事を伝えるユーモラスな雑誌であり、「ドゥビュック（訳者注：アイオワ州東部の中規模都市）のおばあちゃん向け」ではないのであった。ロスは厳しく短気な編集者で、初めの 1 年半は約 100 名のスタッフを雇い入れては解雇するというもがき苦しみようであった。しかし、しばらくすると、ようやく彼の望むようなスター記者を見つけ出せるようになってきた。たとえば、「トーク・オブ・ザ・タウン」を担当した E・B・ホワイト (E. B. White)、ニューヨーカーのトレードマークで偉そうでダンディーなユースティス・ティリー (Eustace Tilley) を描いたリー・アービン (Rea Irvin)、ライターではジェイムズ・サーバー (James Thurber)、オグデン・ナッシュ (Ogden Nash)、ウォルコット・ギブズ (Wolcott Gibbs)、S・J・ペレルマン (S. J. Perelman)、A・J・リブリング (A. J. Liebling)、フランク・サリバンらである。アーチストではピーター・アーノ (Peter Arno)、ヘレン・ホーキンソン (Helen Hokinson)、オット・ソグロウ (Otto Soglow)、チャールズ・アダムズ (Charles Addams) などがおり、その他多くの漫画家たちもニューヨーカーの有名な風刺漫画を描いた。編集者ではキャサリン・ホワイト (Katharine White) がいた。

　しかし、ニューヨーカーは単に漫画、気まぐれ、興味本位で筋のないフィクションばかりを載せているわけではなかった。ニューヨーカーには「プロファイルズ」、「レポーター・アット・ラージ」といった鋭い洞察が売りのコラムがあったし、その他にも社会一般の問題に関して鋭敏な評論を掲載していた。「パリ便り」はその中で最も有名なシリーズの 1 つであろう。同シリーズは「ジュネ」のペンネームでジャネット・フラナー (Janet Flanner) が執筆していた。（訳者注：邦訳は『パリ・イエスタディ』白水社、1997 年。）一番最初の記事は 1925 年

ハロルド・ロス、ニューヨーカー編集者
(フェビアン・バッカラ)

に書かれ、以来彼女は1975年までパリやその他のヨーロッパの都市から700以上の記事を書いた。フラナーはそのシリーズを「批判的な切り口の海外通信」と呼んでいた。彼女はロスが敬愛した文章家であった。彼女は、読者たちにフランス社会の空気を伝え、その時代の大きな出来事に関して洞察の鋭いコメントを伝えた。

　1951年にロスが世を去った時、彼の雑誌は部数においても広告収入においても手堅い成功を収めていたが、ウィリアム・ショウン(William Shawn)という新しい編集者の下でさらに成功し続けた。寄稿記者たちの顔ぶれも変わり、いくつかの批判も寄せられた（たとえば、1960年のタイムは、ショウンのニューヨーカーがドゥビュックに97名の購読者を持っており、その中には数人のおばあちゃんが含まれていると報じている）。しかし、洗練された広告や漫画、そしてワシントン特派員のリチャード・ロウバー(Richard Rovere)、ライターのジョン・アップダイク(John Updike)、一般記事担当のカルビン・トリリン(Calvin Trillin)とジョナサン・シェル(Jonathan Schell)、コラムニストのエリザベス・ドルー(Elizabeth Drew)、批評家のペネローペ・ギリアット(Penelope Gilliatt)とマイケル・アーレン(Michael Arlen)ら新顔のライターたちの記事により、ニューヨーカーは50万人近くの購読者を獲得した。

デウィット・ウォレスとリーダーズ・ダイジェスト

　クオリティー雑誌の調子が振るわなくなった背景には、リーダーズ・ダイジェストのめざましい成功も一役買っていたと思われる。同誌は他の雑誌に掲載された時事ネタや娯楽ものの記事を要約して載せるという方式で、1922年に創刊された。デウィット・ウォレス (DeWitt Wallace) と彼の妻ライラ・アチソン・ウォレス (Lila Acheson Wallace) によるそのアイデアで、リーダーズ・ダイジェストは1920年代に徐々に読者を増やしていき、1935年には100万部を達成するまでに成長した。ポケットサイズの大きさ、流行のテイストに敏感なスタッフ、記事要約の巧みさが受け、同誌は全国的なベストセラーであり続けた。部数は1938年には300万部、1942年には500万部、1946年には900万部へと伸びていった。ウォレスは独自の記事を手がけるようにもなった。それは、再録権を認めなくなった雑誌が数社出てきたからでもあったし、ウォレス自身が個人的な人生観を表現してみたいと思ったからでもあった。しかしその結果、他の出版物の記事を偏向することなくダイジェストするはずが、1940年代に入ると徐々に保守的な考え方が目に付くようになった。そのことに対して批評家たちは、同誌の「想像力あふれるよう」な論調は極端に楽天的とはいえないまでも非現実的であり、主要な国内・国際問題について満足な対応がまったくできていない、と批判した。しかし、それでもリーダーズ・ダイジェストの部数と影響力は増大し続け、合衆国では2,000万部近く、さらに海外60か国では1,000万部以上の外国語版が出た。ウォレスは1955年に古くからの禁制を解いて広告を取り入れるようになったが、このことはダイジェストの利益をさらに増やすことになった。

ヘンリー・ルースとタイム

　ヘンリー・R・ルース (Henry R. Luce) も雑誌ジャーナリズムにおける新たなビッグ・ネームの1人である。彼はけた外れの成功を収めた人物であると同時に、論議を巻き起こした人物でもあった。彼の週刊ニュース雑誌タイムはその分野の大御所となり、写真雑誌ライフも部数と広告収入の両面で圧倒的な成功を収めた。

　タイム社の歴史は、1923年の3月、ルースと彼のイェール大学の同級生であるブリトン・ハデン (Briton Hadden) がタイムの第1号を発刊した時に始ま

った。2人ともイェール・デイリー・ニューズの編集者で、記者として働いていた時期もあった。その2人の若者はタイムの創刊号で彼らを取り巻く1920年代の状況を見渡し、次のような発刊趣意書を発表している。

> 確かに、合衆国では世界のどの国よりも日刊ジャーナリズムが発展しているといえましょう。
> 外国の人たちは、ワールズ・ワーク、センチュリー、リタラリー・ダイジェスト、アウトルックなどといったわが国の雑誌を見て驚くのです。
> しかし、実はアメリカの人びとのほとんどは、不十分な情報しか与えられていないのです。
> ただし、それは日刊新聞の責任というわけではありません。むしろ、日刊紙はあらゆるニュースを掲載しています。
> またそれは、「レビュー」をしてくれる週刊誌が悪いのでもありません。彼らも十分なニュース報道を行い、かつコメントを述べています。
> あるいは、安易な皮肉屋のように、それは人びと自身が悪いのだと言ってみても、問題を解決したことにはなりません。
> 人びとが十分情報を与えられていないのは、忙しい彼らが簡単に情報を知ることができるような、この時代に適応した雑誌が生まれていないからなのです。

そこで彼ら編集者が約束したことは、タイムはその週に起こったニュースを分野別にまとめて整理するということであった。「1人の読者のために1人の記者が書いているかのようなタイムです」がスローガンであった。すなわち、タイムの国内問題、外国ニュース、科学、宗教、ビジネス、教育、その他の分

タイムの創刊者　ヘンリー・R・ルース
（タイム社―ホールズマン）

野の報道は、それぞれの分野の専門的知識を持っている人びとのためではなく、タイムを読む「忙しい人」のために書かれているのであった。編集者たちはニュースを物語的なストーリーで伝え、ヒューマン・インタレスト的な要素をニュースに強く注ぎ込んだ。またタイムは、各記事に編み込まれる数多くの事実を収集するために、通信社サービスを補う相当な規模の自社ニュース収集組織を作り、充実した研究スタッフと図書館スタッフを育成した。

タイムの部数が20万部に達し、1929年にハデンが他界すると、その後はルースが1人で事業を進めることになった。ラジオ番組『ザ・マーチ・オブ・タイム』が開始されたのは1931年で、映画バージョンが始まったのは1935年のことであったが、そうした中、ルースがビジネスマン向けに創刊したぜいたくな雑誌フォーチュンは、1部1ドルという販売価格にもかかわらず、1930年という大恐慌の年でさえも成功することができた。1936年に店頭に登場したライフは写真に意識の高い階層の関心をつかみ、人びとは奪い合うようにして買っていったという。両誌に比べるとやや低調ではあったが、1954年にはスポーツ・イラストレイテッドも創刊された。タイム社は1938年にロックフェラー・センターに移り、1960年にはそこに48階建てのタイム＆ライフ社のビルディングを建設し、記録破りの年間総売り上げとなる2億7,000万ドルを計上した。1962年には、タイムは国内、カナダ、それに3つの海外版を含めて300万部の部数を誇るようになった。ルースは1964年に編集長の座をヘッドリー・W・ドノバン (Hedley W. Donovan) に譲って引退し、1967年に他界した。

タイムをめぐり噴出した批判は数多い。というのも、ルースと彼の編集者たちは、一般的に言われるジャーナリズムの客観性などは神話にすぎないと考え、そのような考え方に従おうというふりも見せなかったからである。そもそもタイムは、不偏（インパーシャル）であると評価されることを望んでいなかった。むしろ、公正さ（フェアネス）がタイムの目標とされた。25周年を記念して掲載された歴史的なエッセイの中で、タイムは次のように述べている。「不偏性（インパーシャリティー）と公正さ（フェアネス）の違いは何であろうか。責任あるジャーナリストは、彼にとってはそのものずばりと思える事実を解釈する時には『偏っている』（パーシャル）のである。しかし彼は、彼の考え方を支持する事実を曲げず、しかし彼とは違った考え方を支持する事実も押さえつけないようにすれば、公正（フェア）であるといえる」。[41]

しかし、批評家の中には、時としてタイムは読者に対して公正でないと感じ

る者もいた。意見や社説的な仮説とストレート・ニュースと混ぜこぜにしてしまうからである。後にニューズウィークも同様の非難を浴びるが、批評家たちは物語的でヒューマン・インタレスト的なテクニックが使われていることを嫌ったのである。それでもタイムの影響力は広範囲にわたり、日々のニュースを週刊ダイジェストに要約することで多くの読者に奉仕し続けた。とくに、専門化された各部局が科学、医療、宗教、ビジネス、教育、芸術、ラジオ、プレスといった分野のニュースを報道したことで、以前はフォローできなかったほどの多様な分野の出来事を読者に知らせることができた。1960年代中頃から始まった「エッセイズ」欄は、硬派の読者たちへのアピール度を高めることになったし、1976年に出された50周年記念の特別版もめざましい功績を残した。その年、タイム社は初の10億ドル規模の出版社となり、ロサンゼルスのタイムズ・ミラー社にわずかに先行するようになった。

ニューズウィーク、US・ニューズ＆ワールド・レポート、ビジネス・ウィークの登場

　タイムが1938年にリタラリー・ダイジェストの遺物を買い取った時、直接に対抗し得る競争相手だったのは唯一、1933年に創刊されたニューズウィークであった。ニューズウィークの体裁はタイムとほとんど同じであったが、初期の編集者たちはコラムに意見を差し挟むことがより少なかった。アスター家、ハリマン家から資金を受け、1937年からはマルコム・ミュアー (Malcolm Muir) が指揮を執ったことで、ニューズウィークは着実に影響力を伸ばしていった。部数は1961年に150万部に達し、ニューヨークの本社ビル、2つの海外版、そして国内・海外ニュース支局のネットワークを擁するまでになった。その年、ニューズウィークはワシントン・ポストの発行者フィリップ・L・グラハム (Philip L. Graham) に900万ドルで売却された。グラハムは取締役会の会長としてニューズウィークを指揮したが、彼は思い描いた計画を十分に達成できないまま1963年に亡くなった。彼の跡は妻のキャサリン・マイヤー・グラハム (Katharine Meyer Graham) が継ぎ、ポストとニューズウィークのトップに就任した。

　国内・国外の重要ニュースを重点的に報道するもう1つのニュース雑誌として、US・ニューズ＆ワールド・レポートがある。同誌はデイビッド・ローレンス (David Lawrence) の出版事業の一環として誕生した。ローレンスは1926

年から 1933 年までワシントンでユナイテッド・ステイツ・デイリーを発行し、その後、同紙を週刊誌に変更した。そして 1946 年、ワールド・レポートを創刊し、1948 年に前述の週刊誌と合併させた。US・ニューズ＆ワールド・レポートは 1962 年までに 120 万人の読者を獲得し、ワシントンに大規模な支局と海外にもいくつかの支局を抱えるまでになった。

ビジネスや産業界のニュースを専門にしていたのが、1929 年にマクグロウ＝ヒル・パブリッシング社 (McGraw-Hill Publishing Company) により創刊されたビジネス・ウィークであった。マクグロウ＝ヒル社が発行する他の 30 もの雑誌と同様に、同誌もマクグロウ＝ヒル・ワールド・ニューズ・サービスの配信を受けていた。部数は堅調で、1962 年には 40 万部に達した。

フォトジャーナリズム：ライフ、ルック、ドキュメンタリー映画の発展

人びとの関心がニュース映画や通信社が配信する新聞写真、あるいは個人用の写真に向いていく中で、タイム社は 1936 年 11 月に写真週刊誌ライフを創刊した。創刊するや同誌は先を争うようにして買われ、部数は急激に上昇していった。ライフはドイツやイギリスの写真雑誌の形をまねたものであったが、編集者が事前に調査を行い、計画を練り、写真家たちに指示を与えるという、しっかりしたコンセプトを打ち出した。1936 年当時のスター写真家たち──たとえば、マーガレット・バーク＝ホワイト (Margaret Bourke-White)、アルフレッド・アイゼンスタット (Alfred Eisenstaedt)、ピーター・スタックポール (Peter Stackpole)、トマス・マッカボイ (Thomas McAvoy) ら──でさえも、現場に到着するとキー・ショットの撮り方について編集者ウィルソン・ヒックス (Wilson Hicks) の指示を仰がなければならなかった。ヒックスは AP 出身で、ライフでは写真担当編集者を経た後に編集主幹に就任している。彼は 3 年の間に 40 名のスタッフを揃え、1950 年まで彼らの指揮を執った。

バーク＝ホワイトは大恐慌が終わる頃からフォトグラフィック・エッセイや解説的なストーリー写真に取り組み始め、インドではガンジーの強烈なパーソナリティーを活写している。病気で急に仕事ができなくなるまでは、戦争写真も担当していた。ロバート・キャパ (Robert Capa)、W・ユージン・スミス (W. Eugene Smith)、デイビッド・ダグラス・ダンカン (David Douglas Duncan) といった写真家たちも、戦争を記録に残している。キャパといえばスペイン内戦で倒れる兵士のイメージが強いし、ダンカンといえばベトナムでの

マーガレット・バーク＝ホワイトはライフの表紙を飾る多くの写真を撮っている。
(AP／ワイド・ワールド・フォト)

身の凍るような作品で知られる。ダンカンは朝鮮戦争の写真でも高い評価を受けている。スミスの「スペインの村」、「田舎医者」、「助産看護婦」などのフォト・エッセイは今や古典である。その他の著名な写真家として、ライフでアメリカの黒人の心情を表現したゴードン・パークス (Gordon Parks)、ギョン・ミリ (Gjon Mili)、カール・マイダンス (Carl Mydans) などがいる。ジョン・ショウ・ビリングズ (John Shaw Billings)、エドワード・K・トンプソン (Edward K. Thompson)、ジョージ・ハント (George Hunt)、ラルフ・グレイブズ (Ralph Graves) らはライフの編集局長として活躍した。

　ところが、ライフの凋落が部数の変化に現れるようになってきた。広い範囲に届くテレビジョンに広告主や読者を奪われ、広告主の中には大部数の雑誌から専門化した読者を持つ雑誌に契約を変更する動きも出ていた。これによりライフの部数は 1970 年の 850 万部から 1972 年には 550 万部にまで落ち込み、出版を続けるだけの収入を得られなくなった。こうして、多くの甘美な思い出と共に、ライフのスタッフらは泣く泣くメディア界の他の職場に散っていった。[42]

　1972 年のライフの休刊は、フォトジャーナリズム界における好敵手であったルックの廃刊直後のことであった。ルックはガードナー・コウルズ (Gardner Cowles) により 1937 年に創刊された。当初はデモインとミネアポリスでコウルズ一家が発行していた新聞をまねて、グラビア形式をとっていたが、徐々に

公共的な問題についてしっかりとした記事を掲載するようになった。隔週発行のルックは部数を 1945 年に 200 万部に伸ばし、1955 年には 400 万部、廃刊した 1971 年には 800 万部に達していた。しかし、ルックもコストの急騰と広告収入の急落には勝てなかった。ダニエル・D・ミッチ (Daniel D. Mich) はルックに長年勤めた編集者で、ウィリアム・B・アーサー (William B. Arthur) がその跡を継いだ。アーサー・ロスステイン (Arthur Rothstein) は農業安定局のフォトジャーナリズム・グループ出身の写真ディレクターであった。ジョン・バション (John Vachon)、フィリップ・ハリントン (Phillip Harrington)、ポール・ファスコ (Paul Fusco) たちも優秀な仕事で知られる写真家である。またルックは、アレン・ハールバート (Allen Hurlburt) やウィリアム・ホプキンズ (William Hopkins) といったアート・ディレクターの下で、国内における指導者役を担っていた。

　実在する人物の生涯や社会活動を記録するドキュメンタリー・フィルムの始まりは、あるニューヨークの毛皮会社がエスキモーの一家の生活をフィルムに収める仕事をロバート・フラハティ (Robert Flaherty) に委託した 1922 年にさかのぼる。彼のその作品『極北の怪異　ナヌーク』は、ドキュメンタリーのその後に 1 つの基準を示したといえる。ジョン・グリアーソン (John Grierson) は 1929 年に北海のニシン漁師たちをフィルムに撮り、『流網船』を制作した。この作品は、1930 年代にグリアーソンやポール・ロサ (Paul Rotha) らがイギリス政府のために制作したシリーズの最初の作品であった。

　土壌の浸食、土砂嵐、それにより人びとが被る被害について懸念していた合衆国政府は、農業安定局を通じてドキュメンタリー写真の撮影を支援した。こうしてドキュメンタリー写真家たちのチームが結成され、ロイ・E・ストライカー (Roy E. Stryker) の指揮の下、彼らは 1935 年から中西部ダスト・ボウル地帯の視察を開始し、それまで目に留まることのなかった田舎の貧困の惨状に対して、国民の目を開かせる写真を撮って回った。その中の 1 人にドロシー・ラング (Dorothea Lange) がいた。彼女が撮った写真に見られる繊細なイメージは、最良の写真の好例である。グループの中には、カール・マイダンス、ウォーカー・エバンズ (Walker Evans)、ベン・ショーン (Ben Shahn) といった写真家たちもいた。農業安定局のプロジェクトは 27 万 2,000 枚のネガと 15 万枚の現像写真を生み出したが、それらは現在、議会図書館に保管されている。

　農業安定局はドキュメンタリー・フィルム制作の委託も行っていた。ペア・ローレンツ (Pare Lorentz) 作の『平原を耕す鋤』(1936 年) は、グレート・プ

レーン（大平原）の農民たちを移動労働者たらしてめていた土壌の浸食と土砂嵐の原因を究明する映像ドキュメンタリーである。ローレンツは 1937 年にも『河』を完成させている。これは国内のもう 1 つの悩みの種であった洪水に関するドキュメンタリー映画であった。

　第 2 次世界大戦が始まると、ジョン・ハストン (John Huston)、フランク・キャプラ (Frank Capra)、ウィリアム・ウァイラー (William Wyler)、ジョン・フォード (John Ford) といったハリウッドの映画監督たちが、戦場を舞台としたドキュメンタリー映画を撮り始めた。『サン・ピエトロ』、『メンフィス・ベル』、『ミッドウェーの戦い』はいずれも 1944 年に制作された作品である。イギリス情報省も優れたドキュメンタリーを 3 作ほど制作している。『ロンドンはびくともしない』(1940 年)、『今夜の目標』(1941 年)、『砂漠の勝利』(1942 年) である。1950 年代になると、ほとんどのドキュメンタリーはテレビジョン化されてしまったが、シネマ・ベリテ（訳者注：技術に頼りすぎず自然のままを映す映画）や自主映画制作の熱心な支持者らにより伝統は守られた。

転機を迎えた書籍出版界

　植民地時代以来、アメリカの生活の一部を形成していた書籍の出版は、出版の歴史に詳しいジョン・テベル (John Tebbel) によれば、1915 年あたりからターニング・ポイントを迎えていたという。[43] 識字率が急激に上昇し都市化が進むにつれて、書店が繁盛できるような都市中心部に住む人びとの間で、ますます本を読みたいという思いが湧いてきた。テベルはもう 1 つの理由として、出版界に数多くの強力な担い手たちが生まれた点を指摘している。

　たとえば、1914 年から 1926 年までの間に、次のような出版人たちが登場してきた。出版社に自分の名前をつけたアルフレッド・A・クノップ (Alfred A. Knopf)、W・W・ノートン (W. W. Norton)、ウィリアム・モロウ (William Morrow)、ランダム・ハウスのベネット・サーフ (Bennett Cerf) とドナルド・クロップファー (Donald Klopfer)、バイキング・プレスのハロルド・グインズバーグ (Harold Guinzburg) らである。次の 4 組のパートナーたちも著名な出版社を設立した。すなわち、アルフレッド・ハーコート (Alfred Harcourt) とドナルド・ブレース (Donald Brace)、リチャード・サイモン (Richard Simon) とマックス・シュスター (Max Schuster)、アルバート・ボニー (Albert Boni) とホレス・リバライト (Horace Liveright)、そしてジョン・ファラー (John

Farrar) とスタンレイ・ラインハート (Stanley Rinehart) である。[44]

　1920年代と1930年代を通して最も勢いのあった出版社といえばスクリブナーズであろう。社の創始者であるチャールズ・スクリブナー (Charles Scribner) が1871年に他界した後、社名はチャールズ・スクリブナーズ・サンズとなり、1879年から1928年までチャールズ・スクリブナー2世が社長を務めた。エディス・ウォートン (Edith Wharton)、ヘンリー・ジェイムズ、リチャード・ハーディング・デイビスらは彼の下で育った作家である。しかし、彼のより重要な功績は、1910年にマックスウェル・パーキンス (Maxwell Perkins) を会社に引き入れたことである。パーキンスは1914年から世を去る1947年まで同社の編集者を務め、仲間たちと一緒にすばらしい文学作品の創出に多大な功績を残した。たとえば、F・スコット・フィッツジェラルド (F. Scott Fitzgerald) が1920年に最初の小説となる『楽園のこちら側』(This Side of Paradise) を発表した時、編集に携わったのはパーキンスであった。パリにアーネスト・ヘミングウェイ (Ernest Hemingway) という名の有望な若手作家がいるという情報を1924年にフィッツジェラルドから聞きつけ、それに応えたのもパーキンスであった。ヘミングウェイの『日はまた昇る』(The Sun Also Rises) は1926年にスクリブナーズから出版されている。また、若き南部の巨人トマス・ウルフ (Thomas Wolfe) と夜を徹して仕事をともにしたのもパーキンスであった。ウルフは1,100ページに上る草稿をもとに1929年に処女作『天使よ故郷を見よ』(Look Homeward, Angel) を発表し、第2作として3,000ページの草稿からなる『時間と河について』(Of Time and the River) を発表した。それら文学作品の一方で、スクリブナーズの編集チームは人物辞典『ディクショナリー・オブ・アメリカン・バイオグラフィー』(Dictionary of American Biography) を編纂してもいる。

　キャス・キャンフィールド (Cass Canfield) は1924年にハーパー＆ブラザーズに入社し、1931年から1967年まで同社の筆頭重役を務めた人物である。時には寝返りが起こることもあった。1937年、ウルフがスクリブナーズからハーパーズの編集者エドワード・アズウェル (Edward Aswell) の下に移籍したのである。D・アップルトン社は1925年に100周年記念を迎え、その当時はエディス・ウォートン（『無心の時代』<The Age of Innocence> を1920年に出版している）、エドガー・リー・マスターズ (Edgar Lee Masters)、バチェル・リンゼー (Vachel Lindsay) といった作家を抱えていた。エドワード・P・ダットン (Edward P. Dutton) は出版社を創業して以来、62年間にわたり自社の社

長を務めた後、1923 年に他界した。1936 年にはマクミランのジョージ・ブレット (George Brett) が亡くなった。同じ年にマクミランから『風と共に去りぬ』 (Gone with the Wind) が出版されている。

1926 年には合衆国を代表する 2 つのブック・クラブが誕生した。ブック＝オブ＝ザ＝マンス・クラブ (Book-of-the-Month Club＝BOMC) とリタラリー・ギルド (Literary Guild) である。BOMC はハリー・シャーマン (Harry Scherman) が始め、初代主筆はサタデー・レビュー・オブ・リタラチャーの創始者ヘンリー・サイデル・キャンビー (Henry Seidel Canby) であった。リタラリー・ギルドを発足させたのはバイキング・プレスの創始者ハロルド・グインズバーグであった。書籍販売の流通が十分に組織化されていなかったこともあり、郵便による書籍販売は成功を収めた。書籍業界の組織化は 1900 年から行われていたが、アメリカ書籍発行者協議会（American Book Publishers Council、1946 年）とアメリカ教科書発行者協会 (American Textbook Publishers Institute、1942 年) は 1970 年に合併して、アメリカ書籍発行者協会 (Association of American Publishers) を設立させた。書籍販売店はアメリカ書籍販売者協会 (American Booksellers Association) として組織化された。

ペーパーバックがスタートを切ったのも、この時代であった。ボニー＆リバライト (Boni & Liveright) による 1914 年の試み、あるいはリトル・レザー・ライブラリー (Little Leather Library) やモダン・ライブラリー (Modern Library) による 1917 年の試みがよく知られている。後者は 1925 年にランダム・ハウスに吸収合併されている。しかし、ペーパーバックが本格化するのは、1939 年にポケット・ブックス (Pocket Books) のプロモーターたちがペーパーバックを定式化し、ペーパーバック・ビジネスを変革してからであった。

第15章

第2次世界大戦の勃発

> これは人民の戦争である。そしてそれに勝利するためには、人びとはできる限り戦争について知るべきである。
>
> ——エルマー・デイビス

　1939年8月23日に締結された独ソ不可侵条約は、第2次世界大戦の開始を告げる衝撃的な外交事件であった。独裁者ヒトラーとスターリンとの間で交わされたこの不気味な取引により、ドイツはロシアによる介入を恐れることなく自由にポーランドへ、またその後にはより西方の近隣諸国へと侵攻することができるようになったからである。一方、ロシアはその代償としてポーランド東部を併合するというわけである。ドイツによる電撃作戦は9月1日に開始され、それまで何度もヒトラーとムッソリーニに立ち向うことに足踏みしていたイギリスとフランスも、9月3日の宣戦布告でこれに応じた。ただし、両国は攻撃を開始したわけではなかった。

　ルーズベルト大統領は、直ちに連合国に対する支援に力を注ぎ始めた。11月には中立法の改正を行い、国内の孤立主義的な雰囲気を変える第一歩となった。議会は兵器販売の禁止を解除し、侵略行為に反抗しようとしている国ぐにへの無配達現金販売 (cash-and-carry trade) を承認した。しかし、そのことは反ルーズベルト派の報道機関から激しい怒りを買った。それをリードしたのは、マコーミックのシカゴ・トリビューン、パターソンのニューヨーク・デイリー・ニューズ、それにフルトン・ルイス・ジュニア、アプトン・クローズ、チャールズ・コグリン神父といったラジオ解説者たちであった。

　ナチの軍隊はまずデンマークとノルウェーに侵攻し、続いてオランダ、ベルギー、そして1940年5月10日にはフランスにも大規模な攻撃を仕掛けた。

Honolulu Star-Bulletin 1st EXTRA

8 PAGES—HONOLULU, TERRITORY OF HAWAII, U. S. A., SUNDAY, DECEMBER 7, 1941—8 PAGES ★ PRICE FIVE CENTS

WAR!

(Associated Press by Transpacific Telephone)

SAN FRANCISCO, Dec. 7.—President Roosevelt announced this morning that Japanese planes had attacked Manila and Pearl Harbor.

OAHU BOMBED BY JAPANESE PLANES

SIX KNOWN DEAD, 21 INJURED, AT EMERGENCY HOSPITAL

Attack Made On Island's Defense Areas

By UNITED PRESS
WASHINGTON, Dec. 7.—Text of a White House announcement detailing the attack on the Hawaiian islands is:

"The Japanese attacked Pearl Harbor from the air and all naval and military activities on the island of Oahu, principal American base in the Hawaiian islands."

Oahu was attacked at 7:55 this morning by Japanese planes.

Wave after wave of bombers streamed through the clouded morning sky from the southwest and flung their missiles on a city resting in peaceful Sabbath calm.

The Rising Sun, emblem of Japan, was seen on plane wing tips.

According to an unconfirmed report received at the governor's office, the Japanese force that attacked Pearl Harbor included waters aboard two small airplane carriers.

It was also reported that at the governor's office either an attempt had been made to bomb the USS Lexington, or that it had been bombed.

CITY IN UPROAR

Within 10 minutes the city was in an uproar. As bombs fell in many parts of the city, and in defense areas the defenders of the islands went into quick action.

Army intelligence officers at Ft. Shafter announced officially shortly after 9 a. m. the fact of the bombardment by an enemy that long previous army and navy had taken immediate measures in defense.

"Oahu is under a sporadic air raid," the announcement said.

"Civilians are ordered to stay off the streets until further notice."

CIVILIANS ORDERED OFF STREETS

The army has ordered that all civilians stay off the streets and highways and not use telephones.

Evidence that the Japanese attack has registered some hits was shown by three billowing pillars of smoke in the Pearl Harbor and Hickam field area.

All navy personnel and civilian defense workers, with the exception of women, have been ordered to duty at Pearl Harbor.

The Pearl Harbor highway was completely a mass of racing cars.

A trickling stream of injured people began pouring into the city emergency hospital a few minutes after the bombardment started.

Thousands of telephone calls almost swamped the Mutual Telephone Co., which put extra operators on duty.

At The Star-Bulletin office the phone calls deluged the single operator and it was impossible to handle the flood of calls. Here also an emergency operator was called.

HOUR OF ATTACK-7:55 A. M.

An official army report from department headquarters, made public shortly before 11, is that the first attack was at 7:55 a. m.

Witnesses said they saw at least 50 airplanes over Pearl Harbor.

The attack centered in the Pearl Harbor, but Army authorities said:

"The rising sun was seen on the wing tips of the airplanes."

Although martial law has not been declared officially, the city of Honolulu was operating under M-Day conditions.

It is reliably reported that enemy objectives under attack were Wheeler field Hickam field, Kaneohe bay and naval air station and Pearl Harbor.

Some enemy planes were reported shot down.

The body of the pilot was seen in a plane burning at Wahiawa.

Oahu appeared to be taking calmly after the first uproar of queries.

ANTIAIRCRAFT GUNS IN ACTION

First indication of the raid came shortly before 8 this morning when antiaircraft guns around Pearl Harbor began sending up a thunderous barrage.

At the same time a vast cloud of black smoke arose from the naval base and also from Hickam field where flames could be seen.

BOMB NEAR GOVERNOR'S MANSION

Shortly before 9:30 a bomb fell near Washington Place, the residence of the governor. Governor Poindexter and Secretary Charles M. Hite were there.

It was reported that the bomb killed an unidentified Chinese man across the street in front of the Schuman Carriage Co. where windows were broken.

C. E. Daniels, a welder, found a fragment of shell or bomb at South and Queen Sts. which he brought into the City Hall. This fragment weighed about a pound.

At 10:05 a. m. today Governor Poindexter telephoned to The Star-Bulletin announcing he has declared a state of emergency for the entire territory.

He announced that Edouard L. Doty, executive secretary of the major disaster council, has been appointed director under the M-Day law's provisions.

Governor Poindexter urged all residents of Honolulu to remain off the street, and the people of the territory to remain calm.

Mr. Doty reported that all major disaster council wardens and medical units were on duty within a half hour of the time the alarm was given.

Workers employed at Pearl Harbor were ordered at 10:10 a. m. not to report at Pearl Harbor.

The mayor's major disaster council will meet at the city hall at about 10:30 this morning.

At least two Japanese planes were reported at Hawaiian department headquarters to have been shot down.

One of the planes was shot down at Ft. Kamehameha and the other back of the Waianae range.

Hundreds See City Bombed

Hundreds of Honolulans who hurried to the top of Punchbowl upon their bombs began to fall, saw spread out before them the whole panorama of surprise attack and destruction.

Against the white sky was polka-dotted with anti-aircraft smoke.

Radios over the city kept warning residents to remain calm. Back in a barrier fell on Judd street just above Nuuanu avenue, digging an enormous crater.

Three were reported injured and one reported killed from the bombs that fell in Fort and School streets.

Names of Dead and Injured

Schools Closed

All schools on Oahu, both public and private, will be closed today, Oren E. Long, superintendent of public instruction, announced at 11 a. m.

Editorial

HAWAII MEETS THE CRISIS

Honolulu and Hawaii have met the emergency of war today as Honolulu and Hawaii have met all emergencies in the past—coolly, calmly and with inexorable and complete support of the officials, officers and troops who are in charge.

Governor Poindexter and the army and navy leaders have called upon the public to remain calm, for civilians who have no essential business on the streets to stay off duty; men and women to do his duty.

That request, coupled with the measures promptly taken to meet the situation that has suddenly and terribly developed, will be obeyed.

Hawaii will do its part as a loyal American territory.

In this crisis, every difference of race, creed and color will be submerged in the one desire and determination to play the part that Americans always play in crisis.

BULLETIN

Additional Star-Bulletin extras today will cover the latest developments in this war move.

Turn to Page 2, Column 1

こうして1940年の春までには、ヒトラーが思い描いていた野心の全容——さらに、それによってもたらされる合衆国の安全への危険性——が露呈した。さらに、ダンケルクからのイギリス軍の撤退、フランスの陥落、そして8月に始まったナチのイギリス空襲といったショッキングな出来事は、合衆国中に強い親連合国の感情を生み出していた。

アメリカ人特派員とヨーロッパ戦線

　1939年、CBSのビル・ヘンリー (Bill Henry) とミューチュアルのアーサー・マン (Arthur Mann) がラジオ記者として初めて前線に立った。CBSのウィリアム・L・シャイラーとNBCのウィリアム・C・カーカー (William C. Kerker) は、フランスの降伏を受諾する前に、コンピエーニュ（訳者注：フランス北部の都市）の汽車の中でヒトラーが偉そうに歩く様子を目撃している。1940年後半になると、エドワード・R・マローがナチ空軍によるロンドンの空襲の模様を毎晩のようにCBSの聴取者たちに伝えた。「こちらはロンドンです」で始まるマローの放送はイギリスにおける戦闘を写実的に伝え、アメリカ国民の心に最も大きな衝撃を与えた。マローは、静かな、しかし心に訴えるような声で、さく裂した爆弾で焼かれるロンドンを人びとにイメージさせた。彼の放送は、依然として中立的な合衆国を戦争の本質にめざめさせる大きな力となっていた。詩人のアーチバルド・マクリーシュ (Archibald MacLeish) は、後にマローの放送を評して次のように述べている。「あなたは我々の家の中でロンドンを焼き払い、我々はその燃え上がる炎を感じることができた」。[1]

　新聞の戦争特派員として当初から一匹狼的に活躍していたのが、シカゴ・デイリー・ニューズのベテラン、リーランド・ストウである。彼はロシア・フィンランド戦争やナチのノルウェー侵攻を取材し、1941年にはヒトラーのロシア侵攻後にナチ・ソビエト前線に到達した最初のアメリカ人となった。UPのウェブ・ミラーはフィンランドで彼にとっては11回目となる戦争取材を行ったが、ロンドンに戻った際に灯火管制中の事故で亡くなってしまった。INSのフレイジャー・ハントとシカゴ・デイリー・ニューズのM・W・フォードーは、1940年のフランスの降伏についての報道で有名である。一方、APのルイス・ロックナー、INSのピエール・J・ハス、UPのフレデリック・C・エクスナー (Frederick C. Oechsner) といった記者たちは、快進撃を続けるヒトラーの軍に随行した。

1940年9月、選抜徴兵法が成立し、ルーズベルトは西半球における航空・海上基地の借款の見返りとして、イギリスに50隻の駆逐艦を提供する取引を発表した。アメリカの多くの新聞はその両方を支持し、ヘンリー・ルースのタイムもそれに同調した。

ルーズベルトの3選キャンペーン

　ルーズベルトは前例のない3選を目指すキャンペーンのただ中にあった。彼の相手となったのはインディアナ州出身で息の荒いウェンデル・ウィルキー (Wendell Willkie) であった。彼はルーズベルトが政策を決定する際に議会を通さなかったことを批判したものの、イギリスの支援、徴兵、駆逐艦の取引には賛成であった。ところが、そのためにウィルキーは、共和党の「旧守派」から「追随してばかり」(me-too) の候補者だと非難を浴びることになってしまった。共和党全国委員会は自党の候補者よりもはるかに踏み込んで、次のようなラジオ・メッセージを発表している。「あなた方の息子さんがヨーロッパの戦場で死にかけようとしています。……『お母さん！お母さん！』と叫んでいます。しかし、あなた方の息子を戦場に送ったからといって、フランクリン・D・ルーズベルトを非難することはできません。責めるべきは、フランクリン・D・ルーズベルトをホワイト・ハウスに送ったあなた方自身なのです！」。2

　戦争をめぐり、世論は孤立主義者と介入主義者とに分かれていた。孤立主義の側にいたのはアメリカ第1委員会で、ロバート・E・ウッド (Robert E. Wood) 将軍が委員会の先頭に立ち、チャールズ・A・リンドバーグ大佐も味方していた。ジェラルド・P・ナイやバートン・K・ウィーラー (Burton K. Wheeler) といった上院議員たちも、アメリカ第1委員会のメンバーであった。しかし、彼らにとっては不運なことに、彼らの陣営にはコグリン神父、ジェラルド・L・K・スミス、ファシスト銀シャツ隊のウィリアム・ダッドリー・ペリー (William Dudley Pelley)、ドイツ＝アメリカ同盟のフリッツ・クーン (Fritz Kuhn)、あるいは共産主義者のウィリアム・Z・フォスターやアール・ブラウダー (Earl Browder) といった騒々しい連中も入り交じっていた。対して介入主義の側に立ったのは、カンザス州の著名な編集者であるウィリアム・アレン・ホワイト率いる「連合国を支援してアメリカを防衛する委員会」であった。ホワイトのグループは影響力のある作家や編集者たちを多数引き寄せ、新聞広告キャンペーンを張って数百もの地方委員会を組織するほどであった。

同じくジョゼフ・オルソップ、ラジオ・コメンテーターのエルマー・デイビス、劇作家のロバート・E・シャーウッド (Robert E. Sherwood) らも、ジャーナリズム活動を通してリーダー役を担っていた。

　有権者は、この危機の中でリーダーシップの交代を望まず、ウィルキー 2,200 万票に対してルーズベルトには 2,700 万票が投じられた。統一鉱山労働組合のジョン・L・ルイスはルーズベルトを落選させようとしていたが、ルーズベルトは自身の陣営の大多数を固めることに成功した。1940 年 11 月のギャラップ世論調査によれば、アメリカ国民の 50% はヨーロッパの戦争に介入する危険を冒してでもイギリスを支援することに賛成しており、12 月にはその割合は 60% になっていた。

民主主義の兵器庫

　1940 年 12 月、ルーズベルト大統領は国民に対して「民主主義の偉大な兵器庫」になるよう呼びかけた。彼は全世界のラジオの聴衆に向かい、もしイギリスが敗北すれば、枢軸勢力が「ヨーロッパ、アジア、アフリカ、オーストラリアの諸大陸と公海の覇権を握ることになる」と語り、さらに次のように続けた。「アメリカ陣営にいる我々全員が銃口――その銃には経済的かつ軍事的な意味での弾丸が込められている――を突きつけられながら生きて行くことになる、といっても過言ではない」。[3] しかし、彼はこうも言った。もし、アメリカが兵器の生産を急速化させれば、枢軸国が戦争に勝利することはないであろう、と。その年の初めには、政治的追放から立ち直りイギリスの首相にまでなったウィンストン・チャーチルも、「血と涙、苦労と汗」の演説で自由主義国家の士気を鼓舞していたが、彼の演説もラジオを通して放送された。

　1941 年の武器貸与法は親連合国グループの勝利を意味していた。この法律により大統領は、彼が合衆国の防衛にとって不可欠であると判断する国家を防衛するために、物資や各種便宜を供与する権限を与えられたのである。また、同法により合衆国はイギリスの非交戦同盟国となった。そのことはロバート・タフト (Robert Taft)、アーサー・バンデンバーグ (Arthur Vandenberg)、ジョゼフ・P・ケネディ (Joseph P. Kennedy)、ジョン・フォスター・ダレス (John Foster Dulles) といった上院議員らを大いに不愉快にさせた。ただし皮肉なことに、東南アジアでの日本の侵略行為に対してルーズベルトが不快感を持っていたことについて、アメリカの母親は誰も自分の息子を「発音もはっきり分か

らないインドシナの土地」のために死なせる気はない、と述べたのもタフトその人なのであった。[4]

1941年5月、動員計画を促進するためにルーズベルトは無制限の国家非常事態宣言を公布した。8月には彼はチャーチルと公海上で会見を行い、大西洋憲章を発表して英米の平和的国是を公表した。もっとも、それで孤立主義者が敗北してしまったわけでは決してなかった。同じ月、下院は徴兵制の存続を可決したが、それはたった1票の僅差であった。

太平洋戦争の開戦

1941年12月7日、驚くべきニュースがラジオから流れてきた。日本軍の戦闘機がハワイ諸島のパールハーバー基地の合衆国太平洋艦隊を爆撃したというのである。この時をもち、戦争に向けた国家の団結は確固たるものになった。折しもその時、ニューヨークのポロ・グラウンズで行われていたプロ・フットボールの試合が放送されていたのであるが、ミューチュアルのアナウンサー、レン・スターリング (Len Sterling) がそこに突然割り込んできた。午後2時22分、各通信社は真珠湾攻撃に関するホワイト・ハウスの発表――「ホワイト・ハウスはジャップがパールハーバーを攻撃したと発表した」――を至急報で流し、ホノルルにいる特派員たちからのニュースを次々に中継した。UPは軍の検閲官がハワイからの通信を遮断してしまう前に攻撃の第一報を真っ先に伝えた。

現地では、UPのハワイ支局長フランク・トリメイン (Frank Tremaine) の妻が、夫や他のスタッフたちからの情報をサンフランシスコに電話で繰り返し伝えていた。次の記事は、スタッフの1人フランシス・マッカーシー (Francis McCarthy) 記者の署名入りで伝えられたものである。

> ホノルル、12月7日 (UP) ――本日、日本軍戦闘機の一団がハワイを攻撃し、これに対して合衆国艦隊が巨大な海軍ライフル砲で撃ち返し、太平洋上で突発的に戦争が始まった。

この第一報が入ってきたのは、ミューチュアルの放送への割り込みから2～3分後のことで、東海岸では午後に入っていた。午後2時31分には、CBSのジョン・デイリー (John Daly) が次のような放送を行った。「たった今、日本

軍がハワイのパールハーバーを空から攻撃した、とルーズベルト大統領が発表したところです。攻撃はオアフ島にある海軍や軍事施設にも仕掛けられています」。[5] このショッキングな発表はNBCのアナウンサーらによっても繰り返され、その日のラジオは終日、事実と同じくらい多くの噂に基づいたコメントも含めて、真珠湾攻撃に関する至急報を流し続けた。

　ホノルルでは、スター＝ブルトゥーンの編集者ライリー・アレン (Riley Allen) と彼のスタッフが、詳しい情報を満載した号外をどうにか発行にこぎつけていた。「開戦！ 日本軍の飛行機にオアフ島爆撃される」という見出しが付けられた号外は、攻撃後90分以内に作られたもので、本土の都市でも号外が続けざまに発行された。[6] その翌日、アメリカでは79％という記録的な数の家庭でルーズベルトの議会演説が聞かれた。「昨日、1941年12月7日、我々が不名誉を受けたその日……」で始まる演説で大統領は、議会に宣戦布告を求めた。

　しかし、合衆国がパールハーバーで屈辱的敗退を喫したことや、お粗末にも準備態勢が欠如していたことなど、都合の悪い事実のすべてが直ちに知らされることはなかった。真珠湾攻撃により、総計で2,403人のアメリカ人が死亡し、1,178人が負傷した。戦艦アリゾナは停泊地点で沈没し、別の17隻の船舶も沈没させられるか損害を受けた。さらに200機以上の飛行機も破壊されるか損害を受けた。最初の日から、これが大きな敗北であったことは明白であった。その晩、1939年からヨーロッパでマローのスタッフに加わっていたエリック・セバレイド (Eric Sevareid) は、ホワイト・ハウスのプレス・ルームから次のように伝えている。「未確認ではありますが、ここにどうしても伝えなければならない一報があります。そのレポートはここでは広く信用されているもので、たった今入ってきたばかりです。それによれば、ハワイにおける被害は実に、極めて重く、我々が予想した以上にひどいということです」。[7]

　こうして太平洋戦争は「不意打ちの攻撃」により開戦した。しかし、1898年以来アメリカ軍がフィリピンに駐留し続けていたこと、日本が西側諸国の介入なしに大東亜共栄圏を拡大することを望んでいたこと、日本人移民が受けた差別により合衆国に対する遺恨が長年にわたり日本側に蓄積していたこと、そして何といっても、満州と中国の占領を断念するようアメリカが日本に断固迫っていたこと、以上のことを考えると、合衆国と日本の戦争は避けることができなかったと言える。そして最後の決定的な一押しとなったのが、1940年9月にアメリカが鉄くずと鉄鋼の対日輸出を禁止したことであった。この措置により日本の軍部は、合衆国の思惑に対していっそうの恐怖心を抱くようになっ

た。彼らの頭の中では、合衆国の巨大な太平洋艦隊は、太平洋における日本の国家的命運にとって脅威であった。実際、読売新聞はアメリカの対日禁輸に際し、次のような立場を表明していた。「イギリス、合衆国、フランスは極東から排除されねばならない。アジアはアジア人の領分である」。[8] 戦争が不可避であったことはニューヨーク・ヘラルド・トリビューンも理解していた。真珠湾攻撃後、同紙は次のように述べている。「衝突はもはや不可避だったのであり、それが発生してしまったことに一種の安堵感さえ覚える」。当時は多くの新聞が「ジャップ」などという辛辣な言葉を使い、怒りとフラストレーションをぶつけ、日本本土の破壊を叫んでいた。そんな中でヘラルド・トリビューンは、冷静にこう述べるのであった。「視界はよりクリアーになった。これでアメリカ国民はかつての論争を忘れて、ようやく仕事に取り掛かることができる」。[9]

　12月11日、ヒトラーは自軍の多くの将軍たちの助言を無視して合衆国に宣戦布告を行ったが、これによりルーズベルトの任務はより簡単になった。いまやヨーロッパ戦線で戦うべきか否かという論争は消し飛び、大統領に対抗していた孤立主義者たちは、ショックのあまり沈黙してしまった。

検閲とプロパガンダの再登場

　合衆国が戦争に向かうにつれ、新聞人たちは1917年の防諜法と対敵通商禁止法がいまだに法的効力を持っていることを思い出していた。しかし、それ以上に包括的な条項を持つ煽動法は1921年に失効していた。また、第1次世界大戦中に比べると、それらの法律を出版物の郵送禁止や言論の自由の抑圧のために発動することは極めて限定され、統制を受けたのはもっぱら親ファシスト的あるいは破壊活動的なプロパガンダを行う出版物であった。むしろ市民的自由の最大の侵害は、開戦当初に発生した日系人の強制収容であった。すなわち、日本人を先祖に持つ多数のアメリカ市民を含め、合衆国に住む日本人・日系人が立ち退かされ、孤立したキャンプに収容させられたのである。

　検閲局 (Office of Censorship) の局長には、APの報道担当専務取締役、バイロン・プライス (Byron Price) が任命された。恐らく、プライスほど新聞人たちの尊敬と信頼を得ていた人物は、どこを探してもいなかったであろう。プライスは、プレスに自主的な検閲を求めるという、彼の職務で最も困難な仕事を大胆かつ知的にこなす能力を備えていた。[10]

　1942年1月15日に発表された「アメリカのプレスのための戦時行動要綱」

(Code of Wartime Practices for the American Press) は、部隊、飛行機、船舶、戦争関係の生産品、武器、軍事施設、気象に関して、何が不適切なニュースとなるかを新聞・雑誌の発行者に知らせるために、慎重に記されたものであった。ラジオ局にも同じような指針が示された。アメリカの新聞人にとって要綱はバイブルのような存在で、むしろ彼らは戦争活動を損なう可能性のあるニュースを押さえ過ぎてしまう傾向にあったほどである。

一方で、検閲局の 1 万 4,462 名の職員のほとんどは、合衆国と他国との間に交わされる郵便、電信、無線通信の強制的な検閲に従事していた。こうして第 2 次世界大戦中のプライスの検閲局は、第 1 次世界大戦中の検閲局の機能とジョージ・クリールが行っていたプレスの自主検閲の両方を統合していた。ただし、プライスはニュースの発信や政府のプロパガンダ活動にはまったく関わらなかった。第 1 次世界大戦中には広報委員会 (CPI) が行っていたその類の仕事は、第 2 次世界大戦においては戦時情報局 (Office of War Information＝OWI) という別組織が担っていたからである。OWI は 1942 年 6 月に大統領の行政命令により設立された組織で、以前から存在していた 4 つの政府組織をまとめたものであった。ルーズベルトは賢明にも OWI の局長にエルマー・デイビスを選んだ。デイビスは 10 年ほどニューヨーク・タイムズのスタッフとして働いた経験を持ち、CBS のニュース解説者・コメンテーターでもあった。[11]

OWI の機能の 1 つは、いわば合衆国の戦争ニュースを担当する編集部の役割を果たすことであった。もっとも、政府が発表する情報のおよそ 40% は、政府省庁や戦争に関係する諸組織により、OWI に照会することなく処理された。しかし、そうしたニュース・リリースの中でも、戦争活動ととくに関係が深いものや、別の政府組織の 1 つにでも影響を与える活動に関するものについては、OWI のニュース部を通さなければならなかった。ニュース部は年間 100 万ドルの予算と 250 名の常勤スタッフで運営されていた。300 人の記者や特派員が OWI の施設を使用し、その中の約 50 名ほどが OWI のプレスルームに常駐していた。発表情報はまず、方針の決定が行われる一般ニュース・デスクから始まり、国内・外国ニュース・デスク、ラジオ・ニュース・デスク、写真デスク、そして特集担当デスクへと流れていった。漫画、写真、特集記事、週刊の要約記事、穴埋め記事なども、OWI が提供する情報の一部であった。論説記者、漫画家、コラムニストたちは、プロパガンダや政府の発表情報に込められた目的について背景説明を受けていた。こうした仕事全般にわたり、OWI は戦時広告委員会や全国の発行者たちから協力を得ることができた。政

府は新兵募集の広告には金を払ったが、新聞、雑誌、ラジオ、掲示板に掲載される他の戦争関係広告については、報道機関を始め全国・地方の広告主たちから寄付を受けていた。

　OWI の海外担当部門は、国内担当の OWI ニュース部から 1 日に 3 万語近くのテレタイプ・ニュースを受け取っていた。海外部門のオフィスはニューヨークとサンフランシスコにあり、そこでは通信社のニュース記事、ラジオ・ネットワーク、OWI の地方局からの情報も利用された。1943 年に活動のピークを迎えた時、OWI の海外ニュースおよび特集記事部門はエドワード・バレット (Edward Barrett) に指揮され、全世界に向かって毎日 6 万 5,000 語のニュースを電信で流し、数十万語もの特集記事を郵送し、また 2,500 枚もの写真を空輸・送信していた。[12] ラジオのボイス・オブ・アメリカ (VOA) を運営していたのも OWI である。

軍の検閲

　第 2 次世界大戦における軍の検閲には、ラジオ放送をどう管理するかという新たな問題も含め、第 1 次世界大戦時に残された課題が生かされていた。戦争が始まってから最初の数か月間、イギリスは極端に厳しい検閲を行い、それは情報省が改組された後も依然として厳しいままであった。第 2 次大戦中のナチドイツ軍は、無線やラジオ施設のお陰で、連合国の電信規制により大きなハンディを背負わされることはなかった。ナチは外国人特派員に対して事前検閲を行わなかったが、ヨーゼフ・ゲッペルス (Joseph Goebbels) 博士率いる宣伝省の気に召さないニュースを送った場合、ドイツから追放される危険と隣り合わせにあった。実際に、第 2 次大戦の最初の 2 〜 3 か月で、ニューヨーク・ヘラルド・トリビューンのビーチ・コンガー (Beach Conger) とニューヨーク・タイムズのオット・D・トリシャスが追放処分を受けている。シカゴ・デイリー・ニューズのエドガー・アンセル・マウラーも、身の危険にさらされて国外への退去を余儀なくされた。第 2 次世界大戦の開戦の日と終戦の日をベルリンで取材することになった唯一のアメリカ人記者、UP のジョゼフ・W・グリッグ (Joseph W. Grigg) は、1941 年にナチに逮捕されて 5 か月間を収容所で過ごしている。

　戦争が進むにつれて新聞人たちの目に明らかになったことは、戦争活動に関するニュースを抑圧する傾向が最も強いのはイギリス海軍省と合衆国海軍省で

あるということだった。たとえば、アメリカ海軍は、パールハーバーでの被害や太平洋で沈没した船舶などについての詳細を、日本の手に渡すことができない重要な情報であるとの理由から、長い間隠していた。それらの情報と一緒に海軍の非効率的な作戦の証拠も伏せられてしまっていたことが、記者たちには不満であった。

シカゴ・トリビューンは敵国に機密情報を漏らす事件を2度も引き起こしている。1回目の事件は、トリビューンがルーズベルト政権の緊急の「戦争計画」を、パールハーバーの数日前に掲載したというものであった。この報道により、イギリスとロシアを救うにはアメリカ派遣軍の力がどうしても必要であると政府の首脳が考えていたこと、また日本を太平洋に釘付けにしている間に戦争をまずヨーロッパから始めるべきであると彼らが考えていたこと、が明らかになった。この報道はルーズベルトの逆鱗に触れた。しかし、日本軍がパールハーバーを攻撃したことで、トリビューンのマコーミックはその報道をうまく利用するチャンスを奪われてしまった。もう1つの事件は、1942年6月のミッドウェー海戦が勝利に終わったという発表が行われている時に、海軍情報部が日本軍の暗号を解読していたことを間接的に示す報道をしたというものである。トリビューンの報道の力点は、アメリカ軍の指揮官たちがいかにして来襲してくる日本軍の航空母艦の位置を知ることができたかに注がれていた。本件については、政府は起訴することも考えたが、さんざん騒いだ後に結局起訴は断念した。[13]

その一方で、エジプトにおけるイギリスの検閲、インド・ビルマ地域におけるイギリスとアメリカによる相矛盾する検閲、重慶における中国の検閲、太平洋におけるダグラス・マッカーサー将軍による検閲なども、特派員や編集者たちから激しい非難を浴びた。多くの記者たちは、マッカーサーの情報担当官が将軍の個人的偉功を飾り立ててばかりいると不満がった。

ヨーロッパにおいてドゥワイト・D・アイゼンハワー (Dwight D. Eisenhower) 将軍が行った検閲は、一般的に満足し得る方法であると考えられていた。しかしそれでも、ドイツの降伏をめぐるヨーロッパ取材では、検閲をめぐり論争が起こった。検閲はエドワード・ケネディ (Edward Kennedy) をめぐる面倒な問題も引き起こした。APの西部戦線担当チーフであったケネディは、ドイツの降伏に立ち会うためにランス（訳者注：フランス北東部の都市）にある軍の総本部に呼ばれた16名の連合国特派員の中の1人であった。彼ら全員は事前に決められた公式時間より前に記事を出さないことを約束させられて

いた。ところがケネディは、アメリカ、イギリス、ロシアの政治指導者たちが決めた時間より先にドイツのラジオが降伏を発表したというニュースに腹を立て、無許可でロンドンに電話をかけ、記事の一部を送稿してしまった。このためAPは、V-Eデー（ヨーロッパ戦勝の日）より1日早くドイツの降伏を正式に公表してしまった。これに対して、パリにいる54名のケネディの同僚たちは、「ジャーナリズムの歴史において最も恥ずべきで、意図的で、非倫理的な裏切り」であると彼を非難した。ケネディは自分がしたことは無用な政治的検閲に対抗するために必要であったと弁明し、1年間の追放処分を経て戦争特派員への復帰を果たしたが、APはこの厄介者とは距離をおくようになり、結局、彼は1946年にAPを去ることになった。

新聞とラジオの戦争報道

　アメリカの新聞・雑誌とラジオによる第2次世界大戦の報道が世界中で最も充実していたということは、多くの論者が認めるところであった。その功績に対する賞賛のほとんどは、通信社、新聞、雑誌、ラジオの海外特派員や戦線の特派員たちに向けられた。一時期には、500名ものアメリカ人の常勤特派員が海外取材に出ていた。合衆国陸軍から従軍資格を与えられた記者は、合計で1,646人に上った。通信社やラジオ・ネットワークが一番の大所帯で、新聞や雑誌ではニューヨークのタイムズとヘラルド・トリビューン、シカゴのデイリー・ニューズ、トリビューン、サン、それにクリスチャン・サイエンス・モニター、ボルチモア・サン、タイム、ライフ、ニューズウィークなども大勢のスタッフを抱えていた。この戦争では37名のアメリカ人記者が殉職しているが、うち11名が通信社特派員、10名が新聞社特派員、9名が雑誌特派員、4名が写真家、2名がシンジケートのライター、そして残る1名がラジオの特派員であった。[14]

　持ち運び可能な設備とテープ録音が発達したことで、ラジオの報道量は飛躍的に増大した。いまや戦場からも、ベルリンや東京上空を飛ぶ爆撃機からも、あるいはその他の活動拠点などからも、レポートが寄せられるようになった。その中のいくつかはとくに記憶に残るものであった。たとえば、シンガポール陥落を伝えたCBSのセシル・ブラウン (Cecil Brown) の報道、1943年のベルリン大空襲を飛行機に搭乗して取材したエドワード・R・マローの実況放送、ドイツ軍の攻撃を受けながら上陸する戦艦で行われたABCのジョージ・ヒッ

クス (George Hicks) の D デー放送などである。アトランタ・ジャーナルのライト・ブライアン (Wright Bryan) は、パラシュート隊でいっぱいの飛行機に乗り込んで、NBC と CBS のためにイギリス海峡をまたぐ前線から初の目撃レポートを行った。

　第 2 次世界大戦で恐らく最も有名な記者といえば、GI たちのお気に入りのコラムニストであった、アーネスト（アーニー）・テイラー・パイル (Ernest <Ernie> Taylor Pyle) であろう。パイルは戦前から合衆国を放浪し、人びとの生活の様子を書きつづった手記で注目を集めていた。1940 年、彼はナチの空襲に抵抗するイギリスの人びととの心情について報道し、それからアメリカ軍に従軍してアイルランド、北アフリカ、シシリー島、イタリア、フランスなどを訪れ、GI たちの日常生活の内実を郷愁を漂わせるスタイルで報じた。スクリップス・ハワード系の新聞に書いたコラムや『ヒア・イズ・ユア・ウォー』(Here Is Your War) と『ブレイブ・メン』(Brave Men) といった著作により、パイルは全国的な名声を獲得し、ピュリツァー賞も受賞した。彼は 1944 年にヨーロッパを離れたが、休養をとった後、太平洋戦争の最終段階を取材するために再び取材に飛び立った。そして 1945 年 4 月の沖縄戦の途中、パイルは伊江島で日本軍の狙撃兵に射殺され、この偉大なアメリカの戦争特派員の物語は幕を閉じたのであった。

　第 1 次世界大戦と同様に、第 2 次世界大戦においても兵士たちによるジャーナリズム活動は行われていた。1942 年には GI の代表的な新聞であるスターズ・アンド・ストライプスが再登場し、ヨーロッパ版、太平洋版まで出るようになった。雑誌ヤンクは 22 版を出し、250 万部もの部数を誇っていた。漫画家のビル・モウルディン (Bill Mauldin) はスターズ・アンド・ストライプスの中で、兵役に就いたある男の怒りを描いた。ジョージ・ベイカー (George Baker) 曹長の『サッド・サック』やミルトン・カニフのセクシーな『メイル・コール』といった漫画は、両方の出版物に掲載された。ほぼすべての主力部隊や基地では、それぞれ出版物が出された。ただし、第 1 次大戦と違った点は、軍隊が充実した広報部隊を作り上げていたことであった。中でも海兵隊のコンバット特派員たちは最も効果を上げていた。たとえば、元タルサ・トリビューンのスタッフで海兵隊のジム・G・ルーカス (Jim G. Lucas) 曹長は、アメリカ軍が最も激しい侵攻作戦を行った太平洋のタラワ島の海岸から、すばらしい目撃記事を書いている。

前線からのグッド・ニュース

　枢軸国との戦闘のターニング・ポイントは、1942 年、太平洋、ロシア、北アフリカにやってきた。それまでアメリカ国民は、1942 年初頭にジミー・ドリトル (Jimmy Doolittle) 将軍が東京を急襲したというニュース以外、憂うつなニュースばかり知らされていた。しかし、その年の 5 月、アメリカ軍はコーラル海（訳者注：オーストラリア北東部の海域）の戦闘で日本軍を撃破し、ニューギニアおよびオーストラリア北部で敵軍の南進を食い止めた。その直後の 6 月には、ミッドウェー海戦で日本軍艦隊と空軍を撃破し、太平洋戦争史上の大勝利を挙げた。

　もし、そこで山本五十六大将率いる日本軍が勝利していたら、日本軍は簡単に合衆国とオーストラリアを結ぶライフラインを切断し、ダグラス・マッカーサー将軍の軍隊を孤立させ、ハワイを攻撃し、そしてついにはアメリカ西海岸に攻撃を仕掛けることもできたはずである。しかし、チェスター・ニミッツ (Chester Nimitz) 大将率いるアメリカ軍は日本軍の暗号を解読し、来襲してくる日本軍空母の位置を割り出して、4 隻の空母と 332 機の飛行機を撃破した。日本軍の戦闘機はここぞという時に燃料補給のために空母に帰還せねばならず、そこでの一連の激しい空中戦が勝負の明暗を分けた。そして 8 月、アメリカ軍はガダルカナルを占領し、日本軍に征服されたフィリピンを奪回するための第一歩となった。

　太平洋での戦果に比べ、ロシアやアフリカからのニュースは相変わらず思わしくなかった。ニュース映画やニュース雑誌は、ロンメル (Rommel) 将軍率いるドイツ軍戦車部隊がエジプトに向かって進撃する姿をドラマチックに映し出していた。ロシアではヒトラーの軍隊がスターリングラードの郊外まで迫っていた。ところが、流れはここで変わった。モンゴメリー (Montgomery) 将軍率いるイギリス軍が、アフリカの砂漠地帯での激しい戦車戦の末に、エル・アラメイン（訳者注：エジプト北部沿岸の町）でロンメル将軍の進撃を食い止めたのである。11 月には、アメリカ軍が北アフリカに侵攻してイギリス軍と合流し、翌年のシシリー島とイタリアへの侵攻の足がかりを築いた。イタリアは 1943 年 9 月に降伏した。

　1942 年 11 月、ロシア軍もスターリングラードを死守し、ナチの 30 万の軍隊を包囲してその後の戦争の主導権を握った。1944 年初旬までに、連合国は制空権を獲得し、イギリスから西ヨーロッパへ侵攻する準備に取りかかった。

第 2 次世界大戦の勃発　541

　ここで指摘しておくべき重要な点は、流れが連合国軍側に傾くまで、合衆国はヨーロッパの戦いに深く関わらなかったということである。ロシアは 2 年間にわたり西部戦線への参戦を申し入れていたが、合衆国は 1944 年まで断り続けた。このことは対立の火種となった。歴史家たちは、原子爆弾の投下ほど決定的とは言えないまでも、冷戦の始まりは少なくともそれくらい前までさかのぼるとしている。[15]

戦争勝利とルーズベルトの急死を伝える通信社の至急電

　ヨーロッパにおける戦闘を隅々まで取材してきた AP のウェス・ギャラガー (Wes Gallagher) は、1944 年 6 月 6 日の連合国軍によるフランス上陸に向けて準備万端整えていた。彼は 1,700 語におよぶ記事を書き上げ、その記事は合衆国中を駆けめぐった。彼の記事の書き出しは次のようなものであった。

>　連合国派遣軍、総司令部、6 月 6 日─今朝、アメリカ軍、イギリス軍、カナダ軍はフランス北部に上陸し、歴史上最も大がかりな軍事作戦を開始した。総司令官ドゥワイト・D・アイゼンハワー将軍は次のように述べている。ヨーロッパ大陸を支配するドイツ人に対して「我々は完全勝利以外考えていない」。[16]

　ベルリンに向かうパットン (Patton) 将軍の第 3 軍がライン川を渡って攻勢をかけ、ロシア軍が東部から侵入してくると、ヒトラーの落日は時間の問題となっていた。そうした中、太平洋ではアメリカ軍がソロモン諸島とニューギニアで勝利を収め、フィリピンへと進軍していった。マッカーサー将軍のドラマチックなフィリピン上陸は、非常に広く知れ渡るところとなった。1945 年初頭には、合衆国海兵隊は太平洋のもうひとつの小さな島、硫黄島に攻撃を仕掛けようとしていた。この細長い島は、AP の写真家ジョー・ロゼンタール (Joe Rosenthal) が撮った摺鉢山のてっぺんで 6 人の海兵隊員が星条旗を立てる写真により、記憶に刻まれることになった。UP のサンフランシスコ支局は太平洋にいる軍のラジオから流された共同声明を受信し、AP に先駆けて硫黄島への上陸を至急電で伝えた。記事の書き出しは次のようなものであった。

>　グアム、2 月 19 日 (U.P.) ─海空からの猛烈な砲撃に守られたアメリカ海兵隊は、8 平方マイルの硫黄島に侵攻した。この海空双方からの攻撃により、すでに爆撃を受けている東京は合衆国太平洋軍の 750 マイル圏内に入った。[17]

勝利はすでに手中にあった。いまや残された唯一の問題は、ドイツと日本がいつ戦争を断念するかということであった。

ルーズベルト大統領は、苦しい選挙戦の末にトマス・E・デューイを破り4期目に入っていた。今回の選挙戦は過去のそれと比べてずっと接戦で、ルーズベルトは54％の得票率に終わっていた。1932年の選挙では、彼は候補者支持の社説を掲載した日刊新聞の38％近くから支持を得たのに対して、今回は22％の支持しか取りつけることができなかった。選挙キャンペーンがますます激しさの度を増していたことは、デューイがアメリカにおける共産主義の影響について批判したことや、ルーズベルトが共和党の戦略を嘲笑する演説を行った点に表われていた。しかも、ルーズベルトは重病を患い、その上、終戦に伴って起こり得るさまざまな不測の事態への準備に忙殺されていた。彼は2週間の休暇を取るためにジョージア州のウォーム・スプリングズへと向かったが、彼はそこで脳溢血に倒れ、歴代で最長の任期を務めた大統領として、1945年4月12日に63歳の生涯を終えた。

ワシントンにある3大通信社の支局は、大統領不在のためいつもほどの忙しさを忘れていた。そんな時、緊急の記者会見を知らせる電話を交換手から受けたのが、INSのアーサー・ハーマン (Arthur Hermann)、UPのジョー・マイラー (Joe Myler)、APのガードナー・ブリッジ (Gardner Bridge) の3人であった。電話の主はルーズベルトの報道官のスティーブン・アーリーで、彼は次のように話を切り出した。「至急電だ。今日の午後、大統領が急死した……」。ハーマンは電信のオペレーターに向かってとっさにこう大声で叫んだ。「至急電！　FDR死亡！」そしてその30秒後にはUPの至急電が続き、APもその直後に続いた。[18] あっという間に詳しい情報を伝える続報が目まぐるしい勢いで押し寄せ、衝撃が世界を駆けめぐった。とくに海外で最高指揮官の死を知らされたアメリカ兵たちにとっては大きなショックであった。

ウォーム・スプリングズでは、18年後にジョン・ケネディ (John Kennedy) 大統領暗殺の報道でピュリッツァー賞を受賞することになるUPのメリーマン・スミス (Merriman Smith) が、大統領秘書官ウィリアム・ハセット (William Hassett) のいるコテージに急いで向かっていた。APのハロルド・オリバー (Harold Oliver) とINSのボブ・ニクソン (Bob Nixon) も同伴していた。大統領の悲報をハセットが認めるや、彼らは近くにある電話に飛びついて記事を送り始めた。スミスの署名が入った記事は次のようなものであった。

ウォーム・スプリングズ、(GA) 4月12日 (U.P.)―合衆国史上、最も劇的な12年間を大統領として務めたフランクリン・D・ルーズベルトは、今日、中央戦時時刻の3時35分、ここ「リトル・ホワイト・ハウス」の小部屋で死去した。[19]

トルーマン大統領と原子爆弾の投下：冷戦の始まり

　それから3時間もしないうちに、ハリー・S・トルーマン (Harry S. Truman) が大統領の宣誓を行い、第2次世界大戦の最終ドラマの幕は、彼により切って落とされることになった。原子爆弾投下の決断である。ドイツは5月7日に連合軍に降伏した。しかし日本は、容赦のない爆撃を受けていたにもかかわらず、降伏する気配を見せていなかった。この時、アメリカの高官たちにはいくつかの選択肢があった。日本本土に大々的な侵攻を行うか、あるいは大戦中に開発していた秘密の原子爆弾を用いるか。しかし、第3の選択肢はさほど知られてない。1945年7月2日、陸軍省のヘンリー・L・スチムソン (Henry L. Stimson) 長官はトルーマンに当てたメモの中で、日本は降伏する寸前かも知れないと報告した。そして、天皇裕仁を皇位に留まらせるという確約も含めて、慎重な言葉で日本に武装放棄を呼びかければ、降伏させることができるかも知れないと進言した。7月26日のポツダム宣言の最後通告は、ただ1つの例外を除いては、スチムソンの提案に沿うものであった。その例外とは、日本国天皇についての言及がなされなかったことである。日本の民主主義化は一貫してアメリカの戦争目的のひとつであった。しかし、FDR政権とトルーマン政権との間には、天皇を在位させておくべきかを含め、民主化をいかに進めるかについてかなりの意見の相違があった。[20] 結局、大きな重圧を感じていたトルーマンは、爆弾を投下する道を選んだのであった。

　1945年8月6日、3機の巨大なB29爆撃機がテニアン島の基地から飛び立ち、硫黄島でランデブーした後、急いで日本へと向かった。爆撃機のエノラ・ゲイは午前9時15分広島に到達し、2万トンのトリニトロトルエン火薬 (TNT) に相当するパワーを持つ爆弾を、朝の空気の中に放った。その60秒後、爆弾は炸裂し、かくして原子時代の幕は開けた。爆弾を投下された広島市では数平方マイルが吹き飛ばされ、6万人以上の人びとが殺された。テニアン島にいる特派員たちはこの爆撃について知らされず、ただ飛行機が帰還してくるとだけ告げられていた。そのため、記者室で信じられないような新型爆弾が使用されたことを知らされると、彼らはただ感情に圧倒されるばかりであった。ワ

シントンではトルーマン大統領が爆弾投下を世界に向けて発表し、他の高官たちは数週間前の7月16日にニューメキシコで行われていた実験についての詳細を明らかにした。

その3日後、ニューヨーク・タイムズのウィリアム・L・ローレンスは、2つ目の原子爆弾を投下するために長崎へと飛び立った飛行機に搭乗した。原爆が投下されるや間もなく、日中の太陽よりも明るい目もくらむような閃光が走り、巨大な雲が4万5,000フィート上空まで昇ってきた。ローレンスはニューメキシコでの原爆実験を目撃した唯一の記者で、原子爆弾を開発したマンハッタン計画に関する知識を秘密にしておくことを条件に、その「最前列の席」を与えられていた。9月9日のニューヨーク・タイムズは、彼の目撃記事を次のように伝えている。

> ……我々のいる高度まで紫色をした火の柱が迫ってきた。まだ45秒ほどしか経過していない。我々は畏怖の念に打たれ、ただ火炎が上昇してくる様子を見ていた。それはまるで、流星が大気圏からではなく地球の内側から飛び出してくるようで、白い雲を突き抜けて空高く舞い上がるにつれて、より活発になっていった。それはもはや煙という印象ではなかったし、チリ、あるいは火の雲というわけでもなかった。それは、いまだ信じることができない光景を目にした我々の正に目の前で生まれた、何か新種の生き物のようであった。[21]

ローレンスは1937年にピュリツァー賞を受賞した科学専門の記者であるが、この記事とそれに続く10にも上るシリーズの報道で、2回目のピュリツァー賞を受賞した。

第2次世界大戦が正式に終戦を迎えたのは、マッカーサー将軍の立ち会いの下、東京湾に浮かぶ戦艦ミズーリ号で日本側が降服文書にサインをした1945年9月2日のことであった。この厳粛なるセレモニーの模様を収めた写真は、全国の新聞の第1面を飾った。しかし、そうした喜ばしい状況の一方で、ロシアの動向に関する疑念や恐れもくすぶり始めていた。急いで原子爆弾を投下した理由の1つは、ロシアがアジアへ深く進出してくる前に戦争を終わらせてしまいたいからでもあった。ロシアはすでに東ヨーロッパ全域を支配しており、ベルリンの統治をめぐっても論争になっていた。トルーマン大統領はスターリンは信用できないと考えており、このようにして世界に心もとない平和がもたらされるようになった。

冷戦が始まっただけではなかった。東ヨーロッパの将来について議論した

1945年初めのヤルタ会談においてルーズベルトがスターリンと結んだ合意に対しても、疑問が噴出しつつあった。また、原子爆弾を使用したことは多くの人びとを驚かせたが、とくに知識人向けの雑誌などでは、原爆投下に対する倫理的な問題が議論されるようになっていた。1946年にニューヨーカーに掲載されたジョン・ハーシー (John Hersey) の「ヒロシマ」などは、多くの人びとの良心に訴えかける内容であった。さらに、戦後になり600万人ものユダヤ人を殺害したナチスのホロコーストに関する詳細が明らかになるにつれ、連合国側の高官たちがどのくらい、そしていつごろから、その大規模な殺人行為について知っていたのかという疑問も湧き上がってきた。これらの論争は、現在においてもなお決着がついていない。いろいろな本の中で取り沙汰される噂の中には、ルーズベルトは日本軍がパールハーバーに向かっていたことを知っていて、わざとあの惨劇を起こさせたというものがある。しかし、この問題は複雑である。歴史家のジョン・マッカチニー (John McKechney) の主張は、確かにルーズベルトは日本による攻撃を焚き付けたり、誘ったりはしなかったけれども、彼はそれを孤立主義的な機運を打ち消す好材料として歓迎した、というものだ。ロベルタ・A・ウォルスタッター (Roberta A. Wohlstetter) は、当時の諜報活動の限界に着目して、合衆国は攻撃されることを予想していたが、それは恐らくフィリピンであり、パールハーバーは念頭になかったと述べている。[22] とにかくこのようにして、その後数年の間に増幅していくことになる論争の火種を抱えたまま、戦後という時代は始まったのであった。

戦後におけるアメリカ国内外の状況

　トルーマン大統領は、戦後の国内政策を着実に進めていった。トルーマンはきびきびとして良識的であったが、陽気でウィットに富んだルーズベルトとは好対照であった。トルーマンは普通の市民感覚に根ざした、彼独特のユーモア感覚を持っていた。彼はその率直さと正直さで、民主党のリーダーたちを始め、共和党の一部からも尊敬を得ていた。彼のありのままの語り口は、たぐい希なものであった。ルーズベルトの任期を満了するにあたり、一連の労働争議や海外の危機に直面していたトルーマンにとっては、獲得できる限りの支持が必要であった。

　トルーマンが国内で対峙した挑戦相手は、統一鉱山労働組合の指導者ジョン・L・ルイスであった。1946年、ルイスは40万人の炭鉱夫を率いてスト

イキを指導した。同時期に鉄道ストライキも行われており、交通産業を麻痺させかねない状況であった。そこでトルーマンは、路線を掌握して鉄道問題に決着をつけ、炭鉱夫たちを仕事に復帰させるようルイスに圧力をかけた。しかし、トルーマンのこうした行動は反労働者的であると批判され、トルーマンも中道を行く努力をするようになった。彼が1947年のタフト＝ハートリー法に拒否権を発動したのは、その一例である。共和党が支援していた同法は、州をまたいで商業活動を行う企業のストライキについて規制を強化しようとするものであった。その中で最も論争の的となった条項は、クローズド・ショップを違法とし、ユニオン・ショップの選挙手続きを定めるものであった。ところが、激しい反対に遭いながらも、議会はトルーマンの拒否権を覆して同法を成立させてしまった。長い間にわたり、トルーマン大統領は労働者の味方ではあるが、公共の利益に反する活動を行っていると思われる人に対してはそれがいかなる者であれ敵対した、と考えられている。

　トルーマンは議会と格闘してフェア・ディール政策を押し進めようとした。同政策は、雇用体系、社会保障給付、公共住宅、価格および賃貸料金の統制などの社会活動に関する一連の法律からなり、その源流はニュー・ディール時代にさかのぼるものであった。しかしその一方で、トルーマンはますます高まるロシアの脅威とも対峙しなければならなかった。1946年5月には、一地方を分離させてイラン全土を飲み込もうとしていたロシアに対し合衆国から激しい抗議が起こり、ソビエトの軍隊がイランから撤退するという出来事も起きた。

　国際的に広がる共産主義に対する恐怖は、国内の新聞・雑誌や放送を批判合戦であふれさせた。この恐怖は、合衆国においてソビエトがスパイ活動を行っていたことが明らかになったことや、下院非米活動委員会 (House Un-American Activities Committee＝HUAC) による容赦のない攻撃により助長された。まるでそれは、1918年から1920年の「赤狩り」の時のように、恐怖心が論理的な分別を追いやってしまったようであった。

　イギリスの伝統たる反ソビエト連邦的な姿勢を大戦を通して取り続けてきたウィンストン・チャーチルは、1946年に合衆国を訪れた。チャーチルはこの時、トルーマンとともにミズーリ州フルトンに赴き、そこで「鉄のカーテン」という新たなフレーズを披露した。彼は次のように語っている。「バルト海のシュテッティン（訳者注：ポーランド北西部の都市）からアドリア海のトリエステ（訳者注：イタリア北東部の都市）まで、ヨーロッパ大陸を縦断して鉄のカーテンが降ろされている」。こうして、冷戦のレトリックはその激しさを増して

いった。後年の歴史家たちは、トルーマンや他の連合国の指導者たちを批判して、彼らがソビエトに対してより妥協的な政策を提示しなかった点を俎上に載せている。歴史家たちは、第1次世界大戦後のように、その事が逆に、自分たちの当然の利益を妨害する敵対的連合を英米が結成しているという恐れを、ソ連側に抱かせてしまったと指摘している。

　しかしその一方で、ソビエトによる東ヨーロッパの支配、ドイツの再統一をめぐる論争、そしてロシアが見せた総じて戦闘的な態度は、スターリンの思惑についてアメリカ側を安心させるには程遠かった。トルーマンは共産主義がヨーロッパ南部へ拡大することを恐れ、1947年には早々とギリシャとトルコに経済的支援を行うことを確約した。これはトルーマン・ドクトリンの一部をなすもので、すなわちアメリカの「封じ込め政策」の始まりであった。その政策の中には、西ヨーロッパの復興を目指した1947年のマーシャル・プラン、ソビエトのベルリン封鎖に対抗した1948年の物資の空輸、発展途上国に向けられた1949年のポイント・フォー・プログラム、同じく1949年の北大西洋条約機構 (NATO) の結成、なども含まれていた。以上の政策は人道的プログラムと軍事的プログラムの混ぜ合わせで、冷戦の諸要素を網の目のように形作るものであった。ただしそこには、反共産主義運動と反目するものは報道しにくくなる、という要素も存在していた。戦後、プレスの中で最初の犠牲者となったのは、CBS の中東担当主任特派員だったジョージ・ポルク (George Polk) であった。彼はギリシャ政府を批判し、市民戦争に加わっていた共産主義ゲリラに反対する立場を取ることを拒否したため、1948年5月に殺害されてしまった。彼の死をめぐる真実は、ギリシャ、合衆国、イギリスの高官らにより、長年にわたり隠ぺいされてきた。

　共産主義の脅威からヨーロッパが安定を確保したのに対して、アジアにおける共産主義の拡張については、大統領も彼のアドバイザーたちもどうすることもできなかった。アメリカによる相当な支援にもかかわらず、蔣介石将軍の国民党軍は毛沢東率いる人民解放軍との戦いに敗れつつあった。ほとんど老い衰えていたアメリカ大使パトリック・ハーリー (Patrick Hurley) 将軍は、蔣と毛を会談の席に着かせようとしたがまったく埒が明かず、続いてトルーマン政権はジョージ・C・マーシャル (George C. Marshall) 将軍を派遣して国民党側と共産党側に同盟を結ばせようとしたが、それも不毛に終わった。これによりハーリーは辞職し、中国を失ったことについて国務省の中国専門家や大使館スタッフらを非難したが、このことはマッカーシー時代にアメリカの右翼思想家た

ちから総攻撃を受ける材料となった。アメリカの大学の中国研究者や中国にいるアメリカ人ジャーナリストたちも、蔣の国民党に対して毛のマルキスト軍が今にも勝利しつつあると客観的な予測を立てていたために、同じような迫害を受けた。ヘンリー・ルースの雑誌やスクリップス・ハワード系新聞は蔣の評判を上げようと努力したが、腐敗した彼の政権が中国人民の間で不評を買っていたことについては、十分な証拠が上がっていた。にもかかわらず、冷戦という雰囲気の中では、毛や周恩来といった中国の新星の政治家たちは、特派員をだます「赤ども」とされ、アメリカの世論では嫌われ者であった。中国に駐在していた記者団について詳しいある権威は、次のような所見を述べている。「アメリカ人記者が中国共産党員たちに信をおくことがあったとすれば、それは中国国民党を嫌悪したということだ」。その権威者は続けてこう説明を加えている。すなわち、中国に駐在していた西側の特派員たちは、国民党は「芯（しん）から腐って」おり、また「旧態依然として専制君主的で、封建的で、退廃的で、恐らく救いようがない」と見ていたというのである。[23]

「チャイナ・ウォッチャーズ」の出現

1938年に出版した著作『中国の赤い星』(Red Star Over China)で毛の名を世界に知らしめたエドガー・スノー (Edgar Snow) が、トマス・F・ミラード (Thomas F. Millard) の弟子として中国にやってきたのは1928年のことであった。ミラードはいわくつきのジャーナリストで、中国で過ごした1900年から1929年までのパイオニア的な30年の間に、ジャーナリストからプロパガンディストに変質してしまった。ミラードは1911年にチャイナ・プレス、1917年にチャイナ・ウィークリー・レビューを創刊し、1925年にはニューヨーク・タイムズの初の中国特派員に任命されていた。ミラードはミズーリ州立大学のジャーナリズム・スクール出身で、同校の学生たちをインターンとして受け入れ、その後は彼らをメディア関係の定職に就かせていた。その中には、フィラデルフィア・パブリック・レッジャーのデマリー・ベス (Demaree Bess)、ニューヨーク・タイムズのハレット・アベンド (Hallett Abend)、あるいは上海の領外特別安全地区でチャイナ・ウィークリー・レビューの編集にあたっていたジョン・B・パウエル (John B. Powell) といった名の知れた特派員たちが含まれていた。[24]

スノーはパウエルに協力してリベラルなレビューの編集を手伝ったり、フリ

ーで仕事をしたり、北京の燕京大学（現在の北京大学）でジャーナリズムの講義を行ったりしていた。1936年には、陝西省で孤立していた毛と中国共産党軍の司令部を訪れるという冒険をしたこともあった。毛らは6,000マイルにおよぶ「大長征」を経て、戦時要塞の延安に落ちついていた。スノーは共産党員たちと4か月間も生活を共にし、帰ってくる頃には有名になり、ロンドン・デイリー・ヘラルドの極東主任特派員に任命された。そしてスノーは、ライフに75枚の写真を掲載し、サタデー・イーブニング・ポストに記事を書き、毛と彼の政治哲学を解き明かす『中国の赤い星』を出版した。

　スノーの妻ヘレン・フォスター・スノー (Helen Foster Snow) は国民党から逃れ、1937年には著作『中国革命の内部』(Inside Red China) の資料収集のため延安に来ていた。そこで彼女はもう1人の毛派の女性ジャーナリストと出会うことになった。彼女の名はアグネス・スメドリー (Agnes Smedley) といい、初等教育しか受けていない苦労人で、コロラドの炭鉱夫の娘であった。スメドリーはフランクフルター・ツァイトゥンクの特派員として1928年から中国に来ていた。スメドリーは1936年以前に共産党とコンタクトを持っていた唯一の西側のジャーナリストであったため、他の特派員たちの仲介役を担っていた。彼女は「大長征」での活躍で知られる朱徳将軍の伝記を執筆し、食料と薬に助けられながら延安の洞窟に住んでいた。彼女は1938年から1940年までマンチェスター・ガーディアンの特派員を務め、1943年には『中国の歌ごえ』(Battle Hymn of China) を著している。

　スメドリーとは対照的に、アンナ・ルイーズ・ストロング (Anna Louise Strong) は大学を卒業した牧師の娘であった。彼女は1920年代と1930年代を通して、著作家として、またジャーナリストして中国とソビエト連邦を旅した。毛が「すべての反動主義者は張り子の虎にすぎない」という言葉を発したのは、延安で彼女に会った時のことであった。このインタビューが行われた地は現在、歴史的なモニュメントとなっており、その言葉を伝えたことがストロングの名を広めた。彼女は晩年を中国で暮らしている。中国では1980年代にスノー、スメドリー、ストロングの3名を記念して「3S」協会が設立されている。

　国民党の首都重慶にいた戦時特派員の中の1人に、タイムのアナリー・ジャコビー (Annalee Jacoby) がいた。この特派員は1942年に特派員であり夫でもあるメル (Mel) と連れ立ってフィリピンから逃亡したが、夫の方は逃亡先のオーストラリアで飛行機事故に遭って亡くなってしまった。重慶で活躍した特派員としては他に、タイムのセオドア・ホワイト (Theodore White)、ライフの

写真家カール・マイダンス、ニューヨーク・タイムズのティルマン・ダーディン (Tillman Durdin)、シカゴ・デイリー・ニューズのA・T・スティール (A. T. Steele)、ニューヨーク・ヘラルド・トリビューンのビンセント・シーアン、UPのアルバート・レイバンホルト (Albert Ravenholt)、INSのジャック・ベルデン (Jack Belden)、それにスノーなどがいた。1930年代にUPの特派員を務めたイスラエル・エプスタイン (Israel Epstein) も、1944年に6名の特派員が延安へ突撃取材をした際にニューヨーク・タイムズの代表として参加していた。[25]

　中国駐在の特派員たちに対する嫌がらせは、第2次大戦の終結とともに始まった。1946年にセオドア・ホワイトとアナリー・ジャコビーが改革を目指す毛と中国の希望を描いた『中国の稲妻』(*Thunder out of China*) を出版すると、彼らは合衆国の保守派の新聞や政治家たちから非難を浴びるようになった。後に彼らがジョン・ハーシーとともに明らかにしたことであるが、彼らが書いた記事はタイムの反共産主義的な外国ニュース編集者ウィットカー・チェインバーズ (Whittaker Chambers) の手で大幅に書き変えられ、しかもそれにはヘンリー・ルースも手を貸していたという。[26] スノーは、マッカーシー時代の迫害が厳しくなると、合衆国からスイスへと逃れてしまった。また、チャイナ・ウィークリー・レビューのジョン・W・(ビル)・パウエルとシルビア・パウエル (Sylvia Powell) は、朝鮮戦争中に中国側に捕らえられたアメリカ人捕虜の名前を公表したために、1953年に合衆国で煽動罪に問われている。ABCの特派員として1949年の中国人民解放軍による上海占領を取材したライター、ジュリアン・シューマン (Julian Schuman) も同様の扱いを受けた。その後彼らは、7年間におよぶ告発と裁判を経て、ようやく放免された。シューマンは1980年代に北京の英字紙チャイナ・デイリーのスポーツ編集者になっている。2歳の時にポーランドから中国に渡ってきたエプスタインは、中国で雑誌の創刊に関わった。彼が編集に携わったその雑誌は、1980年代に複数言語の高級誌チャイナ・リコンストラクツとなった。

　1949年に毛の軍隊が中国の首都に入り、蒋が台湾へ逃れると、新生の中華人民共和国とアメリカの外交的かつジャーナリズム的なつながりは途絶えてしまった。1949年に中国を去ったスノーは、1960年に北京に戻ったが、そこで彼は10年もの間、唯一のアメリカ人特派員であり続けた。1970年、彼は天安門広場において毛の横でともに敬礼を受けている。彼はリチャード・ニクソン (Richard Nixon) 大統領が中国を訪問する直前に亡くなっているが、ニクソン

訪中は1940年代にいたような中国専門の外交官や学者やジャーナリストたちの復活を予感させる出来事であった。

　もっとも、1949年の時点では、彼らのように中国を支持していた者たちは、戦後の合衆国に世界の警察官になることを期待する人びとから怒りを買っていた。さらに、そうした右派の怒りは、インドシナ戦争でホー・チ・ミン (Ho Chi Minh) の国家主義者＝マルキスト軍がアメリカが支援しているフランス軍に対して徐々に勝利しつつあるというニュースにより、ますます高まっていった。トルーマンは、ヨーロッパにおける強硬な政策が示すように熱心な反共主義者で、アジアの内戦にも援助を出し続けたが、全面的な介入には強く異を唱えていた。

ニューヨークの日刊紙最盛期を迎える

　戦後の一時期に新聞が急速に発展したことは、ニューヨークの事例を見ると良く分かる。ニューヨークでは9つの主要日刊紙が合計して600万をやや超える部数を出すようになり、これは1987年における4つの主要日刊紙の総発行部数の倍近くである。毎週日曜日には、6紙合計で1,100万部が売れていた。そのうち、デイリー・ニューズは470万部を売っていた。この部数は1947年に出た最高値で、平日の朝刊版は240万部の売り上げを記録した。

　ハーストのジャーナル＝アメリカンは、日曜版で130万部近く、平日の夕刊版では70万部近くを売っていた。彼のミラーはさらにその上をいき、日曜版の売り上げは220万部、平日の朝刊版は100万部を少し超える売り上げであった。その前年にタイムズの日曜版の売り上げも100万部に達し、平日の朝刊版は約54万5,000部であった。ヘラルド・トリビューンの日曜版は68万部、平日の朝刊版は32万部であった。さらに、日刊のオピニオン・解説紙で落日を迎えようとしていた *PM* の日曜版を買っていた読者も30万人いた。

　ハーストとマコーミック・パターソンのグループに属する新聞は、タイムズやヘラルド・トリビューンといった穏健派のライバル紙を大きく上回る部数を有していた。折しもその時、トルーマン大統領と民主党は1948年の選挙キャンペーンに乗り出そうとしていた。

トルーマンの大統領当選：1948年の奇跡

　1948年の選挙に挑むトルーマンにとって、大統領職に留まるチャンスは多くは残されていなかった。サウスカロライナ州のストロム・サーモンド(Strom Thurmond)を始めとする南部の民主党員たちが、民主党を脱党してディキシークラット党を結成していた。民主党はそのために伝統的な地盤である「堅固な南部」を失うことになった。さらに、前副大統領のヘンリー・ウォレス(Henry Wallace)が革新党からトルーマンに挑戦し、リベラル派の支持者の一部を奪っていた。勝利はたやすいと感じた共和党は、1944年にルーズベルトに敗れはしたが、人気の高いニューヨーク州知事のトマス・E・デューイを候補者に指名した。

　1948年の夏の間、アメリカの主要な論説委員や政治コラムニストたちは、デューイの勢いに対してトルーマンは勝てるほどの勢力を集めることはできないだろうと論じていた。ウォルター・リップマン、ドルー・ピアソン、ジョゼフ・オルソップ、スチュアート・オルソップ、マーキス・チャイルズたちも、来るべき民主党の危機を説いていた。しかし、秋になると、意を決したトルーマン大統領が反撃を開始した。20世紀中で最もドラマチックな「草の根」の選挙遊説に打って出て、彼の主張を人びとに訴えかけたのである。どの町に行ってもトルーマンは手を抜くことなく共和党主導の議会を批判し、各地域に特有の問題に関連づけながら自説を説いて回った。これに対して共和党は、「共産主義者による破壊行為」という争点に終始していた。しかし、キャンペーンも終盤に近づいてくると、規模においても熱心さにおいてもトルーマンの観衆が伸びてきていた。こうした動きはトルーマンの遊説に同行した一部の記者により伝えられていたが、残りの記者はその雰囲気の変調を見逃してしまっていた。実のところ、11月1日までにトルーマンはデューイを捕らえていたのである。にもかかわらず、ギャラップの世論調査はデューイの勝利を予測していた。その朝のワシントン・ポストは次のように伝えている。「ギャラップによれば、デューイは49.5％、トルーマンは44.5％の得票率を獲得」。[27] 同じく11月1日付のライフも、デューイの写真を次のようなキャプション付きで掲載している。「広大なサンフランシスコ湾をフェリーボートで渡る次期大統領」。[28]

　選挙が行われた翌日の11月3日、ホワイト・ハウス行きの大統領専用列車でセントルイスに到着したトルーマンの手に、シカゴ・トリビューンの早版が

手渡された。現在のシカゴ・トリビューンからは想像もできないが、そこには忘れることのできない見出しが叫び声を上げていた。「デューイ、トルーマンを破る」。昨晩の放送ではNBCの解説者のハンス・フォン・カルテンボーンも、出だしのトルーマンのリードは長くは続かないであろうと聴取者に語っていた。しかし、実際はそのままトルーマンがリードし続け、大興奮とともにトルーマンの勝利がもたらされた。11月4日付のワシントン・ポストは、トルーマンに最高の賛辞を送っている。同紙は大統領を「勝利の晩餐会」へ招待する電報を第1面に掲載した。「本紙は、世論調査専門家、ラジオ・コメンテーター、コラムニスト、それに本紙を含む新聞各紙の論説執筆者や政治記者・編集者たちも一緒に招待することを提案します。先の選挙でもり上がった食欲にふさわしい食事でおもてなしするために」。[29] トルーマンはデューイに勝利しただけではなかった。その年、彼は日刊新聞のわずか15%からしか社説による候補者支持を得られなかった。にもかかわらず、トルーマンは自身の大統領職とともに民主党主導の議会までも実現させたのである。

もっとも、実際に多数派を形成していたのは共和党政治家と南部の民主党員の連合勢力であり、共和党の恐怖のキャンペーンが打ち負かされたわけでは決

共和党の自信過剰を示す最たる証拠——歴史上で最もよく引用される見出しの1つ。

してなかった。事実、トルーマンの再選後には、マッカーシイズムと赤狩りが吹き荒れ、党派的な政治目的のために利用された。歴史家たちは「保守的な共和党員にとってマッカーシーは民主党員を弱体化させるための鈍器であった」と指摘している。ウィリアム・L・オニール (William L. O'Neill) にいたっては、もし1948年の選挙で共和党候補が選ばれていたならば、赤狩りはずっと緩やかなものになっていたはずだと主張している。[30]

トルーマンと記者会見

　約8年間にわたるトルーマンの在任期間中に、大統領とニュース・メディアの関係は急激な変化を見せた。そのような変容は、それがトルーマンのやり方であったということ、第2次世界大戦後に起こった出来事が複雑であったこと、そして戦中から戦後にかけてとくに放送におけるニュース収集技術が発展したこと、などに起因していた。

　トルーマンと彼をとりまく報道機関関係者らは、仕事の面では心通じ合う人間的関係を作り上げていた。概して彼らは好感を抱き合っていたと言っていい。しかしその一方で、93か月間にわたるトルーマンの大統領在任期間中、両者は厳しい敵対関係を維持してもいた。彼が大統領任期中に開いた記者会見は324回で、月平均にすると3〜4回である。これはルーズベルトの記者会見の年間総数の半数であるが、それでもトルーマン以降の大統領たちに比べれば約2倍の回数である。大統領は会見の場で唐突な、そして時には予想だにしないようなコメントを発したが、それらは原子力と冷戦の政治力学という現実が支配していた時期と妙に矛盾していると思えることもしばしばであった。

　思いもかけない発言やセンセーショナルな発言が飛び出すトルーマンの記者会見を記者たちが好んだとすれば、同時に彼らは、自分たちに対する政権の統制力を強めるようなやり方に会見が変化しつつあることも認識していた。トルーマンは会見前のブリーフィングで報道官のチャールズ・G・ロス (Charles G. Ross) や別のスタッフとミーティングを持つようになり、注意深く用意されたオープニングの声明文を読み上げることがとても多くなった。記者の質問に対して詳しい回答をしたくない時には、大統領はその声明文を繰り返すのみであった。

　1950年の春になると、それまではホワイト・ハウスの執務室で和気あいあいとした雰囲気の中で行われていた記者会見は、大統領執務棟にある230席

を収容する大部屋へと移されることになった。これはワシントン特派員の数が増えたための措置であったが、結果として大統領の記者会見をよりいっそうフォーマルな性格にした。また、この移動に伴い、マイクロフォンが使われるようになり、1951年になると、録音された大統領の声をニュース番組で放送したい時には、大統領の許可を得ることが必要になった。このようにして、トルーマンの時代に記者会見がますます公式的になったことで、大統領側は会見の場をコントロールする力をさらに強め、またより周到な準備をして会見に挑むようになり、会見中はとても慎重な受け答えをするようになった。しかし、そうした安全弁が新たに設けられてからも、批評家たちが言うところの「思いつきで言い放つ」ような、思ったことをそのまま話すトルーマンの性格がまったく失われてしまったわけではなかった。辛辣で、時には人を困惑させるような発言は、それを防止しようと準備されたにもかかわらず、彼の口から滑り続けた。それでも、彼の後継者たちの時代に向けて、記者会見の統制の土台が固められていったことは確かであった。

記者会見とは別に、新聞発行者や特派員たちを怒らせたのが、朝鮮戦争中の情報コントロールであった。アメリカ軍の秘密情報が漏れ出す責任のほとんどは雑誌や新聞にあると考えたトルーマンは、軍事情報を扱うすべての政府機関に命令を発し、彼らの裁量で情報を機密扱いにし、メディアによる情報の使用を規制させた。批判が渦巻いたにもかかわらず、彼の命令は実行に移された。

トルーマンは、彼や彼の政権に対して報道機関が厳しい批判をし続けたことに対し、メディアを強く非難し返した。1948年の大統領選で驚くべき勝利を収めた後、大統領は「飼い慣らされた新聞・雑誌と金に踊らされるラジオ」に対して激しい攻撃を開始した。大統領に言わせれば、「単なる思いこみを事実と混同して報道し、そのことで明らかに読者や聴取者を誤った方向に誘導し、かつ意図的に欺いていること」が気に食わなかった。

敵対していたメディアの一部がようやく優しさを見せたのは、いよいよ彼が1953年1月に大統領職を離れようという時であった。中には愛情深く彼に敬意を示す者もあった。それは引退するトルーマンを思いがけなく喜ばせ、後に「中には自らの非を認めて、私を誉めてくれる編集者もいた」と回顧している。[31]

朝鮮戦争とプレス、1950～1953年

　1950年6月25日、共産主義国である北朝鮮が大韓民国に対して攻撃を開始したという至急電が、UPのジャック・ジェイムズ(Jack James)により世界に流された。ピクニックに向かおうとしていた日曜日の朝、ジェイムズはたまたま侵攻のニュースをソウルにある合衆国の大使館で知った。彼は直ちに事実の確認をとり至急電を打った。これは大使が本国政府に打った電報より20分も早かった。

　朝鮮半島は1945年より占領政策のために北緯38度線を隔てて2分されていた。1948年の共産主義政府の樹立後にロシア軍は北朝鮮から離れ、対してアメリカ軍も1949年初頭には小規模な顧問団を残す以外は韓国から身を引いていた。当時、朝鮮において戦闘が始まろうとは誰も予期しておらず、ジョン・フォスター・ダレスは国務省の代表としてその1週間前にソウルに滞在していたが、同地域の安定を確信して帰路についていたほどである。ジェイムズたちから無線で送られてきた悪い知らせに対し、ディーン・アチソン(Dean Acheson)国務長官とトルーマン大統領は国連軍による介入を決定した。同案は6月28日の安全保障理事会において可決され、トルーマンは北朝鮮軍を撤退させる任務をダグラス・マッカーサー将軍に命じた。

　新聞社の特派員による最初の戦闘記事は、ダレスに同行してソウルまで飛んでいたシカゴ・トリビューンのウォルター・シモンズ(Walter Simmons)により打電された。通信社もあわてて人員を投入した。UPからはピーター・カリスチャー(Peter Kalischer)とラザフォード・ポウツ(Rutherford Poats)、APからはO・H・P・キング(O. H. P. King)と写真家のチャールズ・P・ゴーリー(Charles P. Gorry)、そしてINSからはレイ・リチャーズ(Ray Richards)といった面々が急派された。リチャーズは戦闘地域に飛び込んだ初めての特派員であったが、天安で敗走中の大隊に捕らえられ、着任の10日後に殺されてしまった。戦争が終わるまでに11名のアメリカ人特派員が命を落としている。戦死した各国の特派員は合計18名であった。[32]

　6月27日、朝鮮戦争で活躍した報道部隊の中で最もタフで歯に衣着せぬ2人が、戦闘機にエスコートされて東京からソウルに到着した。ニューヨーク・ヘラルド・トリビューンのマーガリート・ヒギンズ(Marguerite Higgins)とシカゴ・デイリー・ニューズのキーズ・ビーチ(Keyes Beech)である。[33] 彼らとともに、ニューヨーク・タイムズのバートン・クレイン(Burton Crane)とタ

合衆国軍が朝鮮戦争に参戦。マーガリート・ヒギンズとホーマー・ビガートによる報道。

イムのフランク・ギブニー (Frank Gibney) も金浦空港に降り立った。ところが、ソウルが陥落してしまったため、彼らはその夜の内にソウルから移動せねばならず、男性特派員たちなどは漢江で25ヤード先に立っていたら死んでしまっていたような事態に遭遇した。ヒギンズは東京にとんぼ返りをして記事を打電した。そして6月29日、初めて前線に赴くマッカーサー将軍とともに朝鮮に戻ったヒギンズは、その道程で特ダネのインタビューをものにした。そしてその翌日、ヒギンズ、ビーチ、APのトム・ランバート (Tom Lambert)、ク

リスチャン・サイエンス・モニターのゴードン・ウォーカー (Gordon Walker) は水原空港の陥落の場に立ち会った。ヒギンズは、ライフのカール・マイダンスとロイターの支局長レイ・マッカートニー (Ray McCartney) とともに、7月15日に戦闘で犠牲になった初の米兵を目にすることにもなった。ライフのデイビッド・ダグラス・ダンカンが朝鮮戦争の写真を撮り始めたのも、この頃であった。彼の傑作は7月10日号のライフに掲載され、まだテレビが十分に普及していない故国に戦争の模様を伝えた。

韓国軍と彼らを援護するアメリカ軍は、海岸線の拠点である釜山まで後退させられた。その外側を防御する大田も7月の終わりに陥落し、ウィリアム・P・ディーン (William P. Dean) 将軍が捕らえられた。この頃になると、多くの記者たちもタコつぼ壕や田んぼや裏道などで命を危険にさらすようになった。ヘラルド・トリビューンはヒギンズを休ませるためにホーマー・ビガートを送ったが、彼女は朝鮮を離れようとせず、第1面を飾る記事をめぐりビガートと互いに協力しながら対等に競い合った。エドワード・R・マローも CBS の報道のまとめ役として朝鮮にやってきた。放送による戦争報道はラジオが中心であったが、テレビやニュース映画用のフィルムでも撮られるようになった。[34]

朝鮮の海岸線で踏みとどまったマッカーサーは、日本から軍を送って激しい陸海軍共同の上陸作戦を行い、9月15日には仁川への上陸を果たした。そして9月26日にはソウルを奪回し、ようやく北朝鮮軍を南側から切り放した。その時、現地にいた特派員の1人が、タラワ環礁の生き証人でスクリップス・ハワードの記者をしていたジム・ルーカスであった。ルーカスは長く手詰まり状態にあった「ポークチョップ・ヒル」の戦いに関する報道で、1954年のピュリツァー賞を受賞している。

マッカーサーとプレス：検閲強化

朝鮮戦争において国連軍司令官を務めたマッカーサー将軍は、第1次・第2次世界大戦で広く行われていたような戦地での検閲を見合わせ、当初は特派員たちのやりたいようにさせていた。そのため、戦闘が始まってから最初の数か月間の混乱状況でも、昔ながらの「チームの一員」としての自覚を持った記者たちは、自分たちの責任は自分たちで負いながら戦いの中をくぐり抜けていた。しかし皮肉にも、彼らが軍から最小限の助けも借りずに送稿した記事について、マッカーサーのスタッフから厳しい批判が向けられるようになった。

APのランバートとUPのカリスチャーは、敵軍に助けや慰めを与えたという理由から、一時的に記者登録を抹消された。マッカーサーのプレス担当官であるマリオン・P・エコールズ (Marion P. Echols) 大佐と特派員たちとの関係も険悪であった。日本の占領時代には、軍当局と意見を異にする記者たちが危うく記者登録を奪われそうになったものだが、現在の彼らの関係はその時よりも悪化していた。

　マッカーサーが仁川に上陸して1950年9月に勝利を挙げると、特派員たちをめぐる問題も和らぐようになった。その夏の初め頃は、ひねくれて元気のない兵士たちに向けられた特派員のインタビューがマッカーサーを怒らせていたが、そのようなことはもう見られなくなった。国連軍が鴨緑江へ進出して論議が巻き起こった頃には、19か国から300名もの特派員たちが取材に参加していた。その後、中国の共産党軍が参戦して国連軍は無惨にも後退していくことになるが、この模様は清津の貯水場で海兵隊に同行していたライフのダンカンの写真により、克明に記録された。ソウルは1月に中国軍の手に落ちたが、その2か月後には奪回され、国連軍は38度線付近で前線を落ちつけることになった。後退中にパニックが頂点に達したときに、マッカーサーが朝鮮からの撤退を進言したことをキーズ・ビーチが伝えたのをはじめ、他の特派員たちも、朝鮮北部で自軍の部隊を分割する戦術をとったマッカーサーを批判するようになった。これに対して将軍は、徹底的な検閲で応えた。将軍が主張するところによれば、検閲は合衆国のトップの新聞社幹部たちにより進言されたものであった。[35]

　しかも、1951年1月に実施されたその厳しい取材規制は、記者たちの望みを裏切り、さらに強化されることになった。[36] すなわち、軍事情報の検閲にとどまらず、国連軍の士気を傷つけたり、その他、合衆国、連合国、中立国などを妨害し迷惑をかけるような言動のすべてが規制の対象となったのである。特派員たちは、検閲官が単なる「後退」という言葉さえも妨害的であると曲解していると抗議した。特派員たちは、マッカーサーが軍事的検閲のみならず、政治的・心理的な検閲を行っているとも主張した。新たに設けられた検閲条項の中には、悪質なルール違反に対しては特派員を軍法会議にかけるという非常に危険なものまであった。

トルーマンがマッカーサーを解任：大統領の危機

　この戦争を通じて、トルーマン大統領と戦地で指揮をとるマッカーサー将軍は不仲であった。マッカーサーは日本の戦後問題を処理したことで高い評価を受けていた。実際、彼は微妙な問題にも深い理解を示したので、後に「近代日本の父」と呼ばれるまでになった。しかし、彼は同時に、自分こそがアメリカの外交政策を引っ張っているかのような印象を与える行動をしていた。たとえば、彼が1950年7月に台湾を訪問したことは、国内では合衆国と中国国民党との関係における新たな一歩として理解されたが、実は国務省とホワイト・ハウスは蒋介石に対して懐疑的だったのである。将軍はまた、とくに戦争のやり方をめぐり対立するようになってからは、国防総省とホワイト・ハウスから送られる公式声明に関する指示を無視するようになっていた。

　ワシントンの心配の種は、マッカーサーが蒋介石の軍隊を中国本土に対する攻撃に利用したがっていたことであった。この将軍の考えは、当時トルーマンを「中国を共産主義者に明け渡した」として攻撃していたオハイオ州選出のロバート・A・タフト (Robert A. Taft) 上院議員など、共和党保守派に支持されていた。文民による軍隊の統制権限が脅かされていたといっていいだろう。1950年10月、トルーマンとマッカーサーはウェーク島（訳者注：太平洋マーシャル諸島北部の島）で会談し、合意に達したかのようにも見えた。しかし、マッカーサーは仲の良い議会メンバーを通じて、なおも自分の意見を貫き通そうとした。このことはトルーマンを非常にいらつかせた。そして1951年4月5日、下院の野党リーダーであるジョゼフ・マーチン (Joseph Martin) がマッカーサー将軍の手紙を公表すると、ついにトルーマンの逆鱗に触れてしまった。その手紙の中で将軍は、彼の軍隊計画を縛ろうとするホワイト・ハウスを批判していたのである。将軍の言い分は、たとえば、国連軍の飛行機を使い、北朝鮮と中国領満州の国境線である鴨緑江を越えて爆撃するべきだ、というものであった。また中国に対する原子爆弾の使用も検討され、これはマッカーサーの支持者たちにより進言されていた。

　ニューヨーク・タイムズは、マッカーサーが戦線を伸ばし戦争を拡大しようとしていることを、次のように報じている。「マッカーサー、中国本土での蒋の軍隊の使用を望む」。[37] 続く1週間というものは、この件についてアメリカとヨーロッパの新聞が激しい論争を巻き起こした。ウィスコンシン州選出のジョゼフ・マッカーシー (Joseph McCarthy) 上院議員などは、マッカーサーによ

る蒋の軍隊の使用を認めないのは「大逆罪」に値すると息巻いていた。一方、マッカーサーに対して、本来彼が指揮下におかれているはずのトルーマンや国連に刃向かっている、と抗議する者もいた。4月11日、トルーマンはついにマッカーサーをすべての職務から解任するという決断に踏み切った。

　マッカーサー解任に対しシカゴ・トリビューンは、「トルーマンを罷免せよ」と題する次のような社説を第1面に掲載した。「トルーマン大統領は罷免され、更迭されなければならない。彼の性急で報復的なマッカーサー将軍の解任は、彼が大統領として道徳的にも精神的にもふさわしくないことを示す一連の行為の中でも最悪のものである」。[38] 対するトルーマンは全国放送で解任の決定について弁明し、マッカーサーの行動は大規模な戦争、つまり第3次世界大戦を引き起こす危険があったと述べた。ニューヨーク・タイムズ、セントルイス・ポスト・ディスパッチを始め、多くの主要な新聞社は完全にトルーマン支持であったが、ギャラップの世論調査では70%近くの人びとがまだマッカーサーの熱狂に囚われているという結果が出た。数百万の人びとが両院合同議会におけるマッカーサーのスピーチに見入り、サンフランシスコから始まった主要都市でのパレードでも、多くの人びとが紙吹雪を舞わせてマッカーサーを熱烈に歓迎した。軍隊の勇士に大々的な賞賛を送ることで、大衆は朝鮮におけるマッカーサーの戦歴を認めると同時に、第2次世界大戦での彼の功績に遅ればせながらの感謝の気持ちを表した。

　しかし、朝鮮戦争が新たな展開を迎え、時間が経過していくにつれ、マッカーサーをめぐる話題は聞かれなくなり、将軍もプライベートな生活に引きこもるようになった。彼が議会演説で述べたように、「老兵は死なず、ただ消えいくのみ」というわけだ。それにしても、年月が経過した後に別の角度から見てみると、1950年10月に共産主義国・中国が参戦した際にマッカーサーが無謀な戦い方をしたことや、命令に対して彼が意図的に不服従を決め込んだことなどから考えて、解任というトルーマンの決断もやむを得なかったように思われる。さらに、そういった旧来から指摘されていたマッカーサーの態度や軍事行動に対する批判と並んで、I・F・ストーン (I. F. Stone) やジェイムズ・アロンソン (James Aronson) といった新しいタイプのジャーナリストたちは、別の解釈を付け加えている。1952年に著した『朝鮮戦争の隠された歴史』(*The Hidden History of the Korean War*) の中で、ストーンはマッカーサーが緩衝地帯を無視して危険極まりなく鴨緑江近くまで立ち入ろうとしたことが、中国に参戦を強要したとする証拠を提示している。この論点は最近の研究でも支持さ

れている。[39] ストーンはまた、ロシアが戦争を食い止めようと試みたにもかかわらず、アメリカは国連における共産主義国・中国の存在を恐れるあまり、早期の休戦のチャンスを棒に振ってしまったことを強く示唆している。[40]

朝鮮戦争の休戦

　マッカーサーが不服従を理由に解任されると、検閲は軽減されるようになった。しかし、それでも主任機密情報担当官C・A・ウィロビー (C. A. Willoughby) 少佐は、ハル・ボイル (Hal Boyle)、ハンソン・W・ボールドウィン (Hanson W. Baldwin)、ホーマー・ビガート、ジョゼフ・オルソップといった名声のある記者たちを「不正確で、偏向していて、わがまま」であると批判し続けていた。1951年7月に朝鮮で休戦交渉が始まると、国連軍は休戦地を取材する記者に許可の取得を求めるようになった。時として戦争捕虜の待遇をめぐり議論が沸き立つこともあったが、交渉が長引く中で戦争報道は日常化していった。1952年12月、国防省は新たな検閲の通達を発表した。通達は検閲の任務を機密情報担当官から広報担当官に移譲し、統一的な検閲制度を陸軍にも海軍にも空軍にも適用するというものであった。またこれにより、安全に関係する理由以外で検閲を行うことは禁止された。といっても、いつもながらのことではあるが、報道関係者たちと検閲官たちとの間では、「安全」の定義をめぐる見解は不統一のままであった。

　1953年7月に板門店で休戦協定が締結されると、朝鮮戦争の戦闘状態には終止符が打たれた。しかし、捕虜の本国への引き渡しという重大な問題が、「帰り道のない橋」として再浮上してくるようになった。1990年代に入っても、合衆国軍を中心とする国連軍が板門店の警備に当たっているし、依然として和平の合意は交わされないままである。朝鮮戦争による犠牲者数は、合衆国は3万3,629人、国連連合軍は1,263人、朝鮮側は約200万人、そして中国側は数十万人であった。この戦争により、国連の意向はおおっぴらに踏みにじられることはない、という規律は守られたようである。もっとも、ある見方によれば、ソウルを奪回したことはその規律を保ったにせよ、マッカーサーが鴨緑江を越えて共産主義国・中国の国境に踏み込んだために戦争の性格が変わってしまい、その結果としてその後20年間にわたり中米関係が決裂してしまったとも考えられる。

　しばらくすると、朝鮮戦争の記憶もアメリカ国民の心の中では他の出来事と

混ぜ合わさってしまったようであるが、将来を担う世代も『M*A*S*H』のようなテレビ番組を通じて当時の悲劇、皮肉、そしてユーモアを知ることができるだろう。『M*A*S*H』は朝鮮戦争の経験を題材として、ベトナムにおける合衆国の戦争介入に焦点を当てたテレビ番組である。2つの戦争に共通するのは、戦場で戦争の目的について疑問を抱いていた人びとと国内のさまざまな世論を代表してコメントしていた人びとが一体となったことであり、それはテレビの歴史の一部となった。そして、ウィリアム・L・オニールが述べるところでは、朝鮮での行き詰まりがアメリカ国民の士気を著しく低下させ、それが防衛費の抑制を取り払わせ軍備競争を過熱させた。朝鮮戦争の遺産として、韓国では抑圧的な政権が続くようになった。彼らは合衆国から強力な支援を受けながら、北朝鮮の政権と交戦状態にあることを口実にして、根本的な改革を求める人びとに暴力を振るった。休戦協定が結ばれてから40年近くたっても、約4万人の合衆国軍が韓国に駐留している。

1950年のRCAテレビ受像機の生産ライン。

第 16 章

テレビ時代の到来

> マーシャル・プランやタフト・ハートリー法、NATO 北大西洋条約などを正直に分かりやすく伝えるよりも、戦争や爆撃を報道するほうがたやすい。
> ——エドワード・R・マロー

　1950 年代と聞いてまず思い浮かぶのは、テレビではルシル・ボール (Lucille Ball)、エド・サリバン (Ed Sullivan)、エドワード・R・マロー (Edward R. Murrow)、政治家ではドゥワイト・アイゼンハワー、アドライ・スティーブンソン (Adlai Stevenson)、ジョゼフ・マッカーシー (Joseph McCarthy) であり、ニューヨーク・ヤンキーズ、エルビス・プレスリー (Elvis Presley)、マディソン・アベニュー、フラ・フープ、ドライブイン・ムービー、郊外に広がる住宅地、州間高速自動車道、ジェット機なども忘れることができない。後に放送された、テレビ・ドラマの『ハッピー・デイズ』や映画『アメリカン・グラフィティー』の中で、この頃は穏やかでまったく事件とは縁のない時代であったかのように描かれているが、アメリカという国が 1960 年代から 70 年代初頭の激動の時代へと向かう上で、アメリカの人びとにとって重大な意義を持つ出来事が、現実には満ちあふれる時代でもあった。

　戦後のアメリカは、かつて経験したことのないほどの長い豊かな時代を迎えた。消費支出、企業支出に加え、政府支出（軍関係の給付を含む）の増加が、戦後の景気上昇ブームを煽った。それでも戦後の復興にまつわる様々な問題があり、未解決の労働争議、経済の横ばい状態が続いたことなどにより、アメリカ人たちは 1930 年代のような辛い時代に逆戻りするのではないか、深刻な住宅不足になるのではないかなどの不安に駆り立てられていた（住宅不足の問題は住宅建設ブームと相まって、それはアメリカの郊外化の原動力となり、別の意味でアメリカ人にとっては課題となった）。[1]

そして初めからすでに、後に対立を引き起こすことになる種が次々とまかれはじめていた。トルーマンの「封じ込め作戦」は、アイゼンハワーと国務長官ジョン・フォスター・ダレスの「瀬戸際作戦」に取って代わられた。インドシナ半島における共産党ゲリラの勝利は無視され、サイゴンのひ弱な政府を援護するのはフランスの役目であるとする決定が下された。世界に広がる共産主義への脅威や国内の崩壊に対する恐れは、この機会を巧みに利用したマッカーシー議員やリチャード・ニクソンたちによって、国内の身近な者同士の対立を生み出した。

　長い間差別に苦しんできたモントゴメリーの黒人たちがバスをボイコットし、リトルロック高校の人種差別廃止をめぐる議論は全米を論争の渦へと巻き込んでいった。マーチン・ルーサー・キング・ジュニア (Martin Luther King, Jr.) の名前もニューヨーク・タイムズに初めて登場した。最高裁判所による学校における（人種）の「平等分離」政策の原則は憲法違反であるという判決は、他の門戸もすぐに開かれるに違いないという希望を黒人たちに与えた。

　この時代に、環境破壊、法執行官の不正、より規模の大きな消費者保護の必要性などの問題について語られることはほとんどなく、マイナーな出版物や新聞やドキュメンタリー放送にも、ときおり取り上げられるだけであった。絶大な力を持つ財界や産業界が、政治・経済・社会生活としっかり結びついていた1950年代でさえ、これらの問題はすでに存在したのであるが。

　その代わりに、娯楽メディア――テレビ、ラジオ、映画、雑誌、書籍――はアメリカの読者や聴衆にそれまでに見たこともない世界を提供した。「合衆国をごらん、シボレーに乗ろう、アメリカは最も偉大な国」とダイナー・ショー (Dinah Shore) は口ずさんだ。このようなメッセージは一般の人びとを夢中にさせた。何年にもわたり耐乏生活を送ってきたアメリカの人びとは、わくわくさせてくれたり、楽しませてくれそうなものを待っていた。朝鮮戦争にはがっかりした。ロシアと中国が世界の中で勢力を延ばし、共産主義者のスパイが原爆の秘密情報を盗んだりしても、身のまわりでは良い生活を実感できた。しかしながら、これらは、来る日も来る日もマス・メディアの広告を通じて提供され、PR活動を通じて保証できるアメリカン・ドリームを得るためのせめぎあいの日々でもあった。

　この時代の出来事に直面しながら、アメリカ人の生活が混沌として複雑なものになっていくことの意味を問ううちに、新聞社、通信社、ニュース雑誌、ラジオやテレビのニュース部門も変化し始めた。

テレビと 1952 年の大統領選挙

　1952 年の大統領選挙は、人びとが不満を募らせていた共和党の候補者である陸軍元帥ドゥワイト・アイゼンハワーと、次の 4 年間の実権を担うべく期待を受けて民主党から選出されたイリノイ州知事アドライ・E・スティーブンソンとの間で争われたが、この時からテレビが大きな力を発揮するようになった。人びとは、キャンペーンの支持者たちの寄付で雇われた政治コンサルタントによって準備されたコマーシャルをはじめ、ドキュメンタリー番組や、投票日の特別番組を初めてテレビで視聴した。選挙戦の興奮は、党の指名を受けロバート・A・タフトに挑むことを決めたアイゼンハワーが、まずテレビを通じてそれを公表したことに始まり、それは後の 1952 年夏の党大会へと展開し、人びとの関心を集めた。[2]

　これ以降、テレビを通じて有名政治家を見るだけにとどまらず、新しいヒーローがテレビによって作り出されていくのを、視聴者たちは見守ることになる。各ライバル・グループの策略は、誰が見ても一目瞭然であった。例えば、共和党の党大会の時に、「フェア・プレイ」を訴えていたアイゼンハワー陣営が、数州からの代表者の信任に異議を申し立てて、党大会でのタフトの勝利を阻んだ時などである。上院に立候補していた、イリノイ州のエバレット・ディークソン (Everett Dirksen) が、トマス・E・デューイに向かって「あなたについてきたのに、敗北に導かれてしまった」[3] と叫んだ時も大きなヤマ場であった。

　タフト陣営の敗因は、党大会の資格審査聴聞会の場面でテレビカメラを禁止したことにあり、これによってアイゼンハワー側は、党大会の代議員に対して、フェアな闘いをしているとアピールする手段を得た。家庭のテレビを通じてその経過を見守った人びとは、タフトに対しては裏の政治取引をしているという印象を持ち、そのライバルの「アイク」には怪しげな取引とは関係ないというイメージを抱いた。実際のところ、両者ともに代議員からの論戦を受けて立つのに遜色はなかった。最後にアイゼンハワー側の議場指導者が、信任争いに関するタフト側からの修正案を退けるよう代議員達を説得した。これで、第 1 回目の投票では数票差で敗れていたアイゼンハワーへと流れが変わった。テレビカメラが高々と掲げられたミネソタ代表の旗を映し出し、正式に州の票が切り替わった時、次期大統領候補はアイゼンハワーに決定した。

　激しい議論が繰り広げられる中で、テレビに向かって激しく訴えたのは、ウィスコンシン州選出のマッカーシー (Joseph McCarthy) 上院議員であった。彼

は蔑むように国務長官のディーン・アチソンは「赤がかったリーダー」であり、民主党は「赤好みである」と唱えた。アイゼンハワーによって副大統領候補に選ばれたリチャード・ニクソンも、ジョン・フォスター・ダレスがしたのと同じように、民主党は「愚痴っぽく、哀れっぽく、卑屈である」という批判に加わった。放送の合間に流されるコマーシャルには、ベティ・ファネス (Betty Furness) という若い女優が登場し、ウェスティングハウスの冷蔵庫を開けたり閉めたりして有名になり、この党大会期間中に、5,000万人が少なくとも1回はこのコマーシャルを見たと言われている。

　民主党の党大会は、立候補を取りやめたトルーマン大統領の後任をめぐる争いとなり、スティーブンソンとアラバマ州選出ジョン・スパークマン (John Sparkman) 上院議員の対決に落ち着いた。スパークマンは、信望は集めていたものの、次の1956年に、スティーブンソンの副大統領候補となり、アライグマの毛皮で作られたデビー・クロケット風の帽子とテレビの犯罪捜査番組で有名になったテネシー州選出のエステス・ケファウバー (Estes Kefauver) 上院議員のような素質は兼ね備えていなかった。スティーブンソンの戦いはその有名なスピーチとともに始まった。人びとに、「アメリカは大英断を下さなければならない瀬戸際にある」と訴え、国内の不協和音や、はびこる物質至上主義に加え、冷酷で、不可解で、敵意に満ちた外国の勢力といった、アメリカはやつれて不気味な亡霊に取りつかれている歴史的な瞬間に立っているというのが彼のスピーチの内容であった。

　選挙活動が進むにつれて、テレビは、リベラルで理想的であるスティーブンソンが率直で機知に富んだ政治家であり、彼が民主党の中でも急進勢力の人びとの中心的存在であることを学ぶ機会を視聴者に与えていった。しかしながら、彼の支持者たちは、彼の洗練されたスピーチを聞いているうちに、彼の弱点にも気付き始めるようになり、多くの人びとがスチュアート・オルソップの批判的なコメントにも納得し、彼につけられた「インテリ」というイメージが次第に浸透していった。共和党は、これを「反コミュニスト」活動に利用し、インテリは中国を失い、東欧を売り渡したとほのめかした。

　スティーブンソンが弱者を思いやる誠実な人柄であると同時に紳士であり学者であるとアピールしているのに対して、アイゼンハワー側のメディア対策スタッフは、群集に向かう時の勢いの良い手の振り方や、分かりやすい温かい笑顔を利用して、「平和をもたらす」強いリーダーというイメージを作り出すことに成功した。同じ30分のテレビ出演でも、アイゼンハワーは、その枠の中

に、起承転結を上手に盛り込んでいたのに対して、スティーブンソンの出番では、スピーチの途中で放送時間終了になってしまうような瞬間を視聴者は見せつけられた。

　9月になり大統領選も本格化すると、共和党は、ルーズベルト＝トルーマン時代を示唆する「共産主義、腐敗、そして韓国問題」をスローガンに掲げた。国務省の職員のアルジャー・ヒス (Alger Hiss) の疑惑調査で有名になったニクソンは、ロシア人のスパイによって極秘資料が盗まれた事件で偽証したと有罪判決を受けた彼の名前さえも持ち出して、スティーブンソンと結びつけようとした。アイゼンハワーにかなり好意的だった新聞は、勝手にこのような非難を取り上げ、スティーブンソンは14.5％の支持しか得られていなかった。この点について後にスティーブンソンは、「（アメリカは）2大政党の国なのに一党寄りの報道」しかないと批判した。

　結局ニクソン自身が、悪い評判にさらされることになった。ニューヨーク・ポストがニクソンの支持者が選挙キャンペーン用の支出を賄うために秘密の政治資金を持っていることを明らかにした。ニクソンに対しては事情を全て明らかにせよ、アイゼンハワーに対しては清廉であるというイメージが定着していた選挙戦からニクソンを外すようにという圧力が高まった。共和党全国委員会の様子は、64局のNBC系テレビ局、194のCBS系ラジオ局、それにミューチュアル・ラジオ・ネットワークを加えた560局を通じて全米に放送された。アイゼンハワーと共和党の有権者たちの信頼を取り戻そうと、ロサンゼルスのスタジオから、ニクソンは熱く語りかけた。それは個人的な支出に関する詳細なもので、妻のパットのコートや娘の犬のチェッカーズのことまでも含まれていた。この有名な演説は「チェッカーズ・スピーチ」として放送史にも登場する。[4]

　11月のアイゼンハワーの圧勝は、民主党の20年間にわたる支配を終わらせた。キャンペーン期間中の「韓国へ」という約束を守り、アイゼンハワーは12月に軍隊を訪問し、テレビカメラは彼の動向を記録した。

アイゼンハワーと報道機関

　アイゼンハワーはテレビと反りの合わない大統領であり、レポーターともしっくり行かなかった。他の大統領と同様に、彼にもお気に入りの記者がいたものの、総体的にみて、彼は新しい職務で国民の要求に答えるよりも、軍隊の

生活のほうを好むような、引きこもりがちな大統領であった。このため彼は、才能のあるプレス・セクレタリー（報道官）であるジェイムズ・C・ハガティ (James C. Hagerty) に頼り切っていた。ハガティはアイゼンハワーが大統領を務めた2期にわたり仕事を続け、彼に負けた仕事上のライバルは、彼のことを嘲笑を込めて「選挙で選ばれたことのない、共和党で最も有能な大統領」と呼んだことがあった。この評価は、プレスといかに上手く渡り合うかということが職務であることを熟知し、最善を尽くすことに誇りを持っていたハガティには不公平な評価であった。アイゼンハワーは「アイク」という愛称で呼ばれていたが、人前に出れば、大統領の条件と威厳を備えていた。

　アイゼンハワーはトルーマンが始めた大がかりな公式の記者会見を踏襲した。1期目の会見時の記者の数も250人規模から始まり、最後には309名を数えた。また、8年間の任期の間に190回もの記者会見を開いている。テレビ放送用に、発言の直接使用も容認したし、テープの使用も認め、記者団にとっては大きな進歩であった。しかしながら、ハガティが後からチェックをする必要があった。アイゼンハワーは頭の中で考えていることに口が追いつかず、多くの失言もしている。また、文章を部分的に飛ばしてしまうことがよくあり、後

アイゼンハワー大統領と
ジェイムズ・ハガティ。

に記者会見の筆記録を理解できるように修正する必要があった。個人的なことを尋ねるような露骨な質問には、アイゼンハワーが感情を抑えている様子が見てとれた。しかし一般的にみて、彼は報道機関にあまり関心を払わなかった。ある日の会見で彼は、日曜版の世界情勢に目を通してしっかり勉強してきたが「あなたたちの話は漫画や意地悪な皮肉ばかりで、気にも留めない」と述べた。[5] 大統領が困難に直面した場面もあった。東京の羽田空港で、ハガティは左翼のデモ隊に取り囲まれ、大統領の訪日は中止になった。また1960年の「U-2スパイ機疑惑問題」の時も、これがパリ・サミットの議論の的になり、結局彼はパリの会場から逃げ帰ることになった。

　後になって、ジャーナリストたちが、ホワイト・ハウス、報道機関、国民の間に不信感が芽生えるきっかけとなった事件として指摘するのは、この「U-2スパイ機疑惑問題」であった。パイロットのケリー・パワーズ (Cary Powers) がロシアで打ち落とされた時、アメリカ政府の発表は、「彼は気象偵察機を操縦中に偶然航路からはずれ迷い込んでしまった」というものであった。しかし、ロシア側が、パワーズはCIAのスパイであると発表し、窮地に立たされたアイゼンハワーは、政府が嘘をついていたことを認めざるをえなくなった。人びとの驚きはニュース・メディアに反映された。まずスパイ活動を行っていたということに加え、それについて政府が偽証したということはより深刻であった。アイゼンハワーはそのような行為とは縁遠い人と思われていた。この後20年間にわたり、アメリカの人びとに不信感がますますつのり、深刻な状況が進む上で、この「U-2スパイ疑惑事件」が不幸な方向へとベクトルを展開させる大きな出来事であったと歴史家たちは指摘している。

　ジェット機で飛び回る初めての大統領として、アイゼンハワーは海外訪問をテレビに伝えさせた。ニューヨーク・ヘラルドのロバート・J・ドノバン (Robert J. Donovan) は「ジェット機の到着は人びとが感じる以上に、大統領像を変えた。私の伝えた1959年のインド訪問は、人生で最も印象的な場面だと思う」と述べている。[6]

　秘密情報には関心を持たなかったと思われてきた大統領であったが、彼の記事を丹念に分析することでアイゼンハワーの再評価を行った歴史研究家たちの最近の見解では、実は彼は当時の重要問題に関与していたということが明らかにされている。[7]

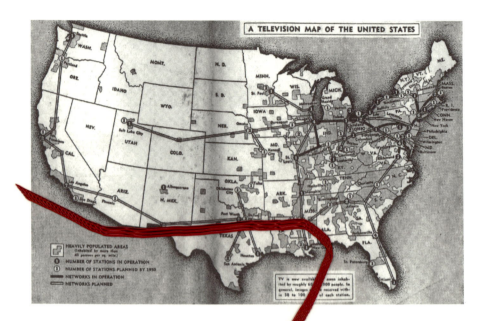

ネットワークの拡大：テレビの黄金時代

　1952年までに、テレビはアメリカ市場で重要な位置を占めるようになった。全世帯の34%以上である1,500万世帯にテレビ受像機が普及した。1950年代の終わりまでに、その普及率は86%にまで達していた。NBCとCBSはそれぞれの系列に加わるテレビ局の拡大を競い合っていた。64対31とNBCがリードしており、後発のABCは15局と遅れをとっていた。デュモント(DuMont)社は4番目のネットワークを立ち上げようとしたものの、1955年に撤退していた。レギュラーのネットワークで送り届けられた番組は、ミルトン・バール(Milton Berle)の『テキサコ・スター劇場』(*Texaco Star Theater*)や、エド・サリバンの『トースト・オブ・ザ・タウン』(*Toast of the Town*) などであった。

　FCC（Federal Communications Commission ＝連邦通信委員会）は将来のチャンネルのニーズやカラーテレビをめぐる議論をめぐって、望ましいチャンネルの数を検討するために、テレビ事業の認可を「凍結」した。1948年までに開局していたテレビ局の数は、108にまで上っていた。[8] 1952年にFCCは、チャンネル2番から13番に含まれるVHF（very-high-frequency＝超短波）テレビ局と、チャンネル83番までのUHF（ultra-high-frequency＝極超短波）

テレビ局を規定している。カラー化に関しては、辛辣な公聴会の後、CBS の技術を採用しているが、デュモン社やフィリコ (Philco) 社などの電器メーカーは RCA を推していた。その後、CBS に技術的な進展が見られなかったために、1953 年に FCC は、白黒番組にもカラー番組にも対応できる RCA の両立式カラー・システムへの転換を図っている。

同軸ケーブル技術の進展により全米同時放送が可能になった。最初のケーブルは、1946 年にニューヨーク、フィラデルフィア、ワシントン間に引かれ、さらに 1947 年にはボストンにまで伸びた。1948 年には、そのケーブルは中西部にまで及び、東部から中西部にわたり、同じ時間帯にネットワークの番組が見られるようになった。西海岸には、AT&T 社が 1951 年に開発したマイクロ波による送信システムによって番組が送信されるようになった。折しも、その時期は、9 月のサンフランシスコ平和会議で、トルーマン大統領が、第 2 次世界大戦の終結宣言を行った時と重なった。トルーマン大統領のスピーチは 94 のテレビ局に送信された。レギュラーのネットワーク番組がそれに続き、最初に放映された番組が、エドワード・R・マローの『シー・イット・ナウ』(*See It Now*) であった。

このようなテレビの黎明期においては、ネットワークの番組の大部分が、『トゥデイ』(*Today*) と『トゥナイト』(*Tonight*) というトークショー番組を考案した NBC のシルベスター・L・"パット"・ウィーバー (Sylvester L. "Pat" Weaver) のような創造性に富んだ人びとによって、ニューヨークで作り出された。多くのアメリカ人は、1952 年から始まり、東部時間の朝 7 時から放送された番組『トゥデイ』の、初代の司会者であるデイブ・ギャロウェイ (Dave Garroway) とともに目覚め、一日のスタートを切った。スティーブ・アレン (Steve Allen) は 1954 年開始の番組『トゥナイト』の初代ホストであり、その座はジャック・パー (Jack Parr) やジョニー・カーソン (Johnny Carson) へと受け継がれていくことになる。

創世記のテレビは生放送であった。[9] ミルトン・バールは "ミスター・テレビジョン" と呼ばれていた。シド・シーザー (Sid Caesar) とイマジーン・コカ (Imogene Coca) は『ユア・ショー・オブ・ショーズ』(*Your Show of Shows*) という番組に出演し、エド・サリバンの『トースト・オブ・ザ・タウン』は『エド・サリヴァン・ショー』(*Ed Sullivan Show*) へと変わり、アーサー・ゴドフリー (Arthur Godfrey) とテッド・マック (Ted Mack) はラジオからタレント・スカウト番組をテレビに持ち込み、『クラフトテレビ劇場』(*Kraft Television*

Theatre) や『スタジオ・ワン』(Studio One) などの 6 つのドラマ番組は、有名な小説や戯曲を居間に届けた。ジミー・デュランテ (Jimmy Durante)、ボブ・ホープ (Bob Hope)、ジャック・ベニーと、マリー・リビングストーン (Mary Livingston)、ジョージ・バーンズとグレイシー・アレン、エドガー・バーゲンとレッド・スケルトン (Red Skelton) などのコメディアンたちも人気があった。学識のあるフルトン・J・シーン (Fulton J. Sheen) 司教は、共産主義の悪魔について話す時に黒板を使い、流暢に彼の「守護天使」が黒板に示したような悪魔たちを消滅させてくれたと語った。ビング・クロスビー、ペリー・コモ (Perry Como) や他の歌手たちによる『ユア・ヒット・パレード』(Your Hit Parade) は軽快な番組であった。ソープ・オペラ（訳者注：女性向けの昼ドラマ）はラジオからテレビへと受け継がれ独自のジャンルを築いた。

　スポーツ・イベントがテレビ番組として定着し、若者たちが、ヤンキー・スタジアムや、エベッツ・フィールドやポロ・グラウンドなどの球場からのワールド・シリーズを見たいと学校で話したりするようになった。他に、ラジオ番組からテレビへと受け継がれたものは、イブ・アーデン (Eve Arden) の『アワー・ミス・ブルックス』(Our Miss Brooks)、『ザ・ゴールドバーグズ』(The Goldbergs)、『陽気なライリー』(The Life of Riley)、『陽気なネルソン』(The Adventures of Ozzie and Harriet)、『エイモス・アンド・アンディー』などであった。子供たちは、人形の登場する『ハウディ・ダウディ』(Howdy Dowdy)、『ククラ・フラン・アンド・オリー』(Kukula, Fran and Ollie) や、フランセスお姉さんの『ディン・ドン・スクール』をよく見た。ペギー・ウッド (Peggy Wood) の主演する『ママ』(Mama) は家族で揃って楽しめる最も人気のある番組であった。

　1950 年代のテレビ黄金時代で、視聴率の最高記録は 1953 年 1 月の『ルーシー・ショー』(I Love Lucy) が打ち立てたものである。この番組は全米 2,100 万世帯のうちの 72% の家庭で視聴されたが、その最高記録は主演のルシル・ボールが、私生活と同様に番組の中で息子を出産した時のものである。

　しかしながら 1950 年代中期には番組の内容が変わり始めた。それはほとんどの番組制作がニューヨークからハリウッドのスタジオに移り始めたからである。人気を博した番組『ガンスモーク』(Gunsmoke) の影響もあり、6 本ほどの西部劇が放映された。ロナルド・レーガン (Ronald Reagan) と呼ばれる俳優が『デス・バレー・デイズ』(Death Valley Days) に登場していた。1959 年に『ボナンザ』(Bonanza) という長寿番組が登場する頃に、テレビの連続西部劇

は 30 番組にまで増えていた。人気が衰えない刑事番組の代表は『ペリー・メイソン』(Perry Mason) や、『ドラッグネット』(Drugnet) であった。

1950 年代後半に、あるクイズ番組がやらせであることが発覚し、テレビは打撃を受けた。CBS 系列のクイズ番組『64,000 ドル・クエスチョン』($64,000 Question) は、1955 年度で視聴率が最も高かった番組であった。しかし 1958 年に、それまでに大がかりな不正行為がこの番組で行われてきたことが明らかになり、その結果として 20 ほどあったクイズ番組はテレビから姿を消した。ニューヨーク大陪審は詳細な調査結果を公表した。この事件が、人びとの持つテレビへの信頼感に与えた打撃は大きかったものの、それは一過性のものであった。1994 年に封切られた映画『クイズ・ショー』(Quiz Show) は、その時代を知らない世代へ、倫理問題を伝える警鐘となった。

マローとマッカーシー：「国への非忠誠と異義申立て」をめぐる論争

1950 年代において、世界の共産主義、国内の治安——さらにジャーナリズムのあり方——の問題に対して双方が全く相容れないとらえかたをし、またそれぞれの働きぶりが耳目を集めた、放送人エドワード・R・マローとウィスコンシン州選出の上院議員ジョゼフ・R・マッカーシーの対立ほど、新しく登場したテレビ放送システムと党派政治が結びついた様子を分かり易く見せてくれた事例は他には見当たらない。

マローは、あくなき真実の追求を目指す姿勢、言葉を大切にすること、アメリカの良き伝統への思い入れなどのすべてにおいて、誠実で責任感の強い放送

CBS 放送の偉大なコメンテーターとして活躍したエドワード・R・マロー。

ジャーナリストであった。彼の活躍の根底には、自由で活発な討論、誰にでも開かれていること、ニュース収集における独立性、世の中の出来事に対する批判を行うことを保障しているアメリカ憲法修正第1条が存在する。この洗練された放送人の献身的な努力や、普通の人びとの権利を守ろうとする彼の配慮は、マローが生まれ育ったノースカロライナ州から、マローの子供時代に農場と伐採工場に囲まれたワシントン州に移り住んだ根気強いクエーカー教徒の両親から受け継いだものである。

1948年のアメリカ大統領選挙の党大会がマローのテレビデビューであったが、その独自のスタイルとパーソナリティを発揮すべく、マローが初めてテレビの視聴者の前に登場したのは1951年11月18日であった。それは新番組の『シー・イット・ナウ』(*See It Now*) がはじまった日であり、ここでマローは、サンフランシスコを背景としたゴールデン・ゲート・ブリッジと、ニューヨークのブルックリン・ブリッジを映し出す2台のモニターを背景に登場した。その30分間の放送時間に、カメラはワシントンのエリック・セバレイドと朝鮮戦争について語るマローを映し、事前に録画されたパリのホワード・K・スミス (Howard K. Smith) との電話の様子も放映した。マローのもと、彼のラジオとテレビのドキュメンタリー番組の共同プロデューサーとして、後の10年をともにしたフレッド・W・フレンドリー (Fred W. Friendly) は、ラジオの番組『ヒア・イット・ナウ』(*Hear It Now*) を新しいメディアに当てはめたのである。

スタート後7年間にわたり『シー・イット・ナウ』は放送され、硬派ジャーナリズム精神を貫いた多くの場面をアメリカの人びとに提供した。メディア以上にメッセージは力強いと考えていたマローによって練り上げられた文章と、念入りに構成されたニュース・レポートは、彼の熱意を全米に伝えた。当時は生放送の時代であり、マローは正直さと正確さを全米の家庭に届けることに成功した。彼の親しみの持てる確信に満ちた低い声は、真面目な顔や品位のある振る舞いと同様に、テレビのインパクトをより効果的なものにした。

徐々に、『シー・イット・ナウ』は、2つ3つの簡単なレポートを取り上げるスタイルから、しばしば長時間を使った報道方式へと代わった。その最も画期的なレポートの1つが、『シー・イット・ナウ』で初めての試みとして単一のテーマのみを扱った1952年の朝鮮戦争特集「韓国でのクリスマス」であった。これはマローが引き連れた撮影クルーとの長期取材によるもので、高い評価を得た。

1953年の10月になるとマローは、この時代に最も議論の沸き上がったテー

マであるマッカーシズム（訳者注：「赤狩り」とも呼ばれる共産党員排除の動きのこと）を取り上げ始める。CBS に最も緊張感が張り詰めたのは、マローとフレンドリーが、父と姉妹が「政治的に危険な」新聞を読んでいたという理由により、治安上危険とされた空軍予備役将校のミロ・ラドロビッチ (Milo Radulovich) の話題の準備を始めた時であった。マローの番組は以前にも CBS の上層部をいらだたせることがあり、その関係が悪化し、この時はネットワークが『シー・イット・ナウ』の宣伝を拒否した。CBS が社内の番宣担当者からの強い圧力を感じている一方で、マローとフレンドリーは、ニューヨーク・タイムズの広告欄を 1,500 ドルで買い取った。

マローと彼のカメラは、ミシガン州デクスターのラドロビッチの住む町へ赴き、彼の父の読んでいた新聞は、5 年前にソ連からの独立を勝ち取ったユーゴスラビアのマーシャル・チトー (Marshall Tito) を支持するセルビア語の新聞であることを明らかにした。番組の最後に、空軍に対して回答を促す言葉とともに、以下のようなコメントをマローは述べた。

> この世界には、個人と国家との関係にどのようなことが起きても、私たち自身が取り組まなければならないことがあります：マレンコフや毛沢東や自分たちの国家さえ、責めることはできません。我々にとって、それはフレッド・フレンドリーと私とのことを意味しますが、この問題は、終わることなく議論を続ける必要があるでしょう。[10]

ラドロビッチ大尉が危険人物であるという汚名は晴れ、マロー＝フレンドリー・チームにとっては感無量の日であった。マローたちはそれから 1 か月も経過しないうちに、「インディアナポリス争議」と題して、アメリカ在郷軍人会 (AL) が圧力をかけて、新たに設立されたばかりのアメリカ自由人権協会 (ACLU) のグループを公共施設から締め出していることを取り上げた。CBS のカメラは在郷軍人会を映し、同じ夜に、ACLU の集会がほかの場所で行われていることも伝え、いずれのグループが憲法に明記されている権利を守っているのかという判断を視聴者に委ねた。

マローが『パーソン・トゥ・パーソン』(Person to Person) という有名なインタビュー番組を始めたのも 1953 年であった。マローが人気取りを狙うテレビの側面を好まないことが CBS の経営陣との確執を招いており、CBS 社長のフランク・スタントン (Frank Stanton) との関係もぎくしゃくしていた。危な

っかしいスタートではあったが、マローはその番組で、スタジオで一緒に座り、著名人の意外な一面を引き出すという肩の凝らないスタイルを編み出した。[11]

『パーソン・トゥ・パーソン』は、1959年に終わるまでに500人にも及ぶゲストを迎えた。いつも視聴率ランキングのトップ・テンに番組の名前が登場し、手に煙草を持ち、有名人をリラックスさせるマローの番組では数々の示唆を与える場面を作り出した。しかし彼は、『シー・イット・ナウ』への忠誠心は失っていなかった。

1954年3月9日の『シー・イット・ナウ』は放送史上最も議論を巻き起こした放送の1つであった。多くのアメリカ人に国家転覆の活動を負わせたマッカーシー上院議員の戦術にうんざりしていたマローはできる限りの努力をした。この夜の番組で、マッカーシー上院議員の活動を映しながら、マローは以下のように述べた。

> 私たちの国家は傷つきやすい時代を引きずっています。我々は名実ともに、海外における自由主義を守る役割を担っていると確信していますが、国内の自由を見放して外国の自由を守ることはできません。ウィスコンシン州選出の新参の上院議員が起こした行動は、海外の同盟国に警告を与え、うろたえさせたかもしれない、また海外の敵には慰めとなったかもしれない。これは一体誰のせいだろうか。彼ではない。彼がこの恐怖におののく状況を作り出したのではない、彼はそれを利用して成功したのです。「責任は立役者にあるのではない、ブルータス、我々にあるのだ」といったカシウスは正しかったのです……それではごきげんよう。[12]

その春おそく、視聴者はマッカーシー上院議員の活動を再び見ることになる。それは、陸軍内部で共産主義的な活動が行われているとの申し立てによるもので、大騒ぎを引き起こした「陸軍＝マッカーシー公聴会」の一連の出来事であった。激しい論争や法律をめぐるやりとりが、多くの視聴者をテレビに釘付けにした。しかしながら、マッカーシーの人気もマンネリ化しており、8月のギャラップ世論調査の結果で、彼に「好意的である」と答えたのはわずか36％の人びとであった。そのいじめ的な戦術から同僚議員からの非難を受け、彼は次第に求心力を失っていった。その後、マッカーシーは1957年に亡くなっている。

マローは、一般の人びとに、非忠実と異議申し立ての違いを教えようとした。尽きることのない仕事の緊張と、テレビ界の動向への不満は、この番組の終了が遠くはないことを示していた。ついに取締役会長のウィリアム・S・ペイリーは『シー・イット・ナウ』シリーズの打切りを決めた。最終回の放送は、

1958年6月9日であった。[13] この間マローは、夜のラジオ・ニュース番組を続け、週2回はテレビに登場した。また1960年には、以前から提携していた番組『CBSレポーツ』(*CBS Reports*)の中で、移民労働者の窮状を描いた「恥の実り」(Harvest of Shame)という特集の解説を担当している。1961年、テレビが商業主義に囚われ、テレビ・ニュースさえも無秩序な視聴率争いに縛られている風潮に失望したマローは、アメリカ文化情報局に移ったが、病気のため1963年3月には引退している。

1965年4月、57歳の誕生日の2日後にマローが癌で亡くなった時、エリック・セバレイドは、その才能と創造力によって後のニュースやドキュメンタリー放送の礎を築いたマローへの追悼の言葉として、「彼は流星であった。われわれはこれから長い間、彼の残光のなかで生きて行くことだろう……彼のような人はもう現れないだろう」[14]と述べている。皮肉にも、マローが人びとにマッカーシズムの危険性について訴えている頃の放送、映画、広告の世界には、圧力に屈服し、共産主義と結びついていると申し立てることで、作家、俳優、プロデューサーやディレクターへの「レッテル張り」に協力したものが多くいた。1950年6月には、その赤狩りグループによる「レッド・チャンネルズ：ラジオ・テレビ界における共産主義者の影響の報告」と題した報告書が出された。そこには、150人以上の放送関係者の名前が挙げられ、これらの人びとはアメリカへの愛国心を捨てた信用の置けない人びとであると明記されている。連邦捜査局(FBI)がニューヨーク写真家協会を解散に追い込んだように、忠誠への誓いを強制させられる光景が毎日繰り広げられた。大学でさえも、恐れと卑劣な行為が席巻し、いたるところで「レッテル張り」が行われていた。マロー、フレンドリーや勇気のあるジャーナリストたちが毅然と戦ったのは、このような喧騒の時代であった。

ヘンリー・ルースのタイムやライフ、マコーミックのシカゴ・トリビューンや、ハースト系の新聞も、全米の新聞と一緒になり、「赤狩り」問題のセンセーショナリズムに加わった。このような風潮にうんざりし、「今こそアメリカをファシズムから救う時だ」と、I・F・ストーンは1954年の7月19日付けの「I・F・ストーン・ウィークリー」(I. F. Stone's Weekly)の中で叫んだ。彼は下院の非米活動委員会が「破壊活動を行っている」組織に対して、謄写版にいたるまですべての印刷機を登録するよう求めていることを取り上げ、「印刷の世界は本当に恐ろしい時代にある」と述べた。[15]

NBC ニュース：ハントレーとブリンクリー

　チェット・ハントレー (Chet Huntley) とデイビッド・ブリンクリー (David Brinkley) の珍しいコンビが、大統領選挙の行われた 1956 年から、不穏な雰囲気が漂う 1970 年までの 14 年間活躍した。低い声で、粗削りなモンタナ人であるハントレーと、ノースカロライナ出身の辛口で皮肉屋で風変わりなレポーターのブリンクリーの人気は絶大であった。

　1956 年の大統領選挙の時に、後の NBC ニュースの社長であるロバート・キントナー (Robert Kintner) によって考え出されたハントレー＝ブリンクリー・チームであるが、このチームが、NBC のニュース部門に発展をもたらした。1952 年の時点では、NBC よりも CBS のマローとウォルター・クロンカイト (Walter Cronkite) のコンビの方が優勢であった。この年の NBC と ABC のトップにとって憤懣やる方ない出来事は、アイゼンハワーの副大統領候補発表の時に、リチャード・ニクソンが CBS のフロアー・ディレクターのヘッドフォンを使ってマローとウォルター・クロンカイトにその決定を知らせたことであった。[16] しかし、1956 年の時は打って変わり、ハントレーとブリンクリーの 2 人の掛け合いは完璧であったのに対して、マローとクロンカイトのできは良くなかった。

　NBC は、1956 年 10 月 29 日に、『ハントレー／ブリンクリー・レポート』(Huntley/Brinkley Report) と題した夕方のニュース番組を初めて登場させたが、この番組は 1960 年には視聴率で CBS に勝利した。テレビ・ニュース業界における、NBC 躍進のもとは、1949 年から 1956 年まで放映された、ジョン・キャメロン・スウェイズ (John Cameron Sweyze) がニュース映画のスポット・ニュースのナレーションを行う 15 分番組である『キャメル・ニューズ・キャラバン』(The Camel News Caravan) にまでさかのぼることができる。CBS は『ダグラス・エドワーズ・ウィズ・ニュース』(Douglas Edwards with the News) と題する同じような番組をその前年に始めていた。

　この 2 人のチームは、1970 年にハントレーが引退するまで続いた。1974 年に、彼が癌で亡くなった時にブリンクリーは、自分とパートナーは、若い人たちから「あなたたちお 2 人と一緒に大きくなったようなものだ」と言われたと語った。事実アメリカ人の多くは、ニューヨークのハントレーが読み上げる最新ニュースと、それにワシントンのブリンクリーが加えるコメントを見聞きしながら育ったようなものである。いつも番組の締め括りは、「お休みチェット」

「お休みデイビッド、NBC ニュースでした」という、どこかおかしくお互いを真似した言い方であった。NBC ニュース部門は、その番組『トゥデイ』で珍しい事件や歴史的瞬間を、良く構成された生放送で伝え、他局を何度もリードした。しかしその成功の源は、ハントレーとブリンクリーへの注目であり、CBS が台頭する前の 1968 年までは、大統領選挙報道では優位に立っていた。CBS は、1969 年と 1970 年に視聴率トップの座を取り戻した。

『ハントレー／ブリンクリー・レポート』は、日々の積み重ねによってアメリカの人びとに様々な知識を提供していたが、この 2 人は、それほど似たもの同士ではなかった。ハントレーは、考え方がより保守的で、本来は実業家であり、引退後は 2,000 万ドルするビッグ・スカイ (Big Sky) というリゾート地に住み、環境保護派の抗議に対して自己の立場を弁護し、アメリカン・エアラインのコマーシャルにも出演していた。彼の多くの信奉者たちは彼の温かみや勇気、強い愛国心を褒め称えた。同様に愛国的ではあったが、ブリンクリーはこれに対して政府の声も代弁していた。1967 年 7 月という早い時期に、彼はアメリカによるベトナム介入への批判を公の場で表明するとともに、北ベトナム空爆の中止を訴えた。[17]

ハントレーの引退の後、ブリンクリーはジョン・チャンセラー (John Chancellor) およびフランク・マックギー (Frank McGee) と 3 人でチームを組んだりしたが、しっくりは行かなかった。彼はこのチームから独立し、夜の時間帯で『デイビッド・ブリンクリー・ジャーナル』(David Brinkley Journal) というニュース解説番組を始めた。その後チャンセラーはニュース・キャスターとして 1 人で活動を開始し、人気番組『トゥデイ』はマックギーが引き継いだ。1976 年にブリンクリーは、CBS の視聴率に挑戦するという NBC トップの意向によって、夕方のニュース番組にキャスターとして加わった。その結果、NBC は CBS との視聴率戦争で互角の戦いをするようになった。また後にブリンクリーは、ABC に移籍した。

テレビ時代に適応するラジオ

テレビの登場はラジオの死を意味する、と多くの観察者が述べている。しかし時間の経過とともに、両者の共生が可能であることが明らかになった。ラジオで活躍した多くのスターたちが（広告予算の事情により）テレビ・ネットワークに移っていったために、ネットワーク・ラジオは衰退の一途をたどった。

ラジオ放送における時間帯の売り上げは、1935年に4,000万ドルであったものが、48年には1億3100万ドルという高水準に達し、1960年には3,500万ドルに下がったものの、ラジオの時間帯売り上げはほぼ毎年増加した。その成功の要因は「音楽、ニュース、スポーツ」というジャンルの小さな放送局の増加であった。長時間にわたってあるテーマを掘り下げるものではなく、絶え間のないニュースは退屈であるとされていたが、それでもラジオはネットワークを形成し、ローカル・ニュースや社会的事件を放送した。

緩やかな組織のミューチュアル (Mutual) を例外として、各ネットワークはテレビにも進出するようになったが、ラジオにも残っていた。ABC（The American Broadcasting Company: 1943年まではThe NBC Blue Network）は、相互に手を結びテレビに対抗しようという意図で、1953年にパラマウント劇場と合併した。ABCは、4つの準キー局とともに、1975年には1348ものラジオ局を傘下に治め、CBSの傘下には258局、NBCの傘下には232局が加わっていた。560局を統括していたミューチュアルは、1959年に破産宣告を受

表16-1：ラジオ局・テレビ局・ラジオ受信機・テレビ受像機の数量的変遷

年度	AMラジオ局	FMラジオ局	テレビ局	ラジオ受信機 (単位100万)	テレビ受像機 (単位100万)
1930	612			13	
1935	605			30	
1940	814			51	
1945	943	53	9	60	(8,000)
1950	2,086	733	97	80	6
1955	2,669	552	439	115	33
1960	3,398	688	573	156	55
1965	4,009	1,270	586	228	61
1970	4,269	2,476	872	303	84
1975	4,463	3,571	962	413	120
1980	4,575	4,350	1,020	456	150
1985	4,805	5,066	1,220	489	180
1990	4,984	5,810	1,469	533	210
1994	4,948	6,595	1,516	575*	240*

出典：*Broadcasting Yearbooks*. ラジオの世帯普及率は、1950年では96%、1970年では98.6%であった。テレビの世帯普及率は1950年では13%、1955年では68%であり、1994年には99%であった。1990年のラジオ受信機総数の5億3,300万台のうち、3億4,300万台は家庭用であり、1億9,000万台はそれ以外である。＊印の数値は推計値である。

けたものの、その後再生に成功した。地域のラジオ・ネットワークは、1961年に81にまでその数を伸ばした。

1935年にエドウィン・アームストロングが初めての公開実験を行ったFM (frequency modulation) ラジオは、表16-1からも分かるように、1940年代に従来のAMラジオの好敵手になった。FMラジオは小規模地域でより良質な受信音が得られることから、ラジオ局からの電波を人口数千人の小さな町に届ける手段になるだろうとみなされていた。しかし、トランジスタ・ラジオのほとんどの方式が、1960年代中盤までFMラジオ受信用ではなかったこともあり、1950年代に生き残ったFMラジオ放送局は、数100ほどであった。それから、FMラジオはアメリカで最も成長の著しい部門となった。FMラジオ放送局の急速な発展にはいくつかの理由が考えられる。(1)～(7)はそれらを列挙したものである。(1) FMラジオには、ネットワークが独占するテレビ業界や、ひしめきあうAMラジオに比べて、投資家にとっての成功の可能性が残されていた。(2) 人びとの間で、文化やクラシックに対する関心が高まった。(3) ステレオの登場により、より本物に近い音を複製する技術が可能となり、さらに良質な音への関心が同時に高まった。(4) FCCが、AMラジオとFMラジオは別個のものであると見なし、様々な補助や助成を行った。(5) FMラジオが、つまらないテレビやAMラジオに飽き飽きした聴取者の受け皿となった。(6) 良質なFMラジオの聴取者が多く存在することが知れ渡るにつれ、広告のスポンサーが増えていった、(7) 1960年の200万台から1968年の2,100万台へと、FMラジオの年間売り上げが驚異的に伸びた。また1970年代までには、ほとんどがAM/FM共用ラジオになった。

FMラジオとともに登場したファクシミリ通信も当初は受信のみが可能であった。ファクシミリ通信は、1938年にセントルイスでKSDによって実用化され、それぞれの家庭に新聞を届けることを可能にするメディアとして期待されていた。しかし、大量生産化されるまでには至らなかった。

通信社：APのケント・クーパー

AP (Associated Press) 通信社のケント・クーパー (Kent Cooper) の名前が知られるようになったのは1920年代であり、彼の影響力はその後1950年代まで続いた。インディアナ州出身のクーパーは、14歳の時に地元の新聞社で記者として働き始めた。父の死により大学を中退し、インディアナポリス・プレ

スに入社した。後にAPの最大のライバル通信社になるスクリプス＝マックレイ (Scripps-McRae) に入社し、インディアナポリス支局長となった。クーパーは、過疎地域の新聞社へのニュース配信は、電報システムを使うよりも、電話システムのほうが効率的であると考えた。1910年、彼は、ニュース配信についての知識でAPの総支配人メルビル・ストーンを大いに感動させた功績により、APの配信部長に取り立てられた。1920年に、彼は副総支配人となり、ストーン引退後の1925年には総支配人になった。その後、経営管理の手腕を発揮したが、彼は決して「新聞人のための新聞人」ではなかった。

クーパーは、APの効率や質の向上に努め、彼の権限が増大するとともに、多くの変革が実行された。スタッフを雇い入れて支局の拡大をはかった。それまで一貫してAPが手がけて来なかったヒューマン・インタレスト記事も導入し、人気を博した。1922年にアーリントン墓地の無名戦士の埋葬問題の記事によってカーク・L・シンプソン (Kirke L. Simpson) が受賞したピュリツァー賞は、APにとって、さらなる発展への大きな契機となった。またAPのメインのケーブルから出ているテレタイプ・ケーブルを用いて、地域ごとのニュース交換が可能である地域交換サービス網も拡大した。1927年にニュース写真のサービスが始まり、写真の重要性を訴える人びとと、従来の記事を尊重する保守派の対立を経て、1935年にAPワイヤーフォト・システムが開設された。テレタイプと呼ばれる自動的なニュース・プリンターは、1913年に初めて使われ、次第にモールス信号送信機に取って代わった。

その後もライバル通信社との競争の圧力や、第2次世界大戦の報道合戦によって、さらなる前進が求められた。1934年には、それまでAPニュースの海外における販路拡張を抑制していたヨーロッパの通信社との厳しい協定が撤廃された。1946年にはAPワールド・サービス (World Service) 社がスタートしている。APのサービス網は、ケーブル網や無線テレタイプの回線を用いて北大西洋を越え、ヨーロッパ各地にまで拡大し、海外向け無線写真サービスのネットワークもそのエリアを広げていった。報道ニュースの質については、1931年に設置された「AP編集局長会議」(The Associated Press Managing Editors Association) のメンバーによって徹底的にチェックされている。1947年から継続研究委員会が年報を発行するようになるまで会員である新聞社の編集局長たちは、APのニュースの扱い方や、書き方について口頭で注意を促しており、海外代表会員社も同様であった。APの経営陣は、読みやすい文体についての研究の専門家であるルドルフ・フレッシュ (Rudolph Flesch) に助言

を仰いでおり、ワシントン支局のジェイムズ・マーロー (James Marlow) などは、記事の書き方の向上に貢献している。

　不本意ながら、大きな変化が起きた。それは AP 会員社が地元とする市において新たに入会を希望する他社に対して反対することができるという、新規参入拒否に関する問題である。拒否権を退けるためには、会員全体の 5 分の 4 以上の投票が必要であったが、そのような票はほとんど得られることがなかった。1941 年にシカゴの朝刊紙トリビューンに対してマーシャル・フィールド (Marshall Field) が始めたシカゴ・サンが、この制限に異議を唱えた。この争いは 1942 年に法廷に持ち込まれ、1945 年のアメリカ最高裁の判決は、「AP が会員保護のために設けている定款は、競争に対する不公平な制限を含んでいる」とした。その結果、AP は会則を改定し、以前に入会を断った新聞社の加盟をも認めた。それとは別に AP は、激しい競争の後、1940 年にラジオ局にもニュースを配信するようになった。それは UP や INS より 5 年も遅れをとっていた。1946 年からラジオ局は投票権のない準会員権を獲得できるようになった。1954 年には、AP ラジオ・テレビ通信社が設立された。

　経営陣にも新しい顔ぶれが登場した。有能なジャーナリストとして最も尊敬を集めていたのが、ともにワシントン総支局長を歴任していたバイロン・プライスとポール・ミラーであった。1936 年にプライスは AP 初の編集主幹となったが、その後第 2 次世界大戦中の検閲局の局長に続き、戦後は国連事務総長補佐を歴任するために、ニュースの世界から引退した。ミラーは副支配人になった後、AP を辞め、ガネット新聞グループの取締役となった。彼らが AP を去ったことで、1948 年のクーパーの引退後は、フランク・J・スターゼル (Frank J. Starzel) が跡を継ぐことになった。

　第 2 次世界大戦中に従軍記者として活躍し、戦後は海外支局長を務め、スターゼルの後継者として仕込まれたウエス・ギャラハーが、1954 年ニューヨーク本社に戻ってきた。AP のやり手の代表者であるギャラハーは、ワシントンに 10 名からなる特別編成チームを置き、彼らにレポートさせる方式を採用し、若者や女性にも雇用の機会を与えた。また彼は、ニュース通信網の大幅な再編成も行った。1976 年に彼は引退している。[18]

　彼の時代に、AP のニュース配信は絶大な信頼を得ていたが失敗もあった。そのひとつは 1963 年のダラスでのケネディ大統領暗殺の第 1 報で、AP は UPI に遅れをとったことである。ここでは「リンドン・ジョンソン (Lyndon Johnson) 副大統領も撃たれた」とか、「シークレット・サービスや警察官も殺

された」という誤報や混乱した情報を伝えている。また他には、「公民権の活動家であるジェイムズ・メレディス (James Meredith) が暗殺された」とか、レーガン大統領の暗殺未遂事件で、「プレス・セクレタリーのジェイムズ・ブレイディー (James Brady) が殺された」というのがある。またここで「レーガンは無事であった」と伝えた第1報は完全な誤報となった。[19]

UPとINSの合併でUPI誕生

　UP (United Press) と INS (International News Service) は、1920年代、1930年代には互いに最大のライバル通信社としてしのぎを削った。それぞれ第2次世界大戦と戦後のマス・メディア産業の発展によって成長を遂げ、1958年の合併によってUPI (United Press International) となり、その後30年間、UPIとAPは激しく競いあった。

　APに先駆けてUPは様々な分野に事業を拡大していた。現に外国ニュース配信で発展を遂げた。例えば、アクメ・ニューズピクチャーズ (Acme Newspictures) は、1925年にスタートしたが、それはAPが写真の配信を始める2年前であった。UPはラジオ局向けニュース配信ではパイオニアであり、またINS社とともに、1951年には、他社に先駆けてテレビ・ニュースに進出している。アクメ社は、1952年にUPニューズピクチャーズ (United Press Newspictures) となり、APワイヤーフォト (AP Wirephoto) のライバルであるUPテレフォト (UP Telephoto) も手がけている。1954年には、それぞれが、UPユニファックス (UP Unifax) とAPフォトファックス (AP Photofax) のネットワークを通じて、ファクシミリ通信による写真の配信を始めている。自動的に植字機を動かし、穿孔テープを打ち出す電送式全自動植字機 (teletype-setter) が1951年に登場し、UP、AP両社ともに、小さな新聞社にもスポーツや経済記事を全自動植字機で配信し始めた。

　UPの社長として、ロイ・ハワードに続く後継者たちがその力をつけてきた。カール・ビッケル (Karl A. Bickel)、ヒュー・ベイリー (Hugh Baillie) がその代表格であった。ビッケルは1923年に社長職を引き継ぎ、UPの海外における独自の地位を拡大させる一方で、国際ニュース報道の自由を促進するリーダーとしても活躍した。

　1935年にビッケルの跡を継いだベイリーは、最も注目を集めているテーマに関して、独占取材という方法で、他のライバルを打ち負かすことをこよなく

愛した。彼は各地へ赴き、競争への熱意を社員に教え込み、個人的な接触によって話題になっている出来事の中心的人物との接触を取り続けた。

当時のUPの有名な編集者は、アール・J・ジョンソン (Earl J. Johnson) とロジャー・タタリアン (Roger Tatarian) の2人であった。ジョンソンは1933年にニュース部門の責任者となり、1965年に引退するまで、そのエネルギッシュな統率力を評価された。タタリアンは、1950年にUPのヨーロッパ・ニュース局長となり、後に編集局長としてジョンソンの跡を継いだ。心臓発作で倒れ、大学の教師になるまで、ニュースの世界では知れ渡った人であった。

UPには伝説的なジャーナリストが多くいた。まず最初に挙げられるのは、ホワイト・ハウス付き記者として、ワシントンで30年にわたり、6人の大統領を担当し、「ありがとう、大統領」という言葉でお馴染みのメリマン・スミスである。1930年代から1970年代までモスクワに支局長として駐在し、スターリン、フルシチョフ、ブレジネフの記事を送り続けたヘンリー・シャピロ (Henry Shapiro) もいる。

INSの編集局長バリー・ファリスは、1928年からINSを24時間体制にした。その他才能を発揮した記者には、フロイト・ギボンズ、ジェイムズ・キルガーレン、H・R・ニッカーボッカーの3人のチームに加わった、ボブ・コンシダイン (Bob Considine) とアイネス・ロブ (Inez Robb) がいる。またキルガーレンの娘ドロシーも有名な記者となった。他にもクエンティン・レイノルズ (Quentin Reynolds)、フランク・ガーバシー (Frank Gervasi)、ポール・ギャリコ (Paul Gallico)、デイモン・ランヨン (Damon Runyon) たちを挙げることができる。その中で最も際立っているのは、1956年に、鉄のカーテンの向こう側である共産主義国の指導者たちにインタビューしたことによって、INSとハースト系新聞社のウィリアム・ランドルフ・ハースト・ジュニア (William Randolph Hearst Jr.) と、キングスベリ・スミス (Kingsbury Smith)、フランク・コニーフ (Frank Conniff) がピュリツァー賞を獲得したことであろう。[20]

1958年5月、UPとINSの合併を目のあたりにした450人の強力なINSスタッフは悲しみに打ちのめされた。ウィリアム・ランドルフ・ハースト・ジュニアと2人の同僚は新しいUPIの役員会で少数派となった。INS出身でUPIに加わった者もいたが、INSの優秀なスタッフの中には新しく作られたハースト・ヘッドライン・サービス (Hearst Headline Service) に移った者もいた。INSがもはや存在しない以上、彼らに選択の余地はなかったのである。

アメリカ文化情報局とボイス・オブ・アメリカ

　戦後の緊張感と不安感から、戦時情報局 (Office of War Information＝OWI) のような機関が平常時にも引き続き必要であると実感させられていたアメリカ政府にあって、1953 年に、独立機関であるアメリカ文化情報局 (USIA) が設置されたことは、1945 年からのプログラムを引き続き着実に実行することを可能にした。その前身は国務省に置かれた国際情報文化局 (OIC) であった。

　1948 年のスミス＝ムント法（訳者注：アメリカ情報・教育交換法）によって、国際情報局と文化交流局がその役割区分によって作られたが、その年間予算は両局の分を合わせても 1,200 万ドルと少なく、戦時情報局 (OWI) の 3 分の 1 ほどしかなかった。

　ソビエト連邦が東欧の諸国を掌握し、1948 年にはベルリンの壁が築かれ、1950 年に朝鮮戦争が始まると、議会からの予算が次第に増加した。刷新された国際情報局 (International Information Administration) についた予算は、1952 年では 8,700 万ドルにも上昇し、その 25% はボイス・オブ・アメリカ (Voice of America＝VOA) のために使われた。またアメリカ文化情報局と改名した 1953 年以降では、インフレに合わせた予算の上乗せは、年 100 万ドル以上にもなった。1970 年までにボイス・オブ・アメリカは、40 言語にも訳され、92 の送信機によって世界中に送られ、その聴取者は 4,300 万人と推定されている。海外のアメリカ情報局 (United States Information Service＝USIS) は、70 の国々に情報図書館と閲覧室を持ち、ニュース、映画、雑誌、パンフレットを配布していた。政策立案と調査分析部門が国の外交方針にも関わっていたが、多くのスタッフを満足させるものではなかった。

　1950 年代、1960 年代には、アメリカ文化情報局やボイス・オブ・アメリカの在り方をめぐって、2 つのグループの間に大きな相剋が見られた。それらは、USIA やボイス・オブ・アメリカはニュースや事件とアメリカとの関わりを、適切な解説を加えながら「ありのままに」伝えるべきであるとする専門家たちに対して、アメリカの政策に対して、世界はいかに反応するべきであるかというイメージを反映させるべきであるとする当局側のもので、そのようなイメージと多少なりとも矛盾するニュースは最小限に抑えるほうがよいと考える者たちであった。ベトナム戦争をめぐって、ホワイト・ハウスの懸念が増大し、1965 年以降この対立の溝はさらに深まった。[21]

1977年、ジミー・カーター(Jimmy Carter)大統領は、アメリカ情報庁と国務省の教育文化局の活動を一緒にし、国際コミュニケーション庁(International Communication Agency＝ICA)とすると発表した。ボイス・オブ・アメリカと国外の海外情報局では以前のような活動を続け、放送関係者には自由な活動が認められていた。しかし、1982年には、見慣れたアメリカ文化情報局のシンボルが再び使われることになった。レーガン政権が構造改革案を提出し、ボイス・オブ・アメリカをめぐって、1950年代に白熱した問題が再び浮上した。プロパガンダ路線を強化しようとする試みは、スタッフの反対によって消えた。論議を呼んだキューバ向けの短波放送であるラジオ・マルティ(Radio Marti)は1985年から始まった。

　1990年になると、アメリカ文化情報局の年間予算は7億ドル近くに達し、その中にはボイス・オブ・アメリカの1億7,200万ドルも含まれていた。ボイス・オブ・アメリカは、1989年に起きた東欧諸国の自由化や、中国の民主化要求運動にも大きな役割を果たした。

　1995年には、24時間、45言語で放送されるまでになったボイス・オブ・アメリカの聴取者は、1億3,000万人とBBC (British Broadcasting Corporation)の聴取者数のほぼ2倍になった。アメリカ情報局(USIS)の図書館は今や125か国にあり、アメリカ文化情報局の予算は年7億ドルを超えていた。共産主義の消滅時にも、冷戦終結後の再編成によって本拠地をそれぞれ1951年と1953年にミュンヘンからプラハに移転したラジオ・フリー・ヨーロッパ(Radio Free Europe)とラジオ・リバティ(Radio Liberty)によるさまざまなテクニックを駆使したプロパガンダ合戦においても、ボイス・オブ・アメリカは任務の一端を担っている。

広告：マディソン・アベニュー、アメリカ

　マーティン・メイヤー(Martin Mayer)が1958年に広告代理店について著した『マディソン・アベニュー、アメリカ』(*Madison Avenue U.S.A.*)は、グレーのフランネル・スーツを身につけ、E. S. ターナー(E. S. Turner)が、1953年に行った建設的な批判を述べた研究で名付けた「広告のショッキングな歴史」に貢献するような男性のイメージを定着させた。広告業界は活気に満ちていた。テレビ・ネットワークが登場した最初の10年で広告費は2倍となり、マディソン・アベニューはその成功のシンボルとなった。

第2次世界大戦中の消費財の不足から、広告は政府関係と愛国的活動をその収入源とするしかなかった。それまでのラッキー・ストライクの煙草の箱は緑色で、赤い牛の目がその中心に描かれていた。しかし軍部が緑の染料を必要としていたため、その箱を白で中央に赤いスポットが入るデザインに変更し、「ラッキー・ストライクの緑は戦場に行きました」と謳い上げた。メーカーは何千カートンもの煙草を戦地に寄付し、その売り上げは上昇した（女性も新しい白のパッケージを好んだようである）。フォードは他の自動車メーカーと同様に、軍関係用の製造に絞り、「フォードはあなたの未来とともに」というスローガンで、戦後の売り上げ上昇のきっかけを作った。最も有名な企業広告は、ニューヘブン鉄道が1942年に出した「寝台車の少年兵(The Kid in Upper 4)」（訳者注：故郷を後にして戦地に赴く寝台車の上段で物思いにふける少年兵を描写したもの）という広告であり、繰返し印刷された。戦時中に、広告代理店、メディア、広告主によって、戦時国債の購入や献血や配給などの促進を図るため広告協議会が作られた。戦後もこの会の活動は継続し、年20件以上の公共サービス・キャンペーンのスポンサー活動を行った。

　大企業によるテレビ広告は、1944年当時にテレビ受像機を保有していた数千世帯を相手に、衣類メーカーや、ライフブイ石鹸のコマーシャルとともに始まり、リーダーズ・ダイジェスト、石油、日用品のメーカーがそれに加わった。ネットワーク放送のために作り出された30秒のテレビ・コマーシャルは、単調に何度もメッセージを繰り返したが、それでも商品を売ってくれた。アルコア、デュポン、ゼネラル・エレクトリック(General Electric)社などの大企業スポンサー提供の番組は、企業のイメージアップにも貢献した。1957年までに、3,700万台のテレビ所有者へメッセージを伝えるべく、時間帯使用料、コマーシャル制作費、タレント契約料に広告主たちは15億ドル以上を費やした。

　1930年代に出された広告への批判は、1950年代と1960年代にも再び登場し、広告活動の促進をもたらす「商業主義の呪縛」への根源的な問いかけが真摯に議論された。バンス・パッカード(Vance Packard)のベスト・セラーである『隠れた説得者たち』(*The Hidden Persuaders*, 1956)では、広告には深層心理に訴えかけるテクニックである「サブリミナルな不安感」を起こさせる側面があり、アルコールやたばこへの欲求を操作していると批判された。『豊かな社会』(*The Affluent Society*, 1958)の中で、ジョン・ケネス・ガルブレイス(John Kenneth Galbraith)は、広告はわずかな人びとが限りある資源を無駄使いするために使われ、人間にとってもその環境にとっても有害であると訴えた。ハ

有名な1942年の企業広告。

ーバート・マルクーゼ (Herbert Marcuse) はその著書『1次元的人間』(*One-Dimensional Man*, 1964) の中で、広告というものは、ある技術が個人の意識にまで到達し、個人の自由を破壊するものであると述べた。スローン・ウイルソン (Sloan Wilson) の『グレーのフランネル・スーツを着た男』(*The Man in the Gray Frannel Suit*, 1967) は、1950年代の書物よりもはるかに批判的であった。

　一部の広告業界の人びとの技術が批判を招いた。大量生産商品の売り上げを伸ばすための操作的な「特殊販売促進」(usp) 手法をもとにしたテッド・ベイツ・アンド・カンパニーのメッセージは、実際的にはライバル・ブランドの商品とほとんど差がないものを敢えて差別化しようとするものであった（その例として、コルゲートの「歯を磨きながら、息も綺麗に」や、神経質な瓶ビール利用者むけのシュリッツのメッセージ「高圧蒸気で洗浄した」などがある）。アーネスト・ディチター (Ernest Dichter) の購買動機研究は、クライスラーに使われ、それによれば、取り外し可能屋根付きの車は、愛人を持ちたいという潜在的な欲求を持つ男性がその罪悪感と安心感を結合させるということを示唆しているという。サブリミナル広告についてみても、「一瞬の刺激が即座の反応を引き出すかどうか」についての議論は興味深い。そのような広告の例として、映画館で流されるフィルムの中に「コーク」とか「ポップコーン」という一瞬のメッセージを挿入したところ、その映画館ではこれらの商品の売り上げが伸びたというのである。大学生たちは、この理論通りのことが起こりえるのならば面白いと思った。

　調査方法における異なるアプローチとして、C・E・フーパー (C. E. Hooper) は、1948年に最初のテレビ視聴者の研究を実施し、クロード・ロビンソン (Claude Robinson) 博士とジョージ・ギャラップ博士は、広告の効果を測定するサービスのシステムを立ち上げた。1950年に、A・C・ニールセン (A. C. Nielson) は、フーパー・ラジオ聴取率調査サービスを引き継ぎ、それをテレビの分野にも発展させた。

　広告への真面目な取り組みとして自主規制が始まったのは1952年であった。それはFCCの後押しで発足した全米広告者協会 (National Association of Broadcasters＝NAB) が、番組と広告に対するガイドラインを設定したことによる。NABの規約の専門家であるスタッフが、これをきっかけに放送前にコマーシャルをチェックするようになり、またそれぞれのネットワークでも、コマーシャルが真実であったか、表現が妥当であったか、公正かどうかを放送後

デイビッド・オギルビーの"ブランド・イメージ"広告の代表作。

に調べるようになった。

　広告業界に2人の大物が現れた。それは、1948年のオギルビー・アンド・マサー (Ogilvy & Mather) と、1949年のドイル・デーン・バーンバック (Doyle Dane Bernbach) であった。イギリス人のデイビッド・オギルビー (David Ogilvy) の広告キャンペーンは、ブランド・イメージを強調し、購買者の虚栄心に訴えるものであった。彼の手がけていたハサウェイのシャツの広告は1951年に登場したが、シャツを着たモデルは黒い眼帯をつけたロシアの貴族で、他とは違って上流階級の雰囲気を漂わせていた。このイメージがハサ

ウェイのシャツの購入者に伝わったかどうかは議論の分かれるところであったが、8年にもわたるキャンペーンの間に、ハサウェイの売上高は250%増となった。シュウェップスもまた、オギルビーの手がけたブランドであるが、髭をたくわえたイギリスの騎士をイメージに用いた。ドイル・デーン・バーンバックのクリエイティブ部門を30年にわたりリードしたウィリアム・バーンバック (William Bernbach) の手法は逆であり、控えめで、皮肉っぽく、愛らしいものであった。アビス・レンタカー用に作ったスローガンである「もっと頑張ります、ただの2番手ですから」は全国に広まった。彼がフォルクスワーゲンのビートルのために延々と続けたキャンペーンのテーマは、当時主流であったアメリカ人の購買傾向への挑戦となった「小さく考えよう」であったが、これでフォルクスワーゲンは自動車輸入の最初の成功例となった。バーンバックのニューヨーク市の屋外掲示板の広告は1963年に始まり、にっこり笑った黒人の男の子と「レビーの本物のユダヤ風黒パンを好きになるのに必ずしもユダヤ人である必要はない」というスローガンを用いた広告は、人種対立の緊張を和らげるものであった。

プリンターズ (*Printers*) 社が1963年に出した75周年特別号では、女性5人の主要広告代理店の副社長が登場した。クリエイティブな分野では、ベントン・アンド・ボウルズ社のジーン・ブラウン (Jean Brown)、バテン・バートン・ダースティン・アンド・オスボーン (BBDO) 社のジーン・ウェード・リンドロウブ (Jean Wade Rindlaub)、マッキャン＝エリクソン社のマーゴット・シャーマン (Margot Sherman) たちがいた。キャンベル＝エルバート社のジュネヴィーブ・ハザード (Genevieve Hazard) は、シボレー社の営業担当責任者であった。J・ウォルター・トンプソン社のナンシー・スティーブンソン (Nancy Stephenson) は、コピーライターとして有名であった。ニューヨークの広告界をリードしていたのは、バーニス・フィッツ＝ギボン (Bernice Fitz Gibbon) であり、マーシーのために「節約家であるのはかっこいい」というコピーを書き、のちに移ったギンベルのためには、「誰もギンベルより安く売れない」という言葉を書いているが、1954年には独立している。

スタンリー・レゾー (Stanley Resor) は1916年から1955年にいたる40年間、J・ウォルター・トンプソン社の社長を務めた。ブルース・バートンとチャールス・H・ブロワー (Charles H. Brower) は、BBDOの社長であった。同じく有名であったのは、フット・コーン・アンド・ベルディング社の共同経営者であり、企業広告に優れたフェアファックス・M・コーン (Fairfax M. Cone)、

ヤング・アンド・ルビカム社のコピー部長から社長になったジョージ・グリビン (George Gribbin)、マッキャン・エリクソン社の社長に 32 歳にして就任し、社内に新風を巻き起こしたマリオン・ハーパー・ジュニア (Marion Harper Jr.) たちなどである。

　1962 年度の上位の広告代理店をクライアントからの宣伝費の高い順に挙げると、J・ウォルター・トンプソン社、ヤング・アンド・ルビカム社、BBDO 社、マッキャン・エリクソン社、レオ・バーネット社、テッド・ベイツ社、N.W. アイヤー社、フット・コーン・アンド・ベルディング社、ベントン・アンド・ボウルズ社が挙げられる。戦後には、先頭を走る企業が海外にもその事業展開を行い、J・ウォルター・トンプソン社とマッキャン・エリクソン社はその代表格であった。1960 年代初頭には、20 の主要な広告代理店のうち、12 社が海外に子会社を構えていた。

　すべての消費支出の中で広告費の占める割合は、1922 年に最高の 4.7% にまで上がった。その後の大恐慌のために急激に低下したが、1950 年代は 3.5% 台を保っていた。広告費の総額は、1940 年が 20 億ドル、1950 年が 60 億ドル、1955 年が 100 億ドル、1960 年が 120 億ドルであった。

企業広報活動の発展

　1950 年代は企業の広報活動が急激に発展した時代である。各企業では、それぞれ新規に広報部を設置したり、昔からの広報部をより拡充させた。企業マネージメントとの関係で広報を捉える傾向が増加し、広報コンサルタントを尊重する企業が増加することで発展した。この分野で最大手の新聞社であるパブリック・リレーションズ・ニューズでは、広報活動を「個人や企業に対する一般の人びとの態度を評価し、一般の人びとの関心を推し量りつつ個人や企業のとるべき方針や対策を探り、人びとの理解や認知を得るための行動指針を検討する企業マネージメント機能である」と定義している。ジョージ・ギャラップ、エルモ・ローパー、クロード・ロビンソンなどによって、近代的な手法を用いた世論調査やマーケティングが始められ、個人が世論を憶測するのではなく、専門的なカウンセラーが、客観的な計測方法により、量的分析の結果から一般の人びとの態度を評価できるようになった。

　第 2 次世界大戦の後に、製造業や企業で起きた販売の急増も、企業広報に恩恵をもたらした。1950 年には、広報やパブリシティ関係の専門的職業に従事

する者は、男性が1万7,000人、女性は2,000人を超えるまでになった。1960年の国勢調査では、男性2万3,870人、女性7,271人となっており、その他の推計では全体で3万5,000人になるとされていた。最も人数が多かったのは、製造、サービス業、金融・保険、宗教・非営利団体、行政、メディアであった。イギリスの研究者であるJ・A・R・ピムロット (J. A. R. Pimlott) は、1951年に「パブリック・リレーションズは、アメリカにしか見られない特異な現象ではないが、アメリカほど普及した国は見当たらない。PRがこれほど広く実践され、収益をもたらし、それらしい世界を描き出し、尊重される一方で、評判を落とし、大勢の者から怪しまれ、過大に持ち上げられる国は他のどこを探してもない」と述べている。[22]

1950年代初期のそれぞれの企業の広報部の活動の実情については、アメリカPR協会 (the Public Relations Society for America＝PRSA) のミネソタ支部が主催したフォーラムの議事録にまとめられている。[23] PRSAは、それまでの活動組織に、1948年からミネソタ大学が場所を提供することで設立された。ジェネラル・ミル社を見ても、1945年にはわずか3人に過ぎなかった広報部のスタッフが、1952年には20人もの専門のスタッフを抱えるまでになっており、名の通った広報のコンサルタントにも依頼するようになっていた。この企業では、報道担当、企業内コミュニケーション、株主とのコミュニケーション、消費者向けサービス、生産者向けサービス、特殊サービス及び寄付、栄養教育、経済教育などの部署を設置していた。従業員向け月刊誌、株主向け季刊誌、社員向け16ミリのカラー・ニュースまで製作していた。料理研究家のベティ・クロッカー (Betty Crocker) は、この中でもこの企業を代表するシンボルであり続けた。

アメリカ・アルミニウム社では、1953年に広報・宣伝部門の部長が副社長となり、それぞれ、広報副部長、宣伝副部長がその下についた。地域関係、従業員向け出版、ニュース部門、業界紙関係、製品の広報、映画と展示、業界の経済状態の把握などがこの部門の仕事であった（スピーチの原稿や教育関係もここに含まれていた）。従業員向けに「アルコア・ニュース」(Alcoa News) を発行し、工場関係の出版物も20ほどを数えた。この企業の活動の中で最も評価されたことは、エドワード・マローの番組である『シー・イット・ナウ』のスポンサーになったことである。

インディアナのスタンダード・オイル・カンパニーでは、1955年に広報の対象を6つに区分しているが、それらは従業員、株主、卸売業者、原料提供者、

消費者、特別な関心を持つ人達から構成されている。広報部長が、1954年の活動のデータの一部を紹介しているが、これによると、延べ900人が、43万5,000人に対して3万5,283回の講演を行っている。12万人の株主が年報や年2回の経営報告を受け取り、3万人の従業員が社内報と季刊誌による経営報告を受け取り、5万人が工場見学をし、フィランソロピー活動に対して企業側から2百万ドルが提供されている。それとは対照的に、プレス発表は113回にとどまっている。このように、新聞宣伝から始まった企業の広報活動が、さらに発展していることがわかる。

　1960年代の初頭の企業広報コンサルタントの大手は、カール・ビィオワー・アンド・アソシエイツ社、ヒル・アンド・ノールトン社、ルダー・アンド・フィン社などであった。広報サービスで上位を行く代理店は、N・W・アイヤー社、J・ウォルター・トンプソン社、ヤング・アンド・ルビカム社などであった。広報部の活動範囲が最も広かったのは、ジェネラル・モーターズ社、AT&T社、ユナイテッド・ステーツ・スチール社、デュポン社であった。

1950年代の雑誌

　リーダーズ・ダイジェストの他に、1950年代で最も人気のあった雑誌は、テレビ・映画愛好者にアピールする方針をとっていたライフ、ルック、コリアーズ、サタデー・イーブニング・ポストなどであった。リーダーズ・ダイジェストは、1955年の出版30周年をきっかけに、広告を掲載することを決めたが、それによって厳しい競争に勝ち抜くことができた。デウイットとリラのワラス夫妻は著名な出版物の中から、情報提供、価値観を反映する内容のものを選びその要約記事を掲載するというこの雑誌の基本的なスタイルを守り抜いた。しばしば、その保守的、政府寄り、企業尊重の傾向に対する批判を浴びたりしたものの、それらを乗り越えこの雑誌は生き残った。

　ヘンリー・ルースは、彼のタイム＝ライフ帝国を、1954年のスポーツ・イラストレイティドの発刊によって拡張した。これは1950年代後半から1960年代前半にかけて人気の出たメジャー・リーグと時期を同じくして成長を遂げた見かけを重視した雑誌である。ルースは、彼の主要な出版物であるタイム、ライフ、フォーチュンを通じて、アメリカ人の生活において重要な役割を担うという目標をさらに推し進めた。大統領や首相の友人として、反共産主義旋風が吹き荒れた時には、トルーマン大統領、ディーン・アチソン国務長官、アド

ライ・スティーブンソンを攻撃した。次第に、彼のタイムの発行部数は、ライバル雑誌であるニューズウィーク、U.S. ニューズ・アンド・ワールド・リポートを凌ぐようになった。ライフはルックの輪転グラビア印刷とは異なり、その光沢のある紙と凸版印刷によって独自の読者層を獲得していた。

　サタデー・イーブニング・ポストはアメリカの著名な作家やジャーナリストの特集を組んで短編や記事を掲載するという点で独自性を発揮した。編集長のジョージ・ホレス・ロリマーのもと、ポストは伝統的なアメリカの中流層の価値観を反映する雑誌であった。その内容を見ると、印象に残る伝記や成功秘話に加え、クラレンス・バディングトン・ケランド (Clarence Buddington Kelland) やその他の作家の家庭的な作品をところどころに挟んでいた。1937年にロリマーが引退すると、編集長のベン・ヘブス (Ben Hibbs) のもとで様々な試みがなされ、近代化が推し進められた。1961 年にヘブスがロバート・フォース (Robert Fuoss) に編集長の座を譲る直前までに、その発行部数は 650 万部までになった。しかしその後突然、ポストの収益が減収へと落ち込んでしまう。テレビとの競争がまず大きな打撃となり、後継の編集者たちは読者を掴むことができなくなり、また、名誉毀損の訴えを招いてしまうような判断力に欠ける編集者の資質も、そのさらなる収益減を加速させた。ポストは 1969 年に廃刊となり、サイラス・H・K・カーティスに買収され、その 72 年の歴史を閉じた。これは 68 年の歴史を 1956 年に閉じたコリアーズがたどった道と同様であり、それはこの種の出版物の時代が終焉したことをも意味していた。[24]

ハーパーズ、アトランティック、サタデー・レビュー

　ハーパーズは一時期、トップの文芸雑誌であり、1920 年代の中盤から社会問題を扱う雑誌となり、現代史の研究者であるフレデリック・ルイス・アレン (Frederick Lewis Allen) のもと 1950 年には百周年を迎えた。1953 年にジョン・フィッシャー (John Fischer) がアレンの跡を継ぎ、ハーパーズの高級雑誌としての路線を踏襲した。フィッシャーによれば、ハーパーズの読者層は 85% が大学卒で、その半分以上が大学院修了者であり、また読者調査を実施した年に外国を旅行したと答えた者も過半数であったという。しかしより文芸雑誌に近いアトランティックを読んでいるものは、6% に過ぎなかった。このような読者層に魅力を感じたのはジョン・カウレス・ジュニア (John Cowles, Jr.) であった。彼はハーバード大学の卒業生でミネアポリス・スター・アンド・トリビ

ューン (Minneapolis Star & Tribune Company) の社長を務め、1817 年から続いたハウス・オブ・ハーパー (House of Harper) の流れを汲むハーパー・アンド・ロウ (Harper & Row) の株の半分を買い取った。

　テキサス・オブザーバー時代に、不正をすっぱ抜くマックレーキング的な記事で有名になったリベラルな若い作家のウィリー・モリス (Willie Morris) が、1963 年にハーパーズのスタッフに加わったが、その後創刊以来 117 年目にあたる 1967 年に、8 代目の主筆として 32 歳の彼をフィッシャーの後継者に選んだのは、カウレスであった。モリスは自由な活動が容易になるようにスタッフを配属したが、編集主幹にミッジ・デクター (Midge Decter)、編集局長にロバート・コトロウィッツ (Robert Kotlowitz)、そして寄稿記事の編集長はデイビッド・ハルバースタム (David Halberstam)、ラリー・L・キング (Larry L. King)、ジョン・コリー (John Corry)、マーシャル・フレイディ (Marshall Frady) というのが、その顔触れであった。彼らの雑誌は、高い関心を集める社会的・政治的な出来事を扱う興味深いパーソナル・ジャーナリズムの媒体として予想以上の評価を得た。モリスはウィリアム・スタイロン (William Styron) の『ナット・ターナーの告白』(*The Confessions of Nat Turner*) やノーマン・メイラー (Norman Mailer) の『夜の軍隊』(*The Armies of the Night*) などの抄録を取り上げた。しかしハーパーズの 1971 年 3 月号に、メイラーが女性解放運動について率直に述べたエッセイである『性の囚人』(*The Prisoner of Sex*) が、下降気味の発行部数を盛り返すために登場した時に波乱が起きた。大騒ぎが収まると、カウレスは 9 代目の編集主幹としてロバート・シャナソン (Robert Shnayerson) を指名したものの、優秀なスタッフのほとんどはすでに辞めたあとだった。

　創刊 120 周年を迎えたアトランティックは順風満帆であった。1938 年にエドワード・A・ウィークス (Edward A. Weeks) が、長年勤めたエレリー・セドウィック (Ellery Sedwick) の後任となってから、この雑誌も、社会問題を扱う雑誌へと変貌していったものの、その変化のしかたは緩やかなものであった。エマーソン (Emerson)、ソロー (Thoreau)、ロングフェロー (Longfellow) などの作品を掲載してきたページは、アーネスト・ヘミングウェイ (Ernest Hemingway)、エドウィン・オコーナー (Edwin O'connor)、ソール・ベロー (Saul Bellow) やリリアン・ヘルマン (Lillian Hellman) などの文学界の巨匠の作品も引き続き提供した。1964 年にロバート・マニング (Robert Manning) が編集担当取締役に就いた後には、社会問題関連の記事が評価されるようになっ

た。この職に就くまでのマニングは、新聞人としての経験に富み、国務省の公共問題担当の事務次官補まで務めていた。1966 年に彼は、アトランティックの 10 代目編集主筆に就任し、マイケル・ジャネウェイ (Michael Janeway) が編集局長を務めた。またエリザベス・ドリュー (Elizabeth Drew) がワシントン発の解説記事の執筆を担当した。

　サタデー・レビュー・オブ・リテラチャーは、その関心領域を、音楽、教育、メディア、旅行にまで広げ、1952 年にはそのタイトルをサタデー・レビューに短縮した。1924 年にブック＝オブ＝ザ＝マンス・クラブ (The Book-of-the-Month Club) の初代編集主幹であるヘンリー・セイデル・キャンビーによってスタートし、1942 年にノーマン・カズンズ (Norman Cousins) が編集を担当して以降、雑誌は順調な伸びを示した。1961 年、その発行部数が 26 万 5,000 部にまで達すると、その販売業務をマッコールズ (the McCall's) 社に委ねた。カズンズは、無理な部数獲得をしないことを提唱したが、それでもサタデー・レビューの 1970 年の売り上げは 61 万 5,000 部であった。その後経営者が代わると、着実な売り上げを確保できなくなり、次第にその影響力を失っていった。

バックレーのナショナル・レビュー

　アメリカの政治評論界で、最も右寄りの主張を打ち出しているメディアはナショナル・レビューであった。1955 年に、ウィリアム・F・バックリー・ジュニア (William F. Buckley, Jr.) によって創刊されたが、その読者数は 3 万 2,000 で、1960 年までに 86 万ドルの欠損を出していた。バックレーと右派のリーダーたちの頑張りによって、1977 年には発行部数も 11 万部にまでなった。1970 年に、ウィリアムの兄弟であるジェイムズが保守派の候補として、ニューヨーク州から上院選に出馬して勝利したことは、バックレー一族とその出版グループにとってよい刺激となった。バックレーの姉妹であるプリシラ (Priscilla) が編集局長で、ジェイムズ・バーナム (James Burnham) やラッセル・カーク (Russell Kirk) が主要スタッフとして加わった。またジェイムズ・ジャクソン・キルパトリック (James Jackson Kilpatrick) とラルフ・デ・トレダーノ (Ralph de Toledano) が寄稿欄の編集長を務めた。またアメリカの右派の人びとに読まれていたのは、R・エメット・ティレル (R. Emmett Tyrrell) によってインディアナ州のブルーミングデールで発行されていたオルターナティブ

という雑誌であった。これは 1966 年にティレルが学生新聞として始めたものが、1970 年に全米に広がったものである。協賛者のリストをみると、ウィリアム・バックレー、アービン・クリストル (Irving Kristol)、シドニー・フック (Sydney Hook)、ダニエル・パトリック・モイニハン上院議員 (Senator Daniel Patrick Moynihan) などの名前を見つけることができる。

リベラル左派のオピニオン・ジャーナル

　保守反動期の 1950 年代に左派リベラルの雑誌が苦戦を強いられる中で順調であったのは、ネーション (1865 年創刊) とニュー・リパブリック (1914 年創刊) であった。E・L・ゴドキンのネーションは 1881 年から 1934 年までは、ヴィラード一族が所有し、オズワルド・ギャリソン・ヴィラード (Oswald Garrison Villard) のリベラルで平和主義的精神を受け継いでいた。この雑誌は、財政危機や、ソビエト連邦の扱いを巡るスタッフ間の意見の相違から、1937 年に、フレダ・カーチウェイ (Freda Kirchwey) が、また 1955 年には、ケアリー・マックウィリアムズ (Carey McWilliams) が編集長となった。1955 年から 1965 年までの経営者であったジョージ・カースティン (George Kirstein) が経営を安定させることで、マックウィリアムズを支え、同誌は創刊 100 周年を迎えることができた。リベラリズムに活気が漲るようになったことで、1960 年代の中盤まで、ネーションは激化するベトナム戦争に対して最も熱心に抗議する雑誌であった。マックウィリアムズとワシントン特派員のロバート・シェリル (Robert Sherrill) は、雑誌の記事、書評、芸術欄に加え、事実に基づきながら核心をつく社説を提供したが、広告が不十分で、発行部数はおそらく 2 万 5,000 部と低迷していた。マックウィリアムズが 1976 年に引退すると、ブレア・クラーク (Blair Clark) が編集長となった。

　1914 年にウィラード・D・ストレート (Willard D. Straight) の資金で創刊されたニュー・リパブリックはウィルソンの時代に、ハーバート・クローリー (Herbert Croly) やウォルター・リップマン (Walter Lippmann) などが腕をふるい、影響力を発揮した。1930 年代にはブルース・ブライベン (Bruce Bliven) の編集でまた力を盛り返した。1946 年に、マイケル・ストレート (Michael Straight) が実権を握り、ヘンリー・A・ワラスを編集長に指名した。発行部数は 10 万部にまで伸びたものの、1948 年の大統領選挙の折に、ワラスが超リベラルな進歩党に関わったという理由により解雇された。その後売り上げは停滞

したものの、1956 年にギルバート・A・ハリソン (Gilbert A. Harrison) が編集長に就任してから持ち直した。最も目立ったものは、1943 年に始まった、筆者の欄に「TRB」としか記されていなかったワシントン発のパンチのきいたコメントであった。後にこれらは、中道路線を走る新聞であるクリスチャン・サイエンス・モニターの専属記者であったリチャード・ストラウト (Richard L. Strout) が隠れて書いていたことが明らかになった。ストラウトの記事は 1983 年まで続いた。ニュー・リパブリックは後に右へと政治的な転換を遂げた。

あまり幸運でなかったのは、1949 年にマックス・アスコリ (Max Ascoli) が始めた隔週のレポーターであった。リベラルでアカデミックな読者層の間で、調査の精密さや論評の鋭さについては評価を得ていたものの、アスコリが泥沼化するベトナム戦争を支持したために人気に陰りが見えるようになった。発行部数が 20 万部であったにもかかわらず、失望したアスコリは 1968 年ハーパーズ社 (Harper's) に売却し、雑誌は廃刊となった。ワシントン担当の記者を務めたのは、ダグラス・ケイター (Douglass Cater) であった。

低い発行部数でありながら、他にもオピニオン雑誌が出版されていた。ウィスコンシンのラフォレット一族によって 1909 年に創刊されたプログレッシブは、モリス・H・ルービン (Morris H. Rubin) の編集によって出されていた質の高い雑誌であった。ニューリーダーは、社会主義支持ではあるものの、創刊時から反共産主義の立場をとり続け、1924 年にタブロイド版として登場し、1950 年に雑誌の体裁をとるようになった。サミュエル・M・(ソル) レビタス (Samuel M. Sol Levitas) が知的レベルの保持に努め、それは 1930 年から、レビタスが亡くなる 1961 年まで続いた。

宗教関係の刊行物

リベラル左派の雑誌の中には、カトリック・ワーカーという、多方面からの評価を受けた宗教関係の出版物がある。1933 年にドロシー・デイ (Dorothy Day) によって創刊され、1980 年まで、この雑誌は一貫してクリスチャンとしての信仰心、平和活動、非暴力による問題解決にこだわり続けた (654 ～656 ページ参照)。

社会正義の維持をテーマとしていたその他の定期刊行物としては、1960 年代の宗教的動乱期に産声を上げたクリスチャニティ・イン・クライシスやクラレチアン修道会の会士によって、「公平なカトリック」を目指して発行されて

いるサルト、ラディカルな福音主義の視点に立つプロテスタント系のソジョルネスなどがある。リベラルなカトリック系の刊行物としては、ナショナル・カトリック・レポーター、ジュビリーや、1960年代に出版されるようなった個性的な美術誌であるクリティックなどが挙げられる。

1970年までに宗教関係の雑誌の数は、1,700に達し、その内訳はプロテスタント系1,100、カトリック系400、ユダヤ教系200であった。それまでの20年の間に、雑誌の数は増加したが、1970年代初めには、多くの宗教関係の出版物が25%から50%の部数減少に見舞われた。この傾向がとりわけ顕著に見られたのは各宗派の出版物であった。注目を集めたのは、部数そのものは少ないが、広く引用され、アメリカ社会に多大な影響を与えた各派の統一を目指す雑誌であった。最も知られているものはクリスチャン・センチュリーとコモンウィールである。

1884年創刊で、特定の宗教に囚われないプロテスタント系の機関誌であるクリスチャン・センチュリーは、1908年から1947年にかけてオーナー編集長のチャールズ・クレイトン・モリソン (Charles Clayton Morrison) によって成長を遂げ、その後は、ポール・ハッチソン博士 (Dr. Paul Hutchison)、ハロルド・H・フェイ (Harold E. Fey) やジェイムズ・M・ウォール (James M. Wall) へと受け継がれた。彼らは、クリスチャンの精神を現代の関心事に投影しようとして、知的探究心とリベラルな姿勢を持った活力にあふれる独立性の高い雑誌を作り続けた。1924年にカトリックのグループによって始められたコモンウィールは、エドワード・スキリン (Edward Skillin) の編集により幅広い方面からの評価を得た。フランコ将軍によるスペイン内乱への反対表明は、その読者数の4分の1と編集のジョージ・シュスター (George Schuster) を失う結果となった。その後の編集者であるジョン・ディーディー (John Deedy)、ジェイムズ・オガラ (James O'gara)、ピーター・スタインフェルス (Peter Steinfels) によって社会問題を扱う雑誌として広く認知された。

宗派に囚われない雑誌の中で最も右寄りの雑誌は、1945年に創刊されたコメンタリーである。これはニューヨークのアメリカユダヤ人協会によるものであり、ユダヤ関係の出来事や時事問題に対して、意義ある批評や意見を提言することを目指していた。リベラルな出版物として創刊されたものの、1960年からノーマン・ポードレッツ (Norman Podhoretz) が編集を担当するようになり、右寄りの内容へと変貌した。ユダヤ関連の問題に精通した優秀な執筆陣とその啓発的な内容から、評論記事の読者は上流階級の男性で占められていた。他の

言論雑誌としては、1909年にイエズス会が始めたアメリカ、クエーカー教徒の平和主義と社会への関心を代弁するフレンズ・ジャーナルがある。これまでに最も成功した雑誌は、ミネソタのセント・トマス大学で1936年に創刊されたカトリック・ダイジェストである。これはリーダーズ・ダイジェストを手本にして作られた家庭向きの雑誌であり、その発行部数は60万部を数えている。

特定の宗派の出版物の中で、最も長く読まれ続けているのは、プレスビテリアン系とメソジスト系のものである。中でもプレスビテリアン・ライフは、1960年代は、110万部の発行部数を誇っていたが、1972年にユナイテド・チャーチ・オブ・キリストの出版部門と合併した時の読者数はその半分ほどであり、名称はA.D.となった。メソジスト系のクリスチャン・アドボケート（1926年創刊）と、トゥギャザー（1956年創刊）は、1974年にユナイテド・メソジスツ・トゥデイとなった。A.D.もユナイテド・メソジスツ・トゥデイも20万部に近い読者数を得ている。その他には、ルーテラン、エピスコパリアン、カトリック系のエクステンション、1873年からヘブライ信徒団の公式雑誌とされているアメリカン・ユダイズムなどがある。

福音主義的要素を持つものには、バプテスト傾向を強く持つムーディ福音協会によって1900年に創刊されたムーディ・マンスリーやクリスチャニティ・トゥデイがある。セントポールのザ・ワンダラーは、右寄りのカトリックの教義を広めようとする雑誌であった。「物見の塔」はエホバの証人によって発行され、70か国500万人に読まれている。

しかし、最も評価の高い典型的な宗教関係の出版物は、1888年に家庭向けの教育雑誌として発刊され、現在でも数十万部の発行部数を獲得しているクリスチャン・ヘラルドである。

フォトジャーナリズム：エボニー、ナショナル・ジオグラフィック、スミソニアン

ジョン・H・ジョンソン (John H. Johnson) が、ライフの形式を真似て、エボニーを創刊したのは1945年であり、その発行部数は5万部を数えた。ヘンリー・ルースの友人でもあるジョンソンは、それ以前にもニグロ・ダイジェストを手がけていた。エボニーは「アフロアメリカ系の人びとの写真版紳士録」と呼ばれ、ミドルクラス層の読者をターゲットにした高級雑誌ではあるが、貧困問題やサクセス・ストーリーも扱う雑誌である。[25] 1960年代後半になると同誌はより活動主義的になった。ジョンソンはその後、Jet、タン・コンフェ

雑誌エボニーの創刊者でオーナー、ジョン・H・ジョンソン。

ッションズ、子供向けのエボニー・ジュニアやブラック・スターズを出版している。1970年代初頭にはライフもルックも衰退していったにもかかわらず、エボニーはこの種の雑誌としては、突出して成功している唯一の雑誌として生き残った。

　傑出していた写真家たちの多くは、ライフとルックの消滅に所属を失った後、1888年に創刊され、一時は旅行雑誌的要素が強かった、高名なナショナル・ジオグラフィックに移った。ナショナル・ジオグラフィックは1950年代までは高齢者好みの雑誌であったが、その後も発行部数を伸ばし続け、他の雑誌が撤退していく中で、一般の人びとの興味関心にも応えられるものに成長した。写真を統括したロバート・E・ギルカ (Robert E. Gilka) の尽力により、フォトジャーナリズム進展の核となる役割を果たすまでになった。1977年にナショナル・ジオグラフィックが900万部に達したときの編集長はギルバート・グロスベナー (Gilbert Grosvenor) であった。

　ライフを去ったフォトジャーナリストの1人であるエドワード・K・トンプソンは、スミソニアンに移り、同誌をフォトジャーナリズムの成功例の1つにした。カラー写真を満載したこの雑誌は1970年にワシントンのスミソニアン協会によって創刊されたが、広告で厚みのある雑誌となり、1970年後半には150万部の月刊誌へと成長した。

書籍の出版：老舗出版社による戦後の出版ブーム

　第2次世界大戦後の数年間に、大手の出版社や新たに登場したペーパーバックの出版社によって、本好きの人びとにはそれまでになかったような様々な種類の出版物が提供されるようになった。これにまず先鞭をつけたのは、新人作家の発掘や、未知の分野まで範囲を広げた老舗出版社であった。最大手は、20世紀で最も偉大な書籍販売業者といわれているフランク・ネルソン・ダブルデイ (Frank Nelson Doubleday) と彼の息子であるネルソン・ダブルデイ (Nelson Doubleday) によって発展を遂げたダブルデイ・アンド・カンパニー (Doubleday & Co.) であった。[26]　ダブルデイは、1950年代にまずハーマン・ウォーク (Herman Wouk) の『ケイン号の反乱』(*The Caine Mutiny*) を世に出し、後にハーマンは『戦争の嵐』(*The Winds of War*) を著している。ダブルデイが1948年に出版した、ドゥワイト・アイゼンハワーの第2次世界大戦中の回想記『クルセイド・イン・ヨーロッパ』(*Crusade in Europe*) の流れで、1955年にはハリー・トルーマンの『イヤーズ・オブ・ディシジョン』(*Years of Decision*) を出版した。この時の前大統領は、カンザスシティのホテルに座り、1日約4,000冊にサインするという記録を打ち立てた。ダブルデイは大手の独立した出版社として生き延びた。

　ランダム・ハウス社の勢いは、ベネット・サーフの尽力に負うところが大きい。サーフといえばユーモア本の方がより知られているかもしれないが、彼は著名な編集者でもあった。彼が扱った作家名をみると、トルーマン・カポーティ (Truman Capote)、アーウィン・ショー (Irwin Shaw)、ジョン・オハラ (John O'Hara) や、モス・ハート (Moss Hart) などがいる。アルジャー・ヒスの裏切りを糾明したホイッテエイカ・チェンバースの物語を描いた『ウィットネス』(*Witness*) は、ドン・ホワイトヘッド (Don Whitehead) の『FBIストーリー』(*The FBI Story*) と同様にベスト・セラーとなった。マクミランも1950年代に躍進を遂げ、社長のジョージ・P・ブレッド・ジュニア (George P. Brett, Jr.) は、アーサー・ケストラー (Arther Kestler)、マリー・エレン・チェイス (Mary Ellen Chase) や詩人のマリアンヌ・ムーア (Marriane Moore) などを紹介した。ウォルター・リップマンはマクミランの作家であった。

　アルフレッド・A・クノップは歴史を好んだが、彼のリストには著名な作家たちが名前を連ねている。神秘的なレバノンの詩人カリリ・ギブラン (Kahlil Gibran) の『プロフェット』(*The Prophet*) は大成功となった。またクノップは

海外の文学にも魅力を感じていた。この出版社は、1960 年にランダム・ハウスに買収され、その後 RCA に買い取られ、台頭するコングロマリット・パワーに飲み込まれる一例となった。

　キャス・キャンフィールドはハーパー・アンド・ブロス社に君臨していた。彼の第 1 の功績は、ロバート・シャーウッドの『ルーズベルトとホプキンズ』(*Roosevelt and Hopkins*) を世に出したことであった。彼は政治への深い関心から、コネクションを駆使し、ジョン・F・ケネディの『勇気ある人びと』(*Profiles in Courage*) を獲得した。1962 年のロウ・ピーターソン・アンド・カンパニー取得後は、その社名もハーパー・アンド・ロウ社になった。1966 年にキャンフィールドは、本文の一部にケネディ一族への批判が含まれている、ウィリアム・マンチェスター (William Manchester) の『大統領の死』(*Death of a President*) をめぐって沸き上がった論争の渦中に置かれることになる。

　ゴア・バイダル (Gore Vidal)、アナイス・ニン (Anais Nin)、ミッキー・スピレイン (Mickey Spillane) やフランソワーズ・サガン (Françoise Sagan) は、E・P・ダットン・アンド・カンパニーによってベスト・セラー作家となった。エリオット・マクラエ (Elliot Macrae) は父親の跡を継ぎ、エベレスト登頂のエピソードを綴ったモーリス・ヘルツォグ (Maurice Herzog) の『アンナプルナ』(*Annapurna*) などの素晴らしい作品を出版していった。

　第 2 次世界大戦中のヘンリー・ホルト社は、アーニー・パイル (Ernie Pyle) の著作や、ビル・モールディンの漫画集などを含む豪華な執筆陣を抱えていた。その中にはノーマン・メイラーの『裸者と死者』(*The Naked and the Dead*) などの作品が含まれていたものの、1950 年代にはもっと強力なリーダーを必要としていた。テキサスの石油億万長者であるクリントン・マーチソン (Clinton Murchison) がホルト社の株の 40% を獲得し、その結果彼の友人のエドガー・リッグ (Edgar Rigg) が社長になった。フィールド・アンド・ストリームという雑誌が同社の売れ行き好調な雑誌のグループに加わり、またその教科書は、脅威的な売り上げを達成した。そのため 1950 年の終わり頃には、マクグロウ＝ヒル社とプレンティス・ホール社に次ぐ売り上げの会社となった。1959 年にリッグは、リネハート・アンド・カンパニーとジョン・C・ウィンストン社を獲得し、その後の社名をホルト・リネハート・アンド・ウィンストンとした。1967 年には CBS の傘下に加わり、社長となったウィリアム・S・ペイリーの下でフランク・スタントンが采配をふるった。これは大企業のコングロマリットが中小企業をその支配下に収めていくパターンの一例であり、歴

史家のジョン・テベルはこの様を、出版社は「出版本来の業務からかけ離れ、他の事業と同じようにすればよいと思い込んでいる人びとによって運営されている」[27] と述べている。

　1955 年、ウィリアム・ジョバノビッチ (William Jovanovich) が、ハーコート・ブレース・アンド・カンパニーの社長に選出された。彼は自身の名前を社名に加え、彼の会社を高度に多角化させた方向へと変えていった。彼は優れた編集者たちが共同契約を結んで本を出版する「共同出版」の方法を編み出した近代的経営者の第 1 号となった。

　その他の大手出版社を挙げると、1975 年にペンギン・パブリッシング社が加わり、バイキング・ペンギン社となるバイキング社、1957 年までの 13 年間にわたりマーシャル・フィールド・エンタープライズ社の傘下にあったサイモン・アンド・シュスター社、メイラーの『鹿の国』(*The Deer Park*) やウラジミール・ナボコフ (Vladimir Nabokov) の『ロリータ』(*Lolita*) で一大センセーションを巻き起こした G・P・プトナムズ・サンズ社、ボストンに古くからあり、レイチェル・カーソン (Rachel Carson) が環境問題への警告を行った、『沈黙の春』(*Silent Spring*) を世に送り出したホートン・マフリン社、同じくボストンの出版社で、1968 年にルース・グループに吸収され、後にフランシス・フィッジェラルド［Frances FitzGerald: ベトナム戦争を描いた名作『ファイアー・イン・ザ・レイク』(*Fire in the Lake*) の著者］やウィリアム・マンチェスター［ダグラス・マッカーサーの人生を著した『アメリカン・シーザー』(*American Caesar*) の著者］などの著名な作家の作品を出版したリトル・ブラウン社などがある。

　1957 年の最も大きな出来事は、3 人の大物出版人によるアテナイウム・ハウス社の設立であった。ハーパー・アンド・ブロス社の編集次長であるサイモン・マイケル・ベシー (Simon Michael Bessie) と、ランダム・ハウス社の編集長ハイラム・ヘイデン (Hiram Hayden) に、父親の会社の副社長であるアルフレッド・クノップ・ジュニア (Alfred Knopf, Jr.) が加わった。ジャン・デ・ハートグ (Jan de Hartog) の『インスペクター』(*Inspector*) で好調な滑り出しを見せ、1961 年のセオドア・H・ホワイトの『メイキング・オブ・ザ・プレジデント』(*The Making of the President*) は、ノンフィクション部門でピュリツァー賞を獲得している。フレデリック・A・プレイガー (Frederick A. Praeger) は、1950 年に会社を設立し、ゼロからの出発であったにもかかわらず、ヒュー・スィートン＝ワトソン (Hugh Seton-Watson) の『レーニンからマレ

ンコフへ』(*From Lenin to Malenkov*) のような本を出すまでになった。彼の会社は冷戦問題に関する書籍の代表格となり、1957 年には、元共産党員のハワード・ファスト (Howard Fast) が共産主義との決裂を綴った『ネイクド・ゴッド』(*The Naked God*) やユーゴスラビアのマーシャル・チトー (Marshall Tito) と袂を分かったミロバン・ジラス (Milovan Djilas) の『ニュー・クラス』(*The New Class*) などを出版した。

ペーパーバックのブーム

　ペーパーバックは、ロバート・デ・グラフ (Robert de Graff) とレオン・シムキン (Leon Shimkin) の考えを受け継ぎ、1939 年に、ポケット・ブック社が安い価格の本を提供したことから始まる。[28] それまでデ・グラフは、再販ものの廉価販売を行い、シムキンは、リチャード・サイモン (Richard Simon) とマックス・シュスター (Max Schuster) の仲間であった。デ・グラフは、ポケット・ブック社に支えられており、ポケット・ブック社は 51% の権利を有していた。3 年間で、25 セントのポケット・ブックは 2,300 万部を売り上げ、1950 年代までにその売り上げを年間 1 億 8,000 万部にまで伸ばしていた。

　バンタム・ブックスがポケット・ブック市場に参入したのは 1945 年であった。重大イベントの直後に、話題の本がバンタム・エクストラから急きょ印刷され出され、同社はこの業界でのリーダーとなった。トゥルー・コンフェッションズ、ウーマンズ・デイ、メカニックス・イラストレイテドや他の雑誌でも有名なフォウセット・パブリケーション社は、ウィルフォード・H・フォウセット (Wilford H. Fawcett) の一族によって発展した。同社は 1950 年にゴールド・メダルという名でペーパーバック競争に加わった。このことは、初めて 1 ドルの価格を超えたペーパーバックを最初に出したクレスト・ブックス社の出現へとつながった。ウィリアム・L・シラーの『第三帝国の興亡』(*The Rise and Fall of the Third Reich*) は 1 ドル 65 セントで売られた。シラーには版権として 40 万ドルが支払われたが、その後に払われた金額は当時としては前代未聞の高額であった。

　デル社は、ウォルト・ディズニーやルーニー・テューンズなどのコミックも含めて年間 1 億 6,000 万部もの雑誌や漫画本を発行していたが、同社のジョージ・T・デラコート (George T. Delacorte) による出版事業の事業拡張の一貫として、1942 年から小型サイズの書籍の出版を始めた。デル社が発行した雑誌

の数は、50年の間に約600から700にも及ぶとされるが、デラコート自身がそのうちの200誌以上を所有したり手放したりしていたとされる。その中には発行部数が100万部を越すものも少なくなかった。この成功は、1921年の創業時からデラコートの下で働き、後に社長になるヘレン・マイヤー (Helen Meyer) の巧みなマーケティング手法に負うところが大きかった。

　高級なペーパーバックのシリーズは、1948年にカート・エノック (Kurt Enock) とビクター・ウェイブライト (Victor Weybright) によって設立されたニュー・アメリカン・ライブラリー (NAL) 社から出され、シグネット・アンド・メントールという名称がつけられた。このキングサイズで綺麗な印刷のペーパーバック・シリーズにより、セオドア・ドライザーの『アメリカの悲劇』(*An American Tragedy*)、アースキン・コールドウェル (Erskine Caldwell) の『神の小さな土地』(*God's Little Acre*) などの作品が紹介された。NAL社の方法は、その後のペーパーバックによる小説の発行という新たな販売方法が確立されるうえで、ビジネスモデルとしてそれ以降この業界全体の基準となった。華々しい成功のあと、1966年に同社はタイム・ミラー社に買収された。

　1940年代から50年代にかけてのペーパーバック・ブームは、まずハードカバー出版の後、ベストセラーをソフトカバー版で売るという、読者向けの書籍流通販売におけるマーケティング戦略を生み出した。これはその後に展開された、映画産業やテレビ業界との抱き合わせ販売でも利益を得る方法の先駆けとなり、出版業界の新しい分野を作り出していった。

テレビの挑戦を受ける映画産業界

　1940年代後半の映画界はまだ活気に満ちていた。テレビはまだ強力なライバルではなかった。世界規模の巨大なマーケットを抱えたハリウッドは、年間400本の映画を送り出していた。スタジオでは専属契約の俳優を使い、ドラマチックな映画を製作していたし、また低予算によるB級映画も順調であった。大手映画会社8社のうち5社が、新作の封切りを行うチェーンの映画館を傘下に収めていた。これらの映画館や独立した映画館は、一括契約システムにより、映画の現物を見ないでそのまま引き受けなければならなかった。まだ全米に2万近い数の映画館があり、観客動員数も、ピーク時の推定週9,000万人から、1950年にはその3分の2に減っていたものの、まだ悪い状況にはなかった。

　しかしながら、その後のハリウッドは、3つの打撃的な出来事に揺さぶりを

かけられることになる。まず最初は、1951年にネットワーク送信システムが全米に拡大し、テレビが予想外の成長を遂げたことである。娯楽装置の家庭への大量流入は、何百万もの家族を近所の映画館から遠ざけた。その2つ目は、一括契約による配給制度を中止する旨の連邦裁判所の行政命令であり、それは映画製作会社に対して、映画館のチェーン店を売却せよというものであった。1946年から1948年にかけて出されたこの命令は、低予算映画の先細りを促進した。その結果、俳優の専属契約のシステムが消え、製作される映画の数も半分に落ち込んだ。その後の10年間で、映画館の数は4分の1までになってしまった。第3番目は、経済的というよりも、映画界全体が心理的に受けた打撃であるが、これは下院非米活動委員会による映画産業界へのたび重なる調査によってもたらされたものであった。1947年に発足したHUACは、何百人もの「疑わしい」リベラルな脚本家や監督を取り調べ、その中の10名を非協力的な証人として逮捕し、その他の多くのものに対しては、恐れをなした業界のリーダーたちがまとめた非公式の「要注意人物リスト」入りの処分を下した。ジャック・ワーナー (Jack Warner) が戦時中を描いた映画『ミッション・トウ・モスクワ』(*Mission to Moscow*) は、戦争時の国家間の同盟を描いただけにもかかわらず破棄された。各映画会社は、FBIと反共運動をほめたたえる映画を量産した。

　テレビに対するハリウッドの逆襲は、ワイド・スクリーンの導入であった。初期のテレビ画面は小さく、映画のワイド・スクリーンの広い視角で、観客を映画館に呼び戻すことができるのではという希望的観測によるものであった。標準的なスクリーンであるキネト・スコープ（初期の映画映写機）は横20フィート、縦15フィートの長方形であったので、横と縦が「1.33対1」の割合であった。新しいスクリーンは、横が縦のほぼ2倍の長さで、最も立派なシネマスコープは、横と縦が「2.55対1」の割合であった。20世紀フォックス社は、1953年に、最初のワイド・スクリーン映画である『聖衣』(*The Robe*) を封切った。

　新しいスクリーンは、視覚効果や映画制作技術におけるさらなる実験的な試みの可能性を広げた。とりわけ1940年代には目覚ましい発展を遂げ、中でも監督兼俳優のオーソン・ウェルズが最も有名である。彼の1941年の作品である『市民ケーン』(*Citizen Kene*) では、驚くべき実験が行われており、ナレーションがとくに面白い。巨大な富と権力を手にした実業家の話は新聞王であるウィリアム・ランドルフ・ハーストの心理分析を試みたものであることが分か

る。その制作から何十年を経た後にもこの映画の人気は衰えることなく、映画を学ぶ学生たちによる、それまでに作られた人気映画ランキングで、必ず上位十位以内に登場する作品でもある。ジョン・フォード監督が、1939 年にジョン・スタインベック (John Steinbeck) の原作を映画化した『怒りの葡萄』(*The Grapes of Wrath*) も、重要な社会問題をいかに扱うかという点について、1 つの標準となった作品である。戦時下のハリウッド映画を代表する作品には、まず 1942 年にマイケル・カーチス (Michael Curtiz) 監督により、ハンフリー・ボガート (Hunphrey Bogart) とイングリッド・バーグマン (Ingrid Bergman) の共演で制作された『カサブランカ』(*Casablanca*) がある。1940 年にキャサリーン・ヘップバーン (Katharine Hepburn) はケリー・グラント (Cary Grant) と、洗練されたコメディ『フィラデルフィア物語』(*The Philadelphia Story*) で共演し、1942 年の『女性 No. 1』(*Woman of the Year*) では、スペンサー・トレーシー (Spencer Tracy) と共演しているが、これはこのペアによって作られた 8 つの全作品の第 1 号である。ベット・デービス (Bette Davis) といえばメロドラマであり、『黒蘭の女』(*Jezebel*, 1938)、『偽りの花園／子狐たち』(*Little Foxes*, 1942) があるが、ジョーン・クロフォード (Joan Crawford) の『ミルドレッド・ピアス』(*Mildred Pierce*, 1945 年) も有名である。1946 年のウィリアム・ワイラー監督の『我等の生涯の最良の年』(*Best Years of Our Lives*) は戦後のヒット作となったが、すぐに HUAC に非愛国的であると宣告された。

　1940 年代の、オーソン・ウェルズ以外の優秀作品には海外の映画が多かった。1945 年のロベルト・ロッセリーニ (Roberte Rossellini) 監督の『無防備都市』(*Open City*) は、ネオリアリズムの到来を告げる作品であった。次にイタリア人監督であるビットリオ・デ・シーカ (Vittorio de Sica) の『自転車泥棒』(*The Bicycle Thief*, 1947) が続いた。これらの戦争関連の作品と一線を画しているのが、フェデリコ・フェリーニ (Federico Fellini) 監督の『甘い生活』(*La Dolce Vita*, 1960) であった。1958 年から 1964 年まで盛んであったフランスの「ニュー・ウェーブ運動」では、カメラを通りに持ち出し、想像力豊かでストーリー設定のない映画が、フランソワ・トリュフォー (Fransois Truffaut) やジャン・リュック・ゴダール (Jean-Luc Godard) によって作られた。イギリス人の監督によるリアリズムの作品としては、トニー・リチャードソン (Tony Richardson) が社会移動をテーマに選んだ『年上の女（ひと）』(*Room at the Top*, 1958)、『蜜の味』(*A Taste of Honey*, 1961) がある。戦争時の抑圧状態のもとでの若いロシア人カップルの気持ちを描いた『鶴は翔んでゆく』(*The*

Cranes Are Flying, 1957) は観客の共感を呼んだ。

　このような映画の中には、映画制作コードに抵触するものもあった。1956年にこのコードが見直され、麻薬中毒、誘拐、売春、中絶の描写が許されるようになった。1953年の作品である『月蒼くして』(The Moon is Blue) は大人向けに作られている。オットー・プレミンジャー (Otto Preminger) 監督の『黄金の腕の男』(The Man with the Golden Arm, 1956) は、ドラッグ問題を提示した。売春を扱った1960年代の2作品は、『バタフィールド8』(Butterfield 8)『ガール・オブ・ザ・ナイト』(Girl of the Night) であった。全ての作品は、映画制作者協会の許可を得た上で上映されたものである。

　批判的な評価を受けた一般的な映画もある。それらは、ジョージ・スティーブンス (George Stevens) 監督による1953年の西部劇『シェーン』(Shane)、マーロン・ブランドの『波止場』(On the Waterfront, 1954)、ジョゼフ・マンキーウィックス (Joseph Mankiewics) 監督＝エリザベス・テイラー (Elizabeth Taylor) 主演の『去年の夏突然に』(Suddenly Last Summer, 1959) などである。イギリスで『三十九夜』(The 39 Steps, 1935) を製作したアルフレッド・ヒッチコック (Alfred Hitchcock) 監督は、1940年にアメリカに活動拠点を移した。『三十九夜』では女性のカナ切り声を列車の汽笛と重ね合わせる新しいサウンド・モンタージュの技術が用いられた。ヒッチコックはスリラー作品の中で、強迫観念にとりつかれた行動が最大限に達した時の状態を描き続けた。その代表作には『裏窓』(Rear Window, 1954)、『めまい』(Vertigo, 1958)、『サイコ』(Psyco, 1960) などがある。デイビッド・リーン (David Lean) 監督は、叙事詩として有名な『戦場にかける橋』(Bridge on the River Kwai, 1957)、『アラビアのロレンス』(Lawrence of Arabia, 1962)、『ドクトル・ジバゴ』(Dr. Zhivago, 1965) を発表している。1965年に空前の興行成績を収めたたジュリー・アンドリュース (Julie Andrews) のナチスの陰謀を楽しく出し抜いて描いた『サウンド・オブ・ミュージック』(Sound of Music) の頃を境に、「ハリウッド映画」および「映画館に行く」という言葉が示す古き良き時代は終焉した。

　1960年の週ごとの観客動員数は4,000万人にまで落ち込んだ。500席以下の映画館が、ショッピング・センターに作られ、ドライブ・イン・シアターをあちこちで見かけるようになった。1955年から大手映画会社は、古い映画をテレビ会社に売り払うようになり、1948年以前に作られた9,000あまりの映画も売りに出されるようになった。CBSはMGMに2,500万ドルを払って『風と共に去りぬ』(Gone with the Wind) の権利を獲得した。アカデミー賞授賞式

のテレビ中継が、テレビ業界の冒険的な協力で実現し、映画界がそのイメージを保つのに貢献した。それでも 1965 年までに、全米で 6,000 以上の映画館が閉鎖された。RKO、リパブリック、モノグラムは倒産し、残された映画会社が生産した映画は年 200 本そこそこであった。

さまざまな警告

　1950 年代が終わり、アメリカの抱える問題は解決に向かうよりも、より複雑化してきているようであった。アイゼンハワー大統領は、世界平和を維持すると強調し、アドライ・スチーブンソンを大差で破り、再選を果たした。米ソ関係も、ニキータ・フルシチョフ (Nikita Khrushchev) が、1956 年 2 月に秘密裏にスターリン批判の演説を行った時には、雪解けの兆しが見えた。しかしながら、これも、アメリカ大統領選挙を控えた頃に、ソ連の戦車がハンガリー動乱の鎮圧に踏み切り、支持及び積極的な支援を得ることが困難な出来事の前に遠ざかって行った。悲惨な戦争の後 1948 年に実現したイスラエル建国をめぐるいざこざが絶えなかった中東でも、ソ連の動きは顕著であった。ペルシャ湾の石油のライフラインとも言うべきスエズ運河を押さえていたエジプトのガマ

モスクワ訪問の際、アメリカ合衆国のキッチンの展示の前で議論を始めたリチャード・ニクソン副大統とソビエトのニキータ・フルシチョフ書記長。1959 年 7 月のこの "キッチン・ディベート" はニクソンの評判を上げた。ニクソンの右隣は後に権力者となったレオニード・ブレジネフ (Leonid Brezhnev)。

ル・ナセル (Gamal Nasser) への援助を通じて、ソ連は新しい立場を獲得した。また、イスラエル、イギリス、フランスは運河を取り戻そうとしたが、アメリカの強い抵抗にあって、諦めざるをえなくなった。平和のための調停者として振舞うという方向性からの自然な流れとして、アイゼンハワー政権は、アイゼンハワー・ドクトリンを打ち出した。それには、アメリカはトルコ、イラン、イラク、パキスタンを含む中東地域とその資源を守る責任を負うものとすると明記してあった。イスラエルに対しては、アラブ諸国との関係が一層悪化するのを恐れて、直接的な援助策を打ち出すことはなかった。

アジアに目を向けると、中国本土に近い台湾海峡に浮かぶ2つの島である金門島と馬祖島をめぐる争いが継続していた。共産主義者たちが、蒋介石の率いる国家主義者たちの占拠している島に対して砲撃を加えたので、「レッド・チャイナ」を罰せよという声が議会から上がった。インドシナ半島北部の共産主義勢力は、アメリカに支持されたサイゴン政府にとっては脅威であった。アジアの共産主義に対するアメリカの反応は、東南アジア条約機構 (The Southeast Asian Treaty Organization＝SEATO) の編成につながった。これは、（ベルリンの問題で1958年と1959年に緊張が高まったことにより結成された）ヨーロッパのNATO（北大西洋条約機構）に匹敵するものであった。事実1947年から1961年までに、アメリカは世界中の友好関係にある国ぐにとの間で相互防衛協定を締結している。

1960年代には、アフリカでもほとんどの国にナショナリズムの台頭が見られた。キューバでは、フィデル・カストロ (Fidel Castro) が登場し、アメリカの敵として宣戦布告を表明した。中央アメリカを見ると、グアテマラでは、CIAが民主的に設立された政府を葬り去ろうと画策した。またニカラグアでは、アメリカに後押しされた独裁者アナスタシオ・ソモサ (Anastasio Somoza) が、政敵との戦いに国民軍を使い、非情な弾圧を加えた。インドでは、ジャワーハラール・ネルー首相 (Jawaharlal Nehru) が、世界情勢からの中立を保とうとし、さらに中国と取引を行ってアメリカ政府を苛立たせた。

アメリカ国内では、南部で人種差別問題をめぐる緊張が高まり、公民権運動の大きなうねりがすぐそこまで押し寄せていた。ロシアのスプートニク号の打ち上げ成功は、アメリカの科学者たちに刺激を与え、米ソの「宇宙競争」が始まっていた。そしてもう1つ大統領選挙のキャンペーンも始まり、もちろん、副大統領リチャード・M・ニクソンはその渦中にあって共和党の最有力候補であった。

人類初の月面着陸の卓越したレポートを行ったCBSのウォルター・クロンカイト。

　1959年12月の世論調査によると、アメリカの人びとは、僅差ながら、「テレビのニュースよりも、新聞のほうが信頼できる」と答えた。新聞32%対テレビ29%で他のメディアがこれに続いた。その後の2年間でこれが逆転し、新聞の24%に対して、テレビをより好む者が39%になった。「コミュニケーションを1つだけ選ぶとしたら、どの媒体を選ぶか」という問いには、42%がテレビと答え、33%が新聞、19%がラジオと続いた。[29] 1960年代になると、生のニュースをそのまま視聴者に届けるテレビの役割と同様に、娯楽メディアとしてのテレビの影響力もさらに実感させられるようになった。

第 17 章

挑戦そして異議あり

  アメリカがベトナムから撤退しても、アメリカがベトナム戦争を払拭すること
は決してできないだろう。
    ——フランセス・フィッツジェラルド『ファイアー・イン・ザ・レイク』

　後になって 1950 年代をアメリカの人びとが振り返った時、ある者はこの時代に自分たちが「安全性」と「規律」の感覚を失ったことに気付き、またある者は、1960 年代という時代が国中があらゆる領域においてトラウマ（外傷性障害）と満足が錯綜した感情に囚われていた時代であったことを思い起こすことだろう。この時代に起きた暗殺、人種暴動、ベトナム戦争の泥沼化などの一連のショッキングなニュースは、人びとの怒り、恐怖感、悲嘆、混乱などを招いた。その反面、公民権が法的にも認められ、政治参加の機会が拡大したことは、人びとに満足感を与えた。また 1969 年に、人類初の月面着陸をアメリカ人が達成したことは、そのプライドを盛り上げる出来事であった。
　新聞・放送ジャーナリズムが伝えたこの 10 年間は、忘れがたい出来事であふれている。ウィットに満ちた受け答えで記者会見に臨み、ますます親しみを感じさせてくれたケネディ大統領、南部の公民権運動をめぐる緊張関係への対応を電話で相談するロバート・ケネディ (Robert Kennedy) 司法長官、テレビ局のスタッフにホワイト・ハウスを案内するさまから一転し、夫の棺とともに大統領専用機から降り立つケネディ大統領夫人。「私には夢がある」という一節で始まる有名な演説をワシントンで行うマーチン・ルーサー・キング・ジュニア牧師、戦争の打開策を求めて苦悩するリンドン・ジョンソンと彼の側近たち、反戦デモの参加者をこん棒で殴打するシカゴ警察、再出馬にかけるリチャード・ニクソン、平等を訴えて行進する女性たち、マシンガンを振りかざしながら通りを馬で進む州兵たち。これらすべては、1960 年の春に、ジョン・フ

ィッツジェラルド・ケネディが大統領選の予備選挙に出馬し、新しい世代が力を発揮する時代が到来したと実感させられた時から始まった。

ニクソン対ケネディ：大討論会

　1960年6月の末、議会は放送局に対して、選挙戦の各候補者に対して同じ量の時間配分をするよう求めた。これはいわゆる平等時間の原則を謳ったもので、これはまた、議会による1934年の通信法311条の一時停止の要請を意味した。これによって、ニクソンとケネディのキャンペーン・マネージャーが、この年の9月と10月に4回にわたるテレビ討論を実現させるよう交渉を始めるきっかけが作られた。ケネディはウィスコンシン州とウェスト・バージニア州の予備選挙でヒューバート・H・ハンフリー (Hubert H. Humphrey) に圧勝した。続くロサンゼルス大会では、ケネディの勢いを刻々と停止させようと、アドライ・E・スティーブンソンを推す代議員や支持者たちが行った熱狂的で印象深いデモンストレーションを圧倒し、ここにケネディは民主党大統領候補の指名獲得者となった。ニクソン副大統領は、シカゴの党大会で、中国・韓国の問題やアメリカ国内の治安などの1950年代からの課題を繰り返し訴え、ニューヨーク州知事のネルソン・ロックフェラー (Nelson Rockefeller) を打ち負かし共和党の大統領選の候補者となった。

　8,500万人以上のアメリカ人が、この4回にわたるニクソンとケネディのテレビ討論を、少なくとも1回は見たと言われている。中でも、CBSニュースの記者であるハワード・K・スミス (Howard K. Smith) が司会を務め、3大ネットワークで放映された最初の討論が、この選挙戦の最も重要な分岐点となった。比較的知名度は低かったものの、ケネディは、現職のニクソン副大統領にとって互角に競争のできる相手であると人びとに印象づけたのは、9月26日のシカゴでの夕刻の放送であった。[1]

　テレビに映し出された2人は、アメリカの経済状況やそれぞれが大統領にふさわしいかどうかについて意見交換を行った。ニクソンが疲れて老け込んで見えたのに対して、ケネディの方は落ち着き払い、より大統領にふさわしく見えた。時折、不安げにケネディの発言に耳を傾けるニクソンをカメラが映す一方、その数分後の映像では、自信に満ちたケネディがニクソンの逆襲に聞き入っていた。この時点から「ケネディは若すぎる」とは言われなくなった。

　11万8,550票という僅差で、ケネディにもたらされた11月の勝利は、彼の

テレビ向けの好ましいイメージに起因していたと言えるだろう。この時、43歳という最年少、しかもカトリック教徒では初のアメリカ大統領が誕生した。

ケネディとプレス：生中継の記者会見

　ケネディ大統領は、記者会見をテレビやラジオを通じて生中継した最初の大統領となったが、これはありがたいようなありがたくないような新しい試みであった。ホワイト・ハウス担当の記者は、彼らの打電した記事が本社の編集デスクに入る前に、本社の人びとがすでに大統領の反応を見聞きし、知っていることに気付いた。これは大統領執務室で行われる記者会見の神秘性が消え去ってしまったことを意味した。巧みなメディア対策の技を心得た大統領は、記者たちを引き立て役や役者としてうまく使い、中には好んで役者を引き受ける者もいた。良かったことは、何百人ものアメリカ人が、生中継や夕方のテレビニュースのダイジェスト版を通して、自分の目で記者会見を見ることができたことであろう。ケネディ大統領の記者会見はそのほとんどが午後に行われたが、それはウォルター・クロンカイトやハントレー＝ブリンクリーのコンビが、各自の番組でハイライトを放送する時間に合わせたものであった。ケネディは、同じ時代のどの大統領よりもスター的な要素を発揮できる大統領であった。若くて、チャーミングで、かっこよく、その振る舞い方は、その場の雰囲気を変え、好感の持てるユーモラスなものであったり、真面目で重厚そうであったりした。一言でいえば、彼は見栄えのするショーを演じていた。

　一般の人びとの知るケネディの裏側には、自分の政権のイメージを気にかけ、自らインタビュー調査を行い、友人に情報提供を依頼し、毎日主要な新聞6紙には目を通し、自分への批判に怨みを持つというようなもう1人の大統領がいた。新聞の批判に対する怨みが高じるあまり、彼はヘラルド・トリビューン紙を一時的に取材禁止にしたこともあったほどである。彼の報道官であるピエール・サリンジャー (Pierre Salinger) は記者達に断固とした態度をとった。彼のこの姿勢は、「政府の担当者が国家の治安が危機に瀕していると主張する場合には"政府は嘘をつく権利を有する"」という不吉な発言をしてしまったペンタゴンのスポークス・パーソンであるアーサー・シルベスター (Arthur Sylvester) と似通っていた。

　1961年4月のピッグズ湾侵攻の暗いニュースは記者団をがっかりさせた。これはCIAの計画に従ったケネディ政権が、キューバ人亡命者からなる小規

模な軍隊で、カストロのキューバを攻め入る計画を支援するという無駄な試みであった。この派兵計画は、アイゼンハワー政権時から準備が進められ、CIA幹部の助言に従いケネディ大統領が実施したものであるが、結果は大失敗に終わった。大統領は全面的にその責任を認め、CIA長官のアレン・W・ダレス (Allen W. Dulles) を、怒って解雇した。

ケネディ政権は、ニュース・ソースを一括し、政府の担当者と報道との関係を支配しようとし、またニュースそのものも操作したと批判されている。1962年のキューバのミサイル危機の折にも、キューバに配備されているソ連のミサイルはアメリカにとって脅威であり、核戦争に進展する危険性があると、ケネディは顔をこわばらせて述べている。また、ケネディは政府側は危機に直面しており、プレスの自主規制が必要であり、個人的には重大局面においては、検閲も考えなければならないとしている。1971年に出版された『ペンタゴン・ペーパーズ』では、ケネディ政権が公の場で述べてきた以上に、ベトナムへの内政干渉を行っていたことを明らかにしている。その事例を通して、ジェム (Diem) 大統領暗殺へのアメリカ政府の関与も明らかにされている。また、無駄な徒労に終わったとされているものの、サイゴン記者団が行ったベトナム戦争の泥沼化が深まることへの抗議は基本的に正しかったことも示されている。世論は大統領を支持していたものの、この時から、政府への不信感を募らせる下地はすでにあった。

民主党の先輩の大統領たちと同じく、ケネディが選挙期間中に新聞社からかろうじて得られた支持は16％に過ぎなかった。それでもニューヨーク・タイムズは、アイゼンハワーに2度揺れた後に彼を支持し、友人でワシントン・ポストの社長になったフィリップ・グラハム (Philip L. Graham) も彼を支持した。ケネディは、キャンペーン期間中からその終盤まで、昔からの家族ぐるみの友人であるヘンリー・ルースから丁重な扱いを受けたものの、切望してやまなかった彼からの支持はニクソンが取り付け、タイムやライフの受けが悪くなり、保守的な出版人たちを苛立たせた。[2]

共産主義に対してケネディは決して「弱腰」ではなかったと、出版人やコラムニストたちは述べている。ソビエトが最初に彼を試したのは、1961年の8月に、ベルリンの壁が築かれた時であった。1962年10月のキューバのミサイル危機の時にニキータ・フルシチョフは完全な瀬戸際作戦に出て、ケネディの「もしソビエト連邦が、ミサイル基地に固執するならば、キューバを封鎖し、武力行使も辞さない」という発言を導き出した。10月22日にケネディは、ソ

ビエトに脅威を感じているアメリカ国民に向かって、17分にも及ぶ彼の強硬姿勢を訴える歴史に残る演説を行った。フルシチョフは、「アメリカが今後一切キューバを攻撃しないと保証するならば譲歩する」と言い出した。後に、ケネディがベルリンを訪れた時、テレビ視聴者たちは、ドイツ語で「私はベルリン市民」と呼びかけるケネディに、何百万の西ベルリン市民たちが歓喜の声で応える模様を見た。一方で国内に目をやると、ケネディ兄弟は連邦政府の力を使って、南部の黒人の公民権擁護のために奔走していた。ロバート・ケネディは、全米トラック運転手組合のジェイムズ・ホッファ (James Hoffa) を投獄し、全米鉄鋼協会の会長による価格の釣り上げの時には、それを批判する大統領の様子は新聞の第1面を飾った。大統領を務めた「1,000日間」のケネディは人びとの興味をそそる存在であった。ワシントンの記者団も、ありきたりな話題に加え、ケネディ一族にまつわる数限りない話題に飛びついた。総体的なケネディびいきもあり、大統領の地位を脅かしかねないケネディの好色な側面をさらすといったような、私生活を暴露されるようなことはなかった。彼の振る舞いや彼にまつわるドラマを好むテレビ局のニュース担当の重役たちに、ケネディはとくに好まれた。

ケネディ暗殺:「1000日間」の終わり

　それが陰謀者たちによるものか、1人の狂った殺人者によるものかについては不明であるが、1963年11月に、ジョン・フィッツジェラルド・ケネディが死に追いやられた理由としてはいろいろ思い当たることがある。まず「キューバ問題」であった。CIAはケネディに対して恨みを抱いていたことがあとで明らかにされたが、事件当時、キューバはまだカストロの支配下にあった。犯罪組織のリーダーたちは、連邦警察の取り締まり強化によってギャンブルや売春からの収入が何億ドルも減収となったことに怒り狂っていた。元CIAの関係者と軍人たちは、ピッグズ湾侵攻失敗の関係者たちは、JFKが1961年と1962年の危機の時にアメリカ軍を派兵しないという決断を下したことに憤懣やる方ない思いを抱いていた。全米トラック運転手組合のジェイムズ・ホッファがすでに逮捕され、労働争議のリーダーたちは、ロバート・ケネディがいつ次の手を打って来るかと頭を痛めていた。ケネディは1963年3月にソビエト連邦との間で核実験停止条約を締結した。同年8月には、マーチン・ルーサー・キング・ジュニアを支持する力強い声明を行った。また黒人解放指導者が

ケネディ大統領とメリマン・スミス。

先導し、総勢20万人が一同に集結した公民権獲得を訴える歴史的行進がリンカーン記念館を目指したのもこの頃である。

1964年の大統領選を見越していたケネディは、11月にテキサス訪問を約束していた。また、リンドン・ジョンソン副大統領は、政治的な溝を埋めるのに、ケネディの助けを必要としていた。11月22日、ダラスの空は明るく晴れわたっていた。中心街を目指して大統領の自動車のパレードが進み、目的地のトレード・マートでは昼食会で演説を行うことになっていた。UPIのメリマン・スミス記者は電話が脇についているオープンカーの前の座席に座り、3人の記者が後部座席に座っていた。パレードも終盤にさしかかり、ケネディの乗った車がゆっくりと角を曲がりかけた時に銃弾が放たれた。午後12時30分であった。

大統領のリムジンと警察官やシークレット・サービスを乗せた車が猛スピードで発進した。スミスは後に「我々の車が立ち止まったのはほんの数秒であったかもしれないが、それはまるで一生のように長く感じられた。目の前で歴史的瞬間を目撃することになった。たとえ数多くの修練を積んだ者がいたとしても、そこで何が起きているのかを把握するには限界があっただろう」[3]と述べた。オープンカーが猛烈なスピードで進む中、スミスはダラスのUPIの電話番号

を回し、南西部の支配人のウィリアム・ペイエット (William Payette) に連絡した。12 時 34 分、UPI の至急電の電話回線から次のような言葉が送られた。

> ダラス、11 月 22 日 (UPI)：今日ダラス市街にて 3 発の弾丸がケネディ大統領の乗った車を直撃、JT1234PCS

ニューヨークの UPI では、「ダラスを待つ」という言葉を挿入した。それは「他の支局は全ての送信を一時中止せよ」ということを意味していた。送信回線は開けられたままになった。オープンカーではスミスが電話を握りしめ続けた。その時、AP のジャック・ベル (Jack Bell) が、「スミス、電話を貸せ」と叫びながら彼の背中を叩いていた。車がパークランド病院に到着すると、スミスはベルに電話を投げ、大統領の車に全速で駆け寄った。彼は、大統領とテキサス州知事ジョン・B・コナリー (John B. Connolly) が、それぞれ妻に抱きかかえられているのを見た。大統領の安否を尋ねるスミスに、シークレット・サービスのクリント・ヒル (Clint Hill) が「亡くなった」と返答した。スミスは半狂乱で病院に駆け込んだ。なんとかダラスのオフィスと連絡をとり、後にピュリツァー賞を獲得することになる記事の原稿を口述した。スミスの「速報」は改定として打ち込まれた。珍しく長いこの速報は混然としており、最初の数秒間は形式も無視している。

> 速報
> 速報
> ケネディが重傷を負う、おそらく深刻な模様
> 暗殺者の銃により死亡した模様
> UP19N 速報トップ記事狙撃
> ケネディ大統領とジョン・B・コナリーテキサス州知事が、今日オープンカーでダラス市街を走行中、暗殺者の銃によって死亡
> 続報 JT1241PCS

ジャック・ファーロン (Jack Fallon) は支局から記事にするように言われ、原稿は滑らかな文体に直された。記事は UPI の放送網に急遽送り込まれ、数分後に AP の電信を通じても確認された。1 時 32 分 AP が「2 人の司祭によるとケネディ死亡」と速報。その頃までに、全米のテレビのスイッチが入れられた。ニューヨーク市では、テレビの視聴率が 30% から 70% に跳ね上がった。

CBSでは、ウォルター・クロンカイトがニュース・ルームに駆け込み、第一報を伝え始めた。彼と彼のライバル局はAP電を入手していた。CBSラジオは、テキサスのダン・ラザー (Dan Rather) を通じて、すでにケネディの死を報じていた。AP社のレポートはそれを確認する形となった。1時35分、UPIは「速報、ケネディ死亡」と伝えた。クロンカイトの目からは涙が流れ落ち、その心情はテレビに見入る何百万の視聴者にとっても同じであった。

他のニュースは何も載らない一日であった。通信社は使える限りの回線を使って各メディアへダラス発のニュースや関連記事を送り続けた。テレビの通常番組はすべてキャンセルされ、ラジオは厳粛な音楽を流した。まさにその時、左翼系の「キューバへ公正を求める会」(Fair Play for Cuba Committee) のメンバーであったリー・ハーベイ・オズワルド (Lee Harvey Oswald) が暗殺の実行犯の疑いで逮捕されたことが伝えられた。

あとになってこの11月22日から25日は、テレビ史上最高の期間であったと言われている。ダラスとワシントンから、ケネディからジョンソンへと大統領の座が引継がれる様子を冷静で包括的な報道姿勢で伝えるニュースは、国民に安心感を与えた。11月22日の夜、大統領専用機がワシントンに戻った。ロバート・ケネディや他の家族に付き添われながら、血に染められたピンクのスーツのままで夫の棺の横に立ちすくむジャクリーン・ケネディ (Jacqueline Kennedy) の姿は、人びとの目にしっかりと焼きついた。リンドン・ジョンソンは、空港で短い声明を述べた。スミスとニューズウィークのチャールズ・ロバーツ (Charles Roberts) が、この歴史的な同行取材班のメンバーとして代表取材を行った。同時に、主な報道機関は、ダラスで疲れを見せ始めていたホワイト・ハウス付けのスタッフを補助するために、レポーター、写真家、テレビスタッフを送り込んだ。

ケネディ暗殺のその日の活躍から、その功績を認められた若いレポーターも何人かいた。ラザーは、その目覚しい活躍により後にホワイト・ハウス担当になった。テキサス出身のラザーは、ジョンソンからの恩恵を受けていたとCBSは感じていた。ニューヨーク・タイムズの、トム・ウィッカー (Tom Wicker) は、その日のうちに様々な場所へ出向き、びっくりするようなその全体像を網羅した記事を書き上げた。

11月24日の日曜日、テレビカメラは、ケネディ大統領の棺が夜通し安置されている連邦議会議事堂の中央円形広間を映し出していた。自由主義諸国のリーダーたちは、月曜に予定されている葬儀に参列するためにワシントンに向け

ジャーナリズムの真髄を示した偉大なニューヨーク・ヘラルド・トリビューンの歴史的な記録。

て出発し始めていた。日曜日は、暴力と憎しみの終わりを称える日でもあった。12時30分をわずか過ぎた頃、オズワルドがダラス警察から、郡拘置所へと護送されようとしていた。その場面は、ニューヨークのテレビ局の調整室のモニターに映し出されていた。NBCはダラスへと、映像を切り替えることにした。CBSとABCでは、ケネディの棺の近くに立つケネディ夫人と遺児たちを映した首都からの映像が流されていた。

NBCのトム・ペティット (Tom Pettit) のいた場所は、地下室のドアを通って地下の駐車場まで連行されていく容疑者から、ほんの数フィートしか離れていなかった。ペティットが、その模様をレポートし始めると、警察官や、記者やカメラマンの人垣を、頑丈そうな男がかき分けて進んだ。それがジャック・ルビー (Jack Ruby) であり、拳銃をかざし、オズワルドの体の中に、一発の銃弾を放った。銃声が鳴り響く音だけが聞えた。これがアメリカのテレビが初めて伝える殺人の生中継であった。CBSとABCはこのシーンを録画し、3大ネットワークでは、このシーンを午後も夜もずっと繰り返し放映し続けた。[4]

オズワルドはその1時間後に亡くなった。それはケネディの亡くなった場所から10フィートしか離れていない所であった。居間にいながらその光景を目撃した人びとは、怒りを覚えながら、この事件の奇妙な顛末について憶測した。そして次の日には、葬儀に見入った。テレビカメラは、ワシントンのあらゆる交差点に設置され、バンド演奏の悲しい音楽をバックに柩が通り過ぎるのを目の当たりにし、悲しみを抑えることのできないレポーターもいた。アーリントン墓地で進められた葬儀も最後の言葉が近づき、編成された空軍機が空高く唸り声を上げ、アメリカの象徴の喪失を表すかのように、その中の1機が編隊から離れると、国中が沈黙に静まり返った。

ジョンソン大統領は、ケネディ暗殺の徹底的な調査を命じ、連邦最高裁判所長官のアール・ウォーレン (Earl Warren) のもとに、調査委員会が設置された。1964年、ウォーレン委員会は調査結果を公表した。「この事件はオズワルドの単独犯行であり、彼は合計3発の銃を発射し、その3発目がケネディの頭に当たり、死に至らしめた」と言うのがその報告の内容である。その結果には、ダラスのアブラハム・ザプルーダ (Abraham Zapruder) によって撮影された家庭用フィルム映像の検証をもとに書かれた『ラッシュ・トゥ・ジャッジメント』(Rush to Judgment) の著者であるマーク・レーン (Mark Lane) のような批評家たちから、反論や批判が即座に出された。各コマごとに分析を行うと、オズワルドは、2番目と3番目の弾丸の引き金を引くまでに、4.6秒の間隔を空けて

いる。ウォーレン委員会は弾丸は3発であったという結論を出しているが、もしそれが正しければ、弾丸の1つがケネディとコナリーの両者に当たっていなければならない。なぜならば、他の1つは通りに当たり、もう1つは大統領の頭を打ち抜いているからである。

　報道機関の中では、ライフ誌がザプルーダ・フィルムを買い取ったこともあり、その証拠の検証では突出していた。1964年の10月にライフは、ウォーレン委員会の調査報告について「その最も大きな功績は、暗殺にまつわる忌まわしい噂や、見当違いの憶測を沈める役割を果たしたことにある」[5]と述べている。しかし、1966年11月には一転して、ケネディ大統領と同じ弾に当たっていないとするコナリーの証言を取り上げ、「このケースは再び検証されるべきである」とした。その1年後、ライフは、見物人が撮影した未公開写真を掲載したが、それは疑惑の余地を残しながらも証明するに十分なものではなかった。1967年12月のサタデー・イーブニング・ポストでは、ケネディは別々のアングルから銃を向けた3人の暗殺者によって殺されたとされている。

　主要な新聞は、この陰謀説を信じようとはせず、距離を置き触れようとしなかったが、このような調査には膨大な時間と予算がかかることもその理由の1つであった。1966年、ニューヨーク・タイムズは、ハリソン・ソールズベリー (Harrison Salisbury) をレポーターとして調査を始める決定を下したものの、ソールズベリーにハノイ渡航のビザが下り、そのプロジェクトは行き詰まってしまった。CBSニュースは、ラザーがレポーターを担当したドキュメンタリー番組を制作し、たとえ疑惑があるとしても証明するものはないという結論に至っていた。しかしながら、亡くなる前のジョンソン大統領が、1972年のクロンカイトとのインタビューで、彼自身はウォーレン委員会の調査結果を決して信じたことはないと語っている。このコメントは彼がテレビインタビューで答えた中の一部であるが、この部分のテレビ放映を嘆願するクロンカイトに対して、ジョンソン大統領は決して首を縦に振ることはなかった。ケネディ大統領とマーチン・ルーサー・キング・ジュニア牧師の死について検証する「下院暗殺調査特別委員会」(House Select Committee on Assassinations＝HSCA) が、1978年に開催された。この委員会からは、両者ともに陰謀の犠牲になったかもしれないという驚くべきレポートが出されているものの、更なる調査に駆り立てるような確固たる証拠が出されたわけではなかった。何年にもわたり、様々な陰謀説をめぐり、出版物、ビデオ、映画などが出されている。ケネディ暗殺後30周年に出されたおびただしい数のテレビ・ニュースのレポートやド

キュメンタリーが、この論争に火をつけたものの、それらはザプルーダ・フィルムをドラマチックに用いて、広範囲にわたる検証を試みたオリバー・ストーン (Oliver Stone) 監督の映画『JFK』ほどの反響を呼ぶことはなかった。

人種差別・性差別・帝国主義に対する抗議運動

　1960年代に盛り上がった強力な反体制運動は、マイノリティや女性への差別を容認するような法律の改正を求めたり、国の財源を枯渇させてしまうような帝国主義的な野心の抑止を訴えるといった多くの努力の成果であるが、これら一連の出来事はそれ以前から長年にわたり蓄積されていたことの成果でもある。多くの運動のルーツをたどると、1950年代の末に、カリフォルニア大学バークレー校、シカゴ大学、コロンビア大学、ミシガン大学、オバーリン大学などで始まった学生運動にその起源を見出すことができる。1960年2月、ノースカロライナ州のグリーンズボローのF・W・ウルワースというスーパーマーケットで、黒人の若者たちが座り込みを実行し、これが全米各地に波及効果をもたらした。他の州でも、大学生がウルワースの店舗でピケを張り、それが、公共の場における人種隔離条例の撤廃をもたらした。1960年にはまた、サンフランシスコで開催されていた下院非米活動委員会 (HUAC) の総会に参加し抗議行動を行っていたバークレーの学生たちが、警官に殴打され逮捕された。

　公共交通機関における人種差別の撤廃を要求するフリーダム・ライド運動の第一陣が南部に乗り込んだのは1961年5月であり、座り込みが続けられ投票に制限を与える法律の撤廃が求められた。テレビのニュースは、怒りをあらわにする白人たちや、南部の権威にしがみつく傲慢な人びとのイメージを広めた。クー・クラックス・クランはフリーダム・ライダーズに対抗して、その組織を強化し、しばしばバスが焼かれたり、フリーダム・ライド側の活動家が殴打されたりした。1960年代の初頭には、数人の公民権運動の活動家が殺されている。解放運動の活動家たちに道を開いたのは、ジェイムズ・ファーマー (James Farmer) の率いる人種平等会議 (Congress of Racial Equality＝CORE) と学生非暴力調停委員会 (Student Nonviolent Coordinating Committee＝SNCC) であった。

　ロバート・ケネディ司法長官は、州際商業委員会 (Interstate Commerce Commission) に対して、空港のターミナルや鉄道の駅の施設に残されていた人種による区別をすべて撤廃するように請願し、1961年の終わり頃までには、

「白人用」「黒人用」と書かれた看板が取り除かれた。同じ年にロバート・ケネディ司法長官たちは、連邦政府の力を利用して、空軍の退役者であるジェイムズ・メレディス (James Meredith) の入学許可を、ミシシッピ大学に要求している。人種差別主義者の群集が、保護されるメレディスに襲い掛かった時に、メレディスを守るためにキャンパス内に出動していた連邦保安官の 200 名以上が負傷し、その中には狙撃者の銃によるものもあったが、死者も 2 人となった。この時には連邦軍が、流血の騒ぎとなった暴動を鎮圧するために出動した。

1961 年のピッグズ湾事件を契機として全米に沸き起こった核戦争への懸念が、学生運動をより激化させた。民主的な社会を求める学生同盟 (Students for a Democratic Society = SDS) は、1962 年にポート・ヒューロン宣言を発表し、国内の人種差別主義と海外における帝国主義を非難した。トッド・ギトリン (Todd Gitlin) がメディア分析を試みた『ザ・ホール・ワールド・イズ・ウォッチング』(The Whole World Is Watching) の中でも描かれているように、1969 年に派閥が形成され、各派が対立しあうようになるまでの SDS は、新左翼の中心的な組織として君臨していた。

1963 年の公民権運動は、メディアが大いに取り上げたように最大のヤマ場を迎えた。マーチン・ルーサー・キング・ジュニアは、アラバマ州のバーミングハムを人種差別の要塞であるとし、バーミングハム布告を行った。警察署長の T・ユージン・"ブル"・コナー (T. Eugene "Bull" Connor) は、南部保守派抵抗勢力の象徴的存在であった。キング牧師が座り込みやデモを先導する一方で、ケネディ司法長官たちは、アラバマ大学から人種差別を撤廃する決定を下し、反抗心あふれるジョージ・C・ウォレス (George C. Wallace) 知事との対決の場に臨んでいた。

ウォレスは大学の建物の入り口に立ち、連邦政府の介入を阻止する声明文をテレビカメラに向かって読み上げた。しかし、黒人学生のビビアン・J・マローン (Vivian J. Malone) とジミー・A・フッド (Jimmy A. Hood) は入学手続きを済ませ、大学における人種隔離をなくすための第一歩がここに記された。その間、バーミングハムの黒人たちは獰猛な警察犬に襲われながらもデモ行進を行っていた。なす術もない黒人たちに襲いかかる警察犬や高圧放水の映像は全世界に送られ、この映像は困惑するアメリカのイメージをも伝えた。

1964 年、警察官が 14 歳の少年を射殺したことがきっかけとなり、次々と黒人の暴動が起きた「ハーレムの長い夏」が始まった。緊張の糸が切れるとともに、長い間押さえつけられてきた反抗心が獰猛に暴れ始め、翌年の夏に

は、ロサンゼルスのワッツ地区で暴動が起きた。2万人以上の州兵や地元の警察が、50平方マイルの地区に出動し、6日間にわたった焼き討ちや騒乱は、34人の死者と1,000人の負傷者を出した。1966年には、ストーケリー・カーマイケル (Stokely Carmichael) が SNNC のリーダーとなり、CORE では、ファーマーに代わりフロイド・マッキシック (Floyd McKissick) が議長に就任した。カーマイケルとマッキシックは強硬路線を訴えたが、キング牧師、全米有色人種向上協会 (National Association for the Advancement of Colored People=NAACP)、アーバン・リーグ (Urban League) は非暴力的手段を尊重した。「ブラック・パワー」という言葉が何千人もの怒れる黒人青年たちの合言葉となった。その中には、反体制イスラム派のリーダーでもあるマルコム X (Malcom X) を信奉する者もいた。1966年には様々な理由から、アメリカ各地で人種対立に関わる事件が起きた。1967年には、ニューヨーク市、デトロイト市、メリーランド市のケンブリッジで騒乱が起きており、デトロイトだけでも41人が亡くなっている。1968年4月メンフィスで、マーチン・ルーサー・キングが暗殺された。彼は下水道処理労働者のストライキに赴き、自制を訴えていたが、彼の死をきっかけに、多くの都市で再び暴動が起き、とりわけ激しかったのはシカゴとワシントンであった。夜のテレビは街頭で繰り広げられる騒乱の光景を映し出していた。

　公民権運動の争いと並行して登場したのは、表現の自由、反戦、女性解放をめぐる社会運動であった。表現の自由をめぐる抗議行動は、1964年のカリフォルニア大学バークレー校のキャンパスにおいて、大学当局が街頭デモを支持するためのキャンパス内での集会を禁止したことに対して、マリオ・サビオ (Mario Savio) らの学生が抗議したことに端を発している。学生と学校当局との対立に警察官が出動し、何百人もの学生を逮捕したことで、他の大学にも騒動が広がっていった。1965年までには、バークレーやミシガン大学でベトナム戦争反対の集会が開かれた。過激派の学生たちは、アリゾナ州選出のバリー・ゴールドウォーター (Barry Goldwater) 上院議員を支持する保守派の組織である自由を求めるアメリカ青年の会 (Young Americans for Freedom) などと対立した。

　女性の平等を目指す運動の先頭に立ったのは、1966年にウィスコンシン大学で結成された全米女性機構 (National Organization for Women=NOW) であった。他の同様の組織として、女性平等推進連盟 (Women's Equity Action League=WEAL) や、女性連邦職員組合 (Federally Employed Women=FEW)

などがあった。その中でも法的な権利獲得の先頭に立ったのは、アメリカ自由人権協会 (American Civil Liberties Union) の女性の権利拡張プロジェクトであった。女性による初めてのピケラインは、NOWが雇用機会均等委員会の求人広告の性差別表現に抗議して1967年に行ったものであった。NOWのメンバーは、公民権運動や労働運動で得た経験を活かし、雇用差別やマス・メディアの差別表現に抗議するために、デモやピケラインを張ることを勧めた。リーダーの中には広報活動を熟知する者もおり、運動は大いに社会的な注目を浴びるようになった。

しかし、若手の運動家たちはアメリカ人の意識を変えるために、より効果的な小規模の活動を展開させるようになった。1970年頃までには、狭い領域の運動だけに関わるのではなく（生活全般を研究することで）女性の意識レベル全体を高めることが、女性解放運動に対する支持をより広い層から集めることを可能にするだろうという考えから、よりまとまりを持ち、かつ包括的な広い分野の問題に取り組む女性解放運動が展開されるようになった。[6] 女性の意識改革の中には、女性センターの設置、中絶カウンセリング、映画やテープの製作、調査研究、フェミニスト雑誌や新聞の発行などの活動が含まれていた。

しかしながらそれ以前にも、街頭デモによる女性解放運動があった。1960年代の前半、何千人もの女性たちが、シカゴ、ニューヨーク、ボストンを筆頭に全米主要都市での街頭デモを行っている。グロリア・スタイネム (Gloria Steinem) や、ベティ・フリーダン (Betty Friedan) などが先頭に立ち、多くの活動家が、集会や大会で率先して訴えかけた。初期のこれらの運動は、働く女性の増加による女性の社会進出に関連する問題を扱っていたが、後には家庭生活や教育問題などを含む男女関係全体に取り組むようになっていった。しかしながら、最重要課題の1つであった男女平等修正条項 (Equal Rights Amendment＝ERA)、いわゆる女性差別を禁じた合衆国憲法修正第27条については賛同を得るには至らなかった。

1950年代後半から60年代にかけてのゲイやレズビアンは、まだ社会運動とは無関係であり、既成のメディアも相手にしていなかった。その幕開けとなったのは、1969年にニューヨーク警察とゲイたちが酒場の外で争った「ストーンウォール暴動」と呼ばれている事件であった。同性愛というだけで冷やかしの言葉が返ってくるような時代からの、ゲイやレズビアンの人びとの社会的な認知を得ようとする努力の成果として、嫌がらせに対する抵抗の声を上げる者も出現した。

1960年代のあらゆるデモの中で、最も規模が大きく、メディア・イベントとして影響力の大きかったものとしては、1963年に行われたキング牧師に先導されたデモ行進、1968年にシカゴで警察とデモ隊が衝突した民主党の党大会、1969年の秋に首都ワシントンで行われたベトナム反戦のデモ行進などが挙げられる。

テレビニュース：クロンカイトとCBS

　ミズリー州セントジョゼフ出身の気さくなウォルター・クロンカイトは、その馬車馬のように働くスタミナで、CBSニュースのキャスターとして人気者になっていった。彼は、大統領選挙、ベトナム戦争の悲劇、人種対立、暗殺、ウォーターゲート事件、宇宙開発競争などの数々の出来事を、CBS特別番組のアンカーマンとして伝え、1970年代の中頃までには、アメリカで最も信頼されるアメリカ人の1人であると認められるまでになった。

　CBSニュースの他のスタッフと異なり、クロンカイトはエドワード・R・マローの子分ではなかった。もっとも第2次世界大戦中に、UPにいた彼を引き抜き、1950年に彼をCBSニュースに呼んだのはエドワード・R・マローではあった。最初は韓国からニュースを伝えることになっていたが、CBS系列のワシントン局であるWTOP-TVで人気を博すようになった。彼はエリック・セバレイドや、チャールズ・コリングウッド (Charles Collingwood) のように知的なイメージでCBSを代表するのではなく、堅いニュース解説への取り組みで評価された。通信社出身の彼らしく、彼は速報ニュースや独占的な会見をものにしようとした。それでも同時に長年にわたり、『歴史の証言者』、『20世紀』、『CBSレポート』など、CBSのドキュメンタリー番組のスターであり、CBSのラジオ番組にも常に登場するようになった。

　ストレートなニュースを真面目なコメントとともに伝えるクロンカイトは、1962年から夕方のニュース番組のキャスターの座についた。それは、1948年に、そのニュース番組が発足した時からのダグラス・エドワーズの代わりであった。エドワーズは、人気のあったNBCのジョン・キャメロン・スウェイズの番組『キャメル・ニュース・キャラバン』と、後にそれを受け継いだハントレー＝ブリンクリーのコンビとの争いを余儀なくされるという悲運に見舞われていた。クロンカイトに与えられた職務は、CBS番組の視聴率を上げることにあった。

1963年の労働者の日に、クロンカイトとCBSのスタッフたちは、初の30分のネットワーク・ニュース番組をスタートさせた。その中には、ワシントン駐在の信頼の厚いセバレイドも含まれていた。その朝、クロンカイトはハイアニスポートでケネディ大統領にインタビューし、47人のアメリカ人の死者を出しているベトナム戦争についてコメントを求めている。南部からは、若いダン・ラザーが、警官と黒人との衝突をストレートに伝え、ベテランのピーター・カリッシャーは東京からレポートしていた。その後数年は、クロンカイト自身が編集責任者も務めるようになり、CBSは真面目なニュース番組を制作する局であるとして、人気も次第に上昇した。

クロンカイトが、1964年の民主党の党大会を前に敗北したこともあった。CBSのトップは、彼をベテランのボブ・トラウト (Bob Trout) と若いレポーターのロジャー・マッド (Roger Mudd) に代えている。クロンカイトは、1952年の大統領選挙以来、一貫して党大会のアンカーを務めており、彼はニュース部門のチーフであるシグ・ミケルソン (Sig Mickelson) やその後任のリチャード・サイラント (Richard Salant) らが作り上げたCBSチームの大黒柱であった。しかし、ハントレー＝ブリンクリーのコンビが圧倒的な視聴率を得ていたこともあり、トラウトとマッドの苦戦によって、クロンカイトに優先権が与えられた。

ベトナムへのアメリカの介入では、他のジャーナリストたちと同じように、クロンカイトも、1960年代まではアメリカの関わり方についてあまり深刻にとらえてはいなかった。1965年には、1943年にもドイツで爆撃機に乗り込んだように、ダナン近郊のジャングルに急降下爆撃するキャンベラ・ジェットに乗り込んでいる。しかしながら、1968年にテト攻勢の取材でベトナムを訪れてからは、この戦争の無益さをいやというほど確信し、「私たちは泥沼にはまり込んでいるというのが唯一現実なのです。まだ不本意に思われる結論かもしれませんが……ここから抜け出す最も妥当な方法は……交渉の席に着くことです、それも勝利者としてではなく」[7]と締め括った。ここから一転して、その後のCBSニュースは、ベトナム戦争に対して批判的になった。

1968年シカゴでの暴徒に荒れた民主党の党大会で、クロンカイトが、彼が見守る中でラザーがガードマンとされていた人びとに殴打されている様子を見て、彼らを「殺し屋」と呼んだことからCBSのクルーは、リチャード・デレイ (Richard Daley) 市長の怒りをかってしまった。しかしながら、いつもの公正さから、クロンカイトは、次の日にはこのリチャード・デレイへの長いイン

タビューを行い、警察を使いジャーナリストたちや無実の見物人に危害を加えたこのシカゴのボスを批判する機会を逃してしまった。その結果として、クロンカイトの礼儀正しさを非難する声が集中したが、クロンカイトは一貫してニュースへの信頼の必要性を強調し、カメラ自身が語るべきであると主張した。

リンドン・ジョンソンは、クロンカイトの夕方のニュース番組を見た後に、いつも文句を言っていたが、彼の公正な感覚に対しては尊敬の念を抱いていた。しかし、リチャード・ニクソン政権のホワイト・ハウスにとって、CBSは天敵であった。そのスキャンダルが明らかになる以前の 1972 年と 1973 年の、ウォーターゲート関連の出来事の分析に関して、おしなべてテレビ・ジャーナリズムは目覚しい活躍をしなかったといわれているが、クロンカイトの番組は素晴らしかったという評価を得ていた。ある研究によれば、1972 年の 9 月 14 日から選挙の投票日までの期間に、CBS は、ウォーターゲート事件に NBC や ABC の 2 倍の時間を割いたという結果が出ている。[8]

ニュースに対する真摯な取り組みと、セバレイドの解説によって、CBS ネットワークは 1969 年と 1970 年の視聴率ランキングのトップに躍り出た。人気高騰のもう 1 つの理由は、クロンカイトの宇宙関連のニュースレポートにあった。第 2 次世界大戦中に、UP の記者としてロンドンを攻撃するドイツのロケットを取材していた時から関心の深かった彼は、1960 年代からも一貫してマーキュリー計画やアポロ計画を紹介してきた。ついに 1969 年 7 月 20 日がやってきた。彼はふだん控え目であったが、アメリカが成し遂げた偉業への思いは多くの視聴者と同様で、上機嫌であった。イーグル号が月面に着陸すると、クロンカイトは「なんて素晴らしい日なんだ」と呟いた。そして、隣に座っていた元宇宙飛行士のウォルター・シーラ (Walter Shirra) が「私たちは……」と言い始めるやいなや、すかさず「人類が月に降り立ちました……すごい！ ……ひぇー、すごい！……彼らは、彼らは月にいます！……飛行計画に基づきはるばるとやってきました。人類がついに月面に立っています。なんということでしょう！」とコメントを続けた。[9]

カーター大統領が 1977 年に、ラジオで一般の人びとと会話をするという前例のないトーク・ショーを始めた時、大統領執務室に司会者として一緒にいたのはウォルター・クロンカイトであった。ジョン・F・ケネディの死から葬儀の間も、宇宙計画が困難な局面にあった時も、ウォーターゲート事件で心を痛めた時も、アメリカの人びとを温かく見守ってくれたのは "ウォルターおじさん" であった。彼はそのトップ・アンカーマンとしての砦をいつまでも守り続

けるであろうと思われていた。しかしながら、彼がそのような期待に応え続けたのは、ある日ブラウン管を通じて次のような言葉を告げるまでであった。「以上が1981年3月6日の出来事です。私はこれでこの役割から離れます。この後はダン・ラザーがこの席に何年か座ってくれることになるでしょう。皆さんおやすみなさい」。この時から、クロンカイトは時折番組に出演する非常勤のレポーターになった。

15の党大会を含む38年間という長きにわたり、CBSとともに生きてきたセバレイドは、テレビニュース解説者の最古参として定評のあるキャスターであったが、1977年に引退を表明している。CBSでのキャリアをマローの番組である『ワールド・ニュース・ラウンドアップ』の一員としてスタートし、第2次世界大戦中は、パリ、ロンドン、ワシントン、中国＝ビルマ戦線から様々なレポートを送り続け、最後はヨーロッパに戻っている。戦後のほとんどを、彼はワシントンD.C.の編集局で過ごしているが、例外的に1959年から1961年の間だけは、特派員としてヨーロッパ各地からレポートを送り、CBSが30分の構成になってからは、夜のコメンテーターのレギュラーを務めた。

CBSのチームには強力なメンバーが揃っていたが、ここで列挙してみよう。まずマッドは政治レポーターとしてその地位を確立した。法律問題では抜群であったフレッド・P・グラハム(Fred P. Graham)、"オン・ザ・ロード"のコーナーを好んだチャールズ・クラルト(Charles Kuralt)、国務省を綿密にレポートしたバーナード(Bernard)とマービン・カルブ(Marvin Kalb)、ホワイト・ハウスを担当するまでになったレスリー・スタール(Lesley Stahl)もいた。[10]ドキュメンタリー番組の『シクスティ・ミニッツ』は全ジャンルの中で視聴率ランキングの1位を獲得しており、これはニュース番組では初めてであった。ラザー、マイク・ウォレス(Mike Wallace)、モーリー・セイファー(Morley Safer)がこの番組を人気番組に押し上げ、後にエド・ブラッドリー(Ed Bradley)やハリー・リーズナー(Harry Reasoner)が登場した（リーズナーはCBSからキャリアをスタートさせたが、後にABCに移籍している）。メイラ・マクローリン(Mayra McLaughlin)は、1965年にCBSの女性レポーター第1号となった。長い間レポーターを務めてきたダニエル・ショーアー(Daniel Schorr)は、『ビレッジ・ボイス』の中で行ったCIAの活動に関するレポートが議論を呼び、1976年にその職を追われ、さらに論争を巻き起こしたエピソードは議会への侮辱にあたると脅された。

NBC：チャンセラーとマックギー

　最も思いやりがあり、誠実な放送人の1人であるジョン・チャンセラーは、1970年にブリンクレーとフランク・マックギーとのトロイカ体制でNBCのアンカーを務めることを発表した。ブリンクリーは、夜の番組『デイビッド・ブリンクレーズ・ジャーナル』に移り、マックギーは『トゥデイ』に行った。1976年にはCBSとのギャップを埋めようと、ブリンクリーを共同アンカーとして戻したものの、ベトナム戦争の最後の混乱期や、ウォーターゲート事件、フォード政権からカーター政権を経てレーガン政権までの出来事を、視聴者に伝えたのは、残されたチャンセラーであった。

　そのころ、様々な文献でテレビニュースの特質について議論されているが、チャンセラーは、自らの仕事を以下のように簡潔に語っている。

> 「君の仕事は」と聞かれたら「今朝は10時に起きて、一日中仕事をし、すべての通信社の記事を読み、多くの人びとに電話をしました。今そこにニュースはあります。さあ一緒に見ましょう。私が案内役を務めます」と答えるでしょう。[11]

　1950年にNBCに入社したチャンセラーは、サンダー・バノカー(Sander Vanocur)、エドウィン・ニューマン(Edwin Newman)やマックギーとともに、数々の党大会を現場から中継し、NBCの海外支局長も務めていた。またリンドン・ジョンソンのために、ボイス・オブ・アメリカの運営で一時現場を離れたことがある。

　NBCは常に強力なレポーター陣を編成していた。中でもマックギーは最もビジネスに精通したレポーターの1人であった。1965年12月20日という早い時期から、NBCの戦争特別番組の中で、もしアメリカ政府が、なぜ南ベトナムの独立がアメリカ国民にとっての利益になるかについて「法的、道義的疑惑を超えた説明」をし、人を動かす議論ができないならば、アメリカ合衆国は撤退するべきであると、彼は述べている。[12] 後に、戦地で生死をかけて一緒に戦う黒人兵士と白人兵士という微妙なテーマを描いたドキュメンタリー番組『同じぬかるみ、同じ血』の解説を担当した。マックギーはまた、公民権運動に揺れた南部を取材し、宇宙中継においてアンカーを務め、ケネディ暗殺のその日も、12時間にわたりアンカーのデスクからレポートを行った。彼は1974年4月に癌で亡くなった。享年52歳であった。

優れた現地レポートに加え、NBC には『ファースト・チューズデー』などに代表されるような印象に残るドキュメンタリー番組の蓄積がある。生物・化学兵器を使用した戦争、軍諜報部による民間人のスパイ行為、移民労働者の雇用問題、年金問題などは、その中でも特に議論を呼んだものであった。1976年前半、NBC はゴールデンアワーのイーブニング・ニュースをなくしてしまった。これはライバルのエドワード・R・マローを喜ばせることになったが、その代わりとして、3時間の対外政策を解説する番組を始めた。その後、『シクスティ・ミニッツ』に対抗した『NBC マガジン』という雑誌形式の番組を始めたが、成功した部分もあったものの、視聴率で見る限り、多くの支持を得たとはいえない成績に終わった。

　NBC の女性レポーターとしては、まず 1948 年に女性として初めて全米のネットワークに党大会を伝え、1974 年まで国連担当を務めたポーリーン・フレデリック (Pauline Frederick) が挙げられる。『トゥデイ』で脚光を浴びたバーバラ・ウォルターズ (Barbara Walters) は、ABC に移籍するまで NBC きっての辣腕インタビュアーだった。トム・ブロコウ (Tom Brokaw) の後任で、ホワイト・ハウス担当となったマリリン・バーガー (Marilyn Berger)、政治解説者として定評のあるキャサリン・マッキン (Catherine Mackin) などもいた。[13] またジェシカ・サビッチ (Jessica Savitch)、コニー・チャン (Connie Chung) は NBC を代表するアンカーとして頭角を現した。

ABC：ウォルターズとレイノルズ

　テレビニュースの関係者たちは、1976 年のある朝、NBC『トゥデイ・ショー』の花形であったバーバラ・ウォルターズが推定 500 万ドルという契約金で ABC に移籍するという寝耳に水のニュースを聞かされた。しかし、彼らの最大の関心事は、史上最大の金額で移る彼女が、ベテランのハリー・リーゾナーとチームを組むことであり、程無くリーゾナーは不機嫌になり、CBS のクロンカイトと NBC のチャンセラーもショックを受けた。そして批評家たちは、ABC のショー・ビジネス的なやり方を直ちに厳しく批判した。ABC の社長たちは弁明を行い、トップ・スターであるウォルターズの、記者やインタビュアーとしての傑出した才能について述べた。

　ABC がそのニュース番組の運営方法で批判を浴びたのは、その時が初めてではなかった。ABC の視聴率競争における巻き返しは、1953 年にジョン・ダ

左上から全盛期のエリック・セバレイド（CBS コメンテーター）、レスリー・スタール（CBS レポーター）、ABC アンカーのフランク・レイノルズ。

リがアンカーになった時から始まった。1960 年にダリが降りたのち、後任のジョン・キャメロン・スウェイズが短期間務めた。その後も、ロン・コクラン（Ron Cochran：1963 年から 65 年まで）、ピーター・ジェニングズ（Peter Jennings：1965 年から 68 年まで）、ボブ・ヤング（Bob Young：1968 年）、ハワード・K・スミス (Howard K. Smith) とフランク・レイノルズ (Frank Reynolds)［共に 1968 年から 70 年まで］と担当者が交替している。スミスとリーゾナーのコンビがスタートしたのは 1970 年であるが、その後スミスは解説者に転向し、リーゾナーがたったひとり残された。

　バーバラを引き抜くことで視聴率争いに加わるという作戦に加え、ABC は、トピックを取り上げる特集を多用するという試みを始めた。1970 年代初頭に、ABC ネットワークは、いわゆる地方放送局向けの軽いお楽しみものに力を入れたが、これらは報道番組の中で交されるジョークや当たり障りのないコメントに辟易していた従来の硬派のニュースを好む視聴者からの批判を浴びた。

　ABC は、バーバラとリーゾナーの「結婚」を強力に推し進めたが、ある批

評家が「マンハッタンのつわものとアイオワのつむじ曲がりを混ぜ合わせても、化学的にうまく混ざり合うわけがないだろう」と述べたように、最初からこのコンビの行く末は疑問視されていた。[14] 夕方のニュースに加え、バーバラは特別インタビュー番組の司会も担当した。彼女のプロデューサーは、中華人民共和国からアメリカ人として最初に招待状を受け取り、1973年NBCで『禁じられた都市』というニュース・ドキュメンタリーを制作したルーシー・ジャービス (Lucy Jarvis) であった。

　バーバラとリーゾナーを組み合わせる実験は結局失敗に終わり、アンカーの役を降りたバーバラは、独占インタビューにその活躍の場を移した。その相手のリストには、政財界の大物や芸能界の有名人にとどまらず、エジプトのアンワー・サダト (Anwar Sadat) 大統領を始めとする、外国のそうそうたる人びとが名を連ねた。彼女の年俸は130万ドルであり、これは最も高いラザーの160万ドルに次ぐ高さであった。[15] リーゾナーはABCを去り、1978～1979の放送年度に、高視聴率を得ていたCBSの『シクスティ・ミニッツ』に登場した。

　『ワイド・ワールド・オブ・スポーツ』、『マンデー・ナイト・フットボール』やオリンピック中継でルーン・アーレッジ (Roone Arledge) は、ABCのスポーツ番組をトップに押し上げた。とりわけ、1972年のミュンヘン・オリンピックで、ハワード・コセル (Howard Cosell) や他のスポーツキャスターが、テロリストの攻撃を受けたイスラエル選手団の模様を伝えた時は圧巻であった。1977年に、ABCニュースの取締役に就任したアーレッジは、議論を呼ぶ変革であるが"移動アンカー"方式を取り入れ、ニューヨークにウォルターズ、ワシントンにフランク・レイノルズ、ロンドンにピーター・ジェニングズ、シカゴにマックス・ロビンソン (Max Robinson) を配置している。後にバーバラが毎日のようにブラウン管には登場することはなくなり、『ワールド・ニュース・トゥナイト』でABCの著名な存在になっていったのはレイノルズであった。

　ナンシー・ディッカーソン (Nancy Dickerson) とリサ・ハワード (Lisa Howard) も、女性リポーターの先駆けであった。他にも多くの女性がいた。アン・コンプトン (Ann Compton) は、ネットワークの女性のホワイト・ハウス担当第1号であった。マーレーン・サンダース (Marlene Sanders) は、ベトナム戦争特派員で、ドキュメンタリー担当の取締役副社長になった、この分野のリーダーの1人である。サンダースはまた、1964年のストライキの時には、ネットワーク・ニュースのアンカーの代役を務めており、1971年にも数か月間、週末のニュース番組のアンカーを担当している。1977年に彼女が取り組

んだのはスミスがメインのナレーターで評価の高かった『ABCクローズアップ』であった。リーゾナーは、特別番組以外でネットワーク系列を代表するドキュメンタリー番組である『ABCニュースレポート』と同様に、これらの番組にも関わった。サンダースが手がけた最も重要な番組の1つに、1976年の「女性の健康：生き残ることを問う」がある。彼女は、放送界の若い女性たちの有力な代表でもあり、その利益のために多くのエネルギーを費やしている。他のネットワークと同様に、ABCもネットワークのキー局に優れた女性たちを有している。[16]

ベトナムの泥沼

ハンガリー生まれの写真家で、スペイン戦争やノルマンディー上陸作戦の写真で世界的な名声を得たロバート・キャパ (Robert Capa) は、ベトナム戦争で最初に命を落としたアメリカのジャーナリストとなった。この1954年は、インドシナ戦争で苦境に立たされたフランス軍が、ディエンビエフからの撤退を余儀なくされた年でもあったが、海兵隊員の撮影中に踏んだ地雷がキャパの命を奪った。後にこの地域を引き受けたのはアメリカであるが、その苦境を脱しきれなかった大統領の座を奪い、他のものの去就にも影響を与えるほどの泥沼にアメリカが陥るさまをフランスは傍観していた。[17]

インドシナ半島の、ベトナム、カンボジア、ラオスでの、その30年間にも及ぶ葛藤は、おそらく、歴史上最も完全な形で報道機関に紹介されながら展開していった戦争であるといえるだろう。確かにこれまで以上に、モラルが問われた戦争でもあり、1975年にアメリカ軍が撤退するまでに、冷戦構造の体質そのものの激変を反映させた戦争であるとともに、領土拡張を「自明の運命」とするアメリカ人の精神が衰えつつある時代の流れを映し出すものでもあった。アメリカ国内で反対を表明し、問題の所在を明らかにした人びとはもとより、50人以上の死亡者も含めて、従軍報道に携わった新聞記者、放送記者やカメラマンたちこそ大いにその功績を認められるべきであろう。

ベトナム戦争の国民的英雄ホー・チ・ミンは、1945年にハノイで、日本軍の降伏の後に、ベトナム共和国の建国を宣言した。しかし1946年までに、フランス軍がサイゴンに戻り、ホー・チ・ミンのベトミンと敵対する勢力への介入を進めていった。1948年に元皇帝バオ・ダイ (Bao Dai) が、フランスの後押しで国王元首に就任し、朝鮮危機の時には、アメリカからの経済的支援を受

けた。この時のアメリカからの支援は80％を占めるまでになっていたが、ディエンビエフ陥落は、フランスにとって屈辱的な敗北となった。戦争終結を宣言した1954年のジュネーブ協定では、17度線を境に南北に分断し、1956年の選挙をきっかけに再統一するということが明記されていたが、バオ・ダイ政府はサインを拒否し、協定を受け入れようとはしなかった。そこでアメリカは、SEATO（東南アジア条約機構）同盟を結成し、これにアメリカの保護下にあった南ベトナムも加入させた。1955年から、国王元首バオ・ダイに取って代って権力の座についたゴ・ジン・ジェム (Ngo Dinh Diem) 首相は選挙を拒否し、彼の掌握する軍隊がアメリカ軍事顧問団の指導を受ける案も認めようとしなかった。ジェム政権に対抗する人びとによって南ベトナム解放戦線 (National Liberation Front=NLF) が結成され、そのゲリラ勢力を南ベトナム人やアメリカ人はベトコン（南ベトナム民族解放戦線のゲリラ）と呼んだ。

　1960年の時点で686名いたアメリカの軍事顧問は、1961年にケネディ大統領の政権が謀反によって終焉する頃には、3,200名までになっていた。ジェムとその弟の妻のマダム・ニュー(Nhu)や、カトリック教徒が権力を掌握し、彼らによる仏教徒弾圧が日増しに強くなっていた。1963年にサイゴンやフエで仏教徒らの不満が高まり、農村部の暴動とあいまった結果、11月にクーデターが起き、ジェムは殺害される。アメリカからの支援者は、16,300名の兵を擁するアメリカ軍事援助部隊に姿を変えていて、その後の18か月間に10回も入れ替わるサイゴン政権の、軍事面の中心的存在となった。サイゴンで起きたこのクーデターによる政変の3週間後に、アメリカのホワイト・ハウスにも新しい大統領が登場することになっていた。

サイゴン記者団の設立

　サイゴン記者団は、ジェム失脚の時にはすでに、かなり知られた存在であった。その代表はニューヨーク・タイムズのホーマー・ビガートで、その批判的な分析は、ワシントンのデスクをこき下ろしていた。ベトナム戦争の泥沼化の危険性を指摘する先鋒に立っていたのは、AP通信社特派員として1961年11月からサイゴンに赴任していたマルコム・ブラウン (Malcolm Browne)、1962年4月からのUPI特派員ニール・シーハン (Neil Sheehan)、ビガートの後任として1962年5月に加わったニューヨーク・タイムズのデイビッド・ハルバースタムの3人であった。ディエンビエフ陥落を伝え、1971年にラオス

で亡くなるまで、ニューズウィークや他のメディアへの戦争の解説のために留まっていたフランス人レポーターであるフランソワ・サリー (François Sully) は、1962年にジェムによって国外追放となり、ジェム失脚まで戻ることができなかった。1962年からのメンバーとしては、写真家のホースト・ファース (Horst Faas)、AP特派員ピーター・アーネット (Peter Arnett)、当時CBSのピーター・カリッシャー、タイムのチャールズ・モア (Charles Mohr)、ニューズウィーク特派員としてサリーの後任となり、後にクリスチャン・サイエンス・モニターに移ったビバリー・ディープ (Beverly Deepe) などがいた。その他に女性レポーターとして、1961年にサイゴンに来たフリーランサーのディッキー・チャペル (Dickey Chapelle) もいた。

　これらの記者たちが伝えようとしたことは、戦争の進捗状況、ジェム政権の欠点、アメリカ政府がベトナムですべきことを達成する上で必要な能力を備えているのは誰なのかなどという点であった。しかし、軍の上層部、大使館関係者、軍事顧問などの人びとのほとんどは「信念に従って努力さえすればうまくいくだろう」という考えに囚われていた。それに矛盾する方向の事実を記事にした者は、すべて非協力的と決めつけられた。シーハンとハルバースタムが、

左から　メコンデルタで取材活動中に談笑するデイビッド・ハルバースタム（ニューヨーク・タイムズ）、マルコム・ブラウン（AP）、ニール・シーハン（UPI）。

1963年1月のアプバクの戦いの南ベトナムの敗北をレポートした時にも、アメリカ軍事司令官が同胞の勝利を喜びあうまでには、まだまだ難題が山積みであることを立証している。しかしアメリカ軍の上層部は、これを勝利であるとして、サイゴン記者団の報道機関としての評判にわざと傷をつけるような画策が始まった。[18]

攻撃を受けるサイゴン記者団

　仏教徒が、ジェム独裁に抗議して焼身自殺を図って以来、ジェム政権への反発が強まっていた頃、サイゴン記者団の中にも対立が起きていた。異なる考えを持つサイゴンのジャーナリストには、コラムニストのジョゼフ・オルソップ、ニューヨーク・ヘラルド・トリビューンのマーゲリテ・ヒギンズ (Marguerite Higgins)、第2次世界大戦の復員兵で韓国記者団にも所属していたシカゴ・デイリー・ニューズのケイエス・ビーチ、ベトナム戦争報道で1964年のアーニー・パイル賞を受賞しているスクリップス・ハワード系のジム・ルーカスたちがいた。彼らを代表していたのは、ルーカスであろう。頑固一徹で、検閲には徹底的に戦うが、多かれ少なかれ、戦争を必然的なものと見なし、軍の作戦を人道的な見地から暴くようなことはしなかった。実際にヒギンズは、自らを「タカ派」であると明言し、共産主義者がどこにいようとも、撃退するためには原爆の使用をも辞さないとしていた。彼は1965年の旅行でアジアコレラに感染し、長患いの末1966年に亡くなっている。ブラウン、シーハン、ハルバースタム、カリッシャーのレポートや解釈に対するオルソップ、ヒギンズ、ビーチ、ルーカスらの批判は、体制派寄りのサイゴン記者団を非難を受けやすいものとした。

　その攻撃は1963年に最高潮に達した。特派員たちは、国務省のカール・T・ローワン (Carl T. Rowan) によって、1962年に出された「報道陣へのガイダンス」をめぐって争うことになる。1963年に、ジェム側の警官が記者たちの頭をたたき、カメラを壊した時にも、その中の「ニュース報道陣によるジェム政権への軽薄で安易な批判が、アメリカとジェム政権との関係の維持を困難なものにすることを心得るべきである」という部分が持ち出された。[19] 1963年3月のタイム誌において、サイゴン記者団がジェム政権の発表を鵜呑みにし、政治宣伝の片棒をかつぎ、その歪んだレポートにより「国内の読者のために解決すべき問題をますます悪化させている」と攻撃した記事は波紋を呼んだ。[20] タイム誌の特派員チャールズ・モアとメート・ペリー (Mert Perry) は、荒れ狂う

抗議の中で退職し、モアはニューヨーク・タイムズに、ペリーはニューズウィークに移ってサイゴンに留まった。マダム・ニューはAP、UPI、ニューヨーク・タイムズ、ワシントン・ポスト、ニューズウィークをジェム大統領の敵であると攻撃した。その後もタイム誌は、頑なにサイゴン特派員の分析記事に疑いを持ち続け、ベトナム戦争を公平に評価する人びとたちがベトナム戦争の泥沼化を認めるようになってからも、その姿勢はかなりの間続いた。

ハルバースタム、シーハン、ブラウンやその後の人々によって始まった報道機関の公正さを問い質す攻撃は、アメリカ国内における執筆活動や講演・講義などを通じて、ベトナムの人びとの葛藤や合衆国の"何としても勝つ"という政策がいかに国益に有害であるかを訴える活動へと導かれた。ハルバースタムとブラウンの2人は、国際報道部門で1964年のピュリツァー賞を獲得している。シーハンは1964年にニューヨーク・タイムズに加わり、彼の存在は、1971年に同紙が「ペンタゴン・ペーパーズ」の存在を明らかにする時に役立っている。これは、ペンタゴンの研究員によって極秘文書が漏洩され、1961年から1965年までのサイゴン記者団の実態を確認するきっかけを作るものでもあった。この騒動は、政府への不信感を募らせたが、その影響はアメリカの人びとの生活のあらゆる局面にまで波紋を広げていく。それは、マス・メディアに対してだけでなく、ジョンソン大統領やニクソン大統領に対してもダメージを与えるものとなった。

ベトナム問題の本質は、軍部が誤った情報を意図的に流していたことだけではなく、ホワイト・ハウスとペンタゴンを正当化するために精巧に作られた統計結果を信じさせたり、アメリカの政策が結局は正しいと思わせることに支障をきたしかねない情報を抑制したことにある。ウィリアム・ウェストモーランド (William Westmoreland) 将軍は、1964年にサイゴンのアメリカ軍総司令官に任命され、1968年のパリ和平協定開始までその地位に留まった。ベトナム戦争で「対ゲリラ捜索掃討」と「北爆」の戦略を打ち立てたのは彼であった。ベトコン側の戦死者数を、敵に与えたダメージを推し量る拠り所とした有名な「ボディ・カウント」方針が、まず最初にロバート・マクナマラ (Robert McNamara) 国防長官によって採用された。次にアメリカ軍は、敵の輸送隊、道路、工場、隊の集結場所などに前例のないほど大量の砲火を浴びせかける「精密（ピンポイント）爆撃」の逐次報告も徹底させた。サイゴンで記者たちを集めて毎日行われたブリーフィングは、前日の進捗状況の公式発表の朗読に終始し、担当官が、文章に書かれていること以外何も知らないことから、ブリーフ

ィングそのものの馬鹿らしさをもじって、「5時の茶番劇」と特派員たちから呼ばれるようになった。それにもかかわらず、記者たちはトップニュースとしては疑わしいような、ベトコンの戦死者数の報告の域を出ない記事を書き、統計的数値に終始した人間不在の紛らわしい戦況報告が作り出されていったと、メディアの批評家たちは主張した。

ジョンソンとプレス：戦争の拡大

　リンドン・ジョンソンほど、自分をホワイト・ハウスの代表として認知させようと努力した大統領はいなかった。テレビ向けのインタビューを上手にこなしたケネディとは打って変わり、彼はジャーナリストたちをホワイト・ハウスの自分のオフィスに招き入れ、食事でもてなしながら質問に答えた。また、彼らをLBJテキサス牧場に連れて行き、バーベキューをしたり、ホワイト・ハウスの庭を一緒に歩きながら議論に興じたり、プールで泳いだりもした。しかも記者会見は135回を数え、アイゼンハワーやケネディの平均よりも、わずかではあるが多くこなしていた。1964年、彼は自らの力で圧倒的多数の人びとの人気を集め、またほとんどの新聞の支持を得て大統領に選ばれた。その翌年、彼が大統領選挙で約束した「偉大な社会」を目指して、公民権、教育費助成、医療費給付制度やその他の社会問題に取り組むための法整備が着実に進められていった。それでもベトナム戦争の悪化に伴い、政府への不信感が芽生えていった。

　インドシナ戦争への積極的な介入をすべきかどうかの決断をアメリカが迫られたのは、1964年8月に、トンキン湾で、アメリカの駆逐艦2隻が、北ベトナム側の「PTボート（快速哨戒魚雷艇）」の攻撃を受けた時であった。その時の公式発表を受けて、即座にメディアが伝えたことは嘘であることが後に明らかになった。それにもかかわらず、ジョンソン大統領の要求に応え、議会は直ちに、反撃を行い、敵の2次攻撃を防ぐ戦争の権限を大統領に与えるという決議を承認した。ディーン・ラスク (Dean Rusk) 国務長官は、北ベトナムからの攻撃は日増しに激しくなってきていると主張したが、ベトナムで起きている戦争は、ベトコンによる内乱であると主張する人びともいた。トンキン湾事件は、アメリカが積極介入に踏み切る契機となった。前の年から秘密裏に準備されていた「北爆」は、1965年の2月から本格的に始まった。6月には、2万5,000人のアメリカからの支援部隊が戦闘状態に入った。1965年の末までに、

「頭に飾るアライグマの毛皮を楽しみにしている」と自信に満ちたジョンソン大統領。

　ベトナムに駐留するアメリカ人はさらに16万人増えた。ハノイとハイフォン地域への集中的な爆撃が1966年に実施された。アメリカ軍は対ゲリラ捜索掃討作戦を開始し、また村を掌握する目的で結ばれた講和条約を支持した。

　時期を同じくして、ジョンソン大統領は、ドミニカ共和国の内乱の鎮圧のためにアメリカ海兵隊を送り込む決定を下し、その取材に大挙して押し寄せたジャーナリストの数は160名に及んだ。一番乗りをしたのは、古くからラテンアメリカ通として知られているシカゴ・トリビューンのジュール・デュボア (Jules Dubois) であった。アメリカの役割について深みのある解説を行ったのは、ニューヨーク・ヘラルド・トリビューンのバーナード・コリアー (Bernard Collier)、ワシントン・ポストのダン・カルズマン (Dan Kurzman)、ニューヨーク・タイムズのテッド・シュルツ (Ted Szulc) とロサンゼルス・タイムズのルーベン・サラザール (Ruben Salazar) であった。CBSのバート・クィント (Bert Quint) は、反乱側への取材を試み、後に体験ルポを発表している。

しかし、この内乱は早期に危機を脱出したので、また新聞のトップにはベトナム問題が戻ってくるようになった。

　2つの議論がこの時に沸き上がった。それは軍部と特派員の間にではなく、特派員と一般の人びとの間にであった。1965年8月、CBSニュースのモーリー・セイファーと2人のベトナム人のカメラマンが「カムネ村焼き討ち事件」をレポートした。事件は（ベトコンが村の中に消えた後）アメリカ海兵隊がその報復として、村落一帯に火を放ち150の村が廃墟と化したものであった。「これがベトナム戦争の実態です」とセイファーは、燃え盛る村の前から報道した。「ベトコンはすでに行方をくらまし、3人の女性が負傷し、乳児1人が死亡、海兵隊員1人もけがを負い、4人の男性が逮捕されました」[21]。ウォルター・クロンカイトの用いたこの映像は、嵐のような反響を呼んだ。映像のあまりの生生しさゆえに、批評家たちは激論を交わしたが、「アメリカの兵士たちは、批判されるべきではない。これは一方的なネガティブなレポートである」とされ、モーリー・セイファーはもう少しで職を失うところであった。

　しかし1966年の12月にもっと大きな事件が起きた。ニューヨーク・タイムズの編集次長のハリソン・ソールズベリがビザを取得しハノイからの記事を送り始めた。ソールズベリの詳しい観察と写真を添えた一連のレポートは、それまでの軍部爆撃計画のうたい文句とは大きな食い違いをみせた。軍関係の施設だけに絞り込まれているわけではない爆撃；ゴースト・タウンと化した沢山の小さな町；飛行機から見境なく大量投下される爆弾；もっと悪いことに、無計画な爆撃は北ベトナムの輸送や戦争物資の供給になんら打撃を与えてはいなかった。ソールズベリとニューヨーク・タイムズ紙に怒りの攻撃が向けられた。報道関係者のほとんどは、これが1966年の最も影響力の大きいニュースであったと考えていたにもかかわらず、ピュリツァー賞の選考委員たちは無視した。

　ベトナムの現状は、勝利に向かうプロセスであり、これをマクナマラ長官は「トンネルの向こうにあるかすかな光を目指して突き進んでいる」状況にあり、勝利は近いと表現したが、これは多くの風刺漫画家の格好のネタとなった。1966年も終わろうとしていた頃、ジョンソン大統領はカムラン湾を訪れ、「壁にかかったアライグマの毛皮と一緒に戻っておいで」[22]と励ましの言葉を贈り、兵士たちはそれをありがたく思った。コラムニストのジョゼフ・オルソップやハンソン・W・ボールドウィンを含むジャーナリストの中には、北ベトナムの受けたダメージはかなりのもので、北ベトナムの勝利はないだろうと予想する

者もいた。しかし、より多くのものは、嫌な予感から逃れることができないでいた。その根気強いレポートで、1966 年のピュリツァー賞を得た AP のピーター・アーネットは、ウェストモーランド将軍が「危機的な立場にいる」と指摘していた。ワシントン・ポストの特派員であるウォード・ジャスト (Ward Just) は、「政府が発表する統計的な数値は、すべて誤りである。外を何事もなく歩けないうちは平和が戻ったとは思えない」と述べている。ニューヨーク・タイムズの R・W・アップル・ジュニア (R. W. Apple Jr.) は、「勝利は近いとは言い難い。多分手の届かない所にあるだろう」と述べている。ニューヨーカーの才能あふれる特派員であるロバート・シャプレン (Robert Shaplen) と、レポーターのデニス・ワーナー (Denis Warner) は、ベトナムの状況を客観的に分析し、軍部の努力がいかに行き詰まっているかを報告した。[23]

　サイゴン記者団を代表する記者たちのレポートを読み、それを信じてきた人びとにとって、1968 年 1 月後半のテト攻勢の脅威は、一般の人びとや、サイゴンの軍司令部やワシントンの政府当局ほど驚くことではなかった。NLF（南ベトナム解放戦線）は、サイゴンを強襲し、アメリカ大使館が包囲され、フエを 25 日間で占拠され、農村部でも講和プログラムは壊滅的な打撃を受けた。ウェストモーランド将軍は、ジョンソン大統領に 20 万 6,000 人の援軍を要請したが、それに対して、最終的には 53 万 8,900 名が送られ、ベトナム政策が再確認された。

　ユージン・マッカーシー (Eugene McCarty) 上院議員の戦争反対運動が広がるにつれ、ジョンソン大統領は、大統領選挙レースから遅れをとるようになる。3 月 31 日のウィスコンシンの予備選挙での敗北を機に、大統領は次期大統領選挙への不出馬の意向をテレビを通じて表明し、視聴者たちをあ然とさせた。彼は突然北爆を制限し、パリ和平会議の準備の計画を進め、5 月には、和平会議を始めた。しかし、人びとの間に横たわる不信感、幻滅、暴力への嫌悪感などが影響し、世論は抜き差しならない状況にあった。カリフォルニアの予備選挙でマッカーシーを破ったばかりのロバート・ケネディ上院議員が、その直後に暗殺され、これによって、民主党は選挙戦対策の根幹そのものからやり直しを迫られ、シカゴ党大会でのデモと、暴動の混乱という致命的な危機へとつながっていく。

　政権を担う党の候補者選びの行方は、国内ではリベラル派としての実績を積んでいたにもかかわらず、ジョンソンからの、戦争という外套をそのまま受け継ぐヒューバート・H・ハンフリー副大統領で固まっていった。彼への挑戦者

は、古くからの朋友であるミネソタ州選出マッカーシー上院議員と、ロバート・ケネディの支持者を引き継いだ、サウスダコタ州選出ジョージ・マクバガン (George McGovern) 上院議員であった。心情的にエドワード・ケネディ上院議員を担ぎ出そうとする人びとも現れたが、その思いはかなわなかった。ジョンソン大統領のベトナム戦争の方針が受け継がれていくという見通しを突きつけられ、さらには長い目で見るとリチャード・M・ニクソンでは将来がより悪くなるという考え方が無視され、何千人ものデモ隊が落胆と怒りをあらわにした。

1968年のシカゴとウォーカー・レポート

　無秩序さの中に罵声が飛び交い幕を閉じたシカゴの民主党大会で定着したイメージによって、ハンフリーの大統領への夢がはかなく消え去った1968年も終わろうとする頃、「ウォーカー・レポート」として知られているその党大会の報告書が出された。このレポートは、シカゴの弁護士である、ダニエル・ウォーカー (Daniel Walker) が「暴力の原因を究明し防止するための調査委員会」に提出するために作成したものであった。このレポートでは、彼のスタッフが1,410人の目撃者や参加者からの聞き取り調査を行い、FBIが2,000人あまりを対象に実施した聴取資料にも当たっている。ウォーカー・レポートはこの事件を「警察による暴動」[24]と名づけたが、その実情は、メディアによって伝えられたことをはるかに凌ぐ大変なものであったという結論を出している。1969年の最終報告によると、シカゴの警官は職権の乱用によって、過激な活動家だけでなく平和なデモ隊参加者、見物人、ニュース・レポーター、はてはカメラマンにまで暴力を振るっていた。

　ジョンソン大統領——1968年のシカゴで最も苦い思いをしたのはこの大統領かもしれない——が特別に設置した国の委員会で明らかにされた結論があるにもかかわらず、なぜメディアはそのイメージを傷つけられたのだろうか。

　それを最も的確に言い当てたウィリアム・スモール (William Small) の言葉は、「人々は真実を受け入れるよりも、その知らせを届ける『メッセンジャーを殺す』ことを好む」というものである。ここでのメッセンジャーは、主にテレビであった。CBS系のアンカーを務めていたウォルター・クロンカイトは、フロアの警備員が非情にもCBSレポーターのダン・ラザーを殴打しているのを見つけ激怒していたものの、「法と秩序」を行使しこのような騒乱を作り出

した張本人とされていたシカゴ市長のリチャード・J・ダレイには、なごやかなインタビューをしている。NBC のサンダー・バノカーは、この党大会の時の不評からついたマイナスのイメージから抜け出すことができず、1971 年に NBC から引退することになってしまった。メディアへの批判があまりにも多かったために、連邦通信委員会 (Federal Communications Commission＝FCC) は、この事件の時の、ネットワークによるニュースの扱いを調査する必要を実感させられた。各ネットワークは、不本意ながら協力することに同意したが、1969 年 9 月に FCC は、ネットワークの扱いは公平であったという結論を出した。

ほとんどのアメリカ人は、コンラッド・ヒルトン・ホテルの前で、党大会の水曜日の夜に警官と群集がもみあう 17 分間のテレビ中継の場面を視聴した。この時、ホテルと歩道で、警官の暴力は頂点に達したと、「ウォーカー・レポート」は述べている。視聴者たちには、信じがたいことかもしれないが、この 17 分間は、CBS がデモ中継に用いた時間の半分だったということである。その 1 週間にわたる中継に CBS ネットワークが使った時間は、合計 38 時間にもなっていたが、デモのシーンは 32 分であった。NBC をみても、合計 35 時間のうち、会場内の暴力場面に 36 分間、ホールの外のデモに費やしたのは 28 分間であった。また、ABC が騒乱のレポートに費やした時間は 14 分間であった。すなわち、大荒れの 1 週間の中継のうち、暴力の場面にネットワークが使った時間は、1％ を少し越えるほどで、99％ は会場内のイベント、討論や、退屈な党大会のプロセスを示す出来事の中継に終始していたのである。[25]

しかしながら、視聴者は、メディアがデモの中継に力を入れ、暴力のシーンが多すぎたと批判的であった。ブロードキャスティングの調査結果によれば、水曜日のテレビ中継を見た者は、9,000 万人とされ、「警察が職権を乱用した」と思った者は 21.3％ であったのに対して、そうは思わなかった視聴者は 56.8％ であった。ある批評家が、「ハンフリー大統領候補は『家畜用の囲い』の中で選出されたようなものである」と批判したにもかかわらず、視聴者の中で、党大会の会場での過剰警備は良くないと感じた者は、わずか 13％ に過ぎなかった。放送メディアと新聞メディア双方を合計して 77 名ほどの記者やレポーターたちが、警察の暴力によって怪我を負った。しかしながら、彼らに対してはなんら関心が注がれなかった。エリック・セバレイドは、このジレンマを以下のように述べている：

説明は容易である。それまでの金切り声を上げる活動家や、汚い言葉を使うデモ隊、放火魔、略奪者などへの恨みを募らせた感情が一気に噴出し、シカゴでそれが爆発したのである。大多数の人びとがあらわにした感情は、シカゴのずっと前からため込んでいたものである。もうたくさんだ。警官が正しいに違いない。だからレポーターは間違っているに違いない。[26]

これはメディアにとって考えさせられる経験であった。民主党では、シカゴのこの事件を契機に、大統領選挙が暗礁に乗り上げてしまったし、ヒューバート・ハンフリーにとっても散々な1週間であった。ここで形成された暴力とラディカルなイメージは、ある支持者グループを隅に追いやることになってしまった。ハンフリーがベトナム戦争を支持したことで、一時はハンフリーへの支持を表明していたリベラル左派が、がっかりし離反してしまったのである。共和党のニクソンは、テレビ・メディアを巧みに使い勝利し、1960年に果たせなかったホワイト・ハウス入りを果たしたが、それはハンフリーの果敢な終盤の追い上げから紙一重で逃げ切った勝利でもあった。人びとは、都市で繰り広げられる暴動や人種差別をめぐる暴力沙汰や、大学のキャンパスや、政治の世界の暴力にもうんざりしていた。また卑猥な言葉が飛び交う言論の自由を求める運動にも嫌気がさしていた。有権者にとってニクソンとスパイアロ・T・アグニュー (Spiro T. Agnew) は、その穏健さに関してだけは安心できる、とりあえず勝利を与えるにふさわしい候補者であった。

アンダーグラウンド新聞

1960年代に盛んになったアンダーグラウンド新聞運動のルーツをたどると、ジェイムズ・フランクリンにたどりつく。ニューヨーク市で1948年に創刊されたガーディアンやI・F・ストーン・ウィークリーに至るまで、アメリカのジャーナリズムの中で、ラディカルな精神は脈々と培われていた。この運動に影響を与えたのは、アラン・ギンズバーグ (Allan Ginsberg) や、ボブ・ディラン (Bob Dylan)、ジャック・ケルアック (Jack Kerouac)、レニー・ブルース (Lenny Bruce)、ノーマン・メイラーなどであった。直接的な刺激になったのは、卑猥なことば使い（訳注：四文字語運動 <the four-letter word movement>）、性革命、反体制時代を生み出した世代間と信頼性のギャップ、そしてとりわけ、米国国防総省への行進に象徴される激しい反戦運動であった。

アンダーグラウンド新聞は簡単なオフセット印刷で、恐れを知らない編集スタイルや内容で、グラフィックのタブーも気にせず、考え方も自由で、利益を度外視したものが多かった。反抗心をむき出しにしていたが、その矛先は、政府だけでなく、既成のマス・メディアにも向けられていた。アンダーグラウンド新聞は、覇気を失った1960年代のアメリカ社会や政治の世界を批判し、新風を吹き込んだといえるだろう。しかし、1970年代になるとその活気は失われていった。

ロバート・グレッシング (Robert Glessing) はアンダーグラウンド新聞史研究の第一人者であるが、1970年の著書で、457ほどのアンダーグラウンド新聞のタイトルを取り上げ、[27] その移り変わりがあまりに目まぐるしく、記録することの難しさを指摘している。彼の挙げたリストの中には、55の軍関係の新聞や、大学、黒人向けのものや、メキシコ系の新聞も含まれている。また彼は、高校で出されていたアンダーグラウンド新聞も約3,000になるだろうと推測している。

アンダーグラウンド新聞の第1号は、1955年にグリニッジ・ビレッジで創刊されたセンセーショナルな週刊新聞であるビレッジ・ボイス (Village Voice) である。フリーランスのライターであったダニエル・ウォルフ (Daniel Wolf) が編集を担当し、心理学者のエドワード・ファンシャー (Edward Fancher) が発行人となり、それに小説家のノーマン・メイラーが加わった。その政治的立場は、民主党を支持する反体制派で、本や芸術を通じて地域の関心事を取り上げた。また、最も成功を収めたのは、それまでタブーとされていた卑猥な言葉への挑戦であった。それをユニークな漫画とともに最初に始めたのは、ジュレス・ファイファー (Jules Feiffer) で、ジャック・ニューフィールド (Jack Newfield) がさらなる発展に貢献し、エスクワイア、ニューヨーク、ハーパースなどの、ニュー・ジャーナリズムのコラムで腕を振るっていた作家たちが、原稿を提供した。1970年代には、頁数も48ページと厚みを増し、発行部数もアンダーグラウンド系の新聞では最も多い、15万部を誇った。

アンダーグラウンド新聞を手がけていた筋金入りのラディカルな新聞人の中で、最も成功したのは、1964年に15ドルでロサンゼルス・フリー・プレスを始めたアート・クンキン (Art Kunkin) である。1970年までに推定発行部数は、9万5,000部に達したが、彼は毎週欠かさずに、反警察的な風刺漫画、自由奔放な項目別広告、政治家や公人のこきおろしを掲載した。彼の新聞は、内外の出来事に対する真摯なコメントで人びとの注目を集めるようになるが、その言

葉使いにだけはびっくりさせられた。クンキンとロサンゼルス警察の間で、記者証をめぐって4年間にわたり裁判闘争が続けられていたが、「週刊新聞の記者証は、憲法修正第1条のもとで自動的に誰に対しても付与されるわけではない」という控訴裁判所の決定に対するフリー・プレスの上告を、1971年3月に最高裁が却下する形で結論が出された。ニューヨークでは、メディア評議会が、自動的にアンダーグラウンド新聞に記者証を付与していたが、ロサンゼルス警察は、あたかも警察を挑発するかのように麻薬を摘発する秘密警察官のリストを掲載したりするようなクンキンの新聞に対しては、一歩も譲ろうとしなかった。クンキンは、1971年の終わりには、新聞経営の基盤を失い、フリーランスのライターとなり大学でジャーナリズムの教鞭をとったりもした。

　最も有名かつ成功した大学新聞は、1965年の夏に、学生たちの大学当局に対する不満や、バークリーのフリー・スピーチ運動を背景に産声をあげたバークリー・バーブである。創始者のマックス・シェアー (Max Scherr) はすでに50歳代であったが、路上で疎外されている人びととの声に耳を傾けていた。サンフランシスコを中心としたベイ・エリアの主なすっぱ抜き記事はバーブによるものであった。キャンパスを分裂状態にした破壊的な学生運動を推進し、性革命を前進させる立役者となり、示唆に富んだ広告欄と発行部数の伸びで利益を上げていった。1969年にはシェアーとスタッフの間に意見の対立が生まれ、飛び出した人たちがトライブという新聞を始めた。この対立を契機に、バーブは次第にその社会的影響力を失っていった。

　1960年代を代表する他のアンダーグラウンド新聞には、1965年にデトロイトで発刊されたフィフス・エステート、ワシントンで1966年発刊のフリー・プレス、絶頂期にあたる1967年に発刊された3紙シカゴのシード、ミルウォーキーのカレイドスコープ、フィラデルフィアのディスタント・ドラマーがあった。グラビアの効果が評価されたのは、ボストンのアバターと、1966年にそのサイケデリックな効果で話題になったサンフランシスコ・オラクルであった。ロック・ミュージックと結びついていたのは、1967年から1969年までロサンゼルスで発行されていたジョン・ブライアン (John Bryan) によるオープン・シティと、のちにサンフランシスコで発行されたローリング・ストーンであった。ニューヨークのビレッジ・ボイスでさえ試みなかった壁に挑戦したのは、1958年創刊のポール・クラスナー (Paul Krassner) のリアリストと、1965年に創刊され、革新的な美術で大きな影響を与えたプロテスト新聞であるイースト・ビレッジ・アザーなどである。ニューヨークのラディカルな政治新聞で

あるガーディアンは、1970年までには、アンダーグラウンド的な見方をするようになっていた。憂鬱な気分にさせられたベトナム戦争の段階的縮小が始まり、つむじ曲りと言われ続けていたI・F・ストーンと彼のウィークリーの主張が正しかったことが証明された。

新しいジャーナリズム

妻と時折雇うリサーチ・アシスタント以外は、ほとんどI・F・ストーンがたった1人で編集していた類まれな新聞I・F・ストーン・ウィークリーの創刊は1953年であり、そこで彼は、マッカーシズムの支持者たちへの痛切な批判を展開した。そのニュースレター型の新聞は1971年まで続けられ、彼はその中で、朝鮮戦争をめぐる意見の対立、黒人差別問題、ベトナム戦争介入の是非、ベトナム戦争反対運動における個人の権利の侵害などを書き綴った。[28] ストーンのドキュメンタリータッチの暴露記事は、しばしば政府の印刷資料から取ったものであるが、他のライターや活動家たちに対して起爆剤のような機能を果たした。ストーンは、卓越した言行一致のジャーナリストの1人として、ネイションのケアリー・マックウィリアムズと、カトリック・ワーカーのドロシー・デイと並び称されている。彼らはともに小規模の発行部数に満足し、彼らの主張に共感した読者の中から、1970年代に宿弊の一掃を成し遂げた活動家や政策担当者を輩出したことに生きがいを見い出している。ストーンは、前線でのジャーナリズム活動から引退し、ニューヨーク・レビュー・オブ・ブックスの特集号などの編者となり、1989年に亡くなるまで鋭い批評を書き続けた。

ソビエト連邦寄りの論調で、資金難や人材難をやりくりしていたフレダ・カーチウェイ (Freda Kirchwey) の後を引き継ぎ、キャレー・マックウィリアムズがネーションの編集長に就任したのは1955年であった。マックウィリアムズは強烈なリベラリズムを受け継ぎ、1965年のネーションの百周年記念号で、アメリカの出版言論界史上最も痛烈とされる、事実に基づいたベトナム戦争反対の論説を掲載した。マックウィリアムズは、調査報道スタイルのジャーナリズム活動をウォーターゲート事件の時にも続け、再びネーションを、過激な攻撃的メディアの最前線に押し出した。

ストーンのように、ドロシー・デイも、粘り強く読者に訴えかけるジャーナリズム活動を続けた。彼女の影響力は、1部たった1ペニーの月刊新聞であ

新しいメディアのジャーナリストである I. F. ストーンとドロシー・デイ。

るカトリック・ワーカーの読者の枠を超えたところまで広がり、その紙面を飾ったのは、イラストでは、フリッツ・エッチェンバーグ (Fritz Eichenberg) やアデ・ベーシュン (Adé Bethune)、作家ではジャック・マリタン (Jacques Maritain)、J・F・パワーズ (J. F. Powers)、マイケル・ハリングトン (Michael Harrington)、トマス・マートン (Thomas Merton)、詩人ではブラザー・アントニナス (Brother Antoninus)、クロード・マッケイ (Claude McKay) など、そうそうたる執筆陣であった。この新聞が培ったカトリック・ワーカー運動は、アメリカの人びとの社会意識に大きな影響を与え、1980年代の不況時に、貧困にあえぐ者たちのために始めたスープ・キッチンとシェルター提供の活動は、大恐慌の時と同じように全米に広がった。半世紀にも渡り一貫した論調を通した点において、カトリック・ワーカーの出版活動は、他のどの新聞よりも卓越している。ナンシー・ロバーツ教授は、その特徴として、非暴力的方法による社会正義を目指す個々の活動（パーソナリズム）の擁護、徹底した戦争反対、共同体主義的なキリスト教思想などを挙げている。[29] 1980年に亡くなるまで、ドロシー・デイは、どの時代においてもこの社会活動や新聞発行を導く精神的リーダーであった。

　新聞人の家庭に生まれたデイは18歳の時にカレッジを離れ、ソーシャリスト・コール紙とリベレイター紙の活動家兼レポーターとなった。そしてグリニッジ・ビレッジで若き日のユージン・オニール (Eugene O'Neil) や、ハート・クレーン (Hart Crane) との親交を深め、マセスに記事を書き、婦人参政権を訴えホワイト・ハウスの前に座り込んだりもした。1927年にカトリックに転向し、1933年からカトリック・ワーカーをフランス人のカトリック教徒で、

市井の哲学者でもあるピーター・モリーン (Peter Maurin) とともに創刊し、その発行部数は 1938 年までに 19 万部に達した。デイは、平和主義者としての姿勢を一貫して通し、アメリカのカトリックのほとんどがスペイン内乱のフランコ将軍、第 2 次世界大戦のアメリカの軍事参加を支持したことへ真っ向から反対を唱えたが、その時の発行部数は 5 万部を下回った。デイはカトリックを破壊するのではなく、改革を求め、ブルジョア的な文化に反対し、急進的であった原始キリスト教の初期に戻るように訴えた。戦争反対主義と貧困層への取り組みから、右派の人びとが彼女を快く思わなかったのは当然のこととして、左派の人びとも彼女が革命的な階級闘争に反対したことから、彼女を攻撃した。カトリック・ワーカーは、1940 年の徴兵制度、コグリン神父の反ユダヤ主義、カリフォルニア州での日系人抑留、原爆投下、1949 年の平和時の徴兵制度、朝鮮戦争、ローゼンバーグ夫妻の死刑執行などに反対した。1950 年代になっても、彼女は反戦活動を続け、軍国主義の戦略として民間防衛の教練参加の強制に反対して 4 度投獄されている。

　戦争反対を一貫して標榜してきたカトリック・ワーカーは、ベトナム戦争の時にまた読者が増加し、10 万部の発行部数を記録したが、その人気は 1990 年代初頭まで続いた。カトリック・ワーカーは、良心的徴兵拒否として、徴兵用紙を焼くことを支持したものの、さらなる暴力の引き金になるとして、徴兵委員会に反抗的な行為を仕掛けることには反対した。デイの戦争反対の姿勢は、ローマ法王ヨハネ XXIII 世と一致し、その賛同者には、トマス・マートン、ロバート・ドリナン (Robert Drinan) 神父、フィリップ (Philip) とダニエル・ベリガン (Daniel Berrigan) などがおり、またリベラルなカトリック新聞であるコモンウィール、ジュビリー、クリティック、ナショナル・カトリック・レポーターも彼女と意見を同じくしていた。デイは、75 歳の時にシザー・チャベス (Cesar Chavez) とともに、カリフォルニアで座り込みをして逮捕されている。ノートルダム大学は、彼女が亡くなる前に、その国内や教会に与えた影響力を称え、レアターレ・メダルを贈っている。また、彼女をカトリック教会の聖人にという嘆願活動も行われている。

　強固な意志を持ち、痛烈な社会批判を行った点で、1960 年代の新しいジャーナリズムのカテゴリーに入れられる新聞には、ビレッジ・ボイス、ベイ・ガーディアン、サビーズ・ロッキーマウンティン・ジャーナル、テキサス・オブザーバーが挙げられる。社会改革キャンペーンの良き伝統に則り、それぞれの新聞は、政治・社会的体制派と同様に、既成の新聞にも挑戦している。ベイ・

ガーディアンの編集長であるブルース・ブルグマン (Bruce Brugmann) は、共同発行の取り決めを通じて言論の自由が脅かされたとして、サンフランシスコ・デイリーを訴え、彼の新聞の記事は受賞している。それから 20 年が経過した後も、編集仲間である妻のジーン・ディブルとともに現役を貫き通し、サンフランシスコ財界の権力者、地元の新聞、その他の言論の自由を脅かす者に対しては、誰であれ猛攻撃を加えた。レーガン政権が違法にニカラグアのコントラ勢力に加担した時も、調査報道によって不正を暴く特集を続けた。時を同じくして出現したボイスは、最も順調な新しいメディアとして調査報道の方法をとり、保守派を攻撃し、公民権や性別に囚われない平等を擁護し、果ては、その読者の多くをユダヤ系の人びとが占めていたにもかかわらず、イスラエル問題のようなメディアが触れない不可侵的なトピックを扱う試みも行っている。ボイスを取り巻く環境は、1994 年にデイビッド・シュナイダーマン (David Schneiderman) が社主となってから一変した。彼は徹底した経費削減を打ち出し、ベテラン編集者や記者を解雇し、国際関係を尊重していた硬派の内容から、既成の新聞のような軽い中身へと転換を図った。シュナイダーマンはこの時期に、広告収入の増加を急ぎ、過渡期を迎えていたロサンゼルス・ウィークリーも買い取っている。

　アンダーグラウンド新聞が登場したこの変革期の背景には、この種の通信社の登場がある。その 1 つは、リベレーション・ニューズ・サービス (Liberation News Service) 社で、1967 年のワシントンへのデモ行進の最中に、大学新聞の編集長であったレイ・ムンゴ (Ray Mungo) とマーシャル・ブルーム (Marshall Bloom) という 2 人の大学院の学生によって設立された。1966 年にトム・フォーセイド (Tom Forcade) によって設立されたアンダーグラウンド・プレス・シンジケート (Underground Press Syndicate) は、新聞の同業組合との関係を調整するなどとともに、広告代理店業務を担った。フォーセイドは後に、議会を取材する権利を論争の末に獲得している。

　1970 年代になり、多くのアンダーグラウンド新聞や、新しいメディアが姿を消したり、影響力を失っていく中で、経済的に成功を収めていたものに、ローリング・ストーンがある。1967 年に第 1 号の印刷を終えた時、ジャン・ウェナー (Jann Wenner) は若干 21 歳であったが、その 10 年後には、発行部数が 50 万部に届こうとしており、年商 1,000 万ドルの企業を率いるまでになっていた。ローリング・ストーンには洗練されたトム・ウルフ (Tom Wolfe) から、エキセントリックなハンター・トンプソン (Hunter Thompson) に至るまで、「き

わもの報道」の支持者でもある幅広い人びとが寄稿していた。本社をサンフランシスコからニューヨークに移し、ウェナーは、ローリング・ストーンが、不動の地位を得たことを認識した。その内容はベトナム戦争には激しく反対し、政治的・社会的な話題が魅力的に掲載されたが、中心的なテーマは音楽であった。

伝統的雑誌、フェミニスト向け雑誌を問わず、1960年代および1970年代に創刊された数多くの女性向け雑誌の中で、最も大きな影響力を発揮したのは、グロリア・スタイネムが、編集した雑誌ミズである。レティ・ポグレビン (Letty Pogrebin)、パトリシア・カーバイン (Patricia Carbine) を始めとした多くの女性解放を目指す人びとが編集の仕事を支え、グループ・ワークが成果をもたらした稀なケースとも言えるだろう。ミズの内容は、白人男性中心の社会を攻撃するだけでなく、経済・性・心理・家族関係といった幅広い女性の抱える問題への指針も与えた。その発行部数は、カーバインの経営の下、1983年には50万部を達成したものの、広告収入におけるつまずきで、他にも女性雑誌を世に出しているデール・ラング (Dale Lang) によって刷新されるまでに、所有者が2度も変わった。1990年7月には、ラングの手で、広告のない月刊誌として蘇り、1994年までに、ロビン・モーガン (Robin Morgan) の編集により、16万6,000部を達成している。

リベラルなジャーナリズムという姿勢を忠実に守る活動を続けていたのは、北米で最後のヘブライ語の日刊新聞であるジューイッシュ・デイリー・フォーワード（1898年創刊）と、パーティザン・レビュー（1937年創刊）の2紙である。編集長エイブラハム・カーハン (Abraham Cahan) のもとでフォーワードは、社会主義者の視点から分析記事や書評記事を掲載してきたが、読者層にあわせてその論調は穏やかになっていった。作家のアイザック・バーシェビス・シンガー (Isaac Bashevis Singer) が1935年に加わり、1940年には、サイモン・ウェーバー (Simon Weber) が編集に加わった。彼らは1924年に発行部数が22万部もあったのに対して、1982年には3万5,000部にまで落ち込むという経済的危機にも生き残り、フォーワードは週刊新聞になった。ウェーバーは1987年に引退し、1990年から新しい編集者が英語版を始めている。ノーベル賞作家でもあるシンガーは1991年に亡くなっている。

パーティザン・レビューの創刊時の編集者の1人であるウィリアム・フィリップス (William Phillips) は、反ソ連の散文や詩を書きながら編集を続けたが、彼とともに創刊に貢献したスタッフのフィリップ・ラブ (Phillip Rahv)

は、1974年に亡くなった。パーティザン・レビューの全盛期は、1940年代と1950年代で、当初からの理念である社会主義を信奉する内容の記事があふれていた。また、1980年代のポーランドの労働組合「連帯」の運動の時も活気が見られた。

　共産主義政党の新聞であるデイリー・ワーカーは、1924年に創刊され、1930年代後半には10万部の発行部数を売り上げていた。しかし、1958年に週刊新聞になった時の発行部数はわずかに5,600部であった。1968年にピープルズ・デイリー・ワールドと改め、朝刊紙として再び登場し、1989年の発行部数は6万2,000部になっている。しかし1990年には、経費高騰を理由に、ピープルズ・ウィークリー・ワールドに戻っている。

調査報道

　1960年代から1970年代にかけて、ペンタゴンや、CIA（中央情報局）、FBI（連邦捜査局）、全米トラック運転手組合、組織犯罪シンジケート、汚職政治家などの実態を掘り下げて追及したのが、調査報道 (investigative reporting) と呼ばれる手法を用いたジャーナリストたちである。調査報道とは、ある出来事に関して、妥当と思われる情報源や資料を長期にわたって調べることで、読者にそれが何を意味するのかを提示する方法である。「調査」(investigative) という言葉は、シーモア・ハーシュ (Seymore Hersh) が、ベトナム戦争時にミーライの虐殺のエピソードを暴露し、後にニューヨーク・タイムズのスタッフとしてCIAを調べた時にあまねく認知されるようになった。ロサンゼルス・タイムズのジャック・ネルソン (Jack Nelson) は、FBI長官J・エドガー・フーバー神話のベールを剥がし、ワシントン・ポストのボブ・ウッドワード (Bob Wood-ward) と、カール・バーンスタイン (Carl Bernstein) は、ウォーターゲート事件の時に国民的英雄となった。しかし、その本質的な性質から言うと、本格的な調査報道を実行できるのは経営状況が良好で、影響力のあるメディアに限られている。しかしながら、そのようなメディアはふだんあまりそれに挑戦しようとしないのである。

　調査報道ジャーナリズムは、1960年に始まったわけではない。それは、マックレーキングの精神が脈打つアメリカのジャーナリズムの伝統から花開いたものであると言えるだろう。1920年代から今日に至るまで、小規模の雑誌であるネーションやニュー・リパブリックが唱えた改革の思想は生き続けてい

る。その初期には、ヘイウッド・ブルーン (Heywood Broun)、マックアリスター・コールマン (McAlister Coleman)、ルイス・ガネット (Lewis Gannett)、ルイス・アダミク (Louis Adamic) などが紙面の上で腕を振るっている。1956年のネーションの中で、マシュー・ジョゼフソン (Matthew Josephson) は、大規模な軍事予算の問題を批判している。また、同じ年に、フレッド・J・クック (Fred J. Cook) は、「ニューヨークの恥」と題する記事を書いている。編集者のケアリー・マックウィリアムズは、1958年にFBI、1962年にCIAの特集を組んでいる。ラルフ・ネーダー (Ralph Nader) の「安全な車は買えない」という題のレポートを含むシリーズがネーションに登場したのは、1959年で、マックウィリアムズは、1953年にはもうタバコと肺がんの因果関係を疑う記事を掲載していた。

調査報道における書籍による貢献も見逃せない。キャレー・マックウィリアムズの『ファクトリーズ・イン・ザ・フィールド』(*Factories in the Field*) と、ジョン・スタインベックの『怒りの葡萄』(*The Grapes of Wrath*) は、1930年代の移民労働者の苦境をアメリカの人々に知らせた。その後の作家としては、マイケル・ハリングトン、ドゥワイト・マクドナルド (Dwight MacDonald)、ハーマン・ミラー (Herman Miller) が、忘れ去られた貧しい人びとの存在を知らせる著作を発表した。ベトナム戦争やウォーターゲート事件の時には、政府の不正行為、ホワイトカラーや組織による犯罪、生活の質に関する人びとの無関心などを暴く本が洪水のようにあふれた。放送の分野では、エドワード・R・マローのドキュメンタリーに始まり、『アメリカで餓死する人達』(*Hunger in America*)、および『ペンタゴンをめぐる裏取引』(*The Selling of the Pentagon*) と題した番組でCBSがリードした。3大ネットワーク各社や公共放送は、麻薬、犯罪、過度の貧富の差、腐敗などの問題を扱っているが、調査報道はテレビニュースの最大の弱点として残っていた。

他にも調査報道に貢献した人びとには、通信社のコラムニストであるジャック・アンダーソン (Jack Anderson)、ボブ・グリーン (Bob Greene)、ジョージ・リーズンズ (George Reasons)、デニー・ウォルシュ (Denny Walsh)、ロバート・シェリル、サンフォード・ワッズマン (Sanford Watzman)、ニック・コッズ (Nick Kotz)、トム・ホワイトサイド (Tom Whiteside)、レス・ウィッテン (Les Whitten)、ジョゼフ・グールデン (Joseph Goulden)、ロバート・シィアー (Robert Scheer) などがいる。1972年のピュリツァー賞が、ニクソン政権のインド–パキスタン戦争の時の不正行為を暴いたアンダーソンに贈られるこ

とが決まった時は論議を呼んだ。グリーンは、特別調査チームを率いて、ニューズデイに興味深い記事を次々と発表したが、その中の1つに、ニクソンのフロリダ・コネクションを暴いたものがあった。リーズンズの率いたロサンゼルス・タイムズのグループは、ロサンゼルス市の港湾委員会の腐敗を見つけ出し、ピュリツァー賞を得ている。ウォルシュは雑誌ライフに掲載した組織犯罪のレポートでピュリツァー賞を与えられている。ライフとルックは両誌が財政面や経営面で危機に瀕する時代を迎える前から、様々な問題を明らかにする試みを行っている。シェールは1960年代にランパーツという左派の雑誌を編集していたが、最も有名なレポートである『なぜアメリカはベトナム戦争に介入したか』(How the U.S. Got into Vietnam) と題した本を出版した後、フリーランス・ライターとなり、ロサンゼルス・タイムズなどにレポートを提供した。アリゾナ・リパブリックのドン・ボウルス (Don Bolles) は、1976年に暴動を取材中に車の爆破で殺害された。彼の遺志を継いだ仲間たちが、33回にもわたる「アリゾナ・プロジェクト」と名付けられたレポートのシリーズを続け、それが調査報道編集者会議 (Investigative Reporters and Editors＝IRE) へと発展した。1991年時点で3,200名もの加入者を抱え、年次大会では全米から会員を集めている。調査報道の努力にもかかわらず、エネルギー危機における石油会社の役割、ホワイトカラーによる犯罪、国や州、市といったあらゆるレベルで公務員や規制委員会の委員となった人のバックグラウンド、武器販売に関わる腐敗、などを始めとする権力とお金にまつわる問題について、まだまだ課題が多く残っていることは否定できないだろう。1992年にスペイン語日刊紙エル・ディアリオ／ラ・プレンサの編集者であるマヌエル・デ・ディオス・ウナヌエ (Manuel de Dios Unanue) が、ニューヨークのレストランで射殺された。これは麻薬撲滅キャンペーン活動を行ってきた彼に対する、コロンビア・コカイン密売組織の報復措置と見られている。

ニュー・ジャーナリズムの旗手たち

「ニュー・ジャーナリズム」という言葉が再び使われ出したのは、1960年代の初頭であった。ピュリツァーやハーストの時代に用いられたこの言葉はニュース取材への新しい取り組みを指していた。[30] 幻滅の時代になり、トム・ウォルフ、ジミー・ブレスリン (Jimmy Breslin)、ゲイ・タリーズ (Gay Talese)、トルーマン・カポーティ、ノーマン・メイラーたちが、後に「ニュー・ノンフ

ィクション・ルポルタージュ」とか「文芸ジャーナリズム」と呼ばれる方法を模索し始めた。その表現形式だけでなくその取材方法も、一般的に見られるありきたりの質問や標準的な情報収集法にたよって記事を伝えるといったものではなく、出来事の核心にせまるために洞察力を働かせたり、インタビューを行う方法を意味していた。ここではまた、文章のスタイルや、表現方法にこだわり、フィクションのような表現方法も見られた。

　いわゆるニュー・ジャーナリズムの担い手たちとは、休み時間や就業中の時間を使って書いた記事を、エスクワイア、ニューヨーク、ニューヨーカーなどの雑誌に売り込む新聞記者たちのことを称していた。ウォルフはワシントン・ポストを経て、ニューヨーク・ヘラルド・トリビューンのスタッフに加わるが、そこではブリズリンがすでに目立つ存在であった。タレーズは、ニューヨーク・タイムズに記事を提供していた。これらのジャーナリストたちが、人びととやライフスタイルをその型破りな方法で描きながらエスクワイアに接近していったことは当然の成り行きであろう。1933年にエスクワイアを創刊したアーノルド・ギングリッチ (Arnold Gingrich) は、長きにわたり、アメリカの物書きの中では署名記事を最も多く書き続けた。同時に彼は、性的関心をそそるような記事で紙面を埋める習慣をやめていた。ヘミングウェイ、フォークナー(Faulkner)、スタインベックも、もとはニュー・ジャーナリズムの世界に身を置いていた。ハロルド・T・ヘイズ (Harold T. P. Hayes) やドン・エリックソン (Don Erickson) は、1960年代には第一級の編集者であった。キャリー・ウィルス (Garry Wills) やロバート・シェリルは寄稿編集者であった。

　1960年代に最も成功した雑誌は、ニューヨークであろう。大都市のほとんどで発行されていた典型的な都会派の雑誌とは異なり、ニューヨークは、新聞のヘラルド・トリビューンの付録から発展したものである。ニュー・ジャーナリズムの論客であるウォルフ、ブリズリン、ピーター・マース (Peter Maas) を採用するというスタイルを作り出したのは、編集長のクレイ・フェルカー (Clay Felker) であった。1967年にフェルカーは、タイトル使用の権利を獲得し、1968年には、独立した雑誌としてスタートするための人材の確保を始めた。彼が狙った読者層は、都市で生活する若者たちであり、購読者は15万人を数えるまでになり、それには2万5,000部のニュース・スタンドの販売数が含まれるが、その数字は格式あるニューヨーカーを超えた。フェルカーと共同経営にあたったのは、ジョージ・ハーシュ (George Hirsch) であった。ジュディス・クリスト (Judith Crist)、ジョージ・J・W・グッドマン (George J. W.

Goodman)（別名"アダム・スミス＝Adam Smith"）などとともにウォルフ、ブリズリン、マアスは、編集者としても腕を振るった。最も人気を博した作家は、他の雑誌にも記事を書いていたが、グロリア・スタイネムであった。ニューヨークは、マックレイカー的な記事も掲載したが、記事の中心は、都市生活者がより良い生活を送るための記事、特別欄、情報であった。またこの雑誌は、都会に住んでいない人びとからも支持を得て、37万5,000部もの発行部数を記録した。

フェルカーは、ビレッジ・ボイスにその編集の統括を引き受けるために移り、ニューヨークの体裁と内容の構成をまねた、有名なニュー・ウェストを世に出した。彼の帝国は1977年の初頭に崩壊の危機に直面するが、オーストラリアのメディア王ルパート・マードック (Rupert Murdoch) が、ワシントン・ポストのキャサリン・グラハム (Katharine Graham) に高い値をつけ、フェルカーと共同経営にあたっている株主に、900万ドルを支払い、3つの出版物を支配する権利を獲得した。

他の都会派雑誌を挙げると、商工会議所の印刷物と間違いそうなものもあるが、フィラデルフィアは、その根気強いレポートで全米雑誌賞を2度受賞している。1970年に同誌は、パール・S・バック財団のスキャンダルを暴き、さらに1972年には、デラウェア港湾当局の経営を調べているが、このケースは他のメディアでは扱われなかった。ロサンゼルス誌は、そのライフスタイル関連記事の充実と掲載される広告で定評を得た。

視覚、聴覚、内面的な考察を用いることによって、ニュー・ジャーナリズムの担い手たちは、それぞれ独自のスタイルで幅広いテーマを追求していった。1966年6月、アトランティックの記者ダン・ウェイクフィールド (Dan Wakefield) は、ウォルフの *The Kandy-Kolored Tangerine-Flake Streamline Baby*（原題）とカポーティの『冷血』(*In Cold Blood*) の権利を獲得し、ニュー・ジャーナリズムを芸術の境地にまで広げた。ニュー・ジャーナリズムの定義については、様々な文献で議論されてはいるものの、結論には達していない。[31] ニュー・ジャーナリズムが、従来の特集記事でとられてきた手法の単なる踏襲であるのか、「真実」のためにまさに画期的なスタイルを編み出したものであるのかについては議論の余地はあるものの、いずれにせよ1つの時代を作りだしたのは紛れもない事実であろう。その嚆矢は、1952年のニューヨーカーで、リリアン・ロス (Lillian Ross) が、映画会社の実態を小説のスタイルで描いた『ザ・ピクチャー』(*The Picture*) である。19世紀の初頭にさえ、マーク・トウェイン、

スティーブン・クレイン、ジョージ・エイド、ラフカディオ・ハーン (Lafcadio Hearn) らが、フィクションの枠組みで力強く描いた一連の作品の中にも、その系譜を読み取ることは可能であろう。後にブレスリンの「小さい者たち」への眼差しが、『ジミー・ブリズリンの世界』(The World of Jimmy Breslin, 1968) という題の本になり、メイラー自身のペンタゴンへのデモの経験は、『夜の軍隊』(Armies of the Night, 1968) に溢れている。ウォルフは、ドラッグ世代を『クール・クール・LSD交換テキスト』(Electric Kool-Aid Acid Test, 1969) で描き、雑誌タイムにいたタレーズは、『王国と権力』(The Kingdom and the Power, 1969) の中で、メディアの世界に身を置いていたかつての自分の経験に基づき、上司の姿を詳細に暴いている。

　ニュー・ノンフィクション・ルポルタージュ形式の記事は、様々な雑誌や書籍に登場しているが、その手法は、新聞の世界には波及しなかった。ニュー・ジャーナリズムの主たる担い手たちの中で、他の形式の原稿を提供しながら、新聞のコラムも書き続けていたのは、ブレスリンぐらいであった。ほとんどの新聞の編集者は、ニュー・ジャーナリズムのやり方を歓迎せず、「啓発」的、「社会活動」的なレポート手法の一部に属すると思い込んでいた。このような誤解に加え、レポート方法をめぐる問題を解決するのに、社会調査の結果を用いるテクニックの導入を勧める人びとが現れた。彼らは「プレシジョン・ジャーナリスト」と呼ばれ、ナイト系の新聞のワシントンの記事を担当し、1991 年に出版された『プレシジョン・ジャーナリズム』(Precision Journalism) の著者でもあるフィリップ・マイヤー (Philip Meyer) から多くを学んだ。ブレスリンの著書の中で特筆に価するのは、『12 番街への帰還』(Return to 12th Street) という、1967 年のデトロイトの暴動をテーマにしたもので、何百人もの黒人の住民にインタビューを試みたレポートである。ヘインズ・ジョンソン (Haynes Johnson) と彼のワシントン・ポストのスタッフは、国政を同様な方法でレポートしている。このレポートの方法は、ある状況下で生活している人びとの生活を描写したり解釈したりするのに有効なニュース素材を集めることに主眼をおくものである。

都市・環境問題の専門家

　アメリカ人の都市社会問題や環境問題への関心の高まりを反映し、都市問題著作者協会 (Urban Writers Society) が、1968 年に設立された。主だった人び

とを挙げると、1963 年からニューヨーク・タイムズの建築批評を担当し、その論評で 1970 年にピュリツァー賞を得ているエイダ・ルイーズ・ハクスタブル (Ada Louise Huxtable)、1964 年からワシントン・ポストで都市・建築問題を専門としているウォルフ・フォン・エッカード (Wolf Von Eckardt)、セントルイス・デスパッチの芸術・都市デザイン批評担当のジョージ・マックキュー (George McCue)、サンフランシスコ・クロニクルの都市問題のコラムニストであるアラン・テムコ (Allan Temko) などが挙げられる。1970 年にエディター・アンド・パブリッシャー誌が、全米の日刊紙に環境問題のニュースを専門にしている記者の名前を送るよう依頼したところ、100 名あまりからの返答があったという。[32]

環境問題への関心は、1970 年代に最高潮に達し、環境への影響、原子力発電所、液化天然ガス、水資源確保、都市区画方法などをいかに記事で解説するかという点に記者たちは心血を注いだ。また納税者である一般市民にとって、これらがいかなる経済的負担をもたらすかということも、知りたい情報であった。環境問題の専門家としては、ニューヨーク・タイムズのグラドウィン・ヒル (Gladwin Hill)、セントルイス・ポスト・ディスパッチのマーガレット・フレイボーゲル (Margaret Freivogel)、デンバー・ポストのスティーブ・ウィンクープ (Steve Wynkoop)、ルイスビル・クリア・ジャーナルのデイビッド・ロス・スティーブンス (David Ross Stevens)、ミルウォーキー・ジャーナルのポール・ハイエス (Paul Hayes) たちがいた。

1976 年から 1977 年にかけて、アメリカ国土の西半分が深刻な干ばつに見舞われ、また東半分は、厳しい寒さで燃料の供給がもう少しで底をつくまでになり、代替エネルギー源の確保や、水資源保全が急務となった。季節の移り変わりのリズムが狂ってきていることも記者たちの関心事であり、諸説に分かれる科学者の見解が紹介された。環境問題ジャーナリスト学会が、フィラデルフィア・インクワイアラーのジム・デジェン (Jim Detjen) によって 1990 年に設立され、彼が初代の会長に就任した。

生き残った黒人向け新聞

第 2 次世界大戦が終結した頃の黒人向けの 3 大新聞といえば、シカゴ・ディフェンダー（1905 年創刊）、ピッツバーグ・クリアー（1910 年創刊）、ボルチモアのアフロ・アメリカン（1892 年創刊）が思い浮かぶが、これらは発行

されている都市のみに限らず、ミシシッピ州やフロリダ州でも入手することができた。ガナー・マーダル (Gunnar Myrdal) が 1945 年に著した『アメリカの難問題』(An American Dilemma) には「黒人による新聞はいわば、黒人たちの最も大きな勢力であると言えるだろう」と記されている。[33] ピーク時で、ディフェンダーは 25 万 7,000 部、クリアーは 20 万 2,000 部、アフロ・アメリカンは 13 万 7,000 部の発行部数を誇っていた。2 度の世界大戦と、その後に南部の農村部から北の産業都市への大量な黒人の人口移動が、この発行部数に影響を与えたことによるものの、ほどなく部数が下降し始める。この後、全国的な規模で発行されていた新聞は、地域密着的な新聞に敗れ、1960 年代の公民権運動の時代を経て、堅実な小規模の新聞のみが生き残った。

昔ながらの保守的な意味合いの強い新聞は、1960 年代に起きた様々な出来事と、闘争的な側面に傾倒する風潮に取り残されていった。多くの都市では、既存の白人向けや黒人向け新聞には掲載されていない考えを紹介した小規模な新聞が発行されていた。シカゴを例にとってみてもブラック・トゥルース、ブラック・リベレーター、ブラック・ウィメンズ・コミッティー・ニューズなどはディフェンダーに対抗して現れた新聞である。既成の黒人向け新聞はお決まりの地域情報に固執し、直接的な行動に出たいと望む若者たちの声を吸い上げることができなかった。せっかく得ることができた白人の広告主を失うことを恐れ、黒人解放運動への積極的参加を躊躇した黒人向け新聞もあった。この姿勢は、1969 年にブラック・パンサーに対する当局の残酷な仕打ちが、明らかになるまで続いた。きっかけとなった事件は、ブラック・パンサーのフレッド・ハンプトン (Fred Hampton) が、シカゴのアパートで襲われた事件であり、これをきっかけに、戦闘的なグループに対する白人の人びとの有り方に疑問の声を上げる黒人の新聞が少なからず登場した。

それにもかかわらず、経営難や地域の政治的圧力にも屈することなく黒人向け新聞は、生き残った。1970 年代に、ディフェンダーの発行部数は、3 万 3,000 部にまで落ち込み、ピッツバーグ・クリアーは、2 万部になっていた。最も高い発行部数を有していたのは、1961 年にマルコム X によって始められたブラック・ムスレム運動の声を掲載したムハマド・スピークスであり、その発行部数は 70 万部とされていた。その新聞は街頭で販売されていたが、イライジャ・ムハマド (Elijah Muhammad) の教えや、ベトナム戦争を非難する内容の記事が掲載されていた。同様に目立っていたのは、サンフランシスコで 1966 年に、警官の黒人に対する無謀な仕打ちに立ち向かった黒人たちによ

って始められたブラック・パンサーであった。その発行部数は、1960 年代の後期には 10 万部にまで伸び、主要な都市では、たいてい入手が可能であった。ニューヨークのジャマイカで発行されたザ・ボイスは、9 万部、タンパのセンティネル・ブルトゥンは、7 万 5,000 部の発行部数をそれぞれ誇っていた。

　過激派黒人解放運動家たちのスローガンをそのまま掲載することは、どの新聞も避けてはいたが、それぞれの地域の法執行官との間で起きるもめごとには目を光らせていた。他のニュースとしては、連邦政府の諸政策を紹介するレポートがあり、ニクソンの時代になると政府への批判が少なからず加えられた。これは地域支援や健康保険給付を削減したレーガン政権の時にも同じであった。

黒人向け新聞のリーダーたち

　シカゴ・デイリー・ディフェンダーの編集長兼発行者であり、セングスタック新聞グループの所有者であるジョン・H・セングスタックは、1970 年にアメリカ新聞編集者協会の理事に選ばれた。黒人の新聞人の中でこのような栄誉を与えられたのは、彼が初めてであった。セングスタック氏へのこのような評価は、新聞業界におけるセングスタック・グループそのものの地位を反映するものである。約 2 億 3 千 500 部という発行部数を誇るシカゴ・デイリー・ディフェンダーはエディター・アンド・パブリッシャーの中に列挙されている 185 紙あまりの黒人向け新聞の中で依然として主要紙の 1 つであった。この新聞が日刊紙になったのは 1956 年であった。もう 1 つの代表的な日刊紙は、1972 年にブルックリンで創刊された、発行部数 7 万 8,000 部のニューヨーク・デイリー・チャレンジ／アフロ・タイムズである。アトランタのデイリー・ワールド（1928 年創刊）は、1932 年から継続していた日刊での発行を中止し、週 4 回発行に切り替えたが、その発行部数は約 1 万 8,000 部であった。

　統計調査の結果から見て発行部数の高いものを列挙していくと、フィラデルフィアで週 3 回発行されているフィラデルフィア・トリビューン（1884 年創刊）の 2 万 6,400 部があり、週刊新聞としては、サンフランシスコ・メトロ・レポーターの 10 万 210 部、ワシントン (D.C.) インフォーマーの 3 万部、ニューヨークのアムステルダム・ニュース（1909 年創刊）の 2 万 9,000 部、ロサンゼルス・センティネル（1934 年創刊）の 1 万 9,000 部などがある。セングスタック・グループでは、デトロイトのミシガン・クロニクル（1936 年創刊）

の3万1千部、クリアーグループからセングスタックが1966年に買収したニュー・ピッツバーグ・クーリエ (New Pittsburgh Courier) の3万部などがある。黒人向け新聞の傾向として挙げられるのは、発行部数が下降していることと、広告や人材確保の難しさである。

その中でも例外は、ジョン・J・オリバー・ジュニア (John J. Oliver, Jr.) によって、ボルチモアやリッチモンドで発行されているアフロ‐アメリカン (Aflo-American) グループの新聞であり、ワシントンD.C.でもフランシス・L・マーフィー二世 (Francis L. Murphy II) によって市外版が出されている。この新聞は、1980年代に破産寸前の危機に直面しながらも生き残り、1992年には創刊100周年を祝った。1950年代には20万部を誇っていた発行部数も、1989年には2万部となった。それでも1990年代の中頃には、2万4,000部になっている。[34] グループの副社長のエリザベス・マーフィー・モス (Elizabeth Murphy Moss) は、代表する記者であり、戦地特派員であった。同様にエシル・ペイン (Ethyl Payne) は、セングスタック新聞のワシントン担当記者であり、ベトナム戦争を報道した唯一の黒人女性記者であった。

アムステルダム・ニューズは、標準的な地域密着型の黒人向け新聞の最大手である。1936年にC・B・パウエル (C. B. Powell) 博士によって買収され、彼の支配下にあったが、1971年に所有権がクラレンス・B・ジョーンズ (Clarence B. Jones) に移り、ウィルバート・A・ティタム (Wilbert A. Tatum) が後に発行人になった。この新聞は、ライバル紙である、下院議員アダム・クレイトン・パウエル (Adam Clayton Powell) が、ハーレムで発行しているピープルズ・ボイスや、古くからあるニューヨーク・エイジとの競争に負けないよう、地域の情報やセンセーショナルな犯罪や、性の問題などを取り上げている。アフロ‐アメリカン紙やディフェンダー紙と同様に、新聞の論調は穏やかなものとなり、地域ニュースを重視し、スポーツや女性向け情報にも力を入れ、改革運動的な記事は時折目にするくらいである。

ニューヨークのデイリー・チャレンジで長い間編集長を務めてきたのはダワド・フィリップ (Dawad Philip) であった。アトランタのデイリー・ワールドは、ウィリアム・A・スコット (William A. Scott) が発刊したが、1934年にスコットは暗殺され、跡を継いだコーネリアス・A・スコット (Cornelius A. Scott) は、ニュースの内容、活版印刷のような体裁、社説の論調に至るまで、保守的な編集方針で貫いた。この新聞の世界情勢の報道は卓越している。また、政治的には共和党を支持し、黒人の雇用に際して差別的な白人の商人を経済的にボ

ディフェンダー・ニュース・グループのトップを務めたジョン・H・セングスタックと代表的なアフロ-アメリカン向け新聞の第一面。

イコットするといったような黒人たちが取った戦闘的な行動に反対を唱えた。

　ロサンゼルス・センティネルは、ルス・ワシントン (Ruth Washington) によって脚光を浴びるようになった。ややセンセーショナルな扱いの1面と、リベラルと穏健の中間に位置する論説面が目立っていたが、現在に至るまで、ロスアンゼルスの最も重要な黒人向けの印刷物であると言える。その他特筆に価する新聞としては、アトランタ・インクワイアラー（1960年創刊）、ノーフォークのジャーナル・アンド・ガイド（1909年創刊）、週2回発行のタンパ・センティネル・ブルトゥン（1945年創刊）、カンザス・シティ・コール（1919年創刊）、ルイジアナ・ウィークリー（1926年創刊）などがある。また37万9,000部のロサンゼルスのウエーブ・パブリケーションのような部数の多い、買い物客などに無料で配布する新聞もあった。

　一般の週刊新聞のように、黒人向けの新聞もまた木曜日に発行されるものが多かった。広告の占める割合は、紙面全体の3分の1で、その3分の2ないしそれ以上は地元の広告で占められていた。ほとんどの全国紙や主要な週刊新聞は、州・地域・国内・国外のニュースをUPIから得ていた。専門通信社の中で最も有名だったのは、1919年にクロード・A・バーネット (Claude A. Barnett) によって設立されたANP (Associated Negro Press) である。1945年のピーク時には112社あまりがこのANPからニュースを提供されていた。バーネットは、第2次世界大戦後、アフリカを何度も訪れ、アフリカのニュースの充実を図るとともに、100社あまりの提携先を加えている。しかし、黒人向けのニュースの取材の激しい競争に負けて、1966年に廃業している。[35] NNPA (The National Negro Press Association) は、ワシントン担当のルイス・ラーティア (Louis Lautier) を有し1947年から1960年まで、大手の黒人向け新聞数社の支援を受けて運営されていた。また、1974年にジョン・W・ルイス・ジュニア (John W. Lewis, Jr.) が特派員となりサービスを再開している。

　専門家のヘンリー・G・ラブリー三世 (Henry G. LaBrie III) の研究によれば、黒人向け新聞の数は、1974年から1979年までの間に、213紙あったものが165紙に減少したという。彼が初期に行った研究によると、独自の印刷所を所有している黒人向け新聞は40以下であり、発行部数公査委員会 (ABC) によって認められた発行部数を示す新聞はほんのわずかであった。[36] 唯一全国に普及していた新聞は、ビラリアン・ニューズという典型的なイスラム正教徒の出版物で、その前身は現在ムスリム・ジャーナルとして知られているムハマド・スピークスであった。

黒人向け雑誌

　ジョン・H・ジョンソン (John H. Johnson) のエボニーは、主に都心の中流クラスの黒人層にアピールすることで支持を得て、1980年代末の発行部数は190万部に達していた。1945年のエボニー創刊時に、ジョンソンが発見したことは、センセーショナリズムではなく、質の高いグラビアや、黒人の生活を真剣に扱うことが求められているということであった。四半世紀以上にもわたって、その編集を担当していたのは、エラ・ベル・トンプソン (Era Bell Thompson) である。1960年代の混乱期には、黒人問題への関心を高め、写真や漫画を載せるだけでなく、この問題を扱う記事も掲載している。ジョンソンが他に発行している雑誌はジェットで、1999年の発行部数は92万3,400部であった。最初はエボニーには適さない記事を載せるポケット・サイズの週刊新聞としてスタートした。1986年には、ジョンソンのグループに、男性向けファッション雑誌EMが加わった。かなりの成功を収めているジョンソン出版株式会社に加え、ジョンソンは、ラジオ局3局も経営し、他の事業も手がけた。1987年にはジョンソン出版株式会社の社長に娘のリンダ・ジョンソン＝ライス (Linda Johnson-Rice) を就任させ、共同経営を行っている。

　黒人女性向け雑誌として主要な出版物は、1970年創刊のエッセンスである。1990年代中頃にはその発行部数は100万部を突破していた。発刊から最初の10年間は、1960年代の黒人解放運動を常に念頭におき、マルシア・アン・ギレスピー (Marcia Ann Gillespie) が編集長を務めた。黒人女性の生活を考慮し、この読者の可能性を広告主に理解させることに主眼が置かれていた。1998年のデータを見ると、31万人ほどのビジネスの世界に身を置くアフリカ系アメリカ人がブラック・エンタープライズ（1970年創刊）を購読し、公民権問題に関心を持ち、人種差別問題に意義を唱える者はクライシス（1910年創刊）を、大学生はブラック・コレジアン（1970年創刊）を、インテリ層はリコンストラクション（1990年創刊）などの雑誌を講読していた。中でも特筆に価する黒人向け雑誌としては、専門職や起業家の間で人気を集め31万部を売り上げていたブラック・エンタープライズ（1970年創刊）、20万部のブラック・アメリカンズ・ニューズマガジン（1989年創刊）とエマージ、ブラック・ファミリー・トウディ、アメリカン・ビジョンズ（1986年創刊）などがある。多くの雑誌はオンラインを通じても入手が可能となっている。また際立っているものとして、レガシーがある。これは、1995年にアメリカン・ヘリテージ（フ

ォーブズ社の歴史雑誌）と RJR コミュニケーション社（ロドニー・J・レイノルズ [Rodney J. Reynolds] が社長）とのジョイント・ベンチャーの成果として登場したアフロ＝アメリカン（黒人）の歴史を扱う雑誌である。1998 年には 50 万 8,000 部の発行部数をはじき出している。

ラテンアメリカ系の新聞

1960 年代になり、ラテンアメリカ系の人びとの意識の高まりは、セサール・チャベス (Cesar Chavez) の指導力のもと、ラテンアメリカ系の人びとの権利を認識し、権利獲得のために前向きな組織化を計ることを意図した新聞をいくつも生み出した。カリフォルニア州サン・ホアキン・バレーのブドウ栽培業者は、絶対的な力を持っていたが、それに対抗して、セサール・チャベスによる農業労働者組合の設立と時期を同じくして生まれ、デラノの掘っ立て小屋で印刷されたエル・マルクリアドは、1964 年に組合の声を代弁する公の機関誌となった。運動は農村部から都会へと広がりを見せ、1967 年には、ロサンゼルスで、教育の向上、住宅問題の解決、警察官による暴行の防止などを唱える新聞ラ・ラーサが産声をあげた。地位向上運動の伝統は、初期のメキシコ系の新

ワサハの一面（左）とニューヨークの代表的な日刊紙エル・ディアリオ／ラ・プレンザ。

聞によって築かれ、それを他が追従する形を取った。

　農業労働者組合は、カリフォルニア州の移民労働者の待遇改善要求において成功を収め、チャベスは、差別が最も深刻であったテキサス州やフロリダ州の生産者への働きかけも行った。古くから安い労働力を必要としたカリフォルニア州において、そこで重労働に従事してきた人びとは、長きにわたり人種差別によるつらい仕打ちを受けてきた。無情にも暴力の犠牲となり、また差別的な法律に泣きながら、アメリカ原住民、中国人、日本人の順に安い収穫作業と重労働に従事した。アメリカ原住民は山岳部の居留地に追われ、中国人と日本人の移民が移民法の改正により渡米できなくなった後の1920年代から、この地域の農場で働くのは、メキシコ人と、メキシコ人よりも数は少ないものの、フィリピン人がかなりの数を占めた。ケアリー・マックウィリアムズは、著書の『ファクトリーズ・イン・ザ・フィールド』の中で、延々と続く農場労働者の苦悩を描いている。20世紀の西海岸ではかなりのストライキが実行されたが、1960年代まで、労働組合による彼らへの支援は皆無であった。AFL（アメリカ労働総同盟＝American Federation of Labor）の会長ゴンパース(Gompers)は、この組織が発足した1900年代当初から敷かれていたメキシコ人・アジア系労働者と白人は同じ労働組合には加入させないという初期の取り決めによる方針を固持したが、後に全米の自動車組合、港湾労働者組合や、AFL-CIO（アメリカ労働総同盟＝産業別労働者組合中央組織）などの労働者たちは、チャベスの考えを支持するようになった。

　1960年代の社会変化は、多くのラテンアメリカ系の新聞を登場させている。サン・アントニオで発行されたエル・レボソは、テキサスの5大新聞の1つであり、女性によって発刊されている。その他にも、デンバーのエル・ガロ、ミルウォーキーのラ・グアルディ、カンサス・シティのアデランテ、シカゴのラドなどがある。

　ラテンアメリカ系の人びとは、アメリカでも最も顕著な人口増加率を示すマイノリティ・グループである。彼らは2000年までに総人口の15%を占めるようになるだろうと言われている。その居住地は全米各地に拡散しており、主に都市部に集中している。またその約80%の人びとは、英語とスペイン語という2つの言語を使用している。しかしながらグループ全体の教育、健康、雇用などを見ると、過去からの諸問題がそのままになっているのが現状であり、その原因の1つとして、政治の場において彼らを代弁する者の選出が行われていない不平等を挙げることができる。

1960年代以前にはほとんど扱っていなかった彼らを大手メディアがようやく取り上げるようになったことを明らかにした研究者のフェリックス・グティエレス(Felix Gutierrez)によれば、今世紀初頭からの70年間、ラテンアメリカ系の人びとは、「事実上は存在していなかった」かのように扱われていたという。全国レベル、地域レベルともに、中南米の人びとの扱いは、黒人のそれと似通っており、「メキシコ人の労働者や移民が国の政策に影響を与えたような時や、ラテンアメリカ系の人びとが市民の争議に関連した時」、例えば、1940年初頭にロサンゼルスでパウコの人種暴動が起きた時や、メキシコとの国境を密入国者を防ぐために封鎖するなどという時に、見出しに登場するぐらいであった。[37]

　広告マーケットとしての可能性に惹かれて、ラテンアメリカ系の人びとに目を向け始めた新聞も出てきている。マイアミ・ヘラルドは、1976年からスペイン語のページを設けており、シカゴ・サン・タイムズ、アリゾナ・リパブリックも1981年までに同様の試みを行っている。ロサンゼルス・タイムズでは月に一度のペースでヌエストロ・ティエンポ（我々の時間）というセクションを始めている。ガネット社は、ラテンアメリカ系の人びとのメディア生活を入念に調査した結果を踏まえて、ニューヨークで発行されているスペイン語の日刊紙であるエル・ディアリオ／ラ・プレンサを1981年に買収している。ガネット社は、1989年にこの日刊紙を売却している。ニューヨーク、シカゴ、ロサンゼルスのNBC系列のテレビ局では、夕方のニュース時に、ローカルのラジオ局を通じてスペイン語の同時放送を始め、多くのテレビ局がこれを取り入れ始めた。またその他にも前向きの動きが見られた。移民の状況を検証したジョン・クリュードン(John Crewdon)の記事によって、ニューヨーク・タイムズは、ピュリツァー賞を獲得し、ロサンゼルス・ヘラルド－イクザミナーでは、ハーストの時代に活躍したアニー・ローリー(Annie Laurie)の精神を受け継ぎ、ビザ無し労働者を装ってロサンゼルスの衣服縫製工場のある地域で行った潜入取材に基づいてレポートしたメーレ・ウォリン(Merle Wolin)の記事が、大きな評価を得た。「チカーノ」（メキシコ系アメリカ人）のレポーターによるロサンゼルス・タイムズのシリーズにもまたピュリツァー賞が授与されている。

　黒人や他のマイノリティ同様に、ラテンアメリカ系の人びとにとっても、レポーターや編集者として大手のメディアに参入することは容易ではない。それでも放送の世界では、少しながら状況も改善されつつある。その理由としては、マイノリティ雇用関連の規制が改善されたことや、1977年に連邦政府から出

た「撮影セットの中のごまかし」(Window Dressing on the Set) と題した、マイノリティの雇用や昇進におけるひどい不平等を描いた報告書の影響が挙げられる。1998年度の『エディター・アンド・パブリッシャー・イヤーブック』(*Editor and Publisher Yearbook*) によると、ラテンアメリカ系の新聞は117を数える。中でも発行部数の多い代表的なものとしては、プエルトリコのサンファンで発行されているエル・ボセロ（25万9,000部）、ロサンゼルスのノヴェダデス（11万3,000部）、ラ・オピニオン（10万2,800部）；エル・ヌエボ・ヘラルド（10万部）、マイアミのディアリオ・デ・ラス・アメリカス（6万8,000部）、ニューヨークのエル・ディアリオ／ラ・プレンザ（4万9,700部）、ニューヨークのノティシアス・デル・ムンド（2万5,000部）などがある。

　雑誌では、新聞についてくる英語版のビスタが発行部数107万5,000部を誇っている。英語版の一般誌としては他に、テキサス州のオースティンで発行されているヒスパニック、専門誌としては、カリフォルニア州のサンタバーバラで発行され全国で販売されているヒスパニック・ビジネス（20万部）がある。その他には、雑誌のコスモポリタン、グッド・ハウスキーピング、ペアレンツを始めとする主な雑誌がスペイン語版を出している。

　アメリカで最も著しい成長を見込めるマーケットであることから、主要なメディア関連企業がラテンアメリカ系の受け手層の広告対象としての可能性を認識していることは明らかである。それを見据えて過熱しているのが放送業界である。ユニビジョン (Univision) は、合計22（カリフォルニア州に6局、テキサス州に5局、ニューメキシコ、アリゾナにそれぞれ2局、フロリダ州、メリーランド州、ニューヨーク州、マサチューセッツ州、イリノイ州にそれぞれ1局）の高出力放送局［半径100マイル以上放送可能な局］と、27の系列局を所有している。このネットは、全米に広がる系列局と系列のケーブル局を通じて、そのプライムタイムの放送においては約170万人の視聴者を占有することができる。アメリカに本拠地を置くもう1つのネットワークであるテレムンド (Telemundo) は、全米各地に7つの高出力放送局(サンホセ－サンフランシスコ、ニューヨーク、マイアミ、ロサンゼルス、ヒューストン、サンアントニオ、シカゴ)と14の低出力放送局、32の系列局に加え、118の直属のケーブル局を所有している。メキシコのネットワークであるテレヴィーサ (Televisa) を含めた、様々なケーブル・ネットワークが全米に番組を提供している。

アメリカ先住民の新聞

　1990年代の中頃に出されていたアメリカ先住民の新聞のほとんどは、英語で書かれた新聞であったが、部族独自の言葉を教えるための新聞も出されている。アメリカ先住民ジャーナリスト協会（Native American Journalists Association、以前は Native American Press Association であった）には、全米32州とカナダの220ほどの新聞が登録されている。[38]

　この協会が1984年に設立されるうえで大きな力となったのは、ティム・A・ジアゴ・ジュニア (Tim A. Giago, Jr.) であり、彼の名前はオグララ・ソウクス族の言葉で「彼は部族のために立ち上がる」を意味している。ジアゴは、1981年にラコタ・タイムズ（現インディアン・カントリー・トゥデイ）を創刊し、これはサウスダコタ州で最も大きな週刊新聞となった。その発行部数は1万3,000部であり、アメリカにおいてアメリカ原住民が所有する最大の新聞である。ジアゴ自らによるコラムである「インディアンの世界から」は、14のメジャーの新聞にも掲載され、優れたジャーナリストに贈られるボルチモア・サン紙のH・L・マッケン賞を獲得している。[39]

　インディアンの新聞のうち週刊は全体の4分の1以下であり、残りのほとんどが、月刊ないし、それ以上の間隔で発行されている。1984年から1987年まで、アリゾナ州のウィンドウロックに、ナバホ・タイムズ・トゥデイという日刊新聞が存在した。新聞の中には、独立しているものもあるが、そのほとんどは、部族が所有している。論説の独自性を目指してはいるものの、常にそれが可能とは限らない。

　2つの全国紙があり、発行部数1万部のアクエサスネ・ノーツは、モホーク族の公式な新聞であり、48ページのタブロイド版で、年6回発行されている。ワサジャは、24ページから32ページの隔月紙で、アメリカ・インディアン歴史協会 (American Indian Historical Society) がスポンサーとなり、アメリカ原住民の自立と教育の向上を目指している。

　チェロキー・フェニックスは、1828年から1832年にかけてジョージア州で発行された最初のアメリカ先住民の新聞で、チェロキー・アドボケートとして今日まで発行されている。他の初期の新聞としては、スー族の言葉を用いたシャウニー・サン、現在のオクラホマでアメリカ原住民の女子専門学校の学生たちによって創刊されたチェロキー・ローズ・バッドなどがある。

　アメリカ原住民の新聞の抱える問題点には、資金不足、編集経験の欠如に加

え、モホーク族の中で起きたような部族間の葛藤などもある。しかしながら、これらの新聞は、問題意識優先で、アメリカ原住民の民族的誇りや福祉の向上を促進し、インディアンの伝統を守り、共同体の姿や読者の視点を映し出す鏡として機能していた。

ゲイ・レズビアン向けのプレス

　21世紀となり、ゲイやレズビアン向けのプレスは、その読者が広告主からみて利益の上がるターゲットとして注目されることにより成長を遂げた。堂々と主張することを目指すゲイ・レズビアンの新世代の台頭により、少なくとも200万人はいると言われる受け手に対して、地域の出来事やニュースを中心に扱う、週刊、隔週、月刊、季刊紙の数が、全米で850にも上っている一方で、その他の、ロサンゼルスで発行されているゲイ向けのライフスタイル雑誌であるジャンルのような出版物が、10万ほどの読者を全米から獲得しており、その広告も、アブソリュト・ウォッカ (Absolut vodka) やコロンビア・ハウス (Columbia House) レコード・クラブなどの全国に名の知れた企業がスポンサーとなっている。[40] 購読数の高い新聞上位3紙は、サンフランシスコ・ベイ・タイムズ、シアトル・ゲイ・ニューズ、ワシントン・ブレードである。性的な嗜好をそそるような広告で構成され、バーなどで配る従来の無料配布の出版物の域を脱していないものがある一方で、より本流に近い出版物を目指すものも増え続けている。その1つは、ニューヨークのアウトであり、同誌は自らを、「ゲイとレズビアンのためのミラベラもしくはエスクワイアであり、コスモのゲイとレズビアン版的な要素が加わっている」と説明している。[41] 1998年には、その売上げ部数は13万6,000部を超えていた。

　1990年に、大手メディアで働くゲイやレズビアンのジャーナリストたちが、自らのホモ・セクシュアリティを隠すことなくメディアの仕事に従事し、ゲイやレズビアン関連の問題についてもより良いジャーナリズム活動ができるよう、全米レズビアン・ゲイ・ジャーナリスト協会 (National Lesbian and Gay Journalists Association) が設立された。[42] サンフランシスコで行われた最初の大会で、ニューヨーク・タイムズのアーサー・O・サルツバーガー・ジュニア (Arthur O. Sulzberger, Jr.) は、待遇改善を求める活動の目標として「ゲイであるスタッフのパートナーに健康保険と他の福利厚生制度が適用されることを目指す」と誓っている。その間ニュー・リパブリックは、自らをゲイであると公

にしているアンドルー・サリバン (Andrew Sullivan) が編集長を務める最初の雑誌となった。[43] 最も影響力のあるゲイ・ジャーナリストの 1 人であったアンドリュー・コプキンド (Andrew Kopkind) が、1994 年に 59 歳で亡くなったが、彼はワシントン・ポスト、タイム、ヴィレッジ・ボイス、ニュー・リパブリック、ネーションを渡り歩いた華麗なキャリアを持ったジャーナリストであり、公民権運動や反戦といったテーマを率先して取り上げてきた。彼の友人のアレクサンダー・コックバーン (Alexander Cockburn) は、彼自身もラディカルな通信記者であるが、コプキンドを「最もラディカルな記者としてこの時代を書き綴った、その文章は優雅で、これまでに出会った人の中で体制に順応することに最も縁のない人であった」[44] という弔辞を送っている。

第18章

信頼のゆらぎ

報道機関は支配者ではなく、支配される者のためにある。
——最高裁判事ヒューゴ・L・ブラック

　1970年になると、日常生活ではすでに実感された痛々しいほどの不信感がアメリカ社会全体を覆うようになった。大統領と国民、大統領とプレス、プレスと人びとの間に溝があった。さらに、これらに続いて、高齢者と若者、黒人と白人、知識人とサイレント・マジョリティ（声無き多数派）を分断する溝も深まった。

　大統領を窮地に追いやった要因の1つが、当時のアメリカに蔓延していた不信感であった。その極致はジョゼフ・マッカーシー上院議員を信じるアメリカ人が半数にも及んでいたことに現れており、それは「政府は共産主義と腐敗の温床であり、軍でさえ裏切りを企てている」といったマッカーシーの言葉を、多くの人びとが信じていたことを意味した。それでもマッカーシーは、第2次世界大戦のヒーローのアイゼンハワーを射落とすことはできなかった。なぜならば、アイゼンハワーは彼の後の大統領たちを悩ませ続けることになる不信感がもたらす副作用の影響下にはなかったからである。ジョン・F・ケネディにはキューバ危機があり、当時のニュースは操作され、大多数の者が政府の発表を信じていなかった。ウォーレン委員会（ケネディ大統領暗殺事件調査委員会）の公聴会でもケネディ大統領暗殺に関する疑惑を払拭することはできなかったし、その疑惑は年月とともにますます膨れ上がっていった。結局は徒労に終わった1964年の大統領選挙の選挙活動に関する公聴会で、バリー・ゴールドウォーター (Barry Goldwater) 上院議員が見せた痛々しい姿も、いやおうなしに不信感を実感させられるものであった。ユージン・マッカーシー (Eugene

McCarthy) 上院議員は、1967年から1968年の冬にかけてジョンソン大統領に対する世論の支持率が中身のない空っぽなものであることを悟った。彼が送った「少年十字軍」とベトナム戦争のテト攻勢の現実は戦争への信念を打ち砕いた。リンドン・ジョンソンの性格に起因する不信感は、リチャード・ニクソンへと受け継がれ、その不信感はさらに複雑なものになった。ニクソンの問題はジョンソンと同じ理由によるものであったかもしれないが、そのある部分は、アメリカ人の生き方そのものから来ているものであった。

　目ざましい成果が見られた時もあったものの、大統領とプレスの問題が悪化したのは、1950年代や1960年代を象徴する悪いニュースが日常茶飯事であったことによる。アメリカ人たちは、韓国が行き詰まった状態であっても我慢しなければならないことを実感させられるようなニュースを聞きたくはなかった。「共産主義、腐敗、そして韓国」が1952年の大統領選挙のスローガンであり、武力を備えた強い中国軍という確かな情報はまだ登場していなかった。1950年代後半の景気後退時には、ニクソン副大統領はもとより、アイゼンハワーまでもが海外での評判を落とし、アメリカのプライドへの挑戦としか思えないようなシャルル・ド・ゴール (Charles de Gaulle) の振る舞いも見たくないことであった。1960年代、1970年代を象徴するテーマを列挙すると、トンキン湾事件、ベルリンの壁の建立、大統領の暗殺、ベトナム戦争、大都市の黒人暴動、キャンパスの抗議行動や騒乱、ロバート・ケネディ上院議員とマーチン・ルーサー・キング牧師の暗殺、出口の見えなくなったベトナム戦争の苦悩、長髪・性解放・市民権を得たタブー語の数々、麻薬中毒、ケント州立大学事件、ソンミ村虐殺、不況すれすれの経済、ウォーターゲート事件などが思い浮かぶだろう。元来大統領にとって不利になるようなニュースというものは、とりわけ経済がらみの場合、その影響力も多大なものとなるが、いつもそのつけを払わされるのは大統領であり、ひいてはそれが政治的なダメージにも結びつく。CBSのウィリアム・スモール (William Small) が著書のタイトルでも用いたように、国民は昔の国王にしたのと同じように、喜んで「使いの者を殺す」傾向にあったのだが、この場合、CBSや他のテレビ・ネットワーク、ワシントン・ポストなどのリベラルな新聞、客観報道を標榜している通信社も悪いニュースをもたらす使いの者であった。

　当時のアメリカ社会はデマゴーグの温床と化していた。人びとが信じたくない、存在して欲しくないと思う以上の現実を伝える悪いニュースばかりがあふれていた。大統領を信じない者もいれば、プレスを信じない者もいた。大統領

もプレスも相手を信じないようにとお互いに応酬した。今でもそうであるように、例えば「ケント州立大学事件や大都市の黒人暴動のような悪いニュースをでっち上げた者はアメリカ人ではないから天罰を受けるであろう」といったふうに、悪いニュースに対して「非愛国主義的である」と言ってのけるのはたやすいことであった。自由を守る者に対する唯一の慰めは、このような不信感は以前にも存在していたが以前はそれを克服していたという点である。しかしながら、1986年から1987年にかけて生じたイラン－コントラ・スキャンダルで、レーガン政権は新たな不信を喚起することになった。そして、1998年1月に発覚したクリントン－ルインスキー・スキャンダルにおいても、その責任の一端はメディアにもあったことは言うまでもないだろう。

　なぜこのような不信感が深まる状況に陥ったのか、その背景の理解を助けるのは、プレスに向けられたあからさまな攻撃を検証し、プレスと人びととの乖離を推し測り、報道の自由をめぐる政府や司法の判断に行き着く政府とプレスの葛藤の記録をたどる大統領とプレスの関係の検証であろう。

　1990年代になっても、この不信感の溝が埋まることはなかった。ニュージアム (Newseum) が1997年に行った調査では、アメリカ人の80%が、「自由主義社会ではメディアの役割は非常に重要である」と考えながらも、64%の者が「ニュースがあまりにもセンセーショナル過ぎる」と感じていた。ジャーナリストたちは「無神経で、偏向している」と人びとは考え、新聞を信じる者が3分の1にも満たない一方で、様々な社会問題についてジャーナリストの倫理観は、政治家、法律家や企業の経営者たちのそれとほとんど同様であるととらえられていた。調査結果の中で最も脅威に感じるのは、仮に「プレスの自由は憲法によって保障されるべきである」という考えへの賛否を尋ねたら、おそらくその存続が危ぶまれるような結果になるかもしれないということであった。

ニクソンとアグニュー

　数年にわたりリチャード・ニクソンは、テレビの『大いなる討論』(great debates) をかかげた1960年の大統領選挙での失敗について調べた。さらに、プレスへの意地悪をした1962年のカリフォルニア州選挙の敗因についても調べてみたのである。しかし、1968年には、打ち合わせ通りの質問を行う聴衆の前に登場し、ありきたりのスピーチではなく、テレビ・メディアを巧みに使いこなすまでになった。彼はめったに正式な記者会見を行わず、その頻度は同

時期の大統領の 3 分の 1 ほどであった。その代わり 3 大ネットのゴールデン・アワーにほんの少しだけ登場するという、ジョンソン大統領がベトナム戦争の感動的な発表を行う時に編み出したテクニックにニクソンは頼った。大統領就任中に、ニクソンはこのようなやり方を 37 回も行ったが、この頻度は他のどの大統領よりも高かった。就任後の 2 年間は、年平均 11 回の記者会見を行ったが、その数も次第に減り、結局は合計すると 38 回しか行わなかった。AP 通信社加盟社編集局長委員会 (the Associated Press Managing Editors) の中の一つで、とくにニクソンを支持する保守的な 3 新聞社（クリスチャン・サイエンス・モニター、ワシントン・スター、フィラデルフィア・ブルトゥン）の取締役たちが構成している委員会は、ニクソンが、"プレスに対して人びとが不信感を募らせるように"記者会見を利用していると批判した。

　1969 年の末、スパイアロ・T・アグニュー (Spiro Agnew) 副大統領が嵐のような大論争を巻き起こした。それは、持ち株によって多くの系列会社を構成しているテレビ・ネットワークと新聞社（ワシントン・ポスト、ニューズウィーク、キャサリン・グラハムのテレビ局が彼のお決まりである批判の対象であった）は、世論に多大な影響力を持つので、国政に関わる出来事の報道や論評では公正さを保ち、偏りのないよう努力するべきという見解を述べたことである。アグニューはテレビ・ネットワークがコメンテーターを用いる際に、"偏見に満ちている東部エスタブリッシュメントの者"を使っていると批判した。またニュースと評論の"峻別の壁"を設けていないとも強く批判した。

　政府に関する報道内容を、1969 年と 1970 年を対象にランダム・サンプリングによってそれぞれ 1 週間単位で比較したある調査では、アグニューが提起した批判が、ニュースの扱いを無害な方向に向かわせていたことが証明された。[1]

　副大統領は、1970 年の中間選挙で共和党が敗北した後失脚するが、CBS との関係を見ると、1971 年の初頭の『ペンタゴンの裏切り』(The Selling of Pentagon) と題する放送をきっかけに、新たな局面が展開した。議会の委員会は、ペンタゴンの放送のために集めた記録や未使用のフィルムの提出を命じた。委員会の代表であるウェストバージニア州選出の民主党議員ハーレー・O・スタッガース (Harley O. Staggers) は、商務委員会の支持を取り付けて、連邦議会を侮辱したという理由で CBS と同社のフランク・スタントン (Frank Stanton) 社長に対する下院での審理を請求した。下院は 1971 年 7 月、226 票対 181 票でこの件を否決し、商務委員会に差し戻した。この拒否（下院による拒否はまれなことである）は、報道の自由を法律的に再確認するという点から

は朗報ではあったが、政治的にはショッキングな出来事であった。

　この時期の最も大きなニクソンの功績は「竹のカーテン」を開いたことである。1971年に、アメリカの卓球チームが北京に招待された。いつものように同行取材を求めた中国通の記者に許可が下りた者がいたことは、驚くべき出来事であった。AP通信社のベテラン記者であるジョン・ロデリック (John Roderick) にとっては23年ぶりの中国再訪であり、それはNBCのジョン・リッチ (Jon Rich) や、ニューヨーク・タイムズのティルマン・ダーディンにとっても同様であった。大がかりな取材班が1972年のニクソン訪中に随行した。放送ネットワークは衛星中継により、進行状況を伝える実況中継を行った。長年にわたり続いている中国との熱い関係も再開したが、たびたび紙面を飾る台湾問題のため、双方ともに懐疑心は残っていた。

事前抑制：ペンタゴン記事差し止め事件

　1971年6月、合衆国政府はアメリカの新聞に事前抑制を実施し、15日間にわたり、国内で最も影響力のある新聞に対して、事前に重要な記事を差し止めるのに成功した。この15日の間、1534年にイギリスの新聞に対して事前抑制を行ったヘンリー13世の時代に時計の針は逆戻りした。イギリスでは1694年に、その植民地でさえ1721年にはすでに姿を消していたこの事前抑制が、250年という年月を経て、一時的にアメリカに出現したことになる。

　1971年6月30日、最高裁は6月25日の一時的な掲載停止命令と、それ以前の下級裁判所の命令を取り消すことにより報道の自由を守り、アメリカ憲法修正第1条が保障された。これによってある程度は安心感がもたらされた。それでもニクソン大統領が、ジョン・ミッチェル (John Mitchell) 司法長官に、報道の事前抑制を行うように指示したことは、1694年の法的判断以来の、歴史的な進展を経て苦労の結果発展させてきた報道の自由の考えに大きなダメージを与えた。これまでの国家の歴史においても、このような行動に出た大統領は他には見当たらない。

　法律家たちの見解では、「ペンタゴン・ケース」は、法曹界にこれといったものをに残したわけでもない判例であったとされている。このケースは法律的な意味合いを持つものとしてよりも、むしろ政治的な意味を持つものとして長い間記憶に留められる事件であろうとされている。[2] この点でこの出来事は、1735年のゼンガー事件に匹敵する。ゼンガーの無罪が認められた後でも、他の政府

当局が報道機関を黙らせようとする際に、他の編集者が訴えられないという保証はどこにもなかったからである。それでも植民地支配者が同じことを繰り返すことは、政治的にありえないことであった。ただ危惧されることは、ペンタゴン事件と同様の状況に直面した次の大統領が、もしそれを正当化できた時に、出版の事前抑制ではなく、出版後の刑事訴追を行う手段に訴えるかもしれないということである。この意味において、本事件は詳述しておく意義があるだろう。

　1971年3月のある日、ニューヨーク・タイムズは、前国防長官ロバート・マクナマラの命令によって、国防総省のために編集された「ベトナム政策におけるアメリカの意思決定の変遷」と銘打った47巻の報告書を入手するに至った。その内容は歴史や軍事以外の事を含んでいたが、政治・外交面から物議をかもす可能性が極めて高い内容であった。これらの書類は1953年に、上層部からの指示で"極秘"とされていた。タイムズ記者のニール・シーハンは、当初サイゴン特派員団の中でUPIを代表する立場であったが、1971年には国防総省の担当として「ペンタゴン・ペーパーズ」をタイムズに紹介する上で重要な鍵を握る人物であった。編集主幹のエイブ・ロゼンタール (Abe Rosenthal) は、数人のタイムズのスタッフにホテルの部屋に隠れて骨の折れる数週間の作業を続けるよう指示した。6月13日にシリーズ特集の第1弾の印刷が出来上がった。

　ミッチェル司法長官は、タイムズに対してそのシリーズを止めるように要請したが、拒否された。政府はそこで、ニクソン大統領に指名されたばかりの連邦地方裁判所の判事のところに持ち込み、判事は就任後の初仕事として前例のない事前抑制の命令を手がけることになった。マリー・ガーファイン (Murray Gurfein) 判事は6月15日に一時的な停止命令を出し、タイムズのシリーズの3回目以降を差し止めるよう強制した。6月19日、ガーファイン判事は「一般的な当惑の枠組み」と答弁する以外に、このケースでの政府による立証は困難であるとして、永久的な禁止命令を出すことを拒否した。しかし、一時的な禁止命令はそのままにしておいた。6月23日、ニューヨークの連邦高裁はガーファインの決定を覆した。その間、ワシントン・ポストは、独自のシリーズを開始し、ゲルハルト・A・ゲセル (Gerhard A. Gesell) 判事が「本来歴史的データとしての性質を持つものに対して、政府は事前抑制をすることはできない」と判決したことで明らかな勝利を勝ち取った。コロンビア特別区の連邦高裁も、ゲセル判事を支持し、2つのケースは、6月25日に、連邦最高裁に持ち込まれるに至った。最高裁では、陳述の後に、ブラック (Black)、ダグラス

(Douglas)、ブレナン (Brennan)、マーシャル (Marshall) の4人の判事が反対の立場を取ったが、5対4の評決で、事前抑制の一時的継続が認められた。

この時点で、この事例が法律上画期的ともいうべき判例となる可能性が崩れ去った。一時的な事前抑制措置の継続を認めるという最高裁での5対4の逆転判決に動揺を隠しきれない新聞社の顧問弁護士たちは、いかなる状況下においても事前抑制を禁じている憲法修正第1条を根拠とする駆け引きを避けた。その代わりとして、「政府が、国家の安全保障に関わる問題である」としたことを証明することの困難さを論拠にして勝利を目指す方法を選んだ。その結果として裁判官が下した結果は、6対3であった。[3] これは、「ニアー対ミネソタ」とその他の2つのプレスの自由に関するケースの判決に基づくものであった。また、9人の判事の見解はそれぞれ異なっていた。ブラック判事とダグラス判事の2人は、プレスの自由は絶対的なものであると述べている。ブレナン判事とステュワート (Stewart) 判事は、この場合政府は立証していないと明言した。マーシャル判事は、国益のために大統領には資料を出版させないと宣言する権利が与えられているとする主張を斥けた。ホワイト (White) 判事は多数派に加わってはいたが、将来新聞への刑事訴追を招く恐れがあると懸念を表した。バーガー (Burger) 主席判事とブラックマン (Blackmun) 判事は反対派であり、このケースのように、公表を急ぐことに反対し、資料の網羅的な見直しを要求した。同じく反対の立場を取ったのが、ハーラン (Harlan) 判事である。彼は「大統領が、ある資料の公表が国の安全保障を脅かす危険があると判断した場合、その出版を差し止める権利が大統領には与えられなければならない」と主張した。

裁判所の判決の記録には、「ニアー対ミネソタ」のケースが引用されている。この「ニアー対ミネソタ」のケースは、1931年に出されたもので、プレスの自由を認め、州当局の行動の禁止を含め、議会の決議に対してアメリカ憲法修正第1条の保護を一歩前進させた画期的な判決である。政府側も同様に、「ニアー対ミネソタ」のケースを引用している。また同様の2つのケースも引用し、その内の1つは、「ニアー対ミネソタ」のケース以前に出されたもので、もうひとつは同じ時期のものである。古い方のケースが「ペンタゴン・ペーパー」事件のよりどころとなり、事前抑制のごく一般的な規定となった。それは次の通りである。

> 法廷の場に持ち込まれる表現の事前抑制のいかなる制度も、憲法との合法性を著しく侵すものである。[4]

それゆえに政府は、このような抑制の実施のためには、妥当性を示すという重荷を負わざるを得ない。[5]

「国益のための事前抑制の乱用」は、1979年にも繰り返された。この時は、雑誌プログレッシブに掲載された「いかにして水素爆弾は作られているか」という記事に対して、著者がその情報を公の資料から得ているにもかかわらず出版の一時停止命令が下された。雑誌社は、自発的に審査を求めて、政府に詳細な資料を提供した。プログレッシブは下級裁判所の禁止令を第7次連邦巡回控訴院に訴えたが、マディソン・プレス・コネクションが、これより先に類似した記事を発表したという理由で、政府はその訴えを取り下げた。このようなケースが招くこととして、政府の嫌がらせに対して、自己検閲の機会が増えることなどが懸念される。

ウォーターゲート事件

ベトナム戦争の泥沼化や党利党略政治に加え、経済の混乱に痛めつけられた人びとのしらけ感に追討ちをかけるような、アメリカ史上最悪の政治腐敗をあぶり出すような事件が起きた。これは「ウォーターゲート」という見出しに総称される、リチャード・ニクソン大統領を辞任にまで追い込むこととなった一連の出来事である。ホワイト・ハウスという権力への階段を、厳しい"法と秩序"を守るという主義に則り登りつめたと目されていた人が、実は権限や金を悪用し、人びとからの信用を裏切ることでのし上がっていたという事実は、共和党員だけでなく、民主党員にもショックを与えた。

ウォーターゲート事件は、常軌を逸した出来事ではなかった。前述のように、この事件のルーツは、別の政権がそれまでに行ってきた犯罪行為にある。しかしニクソン大統領とその側近たちによって、政敵の信用を傷つけ、アメリカの運命を握る支配者として君臨し続けるために行われた全体主義的な手段の規模や重大さから見て、これほどまでの行為は想像を絶するものであった。[6]

後にウォーターゲートへとつながっていった最大の出来事は、1969年3月に、ニクソンが中立の立場をとっていたカンボジアに対して、極秘の爆撃命令の決定を下したことであった。ニクソンが行った最高裁判事の任命を、上院が2度にわたり拒否した時に、ホワイト・ハウスと議会の間に横たわっていた敵意と不信感の溝は最も深刻なものになった。そして公にされたカンボジア侵攻

や、ケント大学の学生の死に抗議する大がかりなデモ活動が始まった。ホワイト・ハウスは緊張に包まれ、様々なニュースの漏洩によって、緊迫の度合いはさらに高まるばかりであった。

　1970年6月、ホワイト・ハウス補佐官であるトム・ヒューストン (Tom Huston) によって計画されたものであるが、ホワイト・ハウスを始めとして、FBI, CIA などの省庁の代表から構成される国内安全委員会と呼ばれるグループの結成にニクソンは同意した。そのグループには、政権に背く人物に関する情報を得るために、必要ならば、盗聴、強盗などの、法に触れる行為を行う権限を与えても良いというものであった。自分に与えられている国内における情報収集の権限を守るためにFBI長官のJ・エドガー・フーバーは、協力を拒んだ。そのためニクソンは、その他の省庁に対して、自分の覚書を撤回した。これによってホワイト・ハウスは、大きな教訓を得た。ホワイト・ハウスが学んだのは、将来極秘任務を遂行する必要が出てきた時、それを実行するのは公の機関とは無関係の人間になるであろうということであった。[7]

　秘密組織などは存在しないにもかかわらず、ニクソンは、1969年5月から1971年2月にかけて、FBIに4人のニュース関係者と13人の政府関係者への盗聴を許している。その中には、自分のスタッフからの漏洩を恐れたヘンリー・キッシンジャー (Henry Kissinger) 国務長官が促したものもあった。転機となったのは、1971年6月に「ペンタゴン・ペーパーズ」が出された時であった。カンボジア爆撃を含む海外での秘密工作の発覚を恐れたニクソンは、ホワイト・ハウスに調査チームを作らせた。[8] これは、後に「鉛管工」(訳者注：plumbers＝つまり秘密工作員) と呼ばれるようになる。彼らに与えられた任務は、極秘扱いの情報を得ることであった。1971年9月3日、ニューヨーク・タイムズにペンタゴン・ペーパーズを持ち込んだダニエル・エルスバーグ (Daniel Ellsberg) の信用を失墜させるような情報を求めて、彼のかかりつけの精神科医の診療室にグループ数人が押し入った。

　同じ週に、ニクソンの腹心の部下の1人である、ホワイト・ハウス補佐官チャールズ・コルソン (Charles Colson) が、大統領の顧問であるジョン・ディーン (John Dean) に、「政敵」20人の「優先リスト」を手渡している。後にこのリストには新たな名前が加えられていったが、ここには、ジャーナリスト、政治家、映画スターやその他の著名なアメリカ人の名前が記されていた。この時から1972年6月まで、ホワイト・ハウスの関係者によって、民主党の大統領候補者たちの選挙活動を混乱させるべく工作員たちが雇われることに

なったが、まずは自他共に最有力候補と目されていたエドムンド・マスキー (Edmund Muskie) 上院議員がその標的の筆頭であった。彼らの目標は、1972年の大統領選挙においてニクソンに挑むことになるであろう民主党の競争相手が、より弱いジョージ・マクガバン (George McGovern) 候補に落ち着くよう、マスキーの大統領候補への可能性を断つことにあった。ホワイト・ハウスの主席補佐官であるH・R・("ボブ") ハルデマン (H. R. ["Bob"] Haldeman) は、後に「不正工作」であることが明らかにされることになるこれらの活動の方策を練り続けた。

ホワイト・ハウスの「鉛管工たち」が、高層のウォーターゲート・ビルの中にある民主党のワシントン本部に侵入したのは、1972年6月17日のことであった。ワシントンの警官は、民主党の委員長であるローレンス・F・オブライエン (Lawrence F. O'Brien) のオフィスに盗聴マイクを仕掛けた5名を現行犯として逮捕した。この進入は、クリープ (CREEP)[9] と名付けられた、大統領の再選をもくろむ委員会への寄付（あるものは不法であった）によって行われており、それは民主党のリーダーへのスパイ行為の一部であったと断定された。

6月18日、ワシントン・ポストは、準トップ・ニュース扱いで、ウォーターゲートに侵入したジェイムズ・マッコード (James McCord) が CIA と関係しているという長さ83インチにもなる記事を掲載した。ニューヨーク・タイムズは他紙と同じように、中面に長さ13インチの記事を載せた。この出来事は、ローカル・ニュースとして扱われたことから、ポスト紙は、首都圏担当のレポーター数人をこの事件担当に指名し、その中にはボブ・ウッドワード記者とカール・バーンスタイン記者が含まれていた。1人の侵入者の住所録の中にあった、E・ハワード・ハント (E. Howard Hunt) という名前をたどっていって、ホワイト・ハウスに行き着いたことを発見したのは、ウッドワードであった。

ここから、メディアの扱いは急展開を見せた。ポスト紙は、ディープ・スロートと呼ばれる謎の情報提供者に助けられながら記事を次々と掲載したが、ホワイト・ハウスの報道官たちは、それらの記事は事実ではなく誤解に満ち満ちているとの烙印を押した。

ワシントン・ポストの画期的成功は、ウッドワードとバーンスティンが、ウォーターゲート事件は、大量のスパイによる政治的な意図に基づく一連の行為のごく一部に過ぎないと報道した10月に訪れた。しかしながら、1972年の秋のプレスの扱いを調べた研究結果によると、ウォーターゲート事件に興味を示したニュース・メディアはあまり多くなかった。ある批評家の研究では、同事

ボブ・ウッドワードとカール・バーンスタイン。

件の報道に携わることのできたワシントン駐在の記者 433 名のうち、この事件を担当したのはたった 15 人に過ぎなかった。テレビ・ネットワークの扱いも同様であり、ギャロップ調査の結果を見ても、ウォーターゲート事件を理解していた者は、全体の 52% に過ぎなかった。[10]

　まさにこのような雰囲気の中で、ニクソンは再選を果たしたのであった。ワシントン・ポスト、ニューヨーク・タイムズ、ルイビル・クリア・ジャーナル、セントルイス・ポスト・デスパッチ、ミネアポリス・トリビューンの各紙が、ニクソンの政策に反対意見を表明したが、ほとんどの新聞がニクソンを誉め称えた。その中には、後にそれを悔やんだロサンゼルス・タイムズも含まれていた。

　1973 年にウォーターゲート事件がセンセーションを巻き起こしたのは、ただ単に調査報道によるものではない。家宅侵入者の公判が、ジョン・T・シリカ (John T. Sirica) 判事の法廷で 1 月に始まった。さらに 2 月には、ノースカロライナ州選出の、サム・J・アービン・ジュニア (Sam J. Ervin, Jr.) 委員長のもと、大統領選挙上院選出委員会の聴聞会が始まり、アメリカ市民は何百時間にもわたり、テレビを通じてその模様を見聞きすることとなった。この背景には、FBI や司法省の人びとを始めとして、共和党の議員や、ニクソンを支持してきた新聞人たちからの反発も強まってきたことが考えられる。

　隠蔽工作をそのままにしておくことはもはや不可能であった。メディアの圧

力も日増しに高まり、深刻な不正行為を明らかにする記事が掲載されるようになった。ニューヨーク・タイムズのセイモア・ハーシュ (Seymour Hersh)、ロサンゼルス・タイムズのジャック・ネルソンに、タイム、ニューズウィークの記者たちも加わった。CBS のダン・ラザーとニクソンは記者会見で繰り返し火花を散らしている。しかし最も驚かされたことは、7 月 16 日にアレクサンダー・バタフィールド (Alexander Butterfield) 大統領補佐官が、上院の公聴会で、1970 年からニクソンは密に自分の会話を録音してきたと述べたことであった。

録音テープをめぐる大騒ぎは、最高裁が 8 対 0 で、彼の録音テープをシリカ判事に提出しなければならないという決定を下した 1974 年 7 月 24 日にまで及んだ。テープ騒動の最中である 10 月 10 日に、アグニュー副大統領が弁解の余地もない所得税の脱税で解任された。ニクソンはアグニューの後にジェラルド・フォード (Gerald Ford) を選び、静まることのない弾劾要求を突きつける世論の嵐から身を守ろうとした。

1974 年の初頭、1972 年 6 月 20 日にニクソンとハルデマンとの間で交わされた会話の中の 18 分 30 秒の不自然な欠落が誰かの手によって拭い消されたものであることが明らかにされた時から、堰を切ったように批判の声が沸き上がった。下院は 410 対 4 で弾劾の聴聞会の開催を決めた。これは超党派的な下院の司法委員会が、司法妨害、職権乱用、テープの提出拒否による議会の侮辱など 3 件の案件についての結論を完結させた時であった。

ニクソンが、最高裁の命令に従い、ハルデマンとの 1972 年 6 月 23 日の会話の記録を提出した 8 月 5 日は、最後までニクソンへの忠誠を守ってきた司法委員会の数人の共和党員たちが、ついに白旗をかざす時でもあった。それは、「侵入の事実は全く知らない」として、アメリカ国民だけでなく、その支持者や弁護士にいたるまでニクソンが 2 年間にわたって、うそを言い続けていたことを証明する動かぬ証拠であった。

8 月 8 日、至る所から突きつけられる証拠に対して防御を続けてきたニクソンにとって、この 26 か月は試練の時であったが、怒りを覚える国民に向かって、その翌日の正午をもって大統領の座から去ることを自ら述べたことでウォーターゲート事件は終結した。翌朝、集まった閣僚やスタッフの前で行われた別れの場もテレビを通じて中継された。その数分後にジェラルド・フォードが宣誓を行い、「我われの国が味わった悪夢は終わったのです、憲法は死んではいなかったのです」と、国民に向かって安心するように訴えた。

1994 年にニクソンが亡くなった時に、ニクソンの後の大統領経験者が参列

した葬儀の場で、ニクソンの生涯とウォーターゲート事件が大掛かりに再検証された。以前敵対していた政治家や、メディア関係者たちの間に、ニクソンの罪については許す風潮が見られた一方で、デイビッド・ハルバースタムのように、「ニクソンのベトナム政策は、日和見主義のごまかしであり、賢い長老政治家として誉め称えられた葬儀の言葉は、カリフォルニア出身の怒りと悪意に満ちた男の記憶を消し去ることを意図するものである」と、にべもなく言い放つ者もいた。

ニクソンと戦争

　南ベトナムの防衛は南ベトナム軍に委ねるという主旨の「ベトナム化政策」をニクソン大統領が発表したのは、1969年11月であった。アメリカ軍は次第に撤退を始めており、1967年のコンティエンの事件や、1968年のケサン事件の時のように、敵を追い払うために、危険にさらされる部隊を前線に送るという命令は少しずつ減っていった。

　ベトナム戦争中の最も重大な出来事の1つが、サイゴン・プレス・クラブを上手く通り抜けた。それはミーライで起きたアメリカ軍による住民の虐殺事件であり、ウィリアム・カリー (William Calley) 中尉は、1971年に殺人罪で起訴された。虐殺の模様は軍によって撮影されており、"ピンクビル事件" として伝えられてはいたものの、1969年11月にあるフリーランスの記者がカリー中尉の尋問に至る内部情報を得るまでは表面化していなかった。その記者、以前にAPのペンタゴン担当の記者であったセイモア・M・ハーシュは、無名の通信社であるディスパッチ・ニュース・サービス (Dispatch News Service) を通じて内外に送ったレポートで、1970年度のピュリツァー賞受賞者となった。これは、メジャーのメディアが関連する記事を扱い始めるきっかけを作ることにもなった。メディアの流れが変貌したのは、元兵士のポール・メアドロ (Paul Meadlo) がウォルター・クロンカイトのCBSイブニングニュースに登場し、いかに多くのベトナム市民を殺害したかについて証言した11月24日からであった。続いて12月5日付けのライフが、元従軍写真家であるロン・ハーベール (Ron Haeberle) のショッキングな写真を掲載した。1965年にモーリー・セイファーがベトナムから送った苦悩に満ちた放送は、その番組を見終わった視聴者たちに、見たくはなかったと思わせたが、ミーライ事件も、アメリカ人たちにとっては、読みたくない記事であった。

1969年初頭、ニクソンはそれまで中立であったカンボジアに対して、極秘爆撃作戦計画を実行に移し始めた。1969年から14か月間にわたり、アメリカのB-52爆撃機に搭乗した出撃隊が3,600回にわたり10万トンの爆弾を投下し、カンボジアの農村地帯を破壊していった。この急襲の記録は、大統領と軍高官によって改ざんされていた。1973年7月にニュース・メディアからではなく、議会における空軍の将校の証言からその事実が明らかにされた時、ニクソンの1968年の大統領選挙の公約であった戦争終結のための「秘密平和計画」は、敵を従わせるために爆撃もいとわないというたくらみを覆い隠すためのものではなかったのだろうかという皮肉な憶測を招いた。ニクソンは1971年のアメリカと南ベトナムによる侵攻に先駆けてラオスに対して類似した攻撃を秘密裏に行ったが、その侵攻は完全な失敗に終わっていた。

従って、1970年4月30日に、ニクソンがテレビに登場し、全米に向かってカンボジア侵攻を発表した時も、アメリカ国民は、アジアで起きている戦争の実態をまだ正確には理解してはいなかった。ニクソンによると、1954年のジュネーブ協定以来のアメリカの政策は、"カンボジア国民の中立を実直に尊重するもの"であったが、北ベトナム軍が、南ベトナムの攻撃のためにカンボジアという聖域を用いたためにアメリカの介入を招いたというのが侵攻開始の理由であった。戦争の拡大を告げるニュースは、全米の人びとにショックを与え、国民はより一層の怒りを表明するようになった。時には暴力行為も加わった大学キャンパスでの抗議行動がますますエスカレートし、学生と警官との間で衝突が繰り返された。各地で一般市民による平和行進も行われた。しかしオハイオ州のケント州立大学では、疲労と緊張にさらされた州兵による学生のデモ隊への発砲で4人の学生が死亡したが、その犠牲者の1人は教室に向かって歩いていた学生であった。この事件によって苦悩はさらに深まり、怒りが増大されていった。新聞社や放送局の中には、「このような輩たちが、大学を駄目にしている」というニクソンの批判を支持するところもあった。[11]

ジャーナリストであるJ・アンソニー・ルーカス (J. Anthony Lukas) は、上院での敗北とともに、カンボジアとケント州立大学で経験した出来事が、ニクソンの政策をより「積極的な偏向化」へ方向付けるようになったと後に述べている。すなわちそれは、政敵を負かし、サイレント・マジョリティと呼ばれる人びとの票を獲得しようと躍起になることを意味していた。[12]

1973年7月、ワシントン・ポスト特派員で、外交的手腕を備えたミュレイ・マーダー (Murrey Marder) による別の側面からの見解では、ニクソンのグルー

プは、1971年のペンタゴン・ペーパーズの発覚により、カンボジア爆撃キャンペーンや大統領とキッシンジャー国務長官による微妙な計画の発覚を恐れ、盗聴・侵入などの不正行為を行う「鉛管工」と呼ばれる秘密組織を作り出していくことになったという。アメリカのカンボジア戦争介入の事実を隠すための行動が、結局はウォーターゲート事件を生むほど、人びとの判断力を狂わせるまでに至ったとマーダーは分析している。[13]

特派員たち：受賞者と犠牲者

　数多くの特派員たちがベトナム戦争の取材にかかわったこともあり、ここで取り上げることのできる業績には限りがある。年功序列以外にこれといった理由がないとすれば、どのようなリストを作っても、上位に挙げられる功労者は、ケイエス・ビーチ記者とピーター・アーネット記者であろう。ジャーナリストのほとんどは、たとえ著名な記者であっても、その記事の発表の機会は相対的に制限を受けていた。[14] 1965年にマルコム・ブラウンは、ABCニュースに移り、その後ニューヨーク・タイムズのスタッフに加わった。ニューヨーク・タイムズのスタッフには、シーハンも加わっている。ハルバースタムはハーパーズの特集号の編集長を務めた後、著作活動や寄稿にエネルギーを注いだ。

　ベトナム戦争の報道でピュリツァー賞を獲得したカメラマンとしてまず挙げられるのは、ベトナム戦争勃発を伝えたAP社の原動力となり、1965年の受賞者となったドイツ生まれのホースト・ファースであろう。彼は、1967年に負傷し、全快しないうちにテト攻撃に遭遇している。UPIの沢田教一は、ぐいと子供の頭を抱えながら、川の中を必死に泳ぎ逃げる一家の姿を捉えた写真によって、1966年度のピュリツァー賞受賞者となった。他にも多くの賞を獲得している沢田は、1970年に戦禍のカンボジアで亡くなっている。坂井淑夫は、1968年にUPI社配信の写真で受賞している。接戦であった1969年のピュリツァー賞を獲得したのは、テト攻勢の折りに、サイゴン警察署長がベトコンを処刑する場面を捉えた写真を撮った、AP社のエドワード・T・アダムズ (Edward T. Adams) であった。ライフのデイビッド・ダグラス・ダンカンは、1967年度のロバート・キャパ賞の受賞者となり、AP社のフリーランス・カメラマンであるキャサリン・リロイ (Catherine Leroy) は、海外プレス・クラブ賞を受賞している。

　戦争カメラマンの中には、殉死を遂げた者も少なくない。沢田の他に、戦場

1970年、カンボジアの惨事とケント州立大学の事件を並べて報道するロサンゼルス・タイムズ。

で命を落とした受賞者としては、1962年からベトナム戦争を撮り続け、ロバート・キャパ賞に2度も輝いたライフのラリー・バロウズ (Larry Burrows) と、UPI及びAPの特約カメラマンとして同じくロバート・キャパ賞を受賞しているヘンリー・フエット (Henri Huet) の2人が挙げられる。両者ともに、1971年のラオス侵攻を撮影中に帰らぬ人となった。UPIが失ったその他のスタッフには、峯弘道、ケント・ポッター (Kent Potter)、チャールズ・エグルストン (Charles Eggleston) の3人がいる。AP社のバーナード・J・コレンバーグ (Bernard J. Kolenberg) とナショナル・オブザーバーのディッキー・チャペルは、ともに1965年に亡くなっている。エンパイヤ／ブラックスターの、ロバート・J・エリソン (Robert J. Ellison) は、ケサンで殺害され、ライフのポール・シュッツァー (Paul Schutzer) は、1965年にベトナム戦争の写真でロバート・キャパ賞を贈られているが、1967年にイスラエル共和国の戦争で命を落としている。

インドシナ戦争に関する著名な歴史家であったバーナード・フォール (Bernard Fall) は、1967年にその犠牲者の1人となった。ルックの編集長サム・カスタン (Sam Castan) は、1966年に殺害された。カンボジア侵攻での死亡者および行方不明者の中には、UPIのフランク・フロッシュ (Frank Frocsh)、CBSのジョージ・シバーツエン (George Syvertsen)、ジェラルド・ミラー (Gerald Miller)、NBCのウェルズ・ハンゲン (Welles Hangen) たちがいる。

ベトナム戦争における検閲

サイゴン駐在のアメリカ軍司令部の面目躍如たることであるが、サイゴン記者団に課せられた検閲は最低限のものであり、むしろ最大の悩みの種になったのは、南ベトナム政府とアメリカ国内の批評家たちであった。1965年に北爆が開始され、軍の船が押し寄せるようになると、150人のアメリカ人特派員と400人以上にもなる報道関係者のうち、軍当局と衝突する者も現れた。犠牲者の数が増え続け、日々のブリーフィングでは、その正しい数が発表されず、週単位で公表されるようになったことも、彼らの不満の1つであった。テト攻勢以降には、アメリカ軍の戦略も制限を受けるようになり、現場においても、特派員たちに対して許容範囲内の検閲が実施された。最も不満の声が上がったのは、1970年と1971年のカンボジアとラオス侵攻に先駆けて、徹底的な報道管制が実施された時であった。その後には、軍がカメラマンによるヘリコプター

の使用を制限したために、ベトナムの飛行機で代用していた4人のカメラマンの命が事故で奪われた出来事が波紋を呼んだ。特派員の中でも、フランソワ・サリーは、早い時期にベトナム人による爆破事件の犠牲者となった。ニューズウィークのエバレット・マーティン (Everett Martin) のように、ホーマー・ビガートは、かろうじて同じ運命から逃れた。ロサンゼルス・タイムズのジャック・フォイジー (Jack Foisie)、APのジョージ・エスパー (George Esper)、ボルチモア・サンのジョン・キャロル (John Carroll) は、軍事行動を早まって記事にしたという理由で、資格の一時停止処分を受けている。

　この時期の検閲は、GI向けの新聞であるスターズ・アンド・ストライプスと、軍隊にラジオ番組を供給していた米軍ベトナム放送 (the Armed Forces Vietnam Network) に多大な影響を与えた。とりわけ米軍放送はアメリカ軍情報局の厳しい監督下に置かれ、南ベトナム政府の好まないことや、軍の士気（モラール）に悪影響を及ぼすような話題を削除する努力がなされた。その結果、サイゴン司令部は国防総省の規則や政府に違反していると、中心になって働いているスタッフたちが告訴するという反撃が出された。それでも検閲は継続し、やがて論争も静まっていった。スターズ・アンド・ストライプス紙は、ベトナムの生活をありのままに描くことで兵士たちのやる気をなくさせたという理由で訴えられたが、辛うじて切り抜けている。ベトナムで最も厳しい検閲にさらされたのは、サイゴンの地元新聞であった。敵に味方したという理由から政権に反対するものとして、号を重ねるに従いその規模を縮小させられた。

敗北と降伏

　30年にも及んだ戦争の終わりの時はあっけなく訪れた。1975年4月30日、サイゴンのダウンタウンにあるカラベルホテルの屋上にいる一握りほどの特派員たちが、ヘリコプターが、アメリカ大使館からベトナムを離れる最後の帰還者たちを乗せて飛び立つのを見送った。記者たちは、「もはや、この戦いの渦中にあった街に、星条旗がたなびくことはないだろう。サイゴンは陥落したのである」とコメントした。国家統一のための長い戦いの最終段階は終結し、21年前にフランスが経験したように、アメリカの膨大な軍事組織は、ホーチミンの信奉者たちの抵抗に屈服した。統率力を失った南ベトナム軍は、さらなるアメリカの援助を断り、内部にはびこる腐敗や、非能率、訓練不足などから、自滅への道をたどっていった。共産主義者は、1月に徹底的な攻撃をしかけ、

3月29日にダナンが陥落すると、南ベトナム軍が、都市部を離れるために交通機関に乗り込む市民たちと争うさまを、アメリカのテレビ視聴者たちは、驚きながら見入るようになった。

　1973年1月にニクソン大統領とキッシンジャー国務長官が宣言した「名誉ある撤退」という言葉は、すでに忘れ去られていた。パリにおいて、アメリカ、南北ベトナム、ベトコンの間で調停された正式合意も同じであった。1972年5月にアメリカがハイフォン湾を奇襲し、その年のクリスマスに過去最大の爆弾を投下した時から交渉の機運が高まっていった。8月に最後に残ったアメリカ軍の部隊が帰国し、数多くのジャーナリストたちも、面白いニュースを求めて移動していった。1973年5月、アメリカ国民は、複雑な気持ちでアメリカ人捕虜の帰還を見守ったが、いかにその戦争を終わらせるべきか、破壊に加わったアメリカは復興のために何をするべきかという課題とともに、行方不明者たちの捜索の問題も議論された。

　1982年のベテランズ・デー（復員軍人の日）から、首都ワシントンにベトナム戦没者慰霊碑が設置されているが、そのかすかに光る黒の御影石には、ベトナム戦争で命を落とした5万8132名の名前が刻まれている。また、それに加え負傷者の数は数十万人になる。さらに1961年から1975年までの期間のベトナム人、カンボジア人、ラオス人の死傷者の数までも合計するとこの戦争の犠牲者は何百万人になるのかということについては、全く分かっていないのが現状である。アメリカのジャーナリストたちについての総括をすると、ベトナム戦争のディレンマを国内の人びとにも伝えたかもしれないが、サイゴンとワシントンの記者団は、トンキン湾事件、ミーライ村虐殺、カンボジア・ラオス爆撃と進入、北爆などのその時々に大きな意味を持ったであろうニュースを、即座に伝えることができなかったという見解では一致している。

　一部のオルタナティブ・メディアやアンダーグラウンド・メディアの記者や編集長を除いて、大方のアメリカのジャーナリストたちは、ベトナムでの経験の無意味さについて本当に理解するまでにかなりの時間を要したといえよう。アメリカ市民たちも同様であり、議会にいたってはそれよりもはるかに遅れをとっていた。ニュース・メディアに最も欠如していたと批判される点は、戦争を歴史的な視点から見つめることができなかったということであった。ときおり出された"ショッキング"な分析記事や、テレビのドキュメンタリーを除いて、アメリカのジャーナリストたちは、戦争については何でも伝えようとしたものの、そこにはなぜ戦争が起きているのかという本質的な部分が欠落してい

た。この点を実感していたハルバースタムは、1950年代と1960年代初期に、それを説明しようとした多くのジャーナリストたちのことをはっきりと弁護している。

> この戦争は仏領インドシナ戦争から派生しているという歴史的な流れに沿ったものであることが最も重要な点であるにもかかわらず、日々の出来事を単なるニュースとして扱おうとしたことに問題がある。そのため、各ニュースの最後の段落に入れるべきだったのは、「私たちはフランスと同じ轍を踏んでいるに過ぎない。私たちは彼らの経験に囚われているに過ぎない。だからこれらのことは何も意味しない」という一節であったが、新聞報道の慣習から、実際にはそれが叶わなかったのである。大抵それはレポーターたちにとって大きな問題ではないが、私自身は、ベトナムにおいて、想像以上にわれわれは過去に付きまとわれ、囚われていたことを実感している。[15]

ベトナム再考：戦争からの教訓

サイゴン陥落から8年後、思いもかけない組み合わせだが、ベトナム特派員、反戦活動家、スパイ、軍司令官、政府広報担当官、退役軍人、ベトナム人など、アメリカ合衆国が起こしたアジアの悪夢を経験したという共通項を持つ人びとが、ロサンゼルスで一堂に会し、ベトナム戦争から得た教訓について議論した。その原因と戦略については、見解の一致を見るまでには至らなかったものの、その深い傷がいまだ癒えていないことと、ベトナム戦争が、その後の世代がなんらかの行動を起こす時に、なんらかの指針を与えることの出来る影響力を持つ神話になったことは確認された。[16]

ハリソン・ソールスベリーは、ベトナム戦争は、"リベラル"な報道によって負けたのであって、盲目的な帝国主義的な動機のせいではないという"修正主義"的な視点を受け入れることに対して異議を唱えた。彼によれば、ベトナム戦争は異常な出来事であり、「将来なんらかの対立が起きた時に、政府は自由な批判の機会を与えるに違いないと、アメリカ人は思いこまない方が良い」と警告している。「ベトナム・モデル」はそれゆえに、報道の自由を尊重する必要があると思わない人達も含めて、全ての人が直視しなければならないとも彼は述べている。

他にベトナム戦争報道への批判に答える側に加わったのは、ハルバースタム、モーリー・セイファー、ジョン・ローレンス (John Laurence)、ピーター・

アーネットとギャリック・アトレー (Garrick Utley) たちであった。また、痛烈な記憶を付け加えたのは、グロリア・エマーソン (Gloria Emerson)、フランセス・フィッツジェラルドや、サイゴン支局長として訪問の後 1965 年に帰国し、ニューヨーク・タイムズ・マガジンで、アメリカ政策への痛烈な告発を行ったジャック・ラングス (Jack Langguth) たちであった。

　ハルバースタムはその回想の中で、1962 年から 1964 年にかけてのベトナム戦争初期において、記者団がもっと批判的であって欲しかったと述べている。ソールスベリーもそれには同感であり、当時の特派員たちが、いかに、国内のどちらの陣営にもおもねらない中道であることに囚われていたかを述べている。ハルバースタムによると、1940 年後半から 1950 年代にかけて、国務省から革新的な人びとが追放されてしまったことによって、大使館のスタッフたちにとって偏見のない情報源となり、分析的で、真実に近いニュース記事を伝えることが出来たサイゴン特派員が無視されてしまったという。その一方でレポーターたちは、このような情報をアメリカの軍事顧問グループから得ているが、そのニュース・ソースは上層部からのものではなかったと彼は述べている。1980 年代初頭の中南米アメリカにおける、国務省高官たちの行った政策においても、同じ軍関係者や外交官たちが立案に関わっていたために、ベトナムと同様の失敗を繰り返すことになったことも指摘された。

　その著書『ビッグ・ストーリー』(Big Story) の中の、ピーター・ブラエストラップ (Peter Braestrup) の分析で示されたサイゴンの特派員たちは、テト攻勢を間違って解釈し、それがアメリカ軍を急激な凋落へと導いたという見解に対して、ローレンスとアーネットは怒りを込めて反論している。[17] その著書の中で「茶の間 (living room) での戦い」という言葉を作り出したマイケル・アーレンは、ベトナム報道の時に見られたような、「ある出来事をアメリカの利益に基づいてのみ伝えると言う姿勢に反映されるアメリカ報道の偏狭性は、いつまでも改善されない」と警告している。映画制作者のピーター・デイビス (Peter Davis) は、長くわかりやすく語られたレポートが放送された結果、後に真実を語ることになる映像で紹介されたベトナム人の家族よりも、視聴者がテレビに登場する人気者のレポーターの方をより認知するという事態を招いてしまったことに言及している。最長老のアジア関係のベテラン記者ケイエス・ビーチは、ベトナムを共産主義の手に奪われたことを嘆きつつ、一般的に地域の安定のために努力しているアメリカに対する報道の "不均衡" があったと述べている。

　1960 年代初頭に端を発する報道の送り手グループ内での争いは終結するこ

となく、その結果、ベトナムの人びとや帰還兵などの本当の戦争の犠牲者たちは、アメリカ全体から見捨てられていった。ベトナムからの難民がアメリカ都市部の貧困層の一部を形成し、何千人ものベトナム帰還兵が、より良い医療と社会保障を求めて立ち上がった。リンドン・ジョンソン大統領の報道官を務めたジョージ・リーディ (George Reedy) と劇作家のアーサー・ミラー (Arthur Miller) は、アメリカの国民は、ベトナムに対して集団的な罪悪感を持っており、政治のリーダーや教育者たちがその事実を認識しない限り、戦争のイメージが問題を引き起こすことになるだろうと述べている。「ベトナム戦争は"高尚な理由"に則った戦争であった」というレーガン大統領の発言は一笑に付されてしまった。それに代わり、セイモア・ハーシュが怒りをこめて言い放った「この戦争は人種差別的であった」という言葉は、多くの者からの賛同を得た。

1983年の秋、アメリカの視聴者たちは、公共放送網 (Public Broadcasting Service) によって放映された「ベトナム：テレビ史でたどる」という13回にわたるドキュメンタリー番組に真剣に見入った。この番組は、これまでにPBSが手がけた中で最も大掛かりなシリーズであり、その放映までには6年の歳月と500万ドルの制作費が注ぎ込まれた。また、これまでの戦争記録の中で最も優れた作品であると批評家たちからは称賛された。制作にあたったのはリチャード・エリソン (Richard Ellison) であり、中心的なレポーター役を担当したのは、長い間ベトナム戦争の特派員を務めたスタンレー・カーノウ (Stanley Karnow) であった。それ以前にカナダで制作された「ベトナム：一万日の戦争」という番組も視聴者から絶賛されていた。

戦争終結から10周年にあたる1985年に、150名以上のジャーナリストたちが、ホーチミン市（旧サイゴン）から、新聞記事を送稿し、放送を行った。皮肉にも、衛星放送のライブ中継で行ったベトナムの高官たちへのインタビューは、当時の辛い思い出を思い起こすものとなった。1980年代の中頃までに、主要な大学においては、新しい視点からベトナムをとらえようとする研究者たちが台頭し、いまだ解決されていない多くの軋轢を残した自国の経験とその原因と影響についての総合的な研究が行われている。1965年から1975年にわたり、夜のニュース番組で放映された1万本にも及ぶフィルムの一部が視聴されて以降、デイビッド・ダグラス・ダンカンの忘れられない白黒の写真とともに、ベトナムの神話は揺るぎないものとなった。

年月が経過するにつれて、ベトナム戦争の意義を問う映画やテレビ番組が増えて、新たな解釈や解答が加えられた。[18] それにもかかわらず、21世紀を迎え

た今でも、アメリカ政府のベトナム政策をひたすら批判したメディアの報道があの戦争を敗北に導いたも同然であるというベトナム報道の神話は根深く残っている。リチャード・ニクソンは回想録の中でこの点について熱く語っている。

> 毎晩テレビ・ニュースや新聞では戦闘の模様を繰り返し伝えたが、この戦争の意味するものを伝えたものはほとんどなかったと言っても過言ではない。かつてなかったようにテレビ画面では恐ろしい殺戮と戦争の犠牲を伝えた。その結果として銃後のアメリカ国民の間には、国家が一致団結して海外の敵と戦うべきかどうかということへの疑問が沸き上がった。[19]

ニクソンやその他の人びとは「テレビは現実を映し出す鏡である」と考えた。しかしながら、クラレンス・R・ワイアット (Clarence R. Wyatt) が 1993 年の小論で「これまでの研究でこのような考えは間違いであることが分かっている。当時の新聞やテレビ報道の内容分析の結果では、一般的に考えれている以上に、公式発表を報道しており、異議を唱える見解はあまり見当たらなかった」と指摘している。[20] 最も古典的な著書と言われているダニエル・C・ハリン (Daniel C. Hallin) の『検閲なしの戦争：メディアとベトナム』(*The Uncensored War: The Media and Vietnam*) においても、少なくとも CBS とニューヨーク・タイムズはそうであったとされている。[21]

それでも、「ハト派のアメリカのジャーナリストたちが反戦運動家たちを持ち上げたために戦争終結が早まった」というのは、ベトナム戦争中から言われてきたことである。しかしながら、トッド・ギトリンが著書『世界が見ている：ニューレフトとマス・メディア』(*The Whole World is Watching: Mass Media in the Making & Unmaking of the New Left*)[22] の中でも明らかにしているように、この見方は正しいとは言えなかった。最近ではメルビン・スモール (Melvin Small) が、その神話の実態をしっかりと明らかにしている。彼によれば、マス・メディアは反戦運動が引き起こす暴力行動の可能性について語っていたという。また、"一風変わった反社会的な行動"の有無についてはニュース解説の中でコメントされている一方で、ほとんどのジャーナリストたちは、反戦運動の意義と関係する政治の複雑さについては全く触れていなかった。[23]

この点を分かりやすくしてくれる、ブリギッテ・レベンズ・ナコス (Brigitte Lebens Nacos) の考えは、国家が「差し迫った危機」に見舞われ、厳しい試練にあったり、危機に直面している時は、それ以前の論調でどのような立場を取

っていようとも、報道機関は、大統領に従いつつ批判のための口をつぐみ、体制派のエリートに歩調を合わせるようになるというものである。[24]

　皮肉なことであるが、戦時中やその他の危機的状況下では、国家の安全という大義がジャーナリストたちに言論の自由の制限を強制するにもかかわらず、ジャーナリスト自らが（しばしば怠慢にも）国家の政策に足並みを揃えるために自由を放棄してしまうのである。まさにベトナム戦争はこの典型例であった。

中国と環太平洋地域

　1950年代以降のアメリカの関心は、主に韓国とベトナムに注がれたが、"環太平洋"と呼ばれる地域の重要性も次第に認識されるようになった。日本とフィリピンがアメリカの利益と結びついたこともあり、東京とマニラは、香港とシンガポールと並んで、アメリカ・メディアの中心的拠点であった。しかし、1970年代には、中華人民共和国関連の事柄が最も頻繁にメディアに取り上げられるトピックとなった。

　1949年、毛沢東が、蔣介石の率いる国民党に勝利し、朝鮮戦争に中国が介入したことによって、アメリカ人にとって、中国は竹のカーテンの向こう側の国となった。1960年代に毛沢東と周恩来はソ連と国交を断ち、その後の混沌とした文化大革命が10年にも及んだこともあり、米中両国の和解は遅れた。1971年の中国の国連加盟承認に続き、1972年には、ニクソン大統領が、1週間にわたり中国を訪問し、両国の関係も雪解けとなった。1978年末には、ジミー・カーター大統領が中国を事実上認めたことにより、北京におけるアメリカのニュース支局の開設が実現し、学生や研究者などの交換プログラムも始まった。

　APのジョン・ロデリックとUPIのロバート・クラブ (Robert Crabbe) が、1979年3月に赴任先の北京に到着した時には、すでに50名ほどの海外特派員がいた。1959年には、トロントのグローブ・アンド・メール紙が、西側諸国で第3番目のニュース支局を開設し、1960年代にエドガー・スノーが、北京に滞在していた。1980年8月までに、アメリカ特派員は、10名になっており、その中には、ニューヨーク・タイムズのフォックス・バターフィールド (Fox Butterfield)、ロサンゼルス・タイムズのリンダ・マシューズ (Linda Matthews)、彼女の夫でもあるワシントン・ポストのジェイ・マシューズ (Jay Matthews)、ウォール・ストリート・ジャーナルのフランク・チン (Frank

Ching) なども含まれていた。UPI のアライン・モスビー (Aline Mosby) と AP のビクトリア・グラハム (Victoria Graham) もいた。ボルチモア・サン、ニューズデイ、シカゴ・トリビューン、ナイト＝リダー (Knight-Ridder) などはテレビ・ネットワークやニュース雑誌と同様に、早くから北京入りした新聞メディアであった。時期を同じくして、ペン・リー (Peng Li) が新華社通信社ワシントン支局を開設し、ユー・エングァン (Yu Enguang) が、ホワイト・ハウス特派員として駐在することになった。ユーは記者会見において情報提供者となった。

　1970 年代においては、香港通たちが、重要なメディアの解説者となった。代表的な人びとを挙げると、ロサンゼルス・タイムズのロバート・S・エレガント (Robert S. Elegant)、シカゴ・デイリー・ニューズのケイエス・ビーチ、ウォール・ストリート・ジャーナルのピーター・カーン (Peter Kann)、ニューヨーク・タイムズのジョゼフ・レリベルト (Joseph Lelyveld)、ニューヨーカーのロバート・シャプレンたちがいる。1975 年に環太平洋地域におけるアメリカ人特派員の数を数え上げたところ、136 名であり、そのうち東京に 48 名、香港に 40 名がいた。さらに 1986 年にアメリカの新聞社が極東地域に送っていた特派員は、29 名であり、その内訳は、東京 13 名、北京 8 名、マニラ 3 名、香港 2 名、バンコク 3 名であった。

　1986 年に北京に駐在していた外国人特派員 115 名のうち、アメリカ人は 29 名であった。全中国ジャーナリスト協会が、非公式にプレス・センターのスポンサーとなり、中国首脳部に西洋式の記者会見を開くことを勧めた。成果を上げた特派員としては、ワシントン・ポストのダニエル・サザーランド (Daniel Southerland)、クリスチャン・サイエンス・モニターのジュリアン・バウム (Julian Baum)、ロサンゼルス・タイムズのジェイムズ・マン (James Mann) たちが挙げられる。フォックス・バターフィールドの著書は、中国当局に不快感を与え、彼の後を継いだニューヨーク・タイムズのジョン・F・バーンズ (John F. Burns) は、旅行の規則に違反したという理由で投獄された上、最後は国外追放となった。放送人として中国に多大な影響力を発揮したマーク・ホプキンス (Mark Hopkins) は、機転のきくボイス・オブ・アメリカ支局長であった。

　1987 年に胡耀邦が中国共産党総書記の座を追われたことで、開かれた報道機関の時代は終わりを告げた。1989 年の 4 月に彼が死去した時には、右翼化する政府に対するデモ行動が広がっていった。学生たちが天安門を占拠し、民主化を要求した。彼らの行動は、中国のジャーナリストたちの支持を得て、メ

ディアもこの模様を大々的に取り上げた。軍隊が北京に投入され、学生たちやそれを支持する労働者たちの中に、戦車が突入していった「血の天安門事件」は、6月3日の夜の出来事であった。

ニューヨーク・タイムズのおしどり特派員であるニコラス・D・クリストフ (Nicholas D. Kristof) とシェリル・ウッダン (Sheryl WuDunn) の2人は、数か月にも及ぶ抗議行動の解説と天安門事件の報道によって、ピュリツァー賞を受賞した。ゴルバチョフ首相の訪中に同行し、偶然にもこの「天安門事件」に遭遇したTVレポーターやそのスタッフたちは、この抗議行動が行き着いた結末のドラマをアメリカ国内のテレビ画面に送り届けた。CBSのダン・ラザー、CNNのバーナード・ショー (Bernard Shaw) は、北京からこの政治的騒乱の渦中に立ち、その様子を中継で伝え、高い評価を受けた。

李鵬首相が、党の中道勢力のリーダーであった趙紫陽を追放したことにより、頑固な保守派が、政府と中国のメディアを牛耳ることになった。AP社のジョン・E・ポンフレット (John E. Pomfret) と、ボイス・オブ・アメリカのマーク・ホプキンス、アラン・ペシン (Alan Pessin) が、厳しい検閲に違反したと国外追放処分を受けた。1990年の時点で、北京には170名ほどの海外特派員が滞在していたが、その中には、34名のアメリカ人も含まれていた。

このようなパターンが一般化し、西欧諸国のジャーナリストたちは、東京を環太平洋地域の拠点とせざるを得なかった。中国が重要な場所であることは誰もが認識していても、駐在していた多くのアメリカの特派員たちは、引き揚げを余儀なくされる状態であった。また、テレビのネットワークも、予算削減を理由にスタッフを撤退させた。大手新聞の記者が各地を訪れて、中国の経済・社会生活を知る上で必要な情報を提供したものの、やせ細った通信社の北京残留組は、基本的な政府発表のニュースをわずかながら提供するだけであった。

環太平洋地域のもう1つの劇的事件として、フィリピンの民衆のパワーから沸き上がったデモに端を発し、ついにはコラソン・アキノ (Corazon Aquino) らが独裁者フェルディナンド・マルコス (Ferdinand Marcos) を追放するに至った1986年の革命を忘れることはできない。アメリカのネットワークは、マニラにアンカーを派遣し、生中継でこのドラマを放映し、通信社と大手日刊紙の報道とともに、アメリカ国民の関心を高めた。人びとのコリー支持の流れは、長い間マルコスを支持していたレーガン大統領をしのぎ、アキノ政権をようやく認知する場面をもたらした。

信頼回復をめざすフォードの苦戦

　ジェラルド・フォードは、一度も選挙で選ばれることなく副大統領と大統領を務めた。その親しみやすい地味な人柄から、ニクソン政権下では、いつもニクソンといがみ合っていた記者団からは歓迎されたものの、彼はまたベトナム戦争からの撤退、インフレ高騰、政治家に対する人びとの根深い不信感など、多くの負の遺産を受け継いだ大統領でもあった。しかしフォードと記者団とのハネムーンは1か月で破局した。それは、1974年9月8日にテレビに登場した大統領が、まだ調査が完了していない時点でありながら、リチャード・ニクソンに対してどのような罪を彼が犯そうと、大統領としての恩赦を全面的に与えると発表した時であった。それに抗議し、フォード大統領の報道官であるJ・F・ターホースト (J. F. terHorst) が辞任し、大統領は各方面から非難の嵐にさらされた。報道官に元NBCニュースを担当していた、ロン・ニッセン (Ron Nessen) が指名され、成功を収めたこともあるが、じきには不信感が戻った記者団から頭ごなしにやり込められることもあった。メディアを含むアメリカ国内の全ての機構や組織が、基本的な価値観を根本から見直そうとしたのは、このフォードの在職期間でもあった。このポスト・ウォーターゲート時代において、フォードはホワイト・ハウスがしばらくの間忘れていた謙遜の精神を取り戻すことに努めたと言えるだろう。

　フォードはその2年半にわたる在職期間中に、39回の記者会見を行っている。その内訳は、1974年後半の在職期間に5回、1975年に19回、1976年に15回となる。ぶっきらぼうで単調な話し方をする頑固者のイメージで、彼は保守派としての権威を保った。ニクソンの恩赦は、彼への信頼感を傷つけたが、彼がニクソン時代を引き継いだためにそうなったと言えよう。副大統領にネルソン・A・ロックフェラー (Nelson A. Rockefeller) を選び、彼の党と国全体の引き締めを図ったことにより、フォードは国内に安堵をもたらしたと言える。

　1976年の大統領選挙のキャンペーンが8月から始まり、自らの手で大統領の座を獲得するためのフォードの努力は、13ポイントの遅れでスタートした。結局前ジョージア州知事のジミー・カーターが、2票のリードで、297名の大統領選挙人を獲得して辛うじて勝者となった。カーターは、彼のスタッフたちが、多くの政治的見解をメディアに論文として発表していたにもかかわらず、メディアに登場し過ぎたことや、重要な課題について"あいまい"であると度々攻撃を受けたことで評判を落とした。彼はまた、雑誌プレイボーイのイ

ンタビューに応じて、率直な意見を述べたことでも攻撃を受けている。フォードは、退屈なパフォーマンスでメディアから軽視されがちであり、飛行機のドアに頭をぶつけたり、何度も転倒したり、などの"つまらないニュース"の提供者でもあった。側近たちによってダメージを与えられたのは、アール・バッツ (Earl Butz) 農務省長官の黒人差別発言が、ニクソンの側近であったジョン・ディーンによって、ローリング・ストーン誌上ですっぱ抜かれ、ニュー・タイムズによってより詳しく紹介された時であった。メディア批評の人びとからは、これは対外政策や国内問題から目をそらせようとするような出来事であるとの批判の声が上がった。[25]

　全米に放映された、カーター対フォード、副大統領候補のウォルター・モンデール (Walter Mondale) 対ロバート・ドール (Robert Dole) の討論会は、何百万人ものアメリカ人たちに、自分で候補者を判断する機会を与えた。女性有権者同盟 (the League of Women Voters) の提供で行われた討論（男性たちによる 1 つ 1 つについてのチャレンジを望む評論家たちのニュース会見といわれる）は、より経験のあるフォードよりもカーターの方が対外政策の知識に富み、プレッシャーを受けた時に、自分を上手にコントロールできるという印象を与える結果となった。第 1 回目の危うい討論の後、カーターは最後の 2 回で起死回生を果たし、世論調査でわずかにリードして投票日に臨み、逃げ切った。

「遊説バスの随行記者さん」：大統領キャンペーン

　1970 年代の長く辛い大統領選挙は、テレビ・コマーシャルによるイメージ作りのために広告費が湯水のように使われていく選挙資金や、候補者の考えや資質よりも見かけに左右される記者たちによってズタズタにされた。話題提供者が新聞種になることもあった。というのも疲れた記者たちが大挙して押し寄せ、同様に疲れ果てた政治家を、早朝から夜更けまで、全アメリカ内どこまでも追いかけ回したからである。1990 年代になって、どちらかといえば状況はむしろ悪化していると言えるだろう。

　基本的には、他となんら変わらないような記事を送るジャーナリストたちの横並び姿勢は、"パック・ジャーナリズム"、"大挙して押し寄せるジャーナリズム"と呼ばれ、レポート内容の柔軟化は、"ニュースの瑣末化"を促進し、"下らないニュース"が多すぎると批判されるようになった。最新の世論調査の結果を伝える報道は、"競馬中継レポート"に例えられている。アメリカの人び

とに、着実な日々のニュースを提供していたのは、重要な局面でメディアに登場する政治レポーターやコラムニストや、権威ある新聞や雑誌や発行部数の少ない新聞へ定期的に投稿を行う記者や、ネットワークテレビやラジオの特派員や、一握りの通信社の記者であった。

たとえ候補者たちが全てのテレビ・ネットワークに同時に登場するまでになったとしても、小さな駅に降りて短時間の遊説を行うことが、キャンペーンの基本であるという考えは変わっていない。おおかたの有権者はそれまでと同じ投票行動をとり、彼らの投票意思が、選挙キャンペーンによって新しく形成されるとか、選挙キャンペーンを見たことで変更されることはないというのがこれまでの調査からの知見ではあるが、大接戦であった過去の選挙（1948、1960、1968、1976年）では、メディアが影響力を発揮したことが明らかになっている。

大統領選挙の候補者の遊説に同行し取材した者の中で、1970年代に個人的に最も影響力のあった新聞記者は、ニューヨーク・タイムズに1963年から勤めている、R・W・(ジョニー)アップル・ジュニアであった。ニューヨーク・タイムズが、全米の各地で入手可能な唯一の新聞であったことから、アップルの記事が一行の動きを連日伝えた。働き者で果敢なアップルは、一日中ぶっ通しで、ニューヨーク・タイムズに最新情報を提供しながらもその解説では新鮮な洞察力を見せた。通信社の代表的な記者は、AP社のウォルター・メアーズ (Walter Mears) とUPIのアーノルド・サウィスラク (Arnold Sawislak) であった。最も鋭いコメンテーターは、ニューヨーカーのエリザベス・ドゥルーであり、彼女は自身の日記を本にまとめて出版している。

1972年の選挙キャンペーンの時に、ティモシー・クロース (Timothy Crouse) が使い始めた「遊説バスの随行記者さん」（訳注：特定候補の選挙遊説について回る記者たちのこと）[26] と呼ばれる同行取材にあたるジャーナリストたちは、その後も多くの批判を受けている。彼らは、ジョニー・アップルやウォルター・メアーズの記事を手本にしているにすぎないと言われた。さらに記者たちが怠けていることによるのか、あるいは彼らの編集長がニューヨーク・タイムズ、AP, UPIの言うことを真に受けていることによるのかは分からないが、独自の視点から記事を書いていないとも批判されている。また、特定の候補者にべったりである、態度が傲慢でぶしつけである、野心を持ち過ぎている、候補者や選挙参謀に騙されていたりする者もいるなどがその内容であった。もっと代表取材の機会を設けよという提言や、日々の決まりきった演説取材への比重を少

くした方が良いなどの提案も出された。

　時代とともに、1人の候補者の選挙遊説に一貫して同行して記事を書く新聞記者の数は少なくなり、テレビのレポーターたちも関心を失い始めた。テレビ・メディアの台頭もあり、通信社の配信記事専門のコラムニストや政治記者たちは、特別インタビューに頼らざる得なかった。時には、このような「特別枠」の場が、記者会見と同じような役割を果たした。彼らもまた、候補者が行うニュースの流れの操作の中に取り込まれるようになったのである。

　レーガン元大統領のためにホワイト・ハウスでスピーチ原稿を担当し、有名な発言の数々を生み出したペギー・ヌーナン (Peggy Noonan) と、批評家のマーク・ハーツガード (Mark Hertsgard) は、メディア操作の実態を描いた書物を著し人気を博している。[27] とりわけ悲惨であったのは、記者団が勝手に人びとはこの問題にうんざりしていると思い込み、1988年に最も困難を極めたイラン・コントラ問題について、大統領選挙の候補者であるジョージ・ブッシュ (George Bush) に対して問い詰めることをやめてしまったことである。候補者の同行取材担当の記者は、テクノロジーの変化や政治に関する世論調査の結果や、小心な編集者やプロデューサーの犠牲者となった。1992年の候補者であったビル・クリントン (Bill Clinton) は、オマハから CNN を通じて有権者に話す気のきいたひとことや、MTV（訳者注：ロック音楽専門の有線テレビ局）に登場することが、農業団体の前で入念に準備された演説を十数回も行うことと同等の価値があることを熟知していた。20% を占めるまでになった女性の記者たちは、ホームレス問題や中絶の是非、教育、健康保険などの家庭に関連のある問題を取り上げるようになり、このような問題への関心を掘り起こすことに貢献した。

　1996年の選挙戦は、多くのコメンテーターや政治評論家に言わせると、活気のない退屈なものとなった。広い層からの人気を集めたビル・クリントンに対して、共和党からの挑戦者であるロバート・ドールはクリントンを悩ます脅威的な存在からは程遠いと大多数の人びとが考えた。フリーダム・フォーラム (Freedom Forum) による 1997年の調査結果では、1996年の選挙のメディアの扱いは小さくなっていた。選挙戦や候補者を扱った新聞の1面の記事の数は減少し、テレビ・ネットワークのニュース報道の量は、43% に落ち込んだ。さらに問題だったのは、有権者の選挙そのものへの無関心であった。すべての有権者のうち投票した者の比率は 50% を切り、これは過去70年間の大統領選挙の最低記録となった。[28] これは候補者を持ち上げたりこき下ろしたりする

メディアの責任ではない。しかしながら、1996年の大統領選挙は、候補者が選出されるかもしれないという可能性を作り出す役割を担うメディアのあり方について興味深い課題を投げかけた。

カーターの時代：イラン危機

　1976年の選挙でジミー・カーターが接戦を勝ち抜いたことによって、ホワイト・ハウスに新しいスタイルがもたらされた。公僕として自己を国民のために誠意を持って捧げるという信仰心の厚いカーターは、「国民から信奉を集める」というフォードが残した課題との取り組みを継承した。彼は、2週間ごとに定例記者会見を開き、大統領選挙中に説明不足であるとして受けた攻撃をかわそうとした。続いて、国民とのコミュニケーションの場を持つということを目指して、1977年3月に、大統領執務室から2時間にわたり電話で国民と話すという「聴取者電話参加番組」を始めた。幸運にも混雑した電話回線から選ばれた人びとは、生まれて初めて、電話を通してウォルター・クロンカイトと言葉を交し、次いで大統領と直に討論をすることができた。

　カーター政権は、同大統領とその政権への信頼を獲得するために行われた根気強い努力で実績を上げた。長い間カーターを支えてきたジョディ・パウエル (Jody Powell) が報道官となり、大統領は、報道機関に対してオープンであろうと努めた。テレビ中継された記者会見がまるで異端者尋問のようになっていったにもかかわらず、パウエルはカーターをうまくサポートした。カーターの功績は、外交関係に見ることができる。彼が重ねた地道な交渉が功を奏して、1978年にパナマ運河の段階的返還が決まり、中南米アメリカの人びとからの信望を得た。この年は、アメリカと中華人民共和国との国交が完全に回復した年でもあった。また、1979年にキャンプデービッドの会談でエジプトのアンワー・サダト (Anwar Sadat) 大統領とイスラエルのメナシェム・ベギン (Menachem Begin) 首相が和平協定に合意するに至ったのは、カーターの忍耐力によるものであった。しかし、カーターが最初に行ったエネルギー危機のスピーチは、自らの政策を「心情的には戦争に匹敵する」と述べてから誰からも注目されなくなってしまった。彼の人気は、兄弟のビリーが厄介な問題を起こし、ニュースになる度に沈下していった。後にビリー・カーターの金融取引に関わる問題のニュースを、ニュース・メディアは、「ビリーゲート」(Billygate) という言葉に分類した。

1979年11月に、テヘランのアメリカ大使館がアヤトラ・ホメイニ (Ayatollah Khomeini) の信奉者に包囲されて以降、人びとのカーターへの信頼は地に落ちた。アメリカ合衆国にはなす術がないことが、屈辱的な出来事を通して明らかになった。カーターは大失策を招き、アメリカ大使館を失う危険性も考えられたにもかかわらず、大使館を守ることも占拠者を追い出すこともできなかった。1980年の4月にイランの砂漠地帯で展開されたヘリコプターによる劇的な救出作戦は、作戦で使われたヘリコプター8機のうち3機が故障し、結局この作戦は断念せざるを得ないという無様な結果になった。2機のヘリコプターが、その地域から逃げようとする混乱の最中に衝突し、8名のアメリカ人が命を落としている。カーターは、ホメイニが台頭する前に、イラン国王を支援しようとしなかったことに対して厳しい批判を浴びた。このような批判の先鋒に立っていたのは、ニクソン、キッシンジャーなどの、アメリカがこの地域にあまり通じていない時点で、イラン国王と親密な友好関係を結び、シャーを軍事的な防波堤と見なして、彼の秘密警察を使った支配を容認してきた人びとであった。この早い段階から、これはホメイニに象徴される原理主義者による革命として、歴史的意義を持つ現象であることを見抜いていたジャーナリストは皆無に等しかった。

　1980年の大統領選挙では、エドワード・ケネディが、カーターへの挑戦を表明し、ホワイト・ハウスを怒らせた。イラン情勢に目を光らせなければならないという日々の大きなプレッシャーにさらされた時期に、カーターはケネディの脅威と戦うことも強いられた。ある者が、「中庸」であると評価した強さを誇示しながら、カーターは、チャパキディック事件（訳者注：1969年にケネディが交通事故で同乗の秘書の女性を溺死させてしまった出来事）のイメージを払拭しきれないでいたケネディに勝利した。

　秋に始まったロナルド・レーガンのキャンペーンに対抗し、カーターは、「レーガンは国民を戦争へと導き、宗教や人種によって国を分断してしまう危険な人物である」と攻撃した。しかし、明るくオープンな人柄でテレビに登場したレーガンに対して、その攻撃は逆効果になってしまった。もう1人の無党派からの立候補者であったジョン・アンダーソン (John Anderson) 抜きで放映された10月28日のテレビ討論で、ついにレーガンとカーターは直接対決した。カーターは核兵器の拡散や社会保障の問題に関して、自分と前カリフォルニア州知事とでは格差が歴然としていることを明らかにしようとしたが、レーガンは最後の締めくくりに、「4年前よりも暮らし向きはよくなりましたか？　以

前のようにアメリカは外国から尊敬されていますか？　われわれの安全は守られ、4年前より強くなったと感じていますか？」という呼びかけを行い応戦した（レーガン陣営は、討論に用意されたカーターの原稿と秘密資料を入手していたことが、後に明らかになった）。

テレビのコマーシャルにおいても同様な訴えを行うロナルド・レーガンを、有権者たちは次期大統領として選択した。最もドラマティックな出来事は、レーガン大統領が宣誓を行う1981年1月20日まで、イランは52名の人質を解放しないという仕打ちをカーターに対して行ったということであった。毎晩テレビの画面で、イランの反米感情が募る様を見なければならないアメリカ国民に、ひたすら忍耐を訴え続けたカーターにとっては、444日間にわたり待つだけの辛い日々であった。数週間にわたり、人質の解放があるかもしれないという噂が流れた。レーガン大統領が宣誓を終了し、そのわずか33分後に自由への脱出が始まり、就任式の中継を中断し、最新情報が送られることになった。翌朝のほとんどの新聞には、2つの大きな見出しと大きな写真が、お互いにバランスを取り合うように並べられる結果となった。それは「レーガン大統領第40代大統領に就任の宣誓；"国家再生の時代"を約束；その直後に52名の人質が444日の試練を経て解放へ」とあった。[29]

1994年に、政界の長老であるカーターはメディアの前に再び現れ注目を集めた。ボスニア内紛において、彼が戦争でばらばらになったそれぞれの間の調停役として和平協定締結に奔走した時は新聞の1面に登場した。その年の初めにも、北朝鮮やハイチにおいてその粘り強さと独創的な外交手腕によってカーターは同様の実績を上げた。

レーガンとメディア：接近への苦闘

就任後の新大統領ロナルド・レーガンとワシントンの記者団とのハネムーン期間はかなり長く続いた。大統領の人当たりのよい物腰と、世慣れた笑顔は、とても良さそうな人であるという印象を与えた。またカーター政権の末期に漂っていた緊張からの解放感に、新政権に変わったという喜びが加わり、彼は好感を持って迎えられた。また1981年の3月30日にワシントンのホテルの前で起きたレーガン大統領の暗殺事件が未遂に終わり、辛うじて難を逃れたこともこのハネムーン期間の延長につながった。彼が回復するまでの間は、瀕死の重傷を負ったジェイムズ・ブレイディ (James Brady) 報道官を気遣う大統領

に、メディアの関心が集中し、そのおかげで彼はメディアからの批判をかわすことができた。ホワイト・ハウス付きの記者たちは、記者会見の場で跳び上がって質問する代わりに、手を挙げることさえ受け入れた。しかし、就任から8か月が経過し、ウォーターゲート事件中のニクソンは例外としても、レーガンは近年の大統領の中で、最もメディアから距離を置いている大統領であることが明らかになった。この時点で、レーガンが記者会見を開いたのはわずか3回のみであり、それは14回のカーター、12回のフォードと比べても極めて少ない。レーガンは平均すると年3回しか記者会見を開いていない。

　レーガンが記者会見を嫌った第1の理由は、レーガンには論戦に応じるだけの知識が欠如していることにあった。事実関係や統計資料を用いて対応するカーターとは異なり、レーガンの答弁には、答弁のための準備を何もしていないかのように見えるものもあった。レーガンの答弁には歴史認識上の過ちが何度

レーガン大統領夫妻

も登場している。例えばある時、「ケネディは戦闘部隊をベトナム戦争に派遣した」と述べているが、これはジョンソン大統領と混同したものであった。レーガンの側近たちは、空港などで記者たちを前にして会見を行う時や、人びとの目の前に立たなければならない時には彼を守ろうとした。さもなければ、彼の即座のコメントは彼の失言となり新聞の見出しを飾ることになりかねなかったからである。一方、レーガンは、自己の政権についてのメディアの扱い方、とりわけテレビの扱い方に文句を言うようになった。ある時彼は、「南サコタッシュの誰かが首切りにあったというのは、ニュース報道としての価値があるのだろうか？」と尋ねた。そのコメントは、テレビ・レポーターから、失業した若者と失業率の増加を示す統計の図表へのコメントを求められた時のものであった。それに対するロサンゼルス・タイムズは、「お答えします、それはニュースです。ロサンゼルス、デトロイト、ニューヨーク、もちろん南サコタッシュでも。失業はニュースです」と反論している。社説の見出しは、「彼らに、サコタッシュの豆料理を食べさせよう」という記述になっており、脇にはポール・コンラド(Paul Conrad)の「レーガンの里」という題名の漫画が掲載され、中には、「南サコタッシュへようこそ、人口は900万人、失業中」と書いた看板が描かれていた。[30]

　このような辛辣な社説が紙面を飾るようになるのは、レーガンがあらゆる領域においてその統率力を失っていった1981年頃からである。不確実性の時代が始まる前で、下方に向かう景気がますます悪化の一途をたどった。そのほとんどはホワイト・ハウス内部からのものであったが、レーガンの側近による暴露は人びとを大いに驚かせた。

　メディアを無視し、国民が自分たちの政府について知ろうとする権利を軽視するレーガンの志向性は、彼が下した沢山の首を傾げたくなるような命令の中に、彼の基本姿勢として読み取ることができる。その中で、機密資料を保護する新しい命令の1つに機密資料漏洩したという疑惑を持たれている政府職員は、うそ発見器にかけられる。それを拒否したものは、降格や失脚させられることもある。連邦機関に対して、職員や元職員の書いた記事や著作、スピーチなどをチェックし、認可を与える権限を授けるという命令もあった。何千人もの連邦政府の職員たちが、このような秘密保持の趣旨に同意するサインを要求されたのである。

　レーガンは、早い段階から、情報公開法(Freedom of Information Act = FOIA)に反対するような仕事に着手した。連邦機関に対して、FOIAの規定か

ら資料を対象外とする権限を与え、情報の請求に対して、各機関が料金をとることを奨励した。専門ジャーナリスト協会 (Society of Professional Journalists) のシグマ・デルタ・カイ委員会は、大統領の情報の自由に関する活動に対して、1982年度は、"F"（不可）の評価を与えている。このジャーナリストたちで構成されている国内最大の協会は、レーガン政権が、元あるいは現在のCIA職員の名前をレポートした者は、たとえそれがすでに人びとの間で知れ渡っている情報や、さほど重要ではない情報であっても厳しく罰せられる、という趣旨の法案を通過させた点を注視した。

レーガン大統領がホワイト・ハウス担当の記者たちの前で行う公式会見が次々とキャンセルされ、それに代わって、主な出来事に対する大統領のコメントを説明する報道官代理のラリー・スピークス (Larry Speakes) が記者団の前に立った（ブレディはまだ報道官であったが、深刻な傷を負ったために仕事への復帰は見込めなかった）。大統領が登場しないことに対して、インタビューはありがたみを感じない仕事であると、ABCのサム・ドナルドソン (Sam Donaldson)、UPIのヘレン・トマス (Helen Thomas) を始めとする多くの記者たちが、不満を表明した。しかしながら、大統領の距離を置いた姿勢に対する批判はメディアにも向けられ、国民に対して説明する仕事を報道陣は怠っているというものもあった。[31]

レーガンは、歴代アメリカ大統領の中でヒーロー視されているフランクリン・D・ルーズベルト大統領のニュー・ディールの伝統を終わらせ、新しい経済体系を作り出すという謳い文句で登場した。しかしながら、歴史家のヘンリー・スティール・コメイジャー (Henry Steele Commager) は、レーガンの発想は、19世紀にハーバート・スペンサー (Harbert Spencer) が唱えた社会進化論にあてはまるものであり、「適者生存の法則を社会と経済にあてはめただけである。経済の世界に、この主義を導入するということは、政府は不干渉の立場をとり、個人主義から生まれる競争本能に任せ自由にさせる方法を取ることを意味する」と指摘している。[32] この結果、レーガンは、度々裕福ではない人びとへの配慮を語っているにもかかわらず、実際は貧しい者たちを犠牲にし、お金持ちを優遇しているという印象を、人びとは抱くようになった。

レーガンは、ノースカロライナ州選出の、ジェシー・ヘルムズ (Jesse Helms) 議員が率いている共和党右派の主張を強く退けようとはしなかった。彼は映画の内容の品位、公立学校でのお祈り、中絶の禁止、アメリカの経済活動に脅威を与える可能性のあるゲリラ活動への反対などを訴えた。彼の徹底し

た姿勢は、とりわけ軍備管理で顕著であったが、それは共和党内の中道派の離反を招いた。レーガン政権の高官は、ソ連は核戦争で先制攻撃を加える"第一撃能力"を備えており、避けがたい報復攻撃で完全に破壊される心配なしにアメリカ合衆国を攻撃できる国であるという信念をいつも述べていた。レーガンの戦略は、アメリカはそのようなソ連からの攻撃にもひるまず、核攻撃の応酬という事態になっても"勝者"として生き延びることができるというものであった。そのためにも、アメリカは"第一撃能力"の獲得のための計画を始めなければと述べているが、それまでデタント（緊張緩和）政策による核防止の瀬戸際政策に慣れ親しんできた防衛担当者たちには、聞きなれない考えであった。ロサンゼルス・タイムズ記者のロバート・シイアー (Robert Scheer) は、レーガン大統領、副大統領ジョージ・ブッシュや他の政府高官へのインタビューをメモやテープに残し、国内のトップ・リーダーたちが"考えもつかないこと"を考えていたと立証している。[33]

　大統領就任後6年間のレーガンは、驚異的な高い支持率を謳歌した。ベイルートでのアメリカ海兵隊員の大量殺戮、政権担当者の数々のスキャンダル、1兆ドルにも及ぶ予算編成、貿易赤字拡大、ドイツのナチス兵の墓地の土地提供問題、南アフリカ支持などの、怒りや論争を巻き起こした数々の決定にもかかわらず、彼の好感のもてる柔らかい物腰によって、彼自身の責任問題を問う攻撃を免れていた。1986年のアイスランドで行われたミハイル・ゴルバチョフ (Mikhail Gorbachev) との歴史的な会談の不成功に対しても、落胆とともに、同情の声すら上がった。しかし、大統領の実行力と信頼感が問われるようになった時に、迷惑極まりない目障りなニュースをレポートするアメリカのニュース・メディアを含めた"民主主義の持つ耳障りでずさんで気ままな面"[34]に対して、レーガンとその側近たちや影響力を持つキャンペーンのアドバイザーたちが、"かたくなに抵抗心"を持っていたことが確かであった。

　人びとは、この大統領が、その時代の最も重要な課題を把握する能力に欠け、時には重要な出来事に対して誤った判断を下すものの、彼の陣営が、特に全国放送のテレビを利用して、ドラマティックな時をいかに演出するかという点に関しては優れた能力を備えていたことを理解していたようである。[35] 後に追加されたコメントで残念だったことは、レーガンがホワイトハウスを去った何年も後に彼がアルツハイマーであることが伝えられたことである。これは彼の大統領時代にまだ診断は下されてはいなかったものの、この病気が彼の大統領としての資質に影響を与えていたのかどうかという憶測を招くこととなった。

レーガンの就任後に彼への評価を上げたのは、航空管制官のストを非難したり、所得税の増税はあり得ないと強く主張したり、ソ連を"悪の帝国"のリーダーであると言った時などであった。このような現実的な姿勢が実際にアピールしたのである。大韓航空007便がソ連の戦闘機に撃墜され269人の人命が奪われた時の大統領の怒りに満ちた強い姿勢は、非難する余地のないものであった。彼はしばしば、自らを"自由の闘士 (freedom fighters)"と呼び、ニカラグアの反政府右派勢力であるコントラを「心情的には我われの建国の父たちに匹敵する」と述べたこともある。後に彼は、「私はコントラである」と言ったこともある。レーガンは映画の主人公と重ね合わせ、世界の「ランボー」であるかのように思われるようにいつも振舞っていた。リビアを爆撃した後に彼は、「彼らは逃げることはできるかもしれないが、隠れることはできない」と述べて、多くのアメリカ人から賞賛された。

　大統領ではうまく解決できない問題もあった。最高裁判事の任命は2度とも失敗に終わったし、貿易赤字は記録を更新し続けていたし、アメリカの軍艦スタークが爆撃され、37名の乗組員が死亡したことがきっかけとなり、ペルシャ湾が緊張状態に陥ったりもした。しかしながら、これらのことは、1987年の10月19日に起きた、「ブラック・マンデー」と呼ばれる500ポイントにも及ぶ株価の大暴落を引き起こしたパニックで吹き飛んでしまった。この時に投資家たちが被った被害は、歴史上有名な1929年の損失の2倍にもなったとされている。雑誌ネーションのI・F・ストーンは、「国全体が苦境に陥った。供給側重視の政策担当者の思い違いは、大幅な減税は貯蓄の増大につながると踏んだ点にあった」と述べている。しかし、税金を取られたあとの可処分所得に対する貯蓄の割合は、1980年の7.1%から、1987年には3%未満へと下がっていた。派手な消費活動で個人の負債は2倍にもなり、公共負債は2倍以上になっていた。「レーガノミクス」と呼ばれた経済政策は、すでに破産状態であったという共通の認識が広まっていた。それと同時に、大統領への信頼も消えつつあった。しかしそれでも、大統領はファースト・レディとともに、キャンプデイビッドへ休暇に出かける時はニッコリ笑って手を振り続けるのであった。

イラン－コントラ・スキャンダル

　国民からの高い信頼を維持していたレーガン政権であったが、それも1986年の末に沸き上がった政権を揺るがす大騒動によって崩れ去った。10月5日、

コントラ勢力への武器を輸送していた C-23 貨物輸送機が、サンディニスタ党の兵士によって撃ち落とされた。2 人のアメリカ人兵士が死亡したが、ウィスコンシン州出身の傭兵ユージン・ハセンフス (Eugene Hasenfus) が捕らえられた。飛行機から発見された書類と、マナグアで行われた彼の裁判の証言記録から判明したことであるが、コントラ勢力に対する軍事支援は違法とされていた時期から、密かに武器供与を行うネットワークがアメリカにおいて存在し、アメリカ議会を欺いてきたというニュースが世界中を駆け抜けた。ロサンゼルス・タイムズ、ワシントン・ポスト、ニューヨーク・タイムズ、マイアミ・ヘラルドなどを筆頭に、主な報道機関は、調査などのしっかりした裏づけを根拠とする記事によって、レーガン政権の違法な計画を明らかにした。[36] ホワイト・ハウスは、その航空機との関係を否定し続けた。

1986 年 10 月 31 日、ベイルートの雑誌アルシラが、レーガン政権が秘密裏に、人質との取引として、イランへの武器販売を行ってきたと報じたが、これは、これまでにアメリカ合衆国が同盟国に対して表明してきたこととは全く矛盾することであった。中東諸国に駐在するアメリカの報道陣が、数日後にそのニュースを取り上げ、11 月の初めには、政治家、一般の人びと、報道機関がこぞって綿密な調査を要求するまでになり、アメリカ中が大騒ぎとなった。ホワイト・ハウスは、「輸出は、アヤトラ・ホメイニが死んだ時の、イラン国内の後継者候補のグループとの対話を始めるために行った」と言い続けていた。それにもかかわらず、アメリカがイランに武器を売っていたという事実が露呈したことで、アメリカ中が憤慨し、外交政策の場でも混乱を招くこととなった。次いで武器販売にイスラエルが関わっており、数年間にわたり、イスラエルがイランに武器を売っていたことが明らかになると、人びとの怒りは増幅するばかりであった。

数か月後の 11 月 10 日に開かれた記者会見では、レーガン大統領が総括し、「武器輸出の詳しいことは話さない」、「テロリストとの取引はない」と言い張るなどの口止めを自ら指示したことが明らかになった。ワシントン・ポストが隠蔽工作と呼んだ側近のメモは、その実情を如実に語るものであった。レーガンは、捕らえられた彼の 3 人の武器密売人よりも、より多くの人質が解放されることを強く願っていた（その後、4 人のアメリカ人の人質が入れ替わりとして解放されている）。エドウィン・ミース (Edwin Meese) 司法長官を交えたホワイト・ハウスのスタッフ・グループは、CIA 長官ウィリアム・J・ケーシー (William J. Casey) に対して上院調査会の証人喚問をいかに切り抜けるかとい

う指南を与えていた。レーガンは頑なに否定し続けたが、1987年に脳腫瘍で亡くなったケーシーは、イスラエルとの関係を明らかにする委員会を誤った方向に導いてしまったのである。

　レーガンや報道担当者たちは、数々の失言で受けたダメージをなんとか修復しようと努めたものの、これといった成果は見られなかった。深夜のトーク・ショーでも、この問題は格好の標的となり「イラナマック」(Iranamuck)、「ギッパーゲート」(Gippergate) などと揶揄された。その後により詳しい事情が明らかにされていくと、「コントラゲート」(Contragate) と呼ばれるまでになった。当時の世論調査の結果では、多くのアメリカ国民が、大統領は真実を語っていないと感じていたことが分かる。11月19日、レーガンは、ホワイト・ハウスの報道関係者による最も厳しい反対尋問にさらされることになる。それはテレビ中継による記者会見の場で、彼の決断を防衛しなければならなくなった場面であった。UPIのヘレン・トマス記者、ABC放送のサム・ドナルドソンなどが先頭にたち、記者たちはこぞってレーガンの二枚舌を責め、信頼性への疑問を訴え、彼から冷静さを奪った。保守的なウォールストリート・ジャーナルやハースト系の新聞社の記者たちでさえ厳しい態度で臨んでいた。

　トマス記者は、レーガンがイランとの間で裏取引を行い、リビア情報をかき乱し、ダニロフ (Daniloff) とシャハロフ (Sacharoff) の銃の交換取引を行い、長期にわたり議会とアメリカ国民を欺いてきたという点から、いかに自分の政権の信頼性を釈明するのかと問い詰めた。[37] レーガンは、そんなことはないと言い続けたが、ドナルドソンはいかにその二枚舌を正当化するのかと、以下のように問い詰めた。

　　　大統領、もし世論調査の結果で、多くのアメリカ人たちが、はっきりとあなたを信用していないと表明したとして、それが何を意味するのかと言えば、あなたへの信頼が多大なダメージを受けたことになります。大統領は修復ができると思いますか。残りの任期にとって、これはどのようなことを意味するのでしょうか。[38]

大統領は「ここでなんとかしたいと思っているのはこの私だけでしょう。私は信頼を傷つけた行為に関与していないのです」と静かに答えた。

　その6日後、ミース司法長官が記者会見を行い、武器販売から得た利益がコントラ勢力に渡っていたことを認めた。この衝撃的なニュースの後、レーガン政権の安全保障問題の顧問であったジョン・ポインデクスター (John

Poindexter) 提督と、武器供与の個人的なネットワーク作りの中心的な役割を担っていた捨て身の海兵隊員オリバー・L・ノース (Oliver L. North) 中佐が解雇された。刻々と明らかにされていく事実を、1971 年から 1974 年にかけてアメリカを揺るがしたウォーターゲート事件と対比させつつ、漫画家やコラムニストたちは、腕によりをかけて書き続けた。

12 月になると、影響力のあるジャーナリストたちは、メディアの攻撃があまりにも過熱していると悩み始めるようになった。ウォーターゲート事件の時の行き過ぎた報道に閉口していた編集者や放送関係者の中から、報道姿勢を非難する者も現れた。しかしながら、貴重な存在であったオリバー・ノースが、内密にいろいろな情報を提供する 3 年間は、過熱報道に疑問を持たず無視し続ける記者たちもいた。上院と下院は、特別委員会を設置し、特別検査官には、スキャンダル全体を把握できるよう権限が与えられた。第 100 期議会が、1987 年の初頭からこの審議に取りかかった。

通常は落ち着いた表現のところも含めて、メディア全体の論調はぶっきらぼうなものであった。ニューヨーク・タイムズの社説では、以下のように述べられている。

> イスラエルの武器横流しから、資金提供のためのスイス銀行の口座に至るまで、一連のできごとに法を犯す意図が見え隠れしている。昨日ホワイト・ハウスが明らかにしたことで、最もぞっとさせられることは、個々の事実ではなく、判断力と拠り所となる価値観をなにも持ち合わせていなかったことである。貧困な政治と向こう見ずな支援は取り返しはつく。しかし、信用はそうはいかない、この事件の手がかりをたどっていくと、まっすぐ大統領執務室に行き着くことになるだろう。[39]

ハーパーズ紙のコラム「安楽椅子」においてルイス・ラファム (Lewis Lapham) は、レーガンのことを、「歴史と地理をたたき込まれた、どの B 級スターたちにも負けない素晴らしいマチネ興行向きのアイドル」、ウィリアム・ケーシー CIA 長官を「打算的な賄賂のきく独裁者」、ドナルド・リーガン (Donald Regan) 参謀長を「尊大さが売り物の乱暴者」とそれぞれ呼んだ。ラファムはまた、1981 年の冬にレーガンがワシントンに到着してからの彼の政権が正しい法的手順に従っていたかどうかという視点で見ると、この事件は、卑怯なレーガン政権がアメリカ的ではない方法で処理するという恥部をさらけ出すものとなったと述べている。[40]

上院と下院は調査委員会を設立し、5 月 25 日から合同公聴会を開始し、こ

こではノースの登場が最大のヤマ場となった。それは（この場においては、結局彼は核心を述べていないものの）、「大統領がすべてを承知していた」という、彼の証言が出されたからである。彼が証言台に立つ週は、テレビ報道の一大イベントとなった。メダルがたくさん並ぶ軍服に身を包んだオリバーは、寸分の隙間もない愛国主義者に見えた。ニューヨーク・タイムズのR・W・アップル・ジュニアは、「彼は、ゲーリー・クーパー (Gary Cooper) のような寂しさを漂わせるカウボーイであり、ジミー・スチュアート (Jimmy Stewart) のように政治家に真っ向から立ち向かっていく正直者でもあり、ハック・フィン (Huck Finn) のようなイメージもあわせ持っていた」と述べている。

　2日間にわたる委員会メンバーの厳しい尋問の後、ノースへの尋問担当者はより話を聞くようになり、ノースは瞬く間にテレビ中継された公聴会の主役となった。イランの軍需品ディーラーが武器販売で得た利益をコントラに回すことを言い出した時、「アヤトラのお金をコントラに、それは名案だ」と笑って賛成したと述べた。証拠となる書類の山を全てシュレッダーにかけてしまったことも自慢げに話し、彼はウインクをしたり、自分のことを「オリー」と呼んだりもした。

　公聴会が終了した後、半数を超えるアメリカ人はレーガンは、コントラへの武器代金流用について知っていたに違いない、と考えた(53%)。ジョン・ポインデクスターは、レーガンには言っていないと嘘をついていた、と思う者は、47%から33%であった。しかし70%の者は、ノースは正直に供述している、と思っていた（もっとも61%、彼は国民的英雄でも何でもないと考えていたが）。最終報告では、資料の全てがシュレッダーにかけられたことと、ケーシーの死によって、コントラへの流用におけるレーガンの役割を明らかにすることは出来なかったとされている。しかし、「大統領は軍事顧問が何を行っていたかを知られなかったとしても、知っていなければならなかったはずである」とも報告書には明記されている。また委員会の報告は、武器を密かにイランに売りコントラを支援したのはレーガン独自の政策であり、他の者たちは従ったに過ぎないとし、レーガンの偽証を厳しく批判している。

　最も興味をそそられる噂は、11月の大統領選挙を控え、イラン大使館に監禁されていたアメリカ人の人質たちの解放を中止するよう、1980年10月18日から19日にかけてパリで取引が行われていたというものであった。それはカーターが人質を解放することによって大統領に再選されることを阻止しようともくろんだものであったという。もしそれが真実であれば、この件に関与し

ていた連中は反逆罪に問われることになる、このエピソードは、マイナーな出版物やヨーロッパの新聞に何度も登場したが、アメリカのメジャーのメディアではまともに扱われなかった。

　マイナーな出版物や新聞では、このレーガン－ブッシュとイラン－コントラの関係の検証を継続していたが、1990年の公共放送の犯罪レポート『重犯罪と軽犯罪』(*High Crimes and Misdemeanors*) と題する番組でビル・モイヤーズ (Bill Moyers) がその犯罪性を広く訴えた。モイヤーの主張は、レーガンとブッシュは関与を否定し嘘をついている、というものであった。[41]

中央アメリカとカリブ諸国への内政干渉

　共産主義と戦うという大義名分のもと、投資や貿易による利益をもくろむアメリカの企業家の支援を意図した、北米による中央アメリカやカリブ諸国への内政干渉は、20世紀全体を通じて散見できる。第2次世界大戦の後にも、アイゼンハワー政権がグアテマラにCIAのスタッフを送り込み、民主的に選ばれたリベラルな大統領を打倒させた。1961年のキューバ侵攻におけるケネディ大統領のピッグズ湾侵攻の大失策は、フィデル・カストロを失脚させる機会を逃がし、ラテン諸国は、その反動で揺れ動いた。この地域には大規模な政府転覆をもくろみ、故意に危害を加えたり、誤報を流したりする活動が、何年にもわたって続けられていた。1965年、ジョンソン大統領は、右翼の独裁者を支持するためにドミニカ共和国に軍隊を派遣した。

　ニクソン大統領は、1950年代にアメリカが実施した内政干渉政策の立案者の１人でもあったが、1973年に民主的に選出されたチリ左翼政権を打倒しようとしたCIAとつながりを持っており、ニカラグア、エルサルバドル、ホンジュラスの独裁政権を支持し続けていた。これらの一連のエピソードは、1980年代の新聞の見出しを飾っている。その中でも希望を与えてくれた出来事の一つとして特筆に価するのは、パナマ運河統治権をパナマに返還する協定の締結のために議会との交渉に奔走したカーター大統領が、後に幅広い支持を集めるに至ったことであろう。

　1983年、キューバがそこに空軍基地を設置しこの地域の勢力関係を脅かしかねないという理由で、レーガン大統領がカリブ諸島の小さな島であるグラナダへの侵攻を命じた時、アメリカ合衆国の記者団に対して作戦開始の報道を拒否する権限が軍の司令官たちに与えられた。これはアメリカ建国以来、初めて

実施された検閲にあたる。ほんの一握りのキューバ・グラナダ兵にたかだか数百人ほどのキューバ人建設労働者が加わっただけの相手を向こうにして、何千もの北のアメリカ人が集中攻撃して得た勝利を、あたかもベトナムの敗北から立ち直った瞬間であるかのように、戦争支持者たちは喜びあった。しかしながら、帰還のテレビ中継には政治的な意図が込められていたことや、作戦自体が効率よく遂行されていなかったことなどが、ペンタゴンが後に発表した報告書には記載されていた。[42] これによってアメリカの全ての計画の見直しを求める要求が沸き上がり、政権が訴えてきた華々しい成功を伝える報告に疑惑の目が向けられた。

　国際報道によくありがちな問題として挙げられるのは、このような内政干渉などを伝えるニュース・メディアの大部分が、読者や視聴者に対して、特殊な状況を判断するために必要とされる背景の説明や解釈を提供しないことである。歴史的ないきさつを含めた信頼できる情報が欠如していると、ニュースの消費者は疑わしい政府の声明の犠牲者となってしまう。[43] しかしながら、この地域の運命を支配するというアメリカ合衆国の決意が全世界に向けて伝えられた、1980年代中頃のニカラグアとエルサルバドルの革命の頃にはかなりの改善が見られた。

　ニカラグアの人びとの生活を支配しようとする北のアメリカ人たちの努力は、経済帝国主義の典型例である。1850年代に、この国の覇権をかけてコーネリウス・バンダービルドと競い合ったナッシュビル出身の冒険家ウィリアム・ウォーカー (William Walker) の名前を、1980年代のニカラグアの小学生たちは誰でも知っていた。バンダービルドが、ニカラグアを横断する運河建設の利権を獲得する一方で、ウォーカーは、自らをニカラグアの大統領であると宣言した。北アメリカ人として多くの伝説を残した後、最後に彼はイギリスによって処刑された。また1912年から1933年にかけは、ニカラグアを占領したアメリカ軍の支援を得て、アメリカ合衆国の投資家たちと結びついた寡頭政権が何年にもわたってこの地域を支配し続けた。

　伝説の人であるアウグスト・セサール・サンディノ (Augusto Cesar Sandino) に率いられた民族主義者たちが、1926年からゲリラ活動を開始し、敵対者を長い間苦しめた。1927年7月には、ニカラグア史上初の民間人をターゲットにした空爆が実施されている。ニカラグア側の発表によれば、オコタルの襲撃においては300人もの死者が出たという。[44] 1930年以前には北のアメリカは繰り返し残忍な方法を用いていたが、これは20世紀初頭にフィリピンで

行ったのと同様であった。メキシコをその活動拠点とし、サンディニスタ党の立場からレポートを送ったアメリカ人ジャーナリストであるカールトン・ビールス (Carleton Beals) は稀有な存在である。1928 年に、9 部で構成されている彼の手によるレポートがザ・ネーションに連載されているが、このような反帝国主義的な記事は極めて稀であり、それ以外のアメリカの報道機関では、政府の公式見解をそのまま伝え、ニカラグアのイメージ・ダウンにつながる内容の記事が紙面を飾るという従来の路線を踏襲しているものがほとんどであった。[45] 決意の固いニカラグア人に対して自分たちの意向を押し付けることができなかったアメリカ海兵隊は最終的には撤退を決めた。しかし、アナスタシオ・ソモサ (Anastasio Somoza) に率いられた国民軍だけは置き土産となった。1934 年 2 月 21 日、図らずもその殉死という結果を招いたサンディノに対する暗殺命令を下したのもこのソモサである。

　ソモサ族の支配は、1961 年にサンディニスタ民族解放戦線 (Sandinista National Liberation Front＝FSLN) を結成したサンディノの後継者たちが、1979 年 7 月 19 日に、アメリカ合衆国に後押しされた国民軍を倒すまで続いた。革命の最後の年には、5 万人以上のニカラグア人が命を落としているが、その最終決戦の時に、ソモサは、反ソモサを唱えるものたちをねらって、ニカラグア都市部への爆撃を命じている。ソモサの兵による ABC 特派員ビル・ステュワート (Bill Stewart) の意図的な殺害の一部始終は、設置されたカメラの目を通して、サンディニスタ党による長い闘争の経過を知らないアメリカのテレビ視聴者たちに伝えられた。民間人も兵士として加わるようになり、サンディニスタ民族解放戦線が優勢になってくると、新聞や放送のレポーターたちがその勝利の瞬間を伝えようとマナグアに大挙して押しかけた。

　1979 年と同様に、革命が内戦状態に陥った近隣のエルサルバドルとニカラグアに、アメリカのレポーターたちは決死の覚悟で赴くことになるが、その舞台は 1990 年代まで続くことになるプロパガンダ闘争へと、そのありようを変えていった。ソモサとその取り巻きたちのあまりに行き過ぎた行為を知る現地のレポーターたちが、サンディニスタ派とその支持者たちを好意的に扱っている一方で、ワシントンからのニュース・レポートのトーンは異なっていた。経済利益の分配をめぐる権力闘争を目指すマルクス主義に傾倒したサンディニスタ派のリーダーたちは、エルサルバドルのゲリラ組織がソモサの失脚から多大な影響を受けていたこともあり、アメリカの指導者たちにとっては脅威であった。もしその存在が認められていたならば、ニカラグアの革命は中央アメリカ

において成功した左翼革命の第1号となっていたことであろう。

カーター政権が、ニカラグアの新政権に対して慎重な対応策を展開していたのに対して、CIAはソモサの国民軍のメンバーとの交渉を進めていった。これはニカラグアの支配を本格的に回復しようとするための第一歩であった。1980年のレーガン大統領の選挙キャンペーンには、ニカラグアの指導者に対する辛辣な批判が加えられ、民主党は"第2のキューバ"の誕生を容認しているとまで言い切っている。1981年に政権に就いたレーガンは、元ニカラグア国民軍の指導者を中心とした、反サンディニスタ派勢力への資金協力にかなりのエネルギーを注いだが、これが後に「コントラ」として紙面に登場することになる。

サンディニスタ派が、その支配においてキューバとソ連の強力な支援を受けて、ゆるぎない状態にあることが明白になると、レーガン政権はより強硬な手段をとるようになった。宣戦布告が公表されることなく、また議会の承認もないままで、戦争と同様の手段がとられた。目的は武力による政権転覆ではなく、サンディニスタ派に政治的圧力を与えるためと主張して、レーガン政権は1981年から拠出されるコントラを支援するための議会の予算を獲得した。

しかし、1983年9月と1984年2月に、マナグア空港の爆破、ニカラグアの各港にある石油のパイプラインや石油タンクの破壊、港への機雷の敷設がCIAによって実行された。[46] このような不法行為がニュース・メディアによって明らかになると、議会は1984年10月にコントラへの軍事援助打ち切りの決定を下した。ホワイト・ハウスは即座に応酬し、国家安全保障会議とCIAがコントラへの供与を継続して行うために民間の仲介組織と活動することを認めたが、それには、ホンジュラス、エルサルバドル、コスタリカの飛行場が必要だった。それに加え、アメリカ政府は禁輸による経済制裁を加える決定を下し、ニカラグア経済に甚大な被害をもたらすこととなった。

アメリカは、コスタリカの国境沿いにサンディニスタ党に対抗する南方の前線を築くよう必死に努力した。[47] 元のサンディニスタ派のヒーローであり、コントラゲリラ組織のリーダーとしてコスタリカで活動を続けていたエデン・パストラ (Eden Pastora) は、CIAに支援されたホンジュラスの中心勢力との統合を拒否したが、それはアメリカとの問題を生じさせた。1984年5月30日、CIA批判のためにパストラが開いた記者会見で起きたパストラ暗殺未遂事件において、アメリカ人のリンダ・フレイジャー (Linda Frazier) を含む3名のジャーナリストと5名のコントラゲリラが命を落とした。その爆破によ

って、アメリカのジャーナリストであるトニー・エイバーガン (Tony Avirgan) が大けがを負った。彼と彼の妻であるマーサ・ハニー (Martha Honey) は、2年間にわたり不法行為の証拠を集め、爆破事件の原因を明らかにしていった。1986年の末に、彼らはマイアミ地裁に対して、暗殺未遂やほかの殺人行為、鉄の密輸、麻薬の密輸などの不法行為に関与したという理由で、コントラのメンバー、キューバ系アメリカ人、アメリカ退役軍人、CIA職員を含む総勢29人を訴えた。訴訟にあたっては、公益サービス活動を行っている法律団体であるクリスティック協会が加わることになった。このような麻薬売買がなぜ行なわれたのかという理由のひとつに、パストラルやジャーナリストたちが殺された事件において、アメリカはニカラグア政策を正当化させようとしたことがあった。この訴訟においては敗訴したが、その議論は継続されている。[48]

1986年6月、ハーグの国際司法裁判所は、ニカラグアによる訴訟に応じて、アメリカ合衆国は、コントラに対して不法な支援を行い、残忍な行為を放置したことにより、国際法に明らかに違反している、という判決を下した。[49] それにもかかわらず、その同じ月に、アメリカ議会では、国際司法裁判所の決定、国際世論、主要新聞社の社説などを無視し、コントラに対して1億ドルの軍事援助を行うという法案が可決された。これは、「共産主義者に対して弱腰すぎる」と非難されるのを恐れた穏健派の下院議員たちに対するレーガンのロビー活動の成果でもあった。

共産主義者を恐れる伝統的な下地の上に、サンディニスタ派は、アメリカ合衆国や周辺諸国にとって脅威的な存在である、という公の発表を信じた人びとは、アメリカ軍が戦闘部隊を送り込まないことを非難したりもした。コンタドラ平和会議の継続を希望していたラテン諸国の指導者たちが表明していたコントラ支援策への批判は、ニカラグア政治におけるコントラのありかたをめぐるアメリカ・ニカラグア間の論争のもと無視され続けてきた。[50] 平和を目指す話し合いの行き詰まりの結果、1987年には戦闘状態が悪化した。何千ものコントラ軍がニカラグアに侵入し、収穫期のコーヒー農園、学校、医療施設、主要幹線道路を襲った。コスタリカのオスカー・アリアス・サンチェス (Oscar Arias Sánchez) 大統領が、その和平案への中央アメリカ諸国の支持を取り付けたことでノーベル平和賞を授与された1987年の末には、変化の兆しが見られた。

その3年後、アメリカに後押しされた大統領ビオレタ・チャモロ (Violeta Chamorro) が、衝撃的な番狂わせでダニエル・オルテガ (Daniel Ortega) を破った。禁輸措置で痛めつけられ、救いを求めていた戦争で疲弊したニカラグア

人にとってチャモロの国内統一の訴えは慰めのように映った。彼女は、ソモサの刺客により1978年に亡くなった著名な新聞人ペドロ・ホアキン・チャモロ (Pedro Joaquin Chamorro) の未亡人であり、それはまたサンディニスタ派による革命が起きるきっかけになった事件でもあった。戦争で負けた元コントラたちが、その武器を片付け、政治の場を将来の活動拠点としていった一方で、オルテガが「下からの支配」と呼んだように、サンディニスタ派は、依然として最も強力な政治勢力であった。祖母のような存在のチャモロでは、高騰するインフレや、沸きあがるゲリラ意識をコントロールできないのではあるまいかという危惧がささやかれていた。皮肉にも、サンディニスタ派の敗北を伝えるアメリカのニュース・レポートは、アメリカの支援を受けた戦争や、アメリカの行った禁輸措置の影響になんら触れることなく、その経済政策の欠点をあげつらうばかりであった。

ニューヨーク・タイムズのスティーブン・キンザー (Stephen Kinzar) は、ニカラグア革命とコントラ戦争の取材において最も卓越したジャーナリストであった。ボストン大学で歴史学を専攻した後、フリーランスの記者として1976年にマナグアにやってきた時、彼は弱冠25歳であった。1977年、週刊誌ニュー・リパブリックにニカラグアに関する記事を書いた後、ボストン・グローブ紙の専属となり、サンディニスタ派の勝利を伝えている。1983年1月1日に開局したニューヨーク・タイムズのマナグア支局の支局長となり、1986年の末までアメリカの新聞社唯一のマナグア常駐記者として腕を振るった。

キンザーと組んで、中央アメリカ全般に関してタイムズなどに徹底したレポートを送ったのは、ジェイムズ・レモイン (James LeMoyne) であり、彼はニカラグア発の記事だけでなく、エルサルバドルやホンジュラスの取材にもかなりの時間を費やしている。ホンジュラスからのキンザーの署名入り記事もまたかなりの数にのぼっている。キンザーはまた著作活動も精力的に行い、1954年のグアテマラにおけるアメリカの政策についてまとめた著書『ビター・フルーツ』(Bitter Fruits) はその成果の1つである。コントラが勢力を拡大させるのに従い、アメリカの支援を受けた戦争の悲惨さ、革命がもたらしている医療の改善、識字率の向上、効率的な農地改革、人権侵害の改善などといった利点の数々を伝えていないと、キンザーは同僚の一部とアメリカ人の平和維持活動推進者たちから批判されるようになった。その一方で、他の方面からは、彼とその編集者たちは、サンディニスタ党政権の失敗ばかりに的を絞り、対抗する新聞のラ・プレンサ (La Prensa) の廃刊や、権力に歯向かった聖職者たちの追

放へとつながっていったとの批判も受けている。しかしながら、彼の支持者たちは、彼がいわゆる公明正大な姿勢で様々な政治的・軍事的トピックの記事を伝えたと評価している。ベトナムやその他の紛争地域におけるニューヨーク・タイムズの前任者たちと同様に、彼は現場にいて、その現実に身を任せた。[51] ニカラグアやエルサルバドルに赴任している他の多くのジャーナリストたちも、アメリカ大使館の発表を鵜呑みにした記事しか書かない、あるいはもう一方の側にあまりにも感情を移入し過ぎるという理由で批判された。リモインは、彼のゲリラに関する記事が、保守派からの反発を受けたにもかかわらず、エルサルバドルに関するレポートでは進歩的な人びとから批判された。

エルサルバドルを中心に活動していたロサンゼルス・タイムズのマージョリー・ミラー (Marjorie Miller) は、その報道の確かさで評価された。同紙のウィリアム・ロング (William Long) は、中央アメリカを旅してまわり、それを受け継いだリチャード・ボードレックス (Richard Boudreaux) は、1986年の末に同紙初のマナグア常設支局を開設した。ラテンアメリカの記事に関しては定評のある新聞であるマイアミ・ヘラルドは、この地域を熟知しているサム・ディロン (Sam Dillon)、ドン・ボーニング (Don Bohning)、ティム・ゴルデン (Tim Golden) を雇い入れている。エドワード・コディ (Edward Cody) とジュリア・プレストン (Julia Preston) はともにワシントン・ポストに主要な記事を提供している。ニューズウィークのロッド・ノードランド (Rod Nordland) と、ビル・ジェンタイル (Bill Gentile) の写真と記事の中には、戦争の内情を伝える上で、コントラとサンディニスタ派の両者に関して最も秀でた内容のものがあった。[52]

ヨーロッパ、カナダ、オーストラリアからのフリーランスのジャーナリストたちもマナグア、サンサルバドル、テグシカルパ、サンホセ発の中央アメリカ報道に大きな役割を果している。メジャーの新聞に記事を提供していた者もいるが、多くは海外向けやアメリカ国内向けのラジオ放送に記事を提供していた。全国公共放送 (NPR) は、軍事や政治情勢の解説や最新の情報で大いに評価された。NPRとパシフィカ・ラジオのレポーターたちは、コントラ関係の動きを最も早く入手していることが少なくなかった。アメリカのテレビ・ネットワークは、特約カメラマンを首都ごとに雇い入れていたが、重大な局面の折には、アメリカ本国から生放送のためのレポーターが駆けつけた。

アメリカ政府がニカラグアを重視し、1980年代初頭のエルサルバドルは、この地域で最も危険な地域であったにもかかわらず、ニカラグアにおける緊張

の高まりによって、エルサルバドルへの関心は薄れてしまった。1982年の国勢選挙は、450人以上のジャーナリストがその模様を伝えた。無能な政府と残酷な軍部に加え、無法者の右翼暗殺団が横行し、民主化を訴える知識人やジャーナリストから、改革を訴える農民やカトリックの聖職者たちまで何千人もの市民が殺された。その中には、大司教オスカー・ロメロ (Oscar Romero) も含まれていた。1980年に3人の修道女を含む4人の北アメリカ人女性が殺され、1981年には2人の農業技術者、1989年には6人のイエズス会神父がそれぞれ殺害されたことで、貧困と抑圧が最も大きな問題であると考える"解放の神学"の活動を行なっているローマン・カトリックの人びととの間から、アメリカの軍事介入に対して強い批判が噴き出した。

このような状況になった時いつも見られるのは、アメリカ的な発想のパターンであり、アメリカのやり方に同意していない知識人、教会の指導者や活動家たちを、「マルクス主義に洗脳され、近隣のサンディニスタ派と関わるエルサルバドルのゲリラに武器を提供している左翼である」と決めつけるのであった。その代わりに、レーガン政権やブッシュ政権は、支配層に属する裕福な地主、軍部やアメリカ大企業の傘下にある企業の経営者を手厚く支援した。エルサルバドルとホンジュラスは、イスラエル、エジプト、トルコ、パキスタンと並んで最もアメリカの援助を受け入れている国のグループに仲間入りした。[53]

アメリカ合衆国は、エルサルバドル政府に対して、ファラブンド・マルティ民族解放戦線と民主革命戦線 (FMLN/FDR) のゲリラ組織に制覇されている農村地域の爆撃に使うよう、対地攻撃用ヘリコプターや飛行機を送っている。アメリカの政策を批判する人びとは、メジャーのメディアが、この爆撃がいかに激烈なものであったかを伝えていないことを批判しているが、その一方で擁護者たちは、その作戦は勝利のための戦略の一環であると述べていて、メディアの扱い方をめぐる議論は決着を見ていなかった。[54] しかし、1991年になると、政府は国内の3分の1を制圧したゲリラ組織の脅威にさらされ、農協と労働組合の巨大な連合組織から突き上げられ、戦闘によって5万人以上の命が奪われ、そこに拍車をかけるように襲った地震により1,000人が死亡し、20万人がホームレスとなった。

エルサルバドルの戦争のレポートでは、かなりの女性記者が重要な役割を果たしている。残虐な民間人殺害の様子を時に最も生々しく伝えたのは、ワシントン・ポストのジョアン・オマング (Joanne Omang)、ニューズウィークのベス・ニッセン (Beth Nissen)、ロサンゼルス・タイムズのローリー・ベックラ

ンド (Laurie Becklund)、ウォールストリート・ジャーナルのリンダ・シュスター (Lynda Schuster) であった。マイアミ・ヘラルドのシャーリー・クリスチャン (Shirley Christian) は、1981 年にピュリツァー賞受賞者となり、後にニューヨーク・タイムズに移るが、彼女は著書の『ニカラグア：家族の中の革命』(*Nicaragua: Revolution in the Family*) で、コントラ支持の立場を取っているという理由から、リベラルな人びとからの批判にさらされた。

不当な扱いの典型例として挙げられるのが、エルサルバドルとアメリカ政府が「何も起きていない」と述べた、民間人の大虐殺を挑戦的にレポートし、エルサルバドル駐在の任務を解かれたニューヨーク・タイムズのレイモンド・ボナー (Raymond Bonner) のケースである。ボナーは、新聞社を退職し、後に名誉を完全に回復している。アメリカの政策を非難するために各地で講演会を開いていた人びとには、元エルサルバドル駐在アメリカ大使ロバート・E・ホワイト (Robert E. White)、元コントラ指導者エドガー・チャモロ (Edgar Chamorro)、元 CIA 諜報員デイビッド・マックマイケル (David McMichael)、そしてゲリラ戦争の内側で苦悶するさまを描いた報告『戦争の目撃者』(*Witness to War*)[55] の著者であるチャールズ・クレメンツ (Charles Clements) 博士などがいた。オランダのテレビ局スタッフのグループを含めて、少なくとも 20 名の外国人ジャーナリストたちが、政府軍の奇襲を受けてエルサルバドルで命を失っている。1983 年 6 月にホンジュラスとニカラグアの国境で死亡したのは、長きに渡りロサンゼルス・タイムズの中南米特派員として信頼されていたダイアル・トーガソン (Dial Togerson) と、フリーの写真家リチャード・クロス (Richard Cross) である。

1989 年のマニュエル・ノリエガ打倒を目指したアメリカ軍によるパナマ侵攻は、中央アメリカにおけるアメリカの評判をさらに悪化させることになった。1994 年のハイチへの干渉の時には、反対勢力は弱くなっていたものの、それまでの一連の行動を見守ってきた者たちに、これまでにアメリカが行ってきた多くの干渉を思い起こさせるものとなり、アメリカがこの地域でその力を増大させようとまた乗り込んできたのではという危惧を抱かせた。

ブッシュと「新しい世界秩序」

ジョージ・ブッシュ (George Bush) が、マサチューセッツ州のマイケル・S・デュカキス (Michael S. Dukakis) 知事を破り、1988 年の大統領選挙の勝利者

として出現した後の初仕事は、ライバルを攻撃するためにネガティブ広告を使い、悪口好きで、愚痴っぽく、意地悪な男という自分のイメージを打ち消すことであった。それを克服した後待っていたのは、イラン－コントラ・スキャンダルの厳しい調査から逃れた男、レーガンの下で働いていた目立たない男から、めまぐるしく変化する世界のリーダーへの変身であった。就任後の1年間に、これほどまでに世界が変わることを彼は想像すらできなかったことであろう。

中核であるソビエト連邦から始まった東欧諸国の崩壊が、ポーランドからルーマニアにまで及び、ミハイル・ゴルバチョフのグラスノチ政策の波が国境にまで押し寄せるのに伴い、東欧社会の象徴とも言うべきベルリンの壁も崩れ去った。西ベルリンと東ベルリンを結ぶ最大のチャーリー検問所も、1989年6月には、ジェイムズ・ベーカー (James Baker) 国務長官とエデュアド・シュワルナゼ (Eduard Shevardnaze) ソビエト外相が見守る中、クレーン車で撤去された。

ソビエトでは、候補者が競い合う史上初の選挙が実施された。しかし、ソビエト連邦のストライキや併合されていたバルチック沿岸地域やイスラム地域で沸き上がっていたナショナリズムは、まだまだこの国の向かう先が前途多難な状況にあることを予見させた。ソビエト連邦の経済を再建しようと始められたゴルバチョフのペレストロイカが失敗に終わるかもしれないという不吉な前ぶれも見られた。もしそうなるならば、政治やメディアの開放を阻止しようとする保守派からの揺り戻しがくるのではという危惧を抱かせた。

ニューヨーク・タイムズは、1989年4月2日に、ソ連とアメリカの間に漂う不穏な感情や、アメリカの政界を襲うヒステリー現象も含めて、東西冷戦は終結したと報じた。[56] 10年にも及ぶ戦闘の後、アフガニスタンからソ連軍が撤退したこともほっとしたニュースであった。同時にベトナムは、占領を続けていたカンボジアから無条件に撤退し、ソ連とキューバの関係も途絶え、変貌をとげる中国国内からも不満の声が聞こえるようになった。

これらの希望は、1989年の6月3日の夜、民主化を求めて集まっていた何百人か、恐らくは何千人もの学生や労働者を中国軍が虐殺した北京の天安門広場で打ち砕かれた。テレビ・メディアは、中国の守旧派勢力が中国をしっかりと支配下に治めていることを、興奮とともに世界中に伝えた。ホワイト・ハウスは、中国の断固たる措置に対して不快感を示したものの、経済的な関係を断ち切るまでには至らなかった。表立って口には出さないものの、ホワイト・ハウスは、東欧の瓦解を歓迎し、西欧の民主主義が世界中を席巻するのだと、不

埒な自己満足感に浸るところがあった。しかしながら、昔からアメリカに対する恨みがまだ残る地域があり、その1つにパナマがあった。

　その年は、何年にもわたって麻薬の密輸とスパイ行為に関与していたという理由で、パナマの指導者である、マニュエル・ノリエガ (Manuel Noriega) 将軍を攻めるために、パナマへのアメリカ軍侵攻を命じる決断をブッシュが下すという苦々しい雰囲気の中で終わっている。ここでブッシュが唱えた他の理由は、在パナマのアメリカ人の安全を保障し、パナマ運河の安全な運行を守り、民主的な政府を根づかせるというものであった。民間人が生活する都市部を攻撃する時のコード・ネームは、「真の正義のための作戦」であった。1983年のグラナダ侵攻の時に敷かれた検閲の手法と同じように、プール取材を強いられたアメリカのメディアは、戦線に近づくことさえも認められず、プール取材のメンバーに選ばれた16名の記者や写真家たちは、現場を直接取材し記事にすることができなかった。発表された民間人の死亡者数も食い違っており、アメリカ側の200名に対して、人権問題の活動家たちによると、死亡者数は4,000人あまりになるだろうとされている。またアメリカが樹立した新政権はワシントンから操ることが出来るという非難もあった。[57]

　ノリエガは、バチカン大使館に保護を求めたが、結局は降服した。彼はフロリダに連行され、麻薬の不正取引の罪で収監された。彼は、イスラエルの秘密諜報機関であるモサドの仕事に関わり、数々の裏切り行為に手を染めてきたという経歴の持ち主である。ブッシュとノリエガの関係は、ブッシュがCIAのトップにいた1976年にまで遡ることができる。ノリエガの非道な行為は、長い間、彼がキューバやニカラグアに関する情報提供者を喜んで務めてきたことで黙認されてきた。しかし、麻薬問題や、ニカラグアの戦闘状態を終結させるという中央アメリカの和平案を彼が支持し始めたことなどから、彼の存在はアメリカにとって足手まといになっていた。ニューヨーク・タイムズのトム・ウィッカーは、「ブッシュ大統領のパナマ侵攻をしっかりと検証していけばいくほど、アメリカの軍事力のとてつもない誤用の正当化と結果の両方について、なぜわれわれ報道陣は無批判であったのかと思わずにはいられない」と述べている。[58]

　多分第1の理由として、ワシントンの記者団が、ブッシュは親しみやすくて近寄りやすいと思っていたことを挙げることができるだろう。ブッシュが増税を発表した時に浴びせられた批判の嵐もなんとか乗り越えた（彼が大統領に選出された時の有名な「リード・マイ・リップス」キャンペーンの映像は、テレ

ビで何度も放映されていたが）。レーガンのスタッフであった彼が引き継いだあとも、連邦政府の赤字はますます膨れ上がる一方であった。何百万ドルにもおよぶ納税者からのお金が消え去り、大きな社会問題となった「セービング・アンド・ローン」スキャンダルの責任追求の手からも、ブッシュはなんなく免れるのに成功した。それでも大統領の息子の1人がこのスキャンダルに関与していることが明かになった時は、気まずいムードに包まれた。このスキャンダルは何年にもわたる重大な不祥事であり、国中を震撼させるできごとでもあったにもかかわらず、プレスは不正行為の兆候を甘く判断し、大統領選挙への協力を惜しまなかった上院下院両議院たちと同様に、なぜそのような事態になったのかを追求するのに時間を要した。

　1990年にゴルバチョフ大統領がワシントンを訪問し、米ソ間の軍事・貿易協定に調印したが、この時のブッシュは、多方面からの評価を得た。並んでほほ笑むバーバラ夫人とライサ夫人の姿は、ソ連とアメリカの関係が本当に改善されたような印象を人びとに与えた。彼はアメリカ国民や記者団からの信望を得る上で、レーガンの人気獲得戦略を見習い、副大統領時代の弱虫イメージを完全に消し去ることに成功した。度々開かれる記者会見や、それに気軽に応じる様子は、記者団を無視し続けたレーガンのやり方とは対照的であった。しかしながら、彼の批判者たちは、ブッシュは国内政策に明確な視点を持たないし、彼の外交政策のお手本となったのは、国外におけるアフリカの軍事上および経済上の目標を達成するために隠密行動や秘密工作を奨励してきた人物であると述べている。

　「もっと親切で優しいアメリカを」という彼の公約が試される時は1990年にやってきた。それは、ブッシュが、隣国のクウェートに侵入したイラク軍を追い出すための第一歩としての「砂漠の盾作戦」遂行を目指し、アメリカ軍をサウジアラビアに派兵する決定を下した時であった。

　この頃の世界情勢の中で、東西の緊張が最終的に消え去ったことや、南アフリカやチリの明るいニュースを喜ぶ余裕もなく、アメリカは危機の真っ只中にいると実感させられていた。ブッシュがここで取った行動をとりあえずは支持していたものの、アメリカの政策がどこに向かっているかが見えないで困惑していた人がたくさんいた。それでもブッシュは、アメリカが政治的・経済的な安定を維持するためのリーダーシップを取る上で「新しい世界秩序」が求められているのだ、と言い触らすなど、成功への本街道を歩んでいた。

中東地域におけるアメリカの役割の増大

　アラブ人とユダヤ人の間に横たわる解決不可能かに見える問題、とりわけアラブ諸国とユダヤ人によって建国されたイスラエルの間で繰り広げられてきたパレスチナと呼ばれる聖地の獲得をめぐる問題は、20世紀の初頭から一貫してニュースや論説のテーマとして新聞を飾ってきた。自らの統治権の主張や、相手の不正行為の告発、国連へのアピールやプロパガンダ活動などからみて明らかなのは次の2点である。それはユダヤの民は国土を持ち、一方パレスチナの民にはそれがなかったということである。そして、1990年代初頭まで、これは世界平和を脅かす耐え難いディレンマを内包した難題であった。

　作家やジャーナリストたちは、いずれかの立場に立ち、初期の段階からなんらかの役割を担ってきた。近代シオニズム運動の父と呼ばれるセオドア・ヘルツル (Theodore Herzl) は、1896年に「ユダヤ国家」(Der Judenstaat) という小冊子を発表し、ユダヤ問題を政治的に解決するためには、ユダヤの国の建設が必要であると訴えている。アラブ系クリスチャンで、パリでアラブ系の新聞を自主発行していたネギブ・アゾウリ (Nrgib Azouri) は、1905年にアラブの土地をオスマン帝国から分離することを求めている。アラブ紛争の根は、トルコの改革者たちがアラブを服従させようとした折に、信仰を同じくするイスラム諸国の結束のためではなく、むしろ異教徒たちであるイギリスやフランスの植民地政策を見習いながら、アラブを服従させる理由をなくしたところにある。

　ユダヤ人とアラブ人たち自身による、自分たちの歴史の復興は、第1次世界大戦の終結の興奮とともに盛んになった。アラブは、これまで自分たちを押さえつけてきたトルコを連合軍が破り、オスマン帝国が崩壊し、自分たちに好都合な方向へ向かうだろうと考えていた。しかしアラブの夢は、戦争中にイギリスとフランスが、中東の肥沃地帯の分離について密かに結んだサイクス＝ピコ協定 (1915–1916) によってはかなく消え去っていった。複雑な協定条項の1つにより、パレスチナはイギリスの支配下に置かれることとなった。

　パレスチナにおけるユダヤ人国家の建国はイギリスに委託する、とある1917年のバルフォア宣言は、1923年に発効した。国際連盟のもとでこの付託を受け入れながらも、イギリスは第2次世界大戦が終結するまで慎重な植民地政策を取り、パレスチナは、アラブのものでもユダヤのものでもないと主張し続けた。それを不服とするアラブ側は、1936年から1939年にかけて反乱を起こしている。

ドイツがユダヤ人に対して行った大量殺人の結果、ヨーロッパからパレスチナへの移民が拡大し、政治的な解決が求められるようになった。ユダヤのテロリスト集団がイギリス軍やその基地を襲い、圧力をかけるようになった。1947年11月には、様々な分割案の中の1つが、国際連合の「パレスチナ分割決議33-13」として可決されるに至った（ここにおいてアメリカ合衆国とソ連もそれぞれ賛成票を投じた）。

　アラブの指導者たちはこの妥協案に反対し、その理由の1つとして、この計画が相対的に広い地域に、少ない人口のユダヤ人を住まわせるものである点を挙げた。その計画に当初は反対していたユダヤ協会 (Jewish Agency) は、最終的にはその入植に合意した。議論が沸き起こり、それは全世界的な規模へと拡大していった。イスラエル独立宣言は、1948年5月14日にテルアビブで採択された。この地におけるイギリスの統治はその翌日に終わりを迎えた。分割計画に従った新国家の建設に反対するアラブ系パレスチナ人を助けるために、アラブ近隣諸国から約2万人の兵士が送り込まれた。ユダヤ側の正規軍は4万人であり、作り話やプロパガンダ活動が渦巻く中、第1次イスラエル・アラブ戦争が始まった。

　休戦により戦闘が終結した時、イスラエル側の領土は、国連の分割案で提示されたものよりもわずかながら拡大しており、それにはエルサレムの半分も含まれていた。国境を逃れて家を失ったパレスチナ人は80万人にも及んだと推計されている。その時に生じた憎しみは今現在に至っても暗い影を落とし続けている。アラブ側はパレスチナをほんのわずかでも、決して分割したがらなかったと、ユダヤ側の指導者たちは言い、もう一方のアラブ側はまた、ユダヤの圧力が残忍なものであったために仕方なく自分たちの居留地を去るしかなかったと主張した。歴史家やジャーナリストたちは、後になって、虐殺された無実の人びとの実態をそれぞれの立場から明らかにしていくが、その中には、武装していない約250人のアラブ人がむごたらしい手段で殺されたエルサレム西の郊外にあるダイルヤシンにおける虐殺も含まれていた。[59]

　将来起こり得る戦争への懸念に加え、深刻な難民問題が横たわっていた。アメリカの人たちは、恐怖に満ちたガザ地区のパレスチナ人を扱ったニュース映画を見たり、新聞記事を読んだりはしていたものの、このニュースの複雑さを理解する上で必要とされる背景の知識を欠いていた。特筆に価するような成果や賞賛されるような勇気が示されたこの時代に、アメリカの政治家や多くの組織に支持されたイスラエル政府は、自分たちに好意的なメディアのイメージを

作り出し、一方のアラブ諸国のイメージは、その発展にもかかわらず、「ラクダの国」とか「刀を持った首長」といったようにまるで変化が見られないままであった。多くの調査によれば、アラブ対イスラエルの抗争を伝えるメディア・メッセージの量は不均衡であり、アラブ諸国に対するステレオタイプは、何世紀にも渡ってユダヤ人が受けてきたステレオタイプと似たりよったりであった。[60]

ほとんど日常茶飯事となっていた対立は、政治権力や報道機関をも巻き添えにした。1956年に、イギリスとフランスがイスラエルと共謀し、スエズ運河の覇権を奪いイスラエルに与えることをもくろんだ。イスラエルはエジプトが、長年にわたり自由貿易を行う上で障害になってきたことを不満に思っていた。この場合はアイゼンハワー政権が、即座にイスラエルが国連平和維持計画に従い、対エジプト武力制裁を中止するよう求めた。1967年6月に、イスラエルは、敵側であるエジプト、シリア、ヨルダンに圧勝したが、この戦いは「六日間戦争」として褒めたたえられた。その抗争の間、トップ・ニュースとしてメディアを飾った戦車や空軍による戦闘の影武者の役割を演じていたのは、戦闘上の鍵を握るアメリカとソ連であった。

1967年の戦闘の成果としてイスラエルが獲得した地域は、ヨルダンからの東エルサレムと、ヨルダン川西岸、シリアのゴラン高原に加え、シナイ半島の近くにあるエジプトのガザ地区に及んだ。この領土獲得の結果として、これまでも深刻であった難民問題に加え、約100万のアラブ系住民がさらに行き場を失い、新たな問題をイスラエルは背負い込むことになった。この複雑な問題を記事にしようと取材を行っていた何十人ものアメリカ人ジャーナリストの中で、NBCプロデューサーのテッド・イェーツ(Ted Yates)と、ライフ誌カメラマンのポール・シュッツァーは、この時に命を落としている。

この時期は、イスラエルが最も力を誇っていた頃であった。打ちのめされたアラブ諸国に対して、まるでイスラエル軍は無敵を誇るかのようであった。1967年11月の国連安全保障理事会で、国連決議242条が採択された。これは、イスラエルの独立を認める代わりとして、イスラエルにゴラン高原、ガザ地区とヨルダン川西岸からの撤退を求め、全ての国が国境内で安心して生活する権利を認めたものである。エルサレムの将来の位置付けを含む国連決議242条の解釈と、その履行の可能性についての議論は終わることなく続けられている。

1970年のヨルダン内戦は、この長期的な抗争の分岐点の1つとなった。1967年にイスラエルがヨルダン川西岸を占拠して以降、ヨルダンはパレスチ

ナ人がイスラエルを攻撃する際の拠点となった。ヤシア・アラファト (Yasir Arafat) 議長に率いられたパレスチナ解放戦線 (PLO) の力があまりにも強大になり、国家の中の国家であるとまで言われるようになると、ヨルダンのフセイン国王は、シリアに支持された PLO を追い出すために軍事力を行使するようになった。メディアの扱うメッセージの量もかなりのものとなった。PLO は、レバノンの南に逃れたが、結局そこで激しい戦闘が繰り広げられるようになった。ヨルダンでの戦闘の結果は、国土を取り戻そうとするパレスチナ人たちの努力を分断し続けるものとなり、ニューヨーク・タイムズを始めとする報道機関も PLO という組織をパレスチナ人を正式に代表するものとしては認めていなかった。[61]

放送史上最もショッキングな出来事は、1972年のミュンヘン・オリンピックの選手村にアラブ人のテロリストが侵入し、イスラエル人選手たちを虐殺した事件であろう。それに加え、近隣諸国をも巻き込んだ様々なパレスチナ人のゲリラグループによる奇襲と、対するイスラエル側の報復行動は、中近東の地域に深刻な緊張状態を与え続けていた。

イスラエルは、1973年のユダヤ教の祝日にあたる贖（あがない）の日に、エジプトとシリアからの攻撃を受け、軍は大きな打撃を受けた。この時大挙して援護に回ったアメリカからの支援部隊は、敵を追い返して、この戦いが大戦へと拡大しないよう食い止めるのが精一杯であった。しかし次の休戦協定の場において、アンワー・サダトエジプト大統領は、より恒久的な協定を希望した。これが最終的にはカーター大統領、メナシェム・ベギンイスラエル首相とサダト大統領の間で結ばれた「キャンプデイビッド協定」へと発展していくが、これは、この経過には一切加わっていないアラブ諸国をがっかりさせた。

1982年にパレスチナ解放戦線 (PLO) の勢力を追い払い、領土を奪取するために南レバノンに侵入する決定を下して以降、イスラエルに対する国際的な評価は低下の一方をたどった。シリアは北レバノンを占領し、PLO の統治司令部はベイルートに置かれた。事前の公式発表に従い、国境から 25 マイルほどのところで進軍を止めるはずだったのが、イスラエル政府は奇襲作戦に出て、ベイルートを包囲し、一時的に PLO のゲリラを追い出した。しかし、レバノンの村への爆撃や、ベイルート空襲のテレビ報道によって、イスラエル軍の取った行動に疑問が投げかけられた。

この時点までは、独裁者ソモサが裁判にかけられたニカラグアを始めとして、南アフリカ、チリ、エルサルバドル、ホンジュラス、イランやその他の諸

国など、為政者によって民衆が弾圧されている国家に向けて、イスラエルが武器供与を行っていることに対する批判の声を、アメリカの体制派のメディアから見聞きすることはなかった。これらは、アメリカの外交政策と反目するものではなく、さしたる注目を集める出来事でもなかったからである。しかしながら、このイスラエルの対レバノン軍事行動がきっかけとなり、賛否両論が沸き起こった。とりわけ、イスラエルと結びついたレバノンのキリスト教右派武装グループが、ベイルートのパレスチナ人キャンプを襲い、700人以上の難民が殺害されるという1982年の残酷な事件が、その発端となった。この戦闘をレポートした、ワシントン・ポストのローレン・ジェンキンス (Loren Jenkins) とニューヨーク・タイムズのトマス・フリードマン (Thomas Friedman) は、1983年度の、国際報道部門のピュリツァー賞受賞者となった。フリードマンは、自らの著書『ベイルートからイェルサレムへ』(*From Beirut to Jerusalem*) でこの実情を詳述している。AP通信社のカメラマンであるビル・フォーリー (Bill Foley) は、この難民キャンプで発生した殺戮の現場をカメラに収めている。ウォルター・ウィズニュースキー (Walter Wisniewski) とジャック・レデン (Jack Redden) は、この報道により、海外特派員協会賞を授与された。

　国連平和維持活動の一環として、アメリカ政府がレバノンへアメリカ海軍を送り込むようになって以来、アメリカの中東政策は瓦解への一途をたどる。1983年10月のベイルートでは、爆弾を積んだトラックが強行突破し、241名にもおよぶアメリカ海兵隊員が命を落としている。テレビに映し出された嫌悪感を与える攻撃の光景は、イラン寄りのグループを非難するものであり、人質問題の後遺症に悩むアメリカ人たちにさらなる喪失感を与えた。また戦艦ニュージャージーによるレバノンの村への無差別な砲撃は、アラブ世界の人びととの心に、反米感情をますます増幅させていくのであった。それは、1986年4月に、リビア大統領ミャンマー・カダフィー (Muammar Quaddafi) を標的に、レーガン大統領が下したリビア爆撃の決定の時と同じであった。

　レーガン政権への信頼は、1986年の末に再び危機に陥ることになる。同盟国に対してテロリズム反対を唱えてきたレーガン大統領自身が、AP支局長テリー・アンダーソン (Terry Anderson)[62] を含む数人の人質の解放を交換条件に、イランへの武器供与を密かに許可し、そこからの収益が、ニカラグア政府打倒に荷担するというアメリカ政府の特別計画を支援していたことが明らかにされた。このスキャンダラスなニュースは、イラン人質問題に怒るアメリカ人をびっくりさせばかりでなく、イランと敵対し、長期にわたったイラン・イラク

戦争でイラクを支持していたアラブ世界全体にも計り知れないショックを与えた。また、イスラエルがこの武器供与にいかに関わってきたかも詳らかにされていくと、アラブ世界の驚きは怒りへと変わっていった。

　過激派の武装組織による飛行機のハイジャックが頻発し、イタリアの客船アシリー・ラウロ号でも凄惨な流血事件が発生したが、パレスチナ人の長きにわたる国土奪還の闘争はこれらの事件でダメージを負い、国際テロリズムという感情的な問題に覆い隠されてしまった。しかし1987年12月9日から、ガザ地区のパレスチナの愛国主義者たちが、イスラエルの占領に対してインティファーダと呼ばれる徹底した抗議行動を起こし、その運動の輪はヨルダン川西岸や東エルサレム地域にも広がっていった。数日して、両親や祖父母の世代の支持を得た若者たちによる投石がエスカレートし、それに対してコントロールする術を失い苛立ったイスラエル兵たちは、殴打、催涙ガス、銃撃などの暴力に訴える以外に活路を見出せない状況であった。[63]

　1988年11月15日、アラファトPLO議長は、アルジェリアでパレスチナ国家の独立を宣言した。12月12日には、イスラエル存続の権利も公に認めた。長い間西欧のメディアに無視され続けてきたパレスチナの大儀への同情の声が上がる中、ヘンリー・キッシンジャー元国務長官の後ろ盾を得たイスラエル政府は、強力な検閲制度を敷き、暴力事件が起きた難民キャンプや村への記者たちの立ち入りを拒否した。

　その多くは爆弾によるものであるが、1991年までに、延べ1,000人以上のパレスチナ人が命を落としている。また何千人もの人びとが残酷な殴打の犠牲者となり、その実態は多くの人権団体によって報告されている。反対意見を唱える何千人もの人びとが、裁判もなしに何か月もの間投獄され、住宅はイスラエルで有名な「連帯処罰」という罰則のもとで取り壊され、平和のための話し合いの仲介を努めようとする者も含めて、多くの指導者たちが国外退去を余儀なくされた。

　1990年10月、ユダヤ人過激派による発砲を勘違いしたイスラエル国境警備担当の警察官が、17名のパレスチナ人をエルサレムで殺傷した。[64] 世界中に伝えられたこのニュースは、パレスチナ問題を、クウェートを占拠しているイラク大統領サダム・フセイン (Saddam Hussein) を撤退させるべく続けられていた努力と結びつけるべきか否かの論争にまで拡大させた。ブッシュ大統領はそれを否定し、1991年1月の湾岸戦争勃発時のイスラエルでは、170万人のパレスチナ人に対して夜間外出禁止令が発令された。

湾岸戦争が終結し、アラブとイスラエルの前向きな交渉が1991年に始まった。最も画期的な出来事は、1993年9月13日にホワイト・ハウスにて、アラファト議長とイスラエルのイーザック・ラビン (Yitzak Rabin) 首相が、相互理解の印として握手を交わした瞬間であろう。イスラエルは、数年をかけてイスラエル軍を撤退させていく計画の第1段階として、ガザ地区とエリコの歴史に残るヨルダン川西岸地区に住むパレスチナ人に統治権を委譲することに同意した。アラファト議長は、委譲期間中に自治権が制限されることを受け入れたが、これはパレスチナ人の基本的な自己決定権が危機にさらされたという印象を与え、これまで彼に最も忠誠を尽くしてきた占領地区の支持者たちを大いに落胆させた。1994年の半ばまでにアラファト議長は、パレスチナ国家機構の主要ポストを任命し、その年の7月1日にアラファトPLO議長は、27年ぶりに母国の土を踏むことになった。テレビの視聴者たちは、笑みをたたえたアラファト議長をガザの人びとが大歓声で迎えるというパレスチナ独立を象徴する場面に見入った。しかし、程なく発生したパレスチナ、イスラエルの過激派による流血騒ぎにより、このシーンへの陶酔もつかの間の出来事であったと、人びとは思い知らされるのであった。真の平和が訪れるまでには、イスラエルの不法入植者の処遇や、東エルサレム占拠の最終的な位置づけはどうなるのかといった、多くの障害が立ちはだかっていたものの、約50年にもわたる敵対関係を経て、イスラエルとPLOの新しい関係がまさに始まろうとしていた。

湾岸戦争

アメリカ軍がイラク軍に勝利した湾岸戦争の勝利の余波による混乱がまだ収まっていない頃から、ブッシュ大統領が唱えた「新しい世界秩序」という目標のもと、電子制御された電撃戦が、イラクを工業化以前の時代に差し戻してしまったことについて疑問視し始めたジャーナリストたちがいた。ワシントンの公式発表による政策とクウェートとイラクが示す現実の食い違いの複雑さにもかかわらず、いくらかはっきりしてきたことがある。

まず湾岸戦争勃発時のアメリカ合衆国とイギリスは、アラビア半島の石油産出国の将来の出来事を物理的に操作できる立場にあった。またパレスチナ問題は、中東問題の最重要課題として返り咲きつつあった。超大国として現在でも君臨し続けるアメリカは、長期的な経済目標を邪魔するいかなる国に対しても圧力をかけることにやぶさかではなかった。海外の紛争を取材する海外特派員

に対して、広範囲にわたる検閲を行う下地も、アメリカでは着実に作られていた。サダム・フセインが1990年8月2日にクウェートに侵略し、ブッシュ大統領が、1991年2月27日に逃走したイラク兵の虐殺をやめさせ、ところかまわずイラクを爆撃させている間にも、アメリカ政府はCIAや心理作戦を積極的に用いて、軍備縮小に効果があるかのように、報道機関や国民を巧みに欺き続けていたことは、後に明らかにされた。

　戦後補償や、イラクのペルシャ湾利用を邪魔する2つの島の支配権、両国間で領有権をめぐって争いの絶えなかった境界地域からクウェートがイラクの石油を盗んでいたとするイラク側の非難をめぐる長い論争の後、サダム・フセインが、隣国のクウェートを掌握した時に、ほとんどのアメリカ人たちは、イラクのサダム・フセインは、アメリカの盟友であると思っていた。結局、アメリカのとった政策は、8年間にわたり、アメリカの敵であったイランを向こうに回し、アメリカに代わって矢面に立ってくれたイラクを経済的に支援し、援助の手を差しのべようとするものであった。

　しかし、イラクがこの地域で最も強力な軍事力を蓄えた国となる形でイラン－イラク戦争が終結した1988年の8月からすでに、アメリカとイギリスはイラクに対抗し始めていたことが後に明らかになった。人口が少なく攻撃されやすい湾岸諸国における西欧の石油利権を守るために、人口の多いイラクとイランが、弱小国のまま対立しあうように仕向けるというのが、アメリカとイギリスの一貫した中東政策であった。[65]

　クウェートに侵入したイラクに対する大統領の公の反応には、怒りと警告が込められていた。早い時期から軍事行動を決心していたブッシュとその側近たちは、フセインの攻撃性を告発し、そのイメージをアドルフ・ヒトラーと重ね合わせるのと同時に、各界からの広範な支持を取り付けられるよう巧妙な働きかけを行った。8月7日、国連安全保障理事会の決議を拠り所に、「イラクの戦車が石油王国に侵入する恐れがある」として、ブッシュはサウジアラビアにアメリカ軍を送り込んだ。9月11日にアメリカ国民に対して演説を行い、(1) イラクのクウェートからの撤退、(2) クウェート王族の実権奪還、(3) 湾岸地域の安全の保障、(4) 同地域のアメリカ人居住者の安全確保などがアメリカの目的であると説明した。その夜に、ピーター・ジェニングズによって、ABCスペシャル『ア・ライン・イン・ザ・サンド』(*A Line in the Sand*) が放映されたが、この番組は、湾岸戦争初期の放送の中では最も秀でたものであると、批評家たちから高い評価を得ている。

1991年5月、ワシントン・ポストのボブ・ウッドワード記者が、その発端と成果に疑問を抱く者の1人として、ベストセラーの『ザ・コマンダーズ』(The Commanders) を出版した。この本では、ブッシュ大統領やリチャード・チェイニー (Richard Cheney) 国防長官を始めとする武力による解決を目指す関係者たちが、アラブ諸国が自分たちの手によって長期にわたる国連の経済制裁や危機の解決をはかろうとした機会をいかに排除してきたかが明らかにされている。また、当初から穏便な解決方法を主張し、1人孤立していたのは、陸海空軍統合参謀本部長であったコリン・パウエル (Colin Powell) 将軍であったと、ウッドワードは述べている。

　戦争勃発当初から、アメリカのメディアはこぞって、ホワイト・ハウス、国務省、国防総省などの唱える危機の高まりを忠実にレポートし続けた。マニュエル・ノリエガ将軍を相手にしたパナマ紛争をノリエガ個人の問題として扱ったのと同じように、メディアはサダム・フセインを悪魔として扱った。小規模ながら重要な戦争反対の行動に参加していた市民の努力を、ニュース・メディアはまともに取り上げようとしなかった。[66] 最後には43万人以上にもなったアメリカ軍の第1陣がサウジアラビアに到着した際に、国防総省は、最初の大きなニュースであったこの出来事に対するメディアの取材活動を制限し、本国に送られるニュースの流れの制約を意図した複雑なプール取材の計画を発表した。

　記者と広報担当官の間で頻繁に見られた小競り合いに加え、プール取材という制約の中で、記者同士がしのぎを削る姿も見られた。しかし、反論を唱えるニュース・メディアのオーナーや経営者たちは皆無であった。どちらかと言えば、ペンタゴンが全権を掌握し、戦争を支持する国民が圧倒的で、たとえ政府が検閲を敷いても、それを受け入れかねないような世論の流れが形成されていた中で、メディアは諦めの境地にあったと言えるだろう。記者の取材活動には、必ず担当官が同伴するといった取り決めを含む、プール取材が持つ恣意性をめぐる議論は戦闘が終わっても続けられていた。アメリカ人の心の中に残るベトナム戦争での敗北感の穴埋めをするという目標（これは、政府の戦争突入の理由の1つであったが）は達成され、その後も、戦地のアメリカ人兵士に対して記者が直接取材をするといったオープンな姿勢に戻るような流れにはならなかった。[67]

　CBSのボブ・サイモン (Bob Simon) 記者は、プール取材のルールを出し抜こうとしたが、同行メンバーとともに拘束され、戦争が終わるまでイラクで投獄された。戦争中に命を落とした唯一のジャーナリストは、フリーランスの写

真家であるキャド・シュスター・グロス (Gad Schuster Gross) であった。ルーマニア人でハーバード出身のグロスは、3月29日にニューズウィークの仕事のためイラク北部にて活動中に、イラク兵によって殺された。ビレッジ・ボイスと CBS のフランク・スマイズ (Frank Smyth) とガンマ・リエゾン（訳者注：写真専門の通信社）のアレイン・ブー (Alain Buu) という、グロスのフリーランス仲間2人はイラク兵に捕らえられ、3週間後に解放された。クウェート侵攻後、26日間にわたりクウェートに潜伏し、電話で情報を提供し続けたワシントン・ポストのカーライル・マーフィー (Carlyle Murphy) は、ピュリツァー賞を獲得した。

ほどなくアメリカの人びとは、サウジアラビアに留まり、戦争終結後にもクウェート、イラク、トルコといった地域からニュースを語り続けた報道陣の顔や、記事を発信する記者の名前を記憶するまでになった。11月8日の中間選挙の後にブッシュ大統領は、アメリカ軍を2倍に増強し、ベトナム時代のように強力な軍隊にすると発表した。ブッシュとサダム・フセインのにらみ合いの勝負がつかないまま、中東問題の専門家とされている人びとの群れが入れ替わりテレビに登場し、絶え間のない議論が、延々と続けられていた。この頃ダン・ラザー、トム・ブロカウ、テッド・カペル (Ted Koppel) が中東からレポートを送っているが、中でもラザーはサダム・フセインの独占インタビューにも成功している。NBC の『トゥデイ』(Today) がサウジアラビアから放送された時は、ブライアント・ガンベル (Bryant Gumbel) が赤いカーペットの上の椅子に座りニュースを伝えた。ブッシュはフセインに1月15日までにクエートから退却するように命じた。1月初めに緊張感が高まった時は、テレビが危機状態になり、さらにバグダッドに爆弾が落とされた時は、戦いはテレビ・メディアそのものであった。アメリカ軍最高司令官 H・ノーマン・シュワルツコフ (H. Norman Schwarzkopf) 将軍が陣頭指揮を取った「砂漠の盾作戦」は「砂漠の嵐作戦」に変わった。

バグダッドのアル・ラシド・ホテルで、アンカーであるピーター・ジェニングズと生放送で言葉を交わしていた ABC 放送のゲアリー・シェパード (Gary Shepard) が最初に閃光を伝えたレポーターとなった。それは1991年1月16日午後6時35分（東部標準時間）の出来事であり、「7月4日の独立記念日の花火が100倍にもなったような光景であった」と彼は後に語っている。その数分後に、ABC を始めとする他の報道機関は電話回線を失ってしまったが、例外的に CNN だけは、衛星放送への接続が可能となっていたヨルダンのアン

マンまで、事前の手配が功を奏して月1万6,000ドルで電話回線を使用できるようになっていた。この先見の明によって、CNNは放送史上に輝く1ページを作り出すこととなった。

巡航ミサイルやF-15E、戦闘爆撃機の編隊が制空権を握った時、CNNレポーターのピーター・アーネットと、ジョン・ホリマン (John Holliman) は、アンカーのバーナード・ショーとともに、バグダッドのスタジオでサダム・フセインのインタビューのために待機中であった。15秒から20秒くらいにわたってミサイルの放つ閃光の乱舞がテレビ画面に登場した後、午後7時の時報とともに、ホリマンが「バグダッドで戦争が始まりました」と口火を切った。アーネット、ホリマン、ショーの語りは、「空一面が対空砲火に包まれている」といった感じで、エドワード・R・マローのような口調とはいかないものの、第2次世界大戦時のスタイルが用いられ、本国のアメリカでは、夕食中の人や家路を急ぎ車を走らせている人びとが爆撃開始の第1報を知ってから1時間も経たないうちに、国民のほとんどが、彼らの声に耳を傾けていた。背後で雷のような爆発音が轟き、爆破が市街地の近くに迫った時にはレポーターの「アッ」という声が加わった。制約を受けない状況での放送でもあり、クスクス笑いや、神経質そうな笑い声も聞かれた。その晩に、ブッシュ大統領は、テレビ史上、単独のニュースとしては最多の視聴者に対して演説を行ったが、その放送は全米の6,100万世帯で視聴されたと推計されている。

ABCではワールド・テレビジョン・ニューズのカメラマンが撮影し、シェパードがレポーターを務める形で、最初の爆撃の模様を伝えた。次の日、ホリマンとショーは、他の40名ほどのジャーナリストたちと一緒に国外に退去し、アーネットと2人の技術スタッフが残ることになった。彼は戦争中もずっとアトランタのデスクにレポートを続けたが、後に衛星アンテナを設置することで生放送も可能になった。彼は爆撃によるダメージをレポートしたことにより、一部のグループの人びとからの極端に敵意のこもった批判にさらされた。それでもほとんどの同僚たちは、彼が勇気を持ち戦況を冷静な目で追求し続けたことを賞賛した。彼はテレビの視聴者に対して、自身が検閲を受けていることを語ったが、彼のレポート中にスタジオで聞くCNNのアンカーまで困惑させられることもあった。それどころかアーネットは、「非軍事施設の破壊は、2次的なもしくは偶然の被害に過ぎない」という、サウジアラビアのリヤドに置かれていたアメリカ軍中央司令本部発表の戦況報告を否定することもあった。

この戦争は、「冷淡な空中戦である」という非人間的な印象を拭い去ること

ができない戦争であった。2月の中旬に、アメリカ側のステルス戦闘爆撃機が、バグダッドのシェルターにいた300人以上にもおよぶイラクの民間人を焼死させた時、アーネットや他のジャーナリストたちは、「大虐殺である」とレポートしたが、アメリカ軍当局の報道官は、そのシェルターは軍の司令を行う要所であったと主張した。しかし、イスラエルとサウジアラビアでのイラクのスカッド・ミサイルに対する警報発令がテレビで放映されると、アメリカ国内では、イスラエルの死傷者と被害の実態に対して、多くの同情が集まるようになった。アラブ諸国において、何千人もの人びとが殺されているにもかかわらず、テレビカメラが入っていないイラクからは、その実情が世界中に全く知られないばかりか、テレビ・レポーターが伝えるのは、マスクを装着したイスラエルからのテレビの場面までで、これでも戦争の恐ろしさをアメリカ本国に伝えるには十分であった。

　戦争報道の大部分を通じて、アメリカのメディアには、イラクが被った傷害について配慮したり驚いたりするという視点が全くといってよいほど見られなかった。1991年3月の国連のレポートによると、イラクの経済基盤が被った打撃は大きく、それは壊滅状態に近いものであるとされていた。これ以降、ニュース・メディアはやっと空軍の統計を踏まえ、空爆で投下された爆弾のほとんどは正確ではなく、70%はターゲットを外し、装備されたカメラの映像を見ながら、視聴者たちが畏敬の念を抱いた「スマート爆弾」でさえ、10%のミスがあったことを伝え始めた。[68]

　アメリカ国内ではテレビで戦争を視聴することが慣例化していて、戦争が終結した時に、これまで味わってきた興奮をもう味わうことができなくなるという寂しさから、カウンセリングを求める人が現れるほどであった。視聴者たちは、ペンタゴン担当のCNNレポーターである、ウォルフ・ブリツァー (Wolf Blitzer)、サウジアラビア担当のチャールズ・ジャコ (Charles Jaco)、アンマンのクリスティアン・アマポール (Christine Amanpour)、テルアビブの辛口なリチャード・ブライストーン (Richard Blystone) などを懐かしがった。NBCのアーサー・ケント (Arther Kent) は、女性視聴者の「あこがれの的」であった。ABCのディーン・レイノルズ (Dean Reynolds)、NBCのマーティン・フレッチャー (Martin Fletcher)、CBSのトム・フェントン (Tom Fenton) は、スカッド・ミサイル攻撃を受けるイスラエルからのレポートの時にはお馴染みの顔となった。[69]

　報道官の戦況報告の中継や、パトリオット迎撃ミサイルがスカッド・ミサイ

ルを打ち落とす様子などをテレビで見ることが、かつてなかった新しい視聴体験となっていく中で、地方のテレビや新聞の偏った報道によって、アメリカ国民の間に好戦的な愛国精神が形成されていった。ロサンゼルスのKABC-TVでは、地元で起きた反戦運動のニュース報道を禁止し、ベトナム戦争以来最も大きな規模であったとされる市庁舎前の抗議行動を無視した。新聞は戦争肯定のシンボルでもあり、家族を戦地に送り出す人びとのシンボルでもある黄色いリボンについて見開き2ページ大の特集記事を載せるとともに、社会部の部屋を黄色いリボンで飾った。トーク・ショーは、精密爆撃やアメリカのハイテク戦争技術の素晴らしさを称えるホストやゲストに占拠され、ディスク・ジョッキーたちは、戦争を疑問視するピーター・アーネットを始めとするジャーナリストたちに対する批判を差し控えながらも、戦争を賛美する新曲を売り込むのであった。

　空爆開始時に、アメリカの被害が少ないということが明らかにされた時には、みんながほっと胸をなでおろすといったような状況であった。政府は総力戦に突入し何千人もの死者が出た時の準備をしていた。ビデオに映し出される戦況報告は、アメリカの軍需産業の高レベルを誇示するものとして、ミサイルは正確に目標を攻撃しているとされており、静かな満足感を引き出した。無理もないことであるが、普段ネガティブなニュースを聞き慣れていた人びとは、ペルシア湾岸から伝えられるほぼ完璧に肯定的なニュースを好んだ。

　空中戦が始まり、軍用機が10万回以上出撃し、イラクの攻撃目標を目指して飛び交うと、最終段階である「地上戦」への突入は明らかであった。ブッシュ大統領は、この時にも2月23日という期限を設定していた。残りの時間もなくなり、プール取材の記者たちは、トップ記事を飾るクウェート占領の一報を待ち構えていた。クウェート解放の生中継でドラマチックな大成功を収めたのはCBSのボブ・マッキーオン (Bob McKeown) であり、戦争報道全体でそれまで遅れをとっていたCNNやABCに先駆け、意気揚々とニュースを伝えた瞬間でもあった。NBCは中継で遅れをとってしまった。

　サウジアラビアでは、アメリカからの者が圧倒的に多かったが、数十か国から集まった1,000人あまりのジャーナリストや技術者たちが、プール取材からの原稿を待ちわびていた。ニューヨーク・タイムズのマルコム・ブラウンや、R・W・(ジョニー)・アップルは、やる気はあってもこの争いのルーツをまるで知らない戦争取材が初体験の若い記者たちに囲まれていた。概して彼らは、どこでも使える網羅的な記事を書き、そこそこの義務を果たしていた。地上戦

が始まると、多くの者が、クウェートまでの道程の混乱に乗じて検閲の裏をかいた。ロサンゼルス・タイムズは、中東に派遣されたメディアの中で最大の取材チームを組み、この地域に9名の記者を送り込んでいた。その他にその仕事が高く評価されたものは、ウォールストリート・ジャーナルであった。ニュース週刊誌は各社とも、10人以上の要員を送り込み、手ぐすねを引いて待ち構えていた。通信社の中では、人手不足のUPIが足踏み状態の中、APとロイターがしのぎを削っていた。

　アメリカ、イギリス、アラブ諸国から構成された多国籍軍による地上戦は、公式発表では100時間で終了した。多国籍軍はイラク防衛隊を切り刻むように勝ち進み、10万人のイラク兵の身柄を拘束した。その他に、10万人程度のイラク兵が殺され、そのほとんどは攻撃前の爆撃によるものであった。1万5,000人ほどのイラク市民が爆撃によって殺されたと推定されているが、その数字は、戦争支持者と平和運動推進者の間で食い違っていた。2月の末に戦争が終わり、アメリカ軍はイラクの南部にいたが、アメリカの中東介入は、異なった方向へと進んでいった。イラク兵に追われトルコに逃れようとするクルド人たちを伝えた放映は、長年の報道で最も視覚的に悲惨なものの部類に属した。アメリカの落胆は大きく、ブッシュはクルド人を守るためにイラク北部に遅ればせながら、アメリカ軍を送らざるをえなくなった。この地域は国連の支配下にあり、大丈夫と思われていたが、イラクとクウェートにおけるアメリカ介入が長期化し、油田の火事によって起こされた混乱や環境への影響は、予想以上に深刻化していた。

　ホワイト・ハウスとペンタゴンの上層部によって起こされた戦争は、後味の悪い終わり方をした。これによって中東の安全が図られることはなく、サダム・フセインは、敗戦によって逃亡した何十万もの彼の軍とともに権力の座に残り続けた。クウェートの非民主主義的な法律が復活し、何百人ものパレスチナ人を始めとする人びとが危険分子として裁判にかけられた。イラクへの報復をしないということで、特別な計らいを期待していたイスラエルは、占領地へのロシア系ユダヤ人の入植を言明した。これは、アメリカが勧めるパレスチナやアラブ諸国との平和交渉に障害をもたらすことになった。

　思い返してみると、この戦争は、黄色いリボンがなびく中の盛大な戦争帰還兵のパレードを始めとして、大量のプロパガンダ作戦によって構成されていた。それはウォールストリート・ジャーナルの以下の言葉に集約されている。

サダム・フセインのクウェート侵攻後1年が経過したが、その生活、活気、誇り、どれをとっても、敗北感に打ちのめされたという気持ちが、危機に瀕するアラブの人たちを覆い包んでいる。アメリカの視点から見れば、貧しいイラクが勝者になったのかもしれないということになるものの、アラブにとっては、それでも恐ろしい代償を払わされたことを意味している。

　1990年の軍隊編成時における世論調査でブッシュを支持するものは78%（ABCとワシントン・ポストによる）であり、空爆の前日にも69%の支持率を示していた。しかし戦争が終結すると、イラク北部へのアメリカ派兵や、無謀な赤字に起因する国内経済の疲弊などから、彼への支持率に陰りが見え始めた。ニュース・メディアを見ると、1991年初頭の世論調査では、テレビを主なニュース・ソースとしている人びとは、89%であり、67%の人びとは、新聞の続報からも基本的な情報を得ていた。そして大多数（テレビに対して好意的な者91%、新聞に対して85%）の人びとが、ニュース・メディアの戦争報道について好意的であった。

　否定的な側面を見ると、「サダム・フセインの登場回数が多すぎる」と考える者が39%であった。「ニュース・メディアはしばしば間違っている」と44%が思い、「ニュース・メディアのせいでアメリカ当局が戦争に踏み切ることが困難になっている」と答えた者が64%いた。新聞を毎日読んでいる者はわずか51%であり、これはテレビ・ニュースがいかに重要であるかを再確認させる調査結果となった。

　レーガン前大統領の側近として、彼のアドバイザーをしていた1人で、広報のエキスパートでもあるマイケル・ディーバー(Michael Deaver)が、戦争とメディアの関係について、体制派の人びととの考えを要約している。彼によれば上層部にはニュース・メディアの支配に関して卓越し洗練されていることが求められるという、また彼は、とりわけテレビについて「『アラビアのロレンス』と『スター・ウォーズ』を足して2で割ったような描写を目指すことが望ましい。80%の人びとがテレビから情報を得ているのだから、これ以上の手段はない」と述べている。[70]

クリントンの奮闘

　ともにテレビ・メディアを知り尽くしていたケネディとレーガンに続き、クリントンは、テレビジョンの神秘性と恐怖を征服した3人目の大統領となった。1992年の民主党の予備選挙に突然躍り出て、アーカンソー州知事時代の12年間にわたる性的関係の問題や、ベトナム戦争時代の徴兵回避の問題などに対する人びとの拒否反応で痛手を受けたものの、クリントンは、テレビ・カメラに向かって親しげに振る舞い、愛嬌のある口調でにっこりほほ笑みかけた。

　彼の陣営は、彼の中道主義的ポピュリスト的考え方に惹かれた若いスタッフたちで沸き返っていた。その中には、後のクリントン政権で2年間にもわたり史上初の女性報道官を務めることになるディー・ディー・マイヤーズ (Dee Dee Myers) もいた。クリントンは、彼の子供時代に国民的アイドルとして君臨し、クリントン自身が十代の時にホワイト・ハウスに招かれて謁見したことのあるケネディと対比させながら自らを重ね、ヒラリー・ロドハム・クリントン (Hillary Rodham Clinton) は、エレノア・ルーズベルト（訳者注：フランクリン・ルーズベルト大統領夫人）にたとえられた。

　しかしながら、予備選挙の当初から、多くの記者たちは、彼がその立場が変わるにつれ話し方を変えていく点と、彼の個人的な問題に不満を持ち、クリントンとは距離を置いていた。予備選挙のハイライトは、クリントンがニュース番組のシクスティミニッツ (60 Minutes) に登場し、妻への貞節や結婚生活について質問に答えた時であった。

クリントン大統領。

アーカンソーで、共和党のライバルから「お調子者ウィリー」と呼ばれていたクリントンは、現職のブッシュに挑む選挙戦でこのあだ名が使われると落ち込んだ。批評家の中には、レーガンやブッシュの時には、失礼な質問を浴びせたりなどはせずにいた記者団が、なぜあれほどまでに、来る日も来る日もクリントンをしつこく攻めたのか不思議に思った者もいた。その理由の1つとしては、親しみを感じさせるアイドルのように身近な候補者は、皮肉好きのワシントンのジャーナリストたちには、格好の標的になりやすかったことが挙げられるだろう。ジョージ・マクガバンとジミー・カーターも、同様の被害を受けた。

大統領選に立候補する権利を獲得したテキサスの億万長者ロス・ペロー (Ross Perot) が完全に独立したキャンペーンを始めたことにより、大統領選挙は三つ巴の戦いとなった。ペローの標的は、長年にわたり恨みを抱いてきたブッシュであった。その一方で、テレビっ子世代のクリントンは、伝統を破り、音楽専門チャンネルであるMTVに登場し、出られる限りのラジオのトーク・ショーに顔を出し、アーセニオ・ホール (Arsenio Hall) がホストを務める番組でサキソフォーンの腕前まで披露していた。外交問題には疎く経験も全くないクリントンであったが、兆単位にまで膨れ上がった赤字の削減や、瞬く間に巨大化した連邦政府の改革、中産階級の減税などの実現を雄弁に論じた。

「ホープ・キャンペーン」というキャッチ・フレーズを用いた選挙期間中に、クリントンは、レーガン・ブッシュ政権の期間に膨大な赤字が蓄積されてきたことを有権者たちに思い起こさせ、政府や社会に自信を持つことを困難にする不安感を打ち破るよう国民に訴えた。なぜかブッシュ陣営は、そのキャンペーンがさえなかったため、湾岸戦争時に得た圧倒的な支持を持続させることなく、はからずもチャンスを逃すことになった。クリントン大統領は、共和党党大会で保守派に主導権を譲ってしまった失敗から立ち直れないでいたが、それは反女性、反同性愛派的な声明と結びつくという方向に向かってしまった。

ペローも、説教の好きな頑固者のイメージでラリー・キング・ライブ (Larry King Live) を始めとする数々のテレビのトーク・ショーに登場したものの、これといった提案も回答も提示できずに自滅の道をたどっていった。それにもかかわらず、投票率から見ると、有権者の中で政党に縛られずペローを信じて投票した者は19%に上り、これは1912年の選挙でセオドール・ルーズベルトが、進歩党で27%を獲得して以来の第3政党による快挙であった。あたかも当然のものとされてきた伝統的な2大政党制度が、ふさわしい候補者の出現によって揺さぶられかねないところであった。

クリントンはブッシュを 43% 対 38% で軽く破ったが、彼はマイノリティの大統領であったことに関しては議論の余地がない。46 歳という世代を区分する大きな出来事である第 2 次世界大戦の後に生まれた初めての戦後世代、すなわち「ベビーブーマーズ」世代の大統領が出現したのである。彼の就任式は、彼が夢見る多様性と公正さを尊重する社会をシンボライズさせていたが、ケネディが就任式にロバート・フロスト (Robert Frost) の詩を詠んだことを意識してか、マヤ・アンジェロー (Maya Angelou) の詩が朗読された。

　近代の大統領としては、クリントンの就任後のハネムーン期間は最短であり、ホワイト・ハウスのスタッフやレポーターたちが、こぞって狙い撃ちを始めるのに時間はかからなかった。キャンペーン期間中の公約でもあることから頑張ってはいたが、軍隊のゲイを認めるかどうかという問題は、保守派の猛烈な攻撃を誘い、ペンタゴンと妥協し、「聞かず、言わざる」という方針を不本意ながら受け入れた時のクリントンに対して、ニュース・メディアは「言葉を濁らせた」と書いている。

　辛うじてではあるが、クリントンは重要ないくつかの法案を最初の 2 年間に通過させたという点では成功をおさめている。その代表的なものは、「赤字削減のための予算案」、「攻撃を加えるための武器の禁止」（国内で最強のロビー活動を行う団体の全米ライフル協会《NRA ＝ National Rifle Association》の強硬な反対にもかかわらず通過）、様々な教育関連のプログラムなどである。最も力を入れたプログラムは、明確な考えを持ち熱心であった大統領夫人が中心となり進めた医療保険制度を徹底的に見直す立法計画であった。しかしながら、圧倒的多数を占める抵抗勢力に取り囲まれ、民主党の議会のリーダーが白旗をあげ、2 年にもわたる努力も空しく結局は実を結ばなかった。

　支持者からは、健康保険関連の分野であまりに早急に多くのことを進めすぎたという批判が起こり、対立者からは、変化を望まない保険会社や、私立の医療施設に意義を唱えたことを厳しく攻撃された。メディアも一連の批判をことごとく取り上げた。多くの新聞記事は、一般読者にこの法案の意図をうまく伝えるものではなかった、という大統領夫人の主張が当てはまることを示す研究成果がある。4 か月間の健康保険問題を扱った記事の中で、個人と家族に与える影響を扱ったものはわずか 12% であったのに対して、41% は、制度そのものへの影響について扱い、23% は、政治的な波及効果について扱っていた。[71]

　このような挫折にもかかわらず、クリントンは、ジョギングやインタビューに即興で答えるサービスを通じて、好感度を維持していた。彼と大統領夫人は、

どのような込み入った質問にも長い詳細にわたる答えを返して誰をも驚かせた。副大統領のアル・ゴア (Al Gore) も、生来の信頼できるスポークスマンぶりを発揮し、彼の妻とともにクリントン夫妻をしっかりと支えた。

記者会見の場での大統領は、その能力を発揮し、UPI の不老不死のヘレン・トマス、ABC の攻撃的なブリット・ヒューム (Brit Hume)、CNN の冷静なウォルフ・ブリツァーなどのそうそうたるメンバーからの質問を大抵はさばくことができた。しかし、記者たちへの不満をあらわに示すこともあった。その一例は、最高裁判事にルース・ベイダ・ギンスバーグ (Ruth Bader Ginsburg) を指名した時であるが、彼は、ヒュームの質問が、失礼で場違いであるとその場を去ってしまった。プライベートにおいて、彼はニュース記事に怒りを覚えることもあったとされ、ラジオのインタビュー番組で、一度ならずそれを口にしたことがある。彼は自分自身が大変な役割を荷なっており、一般の人びとが認識している以上の仕事をしているにもかかわらず、「メディアはそれを伝えてはくれない」と語っている。主要な新聞の中で、クリントンが最も厳しい批判を受けたのは、ウォールストリート・ジャーナルの社説の中であった。

1993 年にクリントンは、共和党のイメージ・メーカーのデイビッド・ガーゲン (David Gargen) をメディア対策部長に迎え、一時的ではあったが、メディア関連の問題を和らげたことがあった。しかし、メディアとのいざこざがまたすぐに息を吹き返し、ガーゲンは表舞台から姿を消した。当初から大統領自身が作り出していた問題の 1 つに、記者会見を取り仕切る能力があるにもかかわらず、あまり記者会見そのものを開かないことがあった（就任後の 20 か月の間で 3 度しか行っていない）。そして、テレビ放送される一般市民との討論会やトーク・ショーに登場して質問に答え、ホワイト・ハウス付記者団を素通りさせてしまう点も指摘された。ロサンゼルス・タイムズのワシントン支局長のジャック・ネルソンは、次のように述べている。

> 彼は最も活動的で、野心的で、議論を呼び、お行儀が悪く、ぐずぐずしている大統領の 1 人であると言えるだろう……何にでも首を突っ込もうとはするが、それがどれも遅れがちである。年頭に出される大統領の一般教書でさえそうである……側近の 1 人が、「大統領はそばで働く者たちに新しいスタイルの混乱を作り出している」と述べている……しかし彼のエキセントリックな部分と、上がり下がりの激しい点にもかかわらず……最も痛烈な批判家でさえ、彼が少なくとも 1 つ 2 つの公約を果たしたことには同意するだろう。彼を好きであろうと嫌いであろうと、多様性と変化をもたらすという点については、彼は要求に答えていると言えるだろう。[72]

誰もクリントンが悪事に加担したと言ってはいないにもかかわらず、ホワイト・ハウスでは、彼は絶えず保守派からの監視を受けていた。トーク・ショーにおける保守派の代弁者であるラッシュ・リンバウ (Rush Limbaugh) には、ホワイト・ハウス付顧問でクリントンの親友のビンセント・フォスター (Vincent Foster) の自殺にまつわる話を含め、あることないこと噂を撒き散らされた。「ホワイトウォーター疑惑」という名前をつけられたアーカンソー時代のスキャンダルが何か月も大見出しで報じられ、時にはクリントンの政治生命が危ぶまれる時もあった。ニューヨーク・タイムズを先頭にした主要な新聞やタブロイド紙の記者たちは、ヒラリー・クリントンが以前に働いていた法律事務所、フォスターの死因、開発・投資企業などと夫妻の関わり、貯蓄やローンの不正などの新しい話を求め、アーカンソーをしらみつぶしに探しまわった。ニューヨーク・タイムズのコラムニスト、アンソニー・ルイス (Anthony Lewis) は「これはグレシャムの法則に報道機関が則っているようなものであった。読者や視聴者を獲得するための競争が激化した結果、スキャンダラスでセンセーショナルなニュースが、真面目なニュースを駆逐してしまったのである」と分析している。[73] カリフォルニア大学バークレー校のメディア批評家のトッド・ギトリンもそれに同感であるとし、ニュース・メディアが、「民主党につらく当たる」などという傾向を指摘して、次のように述べている。

> 記者たちに関して言えば、自らを民主党よりであると自負し、自分が「客観的である」ことを証明するために、わざと逆の態度をとる傾向にあるものがいる……ほとんどの報道機関は、元来バランスを備えてはいない……狂乱に満ちた競争が疑わしそうな不正行為を探す競争を煽ることになる……かくして、公の情報の番人たちは、他のアメリカ人たちとともに、クリントンをどん底に追いやっていくのである。[74]

クリントンの関係者の中には不正行為を行った者がいたかもしれないが、大統領とその夫人は潔白であった。そこにまた、セックス・スキャンダルが訪れた。ある若い女性が、州知事時代にクリントンに強引に関係を迫られたとして訴えを起こしたとテレビで告白した。この訴訟は大統領職を終えるまで延期され得るという決定を裁判所が下し、クリントンはいくばくか救われた。

これらの騒動に注がれた目をそらすために、1994年にクリントンは、失業率が低下していることと、国内の景気がうれしいことに回復していることを指摘した。また、彼の外交政策への評価はいくらか上向いた。1994年度の6回

にわたる海外訪問は新記録を樹立したが、その中にはへとへとに疲れた中東6か国訪問の旅も含まれており、状況に合わせた倫理観がより役に立つポスト冷戦時代の中で、クリントン政権の一貫した政策への模索が続いた。ソ連が消滅した当時、外交問題にどこまで介入するべきかという物差しさえない状況にあった。ヨーロッパやアジアの外交場面において、クリントンは好意的に受け入れられた。激しい議論が交わされた後に成立した北米自由貿易協定(North American Free Trade Agreement=NAFTA)を推進し、また新しい国際商取引を進める組織である世界貿易機関(World Trade Organization=WTO)の設立においてもリーダーシップを発揮した。

　ハイチと北朝鮮に関しては、ともにジミー・カーター元大統領に交渉を依頼し、少なくとも一時的には危機的状況を回避させている。ハイチでは、ジーン・バートランド・アリスティド(Jean-Bertland Aristide)前大統領を復帰させ、かろうじてハイチ侵攻を避けている。サダム・フセインに対しては１度だけ空爆を命じたことも含めて、折々で断固とした態度を取った。また、フィデル・カストロのキューバにも、アメリカのこれまでの立場を踏襲し、鉄拳制裁主義を貫いた。ボスニア紛争においてはヨーロッパ同盟の支持には回らず、セルビアの後押しが結局失敗に終わり、包囲されたボスニアのイスラム教徒に対する武装船舶の出入りを禁止することとなった。

　全体的に見て、リベラルなクリントンの批判者は、彼の政策がいつも唱えている個人的な哲学に反して、高額所得者や権力者を優遇するプログラムを支持していることに気付いた。関税を取り除き、自由な貿易を促進するものであるNAFTAを例に取ってみると、アメリカの国境のすぐ南で、みすぼらしい生活を送り搾取されているメキシコ人の労働者を保護するようなことは何もしていない。人権問題に触れるようなことが起きた時だけに不快感を表明するという点では、クリントン政権は前政権となんら変わりはなかった。例えば、中国とインドネシアはアメリカの罰を逃れたが、それはアメリカにとって有利な貿易協定に、彼らが同意したからである。また一方で、イスラエルが国際法を犯して、ヨルダン川西岸地区とガザ地区の土地を没収し、植民地を獲得し続けている状況をクリントン政権は見て見ぬふりをした。ロシア共和国のボリス・エルツィン(Boris Yeltsin)が、離脱したチェチェン共和国に対して軍隊を仕向けた時も、サラエボのセルビア勢力が台頭した時と同じように悲惨な話が報じられたものの、アメリカ合衆国はなんら手を打たなかった。

　クリントンの支持者たちは、彼は過去から様々な負の遺産を受け継いでいる

と主張した。誰もが忘れているが貯蓄貸付組合のスキャンダルによって何倍にも膨れ上がった赤字予算、ブッシュが相手にしなかったボスニア紛争、ヨーロッパと日本における財政緊縮、教育制度の荒廃、増え続ける不法移民の流入、政府全般に対する人びとの不満の拡大、誰も理解できないイスラム原理主義などである。

1994年の中間選挙では、1954年以来初めて上院・下院ともに共和党が権力を手中に収める結果に終わり、有権者がクリントンに打撃を加える結果となった。ロバート・ドール上院院内総務と、ニュート・ギングリッチ (Newt Gingrich) 下院議長は、あらゆる面においてクリントンへの挑戦を誓った。ジョージア州の大学で悪名の高い教授であったギングリッジは、並外れた能力で選挙活動資金を獲得していった。彼は、「大きな政府」や「リベラル運動」にうんざりさせられていた保守派のヒーローとして躍り出た。クリントンを「カウンター・カルチャー・マクガバニクス (McGovniks)」（訳者注：反体制的な文化を戦略的に用いる権威主義的な支配）と呼び、ギングリッジとその仲間たちは、「アメリカとの契約」と銘打った選挙公約の実現を目指して、着実に政権への階段を昇っていた。

1995年のワシントンの最も重大な関心事は、クリントンが政治的ダメージから立ち直り、2期目も出馬するであろうかというものであったが、その答えは"イエス"であった。お互いをこき下ろすような選挙キャンペーンの広告と明らかな政治的無関心の狭間でためらいながらの大統領選挙キャンペーンであったが、クリントンは共和党の挑戦者であるボブ・ドールを8％の差で打ち負かした。両者ともにアメリカ人が最も好むように見える中道派の立場で争った。3度のディベート後の世論調査によれば、いずれもクリントン・ゴア組の勝利であった。しかしながら、政権2期目のクリントンは、数で圧倒する共和党の圧力と直面しなければならなかった。このような政治権力の分裂は、有権者が極端なイデオロギー的立場を好まず、中道的な位置にある政府を好むことに起因しているとする評論家もいた。

大変残念なことであるが、2期目の中盤で最も注目を集めたことは、21歳のモニカ・ルウィンスキー (Monica Lewinsky) というホワイト・ハウス研修生との不倫問題であった。スキャンダルへの注目は、多くの者から「モラル是正に執念を燃やすネオ・ピューリタン」と評されていたケネス・スター (Kenneth Star) 検察官が陣頭指揮する取調べの行方に集まった。そのほとんどが共和党の戦略に沿ったものであったが、大陪審の証言において（先例にならって、全

米にテレビ中継された)、クリントンはルウィンスキーとの関係について明言しなかったために、彼は宣誓したにもかかわらず偽証したとの申し立てを受け、彼を弾劾せよという圧力から、議会での歴史的な投票にまで至った。1999年には、クリントンの辞職を求める声と、状況によっては現職大統領がこのような形で罷免されかねないという失望の嘆きが同時に吹き荒れる中、上院は弾劾裁判を実施するための手続きへの合意を取り付けるために苦闘した。結局、彼を罷免するのに十分な票は得られなかった。任期をまっとうするというクリントの決心は揺るがず、彼は自分の行いはあるまじきものではあるが、弾劾や失職に値するものではないと主張し、また、アメリカの人びともしっかりと彼の功績を認めたのであった。

大衆から見たメディアへの信頼度

　ニュース・メディアの信頼性への理解が深まったのは、1959年からローパー世論調査所によって蓄積されてきた知見に加え、1980年代と1990年代に実施された大がかりな調査研究によるところが大きい。ローパー世論調査によれば、テレビが新聞をしのいで主要なニュース・ソースになったのは1963年であったという。他の世論調査を見ても、ニュース・メディアに対して多少の幻滅はあるものの、学校、地方自治体、警察、経済、宗教団体などの他のどの制度よりも、大衆はニュース・メディアを尊重しているという結果が出ている。

　新しい調査で最も大がかりなものは、タイムズ・ミラー社 (Times Mirror Corporation) がギャロップ社に委託して行った。「人びととプレス」という1986年の調査で、世論とアメリカのニュース・メディアについて一般論で言われてきた常識を覆すような知見もいくつか得られた。まず信頼度を、ニュース内容を信用できるかどうか、という点で定義すると、不信感を持たれているという心配はない。次に大衆は自分たちを尊大で不正確だと思っている、というジャーナリストたちの懸念は、この調査結果を見る限り当てはまらない。

　調査結果全体を見て言えることは、ニュース・メディアは支持されているものの、信頼感は奥深いものではないということである。大衆は、プレスが果たす政府に対する「番人」(watchdog) としての役割を評価しており、この指数は、ニュース・メディアの報道の仕方への不満よりも優っていた。大衆はニュース・メディアに対して、信頼度に関しては「良い」の評価を与えたが、優れている、とは見ていない。もう一点注意しなければならないのは、メディアの

評論家はメディアを支持しているものより批判的であり、概して支持は軽いものである点である。タイムズ・ミラーの調査は、大衆は政府の不正事例については、報道機関にいつでも味方すると結論づけて次のように述べている。

> 大衆は検閲には「ノー」と言い、また事前抑制に対しても「ノー」と言う。政府がニュース報道の公平性について口をはさむことに対してもきっぱりと「ノー」の意思表示を行う。また、政府が要求して立候補者に対してテレビ局のコマーシャルの時間量を均一にすることや、新聞のスペースの量を同じにすることにも「ノー」という。そして、ペンタゴン・ペーパーズのような記事を新聞に載せることに大衆は、はっきりと「イエス」と言う。[75]

ミネアポリスに本社を置く MORI 調査研究所では、アメリカ新聞編集者協会 (American Society of Newspaper Editors＝ASNE) の依頼で、「新聞の信頼度：読者の信用を構築する」というタイトルの調査を実施した。一般読者の不満に焦点を当てたこの調査の結果を見ると、成人の 4 分の 3 が、メディアへの信頼度には問題があると答えていて、6 分の 1 が、ニュース・メディアへの不満を示している。

しかしながら、2 つの調査結果が示した新聞とテレビへの信頼度は類似していた。タイムズ・ミラー調査では、70% が好意的なカテゴリーを、30% が非好意的な意識を反映するカテゴリーを選んでいる。ASNE 調査では、新聞への評価として 75% が、「高い」または「中くらい」の評価を与え、テレビ・ニュースに対しては、同じ 2 つのカテゴリーの合計が、73% になった。興味深い点は、タイムズ・ミラー調査で、メディアとしての新聞に最も高い評価を与えた読者たちは、その仕事に対して、最も厳しい評価を与えている者たちでもあったことである。45% のものが、新聞は「政治的に偏っている」と答え、34% は「しばしば不正確である」と答えている。これらの理由から、「かなり信頼できる」というカテゴリーにおいて、新聞はテレビよりもわずかながら低い数値になった（表 18-1 参照）。ホワイト・ハウスの特派員は、テレビのアンカーよりもランキングからみると低い評価を受けており、またレーガン大統領への総合的な信頼度は 68% であり、その数値は、上位にランクされたメディアでおなじみの人びとや、メディアへの信頼度が 80% を示していたことと比較するとかなり低い（表 18-2 参照）。

次の MORI 研究所による調査は、AP 通信社編集長協会 (Associated Press Managing Editors Association) の依頼で無作為に選出した 51 の新聞の 1,333

表18-1：信頼度ランキング（タイムズ・ミラー調査）

	「かなり信頼できる」	［信頼］のつくカテゴリーの合計
〈ニュース・メディア〉		
ウォール・ストリート・ジャーナル	45 (%)	87 (%)
リーダーズ・ダイジェスト	40	81
ケーブル・ニュース・ネットワーク (CNN)	38	84
ローカルTVニュース	36	85
タイム	35	85
全国放送のテレビニュース	34	87
ニューズウィーク	31	86
ラジオのニュース	30	84
地方の日刊新聞	29	84
全国新聞	25	78
〈ニュース・レポーター〉		
ウォルター・クロンカイト (CBS)	57	92
ダン・ラザー (CBS)	44	89
マックニール・レイラー (PBS)	43	83
テッド・カペル (ABC)	41	88
ピーター・ジェニングズ (ABC)	40	90
ジョン・チャンセラー (NBC)	39	89
デイビッド・ブリンクリー (ABC)	38	90
トム・ブロカウ (NBC)	37	88
マイク・ウォレス (CBS)	35	83
バーバラ・ウォルターズ (ABC)	30	78

表18-2：新聞への評価（タイムズ・ミラー調査）

新聞人への評価 好意的カテゴリー (%)		新聞への評価 批判的カテゴリー (%)	
79	内容の充実に努めている	73	個人のプライバシーを侵す
78	レーガン大統領にフェアーである	60	悪いニュースばかりだ
72	専門的である	55	失敗を隠蔽している
55	事実を正しく伝えている	53	一方だけを好む（偏っている）
52	アメリカの味方をする	53	権力の影響を受けやすい

名のジャーナリストたちを対象に行ったものである。調査の目的は、多くのジャーナリストたちが実感させられている読者と送り手との間にある不信感を明らかにするというものであった。結果をもとに出された報告には「ジャーナリストと読者：信頼感のギャップを埋める」というタイトルがつけられている。この調査によって、ジャーナリストが、メディアそのものや、人びとの寄せる信頼感に対する強い危惧を実感していることが明らかになり、とりわけそれが強かったのは、編集次長クラスであった。ジャーナリストたちは、ASNEの調査結果で読者が示したよりも、新聞は正確で信頼できると思っていたが、一方でほぼ全員が、信頼度は危機的な状況にあると感じていることが分かった。

　回答した新聞記者たちが最も心配していた点は、新聞の生き残りに不可欠であるところの、社会的問題に対する人びとの知識や興味が欠如することであった。他の調査でも、この現象をより具体化して示すものがある。タイムズ・ミラー調査の結果では、「憲法修正第1条」と「権利章典」が、プレスの自由を保障するものであることを認識していた者は、わずか45％であった。

　次の調査は、コロンビア大学にあるギャネット・メディア研究センターが出版した「メディアと人びと」という報告で、過去50年間にわたるメディアへの信頼度に関する様々な調査からの知見を網羅したものである。

　タイムズ・ミラー社とギャラップ社は、1989年の11月に追跡調査を実施し、1985年に比べて、ニュース・メディアごとの数値が平均して5ポイントないし6ポイント低下し、プレスへの信頼感が薄れてきていることを明らかにした。しかし、総合的に見た好感度では、ネットワーク・テレビのニュースが82％、ローカル・テレビのニュースが80％、新聞が77％となっており、ケーブル・ニュース・ネットワークの「最も信頼できる」というカテゴリーの数値は、5％も増加し、そのランキングは、ウォール・ストリート・ジャーナルに次いで2位となった。また報道の自由とニュース・メディアの持つ政府などをチェックする役割に対しても、支持を表明する者が増加していることが、この調査結果で明らかになった。しかしながら、「憲法修正第1条」と「権利章典」が分かる者は、わずか45％であり、63％は、ストレート・ニュースよりも倫理問題に関連するスキャンダルを過熱気味に報道する姿に批判的であった。

　その後に実施された調査でも、ニュース・メディアの報道姿勢のある部分に、大衆が不満をはっきりと示す様子とともに比較的高い信頼度が確認できた。1993年のタイムズ・ミラー調査では、42％の対象者が、「まあまあ」ないし「かなり」の信頼を新聞に寄せている。これはギャラップ調査が記録した、

1979 年の 51% に続く高い数値である。全体を合計すると、88% が、ニュース・メディアの仕事、「かなり良い」あるいは、「まあまあ良い」と評価できるとしている。しかしながら、センセーショナリズム、偏向、不正確さに対して幻滅している人びとも増えている。興味深いことは、45 歳から 64 歳のカテゴリーの対象者が、最初に新聞を読み始めたり、テレビ・ニュースを見始めた頃に比べて、信頼が薄れてきていると答えていたことである。[76] 1992 年の、大統領選挙後のタイムズ・ミラー社の調査では、有権者は 1988 年の大統領選キャンペーン時に比べて、ニュース・メディアの報道は、かなり改善されてきたと感じており、77% の者が、判断を下すのに充分な情報がメディアから与えられていると回答していたが、これは信頼度の強い表れであろう。[77]

　1990 年代においても信頼度をめぐる問題は引き続き議論されている。1995 年にフリーダム・フォーラムが出した「恐れることはない：全てを語る時代におけるジャーナリズム、政治、社会への信頼」というタイトルの研究報告によれば、「ジャーナリストたちは、ニュースのトピックとして権力者の力関係に関心を持ち過ぎている」と、一般の人びとが考えていることが分かった。71% という圧倒的多数の者が、この国は、権力を手中にした少数の政治家、ジャーナリスト、経営者によって支配されており、一般国民はかやの外に置かれていると考えていた。「ニュース愛好者と批評家」と冠した、1997 年のニュージアム (Newseum) 調査では、63% の者が、報道機関は過度なほど"一握りの者たちの利益のために操作されている"と思っていた。またニュース選別の判断を下す時に、大企業 (49%) や政治家 (39%) が不当に影響を与えていると、人びとが考えていることも分かった。63% にも及ぶ調査対象者が、"利益優先志向"がレポート内容に影響していると考えており、また、メディアや広告産業の企業主はあまりにも力を持ち過ぎていると考える者は 54% であった。

　良い側面としては、アメリカ新聞協会 (Newspapar Association of America) と ASNE が 1997 年に実施した調査では、地域のことや、地元の行政、行政への評価などの情報を得たり、問題を解決する上で役に立つ情報源として、調査対象者の人びとは地元の新聞を頼りにしていることが分かった。しかし、これまでのデータを概観したピュー・リサーチ・センターの調査では、メディアへの好感度が減少傾向にあることを示している。例えば、1985 年の地元新聞への好感度は 81% であったものが、1992 年には 78%、1997 年には 74% へと変化している。

テレビ・ニュースへの批判

　1960年代という激しい時代の流れは、テレビの世界にも及び、テレビ・ニュースに対して厳しい批判が加えられていった。南部の保守派の人たちは、フリーダム・ライダーズの報道において、ネットワーク・ニュースのカメラがとらえた人種像は歪んでいると言い、また各都市で多発した暴動の報道には、白人同様に、黒人たちも怒りを覚えるのであった。タカ派もハト派もともに、ベトナム報道は偏向していると思っていたし、フレッド・W・フレンドリーのようなベテランの放送人は、上司がいつも考えることは、公共への奉仕という精神を犠牲にした視聴率のことばかりであると言い、またアグニュー元副大統領に率いられた保守派の人びとは、ニクソン・スキャンダルを報道したコメンテーターやレポーターの"リベラル・バイアス"について声高に攻撃した。FCC委員長のニュートン・ミノウ (Newton Minow) が、番組編成全体についての批判の中で、テレビのことを「一望の荒野」であると述べた言葉は、放送界全体に瞬く間に広がっていった。

　しかしながら、1970年代の初頭から1990年代にかけて出された批判は、それぞれの内容は異なっていても、まさにテレビの本質そのものを問うものであった。1971年にエディス・エフロン (Edith Efron) が、メジャーなネットワークを批判する『ニュース・ツイスターズ』(News Twisters) という本を出版し、1973年には、メディア評論家のエドワード・J・エプスタイン (Edward J. Epstein) は、『ニュースはどこからも来ない』(News from Nowhere) という著書の中で、経営や利益の過大な尊重が、送り手の主観的な判断と同様に、テレビ報道の視点や質を左右しているという問題提起を行った。[78] ニュース番組の様々な在り方への批判が、これに続き噴出した。その矛先は、ABCが始めた形式であるが、キャスターたちの楽しげな会話でニュースを伝える形式や、アンカーの採用時に、ジャーナリズムの分野とは無関係のコンサルタントを雇い、意見を仰いだりすること、セットに凝ったり、記事と映像のコーナーの長さを工夫して、例えば「トップ40」のような形式にすることや、人目を引く可愛らしいキャスターを揃えたりすること、数人がテーブルに着いてチームで報道する形式にしたり、雑誌編集のように特集記事を幅広く利用することなどの点に対して向けられていた。

　ニュース・キャスターの大御所であるウォルター・クロンカイトやデイビッド・ブリンクレーは、テレビ報道をめぐる問題点をはっきりと指摘している。

クロンカイトは、地方局の番組では、ご愛嬌が売り物だけのキャスターが闊歩していると批判し、夕方の1時間のニュースに対して、浅薄な話題を避ける努力をするべきであると苦言を呈している。当時、余分の30分間は地方局の番組枠になっていたが、1時間のニュース枠は、3大ネットワークの番組がそのまま流されていた。昔ながらのやり方を尊重する人びとを驚かせたのは、"ミニ・ドキュメンタリー"形式でセンセーショナルなテーマを扱ったものや、健康情報やお買い物のアドバイスを話してくれる専門家たちを登場させるような軽いノリで作られたものが視聴率の稼ぎ手であるということであった。大手の地方局では、世界や国内の注目を集める場所にスタッフを派遣したり、コナス・コミュニケーションズ (CONUS Communications) や CNN などの、衛星通信を利用する例が増えていた。この結果として、メジャーのネットワークへの依存度が低下した。事実、系列関係を保持する局の数は若干減少した（ABC キャピタル・シティーズは230局、CBSとNBCではそれぞれ200局ほどになっている）。その結果として、ルパート・マードックに、新しいネットワークであるフォックス・ネットワーク (Fox Network) 設立の機会を与えることにもなった。フォックス・ネットワークは、フォックス社が所有していた7つの放送局を中心として、約140の局が系列に加わったが、その中には、誘われてCBS傘下から離脱した局も含まれていた。CBSニュース社の社長をしていた、バン・ゴードン・ソウター (Van Gordon Sauter) が、嗜好の細分化された視聴者の層に食い込むべく雇われた。ニュース部門の頼りなさに加え、3大ネットワークが全て売りに出されるまでになった。興味を示した企業の中では、タイム・ワーナー、ウォルト・ディズニー、バイアコム、ターナー・ブロードキャスティングなどがいた。タイム・ワーナーとバイアコムは、1995年に、小規模なネットワーク（ワーナー・ブラザーズ・ネットワークとユナイテッド・パラマウント・ネットワーク）を発足させた。それらは娯楽番組をリードすることで、フォックスに続こうとした。

　ネットワークは、ケーブル・テレビと独立放送局の躍進によって、今やその地位を脅かされるまでになった。その視聴率を見ると、1994年から1995年にかけて57%に落ちており、年4%ずつの落ち込みが見られた。1995年ではABCが、全体の視聴率ではリードしていたのに対して、CBSは、その低迷が懸念されていた。しかしながら依然として老舗である3大ネットワークは、歴史的な瞬間には、その存在感を示してくれた。ピーター・ジェニングズ、トム・ブロカウ、ダン・ラザーと彼らを支える大勢のレポーターたちは、期待通りに

ニュースの背景やドラマを伝えてくれた。ニュース部門は、深夜の番組である「ニュース特集」でもその威力を発揮していた。しかしながら、その多くは長時間のドキュメンタリー番組が次々と制作され、使命感に燃えたスタッフで沸き返り、必要な時は重要なテーマを扱っていた1960年代や、1970年代に戻るようにと命令する放送人たちの引退とともに姿を消して行った。

　ダン・ラザーは、1993年にそれまでのテレビにおけるニュース報道の歴史を回顧し、かつてエドワード・R・マローが示してくれたようなタイプの勇気を放送人はおしなべて失ってしまったことが、ニュース報道を瀕死にいたらしめた状況になってしまった原因である、と述べている。ラザーは、衰退の主たる原因であるニュースと娯楽の境界線の消失について以下のように述べている。

> 私たちはこぞってハリウッドに移動してしまった。すなわち、ニュースのハリウッド化に屈服してしまったのである。私たちは、重要な問題を矮小化し、フード・プロセッサーを用いた料理のように映像を細かく切り刻み、MTVテレビのように、映像をクロスカットしているのである。そして人びとに気に入ってもらおうと、ゴシップやお色気番組を中心に据えているのである。[79]

　めまぐるしい変化の波に呑まれ、大手の報道機関では新聞も放送もともに、大統領選挙出馬以前のビル・クリントンの不倫疑惑や、トーニャ・ハーディング (Tonya Harding) とナンシー・ケリガン (Nancy Kerrigan) のフィギュア・スケート対決がエスカレートし、ついにはケリガンが襲撃される事件にまで発展した一大事を始めとした、性やスキャンダルにまつわる出来事などを掲載しているナショナル・エンクワイアラーや、スターなどのタブロイド新聞を引用することに何らためらいを覚えなくなっていた。テレビ・ニュースのチーフがいつも迷ったのは、もしタブロイド・テレビショーの部類に入るハード・コピー (Hard Copy) や、インサイド・エディション (Inside Edition) が噂をもとにしたものを取り上げたら、無視した方がよいのか、それとも取り上げた方がよいのかということであった。現実には、取り上げる例が多すぎる傾向にあった。

　1994年から1995年にかけてロサンゼルスで行われたO・J・シンプソン (O. J. Simpson) の裁判は、テレビの抱える問題の縮図を示すものであった。高速道路でのカーチェイスの果ての逮捕劇の一部始終がCNNで世界中に伝えられ、後で振り返っても何も残らないようなエピソードが、連日にわたり繰り返し伝えられ、ワシントン、ボスニア、北朝鮮などの重要なニュースを無視し続けた。放映時間では湾岸戦争を超えたといわれるこのシンプソン事件である

が、アメリカ放送史上最も多くの人びとが見たといわれる一連の放送に見入りながら、視聴者はこのハンサムな元フットボール・スターでハリウッドの有名人が、美人妻と若い男性を殺して、それを語る証拠を残したかどうかを推理することに酔いしれた。ロサンゼルスの裁判所には取材陣が押し寄せ、シンプソンの弁護団が通り抜ける度に、または新しい噂が発生する度に大騒ぎをした。裁判の記録は、おおむね慎重に扱われたものの、レポーターたちは、シンプソンの不正を暴く上で、影響を与えかねない噂を流し続けた。

ブロカウは、ラザーやジェニングズと同じように、夕方のニュース番組の中で、センセーショナルなストーリーを流したことに対する責任の一端を負うことを認めていた。しかし彼は、"O.J. 1本"で勝負することに満足しているジャーナリストが多すぎることを心配していた。

> われわれのアメリカは部族社会の一員になりつつある……人種、経済階層、文化、政治、宗教におけるそれぞれのグループに属する人びとが、自分のグループの利益だけを考え、他者の弱みにつけこむ……O. J. シンプソンの裁判の後に続くのはそのような話ばかりだろうし、このことはこの国に多大な影響を与えることになるだろう。[80]

1997年8月のパリで発生した、交通事故によるダイアナ元皇太子妃の早すぎた悲劇的な死は、大報道合戦を招いた。事故からの数週間は、世界中の注目がそれまでに世界一多くの写真を撮られてきた個人に集まった。ABC、NBC、CBSがその週に割いた放送時間は197分にも及んだ。当時これは1991年に起きた、ミハエル・ゴルバチョフ追放事件（225分間）に次ぐ量であった。

人びとは貪欲に元皇太子妃の最期に関する記事や番組を求め、CNNの伝えるところでは、1997年8月31日、ダイアナ妃死亡の夜に、視聴世帯は460万世帯というピークに達した。ネットワークを挙げて、ダイアナ妃の人生とその伝説を描いた『インパクト』という1時間のプライム・タイムの特集番組も多くの者が視聴した。またタイムが初めてダイアナの死を扱った号は、店頭販売で85万部の売り上げを記録した（これは通常の売り上げの65万部増である）。事故発生後のUSAトゥデイの発行部数は、数十万部増となった。また5,000万人以上の人びとが、8月31日放映の『シクスティ・ミニッツ』のダイアナ妃特集に見入った。

皇太子妃に関するニュースを強欲に求める大衆への批判とともに、メディアに対しても批判が集中した。とりわけ、この事故に影響を与えたと訴えられた

パパラッチに対しては非難の声が集中した。個人をプライバシーの侵害から守るための法案が世界中で検討された。ダイアナ妃のニュースや情報を消費し尽くした後に、人びとは多くの局が生中継や録画映像で葬儀全体を放送した時のメディアの行き過ぎに対して文句を言い始めた。多くの者の不満は、ダイアナ妃の葬儀の1日前に亡くなったカルカッタのマザー・テレサについてどこも充分な扱いをしなかったという点にあった。

その死後1年が経過し、メディアがダイアナ妃の死を取り上げる機会も減ったが、メディアと社会問題研究所 (The Center for Media and Public Affairs) の報告によると、ABC、NBC、CBSがダイアナ妃の事故と死亡について伝えた最初の1週間の放送量よりも、クリントン‐ルインスキー問題の最初の1週間の方が多かったという。スキャンダル発覚とともに、3大ネットが費やした時間は、すべての放送時間の67%にもなる。

1999年7月にジョン・フィッツジェラルド・ケネディ・ジュニア (John Fitzgerald Kennedy Jr.) の操縦する小型飛行機がマーサズ・ヴィンヤード島近くの大西洋に墜落し、妻、義理の姉妹とともに亡くなった時、メディアの過熱報道に対する批判が再び噴出した。事故後の1週間は、新聞の1面やテレビの生中継はこぞってこの話題に集中し、他のニュースはどこかに追いやられてしまった。とばっちりを受けたニュースの中には、NATOの爆撃作戦の後遺症ともいうべき、セルビア人への残虐行為と大量虐殺という胸を痛める出来事も含まれていた。海軍と沿岸警備隊が大破した機体と死体を捜索し回収するまでの間、レポーターたちは、ハイアニスポートにあるケネディ家の敷地を取り囲み、瑣末な出来事を伝えるのに終始した。「メディアはこのような悲劇を伝えながら有名人であるケネディ家に対するメディア自身の愛着を大衆に押し付けたのである」とニューヨーカーでジョン・アップダイクは述べている。彼はまた、「ニュースに熱狂する者たちが注目する対象物は微笑んでいるかもしれないが、それは次から次へと侵入する者たちに明らかにプライバシーを剥ぎ取られていく中での忍耐を伴う作り笑いであり、自らの生活が魅力あふれる語りで描かれ続けながらも、彼への賛辞は彼を鞭で打ち続けているのである」[81]と述べている。

テレビ・ニュース批判の矛先は、地元局の番組内容にも向けられた。「血を流せば新聞のトップを飾るが、投票してもそうはならない」というスローガンは、FAIR（訳者注：Fairness and Accuracy in Reporting＝メディア監視団体「メディアに公正で正しい報道を求める会」）の資金援助を得て実施されたロサンゼルスに

おけるローカル・ニュースの調査の結果報告に対してつけられた皮肉な見出しである。この調査結果によると、1994年のカリフォルニア州知事予備選挙の折の地元テレビ局の報道では、犯罪報道に費やされた放映時間が全体の30%から54%を占めた一方で、選挙関連トピックの報道は皆無に近かった。この時の、投票項目の中には、不法移民労働者とその家族に対して州が健康保険と義務教育を保障することを中止することを盛り込んだ「提案187号」への賛否を問うものも含まれており、全米からの注目を集めた。35時間になったニュースの放送時間の中で、7局中わずか2局だけが予備選挙について伝え、それは全体で8分間にしかならなかった。[82] 折しも実施されたタイムズ・ミラー社の調査「政治メディアと人びと」の結果では、35歳以下の有権者のほとんどが、選挙の情報を得るために頼る場としてテレビのニュース番組を挙げていたのにもかかわらず、このようなテレビの扱いは憂慮すべきことである。[83]

その一方で、エージェントやコンサルタントを介する時代において、ニュース番組のアンカーに多額のお金を注ぎ込む例も多く見られた。多くの放送人が、歳入の減少のために、ニュース報道の経費が節約されていくことを嘆く中で、大都市では、テレビのアンカーが100万ドルから200万ドルの年俸を受け取っていることも珍しくはなかった。1990年代の初頭までには、テレビのニュース報道のモラルの低下が人びとの話題に上るようになった。もちろん例外もある。多くの中小の放送局がまあまあのレベルの番組内容を保持している中で、ダラスのフォートワースにある大手のWFAA局などは、その高い質を維持し続けていた。[84]

しかしながら、人びとが、地元のテレビ・ニュースについて話す時に思い浮かべたのは、ヘリコプターを使って空撮された高速道路のカーチェイスの場面や、銃撃を受けて路上に横たわる死体、事故により無残に変形した車を映した場面などであった。大手のテレビ・ネットワークから小さな町の放送局に至るまでのあらゆるレベルのニュースで、経済のグローバル化の圧力、公立学校の教育能力の低下、地域の暴力の原因解明などといったテーマが欠如していた。

増大するテレビ視聴者

人びとの関心を引く出来事の放送と同時に、経済的基盤の発展に支えられた放送産業の拡大には目を見張るものがあった。(表18-3参照) 6,100万世帯以上の約1億5,000万人にもあたる人びとが1991年の湾岸戦争を宣言したブッ

シュ大統領のテレビ・スピーチに見入ったが、これは視聴者数から見ると、アメリカ・テレビ史上最高の記録となっている。1億人から1億3,000万人のテレビ視聴者を記録した出来事としては、1969年の宇宙船アポロ号の月面着陸、1972年のニクソン大統領の中国訪問、同じ年に起きたミュンヘン・オリンピック選手村の惨事、1974年のニクソンの辞任、1976年の建国200周年の祝典、1981年のレーガン大統領の暗殺未遂事件、1986年の自由の女神がアメリカに贈られてから100年目の記念祭、スーパー・ボール、ワールド・シリーズやそのほかのメディア・イベントを列挙できる。1994年におきたO. J. シンプソン事件のカーチェイス場面の視聴者数は9千500万人にのぼると推計されている。また、世界規模で最多の視聴者数を記録したのは、衛星放送によって推定10億人の人びとが映像を見ることができたとされているワールドカップの試合であった。

　テレビへの依存度を実感させられたのは、1986年にスペースシャトル・チャレンジャー号が、発射後に爆発し乗組員全員が死亡した事故の時であった。30分以内にアメリカの成人の69%が、口コミ(37%)、テレビ(36%)、ラジオ(22%)などを通じて、その惨事を知った。しかしながら、結局情報を得る上で頼りにしたのは、まずはテレビのニュースであったと82%の人びとが答えている。[85] 1963年にケネディ大統領暗殺のニュースが全米を駆け抜けた時も、ニューヨーク市のテレビ視聴率は、30%から70%にまで跳ね上がり、葬儀の中の黙祷をささげる場面では93%という記録を残している。

　ニュース以外の分野では、1976年に1億1,000万人が『風とともに去りぬ』(*Gone with the Wind*) を視聴したのに続き、翌年には、黒人の歴史を描いたドラマ『ルーツ』(*Roots*) が、最高記録を塗り替えた。このドラマは8夜連続で

表18-3：放送の発展

	1961	1985	1997
AM放送局	3,539	4,805	4,863
FM放送局	815	4,888	7,271
TV放送局	583	1,194	1,554
ラジオのある世帯	49,500,000	86,700,000	98,800,000
テレビのある世帯	47,200,000	85,900,000	97,000,000
ケーブルのある世帯	725,000	34,740,000	64,020,000

出典：*Broadcasting & Cable Yearbook, 1997*

放映されたが、延べ1億3,000万人あまりの人びとが視聴したと推計されている。ABCは、1983年にも1週間連続のドラマ『戦争の嵐』(*The Winds of War*) で成功を収めている。また、テレビ・ドラマ史上最も高い視聴率を記録したのは、11年間にわたって人気を博したCBSドラマ『M*A*S*H』において、1983年2月28日に放映された最終回であり、この日の放送は全米世帯の77％が見たとされている。数字上で、テレビ番組の歴史上空前の記録を持つのは、1953年1月の『ルーシー・ショー』(*I Love Lucy*) で、私生活でも妊娠中であった主演のルシル・ボールが息子を出産するエピソードの時に打ち立てられたものである。もっとも当時のテレビ受像機の保有台数は、2,120万台に過ぎなかった。[86]

CBSニュース

　ダン・ラザーは、1981年にそれまでウォルター・クロンカイトが担当していた『CBSイーブニング・ニュース』(*CBS Evening News*) のアンカーの役割を5年間で800万ドルという契約で引き継いだが、CBSが誇ってきた視聴率トップの座を守ることがいかに大変なプレッシャーであるかを思い知らされるのに時間はかからなかった。次第に視聴者たちもラザーの熱心でテンポの速い喋り方に慣れ、1986年6月にその座を奪われるまで、CBSは連続213週もの間トップに君臨し続けた。ラザーと視聴者との関係は良好であった。彼のトレードマークは、誠実さと、親しみやすい笑顔と、プルオーバーのセーターであった。
　その視聴率も、1986年には、NBCの『ナイトリー・ニュース』(Nightly News) が4クール目でCBSに勝ち、それは、1967年にNBCがトップになって以来の出来事ではあったが、それ以降、視聴率戦争は三つ巴の戦いに突入した。[87] 派手な動きを見せるテッド・ターナー (Ted Turner) が仕掛けた怪しげな証券の公開買い付け問題をほんの数か月前に何とか切り抜けたばかりのCBS上層部には深い苦悩が見られた。その後役員が何人も入れ替わったが、その中には引退していた84歳のウィリアム・S・ペイリーが取締役会長の座に戻り、ロエウス企業グループのローレンス・ティッシュ (Laurence Tisch) が、最高経営執行者となり、ベテランのプロデューサーであるハワード・ストリンガー (Howard Stringer) が、CBSニュースの社長に就任したのも含まれていた。1987年の末には、『CBSイーブニング・ニュース』はかろうじて他社をリードできるところまで回復していた。

1988年の大統領選挙の時に、ラザーはたった1人で、候補者である副大統領のブッシュに対し、イラン－コントラのスキャンダル問題を鋭く追及し、激しい論議を呼び話題になった。初期の頃のエピソードの件で、ブッシュがラザーを非難し、議論が白熱する中で、勘違いに怒ったラザーがアンカーの席から離れ、プロデューサーが彼を探し出すまで、ネットワーク・ニュースが、アンカーなしのままの放送を余儀なくされることもあった。しかしながら、ジャーナリストのほとんどは、ブッシュの不可解な関与を追及したラザーを誉め称えた。その後に、ブッシュが事実上かなりの部分までイラン－コントラ問題に関与していたことが明らかにされた。

　1986年の末に、CBSは、30年以上も続いた『CBSモーニング・ニュース』(*CBS Morning News*) の打ち切りを決定した。アンカーが何人も交代したものの、低迷する視聴率を押し上げることができなかった。その後には、報道バラエティーの活気あふれる新番組『西57丁目』(*West 57th St.*) がスタートし、4人の若くてあまり知られていないレポーターを採用し、様々な論評を紹介した。1985年から1988年までと短命に終わったものの、コントラへの武器供与を行った者たちが、麻薬の密輸にも関与していたことを明らかにした報道では高い評価を受けた。1954年11月7日からスタートした日曜日の長寿インタビュー番組『フェイス・ザ・ネーション』(*Face the Nation*) も、1983年に終了している。

　しかしながら、最も収益をあげている報道バラエティーの『シクスティ・ミニッツ』(*60 Minutes*) は、視聴率的にもテレビ史上でも一番人気のあるニュース番組として現在に至っている。チーフ・プロデューサーである、ドン・ヒューイット (Don Hewitt) のCBSでの経歴を遡ると、ダグラス・エドワーズやエドワード・R・マーローが活躍した時代にまでたどり着くことになる。彼独特の語りのセンスと、そのドラマティックな調査報道の手法によって、挑発的で話題を呼ぶような内容の『シクスティ・ミニッツ』は、視聴者を予想すらしなかった展開へと引き込んでいくのであった。高視聴率の維持は、「レポーターの名声に依存している」、「あまりにもセンセーショナルすぎるきらいがある」などの、この番組への批判をかわすのを助けていた。[88]

　CBSが内部のいざこざから立ち直っても、ライバルを打ち負かし市場を独占することはもはや不可能であった。時代は大きく変わりつつあった。実質的に3大ネットの夕方のニュースは、内容、質、キャスター、いずれを取っても似たりよったりであった。1986年から1987年にかけての視聴率を見て

も、CBS と NBC が 12% で、ABC が 10.6% であった。ABC がトップに躍り出た時もあったが、CBS が視聴率トップの座に君臨する日数の方が多かった。1990 年までに、そのニュース部門は、巨額な制作予算の削減に直面した。湾岸戦争勃発当初のこの地域において、CNN は 130 名のスタッフを有していたのに対して、CBS ネットワークのスタッフは 30 名で、NBC と ABC の半分であった。あれやこれやで CBS は視聴率争いで 3 位に後退し、国内外の支局がさらに閉鎖された。

1994 年には、落ち込んだ視聴率を回復しようと、コニー・チャンを迎え、ラザーと 2 人でアンカーを務めるという方針を打ち出し、大々的な宣伝を行った。この実験は失敗に終わり、1995 年にチャンは CBS を去っていった。ラザーが CBS で働き始めてから 30 年を超えて、特集番組『48 アワーズ』(*48 Hours*) は健在であった。その年には、詩人のように繊細なチャールズ・クラルトが、37 年間にもわたってホストを務めた『サンデー・モーニング』(*Sunday Morning*) の輝かしい記録とともに CBS を去っていった。リタ・ブレイバー (Rita Braver) は、頼りになるホワイト・ハウス担当のレポーターであった。

生き残りをかけたネットワーク同士の争いは厳しくなり、不意打ちを食らわしたり、長く続いたチームを解散させたりすることもあった。100 万ドル単位のサラリーを提示され、ネットワークの看板アンカーが、突然多局の番組に顔を出すということも珍しくはなかった。

2 度も CBS にくどかれた中の 1 人に、ビル・モイヤーズがいる。それまでの彼は、リンドン・ジョンソン大統領の補佐官を務めていたが、ベトナム戦争の時にその職を辞し、『ニューズデイ』に出版人として迎えられた。その後彼は、公共放送に移り、彼の世界情勢に対するその知性あふれる鋭いコメントは、人びとの関心をそそるものとして高い評価を得た。短い間ではあったが、『CBS レポート』(CBS Reports) という番組に関わった後、彼は公共放送の番組である『ビル・モイヤーズ・ジャーナル』(*Bill Moyer's Journal*) で、長い間様々な事件や人びとをレポートし続けた。その後 17 部構成の、偉業を成し遂げた人びととの足跡をたどる『クリエイティビィティ』(*Creativity*) というシリーズも手がけた。最後には CBS に戻り、夜のニュースのコメンテーターを務めたが、ちなみにこれはエリック・セバレイドが担当していた役であった。また、ドキュメンタリー番組の企画や、短命に終わったものの『アワ・タイムズ』(*Our Times*) のホスト役も務めた。持ち前の率直さに、鋭い視点やテキサスのポピュリズム精神が加わり、彼は最も信頼されているテレビのオブザーバーとなっ

た。彼の暖かく物腰の柔らかな語り口は、ブラウン管を通して国中の人びとが一緒にキャンプ・ファイヤーを囲みながら語り合っているような気分にさせてくれた。それでも、決然とした態度を見せる時もあった。中央アメリカで、貧しい人びととの生活が脅かされる戦争の動きが見られた時には、マーローやセバレイドの精神を受け継ぎ、歴史に翻弄された人びとの様子とともに、アメリカ人には何が求められているのかを伝えた。ニュース特集にもっと時間を割くという新しい形式で、ニュースの背景をより詳しく追求することを望み、モイヤーズは、1986年に、自ら制作会社を設立するためにCBSを去った。一般論として、テレビのコメントには「視点を明らかにするための時間はあっても、その出来事をつまびらかに解説するほどの時間はない」と、彼は述べている。

ダイアン・ソーヤー (Diane Sawyer) は、CBSの中でも、最も人気を博したレポーターの1人であったが、朝の番組と『シクスティ・ミニッツ』のレギュラーとして有名になった。後にABCに移籍したが、その明晰な頭脳に加え、上手なインタビューと、人あたりのよさで、独特の魅力を発揮していた。ワシントン政治のベテランであり、ニクソン政権下で働いていたことが、当初は同僚の気がかりであったものの、そのレポートにおける公正な姿勢が、次第に彼らの信頼を集めていった。高い評価を得ている『シクスティ・ミニッツ』のレポーターには、レスリー・スタールと、スティーブ・クロフト (Steve Kroft) が加わり、またアンディ・ルーニー (Andy Rooney) は、相変わらず、ユーモラスなコメントをしゃべり続けた。

CBSの新人レポーターの訓練は、設立当初から54年間にわたり、ペイリーによって行われ、それは1982年9月に彼が引退するまで続いた。その54年間にわたり彼はニュース部門に目を光らせ続けた。エド・クラウバーおよびポール・ホワイトと始めた後、彼はフランク・スタントンと組み、CBSのニュース部門をトップに押し上げた。彼に欠点がなかったわけではない。彼はエドワード・R・マロー、やフレッド・フレンドリーたちと番組のことで争ったし、ベトナム戦争やウォーターゲート事件の時には、それぞれジョンソン政権やニクソン政権に近寄り過ぎているという批判を受けていた。しかし、全体的に見ると、ペイリーは、CBSのニュースを他社が真似したがるほどのレベルにまで押し上げる強いリーダーシップを発揮できる放送人であった。

NBCニュース

　トム・ブロカウは、ラザーとともにホワイト・ハウス担当として数々のスクープを競った後、CBS 記者出身のロジャー・マッドとアンカーとしてしばらくペアを組んだ後、1970 年代の初頭にニュース・ショー『トゥデイ』(*Today*) のキャスターに抜擢され、1983 年には『NBC ナイトリー・ニュース』(*NBC Nightly News*) のアンカーの大役を 1 人で引き受けた。

　視聴率争いでトップに踊り出ることはなかったものの、その洗練された語り口のブロカウは、NBC の評判を落とすことなく、大方は批判をうまくかわしていった。それでも、レーガン政権当時は、あまりにレーガン政権に対して厳し過ぎるという批判を受けている。[89] ある時には、レーガン政権の政策プログラムの国民への印象を悪化させるような批判を行っている影響力のある放送人として、ラザーとともに、ブロカウはレーガンから名指しされたこともあった。1990 年には、NBC は CBS をしのぐまでにはなっていたが、ますます保守的になっていく視聴者には、ABC の姿勢の方がより受け入れられたので、トップを走る ABC からは大きく水をあけられていた。

　公共テレビ放送に移る前のジュディ・ウッドラフ (Judy Woodruff) は、NBC のホワイト・ハウス担当記者であった。その後には、CBS で活躍したマイク・ウォレスの息子であるクリス・ウォレス (Chris Wallace) が、ホワイト・ハウス詰めの主任記者になった。コニー・チャンは、1983 年時には早朝のニュース番組のアンカーを担当していたが、夜のニュースに移り CBS に移籍するまでは、重要な顔であった。

　ジョン・チャンセラーは、ネットワーク・ニュースが 1 時間となることを願いながらアンカーの座を降りた。彼はいわゆる「洗練性の欠如」という点について指摘し、テレビには視聴者の理解を助けるためのトピック選択や、重要な事実の十分な伝達の脳力が欠如していると述べている。「テレビのニュース番組が毎日 3 時間あったらいいのにと思ったくらいで、これは重要であると思ったニュースを十分カバーすることができませんでした。しかしながら、その容量がいかに拡大しようともテレビというこの大きな入れ物は、完璧なサービスを提供するように作られていないのです」と彼は語っている。[90]

　夕方のニュース番組の視聴率争いにおける NBC の成功に匹敵したのが、1980 年に ABC の『グッド・モーニング・アメリカ』(*Good Morning America*) に遅れをとった朝のニュース・ショー『トゥデイ』であった。1986 年の初頭には、

ブライアント・ガンベルとジェイン・ポウリー (Jane Pauley) のコンビが、ライバルのデイビッド・ハートマン (David Hartman) との人気争いに勝利した。しかしながらそれもつかの間のことではあった。1990年の初めには、その視聴率も下降し始め、ささいな内輪もめのためにポーレーが配置換えとなり、彼女がニュースを伝えていた席は、その後回転ドアのように担当者が入れ替わった。『トゥデイ』では、ケイティ・クーリック (Katie Couric) がガンベルとペアを組み始める一方で、ポーレーは、自分のニュース番組をスタートさせ、ブロカウの代理も頻繁に務めた。

　他にも論争を巻き起こす事件があった。1985年の終わり頃、ゼネラル・エレクトリック (General Electric) 社が、NBCの親会社であるRCA社を買収し、これは総額62億8,000万ドルという、アメリカのメディア史上最も大きなメディア合併劇となった。GE社の会長であるジョン・F・ウェルチ・ジュニア (John F. Welch Jr.) は、厳しい経費節減を強いることで有名であったが、結局NBCのニュース部門のトップたちは、それをひしひしと実感させられるようになった。1990年に、ネットワークの上層部はニュース番組を脚色していると非難され、1993年には、ゼネラル・モータース社の小型トラックが衝突とともに火災を起こした事件をレポートした『デイトラインNBC』(*Dateline NBC*) という番組が槍玉にあげられた。NBCは、そのトラックが、衝突とともに火災を起こすように不正工作されていたことを認めた。GE社が打ち出す絶え間ない予算削減命令と戦い、CBS、ABCと同様に、ケーブル・テレビ、フォックス・ブロードキャスティングといった昔からの宿敵との争いを強いられたニュース部門は、『デイトラインNBC』を拡充させる方向で対処した。つまりポーレーとストーン・フィリップス (Stone Phillips) が、3日間アンカーを担当し、ブロカウ、ガンベル、クーリックに加え、マリア・シュライバー (Maria Shriver) たちが、その他の日のアンカーやレポーターを務めた。

　NBCは優れた人材も揃えていた。ブライアン・ウィリアムス (Brian Williams) は、ホワイト・ハウス担当として大いに嘱望された。その前任者である、疲れを知らないアンドリア・ミッチェル (Andrea Mitchell) は、海外ニュース特派員の主任になった。ミッチェルの登場回数は年間184回にもなり、これは最も近いライバルよりも40回も多くなっている。彼女の同僚で、議会担当のリサ・マイヤーズ (Lisa Myers) も、彼女に続く活躍を見せた。また時期を同じくして、ティム・ラサート (Tim Russert) が、代表的な政治評論家として登場した。彼はテレビで最長寿を誇った番組『ミート・ザ・プレス』(*Meet the*

Press)の進行役を務めたが、この番組のスタートは、1947年11月6日にまで遡ることができる。いつも思慮深く、時には挑発的なビル・モイヤーズが、チャンセラーの引退によって空いた席を埋めるべく、夕方のニュース番組のコメンテーターとなったのは1995年であった。NBCがその伝統を守り続ける中、その帝国を築いたデイビッド・サーノフとその息子であるロバート (Robert) が、NBCを去っていった。[91] 同じように消えていったのは、1926年に設立されたアメリカ最初のラジオ・ネットワークでもあるNBCラジオであった。1987年に、ウェストウッド・ワン (Westwood One Inc.,) という、カリフォルニア州の若者向け企業に買収され、GE社が出資権を保有することとなった。NBCはラジオ局をそのまま保有した。

ABCニュース

　海外レポートで15年もの経験を積んでいたカナダ籍のピーター・ジェニングズが、ABC系列の番組『ワールド・ニュース・トゥナイト』(World News Tonight) のアンカーに抜擢されたのは1983年9月のことであり、これはそれまでアンカーを務めていた亡きフランク・レイノルズの穴を埋めるためであった。その奥に秘めたプロ精神で、レーガン大統領暗殺未遂事件などの大事件のアンカー役を見事に務め上げたレイノルズは、単刀直入な質問や、粘り強くあきらめない姿勢で高い評価を得た。レイノルズの熱意に加え、良いタレントを起用したり、派手なグラフィックを用いたりしているにもかかわらず、ジェニングズが引き継いだ時の『ワールド・ニュース・トゥナイト』はトップに君臨するCBSに遅れをとっていた。

　ジェニングズは以前にもアンカーを務めたことがあった。それは1964年、彼が26歳だった時に試験的に起用されたもので、スタッフが失敗であったことに気付く1968年まで続いた。彼はその後、世界各地からのレポートを続け、とりわけロンドンでは重要な役割を果たし、ロンドンから番組に加わって、レイノルズ、マックス・ロビンソン (Max Robinson) らと3人でアンカーを務める体制が1998年にスタートしたが、これも成功しなかった。衛星中継の時代に突入し、国内の視聴者たちは、東京、モスクワ、その他の歴史的な出来事の現場からジェニングズがアンカーを担当する『ワールド・ニュース・トゥナイト』で見ることに違和感を覚えなくなり、ブロコウやラザーと互角にわたり合えるほどになり、夜の番組の視聴率競争に参入できるまでになった。

彼がカナダ人であることを気付かせてくれる「アバウト」(a-bout) と発音する時のアクセントと、ニュースを冷静に扱う姿勢が、次第に視聴者からの支持を得るようになり、1989年にジェニングズは、ABCのニュースを第1位にまで押し上げていった。調査結果では、ジェニングズの世界情勢への造詣の深さと、危機的な出来事を冷静に伝える能力が視聴者から高く評価されていた。彼は中東問題の報道に際しても、その深い洞察力と鋭い感受性で称えられた。とりわけ、彼や同僚たちが前線から精力的にレポートした湾岸戦争ではそれを実感させられた。また、『ワールド・ニュース・トゥナイト』では、攻撃的なホワイト・ハウス担当のレポーターであるサム・ドナルドソンや、後を継いだブリット・ヒューム、ネットワーク初の宗教や精神世界の問題専門のフルタイム・レポーターとなったペギー・ウェマイヤー (Peggy Wehmeyer) などが登場し、人気を博した。

やり手のABCニュース部門社長のルーン・アーリッジは、印象に残る記者やライター、プロデューサー、アンカーたちをそろえた。夕方のニュース番組のジェニングズや『ナイトライン』のテッド・カペルに加えて、ダイアン・ソイアが『プライム・タイム』で精彩を放ち、バーバラ・ウォルターズとヒュー・ダウンズ (Hugh Downs) が『20-20』でその本領を発揮した。

イギリス生まれのジャーナリストであるコペルは、ABCで最も華やかなパーソナリティであったが、1963年、弱冠23歳でテレビ史上最も若いネットワークの特派員となった。ベトナムとニクソン、フォード政権のレポートを経て、NBCのジョニー・カーソン (Johnny Carson) に対抗して、東部時間の11時30分から真夜中まで放映する番組である『ナイトライン』に真面目一徹の司会者として登場した。彼の番組は、1980年3月にイラン危機の最新情報からスタートした15分のコーナーとしてお目見えしたが、夜の時間帯に今話題の出来事や人びとを紹介するようになり、トップ・ニュースに関連したものを扱うことも多かった。コペルが見解の異なるゲストに対して、多角的な切り口から質問する生のインタビューは、この番組の売り物になっていった。

何年も番組を見続けているうちに、視聴者たちはコペルが時間をオーバーさせることにも慣れていった。彼らはまた、何か一大事が起きた日の夜には、コペルとスタッフが、ニュースを繰り返すのではなく、何かを付け加えることをよく知っていた。1986年にシリーズで行った南アフリカからの放送は、対立する双方のリーダーを一緒に登場させ、高い評価を得た。また1988年のエルサレムからの中継でユダヤ人とアラブ人が一緒に出演した時も同様であった。

多くの特別企画を後押しするだけでなく、彼はABCの特派員、ニュースの当事者、スタジオを訪れた視聴者が、放送のあり方や責任について討論を繰り広げる『ビューポイント』(*Viewpoint*) という新しい番組の司会も務めた。

　テレビ戦争のライバルたちと同様に、ABCでも、視聴率競争に遅れをとっていることが悩みの種であった。広告収入が落ち込む中、率直にキビキビと話すハワード・K・スミスや、第2次世界大戦の英雄クインシー・ハウ (Quincy Howe) に加え、ABCの政治記者の筆頭格のレイノルズたちを前面に出すことで遅れをとらないよう務めた。1980年代に入り、ABCが本来の調子を取り戻してきた頃、CBSやNBCと同様に規模縮小の危機を迎えた。1985年の初頭にキャピタル・シティーズ・コミュニケーションズ (Capital Cities Communications) が、ABCを35億ドルで買収することになり、1986年1月からABCはキャピタル・シティーズ・コミュニケーションズ所有となった。これが厳しい予算削減の始まりであった。

　ルーン・アーリッジは、キャピタル・シティーズに買収された時、そのままABCニュースの社長として残ったものの、長く手がけたABCスポーツの社長としての仕事は、諦めることになった。ABCネットワークの『ワイド・ワールド・オブ・スポーツ』(*Wide World of Sports*) と『マンデー・ナイト・フットボール』(*Monday Night Football*)、オリンピックの放映は驚異的な成功をおさめていた。アーリッジの時代に、他社に先駆けて採用したのが、スローモーション・カメラと、即時再生機能であったが、後にこの手法は当たり前のように普及していった。コメンテーターのハワード・コーセルは、ABCでも最も傑出したスポーツ・キャスターであった。1984年のロサンゼルス・オリンピックの中継で、アーリッジは、ABCの中継がアメリカ以外の優れた選手を無視したということで、盲目的な愛国者とまで批判された。ある批評家は、「ABCはアメリカのネットワークを意味している」とまで述べた。1987年にABCが、14時間半にわたって放映したミニシリーズ『アメリカ』(*Amerika*) は、ソ連に占領された合衆国が、譲歩して国連の占領軍によって支配される様を描いたものであるが、この放送に対しては、新しく作られたばかりのFAIR（メディアに公正で正しい報道を求める会）をはじめとして、批評家たちからのクレームが続出した。

　ドキュメンタリー番組である『クローズアップ』(*Close-Up*) のスタッフが予算カットの危機に瀕している中で、放送史上最も長い間全米ネットの商業テレビの中で活躍してきたヒュー・ダウンズが進行役を務めるニュース特集番組

『20-20』を存続させるための努力が続けられた。もともとこの番組はCBSの『シクスティ・ミニッツ』に対抗して始められた番組であった。ウォルターズが後に加わり、その人気の維持に貢献した。1975年にABCは、『グッドモーニング・アメリカ』(Good Morning America) をスタートさせて、NBCの番組『トゥデイ』と視聴率を競い合った。1961に始ったABCの長寿番組『イッシューズ・アンド・アンサーズ』(Issues and Answers) は、1981年に『デイビッド・ブリンクリーのディス・ウィーク』(This Week with David Brinkley) という番組に変わった。この番組には、ドナルドソン、ナショナル・パブリック・ラジオ(National Public Radio) のコーキー・ロバーツ (Cokie Roberts)、保守派のフリーランス・コラムニストであるジョージ・ウィル (George Will) らが加わり、『ミート・ザ・プレス』(Meet the Press) を抜いてトップに立ち、『ザ・マックラフリン・グループ』(The McLaughlin Group) に大差をつけ、日曜日の朝に最も注目を集める番組となった。[92]

　ABCも、キャピタル・シティーズ／ABC (Capital Cities/ABC) の支配下に置かれることになり、他のライバルたちと同様に、規模縮小の波にさらされ、アーリッジは、ニュース部門を1位に押し上げた時に、新会社の社長から予算を使い過ぎると文句を言われたりした。しかしながら、1994年には、NBCを上回り、推定年俸600万ドルでソーヤー (Sawyer) と再契約を結ぶだけの余裕がネットワークにはあった。『プライム・タイム・ライブ』(Prime Time Live) に加えて、ソーヤーはウォルターズや、フォレスト・ソーヤー (Forrest Sawyer) のニュース特集の番組にも加わった。テキサス州の判事から転身し、CNNのキャスターやトーク・ショーの司会をしていたキャサリン・クライアー (Catherine Crier) は、『20-20』のメンバーに加わり、メイン・キャスターの役割を担うこととなった。ABCはイギリスのBBC（英国放送協会）とテレビおよびラジオのニュース素材を共有できるように提携を結ぶことでNBCに挑戦した。ニュース映像の素材や音声のテープ交換に加えて、共同取材、特派員の派遣や製作チームを結成することでコストの削減を図るということで両者は合意した。NBCとCBSはBBCとの間で数を限ってニュース映像を交換することを考えていた。海外ニュースのカバーではリードしてきたCNNに対抗しようとしていたBBCにとっては、その勢いに歯止めをかけるという思惑もあった。

ケーブル・ニュース・ネットワーク

　アトランタで「スーパーステーション」と呼ばれた WTBS を作ったテッド・ターナー (Ted Turner) は、1980 年 6 月に衛星を用いて、ケーブル局にスポーツと映画の再放送を配信する CNN をスタートさせた。衛星放送に参入したのは 1976 年であり、それはホーム・ボックス・オフィス (Home Box Office) が衛星とケーブル回線を使う実験に成功した 1 年後であった。

　ターナーは確固たる地位を築いていた地上波の 3 大ネットワークに対して果敢な戦いを挑んだ。CNN からは 24 時間休みなしで最新の出来事、スポーツや経済関連のニュース、特集、長時間にわたるインタビューものなどが刻々と伝えられた。発足当初の CNN に対する評価は分かれていた。3 大ネットに比べて映像の質が落ちる点、レポーターのぎこちなさなどが CNN 批判の材料であった。しかしながら、ニュースを即座に知ることができることと、ストレートなニュースを真面目に扱う点については、視聴者から好意的に受け止められていた。

　1980 年代後半には、CNN の海外・国内ニュースの報道に専門家たちも一目置くまでになっていた。とりわけ湾岸戦争の時にはその威力をいかんなく発揮したが、それまでの CNN の実績に気付いていた者たちにとって、この快挙はこれといって驚くべきことではなかった。1981 年のレーガン大統領暗殺未遂事件では、銃弾に倒れたレーガン大統領を最初に報道したことで注目を集め、すでに一部の者たちからの評価を受けていた。ネットワークのニュースが通常の番組編成に戻った後でもニュースを繰り返し放送できる点からも、次第に CNN は熱烈なファンを獲得していった。[93]

　それに続く衝撃的なスクープは、戦闘状態のエルサルバドルで、規則に反して武器を所持するアメリカの軍事顧問を CNN のカメラがとらえた映像であった。このスクープは全米に嵐のような反響を巻き起こした。CNN がホワイト・ハウス取材団に加わることを要求したターナーは、裁判に勝ち担当スタッフを送り込んだ。CNN の発足当初にコメンテーターを務めていた元 CBS 特派員ダニエル・ショーアーは、視聴者に多大な影響を与えた。

　連邦議会がイラン－コントラ・スキャンダルについて行った公聴会の折には、CNN ではケーブルに加え、衛星の電波も用いるようになっており、視聴者たちは、開会から閉会にいたるまでくまなく放送を行う CNN にスイッチを切り替えるようになった。その人気にもかかわらず CNN の抱えていた問題と

して、CNN が、単なる「情報配達人」に過ぎないという点、すなわち、記者会見の生中継や新着ニュースを通信社のように詳細な背景説明もなく流し続けていることが指摘された。しかし CNN 擁護派は、人気を博している番組の例として『ラリー・キング・ライブ』(*Larry King Live*) や『ワールド・レポート』(*World Report*) などを挙げ、ニュース全般、ビジネスやスポーツ番組を広くカバーしている点などを指摘している。それに加え、1990 年にロサンゼルス・タイムズの社主のトム・ジョンソン (Tom Johnson) がそのポストを離れ、CNN の代表取締役に就任したことも CNN の格上げに一役買うことになった。

　CNN 人気は、一風変わった現象を伴っていた。ある国の人が、他の国の世界的危機の現場にいる人に電話をかけた時に、その相手が主要な情報を CNN から得ていることを知らされるというもので、もはやそれが当たり前のことになったのである。これは 1989 年のパナマ侵攻の時にも例外ではなかった。パナマ市民は、自分のいる場所からわずか数ブロックしか離れていない場所で銃撃戦が起きていることを CNN を通じて初めて知るのであった。湾岸戦争の時も、ペンタゴンの関係者に限らず、中東各国の外交官たちや将軍たちでさえ、CNN をつけたままにしておいて最新情報に見入っていた。このような CNN に最高の賛辞を贈ったのは、NBC のトム・ブロカウであった。彼は湾岸戦争勃発の時には、バグダッドの CNN チームを NBC の視聴者に紹介した。CNN の映像を見て、CNN のバーナード・ショーと話をしながら、ブロカウは、「以前の CNN は名実ともに、弱小ネットワークであったかもしれないが、もはやそうではない」と語った。

　CNN の躍進は本物であった。巨大なアトランタの放送局に加え、ワシントンには多くのスタッフが常駐し、国内に 10、海外には 24 の支局を持つまでになった。1999 年には、CNN とそこから分かれたヘッドライン・ニュース (Headline News) チャンネルは、1 万 1,000 局以上のケーブル・テレビを通じて、それぞれ全米の 7,600 万世帯と 7,100 万世帯で視聴されていた。世界で唯一の 24 時間放送のグローバル・ニュース・ネットワークである CNN インターナショナル (CNNI) は、十数基の衛星を通じて 200 を超える国と地域に送られ、推定視聴者数は 1 億 5,000 万人に上り、それには何千ものホテル、政府機関や企業も含まれている。多くの CNNI の番組は、ロンドンのスタジオから主に放送されているが、アジア地域における番組制作の拠点は香港におかれている。アメリカの視聴者は、もっと多くの海外ニュースを求めているに違いないという信念に基づき、CNNI のニュースがアメリカ国内でも視聴可能になっ

たのは、1995 年であった。アトランタから海外に送られる番組の主な供給先は、北アメリカ、ラテン・アメリカ、ヨーロッパ、アジアである。21 世紀を迎え、スペイン語のニュース・チャンネルも、ラテン・アメリカとアメリカ国内の一部地域の 790 万世帯で放送されている。

　総括すると、CNN にはなんと 800 を越える世界の放送局が加入しているが、その数は他のどのメディア・グループよりも多く、CBS、NBC、ABC、FOX といったメジャー・ネットワークの傘下にある 400 以上のアメリカの放送局や、200 局あまりの独立局も加入している。3,500 名を越す国内スタッフの数も、その競争相手の倍である。しかしながら、給与体系が劣っているために、何人かの有能なジャーナリストが CNN を去った。しかし、CNN への忠誠心が低賃金に勝ることもあった。花形海外特派員であるクリスティアン・アーマンポア (Christian Amanpour) の引き抜き合戦が他社と展開されていた時に、彼女は「CNN の雰囲気が気に入っている」と言って、その争いに終止符を打った。

　CNN の中心的な存在としては、CBS のアンカーとして活躍の後、1980 年からオリジナル・メンバーとしてアンカーを務めている低い声で真面目一方のショーがいる。世界中に知られたアンカーとしてはジュディ・ウドラフ (Judy Woodruff)、法律専門のグレタ・バン・サステレン (Greta Van Susteren)、ホワイト・ハウス担当のジョン・キング (John King)、国務省担当のアンドレア・カペル (Andrea Koppel)、ペンタゴン担当のジェイミー・マッキンタイア (Jamie McIntyre)、トーク・ショーでお馴染みのラリー・キングなどがいる。即座にニュースを知ることができることから、何か重大事件が発生する度に、多くの視聴者たちは、リアルタイムのニュース・レポートを求めて、あたかも条件反射のように CNN にチャンネルを合わせることになる。

フォックス・ブロードキャスティング

　ルパート・マードックとバリー・ディラー (Barry Diller) が、フォックス・ブロードキャスティングを設立したのは、1987 年のことであった。このネットが、プライム・タイム（ゴールデンアワー）に放映した最初の番組は、シチュエーション・コメディの『マリード……ウィズ・チルドレン』(*Married...with Children*) であり、辛口の批評家の言葉を借りると、この番組は「乱暴で泥臭い番組」であった。フォックス・テレビ開局の当初、その船出を見守っていたほとんどの人びとは、4 番目のネットワークを立ち上げるということを嘲り笑

っていた。しかし老舗である3大ネットワークが、その栄光にあぐらをかき油断している間に、フォックス・テレビのあえて危険を冒すという姿勢が、かえって視聴者をひきつけるという結果を招くこととなった。ニールセン・メディア・リサーチによれば、1998年のプライム・タイム視聴率は、4位どまりであったものの、プライム・タイムの平均視聴者数は、1,200万人であった。ちなみに、NBCの視聴者数は1,540万人、CBSは1,390万人、ABCは1,370万人であった。

　他のネットワークが通例避ける難しいテーマに挑むというフォックスの姿勢は、風変わりなアニメ番組である『シンプソンズ』(The Simpsons)や洗練されたスタイルで闇の世界を描く『X-ファイル』(X-Files)などの息の長い番組の中で発揮された。さらにフォックスは、アフロ・アメリカ系向けの計画割り当てを企画した。つまりこの領域の最も大切な売り物のひとつは『イン・リビング・カラー』(In Living Color)で、アフロ・アメリカ系を大いにちゃかす寸劇も含まれていた。さらにフォックスは若い聴衆に迎合している。例えばアリー・マックビール、5時のパーティ、ビバリー・ヒルズ、90210』(Ally McBeal, Party of Five, Beverly Hill, 90210) とか『メルローズ・プレイス』(Melrose Place) といったショーなどである。事実、フォックスは若い世代の人々と大変うまくやっていたので、18歳から49歳の間ではABCと同点の2位となり、NBCの後についていた。さらにフォックスは、CBSから全米フットボール連盟(NFL)の試合をなんとか引き抜いてきた。

　フォックスの開局10周年の節目は、4番目のネットワークの可能性について否定的なことを述べた人たちが誤っていたことを証明した。フォックスはメディア界とアメリカ社会に衝撃を与えた。あるコメンテーターは、「これはMTV世代向けの最初のテレビ・ネットワークであり、1990年代の若者向き音楽と芸風を代表するヒップ‐ホップとグランジ（訳者注：ともにポピュラー音楽のジャンルの名称）の普及に多大な影響を与えた」と述べた。[94] フォックスはUPNとWBという新しいネットワークの立ち上げの土台作りにも貢献した。

UPNとワーナー・ブラザーズ

　UPNとWB（ワーナー・ブラザーズ・ネットワーク＝Warner Brothers Network）はともに1995年の1月に発足したが、起業に際しての理念はそれぞれ全く異なっていた。UPNの番組編成は極めて広範囲にわたる人びとをそのター

ゲットとして想定していた。その発足当初は、UPN の方がより将来性があると思われ、視聴率でも常に WB の先を行くとともに、2 倍の加入者を確保していた。しかしながら、1998 年の終わりごろになると、WB が追い上げ、視聴率では UPN をリードするまでになった。そのような状況を受けて、UPN はより特定なグループをターゲットにした番組編成へと変更したが、ネットワーク編成では、視聴者の要求に応えて"共有体験"を提供するという姿勢は守り続けていた。

　両者ともに、アフロ・アメリカンや若者層の視聴者にかなりの放送時間量を費やしている。WB の代表的な番組としては『ドーソンズ・クリーク』(Dawson's Creek)、『バフィー・恋する十字架』(Buffy the Vampire)、『フェリシティの青春』(Felicity) などがあり、これらはみな若者のアイドルを登場させることで、若者の考えや趣向を反映させた作品である。UPN の代表作としては、『スタートレック：ボエジャー』(Star Trek: Voyager) があり、これは『スタートレック』の 4 シリーズ目の作品である。2 つの駆け出しのネットワークのうち 1 つ、もしくは両方とも生き残れるかどうかはまだ分からない。

公共放送：マックニールとレイラー

　諸外国と肩を並べられるレベルの公共放送をアメリカ合衆国にもという努力がやっと実を結んだのは、アメリカ議会が、全米放送や地元放送の番組編成を統合するために予算を与える組織である公共放送協会 (Corporation for Public Broadcasting＝CPB) の設置許可を、1967 年に与えてからであった。これにより、多くの素晴らしいオリジナル番組が、組織運営のしっかりしている全米教育テレビ (National Education Television＝NET) によって制作された。1970 年以降、アメリカの非営利の教育テレビ局は、願いを込めて自らを「第 4 のネットワーク」と呼んだ公共放送網 (Public Broadcasting Service＝PBS) を通じてネットワークを形成した。ラジオでは多くの局が、ナショナル・パブリック・ラジオ (National Public Radio＝NPR) のネットワークを通じて放送を行った。

　その後、公的な予算がどうなっていくかについては、ニュート・ギングリッチ下院議長が、全米公共放送協会 (CPB) を民間に払い下げることにより、公共ラジオや公共テレビへの連邦政府からの補助を打ち切ると宣言したこともあり、先行きは不透明であった。保守派の政治家たちは、公共放送は政治的に左

による傾向があると批判し、それに対するリベラルな批評家たちは、このような意見は「ナンセンスである」とし、年を追って強まる予算削減の圧力が、保守的な番組編成に拍車をかけたと批判した。

政治からの干渉に加え、予算削減や組織内部の財務上の争いが、公共放送の存続を脅かした。公共放送網 (PBS) とナショナル・パブリック・ラジオ (NPR) に加盟している放送局には、乏しい予算を補うために民間から資金を調達せよという大きな圧力がかかった。公共放送サービス機構 (PBS) の予算のうち、政府からの予算はわずか全体の15%に過ぎなかった。公共放送局も広告を受け入れるべきかどうかについての議論も少なからず見られた。受け入れ賛成派は、主要な番組がこれまでも企業からの補助に頼ってきていることを指摘したが、反対者たちは、公共放送の聖域を侵すべきではないとして、広告導入の是非をめぐる議論は決着を見なかった。

公共テレビで最も有名な成功例としてまず思い浮かぶのは、1969年に登場し、全国の幼いファンの心をつかんだ『セサミ・ストリート』(Sesame Street) であろう。カエルのカーミットとその仲間たちは、ジム・ヘンソン (Jim Henson) 自身が考案したものであった（ちなみにジム・ヘンソンはカーミットの声も担当した）。キャラクターが世界的に有名になり、ヘンソンは大人向けの『モペット・ショー』(The Muppet Show) でも活躍した。1990年にヘンソンが急逝し、その先行きが心配されたが、『セサミ・ストリート』の制作会社はカーミットとその仲間たちをそのまま PBS に残した。その他の教育番組としては、3年生から5年生までを対象にした『電気会社』(The Electric Company) があった。ケネス・クラーク (Kenneth Clark) の、『文明』(Civilization) と呼ばれたシリーズも好評であったが、その他にも『フォーサイト家物語』(The Forsythe Saga)、『ファースト・チャーチルズ』(The First Churchills)、『グレート・アメリカン・ドリーム・マシン』(The Great American Dream Machine)、『ワシントン・ウィーク・イン・レビュー』(Washington Week in Review)、『ウォール・ストリート・ウィーク』(Wall Street Week) などが好評だった。『グローバル・ビレッジ』(The Global Village) や、実際の法廷における裁判の模様を中継する番組など画期的なものもあった。このような番組制作でパイオニア的な役割を果たした放送局は、ボストンの WGBH 局とサンフランシスコの KQED 局であった。NET（全米教育テレビ協会）は、他にも優れた子供番組を製作している。それは『ミスター・ロジャーの仲間たち』(Mister Roger's Neighborhood)、『NET プレイハウス』(NET Playhouse)、『ノバ』(Nova)、『NET フェスティバル』

(*NET Festival*) などである。その他の主要制作局として、ロサンゼルスの KCET 局、ニューヨークの WNET 局、ワシントンの WETA 局、シカゴの WTTV 局などがあった。

　イギリスのテレビ界から供給される番組の助けもあり、番組の質は向上していった。批評家たちに絶賛されていたのは『英語についての 9 章』(*The Story of English*)、『驚異の作品集／ワンダーワークス』(*Wonderworks*)、『グレート・パーフォーマンス』(*Great Performance*)、『文化遺産』(*Heritage*)、『アメリカンの体験』(*American Experience*) などである。初期のヒット番組には、『アップスティアーズ・ダウンスティアーズ』(*Upsatairs, Downstairs*)、『肩を触れ合って』(*Shoulder to Shoulder*)、『モンティ・パイソン』(*Monty Python*)、『アダムズ・クロニクルス』(*The Adams Chronicles*)、『信じられない機械』(*The Incredible Machine*) などがあった。公共放送は、ウォーターゲート公聴会を、最初から最後まで一貫してすべて中継し、また『ベトナム戦争』(*Vietnam: A Television History*)、『野球』(*Baseball*)、『南北戦争』(*The Civil War*) などを含む多くの率直なドキュメンタリー番組を提供したのも公共放送であった。1994 年、世界中の膨大な数のファンたちが、ロサンゼルスの大舞台で"3 大テノール"(ホセ・カレイラス [José Carreras]、プラシド・ドミンゴ [Placido Domingo]、ルチアーノ・パバロッティ [Luciano Pavarotti]) の共演を公共放送を通じて見守った。

　公共放送で 21 年間にわたり活躍したアリスタ・クック (Alistair Cooke) は、

左　The News with Jim Lehra（ジム・レイラーとニュースを）の編集長兼アンカーのジム・レイラー。
右　シャーレーン・ハンター＝ゴールト。

1992年に83歳で引退した。長い間『世界名作劇場』(*Masterpiece Theatre*)の司会役を務め、古き良き時代の振舞い方と道徳観を身につけたイギリスの新聞記者から転進した彼の語り口には、登場人物に対する鋭い洞察力をうかがわせるものがあった。ニュース・ファンたちは、日々の出来事の解釈では、PNR局のニュース番組『オール・シングズ・コンシダード』(*All Things Considered*) を頼りにしていたし、この点では「マックニール＝レイラー・ニュース・アワー」(*MacNeil-Lehrer News Hour*) も同様であった。

ロバート・マクニール (Robert MacNeil) とジム・レラー (Jim Lehrer) は、活字系ジャーナリズムでの経験を生かし、1975年から、各回1つの課題に取り組む30分番組をスタートさせた。1983年からはこれが1時間番組となっている。CPB（公共放送協会）やAT&T、PBS系列局の支援を受け、この番組はテレビ・ニュース番組の代表的な存在となり、多くの賞も獲得した。1955年にロイターからこの世界に入ったマックニールは、1995年に引退している。その同じ年に、その番組の製作者でもある、マックニール・レイラー・プロダクションが、持ち株の3分の2を、リバティ・メディア社に売却した時に論争が沸き起こった。同社は無情な経営手腕で有名な、国内最大手のケーブルシステム会社TCIの子会社でもあった。PBSは、『ニュース・アワー』に資本が投入されることを歓迎したが、批評家たちは、政治的な圧力が加えられるようになるのではという不安を抱いた。とりわけ、MCIが、ギングリッチがホストを務める「全米権利擁護テレビジョン」(National Empowerment Tele-vision) や保守的なグループであるAIM（訳者注：Accuracy in Media＝メディアの公正を守る会）へ接近していることを知った時は、その思いも格別であった。

主だったレポーターは、シャーレーン・ハンター＝ゴールト (Charlayne Hunter-Gault) と、ジュディ・ウッドラフであった。ハンター＝ゴールトは、国内外のニュースの詳細な解説を得意とし、一方、NBCのワシントン担当記者の経歴を持つウッドラフは、夕方のニュースのレポーターや、『フロントライン』(*Frontline*) のアンカーを務め、その痛烈なレポートは喝采を浴びた。彼女は1993年にCNNに移り、ニューズウィーク誌のマーガレット・ワーナー (Margaret Warner) が夕方の番組を引き継いだ。

ある研究結果によれば、公共放送の夜の時間帯の約60%は、公共の事柄に無関係なものが占められ、公共的な内容の番組は33%であった。また地域に関係のある内容を扱ったものはわずか7%であり、地方局の予算の乏しさによる欠点が指摘されている。[95]

マイノリティの雇用

　テレビに映し出された暴力的な光景に対する人びとの怒りの反応は、都市や大学のキャンパスでの騒乱状態、黒人居留区に吹き荒れた暴動や無秩序状態、暗殺の悲劇を伝える報道やニュースによってもたらされたということには疑う余地もないだろう。ニューアークやデトロイトの悲惨な状況を目のあたりにし、ジョンソン大統領は、イリノイ州知事オットー・カーナー (Otto Kerner) を議長とする、全米民間騒乱諮問委員会 (National Advisory Commission on Civil Disorders) を設置した。1968 年 3 月に出された報告書の第 15 章では、ジョンソン大統領の「マス・メディアは暴動にどのような影響を与えているのか」という疑問に答えるべく、ジャーナリズムのあるべき姿が取り上げられている。[96] ここに示された回答は、将来へ多くの教訓を残すこととなった。

　カーナー委員会の報告によれば、1967 年の騒乱を伝えたメディアにおいては、おしなべてバランスを配慮した報道姿勢が貫かれていたという。しかし、センセーショナルな報道や、歪曲されて伝えられた部分や、正確さを欠くものも見られた。銃撃のほとんどは、黒人によるものではなく、州警察によるものであったし、暴動は何者かの陰謀によるものではなく、ゲットーと呼ばれる貧困層が集まる地域に居住する若い黒人たちが引き起こしたものであった。AP によるデトロイト発のニュースの 1 つでは、住宅の被害が 10 倍以上にも誇張されていた。メディアによる多くの過ちは、メディアが警察当局の発表に頼りすぎた場合に作り出されていた。この委員会の知見が 1971 年の事件ではっきりと証明されている。誤った公式発表では、ニューヨーク州のアティカで複数の看守が喉を切りつけられて死亡となっていたが、事実は彼らを救出しようとしていた者に銃で撃たれたために死亡したのであった。このケースでは、勇気ある検視官とメディア・レポーターが、容疑者とされていた黒人のために決然と立ち上がり、誤った記述の訂正を求めた。

　暴動のレポートにおいては、テレビの扱いは妥当なものであったと報告されている。合計 955 本にもおよぶニュース映像の場面を、委員会のメンバーがチェックした結果、494 本の場面は"冷静な報道"とされ、262 本の場面が"感情的な"報道とされた。穏健な黒人解放運動のリーダーは、過激なリーダーより 3 倍もテレビに多く登場していた。暴動のほとんどが、黒人の住むスラム地域で起こり、ほとんどの警察官と兵士が白人で占められていたために、テレビに映し出された暴動の場面は、視聴者に、あたかも黒人対白人の対決の場に居

合わせたような錯覚を抱かせた。「全体としては、テレビの伝えるネットワーク・ニュースも、ローカル・ニュースも、慎重で行き過ぎない配慮がなされていた」と、カーナー委員会の報告では述べられている。

しかし、メディアの扱いはその時代の一般大衆が何に興味を持っているのかという思いを大きく反映しているという理由から、委員会はアメリカ社会に対する警鐘として、マス・メディアに対して以下のようなコメントを発表している。その知見は次のようなものである。

> 視聴者のうちの絶対的多数の人びと——すなわち白人たち——に対して、マス・メディアは貧困層の居住地域に住むことの悔しさ、惨めさ、絶望感を伝えてはこなかった。彼らはまた、アメリカ合衆国で黒人として生きることが、いかに困難で不満を募らせることであるのかという思いを白人たちに語ってはいない。黒人の文化、考え方、歴史に対して、理解や認識を示すこともなく、何も伝えてきてはいない。白人のプレスが、黒人や黒人の問題に言及する時の姿勢は、黒人たちが彼らの視聴者の一部であることを忘れ去っているかのようであった。微妙であり扇動的でもある分野におけるこのような姿勢が、黒人の疎外感を生み、白人の偏見を助長することとなったのである。[97]

黒人のコミュニティを真面目に取り上げる報道は皆無であったと、委員会は報告している。事実、黒人の記者は少なく、人種差別問題の専門家はもっと希少である。「黒人の記者を1人ないし2、3人を雇うだけの"名ばかりの差別撤廃"(Tokenism)では不十分である。黒人の記者は絶対に必要であり、黒人の編集者、作家、評論家ももっと現れなければならない」と報告書では述べられている。

また報告書では、問題に関心を寄せるジャーナリストがコメントを述べる時の問題点についても、以下のように言及している。

> 過去数年に起きた一連の出来事であるワッツ暴動や他の暴動、公民権運動の高まりは、読者や視聴者の反応を呼び覚まし助長した。昨年の夏に人びとがメディアを通じて見聞きしたことにより、情緒的な反応が発生し、視聴者の脳裏には、その全てをニュース素材のせいにはできない鮮明な印象が残った。[98]

これらの出来事についてどう考えたかについて尋ねた1968年のCBSニュースの調査では、白人の回答者の70%が、暴動を鎮圧するために、警察官たちはもっと強硬な態度をとるべきであった、と答えている。ワッツ暴動の時に

も、白人の居住地域の回答者たちは、この地域の医療施設が不足していなかったかどうかという質問に対して、不足していなかった、と答えている。ワッツ暴動収束後を分析した記事で、ロサンゼルス・タイムズがピュリッツァー賞を獲得していたにもかかわらず、調査をするとこのような結果が示されるのである。

カーナー委員会が指摘した、マス・メディアへの黒人の参加が欠如しているという指摘をさらに支持する他の研究成果もある。1969年に、20の全米主要都市のうち16都市の新聞48紙から32紙を選び出し、そのスタッフの人員構成を調べた調査によれば、それらの新聞社の編集管理職、デスク、記者、写真記者の総数4,095名のうち、編集管理職1名、デスク6名を含むアフロ・アメリカ系スタッフの数は、全体でわずか108名であり、全体の2.6%を占めるのみであった。[99] 1970年のタイム社の調査では、ワシントン・ポスト社が最も人種差別の少ない新聞社であり、19名のアフロ・アメリカ系編集スタッフの比率は、8.5%であった。1977年の同紙の専門職の人数は34名になり、全体の10%にまで占有率を伸ばしている。1977年にASNEが実施した調査によれば、回答を得た28%の日刊新聞社の従業員1万6,000人のうち、アフロ・アメリカ系で、ニュースを扱う編集室に勤務するものは、563名であり、全体の3.5%を占めた。その中のおもだった人を挙げると、シンジケートにコラムを連載していたカール・T・ローワン、ワシントン・ポストのコラムニストのウィリアム・ラズベリー (William Raspberry)、ニューヨーク・タイムズのチャーレーン・ハンター［後のハンター＝ゴールト］、シカゴ・デイリー・ニュースのコラムニストのL・F・パーマー・ジュニア (L. F. Palmer Jr.)、ポートランドの地方紙オレゴニアンの編集長のウィリアム・A・ヒラード (William A. Hilliard) などがいた。ヒリアードは、1994年に黒人初のASNE会長に選ばれた。

1994年のASNEの調査は、これまでの調査の中で最も成果の見られるものである。編集者として働く全米のジャーナリスト60万人のうち、マイノリティの占める割合は10.9%であり、その内訳は、5%のアフロ・アメリカンを筆頭に、ヒスパニック、アジア系、アメリカ原住民と続いている。編集局のチーフのうち白人ではない者の比率は6%で、マイノリティを全く雇い入れていない日刊紙の割合は約50%を占めていた。ほとんどの小規模な日刊新聞は、同じ人種のスタッフが独占する状況にあった。統計調査によれば、テレビ・ニュースの世界に働くマイノリティの比率は、14%であり、ラジオ・ニュースでは10%であったが、これらの比率には、昇進の見込めない下働き的な仕事に従事する者も含まれている。[100]

ロバート・C・メイナード

　活字ジャーナリズムの世界で最も有名な黒人は、1983 年にサンフランシスコ湾一体で発行されている新聞であるオークランド・トリビューンの編集長、発行者および社主になったロバート・C・メイナード (Robert C. Maynard) である。メイナードは都市部で発行される一般紙を統括する立場に上り詰めた最初の黒人である。独学ののち、彼はペンシルベニア州のヨーク・ガゼットに就職し、1965 年にニーマン・フェロー奨学金を得てハーバード大学に学び、ワシントン・ポストの記者を経て、コロンビアとバークレーでメディア・マイノリティ教育の指導をし、1979 年に、アフロ・アメリカ系の人口比率が増加しつつあったオークランド地区のガネット・グループの新聞社の編集長となった。後に、この新聞は、メイナードたちに売り渡されることとなった。

　債務超過との格闘も虚しく、メイナードはこの新聞社を、1992 年には、シングルトン・チェーンに属するアメラダ新聞のグループに売却することになった。この時に、編集長に指名されたのが、都市型日刊紙の初の黒人女性編集長となったパール・スチュワート (Pearl Stewart) であった。メイナードは、その後 1993 年に死去している。1981 年にガネット・チェーンは、ニューヨーク州で発行されている一般大衆日刊紙であるイサカ・ジャーナルの発行者にパメラ・マカリスター・ジョンソン (Pamela McAllister Johnson) を任命したが、それは彼女が主要日刊新聞で初の黒人女性発行者になったことも意味していた。ガネット系の編集局は、他社と比べて多様な文化への許容度がより高い傾

向にある社風を持ち、マイノリティ・スタッフの占める比率は19%、女性スタッフの比率は44%にまでなっている。また、ニューヨーク市の経験豊かな黒人ジャーナリストであったボブ・ハーバート (Bob Herbert) は、1993年にニューヨーク・タイムズの署名入り解説ページのコラムニストになった。また同じ年に、ワシントン・ポストの記者をしていたジル・ネルソン (Jill Nelson) は、『ボランティア・スレイバリー』(*Volunteer Slavery*) という本の中で、マイノリティの記者のことを不当に扱ったとして、怒りを込めてワシントン・ポストを批判している。

　テレビ・ネットワークの方がマイノリティの存在は目立っていた。ABCのマックス・ロビンソン、NBCのブライアント・ガンベル、CNNのバーナード・ショーなどがアンカーとして活躍していた。今日では多くの地方局の番組でも、アンカーのチームの中に、少なくとも1人ぐらいは、マイノリティを見つけるようになった。マイノリティに属する人びとが、意思決定を行うレベルの部署にまで食い込んでいくことは至難のわざであると言われる中、テレビやラジオの世界で課題を残しているのは、記事の執筆や製作の分野であろう。カメラの前に立つ人びとの中にマイノリティ出身の者を見出すことはあっても、その内容構成を決めるところまでは、まだ参入を許されていないという批判もある。その地位向上を目指す全米黒人ジャーナリスト協会 (National Association of Black Journalists＝NABJ) は1975年に結成され、1999年までにその会員数は3000を数えるようになり、加盟団体数74、学生支部51となった。

　ちなみに、このNABJが、1993年に2,400人の会員を対象に実施した調査によれば、メンバーの多くが、昇格の時に何らかの障害を経験したと答えており、力のある指導者不足に加え、「後に続くべくいろいろなことを見習うことのできる同じマイノリティ出身の役割モデル的存在」が見当たらないなどの回答が、現場の声として報告されている。[101] 1997年のASNEの報告書「1990年代のジャーナリストたち」によれば、マイノリティ出身のジャーナリストの比率は全米の人種別人口比率に見合うまでの比率に届かず、11%であるという（アメリカ全体の人口に対する比率は26%であるにもかかわらずである）。しかしながら、この数値は1988年から見れば向上していることもこの調査は示している。

テレビ番組編成への懸念

　暴力の問題はギリシャ時代の演劇から『NYPD ブルー』(NYPD Blue：訳者注：ニューヨーク市警本部を舞台にしたテレビ・シリーズ) にいたるまで、演劇、小説、映画、コミック・ブック、テレビ・ドラマなどのあらゆるジャンルにおいて人びとの関心を集めてきた。1960 年代には戦闘や暴動を伝えるテレビのニュース・レポートの中に暴力があふれていたが、同じようにフィクションの世界における暴力もテレビ番組の中に多く描かれていた。J・F・ケネディやロバート・ケネディ、マーチン・ルーサー・キング・ジュニア牧師の暗殺に加え、都市部で発生した人種暴動や大学紛争が、テレビ番組の中の暴力を苦々しく思う人びとが異議申し立てを行うきっかけを与えた。

　ペンシルバニア大学アネンバーグ校コミュニケーション学部の名誉学部長であるジョージ・ガーブナー (George Gerbner) 博士は、20 年以上にもわたり、テレビと暴力の関係について研究を重ねた。1994 年に彼が行った推計によると、平均的なアメリカ人は、16 歳になるまでに、マス・メディアを通じて 20 万回の暴力行為を目にしてきており、それには 3 万 3,000 の殺人行為が含まれているという。彼は、20 年以上にもわたり、ネットワークのプライム・タイム (訳者注：夜 7 時から 11 時までで、日本の「ゴールデン・アワー」にあたる) のテレビ番組には 1 時間に平均 5 回、何らかの暴力が登場していると主張している。土曜日の朝は、幼い子供たちがテレビを見る機会の多い時間帯であるが、1 時間に登場する暴力の場面は、平均すると 25 回にも及び、それらのほぼ半数は、1970 年代初頭に放送されていたことが分かった。ネットワーク別に見ると、フォックス (The Fox) 系列の番組の中の暴力の回数がやや多かったが、最も多いのはケーブル・テレビの番組においてであった。[102]

　テレビと暴力の問題は、1993 年に開かれた下院の公聴会においても取り上げられ、その子供への影響の可能性について、国を挙げた話し合いの場で吟味されるまでになった。暴力番組の視聴と暴力行為への関与には、統計的にみて因果関係が見られる、という考えは、ほとんどの研究者たちの間では一致しているものの、暴力行為の何％がテレビ視聴によるものであるかという点においては、見解が分かれている。研究者の中には、成人後の暴力行動は子供時代のテレビ視聴に負うところが大きいと主張する者もいる。ガーブナーは、テレビの影響は 5％ に過ぎないが、テレビの暴力を長い間視聴した者は、"現実の世界を悪いものであると思い込む症候群" を示し、実社会にも暴力が満ちている

と思い込み、自己防衛のために銃を買い備え、不安感を募らせ、それをまた再確認することで悪循環に陥る者もいる、と述べている。彼はまた、娯楽番組と同様に、ローカル・ニュースに悪者が登場してくることもその一端を担っているとしている。[103]

　テレビの暴力に対する非難の声が大きくなるきっかけとなった出来事は、オハイオ州の 2 歳の少女が、5 歳の兄に焼かれて死亡した事件であった。その少年は MTV のアニメ番組である『ビーブス・アンド・バットヘッド』(Beavis and Butt-head) の 2 人の登場人物を見て、火遊びを楽しそうと思い、くすくす笑いながら妹を焼いてしまったという。批判を受けた MTV は、その番組の放映時間を、事件前の夜 7 時台から、10 時 30 分に開始するように移動させた。フォックス、ABC、NBC、CBS の各ネットワークは、世論から受けた批判への埋め合わせとして、親への警告を放映し、3 年間の番組編成に関する調査の資金援助を約束し、ケーブル・テレビも同様の 3 年間のプロジェクトに加わった。皮肉なコメンテーターたちは、因果関係はすでに明らかであるからそのような研究は不要であると批判し、FCC（連邦通信委員会）は、朝 6 時から夜 10 時までの、テレビに登場する暴力そのものの量を制限するべきであるとしている。親たちが、テレビ受像機を管理できるようにする電子遮断設置について議論する者もいるが、しかし根本的な問題は、親の目の届かないところで子供だけで視聴していることにあると言えるだろう。

　ここでは、テレビ・ネットワークが主に批判の対象とされているが、最も批判されるべき対象者は、ケーブル局と独立系の配給会社である。テレビに映し出される暴力、セックス、ヌード、低俗表現、喫煙、飲酒に視聴者の大半が辟易させられていることに、送り手たちは無頓着なようである。この数年間、状況は何も変わっていない。1975 年に、FCC はネットワークと全米放送事業者協会 (National Association of Broadcasters) に対して、後に「家族向け時間」として知られるようになった「家族視聴時間帯」の導入を推奨した。この主旨は、性描写や暴力があふれている『刑事コジャック』(Kojak)、『ハワイ・ファイブ・オー』(Hawaii Five-O)、『チャーリーズ・エンジェル』(Charlie's Angels) などの番組放映を、子供の就寝時間以降に行うというものであった。

　暴力描写のエスカレートとあいまって問題をより深刻にしているのは、娯楽番組ではタブーとされてきたことを破るような番組が登場してきたことである。例として、1975 年から 1976 年にかけてヒットした、『メアリー・ハートマン、メアリー・ハートマン』(Mary Hartman, Mary Heartman) を挙げるこ

とができる。人びとの懸念をいっそう拡大させたのは、1977年のアカデミー賞受賞映画で、視聴率競争を痛烈に批判した映画『ネットワーク』(Network)であった。プライム・タイムのソープ・オペラ（訳者注：ラジオやテレビで女性を中心とした家族の問題を扱った連続メロドラマのこと）という新しい番組のジャンルの確立でさきがけ、性、暴力、策略で彩られたテレビ・ドラマ『ダラス』(Dallas)は1978年にスタートし、その人気は1991年まで続いた。テレビ番組を最も強硬に批判する人びとでさえ評価した番組もあった。その1つは、アラン・アルダ(Allan Alda)の主演で、朝鮮戦争時の第4077移動式陸軍外科病院チームのエピソードを描いた『マッシュ』(M*A*S*H)であった。このドラマは悲劇、ユーモア、そしてとりわけ、戦争経験の悲惨さといったものを、素直な日常的感覚で家庭に届けた。これとほぼ同じ時期に、ノーマン・レアー(Norman Lear)によって、画期的なコメディが誕生した。代表的なものは、『オール・イン・ザ・ファミリー』(All in the Family)、『モード』(Maude)、『グッド・タイムズ』(Good Times)などで、従来のテレビ・ドラマでは避けてきた、人種、宗教、中絶、レイプなどの問題が、物語の中に織り込まれていた。進歩的な人びとは、歓迎していたが、保守的な人びとは仰天させられた。同時期に始まった長寿ドラマである『メアリー・タイラー・ムーア』(Mary Tyler Moore)は、場面設定が職場であり、職場の同僚が、家族のような信頼できる人たちとして描かれている。

　元FCC委員長ニコラス・ジョンソン(Nicholas Johnson)たちは、本当の実権を握っているのは消費者である視聴者であるから、最も過激な暴力番組のスポンサーをボイコットするよう勧めた。その他に影響力を及ぼした組織として、子供向けの番組やコマーシャルに不安を抱いたマサチューセッツ州ニュートンの主婦ペギー・チャレン(Peggy Charren)によって設立された子供番組を向上させる会(ACT=Actions for Children's Television)がある。

　1976年に、アメリカ医学協会、アメリカ精神医学協会、全米PTA協議会が共同で、テレビ番組の暴力場面に異議を唱えるキャンペーンを始めた。J・ウォルター・トンプソンなどの広告会社は、暴力番組との関係を断つことを始めたが、いまだもってなんら問題は解決を見ていない。

　以下の引用は、アメリカのテレビ・システムの素晴らしい業績に言及し、その欠点を認めながらも、その擁護に回っていた、CBSのコメンテーターであるエリック・セバレイドの言葉である。新聞と放送ジャーナリズムの間のライバル関係に触れた上で、セバレイドは、テレビを批判する新聞人たちに、自分

自身を振り返るよう述べている。

> 新聞はその週末の付録として、テレビで活躍するロック・スターやギャング団の載ったテレビの番組表を掲載しているのに、テレビの娯楽番組は低俗文化の代表であると批判する高尚な社説や批判を出さないでほしい。それが新聞の売り上げにつながるという理由で、大衆の好みに合わせているかぎり、自分たちがテレビ・ネットワークとなんら変わりはないことを正直に認めるべきである。暴力の行き過ぎについてネットワークへの小言は言わないでほしい。もしそう思うのならば、放送には登場しないような暴力的な映画の広告を掲載したり、ポルノ映画の広告を載せたりするのも行き過ぎである。[104]

それにもかかわらず、1980年代の中盤には、テレビの暴力に対して強硬な意見が相次いで出された。まず声を上げたのは、「モラル・マジョリティ」(Moral Majority) という宗教団体を率いるジェリー・ファルエル (Jerry Falwell) であった。次に、ジョージ・カムストック (George Comstock) やジョージ・ガーブナーを含む、第一線で活躍する研究者たちが、テレビは社会化のエージェント（媒介者）として最も重要な役割を果たしているとし、テレビは無防備な状態にある家庭に「複製物ではなく、たやすく実生活で応用が利く情報や描写を送り届けている……その意味で、暴力を視聴するということは、若者たちの攻撃的な行動を助長する可能性を持つのではないだろうか」と述べている。[105] しかしその一方で、両親、教育者、宗教家たちといった存在が、テレビの影響を中和する役割を担うことも強調している。

1980年代末のテレビ界では、内容、技術ともに変化の兆しが見えてきていた。1984年に始まった『マイアミ・バイス／特捜刑事』(Miami Vice) がテレビ界の新しい流行の先駆けとなった。その犯罪番組のテンポの速さは、MTV（ロック音楽専門の有線テレビ局）から導入したビデオ技術を採用したものであった。音楽を背景に軽やかに動き続ける画像と斬新なカメラ・アングルは、多くのテレビ・コマーシャルにも影響を与えた。この番組の独自性は、ニカラグアのゲリラであるコントラの戦いと、マイアミのコミュニティとのつながりを描いたりしたエピソードのように、政治的なテーマが盛り込まれている点にあった。その他に、テレビの様相を変えた番組として高い評価を受けたのは、批評家に絶賛された警察ドラマの『ヒル・ストリート・ブルース』(Hill Street Blues) であった。1981年にスタートしたこのドラマ・シリーズは、硬派のリアリズムを追及し、技術的には、アクションの場面に、手動式カメラを用いた

ところが注目された。その他の警察ものとしては、女性を登場させその解決能力を描いた『キャグニー・アンド・レイシー』(Cagney and Lacey) や、『L.A. ロー／7人の弁護士』(L.A. law) も人気を博した。

　女性や暴力の描写に加え、批評家たちはマイノリティの描かれ方にも注目した。NBC 系の『コズビー・ショー』(The Cosby Show) は、全米の人びとに親しまれるようになった。これは上流クラスの黒人の家族が舞台の人情味あふれるコメディ番組であり、それ以前に放送されていた『ジェファーソン一家』(The Jeffersons) や『グッド・タイムズ』(The Good Times) とは異なり、台本には人種差別問題が登場しない。『コズビー・ショー』は、非現実的すぎると批判する者もいたが、同じコメディアンによって作られた続編の『ディファレント・ワールド』(A Different World) では、黒人の役柄を最も黒人らしい設定に戻している。フォックス・エンターテインメント・ネットワーク制作・配給で放映されたバラエティ・ショー『イン・リビング・カラー』(In Living Color) は、そのぶっきらぼうな皮肉で、番組への評価が2分されたのに対して、ABC 系列の『ファミリー・マターズ』(Family Matters) も人気を博した。

　『ジェシカおばさんの事件簿』(Murder She Wrote)、『ゴールデン・ガールズ』(The Golden Girls) のように女性が中心になって活躍する番組も多く見られた。1950 年代後半に人気を博したように、『ウィール・オブ・フォーチュン』(Wheel of Fortune) を代表格とするゲーム番組も注目を集めた。ケーブル・テレビに独自のチャンネルを持ち、影響力を持つ伝道師たちも少なからず見られた。彼らが伝えるメッセージには、性も暴力も登場しないが、彼らが唱える主張は何百万ドルもの集金力を保有した。

　1990 年、アメリカの議会において、「子供とテレビ法」が可決されたが、同法はほとんど効力を発揮しなかった。多くの優れた子供番組が公共放送で放映されたにもかかわらず、連邦政府が恒常的にその予算を減らし続けてきたことは皮肉である。1995 年に共和党から新しく下院議長に就任したニュート・ギングリッチは、公共放送の予算削減を宣言した。折りしも商業放送に目をやると、午後やゴールデン・アワーのソープ・オペラは以前にも増してあからさまになり、昼間のトーク番組には見苦しい振る舞いがあふれかえり、夜のトーク番組にも下品なジョークが頻発し、ケーブル・テレビのコメディアンも、正義を唱えたり教養あふれる人びとをネタにし、『マリード・ウィズ・チルドレン』(Married . . . with Children)、『メルローズ・プレイス』(Melrose Place)、『ベイ・ウォッチ』(Bay Watch)、『リアル・ストーリー・オブ・ハイウェイ・パトロー

ル』(*Real Stories of the Highway Patrol*) などの一連の番組に至っては、あらゆる本能をさらけ出した描写が次々と登場していた。それに加え、ケーブル・チャンネルの登場は、その作品が良いかどうかには関係なく過去30年間に制作されたテレビ番組や映画をお茶の間に放映し続けることとなった。

アメリカ議会は、1996年に情報通信法を可決した。この法律には「V－チップ」とよばれる技術装置の設置義務も含まれていた。これは、暴力や性表現の評価指標に則った評価記号を番組の中で送り手が表示し、親がそれを参考に、子供にはふさわしくないと思われる番組を子供に見せないようにすることを可能にするものである。2000年1月までには、すべての新しい13インチ以上のテレビにはこのV-チップシステムが内蔵されることになった。番組評価のシステムはネットワークが開発し、FCCの承認を得て整えられた。このシステムの是非については、子供に見せるかどうかの判断が親の手に戻ってくるとして歓迎する一方で、内容評価システムを押し付けるのは政府の言論統制の1つであるとして、受け入れに不賛成を表明する批評家もいた。番組の送り手たちの間では、暴力とか性的な描写の有無という基準で悪い評価を受けると番組を拒否されることになりかねないので、それは作り手側の自主規制につながるのではという恐れも広がった。

FCCと放送局：認可をめぐって

ラジオとテレビは、連邦通信委員会 (FCC) の監視を受けながら、法的な規制のもとに置かれていたが、1980年代に入り、レーガン‐ブッシュ政権下の政府は規制緩和を打ち出した。これまで個人が所有できる放送局の上限は、AMラジオ局18社、FMラジオ局18社、テレビ局12社までとそれぞれ決められており、テレビ局がカバーしきれない地域は、全米の25%以上にも及ぶのが実情であった。その半数以上が少数派の人びとによって所有されている放送局に投資する放送企業グループでは、AMラジオ局21社、FMラジオ局21社、テレビ局14社まで所有できることになり、これまでにテレビ局がカバーしきれなかった地域の視聴者のうち30%の人びとが視聴できるようになった。

異なるメディアの重複所有に関しても、数々の規制があった。新聞社の社主は同じサービス地域内の放送局を買収することが許されていなかった。同様に、ラジオ局を所有する者にはテレビ局の買収を禁じられており、テレビ局のオーナーがラジオ局を所有することもできなかった。テレビ局のオーナーはま

た、その地域のケーブル局の所有を禁止されていたし、主なネットワーク系列は、いかなるケーブル関連企業も所有できないことになっていた。

その一方で、マーク・ファウラー (Mark Fowler) FCC 委員長が統括するもとで放送関係者に好意的な規制緩和が進められ、ニュースと公共サービス的な番組に局がそれぞれ費やさなければならない時間数を最低限にすることを認めた。このカテゴリーには、子供向け番組、宗教関係の番組、公共的意味合いを持つ事柄を紹介する番組などが含まれていた。その代わり FCC は、コマーシャルに用いることができる時間の枠を拡大した。ファウラーは、かつて「テレビは電化製品の1つに過ぎない。絵の出るトースターのようなものである」と述べたことがあり、委員会はこのような考えを推し進めていった。放送局の免許更新までの期間も延長され、テレビ局は3年から5年に、ラジオ局は3年から7年に変わった。また、番組評価のためにいつでも提出できるように「番組の進行表を保存しておく」という規則をなくすことにより、オーナーには手厚い保護が加えられることとなった。

またその一方で、テレビに対して新しい縛りを加える規則も生まれてきている。健康上の理由から、1971年より、テレビ画面上のタバコの広告を禁止するという法律をアメリカ議会は可決した（その煽りを受けて、雑誌のタバコ広告はそれ以前の2倍となり、新聞の広告も同様に増えた）。その影響で、もしそのコマーシャルの時間帯を肩代わりするスポンサーが見つからない場合に、放送局が失う広告収入を合計すると、2億2,500万ドルにも及ぶと試算された。次に FCC は、上位のネットワーク系列局50局に対して、プライム・タイム（夜7時から11時まで）の時間帯のネットワークの番組の放送時間を3時間まで、とする取り決めを決定した（このプライム・タイムの系列番組の放送時間を制限する法律によって、各局は、東部標準時間の夜7時30分から8時までの時間を埋めるために大変な思いをすることになった）。

1981年にレーガン政権が打ち出した方針に従い、FCC は新たに125局のAMラジオ局に、認可を与え、それによってそれぞれの地域内の競争を促進し、またテレビでも規制緩和を進めた。まず最初は、テレビの電波が届かない地域のために、小規模のテレビ局の開設を許可した。1990年代の中頃には、アラスカ州にそのような局は集中していた。FCC はまた、文字多重放送や、衛星から直接放送の電波を送るシステムも承認している。

規制緩和が進んだ放送界に対して、批評家のレス・ブラウン (Les Brown) たちは、ネットワークと個々の系列局は、そのような恩恵を利用するだけで、

公正さを守っていないと苦言を呈している。その懸念が最高潮に達したのは、ファウラーから、「免許更新の申請は必要ない、内容を確認しない、内容を規制しない、一般的にメディアに適用されている以上の所有の制限はない、資産の転売は自由、請願は拒否しない、公正であったからといって評価しない、不正をしたからといって非難しない」などと、放送局を擁護する発言が出された時であった。ブラウンは「審判のいないテレビは、お金儲けのためならなんでもありの状態であり、悪党たちが集まって行うスポーツのようなものである」と述べている。

1996年に、議会は1934年の通信法を初めて全面的に書き換えた「1996年通信法」を可決した。これによって、異業種参入の障害となっていた足かせが取り払われ、吸収や合併の際の細則が緩和された。この法律は、事業者間のさらなる競争を呼び込み、消費者に情報通信サービスを提供する会社の選択肢を広げるという恩恵を与えるものとして歓迎された。

この法律はまた、ラジオ局やテレビ局を所有する者にとっても、それまでの制限を緩和するものであった。視聴者の比率が全体の35％を超過しない限り、一企業が全米のどこででも何局でも所有することができるようになった。地域レベルでも、FCCは一企業一所有者の取り決めを撤廃し、規制にも選択権を与えるものにした。全米的には、1つの企業がラジオ局を何局でも所有できるようになり、一方地域ごとでは、市場規模によって規制が緩められた（同じ地域内に45局以上が存在する地域を例に取ると、その事業者個人は8局まで所有することができるが、その内訳として、AM局は5局までかFM局は5局までとされていた）。また、FCCはそれぞれの地域にラジオ局が増えないようにしていた規制も撤廃した。さらにそれまで、メディア企業が他のメディアにも参入するクロス・メディア所有（例えば、テレビ局がケーブル局を、新聞社が放送局といったように）の規制も、地域のさらなる声を吸い上げることを可能にするとして、緩和されることになった。

1990年代初頭におけるFCCの大いなる挑戦は、将来AM・FM放送に取って代わるであろうと放送人たちが予想していた技術革新上の重要課題である、光ファイバーを使用するべきかどうかの論争や、周波数の拡張の問題、衛星から送られる高品位テレビ（HDTV）やデジタル・オーディオ放送（DAB）のシグナルに関する問題などに向かうだろうと予想された。アメリカ議会、FCC、裁判所は、1990年代後半になってもこれらの課題の処理に悩まされていた。しかしながら、この通信法の効果については、意見が分かれていた。批判的な人

びとは、議会がエンドユーザーの利益となるような競争の促進を意図していたにもかかわらず、この法改正は大手メディア企業が全国的な規模でラジオ局を買収するという結果を招いてしまったと指摘している（この点に関してFCCは、テレビ放送局の所有に関する規制の緩和については、同じシナリオを避けるためにはどのような施策が良いかを決めようとしているところである）。この法律の他の条項で、アメリカの電気通信に影響を与えるであろう電話法にもあてはまるようなものを準備するべきであるかどうかというのは時期尚早であると述べる者もあった。

FCC公正原則

あるテーマを放送で扱い、その編集を担う送り手がその意見を表明する時は、遍く人びとに対して公正さを保つ描き方をするべきかどうかという問題は、長年にわたって放送局とFCCが取り組んできた課題である。1941年に出された見解は、ボストンの放送局であるメイフラワー放送株式会社の認可の更新の際に出されたものであることから、「メイフラワー決議」と呼ばれているが、ここでは、FCCが明記している「放送人は特定の主義主張を唱えてはならない」という条項が問題となった。この方針に対してラジオ局の立場を支持する者たちから異議が唱えられ、FCCは、放送人は「公正さを念頭に置きながら、意見を放送することが可能であり、そうするべきである」との結論を1949年に出している。放送業界は、この見解を受け入れることに対して慎重な姿勢をとってきたが、1967年にその実態を調べた調査結果では、テレビ・ラジオ放送局の57%が論説に相当する意見を提示し、その3分の1は毎日か週単位で行い、その他はしばしば行っているということであった。その後この数値は着実に増加している。政治的テーマの取り扱いの問題は、1959年に、真正な報道を行っているニュースとニュース番組が、FCCの「放送時間の平等」の原則から免除されることになり解決したが、電波利用の機会と、物議を醸す問題において全ての立場を紹介する場合での「公正さ」の実現という根本的な問題は依然として残された。

放送に「公平さ」が求められることについては、次の2つの論点が根拠になっている：議会によって制定された法律によれば、電波は公共のものであるということと、FCCは「公共の利益、簡便性、必要性」を拠り所として、放送事業者たちに認可を与える権限を有しているということである。視聴者がもし

より多くの視点を盛り込んだ放送に接することが可能になれば、公共の利益にかなうこととなるとFCCは考えた。

　放送事業者は、「公共の利益」を法的に定義するのは容易ではないと主張し続けてきた。彼らはまた、論説におけるコメントと解釈の加わったドキュメンタリーとのバランスを取ることに神経を使い過ぎているうちに、放送人たちが重要な問題を扱う熱意を喪失してしまうことにもなりかねないとしている。FCCの取り決めに忠実であろうとすれば、放送局は公正な議論のために少なくとも何か他の異なる意見を求めていかなければならなくなり、放送には不向きなものになってしまうこともある（CBSが移民労働者の問題や、軍によるプロパガンダについて逆の意見を求めた例を見ても、その難しさは容易に理解できるだろう）。たとえ、反感を持つ者や利益団体（ベトナム戦争や戦争反対の活動家などがあてはまるが）からの要求で番組中に異なる見解が取り上げられたとしても、テレビ番組のほとんどの時間は大多数の視聴者が関心を持たない内容で占められることになる（どの新聞の編集者も、大多数の市民たちがある種の社会・政治的話題に興味を示さないという傾向にあることを知っており、これは世論調査の結果でも確認されている）。1969年の最高裁の判決は、この考えを支持しなかった。[108]

　電波の利用権や公共性の議論には、FCCの別の決定も影響を与えた。FCCはそれまで、禁煙運動家、環境問題の活動家、その他のグループに対して、電波を利用する機会を求めるよう奨励していたのだが、その方針を翻したのである。FCCは、全ての放送広告は「公正原則」に従わなければならず、議論が起きた場合は「反対広告」を紹介してバランスを取らなければならないという以前の規則の範囲を狭めた。新しい規則では、製品を売るためだけに作られた広告は反対意見とのバランスを図らなくても良いが、論争問題などを扱う広告は、バランスを求める条項に従うべきであるということになった。しかしながら、FCCと連邦最高裁による取り決めは、放送事業者は、スポンサーになり得る誰に対しても広告時間帯を売る必要はない、そして、個々の番組の中でということではなく、全ての番組作りにバランスを保つべく、「信頼を得るための努力」をしなければならない。また、免許の審査は、免許申請時に沸き起こる議論をおさめるためにあり、「反論権」とか「公共の時間」問題とは別の次元のものであるとするものであった。

　広告管理に関する規則はさらに発展し、最高裁によって、1978年には連邦通商委員会(FTC)に、修正広告を命令する権限が与えられた。それは、過去

に偽りの広告を掲載したことが明らかになった広告主は、その後の広告の中で、その過ちを修正するためにかなりの比率を割かなければならないというものであった。FTC は、100 年間にわたり、風邪を治癒し、喉にも効き目があるとしてきたリステリンの広告は訂正の必要ありと判断し、最高裁もその申し立てが妥当であると認めた。

　しかし、1980 年代の中頃までには、公正原則に音を上げる声が上がった。予想されたとおり、放送事業者たちはこの継続に反対した。その論拠は、「ネットワークには、議論の分かれる問題を、政府の介入を心配することなく扱う自由がある」というものであった。批判的な見方をする人たちは、放送事業者たちは、バランスのとれた番組内容を求めるマイノリティ、女性、高齢者やその他のグループの圧力から逃れることを意図しているのではと疑った。しかしながら、アクセス権がないがしろにされている人びとに対して心を痛めている者が多く含まれている代表的なジャーナリストたちまで、公正原則撤廃の議論に加わった。ウォルター・クロンカイトやエリック・セバレイドは、「一般市民には、様々な考えを耳にする機会が数多くあるので、放送される機会が限られていた時代のように、テレビ・ネットワークが肥大化した権力を持っていると想定するのはおかしい」と述べている。

　最後には、FCC 自身が公正原則を否定するようになった。1985 年 8 月に委員会が出した結論は、公正の原則は、憲法修正第 1 条に反しており、公共の利益とはならないと解釈されるものの、規則はそのまま適用されうる、というものであった。これに対しては、100 以上のグループから反対の声が上がった。翌年には CBS を先頭に、20 以上ものメディア組織が、FCC は公正原則の適用を中止するようにと連邦高裁へ訴えた。この訴訟の結論は出ないままであった。1987 年の議会では、FCC の公正原則に法的効力を持たせる投票が実施された。しかし、レーガン大統領の拒否権によって、この法案は廃案となってしまった。その結果、FCC は公正原則を撤廃することになった。

　しばしば、公正原則に立ち返ろうという声が出されることもある。1993 年には、クリントン大統領は署名に応じるのではないかという憶測の流れる中、公正原則を法律にする法案が再び提出された。また懸念を抱く人びとのグループは、この原則の復活を裁判所に請願した。しかしながらいずれの試みも成功していない。この公正原則に否定的な者は、意見の分かれるテーマについてあらゆる見解を扱わなければならなくなると、放送人はこの種のテーマを最初から避けるようになってしまうと主張する。また一方で、公正原則は、プレスの

自由を脅かす上からの規制の1つに過ぎず、これが撤廃されたことは歓迎されるべきであると言う者もいる。

プライバシー侵害への懸念

1990年代になり、インターネットを通じてデータベースを使用する機会がかつてなかったほど増えたことで、個人データの保護について憂慮する者が現れた。無料の粗品と交換に、本人やその家族の個人情報を求めるホーム・ページにアクセスする子供たちを心配する親たちの声も聞かれるようになった。

1998年に、FTC（Federal Trade Commision: 通商委員会）は「オンラインにおけるプライバシー：議会報告」(Privacy Online: A Report to Congress)と題した報告書を発表した。その中身は、FTCが、オンライン上のデータのプライバシー保護の問題を不安に感じる市民の要求に応えて、約1,400のホーム・ページ（ウェブ）運営者を対象に、保存データの保護の方針について尋ねた調査の結果である。すべてのホーム・ページ（ウェブ）の85%が、アクセスしてきた者たちの個人的な情報を集めており、その中で情報を集めていることを明示していたものはわずか14%であった。子供向けのホーム・ページも、ほとんど(89%)がそのページにたどりついた子供から情報を得ていたにもかかわらず、情報を提供する前に親の許可を仰ぐよう子供に指示したり、どんな情報を集めたかを親に通知したり、子供から収集したデータの管理権を親に与えたりするような運営者はほとんど見当たらなかった。

この調査報告の結論では、一般的に子供のプライバシーに対しては妥当な保護が行われておらず、それは成人の消費者に対しても言えると記されていた。アメリカ議会が出した対応策は、1998年の「オンラインにおける子供のプライバシー保護法」(Children's Online Privacy Protection Act)であった。ここには、「商業目的で開設されているホーム・ページが16歳未満の子供から個人情報を集めたり、それを用いたりする時には、FTCが勧める妥当な情報処理法に従う」ことが明記されている。また、「13歳未満の子供の個人情報を集めたり、用いたり、公表する時には、その両親から確認可能な同意を得る」ということも含まれている。これに続き、ネット・サーフィンを行う成人のプライバシー保護を強調する他の法律の成立も、今後FTCが推進するであろうことは疑う余地もない。

1986年のANPA総会で、ワシントン・ポストのキャサリン・グラハムとリチャード・ニクソン元大統領が挨拶を交わす

第19章

メディアを改善する努力

　　もしニュースを書く人びとが自分の仕事の安全性を危惧しながら暮らすとすれば、自由な言論や記事の高潔さなど、望むべくもない。

——ヘイウッド・ブルーン

　前頁に掲載した写真は、メディア史における変化の要因を象徴的に表わしている。この写真は、1986年に開かれたアメリカ新聞発行者協会(ANPA)の総会で写された。ワシントン・ポストのキャサリン・グラハム会長が、昼食会のゲスト・スピーカーであるリチャード・M・ニクソンを歓迎しているところである。彼女の所有する新聞は1974年、ニクソンを大統領職から追い出すのに一役買った。「私はこの写真が欲しかった」とニクソンは微笑んだ。「過ぎ去りし昔のこと」とポスト発行人ドナルド・グラハム(Donald Graham)はコメントした（彼の母親はANPAの会長を務めた最初の女性で、これも1つの変化の証である）。（訳注：だが、2013年8月ワシントン・ポストはアマゾン・ドット・コムの創業者ジェフ・ベゾス氏へ売却された。）

　メディア批判の流れ全体を見渡した場合、それは1930年代に発言力を増し、1960年代初頭に急速に広まった。新聞が常に抱えている1つの問題は、党派政治との親密な関わり方にある。それは、一般読者が新聞を信頼し続けることを難しくしていた。1986年春、保守優勢の最中に撮られたグラハム女史のこの写真は、こういった懸念に注意を向けさせた。

　しかし、もしこの専門職に就いている人たちが、新聞や放送にかけられた外部圧力に対応しているとするなら、彼らは己にかける圧力をも自ら創出していたといえ、その対応策はさまざまな形態をとった。例えば、専門職のための労働条件の改善、効果的なメディア連合や組合の設立、自主的な行動綱領の起草、崇高なジャーナリズムを目標とする専門職能団体の組織化、ジャーナリズム教

育の奨励、メディア研究の助成、マス・メディア評議会やジャーナリズム評論誌への支援、コミュニティ・ジャーナリズムのための新しい理論探求、専門職における少数派や女性たちの地位改善、司法や政府からの圧力に対抗するプレスの保護などがそれにあたる。この章では、メディアを改善するこれらの努力が、どの程度まで成功したのかについて詳述する。

大統領選挙時の新聞

　1930年代以降、新聞批判の矛先は政治キャンペーンにおける編集上の立場に対し、なによりも優先して集中的に向けられていた。歴史的に見ると、圧倒的ではないが明らかに半数を超える日刊紙が、共和党の大統領候補に社説での支持を与えた。1932年、フランクリン・ルーズベルトは、4度出馬することになる大統領選挙の初戦で、全国の日刊紙の38%から支持されていたが、フーバー大統領の方は支持率55%だった。1936年、ルーズベルトへの支持は日刊紙の34%で、一方の共和党候補アルフレッド・M・ランドンの支持率は60%だった。エディター＆パブリッシャー誌は1940年に、社説での支持に関して、日刊紙の包括的な選挙予測の調査を始めた。上述の数字は、その時々に同誌によってまとめられた概算値である。全日刊紙のおよそ4分の3、全発行部数の9割にあたる新聞が、1970年代までこの調査に回答を寄せた。70年代になると選挙戦の性格が変わり、回答はしだいに減った。ルーズベルトを支持する日刊紙の数は、1940年のウェンデル・ウィルキーとの選挙戦、1944年のトマス・E・デューイとの選挙戦の両方で、22%に下がった。

　1948年、ハリー・S・トルーマンが再選し、デューイと世論調査担当者たちを慌てさせた。新聞を批判する人びとは声高に笑った。デューイはエディター＆パブリッシャー誌の調査に回答した新聞の65%、全発行部数の78%の支持を獲得していた。一方のトルーマンは、新聞社の15%、発行部数の10%と言う史上最低の支持率だった。編集陣が支持を表明した候補者が負けたのは、これで5回連続となっていた。

　しかし1952年、人気が高いドゥワイト・D・アイゼンハワーは、知識人好みのアドライ・E・スティーブンソンを相手に、新聞編集陣の支持と選挙の両方に圧勝した。アイゼンハワーは回答のあった日刊紙の80%以上の支持を常に維持したが、スティーブンソンの方は10.8%だった。1956年の結果も同じだった。

ジョン・F・ケネディは1960年、リチャード・F・ニクソンにわずかな差で勝った。ニクソンが70.9%の支持を得ていたのに対して、ケネディの方は、回答のあった新聞の総発行部数の15.8%の支持というハンディキャップがあったにもかかわらずである。ただしケネディは1944年以降では、他のどんな民主党候補よりも多くの大手紙から全国的に支持を得た。[1]

その後ケネディ大統領の暗殺に端を発する政治的大変動の時代がやって来た。彼の後継者でテキサス州のリンドン・ジョンソンは、現代において民主党の指名を勝ち取った最初の南部人となった。彼の対抗者であるバリー・M・ゴールドウォーター上院議員は、不満だらけの共和党右派を代弁した。このような選択肢の中で、新聞発行人と編集者たちは、ジョンソン大統領の再選支持に回った。形勢は本質的な部分で一転した。発行部数10万部以上の日刊紙を見てみると、1960年の選挙では87紙がニクソンに支持を与え、ケネディ支持は22紙だった。ジョンソンは4年後、82対12でゴールドウォーターに圧勝した。[2]

ジョンソン支持を表明したのは調査に回答した新聞社の総発行部数の61.5%に上り、民主党にとって空前の高い値となった。対するゴールドウォーターへの支持率21.5%という数字は、共和党にとって史上最低の値だった。

4年後さらに大きな政治的変動があった。ロバート・ケネディ上院議員が暗殺され、ユージーン・マッカーシーの改革によってジョンソン大統領は民主党内の指名争いから下ろされ、仕方なしに出てきたヒューバート・ハンフリーとリチャード・M・ニクソンが指名された。形勢は再逆転し、大新聞の支持は、ニクソンが78紙、ハンフリーが28紙だった。発行部数でみれば、ハンフリー支持率はたったの19.3%で、対するニクソンの方は70%だった。しかしハンフリーは僅差で大統領選に敗れたのである。[3]

1972年、民主党過激派がジョージ・マクガバン上院議員を候補者に立てたのは、同党の方針転換だった。彼は1州だけでしか勝てなかった。全発行部数の3分の2に相当する日刊紙しか調査に回答しなかったが、大手の日刊紙は、ニクソン大統領支持が66紙、マクガバン支持が9紙と割れた。マクガバンは総発行部数における支持率で7.7%という最低記録を作った。[4]

それからウォーターゲート事件が起きた。ニクソン大統領とスパイアロ・T・アグニュー副大統領は辞任せざるを得なくなった。このことによって、それまで共和党支持を掲げていた新聞の多くが、1976年の大統領選挙で支持を避けるようになった。発行部数10万部以上の日刊新聞114紙のうち、ジェラルド・フォード大統領は50紙から支持された。ジョージア州の民主党候補カ

ーターへの支持は 21 紙だった。43 紙は白紙回答だった。[5] 回答があった新聞社の総発行部数のうちフォードへの支持は 62.2% で、カーターは 22.8% の支持しか得ていなかったが選出された。

　1980 年代になると、大統領選挙はテレビに独占され、新聞の支援表明に対する関心は薄れた。エディター＆パブリッシャー誌の調査に回答したのは全日刊紙の半数だけだった。支持表明をしない日刊紙は、1980 年に 40%、1988 年には 55% にまで増えた。1980 年の選挙では、ロナルド・レーガンは調査に回答した新聞社の総発行部数の中で 48.6% の支持を得たに過ぎないが、カーターに楽勝した。[6] 1984 年の選挙では、民主党候補のウォルター・モンデールが新聞から高い支持を得たが、レーガンに勝ったのはたったの 1 州だった。[7] 1988 年の選挙では、エディター＆パブリッシャー誌の調査に回答している日刊紙が次のように分かれた。支持なしが 428 紙、ジョージ・ブッシュ副大統領支持が 241 紙、マサチューセッツ州の民主党知事マイケル・デュカキス支持が 103 紙である。主要紙 15 紙のうち 9 紙がデュカキスを支持し、ブッシュを支持したのは 2 紙だけだったにもかかわらず、デュカキスが大敗を喫した。

　4 年後、ブッシュ大統領は、景気後退による経済低迷により、人びとと新聞の双方から支持を得られなかった。1992 年、エディター＆パブリッシャー誌の調査では、回答した新聞の 45% が支持なしで、民主党候補ビル・クリントン支持が 35%。ブッシュ支持は 19.6% で、ゴールドウォーター当時の共和党最低支持率よりもさらに 2 ポイント低かった。主要日刊紙 15 紙の中ではクリントン支持が 11 紙で、ブッシュを支持したのはシカゴ・トリビューンだけだった（ロサンゼルス・タイムズ、マイアミ・ヘラルド、ウォール・ストリート・ジャーナルは支持表明をしなかった）。この調査に参加したのは全日刊紙の半分のみだった。[8]

　1996 年、エディター＆パブリッシャー誌の調査では、共和党のロバート・ドールは日刊新聞の中では手堅い勝利者だった。この時、クリントンの 65 紙に対して、ドールは 111 紙から支持を得ていたのである。自由党の候補者ハリー・ブラウンも、2 大政党から距離を置く 1 紙から支持を得ていた。166 紙は支持表明せずとし、249 紙は支持する候補者を選ばなかった。それでもクリントンは 2 期目の選挙に勝った。

　1994 年の中間選挙において何度も激しい選挙戦が展開されたにもかかわらず、ミネソタの有権者たちの投票率は空前の低さとなった。その後、ミネアポリスのスター・トリビューンのワシントン支局長だったトム・ハンバーガー (Tom

Hamburger) が、ミネソタ提言を表明した。自発的なこの「実験」では、候補者、メディア、有権者など選挙に関わる全ての人びとに対し、選挙期間中により高い基準に到達するために努力することをあらかじめ誓うよう求められていた。ミネソタ提言では、候補者がテレビで対立候補者を攻撃する広告をやめること、メディアは選挙戦の本質に取材で関わり、競馬中継のような報道姿勢をやめること、候補者はディベートや地域集会に参加すること、市民は争点と候補者についてよく考えて議論に参加すること、などを進言している。1996年には市民グループ、業界団体、ジャーナリストたち、教育者たちがこの提言の真価を現実に発揮できるよう連携した。この提言は広範囲での認知を得られなかったが、ワシントン・ポストのE. J. ディオン・ジュニア (E. J. Dionne Jr.,) 記者は、オプ・エド欄（訳者注：社説欄の対向面にある署名入り特集頁）でこの概念を賞賛し、大統領選でどうすれば実現できるかを考えるべきだと書いている。

新聞記者同業組合

　世情厳しい1933年、新聞に携わる全ての人びとにとっては、適切な収入と雇用保障を得ることが最も重要な必要条件だった。新聞の製作に携わる他の労働者が、すでに長い間労働組合に加入している一方で、編集業務に携わる従業員たちの組合は組織化されておらず、賃金も比較的低いままだった。1933年の国家産業復興法 (National Industrial Recovery Act＝NRA) の第7節a項は団体交渉権を保障していたので、労働者には団体交渉の機会が与えられていた。NRAには、アメリカ新聞発行者協会 (ANPA) の保守的な指導者を除外してもよいとする条項も含まれていた。これが、「青い鷲」条項 ("Blue Eagle" provisions) の下での日刊紙の規約作成を、非常に疲れる対決の場にした。綱領には最終的に、中都市での週40時間労働、最低賃金、オープンショップ条項が盛り込まれた（訳者注：オープンショップは、雇用に関し労働組合への加入の有無を問わないこと）。週給最低賃金は、11ドルから15ドルに引き上げられた。しかしそれは、ジャーナリズムの専門職としての地位、あるいはジャーナリズムに就業する人びととの経済面での安定にとって、何ら役立たなかった。ニューヨークの記者たちは、週給40ドルが公正だと考えた。

　1933年の夏になると全米の取材記者や編集局づめの記者たちは、団体交渉団を作るための話合いを始めた。この時に規約をめぐる交渉の方向性が明らかとなった。ヘイウッド・ブルーンは、ニューヨーク・ワールド＝テレグラムの

自由主義者で闘争的なコラムニストだった。彼は 1933 年 8 月 7 日、彼のシンジケート・コラムの中で行動を呼びかけた。そのコラムは、話を実行に移すための導火線となった。ブルーンは、もっと給料のよい印刷業者たちのような組合を形成しなかったことに対して、同業の新聞記者たちを激しく非難した。さらに彼らを、「ゲームのロマンス」("the romance of the game")を恐れる人はたとえ組織化されても道に迷うだろう、と穏やかにたしなめた。それから、典型的なブルーン・スタイルで次のように結論づけた。

> 新聞編集者と所有者が愛想の良い親族のような関係にあるという事実は、新聞記者組合の組織化への途上においてあるべき姿ではない。組合だけがあるべきなのだ。10 月 1 日午前 9 時を期して私は組合を作るために最善を尽くすつもりだ。最近のコラム「トゥデー・アンド・トゥモロー」で金本位制について書くために立ち寄ったウォルター・リップマンが、労働組合を拒否しているトリビューン社の窓にレンガを力一杯投げつける――もし、こんな様子を見るという特典を得るなら、私はゼネ・ストの初日に幸せな気持ちで死ぬことができるだろうと思う。[9]

用心深いリップマンは、ブルーンの闘争参加への誘いを無視した。しかしブルーンのコラムを読んだ全国の新聞人たちはこれを無視せず、10 月 1 日まで待つこともなかった。クリーブランドの記者たちが、最初に反応を示した。8 月 20 日、最初の地方新聞同業組合の元になるものを形成した。ミネソタ州の双子都市ミネアポリスとセントポール、それにニューヨークが、その次に反応を示した。[10]

ブルーンに率いられたニューヨークの新聞記者たちは、11 月 23 日にギルド・リポーターの第 1 号を発行した。さらに、12 月 15 日にワシントン D.C. で全国大会を開催することを呼びかけた。30 の都市から、代表者がこれに応じた。ブルーンは委員長に選ばれ、1939 年に亡くなるまで委員長だった。ジョナサン・エディー (Jonathan Eddy) が初代書記長になった。新聞記者たちは皆、次のようなことを求めていた。つまり「団体交渉によって、組合員の職業上の利益を守り、労働環境を改善し、ジャーナリズムの規範を高めよう」と。

最初の同業組合の年次総会が 1934 年 6 月にセントポールで開かれた。この時までに、組合員は 8,000 人に上っていた。しかし、発行人と契約を交わしているのは 1 支部に過ぎなかった。1934 年の年次総会ではもっと多くの契約を要求した。つまり、最低賃金と最長労働時間、有給休日と休暇、超過勤務手当、有給の病気休暇、退職金、その他一般的な労働組合の契約条項に関する契約を

求めた。これらは、平均的な新聞業界の従業員が、未だ到達できずにいる目標だった。発行人たちは新聞同業組合が他の労働組合組織の形式を踏襲するのを見たくなかった。それゆえ発行人たちは、組合が総会で倫理綱領を採択した時、さらに敵意を抱いた。その倫理綱領は、新聞組合が新聞の有害な慣習であると見なすものをリストアップしていた。その後組合はねばり強く、給料の問題と労働条件について、経営者と交渉を続けることになった。

正面衝突が不可避となった。組合はピケを張りストライキすることを躊躇わなかった。最初の5年間に20のストライキに関与した。最も激しいストライキはシカゴでのハースト系の新聞に対するストライキで、508日間も続いた。組合史上最長ストは1967年に行われたもので、ハースト系のロサンゼルス・ヘラルド＝エグザミナーに対するものだった。この件では15年後に非組合協定が結ばれた。しかし大方の組合は穏やかに交渉した。新聞組合は80%の組合員を確保するために、ショップ条項を進展させた。1937年には産別会議に加わり、組合員の基盤はホワイトカラー層にも広がった。これら全てのことが論争を引き起こしたが、1938年までに組合は75の新聞と契約を交わした。[11]

しかし、初期の組合活動での最大の勝利は、AP通信で唯一の組合員だったモーリス・ワトソン(Morris Watson)に関わる裁判で得られた。1935年にAPを解雇されたワトソンは、組合活動のために首になったと主張した。彼は全米労働関係委員会(NLRB)に訴えた。1935年のワグナー労働関係法の条項に、彼の復職を強制する条項があるという訴えだった。全米労働関係委員会は1936年、ワトソンの訴えに賛同する裁決を出した。APは連邦最高裁判所にこの訴

ヘイウッド・ブルーン

訟を持ち込んだ。APの主張によれば、ワグナー労働関係法は違憲であり、いかなる場合でも同法は新聞社や通信社に適用されない、というものだった。

1937年4月、最高裁判所はワグナー法の合憲性を支持し、一連の判決を下した。最高裁判所は1935年と1936年に、すでにルーズベルト政権が立案した多くの法律に対し違憲判決を出していた。そういった違憲判決の1つが、モーリス・ワトソン裁判だった。ヒューズ判事とロバーツ判事が進歩的な意見に立場を変え、ブランダイス、ストーン、カルドーゾーの各判事に足並みをそろえた。つまり、APに対してワトソンの職場復帰を命じたのである。ワトソンは組合活動のために不法に解雇された、とこの5人の裁判官が判断したことにより、訴訟の流れは変わった。[12] しかし多数意見として「新聞の発行人は、一般的な法律の適用に関して特別に免除されることはない」とも述べた。

ワグナー法支持の判決は組合側にとって大勝利だった。これによって組合は、新聞業界において恒久的な地位を保証された。徐々に大都市でも組合に加入するようになった。社員たちがそれまで長いこと組合に対し懐疑的だったニューヨーク・タイムズも、その1つである。しかし、道は依然として厳しかった。1937年から1939年にかけての不景気は、広範囲にわたる新聞の廃刊と社員削減をもたらした。これにより何千という新聞記者が失業状態となり、組合の契約交渉は難航した。

新聞組合は、保守的もしくは「組合びいき」の会員と、左翼分子の間の争いが激しくなっていった。左翼分子は、ニューヨーク市の地方支部が最も過激だった。しかし、全国投票による役員選出を強行すると、「組合びいき」のグループが勝った。このグループの中心者は、ギルド・リポーターの元編集長ウィルバー・ベイド (Wilbur Bade) だった。書記長ミルトン・M・マーレー (Milton M. Murray)、ハリー・マーティン (Harry Martin) と執行部委員長サム・ユーバンクス (Sam Eubanks)、ラルフ・B・ノバック (Ralph B. Novak) の指導の下で、新聞組合は自由主義の活気に溢れていた。[13]

第2次世界大戦によって、労使間の諸活動は「凍結」された。終戦当時、組合はすべての雇用契約で週給最低賃金の上限を65ドルまで引き上げようとしていた。その後の1946年にこの目標は、一見不可能そうな100ドルレベルに置かれた。それが1954年には易々と達成され、新たな目標が作られた。組合の創業者たちは、1977年にワシントン・ポストの週給が500ドルを超え、その後週給最低賃金の上限が1,000ドルを超えるとは思いもしなかっただろう。1994年に報告された最低賃金の上限の平均は週715ドルだった（年収3

万 7,180 ドル)。組合内でみると記者の平均初任給は週給 457 ドル (年収 2 万 3,764 ドル) で、週給 500 ドル以上は組合員雇用者の 20% を占めた。ニューヨーク・タイムズは週給 1,238 ドルだった。もちろんこの他のニュース編集関係正社員の給料はもっと高かった。例えば、編集局長クラス全体の平均年収は約 6 万ドルだった。組合員のための改善が計られているにもかかわらず、組合の影響力がかなり低下していたことは指摘されるべきだ。1950 年以降の組合幹部には、ジョゼフ・F・コリス (Joseph F. Collis)、アーサー・ローゼンストック (Arthur Rosenstock)、ウィリアム・J・ファーソン (William J. Farson)、チャールズ・A・パーリック・ジュニア (Charles A. Perlik, Jr.)、チャールズ・デイル (Charles Dale) らがいた。

　ジャーナリズムの規範に影響を与えたいという当初の希望は後回しにされて来たが、1960 年代に組合はこの方面の関心事に再度取り組んだ。組合は、地域の新聞評議会の資金を調達するために、「自由で責任ある新聞のためのメリット基金」を設立した。組合は批判的なメディア評論誌の創刊を奨励し、組合員たちは、会社の方針について、新聞経営陣に助言する際により多くの意見を慎重に求めた。1970 年に、組合は名称を新聞組合 (the Newspaper Guild) に変え、カナダの会員も受け入れるようにした。人種差別、記者の特権、言論活動の規制、記者への身体的嫌がらせにも、組合は関心を寄せるようになった。1940 年に組合は創設者を偲んで、年に一度の賞を設立した。この賞は「ヘイウッド・ブルーンの精神とともに」新聞の仕事をする人たちを表彰するものである。

　1995 年、新聞組合はアメリカ通信労働組合との合併を推進し、リンダ・フォーレイ (Linda Foley) を女性では初めての組合長に選出した。この合併は 1997 年に実行され、新聞業界にとってコミュニケーション技術の役割がますます重要になっていることを世に示した。

アメリカ新聞発行者協会 (ANPA) とアメリカ新聞協会 (NAA)

　アメリカ新聞発行者協会 (American Newspaper Publishers Association = ANPA) は、日刊紙の業界団体として 1887 年に設立された。1930 年代までに 850 人の会員を擁するに至った。1900 年以降 ANPA は印刷工組合と折り合うために、自発的に想像力豊かな取り決めを作ってきた。それは、労働組合との関係とは対象的だった。ANPA の広告局は「新聞講読に関する継続的な研究」

に関わってきた。ANPAは印刷製版の研究を後押し、新聞用紙の関税と郵送料における新聞所有者の利益も擁護した。

しかし1930年代、ANPAの首脳陣は社会的経済的状況の変化に対応できなかった。リンカーン・B・パーマー (Lincoln B. Palmer) 会長とエリッシャ・ハンソン (Elisha Hanson) 法律顧問率いるANPAは、ニュー・ディールの主な法律に対して全面的に反対の姿勢をとった。改革法案が議会に提出される時に、新聞界のための税金優遇策が求められた。クランストン・ウィリアムズ (Cranston Williams) が1939年に会長になった後、全く譲らないという保守的な姿勢は変えられた。1960年にスタンフォード・スミス (Stanford Smith) が会長になり、ANPAは革新的センスのある典型的な業界団体になった。会員数は日刊紙1,200紙に増えた。

発行人たちは印刷工程改良の研究に専念する機械部門を長期にわたって支援していた。第2次世界大戦後、発行人たちは「コールドタイプ（写植）革命」の必要性を益々痛感した。この技術革新は、写真製版を印刷工程に組み込むものだった。1947年に研究所長が指名され、ペンシルバニア州イーストンに研究所を建てるための資金拠出が票決され、1951年に正式に開所となった。この研究所は1954年にANPA研究所として法人化された。ANPAが1972年にバージニア州レストンに新聞センターを建てた後、同研究所はそこに移転した。ウィリアム・D・ラインハート (William D. Rinehart) 率いるANPAは、印刷業界の支援を得て超現代的な研究所を稼働させた。そこで、高感度エッチング、写真植字、オフセット印刷、プラスチック印刷プレート、デジタルコンピュータ、カラーインキ、フレキソ印刷といった印刷技術の進展を生み出した。1980年代半ばには、1万人以上がANPAの年次技術大会に参加するようになった。

ANPA財団は1961年、より広範囲にわたる事業展開を支える資金供給を推進する認可を得た。1987年までに、この財団への寄付金は600万ドルを超えるようになった。ジュディス・D・ハインズ (Judith D. Hines) の指揮の下、財団は色々なことを行った。研究計画の後援、ジャーナリズム教育者たちの助けを得ての研究、現場で働く人たちのための突っ込んだワークショップ開催、新聞制作におけるマイノリティーの雇用機会の開拓援助、言論と出版の自由を強化するための活動の展開などである。

ANPAの律法上の最大の勝利は新聞保護法 (Newspaper Preservation Act) の議会通過だった。3年越しの懸案事項だった。この法令は22都市44紙の共同

印刷形態を独占禁止法違反訴訟の対象外とするものだった。そしてツーソンで行われていた共同出資事業を取り消すという最高裁判所の決定を覆した。反対者たちは、1970年にニクソン大統領が署名した新しい法律により、現在の状態が長く続くだろう、と指摘した。

ジェリー・W・フリードハイム (Jerry W. Friedheim) は1975年に、会長職をスミスから引き継いだ。彼は人事管理部を再編成し、人材と人事の管理、テレコミュニケーション、法律及び政治関連の問題それぞれに取り組む部門を作った。フリードハイム時代のハイライトとしては、1979年の会員向け専門月刊業界誌プレスタイムの創刊、新聞業界の財政上の安定源を侵害していた電話会社やアメリカ郵政公社との重要な対決、1983年のグレナダ侵攻において記者報道禁止を繰り返させないためのホワイト・ハウスや統合参謀本部との交渉などがある。ANPAが1987年にその100周年を祝った時、会員社数は1,400に達し、年間予算は1,000万ドル以上になっていた。しかし1991年に、印刷媒体の団体の役割に関する懸念から、1984年からUSAトゥデー紙の発行人をしていたキャスリーン・ブラック (Cathleen Black) の方が適任とされ、フリードハイムは会長を引退した。

ANPAは1992年6月1日に、新聞広告局 (Newspaper Advertising Bureau) を含む6つの団体と合併して、アメリカ新聞協会 (Newspaper Association of America＝NAA) を設立した時に、消滅した。この非営利団体は、アメリカおよびカナダに1,050の会員社を擁した。1998年に、NAAの会員はアメリカ国内の日刊新聞の9割近くに達した。日刊以外の新聞やカナダの新聞、発行地域が世界にまたがっている新聞の会員数も同様に増えた。同団体は、新聞の広告シェアと売り上げ高の持続と確立、修正第1条の支援、新聞労働力における多様性の奨励、新聞産業の成長と開拓のための新たな機会創出の研究、新聞が読者に貢献するための技術的指導の提供などの諸活動に取り組んでいる。1999年時点では、リチャード・ゴットリーブ (Richard Gottlieb) 議長とジョン・スターン (John Sturm) 会長兼CEOが同団体の牽引役となっている。

アメリカ新聞編集者協会 (ASNE)、全国放送事業者協会 (NAB) と行動規約

アメリカ新聞編集者協会 (American Society of Newspaper Editors＝ASNE) は1922年に組織化された。長いこと必要と思われていたことを実現するためで、セントルイス・グローブ＝デモクラットのキャスパー・S・ヨストが音頭

をとった。協会の設立主旨では、以下のように述べられている。「ジャーナリズムは200年以上の間アメリカで栄えてきた。しかし、大半のアメリカの新聞編集者たちは、常に抱えている問題に取り組み、職業上の理想を実現させるために互いをつなぐ場を、未だに持っていない」。州と地域の新聞関係団体はすでに、ニュースの問題と社説の問題に取り組んでいたが、ANPAは実際には協議事項から経営関係以外の議題をすべて除外していた。

　ASNEの会員は、人口10万人以上の都市で発行されている日刊紙の編集長、社説ページ編集者、編集局長に限定されていた。間もなく会員対象は、5万人以上の都市の日刊紙に広げられた。より小さい日刊紙の編集者も一部が数年後に入会を許可された。

　この協会の初期の会合では、会員の1人であるデンバー・ポスト紙のフレッド・G・ボンフィルスを追放する権限をめぐり、厳しい論争となった。彼は、ティーポット・ドーム・スキャンダルに関連して、石油王ハリー・シンクレア (Harry Sinclair) を恐喝したかどで、非難の矢面に立たされていた（訳者注：ティーポット・ドームはワイオミング州中東部の山で、アメリカ海軍のための油田があった。この事件はハーディング大統領をめぐる利権スキャンダル）。一度は除名の採決がなされたものの撤回され、このデンバー紙の編集者の退会が認められた。後にASNEは、正当な理由があれば会員を除名する権限があることを明確にした。しかし、ボンフィルス事件はASNEが治安維持の団体として機能するつもりでないことを明らかにした。クリスチャン・サイエンス・モニターのウィリス・J・アボット (Willis J. Abbot) とルイビル・タイムズのトム・ワラス (Tom Wallace) は、厳格な政策を支持する闘争的な指導者だったが、ヨストとその他の人たちは中道策を維持した。

　通称「キャノンズ・オブ・ジャーナリズム」と呼ばれる新聞倫理綱領は、1923年に開かれたASNE初の年次総会に提出された。綱領の主な執筆者は、ニューヨーク・グローブの創設者H・J・ライト (H. J. Wright) だった。綱領の基調となる文面は以下の通りである。

> 新聞の読者を魅了し確保する権利は、公共の福祉を理由とする場合にのみ制限される。人びとは新聞を利用することによって、公的な関心事を共有する。このことによって、新聞が担う責任の意味が方向づけられる。新聞制作に関わる者は皆、その責任意識を共有している。個人的な目的や卑しむべき目的のために新聞の力を利用するジャーナリストは、新聞が得ている高い信託に対して不誠実である。
>
> 言論の自由は、人類にとって極めて重大な権利として保護されなければならな

い。言論の自由とは、法律によって明確に禁止されていること以外の全てを議論する権利であり、議論の対象にはあらゆる規制法令の合理性も含まれている。これに疑いの余地はない。
　公共の利益への忠誠以外のいかなる義務からも自由であることが、肝要である。
　故意に真実から離れるような論説批評における党派心は、アメリカのジャーナリズムにおける最良の精神を冒瀆するものである。ニュース・コラムにおけるその種の党派心は、専門職を支える根本原理を壊すものである。[14]

　ASNEの年次会合は毎年4月に開催され、場所はワシントンが多い。議事内容は1923年以来、『ジャーナリズムの諸問題』(*Problems of Journalism*) という一連の冊子で報告されている。ここには専門職業上の問題に関する重要な論議が掲載されている。[15] 月刊のASNEブルトゥンでは活発な討論が見られる。

　プロフェッショナル・ジャーナリスト協会(SPJ)の倫理綱領の初版は、1926年にASNEの綱領を借用して作られた。1973年にSPJは独自の倫理綱領を作成し、1984年と1987年に改変の手が加えられた。1999年時点で使われているSPJの倫理綱領は1996年9月に採択されたもので、守るべき4つの主要倫理原則をジャーナリストに示している。すなわち、真実を求めそれを報道する、害悪は最小に抑える、行動には独立心を持つ、説明責任を果す、の4つである。いずれの原則にもそれを実践するための方法に関する一覧が付記されている。この短い綱領は多くの記者や編集者の仕事場に貼られ、新聞社がそのまま採択することも多々ある。

　ASNEの最も野心的な試みは、ジャーナリズム信頼計画で、1997年に始まった。この研究は、一般の人びとがジャーナリズムに対する信頼を益々失っている状況について、新聞編集者たちがより深く理解できるように手助けする研究である。この計画の初期研究で、不正確さ、特定の話題に対する過剰報道、扱うニュースの範囲を決める場合に認められるジャーナリスティックな偏向、といったものに人びとが懸念を寄せていることが分かった。

　放送業界のための行動規約は、放送業界団体である全米放送事業者協会(National Association of Broadcasters＝NAB)によって制定された。NABは1923年に創設されたが、当時、ラジオ放送局所有者と全米作曲家・作家・出版者協会(American Society of Composers, Authors and Publishers＝ASCAP)の間で、料金をめぐる小ぜり合いがあった。ASCAPは、会員の音楽の放送での使用に対して使用料を支払うべきだ、と強く要求していた。ポール・クラフ(Paul Klugh)が初代NAB運営責任者だった。この業界団体の役割は、広告業

界との関連で広がり、さらに連邦通信委員会 (Federal Communications Commission＝FCC) との関係から、大きくなった。

　NABの倫理綱領と広告運用基準は、1929年3月に採択された。これが放送局側からの自発的な自主規制の最初のものだった。さらに詳細な文書であるNABラジオ規約とNABテレビ規約が、これに加えられた。すべての民間ラジオ局とテレビ局の約半数が、これらの規約を支持した。他の主な規約や声明としては、ラジオ＝テレビ・ニュース・ディレクター協会 (Radio-Television News Directors Association) の規約、ネットワークや数多くの独立局の番組編成規約などが特筆される。

　NABの本部はワシントンにある。多数のスタッフが、業務、法律上の問題、放送設備、放送運営、政府との調整、広報、研究のために従事している。NAB規約検討部会の委員は、規約に賛同している会員による規約違反について苦情を聞く。テレビ規約とラジオ規約を対象とした、同様の再検討部会もある。

　1997年、NABとアメリカ映画協会 (the Motion Picture Association of America＝MPAA)、全米ケーブルテレビ協会 (the National Cable Television Association＝NCTA) が、全てのテレビ番組に対するセット料金の設定とその実行のために提携を結んだ。親のテレビ利用のためのガイドラインは、1996年の情報通信法に沿って開発された。これには、2000年1月までに13インチ以上のテレビにVチップと呼ばれる装置を備え付けることなどが盛り込まれている。1999年中に市場に出回ることが予想されていた。このチップは、親が拒否したい内容評価がつけられている番組を遮断できるように設計されている。このガイドラインは1998年に連邦通信委員会によって認められ、暴力、激しい言葉、性的状況といった内容ごとに分けて程度を示す指定制度を含んでいる。ネットワーク局は、すでに多くの番組をこの評価対象に組み込んでいる。

全国論説委員会議 (NCEW)、AP通信編集局長会議 (APME)、ラジオ＝テレビ・ニュース・ディレクター協会 (RTNDA)

　論説欄担当編集者と編集記者たちの中に、会員450人のASNEより小規模かつ強力な「専門職」組織を欲する人たちがおり、1947年に全米論説委員会議 (National Conference of Editorial Writers＝NCEW) が結成された。これは、コロンビア大学のアメリカン・プレス研究所の会合に出席しているグループが考え出したものだった。[16] 推進役は、ウスター・テレグラムやガゼットのレス

リー・ムーア (Leslie Moore) だった。1947 年に始まった年次総会は、小グループによる批評討論会を優れた特長とした。この討論会では、論説における仲間の労作について評価し合った。季刊のマストヘッドと年次総会の議事録が出版された。1949 年には「アメリカの論説頁の良心と質を活性化するため」に基本綱領が採択された。1975 年に改訂され、「原理声明書」へと名前も改められた。[17] この改訂版には 6 項目の法的・倫理的に考慮すべき事柄の概要が述べられている。その 6 項目とは、人びとへの責任、言論の自由、ジャーナリストとしての自主独立、公明正大さ、真実への献身、正確さ、である。この声明書は、以下のような宣誓で締め括られている。「これらの原理は、アメリカのジャーナリストとアメリカ市民の間にある信頼と尊敬の絆を、維持し、守り強めるものである。その絆は、自由への信頼を持続させる本質的な要素であり、建国の父たちによってジャーナリストと市民に託されたものなのである」。

もう 1 つの重要な全国組織は、AP 通信編集局長会議 (Associated Press Managing Editors Association=APME) である。これは、ANPA や AP の年次会合が、ニュース・コラムの内容改善にほとんど関わらないことに気づいたニュース担当重役たちによって、1931 年に創設された。AP のニュース取材が分析され、1947 年までは年次総会の時に口頭で批判された。これ以降は印刷された報告書が継続研究委員会によって作成された。AP のニュース報道の様々な研究は、AP の経営陣から回答を引き出すのに十分なほど鋭いものだった。それは 1948 年に初めて『APME レッドブック』(*APME Red Book*) として公にされた。[18] 継続研究の報告形態を定着させたのは、初代および第 2 代の会長、ミネアポリス・トリビューン紙のウィリアム・P・スティーブン (William P. Steven) と、マイアミ・ヘラルド紙のリー・ヒルズ (Lee Hills) だった。この組織が APME ニュースを発行した。

放送業界でこれに当たる組織が、ラジオ＝テレビ・ニュース・ディレクター協会 (Radio-Television News Directors Association＝RTNDA) で、1946 年に全米ラジオニュース・ディレクター協会 (National Association of Radio News Directors) として設立された。初期の幹部には、ミネアポリスにある WCCO 局のシグ・ミケルソンやデモインにある WHO 局のジャック・シェリー (Jack Shelley) などがいた。この団体の出版物は、RTNDA コミュニケーター誌だった。この団体は放送ニュースの基準を作り、大学のジャーナリズム学部とも密接な連携を保った。

その他の専門職能団体

　この他にもジャーナリズムの問題の様々な容相に関心を寄せた専門職能団体があった。例えば週刊紙と比較的小さい日刊紙を代表する全米新聞協会 (National Newspaper Association)、雑誌発行者協会 (Magazine Publishers Association)、全米教育放送者協会 (National Association of Educational Broadcasters)、全米ラジオ放送者協会 (National Radio Broadcasters Association)、全米新聞写真家協会 (National Press Photographers Association)、新聞デザイン協会 (Society of Newspaper Design) などであり、他にも地域的な組織が多数あった。いくつかの大学ジャーナリズム学部が、ジャーナリズムの諸問題を扱う様々な専門職の会合を後押しして協力した。顕著な功績を表彰する賞がシグマ・デルタ・カイ (Sigma Delta Chi) によって始められた。この団体は1909年にデポー大学で創設されたジャーナリストの専門職能団体である。プロフェッショナル・ジャーナリスト協会と名前を変え、男女会員のいる専門職支部を各地に要して大きな組織となった。この団体の機関誌はクイルである。ジャーナリズム研究は、シグマ・デルタ・カイとカッパ・タウ・アルファ (Kappa Tau Alpha) の両方による年間の賞によって奨励された。後者はミズーリ大学において1910年に設立されたジャーナリズム研究者の団体である。シータ・シグマ・ファイ (Theta Sigma Phi) はワシントン大学で1909年に設立された女性のジャーナリズム団体で、年1回の「マトリックス」集会を通して関心を喚起した。この団体は、「コミュニケーションの中の女性たち」という会社組織になり、プロフェッショナル・コミュニケーター誌を発行した。

　1994年、4つの少数民族のジャーナリスト協会が共同で、「合同会議」をアトランタで開催した。すなわち、全米黒人ジャーナリスト協会 (National Association of Black Journalists)、アジア系アメリカ人ジャーナリスト協会 (Asian American Journalists Association)、全米ヒスパニック・ジャーナリスト協会 (National Association of Hispanic Journalists)、アメリカ先住民ジャーナリスト協会 (Native American Journalists Association) の4団体である。第2回の「合同会議」は1999年にシアトルで開催された。この連携の目的は、これら4団体によれば「世界的なニュース産業における有色人種の進出とリーダーシップの促進」にあった。この合同会議は有色人種のジャーナリストたちによって試みられている挑戦に対する社会的関心を喚起するようになり、編集局内に人種の多様性があることの重要性について、主流メディアを啓蒙することにもなった。

ジャーナリズム教育の開始

　大学と現場のつながりは、20世紀の第2四半期に大いに強まった。社会部長が若い将来有望な人に尋ねている所を描いた有名な風刺漫画があった。そこには「ところで、ジャーナリズム学部って、一体何なんだね？」とある。これはもはや真実ではない。今なら、社会部長自身がジャーナリズム学部の卒業生ということになりそうだ。あるいは少なくとも、ニュース記者のための実質的な教育訓練の必要性を認識している大学卒業生というところだろう。

　ジャーナリズムのために体系化された最初の教育カリキュラムは、シカゴ・トリビューン紙で経済部長を務めたことのあるジョゼフ・フレンチ・ジョンソン(Joseph French Johnson)によって、1893年から1901年までペンシルバニア大学で実施された。イリノイ大学はフランク・W・スコット(Frank W. Scott)の指揮の下、1904年にジャーナリズムのための4年制カリキュラムを初めて計画した。独立したジャーナリズム学部としては、新聞記者ウォルター・ウィリアムズ(Walter Williams)を学部長としてミズーリ大学に1908年に開かれたものが最初である。[19]

　ジャーナリズム教育の草創期には、技能的なコースの確立が強調された。しかし、ジャーナリズム教育者たちは多くの場合、英語学科の中で仕事を始めた。彼らは、新聞の現場で働く人びととの信頼と、学問的な認知の両方を勝ち取らなければならなかった。この点で最も成功した初期の先駆者は、1904年にウィスコンシン大学でジャーナリズムを教え始めたウィラード・G・ブライヤーだった。ブライヤーはジャーナリズム教育を社会科学と統合することを提唱した。彼はこの考え方を深め、独自のジャーナリズム史研究を発展させていった。彼はウィスコンシン大学を、未来のジャーナリズム教育者たちを排出する大学院レベルの研究拠点として確立させた。この他の初期の先達としては次の人びとがいる。オレゴン大学のエリック・W・アレン(Eric W. Allen)、カンザス大学のレオン・N・フリント、ワシントン大学のマール・H・ソープ(Merle H. Thorpe)、コロンビア大学のタルコット・ウィリアムズ(Talcott Williams)とジョン・W・カンリフ(John W. Cunliffe)などである。後者2人は、ピュリツァーが創ったジャーナリズム・スクールを率いる最初の2人だった。このスクールは、このニューヨーク・ワールドの発行人から200万ドルの寄付を得て、1912年に開校された。

社会制度としてのジャーナリズム

　ジャーナリズム教育の第2段階では、ジャーナリズム史研究と、社会制度としてのプレス研究に主眼が置かれた。教育領域は、日刊紙と週刊紙以外にも広げられた。先駆的な教科書は、以下のような人びとによって書かれた。前述のブライヤー、ノースウエスタン大学のハリー・F・ハリントン (Harry F. Harrington)、ウィスコンシン大学のグラント・M・ハイド (Grant M. Hyde)、シラキュース大学のM・ライル・スペンサー (M. Lyle Spencer) たちである。1920年代初期、ブライヤーのジャーナリズム史に関する本と、フリントとカンザス州立大学のネルソン・アントリム・クロウフォード (Nelson Antrim Crawford) によって書かれた新聞倫理に関する本が、技能養成と、ジャーナリストの社会的責任についての分析研究を統合する道筋を示した。重要な存在になっていったのが、1912年に設立されたアメリカ・ジャーナリズム教育者学会 (the American Association of Teachers of Journalism＝AATJ) と 1917年に設立されたアメリカ・ジャーナリズム学部・学科協会 (the American Association of Schools and Departments of Journalism＝AASDJ) だった。

　ピュリツァー以外の発行人たちも、ジャーナリズム学部の設立を援助した。ピュリツァーのコロンビア大学への寄付の次に大きな寄付をしたのは、ミネアポリス・トリビューン紙の発行人ウィリアム・J・マーフィー (William J. Murphy) で、1918年にミネソタ大学のジャーナリズム教育のためだった。この基金は、発行人ジョン・コウルス (John Cowles) によって1977年に増資された。シカゴ・トリビューン紙の所有者たちは、1921年にノースウェスタン大学にメディル・ジャーナリズム学部を設立した。各州の新聞協会も、この他の学部や学科の設立を助成した。

　1920年代には、ジャーナリズム・クォータリー（現在はジャーナリズム・アンド・マスコミュニケーション・クォータリー）が創刊され、マス・コミュニケーションの調査研究に全面的に当てられた。この季刊誌は、ジャーナリズム・ブレティンというタイトルで1924年に創刊され、1930年に名称を変更した。アイオワ大学（後にミズーリ大学に移る）のフランク・ルサー・モットと、ミネソタ大学のラルフ・D・ケイシー及びレイモンド・B・ニクソン (Raymond B. Nixon) が、草創期の編集者としてこの雑誌の基本路線を定めた。これらの教育者は続いて、以下の専門誌を創刊させていった。すなわち、ジャーナリズム・エデュケーター（現在のジャーナリズム・アンド・マスコミュニ

ケーション・エデュケーター)、ジャーナリズム・モノグラフ(現在のジャーナリズム・アンド・マスコミュニケーション・モノグラフ)、ジャーナリズム・アブストラクト(現在のジャーナリズム・アンド・マスコミュニケーション・アブストラクト)などを創刊した。その他の研究機関誌には、ジャーナリズム・ヒストリー、アメリカン・ジャーナリズム、ジャーナル・オブ・ブロードキャスティング(現在のジャーナル・オブ・ブロードキャスティング・アンド・エレクトロニック・メディア)、ジャーナル・オブ・コミュニケーション、パブリック・オピニオン・クォータリー、ジャーナル・オブ・ポピュラー・カルチャー、クリティカル・スタディーズ・イン・マスコミュニケーション、ジャーナル・オブ・マスメディア・エシックスなどがある。

社会科学としてのジャーナリズム

　ジャーナリズム教育の第3段階は1930年代に展開した。ジャーナリズム教育と社会科学のより完全な統合が目標だった。先駆的な大学院や学部は全体としてのコミュニケーション領域における研究や教育を理解していった。ジャーナリズム専攻の学生たちは、広範囲にわたる一般教養教育と、ジャーナリズムの現場に即した技術的訓練を受け、彼らが選んだ職業が社会と深くかかわっていることを学ぶべきだと認識された。ノースウエスタン大学は1938年に、職業訓練のための5年制課程計画を打ち出した。コロンビア大学のピュリツァー・スクールは、職業訓練のための1年コースへの入学を、学士号の保有者に限っていた。マス・コミュニケーション研究を伴った大学院レベルの指導は他の大学にも広がっていった。社会科学や行動科学を土台としたマス・コミュニケーション研究の初期の主唱者たちは、次の通りである。スタンフォード大学のチルトン・R・ブッシュ (Chilton R. Bush)、ミネソタ大学(後にウィスコンシン大学に移る)のラルフ・O・ナフツィガー (Ralph O. Nafziger)、アイオワ大学(後にイリノイ大学、スタンフォード大学に移る)のウィルバー・シュラム (Wilbur Schramm)、コロンビア大学のポール・F・ラザースフェルド (Paul F. Lazarsfeld) らである。

教育に対するメディアからの支援

　新聞人と大学との間に親密な関係が出来上がったのは1930年代だった。主だった新聞団体の代表者たちとジャーナリズム学部・学科の代表者たちの合同委員会を作る構想が、フィラデルフィア・ブルトゥン紙の編集長フレッド・フラー・シェド (Fred Fuller Shedd) によって提案された。彼はペンシルベニア州立大学ジャーナリズム学部の創設のきっかけとなった人物である。ウィスコンシン大学のブライヤー、オレゴン大学のアレン、ミズーリ大学のフランク・L・マーティン (Frank L. Martin) に率いられ、ジャーナリズム教育者たちは1931年にこの計画に加わった。この計画は大恐慌でいったん立ち消えになったが、ノースウェスタン大学のケネス・E・オルソン (Kenneth E. Olson) の尽力で、1939年に正式に始動した。アメリカ・ジャーナリズム教育審議会 (The American Council on Education of Journalism＝ACEJ) は、ジャーナリズム教育者たちと主だった5つの新聞団体によって構成された。後には、放送、雑誌出版、広告、さまざまなビジネス・コミュニケーション、広報といった分野の、50以上の専門職業団体がこの会の仕事に加わった。ACEJは資格認定制度を作り、1940年代の終盤に40の学部や学科で、1分野ないし複数分野におけるジャーナリズム課程を承認した。承認された大学の数は1990年には90校を超えるまでになった。

　1949年、アメリカ・ジャーナリズム教育者学会 (AATJ) は、ジャーナリズム教育学会 (the Association of Education in Journalism＝AEJ) に再編成された。アメリカ・ジャーナリズム学部・学科連合 (AASDJ)（目下、認可された大学で構成されている）は、このAEJの機構と調和を図った。アメリカ・ジャーナリズム学部教職員協会 (the American Society of Journalism School Administrators＝ASJSA) は、1944年に設立された。AASDJとASJSAの2団体は1984年に合併し、ジャーナリズム＆マス・コミュニケーション学部連合 (the Association of Schools of Journalism and Mass Communication＝ASJMC) となった。AEJも同様にAEJMCになった。

　ジャーナリズム学部は1990年代に、教育、調査研究、社会貢献の分野でしっかり定着した。大学におけるジャーナリズム教育は、専門職能の現場と密接な絆を持っていた。大学で扱うジャーナリズム教育の領域は、日刊紙、週刊新聞、雑誌、ラジオ、テレビ、写真ジャーナリズム、広告、グラフィックアート、工業デザイン、広報に及んだ。マス・コミュニケーションの博士号は、コミュ

ニケーション理論、マス・コミュニケーション史、法学・社会制度、国際コミュニケーションといった分野で、20 を超える大学から出された。

1936 年には、100 万ドルの寄付がハーバード大学に託された。ミルウォーキー・ジャーナル紙創設者のルシアス・W・ニーマンの未亡人からだった。これが、それまでとは異なったタイプの教育の機会を生み出した。ニーマン財団は 1937 年に創設された。ニーマン・フェローとしてハーバード大学で 1 年間研究するために、毎年 12 人の質の高い仕事をしている新聞人が選ばれた。彼らは研究中、新聞社や通信社を休職した。財団の初代会長ルイス・M・ライアンズ (Louis M. Lyons) は、1947 年に思想性豊かな季刊誌であるニーマン・レポートを創刊した。

改善のための努力：プレス研究

アメリカのプレスの責任や特徴を研究するための上述とは別の試みが、第 2 次世界大戦後になされた。雑誌発行人ヘンリー・R・ルースは「プレスの自由に関する委員会」(the Commission on Freedom of the Press) による重要で私的な研究のために資金を提供した。この委員会の委員長は、シカゴ大学のロバート・M・ハッチンス (Robert M. Hutchins) 総長だった。委員会は、主にジャーナリズム以外の社会科学を専門とする学者たちで構成され、ジャーナリストは 1 人も委員の中にいなかった。『自由で責任あるプレス』(A Free and Responsible Press) (1947) は同委員会としてのまとめの報告書である。これは新聞、ラジオ、映画、雑誌と本を守備範囲としつつ、諸原則の一般的な記述で構成された。委員会自体はこの報告書作成上の限られた研究計画だけを実行した。しかし、委員会は重要な一連の本の出版を助成した。これらの本には、ゼカリア・チェイフィー・ジュニア (Zechariah Chafee, Jr.) 著『政府とマス・コミュニケーション』(Government and Mass Communications)、ウィリアム・E・ホッキング (William E. Hocking) 著『言論の自由』(Freedom of the Press)、レウェリン・ホワイト (Llewellyn White) 著『アメリカのラジオ』(The American Radio) などが含まれている。委員会は 120 以上の事例について聞きとり調査を行った。その裁定に法的強制力はなかった。当事者は調査後に起訴することも出来たがそうしなかった。委員会が問題事例を告発する前に当事者が語り、委員たちで議論して結論を出すまでを 1 日で行った。結果は地元のメディアに掲載された。

1984年、マスメディアの向上と発展への主要な貢献がガネット財団理事会によってなされた。フランク・ガネット (Frank Gannett) によって1935年に設立されたこの財団が、コロンビア大学内にメディア研究センターを設立したのである。この財団は1991年にフリーダム・フォーラムと改名され、アレン・H・ニューハース (Allen H. Neuharth) が理事長を務めた。チャールズ・L・オーバービ (Charles L. Overby) が責任者に任命された。

　ニューヨークのメディア研究センターに加え、フリーダム・フォーラムは、バンダービルト大学で修正第1条研究センター、オークランドで太平洋沿岸センター、バージニア州アーリントンのワールド・センターでは主要観光名所でもあるニュース博物館 (Newseum) を運営した。報道中に殺されたジャーナリストたちのための、全米唯一の総合的な記念碑が、博物館に隣接するフリーダム公園に作られた。

　フリーダム・フォーラムは、一般の人びと、政府、ビジネスなどとメディアとの関係に関する多数の調査研究を応援し、ワールド・センターではしばしばセミナーを行った。財団は少数派住民が記者教育を受け実務経験を積む機会の改善に貢献したことを認められた。1995年にニューハースは、議会と報道メディアに関する100万ドル規模の研究について発表した。メディア研究センターは毎年さまざまな会議、セミナー、簡単な研究報告会などを後援した。技術研究計画の指揮、研究図書館の開発、そして本やパンフレット、注目すべき学術季刊誌のメディア・スタディ・ジャーナルなども発行するようになった。財団はこの他にも、実務的および学術的な、メディア・イベントの開催や出版物の発行を通して相当な貢献をした。

改善のための努力：新聞評議会

　イギリス新聞評議会は、新聞編集者と市民双方の権利擁護に配慮された規則の下で、新聞に対する苦情を聞くものだった。1953年に設立されたこの組織がうまく機能したので、アメリカでも新聞評議会を作ろうという動きが出てきた。最初は地域ごとの新聞評議会という形で、1960年代後期に組織化された。新聞組合のメリット財団からの援助の下でのことだった。

　そのひとつは、スタンフォード大学のウィリアム・L・リバース (William L. Rivers) と同僚たちの指導の下に西海岸で試みられた。その他、南イリノイ大学のケネス・スターク (Kenneth Starck) たちによって、イリノイ州スパル

タとカイロで試みられた。シアトルのワシントン大学では、黒人とメディア関係者の会議が、ローレンス・シュナイダー (Lawrence Schneider) の采配で開かれた。これは、メディア企業の重役たちと黒人社会の間に、より良い理解を築くためのもので、19か月間にわたって開かれた。1971年に、初の州レベルの新聞評議会がミネソタで作られた。ミネソタ新聞協会、新聞組合、プロフェッショナル・ジャーナリスト協会、その他のメディア幹部や公的な立場にある人々がこのために尽力した。評議会の構成員は、委員長である州連邦最高裁判所裁判官の下、メディアの代表者と一般市民とに均等に分けられた。ハワイの評議会も同じ年に作られたが、ホノルル新聞評議会としてのみ残った。ワシントン州とオレゴン州では、地域の評議会がいくつか提携してひとつの地方評議会ができた。ミネソタのものだけが、州規模の評議会として存続した。[20]

全国的な新聞評議会を設立する努力は、1973年に全米ニュース評議会 (National News Council) の設立という成果を生んだ。20世紀財団によって支援されたこの特別委員会は、委員会の目的を次のように設定した。「国内の報道記事の正確さと公正さに関する苦情について、調査報告すること。同様に、各種研究を計画し、報道の自由に関わる問題について報告すること」である。この全米ニュース評議会は設立当初、主だったメディア幹部からは避けられていた。しかし、評議会に提出された問題を処理していくうちに、10人の市民と8人の専門家たちによる評議会としての意見表明は支持を得るようになった。理事長はウィリアム・B・アーサー、会長はノーマン・E・アイザックス (Norman E. Isaacs) で、後任はリチャード・セイラントだった。1977年の初頭に、活動報告が初めてコロンビア・ジャーナリズム・レビュー誌に出た。その後はクイル誌に掲載された。だが、支持が減り、評議会は1983年に解散した。[21] 最近ではまた、全国レベルでのニュース評議会の概念を再評価する動きが出てきている。再評価に積極的な著名人はマイク・ワラスで、1996年にミネソタ州ニュース評議会の25周年記念講演の中で、メディア業界が低下している信頼を回復するために、全国レベルでの新たなニュース評議会の設立を考慮するように奨励している。

改善のための努力：オンブズマン

オンブズマンは、新聞の活動を監視し、市民の苦情に対し再調査する役割を担っている。1967年、ルイビル・クリアー・ジャーナルが初めてオンブズマ

ン1人を採用した。しかし、1998年時点では、32紙の日刊紙がオンブズマンを採用し、彼らのコメントを自社の紙面に掲載していたに過ぎない。

　1980年、ニュース・オンブズマンの国際的な組織が作られた。この組織の目的は、ニュース・オンブズマンの地位に対する啓蒙と、新聞その他のメディアにオンブズマンの意見を発表する道を確立することにある。年次総会は、倫理的な課題や商業上の見解について話し合うために、会員の所属する国で開かれている。

改善のための努力：ジャーナリズム評論誌

　改善に向けたもう1つの動きはジャーナリズム評論誌にみられた。1968年以前には、モンタナ・ジャーナリズム・レビュー（1958年）、コロンビア・ジャーナリズム・レビュー（CJR, 1961年）、コプレー系の新聞社によって出版された評論誌であるセミナー（1966年）の3誌しかなかった。シカゴ・ジャーナリズム・レビュー（1968年から1975年まで）は、多くの地方評論誌やジャーナリズム学部の評論誌に示唆を与えた。しかし、1968年から1976年の間に創刊された約40誌のうち、1977年時点も引き続き発行されていたのは10誌程度に過ぎなかった。この中には、前述のCJRやモンタナ・ジャーナリズム・レビュー、ニューヨークで発行されていた全国評論誌であるモア、保守的な会報アキュレイシー・イン・メディア(AIM)、サンフランシスコで発行されたメディア・レポート・トゥ・ウーマン、フィードバック、セントルイス・ジャーナリズム・レビュー、ツインシティズ・ジャーナリズム・レビュー、ツーソンで発行されたプリテンシャス・アイデア、ケンタッキー州のレキシントン・メディア・レビューなどがあった。[22] ワシントン・ジャーナリズム・レビュー(WJR)は1977年に発刊された。1990年から1994年にかけては、ライズ・オブ・アワ・タイムズという名の無遠慮な雑誌があった。1991年時点で存続していたのはアメリカン・ジャーナリズム・レビュー（以前のWJR）、CJR、エクストラ、セントルイス・ジャーナリズム・レビュー、メディア・レポート・トゥ・ウーマンとAIMだった。AIMは、ペンシルバニア大学のエドワード・S・ハーマン(Edward S. Herman)が首席編集長、エレン・レイ(Ellen Ray)が編集主幹で、論評の的は主にニューヨーク・タイムズだった。寄稿者の中には、ハーマンと組んで多数の本を執筆していたマサチューセッツ工科大学のノーム・チョムスキー(Noam Chomsky)がいた。彼はアメリカの外交政

策や人権、政財界の不法行為に関する報道の失敗について、報道機関を厳しく非難していた。

　シカゴ・ジャーナリズム・レビューは1968年、民主党大会において暴動が起きた時に創刊された。ロン・ドーフマン(Ron Dorfman)が編集長だった。この月刊誌は都会の新聞への痛烈な批判を掲載し、若い新人記者を対象にプレス批判と自己改善の問題を扱うフォーラムを開催した。それが刺激となって各地に同様のフォーラムを形成することになった。それだけではなく、職業上の貢献をより良いものにしたいと思っている若い記者たちが集まっている新聞社社会部内に非公式の「記者力」団体を形成していった。この結果、現場記者たちと経営者たちが定期的に話し合いの場を持ついくつかの都市が生まれた。

　1998年、メディアの倫理やメディアの責任に関する話題を扱うブリルズ・コンテントが創刊された。同誌のサブタイトルは、「情報時代の自立した意見」で、多様な意見を引き出した。創刊号の巻頭特集は、クリントン大統領とモニカ・ルウィンスキーのスキャンダルに関するもので、独立調査官ケネス・スターからの修飾語を排した相当量の反証の手紙も掲載されていた。創刊当時に掲載された記事の中には、物議をかもし出していたマット・ドラッジ(Matt Drudge)記者を取り上げたものもあった。彼は原稿の裏付けを取らずしばしば急いで印刷に回すことを認めているが、主要メディアより前にルインスキーの一件を伝えたのは彼の電子版ドラッジ・レポートであった。ブリルズ・コンテント誌にはオンブズマンが1人いる。

改善のための努力：パブリック／シビック・ジャーナリズム

　パブリック・ジャーナリズム、あるいは、シビック・ジャーナリズムと呼ばれている新しいジャーナリズムの形態が、ここ数十年の間に普及してきている。この形態の生みの親であり最も積極的な擁護者は2人いる。ニューヨーク大学で「市民生活と新聞プロジェクト」を運営しているジェイ・ローゼン(Jay Rosen)と、ウィチタ・イーグル紙の編集長デイビス・"バズ"・メリット(Davis "Buzz" Merritt)である。ローゼンによれば、パブリック・ジャーナリズムが最も強調しているのは、メディアにはコミュニティー内の問題解決のために市民の議論と参加を活性化させる力があり、また、そうあるべきである、ということである。つまり、メディアは奉仕すべき人びとから離れだしており、パブリック・ジャーナリズムは市民とメディアを改めて結合させるもの、とい

うわけである。パブリック・ジャーナリズム計画は、犯罪や教育をめぐる議論の場としての市民討論会に人びとを誘い出したり、選挙人登録推進運動への協賛を行ったりした。

多くの新聞社が、パブリック・ジャーナリズム計画を試みたり、パブリック・ジャーナリズムと結びつく関心事を反映させるために編集局内を整備し直した。例えば1994年の選挙時に、ボストン・グローブ紙の「市民の声 (The People's Voice)」欄と、いくつかの地元テレビ局・ラジオ局が連携して、市民にひとつの意見を伝えたことがある。ウィスコンシン州マジソンでは、「我々市民 (We The People)」と題した一連の市民討論集会に人びとが参加したが、この集会はウィスコンシン・ステイト・ジャーナル紙とその他のマジソンのメディアが協力して準備した。テレビやラジオでは、何百回とこのイベントの模様を流した。

パブリック・ジャーナリズムの提唱者たちは、ジャーナリズムと市民生活は歴史的に絡み合っており、またそうあるべきであると考えている。ジャーナリストは常々、市民生活に関与しており、この関係は不変であると彼らはいう。反対者たちは、パブリック・ジャーナリズムが客観性を取り除いてしまっていると断言する。もはやジャーナリストは観察者でも記録者でもなく、市民について記録するよりむしろ、市民の討論と行動のために議題設定する手助けをしている。伝統的なジャーナリストはパレードを記事にし、パブリック・ジャーナリストの方はパレードの中で一緒に行進している、というわけである。アメリカのジャーナリストたちの意見は分かれているが、パブリック・ジャーナリズムの行動がすでに頭打ちなわけではない。より多くの新聞が、急速に離れていく読者とのより良い関係を構築するために、パブリック・ジャーナリズムの概念に一目を置く傾向が見られる。

メディアの女性たち

フェミニスト運動の影響を受けて、メディアにも女性の進出が増えた。しかし、1990年に入って懸念もあった。多くの分野で進歩の証しがあるものの、なされるべきことが他にもあったのである。新聞界では、報道、広告、販売の管理職における女性の比率は全体の20%以下だった。キャスリーン・ブラックはUSAトゥデーの発行人だったが、アメリカの日刊紙を運営する女性は60人以下 (7%) だった。女性の管理職あるいは編集長が多数を占めるのは、求人

広告や総務部や特集・生活欄の部署だけだった。ニュース編集室のスタッフのおよそ 30% から 40% が女性だった。

　ペースメーカーはクリスチャン・サイエンス・モニター編集長キャサリン・ファニング (Katherine Fanning) と、ロサンゼルス・ヘラルド＝エグザミナー編集長メアリー・アン・ドラン (Mary Anne Dolan) だった。ナイト・リッダー社はジャネット・チャスマー (Janet Chusmir) をマイアミ・ヘラルド紙の編集担当重役に任命した。デトロイト・フリー・プレスの特集および経済欄担当の編集局長だったマーティー・クラウス (Marty Claus) は、後にナイト・リッダー社の報道担当副社長に任命された。マーガレット・ダウニング (Margaret Downing) は、ヒューストン・ポストで初の女性編集局長になった。キャスリン・クリステンセン (Kathryn Christensen) はウォール・ストリート・ジャーナルの前上級編集長で、ABC のワールド・ニュース・トゥナイトの上級プロデューサーだったが、ボルチモア・サン紙の編集局長に任名された。ニューヨーク・タイムズ紙では、ロサンゼルス・タイムズや ABC のワールド・ニュース・トゥナイトで働いたことのあるリンダ・マシューズを、国内ニュース担当編集長にした。部外者（ニューヨーク・タイムズ社内で訓練を受けていない）が報道部門を率いるのは、30 年間で初めてのことだった。1995 年までには、女性たちが大方の主要新聞で編集上の重要な地位につけるようになった。

　キャスリーン・ブラックは 1995 年末にハースト・マガジンズの社長に就任し、コスモポリタン、エスクワイア、グッド・ハウスキーピング、ハーパーズ・バザー、レッドブックといった雑誌の資金運営管理と開発の指揮をとった。同年、彼女はフォーチュンの全米トップ・ビジネス・ウーマン・ランキングで 25 位になった。1998 年、ティナ・ブラウン (Tina Brown) はミラマックス社で新しい月刊雑誌の編集長になるために、ニューヨーカーの編集職を離れる時に全国的な話題となった。コンデ・ナスト社から発行されている雑誌グラマーの編集長だったルース・ワイトネイ (Ruth Whitney) は、1998 年に 31 年勤めたその職を退いた。彼女はコスモポリタンの編集長ボニー・フラー (Bonnie Fuller) からその職を引き継ぎ、レッドブックにいたケイト・ホワイト (Kate White) にその仕事を引き継いだ。

　全国的な組織でも女性たちの参加がより活発になった。例えば、マイアミ・ヘラルド紙のブロワード版編集長スー・レイジンガー (Sue Reisinger) は、AP 通信編集局長会議初の女性会長になった。キャスリーン・ブラックはアメリカ新聞発行者協会の会長から、アメリカ新聞協会の会長に転任した。ジェーン・

ヒーリー (Jane Healey) は、フロリダ州オーランドのセンチネル紙編集局長でピュリツァー賞を受けた論説委員だが、アメリカ新聞編集者協会の評議会委員を長年務めていた。プロフェッショナル・ジャーナリスト協会やジャーナリズム＆マス・コミュニケーション教育学会 (AEJMC) などの団体の最高管理職に就く女性も出てきた。

　フリーダム・フォーラム財団のメディア研究センターが後援した研究によれば、ジェンダーギャップは小さくなっていた。この研究は「1990年代のアメリカのジャーナリスト」といい、デイビッド・ウィーバー (David Weaver) とG・クリーブランド・ウイルホイット (G. Cleveland Wilhoit) によって、1992年に行われた。女性ジャーナリストの数は34％で10年前と変わっていなかった。しかし、彼女らの給料は男性の同僚の81％で、平均10％増えた。管理職の立場にいる女性の数がいくらか増えた。新聞界では、発行部数2万5,000部から10万部の新聞で、女性の従業率が最も高いが、それでも最高管理職になるものは稀だった。プラス面としては、女性たちの数が政治ジャーナリズムや国際通信の分野で増えたことである。

　1997年の報告書では、編集局内の変化がほとんど見られない。ASNEの研究「1990年代のジャーナリスト」では、編集局内スタッフの36％が女性で、1992年との変化はほとんど見られない。これらの女性スタッフのうち、25％以上が30歳以下で、同年齢層は男性スタッフでは15％となっている。50歳以上の女性スタッフ占有率は女性スタッフ全体の22％にとどまっている。

　興味深いことに、ASNEの1997年調査では、職場をやめる理由として、仕事の満足度をあげる割合や、上司評価、編集室の必要性といった項目の回答では、男女比にあまり違いがない。一方、女性スタッフは男性スタッフよりも1対1のコミュニケーションを望み、発行責任者の地位に登るよりも編集局内にとどまることを望む傾向が強い。

　放送業界では、どの分野でも女性雇用数に着実な改善があった。ネットワークの毎晩のニュース番組にどの程度登場するかという研究では、女性記者による報道数が1990年から1993年に87％増加したことが示されている。全体的に、夕方のニュース番組では4分の1を女性たちが報道しており、全国ニュースになると報道スタッフのおよそ4分の1が女性だった。ベテランのワシントン担当のジャーナリスト、メアリー・ティロットソン (Mary Tillotson) は、CNN社で人気が高い女性だけのニュース・トークショーの司会を務めた。ラジオでは、女性がニュースを伝えるのを聞くことが普通になった。さらに女性

の報道部長の数も増えていた。テレビでは、ほとんどの地域で女性たちがリポーターやアンカーとして登場し、制作にも食い込み始めた。しかし、経営陣はまだ男性が支配している。

　ゴールデンアワーの娯楽番組では女性のプロデューサー、ディレクター、脚本家の数はまだ少ないままである。主だった産業界の部門の中で、女性たちは広報と広告で最も成功している。この分野では、女性たちが最高経営者あるいは所有者となることも珍しくなかった。雑誌界も、書籍の出版業と同じく、女性に開かれている。ブック・オブ・ザ・マンス・クラブの編集長だったナンシー・エヴァンス (Nancy Evans) は、ダブルデイ社の発行人になった。映画業界も長いこと頑固一徹な男性たちの牙城で、女性が要職に就くのは難しかった。全体的にみて、ネットワーキングは女性たちにとって成果を挙げていた。しかし、意思決定や報酬面では真の平等にほど遠かった。セクハラ訴訟は、男性社会への挑戦が続いていることを示している。しかし、長期的に見れば良くなることを示していた。なぜなら全国のジャーナリズム専攻学生の60%以上が女性たちだからである。メディア・レポート・トゥ・ウーマンは、メディアで働く女性たちやジャーナリズムを教える女性たちを手助けしていた。これは、会報誌の中では最も古いもので、ドナ・アレン (Donna Allen) が創刊した。ウーマンズ・ワーズは、ジャーナリズム＆マス・コミュニケーション教育学会の「女性の地位委員会」が発行してきた。

画期的な判例：名誉毀損

　プレスによる名誉毀損に対して、市民に遡求権を認めるような歴史的な法律は常に、ニュースで取り上げられる公的な人びとに対して、公正な論評や批判を加える機会をも提供してきた。しかし1960年代、連邦最高裁（合衆国最高裁判所）は明確に、名誉毀損訴訟からメディアをより幅広く保護するようになった。つまり「公人にとっての名誉毀損訴訟」(public law of libel) と呼ばれる新しい理論が登場したのである。最高裁も名誉毀損を、修正第1条の問題として憲法の条項に取り入れた。この理論によると、「公職にある人」(public officials) や「公的人物」(public figures) は、以下の条件を満たした場合を除いて、名誉毀損による損害賠償請求ができない。つまり、名誉を毀損されたと思う側は、（相手側の新聞や雑誌に）嘘をつく意図があったこと、あるいは、真実の確認を試みることなく印刷・出版するといった極端な無謀さが相手方

にあったことを、立証しなければならない。[23] この必要条件は「現実の悪意」(actual malice) と呼ばれており、訴訟を起こす側が証明しなければならないものである。

　この画期的な判例は、ニューヨーク・タイムズ社対サリバン事件に関する1964年の判決で示された。1960年にニューヨーク・タイムズ紙は、マーティン・ルーサー・キング・ジュニア牧師の支援者を取り締まるアラバマ州モンゴメリーの警備活動に抗議する広告を掲載した。警察長サリバンは名誉毀損の訴訟を起こし、州裁判所で50万ドルの損害賠償判決を勝ち取った。最高裁は州のこの判決を覆した。その理由は、この広告に含まれる誤りには悪意がなく、さらに修正第1条が公的論争に関して、真実かどうかを判断せずに「自由闊達で広く開かれた」討論の場を保障しているからだった。これがニューヨーク・タイムズ判決の法理と呼ばれるものである。[24]

　1967年に最高裁はこの法理の適用を「公職にある人」はもとより「公的人物」にも拡大した。しかし、真実を調べる時間があるのに専門職能人として事前の注意を払わないような無謀な行為については、一線を画した。連邦最高裁は、AP通信社から右翼のスポークスマン、エドウィン・A・ウォーカー将軍への50万ドルの支払い命令を覆した。ウォーカーは批判の対象となる公的人物だと判断されたのである。しかし最高裁は、サタデー・イーブニング・ポスト紙から、ジョージア大学フットボールコーチのウォレス・バッツへの46万ドル支払い命令については支持した。同紙は記事の中で、バッツがゲームにわざと負けたと非難していた。最高裁はこの記事の取り扱いについて「責任ある発行者が通常厳守する調査報道の基準から、極端に逸脱した大いに不当な行為」である、とした。[25]

　サリバン事件において最高裁は、「扇動的な名誉毀損罪を慣習法の中に埋もれ」させていたが、1971年にその「現実の悪意」の必要条件を、公職にある人と公的人物から、公共の利益に参画している個人にまで拡大した。その判例となるローゼンブルーム対メトロメディア事件は、ある書籍の販売業者が「わいせつな」文学を扱った、と言及した放送局に関わる事件だった。

　しかしながら、1974年に連邦最高裁は、たとえ公共の利益の出来事に関係していても、個人（私人）の場合はニューヨーク・タイムズ社事件で示された現実的悪意の証明がなくとも、現実的損害だけ証明できれば、損害賠償金を取り戻す権利がある、と判決した。これは、ガーツ対ロバート・ウェルチ社事件でのことで、5対4の多数決で支持された。ニューヨーク・タイムズ社事件で

示された「現実の悪意」のルールは依然として、懲罰的損害賠償金を求める原告に利用された。1976年に最高裁は、タイム社対ファイアストーン事件で、公的人物の定義を絞った。すなわち、公的人物とは、役割上、公共問題の解決に関わる人のみとし、同時にタイム社には、著名な社交界の名士を中傷したとして、損害賠償の支払いを命じたのである。[26]

1986年の最高裁による3つの判決は、サリバン事件での法理に新しい支持を与えた。まず、アンダーソン対リバティー・ロビー事件で最高裁は、6対3で以下のような判決を下した。すなわち、公的人物で名誉毀損訴訟の原告となる者は「明確かつ説得力のある証拠」によって「現実の悪意」を立証しなければならず、さもなければ、簡易裁判で予審判事が訴訟を却下する決定を出すことを求める被告側の動議を退けることはできない、とした。この事件では、政治的な活動組織がコラムニストのジャック・アンダーソン (Jack Anderson) を訴えていた。

第2の事例であるヘップス対フィラデルフィア新聞社事件で最高裁は、5対4で以下のように裁定した。すなわち、私人によって起こされた訴訟において、原告が公的関心のある報道に関わっている場合、州は、名誉毀損罪を問われた報道機関に真実の立証責任を負わせなくてもよい、という判決である。サンドラ・デイ・オコーナー (Sandra Day O'Connor) 判事は、社会問題に関する開かれた討論に対する憲法上の利益を守るためには、慣習法の伝統を覆すことが必要だ、と指摘した。この件では、インクワイアラーが、飲物店の経営者と組織犯罪のメンバーとを関連づけていた。証拠を示す、あるいは、虚偽を明らかにするのは、相変わらず原告側の責任だった。

第3の事例である1986年の最高裁の判決も、「現実の悪意」の法理を擁護した。ベトナム戦争の英雄アンソニー・ハーバート (Anthony Herbert) 中佐が、CBSを名誉毀損で訴えた件で、訴えを棄却した簡易裁判の判決を支持した二審の判定を、最高裁も支持したのである。この件でハーバート中佐は、1973年にTV番組『60ミニッツ』の中で、マイク・ワラスが事実上中佐をうそつき呼ばわりした、と訴えていた。1979年に連邦最高裁は、ワラスの思想を徹底的に調査する権利をハーバートに与える、と裁決した。ハーバートの訴えを立証する手助けをするためだった。ハーバートは300万ドル以上、CBSは400万ドルを、この長期にわたる訴訟に使った。1985年にCBSは、ウィリアム・ウェストモーランド将軍が起こした1億2,000万ドルの名誉棄損訴訟も、うまく撃退した。この訴訟は、ベトナムに関するマイク・ワラスの別のニュー

ス・ドキュメンタリー番組の結果として、起こされていた。

　公的人物に対する批判を擁護するサリバン判決の包括的な再確認が、1988年に連邦最高裁で、全員一致でなされた。ハスラー・マガジン社対フォルウェル事件でのことである。連邦最高裁はジェリー・フォルウェル師への20万ドルの支払いを認めなかった。この件ではハスラーが、パロディーでフォルウェルを、近親相姦の酔っぱらいとして描いた。フォルウェルは、「感情的苦痛」("emotional distress") を受けたとして訴えた。この事件は重要だった。なぜならこの事件は、名誉毀損を立証するという法律上の義務を避けるために、「感情的苦痛」を受けたと主張して訴訟に持ち込むことが可能だという前例に、なるかもしれなかったからだ。

　1990年のミルコヴィッチ対ロレイン・ジャーナル社事件で最高裁は、誤った事実に基づく意見は保護されない、との裁定を7対2で出した。ウィリアム・レンキスト連邦最高裁長官 (William Rehnquist) は、ガーツ対ウェルチ事件の判決文に「修正第1条の下に、誤った解釈というものはない」と記載されているが、それは貼り付けられた「意見」かも知れないものまで十把ひとからげに名誉毀損罪の適用を免除するものではない、と述べた。メディア界の主導者たちは、これらの判決に不安を抱いた。しかし、その一方で最高裁は、コインの表裏のように、サリバンの判例で示したメディア擁護を、フォルウェル事件の時の風刺と同様に、意見にまで拡大したのである。その後の判決は、誤った事実に基づいた意見は保護されない、という一般原則を支持している。しかし少なくとも、意見の文脈は、考慮されるものとなろう。[27]

　しかし、名誉毀損はメディアにとって、相変わらず不確実な分野だった。メディア組織に対する名誉毀損の賠償裁定、特に違反者を懲らしめる意味合いを持つ懲罰的損害賠償金の場合、その額は増大し続けている。1997年にテキサス州の陪審員団は、2,270万ドルを実際の損害賠償金として裁定し、それに加えて懲罰的損害賠償金として2億ドルの支払いを命じて人びとを驚かせた。このような多額の賠償裁定を受けた記事は、ウォール・ストリート・ジャーナル紙に掲載された。その記事は苦境に瀕したヒューストンの證券会社に関するものである。原告側のMMARグループは、ジャーナル側がその記事のもととなる情報は虚偽と知りつつ掲載に踏み切ったと主張した。その情報は数名の顧客が取引を打ち切るのに十分な程有害なものであった、としている。その後の数週間で、MMARグループは廃業に追い込まれた。損害賠償の裁定金額はその後に引下げられた。判決は上訴されたが、メディアに対するメッセージは明確

だった。名誉毀損は、それが証明されうる時、厳しい懲罰を受ける、ということである。[28]

メディアに関わる法律の、別の興味深い展開としては、原告が伝統的な修正第1条の論点（つまり通常、証拠の提示を必要とすることで、原告に大きな負担を強いる条項）を回避するため、雇用法と権利侵害を盾に訴えを起こしたことがある。1992年にABCの報道番組である『プライム・タイム・ライブ』の記者2人が、虚偽の履歴でデリ（調製食品店）職人になりすまし、フード・ライオン社系列の食料品店に就職した。このチェーンストアの、危険な食品の取り扱いに関する記事の裏をとるためだった。『プライム・タイム・ライブ』は、隠しカメラで数時間に渡り、フード・ライオン社の危険な取り扱いをビデオ撮影し、そのテープの一部を抜粋して放送した。フード・ライオン社側は、それらのテープが甚だしく編集され、『プライム・タイム・ライブ』側が見せたいものを見せるよう作られていたと、充分な証拠のないままに強く主張した。その際、『プライム・タイム・ライブ』社の記者が嘘をついて就職したと訴え、伝統的な名誉毀損による請求を避け、その代りに詐欺、家宅侵入、および背信行為について申立てた。1997年、北カロライナ州の陪審員は、フード・ライオン社の実害に対する賠償金として1,402ドルしか認めなかったが、それに加えて懲罰的損害賠償金として5,500万ドルを支払うようABCに命じた。後にこの賠償額も引下げられた。しかし、この様な傾向が続くようであれば、メディアを攻撃しようとする原告の多くは、立証困難な修正第1条による訴訟を避け、それ以外の根拠でメディアを攻撃する新たな方法を考え出すのではないだろうか。[29]

最近まで、オンライン上の中傷は対応が困難で未解決の分野とされてきた。オンラインサービスの運営者に、利用者が掲載する中傷の書き込みに関して責任を負わせることができるかどうかについて、下級裁判所の見解は分かれていた。1991年、ニューヨークの地方裁判所は、オンラインサービスのコンピュサーブ社がその電子図書館の一部として提供している掲示板に書き込まれた情報に関して、同社に責任は問えないとの判断を示した。同社にはその書き込みの内容をよく調べる機会がなかったことがその根拠となった。コンピュサーブ社は情報の発信者ではなく配信者であるのみで、同社には配信した情報の内容についての責任はないとの判断が下された。[30] しかし、1995年、ニューヨークの別の法廷では、コンピュサーブ社と同じようなサービスを行っているプロディジー社が、配信した情報の内容に関して責任があると判断された。同社が

論説批評の場を提供し、その場を運営管理し、その運営が潜在市場にとって有益なものであると宣伝していたからである。従って、プロディジー社は中傷的な書き込みの発信元であり、単なる配信者ではなかった。裁判官は一方ではコンピュサーブ社の裁判を認めながら、プロディジー社の場合は、コンピューターバンクに掲載する以前にその掲載内容について、管理もしくはチェック可能な状況にあったと判断している。この未公表の見解には法的な規制力はなかった。[31] しかし、オンラインサービスのプロバイダーであるアメリカン・オンライン社も含めた3つの事例によって、問題は完全に解決したものと思われる。プロディジー社に対する1995年の訴訟以降、議会は"良きサマリア人"条項（第230条）から通信品位法 (Communications Decency Act=CDA) を立法化させた（レノ対ACLUは、全面的に違憲と判断されたわけではない）。本条項により、オンラインのサービス・プロバイダーは、そのプロバイダーのシステムを通じて配信される事柄の内容の発信者でもなければ代弁者でもなく、プロバイダーが莫大な量の内容を監視することは期待できない、ということが確立された。裁判所ではこの230条によって、第三者の書き込み内容について、オンラインのサービス・プロバイダーは完全に責任を免除されていると解釈するのである。[32]

わいせつ罪とポルノグラフィー

裁判所は、性的な素材に関する規制と定義に関して、長いこと苦慮してきた。ポルノグラフィー (pornography) とわいせつ (obscenity) という言葉は、しばしば互換的に使われている。ともに性的な内容を暗示する言葉だが、法的にはそれらは同じではない。しかし、ミラー (Miller) 事件で示された3要素からなる判断基準（内容は後述）に合致するのでわいせつである、と裁判所が見なせば、その素材は修正第1条の庇護を受ける余地もなく、検閲が可能となる。ポルノグラフィーは、その性的な性格にかかわらず、ミラーの基準には適合しないので、修正第1条の擁護を受けられる。

何がわいせつかを決定するのは、易しい事ではなかった。さらに新聞、雑誌、映画に影響を与えるような社会的規範は、1960年代、1970年代に劇的に変わった。この変化は、四文字語（卑わい語）と裸体についてとくに顕著だった。しかし、最高裁は明快なガイドラインを打ち立てるのに手間取った。伝統的な規範となるのは、1957年のロス対合衆国事件だった。わいせつ物を売ったロ

スは、連邦政府のわいせつに関する法律によって、有罪を宣告されていた。最高裁は彼の有罪決定を支持しつつ、わいせつ性を試すための新しい基準を作った。それは「その時代の社会的規範に照らし、さらに、現在の地域性にもとづいて全体から見て、問題の作品の主な主題が、一般の人びとの好色的興味に訴えるものかどうか」というものだった。[33] その後の判決で最高裁は「社会的重要性の点で救済できるかどうか」という判断基準を加えた。もし社会的重要性があるなら、わいせつ罪は適用されない、というものだった。この解釈の下で、『ファニー・ヒル』(*Fanny Hill*) は嫌疑を晴らされた。しかしエロス誌の発行人ラルフ・ギンズバーグ (Ralph Ginzburg) の場合は違った。最高裁は、ギンズバーグがこの基準を侮辱し、単に好色的興味に訴えるような素材を商業的に利用した、と裁定したのである。[34] これらの用語をいかに定義するかは、依然として難問だった。

　最高裁は5対4で、ミラー対カリフォルニア州事件において、ロスの法理を再検討した。1973年のことである。[35] 最高裁は、わいせつであると判断するには、その作品がとくに「重大な文学的、芸術的、政治的、科学的な価値」に欠けていることが必要である、と裁決した。さらに最高裁は、その時代の共同体の規範とは、国家や地元の地域共同体の規範であり、その規範に相照らして陪審は、みだらな興味をそそることと明白なる不快さの度合いを推し量り、判断する、ということも付け加えた。判断の基準を個々の共同体に任せたこの裁定は、多様で複雑な受け手のために、全国規模で配付される商品に関して重大な問題を提起した。そして裁判所が各々、これらの用語をいかに定義するかという問題と取り組む状況が続いた。ミラーの法理後の10年間、目立った変化はなかった。1978年に最高裁が、「共同体の規範は大多数の見解である必要はない」し、「一般的な」人とは「道理をわきまえた」人でなければならないだろう、との見解を付け加えたに過ぎない。[36] ミラーの基準は、本来性的な素材が、修正第1条の庇護により検閲を免除されるか否かを決定するための支配的な法律としてまだ存在している。[37]

　立法府と裁判所の両者は、オンライン上で利用されている性的素材の問題にも取り組んでいる。子供たちが容易にコンピューターでインターネットにアクセス出来るので、多くの親たちは子供たちがオンラインで見られるものに対し、注意深くコントロール出来るようになりたいと願っている。議会では手始めに、オンライン上の性的素材を規制するために、1996年制定のテレコミュニケーション法を部分的に用いることを試みた。その法令を通信品位法

(CDA) と名づけ、18歳以下の者に性的素材を故意に伝送することは犯罪であると規定した。どのようなものが禁止された性的素材となり得るかを、広く定義しその概要を示した。ある地方裁判所は、このCDAを幅が広すぎて漠然としている、として無効とした。1997年に、最高裁もこれに同意した。

レノ対アメリカ市民自由連合の裁判で最高裁は、インターネットはマスメディアであると初めて正式に言明し、CDAは内容を根拠として情報を規制する包括的な法律であり、修正第1条の精査には耐えられないとした。定義があいまいかつ広過ぎたために、性的な内容を含むコミュニケーションであれば、いかなるものも包含してしまう可能性があった。例えば、親子の間の電子メールで性的な話題に及ぶといったことが含まれる。ジョン・ポール・スティーブンズ (John Paul Stevens) 最高裁判事は、多数派の見解として次のように述べている。「CDAの下では、母親が17歳の子供に自宅のコンピュータでインターネット情報を得ることを許せば、母親がその情報は適切だと思ったとしても、長期にわたり投獄されることになりかねない」と。最高裁は、インターネットの内容を子供に適切なものだけに制限することを拒んだ。スティーブンズ判事はいう。「有害と思われる情報に未成年者がアクセスしないようにするために、CDAは成人が憲法上の権利として接したり交換できる情報の大部分を事実上規制する」。最高裁が、放送媒体に対し従来適用されてきた強力な規制をインターネットに適用することを否定した点で、この裁判も重要だった。ただし最高裁は、インターネットの判定に要する基準の概要を具体的に示さなかった。[38]

CDAが無効とされてから間もなく、議会は子供たちをオンライン上の性的素材から守るため、他の法案の検討を始めた。新聞界から「CDAの息子たち」あるいは「第2のCDA」と称されたこれらの法案は、未成年者には不適切と見なされるオンライン上の性的コンテンツの範囲を定める新しい試みであった。1998年後半に、児童オンライン保護法 (Child Online Protection Act = COPA) と称する法案が議会を通過した。この法律では商業的なウェブサイトがポルノ的素材に対するアクセスを提供する際には、何らかの形で年齢確認を行うことが求められ、違反した場合は処罰を受ける。「未成年者には有害な」素材であるかどうかを判定するために規定された定義は、最高裁が1973年のミラー事件の際に案出した「わいせつ性判断基準となる3要素」に酷似していた。アメリカ市民自由連合はこの法律の実施に対し、差し止めの仮処分を請願した。差止請求は1999年初頭に認められ、審問のスケジュールが決まった。

ある評論家たちは、この法律はわいせつの定義に関してミラー事件の際に裁判所自体が用いた言葉を踏襲しているので、合憲と認められる可能性がCDAの時よりも高いと示唆した。また、この法律は商業的なウェブサイトのみをその対象としている点でも、CDAより合憲性が高いとしたとしている。しかし、批評家たちは、この法律にもCDAと同じような欠陥があり、それに悩まされるだろうと強く主張した。すなわち、憲法の別のところで保障されている性的素材の流通を阻害するような効力を持ちうるだろう、ということだった。

1999年2月初めに、児童オンライン保護法(COPA)は憲法上の不備があるとして無効とされた。地方裁判所の判事はこの法律の施行を妨げるために、当初の仮処分を略式の裁判所命令に置き換えて、以下のように主張した。すなわち、修正第1条の保護条項はこの国の未成年者たちが将来、完全に受け継ぐものであり、彼らの保護を名目に切り崩されるようなことがあっては、彼らのためにならない、と強く主張したのである。政府は、控訴裁判所への上訴を計画している。

検　閲

郵政省は、ある特定の状況に伴い郵便物から出版物を排除する権限を持っており、出版の自由に対する脅威となることもあった。年月を経て、裁判所の判決と行政上の行為が、郵政省内で検閲の精神を増強した。第1次世界大戦の間、社会主義的出版物を郵便物から外すために郵便局長の権限が、広範囲にわたって使用されたこともそれに寄与した。しかし、1943年、郵政長官がエスクワイア誌を第2種郵便物の適用外にすると言ってきた時、最高裁が同誌のために乗り出した。ウィリアム・ダグラス(William Douglas)判事は、本件を認めると、1人の政府高官の見解をもとに検閲的な行動が続々と発生する機会を与えることになる、と指摘したのである。[39]

1988年に最高裁が出版物の検閲制度を審理した。ヘーゼルウッド学校区対クルミエール事件で最高裁は、学校教育の基本的な使命と相入れない数人の学生の発言については、ミズーリ州の学校当局者が検閲しても支障ない、と判断した。学生たちとメディアの代表者たちは、この決定が麻薬と飲酒の害、エイズ、10代の若年妊娠、離婚が子供に与える影響などの論点についての見識を深めようとする学生ジャーナリストたちの活動を制限する、と反論した。いくつかの州では、このヘーゼルウッドの裁定について特別な法令を制定し、この

裁定と争う学生の新聞活動を擁護している。しかし、ほとんどの州ではそのようなことはない。

21世紀を迎えた頃、インターネットに関する検閲制度が大きな法律問題の1つとして残っていた。CDAのような法律によって性的な内容の素材が標的にされているだけではなく、いまわしい内容のメッセージを有するウェブサイトもまた脅かされてきている。必ずしもすべての人たちが、反ユダヤや人種差別主義者の見解を助長させるようなウェブサイトの価値に同意を示しているわけではない。また、フィルター機能のあるソフトを使用するのも1つの選択肢である。このソフトの使用により、性的な素材のみでなく、いまわしい発言も排除することが出来ると説く者もいる。これらのプログラムは、検索の条件やウェブのアドレスのリストを含んでおり、利用者がそれらにアクセスしようとすると遮られる。プログラムによっては使用者の都合に合わせて設定を変えることも出来る。理論上このソフトは、親たちが子供たちのアクセスできるサイトを制御できるように支援することになる。しかし、フィルタリング・ソフトの開発元の多くは、封鎖したサイト、または、サーチ条件のリストを公開していない。ある種の封鎖には政治的な意図がある、といった示唆もされている。公立図書館は利用者がインターネット用に利用出来るコンピュータにフィルタリング・ソフトを搭載せよという命令が、1990年代後半に議会で審議された法案の中に含まれていた。

商業目的における言論活動

修正第1条に関連する分野で他に注目すべきことは、政府が広告や販売促進活動に対する規制・管理を拡大しようとしている点である。1942年にバレンタイン対クレステンセン裁判があり、最高裁はコマーシャル・スピーチに関する政府の規制には憲法上何も制約がない、と裁定した。しかし1970年代までに、訪問販売やある種の広告用ちらしにも及ぶ、かなり広範囲の監督権を取り締まる側に与える判決が数多く出た。これらに対する揺り返しも、1975年から79年の間に若干あった。裁判所は売薬価格に関する広告や、妊娠中絶についての情報を流すことについて、それらを保護するような判決を出している。しかし、1980年のセントラル・ハドソン・ガス電気会社対公共サービス委員会の裁判では、将来におけるコマーシャル・スピーチ関係の裁判に備えるために、4要素の判断基準を承認した。この承認により、それ以前の5年間にわた

って与えられていた保護条項を部分的に破棄した。[40]

　1990年代は商業広告活動の関係者にとって、有利となる部分と不利になる部分の両方があった。1996年の判例で最高裁は、販売場所以外で酒類の小売価格を広告してはならないとするロードアイランド州の規制を却下した。ジョン・ポール・スティーブンズ判事は、1980年のセントラル・ハドソン裁判で輪郭が示された判断基準に言及し、酒類の小売価格に関する正確な情報を人びとに提供する広告を禁止するのは、憲法で保障された言論の自由を部分的に阻害する、と判断した。ロードアイランド州の事例のような包括的な禁止令は、特に注意を払って検討すべきものである、とスティーブンズ判事は述べ、州当局が重大な義務を果さない限り、そのような法規を正当化することはできないとしている。ロードアイランド州はこの義務を果していなかった。最高裁はさらに、現代社会における広告やその他の販売促進活動の重要性や、修正第1条による保護の必要性について、強調している。[41] しかし、その1年後の1997年、最高裁は、果実の栽培業者たちを支援するような、桃、ネクタリン、プラムの包括的な広告を助成する要求について、それらの広告活動が生産者自身のみならず競争相手にも追い風を送ったことについて、修正第1条に違反しないと裁定した。これによってコマーシャル・スピーチの修正第1条による保護の拡大というこれまでの立場から、最高裁は一歩退いたように思われる。[42]

受け手からメディアへのアクセス

　人びとが放送媒体を利用する、もしくは、放送媒体を通じて意見表明する権利を伴った公正(fair)の概念については、すでに18章で記述した。印刷媒体への受け手からのアクセス権に関する理論は、法学者ジェローム・A・バロン(Jerome A. Barron)によって、1967年にハーバード・ロー・レビューに論文で発表された。それによると彼は、2次元的な修正第1条を構想している。つまり、修正第1条は、政府によって表現を抑制することを禁じ、かつ、一般の人びとがメディアへアクセスできるようにするために、状況によっては政府の積極的優遇政策でそのアクセス権を規定することを命じている、というものだった。[43]

　バロンの概念は、最高裁によって1913年に全員一致で却下されていた。この判決は、新聞によって経歴に関する批判と攻撃を受けた選挙立候補者に反論権を認めるフロリダ州法に対する違憲審査だった。最高裁判所長官ウォーレ

ン・バーガー (Warren Burger) は、1974年のトルニーロ事件の判決で、強制的なアクセスは違憲だと裁決した。すなわち「責任あるプレスは、確かに望ましい目標だ。しかし、プレスの責任は憲法によって規定されるものではない。それは、他の多くの美徳と同じように、法律を作って統制しうるものではない」と述べた。[44]

メディアの代弁者たちは、個人や少数民族、主流でない考え方や単に常識的でない考えに対し、より多くの時間と場所を提供するために努力すべきだということに賛同する。しかし、メディアはまた、放送局や新聞、雑誌によって提供されるあらゆることを、義務的な対応にゆだねるという考え方に対してひるむのである。メディアに対するアクセスをもっと容易にしようとする活動がある。本章でこれまでに述べたように、新聞評議会、倫理綱領、ニュース・オンブズマンなどの諸制度は、メディアに対する一般の人びとのアクセスを増やす伝統的な方法である。パブリック・ジャーナリズムは比較的新しい動きで、メディアがサービスの対象としている人びととメディアとの関係をより密接にすることを目的としている。

自由なプレス、公正な裁判

自由な新聞およびその読者の権利と、公正な裁判のための被告の権利を比較検討することは、1980年代、1990年代を通しての大きな課題だった。1990年代のO. J. シンプソン事件の裁判では、この問題に多くの人びとの注目が集まった。この領域で、裁判所には明白な方法論があった。最終的に新聞は大枠として、記者、カメラマン、放送関係者への規制が司法の命令ではなく、協力的な協定によって正当化され規定されるということで同意した。つまり、これらの規制は法的な決定によってではなく、相互協力的な同意によってなされる、ということだった。

この件は当初、法廷におけるカメラマン取材に集中した。アメリカ新聞編集者協会、全米新聞写真家協会、全国放送事業者協会は、新聞とテレビのカメラマンが法廷に入れるようにするために1950年代を通して戦った。カメラマンが裁判を中断することはない、という彼らの主張には分があった。なぜなら写真は、騒音や光を出さずに撮れたからだった。しかし弁護士たちは、写真から生じる評判が、証人や被告の恐れを増し、陪審に影響を与え、裁判官の心象を害する、と述べた。1959年にアメリカ法曹協会は、法廷内でのそのような活

動を規定している同協会の綱領第35条を再検討することに同意した。しかし、何の結果も生じることはなく、カメラの入廷許可は、地方レベルの一裁判官の決定や州の決定に委ねられたままだった。

一方で、他の出来事が「自由なプレス、公正な裁判」の議論を大きく広げた。ケネディ大統領の暗殺と詰めかけた報道陣の面前でのジャック・ルビーによる被告殺害を取り巻く混乱状況が引き金となって、ウォーレン委員会は改善のための申し立てを行った。テキサス州のある裁判官が、金融業者ビリー・ソル・エステスの裁判にテレビカメラを持ち込むことを認めた後に、最高裁は彼の有罪決定を破棄した。[45] この1965年の判決は、1966年の判決で追認された。この件では、サム・シェパード医師が妻殺しの一件で、公正な裁判をクリーブランドにおいて受けられなかった、と裁定された。理由は、起訴の前や裁判の期間中に、裁判官が被告を人びとの偏見に満ちた「新聞による裁き」から保護するのに失敗したから、というものだった。[46]

アメリカ法曹協会のリアドン・レポートは、この論争から生まれた。この報告書は、1966年10月に公表された。作成委員会は、マサチューセッツ州の裁判官ポール・C・リアドン (Paul C. Reardon) を長とし、弁護士と裁判官10人で構成された。報告書は、公判前に流布される評判は、検察側と被告人側のどちらからのものにせよ、抑える責任が裁判官にある、とされている。委員会は、被告の前科、自白の有無、予想される証人の名前、なされうる抗弁についての憶測、といった情報の差し止めを勧告した。そして、被告の同意がないまま行われたインタビューや写真の差し止めも勧告した。アメリカ法曹協会は、メディアの代表者たちと話し合うという特約を明記しないまま、1968年にリアドン・レポートを採択した。1969年の秋までに、アメリカ法曹協会とアメリカ新聞編集者協会の調整委員会は、「自由な言論」を危険にさらさずに、「公正な裁判」を実現するための共通基盤を形成した。1960年代後半から1970年代にかけて、メディアは新聞もテレビも、大きな裁判の法廷内の様子をスケッチするために画家を起用する、という方法をあみだした。劇的な事件を把握するために芸術家の技術を用いるという、19世紀終わり頃の慣習を復活させたのである。

進展があったのは1981年で、最高裁はこの時に全員一致で、チャンドラー対フロリダ州事件に関し、以下のように裁決した。すなわち州には、たとえ被告が反対しても、刑事裁判に関して、テレビ、ラジオ、カメラによる取材を認める権利がある、としたのである。この決定は、一審および控訴審でのスチール

カメラやテレビカメラによる取材の認可を得るために、メディアに一層の努力をさせることになった。1995年までに48州の法廷が、さまざまな条件の下で裁判のテレビとスチール写真による取材を認めるようになった。連邦裁判所では、カメラ取材はまだ禁止されていた。上院と下院も一定の条件の下で、ラジオとテレビ取材を認めることを決めた。1995年には、両院内のテレビ局C-スパンのカメラが、委員会の会議撮影を認められた。しかし、連邦最高裁は依然として自身の法廷のテレビ取材を許可していない。

1972年の合衆国対ディキンソン事件に対するルイジアナでの判決の後、記者たちは、法廷侮辱罪を受けるか、たとえ違憲だとしても裁判所のルールを守るか、そのどちらかの立場に立たされた。[47] 裁判官は言論界に、公開法廷で行われる審問を取材しないように命じた。そして警告にもかかわらず記事を書いた2人の記者が、法廷侮辱罪で有罪となった。控訴審では、裁判所の命令の違法性は認めたが有罪決定は支持した。記者は命令に従い、（不服が有るなら）上訴すべきだった、と述べた。最高裁判所はこの件について、先の決定を支持し、再審を却下した。

1972年はこの他に、ブランズバーグ対ヘイズ事件での判決がある。この件で最高裁は、記者には合法的な大陪審召喚令状に応じ、犯罪捜査に関係がある問題に答える義務があり、これは他の市民と同じである、と裁決した。3人の記者たちは秘密に得た情報に関して証言を拒否していたのである。この決定は、多くの州が採用している、記者たちに情報源の秘匿を守ることを認める守秘権法 (Shield laws) の概念を覆すものだった。[48] これらの法律の多くが、事件との関連性、やむにやまれぬ公共の利益、代わりの情報源の欠如、という、ブランズバーグ事件で使われた3要素からなる判断基準を適用している。連邦法レベルでの守秘権法はない。しかし、この種の保護法がない19州のうちのいくつかの州と同様に、連邦レベルでも多くの管轄区で、この3要素からなる基準を認めている。州法は、どのような情報が、どのような状況下において、守秘権法の対象となるかについて、それぞれに大きな違いがある。

1976年のネブラスカ州での殺人事件裁判が、言論界と法曹界の新たな対決をもたらした。予審判事が、かつて州最高裁判所が修正したものに従い、以下の3項目に関する取材規制の命令を出した時のことだった。

(1) いかなるものであれ、報道関係者を除く法の執行官や第三者に対して被告が行った告白や自白がある、ということ
(2) これらの自白あるいは供述の内容

(3) 被告について「強く示唆する」他の事実

この命令は、公判前のマスコミ報道に関する先のシェパード事件でのガイドラインに沿って出されたもので、陪審員の選定が終わった時点で効力がなくなるものだった。

バーガー長官は最高裁を代表して、この差し止め命令を取り消した。バーガー長官は、メディアが公開の予備審問で提出された証拠について伝えるのは可能であること、そして「示唆する」情報の禁止は修正第1条の諸権利の上に与えられた制限としては「曖昧すぎるし、広すぎ」るため、精査に耐えられないことを、指摘した。しかし、最高裁は、訴訟が現実的な意味を持たなくなるまでこの上訴を審問せず、上訴の審理申し立てを拒んだことから、この取材する側の勝利はいくぶん小さなものとなった。同じように、バーガー長官は以下のように意見書で記述しているが、その文言は後に現れてくる「言論の自由を抑圧する」さまざまな法規を排除することにもならなかった。「我々は、公正な裁判を受ける権利を脅かすものの特質を指し示す可能性を必ずしも否定しない。その種の脅威は、抑制の正当化を明確にするための必要条件を備えている」。しかし、「事前抑制に対する壁は依然として高く、その適用に反対する推論はそのまま保持されている」と記している。[49]

1979年の、ガネット社対デパスクェール事件での最高裁の判決は、しばらく新聞界と法曹界の関係を複雑にした。この件で最高裁は、修正第6条と修正第14条も含め、一般の人びとが刑事裁判に出席するためのいかなる法的権利も有していない、と裁定したのである。[50] 全国の裁判官たちは法廷を非公開にし始め、この1年間で、126の公判前の訴訟手続きと34の公判が非公開となった。

翌1980年に、バーガー長官率いる最高裁で、リッチモンド新聞社対バージニア州事件に関する7対1の判決が出た。バーガー長官は、修正第1条を引合いに出して、被告が非公開を望んだとしても、人びとには刑事裁判に出席する憲法上の権利がある、と裁定したのである。[51] この判決があっても、公判前の審問は依然として非公開のままだった。このギャップは、プレス・エンタープライズ社対カリフォルニア州上級裁判所事件の判決があった1986年に排除された。この時バーガー長官は、人びとには公判前の諸手続に出席する権利がある、と裁定したのである。1984年のリバーサイド新聞社の件では、人びとも報道機関も、陪審員選任手続に出席する権利を勝ち取った。

警察がキャンパスでの座り込みの写真を求めて、学生新聞スタンフォード・

デイリーの編集室に手入れを行った際、プレスの権利を守れという人びとの声が大いに高まった。最高裁は、このザルチャー対スタンフォード・デイリー事件で、修正第1条は新聞社に警察の捜索からの特別な保護を認めていない、と裁定した。[52] この結果1980年、同じようなニュース編集室への警察による手入れを禁止した立法案が、事実上反対無しで議会を通過した。

知る権利

　印刷・出版する自由や批判する自由の戦いは、法廷で続けられている戦いの中の、重要なものの1つだった。しかし、ちょうど同じぐらい重要だったのは、ニュースにアクセスする権利を持つための戦いだった。ニュースを出版する権利は、もし情報源が干上がったなら、価値がなくなるからだった。

　情報公開と公文書開示のキャンペーンが、アメリカ新聞編集者協会 (ASNE)、AP通信編集局長会議、ラジオ＝テレビ・ニュース・ディレクター協会、プロフェッショナル・ジャーナリスト協会によって1940年代に始められ、続けられた。彼らと、さまざまな人びととの努力を通じて、1970年までに5州を除くすべての州で、公文書の公開や、公共事業の契約に関わる議事録の公開を請求するさまざまな法律が制定された。戦いの先頭に立ったのは、ルイビル・クリアー・ジャーナルのジェイムズ・S・ポープ (James S. Pope)、ワシントン・ポストのJ・R・ウィギンス (J. R. Wiggins)、タンパ・トリビューンのV・M・ニュートン・ジュニア (V. M. Newton, Jr.)、ASNEの顧問弁護士ハロルド・L・クロス (Harold L. Cross) らだった。

　1955年に政府情報に関する下院議会の分科委員会が作られた。委員長はカリフォルニア州の下院議員ジョン・E・モスだった。同委員会は、連邦レベルの情報秘匿に反対する下院議員たちの運動を巻き起こした。1958年にモス委員会は、様々なニュースメディア団体の支援を受けて、「ハウスキーピング法」の修正を勝ち取った。同法は、公文書へのアクセスを否定するもので、1789年に作られていた。同委員会は、大統領と彼の側近たちによる行政特権の行使要求に抵抗する際にも成果を上げた。同委員会は、1958年から1960年にかけて行なわれた連邦政府による不当な検閲について、173事例を暴露し、そのうちの95事例で委員会の指摘が正しかったことを報告した。ケネディ政権とプレスの間の論争は、キューバ危機の間に激化し、それが、情報自由法 (the Freedom of Information Act=FOIA) を採択する努力に対する刺激になった。

同法は、1966年7月4日に可決され、ジョンソン大統領によって署名された。同法によって1年後から市民は、法律によって特に免除された領域以外で、国家公務員が恣意的に公的な議事録の情報を秘匿するならば訴えることができるようになった。この例外扱いとなる領域は、極めて重要な「国防あるいは外交政策」など9項目あったが、モス下院議員や同法の支援者たちは勝ち星を挙げたといった。同法の効力は記者たちと同様に、連邦レベルの役所からの情報を求める実業家や平均的な市民を支援した。

検索の手続きを速めるために、FOIA は 1974 年に改正された。この改正で各連邦行政機関は、修正の実質的な内容の概説や、情報請求の手続き方法、控訴の手続方法、検索や複写費用といった詳細規則の公表が求められた。改正法では、政府機関のごまかしをなくすことが意図されていた。そのために、回答までに許されている期間を短縮したり、情報の公開を拒否された場合に司法機関に再審理を依頼できるようにし、独断的に情報の公開を拒んだ公務員に対する罰金を認めた。レーガン政権は、照会手続きからより多くの政府機関を除外し、検索料金を制定しようとしたが、この案はゆるやかな修正案が承認される 1986 年まで引き延ばされた。この時の修正には、メディアからの情報開示の請求に対して課される特恵的な料金体系が含まれていた。

しかし、FOIA の時宜を得た対応が重要だと強調しているにもかかわらず、政府の各部局では長い間、開示請求の未処理が続き、時には対応を示すまでに数年かかる場合すらあった。1996 年、議会において、「電子情報の自由に関する法律の修正条項」(EFOIA) が可決された。これら FOIA の修正条項は電子書式化された情報への人びとのアクセスに備えようとするものだった。これによって、長々として、時には扱い難いとされる FOIA の手続きが迅速にできるのでは、と期待されている。議会は、ほとんどの部局でより多くの記録が現在では用紙類よりコンピュータディスクと CD-ROM に保管されるようになってきている。EFOIA として知られている条項は、各部局が FOIA の対象となる記録を電子書式で保管している場合、FOIA に基づき、それらの記録を利用可能にするように義務付けている。記録を求める側は、保存されているどの形式でも記録の開示請求ができる。当該部局は要求されれば、その他の書式で保管されている記録の開示請求に対しても、理にかなった努力をしなければならない。

知る権利のための戦いにおけるもう1つの明るい兆しは、連邦議会におけるサンシャイン法 (Congress of a Government in Sunshine Law) の制定で、1977

年初頭に発効した。この法律は、50以上の連邦委員会と2人以上の構成員から成る政府機関の会議を公開することを要求している。サンシャイン法は、ある特定の理由で会議を非公開とすることを認めているが、非公開の理由を法務担当の責任者やその機関の法律顧問が正式に証明しなければならない。1995年までに、50全ての州が、州によってその表現はかなり異なるが、公文書の開示と会議の公開を定める法律を持つに至った。

第20章

メディア・テクノロジー：21世紀の挑戦

> 地球規模で事業展開している企業はどこも、情報過程のあらゆる段階を自分の支配下に置こうとする。つまり「商品」の生産から、最新技術がメディア・メッセージを世に送り出すさまざまな手段に至るまで、あらゆるものを支配下に置こうとしているのである。
>
> ——ベン・バグディキアン (Ben Bagdikian)

　20世紀が終わりに近づくにつれて、ジャーナリストやマーケティングの専門家は、アメリカ社会の特定の階層に接触することに、関心を深めた。彼らは、ある種の人びとの購買力のみが将来を決定すると考えた。その特定の層の人びととは、メーカーや広告が推奨する情報機器の最新作を、次々に消費する人びとである。携帯電話、FAX、有線テレビ、衛星電話、デコーダー、パソコン、省電力テレビ、光ファイバー、衛星放送、電算割付け機、デジタル暗室、メモリーチップ、高品位テレビ、CD-ROM、電子ブック、文字多重放送、インターネット、ウェブなどは、メディア関係の専門用語に加わった言葉のほんの一例だった。

　世界最大級の企業がこぞって、調査・開発に莫大な投資をし、技術開発をリードしていた。そして特許取得のために、すさまじい争いを繰り広げていた。その争いの姿は、20世紀初頭に火花を散らしたテレビやラジオの発明家たちにそっくりだった。また、19世紀にニュースの争奪にしのぎを削ったペニープレスの主役たちにもよく似ていた。1958年から1959年にかけて、ジャック・キルビー (Jack Kilby) とロバート・ノイス (Robert Noyce) が、半導体チップを発明した。この発明によって、技術も商業も格段に進歩した。その社会的貢献は、ベル、エジソン、フォードといった人びとに匹敵した。たった1枚の小さなチップがメディア界を一変させた。そのチップには、レジスター、トラ

カリフォルニア州モハビ砂漠にあるゴールドストーン深宇宙追跡管制所は、NASA の深宇宙ネットワーク (DSN) を構成する 3 つの施設のうちのひとつである。DSN によって NASA が管轄する全ての惑星間宇宙船と無線通信を行うことができる。また DSN は、無線天文学や太陽系および宇宙空間のレーダー観察にも利用される。(NASA/JPL/Caltech)

ンジスター、コンデンサー、ダイオードといった電気回路のあらゆる部品が集積されていた。

電子工学の驚異的な発展期は同時に矛盾の時代でもあった。何百万という人びとが、衛星によって瞬時に世界各地のニュースを得た。情報を送るために、カラーテレビの画面上で双方向情報処理システムを使うこともできた。その一方で、各社会の階層間にあるギャップは大きく、懸念は大きかった。新しい情報機器は、社会のより低階層にいる人びと、苦しみの日々を生き抜くために救済の手を必死で求めている人びとにとって、何の役にも立っていないかもしれなかった。この他にも、ニュースの内容が先細りで信用できないものになっている、という懸念があった。メディア企業の株を扱う仲介人や相場師は、政治的・社会的な力を望んでいた。それが足かせとなって、控えめに見ても、記事は厳格さやプロの誇りから生まれてはいないようだった。コンピュータ時代は、倫理・法制面で混乱していた。その状況は、メディア界が"金のなる木"かどうかという見込みと同じぐらいに、混乱していた。

1990年代のアメリカ

行く先の見えないまま、アメリカは権利章典200年祭を終えた。公私にわたるあらゆる面で、価値観が明らかに混乱していた。取り組むべき矛盾だらけだった。世界史上で最も富めるこの国は、公式に債務国の仲間入りをした。原因は大規模な貿易不均衡と他国との競争力の欠如にあった。銀行業界は前代未聞の不祥事続きだった。貯蓄と貸付という銀行業務の構造が崩壊した。このため、怠慢な連邦政府は未来の納税者に、何千億ドルものさらなる負債を肩代わりさせざるを得なくなった

湾岸戦争で納税者は1日10億ドル以上の費用を支払うことになった。その一方では、連邦政府や州や各自治体の保健や教育の予算が削られた。第三世界からの貧しい移民は増える一方だった。移民の85%はアジアとラテン・アメリカから来た人びとだが、アメリカの 武器商人がその貧しい国ぐにに最新技術を備えた武器を売っていたし、タバコ会社は癌を引き起こす製品のメッセージを子供たちに伝えるために、外国向けの広告に何百万ドルも注いだ。何百万という国民が環境を守ろうと戦っているのに、アメリカ政府は海洋と大気を守る世界的な計画への参加を拒否し続けた。ジェイムズ・A・ミッチェナー(James A. Michener)は、1980年代を「醜い10年間」だといった。その描写は、

1990年代にもそっくりそのまま当てはまった。重大な問題が「皆が知っているのにないもの」として遠ざけられてしまった。[1]

　楽観主義はアメリカン・ライフの特徴である。しかし、国の健全さと将来については大きく懸念されていた。ジョナサン・コゾル (Jonathan Kozol) の『文盲のアメリカ』(*Illiterate America*) は、読み書きのできない人びとについて記している。つまりアメリカ国民2億5,000万人のうち6,000万人の成人が権利章典を読んで理解できなかった。アメリカ人の読み書き能力は他の先進国に比べてはるかに低かった。生活保護、災害や事故のほか、財政向上の機会を失ったために費やされる年間総損失は、合計1,200億ドルと見積もられた。[2] 政府の調査によると、推定1,700万人から2,100万人の成人が、簡単なテストに合格できない。これらの人びとのうち、大都市圏に住んでいるのはたった41％。41％が英語を話す白人で、40％が20歳から39歳の働き盛りだった。[3] 教育のシステムの改革と特別な識字率向上プログラムの設立が強く望まれた。教育を受けていない下層階級の存在は、民主主義に対する脅威となった。広範囲にわたる技術革新が、欧州・アジア諸国との競合に不可欠だった。しかし、それも識字率の低さが妨げとなり、成果は上がらなかった。

　合衆国の人口構成と分布はこの20年間にすっかり変わった。6,000万人以上がフロリダ、テキサス、カリフォルニアというサンベルトの州に住んでいた。ロサンゼルスは、ニューヨークに次ぐ全米第2位の大都市になった。多民族性では全米第1位だった。3,000万人が住むカリフォルニアは最も人口の多い州だった。新しい移民の大部分を構成しているアジア人と中南米人の多くがここに住んでいる。

　この多様性は強さと弱さの両面を合わせ持っていた。その強さは新旧異なる文化の混在と、勇気をもって自分たちの目的のために働くという、人種を超えたすべての人びととの決意から来るものだった。弱さは、多人種ゆえに意志の疎通がより難しい点にあった。例えば、選挙期間中の政治家はばらばらな聴衆に持論を伝えるために、一連のテレビ番組をますます口先上手に利用した。どの投票者も政党への忠誠を益々失い、自らの特定の利益に傾いていった。

　レーガンからブッシュへと共和党政権は長いこと続き、1994年には連邦議会で共和党が過半数を占めた。それでも選挙民の大半が右派あるいは中道右派の固定支持層に、長期にわたって組み込まれていたかどうかは分からなかった。投票率は恥ずかしいほど低かった。圧力団体が、市議会からホワイトハウスに至るまでのあらゆる段階に存在していた。同時に何百という組織が、混乱

している市民に、益々迷うような情報を浴びせかけた。状況をかみ砕いて伝えるというニュース・メディアの役割が、今まで以上に重要になっているのは明らかだった。ところが今度は情報を扱う段階でのメディアの偏見について、さまざまな議論が次々に起きた。

テクノロジーの時代には、組織化された労働運動の低迷も見られた。規制緩和は時代の要請だったし、企業の合併は日常茶飯事だった。中部アメリカの辛抱強い農民、あるいは、かつて重工業で栄えた中西部・北東部の斜陽鉄鋼業都市の労働者を援助するために、創造的な新しい制度が必要だった。しかし、一般の国民はますます孤立主義者になっていた。なぜならアメリカは、保護貿易主義、テロリズム、反米主義といった諸外国からの攻勢に直面していたのである。アメリカ人は競争熱の高まりに自らも乗じていく代わりに、現状に甘んじてしまった。

レーガン政権やブッシュ政権の目的の1つは、国家の誇りを復活させることだった。それは、グレナダやリビア、パナマ、イラクなどに対する、強気の外交と軍事行動によって育まれた。さらに、月面着陸、火星探査、有人シャトル飛行といった宇宙開発面で、アメリカ人は自国の業績を楽しんでいた。1986年1月、尾を引いた煙の中に砕け散ったスペースシャトル・チャレンジャーのテレビ画面上のあのイメージは、アメリカ国民の心に深く刻み込まれた。アメリカの無敵の技術力に対する信仰、宇宙におけるアメリカの優位に対する信仰は、7人の搭乗員と共に死んだ。しかし、この時に失われた信仰は、宇宙船ボイジャーが海王星への12年におよぶ44億マイルの旅を完遂した時によみがえった。ボイジャーは、数十枚の近接のカラー写真を送ってきたのだった。

人種偏見と差別は日常生活において明らかだった。少数派住民たちは、教育環境の不備と雇用機会について不平を言った。1986年に行われた自由の女神記念祭の後で、ローザ・パークス (Rosa Parks) は「私たちの歩む道のりは未だに長い」と語った。この黒人女性は1955年に逮捕され、その逮捕が歴史的なモントゴメリー・バスボイコット運動の発火点となったのである。全米都市同盟 (National Urban League) は、最低の貧困生活を送っている黒人の割合が増加している、と主張した。この論議が荒れ狂う一方で、一般的に女性の地位は明らかに向上した。女性たちはいわゆるホワイトカラーの専門職の過半数を占めた。アメリカの大学で女性たちは、医学を専攻する学生の3分の1、経営専攻と法律専攻のほぼ5分の2、コンピュータ・サイエンス専攻の3分の1以

上、エンジニアリング専攻の5分の1を占めた。ジャーナリズムやマス・コミュニケーションを専攻する学生の6割を女性が占めた。[4]

　それ以外に、宗教界での大きな動きを反映した変化もあった。最も目立ったのはキリスト教の福音主義界で、テレビが主要な役割を演じた。この生活への原理主義的アプローチは、妊娠中絶、避妊、性教育、同性愛、離婚といった分野で自由化を求める人たちの価値観に異議を申し立てた。妊娠中絶擁護者と中絶反対者の感情的な対立はエスカレートし、医療機関での暴力沙汰を引き起こした。医療機関での脅迫や殺人事件まで度々報道され、トークショーのネタになった。この他、宗教関係の組織が、無責任に思えるような有線テレビの成人指定番組や露骨な性表現のある番組、極端に暴力的な映像の放映について、論議を引き起こした。このようなものは家庭用のビデオ販売店を通して購入することができた。こういった意見には、異議を申し立てる声が上がった。反対する人びとは、このような映像を取り締まる努力が、修正第1条の権利を傷つけることになり、ひいては政策的な検閲に結びつくことになるのではないかと恐れたのである。

　1990年代は、言葉に潜むステレオタイプをなくす試みとして、「政治的修正」の高まりが見られた時期でもある。その多くは用語に関するもので、女性、ゲイやレズビアン、民族的・人種的少数派に関する認識、あるいは、社会の中で抑圧された位置に置かれている体の不自由な人を認めるような用語である。この結果、用語としては性的に中立的なものに変わりつつある。例えば、客室乗務員(flight attendant)、議長(chairperson)、労働者補償(worker's compensation)といった用語が、stewardess、chairman、workman's compensation といった用語に取って替わった。完全な市民権を反映させて、アフリカ系アメリカ人、アジア系アメリカ人、ネイティブ・アメリカンといった用語が使われるようになった。ブラック、あるいは、クゥイアー（訳者注：同性愛者を示す俗語、queer）、という言い方は、なにかしら急進的な含みを帯びるようになった。一方、アフリカ系アメリカ人たちは自分たちの間では、政治的・文化的な文脈でニガーというかつての用語を使うことを望んだ。しかし、政治的修正も検閲の進化した形だとの攻撃を受けた。例えば、ウィスコンシン大学やスタンフォード大学といった大学が、講演で使える言葉を限定する規約を導入したが、後に訴訟で範囲の縮小や無効を言い渡されている。[5] 言語の誤りを指摘することに敏感になり過ぎる場合も出てきた。1999年1月、首都ワシントンの市長執務室の行政官が、2人のアフリカ系アメリカ人を側近として雇うための予算について言い表すた

めに、ケチな、あるいは、悲惨なということを意味する niggardly という用語を使用し、首になった。彼は、沸騰する議論の只中で職を離れたが、全米黒人発展協会(NAACP)などが彼の擁護に回り、市長のアンソニー・ウィリアムズに彼を復職させるように促した。[6]

全体として、アメリカ人は定期的に教会などの祈りの場に通っていないにせよ、宗教に対する絆を維持していた。新しい技術は科学と医学の驚異的な変化を生み出す一助となった。新しい技術によって、癌や死に至るエイズの治療に希望がもたらされた。エイズは抗しがたい状態でらせんを描くように広がり、何万もの人びとの命を奪った。

スペースシャトル・チャレンジャーは依然として、大きな期待と幻滅の両方のシンボルだった。チャレンジャーは素晴らしいことのすべてを表わしたが、未だに致命的で修正されていない欠陥も抱えていた。アメリカの社会も、速いテンポで変化するメディア界も、軌道修正が必要な事柄がたくさんあった。だが、ジャーナリストのジェイムズ・レストン (James Reston) の自信は、注目に値した。自由の女神記念祭においてレストンは、アレクシス・ド・トクビルの言葉を思い出させたのである。それは、トクビルが『アメリカにおける民主主義』(*Democracy in America*) で1830年代の合衆国を記述した以下の文だった。

> アメリカの大地に足を降ろすや否や、あなたは一種の騒音に驚くことだろう。困惑した叫び声があらゆるところで聞かれる。千もの声が同時に、社会的欲求の充足を求めている。あなたの周りで、あらゆるものが動いている。[7]

ジャーナリズムにおける不安な動き

ライズ・オブ・アワ・タイムズが財政難によって廃刊した。それも致し方ないように思われた。この雑誌は、ニューヨーク・タイムズなどのメディアに関する、世に知られていないが説得力のある論評誌だった。1994年の最終号で、上級編集者のエドワード・S・ハーマン (Edward S. Herman) や編集員たちは次のように述懐した。「コラム『略奪』(*LOOT*) は、主だったメディアのお決まりの偏見という悪に対抗するものだった。しかし、この悪弊は5年間なくなるどころか、以前に劣らず大きい。もしメディアが世界規模でますます複合企業化するならば、この弊害もますます大きくなっていくだろう」と。[8]

こういった懸念を心に留めておくためには、いつの時代にも暗い予言が繰り

返し述べられてきたということを思い出すのが賢明だ。当時吹き荒れたイエロー・ジャーナリズムに対するE・L・ゴドキンののしりや、アプトン・シンクレアの辛口の記事、ジョージ・セルデスの新聞界の大実業家に対する攻撃などを思い出すとよい。しかし、憂慮すべき相違点があった。それはパーソナル・ジャーナリズムの時代から、企業による意思決定の時代への変化だった。パーソナル・ジャーナリズムの時代には、力ある個人とその一族による商品管理が、良かれ悪しかれ、より簡単にできた。しかし、1990年代半ばの企業による意思決定の時代には、約25社の複合企業が互いに同盟関係を結び、国内の新聞、雑誌、書籍、放送、映画、電子情報サービス業の大部分を牛耳っていた。そして、その複合企業の多くが国内と同様に、主要な外国企業の株を所有しているという状態だった。

　本書ではこれまで、ジャーナリズム史において顕著なニュースの試みを細かく見てきた。それは時々、直接あるいは暗黙のうちに、次のようなことを示唆した。つまり公共に奉仕しているジャーナリズムは、ピュリツァー賞などによって広く知られているが、その仕事は真実を述べるべきだという純粋に気高い義務感によるのと同じくらい、個人的な動機あるいは企業の思惑によっても方向づけられるものだ、ということである。ここに1つの命題がある。ニュースを扱う機関は重大な出来事、例えば戦争、選挙、暴動、経済下落などに関して、明確な報道を行ってきた。その一方でニュース機関は、政府や企業風土の有り様を理解し日常的に報告することが、困難または不都合だと知っていた。ところがそれらの有り様が、必然的に、国外での心得違いで非道徳的なアメリカの政策につながり、国内での依然として続く差別と経済的搾取の原因となったのである。「客観性」は神話であり、偽ジャーナリストにとっての隠れ蓑だということを、最良のプロのジャーナリストたちはよく分かっていた。許容される唯一の目標は、正確さや幅の広さ、とくに情報源と受け手の双方にとっての公正さを追求することだった。

　アメリカのメディア・システムの重大な欠陥について、一般的にはこんなふうに正当化されてきた。この欠陥は資本主義の避けられない副産物であり、過ちより利益の方が優っている、と。こういった意見に反対しているハーマンや、彼のメディア分析のパートナーであるマサチューセッツ工科大学のノーム・チョムスキーは、次のように論じている。つまり、メディアのつく嘘は「文字の誤り以上のものだ、ということに国民が気づいた時にのみ、変化が起こりうる。なぜなら、メディアの嘘は、無視されてきたもの、偽善、見当違いの強調、表

面に現れない前提条件といった、取材全体に組み込まれて形成されている数々の偏見によってもたらされるからである」と。[9] 本書はアメリカ史上最も落胆させられるような時に、ニュース機関の当事者として、あるいは外部の評論家として、真実のために戦ってきた人びとの記事を重視する。こういった記事は書かれ続けるだろう。しかし同時に、批判的な立場からニュース・メディアの活動を見ることは有益なことである。

　批判の中には、哲学の領域のものもある。マイケル・マッシング (Michael Massing) は次のように主張した。つまり、黒人社会に関して通り雨のように同情的な新聞記事、本、映画などが登場したが、実際にはスラム化した大都市の中心部に対する集団的で否定的な態度の一因となった。なぜなら、思いやりにあふれた記述にもかかわらず、成人に達した黒人はめったに良い状況にはならなかったからである。記事は、黒人の子供たちの宿命は本質的に黒人の大人たちに原因があるので、状態は絶望的なのだ、との印象を残した。[10] ジャーナリストを勝ち目のない状況に追い込むように見えるこのような批判は、注意を喚起した。

　リチャード・ハーンスティン (Richard Hernstein) の一連の記事や批判論文、チャールズ・マレー (Charles Murray) の広く読まれた本『ベル・カーブ』(*The Bell Curve*) などは、これと同じ範疇に入る。それらは黒人が遺伝的に劣っていると示唆していた。これらの優生学推進論者やその賛同者たちへの世間の注目は、反対する人びとの激怒を買い、多くの問題を提起した。犠牲者やその擁護者の感情を害すことなく、どうやって不愉快な信念を論じるのか。潜在的に有害な意見について、それが根を張る前につぶすニュース・メディアの社会的義務はいつ発生するのか。ユダヤ人大量虐殺は真実だとする考えに異議を申し立てる広告の掲載を、多くの出版物が拒否した。メディアには嘘を宣伝しなければならない責任などない、という理由だった。このような行動は一般的に支持された。しかし、修正第1条を擁護する人たちの一部から、これは悪い先例だという声も上がった。

　「政治的な修正」の概念が、ニュース記事や論評コラムにおいて不当に拡大されるのではないかという懸念が、当然生じてきた。それは、女性や少数民族、ゲイ、レズビアン、身障者に対して払われる配慮以上のものを示すことになる。自由主義者であろうが保守主義者であろうが、さまざまな利益団体によってこの考え方を押し進められると、ジレンマが生じてきた。現在も続く問題の1つは、レイプ被害者の名前の公表で、ウィリアム・ケネディ・スミス事件では、

AP通信、ニューヨーク・タイムズ、NBCが、自ら誘発した競争の圧力に屈して、犠牲者の身元を明かしてしまった。

ロサンゼルスでのO・J・シンプソン裁判によって、再び問題があらわになった。その問題は有名無名にかかわらず、私生活の細部を公衆の目にさらすことについてだった。陪審員が選ばれて正義が下される前に、真実かどうかにかかわらず、確証のない噂がまき散らされることについての問題もあった。論じられているように、クリントン大統領に関する報道は、未来の大統領が極端な詮索を逃れられないことを証明した。全公務員にとってのプライバシーの境界線は取り除かれてしまったのである。一方、オリバー・ノースは、大量のニュースの恩恵を受けて、アメリカの上院議席を勝ち取る寸前までいった。ニュースは、彼の議会に対する嘘に言及したものの、コントラによるニカラグア内戦を不法に長期化させた時の彼の役割については、軽く触れただけだった。この反革命ゲリラ戦では、罪のない多くのニカラグア人たちが合衆国の援助を受けた秘密情報員たちによって殺されたのである。

外国ニュース取材について、懸念されることがたくさんあった。色々な理由、主に時間と紙面上のスペースをめぐる問題のために、政府の政策や行動に関する記事は歴史的な文脈や構成の中ではめったに書かれなかった。しかし、歴史的な見方をしなければ政府の不誠実な動機は理解できない。ほとんどのアメリカ人は、自国が世界最大の武器供給元であることを実感していない。地上最悪の人権侵害者との取引から巨大な富と政治力を得ていることを、分かっていない。同じように、この世界史上最も富んだ国が、他国に提供するGNPの割合でみれば、対外援助をしている国のリストの下から2番目に過ぎないということを、ほとんどの人びとは知らない。対外援助に反対している国ぐにについては絶え間なくニュース取材しているのに、自国はといえば、最下位のアイルランドの1つ上に位置しているに過ぎないのである。

外国ニュース取材の欠陥に対する責任の大部分は、アメリカ国内の編集者とプロデューサーにある。各国の出先で、常に検閲や個人的に厳しい状況の下で働く記者たちに、その責任があるのではない。1990年代半ばまでは、平均的な海外特派員は十分に教養のある、多言語をこなせる観察者だった。記事を書くために個人に及ぶ危険もいとわない気構えがあった。それにもかかわらず、あっけなく計略に落ちる特派員が多少いた。彼らは事件に関する現地のアメリカ大使館が示す解釈を信じ、あるいは、その地域のアメリカ企業の権益に接近しすぎて、計略にはまったのである。

ニュースの歪曲に関する主な責任は、あまりに多くの国内デスクに見られる狭いお国第一主義にあるといえよう。国内デスクでは、世界史と最近の外国事情に関する十分な知識のない人びとが、海外からの原稿やテープを編集していた。例えば、ソビエト首相ボリス・エルツィンが選挙を延期することに決めた時、アメリカのメディアには真剣な論評が載らなかった。彼はアメリカの名高い友人なのに、それはほとんど注目に値することではなかったのだ。独立を求めるチェチェン共和国に対しての残忍な武装攻撃だけで、エルツィンへの個人的批判が呼び起こされた。同じように、イスラエルがパレスチナ人のための選挙に干渉することを、アメリカのメディア界は容認し、これは選挙の延期につながった。しかし仮にニカラグアのサンディニスタ（民族解放戦線）が1990年の選挙延期を考えたなら、新聞の見出しや夜ごとのTVニュース番組の出だし映像は華々しかったことだろう。

　一般的な仮説やステレオタイプ、純粋な人種偏見や政治的偏見といったものが、「他の側面」を粘り強く探ろうとする本能をしばしば打ち負かした。このようなものの見方の問題をあいまいにすることに、長年アメリカ政府も手を貸してきた。その結果、弾圧された民族はたとえ戦争を始め、圧政者に対して反乱を起こしても、なかなか適切な関心を得られなかった。例えば、東ティモール、アルメニア、カラバコフ、ガザ、カシミール、チベット、ホンジュラスといった場所に住む人びとに関して、そういうことがいえる。合衆国とメディアシステムは、地元の最も力と金を持つ黒幕に対して度々支持を表明してきた。それなのに、アメリカは弱者の味方だという歴史的な評判があるのだから、妙な話である。この評判は、もう1つの崩れた神話だった。

　外国の情報に必要な背景補足記事を添え、時事の流れが分かるように編集するのは、国内エディターの責任だった。深夜のニュース特集のために議論するのは、放送プロデューサーの仕事だった。深夜のニュース番組は、夕方のニュースですでに放映されたテープの焼き直し以上のものだった。論説委員、コラムニスト、風刺漫画家は、瞬間をつかみ取り、衛星放送による情報の雨を降らせながら、いかなる見落としや早とちりをも一掃しなければならなかった。一瞬の気の迷いだった湾岸戦争を除けば、アメリカはベトナム戦争の終結以来、外国に深く係わることを避けてきた。中米への関わりは、主に内密の行動が公になったもので、多くのニュース記事と、その結果としてスキャンダルが生まれたにもかかわらず、ほとんど関心は持たれなかった。

　世界からの合衆国の撤退を証明する最も効果的な瞬間が来た。その瞬間は先

の冬季オリンピックで世界中の人びとを夢中にした都市サラエボが、不法に砲撃されている間に訪れた。ニューヨーク・タイムズのジョン・バーンズ (John Burns)、CNN のクリスティーン・アマンポー、ナイトライン、その他にも欧米の特派員たちから、人道という名の介入が急務だという明確な報告があった。しかし、一般国民や政治家から確実な手応えはなかった。その頃、ロレナ・ボビット裁判に関する報道が、サラエボ関連ニュースと同じくらいの量を占めていた（訳者注：ロレナ・ボビット事件は、加害者が女性だったことで大きな話題になった性犯罪事件）。1999 年春、合衆国は旧ユーゴスラビアにおける北大西洋条約機構の空爆作戦に 3 か月間参加した。爆撃は外交上の解決に向かって全力が尽くされていた前年秋以降、凍結されていた。1998 年の大部分と 1999 年に入ってもしばらくの間、バルカン半島の危機が深まる中で、この重要な国際ニュースは、クリントン大統領の性的スキャンダルとそこから予想される弾劾手続きに関する度重なる報告に取って代わられ、ほとんど注目されなかった。さらに、バルカン半島では米軍の犠牲者がほとんど出なかったことも、ニュースを少なくさせた。テレビが国外での出来事を伝える場合、もしアメリカ国民が危機に瀕するならば、テレビが政策へ与える影響は大きくなるというのは、分かりきったことなのである。投資対象の広がりに呼応して、主要なメディア企業が経済関係の海外報道を増やし、国外の一般報道が削られた。事実、1998 年 11 月号のコロンビア・ジャーナリズム・レビュー誌に掲載された論文の中で、ピーター・アネット CNN 特派員は、国外に関するニュースはアメリカの新聞から消え失せ、爆撃や天災、金融危機以外の国外ニュースは、アメリカ人共通の関心になる余地がほとんどない、と指摘している。[11] ほとんどの日刊新聞が国際的なニュースの取材をしておらず、報道されるニュースの多くが AP 通信や他の通信社からの配信ものだった。ベトナム戦争後、人びとはすでに少なくなっていた国際ニュースの時間にかえて、より地元に密着したサービス志向の読み物を望んでいる、ともアネットは指摘している。

　これには矛盾があった。金融業界への理解がますます必要となり、読者の関心が膨らんでいるのに、ほとんどのジャーナリストは仕事の準備ができていなかったのだ。もちろん例外はあるし、ケーブルテレビも多くの新しいビジネス関連のプログラムを供給した。しかし、主要メディアが国内経済政策に関する基本的な報道に、それほど真剣に取り組んでいないという証拠があった。1995 年、大型の新聞チェーンであるナイト・リダー、ニューハウス、ガネット、スクリップス・ハワード、コプレイ、コックスなどが、連邦準備銀行や

関連政府機関に専従記者を配置していなかった。ボストン・グローブ、シカゴ・トリビューン、ボルチモア・サンも同じだった。ニューヨーク・タイムズ、ロサンゼルス・タイムズ、ウォール・ストリート・ジャーナル、ワシントン・ポストの4大新聞と、ダラス・モーニング・ニューズが、その溝を埋めた。同紙は度々1面に、ロバート・ドッジ (Robert Dodge) 記者の記事を掲載した。その他、主要な新聞社系の補助的ニュースサービスや通信社が、主な経済ニュースを提供した。毎晩の短いテレビのニュースが、主要な進展を人びとに伝えた。しかし、経済の複雑さを理解する手助けになったとは言えなかった。

　これは明らかに難しい仕事だった。ワシントン経済記者歴30年のベテラン、エイリーン・シャナハン (Eileen Shanahan) は国際貿易の巨大化と国際競争の激化、製造部門での広範囲にわたるレイオフの影響、労働と投資習慣の変化は注目に値する、と指摘する。[12] メディアは、貯蓄貸付銀行のスキャンダルを、国民の意識に強く印象づけることができなかった。スキャンダルをスクープしたヒューストン・ポストのピート・ブルートン (Pete Brewton) の努力にもかかわらず、メディア全体としての経験と関心のなさが、この失態の一因となった。ブルートンは、ホワイトハウスとCIAに犯人がいると指摘したために、ますます大きな抵抗に見舞われた。[13]

　カリフォルニア州オレンジ郡の主要な新聞であるレジスターやロサンゼルス・タイムズの失敗も、これと根は同じだった。オレンジ郡出納局の異常に高い投資リスクが郡の財政を破綻させるという、しかるべき証拠があった。しかし目の前にある確かな証拠を、彼らは理解して伝えることができなかった。アメリカ史上最悪の大惨事の1つの中で、オレンジ郡は1995年に倒産を宣言した。この一件にはプラス面もあった。クリーブランド・プレーン・ディーラーの記者たちが、似たようなリスクの高い投資計画を暴くことによって、納税者を大損害から救った。経済や経営に関する記事はどのレベルのものにおいても、レオナード・シルク (Leonard Silk) が作った基準を手本にする必要があった。彼は、こういった複雑な問題を単純化してみせた最初の人で、ビジネス・ウィークとニューヨーク・タイムズに、1960年代から1990年代初期まで、論説とコラムを書いていた。経済学の博士号保有者という彼の評判は、問題点を明確に示し、その意味合いを説く能力に裏付けられていた。

　ジャーナリズムの歴史は、犯罪や暴力の過剰報道の例に満ちている。しかし、エイズ流行の広がりといった記事を、主流メディアに持ち込むのはとても難しい。ランディー・シルツ (Randy Shilts) は、サンフランシスコ・クロニクルの

ゲイ・リポーターで、3冊のベストセラーの著者だった。まさに彼がエイズ報道の突破口を開いたのである。シルツは、懐疑的なジャーナリストと無知なレーガン政権の意識を状況の重大さに向けようとして、世界の向こう側までエイズを追跡した。彼は1987年に出版した本『そしてエイズは蔓延した』(And the Band Played On) によって国際的に知られるようになり、本は映画化された。先駆者的な仕事を果たしたのにもかかわらず、主流メディアはエイズ関連の記事を項目に加えるのに何年も要した。突如としてエイズが、25歳から44歳までのアメリカ人の死因のトップになった。シルツは1994年にエイズの合併症で、42歳で亡くなった。彼こそ自らの信条に忠実な、真のジャーナリストの1人だった。[14]

世論と広告の世界で国際的に知られているレオ・ボガート (Leo Bogart) は、「遅かれ早かれ、なんらかの形で、マスメディアの内容やその統制について、政治的に討論される可能性が高い」という説得力のある指摘をしている。国が環境政策に関して行なうように、通信政策を全体として考え、そしてそれを守るように、と彼は訴えた。視聴率や収入獲得競争の一環として、すべてのメディアにとって広告基盤が着実に拡大していることに注目し、彼は次のように述べた。「日刊新聞は、我々のマスメディアの中で最も大きく、伝統的に遠慮のない論争の広場だった。しかし、競合による間断なき摩耗に耐える中で、大方は無難な中立的立場へと退いた。国民は、自分たちの知恵の産物である新聞を置き去りにしてしまった。そして国民は、押し寄せてくる、たぶん当惑するような、アメリカと世界が直面している諸問題に立ち向かうことを避け、啓発より娯楽の方へひたすらたなびいている」と。[15]

調査報道を求めている消費者は、あちらこちらの局で放送される雑誌の編集スタイルを取り入れたテレビニュース番組に、その見本を得た。「60・ミニッツ」「20-20」「フロントライン」などのテレビ番組が、時折大きな話題について衝撃的な新しい情報を流した。その一方で番組の各コーナーはしばしば、すでに報道され世間を騒がせている記事、例えば、児童虐待、都心の貧困地区の犯罪、職場での差別などと結びついたり、あるいは、軽い娯楽的な視点で報じた。確かに軽い番組はあった。しかしここに、現代ジャーナリズムを悩ませている1つの傾向がある。それは、政治的、社会的、経済的に重要な因果関係を踏まえて記事を書くために、地元、首都、あるいは海外で精力的に仕事をしている社がほとんどない、ということだった。例えば、犯罪、汚職、巨大な搾取といったような記事をおおいに扱う社がない。タイムとニューズウィークは、

お互いにカバーストーリーのための競争ばかりに気を取られて、残念なことにしばしば奥行きのないものになった。これらの雑誌は、読者がテレビや日刊紙ですでに知っていることについて、ほとんど解釈をつけずに書き直した記事を掲載している。

それ故、アメリカで事業を営んでいる企業の中で、資産が2億5,000万ドル以上の会社の4割が、所得税を支払っていないか、支払っていても10万ドル以下であるということを、ほとんどのアメリカ人は知らなかったということは、驚くに値しないことかもしれなかった。しかし、ネイションはこの税金問題を記事にした。そして他の監視役のメディアがこれに注目し続けた。つまりプログレッシブ、ゼット・マガジン、エクストラ！の各誌と、数少ないが質の高い会報や小さい出版社などである。保守派のメディアの中では、アキュラシー・イン・メディアが、特集を連発した。ラッシュ・リンバウ (Rush Limbaugh) やハワード・スターン (Howerd Stern) のようなラジオやテレビのトークショウのスターも、砲火を浴びせた。

アメリカン・ジャーナリズム・レビュー、コロンビア・ジャーナリズム・レビューといった雑誌がメディア批判に貢献している。両誌とも3万部あたりの発行部数を持つ業界紙である。新しいところで目立っているのは一般読者を対象とするブリルズ・コンテントで、1998年8月の創刊号以来、論争を巻き起こしている。創刊号では、プレスゲートと題する巻頭特集を組み、クリントン大統領とモニカ・ルウィンスキーのスキャンダルを調査しているスター独立検察官が、その調査結果を違法に何人かの記者に不適切にもリークしたと断言した。スターは長文の手紙を同誌に送ってリークの不当性や不法性を否定し、同誌はそれを掲載した。しかし、解説者たちの中には、ステファン・ブリル (Stephen Brill) 自身が、利害の衝突や疑わしい記者慣行といった、他のメディアにおいて彼が暴こうとしている倫理的な計略と同じ計略に引っかかっている、と指摘する人たちがいる。ブリルは、コートTVおよびアメリカン・ロイヤー誌の社主で、ブリルズ・コンテントの編集発行人でもあり、プレスゲートの執筆者でもある。

一般的に"ニュース・ビジネス"は、ビジネスと呼ばれるように、アメリカ全土を覆う文化的変化に巻き込まれた。映画スターやスポーツ選手、テレビ・パーソナリティーが、最も多くの注目を集めるようになったからである。また経済的に勝ち残っていくことが、市民という立場にとって基本的に必要なものよりも重要になったからである。基本的に必要なものとは、権利と責任を理解するために必要な教育、選挙における適切な判断のための情報収集力、心身の

健康と安全にとって欠かせない改革のために効果的な請願をする機会、といったものである。

　21世紀を目前にして、ジャーナリズムの世界に覗き見趣味と利益至上主義が横行した。アメリカの報道機関が、義務に従って行動するという点で落第点を取っていることも明らかであった。事実、アンブッシュ（待ち伏せ）・ジャーナリズムの問題は、1997年にイギリスのダイアナ妃が亡くなった後、「個人におけるプライバシー保護法」(Personal Privacy Protection Act) が議会で検討されるに至り、とても大きなものとなった（この法案は「パパラッチ排斥法案」とメディアでは呼ばれた）。この法案は刑事上の罰則を確立した。それは、身体に危害を加えられるという怖れを相手が抱いても不思議ではないやり方で、商業目的で個人を記録したり写真に撮ったりするために個人を追いかけることに対する罰則である。

　執筆・写真撮影・ビデオテープ編集・グラフィックスといった多くの手法において、ジャーナリストたちは優れていた。これらの人びとは先人より教養深く繊細だとしてもてはやされた。これは、勇気づけられることだった。ジャーナリストたちにとってなによりも必要なことは、基本的なニュースと強力な解説が今も重要であり、総合的なニュース提供のために必要とされるスペースや時間は貴重なものであるということを、経営サイドが認めて肩入れすることだった。

印刷技術

　画像表示端末 (VDT) の導入によって、新聞・雑誌・図書出版産業界に革命が起きた。それは、電算割り付けの実験によって速められた。電算割り付けは、端末の入力データをそのままページ単位で製版することを可能にした。日刊新聞、週刊ニュース雑誌、ペーパーバックの全製作工程が電算化された。電算割り付けの研究は、ハンス・アンダーシーン博士 (Dr. Hans Anderseen) の指導下で、1973年から75年にかけてブラウン大学で行われた。その研究が1981年に、ニューヨーク州ハリソンにあるウエストチェスター・ロックランド・ニュースペーパーズ社で行われた先駆者的な実験に結びついた。[16] 設備メーカーは、VDTがタイプライターに取って代わった1970年代から1980年代にかけて、割り付け技術の変化に熱心に関わるようになった。

　新聞発行人たちも、ことの成り行きを慎重に見守った。電算割り付け化には

大きな設備投資が伴うが、切り替えは避けられなかった。技術進歩の最終段階は、写真とグラフィックスのサブシステムの設置だった。これによって1ページ全体が、一度に自動的に処理できるようになった。報道機関の迅速な技術進歩は、パーソナル・コンピュータの継続的な開発によって容易になった。パソコンは、1977年にアップル社によって導入された。1990年代までには、多くの新聞がカラー・インフォメーション・グラフィックスを作り出すために、マッキントッシュとレーザー・ジェット・プリンターを使うようになった。新聞や雑誌、あるいはパンフレットなどをまるごと作るために用いられるこの組み合わせは、より小さい出版物にも採用されるようになった。マッキントッシュの代わりにIBM機器も使われるようになった。これらが、いわゆるデスクトップ・パブリッシングである。

デスクトップ・パブリッシングの先駆的なプログラム・ソフトには、クオーク・エクスプレスと、アドビ・ページメーカーがある。これらのアプリケーションには、アドビ・フォトショップ、アドビ・イラストレーター、マクロメディア・フリーハンド、コーネルドローといった可能性の大きなグラフィック用ソフトも同胞されている。こういったソフトは、小さな新聞でさえ、すばらしい製品に仕上げる能力を持っている。

デスクトップ編集用ソフトウェアのおかげで、小規模な新聞も簡単に質の良い紙面作りができるようになった。多くの新聞社は伝統的なレイアウト技術を捨てて、デスクトップ編集によって紙面を作るようになった。（ナンシー・ロバーツ）

研究によって拍車をかけられた他の主な発展としては、フレキソ式の新聞印刷機とアニロックス式のインク・システムの導入があった。両方とも、より鮮明で透明感のある画像を目指したものだった（訳者注：フレキソ印刷は版板に弾性物質を用いる凸版輪転印刷法）。この研究は、アメリカ新聞発行者協会が後援し、アメリカ新聞協会によって引き継がれた。

　これらの開発前に印刷技術が大きく変化したのは、コールドタイプの写真製版法を導入した時だった。これによって、写真の技術が印刷に採り入れられた。フォトセッター、リノフィルム、フォトンのような1950年代の機械は、フィルムの上に文字を作り、印刷プレートに文字を直接移した。この方法は広告植字で広く使われたが、これらの機械はホット・メタル式植字法をじりじりと侵食した。

　オフセット印刷は、古来の石版印刷をもとにしたもので、弾力性のある印刷版に転写される張り込み台紙を用いる。1939年に創刊されたルイジアナ州のオペルーサス・デイリー・ワールドは、オフセット印刷での日刊紙発行に初めて成功した。アリゾナ・ジャーナルは、共同所有されているアリゾナ・リパブリックやガゼットのライバル紙として、1962年にフェニックスで創刊された。大都市の競合状態の中で、オフセット印刷による日刊紙発行を最初に試みたのがこの新聞だった。同紙は1964年に廃刊したが、同じ年に創刊されたオクラホマ・ジャーナルは、1980年に強力なライバル2紙を相手に依然としてオフセット印刷をしていたが、この年に景気後退のあおりを受けて廃刊した。

　ホット・タイプの植字は写真植字（写植）にすっかり取って替わられた。統計によれば、日刊紙の99％が写植を使っていた。印刷方法は、日刊紙全体の4分の1がまだ活版だった。実際のところ、活版印刷を使っている日刊紙は、総発行部数で見れば半分以上を占めた。[17] 新しい印刷機の購入の緩やかな進展とフレキソ印刷法の導入が、いずれこの数値を変えるだろう。

　技術開発のペースメーカーは、通信社のAPとUPIである。通信社は旧式のテレタイプで、記事を毎分60ワードという昔ながらの速度で送っていた。しかし、高速コンピュータになって毎分最高9000ワードのスピードで、記事を処理してデータを送るようになった。パラボラアンテナが、衛星放送を受信するために新聞社に設置された。写真が世界中から通信社を介して、新聞社に送られてきた。すぐに高品質の写真を編集者に届けるために、人工衛星と海底ケーブル、レーザー、デジタル暗室が使われた。たった7 kg弱という軽量携帯送信機は、写真を送信するカメラマンが貴重な時間を節約し、現場近くから

表20-1　発行部数の多い新聞　トップ10 — 1997年　日刊紙・日曜版

日刊紙／発行部数

1. ウォール・ストリート・ジャーナル　　1,774,880
2. USAトゥデー　　1,629,665
3. ニューヨーク・タイムズ　　1,074,741
4. ロサンゼルス・タイムズ　　1,050,176
5. ワシントン・ポスト　　775,894
6. ニューヨーク・デイリーニューズ　　721,256
7. シカゴ・トリビューン　　653,554
8. ニューズディ　　568,914
9. ヒューストン・クロニクル　　549,101
10. シカゴ・サンタイムズ　　484,379

日曜版／発行部数

1. ニューヨーク・タイムズ　　1,658,718
2. ロサンゼルス・タイムズ　　1,361,748
3. ワシントン・ポスト　　1,102,329
4. シカゴ・トリビューン　　1,023,736
5. フィラデルフィア・インクワイアラー　　878,660
6. デトロイト・ニューズ＆フリープレス　　829,178
7. ニューヨーク・デイリーニューズ　　807,788
8. ダラス・モーニングニューズ　　789,004
9. ボストン・グローブ　　758,843
10. ヒューストン・クロニクル　　748,036

(1997年9月30日までの6ヶ月間における、平均的な日刊発行部数)
出典：スタンダード＆プアーズ社の産業調査『パブリッシング』(1998年4月23日)。

要点を伝えることを可能にした。AT&Tは1991年に最後のテレタイプ用の通信網を閉じた。

　ラップトップ型コンピュータを持ち歩く記者は、世界中どこに行っても、電話さえあれば記事を本社のコンピュータに送ることができた。記事は数分で編集され、電算割り付けされて、紙面に掲載された。このような携帯パソコンは、主要なスポーツ・イベントや政治集会において、一般的に使われた。記者は携帯機器を使って記事を書き、時間があればそこで編集もしてから、モデムを使って本社に記事を送った。衛星技術におけるその後の開発によって、突発する大事件を担当する記者は、衛星経由でデータ送信できるようになった。記者は、新聞、雑誌、通信社によって購入又は所有される人工衛星の時間枠を使った。

　国内の衛星新聞であるUSAトゥデーに加え、ウォール・ストリート・ジャーナル、クリスチャン・サイエンス・モニター、ニューヨーク・タイムズは全

国へ新聞を届けるために、人工衛星を使った。出版社も、ファックス広告事業を人工衛星によって、全国展開し始めた。

　記者が使った小型カセットレコーダーは、電子ノートと呼ばれた。厚さ約3cm以下、重さ100g程の機器が、商売道具になった。より大型の機器は、音質を変えることなく、スピーチやインタビューの高速再生を可能にした。これによって記者たちは、重要な引用部分を素早く見つけられるようになった。

　グーテンベルグの最初の考案から、コンピュータ化されたニュース編集室にいたるまで、印刷技術との関わりは大きな影響力を持っていた。1990年代までに印刷された情報の流通に関わる人びとは、次々と出現する放送技術に、自らをすばやく統合させた。そうすることで、新しいテレビシステムの開発の波に飲み込まれるのを避けようとした。新聞発行人たちは、ラジオ局やテレビ局の最初の所有者になったように、テレビ技術の所有者となった。しかし、新聞、雑誌、書籍出版業の未来には、解決すべき問題が山積していた。表20-1は発行部数の多い新聞10社の一覧表である。

テレコミュニケーション法　1996年

　1990年代の技術進化において最も興味深いのは、進化が技術的収斂という概念を伴ったことにある。収斂とは以下のような概念である。消費者は今日、テレコミュニケーションのための信号をさまざまな供給源から得ており、多くの場合、供給源は多目的に使用できる。多くの家庭では、テレビと電話の回線は別の供給源から提供されているが、1つの回線でその両方を運ぶことを想像することはできる。それは、ケーブルテレビにファックス・サービスを追加するようなものだ。ウィリアム・アンド・メアリー大学法科大学院のトマス・クラッテンメーカー教授は、収斂について、以下のように述べている。

　　　今日、多くのアメリカ人はテレビ番組をワイヤー経由で受けている。これは「ケーブルテレビ」と呼ばれている。何百万本もの通話が、移動電話から毎日アメリカ内でかけられている。今日、電話機とコンピュータの違いを定義づけることは多分不可能で、間違いなく難しいことだろう。明日になれば、ビデオデッキを組み込んだテレビセットと、モニターやCD-ROM、高性能のモデムなどを組み込んだコンピュータからのケーブルコネクションの違いを説明することも難しくなるだろう。
　　　要するに、テレコミュニケーション法は、収斂なのである。より正確に言えば、…（中略）…過剰な伝達回路によってもたらされる数々の装置の収斂を目撃してい

るのである。テレコミュニケーションの受信機は、ラジオ、コンピュータ、テレビ、電話、ビデオカセットレコーダー、ファクシミリといった機能を1つにしたものである。我々は、放送、マイクロ波、衛星、テープやディスク、銅線、光ファイバーなどによって、こういった装置から情報を得ることができる。[18]

　1996年2月、クリントン大統領が1996年のテレコミュニケーション法に署名した。これは1934年のコミュニケーション法を包括的に見直す初めての法律である。同法は2大政党の支持を得、これによって長距離電話、地方の電話やケーブルなどを含むテレコミュニケーションのほとんどすべての分野に競争参入できるようになった。相互市場参入の障壁はあらかた取り除かれ、企業合併規制が緩やかになった。同法は、さらなる競争を生み出し、テレコミュニケーションのサービス提供を誰から受けるのかという選択を可能にすることで、消費者に恩恵をもたらすとして歓迎された。同法は割り当て範囲を変更することで所有制限の規制撤廃をももたらし、さらには通信品位法を生み出した。

　特筆すべきことは、同法が収斂という考え方を認めていて、「一箇所であれこれ買える」(one-stop shopping)の考え方に基づいて規定を作り始めた点である（例えば、ケーブル・モデム・サービスは、ブロードバンドを利用した高速インターネット・サービスを提供する）。同法の目的は、3つある。(1) より安価でより高いサービスを確保するために競争を生み出し規制を緩める、(2) テレコミュニケーションの分野の新たな技術開発を促す、(3) 競争が起こることによって消費者が被害を受けることを防ぐ。

電話法　　1983年、反トラストの兼ね合いからAT&T社が7つの地域別ベル・オペレーティング社(RBOC)に分割された。これら7社はさらに20のベル・オペレーティング社(BOC)に分割された。AT&T社の分割に際して交わされた1983年の法規は、BOCが提供できるサービスを厳しく規制していた。分割以来、BOCは、完全には長距離電話市場に関与できなくなった。分割によって割り当てられた地域に限って長距離電話を扱えるに過ぎなかった。テレコミュニケーション法はこの規制を撤廃し、地域間のテレコミュニケーション・サービスにも関与できるようにした。現在BOCは、長距離電話市場全体に関わっている。そのかわり、これらBOCの活動は、消費者に対する影響を最小限に押さえつつ競争を展開するために、FCCの要求する水準を満たさなければならない。本質的には、1983年に交わされた法規は法律的な効力を失って

いると言えよう。

　テレコミュニケーション法は専ら、電話法における競争の促進に向けられている。既存の地域電話サービス会社は、加入者への負荷を最小限にするために、競合相手のシステムと支障なく相互接続できるよう求められている。これら既存の企業は、そのような接続に対して誠実に交渉し、競争相手が競争可能な料金でそのサービスを再販することを容認しなければならない。競合各社が、いったん自らのネットワークを開発した場合は、既存のサービス会社と同様に、同じ規則に従って、他社にもそのネットワークへの接続を許容しなければならない。この法律は、各社間の係争の、州の委員会による調停に関する規定も定めている。各社はこれらの規則につき連邦裁判所に上訴することが可能で、すでに多くの会社が上訴している。

　その他、同法の主要項目には、次のような規定がある。すなわち、州当局もしくは市当局が、各企業の州間・州内テレコミュニケーション・サービスを提供する能力を妨げ、あるいは禁止するような効力を及ぼすことは出来ない、という規定である。これは、テレコミュニケーションの市場が開放され、希望する者は、電力会社、天然ガスの供給会社、ケーブル会社、さらには市当局など、いかなる者もその市場に参入できるようにしたからである。これらの会社などがテレコミュニケーション市場に参入したいというのも奇妙なことに思えるが、こういった会社は自社の光ファイバーやその他のケーブル類を利用できる立場にあるので、これらをテレコミュニケーション・サービスに変換できるのである。しかし、州当局はこれらの新規参入を規制する力を持っている。

　テレコミュニケーション法は、その１つの社会的政策として、すべてのアメリカ人が支払い可能な料金で電話サービスを受けられるようにすることを義務付けている。これが、いわゆるユニバーサル・サービス政策と呼ばれているものである。ほとんどのアメリカ人は電話サービスを受けているが、白人世帯に比べて、少数民族の世帯はそのサービスの受け方が少ない。電話会社では、新しい政策の趣旨を汲んで料金の変更を行ってきている。加入者のある者は、料金の増額を加入電話会社の営利的側面を補うものと見ている。しかし実際には、そういった増額分は他のグループのためにある。すなわち、すべてのアメリカの子供たちがインターネットにアクセスできるようにするとか、学校や図書館がその経済状況に応じ割引料金でサービスを受けられるようにするといった目標の実現のために、当てられている（経済的に恵まれない学校や図書館に対してはさらに値引きした料金設定がされるようになっている）。

所有権に関する論点　ラジオ局の所有権に関する規制が緩和された。法律が施行される前は、1人で所有できるラジオ局の数が制限されていた。しかし、テレコミュニケーション法は単一事業体が全国的に所有できるラジオ局の数には制限を設けず、地方に関してはその市場規模に応じて制限を緩和している（例えば、1つの市場につき45以上の局がある場合は、1人の所有者が8局まで所有できる。AM局、FM局別では各5局までとする）。FCCは、1つの地域における局数を増加するため、こういったラジオ局所有に関する数の上限を撤廃することもできる。利用者の利益のために競争を奨励する議会側の意向にもかかわらず、批評家たちは次のように指摘している。すなわち、同法によって全国的に大手の企業がラジオ局を容易に買収できるようになったというのである（事実、その進み具合から、FCCはテレビ局の所有に関して、その規制緩和をどのように扱えば同じようなシナリオを避けられるか、その決定に腐心している）。

　同法はテレビ局の所有権に関する規制も緩和する。1つの事業体が現在所有できるテレビ局の数は、全国的には合計視聴者数の割合が35％を超えない限り何局でも持てる。地方レベルでは、FCCが一局に対し1人の所有者、という規定を排除し、それに代わる規定を目下考慮中である。

　しかし、重複所有に関するある種の制限は依然として実施されている。地方の1つの市場において、1つの企業が2つのテレビ局を所有するという「2局方式」は認められていない。1つの企業が、新聞社1社とテレビ局1つ（またはラジオ局1つ）といった組み合わせや、新聞社・ラジオ局・テレビ局を1つずつ所有する「各市場1局方式」も、認められていない。しかし、FCCはこれらの制限についても権利の放棄を承諾し、その制限を緩和すべきか検討している。1つのテレビ・ネットワークと1つのケーブルシステムの両方を所有することは、現在容認されている。FCCは1つの地域社会において、1つのテレビ局と1つのケーブルシステムのサービスを両方所有する権利を認めるべきかを検討している。

テレビ技術　テレコミュニケーション法は、FCCが既存テレビ局に"より進化した"デジタルテレビジョン・サービス(DTV)を提供するための追加チャンネルを取得する選択権を与えるように規定している。DTVの画質は標準的なアナログ信号より大幅に進歩している。よって、放送権を認可されたものは、FCCが無料で割り当てる2つのチャンネルを提供する能力を備えていなけれ

ばならない。2つのチャンネルとは、"標準的な"アナログと、DTV放送のことである。1998年末には、約50のDTV局が運営されていた。当然のことながら視聴者はDTV信号を受信できるテレビを所有していなければ見られない（価格は下がるだろうが、現在のところは5,000ドルから1万ドルする）。さらに、これらのチャンネルにアクセスできる両立式（コンパチ式）のケーブルボックスも必要である。1999年末までには約50%のアメリカの家庭がDTVにアクセスできるようになると期待された。

未解決の1つの論点は、ケーブルシステムはDTV信号の送信を求められる必要があるかどうかの問題である。現在、ケーブルシステムは地域における空中放送信号を伝えるように求められている。これは、1992年のケーブル法で規定されたもので、1994年に最高裁判所はこれを支持している。この規定に反対している人たち（多くの場合、ケーブル・システムの経営者たち）は、新しいデジタル信号を送信するためには、既存のチャンネルを放棄しなければならなくなり、加入者の怒りを買うだろうと主張している。この規定に賛成している者（放送業者）は、新しい方式が生き残り、それが繁栄するためには、送信を義務づけることが不可欠であるという。FCCは今のところ、この論点については慎重に取り組んでいる。

ケーブルテレビ　　基本的なケーブル料金以外は規制が撤廃された（それには、ケーブルシステムによって提供されている多くの非放送系、衛星放送系の番組が含まれている）。小規模なケーブルシステムにとっては速やかで、より規模の大きなケーブルシステムにとっては緩やかな規制撤廃であった。オープンビデオ方式が導入された。これは放送局で提供される番組の3分の1は自社制作番組にするよう規定されているものである。この方式が電話産業にも適用され、競争が進み、可能な限り企業間の障壁を低くした。

収斂は良いことか　　収斂は刺激的な考え方だが、テレコミュニケーション・サービスを1つのところですべて賄ってしまうことの妥当性に対する懸念もある。1つの会社が多くのサービスを提供することは、利用者にとっては便利なことだ（1つの請求書で支払いができ、サービスについての問い合わせや要求も1社で済む）。しかし批評家たちは、収斂によって、多くのプロバイダーの中から利用者がテレコミュニケーション・サービスを選択する際のオプションの幅が減少することになる、と指摘している。もし、選択肢が2社の総合サー

ビス・プロバイダーのみで、それより多くのプロバイダーが提供する個々のサービスを検討したり選択することができないとすれば、誰でも入手可能な情報の量が結局、減少してしまう結果になる。

国内放送の技術

　新たな放送技術が広告費の同じパイを最終的に競い合うようになるのは、避けられないことだった。国産の衛星開発はケーブルテレビシステムの急速な広がりを招いた。アトランタのテッド・ターナーのような起業家が、独自のニュース放送、スポーツ放送、宗教放送を開始し、3大ネットワークと競争した。しかし、国内のケーブル・パターンが確立される前の1982年に、連邦通信委員会 (FCC) は直接放送衛星 (DBS: direct broadcast satellites) の役割を認めた。競合する衛星放送会社群は、ケーブル放送局や一般放送局と競争しながら、家庭向け高品位テレビジョン (HDTV: home delivery of high definition images) の計画を立て始めた。

　1990年代半ば、将来のメディアの可能性についての見通しは、混乱を極めていた。鍵はデジタル・エレクトロニクスだった。これは、情報、音声、映像、文字、画像（イメージ）を単一コードに変換したものと定義され、別の端末で解読できた。コミュニケーション、コンピュータ、エレクトロニクス、娯楽産業の巨大な複合企業が、デジタルの将来性に飛びついた。1つの有力な予測は、高品位テレビ、各種の双方向サービス、イメージ・プロセッシング（画像処理）が、自宅と職場をつなぐようになり、それには、光ファイバーを使った電話回線が使用され、ケーブルテレビを媒介とする必要はないだろうというものだった。ベビー・ベルズとして知られている一連の電話会社は、自社の電話回線を利用して、ニュース、スポーツ、映画、買い物、その他の情報を供給することを、裁判所から認められた。これが、ことの始まりだった。1995年にウォルト・ディズニー社と3社のベビー・ベルズ は、5億ドルのベンチャー事業を発表した。それは、南部と中西部の19州に住む5,000万人の潜在視聴者に、電話線を使って前述のような番組を供給するための会社だった。電話会社とケーブルテレビ事業者が、合併の交渉をするという大きな動きもあった。もし設備が共有できるなら、ケーブルテレビの利用者はもっと安い電話サービスを受けられ、ケーブルテレビの利用代金も低くなるだろうとの見通しであった。

　結局どのように情報が個人の家に届いたかということとは無関係に、消費者

は目が回るほど多くのサービスに対して、支払いを要求されている。この10年間に広告主は、文字多重放送に興味を持つようになった。文字多重放送は、時には精巧なカラー・グラフィックスを伴う情報を、テレビの画面上に載せるシステムである。商業用の文字多重放送が初めてアメリカで放送されたのは、1981年9月だった。シカゴの視聴者が、自分のテレビ画面で情報「ページ」を読んだのがその始まりである。文字多重放送を使うと、次の情報が現れるまで約20秒間、同じ情報を画面に留めておくことができた。長年にわたって、イギリス、フランス、日本が先行実験を行っていた。[19]

双方向対話型システムも、アメリカ、ヨーロッパ、日本で実験されてきた。注目に値したのは、オハイオ州コロンバスで試みられたワーナー・ケーブル社のキューブ・システムだった。視聴者はこのシステムを使って、自宅でボタンを押して世論調査に参加した。[20] 双方向システムの通称は、ビデオテックスであった。しかし、これは文字多重放送を含めたこのような技術の一般的な総称なので、キューブ・システムに関しては、ビューデータ・システムと呼ぶ人もいた。選択的に聴衆へ情報を送ることから、ナロウ・キャスティングとも呼ばれた。オーディオテクストで画面上に情報を伝達するためには、電話回線を利用する必要があった。

文字多重放送とビデオテックスの未来には問題が多かった。なぜなら一般的な経済状況、投資家の気まぐれや広告主の願望などに左右されたからである。当面、これらの放送形態は、新聞業界や放送業界にとって、脅威とはならなかった。1990年代までに、いくつかの高価な電子出版のベンチャー企業が倒産した。ワーナーは1984年に、6年続いたキューブの実験を終わらせた。

一方、ケーブルテレビ加入世帯数（1998年に6,400万）は、広告主が広告効果のある主要メディアだと判断するポイントに急速に到達した。テレビ加入世帯のほぼ6割がケーブルテレビに加入していた。業界の専門家は、次のように指摘する。すなわち、「1987年1月1日に、9,900のケーブル局経営者が請求するケーブル料金に対する規制が緩和され、それが転機になった。経営者たちは、基本チャンネルに対する料金を値上げし、大きな利益を上げ始めた」と。[21] 国内の衛星システムが、この転換の要だった。有料オプション・サービスでは、タイム社のHBO (Home Box Office) と、バイアコム社のショウタイム (Showtime) ／ムービー・チャンネル (Movie Channel) が牽引役になった。しかし、これらのオプション放送に対する加入者の興味が衰えるにつれて、値下げ競争を強いられた。加入者が映画、スポーツ、音楽といった番組のスクラン

ブルのかかっていない信号を受信するPPV (pay-per-view) システムは、はるかに遅れをとった。

1997年にアメリカでは、3万4,000の地域で1万1,800のケーブルシステムが運営されていた。単体で運営されているそれらのシステムの中で最大のものは、タイム・ワーナー・ケーブルがニューヨークで運営しているもので、100万人以上の加入者を有していた。最も大きな複合システムは、1,400万人の利用者がいるテレコミュニケーション社 (TCI) のものだった。その他では、タイム・ワーナー社の1,200万人、メディア・ワン社の500万人、コムキャスト社の440万人などが、利用者の多いシステムだった。[22]

一般的に見れば、放送事業者にはかなり大きな自由が与えられていた。1982年に連邦通信委員会は、一定地域内での一般テレビサービスを促進する規定を作った。それより早い1976年の著作権改革法 (Copyright Reform Act) では、ケーブル会社による1つのシグナルの「2次伝送」を合法とした。国内衛星の開発と、一般家庭用パラボラアンテナ市場の成長は、小さな企業が大会社のシグナルを伝送する市場を創出した。さらに遡ると、1972年にFCCは、アメリカの空を財政的に責任能力がある全ての企業に対して開放した。これらの企業は、テレビ、電話、ニュース、データサービスなどの、人工衛星による伝送の供給に興味を持っていた。

アメリカ初の国内用民間通信衛星はウェスタン・ユニオン社所有のウェスターで、1974年4月1日に打ち上げられた。続く3年間に他の7つの衛星が、RCA、COMSAT (Communications Satellite Corporation)、ウェスタン・ユニオン社によって、打ち上げられた。1つのメッセージを複数の場所へ送信するのは、衛星経由の方が地上送信より安価になっていった。1990年代までに光ファイバー・ケーブルが、ポイント間の通信手段として衛星の競争相手になった。そしていくつかの大会社が電話を、衛星回線から光ファイバー回線に切り替える計画を立てた。それでも20以上の国内用の通信衛星が、アメリカのテレビシステムの伝送に利用されていた。

タイム社は1975年9月30日に、懸賞ボクシング試合のアリ対フレイジャー戦をマニラから中継し、衛星放送番組をケーブルシステムと結びつける概念を実現した。HBOは1972年に認可を受けたが、衛星を利用したのは1975年になってからだった。HBOの財政的な成功は、驚異的なものだった。1980年、HBOを筆頭とするタイム社のビデオ・グループ社と、タイム社のケーブル部門アメリカ・テレビジョン＆コミュニケーションズ社は、NBCネットワーク

の総収入より多くの金を稼ぎ出した。[23]

　タイム社は、ハリウッド映画界最大の資金源にもなった。HBOは番組編成のために、年間200本の新しい映画を必要とした。そして映画界における経済面での支配者になることを恐れられた。コロンビア、MGM/UA、20世紀フォックス、パラマウント、ユニバーサル、ワーナー・ブラザーズという映画会社の主要6社は、テレビ放送用映画に対する消費者の需要を、認識し損なっていた。彼らは、その鈍感さの代償が高くつくことに気づかなかった。映画が劇場公開されると、配給した映画会社は、興行収入1ドルにつき約45セントを稼いでいた。しかしHBOが衛星経由で家庭に映画を提供した時、映画会社はたった20セントを得たに過ぎない。利益率の大部分を得たのはHBOだった。

　かつて映画会社に大きく依存していた個人経営のプロデューサーたちは、HBOを当てにし始めた。他方、主だった映画会社と、HBOのライバルであるムービー・チャンネルやショウタイムは、HBOの業界支配を阻止するために同盟を形成しようとした。HBOは、未来の映画に対して10億ドル以上を出資することで、映画界での主要な財源であり続ける計画を立てた。さらにHBOの財源を使って、他の2つの制作会社が設立された。出資の見返りとして、これらの会社が作った作品に関しては、HBOに排他的なケーブル放映権が与えられた。他方、HBOはコロンビアおよびCBSと提携して、トライスター・ピクチャーズを作った。その目的は、ハリウッドの7番目の主要な映画会社になることだった。アメリカ人がかつてないほど多くの金を家庭で観る映画に費やす、という傾向は明白だった。人びとは今まで映画館で使ったのと同じ位の金額を、ケーブルテレビに費やすようになった。収入の下落に気付いた映画制作会社は、VCRとPPVから上がる収益のうち、彼らの取り分を減らすようないかなるものにも反対して戦った。HBOと他のペイテレビ・ネットワークが、映画館での上映と同時に、ケーブルテレビの有料オプション・サービスで、その劇場用長編映画を放映するといった計画にも反対した。

インターネット

　1966年、4台のコンピュータが電話線で連結されて一体化した。2つの基本的な概念がインターネットの原型であるARPAネットを形成している。このネットは"配布"型のシステムで、1台のコンピュータが動かなくなっても、残りのユニット間での相互通信が失われない。さらに、そのネットはコンピ

ュータの作られ方やモデルに関係なく一体的に結合する、という概念である。この控えめな着手から最新のマスメディアが立ち上がり、インターネットは1990年代におけるコミュニケーションの原動力となった。1台のコンピュータ、モデム、電話回線があれば、想像可能なあらゆる事柄について誰でも膨大な量の情報を呼び出せるようになった。図書館、行政機関、公私の企業体が、あらゆる種類の沿革、知識、情報源を満載してそれぞれサイトを立ち上げた。各個人もこの新しいマスメディアに前例のない容易さで参入し、これを利用してきた。膨大な数の個人ウェブページには、個人的な情報、写真など多くのものが掲載され、地元のサーバーから全世界に発信された。

インターネットは多数の異なるシステムで成り立っている。これらのシステムの代表例としては、電子メール、チャットルーム（そこでは参加者が他の1人もしくは多くの個人と互いにコメントを入力し合い、リアルタイムで互いにそのコメントを読みあう）、ニューズグループ（そこでは利用者が他の参加者のコメントを求めてメッセージを発信できる）、ワールド・ワイド・ウェブ (WWW) がある。WWW には、HTML (Hyper-Text Markup Language) 言語によりフォーマットされた、何百万という個人のホームページが存在している。HTML は文字や画像をオンライン上に表示するため標準言語である。

大手のインターネット・サービス・プロバイダー (ISP／オンライン利用者にインターネット接続を提供する企業) としては、アメリカンオンライン (AOL)、コンピュサーブ、ネットコム、AT&T などがある。地域 ISP 系の各社も参入して活動している。事実、インターネット接続業務全体の 38% は、地域プロバイダーにより提供されている。それに続いて、AOL が 26%、コンピュサーブなどその他が一桁台の割合をそれぞれ占めている。[24] アメリカンオンラインは最近、1,000万人の目標を上回る利用者を獲得し、全国で最大の総合サービス企業となった。電子商取引は販売面において容易ならざる競争相手になり始め、2000 年までには 30 億ドルの売上を達成するものと見込まれている。

多くのコンピュータ出版用ソフトや文書作成ソフトが、HTML 言語によるウェブページ作成に対応しているので、各個人も容易にオンライン環境に移行できるようになった。マイクロソフト社のフロントページ、アドビのページミルといったパソコン用ウェブデザインソフトによって、ウェブ・パブリッシングはコンピュータとモデムを持つほとんど全ての人にとって難しいものではなくなった。オンライン関連の新興企業の中には、自分のページで自分が選んだあらゆるテーマについて情報発信したいと思う個人に、無料でサーバースペ

スを提供しているところもあった。その選択肢となる多くの企業の中では、ジオシティズ、トライポッド、エンジェルファイア、バーチャルアベニュー、ズームなどが有名だった。事実、1998年6月には200万人以上のメンバーが登録されていたジオシティは人気が高く、1998年の全インターネット利用数の26.8%を占めるに至った。[25]

ターナー・ブロードキャスティング・システム

　CNN (Cable News Network) の壮観な世界的な成功によって、果敢なテッド・ターナーは他のベンチャー事業に猛然と着手した。CNN の株が急騰し、金が彼に殺到した。ターナー・ブロードキャスティング・システム社は、ターナー・ネットワーク・テレビジョン (Turner Network Television＝TNT) と呼ばれる新しい娯楽チャンネルを加えた。さらに、スペイン語による娯楽放送局を加えるという話もあった。もう1つの実験は、チェックアウト・チャンネル (Checkout Channel) で、CNN がスーパーマーケットで見られる、というものだった。

　この意欲的なジョージア人は、1986年の失敗をはね返した。つまり、CBS を支配下に置こうという試みが中止に追い込まれた後、彼は17.8億ドルで、MGM/UA の大多数の株を購入した。同じ年に彼はモスクワで、グッドウィル・ゲームズ社を始めた。これは高価だが創造的な試みで、彼のネットワークと個人加入者にほぼ200時間の独占的な番組提供を行った。1年後に大きな借金を抱えた彼は、タイムと、国内最大のケーブルテレビ会社であるテレコミュニケーションズ社に、会社の37%を売った。しかし、彼は娯楽放送の中核として、MGM/UA の巨大なフィルム・ライブラリーの使用権を維持した。

　その後、この CNN に発展期が訪れた。CNN は海外支局を増やし、世界中の視聴者に同時に情報を届けるために衛星を使った。CNN が湾岸戦争報道において、既存のネットワークにあっさりと勝った時、決着がついた。その結果として、海外でのケーブルテレビ事業を拡大し、より独創的な国内用ケーブル放送番組を開発し、さらにターナー・ブロードキャスティング・システムの傘下に他のコミュニケーション関連会社を吸収していくこととなった。人前で話をする時、ターナーは闘争的ではない。絶えず彼の信念を、こう強調した——平和のために、環境を守るために、つまり、人びとが手を携えるために、テレビは使えるはずだ、と。彼は先祖返りしたような人物で、冷酷な企業社会の中

で何ものにも束縛されない希有の人格の持ち主であった。

　他の起業家たちも、既存のネットワークの弱点を察知し、衛星の発展を利益のために利用した。衛星ニュース取材 (SNG) を行っている企業は、通信社のビデオ版を提供することによって、ネットワーク系列と独立局の関心を得ようと競い合った。その筆頭は、ハバード・ブロードキャスティング社 のコーナス (CONUS) システムと、グループ・ダブリュー社の ニューズフィード (Newsfeed) だった。1981 年に創設されたシカゴ・トリビューン社のインディペンデント・ネットワーク・ニュース (Independent Network News) は、60 社以上のアメリカのクライアントに対して熱心に仕事をしていた。1987 年には少数の欧州のクライアントにも衛星中継を毎日送り始めた。しかし、1984 年に地方局の合弁企業コーナスが設立され、騒動となった。騒動を起こしたのは、放送業界では草分け的な存在であるスタンレー・E・ハバード (Stanley E. Hubbard) の息子、スタンレー・S・ハバード (Stanley S. Hubbard) だった。ハバード は、移動無線装置、カメラを設置したワゴン車部隊、編集装置、地上から衛星へ情報を伝送するための装置といったものを備えた放送拠点を提供した。主な出来事について数分のうちに、3 人のクルーが、新しく開発されたキューバンド・システムを使っている 2 機の衛星の利用可能な 10 チャンネルのうち、どのチャンネルへでも現場からのレポートを送信できた（Ku 帯の周波数は、伝統的な C 帯より小さいパラボラアンテナで送受信でき、一般に受像能力が高い）。現場レポートは、セントポールにあるコーナスの本社へ送られ、衛星経由で加入局へ伝送された。コーナスは、110 以上の国内クライアントを持つに至り、オーストラリア、アジア、ヨーロッパにも顧客層が広がった。特別報道では 1 つの都市のある局で働いているクルーが、別の都市のある局のニュース編集室と直接連絡を取り合うことができた。コーナスは AP 通信と一緒に、TV ディレクトにも参画した。TV ディレクトは、AP の報道写真に加えて、首都ワシントンでの出来事に関するテレビニュースも伝送した。まもなく 4 つの主要なネットワークもこの事業に参画した。取材経費の共有と、移動無線装置から送られてくる衛星放送の調整のため、取り引きを申し出たのだった。

　移動無線装置は、中心となるスタジオにシグナルを伝送するために何年間も使われていた。しかし SNG の技術革新によって、地方局は国中の同業者たちと仕事を共有できるようになった。地方局は特別報道に関して、3 大ネットワークから情報提供を受けたいと思っていなかった。ネットワーク系列局も、こういった配信会社から供給を受ける局名リストに名を連ねたが、主なクライア

ントは独立局の一群だった。独立局は約 250 あり、視聴者の約 2 割をつかみ、成長してきていた。やがて娯楽分野に参入し、再びネットワークの番組に挑戦するのが、ハバードの夢だった。

　台頭してきたケーブル・ビジネスに対する 3 大ネットワークの最初の反応は、真っ向から競争することだった。[26] 彼らは、人びとが眠っている間にテレビを見る何百万という夜更かし族のために、一晩中ニュース番組を流し始めた。ネットワークはいずれもケーブルテレビが始めた新種のいろいろな番組、スポーツ番組、映画番組に投資した。

　ネットワークは、プロのスポーツリーグとの契約を維持するためにも激しく争い、複数年契約に対し何十億ドルも支払った。こういった行動にもかかわらず、ネットワークの視聴率は下がり続けた。利益も、ケーブルテレビ事業者と番組供給会社が力を付けて来ると、それ相応に減り始めた。地方局のための広告業利益率は、一定のままだった。業界の変化に苦しんだのは、3 大ネットワークだったのである。

複合企業：メディアの富と影響

　企業合併、敵対的乗っ取り、ジャンクボンドで賄われた借入金による会社買収が、1980 年代後半のアメリカのビジネス界で広く行われた。ウォール・ストリートにおけるジャンクボンドの代名詞のような、ドレクセル・バーナム・ランバート証券会社の崩壊は、巨大企業 RJR ナビスコをめぐる 250 億ドルの悲惨な乗っ取り合戦のような金融界の騒動を終わらせた。

　史上 2 番目に大きな金融取引の結果は、もっとめでたいことだった。1989 年、タイム社とワーナー・コミュニケーションズ社は 140 億ドルで合併した。この合併の景観は息を飲むほどだった。合併後のこの企業の傘下にあった主な企業は、アメリカ最大の印刷メディア会社、有名な映画会社ワーナー・ブラザーズ、ダラスのような TV シリーズを作っているロリマー・テレピクチャーズ、HBO だった。

　108 億ドルの合併負債を抱えつつ、ワーナーのスティーブ・ロス (Steve Ross) とタイムのニック・ニコラス (Nick Nicholas) がこの取引をまとめた。1991 年には、総収入が利子を上回っていた。しかし、資産を処分せずには借金を返済できない状態だった。タイム・ワーナーは多くの会社を持っていた。21 の雑誌、5 つの書籍出版社、6 つのレコード会社、コメディー・チャンネル、

3つの大手ケーブル会社、7つのテレビ局について収益の42％、ターナー・ブロードキャスティング・システムの収益の17％などである。

タイム社は、乗っ取りの被害を受けやすい株価レベルにあるとウォール・ストリートが見ていたので、合併はタイム側にとっては防衛策であった。事実、パラマウント・コミュニケーションズが、失敗に終わる敵対的買収を仕掛けた。新しい経営者の布陣が敷かれた時、主な事業部門はケーブルTVグループや、タイム・トレード・ブックスとタイム・マガジン社から成るタイム・ワーナー出版社などであった。こうして、タイム社の編集長ジェイソン・マクマナス (Jason McManus) は、社名と傘下企業の両方を守った。この社は、タイム、ピープル、スポーツ・イラストレイティッドなどを発行していた。これらの雑誌は、広告収入ベスト3で、販売収入でもベスト5に入る雑誌だった。彼は1990年に、影響力のある西海岸の雑誌サンセットを買収して名を馳せた。

驚くほど多額の金が、これら1985年から90年にかけての財産取引に注ぎ込まれた。ゼネラル・エレクトリック社は、RCA社と傘下のNBCを63億ドルで買収した。それは当時としては、メディア史上最大の合併となった。キャピタル・シティー・コミュニケーションズ社は印刷メディアの大企業だが、35億ドルでABCを買い取った。テッド・ターナーは、MGM/UAを支配するために17億8,000万ドルを支払うことで、映画産業に参入した。後に彼はUAの部分を4億7,000万ドルで売り払った。トリビューン社は、ロサンゼルスのテレビ局KTLAの買収に対して、5億1,000万ドルを支払った。130紙を所有するガネット社は、4つの主要な大都市日刊紙の買収に、6億3,500万ドルを支払った。フランスのハシェット社は雑誌数誌を傘下に収め、ダイアマンデス・コミュニケーションズ社買収に7億1,200万ドルを支払い、グロリエールの書籍に4億5,000万ドルを使った。出版社のダブルデイは、4億7,500万ドルでドイツのベルテルスマン社の手に渡った。日本のソニーは20億ドルでCBSレコードを、そして34億ドルでコロンビア・ピクチャーズを買った。松下はMCAの買収に69億ドルを支払った。表20-2は、収益の多いメディア企業トップ15社のリストである。

1990年代に入っても、こういった商取引は続いた。記事の見出しは、企業取引の見通しを示していた。「ソニー、映画スタジオで27億ドルのヒットを飛ばす」「タイム、ターナーによるTCIの買収計画を熟慮」「QVC、パラマウント買収の競売に勝利」「パラマウント、マクミランを獲得」「メディア界の大物、TVネットワークと交渉中と発言」などである。ディズニーがCBSに興

表20-2　メディア企業　総収益トップ15（1996年　単位：百万ドル）

社名	本社	総収入	新聞	雑誌	TV＆ラジオ	有線	他のメディア
1. タイム・ワーナー	ニューヨーク	11,851.1	—	2,764.1	87.0	9,000.0	—
2. ウォルト・ディズニー	バーバンク (CA)	6,555.9	119.0	321.9	4,425.0	1,690.0	—
3. テレコミュニケーションズ	デンバー	5,954.0	—	—	—	5,954.0	—
4. NBC TV	フェアフィールド (CT)	5,230.0	—	—	4,940.0	290.0	—
5. CBS	ニューヨーク	4,333.5	—	—	4,323.5	10.0	—
6. ガネット	アーリントン (VA)	4,214.4	3,335.2	—	685.0	194.2	—
7. ニューズ	シドニー	4,005.0	115.0	660.0	2,500.0	20.0	710.0
8. アドバンス・パブリケーション	ニューアーク (NJ)	3,385.0	2,209.0	1,176.0	—	—	—
9. コックス・エンタープライズ	アトランタ	3,075.3	1,033.0	—	582.0	1,460.3	—
10. ナイト・リッダー	マイアミ	2,851.9	2,851.9	—	—	—	—
11. ニューヨーク・タイムズ	ニューヨーク	2,615.0	2,335.3	161.1	118.6	—	—
12. ハースト	ニューヨーク	2,568.4	865.0	1,303.0	400.4	—	—
13. バイアコム	ニューヨーク	2,404.0	—	—	390.3	2,013.7	—
14. タイムズ・ミラー	ロサンゼルス	2,321.0	2,080.2	240.8	—	—	—
15. トリビューン	シカゴ	2,106.0	1,336.0	24.8	745.2	—	—

出典：『アドバタイジング　エイジ』1997年8月18日。

味を持った、タイム・ワーナーがCNNとNBCの両者を検討、などと話はめぐり巡った。資産価値のある放送局と同じように、出版社も容赦なく売買された。ピュリツァーやハーストの時代と異なり、メディア会社の取引はテンポが早すぎて区別がつかなくなった。年次報告書がないと、誰が何を所有しているのかを理解するのは難しかった。

　1998年、合併戦はまだ行なわれていた。3つの重要な合併が目を引く。すなわち、アメリテック社とSBCコミュニケーションズ社の間で交わされた560億ドルの取り決め（地方のベル電話運営会社の数を4つに減らすことになった）、ベル・アトランティック社によるGTE社の520億ドルでの買収、AT＆Tの320億ドルでのTCI買収（FCCが検討中）である。インターネット企業も同様に合併を自らのこととして見据えていた。AOLはFCCが高速のケーブルインターネットサービスを規制することを望んでいた。ライバル企業であるケーブルインターネットサービスのアットホーム社は、AT＆TとTCIの企業合併に関わっている。ケーブルインターネットサービスは比較的珍しかった（加入者はおよそ25万人のみ）が、次の数年で上向くことが見込まれた。

　自らの成功と冒険心の両方で際立った著名人が何人かいる。その1人が、マイクロソフトの会長ビル・ゲイツ (Bill Gates) で、1999年度中間期にネット

資産90億ドルで、フォーブスが掲載した上位400人の富豪リストのトップを飾った。このコンピュータ・ソフトの王者は、映画産業に目をつけ投資したがった。しかしゲイツは、インターネットブラウザであるマイクロソフト・エクスプローラーを、PCソフトとして非常に人気が高いウィンドウズ・オペレーティング・システムに統合する計画によって、司法省と独占禁止法の件で衝突した。これは、いわゆるブラウザ戦争と呼ばれた。司法省の役人たちは、インターネット市場の乗っ取りを求めて、マイクロソフトが独占禁止法に抵触するような行為に関与していることを論証しようとした。競争相手のネットスケープ・ナビゲータではなくマイクロソフトのブラウザを内蔵するということに関して、Eメールには、財務上の動機づけがあるという意見から、明らかに脅威になるという見方までいろいろあった。そういった電子メールが、攻撃的なビジネス戦術を展開しているだけと主張するマイクロソフト社に相反する証拠として採用された。76日後の1999年6月下旬に証言は終わった。評決が出るのは早くても2000年初めということだった。一方、テッド・ターナーは純資産が1999年に50億ドルとの概算が出された。彼らより無名な人の中にも同様の行動に出た人たちがいる。生産工学博士のジョン・マローン (John Malone) は、所有するテレコミュニケーションズ社をケーブル業界のトップにした。何十億ドルもの金が転がり込んできたが、その金は、ケーブルシステムを拡大し、デジタル・光ファイバー時代の促進に備えることによって、なくなっていった。それ以前では、ボストンのサムナー・M・レッドストーン (Sumner M. Redstone) が、34億ドルでバイアコム・インターナショナルを買収した。その資産には、ショウタイム／ムービー・チャンネルとMTVが含まれていた。彼は、映画館のチェーンの所有者だった。デンバーのジョージ・ジレット (George Gillette) は、全米視聴者数の13%を占める、国内最大の系列テレビ局のグループを所有した。表20-3は所有するテレビ局数の多い企業トップ10である。

　ルパート・マードックは、メディア獲得事業で大賭けした人で、最も目立った人物だ。矢継ぎ早に、彼は次々と買収した。5億7,500万ドルで20世紀フォックス映画社、15億5,000万ドルで7つの主要なテレビ局、3億ドルで出版社のハーパー＆ロウ社、30億ドルでTVガイドを出版しているトライアングル・パブリケーションズ社といった具合だった。マードックは、フォックス・ブロードキャスティング・カンパニーを作るために、うまくフォックスの資産とテレビ局を使った。目的は、4番目のテレビネットワークを作るこ

表20-3　テレビ局所有数　トップ10

会社名	所有局数	米国でテレビ所有世帯数における送信カバー率
1. フォックステレビ	23	34.9
2. パクソン・コミュニケーション	55	30.9
3. CBS	14	30.8
4. NBC	12	26.9
5. トリビューン・ブロードキャスティング	19	26.5
6. ABC	10	23.9
7. クリス・クラフト／ユーナイテッド・テレビ	10	18.7
8. ガネット・ブロードキャスティング	19	16.5
9. USA・ブロードキャスティング	13	15.5
10. A. H. ベロ	17	14.2

出典：スタンダード＆プアーズ社産業調査『ブロードキャスティング＆ケーブル』(1998年7月2日) ブロードキャスティング＆ケーブル発表

と、そしてシリーズもののテレビ番組を制作する事業で大きな位置を占めることにあった。

　マードックは、150社以上のメディア会社を、自ら所有するニュース社の傘下に収めていた。子会社のニューズ・アメリカ社は、1990年代にボストン・ヘラルドとサンアントニオ・エクスプレス・ニュースを保有していた。マードック所有のスコットランドにある出版社ウィリアム・コリンズは、ハーパー＆ロウと合併し、さらに教科書出版社のスコットおよびフォレスマンと合併した。ハーパー・コリンズという強力な会社を作るためだった。イギリスでマードックは、ロンドンのタイムズを含む5つの全国紙を所有していた。この他に50紙以上の新聞を発行、イギリス内の新聞総発行部数の3分の1を占めた。さらに、8冊の雑誌を所有していた。出身国オーストラリアでマードックは、9冊の雑誌と100紙以上の新聞を所有し、総発行部数の約6割を占めた。

　しかし、代償もあった。ニューズ社は、1991年初頭に82億ドルの負債を抱えていた。その負債のうちの6億ドル以上が、1989年初頭に立ち上げたスカイ・テレビジョンによって発生したものだった。これは、衛星によってテレビ番組をイギリス内の各家庭に届けるという意欲的な冒険だった。マードックは損失を食い止めるために、競争相手のブリティッシュ・サテライト・ブロードキャスティング社と不承不承ながら協力した。他の大金を儲ける人びとと同じように、銀行ローンの再交渉を求めた。マードックの最も壮観な成功は、1993年にスターTVを購入・拡張したことだ。これは、巨大な可能性を持っ

ている、香港の小さな衛星会社だった。新たな大きな冒険に出て、5億2,500万ドルをポンと出し、彼は2つの放送網を作った。1つは、中国と環太平洋地域のため、もう1つはインドと中東のためのものだった。彼は提供するチャンネル数を32に増やす計画を立て、古い映画やトーク・ショー、その他に西洋文化の見本となるようなものを、これらの地域に大放出した。それはこの地域に広告業の拠点を作ろうと期待したからである。スターTVを通して、BBCのワールド・ニュースも提供された。見通しは不確実だったが、スターTVは世界ネットワークに近い姿になりつつあった。20世紀フォックスが制作した映画が、スターTVとヨーロッパのスカイTVで見られるようになった。スカイTVは発展して、ビー・スカイ・ビー(B Sky B)というシステムになった。スポーツは、もう1つの売り物だった。マードックは16億ドルを支払って、CBSがそれまで38年間保持してきた全米フットボールリーグの試合放映権を獲得した。彼は、オンライン・コンピュータ・インフォメーション業界で上位5社に入るジーニー社も買った。

　彼は、決して満足しなかった。外国企業による放送局の資本独占を禁止するアメリカの法律によって、妨害されていると感じた。マードックは、ビジネス上の彼の流儀を歓迎する下院議長ニュート・ギングリッチら保守主義者の支持を得た。しかし、ギングリッチはマードック所有の出版社の1つ、ハーパー・コリンズ社が扱う予定の大部数が見込まれる本の執筆を引き受けた時に、重大な批判に出くわした。この本は、ワシントンの政治生活を描いた小説になるはずだった。ギングリッチは、その約束を白紙に戻した。アメリカの市民権を持つマードックは、もっと多くの問題に巻き込まれた。連邦通信委員会の幹部が、1985年に彼が6つのテレビ局を購入したのは違法だ、と指摘したのだった。その理由は、株の99%が、彼のオーストラリアの会社によって所有されているから、ということだった。この6局は、その後にマードックが築いたフォックス・ネットワークの土台となった。マードックの力がアメリカで大きく開花するかどうかは、まだ分からなかった。

メディア間の広告競争

　テレビの台頭以来、メディアにおける広告競争については説明しやすい。1990年度のアメリカにおける推定総広告費は1,290億ドルだった。マッキャン・エリクソン社の推定によると、この総額の60%がマス・メディアに使わ

れた。その内訳は、新聞が26.4%、テレビが22.2%、ラジオが6.8%、雑誌が5.3%である。1950年には、新聞が36.5%、ラジオが10.7%、雑誌が9%、かけ出しのテレビがたったの3%という配分だった。

しかし、別の統計分析は全国広告の収入獲得におけるテレビの大きな影響力を示している。新聞のシェアは40年前の3分の1、ラジオは40年前の4分の1に下がってしまった。

表20-4　媒体別広告収入率

全国を対象とする広告

年度	新聞	雑誌	ラジオ	テレビ
1950	33.6	32.4	24.8	9.2
1960	25.0	28.0	7.9	39.1
1970	18.1	23.0	7.2	51.7
1980	15.7	21.7	6.3	56.3
1990	11.8	20.6	6.4	61.2

地域を対象とする広告

年度	新聞	ラジオ	テレビ
1950	82.4	14.6	3.0
1960	80.2	12.0	7.8
1970	75.6	13.6	10.8
1980	69.9	14.5	15.6
1990	65.6	15.3	19.1

出典：マッキャン・エリクソン社評価。

表20-4は、主要なマス・メディアの全国広告と地元広告における収入を、媒体別に示している。言い換えれば、4つの主要なメディアは揃って毎年、全国、あるいは地域別の広告主によるさまざまな額の広告支出の受け皿となってきた。広告の総額はどのように競争者間で分けられてきただろうか。表20-4を見ると、ラジオと新聞の全国広告費の取り分を、テレビが急激に切り崩し、優位に立ったことがわかる。表20-5は、1990年以降の傾向である。

表20-5は、1990年代には広告費の割合の増加はほんのわずかしか期待されなかったことを示している。誰もインターネットの広告に対する潜在的な影響を正確には予測できないので、掲示板やオンライン広告のようなフォーマットを含む広告の「その他」の分野が、今世紀末あたりには予想より伸びているか

表20-5　広告媒体：市場占有率

媒体名	1990	1991	1992	1993	1994	1995	1996	1997	F1998
新聞	25.1	24.2	23.4	23.2	22.9	22.6	22.0	22.1	22.0
雑誌	5.3	5.2	5.3	5.3	5.3	5.3	5.2	5.3.	5.3
テレビ	22.1	21.6	22.4	22.1	22.8	22.0	23.3	22.7	22.9
ラジオ	6.8	6.7	6.6	6.8	7.0	7.0	7.0	7.1	7.1
その他	40.8	42.3	42.3	42.5	42.0	43.1	42.5	42.8	42.7
合計	100.0	100.0	100.0	100.0	100.0	100.0	100.0	100.0	100.0
全国	56.6	57.5	57.9	57.9	58.2	58.6	58.8	58.9	58.9
地方	43.4	42.5	42.1	42.1	41.8	41.4	41.2	41.1	41.1
合計	100.0	100.0	100.0	100.0	100.0	100.0	100.0	100.0	100.0

F＝予想値
出典：スタンダード＆プアーズ社産業調査―『パブリッシング』（1998年4月23日）
　　　マッキャン・エリクソン発表。

もしれない。

　他のデータによると、地元の広告主から来ている新聞広告収入の割合は、1950年から1990年の間に、70％から91％へ増加した。地元広告主から得られるラジオ広告収入の割合は、41％から76％に跳ね上がった。テレビでは、地域別広告は全体の4分の1程度に留まった。ラジオが新聞に次ぐ地元広告の有力媒体だった。雑誌には地元広告に分類されるような広告収入はないが、広告主は自分が必要とする地域に配付されるものにだけ広告を載せるように刷り分けの指定ができる。恐らく広告収入の15％は地域指定の広告である。

　表20-6は様々な電子メディアに割り当てられる広告支出を示している。ケーブルがその市場占有率を3倍以上にすると予想される。

表20-6　ケーブル、ラジオ、テレビの広告支出　（単位：十億ドル）

	1990	1995	1996	1997	E1998
テレビ放送	22.62	27.91	31.27	32.46	34.10
ケーブルテレビ	2.88	5.11	6.44	7.95	9.30
ラジオ	8.75	11.47	12.41	13.49	14.70
合計	34.25	44.49	50.12	53.90	58.10

E＝評価値
出典：スタンダード＆プアーズ社産業調査―『ブロードキャスティング＆ケーブル』（1998年7月2日）
　　　テレビ広告部、ラジオ広告部発表。

表20-7　メディア別広告支出　（1998年　単位：百万ドル）

新聞	40,140
ネットワークテレビ	14,876
雑誌	14,504
ラジオ	11,524
スポットテレビ（地方）	11,251
スポットテレビ（全国）	9,825
ケーブルテレビ	6,231
野外	1,933
シンジケート	1,641

出典：アドウィーク、1997年9月8日、p. 6
　　　ジィーナス・メディア・ワールドワイド発表。

　表20-7は電子メディア以外のメディアも含めた内訳を示している。これらのデータによると、新聞がまだ広告収入の大きな部分を占めているものの、さまざまなタイプの電子メディアが、表20-6のように合計されておらず、この表ではバラバラに掲載されているので、新聞の広いマージンという誤った印象を与えているかもしれない。調査機関の間で一部の推計値が異なっていることにも注意しておくべきだろう。

AMラジオとFMラジオ

　1990年代、アメリカ国内には5億3,000万台以上のラジオがあった。一般家庭の99%が、少なくともラジオを1台持っていた。1997年には1万2,000以上の放送局が開局していた。

　ニュースとトークショーは、大きなマーケットを持つ地域で人気が高かった。他方、主な番組フォーマットで人気があったのは、アダルト・コンテンポラリー・ミュージックとトップ40番組、次いでカントリー・ミュージックだった。年間40億ドル以上の収益を上げている巨大な音楽産業が、ラジオの音楽番組を豊かなものにしていた。2,000以上のカントリー&ウェスタン・ミュージックの局があり、聞き手を刺激していた。音楽、ニュース、スポーツをネットワークの主要番組とするラジオは、人びとに何かしら役立っていた。実際にはFCC基準が緩やかになるにつれ、とくに小さな局で、ラジオニュースの総量が減っていった。

　FM放送局を聞いている人は増え続けた。AM放送局は、現状維持でラジオ

は安定したメディアだということが判明し、衛星はラジオに新しい生命を吹き込む一助となった。AM 放送局の経営者にとって頭痛の種といえば、ステレオ方式の伝達への大規模な変換だった。それはピッツバーグの KDKA において 1982 年に始まったが、技術的な問題によって遅れていた。もう 1 つのラジオ改良の可能性は、ケーブルの使用にあった。これは、高い音質を伝送することができることを意味した。全体的に、ラジオは人気があった。12 歳以上の聞き手の 95% が少なくとも週に 1 度はラジオを聞いていた。規制緩和の流れに乗り、FCC は 1990 年までにさらに 1,000 局が開局する機会を作った。

　この他に、英国放送協会 (BBC) 主導で、161 の国が短波用ラジオ番組を放送した。BBC は 1 億人の大人が毎週短波放送を聞いていると主張した。ソ連の番組が最も多く放送された。[27]

　1995 年、タイム・ワーナー社系の WEA を筆頭に 6 つの巨大企業が、ラジオと密接に結びついたレコード業界を支配した。古いレコード会社の名称であるキャピタル、RCA、コロンビア、モータウンなどが、UNI、CEMA、ポリグラム、BMG、ソニーといった企業名の下に包括された。独立した配給業者は、この業界のたった 15% に過ぎなかった。

　1999 年初頭、FCC は少数民族向けのラジオ局の広告収入が適正な占有率を保っていないという研究結果を示した。これは何年間も少数民族の所有する放送局が指摘していたことである。報告は、少数民族によって所有されている放送局の 91% が、広告主から時間を買わないといわれていると指摘している。FCC は広告主たちに、少数民族によって所有されている、あるいは少数民族を対象としている放送局の広告を買わない姿勢を撤回するよう勧告した。[28]

業績を維持する映画界

　アメリカの映画は 1970 年に週間動員数が 1,770 万人という、最低記録にまで落ち込んだ。理由は、テレビというライバルとアメリカ人の娯楽の好みの変化にあった。しかし 1975 年までに、その数は約 2,000 万人にまで戻り、1980 年代はそれ以上を維持した。1963 年には、映画館の総売り上げが 10 億ドル以下に落ち込んでいたが、1984 年には 40 億ドルの新記録を立てた。その主な理由はもちろん、インフレーションと上昇するチケット価格のためだった。1989 年と 1990 年には、50 億ドルを上回った。1990 年代初頭、劇場総収入は 50 億ドルを少し下回ったが、1994 年にはおよそ 54 億 2,000 万ドルに届いて

いる。ビデオテープとケーブルテレビの売り上げは、映画制作会社の総収入の57％を占めた。映画館でのチケット収入の方は30％だった。映画館は、1994年に2万5,000以上あったが、その多くは同じポップコーン・スタンドを共有する小さな映画館の集まりだった。ほとんどの映画制作会社は、所有者が変わっていた。MGMは1973年に会社をたたむにあたって、その小道具を競売にかけた。クラーク・ゲーブルのトレンチコート、ベン・ハーの二輪戦車、ジュディ・ガーランドの赤い靴もあった。しかし、毎年春のアカデミー賞の季節には、「映画を見に行く」ことがまだ確実にアメリカ人の習慣になっている。

フランスのヌーベル・バーグの流れをくんだ「ニュー・アメリカン・シネマ」が、1960年代後期に現れた。メカス兄弟が作った雑誌フィルム・カルチャーがその道標となった。ジョナス・メカス (Jonas Mekas) は1964年に『監獄』(The Brig) を作った。ケネス・アンガー (Kenneth Anger) は1966年に『スコルピオ・ライジング』(Scorpio Rising) を作った。高得点を稼いだのは、デニス・ホッパーの『イージー・ライダー』(Easy Rider) だった。これは、1969年制作の低予算映画（37万ドル）だったが、広く観客の支持を得た。ホッパー、ピーター・フォンダ、ジャック・ニコルソン、カレン・ブラックは、若い観衆に対する反抗的な物言いで、映画出演者の頂点に立った。これは映画の"オトュール (auteur) 理論"のアメリカでの出現を意味していた。つまり監督が、創造力の源だと見なされるようになったのである。

ウォーレン・ビーティーとフェイ・ダナウェイは、アーサー・ペン (Arthur Penn) が1967年に作った『俺たちに明日はない』(Bonnie and Clyde) で、"暴力のための暴力"という様式を打ち出した。他方、世代間のギャップを描写しているマイク・ニコルス監督の2つの映画があった。1967年制作、ダスティン・ホフマンを売り出した『卒業』(The Graduate) と、1969年制作の『さよならコロンバス』(Goodbye Columbus) である。ロバート・アルトマンが1970年に作った映画『マッシュ』(M*A*S*H) は、テレビの視聴者に朝鮮戦争の轍を見せた。フランシス・フォード・コッポラは、1972年制作の『ゴッドファーザー』(The Godfather) で、マーロン・ブランドに演技指導した。これは、マフィアの物語だった。コメディーでは、ポール・ニューマンとロバート・レッドフォードが、1973年制作の『スティング』(The Sting) で絶賛を浴びた。1977年には、ウッディー・アレンとダイアン・キートンが『アニー・ホール』(Annie Hall) で大成功した。

オトゥールの典型だったウォーレン・ビーティーは、1981年に『レッズ』

(Reds) の脚本、監督を担当し、さらに出演した。この映画は 1917 年のロシア革命によって混乱に巻き込まれたジョン・リードとアメリカの急進的な運動の話だった。叙事詩『ガンジー』(Gandhi) は 1982 年に作られた苦心作で、歴史的な出来事を描いており、監督はリチャード・アッテンボローだった。主演のベン・キングスリーが、マハトマを演じた。もう 1 つの風変わりなオスカー受賞作は 1984 年制作の『アマデウス』(Amadeus) で、ミロス・フォアマン (Milos Forman) が監督した。これは、モーツァルトの晩年をフィクションとして描いた作品だった。

1985 年のオスカー賞では、2 つの映画がそれぞれ 11 部門でノミネートされた。しかし受賞したのは 1 つの作品だけだった。シドニー・ポラック (Sydney Pollack) 監督の『愛と哀しみの果て』(Out of Africa) では、主演のメリル・ストリープが不運なアイザック・ディンセンを演じて、7 部門で賞を独占した。スティーブン・スピルバーグ監督の『カラー・パープル』(The Color Purple) では、ウーピー・ゴールドバーグが夫に搾取され続けた黒人女性を演じて、スターダムにのし上がったが、賞は逃した。スピルバーグは、歴代興行収入上位 10 作品のうちの 4 作品を監督した。『E.T.』(The Extra Terrestrial) は、その年のオスカーにはノミネートされなかった。しかし、1993 年に『シンドラーのリスト』(Schindler's List) でオスカーに輝き、同作品は他に 6 つのオスカーも獲得した。2 つの写実的で暴力的な映画が、東南アジアでの戦争から生まれた。1 つは、オリバー・ストーン監督のベトナムにおける自叙伝的な映画『プラトーン』(Platoon)、もう 1 つは、カンボジアの苦境を描いた『キリング・フィールド』(The Killing Fields) である。『プラトーン』は、1986 年にオスカーを受賞した。『ドライビング・ミス・デイジー』(Driving Miss Daisy) は、ベテラン女優ジェシカ・タンディが主演し、1989 年にオスカーを受賞。ケビン・コスナーの『ダンス・ウィズ・ウルブス』(Dances with Wolves) は、アメリカ先住民族の生活を描いた叙事詩で、1990 年に 7 部門で賞を独占した。

セックス、ホラー、ロック・ミュージックを前面に出した映画がたくさん作られ、それらの観客の半分以上が 25 歳以下だった。シルベスター・スタローンが演じた乱暴で好戦的愛国主義者の『ロッキー』(Rocky) は、続編が 2、3、4 と出た。これは、1 作目が当たると金目当てに続編を作るハリウッドの手法の典型となった。スタローンの『ランボー』(Rambo) も有名になった。1994 年制作の『パルプ・フィクション』(Pulp Fiction) は再び、ハリウッドの一見いわれのない暴力の問題を俎上に乗せた。

映画館の売り上げを見ると、3本のサイエンス・フィクションないしファンタジー映画が、アメリカ映画空前の好評を博していた。その筆頭はアメリカとカナダで3億ドル以上を売り上げた、1982年制作の『E.T.』だった。これは、宇宙からの小さな訪問者と地球上の幼い友人たちを巡る、人間味溢れる大作だった。第2位は1992年制作の『ジュラシック・パーク』(Jurassic Park) で、スティーブン・スピルバーグ監督の恐竜スリラー映画だった。第3位は『スター・ウォーズ』(Star Wars) で、これはジョージ・ルーカスの、ルーク・スカイウォーカー、R2-D2と、はるかかなたの世界についての劇的なアクション映画の第1作だった。僅差で続くのは、1994年制作の『ライオン・キング』(The Lion King) で、子供たちのためのディズニー・アニメの物語だった。同じく1994年制作の『フォレスト・ガンプ』(Forrest Gump) は、1960年代とその後の激変する時代を生き残った、無邪気で汚れなき人の物語だが、これも大健闘した。一方、トップ20位で見れば、1975年制作の『ジョーズ』(Jaws) と、1983年にジョージ・ルーカスが制作した『スター・ウォーズ』の続編『ジェダイの復讐』(Return of the Jedi) が依然としてランクインしていた。

　1995年初頭に、ドリームワークスという名の新しい強力な会社の設立が発表された。これは、スティーブン・スピルバーグが音頭をとったもので、映画制作業界を震撼させた。これと同時期に、シーグラムがMCAを買い、ユニバーサル映画の株の過半数の買収を終えた。他にもいろいろと動きがあった。ワーナー・ブラザーズ、ソニー、パラマウント、ディズニー、フォックス、MGM/UAといった会社で、再編成と所有権変更の可能性があった。1998年の映画シーズンは『タイタニック』（ジェイムズ・キャメロン監督、主演をケイト・ウィンスレットとレオナルド・ディ・カプリオが務めている）が多くの長く続いて来た記録を破る快挙を成し遂げた。この映画がオスカーをほぼ総なめにし、これまでで最高の総利益を上げる映画となった（表20-8参照）。1997年には『スター・ウォーズ』3部作が再公開されたが、追加されたシーンがキャラクターやプロットをさらに際立たせ、新たに磨かれた映像が観客を驚かせた。『スター・ウォーズ』シリーズは、『スター・ウォーズ・エピソード1─ファントム・メナス』が1999年に封切られた時、最初の10週間で4億300万ドル以上を売り上げ、成功疑いなしのヒット・シリーズであった。

表20-8　映画の興行収益　歴代上位作品　(1999年7月27日まで　単位：百万ドル)

	国内総収益	公開年度
タイタニック	601	1997
スターウォーズ	461	1997
スターウォーズ：ファントム・メナス	403	1999
E.T.	400	1982
ジュラシック・パーク	357	1993
フォレスト・ガンプ	330	1994
ライオン・キング	313	1994
リターン・オブ・ジェダイ	307	1983
インディペンデンス・デイ	306	1996
エンパイア・ストライクス・バック	290	1980
ホーム・アローン	285	1990
ジョーズ	260	1975

出典：USAトゥデイ、1998年3月16日、エグジビター・リレイションズ社の統計
[http://movieweb.com/movie/alltime.html]。

21世紀に向かう雑誌

　アメリカで最も影響力を持ち、成功したメディア・グループの1つは、相変わらずタイム・ワーナー(Time Warner)のタイム・マガジン社(Time Inc. Magazine Co.)だった。編集主幹ヘンリー・アナトール・グランウォールド(Henry Anatole Grunwald)の後任は、1987年に就任したジェイソン・マクマナス(Jason McManus)だった。彼は編集局長のヘンリー・マラー(Henry Muller)に、伝統的なやり方を変える自由を与えた。例えば、1991年にはタイムに掲載される記事の3分の1が、特派員たちによる署名記事で、その記事はニューヨークで手を加えずに掲載された。1992年にマクマナスは、タイムのために斬新ですっきりとしたデザインと構成を導入した。彼は1995年に引退し、ノーマン・パールスタイン(Norman Pearlstine)がヘンリー・ルースの時代から数えて5代目の編集主幹になった。

　1997年には、タイムの国内発行部数は毎週410万部を越えた。5種類の海外版を加えた全体の発行部数は、550万部以上になった。衛星を介して、アメリカ、ヨーロッパ、アジアにある印刷工場へ、同誌のページ毎の画像が伝送された。同誌は1990年代初期、少なくとも19の海外支局に29人の特派員を配置しており、国内には10の支局があり、40人の記者がいた。さらに450人のスタッフがニューヨークにいた。タイム・ワーナーはアメリカ最大の印刷メデ

ィア会社で年収25億ドルだった。手軽に読める雑誌のピープル・ウィークリーは発行部数360万部、スポーツ・イラストレイティッドは320万部を越えた。月刊として復刊したライフは、往年のフォト・ジャーナリズムとしてのインパクトはなかったが、それでも180万部を売った。フォーチュンは隔週で73万2,000部が発行された。

タイム社は1970年代後期と1980年代に、数冊の新しい雑誌の出版を試みた。その中でただ一冊マネーが成功し、1994年には発行部数が210万部に達した。高価な失敗は、TVケーブル・ウィークと、ピクチャー・ウィークだった。そして失望させられたのは、エンターテイメント・ウィークリー、レジャー、科学雑誌ディスカバーだった。また、アジアウィーク、プログレッシブ・ファーマーの他、サザン・リビングを筆頭に3冊の女性誌を買収した。その他、ワーキング・ウーマン、ワーキング・マザー、ペアレンティングにも一部資本参加した。エリザベス・バーク・ロング(Elizabeth Valk Long)は1986年に、ライフ担当のタイム社初の女性発行人になった。彼女は1991年にタイムの発行人となり、それから社長に就任した。1982年からピープルの編集局長を務めたパトリシア・ライアン(Patricia Ryan)は、1987年にライフで、同じ職に就いた。

ニューズウィークは、毎週320万部を発行し、タイムの主要なライバルであり続けた。編集主幹はリチャード・M・スミス(Richard M. Smith)で、国内外の支局が多数あった。U.S.ニューズ・アンド・ワールド・リポートは、1984年にメディア投資者モーティマー・B・ザッカーマン(Mortimer B. Zuckerman)によって買収され、保守的な傾向のニュース雑誌として220万部の発行部数を記録した。ビジネス・ウィークは88万6,000部で、手ごわいライバル誌だった。保守的なワシントン・タイムズの所有者たちは、1985年に週刊ニュース雑誌インサイトを刊行した。編集主幹は、アーノード・ドゥ・ボッシュグレイブ(Arnaud de Borchgrave)だった。豪華な印刷のこの週刊誌は、1994年に44万部発行された。黒人が所有する写真雑誌エボニーは、毎月88万6,000部売れた。

質の高いオピニオン誌の中でも、ニューヨーカーは、アメリカのジャーナリズムの至宝であり続けていた。ウィリアム・ショウンは、1951年に創始者ハロルド・ロスの後継者として編集長になり、1987年に不本意ながら引退させられた。サミュエル・I・ニューハウス・ジュニア(Samuel I. Newhouse, Jr.)は、1985年に1億4,200万ドルでニューヨーカーを買収し、第3代編集長に

ロバート・A・ゴットリーブ (Robert A. Gottlieb) を指名した。ゴッドリーブは、ニューハウス系出版社アルフレッド・A・クノップの55歳の編集主幹だった。この時同誌の発行部数は62万部だった。ニューハウスは発行部数130万部のヴォーグも所有した。1983年には、1914年から1936年まで読書好きな金持ちのために出版されていたバニティー・フェアを蘇らせた。編集長にイギリス人のティナ・ブラウン (Tina Brown)、次いでグレイドン・カーター (Graydon Carter) を起用し、1994年には発行部数が120万部を突破した。ニューヨーカーがゴットリーブ編集長の下で1991年に1,000万ドルを失った後、ニューハウスは速やかに彼をティナ・ブラウンに替えて、出版界を仰天させた。ブラウンは1998年にニューヨーカーを離れた。

エスクワイアも話題をさらった。同誌の品質は、創始者のアーノルド・ギングリッチが1976年に手放した後に低下した。しかし、フィリップ・マフィット (Philip Moffitt) とクリストファー・ウィトル (Christopher Whittle) によって復活した。マフィットは、1986年の終わりにエスクワイアをハースト社の雑誌グループに売った時、2,000万ドルの投資から推定8千万ドルまで吊り上げた。1994年に、エスクワイアは初の女性発行人ナンシー・ナドラー・ルウィンター (Nancy Nadler LeWinter) を採用し、読者数は71万3,000人だった。雑誌ニューヨークは1977年にルパート・マードックによって買収され、その洗練された趣きの大部分を失ったが、42万7,000人の読者がついていた。同誌は1991年にケー・スリー・ホールディング社のパートナーシップによって買収された。

スミソニアンは、写真技術に優れ、旅行記事が魅力な雑誌で、ドン・モザー (Don Moser) 編集長の下、220万部を売った。由緒ある雑誌アトランティックは、1980年にモルティマー・ザッカーマンへ売却され、ショッキングな社会問題の記事を多数掲載した。1994年には、ウィリアム・ウィッツワース (William Whitsworth) 編集長とジェイムズ・ファロウズ (James Fallows) ワシントン担当編集長の下、46万1,000部を発行していた。ハーパーズは、新しい発行人ジョン・R・マッカーサー (John R. MacArthur) のおかげで、1981年に倒産を免れた。マイケル・キンスレー (Michael Kinsley) が18か月に渡って編集を担当し、小康を得た。キンスレーが1983年の終わりに、ニュー・リパブリック誌上のTRBコラムを引き継いだ時、前編集長ルイス・ラッファムが、20万7,000部発行のハーパーズの"安楽椅子"の座に返り咲いた。サタデー・レビューは、1982年に廃刊した。しかし1983年に、最初はジェフリ

ー・グラック (Jeffrey Gluck) とデブラ・グラック (Debra Gluck) 夫妻によって、そして次にそれを隔週誌にしたデイビッド・L・シンプソン 2 世 (David L. Simpson II) とポール・ディートリヒ (Paul Dietrich) によって、一時的に復活した。

テキサス・マンスリーは 1973 年に設立され、因習を打ち破る調査報道の手法によって、発行部数 31 万部を勝ち取った。イン・ジーズ・タイムスは、1976 年にジェイムズ・ワインスタイン (James Weinstein) によって創刊された、左派の強力な主張を前面に出した雑誌だった。このニュース週刊誌は、1994 年に約 3 万 2,000 部を発行していた。行動主義的なオピニオン誌でもう 1 つの新しいものは、マザー・ジョーンズだった。これは、協力的なスタッフの努力によって、1976 年にサンフランシスコ で発刊された。ディードラ・イングリッシュ (Deidre English) とマイケル・ムーア (Michael Moore) の采配で、発行部数は 1990 年代半ばには 11 万 5,000 部に達した。1969 年に、編集主幹チャールズ・ピーターズ (Charles Peters) は、政治に対する鋭い論評誌として、威勢の良いワシントン・マンスリー を発刊した。ネイションは、ビクター・ナバスキー (Victor Navasky) 編集長の下、1994 年に 9 万 6,000 人の読者を掴んでいた。ネイションほど急進的ではないニュー・リパブリックは、アンドルー・サリバン (Andrew Sullivan) 編集長の下、10 万部発行された。保守的なナショナル・レヴューは、ウィリアム・バックリー (William Buckley) の指揮の下、16 万 8,000 部発行された。エルウィン・ノールは、ウィスコンシンで自由主義思想と批判精神に寄与する、プログレッシブを維持した。彼は 1994 年に亡くなったが、雑誌は続いた。

科学雑誌は 1970 年代には勢いがあったが、1980 年代半ばに支持を失った。サイエンティフィック・アメリカンは、1846 年に創刊された。66 万 3,000 人の高度な専門家の購読者に読まれたが、急激な広告収入の減少に苦しんだ。サイエンス・ダイジェストは 1986 年に休刊した。サイエンス '86 はタイム社のディスカバーに、その 63 万 5,000 人分の定期購読契約者リストを売った。ディスカバー自体も利益を上げるためには、発行部数が 100 万部レベルになる必要があった。同誌は 1987 年にファミリー・メディア・グループ に売却された後、そのレベルに達した。SF ファンタジー雑誌であるオムニは、プレーボーイ・インターナショナルが出版元で、1994 年には 70 万 3,000 部を発行し、最も多くの広告を獲得した。

リーダーズ・ダイジェストは、アメリカの雑誌の中で最多部数 1,630 万部を

国内で発行していた。さらに 40 の海外版が 16 言語で出版され、その部数は 1,200 万部を越えた。TV ガイドは地域版で 1,490 万部を売った。ナショナル・ジオグラフィックは家族向けで、部数が 970 万部に達した時、十分な部数を印刷するのにてこずる程だった。

　雑誌全体では、1994 年には全ての領域で 1 万 6,000 に及ぶ雑誌が刊行されていた。そのうちの約 3,000 誌が、一般の関心を網羅するような消費者向けの雑誌だった。最も大きな分野はビジネスや一般誌で 8,649 誌あった。宗教関係の雑誌は 802 誌、農業関係の専門誌は 628 誌あった。毎年およそ 600 もの新しい雑誌が成功を期して出版される。表 20-9 は、発行部数の多い雑誌の一覧である。

表 20-9　発行部数の多い雑誌　トップ 15　1997 年

	発行部数
モダン・マチュリティー	20,390,755
リーダーズ・ダイジェスト	15,038,708
TV ガイド	13,103,187
ナショナル・ジオグラフィック	9,012,074
ベターホームズ＆ガーデンズ	7,605,187
ファミリー・サークル	5,107,477
グッド・ハウスキーピング	4,739,592
レディーズ・ホーム・ジャーナル	4,590,155
ケーブル・ガイド	4,544,778
ウーマンズ・デイ	4,461,023
マックコールズ	4,216,145
タイム	4,155,806
ピープル	3,608,111
プリベンション	3,310,278
スポーツ・イラストレイテッド	3,223,810

出典：『アドバタイジング・エイジ』1998 年 2 月 23 日、p. 28。

書籍出版

　アメリカの書籍出版業界は、1998 年に 230 億ドルを超える総売上高を享受した。読書好きの大衆向けに販売される一般図書、小説、ノンフィクションの売上げは倍増し、1990 年には 40 億ドル、1994 年には 50 億ドル近く、1998 年には 61 億 5,000 万ドルに達した。公立の学校と大学の教科書の売上げが、40 億ドルを上回る一方で、ペーパーバックは 15 億ドルを売上げた。最も売上

げが伸びていたのは、子供向けの本だった。

　2万2,000以上の出版社が、毎年4万9,000種類の新しいタイトル、あるいは新しい版を発刊し、総合計約20億冊の本を出版した。あらゆる種類の出版販路は全部で2万7,809あった。そのうちの2分の1は、新刊の一般向け書物を扱った。一般書とペーパーバックの半数以上は、2つの全国的な販売網、バルデンブックスとB・ダルトン／バーンズ＆ノーブルによって販売された。これらの販売網では、コンピュータ化された在庫管理と注文システムを取り入れていた。B・ダルトン (B. Dalton) の800の店舗は、ニューヨークの書店だったバーンズ＆ノーブル (Barnes & Noble) によって、1986年に買収された。オンライン書店のアマゾン社は、1995年に創業し、1999年の第1四半期に2億9,360万ドルの売上げを記録した。同社は、書籍のほか、音楽やビデオ、ギフトなども販売し、最近ではオークションのサイトも開設している。

　サイモン＆シュスター社は、1975年以来、最高経営責任者リチャード・E・スナイダー (Richard E. Snyder) に率いられ、世界最大の出版社となった。110の販売拠点でおよそ40の子会社名の下に、14億ドルを売上げた。主な子会社は、教育とビジネス関係の出版大手プレンティス・ホールで、1984年に7億1,000万ドルで購入した。1992年にプレンティス・ホールは、経費節減のために別会社として切り離された。バイアコム社が、パラマウントを獲得した1994年まで、両社ともパラマウント・コミュニケーションズのコングロマリットの一部だった。1994年の第2四半期、バイアコムの総収入は17億ドル、出版だけでも4億6,900万ドル以上だった。1998年11月、パーソンPLCが、サイモン＆シュスター社の教科書部門を46億ドルで獲得した。これによって同社は、世界で最大の教育出版社となり、全米市場の3分の1を占めるに至った。

　ランダム・ハウスは、ニューハウス系列のアドバンス・パブリケーションズに所有されていたが、1988年にクラウン・パブリッシング・グループを獲得した後、一般図書では最大の出版社になった。ランダム・ハウスは、アルフレッド・A・クノップ、パンテオン、タイム・ブックス、ヴィラード、バランタイン・ブックス、ファウセットといった出版社も所有した。バンタム・ダブルデイ・デルが2番目に大きな出版社だった。これに続くのは、マクミランを買収したサイモン＆シュスター、ハーパーコリンズ、ペンギンUSA、パットナムだった。

　1990年、パンテオンに失望した大量の編集者の辞職は、損失を食いとめ反対

意見を押さえるために、黒人の編集局長エロール・マクドナルド (Errol McDonald) の指名をもたらした。ニューハウスは、イタリア生まれのアルベルト・ビタリ (Alberto Vitale) が、ランダム・ハウスの新しい最高経営責任者として、難しい時代を乗り切ることを期待した。ニューハウスは、ロバート・A・ゴットリーブ がニューヨーカーの編集長になった時、品位の高い出版社アルフレッド・A・クノップの後任編集主幹に、アジャイ・シン・メタ (Ajai Singh Mehta) を起用した。インド人でケンブリッジ大学を卒業したメタは、イギリスで最大のペーパーバック会社を仕切っていた。

ルパート・マードックのニュース社は、1990年に3社合併から、ハーパーコリンズを作った。新しい会社は一般向け書物出版で攻撃的な挑戦を開始し、大学用教科書出版界で5番目に大きな出版社になった。1987年、ハーパー＆ローの従業員はマードックに株を売った。1989年には、イギリスの大手出版社ウィリアム・コリンズ＆サンズの買収を完了した。さらにタイム・ワーナーからは、教科書出版会社スコット・フォレスマンを購入した。スコットランド人のジョージ・クレイグ (George Craig) が、ハーパーコリンズの最高経営責任者だった。スーザン・モルドウ (Susan Moldow) は、同社の大人向け一般図書の編集長だった。

1980年半ばの特徴は、ヨーロッパの出版社へのアメリカの出版社の身売りだった。ドイツのホルツブリンク・グループは、CBSからホルト・ラインハート・ウィンストンを買った。後に、ヘンリー・ホルトと社名変更された。ロンドンのペンギン・パブリッシング・カンパニーは、世界的な事業展開に、ニュー・アメリカン・ライブラリーと、そのハードカバーを取り扱うE・P・ダットンを加えた。ドイツのベルテルスマン・A.G. (Bertelsmann A.G.) は、ダブルデイ・カンパニーの買収に4億7,500万ドルを支払った。同社はすでに、30社からなる世界規模の出版グループに目をつけて、1980年にバンタム・ブックスを獲得していた。

バーンズ・アンド・ノーブルのようなスーパーストアの台頭は、オンラインの巨大書店アマゾンと同様、競争を激化させた。多くの個人書店が閉店に追い込まれ、1997年末には950を超える数のスーパーストアがあると推定された。表20-10は、出版産業界における繁盛している店舗の概要である。ハードカバーの出版社とペーパーバックの出版社の間の変化に着目すると興味深い。

表20-10　主な出版社　1997年

ハードカバー	出版全体における占有率
ランダムハウス	22.8
タイム・ワーナー	15.3
ペンギン・パットナム	13.7
サイモン＆シュースター	11.1
バンタム・ダブルデイ・デル	11.0
ハーパーコリンズ	10.7
ハースト	3.0
ハイペリオン	2.9
フォン・ホルツブリンク	2.4
グローブ／アトランティック・マンスリー	1.7
ノートン	1.7
ロングストリート	1.6
その他	2.1

ペーパーバックス	出版全体における占有率
ランダムハウス	23.2
ペンギン・パットナム	18.8
バンタム・ダブルデイ・デル	17.7
サイモン＆シュースター	14.0
ヘルス・コミュニケーションズ	7.0
タイム・ワーナー	6.5
ハースト	4.3
ハーパーコリンズ	2.9
ハイペリオン	2.7
アンドリュー・マックミール	1.1
その他	1.8

占有率は1997年にベストセラーとなった1530冊のハードカバーと、1530冊のペーパーバックを元に割り出してある。
出典：『パブリッシャーズ・ウィークリー』1998年1月5日号、p. 40。

専門家としての広報

　推定15万にのぼる実務家が、アメリカで広報や広報関係の機関に従事していた。その大部分が、何かしらのコミュニケーション活動の専門家だった。経営・管理に通じる者も多少いた。およそ1,500社の広報カウンセリングの会社があった。オドワイアー社の企業名鑑の包括的な調査によれば、アメリカの大企業の3分の1は、社外コンサルタントを雇っていた。2,675の大企業や貿易関係団体の80％が、PR、企業広報、パブリック・インフォメーション、通信企業、渉外といった組織名で、独自性のある広報活動を報告した。

最大の広報カウンセリングサービスは、広告取り扱い高が最も高いヤング＆ルビカムで、ケッチャム・コミュニケーションズ、I.M.S. インターナショナル、BDO ヘルス・アンド・メディカルが続いた。この他のトップ 10 企業は以下の通りである。Mickelberry、Carlson Marketing Group、Chiat/Day/Mojo Advertising、Hill & Knowlton、Entergy Services、Croswell、Munsell、Fultz & Zirbel。PR 企業トップ 50 社の 3 分の 1 が、広告代理店の子会社だった。アメリカ医師会、アメリカ労働会議総同盟産別会議、全国製造業者連盟、全米ライフル協会 といった団体の広報部門は巨大で、論争の的だった。広報の一流企業は、PR 運営の方針決定と、コミュニケーション技術を使った実際の運用部門の双方に関わった。

アメリカ広報協会 (Public Relations Society of America＝PRSA) は、1948 年に設立された。1 万 5,000 人の会員の半分を、女性が占めた。1965 年に同協会が堅苦しい基準認定制を取り入れて以来、およそ 3,000 人がプロの認可を得た。PRSA の会員組織には、一般広報の専門家が集まる傾向があった。他方、国際ビジネス・コミュニケーター協会 (International Association of Business Communicators) には 1 万 1,000 の会員がおり、出版編集者と情報の専門家が集まった。国際 PR 連合 (International Public Relations Association) は、1955 年に設立され、50 か国に 700 人の会員がいた。金融、農業、教育、社会福祉といった分野に、恐らく 20 以上の専門的な広報関係協会があった。どのような段階の活動にせよ、関わる人びとは、受容されうる行動基準のために奮闘する傾向にあった。

PRSA の使命には、この職業に関わる人びとのつながりを保ち、この分野における教育を奨励し続け、この職業の遂行にあたって高い基準を維持し、パブリック・サービスに貢献するといった目標が含まれている。21 世紀への変わり目において、PRSA は全米に 109 の支部があり、それらは 10 の地域にグループ分けされていて、会員たちにさまざまな職業上の便宜を図ることで、PR の専門家たちのさらなる連係を促進している。

世界的な広告業

世界最大の広告会社は、ロンドンの WPP グループだった。1980 年代後期に、アメリカの大手広告会社を買収することで大きくなった。J. ウォルター・トンプソンやオギルビー＆マザーもこれに含まれた。WPP の 28 億ドル以上の総

収入は、総収入19億9,000万ドルで世界第2位のインターパブリック・グループ・ニューヨークを遥かに凌いだ。インターパブリックは、マッキャン＝エリクソン・ワールドワイドも所有していた。

その他で取扱高が多いのは、ニューヨークのオムニコム・グループ、1980年代の大半において世界をリードしていたロンドンのサーチ・アンド・サーチ、東京の電通、ニューヨークのヤング＆ルビカムだった。

アメリカの年度別総広告料は、1980年の2倍以上の1,300億ドルに達した。およそ40万人が主要な広告業務に就き、100万人もの人が関連業務に従事した。およそ5,000の広告代理店があったが、アメリカ広告代理店協会(4AS)の会員700社が、この業界の4分の3をコントロールした。

この業界の特色の1つが、とくにテレビでの比較広告業にあった。連邦取引委員会は、消費者は賢いだろうという憶測の下に比較広告を奨励した。大衆は次のような2社間の比較広告合戦を目の当たりにした。ピザメーカーのジェノズピザとトティノスピザ、ファーストフードチェーンのマクドナルドとバーガーキング、清涼飲料のペプシとコカコーラ、ビデオゲームメーカーのアタリとインテリビジョン、などである。時々これらの戦いは、法廷で決着した。嘘をついたり誤解を招かない限り、競争相手をけなすことができるというのが、ルールだった。広告業界のもう1つの特徴は、企業広告にあった。GTEとTRWは、IBMの場合と同じように、大衆が自分たちを意識することを目指した。

大衆の心の中に製品を植えつける1980年代の努力は、ターゲット広告の形をとった。そこでは、その製品がいかにさまざまなライフスタイルにフィットするかがアピールされた。サイコグラフィックスの集中的な研究によって、キャンペーンの土台が築かれた。ここでは、年齢、性別、収入によるのと同じように、価値やライフスタイルによって、人びとを分類していった。スタンフォード調査研究所がVALS (Values and Life Styles)を作った。これは人々を、年齢や職業によって分類するというよりもむしろ、塊ごとに分ける方法だった。

テレビ広告費の膨大な増加は、広告主側の抵抗をもたらした。15秒CM（30秒のスポットを2つの関連した製品が分けあう）と90秒のブロックバスターが試された。ゴールデンタイムにネットワーク上の30秒の時間を買うには、最高25万ドルかかった。もし1995年のスーパーボウル放映時に30秒を買おうとすれば、100万ドル必要だった。1984年のスーパーボウルの合い間に一度だけ使われたアップル社の有名なCM以来、多くの人びとがそのCMを見るためだけにスーパーボウルにチャンネルを合わせるようになり、広告主たち

はそれをよいこととした。1999年のスーパーボウルは40.2%しか視聴率を獲得できなかったが（前年度は44.5%）、多くの広告主たちは、スーパーボウルでの60秒CMによって、他の多くのメディアでの通年広告よりも多くの人びとに接触できることに注目している。

アドバタイジング・エイジの業界順位リストによると、J・ウォルター・トンプソンとオギルビー＆マザーが最優秀広告代理店として常に名前が上がっていた。チャット・デイ・モジョは、創造性の点で高く評価された。ミネアポリスのファロン・マックエリゴットも同じだった。その他、地域に根づいた代理店で注目に値するのは、以下の通りである。ボストン；ヒル、ホリデイ、コンナー、コスモピュロス。サンフランシスコ；ケッチャム広告社、グッバイ、ベルリン＆シルバースタイン。ヴァージニア州リッチモンド；マーチン・エージェンシー。シアトル；リビングストン・カンパニー。オレゴン州ポートランド；ビーデン＆ケネディ。ダラス；リチャード・グループ。

女性たちが最も高い役職に就き始めた。テイタム＝レアード社のシャーロット・ビアーズ (Charlotte Beers) は、アメリカ広告代理店協会の会長になった最初の女性である。ルイーズ・R・マクナミー (Louise R. McNamee) は、1988年にデラ・フェミナ・マクナミー・WCRS社が設立された時、自分の名前が広告代理店の名前になった最初の女性になった。彼女は会長だった。インターパブリック・グループは、子会社の中の2社で専門職の半数を女性が占めていると報告した。

国際的な人工衛星の技術

世界規模の衛星ネットワークは、個人通信、商業通信、政府レベルの通信システムの中核をなしており、他の技術と同様の早さで変化した。1つの例を挙げよう。アメリカ最大の携帯電話会社と最大のコンピュータ・ソフトウェア会社の首脳陣が、840基の衛星を使うシステムの構築を計画した。90億ドルかかるこの計画の前では、どんな他の人たちも小さく見えた。マイクロソフトのウィリアム・ゲイツと、マッコー・セルラー・コミュニケーションズを創設したクレイグ・マッコー (Craig McCaw) が、テレデシック社を作った。

そのアイデアは、通常より小さな人工衛星を、低軌道上（およそ高度435マイル）に設置するというものだった。これらの12フィート×3フィートの大きさの人工衛星には、新しいビデオ伝送システムが設置される予定で、この

システムは、銅線や光ファイバーによる大容量システムと競争すると思われた。しかし、地球の大きな広がりをカバーするためには、いくつもの人工衛星を、少なくとも 20 の異なった軌道上に乗せる必要があると思われた。システム全体が運用される前に、国際的な規定を作っている団体からの認可や、多分個々の国からの認可が必要と推測された。モトローラ社は人工衛星を 66 基使う電話システムを計画した。

1990 年代の激しい競争は、1986 年のレーガン政権の決定によって口火を切った。その決定は、国内の民間ロケットメーカーに対する、人工衛星打ち上げ事業の奨励だった。転機は、1986 年 1 月のスペースシャトル・チャレンジャーの崩壊だった。もちろん政府は、軍用と科学用の機器を積んだスペースシャトルを、打ち上げ続けた。

国内外の通信取り引きに関わるアメリカの主要企業は、AT&T、ゼネラル・エレクトリック、GTE、ヒューズ・エアクラフト、ウェスタン・ユニオン、サテライト・ビジネス・システムズ (SBS) だった。数多い通信サービスの中で、AT&T が打ち上げた衛星テルスターは、ABC と CBS を伝送した。ゼネラル・エレクトリックは、NBC を受け持ち、さらに RCA の衛星サットコムを使って、ヒューズ・エアクラフトとともに、ケーブルネットワークの大手キャリアーになった。ウェスタン・ユニオンは PBS と NPR を伝送した。SBS はテレビ会議、コンピュータ、その他のビジネス通信を専門に扱った。国際通信のためにアメリカ企業が民間衛星を打ち上げるという計画の方は、国際電気通信連合 (International Telecommunications Union＝ITU) に加盟する発展途上国の反対を受けた。ITU は国際連合の一機関で、衛星に関する規則を管轄している。

アメリカは、1962 年 7 月 10 日に AT&T のテルスター打ち上げが成功した時、国際衛星通信に関わるようになった。これによって初めて、アメリカとヨーロッパ 間で映像の生中継ができるようになった。これらは、数分間続くステージ・ショーで、信号が移動している衛星から地上に返送された。RCA リレーは、ケネディ大統領が暗殺された時、23 の国にその映像を送った。打ち上げた衛星による継続的なサービスを開発する努力、つまり完全な静止衛星軌道 (地球上の一地点の真上に衛星を保つ軌道とスピード) を成し遂げる努力は、ハワード・ヒューズ社が 1964 年に シンコム III を打ち上げたことによって結実した。世界中を均等にカバーする 4 つの静止衛星によって、地球上の人が住むあらゆるところへ、テレビを放映することができた。

コムサット (Communications Satellite Corporation) は、1962年に議会の暫定機構として作られた。その目的は、アメリカの努力を統一し、国際的なリーダーシップをとることにあった。初めの22年間は、ジョゼフ・V・シャーリック (Joseph V. Charyk) 会長の指揮の下、技術的な進歩を成し遂げた。

　コムサットの業績の1つは、アメリカの国内衛星システムの計画の多くを支援する、世界初の商用静止通信衛星アーリーバードを1965年に打ち上げたことにある。さらに、国際電気通信衛星機構インテルサット (the International Telecommunications Satellite Consortium) との調整もうまくいった（訳者注：インテルサットはその後 International Telecommunications Satellite Organization に改名）。コムサット はインテルサットの25％を占めていた。1971年5月に、79国が参加するインテルサットの国際規約が改定された。しかし国際通信衛星に対する関心が高まったのは、1975年よりも後だった。それは HBO (Home Box Office) の成功がきっかけとなった。

　1977年に、インテルサット4号は、4,000以上の音声回路を伝送していた。その数字は1986年のインテルサット6号の時には、35,000回路以上に飛躍的に伸びていた。1988年と1989年のインテルサットは、容量が10倍になり、回路数も急激に増えた。インテルサットの16基の衛星は、170の国に利用されていた。このうちの110か国は、正会員だった。これらの人工衛星は国際電話の3分の2と、ほとんど全てのテレビ番組を伝送した。インテルサットの支配に対する1つの脅威は、光ファイバーへ切り替える電話会社が多少あることと、新しいシステムへの衣替えにあった。

　商用通信衛星は高度2万2,300マイルで、地球の周りを回った。

　国際衛星の利用法は、事実上限りがなかった。BBCは、週刊の世界的なテレビ番組の共同制作を思いついた。その番組は、プラネット3と名付けられた。内容は、ニュースイベントが、世界の別の場所ではどのように報道されているかを比べるものだった。ソ連で1986年に起きたチェルノブイリ原子力発電所大惨事の最初のニュース写真は、アメリカとフランスの人工衛星によって送られた。しかし、若干の懸念があった。米仏の衛星はいとも簡単に、軍の設備、核実験の場所、軍の策略の証拠を、把握することができた。放送局やその他の組織によって所有されるメディア用の衛星を打ち上げる計画が立案された。それは、ランドサットやSPOTによるもの以上に詳細な、画像の伝送を可能にするものだった。国防省は、危機感を抱き、1978年の大統領命令の施行を求める議論を展開した。これは、カーター大統領 によって署名されたもので、衛

表 20-11　宇宙飛行物体数の概要　(1998 年 12 月 31 日)

情報源となる国名	軌道上の物体			ディケイドした物体		
	ペイロード	残骸	合計	ペイロード	残骸	合計
アラブサット・コム /AB	6	0	6	0	0	0
アジアサット /AC	2	0	2	0	0	0
アルゼンチン /ARGN	6	0	6	0	0	0
オーストラリア /AUS	8	1	9	2	0	2
ブラジル /BRAZ	8	0	8	0	0	0
カナダ /CA	15	1	16	1	1	2
チリ /CHLE	1	0	1	0	0	0
ロシア /CIS	1367	2604	3971	1698	10070	11768
チェコスロバキア /CZCH	4	0	4	1	0	1
エジプト /EGYP	1	0	1	0	0	0
ヨーロッパ・スペースエージェンシー /ESA	31	209	240	4	493	497
ユーロスペース・レス /ESRO	0	0	0	7	3	10
ユーロテレコム・サット /EUTE	14	0	14	0	0	0
フランス・レップゲール /FGER	3	0	3	0	0	0
フランス /FR	30	16	46	7	59	66
ドイツ /GER	17	1	18	7	1	8
グローバル /GLOB	8	0	8	0	1	1
イント・マリット・サット /IM	9	0	9	0	0	0
インディア /IND	17	4	21	7	8	15
インドネシア /INDO	8	0	8	1	0	1
イリディウム /IRID	86	0	86	0	12	12
イスラエル /ISRA	3	0	3	2	3	5
インターナショナル・スペース・ステーション /ISS	1	0	1	0	1	1
イタリー /IT	8	2	10	6	0	6
イント・テレコム・サット /ITSO	56	0	56	1	0	1
日本 /JPN	68	51	119	12	94	106
韓国 /KOR	4	0	4	0	0	0
ルクセンブルク /LUXE	8	0	8	0	0	0
マレーシア /MALA	2	0	2	0	0	0
メキシコ /MEX	6	0	6	0	0	0
北大西洋条約機構 /NATO	8	0	8	0	0	0
ノーザンロード /NETH	0	0	0	1	0	1
ノルウェイ /NOR	3	0	3	0	0	0
オービチュアル・テレコム /ORB	28	0	28	0	0	0
パキスタン /PAKI	0	0	0	1	0	1
ポルトガル /POR	1	0	1	0	0	0
中国 /PRC	27	98	125	31	118	149
フィリピン /RP	2	0	2	0	0	0
スペイン /SPN	5	0	5	0	0	0
シンガポール・タイワン /STCT	1	0	1	0	0	0
スウェーデン /SWED	8	0	8	0	0	0
タイ /THAI	4	0	4	0	0	0
トルコ /TURK	2	0	2	0	0	0
英国 /UK	16	1	17	8	4	12
米国 /US	765	3178	3943	684	3421	4105
各項目の合計	2667	6166	8833	2481	14289	16770
総合計						25603

星によってニュース機関の首脳陣が望むよりも高い解像度を、制限するものだった。国家の安全保障と修正第1条に関わる「空のスパイ (spy-in-the-sky)」議論が、これからも続いていくだろう。自由論者もまた政府が組織的に国際通信を傍受しているという報告に、懸念を募らせた。

表20-11は軌道上の衛星の機能状況や、故障したり破損した浮遊物体などを示している。ロシアは1966年以来、衛星に関してはアメリカを凌いでいる。ペイロードの欄は、軌道上にある国別、企業別の衛星数（宇宙通信の容量など）である。

ニュースの国際的な流れ

第2次世界大戦後の数年間に、メディア技術の奇跡的な進歩によって、ニュースの国際的な流れがあることが明らかになった。それは、瞬時とは言わないまでも、ますます即時的になった。情報収集、ニュース作成、ニュースと情報の伝達が、よりよく行われる必要があったことも明らかだった。それゆえメディアは、利益になる上にニーズがあるとの認識から、世界的により均衡のとれたサービスを人びとに提供していった。

このようなコミュニケーションの改善に関して、障壁があった。その1つは、合衆国や西側同盟国と、ソ連および東側諸国との間に長い冷戦があったことである。その外側に、非同盟諸国が陣取っていた。これらの国ぐには、ニュースと情報の相互の流れに関して、第三世界の完全な参加を想定して、新世界情報秩序を作った。ユネスコの支持を得て、この大きな非同盟諸国のグループは、この問題に関する多くの議論を引き起こした。そして、西側のニュースと情報システムの改善のために、西側への働きかけを増やした。

アメリカ以外の国ぐにの文化的政治的発展における、アメリカのメディアの役割を調べた報告も増えた。アメリカのメディアを、アメリカの経済的軍事的帝国主義の武器と見ている報告が若干あった。一方、アメリカのメディアは、アメリカの大衆が受け取る、国外での出来事や外国の政策についてのイメージを歪めているという見方もあった。さらに、アメリカのメディアは、外国の大衆に、アメリカの社会的、政治的な信念の利点を「売りつけよう」と試みているのだ、という見方もあった。どこに釣り合いのとれた真実が見出されようとも、アメリカのニュース・メディアが、世界中あらゆるところで、大きな影響力を持っていたことは明らかだった。とくに通信社、ニュース雑誌、テレビ番

組における影響力の大きさは明白だった。それゆえに、他の国のメディアは、益々アメリカのメディアの人びと、政治的、教育的指導者たち、啓発された視聴者の目に留まるようになった。

　もちろん、インターネットは国際的なフォーラムに対してニュースの範囲を広げた。世界中、誰でもインターネットにアクセスすることができ、湾岸戦争報道におけるCNNの成功とあいまってこれによって、ニュースサイクルが相当短くなった。かつては、いかなるフォーマットでも、ニュースを発行する前にニュース全体を検討する十分な時間があった。しかし今日、1年365日1週7日間1日24時間がニュースのサイクルとなって圧力をかけてくる。何人かの評論家は、このサイクルがジャーナリストに時間的な圧力をかけ続け、ニュースを伝える前に事実確認をしなくなる結果を招き、誤報や倫理問題を増やしていると指摘している。しかし、この傾向は変わりそうになく、ジャーナリストは増える圧力に対処するシステムを開発しなければならないだろう。

アメリカの通信社：APとUPI

　APとUPIは、UP通信社 (United Press) とINS通信社 (International News Service) とが合併した直後から、その競争を激化させていった。1970年代後期まで、両社ともニュースと写真の送信のために、国内で40万マイルの電話回線を借り上げていた。両社とも100以上の国に記事を送るために、人工衛星回線や無線テレタイプ、海中ケーブルなどを使った。両社ともヨーロッパに2万マイル以上のテレタイプ回路網を持っており、記事を翻訳しては、各国の通信社に送信した。そして両社とも世界中に写真を送信した。両社とも送信設備を自動化し、画像表示端末 (VDT) とコンピュータを使って、情報の保存と検索システムを完成させた。国内のニュース配信では、1分間に1,200ワードの速度で原稿を編集室に送れた。これは10倍の速さだった。ニュース記事は、自動編集システムを使うことで、1分以内に世界中を駆け巡った。

　1980年代が始まった当時は、このようなシステムがまだ機能していた。しかし、UPIは急激に膨らむ経費と、国内で強まった世界的な景気後退の影響に、うまく対処しきれなかった。その親会社E. W. スクリップス社は、1980年以降の損失が何百万ドルにも膨らんでいると報告した。彼らは、UPIを利用しているメディアにUPIの株を売ろうと考え、イギリスの通信社ロイターに合併の可能性を打診した。そして1982年6月、アメリカの新聞、ケーブル、テレ

ビ局の所有者であるメディア・ニューズ社との最終交渉に入った。UPI 社長ロバート・W・ビートン (Robert W. Beaton) は引退し、後をウィリアム・J・スモール (William J. Small) が継いだ。彼は CBS ニュースと NBC ニュース両社の前経営者だった。シカゴ・トリビューン社社長のマックスウェル・マックローン (Maxwell McCrohon) が編集主幹になった。ニュース事業の拠点が、ニューヨークからワシントンへ移された。

継続する損失と運営を巡る法廷闘争が UPI を骨抜きにしてしまった。1985 年、UPI は債権者から身を守るための申し立てを行った。倒産の手続きは、1986 年 6 月に終わった。60 紙以上のメキシコの新聞を所有しているマリオ・バツケツ・ランニャ (Mario Vazquez Rana) が新しい所有者として認められ、会長に就任した。価格はたったの 4,100 万ドルだった。メディア業界内では、政治家の友人を持つ外国の所有者にアメリカの企業を売ってもいいのか、といった議論が蒸し返された。しかし、アメリカの 発行人たちにも政界の主要人物に近い人が多くいた、ということも指摘された。

1987 年初頭、AP を利用する企業数は、世界中で 6,145 を数えた。その中でアメリカ国内の企業は、新聞が 1,365、ラジオ・テレビ局が 3,954 だった。従業員 2,950 人のうち 1,520 人が記者で、108 か国に 222 の支局を擁していた。UPI の方はよく見積もっても、その利用社数は世界中で 5,000 社で、その内アメリカ国内の利用社は、新聞が 700、ラジオ・テレビの放送局が 3,330 だった。UPI の従業員数は 1,200 人で、100 か国以上に 230 の支局があった。両社とも、ほとんどすべての国内利用社に、衛星を経由してニュースを届けていた。しかし UPI の苦戦は続いた。

バツケツは 1988 年の初頭に運営を、投資家グループのインフォテクノロジー社に委譲した。このグループは、ファイナンシャル・ニューズ・ネットワークも運営していた。3 社とも不十分な資金繰りに悩まされた。ピーター・バンベネコム (Pieter VanBennekom) は UPI の編集担当副社長として、H・L・スティーブンソン (H. L. Stevenson) の後任となった。1990 年の終わりに彼は、今まで以上に大規模な人員整理と、15 州へのニュース取材の集中化計画を発表し、さらにニュース報道の部分的な専門化を提案した。UPI を利用する新聞の数は 400 社以下に減った。経営者が転売先を探す一方で、従業員は 35% の減給に同意した。1991 年 2 月には、UPI は湾岸戦争前線ニュースをさまざまなクライアントに勇敢に提供した。

UPI は、ロンドンに本拠地を置くテレビニュースと娯楽を扱う会社ミドル・

イースト・ブロードキャスティング・センター社によって、1992年6月に破産裁判から救われた。しかし所有者は、サウジアラビアのファハド国王の義理の兄弟であるバリド・エイブラハム(Walid Al-Ibrahim)と、サウジアラビアのラジオ放送局所有者であるラフィク・アルハリリ(Rafik alHariri)になった。購入価格は395万ドルだった。その時点でUPIは、フルタイムの従業員約450人とパートタイム通信員2,000人だけで、国内22州にある33の地方通信局と73の外国をカバーする通信社に縮小された。海外のクライアント数は明らかでないが、UPIのアメリカの日刊紙との契約はおよそ100に落ち、週刊紙・誌も100ぐらいと推定された。新しい所有者は、ニュースに政治色を持たせることなく、中立性を保つことを誓った。さらにニュースの取材範囲を広げ、契約社数を増やすために、およそ5千万ドルの投資を誓った。ベテランの国際的なジャーナリスト、ラファエル・カリス(Raphael Calis)が編集担当副社長になった。

多分UPIの最も素晴らしい資産は、ホワイト・ハウス担当記者ヘレン・トマスだろう。彼女は、1970年に伝説的なメリマン・スミスが亡くなった後を継いだ。トマスはホワイト・ハウス特派員協会(White House Correspondents Association)を率いた最初の女性だった。そして、多くの称賛を浴び、彼女自身が伝説になっていった。1991年の湾岸戦争についての記者会見で、ブッシュ大統領はいつも「ヘレン」の名を呼ぶことから始めた。しかし、質問はニューヨーク・タイムズ、ウォール・ストリート・ジャーナル、APを代表する女

ヘレン・トマス、UPIのホワイト・ハウス担当記者(UPI)［左］と
ルイス・D・ボッカルディ、AP社長（シルハ・センター、ミネソタ州立大学）［右］。

性記者たちによっても行われた。トマスは1999年時点では依然としてホワイト・ハウスを担当しているが、1998年10月には、修正第1条に対する素晴らしい貢献を認められた人にデンバー大学から贈られるエドワード・W・エストロー・アンビル自由賞の第3回受賞者となった（訳者注：トマス記者はイスラエル批判で、2010年6月に89歳で引退）。

　APの首脳陣の中では、キース・フラー (Keith Fuller) が会長兼総支配人としてウェス・ギャラガーに取って代わった。1984年、彼はルイス・D・ボッカルディ (Louis D. Boccardi) に取って代わられた。ボッカルディは、APの技術面の前進を牽引する力となった。ウォルター・マースは、政治記者の花形だった。スタンレー・スウィントン (Stanley Swinton) は、APワールド・ニュース・サービス (AP World News Service) の初代の責任者で1982年に亡くなり、ラリー・ハインザリング (Larry Heinzerling) が跡を継いだ。ウィリアム・E・アビーム (William E. Abeam) は、1990年に編集担当役員になった。

　ボッカルディはAPニュースの取材方法や原稿の書き方の改善に努めた。一方で彼は、金融情報、天気予報、選挙報道に力点を置いた。APは、その国際的な レーザーフォト・システム を強化し、衛星送受信装置を所有する最初の通信社となった。電子暗室、オール・デジタルの写真システム、グローバルなニュース・ビデオサービスである APTV といったシステムも加わった。1991年にAPは1,540を超えるアメリカの新聞社が利用し、通信社業界の独占形態に近づいた。

　しかし、競争相手としてのUPI崩壊の余波を受けて、ロサンゼルス・タイムズのマスコミ評論家デイビッド・ショー (David Shaw) が述べたような、ある種の懸念が生まれた。

　　　評論家はこう指摘する。APの記事が多すぎると、無難だが想像力に乏しくなる。APの記事が少なすぎると、ジャーナリズムの面でも政治面でも、そして文体論上から見ても、本当に危険だ。そしてAPの国内外のあまりに多すぎる支局が、地元紙の記事の書き直しに多すぎる時間を費やし、独自取材のための十分な時間がない……。
　　　……過去の、そして現在の多くのAPの記者が次のように話す。ウォーターゲート事件、ミライ村の大虐殺、カンボジア関連といったテーマのAPの扱い方は、今日にもつながる基本的な問題の徴候を示している……。APがまだモノにしていない若干の種類の記事がある。ホワイト・ハウス に挑戦する記事や、世界から見てアメリカが悪く見える記事などが、その種のものに含まれる、と彼らは言う。[29]

アメリカの海外ニュース・サービス

　世紀末に近づくにつれて、アメリカの報道機関の経営陣が、たった1,000人ほどのアメリカ人に、60億を超える世界の人びとをカバーするように指図したのは、皮肉なことだった。海外在住アメリカ人の半分が、通信社で働いていた。取材・報道活動で予算を節約する一方で、海外の契約社へニュースや特集を売りつける手は緩めなかった。

　シンジケートと呼ばれる補助的なニュース・サービスの筆頭の1つは、ニューヨーク・タイムズ・ニュース・サービスだった。1917年に設立され、54か国で600社以上が利用した。最も新しい参入者は、ロサンゼルス・タイムズ-ワシントン・ポスト・ニュース・サービスで、それぞれの発行人オーティス・チャンドラー (Otis Chandler) とフィリップ・L・グラハムによって1962年に始められた。同サービスは56か国で650以上の契約社を擁した。

　ナイト・リッダー・トリビューン・インフォメーション・サービシズには、200以上の外国の報道機関が加盟していた。彼らは、加盟各紙ナイト・リッダー系列の新聞各紙やシカゴ・トリビューンの、海外特派員と国内ニュース編集局によって提供されたニュースを利用することができた。

　アメリカのメディアが利用した、この他の重要な補助的ニュース・サービスは次の通りである。経済ニュース専門のダウ・ジョーンズ・ニュース・サービス、ラテンアメリカに焦点を合わせたコプレイ・ニュース・サービス、スクリップス・ハワード・ニュース・サービスである。宗教ニュース・サービスとカトリック・ニュース通信社は幅広く事業を行った。

　アメリカの新聞界で一定の地位を獲得したのはイギリスのロイター通信社で、同社は1851年に創設され、現存する通信社の中では世界最古である。1980年代にロイターは世界的なサービス網を補うために、北アメリカで組織を作り、後にはUPIの写真部門を購入した。ロイターズ・モニターは金融専門で、ダウ・ジョーンズ通信社、ナイト・リッダー・ファイナンシャル・ニューズ、AFX通信社（フランスのAFP通信社とロンドンのエクステル・ファイナンシャル社の合弁会社）などの先端技術を利用した金融ニュース通信社数社と競合していた。ロイターはAPやUPIとともに、大統領専用機に同乗する場を保証された。

新世界情報秩序

　　国家間のニュースの流れは、1970年代にますます微妙な国際的関心事になっていった。よりバランスのとれた情報を得るためには、伝統的な国際コミュニケーションのありようを整理し直す必要が緊急にある、と第三世界の首脳陣が声高に述べるようになったからである。1980年代半ばの西側諸国は、たとえ新世界情報秩序と呼ばれるものを採用する自発的な意志がなかったにせよ、第三世界の関心事をより把握していた。

　　世界中の数多い通信社や報道機関の中で、西側の4つの多国籍通信社（AP、UPI、ロイター、AFP）はソ連のタス通信とともに、日々の国際ニュースの90%以上を提供した。西洋先進諸国は、衛星を含む遠距離通信回線の使用においても、最も進歩していた。1982年、世界の人口の70%を占める発展途上国は、たった5%のテレビ送信機と12%のテレビ受像機を保有するに過ぎなかった。非同盟諸国などの国ぐにには、この通信回線の支配を、文化的、政治的、経済的に彼らを抑圧した植民地政策の名残であると見なした。1973年に宣言された新国際経済秩序の目的は、情報またはコミュニケーションの新しい秩序なしには達成できない、と彼らは指摘した。

　　国際新聞編集者協会(International Press Institute＝IPI)が1953年に行った「ニュースの流れ」研究と同じ位早い時期から、この問題を扱う努力がなされていた。「ニュースの流れ」研究のデータは、情報の一方的な流れを示していた。IPIは西洋型の自由なプレスのシステムに貢献してきた。しかし同時に、アジアとアフリカにおけるマスコミの発展にも力を入れた。イギリスのトムソン財団もIPIと同じスタンスで、1963年以来、第三世界のジャーナリストに実務訓練を施している。1960年にユネスコは、新聞、ラジオ、映画、テレビに関する世界的な調査に着手し、問題を浮き彫りにするデータを供給した。ユネスコは、アジア、アフリカ、ラテンアメリカの全国通信社や地域的な通信社の発展をも奨励した。1972年までにユネスコは、情報の自由な流れのための、衛星放送の利用に関する基本原則の宣言をもたらした。

　　しかしそのどれも、第三世界諸国の満足を得られなかった。1970年のユネスコ総会は、事務総長にコミュニケーション政策を立てるように依頼し、「コミュニケートする権利」の論議を始めた。問題は、1973年にアルジェリアで開かれた第4回非同盟諸国首脳会議で勃発した。彼らは「植民地時代の過去の遺産である既存のコミュニケーション回路の再編成」を要求した。既存のコミ

ユニケーション回路が、発展途上国同士の相互コミュニケーションを阻んでいる、と指摘した。また、マスコミ用のケーブル使用料の引き下げや、通信衛星の共同所有権も要求した。彼らは、非同盟諸国のニュース・プールを計画し、ユーゴスラビアの通信社タンユグの指導の下に、1975年に事業を開始した。

この問題は、パリ、チュニス、ニューデリー、ニューヨーク、サンノゼ、コスタリカでの一連の会議でエスカレートし、先鋭化した。1976年7月の、その名がついた最後の会議では、「自由かつ均衡の取れた情報の流れ」という謳い文句が使われた。1976年10月にナイロビで開かれるユネスコ総会に向けて、まずチュニジアの外務大臣ムスタファ・マスムウディ (Mustapha Masmoudi) が、詳細な書類を提出し、ソ連が、さらに劇的な提案を提出した。西側と東側の分裂は、総会が2年間の延長と、16人から成るコミュニケーション問題研究国際委員会 (International Commission for the Study of Communication Problems) のメンバー選任を認めたので、避けられた。レーニン賞とノーベル平和賞の両方を受賞した、アイルランドのショーン・マクブライド (Sean MacBride) が同委員会の委員長になった。

1978年の年次総会でユネスコは、「情報の自由な流れと、より幅広く、よりよい均衡のとれた普及」という表現を採用し、「自由かつ均衡の取れた流れ」の概念をやめた。この譲歩のお返しに、西側は「発展途上国からの情報や途上国への情報、途上国同士の情報などの流れにおける不均衡を是正する必要がある」ことを認めた。1980年の最終報告でマクブライド委員会は、ジャーナリストに免許を付与し一般市民以上の「特別な保護」を与える提案を却下し、検閲を非難し、公的な情報源と同じように民間情報源にもアクセスする権利への賛成論を唱えた。この報告では、ニュース・メディアと通信設備の民間所有権を、国家による管理と同じ水準に置くことに失敗したし、その内容がニュースかプロパガンダかどうかにかかわらず、政府が設定した経済的・政治的目的の達成を促す記事を流せという圧力の下にマスメディアをさらしたという思いを、西側のマスメディア関係のリーダーたちは抱いた。

ベオグラードでの1980年度の総会は、マクブライド報告に関する採決は行わなかった。しかし、その信条の多くを盛り込んだ決議が採択された。ユネスコは新世界情報秩序と「コミュニケートする権利」の概念に関する、地域別の会議を長期にわたって開催した。西側のメディアのリーダーたち、とくにアメリカが後押しした世界プレス自由委員会 (World Press Freedom Committee) は、3大陸でのジャーナリスト訓練プログラムと関連機材の発送のために、

100万ドル以上を使った。第三世界のジャーナリストたちは、実習補助金付きで経験を積むように招かれ、さらにアメリカ政府はインテルサットで無料送受信できる時間を、発展途上国に提供した。

しかし、第三世界の根本的で政治的な反対姿勢は、まだ解かれていなかった。1984年から85年にかけてユネスコの討論プログラムでは、国営の通信社、ジャーナリストのための行動綱領、発展途上国から先進諸国へのニュースの流れに支障をきたす障害の除去、第三世界における「重要なニュース」の定義などについて話し合いが続けられていた。このころ、新国際経済秩序、新世界情報秩序は、壁に突き当たっていた。それは、南北間の経済格差、東西間の政治的対立に起因した。1985年にアメリカ合衆国がユネスコから脱退し、問題は行き詰まった。1995年に第三世界のユネスコ加盟国が完全な譲歩の姿勢を示したが、なお壁は厚かった。

1998年9月にユネスコは、世界新聞評議会(World Association of Press Councils＝WAPC)に対し、メディア倫理の世界水準を制定したり、メディアの活動に対する国を超えた苦情の処理を行う世界的評議会を設立したりしないように助言した。ロンドンのタイムズ紙は、新世界情報秩序の大失敗を繰り返すことになるのを怖れ、WAPCの問題とイギリス新聞苦情処理委員会(Britain's Press Complaints Commission)を分けて考えるように強く勧めた。[30]

技術の時代への教訓

真実を話したり書いたりする自由は、この権力と権勢の時代において、決して安泰でも確かでもなく、常に失われる可能性がある。それを忘れないことが、技術的な変化が次々と押し寄せる中で働くすべての人びとに、義務となっている。AP通信の社長兼総支配人ルイス・D・ボッカルディは、ジャーナリストの権利と責任の両方を思い出させた。彼は、権利を保持することがメディアの信頼性につながっており、さらに情報を収集し広める自由は、社会の寛容のレベルに拠る、という。他方で彼はメディアの経営者たちに対して、我々の商売への圧力はさまざまだが、我々の一番の難問はパブリック・サポートの維持である、とも述べている。

ジャーナリストたちは、自身の欠陥を時折思い出す必要がある。匿名の情報源に依存しすぎると、信頼性を傷つけることになる。タブロイド紙を情報源とすることも同じである。名誉毀損訴訟への殺到ぶりは、情け容赦ないジャーナ

リズム同様、熱狂的な様相を示しているかのようだ。国家安全保障と言論の自由に関する議論には、2つの合理的な側面がある。距離をおいて出来事を観察し続けることは難しい。ボッカルディはジャーナリストたちに、意義ある背景説明や解釈を欠いた情報のどしゃ降りで、聴衆を怖がらせるような危険を冒さないように、と力説している。

技術の時代に驚嘆しつつ、彼は「コンベンション・センターの駐車場が、充電されたパラボラアンテナの森になってきた」という。一方で彼は、次のような警告をも発した。つまり、もしメディアの信頼性が下がるなら、司法部門、立法部門、さらに憲法制定会議でさえもが、新しい法律を押しつけるかもしれず、その究極的な結果として、いろいろな自由が最後の拠り所としている大衆の心が離れてしまうかもしれない、と。[31] このようなメディアの自由に関する危険についての警告は、真剣に受け取られるべきだ。その理由は、いい加減なニュースがあふれているからばかりではない。ジャーナリズム史を見れば、概して責任ある不寝番のメディアが、圧政的なリーダーたちの最初の標的になることが分かるからでもある。

1971年にアメリカ政府は、国民が戦い死んでいった戦争に関して、政府が独自に作成した報告書を、国民が読む権利を拒否しようとした。同じ頃大統領と側近たちは、政策に反対するニュース・メディア関係者たちを脅迫しようとして、非合法の手段を使った。後に他の大統領は、アメリカの特派員たちの前線取材を拒否することで、アメリカの取材陣に悪影響を及ぼした。これらの危機は過ぎ去ったが、別の危機が確実に訪れよう。

それでもなお、明るい見通しが全くない、というわけでもない。入手可能な洗練された電子装置を使って、印刷媒体や放送媒体のニュース担当重役たちは、憲法制定200周年記念日の祝典を国中に伝え、オリンピック大会の模様を世界中に伝達した。絶え間ない挑戦が、時代の緊迫した経済的、軍事的、社会的課題を、人びとがもっとよく理解できるようにするために、続けられている。

市民の権利の大きさは、その権利を守ろうとする市民の意志の強さに比例する。これには、私欲なくニュースや意見を市民に伝える人びとを、守ろうとする市民の意志も含まれる。印刷工ジェイムズ・フランクリンから、放送人エドワード・R・マローまで、人びとはこれを試みてきたのである。

注

第1章 アメリカン・プレスの遺産

1. Elizabeth Eisenstein, *The printing Press as an Agent of Change* (Cambridge, England: Cambridge University Press, 1980). 本書は15年にわたる初期ヨーロッパの印刷史研究の成果。
2. Robert W. Desmond, *The Information Process: World News Reporting to the Twentieth Century* (Iowa City: University of Iowa Press, 1978), vol. 1, p. 14. この4巻本の第1巻は、印刷の発展をもたらした古代のコミュニケーション方法のきわめて詳細な説明を提供している。Mitchell Stephens の *History of News from the Drum to the Satellite* (New York: Viking, 1988) も重要である。簡潔な説明については、John Hohenberg の *Free Press/Free People: The Best Cause* (New Yok: Columbia University Press, 1971) 参照。想像がつくように、印刷・新聞史のいろいろな「初」に関するこれらの説明には、いくつかの矛盾が存在する。また Karlen Mooradian, "The Dawn of Printing," *Journalism Monographs* (*JM*), XXIII (May 1972) を参照のこと。
3. Paul Lunde, "A History of the World," *Aramco World Magazine*, XXXII (January-February 1981), 3. この論文には、原稿の全頁の写真が掲載されている。
4. 最初の印刷機がいつアメリカ大陸に導入されたのかについては、意見の一致は全くないが、1536年説は現代メキシコの大半の歴史家によって受け入れられている。例えば、Victoria Goff の論文 "*Hojas Volantes*: The Beginning of Print Journalism in the Americas," American Journalism Historians Association (AJHA) convention, 1990 を参照のこと。*hojas* の全盛期は17世紀であった。広範なコレクションは、テキサス大学オースティン校の Benson Latin American Collection に所蔵されている。また Goff の論文 "Print Journalism in Mexico: From Printing Press to Revolutionary Press," AJHA convention, 1994 を参照のこと。アメリカのジャーナリズムへのスペインの貢献を包括的にあつかったものとしては、Félix Gutiérrez 編集の、*Journalism History* (*JH*) の「スペイン語メディア特集」、IV (Summer 1977) 及び *JH* VI (Autumn 1979) を参照のこと。後者の号には、Al Hester の "Newspapers and Newspaper Prototypes in Spanish America, 1541–1750," と Félix Gutiérrez および Ernesto Ballesteros の "The 1541 Earthquake: Dawn of Latin American Journalism," が掲載されている。後者の論文では、8頁建てのパンフレットの表紙が複製され、1541年のニュースの全文翻訳が掲載されている。スペインの貢献は、アイザイア・トマスの1810年版 *History of Printing in America* の最初の数頁で論じられているが、そのセクションは、1874年版から削除されている。フランク・ルーサー・モットは、彼の *American Journalism* において、1541年のニュース・シートとスペイン植民地における *relaciones* について、脚注（1941年版、6頁）でふれているが、彼はまた、「最初のボストン紙以前に、アメリカ大陸では定期的に発行される新聞は存在しなかった」とのべている。最初のニュース記事が1541年に発行されたのか1542年なのかについては、疑問があるが、ラテンアメリカの歴史家の大半は、1541年説を支持している。Desmond の *The Information Process*, p. 37 もまた参照のこと。
5. Félix Gutiérrez の、ニュースの記録と書籍出版の起源をたどる論文、*JH,* IV (Autumn 1979), p. 79 及び、Al Hester の、1594年のリマの発行物を含めた *relaciones* について

の記述、前掲、p. 76 を参照のこと。
6. Hester, "Newspapers and Newpaper Prototypes," 前掲、p. 77. 例えば、1631 年メキシコシティーに、Bernardo Calderon によって設立された印刷工房は、132 年間存続した。彼の未亡人 Paula de Benavides は、1641 年夫の死により、経営を引き継ぎ、1648 年まで hojas を発行した。しかし、これらの発行物では、彼女や他の女性印刷人は、夫たる印刷人の aviuda（未亡人）と見なされている。Victoria Goff の "*Hojas Volantes.*" を参照のこと。
7. Desmond, *The Information Process*, p. 32.
8. これらのニュース紙のいずれかが保存されているという証拠は全くないので、これらのニュース記事には若干の疑義がある。John Hohenberg は、*Free Press/Free People*, p. 13 において、最初のニュース・シートは、1505 年アウグスブルグで印刷されたと主張している。
9. Folke Dahl 編の *The Birth of the European Press* (Stockholm: The Royal Library, 1960) は、この調査の多くを要約している。Dahl は、1629 年のウィーン紙では、珍しいことにローカル・ニュースが重視されていることを発見した。最古として知られるスウェーデン紙は、1624 年 Strängnäs で印刷された。
10. Desmond は、*The Information Process*, p. 33 において、この新聞の発行日を全く示していない。モットは、*American Journalism*（1941 年版）, p. 116 において、*Leipzig Zeitung*（以前のタイトルのもとでの）は、1660 年からはじまり数年間日刊であったが、成功を収めた最初の日刊紙は、1718 年に始められたアウグスブルグの *Ordinari-Zeitung* であったと、述べている。
11. 相対的にいえば、その通りである。戦争は、エドワードの継承がグロスター公リチャードによって棚上げされた 1483 年の彼の死後も続いた。グロスター公は最終的に、ボズワース・フィールドの戦いで若きヘンリー・テュダーに敗北を喫した。しかし、エドワード 4 世のもとで、イギリスにも平和な時代があったが、本文が言及するのはこの時代である。
12. カクストンが印刷機を設置したところに、施物所は絶対に建てられなかったのであるが、コンセンサスは、ウエストミンスター寺院内となっている。1660 年ステュアート王朝の支持者 Richard Atkyns は、1468 年に最初の印刷機が国王の許可によって設立されたことを証明しようとした。Atkyns は、国王による印刷統制の先例を示そうとした。カクストンは、明らかに、認可なくして自らの主導で印刷を始めた。この問題について大半の権威は、いまや Atkyns の主張には全く妥当性がないことに同意している。Frederick Seaton Siebert, *Freedom of the Press in England, 1476–1776* (Urbana: University of Illinois Press, 1952), pp. 22–24. を参照のこと。
13. 前掲の第 1 章は、その状況を見事に説明している。
14. 前掲の第 3 章は、印刷書籍商組合について詳細な議論を提供している。Siebert は、これらの日付の若干が不正確に記録されたことを発見している。
15. しかし、カーターの処刑は、テュダー王朝のもとで唯一であった。
16. Siebert が指摘するように、英国初の本物の記者は「intelligencers」であり、John Chamberlain, John Pory, William Locke Larkin 師および Mead 師であった。
17. 発行人としてイニシャルの「N.B.」のみをつけたこれら 6 つのコラントは、英国の歴史家を悩ませてきた。それらは、おそらく Nicholas Bourne（次に論じられる）によって発行されたものであろうが、それらはまた、Nathaniel Butter の夏のシリーズの続編の可能性もある。本書におけるロンドン初のコラントの説明は、Siebert にもとづくもので、彼は残存するコラント以外の記録や通信に証拠を見いだしている。また、Matthias A. Shaaber, *Some Forerunners of the Newspaper in England, 1476–1622* (Philadelphia:

University of Pennsylvania Press, 1929), pp. 314–18 を参照のこと。Desmond の *The Information Process*, p. 38 及び John Hohenberg の *Free Press/Free People*, p. 21 の説明は、最初のタイトル付きのコラントについて異なる名前を提示しているが、Siebert の説明は、残存するコピーの観察に基づいている。
18. ミルトンの思想や彼のいくつかの語句すらが、Peter Wentworth によってすでに表明されていた。彼は、1571 年議会で討論の自由について演説をしている。後にアレオパジティカ (Areopagitica) として発行されたミルトンの議会演説は、ミルトンが離婚についての一連の免許済み及び無免許のパンフレットを発行した後の、印刷書籍商組合とのトラブルに起因していた。
19. Rufus Wilmot Griswold 編の *The Prose Works of John Milton*, vol. 1 (Philadelphia: J. W. Moore, 1856), p. 189 からの引用。ミルトンの栄誉は、彼自身わずか 7 年後に免許官、検閲官として働いたという事実によって、多少かげりが生じる。
20. 多くの国教会反対派の一つである分離派は、教会と国家の分離の強力な信奉者であった。リルバーンの命題は、英国人は、あらゆる政策について恐れることなく、発言する生来の権利を持っている、それらの制約は権力の侵害である、ということであった。
21. Siebert, *Freedom of the Press in England*, p. 262. 引用は、T. B. Macaulay, *History of England* (London: J. M. Dent and Sons, Ltd., 1953), vol. 3, p. 328 から。
22. 同紙の優れた説明は、Marvin Rosenberg の "The Rise of England's First Daily Newspaper," *Journalism Quarterly* (JQ), XXX (Winter 1953), 3–14 によって提供されている。
23. 前掲、p. 4。
24. 最初のシリーズは、1720 年 1 月 20 日から 1721 年 1 月 4 日の間に *Independent Whig* に掲載された。53 編の論文の多くは、信教の自由に関わるものであった。「南海のアワ」として知られる財政破綻事件ののち、著者は、市民を保護する政府の責任に関して 144 以上の書簡を書いた。これらの論文は、*London Journal* およびその後継紙 *British Journal* に、1720 年 11 月 12 日から 1723 年 12 月 7 日の間に掲載された。
25. Siebert, *Freedom of the Press in England*, p. 10. Siebert の命題（「政府および社会構造の安定性が強調されると、それに従い自由の領域は収縮し、抑制の施行は増大する」）の学問的な検証については、Donald L. Shaw および Stephen W. Brauer, "Press Freedom and War Constraints: Case Testing Siebert's Proposition II," *JQ* XLVI (Summer 1969), 243 を参照のこと。なお同論文は、南北戦争時代のノース・カロライナの編集人に対する威嚇を分析したものである。

第 2 章　植民地時代

1. John M.Murrin, "Beneficiaries of Catastrophe: The English Colonies in America," Eric Foner 編 *The New American History*, rev. and exp. ed. (Philadelphia: Temple University Press, 1997), p. 3 に所収。
2. Murrin 前掲、pp. 7, 5, 8. また、James H. Merrell, *The Indians' New World: Catawbas and Their Neighbors from European Contact through the Era of Removal* (Chapel Hill: University of North Carolina Press, 1989); Daniel H.Usner, Jr., *Indians, Settlers, and Slaves in a Frontier Exchange Economy: The Lower Mississippi Valley before 1783* (Chapel Hill: University of North Carolina Press, 1992); Richard White, *The Middle Ground: Indians, Empires and Republics in the Great Lakes Region, 1650–1815* (Cambridge University Press, 1991) を参照のこと。
3. ロンドンの印刷人 Stephen Daye は、印刷機の操業のために植民地に渡ってきた。彼は、

1639 年 1 月印刷を始め、印刷の歴史家アイザイア・トマスによれば、*Freeman's Oath* そして「暦」を発行した。彼の最初の本は、1640 年に印刷された 300 頁の詩編であり、*The Psalms in Metre, Faithfully Translated for the Use, Edification, and Comfort of the Saints in Public and Private, Especially in New England* というタイトルであった。後の版には、賛美歌と霊歌が加えられた。トマスの *History of Printing in America* (New York: Weather- vane Books, 1970), pp.50–54. を参照。

4. Sara Evans, *Born for Liberty*, 2nd ed. (New York: Free Press, 1997), p. 28.
5. Mary Beth Norton, "The Evolution of White Women's Experience in Early America," *American Historical Review (AHR)*, 89: 3 (June 1984), pp. 593–619.
6. 植民地ニューイングランドの生活のもっと詳細な説明については、Jack P. Green, *Pursuits of Happiness: The Social Development of Early Modern British Colonies and the Formation of American Culture*（Chapel Hill: University of North Carolina Press, 1988) および Bernard Bailyn, *The Peopling of British North America: An Introduction* (New Yok: Knopf, 1986) を参照のこと。
7. 確かに農業移民は、多くの場合他の地域に拓殖したが、ニューイングランドにも、ミドルクラスの移民とともに、一定の農業移民がいた。
8. James M. McPherson, *Ordeal by Fire, Volume I: The Coming of War*, 2nd ed. (New York: McGraw-Hill, 1993), p. 17.
9. 植民地時代の奴隷制の発展に関する優れた資料は、Ira Berlin の "Time, Space, and the Evolution of Afro-American Society in British Mainland North America," *AHR* 85 (1980), pp. 44–78.
10. ペンシルベニア州立大学の Robert L. Baker 教授は、1987 年の Midwestern Journalism History Conference, Urbana, Illinois に提出された論文 "The Genesis of Journalism in America: Captain John Smith and the 1608 Publication of *Newes from Virginia*," において、スミスの貢献についてこうした評価をした。
11. 彼は決して裁判にかけられなかった。実際彼はまもなく再び引き立てを得て、バージニア総督としてアメリカに戻ってきた。
12. この点についてさえ、技術的に新聞としての資格を与えることはできないだろう。というのもハリスは、「珍しい出来事がたくさん」起こって、より頻繁な刊行ができるようにならなければ、同紙を月 1 回発行するつもりであったからだ。
13. London Public Office で整理保存されているファクシミリから。Willard G. Bleyer の *Main Currents in the History of American Journalism* (Boston: Houghton Mifflin, 1927), p. 45 に転載されている。
14. Library of the State Historical Society of Wisconsin のファクシミリから。
15. David Paul Nord, "Teleology and News: The Religious Roots of American Journalism, 1630–1730," *The Journal of American History (JAH)*, LXXVII (June 1990), p. 9 に所収。
16. マザー家は、道徳的正しさのため自らをあまりにも確信しすぎたという意味で、傲慢であったが、このことによって、植民史における彼らの重要な地位はなんら変わるものではない。Increase は、支配的なピューリタンの主導的聖職者であることに加えて、1674 年以後プレスの免許官であった。彼は、ハーバードの学長であり、ロンドンにおけるマサチュウセッツの尊敬される代理人であった。Cotton は、1688 年の革命後ニューイングランドから追放された、傲慢な Sir Edward Andros に反対した。マザー家は、かなりの評価に値する多産な作家であった。彼らはまた、傑出した歴史家であった。後年彼らはもっと寛容になった。
17. ウェスタン・オンタリオ大学の C. Edward Wilson 教授は、"The Boston Inoculation Controversy: A Revisionist Interpretation," *JH* VII (Spring 1980), 16 において、このエ

ピソードについて多少異なる解釈を提示している。1796 年になって初めて、Dr. Edward Jenner は、もっと軽い牛の天然痘のウィルスを使った、もっと安全な天然痘のワクチン接種を開発した。
18. モットの *American Journalism* (New Yok: Macmilan, 1950), p. 20. に引用。植民地時代の文章スタイルは、本書では使用されない「New-England」のように、多くのハイフンの利用を必要とした。
19. ジェイムズの未亡人、2 人の娘、そして 1 人の息子は、ニューポートで印刷業を営んだ。1758 年、息子のジェイムズ 2 世は、彼の富裕な叔父ベンジャミンの援助で、*Newport Mercury* を創刊した。同紙は、1934 年まで発行を続けた。同紙の名前は、*Newport News* の小型週刊版に保持された。
20. Carl Van Doren の *Benjamin Franklin* (New York: Viking, 1938), p. 100 に引用。
21. それ以前に新聞を持つ 3 植民地は、マサチュウセッツ、ペンシルベニア、そしてニューヨークであった。それぞれの植民地における最初の新聞は、1732 年 *Rhode Island Gazette* と *South Carolina Gazette*、1751 年 *North Carolina Gazette*、1755 年 *Connecticut Gazette*、1756 年 *New Hampshire Gazette*、1763 年 *Georgia Gazette*、1777 年 *New Jersey Gazette*、1780 年 *Vermont Gazette*、1785 年 *Delaware Gazette* である。ベンジャミン・フランクリンの弟子の 1 人ジェイムズ・パーカーは、コネチカットの新聞を創刊した。フランクリンのもう 1 人の「ボーイズ」が、サウス・カロライナの新聞を創刊したが、2 人のいずれが妥当な主張を持つかどうかには、若干の疑問がある。
22. 2 大ブラッドフォード印刷家系があった。ウィリアム・ブラッドフォードはペンシルベニア系列の創始者であり、フィラデルフィアとニューヨークの先駆的な印刷屋であった。彼の息子アンドルーはフィラデルフィア初の新聞を創刊した。ウィリアム・ブラッドフォード 3 世は、独立革命期にあっては有名な兵士兼編集者であり、*Pennsylvania Journal* の発行者であった。彼の息子トマスは編集長として彼のあとを継いだ。ペンシルベニア系列と何の関係もないジョン・ブラッドフォードは、レキシントンでケンタッキー初の新聞を発行した測量技師であった。彼の弟フィールディングもまた活動的なジャーナリストであった。この系列のもう一人のメンバー、ジェイムズは、ルイジアナ初の新聞を創刊し、モットの *American Journalism*, p. 196 によれば、彼はアメリカ初の戦時特派員と見なされる。グリーン家の勢力はニューイングランドだった。バーソロミューとサミュエルはボストン・ケンブリッジ地域の先駆者であり、特にバーソロミューはアメリカ最初の成功紙の印刷屋であった。ケンブリッジのサミュエル・グリーンから印刷屋兼ジャーナリストの長い系列ができあがった。ティモシー・ジュニアはコネティカットのニューロンドンで *Summary* を 1758 年創刊した。ティモシー 3 世はジュニアの死後紙名を *Gazette* に変えた。サミュエルとトマスは 1767 年ニューヘブン初の新聞を創刊した。ティモシー 3 世の弟トマスは 1764 年コネティカット（現在はハートフォード）*Courant* を創刊した。ティモシー 4 世は最初のバーモント紙の共同創刊者であった。4 番目の印刷家系はフィラデルフィア近郊に入植したドイツ人のソウアー家であった。この家系の初代であるクリストファーはベンジャミン・フランクリンの勧めで最古の外国語新聞の一つジャーマンタウンの *Zeitung* を創刊した。技術の才に恵まれたクリストファーは印刷機、インクや紙を自家生産した。彼の息子たちは事業を引き継いだが、クリストファー 3 世は革命中トーリーに属し、彼のジャーナリズムのキャリアはアメリカの勝利とともに終った。フランクリンのマサチュウセッツ、ロードアイランド、そしてペンシルベニアにおける影響は既に触れた。
23. Clarence S. Brigham, *History and Bibliography of American Newspapers, 1690–1820* (Worcester, MA: American Antiquarian Society, 1947), p. xii.
24. これらの発展の側面は、Sidney Kobre の "The Revolutionary Colonial Press—A Social

Interpretation," *JQ*, XX (September 1943), 193–97 に見事に示されている。
25. Frank Presbrey, *The History of Development of Advertising* (Garden City, NY: Doubleday, 1929), p. 56.
26. 前掲、p. 70。
27. Warren C. Price の "Reflections on the Trial of John Peter Zenger," *JQ*, XXXII（Spring 1955), 161 は、ゼンガー事件について多くの新しいデータを提供し、世論がなぜゼンガーとモリス側に大きく傾いたかの一つの理由として、土地横領事件を指摘している。ユーティカのコズビーの領地は、20 マイル × 10 マイルの広さで、同総督の強欲の例とされる。
28. また、Marcus A. McCorison 編集による Isaiah Thomas の *The History of Printing in America* 第 2 版 (New York: Weathervane Books, 1970), pp. 487–491 及び *Howell's State Trials* (1783) を参照のこと。
29. Jeffrey A. Smith, *Printers and Press Freedom: The Ideology of Early American Journalism* (New York: Oxford University Press, 1988).
30. 他は、(1) ジェイムズ・フランクリンによってアメリカにおいて確立された、公式の免許なくして発行する権利、そして (2) 公共の利益に関わる問題を報道する権利（それは、19 世紀にかなり入るまで広く認識されなかったし、いまでもなお争われている）である。
31. Harold L.Nelson, "Seditious Libel in Colonial America," *American Journal of Legal History*, III (April 1959), pp.160–72. また Jeffrey A. Smith の "A Reappraisal of Legislative Privilege and American Colonial Journalism," *JQ*, LXI (Spring 1984), 97 を参照のこと。

第 3 章　プレスとアメリカ独立革命

1. Bernard Bailyn, *The Ideological Origins of the American Revolution* (Cambridge, MA: Harvard University Press, 1967)、なお最新版 *Faces of Revolution* (New York: Alfred A. Knopf, 1990) も参照のこと。
2. Linda Kerber, "The Revolutionary Generation: Ideology, Politics, and Culture in the Early Republic," Eric Foner 編 *The New American History* rev. and exp. ed. (Philadelphia: Temple University Press, 1997), p. 35 に所収。また、Joyce Appleby の "Republicanism in Old and New Contexts," *William and Mary Quarterly*, 43 (1986) も参照のこと。
3. Jesse Lemisch, "The American Revolution Seen from the Bottom Up," Barton Bernstein 編 *Towards a New Past: Dissenting Essays in American History* (New York: Pantheon, 1968), pp. 3–45 に所収; Kerber, "The Revolutionary Generation," pp. 31–59; Edward Countryman, *Americans, A Collision of Histories* (New York: Hill and Wang, 1996); Don Higginbotham, *War and Society in Revolutionary America: The Wider Dimensions of Conflict* (Columbia: University of South Carolina Press, 1988).
4. "Resolutions of the House of Representatives of Massachusetts, October 29, 1765," Harry R. Warfel, Ralph H. Gabriel 及び Stanley Williams 編 *The American Mind* (New York: American Book, 1937), p. 138 に所収。
5. Curtis P. Nettles, "The Money Supply of the American Colonies before 1720," *University of Wisconsin Studies*, No. 20 (1934), pp. 279–83.
6. 急進派宣伝家によるプレス利用の物語については、Arthur M.Schlesinger, *Prelude to Independence: The Newspaper War on Britain, 1764–1776* (New York: Knopf 1958) を

参照のこと。
7. Kerber, "Revolutionary Generation," p. 36.
8. William V. Wells, *The Life and Public Services of Samuel Adams*, vol. 1 (Boston: Little, Brown, 1865), p. 48.
9. Philip Davidson, *Propaganda and the American Revolution 1763–1783* (Chapel Hill: University of North Carolina Press, 1941), p. 237. Norton Library 版 (New York, 1973) からの引用。
10. 急使の Paul Revere は、愛国派集団の影響力のあるメンバーであり、彼らの発行物のため彫版を作成した。急使たちの主要な使命は、ゲイジ将軍がサミュエル・アダムズとジョン・ハンコックの逮捕を命じたことを彼らに警告することであった。
11. *Massachusetts Spy*（1775年5月3日）。この記事は、発信地ウスターの日付のもと、同紙の内側の3頁に掲載された。トマスは、ウスターに移った後に、第1面の全段の紙名欄で、同紙を「THE MASSACHUSETTS SPY, or American ORACLE of Liberty」とした。
12. ペインは、通常作家または政治哲学者と称される。本書では、ジャーナリストは、思想、情報、そしてインスピレーションを一般公衆に伝える伝達ベルトとして行動する人と定義される。一般公衆は、理性的な意見のためにこうした資源に依存する。これは、ペインのアメリカ独立革命中の、主たる役割であった。ペインに関する素描においてしばしば無視される、*Pennsylvania Magazine* 誌上の、エイトキンのためのペインの仕事は、広い意味で、彼にジャーナリストとしての資格をあたえる。
13. *Pennsylvania Evening Post*（1776年7月2日）。
14. ダンラップはまた、憲法そしてワシントン告別演説を最初に印刷した。ジャーナリズム史家の Frederic Farrar は、これらの初期の新聞の多くを検証し、アメリカ中に示した。
15. Frank Luther Mott, *American Journalism*, rev. ed. (New Yok: Macmilan, 1962), p. 100.
16. 1936年 Laurence Greene の著作権による、*America Goes to Press* から。出版社 Bobbs-Merrill の特別許可によって使用される。
17. Robert E. Dreschel, *Newsmaking in the Trial Courts* (New York: Longman, 1982), pp. 35 以下参照のこと。
18. Al Hester, Susan Parker Hume, and Christopher Bickers, "Foreign News in Colonial North American Newspapers, 1764–1775," *JQ*, LVII (Spring 1980), p. 18. サンプルされた新聞は、ボストン・ガゼット、メリーランド・ガゼットそしてペンシルベニア・ガゼットである。
19. Marion Marzolf, "The Woman Journalist: Colonial Printer to City Desk," *JH*, I (Winter 1974), p. 100.
20. 1768年早々の Letter from Sarah Goddard to William Goddard は、Susan Henry, "Sarah Goddard, Gentle-woman printer," *JQ*, LVII (Spring 1980), 28. に引用。
21. 前掲。
22. 他の初期の女性印刷人（および紙名、発行期間）は、以下のとおり。Anna Catherine Zenger (John Peter の未亡人)、*New York Weekly Journal*, 1746–48; Cornelia Bradford (Andrew の未亡人)、*American Weekly Mercury*, フィラデルフィア 1742–52; Anne Green, *Maryland Gazette*, 1767–75; Clementina Rind, *Virginia Gazette*, 1773–74; Mary Crouch, *Charleston Gazette*, 1778–80 および *Salem Gazette*, 1781; Elizabeth Boden, *South Carolina Weekly Advertiser*, 1783; Ann Timothy (Peter の未亡人), *Gazette of South Carolina*, 1783–92 そして Elizabeth Holt (John の未亡人), *New York Journal*, 1784–85.

第4章　新国家の建設

1. この時代の有益な資料には、Forrest McDonald, *E Pluribus Unum: The Formation of the American Republic, 1776–1790* (Boston: Houghton Mifflin, 1965) 及び Gordon Wood, *The Creation of the American Republic, 1776-1790* (Chapel Hill: University of North Carolina Press, 1969) が含まれる。また、Richard Beeman, Stephen Botein および Edward C. Carter II 編 *Beyond Confederation: Origins of the Constitution and American National Identity* (Chapel Hill: University of North Carolina Press, 1987); Patrick T. Conley 及び John P. Kaminski 編 *The Bill of Rights and the States: The Colonial and Revolutionary Origins of American Liberties* (Madison, WI: Madison House, 1992); Jack N. Rakove, *Original Meanings: Politics and Ideas in the Making of the Constitution* (New York: A. A. Knopf, 1990) および Staughton Lynd, *Class, Conflict, Slavery, and the United States Constitution* (Indianapolis: Bobbs-Merrill, 1967) を参照のこと。
2. Linda Kerber, "The Revolutionary Generation," p.51.
3. Henry Steele Commager 編 *Documents of American History* (New York: Appleton-Century-Crofts, 1934), 第12条は、p. 104、第16条は、p. 109 に所収。
4. 歴史家は、フェデラリスト諸論文によって生み出された最終的な影響については、意見が異なるが、いずれにせよ、それらの論文は、連合規約の失敗とフェデラリズムの複雑な性格に関する優れた分析をしている。
5. Claude G. Bowers, *Jefferson and Hamilton* (Boston: Houghton Mifflin, 1925), p. 31.
6. 前掲、p. 26。Bowers は、ハミルトンを尊敬していたが崇拝はしていなかったことが指摘されるべきである、と述べている。
7. Wilfred E. Binkey の *American Political Parties: Their Natural History* (New York: Knopf, 1943), p. 32 に引用。
8. Vernon L. Parrington, *Main Currents in American Thought*, vol. 1 (New York: Harcourt Brace Jovanovich, 1927), p. 321 からの引用。
9. *National Gazette* (1791年12月19日)。
10. 前掲、(1792年2月9日)。
11. *Porcupine's Gazette* (1797年11月16日)。
12. 例えば、B. E. Martin の "Transition Period of the American Press," *Magazine of American History*, XVII (April 1887), 273–94 を参照のこと。
13. 驚くべきことに、この危機の時代にあって、すべての通信が、すべての道を通って、ワシントン大統領に送り返されてきた。彼は、政治的天才ではなかったが、戦争で救った国に最大の安全を与えるだろう政策が、本能的にわかっていたように思われる。
14. *U.S. Statutes at Large*, "The Sedition Act," I, Sec. 2, p. 596.
15. Larry D.Elridge の *A Distant Heritage: The Growth of Free Speech in Early America* (New York: New York University Press, 1994) は、自由な言論に関する思想の発展について有益な説明を提供している。
16. 煽動法に関する下院の主要な投票は、ほぼ全体として党派の線に沿っていた。フェデラリスト47人、反フェデラリストが39人いた。同法案は、44-41で可決され、フェデラリストは43票であった。6人のフェデラリストが、弁明としての真実性を含む修正に賛成に加わった。しかし、陪審員に関する規定は、反フェデラリスト全員の39人、28人のフェデラリストが賛成した。John D. Stevens の "Constitutional History of the 1798 Sedition law," *JQ*, XLIII (Summer 1966), p. 247 を参照のこと。
17. James M. Smith は、*Freedom's Fetters: The Alien and Sedition Laws and American Civil Liberties* (Ithaca, NY: Cornell University Press, 1956) において、煽動法の下での

l4 の告発を確認している。他の総計は、Frank Luther Mott の *American Journalism* (New York: Macmilan, 1950), p. 149 からの引用。
18. Stevens, "Constitutional History," p. 254.
19. David Sloan, "The Early Party Press," *JH*, IX, no. 1 (Spring 1982), 19.
20. Arthur M. Schlesinger, Jr., *The Age of Jackson* (Boston: Little, Brown and Company, 1946), p. 282.
21. トマス・アダムズは、煽動法の下で告発された最初の重要な編集人であった。裁判を受ける前に、彼は、マサチュウセッツ議会を批判したことで、コモンローのもとで告発された。彼はあまりにも病弱で、裁判に耐えられなかった。しかし、彼の弟のアビジャも、有罪宣告を受けて、1か月間投獄された。患っていたが、挑戦的なトマスは、連邦および州の煽動法裁判に直面して、死ぬ2週間前の1799年5月、クロニクルを売却した。

第5章 西部への拡大

1. コールマンは、バーの非常な崇拝者であり、1804年決闘でバーがハミルトンを死なせた後でさえ、彼に忠実であった。そのときまでに、*Post* の編集人コールマンは、自分自身の独立を表明していた。
2. 1804年、ジェファソン大統領は、まもなくバージニアでもっとも影響をもつ新聞となる *Richmond Enquirer* の創刊で、トマス・リッチーに援助を与えた。リッチーは、バージニア州の政治ボスであり、従って彼の見解は、南部の至る所で重要であり、広く転載された。
3. Saul K. Padover の *Thomas Jefferson on Democracy* (New York: Penguin, 1939), pp. 92–93 引用の「書簡」から。著作権は1939年、D. Appleton-Century Company, Inc.。
4. To Volney, 1802. New York Public Library, Manuscript II, 199. 前掲, p. 95 所収。
5. このセクションの新聞に関する数字や論評は、Clarence S. Brigham の *History and Bibliography of American Newspapers, 1690–1820*, 2vols (Worcester, MA: American Antiquarian Society, 1947) に基づいている。
6. このような規則や、州の負担で郵便局において不必要な手紙のリストの公表を求める法律は、また親政権の編集人に報いる1つの手段であった。政権が変わると、政治的ライバルが既成の機関紙に表現を見いだした。
7. Sharon M. Murphy and James E. Murphy, *Let My People Know: American Indian Journalism* (Norman: University of Oklahoma Press, 1981), pp. 20–31.
8. 1893年最初にウィスコンシンの歴史家によって示唆され、その後彼と歴史家の学派全体によって精巧に仕上げられたターナー理論は、ターナーの *The Significance of Sections in American History* (New York: Holt, Reinhart & Winston, 1933) で説明されている。また、Walter Prescott Webb の *The Great Plains* (Boston: Ginn, 1931) において説明されている。修正された最新の議論は、Ray A. Billington, *America's Frontier Heritage* (New York: Holt, Rinehart & Winston, 1967) において説明されている。ターナー理論に対する反論は、Henry Nash Smith の *The Virgin Land* (Cambridge, MA: Harvard University Press, 1950)、また Fred A. Shannon の *Social Science Research Council Bulletin*, no. 46 (New York: The Council, 1940) 所収の論文 "Critiques of Research in the Social Sciences," において、そして Louis M. Hacker の *Nation*, CXXXVII (July 26, 1933) 所載の論文 "Sections or Classes," p. 108 において、展開されている。アメリカの歴史編集へのターナーの影響についてバランスのとれた議論については、Eric Foner 編 *The New Ameri-can History*, rev. and exp.ed.(Philadelphia: Temple University Press, 1977), pp.

203–30 所収の Richard White の "Western History," を参照のこと。
9. Richard White の前掲、"Western History" および Patricia Nelson Limerick の *The Legacy of Conquest: The Unbroken Past of the American West* (New York: Norton, 1987)、Richard White の "It's Your Misfortune and None of My Own": *A New History of the American West* (Norman: University of Oklahoma Press, 1991) および William Cronon の生態学的歴史である *Nature's Metropolis: Chicago and the Great West* (New York: Norton, 1991) を参照のこと。
10. これは無益な勝利であった。というのもハル将軍によって指揮されたような五大湖ルートによって供給された軍隊は、ペリー提督が五大湖から敵を一掃したときまでに、無駄になったからである。
11. 同条約は、1814 年 12 月 24 日に調印された。ジャクソンは、1815 年 1 月 8 日にめざましい勝利をあげた。その戦闘のニュースは、1 月 28 日にワシントンに届いた。同条約のニュースは、船によって 2 月 11 日にニューヨークに着いた。結果として、多くのアメリカ人は、ジャクソンの勝利は、条約交渉の成功に大きな関係を持ったと信じた。
12. Roger H.Brown, *The Republic in Peril: 1812* (New York: Columbia University Press, 1964).
13. 有益な資料は、以下の通り。禁輸とそれがアメリカの政党政治にどのような影響を与えたかについての最良の研究である Burton Spivak の *Jefferson's English Crisis: Commerce, Embargo, and the Republican Revolution* (Charlottesville: University Press of Virginia, 1979); 1812 年の戦争を分析した J. C. A. Stagg の *Mr. Madison's War: Politics, Diplomacy and Warfare in the Early American Republic, 1783–1830* (Princeton, NJ: Princeton University Press, 1983) そして、この時期のアメリカの外交政策の目標を論じた、Reginald Horsman の *The Diplomacy of the Early Republic, 1776–1985* (Arlington Heights, IL: Harlan Davidson, 1985)。
14. Elizabeth Gregory McPherson, "Reporting the Debates of Congress," *Quarterly Journal of Speech*, XXVIII (April 1942), 141–48 を参照のこと。
15. William E.Ames, "Federal Patronage and the Washington D.C., Press," *JQ*, XLIX (Spring 1972), 22.
16. 「好感情の時代」は、ボストンのコロンビアン・センチネルのベンジャミン・ラッセル少佐の、広く引用された多くの派手な表現のひとこまにすぎない。もうひとつは、ゲリー (Gerry) という名の男が知事の時の 1812 年に生まれた。マサチュウセッツの共和党議会は、選挙の投票を有利に運ぶために、選挙区を奇妙な形に分割した。ある説明によると、ギルバート・ステュアート (Gilbert Stuart) は、新しい選挙区がサラマンダーに似ていることにラッセルの注意を喚起した。「いや、これはゲリマンダーといったほうがいい」とフェデラリストの編集者ラッセルは、答えたが、事実、同知事は、もともとの「ゲリマンダリング」に何ら関わりを持たなかった。
17. Merle Curti, *The Growth of American Thought* (New York: Harper and Row, 1943), p. 215.
18. Allan Nevins 編 *American Social History* (New York: Holt, Rinehart & Winston, 1923) に転載の、Godfrey T. Vique の "Six Months in America"; Thomas Hamilton の "Men and Manners in America; Harriet Martineau の "Society in America" を参照のこと。
19. *Los Angeles Times* (1976 年 5 月 31 日), part 2. p. 7 に掲載された Arpad Kadarkay の翻訳。
20. Sean Wilentz, "Society, Politics, and the Market Revolution, 1815–1868," Eric Foner 編、*The New American History*, rev. and exp. ed. (Philadelphia: Temple University Press, 1997), p. 61 に所収。

21. Richard Hofstadter, *The American Political Tradition* (New York: Vintage Books, 1948), p. 55.
22. Arthur M. Schlesinger, Jr., *The Age of Jackson* (Boston: Little, Brown, 1945), p. 306.
23. この段落の引用はすべて、前掲、p. 14 から。
24. 例えば、市場資本主義台頭を概観する、Charles Sellers の *The Market Revolution: Jacksonian America, 1815–1846* (New York: Oxford University Press, 1991) を参照のこと。
25. Anthony Wallace, *The Long, Bitter Trail: Andrew Jackson and the Indians* (New York: Hill and Wang, 1993); Sean Wilentz, "Society, Politics, and the Market Revolution, 1815–1868," pp. 61–84.
26. *New York Evening Post*（1836 年 6 月 13 日）。
27. 「電気の」テレグラフは、当時まだ発明されていなかった。その名は、おそらくは手旗信号に由来するものであった。
28. Schlesinger, *The Age of Jackson*, p. 73.

第 6 章　大衆のための新聞

1. 同紙は、強力な宗教的基調をもっていたが、ニュース政策やビジネスの報道において積極果敢であった。われわれはまた、共同ニュース取材の発展に関する後の議論で同紙に再び言及する。
2. 1837 年までに、サンは、毎日 3 万部を刷り、それは、同紙が創刊されたときのニューヨークの日刊紙の総発行部数を超えていた。
3. *New York Sun*（1835 年 1 月 3 日）。
4. Michael Schudson, *Discovering the News* (New York: Basic Books, 1978), pp. 12–60.
5. ペニー・プレスが党派性を回避したと主張するのはかなり無理があろう。ヘラルドのような新聞は、毎日様々な問題を取り上げ、しばしば、古き党派的新聞の時代と同じように激しくそのために戦った。しかしそれは、古き新聞が党派や政党を反映したのとは違って、これらの新聞の目的ではなかった。ヘラルドは、意見の新聞というより、個人的感情を含めない新聞であったが、客観性の発達は、まだ始まっておらず、その目標は 150 年以上後も達成されなかった。これらすべての進展は、相対的に評価されねばならない。
6. *New York Herald*（1836 年 6 月 4 日）（Morning の語は、1835 年に題字からはずされた）。
7. John R. Commons, "Horace Greeley and the Working Class Origin of the Republican party," *Political Science Quarterly*, XXIV (September 1909), 472.
8. ハリソンの副大統領であるバージニアのジョン・タイラーは、あきらかに大統領としてはホイッグというよりも南部的であり、クレーの法案に拒否権を行使した。1844 年の大統領選では、ホイッグはタイラーを見捨ててクレーを支持したが、民主党のジェイムズ・K・ポークが勝った。
9. H. L. Stoddard, *Horace Greeley* (New York: G. P. Putnam's Sons, 1946), p. 322.
10. Willard G. Bleyer, *Main Currents in the History of American Journalism* (Boston: Houghton Mifflin, 1927), p. 240.
11. Gerald W. Johnson, et al., *The Sunpapers of Baltimore* (New York: Knopf, l937), p. 50.
12. 前掲、p. 51。
13. Mary E. Junck と David Pace の援助を得て Donald Lewis Shaw が指揮したノース・カロライナを対象とした研究は、米ジャーナリズム教育学会 (AEJ) の 1981 年大会におけ

る未公刊の論文において Shaw 教授によって提示され、そしてその研究は、*JH*, VIII (Summer 1981), 38 の "At the Crossroads: Change and Contituity in American Press News, 1820–1860," に要約された。広範なサンプリングに基づく研究は、ニュース記事のソース、記事のトピックス、ニュース事件の所在、掲載のタイムラグを扱っていた。1976 年 AEJ に提示された、David H. Weaver の論文、"U.S. Newspaper Content from 1820 to 1860: A Mirror of the Times?" および Gerald J. Baldasty の論文 "The South Carolina Press and National News, 1807–47," の論文は、同様な関心を反映している。ノース・カロライナで収集されたランダム・サンプリングに基づく研究において、Weaver は、アメリカのすべてのセクションの新聞は、コミュニティ一般、政治一般そして知的な文化的なニュースを重視したこと、経済ニュース・科学・技術に注意を払ったが、ほとんど教育には払わなかったこと、そして低南部をのぞいて、奴隷制、奴隷廃止、拡張主義、そしてセクション間の相違などの対立的問題をほとんど重視しなかったこと、などを発見した。もちろん、そのサンプルは、主要なセクション対立におけるニュースの働きを測定することはできない。Baldasty は、サウス・カロライナの新聞は、1830 年代を通じて、ワシントンの新聞とくに *National Intelligencer* に、大きく依存し、当時は技術変化が起こったので、一層の多様性を反映したとする。Baldasty の論文は、後に公刊された。

14. Richard B. Kielbowicz, *News in the Mail: The Press, Post Office, and Public Information, 1700-1860s* (Westport, CT: Greenwood Press, 1989) は信頼できる研究である。
15. Frederick B.Marbut, *News from the Capital: The Story of Washington Reporting* (Carbondale: Southern Illinois University Press, 1971), pp. 29–37.
16. Maurine Beasley, *The First Women Washington Correspondents* (Washington, DC: GW Washington Studies, no. 4, 1976), pp. 3–9.
17. *Courier and Enquirer* は、ポニー急便を維持するコストはあまりにも高すぎると考えた。しかし、*Journal of Commerce* は、その民間の至急便を使い続け、政府のフィラデルフィア・ニューヨーク至急便に頼るライバルのニューヨーク紙よりも 1 日稼ぐために、至急便をワシントンにすら拡大した。他の新聞も、特にボストンの新聞、*Providence Journal*、そして *Charleston Courier* などは、類似の企業性を示した。
18. Richard A. Schwarzlose, "The Nation's First Wire Service: Evidence Supporting a Footnote," *JQ*, LVII (Winter 1980), 555.
19. Frederic Hudson, *Journalism in the United States* (New York: Harper & Row, 1873), pp. 366–67. Oliver Gramling は、*AP: The Story of News* (New York: Farrar, Straus & Giroux, 1940) において、AP の始まりについて劇的な説明をしているが、彼の物語る詳細の歴史的基礎はまだ確認されていない。
20. Richard A. Schwarzlose, "Early Telegraphic News Dispatches: Forerunner of the AP," *JQ*, LI (Winter 1974), 595. また研究対象の *Courier and Enquirer* は、同じ記事を 7 月 7 日に掲載した。
21. Richard A. Schwarzlosc, *The Nation's Newsbrokers*, 2vols. (Evanston, lL: Northwestern University Press, 1989–90), vol. 1, pp. 96–105.
22. Victor Rosewater, *History of Cooperative News-Gathering in the United States* (New York: Appleton-Century-Crofts, 1930), pp. 64–66.
23. Richard A. Schwarzlose, "Harbor News Association: The Formal Origin of the AP," *JQ*, XLV (Summer 1968), 253.
24. Rosewater の *History of Cooperaive News-Gathering in the United States*, pp. 381–88 に転載。
25. Schwarzlose, *The Nation's Newsbrokers*, vol. 1, p. 106 および vol. 2, pp. 35–37.

26. *Baltimore Sun*（1847年4月12日）。
27. *New York Herald*（1846年5月15日）。
28. *New York Tribune*（1846年5月12日）。
29. *New York Herald*（1846年5月12日）。
30. *New York Herald*（1846年2月26日）。
31. これらのニューオリンズ紙の中で最も有名なものは、ピカユーン (*Picayune*)、デルタ (*Delta*)、クレセント (*Crescent*)、トロピック (*Tropic*)、コマーシャル・タイムズ (*Commercial Times*)、そしてビー (*Bee*) であった。
32. Tom Reilly, "A Spanish-Language Voice of Dissent in Antebellum New Orleans," *Louisiana History*, XXIII (Fall 1982), 327. 1845年に創刊された同紙は、キューバの海賊行為を批判した後、1851年8月21日暴徒によって破壊されるまえ、三つの名前で発行された。ラ・パトリアとして同紙は、1847年秋から1848年初めまで日刊であった。アメリカン・スターは、グアダルーペ・イタルゴ条約署名後、軍が撤退する1848年7月まで発行を続けた準週刊紙である。Goffの未公刊論文 "Mexico's Press during the Early National Period (1821–1867)," を参照のこと。
33. 他の7人は、ピカユーンの Francis A. Lumsden, Daniel Scully, Charles Callahan、そして John Durivage、デルタの George Tobin、フィラデルフィア・ノース・アメリカンの William C. Tobey ("John of York")、そしてボストン・アトラスの John Warland であった。
34. *New York Sun*（1847年1月20日、4月15、19日）。詳細な研究については Thomas W. Reilly, "American Reporters and the Mexican War, 1846–1848," (Ph.D. thesis, University of Minnesota, 1975) を参照のこと。
35. これらの初期スペイン語紙の詳細については、Félix Gutiérrez編集の *JH*, VI (Summer 1977) の特別号を参照のこと。

第7章 抑しがたい対立（南北戦争）

1. Arthur Charles Cole, *The Irrepressible Conflict* (New York: Macmillan, 1934). また、Avery Craven, The Repressible Conflict (Baton Rouge: Louisiana State University Press, 1939) を参照のこと。
2. 例えば、Eric Foner編 *The New American History*, rev. and exp. ed. (Philadelphia: Temple University Press, 1977) 所収の、Eric Foner, "Slavery, the Civil War, and Reconstruction," pp. 85–106; James M. McPherson, *Ordeal by Fire: The Civil War and Reconstruction* (New York: Alfred A. Knopf, 1982), p.1; William J. Cooper, *The South and the Politics of Slavery, 1828–1856* (Baton Rouge: Louisiana State University Press, 1978); Eric Foner, *Free Soil, Free Labor, Free Men: The Ideology of the Republican Party before the Civil War* (New York: Oxford University Press, 1970); William Freehling, *The Road to Disunion, 1776–1854* (New York: Oxford University Press, 1990); David Potter, *The Impending Crisis, 1848–1861* (New York: Harper & Row, 1976) を参照のこと。
3. 二つの引用は、Louis L. Snyder and Richard B. Morris編 *A Treasury of Great Reporting* (New York: Simon & Schuster, 1949), pp. 124–25 に転載。
4. Wendel Phillips Garrison and Francis Jackson Garrison, *William Lloyd Garrison: The Story of His Life Told by His Children*, vol. 1 (New York: Appleton-Century-Crofts, 1885), p. 200.

5. Vernon L. Parrington, *Main Currents in American Thought*, vol. 2 (New York: Harcourt Brace Jovanovich, 1927), p. 356. Parringtonによるギャリソンの魅力的な分析は、彼によるこうした陳述をたくさん引用している。
6. ケンドルは、南部の州に届くリベレーターの各号は、犯罪的な名誉毀損、つまり治安への脅威であると主張することで、自らの行動を正当化した。彼は、1835年自らの年次報告においてその状況を説明しようと試みた。そしてこの時、南部諸州における「不快な」文学の公式禁止を連邦議会に求めた。このことは、郵政総監の手から責任を免除したであろうし、そしてケンドルは自分の行動が恣意的であったことを知っていたことを示している。南部の偉大な指導者ジョン・C・カルフーンがケンドルの要求の合憲性に挑戦したことに注目すると興味深い。カルフーンの代案は、こうした文学を根本で禁止する適切な法律を諸州に勧告するものであった。
7. Carter R. Bryan, "Negro Journalism in America before Emancipation," *JM*, no. 12 (September 1969), 1, 30–33.
8. I. Garland Penn, *The Afro-American Press and Its Editors* (Springfield, MA: Wiley, 1891), p. 28. スチュワートは、Roger Streitmatterの*Raising Her Voice: African-American Women Journalists Who Changed History* (Lexington: University Press of Kentucky, 1994) において論じられている11人のアフリカ系アメリカ人の一人である。他は、Mary Ann Shadd Cary、Ida B. Wells-Barnett、Ethyl Payne、そしてCharlayne Hunter-Gaultを含んでいた。
9. Armistead S. Pride, *A Register and History of Negro Newspapers in the United States* (Ph.D. thesis, Northwestern University, 1950), p. 4.
10. Bryan, "Negro Journalism," pp. 11–14.
11. 前掲、p. 17。
12. Roland E. Wolseley, *The Black Press, U.S.A.* (Ames: Iowa State University Press, 1971), pp. 24–25.
13. *Ram's Horn*(1847年11月5日)、p. 4から。Bryanの"Negro Journalism,"のp. 19に引用。
14. Wolseley, *The Black Press*, pp. 22–23.
15. Tom Reilly, "Early Coverage of a President-Elect: Lincoln at Springfield, 1860," *JQ*, XLIX (Autumn 1927), 469–79. また、"Lincoln-Douglas Debates of 1858 Forced New Role on the Press," *JQ*, LVI (Winter 1979), 734を参照のこと。
16. Lincolnとプレスの関係については、James E. Pollard, *The Presidents and the Press* (New York: Macmillan, 1947), pp. 321–97を参照のこと。
17. 前掲、p. 360。
18. *New York Times*の部数は、同じ時期に4万5千から約7万5千部へとのびた。それに続くのは日刊の*New York Tribune*であり、主としてGreeleyの全国的名声によるものだが、週刊版は20万部以上に到達した。これは単一の新聞としては最多の部数であった。*New York Ledger*は、ほぼ2倍の部数があったが、新聞ではなく週刊の物語中心の定期刊行物であった。
19. 1860年のLincolnの一般投票は40%に過ぎず、そして南部の民主党が選挙で候補を立てられなかった1864年、40万票で勝ったに過ぎない。このことは、戦後の政治問題を考える共和党の指導者にとって考慮すべき課題であった。
20. この問題の傑出した研究は、Quintus Wilsonの"A Study and Evaluation of the Military Censorship in the Civil War" (Master's thesis, University of Minnesota, 1945)である。
21. 前掲、p. 50。
22. Louis L. Snyder and Richard B. Morris 編 *A Treasury of Great Reporting* (New York: Simon & Schuster, 1949), p. 130。

23. 前掲、p. 146。
24. 前掲、p. 149。
25. この問題は、Quintus Wilson の "The Confederate Press Association: A Pioneer News Agency," *JQ*, XXVI (June 1949), 160–66 において詳細に提示されている。
26. 前掲、p. 162。
27. J. Cutler Andrews, *The South Reports the Civil War* (Princeton: Princeton University Press, 1970), pp. 26–33.
28. 前掲、p. 50。
29. *Charleston Daily Courier*（1862 年 9 月 29 日）。
30. Andrews, *The South Reports the Civil War*, pp. 316–17.
31. 以前の活字が回転する印刷機で全段抜きの見出しや大きな地図を印刷するのは不可能ではなかったが、危険であり手間暇がかかった。というのも、印刷機が回転するときに金属活字が飛び出さないよう、コラム罫はしっかりと固定されねばならなかったからである。しかしそれが完成した。大きな地図は米墨戦争中、新聞に印刷された。
32. すべてのニュース写真家がそうであったに違いないのだが、ブレイディは、いくつかのシャッターチャンスを逃した。彼は、リンカーンが不朽のゲティスバーグ演説をしたとき、彼にカメラを向けていた。有名な雄弁家であり、この記念式典の主たる演説者であった Edward Everett が非常に長く話したので、ブレイディは感光版を代え続けなければならず、また感光溶液でしめっている間に感光されねばならなかった。大統領が演説のために立ち上がったとき、ブレイディは、乾かされた版を取り除く作業の最中であった。感動的なスピーチは非常に短かったので、ブレイディの助手はリンカーンがお辞儀して演壇を去る前に、彼の写真を撮ろうとしたが時間がなく、携帯用の暗室から新しい感光版を持ってくることができなかった。アメリカのジャーナリズム史上重大な「ニュース写真」の 1 つが、それによって後世残ることなく消えた。
33. 「即時の」という言葉は、当時は今よりももっと広い意味を持っていた。数分まで意味として含むことが可能であった。
34. この時代は、Robert Taft の *Photography and the American Scene: A Social History, 1839–1889* (New York: Macmillan, 1938) において、要領よく説明されている。
35. Beaumont Newhall, *The History of Photography*, 4th ed. (New York: Museum of Modern Art, 1978), pp. 67–72.

第 8 章　国民生活における変革

1. Henry Steele Commager, *The American Mind* (New Haven: Yale University Press, 1950), p. 41.
2. Eric Foner, "Slavery, the Civil War, and Reconstruction," また網羅的な研究として、Eric Foner, *Reconstruction: America's Unfinished Revolution, 1863–1877* (New York: Harper & Row, 1988) を見よ。
3. James Cobb, *The Most Southern Place on Earth: The Mississippi Delta and the Roots of Regional Identity* (New York: Oxford University Press, 1992) は、再建期とその後の時代の黒人の状況についてよくまとめた研究である。
4. ここでは農民たちが抱えていた問題を簡素にまとめたが、それらについて詳しくは John D. Hicks, *The Populist Revolt* (Minneapolis: University of Minnesota Press, 1931) や Solon J. Buck, *The Granger Movement* (Cambridge, MA: Harvard University Press, 1913) といった研究で分析されている。

5. 詳細は Gustavus Myers, *The History of Tammany Hall* (New York: Boni and Liveright, 1917) を参照。
6. Frank M. O'Brien, *The Story of the Sun* (New York: George H. Doran Company, 1918), p. 231; 新しい版は (New York: Appleton-Century-Crofts, 1928), p. 151.
7. Allan Nevins, *American Press Opinion* (New York: Heath, 1928), p. 299 で引用されている。
8. 創刊に際してのゴドキンの決意について、より詳しくは Rollo Ogden, *Life and Letters of Edwin Lawrence Godkin*, vol. 1 (New York: Macmillan, 1907), pp. 237–38 を参照。
9. 前述したように、ニューヨーク・トリビューンの創始者であるホラス・グリーリーは、1850年に結成されたニューヨーク市の第6印刷植字工組合の初代組合長であった。
10. 息子のほうのビラードは1918年にイーブニング・ポストを売却してしまったが、ネーションのかじ取りは1933年まで続けた。
11. Arthur Krock, ed., *The Editorials of Henry Watterson* (New York: Doran, 1923), p. 15.
12. Tom Wallace, "There Were Giants in Those Days," *Saturday Evening Post*, August 6, 1938 (再版は John E. Drewry, ed., Post Biographies of Famous Journalists Athens: University of Georgia Press, 1942)。
13. スコット家とピトック家の相続人らは1950年までオレゴニアンの経営権を握り続けた。しかしこの年、100年の歴史を持つこの新聞社は、サミュエル・I・ニューハウス (Samuel I. Newhouse) に売却されてしまった。1950年12月11日号のオレゴニアンを参照。
14. 詳しくは Allan Nevins, *The Emergence of Modern America, 1865–1898* (New York: Macmillan, 1927) や Ida M. Tarbell, *The Nationalizing of Business, 1878–1898* (New York: Macmillan, 1936) で論じられている。David M. Potter, *People of Plenty* (Chicago: University of Chicago Press, 1954) は、国家が一丸となって発展したことの試金石は、活動家たちの力ではなく経済的豊かさであったと論じている。
15. この時代、合衆国で何が起こっていたかについては、次に示す数字が示している。南北戦争から1900年までの間に、製造業の総生産は7倍増。1909年から1913年までの数字を100とすると、1865年の指数は8.5、1880年は27、そして1900年は61となる。1860年には全体として14万人の経営者がいたが、1880年には25万、1900年には50万以上に増えた。そして彼らに雇用される労働者人口は20年ごとに倍加した。これらの統計は U.S. Department of Commerce, *Historical Statistics of the United States, 1789–1945* (Washington, D.C.: U.S. Government Printing Office, 1949) による。
16. Walter LaFeber, *The New Empire: An Interpretation of American Expansionism, 1860–1898* (Ithaca, NY: Cornell University Press, 1963) は合衆国の膨張主義について優れたニューレフト的分析を行っている。一方、Robert L. Beisner, *From the Old Diplomacy to the New, 1865–1900*, 2nd ed. (Arlington Heights, IL: Harlan Davidson, 1986) は、海外への進出がもたらす経済的・外交的利益について説得力ある分析をしている。
17. 経済革命に起因するアメリカ人の生活の変質については、アーサー・シュレシンガー (Arthur Schlesinger) の *The Rise of the City, 1878–1898* (New York: Macmillan, 1932) が古典的な研究である。同じく、Blake McKelvey, *The Urbanization of America, 1860–1915* (New Brunswick, NJ: Rutgers University Press, 1969) と *The Emergence of Metropolitan America, 1915–1966* (1968) を参照。
18. 国勢調査によれば、あらゆる種類を含めた日刊紙の総数は、1870年は574紙、1900年は2226紙であった。しかし本文に示した数字の方が、20世紀に入ってからの統計数とつり合いが取れている。
19. これについては Commager, *The American Mind* が詳しい。
20. Richard Hofstadter, *Social Darwinism in American Thought, 1860–1915* (Philadelphia:

University of Pennsylvania Press, 1955) は、主流派のソーシャル・ダーウィニズムを強く批判する一方、その影響力について認めている。
21. Jack Nelson, "*The Golden Era*: The Most Important Magazine on the Pacific Coast," paper presented to Western Journalism Historians Conference, University of California-Berkeley, 24–25 February 1995.
22. Leon Fink, *Workingmen's Democracy: The Knights of Labor and American Politics* (Urbana: University of Illinois Press, 1983). 労働者騎士団と女性労働者については、Susan Levine, *Labor's True Woman: Carpet Weavers, Industrialization, and Labor Reform in the Gilded Age* (Philadelphia: Temple University Press, 1984) を参照。
23. フィラデルフィアでは1870年代にレコードとタイムズの2紙が新たに参入した。レコードは1870年に創刊し、1877年にウィリアム・M・シンガリー (William M. Singerly) によって引き継がれた。シンガリーは鉄道敷設事業で財を築いた富豪で、新聞の値段を1セントに下げ、紙面や記事を刷新し、地方の不正を暴くキャンペーンに力を入れて人気を博した。1880年代前半までにレコードは、名声あるライバル朝刊紙パブリック・レジャーをしのぐ売り上げを上げていた。パブリック・レジャーは、1864年にやり手のジョージ・W・チャイルズ (George W. Childs) がスウェイン家から買い取っていた。その他、トップレベルの部数を競った新聞として、改革主義者のアレクサンダー・K・マックルアー (Alexander K. McClure) が創刊したタイムズ (1875年) や、キャンペーンを行うペニー・ペーパーとして1880年代に急成長したイーブニング・アイテム (1847年) やプレス (1857年) があった。

フィラデルフィアで最終的に生き残ることになるイーブニング・ブリテン (1847年) とインクワイアラー (1829年) は、名声においてはパブリック・レジャーを、そして部数においては他の新聞を追う存在であった。同じような傾向は他の東部都市でも見られた。ボルチモアに新規参入したイーブニング・ニューズ (1872年) は、闘志あふれる編集者チャールズ・・グラスティー (Charles H. Grasty) の下、1890年代には有名なサンに対抗するまでになった。

1884年に現れたピッツバーグのイーブニング・ペニー・プレスは、ピッツバーグ・プレスの前身であり、創刊後直ちに地域市民向上キャンペーンに打って出た。バトラー家のバッファロー・ニューズは1880年以来の歴史を持ち、勇猛果敢な夕刊紙として新聞界で早くもリーダーシップをとるようになった。1841年に創刊した夕刊紙のブルックリン・イーグルも、1880年代に影響力あるリーダーとして活躍した。プロビデンスでは、ジャーナル (1829年) が早くもこの波に乗り、1863年にはイーブニング・ブリテンを創刊した。

1852年、ワシントンではノイエス家とカウフマン家が夕刊紙スターを誕生させ、1890年まで競争相手といえば唯一、朝刊紙のポスト (1877年) だけであった。クロスビー・S・ノイエス (Crosby S. Noyes) とサミュエル・H・カウフマン (Samuel H. Kauffmann) はスターの初期の主導者で、ノイエスの息子フランクとセオドアは1890年代に入る前から頭角を現し始め、1940年代に至るまでスターを引っ張った。
24. Raymond B. Nixon, "Henry W. Grady, Reporter: A Reinterpretation" *JQ*, XII (December 1935), 343.
25. 南部では、ヘンリー・ワターソン (Henry Watterson) が築き上げたルイビル・クリアー・ジャーナルが1884年に夕刊版のタイムズを創刊した。すると、タイムズは親にあたる朝刊版を上回る売り上げを見せた。ニューオリンズをリードしていた朝刊紙ピカユーン (1837年) は、アイテム (1877年) とステーツ (1877年) という夕刊紙から新たな挑戦を受けるようになった。ニューオリンズのもう2つの朝刊紙、タイムズ (1863年) とデモクラット (1875年) は行く末がむずかしくなり、1881年に合併した。ノース・

カロライナ州ラレイの有名な編集者ジョゼフス・ダニエルズ (Josephus Daniels) は 1885 年にステート・クロニクルを引き継ぎ、その後すぐにニューズ・アンド・オブザーバーと合併して、ここにダニエルズ家の偉大な新聞が誕生した。

26. コマーシャル・ガゼットはガゼット（1815 年）とコマーシャル（1843 年）が 1883 年に合併して生まれた。ハルステッドは 1865 年からコマーシャル・ガゼットの編集をしている。1890 年にハルステッドがシンシナティーを去りブルックリンに移った後、1896 年にコマーシャル・ガゼットはコマーシャル・トリビューンとなり、1930 年にエンクワイアラーに吸収され姿を消した。
27. シカゴのデイリー・ニューズと競い合ったヘラルドは当時のジャーナリズム界の新しい秩序を代表する新聞であった。ヘラルドは 1881 年にジェイムズ・W・スコット (James W. Scott) が低価格でリベラルかつ独立的な朝刊紙として創刊した。スコットはこの成長著しい新聞のための資金繰りに苦労したが、部数の上では早くもデイリー・ニューズに次ぐ地位を確保した。野心家のスコットは、フィラデルフィア・レコードのウィリアム・M・シンガリー (William M. Singerly) を継いで、結成されたばかりのアメリカ新聞発行者協会の 2 代目会長に就任した。彼は 1889 年から 1895 年まで会長職にあった。また彼はビジネスの仲間とともに 1890 年にイーブニング・ポストを創刊し、1895 年には古参のタイムズ（1854 年）とヘラルドを統合してタイムズ＝ヘラルドとした。だがスコットはこの絶頂期に死んでしまい、彼の新聞は才能において見劣りする人々の手に委ねられることとなった。タイムズは編集者ウィルバー・F・ストーレイ (Wilbur F. Storey) の下、衝撃的なセンセーショナリズムで知られるようになった。最も有名な見出しは、1875 年に悔悟している 4 名の殺人者が絞首刑を受けた時の「あの世に一直線」(Jerked to Jesus) であった。
28. Melville E. Stone, *Fifty Years a Journalist* (Garden City, NY: Doubleday, 1921), p. 44.
29. William Allen White, "The Man Who Made the Star," *Collier's*, LV (June 26, 1915), 12.
30. 挑戦者として例えば、スクリプスのカンザス・シティー・ワールド（1897 年）と、1909 年から 1922 年までカンザス・シティー・ポストを発行したデンバーのボンフィルズとタメンのチームがいた。だが両者とも生き残ることができなかった。

第 9 章　ニュー・ジャーナリズム

1. 1934 年にエディター＆パブリシャー誌が行ったアメリカの編集者に対する調査から。
2. コッカリルの自伝を書いた作家は、彼がピュリツァーの最高の片腕になれたのは、次の理由によると説明している。つまり、シンシナティー・エンクワイアラーの編集長時代に地元ニュースをうまくさばいた手腕、その後ワシントンとボルチモアで全国・国際ニュースの報道で活躍したこと、そして戦争特派員としての経験もあったこと、である。ピュリツァーの新聞が想像たくましくニュースを報道しセンセーショナルな手法を用いたのには、コッカリルに帰する部分が多い。Homer W. King, *Pulitzer's Prize Editor: A Biography of John A. Cockerill, 1845–1896* (Durham, NC: Duke University Press, 1965) を参照。
3. Don C. Seitz, *Joseph Pulitzer: His Life and Letters* (New York: Simon & Schuster, 1924), p. 101 に引用。新聞の名称は間もなくポスト・ディスパッチに変えられた。
4. *The Story of the St. Louis Post-Dispatch* (St. Louis: Pulitzer Publishing Company, 1949), p. 3 に引用。
5. 詳細は、"A Sensational Newspaper," in Julian Rammelkamp, *Pulitzer's Post-Dispatch, 1878–1883* (Princeton, NJ: Princeton University Press, 1967), pp. 163–206 で論じられて

いる。大枠において、著者ランメルカンプはピュリツァーの仕事を評価している。
6. ランメルカンプによれば、ピュリツァーは「セントルイスのミドルクラスの人びとをダイナミックな改革運動に動員」し、それがついに 20 世紀の初頭に、実を結ぶことになったという（前掲書、p. 303）。
7. Willard G. Bleyer, *Main Currents in the History of American Journalism* (Boston: Houghton Mifflin, 1927), p. 325 に引用。
8. *New York World*（1883 年 5 月 11 日）。
9. Bleyer, *Main Currents in the History of American Journalism*, p. 328 に引用。
10. *Journalist*（1885 年 8 月 22 日）。
11. James Creelman, "Joseph Pulitzer—Master Journalist," *Pearson's*, XXI (March 1909), p. 246.
12. Seitz, *Joseph Pulitzer*, p. 286 に引用。
13. ピュリツァーが特に 3 人の編集者を模範としていたことは、目にあまる失態を引き起こすことになった彼の弱い面を示している。彼らの新聞はいずれもセンセーショナルなテクニックを使いはしたが、しかし高い質の報道をする点においてワールドに及ばなかった。その 3 人とは、フィラデルフィア・レコードのウィリアム・M・シンガリー (William M. Singerly)、ボストン・グローブのチャールズ・H・テイラー (Charles H. Taylor)、そしてイギリスの新聞を大衆化したアルフレッド・ハムズワース (Alfred Harmsworth)、後のノースクリフ卿 (Lord Northcliffe)、である。
14. 1936 年、ニューヨークの新聞 3 紙が同じ冒険に挑戦した。勝利したのは H・R・エキンズ (H. R. Ekins) のワールド・テレグラムでは所要時間 18 日半であった。その競争相手はドロシー・"ネリー・ブライ"・キルガレン (Dorothy ("Nellie Bly") Kilgallen) のジャーナルとレオ・キーナン (Leo Kiernan) のタイムズを破った。
15. Ted Curtis Smythe, "The Reporter, 1880–1900," *Journalism History*, VII (Spring 1980) は、劣悪な職場環境とそれがニュース報道に及ぼした影響について詳しく論じている。著者は学会発表 "The Cooperative Impulse in American Journalism: Rivals as Partners" (West Coast Journalism Historians Conference, 1990) において、競争もさることながら、通信社やシンジケートの協力体制もアメリカのジャーナリズムを形作ったとする彼の理論について、一層の研究を促している。
16. Marion Marzolf, *Civilizing Voices: American Press Criticism 1880–1950* (New York: Longman, 1991)、および Hazel Dicken-Garcia, *Journalistic Standards in Nineteenth-Century America* (Madison: University of Wisconsin Press, 1989)。
17. 彼女たち、その他大勢の女性たちについて、より詳しくは、Marion Marzolf, *Up from the Footnote: A History of Women Journalists* (New York: Hastings House, 1977) を参照。
18. 国際コミュニケーションに関するロバート・W・デズモンド (Robert W. Desmond) の著作、特に *The Information Process* の 165–68 頁と *Crisis and Conflict* の 384–92 頁では、三社協定の財政的・政治的活動について、優れた記述がされている。
19. この問題は Richard A. Schwarzlose, *The Nation's Newsbrokers*, 2 vols. (Evanston, IL: Northwestern University Press, 1989–90) で網羅的に論じられている。
20. Alfred M. Lee, *The Daily Newspaper in America* (New York: Macmillan, 1937), p. 511.
21. 詳細は Harlan S. Stensaas, "The Rise of Objectivity in U.S. Daily Newspapers, 1865–1934" (Ph.D. dissertation, University of Southern Mississippi, 1986) を参照。
22. 詳しい内容は Frank Presbrey, *The History and Development of Advertising* (New York: Doubleday, 1929) を参照。
23. William Marz, "Patent Medicine Advertising: Mass Persuasion Techniques and Reform, 1905–1976" (M.A. thesis, California State University at Northridge, 1977).

24. 国際印刷植字工組合 (ITU) は 1852 年に改組された。1886 年には国際印刷工・助手組合が ITU から離れ、1900 年には国際写真製版組合が、そして 1901 年には国際ステロ版・電気版工組合が脱退した。
25. Lee, *The Daily Newspaper in America*, pp. 743–45.
26. *Cosmopolitan*, XI (August 1891).
27. Beaumont Newhall, *The History of Photography*, 4th ed. (New York: Museum of Modern Art, 1978), pp. 138–42.
28. Paula Pierce, "Frances Benjamin Johnston, Mother of American Photojournalism," *Media History Digest*, V (Winter 1985), 54.
29. Will Irwin, "The Fourth Current," *Collier's*, XLVI (February 18, 1911), 14.
30. 前掲論文。ウィル・アーウィンが 1911 年に行った、その当時までの予測。
31. Ferdinand Lundberg, *Imperial Hearst: A Social Biography* (New York: Equinox Cooperative Press, 1936), p. 50. 著者ルンドバーグは、ハーストの財政事情について多くの情報を提示しているが、彼を限りなく腹黒い人間として描いている。よりバランスの取れた記述は、John Tebbel, *The Life and Good Times of William Randolph Hearst* (New York: Dutton, 1952) や W. A. Swanberg, *Citizen Hearst* (New York: Scribner's, 1961) を参照。
32. *New York World*（1898 年 5 月 1 日）、p. 7（別冊付録）。
33. Willard G. Bleyer, *Main Currents in the History of American Journalism* (Boston: Houghton Mifflin, 1927), pp. 357–64. この本はジャーナルの行き過ぎたイエロー・ジャーナリズムを批判している。
34. カンザス・シティー・スターの編集者、ウィリアム・ロックヒル・ネルソン (William Rockhill Nelson) も、それほどセンセーショナルにではないにしろ、公益のために私費を投じて法廷闘争を繰り広げた。
35. Marcus M. Wilkerson, *Public Opinion and the Spanish-American War* (Baton Rouge: Louisiana State University Press, 1932), および Joseph E. Wisan, *The Cuban Crisis as Reflected in the New York Press* (New York: Columbia University Press, 1934)。
36. Richard Dean Burns, ed., *Guide to American Foreign Relations since 1700*, edited for the Society for Historians of American Foreign Relations (Santa Barbara, CA and Oxford, England: ABC-Clio, 1983), pp. 349–350. その他、Robert L. Beisner, *From the Old Diplomacy to the New, 1865–1900*, 2nd ed. (Arlington Heights, IL: Harlan Davidson, Inc., 1986); Emily S. Rosenberg, *Spreading the American Dream: American Economic and Cultural Expansion, 1890–1945* (New York: Hill and Wang, 1982) を見よ。

1960 年代から 1970 年代前半のニューレフトの歴史家たちの主張では、アメリカがスペイン・キューバ間の問題に介入したのは経済的な要因、つまり余剰生産物のための市場や資本投資のチャンスなどを求めたため、であるとされている。

例えば、William Appleman Williams, *The Tragedy of American Diplomacy*, rev. ed. (New York: Dell, 1972) あるいは同著者の *The Roots of the Modern American Empire: A Study of the Growth and Shaping of Social Consciousness in a Marketplace Society* (New York: Random House, 1969) を見よ。しかし、この解釈に対して最近の学説は、介入の決定の背後にあったイデオロギー的な要因を重視する立場から異論を唱えている。
37. John D. Hicks, *A Short History of American Democracy* (Boston: Houghton Mifflin, 1943), p. 605.
38. Wisan, *The Cuban Crisis*, p.460.
39. Wilkerson, *Public Opinion and the Spanish-American War*, p. 40.
40. AP と旧 UPI の間で競争があったのは 1897 年までで、その後はニューヨーク・サンを

除くニューヨークのすべての主要な新聞が AP のメンバーとなった。
41. James Creelman, *On the Great Highway* (Boston: Lothrop Publishing, 1901), p. 178.
42. Wisan, *The Cuban Crisis*, p.331.
43. Arthur Brisbane, "The Modern Newspaper in War Time," *Cosmopolitan*, XXV (September, 1898), 541.
44. Don C. Seitz, *Joseph Pulitzer* (New York: Simon & Schuster, 1924), p. 312.
45. Wisan, *The Cuban Crisis*, p. 417.
46. 彼らに関しては Charles H. Brown, *The Correspondents' War* (New York: Scribner's, 1967) を見よ。Joyce Milton, *The Yellow Kids: Foreign Correspondents in the Heyday of Yellow Journalism* (New York: Harper & Row, 1990) も当時の記者や「ザ・キッド」について詳しく説明している。
47. Richard O'Connor, *Pacific Destiny* (Boston: Little, Brown, 1969), p. 256.
48. Stanley Karnow, *In Our Image: America's Empire in the Philippines* (New York: Random House, 1989).
49. Carl Schurz, "Manifest Destiny," *Harper's* (October 1893), 737–46. これは、William Appleman Williams, *The Roots of the Modern American Empire* (New York: Random House, 1969), p. 365 に引用されているもので、著者ウィリアムズが米西戦争の勃発は市場開拓を狙った農業者集団が主要な役割を担ったとする自説を援用するために用いている。フレデリック・ジャクソン・ターナー (Frederick Jackson Turner) のフロンティア説がアメリカの膨張に与えた影響に関する分析、そして膨張主義と改革運動の関係については、彼の *The Contours of American History* (Cleveland: World Publishing, 1961, reissued 1973) を参照。
50. Leon Wolff, *Little Brown Brother* (New York: Doubleday, 1961), p. 270 に引用。

第10章　庶民の擁護者

1. この時代について論じた研究として、Harold U. Faulkner, *The Quest for Social Justice, 1898–1914* (New York: Macmillan, 1931) がある。ジャーナリスト的な歴史家による詳しくかつ魅惑的な叙述をしているのは、Mark Sullivan, *Our Times* (New York: Scribner's, 1926–1935) の初めの3巻である。ニューレフト的な視点が強いリビジョニストの研究としては、Gabriel Kolko, *The Triumph of Conservatism: A Reinterpretation of American History 1900–1916* (Chicago: Quadrangle Books, 1967) がある。
2. Richard L. McCormick, "Public Life in Industrial America, 1877–1917," in Eric Foner, ed. *The New American History*, rev. and exp. ed. (Philadelphia: Temple University Press, 1997), pp.107–132; Willard Gaylin, Ira Glasser, Steven Marcus, and David Rothman, *Doing Good: The Limits of Benevolence* (New York: Pantheon Books, 1978).
3. Sara Evans, *Born for Liberty*, 2nd ed. (New York: Free Press, 1997); Kathryn Kish Sklar, "Hull House in the 1890s: A Community of Women Reformers," *Signs*, 10:41 (1985), 658–677; Allan Davis, *Spearheads for Reform: The Social Settlements and the Progressive Movement, 1890–1914* (New York: Oxford University Press, 1967).
4. Louis Hartz, *The Liberal Tradition in America* (New York: Harcourt Brace Jovanovich, 1955), p. 6 は次のように説明している。「封建制度を欠くという特異性を持ったアメリカが、社会主義の伝統を欠くという特異性をも持つにいたったのは、偶然のことではない。ヨーロッパのいずれの地であれ、社会主義思想の秘められた淵源は、封建的気質のうちに見出される」(訳注：『アメリカ自由主義の伝統』)。

5. 女性による改革運動に関する文献として、次のようなものがある。Evans, *Born for Liberty*; Anne Firor Scott, *Natural Allies: Women's Associations in American History* (Urbana: University of Illinois Press, 1992); Paula Baker, "The Domestication of Politics: Women and American Political Society, 1780–1920," *American Historical Review*, 89 (June 1984), 620–647; Robyn Muncy, *Creating a Female Dominion in American Reform, 1890–1935* (New York: Oxford University Press, 1991); Harriet Hyman Alonso, *Peace as a Women's Issue: A History of the U.S. Movement for World Peace and Women's Rights* (Syracuse, NY: Syracuse University Press, 1993)。
6. Marion Marzolf, *Up From the Footnote: A History of Women Journalists* (New York: Hastings House, 1977), pp. 219 ff.
7. Rosalyn Terborg-Penn, *African American Women in the Struggle for the Vote, 1850–1920* (Bloomington: Indiana University Press, 1998); Evans, *Born for Liberty*.
8. David Paul Nord, "The *Appeal to Reason* and American Socialism, 1901–1920," *Kansas History*, I (Summer 1978), 75.
9. John L. Heaton, *Cobb of "The World"* (New York: Dutton, 1924) はコッブの略歴と主要な論説を集めて紹介している。
10. W. A. Swanberg, *Citizen Hearst* (New York: Scribner's, 1961) によれば、ハーストが1904年の大統領選を狙ったのは、単なるはったりではなく、民主党員として彼こそが出馬するに最もふさわしいと真剣に考えたからだという。この時代のハーストに関する著者の考え方については208–219頁を見よ。著者はまとめにあたる523–527頁でも、ハーストは「プロスペローとキャリバン」(訳注：シェイクスピア、『テンペスト』の登場人物。プロスペローは失脚した元国家元首。キャリバンは彼に仕える野蛮で下品な奴隷) という2つの顔を持っていたと結論付けている。
11. *Los Angeles Examiner*（1903年12月12日）、p. 4。
12. Oliver H. Knight, ed., *I Protest: The Selected Disquisitions of E. W. Scripps* (Madison: University of Wisconsin Press, 1966), p. 270 に引用。著者ナイトはスクリップスの新聞から彼のいろいろな意見表明を選び出し、彼が発行者として思慮深くアメリカの諸事情を観察していたことを明らかにしている。
13. この論説は *The Autobiography of William Allen White* (New York: Macmillan, 1946), pp. 280–83 に再録されている。同じ論説を Allan Nevins, *American Press Opinion* (Boston: Heath, 1928), pp. 419–22 でも読むことができる。
14. この時代に限らず、人々のために不正暴露 (crusading) を行ったジャーナリストについては、Silas Bent, *Newspaper Crusaders* (New York: Whittlesey House, 1939)、あるいは、Jonathan Daniels, *They Will Be Heard: America's Crusading Newspaper Editors* (New York: McGraw-Hill, 1965) を参照。
15. これについて詳しくは C. C. Regier, *The Era of the Muckrakers* (Chapel Hill: University of North Carolina Press. 1932) を参照。ただし、著者は不正暴露 (crusading) に新聞が果たした役割を無視してしまっている。
16. 中国人リーダーとして例えば Wah Kee（1875–79年）がいる。1914年までに中国語新聞は7紙あったが、日刊紙は2紙にすぎなかった。日本語新聞の最初の2紙は1890年から1900年の間に現れた。初期のエスニック・プレスについては、Clint Wilson II and Félix Gutiérrez, *Minorities and the Media: The End of Mass Communication* (Beverly Hills: Sage Publications, 1985) が分かりやすい。
17. Barbara Straus Reed, "The Antebellum Jewish Press: Origins, Problems, Functions," *Journalism Monographs* 139 (June 1993). 同著者のロバート・リオン (Robert Lyon) に関する論文は、*American Journalism*, VII (Spring 1990), 77 を見よ。

18. Victoria Goff, "Spanish-Language Newspapers in California during the Nineteenth Century" (American Journalism Historians Association convention, 1994)、また同著者の論文 "Spanish-Language Newspapers in California during the 1860s" (Association for Education in Journalism and Mass Communication convention, 1994) を見よ。重要な統計データは、Carlos E. Cortés, "The Mexican-American Press," in *The Ethnic Press in the United States: A Historical Analysis and Handbook*, ed. Sally M. Miller (New York: Greenwood Press, 1987) を見よ。実践主義に関する記述は、Félix Gutiérrez, "Latinos and the Media," in *Readings in Mass Communication*, ed. Michael Emery and Ted Curtis Smythe (Dubuque, IA: William C. Brown. 1989)、または毎年顧客向けに編集されるコレクションを見よ。
19. Armistead Scott Pride, "Negro Newspapers: Yesterday, Today and Tomorrow," *Journalism Quarterly*, XX–VIII (Spring 1951), 179.
20. 主要な黒人新聞について詳しくは Roland E. Wolseley, *The Black Press, U.S.A.* (Ames, IA: Iowa State University Press, 1971) を見よ。

第11章　ニュース企業のとりで

1. *New York Times*（1896年8月19日）、p. 1。
2. バン・アンダがタイムズの発展に果たした役割については、Elmer Davis, *History of the New York Times, 1851–1921* (New York: The *New York Times*, 1921), p. 274、および Meyer Berger, *The Story of the New York Times, 1851–1951* (New York: Simon & Schuster, 1951), p. 160 を見よ。Barnett Fine, *A Giant of the Press* (New York: *Editor & Publisher* Library, 1933) は短い自伝だが、同業者のリーダーたちがバン・アンダに送った多くの賛辞を載せている。上述バーガーの著書は数章にわたってバン・アンダの功績をつづっている。
3. タイタニック号の報道については Berger, *The Story of the New York Times*, pp. 193–201 に詳しい。Alexander McD. Stoddart, *Independent*, LXII (May 2, 1912), 945 は当時の様子を記述したものである。
4. *New York Times*（1907年10月18日）、p. 1。
5. ヘラルドの紙面の幾つかは Michael C. Emery et al., *America's Front Page News, 1690–1970* (New York: Doubleday, 1970), pp. 83, 104, 109, 124 を見よ。
6. Don C. Seitz, *The James Gordon Bennetts* (Indianapolis: Bobbs-Merrill, 1928), p. 377.
7. *Outing*, LIII (March 1909), 690.
8. サンの特色については Frank M. O'Brien, *The Story of the Sun* (New York: George H. Doran Company, 1918) を参照。チャーチが書いた「サンタクロースはいるのでしょうか？」は、この本の409–10頁に再録されている。
9. インター・オーシャンに関しては Walter E. Ewert, "The History of the Chicago Inter Ocean, 1872–1914" (Master's thesis, Northwestern University, 1940) を参照。
10. Jack R. Hart, *The Information Empire* (Washington, DC: University Press of America, 1981) を見よ。
11. Victor Rosewater, *History of Cooperative News-Gathering in the United States* (New York: Appleton-Century-Crofts, 1930), pp. 182–89.
12. ストーンの仕事については *"M.E.S."—His Book* (New York: Harper & Row, 1918) に書かれている。
13. Rosewater, *History of Cooperative News-Gathering*, p. 354 に引用。

14. Charles R. McCabe, ed., *Damned Old Crank* (New York: Harper & Row, 1951), p. 219 に引用。
15. ハワードはこのことを Webb Miller, *I Found No Peace* (New York: Simon & Schuster, 1936), p. 96 で説明している。ハウプトマン評決での AP の失態は、法廷からニュースを送信するためのシグナルのシステム設定に起因したものであった。張り切り過ぎた AP の職員がシグナルを間違え、死刑判決だったところを終身刑と流してしまったのである。AP は 1944 年にも D デイを速まって報道してしまったが、これは「練習」中の女性のテレタイプ・オペレーターが流してしまった、ということである。1945 年には UP も同じように職員のミスで日本の敗戦を誤報してしまった。
16. McCabe, *Damned Old Crank*, p.204.

第 12 章　第 1 次世界大戦とアメリカ

1. Mark Sullivan, *Our Times*, vol. 5 (New York: Scribner's, 1933), p. 32 に引用されている。1900 年から 1925 年までをジャーナリスティックにまとめた著者サリバンの 6 巻の本は、合衆国における生活と歴史を面白く描いている。
2. Edwin Costrell, "Newspaper Attitudes toward War in Maine, 1914–17," *Journalism Quarterly*, XVI (December 1939), 334. 対戦国が協調してプロパガンダを開始する以前に、そしてドイツとのケーブル通信が遮断される以前に、早くも反ドイツ的な反響が見られた点は重要である。
3. 幻滅の時代に関してより信頼できる文献として、Walter Millis, *Road to War* (Boston: Houghton Mifflin, 1935); H. C. Peterson, *Propaganda for War: The Campaign Against American Neutrality, 1914–1917* (Norman, Oklahoma: University of Oklahoma Press, 1939); Harold D. Lasswell, *Propaganda Technique in the World War* (New York: Peter Smith, 1927) などがある。
4. Lloyd E. Ambrosius, *Wilsonian Statecraft: Theory and Practice of Liberal Internationalism during World War I* (Wilmington, DE: Scholarly Resources, 1991) は、ウィルソンがリベラルで資本主義的なイデオロギーを持っていたこと、そして彼がその考えに一致させるよう世界を変革しようとしていたと論じている。ウィルソンの外交政策についてニュー・レフト的な解釈を試みた研究として、Lloyd C. Gardner, *Safe for Democracy: The Anglo-American Response to Revolution, 1913–1923* (New York: Oxford University Press, 1987) がある。
5. 『最初の戦死者』(*The First Casualty*) (New York: Harcourt Brace Jovanovich, 1975)（訳者注：訳本邦題は『戦争報道の内幕』）の中でイギリス人ジャーナリストのフィリップ・ナイトリー (Phillip Knightley) は、1914 年から 1918 年の間に「歴史上どの時代よりも念入りなウソが語られ、真実を隠すために国家の全機構が動員された」と論じている (p. 80)。同書は、クリミア戦争からベトナム戦争までの戦争報道、および政府の情報コントロールを鋭く批評している。
6. 第 1 次世界大戦の報道においてアメリカのプレスが経験した困難を最もバランスよく描いた研究として、Ralph O. Nafziger, *The American Press and Public Opinion during the World War, 1914 to April, 1917* (Ph.D. thesis, University of Wisconsin, 1936) がある。著者ナフジガーは、あからさまなプロパガンダ攻撃は、(1) 厳格な戦時検閲、(2) 通信施設の制限または統制と比較して、アメリカのニュース報道に与えた影響は低いと論じている。
7. Charles DeBenedetti, *The Peace Reform in American History* (Bloomington and London:

Indiana University Press, 1980), p. 79; Nancy L. Roberts, *American Peace Writers, Editors, and Periodicals: A Dictionary* (Westport, CT: Greenwood Press, 1991), pp. 329–330. これに加えて、Harriet Hyman Alonso, *Peace as a Women's Issue: A History of the U.S. Movement for World Peace and Women's Rights* (Syracuse, NY: Syracuse University Press, 1993); Charles Chatfield, *For Peace and Justice: Pacifism in America, 1914–1941* (Boston: Beacon Press, 1971) を参照。
8. Frank Luther Mott, *American Journalism* (New York: Macmillan, 1950), p. 616.
9. George Creel, *How We Advertised America* (New York: Harper & Row, 1920), p. 4.
10. Harold D. Lasswell, *Propaganda Technique in the World War* (New York: Peter Smith, 1927), p. 20 を見よ。
11. Walton E. Bean, "The Accuracy of Creel Committee News, 1917–1919: An Examination of Cases," *Journalism Quarterly*, XVIII (September 1941), 272. CPI に関する主要な研究として、James R. Mock and Cedric Larson, *Words That Won the War* (Princeton: Princeton University Press, 1939) がある。
12. その後、パクソンは *American Democracy and the World War* というタイトルの3巻シリーズの著作を執筆した。戦争それ自体については、第2巻の *America at War, 1917–1918* (Boston: Houghton Mifflin, 1939) で詳しく論じられている。
13. James West Davidson, Mark H. Lytle, Christine Leigh Heyrman, William E. Gienapp, and Michael B. Stoff, *Nation of Nations: A Narrative History of the American Republic, Volume Two: Since 1865*, 3rd ed. (Boston: McGraw-Hill, 1998), pp. 816–817. または、Chapter 6, "Homogenizing a Pluralistic Culture: Propaganda during World War I," in William Bruce Wheeler and Susan D. Becker, *Discovering the American Past: A Look at the Evidence, Volume II: Since 1865*, 3rd ed. (Boston: Houghton Mifflin, 1994), pp. 165–193; Stephen Vaughn, *Holding Fast the Inner Lines: Democracy, Nationalism, and the Committee on Public Information* (Chapel Hill: University of North Carolina Press, 1979) を見よ。
14. AP が犯したミスとは、ジャーナリズム界ではよくあることだが、アメリカの宣戦布告に関するラ・フォレットの発言に「ない」(no) の一語を余計に入れてしまったことである。そのため、彼の発言は「(訳者注:ドイツに対して) 我々に異議はない」となってしまった。この結果、成功はしなかったものの、ラ・フォレットを上院から追い出そうとする動きが生まれた。
15. この増補・改訂版が、Chafee, *Free Speech in the United States* (Cambridge, MA: Harvard University Press, 1941) である。
16. James R. Mock, *Censorship 1917* (Princeton: Princeton University Press, 1941), pp. 81, 93.
17. Mark Sullivan, *Our Times*, vol. 5 (New York: Scribner's, 1933). 本書はその時代に著名だった新聞コラムニストが当時の様子を記録したものである。条約締結に向けたウィルソンの努力についてはこの本の第27章を参照。
18. Harvey Wish, *Society and Thought in Modern America* (New York: David McKay, 1962), p. 420.
19. Fred J. Cook, *The FBI Nobody Knows* (New York: Macmillan, 1964), pp. 89–95.
20. *Schenck* v. *United States*, 249 U.S. 47 (1919).
21. *Abrams* v. *United States*, 250 U.S. 616 (1919).
22. *Gitlow* v. *People of the State of New York*, 268 U.S. 652 (1925).
23. *Whitney* v. *California*, 274 U.S. 357 (1927).
24. *Dennis* v. *United States*, 341 U.S. 494 (1951). 本件に続く1957年のイェーツ判決では、

スミス法による有罪確定要件の範囲が狭められ、5名の被告人が無罪放免となっている。
25. David Nord, "The Appeal to Reason and American Socialism, 1901–1920," *Kansas History*, vol. 1, no. 2, Summer 1978.
26. Alfred McClung Lee, *The Daily Newspaper in America* (New York: Macmillan, 1937), pp. 191–92.

第13章 ラジオ、映画、ジャズ・ジャーナリズムの1920年代

1. Alan Brinkley, "Prosperity, Depression, and War, 1920–1945," in Eric Foner, ed. *The New American History*, rev. and exp. ed. (Philadelphia: Temple University Press, 1997), p.142. これに加えて、Robert F. Himmelberg, *The Origins of the National Recovery Administration: Business, Government, and the Trade Association Issue, 1921–1933* (New York: Fordham University Press, 1976); Louis Galambos, *The Rise of the Corporate Commonwealth: United States Business and Public Policy in the Twentieth Century* (New York: Basic Books, 1988); Ellis W. Hawley, *The Great War and the Search for a Modern Order: A History of the American People and Their Institutions, 1917–1933* (New York: St. Martin's Press, 1979) も参照。
2. クランに関する研究として、Kathleen M. Blee, *Women of the Klan: Racism and Gender in the 1920s* (Berkeley: University of California Press, 1991); Shawn Lay, ed., *The Invisible Empire in the West: Toward a New Historical Appraisal of the Ku Klux Klan of the 1920s* (Urbana: University of Illinois Press, 1992); Nancy MacLean, *Behind the Mask of Chivalry: The Making of the Second Ku Klux Klan* (New York: Oxford University Press, 1994) がある。原理主義については、George M. Marsden, *Fundamentalism and American Culture: The Shaping of Twentieth-Century Evangelicalism, 1870–1925* (New York: Oxford University Press, 1980) を参照。アメリカ化キャンペーンに関しては、Gary Gerstle, *Working-Class Americanism* (New York: Cambridge University Press, 1989) と Gary Gerstle, "The Protean Character of American Liberalism," *American Historical Review*, 99:4 (October 1994), 1043–1073 で議論されている。
3. Elliot N. Sivowitch, "A Technological Survey of Broadcasting's Prehistory, 1876–1920," *Journal of Broadcasting*, XV (Winter 1970–71), 1–20. この論文も含め他の多くの重要な論文を再録しているのが、Lawrence W. Lichty and Malachi C. Topping, *American Broadcasting: A Source Book on the History of Radio and Television* (New York: Hastings House, 1975) である。
4. Thomas W. Hoffer, "Nathan B. Stubblefield and His Wireless Telephone," *Journal of Broadcasting*, XV (Summer 1971), 317–29. これら初期の実験について詳しくは、Erik Barnouw, *A Tower in Babel* (New York: Oxford University Press, 1966); Christopher H. Sterling and John M. Kittross, *Stay Tuned: A Concise History of American Broadcasting* (Belmont, CA: Wadsworth, 1978); Sydney W. Head and Christopher Sterling, *Broadcasting in America* (Boston: Houghton Mifflin, 1982) を参照。
5. *New York Times*, (1907年10月18日)。
6. スターリングとキトロスはこれを「公にアナウンスされた初のラジオ遠隔放送」と呼んでいる。(Sterling and Kittross, *Stay Tuned*, p. 28.) これについて、前掲シボウィッチの論文 "Technological Survey" はより詳細な解説をしている。同じく、Barnouw, *A Tower in Babel*, p. 20 も参照。
7. このことは Gordon Greb, "The Golden Anniversary of Broadcasting," *Journal of Broad-

casting, III (Winter 1958–59), 3–13 に集められた証拠によって支持される。また Sterling and Kittross, *Stay Tuned*, p. 40 における詳細な論証によっても確証付けられている。
8. Susan L. Douglas, *Inventing American Broadcasting, 1899–1902* (Baltimore: Johns Hopkins University Press, 1987) はラジオの発展を社会的・文化的な文脈の中に位置付けている。同じく、Susan Smulyan, *Selling Radio: The Commercialization of American Broadcasting, 1920–1934* (Washington, D.C.: Smithsonian, 1994) を見よ。
9. 商務省の記録は Sydney W. Head, *Broadcasting in America* (Boston: Houghton Mifflin, 1976), p. 113 に引用されている。
10. RCA の興隆、そしてラジオの支配権の一極集中については、Lewellyn White, *The American Radio* (Chicago: University of Chicago Press, 1947) で詳しく論じられている。
11. 1921 年、カンザス・シティー・スターは、スターとそのラジオ局 WDAF を利用する広告主たちのために、新聞とラジオを合体した価格レートを提示した。だが、これに飛びつく者はほとんどいなかったという。
12. ミネソタ州立大学ジャーナリズム学部長、ラルフ・D・ケイシー (Ralph D. Casey) による FCC での証言より。この証言の一部分は *Newspaper-Radio Committee, Freedom of the Press* (booklet, 1942), pp. 5–21 に再録されている。
13. Wayne M. Towers, "World Series Coverage in New York City in the 1920s," *Journalism Monographs*, LXXIII (August 1981), 5–6.
14. Lichty and Topping, *American Broadcasting*, p. 158. ここには、ブルース・バートン (Bruce Barton) がこの大騒ぎについての体験記を書いた記事 (*American Magazine*, August 1927) が引用されている。
15. John Wallace, "What We Thought of the First Columbia Broadcasting Program," *Radio Broadcast* (December 1927), 140–41.
16. White, *The American Radio*, pp. 144–47.
17. 新聞とラジオの対立とそこで ANPA が果たした役割については、Edwin Emery, *History of the American Newspaper Publishers Association* (Minneapolis: University of Minnesota Press, 1950) の第 13 章を参照。
18. Mitchell V. Charnley, *News by Radio* (New York: Macmillan, 1948), p. 9.
19. George A. Lundberg, "The Content of Radio Programs," *Social Forces*, VII (1928), pp. 58–60. この論文は Lichty and Topping, *American Broadcasting*, p. 323 に引用されている。
20. Barnouw, *A Tower in Babel*, p. 229.
21. この名称はタブロイド紙の歴史をまとめた著作、Simon M. Bessie, *Jazz Journalism* (New York: Dutton, 1938) のタイトルに由来している。
22. 前掲書、p. 82 に引用。
23. William H. Taft, "Bernarr Macfadden: One of a Kind," *Journalism Quarterly*, XLV (Winter 1968), 631.
24. このフレーズは、ガブローがグラフィックの編集者時代を茶化して書いたフィクション、Emile Gauvreau, *Hot News* (New York: Macaulay Company, 1931) のタイトルに使われている。
25. Helen M. Hughes, *News and the Human Interest Story* (Chicago: University of Chicago Press, 1940), p. 235 に引用。
26. デイリー・ニューズの最初の 20 年について詳しくは、Walter E. Schneider, "Fabulous Rise of *N.Y. Daily News*," *Editor & Publisher*, LXXII (June 24, 1939), 5 を見よ。パターソンの死亡記事は、*Editor & Publisher*, LXXIX (June 1, 1946), 9、あるいは *Time*, LXVII (June 3, 1946), 87 を参照。

27. Royal H. Ray, *Concentration of Ownership and Control in the American Daily Newspaper Industry* (New York: Columbia University Microfilms, 1951), pp. 401–8. この博士論文の要約は、*Journalism Quarterly*, XXIX (Winter 1952), 31 に掲載されている。
28. 国勢調査の人口および総新聞発行数は、A. M. Lee, *The Daily Newspaper in America* (New York: Macmillan, 1937) の補章において便利な表の形でまとめられている。総広告歳入費は ANPA 広告局の数字による。
29. 1880 年のデータは、エドウィン・エメリーが S. N. D. North, *History and Present Condition of the Newspaper and Periodical Press of the United States* (Washington, D.C.: Government Printing Office, 1884) から作成したもの。1900 年から 1920 年のデータは、W. Carl Masche, "Factors Involved in the Consolidation and Suspension of Daily and Sunday Newspapers in the United States Since 1900: A Statistical Study in Social Change" (Master's thesis, University of Minnesota, 1932)、また、Morris Ernst, *The First Freedom* (New York: Macmillan, 1946), p. 284 から採られている。1930 年代については、Alfred McClung Lee, "The Basic Newspaper Pattern," *The Annals of the American Academy of Political and Social Science*, CCXIX (January 1942), 46. ただし、1 紙しか持たない都市の中で、ある特定の人口数の都市の数字はマーシェ (Masche) による。

　1880 年の一般英字日刊紙の数値はノース (North) から得た。同じく、1900 年についてはマーシェ、1910 年については (注 27 の) ロイヤル・H・レイ (Royal H. Ray)、そして、1920 年から 1930 年は *Editor & Publisher International Year Book* の数字をそれぞれ採用している。国勢調査によれば、外国語紙、宗教紙、業界・商業紙、専門紙を含めた日刊の出版物の総数は、1800 年には 971 紙、1900 年には 2,226 紙、1910 年には 2,600 紙、そして 1920 年には 2,441 紙であった。だがこれらの数字は、1920 年から公開されている *Editor & Publisher Year Book* の数字と合致しない。上述のマーシェ、アーンスト、レイはエイヤー (Ayer) の年鑑を使っており、リーは *Editor & Publisher International Year Book* のデータを使っている。
30. Willard G. Bleyer, "Freedom of the Press and the New Deal," *Journalism Quarterly*, XI (March 1934), 29. この時代でも初期の頃は、そうした朝刊紙はアトランタ・コンスティテューション、インディアナ・スター、ミネアポリス・トリビューン、セントポール・パイオニア・プレス、くらいのものだった。1915 年には、トリビューンが廃刊したためにデトロイト・フリー・プレスが仲間入りした。1917 年にも、クリーブランドのリーダーがプレイン・ディーラーに吸収されて、朝刊紙 1 紙となった。ミルウォーキーでは 1919 年にフリー・プレスがなくなり、センチネルが朝刊市場でただ 1 紙となった。同じ年、セントルイス・グローブ＝デモクラットがライバルの朝刊紙リパブリックを買収した。バッファローでは、1926 年にクーリアー (1831 年) とエキスプレス (1846 年) が合併し、長きにわたった朝刊市場のライバル関係が終焉した。ピッツバーグで朝刊紙が 1 紙になったのは 1927 年で、カンザス・シティーがこの流れに加わったのは 1928 年であった。1930 年、シンシナティー・エンクワイアラーもミュラット・ハルステッド (Murat Halstead) のコマーシャル・ガゼットを引き継いだコマーシャル・トリビューンを買収して、競争関係を終わらせた。朝刊紙 1 紙と 2 紙以上の夕刊紙を持つ都市として、ボルチモア、プロビデンス、ロチェスター、シラキュース、デイトン、コロンバス (オハイオ州)、ルイビル、リッチモンド、メンフィス、ヒューストン、ダラス、フォートワース、オクラホマ・シティー、ポートランド (オレゴン州)、シアトルがあった。朝刊紙 1 紙、夕刊紙 1 紙の都市は、ハートフォード、ニューハブン、タンパ、チャタヌーガ、ノックスビル、グランド・ラピッズ、タルサ、デンバーであった。次の 6 つの都市では、ひとつの企業がすべての日刊新聞を所有していた。すなわち、マサチューセッツ州のニューベッドフォードとスプリングフィールド、ダルス、デモイン、デラウェア州

のウィルミントン、そしてサウス・カロライナ州のチャールストンである。スプリングフィールドでは、由緒ある共和党ファミリーのシャーマン・H・ボウルズ (Sherman H. Bowles) が所有する会社が2つの朝刊紙と2つの夕刊紙を発行していた。

31. 朝刊紙の合併が最も華々しかったのは1900年代の初頭であったが、都市部ではその後も新聞の統合と所有の集中化は全国的に進んだ。1921年にハーストがタイムズを買収してデトロイトに乗り込むと、1922年にニューズ（ジェイムズ・E・スクリプス〈James E. Scripps〉が創刊した）はジャーナルを買収した。こうして、100万人以上の人口を持つにもかかわらず、デトロイトにはたった3つの新聞、朝刊紙のフリー・プレスと夕刊紙のニューズにタイムズ、しか残らなかった。ニューオリンズでは、1914年にタイムズ＝デモクラットとピカユーンが合併し、その後10年にわたって朝刊市場はこの新生タイムズ＝ピカユーンのみという状態が続いた。タイムズ＝ピカユーンはL・K・ニコルソン (L. K. Nicholson) が所有し、彼は1933年に夕刊版としてロバート・エウィング (Robert Ewing) 大佐が持っていたステーツを買収した。1924年から1941年までは、もうひとつの夕刊紙アイテムが朝刊版としてトリビューンを発行した。セントルイスの夕刊紙といえばピュリツァーのポスト＝ディスパッチの一人舞台であった。1880年にスクリプス＝マクレイ (Scripps-McRae) が始めたクロニクルは、1905年にスター（1884年創刊）と合併した。1932年、スターにタイムズ（1907年創刊）が加わってスター＝タイムズとなり、セントルイスには3つの新聞所有者が残された。カンザス・シティーでも、ネルソンのスターと競っていた新聞社は苦戦を強いられた。ネルソンは1901年に朝刊のタイムズを買収した。すると、1897年に創刊されたスクリプス＝マクレイのワールドは舞台から姿を消していった。1906年に創刊された夕刊紙ポストは、1909年にデンバー・ポストで有名なボンフィルズとタメンに買収され、その後1922年に朝刊紙ジャーナル（1868年）の所有者に売却され、1928年に2紙は合併してジャーナル＝ポストとなった。こうしてカンザス・シティーの新聞所有者は2人に減ってしまった。

32. ボストンでは、1904年にハースト所有の夕刊紙アメリカンが創刊され、その後ハーストは1917年に1世紀の歴史を持つデイリー・アドバタイザーを買収し、1920年にはレコードも買い取った。これら2紙を手玉にとった目的はボストンでタブロイド新聞を発行することだった。その結果、朝刊紙として残されたのはハースト所有のレコードであった。一方でボストン・ヘラルドも、1912年に夕刊版としてトラベラーを、そして1917年にはマンジー所有のジャーナルを買収していった。このようにして、1900年には7名の所有者が11紙もの新聞を発行していたボストンは、1930年までに5名の所有者と8紙の新聞に減じてしまった。ボストンの新聞としてはその他に、エドウィン・A・グロジアー (Edwin A. Grozier) の成功著しかった朝刊紙ポスト、テイラー家の朝・夕刊版グローブ、そして傾きかけていながらも伝統あるトランスクリプトがあった。

　ボルチモアの状況はさらに好ましくないものだった。1910年、ペニー・ペーパーとして1837年に創刊されたサンがイーブニング・ワールドを買い取ってイーブニング・サンとなった。朝刊のペニー・ペーパー、ヘラルドは1906年に廃刊した。イーブニング・ニューズは、もともと不正暴露を得意とする新聞でチャールズ・グラツィーの所有だったが、その後マンジーの管理下に置かれ、1921年にスターに統合され、1922年にはハーストに売却された。同じく1799年から続いていたアメリカンも、マンジーからハーストの手に渡り、1928年からは日曜版のみの発行となった。スクリプス・ハワードが1922年にポストを創刊したが、1934年にハーストに売り渡されてしまった。こうして、ハーストのニューズ・ポストがサン系の新聞と対抗することになった。

　ピッツバーグの新聞もハーストとスクリプス・ハワードに振り回された。1923年、スクリプス・ハワードは確固とした基盤を築いていたプレスを600万ドルで買い取った。

この買収は、ディスパッチとリーダーも買い取って廃刊にするという、同市の他の新聞所有者との合意の下で行われたものだった。その4年後、ハーストと彼の友人で新聞ブローカーのポール・ブロック (Paul Block) はピッツバーグの残りの4つの日刊紙を買収した。朝刊紙のサンとクロニクル・テレグラフはハースト所有のサン・テレグラフとなり、夕刊紙のポストとガゼット・タイムズはブロックが所有するポスト＝ガゼットとなった。

ミルウォーキーでは、第1次世界大戦後にアーサー・ブリズベーン (Arthur Brisbane) とハーストが手を組んだ。この結果、イーブニング・ウィスコンシン、ニューズ、テレグラムの各紙がウィスコンシン・ニューズに統一され、さらに同紙は1919年にハースト所有の新聞となった。1924年には朝刊紙センティネルがハーストのグループに加わり、こうしてハーストのチェーンはこの2紙を足がかりとしてミルウォーキー・ジャーナルに対して圧力をかけ続けた。同じく中西部のオマハ・ニューズとビーは1928年にハーストに買収され、朝刊・夕刊・日曜版を兼ねるニューズ＝ビーに統合された。その他、ハーストが買収した新聞として、1912年のアトランタ・ジョージアン (Atlanta Georgian)、1921年のデトロイト・タイムズ (Detroit Times)、1922年のシアトル・ポスト＝インテリジェンサー (Seattle Post-Intelligencer)、ロチェスター・ジャーナル (Rochester Journal)、シラキューズ・テレグラム (Syracuse Telegram)、1924年のアルバニー・タイムズ＝ユニオン (Albany Times-Union) とサンアントニオ・ライト (San Antonio Light)、そして1925年のシラキューズ・ジャーナル（Syracuse Journal、テレグラムと統合された）がある。

スクリプス・ハワードも、幾つかの都市で競争相手を蹴散らし、資産を増やしていった。ノックスビルでは、1921年創刊のニューズと1926年に買収されたセンティネルを統合してニューズ＝センティネルとした。1922年創刊のエルパソ・ポスト (El Paso Post) は、1931年にヘラルドを吸収してヘラルド＝ポストとなった。E・W・スクリプスが1899年に創刊したアクロン・プレス (Akron Press) は1925年にタイムズを買収して念願の補強をはかり、タイムズ＝プレスとなった。メンフィスでは、1906年に創刊されたメンフィス・プレス (Memphis Press) が1926年にニューズ＝シミター (News-Scimitar) を吸収してプレス＝シミターとなった。その10年後、スクリプス・ハワードは朝刊紙メンフィス・コマーシャル・アピール (Memphis Commercial Appeal) もチェーンに加えている。さらにハワードは、有名なピュリッツァーの新聞ワールドの買収の話をつけ、1927年に既に手に入れていたニューヨーク・テレグラム (New York Telegram) と合体させて1931年にワールド・テレグラムを作った。1923年にはピッツバーグ・プレス (Pittsburgh Press) を手に入れ、この契約によってディスパッチとリーダーが廃刊となった。一方、スクリプス・ハワードが失った新聞もあった。1920年代中、スクリプス・ハワードはデモイン・ニューズ (Des Moines News)、サクラメント・スター (Sacramento Star)、テラホート・ポスト (Terre Haute Post) を競争相手に売り渡している。1934年にはボルチモア・ポスト (Baltimore Post) をハーストに売却した。創刊した新聞としては、1921年のワシントン・デイリー・ニューズ (Washington Daily News)、フォートワース・プレス (Fort Worth Press)、バーミングハム・ポスト (Birmingham Post) がある。またスクリプス・ハワードは1922年にインディアナポリス・タイムズ (Indianapolis Times) とヤングスタウン・テレグラム (Youngstown Telegram) を、1923年にはアルバカーキーでニュー・メキシコ・ステート・トリビューン (New Mexico State Tribune) を、そして1929年にはバッファロー・タイムズ (Buffalo Times) を買収している。1926年にはロッキー・マウンテン・ニューズ (Rocky Mountain News) とタイムズを買収した。タイムズは傘下のデンバー・エクスプレス (Denver Express) と合併させられたが、1928年に廃刊している。

33. Roland Marchand, *Advertising the American Dream* (Berkeley: University of California Press, 1985), pp. 32–36.
34. カトリップはアレン・H・センター (Allen H. Center) との共著、*Effective Public Relations* (Englewood Cliffs, NJ: Prentice-Hall, 1986) においてパブリック・リレーションズの歴史を跡付けている。
35. この件については Eric F. Goldman, *Two-Way Street* (Boston: Bellman Publishing, 1948) を参照。

第 14 章　大恐慌とニュー・ディール

1. James West Davidson et al., *Nation of Nations*, 2nd ed. (Boston: McGraw-Hill, 1999). 大恐慌を引き起こした要因については、Gerald Nash, *The Crucial Era: The Great Depression and World War II, 1929–1945*, 2nd ed. (New York: St. Martin's Press, 1992) で大まかに説明されている。
2. *Out of Our Past* (New York: Harper, 1959).
3. *Franklin D. Roosevelt and the New Deal, 1932–1940* (New York: Harper & Row, 1963).
4. 例えば、Barton J. Bernstein, "The New Deal: The Conservative Achievements of New Deal Reform," in Barton J. Bernstein, ed., *Towards a New Past: Dissenting Essays in American History* (New York: Pantheon, 1968) を見よ。
5. 例えば、Julia Kirk Blackwelder, *Women of the Depression: Caste and Culture in San Antonio, 1929–1939* (College Station: Texas A & M University Press, 1984); Jill S. Quadagno, *The Transformation of Old Age Security: Class and Politics in the American Welfare State* (Chicago: University of Chicago Press, 1988) を見よ。
6. Betty Houchin Winfield, "Roosevelt and the Press: How Franklin D. Roosevelt Influenced News-gathering, 1933–1941" (Ph.D. thesis, University of Washington, 1978), pp. 46, 200–204.
7. Betty Houchin Winfield, "Franklin D. Roosevelt's Efforts to Influence the News during His First Term Press Conferences," *Presidential Studies Quarterly* (Spring 1981), 192, 196.
8. *San Francisco Examiner*（1933 年 5 月 6 日）。
9. 前掲、（1935 年 5 月 29 日）。
10. 前掲、（1935 年 6 月 21 日）。
11. 前掲、（1936 年 10 月 30 日）。
12. *Time*, XLIX（1947 年 6 月 9 日）、68。この中で引用されている 1936 年のワシントン特派員の調査は、Leo C. Rosten, *The Washington Correspondents* (New York: Harcourt Brace Jovanovich, 1937) から引かれたものである。特派員 93 名が「最もアンフェアで信頼できない」と答えた新聞は、多い順に、ハースト系新聞、シカゴ・トリビューン、ロサンゼルス・タイムズ、スクリプス・ハワード系新聞、であった。逆に特派員 99 名が「最もフェアで信頼できる」と答えた新聞は、多い順に、ニューヨーク・タイムズ、ボルチモア・サン、クリスチャン・サイエンス・モニター、スクリプス・ハワード系新聞、セントルイス・ポスト・ディスパッチ、であった。
13. *Near* v. *Minnesota ex rel. Olson*, 283 U.S. 697 (1931).
14. *Grosjean* v. *American Press Co.*, 297 U.S. 233 (1936). ミネアポリス・スターとトリビューンが起こした 1983 年の訴訟で裁判所は、大規模紙が使用する用紙とインクに 6% の税金をかけるミネソタ州法は無効であると判断し、この差別的課税の原則を拡大して

いる。
15. *Associated Press* v. *NLRB*, 301 U.S. 103 (1937). プレスに対する差別的課税については、*Minneapolis Star and Tribune Co.* v. *Minnesota Commission of Revenue*, 460 U.S. 575 (1983) を見よ。
16. *Bridges* v. *California*, 314 U.S. 252 (1941).
17. *United States* v. *Noriega* (*In re* Cable News Network, Inc.), 917 F.2d 1543 (11th Cir.), *cert. denied*, 498 U.S. 976 (1990).
18. この分野で長年にわたり活躍した記者として、シカゴ・デイリー・ニューズのエドウィン・A・レイヒ (Edwin A. Lahey)、クリスチャン・サイエンス・モニターのフレッド・カー (Fred Carr)、ニューヨーク・デイリー・ニューズのジョン・ターコット (John Turcotte)、プロビデンス・ジャーナルのジョン・F・バーンズ (John F. Burns)、ニューヨーク・タイムズのA・H・ラスキン (A. H. Raskin) などがいる。その他にも、彼らに匹敵するほど優秀な記者は数多くいた。
19. 他にトップクラスの科学ライターとして、シカゴ・デイリー・ニューズのアーサー・J・スナイダー (Arthur J. Snider)、ワシントン・ポストのビクター・コーン (Victor Cohn)、サンフランシスコ・クロニクルのデイビッド・パールマン (David Perlman)、クリーブランド・プレイン・ディーラーのジョセフィン・ロバートソン (Josephine Robertson)、ロサンゼルス・タイムズのハリー・ネルソン (Harry Nelson)、ニューヨーク・タイムズのウォルター・サリバン (Walter Sullivan)、ワシントン・スターのクリスティーン・ラッセル (Christine Russell)、ヒューストン・クロニクルのジョン・ダーハム (John Durham)、NBCのアール・ユーベル (Earl Ubell)、UPIのデロス・スミス (Delos Smith)、そしてAPのアルトン・ブレイクスリー (Alton Blakeslee)、フランク・J・キャリー (Frank J. Carey)、ジョン・バーバー (John Barbour) らがいた。彼ら当時の記者たちにとって、宇宙科学は大きな関心事のひとつであった。
20. マウラー兄弟に匹敵するアメリカの最も優秀な外国特派員として、ロンドンのジョン・ガンサー (John Gunther)、モスクワとロンドンのウィリアム・ストーンマン (William Stoneman)、ローマとベルリンのウォレス・ジュール (Wallace Deuel)、パリのヘレン・カークパトリック (Helen Kirkpatrick)、ベルリンとモスクワのデイビッド・ニコル (David Nichol) らがいた。シカゴ・デイリー・ニューズで活躍した海外特派員としては他に、リーランド・ストウ (Leland Stowe)、ロバート・J・ケイシー (Robert J. Casey)、ウィリアム・マクガフィン (William McGaffin)、ポール・ガリ (Paul Ghali)、アーニー・ヒル (Ernie Hill)、ナット・A・バロウズ (Nat A. Barrows)、A・T・スティール (A. T. Steele)、ジョージー・アン・ゲイヤー (Georgie Anne Geyer)、そして、その卓越した報道でピュリツァー賞を獲得したジョージ・ウェラー (George Weller) らがいた。キーズ・ビーチ (Keyes Beech) とフレッド・スパークス (Fred Sparks) も朝鮮戦争の報道でピュリツァー賞を受賞した。ポール・リーチ (Paul Leach)、エドウィン・A・レイヒ、ピーター・リザゴー (Peter Lisagor) はワシントン支局長を務めた。

　ハーバート・L・マシューズ (Herbert L. Matthews) はニューヨーク・タイムズでエチオピア戦争を報道し、その後ドイツに移った。同じくヨーロッパで活躍した記者として、主任海外特派員のサイラス・L・サルツバーガー (Cyrus L. Sulzberger)、ドルー・ミドルトン (Drew Middleton)、フローラ・ルイス (Flora Lewis) らがいた。戦時に活躍したヘラルド・トリビューンの特派員としては、ウォルター・カー (Walter Kerr)、ジョゼフ・バーンズ (Joseph Barnes)、少佐でもあったジョージ・フィールディング・エリオット (George Fielding Eliot)、ラッセル・ヒル (Russell Hill)、ジョゼフ・ドリスコル (Joseph Driscoll)、ジョン・オリーリー (John O'Reilly) らがいた。バート・アンドリュース (Bert Andrews) はワシントン支局長時代の1948年に国内報道部門でピュリツァー

賞を受賞した。ジャック・スティール (Jack Steele) は 1950 年代初頭にワシントン支局員として活躍し、その後スクリプス・ハワードの主任政治記者となった。ホーマー・ビガート (Homer Bigart) とマーガリート・ヒギンズ (Marguerite Higgins) は朝鮮戦争の特派員としてピュリツァー賞を受賞した。1962 年にはウォルター・リップマン (Walter Lippmann) がヘラルド・トリビューンとしては最後となるピュリツァー賞を獲得した。彼は 1966 年に死去した。1975 年には、白人記者のウィリアム・ミューレン (William Mullen) と黒人写真家のオービー・カーター (Ovie Carter) がアフリカとインドの飢餓に関する一連の取材で国際報道部門のピュリツァー賞を受賞した。この頃までは、外国の報道機関や他のワシントン支局の特派員たちもシカゴ・トリビューンの記者たちの影を薄くさせるような報道をしていた。

21. Walter Duranty, *I Write as I Please* (New York: Halcyon House, 1935), pp. 166–7.
22. S. J. Taylor, *Stalin's Apologist* (London: Oxford University Press, 1990)、あるいは Whitman Bassow, *The Moscow Correspondents* (New York: William Morrow, 1988) を見よ。
23. Michael Emery, *On the Front Lines* (Washington, D.C.: American University Press, 1995) の第 2 章を見よ。
24. Paul Scott Mowrer, *The House of Europe* (Boston: Houghton Mifflin, 1945), p. 70. 彼の弟も、Edgar Ansel Mowrer, *Triumph and Tragedy* (New York: Weybright and Talley, 1968) という回想録を残している。
25. Lowell Thomas, *Good Evening, Everybody* (New York: William Morrow, 1976), p. 311.
26. Lawrence W. Lichty and Malachi C. Topping. *American Broadcasting: A Source Book on the History of Radio and Television* (New York: Hastings House, 1975), p. 302.
27. ラジオに対する猜疑心の表明として、例えば、*Editor & Publisher*, December 10, 1932, p. 5 を見よ。
28. このようなラジオ放送をストップさせるため、AP はサウス・ダコタ州スー・フォールズの KSOO とワシントン州ベリングハムの KVOS に訴訟を起こし、勝訴した。結局、保護されるべきニュース所有権は出版後、最低 4 ～ 6 時間は持続するという認識に落ち着いた。
29. *Report on Chain Broadcasting* (Federal Communications Commission Order No. 37, May 1941), pp. 26–28.
30. Lawrence W. Lichty and Thomas W. Bohn, "Radio's March of Time: Dramatized News," *Journalism Quarterly*, LI (Autumn 1973), 458–62.
31. 1930 年代と 1940 年代のラジオ・コメンテーターたちについては、Irving Fang, *Those Radio Commentators!* (Ames: Iowa State University Press, 1977) が最良の書である。著名なコメンテーターは他にもいた。1930 年以前の新聞記事では、フレデリック・ウィリアム・ワイル (Frederick William Wile) やデイビッド・ローレンス (David Lawrence) がカルテンボーンと一緒に名を連ねていた。また、エドウィン・C・ヒル (Edwin C. Hill) やジョン・W・バンダークック (John W. Vandercook) も有名である。
32. Fang, *Those Radio Commentators!*, p. 161.
33. Michael Emery, "The Munich Crisis Broadcasts: Radio News Comes of Age," *Journalism Quarterly*, XLII (Autumn 1965), 576.
34. Christopher H. Sterling and John M. Kittross, *Stay Tuned: A Concise History of American Broadcasting* (Belmont, CA: Wadsworth, 1978), pp. 182–83.
35. 前掲書、pp. 100–101。
36. David T. MacFarland, "Television: The Whirling Beginning" in Lichty and Topping, *American Broadcasting: A Source Book*, pp. 46–52 は、1875 年までさかのぼってテレビ

ジョンの実験をまとめている。
37. テレビ時代の初期において RCA が優勢を誇ったことについては、Erik Barnouw, *Tube of Plenty: The Evolution of American Television* (New York: Oxford University Press, 1975) を見よ。また同著者によるより詳しい研究として、*A Tower in Babel* (New York: Oxford University Press, 1966)、*The Golden Web* (New York: Oxford University Press, 1968) がある。その他、Sydney W. Head, *Broadcasting in America* (Boston: Houghton Mifflin, 1976); F. Leslie Smith, *Perspectives in Radio and Television* (New York: Harper & Row, 1984) を見よ。また Lichty and Topping, *American Broadcasting*; Sterling and Kittross, *Stay Tuned* も参照のこと。
38. Barnouw, *Tube of Plenty*, pp. 78–83, 143–15.
39. テレビジョンが生まれた当初は RCA が圧倒的だったが、他の多くの会社、例えば CBS、デュモント研究所 (DuMont Laboratories)、フィルコ・ラジオ (Philco Radio)、テレビジョン・コープ (Television Corp.)、AT&T も開発を行っていた。1937 年までに 17 のテレビ放送実験局があった。
40. 映画に関する総合的な歴史と文献は、Raymond Fielding, *The American Newsreel, 1911–1967* (Norman: University of Oklahoma Press, 1972) を見よ。著者フィールディングはドキュメンタリー映画『ザ・マーチ・オブ・タイム』に関する著作 *The March of Time, 1935–1951* (New York: Oxford University Press, 1978) を著してもいる。
41. *Time*, LI (1948 年 3 月 8 日)、66.
42. Chris Welles, "Lessons from Life," *World* (1973 年 2 月 13 日)。ライフは後に再刊しているが、その体裁は随分と変化した。
43. John Tebbel, *History of Book Publishing in the United States* は 4 巻に及ぶ労作である。
44. 既に 1 世紀を生き抜いた出版社として、次のような老舗のファミリー名がある。ジョン・ウィリー (John Wiley)、1807 年、ハーパー＆ブロス (Harper & Bros.)、1817 年、アプルトン (Appleton)、1825 年、G・P・プットナム (G. P. Putnam)、1836 年、ドッド・ミード (Dodd, Mead) のドッド、1839 年、スクリブナーズ (Scribner's)、1842 年、A・S・バーンズ (A. S. Barnes)、1845 年、E・P・ダットン (E. P. Dutton)、1852 年、南北戦争後にイギリスからやってきたマクミラン (Macmillan) の支社、1869 年、ヘンリー・ホルト (Henry Holt & Co.)、1871 年、ファンク＆ワグナルズ (Funk & Wagnalls) とトマス・Y・クロウェル (Thomas Y. Crowell)、1876 年、デイビッド・マッケイ (David McKay)、1882 年、フランク・N・ダブルデイ (Frank N. Doubleday) の最初の会社、1897 年、マクグロウ (McGraw) とヒル (Hill) の会社、それぞれ 1899 年と 1902 年、プレンティス・ホール (Prentice-Hall)、1913 年である。ボストンでは、リトル・ブラウン (Little, Brown) とホートン・ミフリン (Houghton Mifflin) がそれぞれ 1837 年、1848 年以来続いており、ニューヨークの会社や 1836 年創業の J・B・リッピンコット (J. B. Lippincott) を中心とするフィラデルフィアの会社とライバル関係にある。

第 15 章　第 2 次世界大戦の勃発

1. Erik Barnouw, *The Golden Web* (New York: Oxford University Press, 1968), p. 151.
2. William Manchester, *The Glory and the Dream* (Boston: Little, Brown, 1973), p. 273.
3. *Atlanta Constitution*, December 30, 1940, p. 1.
4. Manchester, *The Glory and the Dream*, p. 267.
5. Christopher H. Sterling and John M. Kittross, *Stay Tuned: A Concise History of American Broadcasting* (Belmont, CA: Wadsworth, 1978), p. 203.

6. Alf Pratte, "*The Honolulu Star-Bulletin and the 'Day of Infamy*,'" *American Journalism*, V (1988), 5.
7. Ernest D. Rose, "How the U.S. Heard about Pearl Harbor," *Journal of Broadcasting*, V (Fall 1961), 285–98.
8. Gordon W. Prague, *At Dawn We Slept* (New York: McGraw-Hill, 1981), p. 5.
9. 前掲書、p. 583。
10. 検閲局の活動とその関係者の仕事については、APのスタッフでプライスに仕えたセオドア・F・クープ (Theodore F. Koop) の *Weapon of Silence* (Chicago: University of Chicago Press, 1946) で描かれている。自主的報道検閲部門のトップは、ジョン・H・ソレルズ (John H. Sorrells)、ナット・R・ハワード (Nat R. Howard)、メンフィス・コマーシャル・アピール (*Memphis Commercial Appeal*) の編集局長ジャック・ロックハート (Jack Lockhart)、そしてクープが務めた。J・ハワード・ライアン (J. Howard Ryan) はラジオ部門を指揮した。
11. Elmer Davis, "OWI Has a Job," *Public Opinion Quarterly*, VII (Spring 1943), 8. デイビス自身が彼の仕事ぶりについて説明しているのが、"Report to the President," *Journalism Monographs*, No. 7 (August 1968), edited by Ronald T. Farrar である。Robert L. Bishop and LaMar S. Mackay, "Government Information in World War II," *Journalism Monographs*, No.19 (May 1971) も参考になる。
12. 戦時情報局は、ネルソン・ロックフェラー (Nelson Rockefeller) のアメリカ諸国間事案調整局 (Office of the Coordinator of Inter-American Affairs) の管轄であったラテン・アメリカ以外のあらゆる地域で活動していた。
13. Jerome E. Edwards, *The Foreign Policy of Col. McCormick's Tribune, 1929–1941* (Reno: University of Nevada Press, 1971), pp. 176–179, 209.
14. 傑出した戦争報道の実例は数多く、また危機に直面しながらの取材活動を記者たち自身がつづった例も多くある。例えば次のような記者たちがピュリツァー賞を受賞した。イギリスの地中海艦隊を勇気をもって取材したAPのラリー・アレン (Larry Allen)、APヨーロッパ担当スタッフのハル・ボイル (Hal Boyle) とダニエル・デ・ルース (Daniel De Luce)、ニューヨーク・タイムズの軍事アナリストであるハンソン・W・ボールドウィン (Hanson W. Baldwin)、北米新聞連合 (North American Newspaper Alliance) のイラ・ウォルファート (Ira Wolfert)、ボルチモア・サンのマーク・S・ワトソン (Mark S. Watson)、ニューヨーク・ヘラルド・トリビューンのホーマー・ビガート (Homer Bigart)、APの戦争写真家フランク・ノエル (Frank Noel) とフランク・フィラン (Frank Filan) とジョー・ローゼンタール (Joe Rosenthal)、そしてスクリプス・ハワード新聞連合 (Scripps Howard Newspaper Alliance) のアーニー・パイル (Ernie Pyle) らである。APのクラーク・リー (Clark Lee) とタイムのメルビル・ジャコビー (Melville Jacoby) はバターン退去で危険をくぐり抜けた記者である。その後、ジャコビーは飛行機事故で亡くなったが、リーはINSで署名記事を書き続けた。その他の著名な戦争記者として、APのバーン・ハウランド (Vern Haugland) とウェス・ギャラガー (Wes Gallagher)、コリアーズ (Collier's) のクエンティン・レイノルズ (Quentin Reynolds)、UPのエドワード・W・ビィーティー (Edward W. Beattie) とヘンリー・T・ゴレル (Henry T. Gorrell)、INSのジェイムズ・キルガレン (James Kilgallen) とリチャード・トレガスキス (Richard Tregaskis)、ニューヨーク・タイムズのドルー・ミドルトン、ヘラルド・トリビューンのラッセル・ヒル (Russell Hill) らがいた。

　第2次世界大戦では女性の特派員も活躍した。INSはフィーチャー記事ライターのイネズ・ロブ (Inez Robb) をアフリカ北部とヨーロッパに派遣した。INSには他にもう3名の女性特派員がいた。合衆国第1陸軍担当のリー・カーソン (Lee Carson)、イギリス

軍担当のディキシー・タイア (Dixie Tighe)、そしてイタリアのリタ・ヒューム (Rita Hume) である。

UP の女性特派員としては、エレノア・パッカード (Eleanor Packard) とダドレイ・アン・ハーモン (Dudley Anne Harmon) がいた。AP ではルース・コーワン (Ruth Cowan) とボニー・ウィレイ (Bonnie Wiley) が戦地に特派された。女性特派員としてその他に、シカゴ・デイリー・ニューズのヘレン・カークパトリック、第1次世界大戦も取材したクリーブランド・プレイン・ディーラーのペギー・ハル (Peggy Hull)（あるいはハーベイ・デュアル婦人 <Mrs. Harvey Deuel>）、タイムとライフの写真家マーガレット・バーク＝ホワイト (Margaret Bourke-White)、ボストン・グローブのアイリス・カーペンター (Iris Carpenter)、ニューヨーク・ヘラルド・トリビューンのベルリン支局長マーガリート・ヒギンズ、イランで命を落とした PM 誌のリア・バーデット (Leah Burdette) らがいた。

15. Mark A. Stoler, *The Politics of the Second Front: American Military Planning and Diplomacy in Coalition Warfare, 1941–1943* (Westport, CT: Greenwood, 1977).
16. *St. Joseph's Gazette*, (1944年6月6日), p. 1。これがこの日の新聞の第一面の典型であった。
17. *San Francisco Chronicle*, (1945年2月19日), p. 1。
18. この一部始終は Bernard Asbell, *When F.D.R. Died* (New York: Holt, Rinehart & Winston, 1961) を見よ。
19. *New York Herald Tribune*, (1945年4月13日), p. 1。
20. Martin J. Sherwin, *A World Destroyed: The Atomic Bomb and the Grand Alliance* (New York: Alfred A. Knopf, 1975); Martin J. Sherwin, *A World Destroyed: Hiroshima and the Origins of the Arms Race* (New York: Vintage, 1975).
21. *New York Times*, (1945年9月9日), p. 1。
22. John McKechney, "The Pearl Harbor Controversy: A Debate Among Historians," *Monumenta Nipponica*, 18:1 (1963), pp. 45–88; Roberta A. Wohlstetter, *Pearl Harbor: Warning and Decision* (Stanford, CA: Stanford University Press, 1962).
23. Kenneth E. Shewmaker, *Americans and Chinese Communists, 1927–1945: A Persuading Encounter* (Ithaca, NY: Cornell University Press, 1971), pp. 320–21.
24. 1920年代に中国を取材した合衆国の特派員として他に、UP（後にクリスチャン・サイエンス・モニター）のランダル・グールド (Randall Gould)、INS のエドナ・リー・ブッカー (Edna Lee Booker) とジョン・ゴート (John Goette)、シカゴ・トリビューンのチャールズ・デイリー (Charles Dailey)、モニター (Monitor) とペキン・リーダー (Peking Leader) のグローバー・クラーク (Grover Clark)、そしてジョージ・ソコルスキー (George Sokolsky) がいた。上海の活動派の新聞としては、1932年にハロルド・アイザクス (Harold Isaacs) が創刊したチャイナ・フォーラム (China Forum) やマックス・グラニッチ (Max Granich) のボイス・オブ・チャイナ (Voice of China) などもあった。
25. その他に重慶で取材した特派員として、タイムのペギー・ダーディン (Peggy Durdin) とシェリー・マイダンス (Shelley Mydans)、シカゴ・デイリー・ニューズのリーランド・ストウ、NEA のベティー・グラハム (Betty Graham)、UP のウォルター・ランドル (Walter Rundle) とジョン・ラバセック (John Hlavacek)、AP のクライド・ファーンズワース (Clyde Farnsworth) と J・R・オサリバン (J. R. O'Sullivan) とスペンサー・ムーサ (Spencer Moosa)、ニューヨーク・ヘラルド・トリビューンのソニア・タマラ (Sonia Tamara)、コリアーズ (Collier's) のロイヤル・アーチ・グニソン (Royal Arch Gunnison) らがいる。1944年の延安行きの先頭に立ったのは、ロンドン・タイムズとニューヨーク・ヘラルド・トリビューンのハリソン・フォーマン (Harrison Forman)、そして AP

とロンドン・ニューズ・クロニクル (London News Chronicle) のガンサー・ステイン (Gunther Stein) の2人であった。UP のダレル・ベリガン (Darrel Berrigan) とヒュー・クランプラー (Hugh Crumpler)、AP のフランク・L・マーティン・ジュニア (Frank L. Martin, Jr.) も同じ戦域を取材している。CBS のエリック・セバレイド (Eric Sevareid) とタイムのジェイムズ・R・シェプリー (James R. Shepley) は中国・ビルマ・インド地方を取材した。

26. Theodore White, *In Search of History* (New York: Harper & Row, 1978), pp. 254–58; James C. Thomson, Jr., and Walter Sullivan, "China Reporting Revisited … The Crucial 1940s," *Nieman Reports*, XXXVII (Spring 1983), 30–34 を見よ。後者は1982年に当時のアメリカ人特派員たちが再会した時のレポートである。この会合をきっかけに、エプステインも彼が書いていた新聞に接触できるようになった。戦後の特派員として他に、ニューヨーク・タイムズのウォルター・サリバンとヘンリー・リバーマン (Henry Lieberman)、ボルチモア・サンのフィリップ・ポッター (Phillip Potter)、ニューヨーク・デイリー・ニューズのペギー・パーカー・ラバセック (Pegge Parker Hlavacek)、そしてクリスチャン・サイエンス・モニターのヒュー・ディーン (Hugh Deane) がいた。
27. *Washington Post*, (1948年11月1日)、p. 1。
28. *Life*, (1948年11月1日)、の最終ページ。
29. *Washington Post*, (1948年11月4日)、p. 1。
30. James West Davidson et al., *Nation of Nations*, 2nd ed. (Boston: McGraw-Hill, 1999), pp. 101–103; William L. O'Neill, *American High: The Years of Confidence, 1945–1960* (New York: Free Press, 1986).
31. Randall L. Murray, "Harry S. Truman and Press Opinion, 1945–53" (Ph.D. thesis, University of Minnesota, 1973) を見よ。
32. 死者の内、4名が INS の記者であった。レイ・リチャーズ (Ray Richards) とフランク・エメリー (Frank Emery) の2人は特派員で、チャールズ・D・ローズクランス・ジュニア (Charles D. Rosecrans, Jr.) とケン・イノウエ (Ken Inouye) は写真家であった。全死者18名の内、9名は前線の戦闘で、別の9名は飛行機事故で命を落している。例えば、タイム=ライフのウィルソン・フィールダー (Wilson Fielder)、シカゴ・サン=タイムズのチャールズ・O・サプル (Charles O. Supple)、黒人特派員として初めて合衆国の戦争で命を失ったノーフォーク・ジャーナル・アンド・ガイドのアルバート・ヒントン (Albert Hinton)、パシフィック・スターズ・アンド・ストライプス (Pacific Stars and Stripes) のアーニー・ピーラー（Ernie Peeler）たちである。
33. 初期数週間の戦争報道の評価と内容については、Michael Emery, *On the Front Lines* (Washington, D.C.: American University Press, 1995) の第4章を参照。
34. AP はレルマン・モリン (Relman Morin)、ドン・ホワイトヘッド (Don Whitehead)、ハル・ボイル (Hal Boyle) といったベテラン戦争記者を送り込んだ。シカゴ・デイリー・ニューズからはフレッド・スパークスとキーズ・ビーチが送られた。翌年4月に開かれたピュリツァー賞選考委員会は、ヘラルド・トリビューン、デイリー・ニューズ、AP の功績を讃え、ビガート、ヒギンズ、ビーチ、スパークス、モリン、ホワイトヘッドの6名に賞を与えた。(この時点では、UP や INS からは誰ひとりとしてピュリツァー賞を受賞していなかった。) その後、AP の写真家マックス・デスフォー (Max Desfor) もピュリツァー賞を受賞した。前線にいる彼ら特派員たちを後方から支えたのが、各社の東京支局長である。UP はアーネスト・ホバレクト (Earnest Hoberecht)、AP はラッセル・ブラインズ (Russell Brines)、INS はハワード・ハンドルマン (Howard Handleman)、ニューヨーク・タイムズはウィリアム・H・ローレンス (William H. Lawrence) がその任にあたった。

35. *Editor & Publisher*, LXXXIV（1951年1月20日）、7に掲載された手紙。
36. 検閲規則の文面は *Editor & Publisher*, LXXXIV（1951年1月13日）、8に掲載されている。
37. *New York Times*（1951年4月6日）、p. 1。
38. *Chicago Tribune*（1951年4月12日）、p. 1。
39. William L. O'Neill, "War in Korea." *American High*.
40. I. F. Stone, *The Hidden History of the Korean War* (New York: Monthly Review Press, 1952). 第18章「最初の警告」(First Warnings) と第38章「スターリンが微笑む度に」(Every Time Stalin Smiles) を見よ。

第16章　テレビ時代の到来

1. William H. Chafe, "America Since 1945," in Eric Foner, ed. *The New American History*, rev. and exp. ed. (Philadelphia: Temple University Press, 1977), pp. 159–177.
2. Sig Mickelson, *The Electric Mirror: Politics in an Age of Television* (New York: Dodd, Mead 1972) では、1950年代60年代の選挙キャンペーンにまつわるテレビの役割の変化についての分析を行っている。CBSニュースの社長として Mickelson は、多くの決定に関わっていた。
3. William Manchester, *The Glory and the Dream* (Boston: Little Brown, 1973) の19章 "Right Turn" には、1952年の党大会と大統領選キャンペーンが詳述されている。初のテレビ中継が行われた党大会の様子は、多くの放送史で言及されている。
4. Eric Barnouw, *The Tube of Plenty: The Evolution of American Television* (New York: Oxford, 1975), pp. 137–139 にはスピーチの引用あり。
5. *New York Herald Tribune*（1960年5月12日）は、James E. Pollard, *Presidents and the Press: Truman to Johnson* (Washington, DC: Public Affairs Press, 1964) の中に引用されている。
6. *Christian Science Monitor*（1982年9月15日）の中で Godfrey Sperling Jr. が Donovan に行っているインタビューと、Donovan がトルーマン大統領について書いた2冊目の著作である *Tumultuous Years* (New York: Norton, 1982) 参照のこと。Donovan は、20年以上にもわたり、ワシントン特派員を務めた。
7. アイゼンハワー大統領評価に対する修正主義者の主要な文献は、以下の2点である。Stephen E. Ambrose, *Eisenhower*, 2 vols. (New York: Simon and Schuster, 1984)、Robert A. Divine, *Eisenhower and the Cold War* (New York: Oxford University Press, 1981)。
8. 歴史的な "freeze" と FCC を包括的に扱っているものとしては、Sydney W. Head, Broadcasting in America (Boston: Houghton Mifflin, 1976), pp. 162–69 を参照。
9. 番組の黄金期を最も良く描いているのは以下のような文献である。Christopher H. Sterling and John M. Kittross, *Stay Tuned: A Concise History of American Broadcasting* (Belmont, CA: Wadsworth, 1978); Erik Barnouw, *The Tube of Plenty, The Golden Web* (New York: Oxford, 1968), *The Image Empire* (New York: Oxford, 1970); Lawrence W. Lichty and Malachi C. Topping, *American Broadcasting: Source Book on the History of Radio and Television* (New York: Hastings House, 1975).
10. "The Case against Milo Radulovich, A0589839," *See It Now*, CBS News（1953年10月20日）。
11. Murrow と20年間一緒に働いてきた Alexander Kendrick は *Prime Time* (Boston: Little,

Brown, 1969) の中で Murrow を回想しているが、これには Murrow と CBS との数々の戦いの様子も含まれている。

12. "Senator Joseph R. McCarthy," See It Now, CBS News (1954年3月9日)。
13. *New York Herald Tribune* のテレビ批評を担当している John Crosby は、「*See It Now* は、どの基準点からみても、最も想像性に富み、最も華麗で、最も勇気にあふれ、最も重要な番組であった。CBS がこの番組の継続に難色を示したのに、*Beat The Clock* を許容したというのは、大変な驚きである」と記している。これは Erik Barnouw, *The Image Empire* (New York: Oxford University Press, 1970), p. 116 からの引用。Murrow の時代から Walter Cronkite の時代までの William S. Paley, Frank Stanton と CBS News について批判的な視点から述べたものとしては、David Halberstam, *The Powers That Be* (New York: Knopf, 1979) がある。
14. Murrow の痛烈な回想については次の文献を参照のこと：Edward Bliss, Jr., "Remembering Edward R. Murrow," *Saturday Review* (1975年5月31日)、p. 17。
15. *I. F. Stone's Weekly* (1954年7月19日)、p. 1。
16. David Halberstam, *The Powers That Be* (New York: Knopf, 1979), p.422 参照。Kintner のエピソードに加え、興味深いのは党大会で協力的であった Don Hewitt の役割である。彼は *See It Now* シリーズから *60 Minutes* にかけて CBS でプロデューサーを務めた。
17. Erick Barnouw, *The Image Empire* (New York: Oxford, 1970), p. 301 に引用された TV Guide, (1967年7月1日) 参照。
18. Alan J. Gould は、1932年よりスポーツ記事の編集を担当し、1941年から1963年まで編集主幹を務めた。Lloyd Stratton は、1960年に Stanley Swinton が、the World Service のディレクターに指名されるまで AP の海外向けサービスを統括したが、それは 1982 年まで続いた。また AP のスタッフで忘れることのできない人びとには、ワシントン担当者の中で、後に AP を去りコラムニストとして活躍し、雑誌も手がけた David Lawrence、Franklin Roosevelt 大統領のプレス・セクレタリーになった Stephen T. Early があげられる。1930年代にリンドバーグの長男誘拐事件の報道でピュリツァー賞を得た Francis A. Jamieson；科学部門の編集を担当していた Howard W. Blakeslee；ベルリン支局長 Louis P. Lochner などもいた。そのほかで特筆に価する署名記事担当者には、スペイン内乱で命を落とした Edward J. Neil；良心的に発表される特集記事が一般の人びととの小規模な日刊紙のコラムを飾り親しまれた Hal Boyle；華々しい活躍をした UP の Merriam Smith とホワイトハウスにおいて熾烈な競争を繰り広げ、ホワイトハウス局長就任前の 1950年代には打ち勝った粘り強い努力家 Marvin Arrowsmith；長期にわたりヨーロッパ支局員を務めた Eddy Gilmore；と特派員の Saul Pett などがいた。その他の人びとには、1950年代に活躍した AP の人びとには、編集局長の Paul Mickelson や Samuel G. Blackman、外信局長 Ben Bassett、政治担当 Jack Bell とニュース解説の John Hightower などがいた。

　その他の AP の著名人には、編集局長の Rene Cappon、外信局長 Nate Polowetsky、ワシントン支局長 William L. Beale, Jr.、ホワイトハウス特派員 Ernest B. Vaccaro と Frank Cormier、政治記者 Douglas Cornell と Relman Morin、ニュース解説者の J. M. Roberts, Jr. と William L. Ryan、特派員の George Cornell、裁判記事専門の Linda Deutsch などがいた。署名入り記事担当者としては、Brian Bell、Larry Allen、Daniel De Luce、Lloyd Lehrbas、Don Whitehead、Edward Kennedy、C. Yates McDaniel、Malcolm Browne、Peter Arnett などが有名であった。海外特派員としては、W. F. Caldwell、Richard O'Regan、Henry Bradsher、Richard K. O'Malley、David Mason などがヨーロッパに駐在し、Lynn Heinzerling とその息子の Larry Heinzerling がアフリカに、Nick Lundington が中東に、そして Myron Belkind がインド、George Esper がアジ

アに駐在した。
19. David Shaw, "The AP: It's Everywhere and Powerful," *Los Angeles Times*（1988年4月3日）、pp. 1, 22。
20. 幅広い人びとからUPでの仕事を評価された人びとには、ワシントン支局長Lyle Wilson、*New York Times*の海外ニュース編集長として有名になったHarrison Salisbury；CBSに移る前は戦争特派員としてロンドンに駐在していたWalter Cronkite；外交問題をロンドンから伝えたStewart HensleyとロンドンのK. C. Thaler；最高裁からはChrlotte Moulton；ヨーロッパ支局長のVirgil PinkleyとDaniel Gilmore；1945年から1970年にかけて放映されていた特別番組"Under the Capitol Dome"に出演していたGeorge Marder；海外報道編集局にはJoe Alex MorrisとPhil Newsomeがいた。Russell Jonesは、ブダペストの騒乱のレポートで1957年のピュリツァー賞を獲得している。ReynoldsとEleanor Packardは、海外からの華々しいレポートを行った。

　他にUPで際立っていた人びとをあげると、戦争特派員を経て局長を長く務めたFrank Tremaine；ワシントン支局長を務めたJulius FransdenとGrant Dilman；政治記者のRaymond LahrとRichard Growald；女性編集者のGay Pauley；ヨーロッパ編集局長Harry FergusonとJulius B. Humiなどがいる。1940年代に海外からのレポートを担当したのはFrederick C. Oechsner、Ralph Heinzen、Phillip H. Ault、Edward W. Beattie、M. S. Handler、William F. Tyree、William B. Dickinson、H. D. Quiggであった。1950年代と1960年代の海外から署名入り記事を送ったスタッフには、Joseph W. Grigg、Norman Montellier、Frederick Kuh、A. L. Bradford、W. R. Higginbotham、Joseph W. Morgan、H. R. Ekins、Henry Gorrell、Ribert Musel、Jack Foxなどがいた。INSの有名人としては、Arthur "Bugs" Baer、Louella Parsons、Edwin C. Hillなどがいる。ハースト・グループは朝刊向け通信社であるUniversal News Serviceを1937年に廃業に追い込み、INSの経営をJoseph V. Connollyに与え、1945年以降にはSeymour Berksonにバトンタッチさせた。

　INSの海外部門は、1930年代までにその地位を確立した。その中心となったのは外信局長のJ. C. Oestreicher；ベルリン支局長のPierre J. Huss；ヨーロッパ総支局長となったJ. Kingsbury Smithであった。第2次世界大戦時の特派員としては、Howard Handleman、Kenneth Downs、Merrill Mueller、George Lait、Graham Hovey、Frank Coniff、Richard Tregaskis、Lee Van Atta、Clarke Leeなどがいた。ワシントンには、George R. Holmes、William K. Hutchinson、George E. Durno、Robert G. Nixonがいた。INSの女性の特派員の中でもRose McKeeの政局報告は、高い評価を得た。
21. 1948年から1960年までのUSIAについてはWilson P. Dizard, *The Strategy of Truth* (Washington, DC: Public Affairs Press, 1960) を参照。その消長についての分析はRonald I. Rubin, *The Objectives of the U.S. Information Agency: Controversies and Analysis* (New York: Praeger, 1968) で扱っている。
22. J. A. R. Pimlott, *Public Relations and American Democracy* (Princeton, NJ: Princeton University Press, 1951), p. 3.
23. *Proceedings of Minnesota Public Relations Forum* (Minneapolis: Public Relations Society and participating company, 1952–55).
24. 昔の雰囲気をそのまま残し、同じような素材を用いてPostは季刊誌として1971年に復刊し、1977年に月刊誌となるまで発行された。
25. William H. Taft, *American Magazines in the 1980's* (New York: Hastings House, 1982), p. 242参照。この文献は650以上の雑誌を扱い、主要な雑誌に掲載されている広告の傾向と同様に歴史的な背景にも言及している。
26. John Tebbel, *A History of Book Publishing in the United States*, vol. 4 (New York: R. R.

Bowker Company, 1981), p. 109。1940 年代から 1980 年代までを扱ったこの巻は、この記念碑的なシリーズを生み出した 20 年にわたる研究の成果の部分である。
27. 前掲書、p. 165。
28. ソフトカバー版が初めて登場したのは 1842 年であった。1870 年から 1890 年までの間、ダイム (10 ドル) 小説や他のペーパーバックが人気を集めた。第 3 のブームは、Pocket Books の時であった。
29. *A Ten-Year View of Public Attitudes Toward Television and Other Mass Media, 1959–68*, a report by Roper Research Associates, pp. 4–5.

第 17 章 挑戦そして異議あり

1. ケネディ対ニクソンの対決を最も詳しく描いているのは、Theodore H. White, *The Making of the Presidents 1960* (New York: Atheneum, 1961)。また、ニクソンがカメラの前で、自身のアピールの仕方を誤り、またカメラや照明への対処法でも失敗したことについては、Sig Mickelson, *The Electric Mirror: Politics in an Age of Television* (New York: Dodd, Mead, 1972)、で言及されている。
2. W. A. Swanberg, *Luce and His Empire* (New York: Scribner's, 1972), pp. 412–16 ではケネディの父ジョゼフ・ケネディの影響力を明らかにしている。
3. Merriman Smith, United Press International (1963 年 11 月 23 日)。
4. Ampex 社が 1956 年に開発したビデオテープ・レコーダーはその年に Huntley と Brinkley のコンビによって、アイゼンハワー大統領の就任スピーチを再生するのに用いられた。CBS はスポーツ中継を即座に再生する装置を 1963 年に開発した。
5. *Life* (1964 年 10 月 2 日)、p. 41、*Life* (1966 年 11 月 25 日)、p. 53 及び (1967 年 11 月 2 日)、pp. 87–95、*Saturday Evening Post* (1967 年 12 月 2 日)、p. 27 参照。
6. 1960 年代の社会運動の分析は Mayer N. Zald and John D. McCarthy, *The Dynamics of Social Movement* (Cambridge: Winthrop, 1979) が包括的で詳しい。NOW の役割が pp. 176–182 に言及している。
7. レポート方法の進展については Leonard Zeidenberg, "Lessons of a Living Room War," *Broadcasting* (1975 年 5 月 19 日) を参照。
8. この研究は 1973 年に Massachusetts Institute of Technology の Network News Study Group の共同統括者である Edwin Diamond が、学生とともに実施したものである。
9. CBS News (1969 年 7 月 20 日)。
10. その他の CBS レポーターには、Bob Schieffer、Bill Henry、Robert Pierpoint、Martin Agronsky、Winston Burdett、Morton Dean、Phil Jones、Michelle Clark、Sylvia Chase、Ed Rabel、Richard Threlkeld、Joe Benti、Susan Peterson、Sharon Lovejoy、Heywood Hale Broun、Susan Spencer、Rence Poussaint、Connie Chung などがいた。
11. Chancellor への長いインタビューは、Phillip Noble, "The Cool and Confident Anchorman," *MORE* (May 1976) 7 を参照。Barbara Matusow, "Intrigue at NBC," *Washington Journalism Review* (July-August, 1983), pp. 50–62 も参照のこと。
12. 1965 年 12 月 20 日放送の NBC News において CBS の Morley Safer と共演していた McGee は、アメリカの役割について疑問を早くから投げかけていた放送人の一人であった。Jerry Jacobs はベトナム報道部分の製作を担当しその台本も担当した。この番組は NBC ニュース内部で議論を尽くされたあとに放送された。
13. 他の NBC ラジオ・テレビのレポーターやコメンテーターには、多くの NBC の特別番組のアンカーを務めていたベテランの Edwin Newman；Joseph C. Harsch、Irvin R.

Levine、Elie Abel、Hugh Downs、Ray Scherer、Herbert Kaplow、Tom Petit、Robert Goralski、Peter Hackes、Clifton Utley、Morgan Beatty、Merrill Mueller、Garrick Utley などがいた。その他の有名人としては、Richard Valeriani、Bob Jamieson、Ford Rowan、John Hart、David Burrington、Floyd Kalber、Don Oliver、Jack Raynolds、John Dancy、Douglas Kiker、Richard Hunt、Frank Blair などがいた。

14. "The New Look of TV News," *Newsweek*（1976年10月11日）、p. 76。
15. *Forbes*（1981年12月7日）、p. 133。
16. James G. Hagerty が立ち上げ、後に Elmer Lower と William Sheehan によって確立されたチームに含まれていた特派員には、Edward P. Morgan、William H. Lawrence、John Scali、Robert Clark、ホワイトハウス特派員の Tom Jarriel、Peter Jennings、Peter Clapper、Aline Saarinen と Esther Tufty（この2人は初期から画面に登場していた）、Judy Woodruff、Linda Ellerbee、Carole Simpson、Betty Rollins などがいた。
17. David Halberstam の *The Making of a Quagmire* (New York: Random House, 1965) はこの立場で書かれている。ベトナム戦争時の *New York Times* 特派員としてピュリツァー賞を受賞したハルバースタムはこの悲劇を予想していた。
18. Dale Minor, *The Information War* (New York: Hawthorn Books and Tower Publications, 1970), pp. 29–34. サイゴンのプレス・クラブでヒーローと悪党の存在を見出した Minor によれば、戦争初期の戦争特派員たちは、"チームプレー実行者"として当局側の言い分や戦争の必要性を受け入れたとしている。ベトナム戦争におけるプレスと政府の葛藤やモラル哲学や人間性への考慮との関係ついての彼が考察した内容には彼の洞察力が発揮されている。
19. *Newsweek*（1963年10月7日）、pp. 98–99; Malcolm W. Browne, "Viet Nam Reporting: Three Years of Crisis," *Columbia Journalism Review*, III (Fall 1964), 4.
20. *Time*（1963年9月20日）、p. 62、及び同誌（1963年10月11日）、p. 55。
21. *Time*（1966年10月14日）、p. 58。
22. これは *Chicago Daily News*（1963年10月26日）、p. 1 の中で報告されている。新聞の第一面で取り上げられたインドシナ戦争については Michael C. Emery, et al., *America's Front Page News, 1690–1970* (New York: Doubleday, 1970) を参照のこと。
23. Minor, *The Information War*, pp. 95–100: *Newsweek*（1967年11月13日）、pp. 68–69。
24. William Small, *To Kill a Messenger* (New York: Hastings House, 1970), p. 211 からの引用。
25. 前掲書、p. 214。
26. 前掲書、p. 216。
27. Robert Glessing, *The Underground Press in America* (Bloomington: Indiana University Press, 1970).
28. Stone と Carey McWilliams による多数の記事や著作に加え、彼らの仕事とその他の調査報道を行った代表的な人びとについて考察した Leonard Downie, *The New Muckrakers* (Washington, DC: New Republic, 1977) が参考になる。
29. Nancy L Roberts, *Dorothy Day and the "Catholic Worker"* (State University of New York University Press, 1984).
30. この用語を先駆けて登場させたのは、Matthew Arnold であり、それは彼の論文 "Up to Easter," *Nineteenth Century* (May 1887), 638–39 の中で、アイルランドに自治を与えることに反対し、それを支持するイギリスのジャーナリストたちを批判したときである。
31. Tom Wolfe, "The Birth of 'The New Journalism': Eyewitness Report by Tom Wolfe," *New York*（1972年2月14日）参照。歴史的経過を概観し、用語や定義を知るには、Thomas B. Connery, "Discovering a Literary Form," (introductory essay) in Connery,

ed., *A Sourcebook of American Literary Journalism: Representative Writers in an Emerging Genre* (Westport, CN: Greenwood Press, 1992) pp. 3–28 が参考になる。タイプの異なるニュージャーナリズムの記事の分類や、主な問題定義をめぐる議論については、Everette Dennis and William Rivers, *Other Voices: The New Journalism in America* (San Francisco: Canfield, 1974) を参照のこと。

32. *Editor & Publisher*（1970 年 8 月 8 日）、p. 45。
33. L. F. Palmer, Jr., "The Black Press in Transition," in Michael Emery and Ted. C. Smythe, *Readings in Mass Communication* (Dobuque: William C. Brown, 1972), p. 226.
34. *Editor & Publisher*（1991 年 9 月 7 日）、p. 37。毎年発行の *Editor & Publisher International Year Book* には全ての黒人向け新聞のリストが掲載されているが、編者は Henry G. LaBrie III であった。
35. Richard L. Beard and Cyril E. Zoener II, "Associated Negro Press: Its Founding, Ascendency and Demise," *Journalism Quarterly*, XLVI (Spring 1969), 47 と、C. S. K. Jameson and C.E. Zoerner, Jr., "History Overlooked: The Associated Negro Press," *The Journalist* (October, 1986), 18 参照。
36. Henry G. LaBrie III, "A Survey of Black Newspapers in America," *presstime* October 1980, p. 54, *Perspectives on the Black Press 1974* (Kennebunkport, ME: Mercer House Press, 1974)、及び *The Black Press: A Guide* (Iowa City: University of Iowa Press, 1970) 参照。
37. Félix Guitiérrez, "Latinos and the Media," in Emery and Smythe, *Readings in Mass Communication* この論文では、著者の意欲的な調査に基づきラテン・アメリカ人の歴史や現在おかれている状況があますところなく解説されている。
38. Native American Journalist Association *Media List*, 1999 参照。また以下のようなアメリカ原住民のグループのさまざまな出版物も参照のこと。*The Native American Press Association Newsletter, The American Native Press Archives, Native Press Research Journal*（American Native Press Research Association と提携）、*American Indian and Alaska Native Newspapers and Periodicals, 1826–1985* (Westport, CN: Greenwood, 1985). またこれらに加え、1826 年にまでさかのぼることのできる豪華な文芸刊行物があった。*American Native Press Archives* (Spring 1986) 参照。重要な文献としては、James E. and Sharon Murphy, *Let My People Know: American Indian Journalism 1828–1978* (Norman: University of Oklahoma Press, 1981) があるが、これは初めて包括的な構成で書かれたものである。
39. *Editor & Publisher*（1985 年 11 月 23 日）、p. 38。
40. Rodger Streitmatter, *Unspeakable: The Rise of the Gay and Lesbian Press in America* (Boston: Faber and Faber, 1995), p. 339.
41. Roger Streitmatter, "The Advocate: Setting the Standard for the Gay Liberation Press," *Journalism History* (Vol. No. 3, Autumn 1993); Deirdre Carmody, "New Gay Press is Emerging, Claiming Place in Mainstream," *New York Times*（1992 年 3 月 2 日）参照。
42. Jennifer Juarez Robles, "Out of the Newsroom: How Gay and lesbian Journalists Are Changing Mainstream Media," *Extra!* (June 1993), p. 19.
43. Stuart Elliott, "'Hot Editor' Phenomenon Benefits the *New Republic*," *New York Times*（1992 年 3 月 26 日）。
44. *Village Voice*（1994 年 12 月 6 日）、p. 17。

第18章　信頼のゆらぎ

1. Dennis T. Lowry, "Agnew and the Network TV News: A Before/After Content Analysis," *Journalism Quarterly*, XLVIII (Summer 1971), p. 205.
2. その結論が多くのマスコミ法制研究者からの支持を得ている Don R. Pember, "The Pentagon Papers' Decision: More Questions Than Answers," *Journalism Quarterly*, XLVIII (Autumn 1971), 403 参照。
3. *The New York Times Company* v. *United States* and *United States* v. *The Washington Post Company*, 403 U.S. 713 (1971). 政府印刷局から一般に向けに出版された43冊のペンタゴン・ペーパーズの発行によって、政府は即座にその失敗を認めた。
4. *Bantan Books Inc.* v. *Sullivan*, 372 U.S. 58 (1963).
5. *Organization for a Better Austin* v. *Keefe*, 402 U.S. 215 (1971).
6. 公的な記録としては、公平で権威ある研究機関から出された *Watergate: The Chronology of a Crisis* (Washington, DC: Congressional Quarterly, 1975) に所収されている。
7. ニクソン就任時の状況については本章の Bibliography を参照のこと。とりわけ20年間にわたり政権内で行われていた大規模な不正行為については David Wise, *The Politics of Lying* に詳しい。
8. すっぱ抜きの記事の情報を受け取ったものは、*New York Times* の William Beecher であり、1969年3月9日にカンボジアにおいて、B-52による爆撃が秘密裏に行われたこの出来事を記事にしたものの全貌は、1973年まで登場しなかった。ジャーナリズムをレビューした *MORE* (October, 1973, p. 17) 参照。他の記者たちはカンボジア爆撃について知ってはいたものの、それが重要なニュースだとは認識していなかった。この事件が取り上げられたのは、*New York Times* の記事が出てからの14か月間のうち、*Newsweek* のニュース要約のページで一度言及されたのみであった。
9. O'Brien は、Edward Kennedy との付き合いから標的にされがちであった。ITT ケースについて調査を要求したことや、億万長者である Howard Hughes から Nixon の友人である Charles ("Bebe") Rebozo へ、10万ドルの金銭を授与されたかもしれないが、CREEP には渡っていないということを知っていたかもしれない。1971年に Nixon が Hadelman に対して送ったメモが、1987年に明らかにされているが、これによると O'Brien が Hughes と PR 契約を取り結んだかどうかについてはもう少し情報が必要であることがわかる。また、これは1972年のキャンペーンで使われた可能性がある。
10. Edwin Diamond の1973年の研究は、彼自身が副所長を務めた MIT の Network News Study Group の努力の成果の一部でもある。Edward J. Epstein, "How the Press Handled the Watergate Scandal," *Los Angeles Times*（1973年9月14日）を参照のこと。
11. Dan Rather and Gary Paul Gates, *The Palace Guard* (New York: Harper & Row, 1974), pp. 182–183。CBS でホワイトハウスを担当していた Dan Rather は、ニクソン政権のやりかたに対して批判的であった。
12. J. Anthony Lukas, *Nightmare: The Underside of the Nixon Years* (New York: Viking Press, 1976), P. 3。1973年7月の *New York Times Magazine* に画期的なウォーターゲート事件の収支報告書を掲載した Lukas は、この著書ではウォーターゲート事件関連の出来事についての包括的な報告を行っているが、ここからは政権担当者たちが、急進的なグループの人たちに対して、彼らが政府に打撃を与えかねない秘密をあばき、それをソビエト連邦に渡してしまうのではないかと危惧していたことがわかる (p. 71)。
13. *Los Angeles Times*（1973年7月29日）の論評欄から。このエピソードは *Washington Post* にまず登場し、*Los Angeles Times-Washington Post* News Service によって全米の新聞社や海外の契約社に配信された。

14. UPI のチームには、テル・アビブの Bryce Miller、Alvin Webb、Dan Southerland がいた。また *Los Angeles Times* のレポートでピュリツァー賞を獲得している William Tuohy、*New York Times* に掲載されたカンボジア陥落の記事でピュリツァー賞を得ている Sydney Schanberg がいた。Peter Braestrup は四年間にわたり *New York Times* と *Washington Post* の対立を招いた。*New York Times* の Charles Mohr は、高い評価を得ている。Richard Critchfield は *Washington Star* から特別な待遇を与えられていた。現地レポートやドキュメンタリーを伝えている CBS のレポーターたちには、Peter Kalischer、Morley Safer、John Laurence、Don Webster、Dan Rather、Murray Fromson がいた。NBC のレポーターとしては、Frank McGee、Ron Nessen、Kenley Jones、Howard Truckner；ABC には Dan North、Roger Peterson がいた。カンボジアのレポートでは、*Washington Post* の Laurence Stern；*New York Times* の Henry Kamm、*Chicago Daily News* の Raymond Coffey；根気強いレポートを行った AP の Arnett；捕虜になり後に開放された *St. Louis Post-Dispatch* の Richard Dudman と *Christian Science Monitor* の Elizabeth Pond がいた。女性の特派員としては、*New York Times* の Gloria Emerson；Mutual の Elaine Shepard；コラムニストの George Anne Geyer、フリーランスの Helen Musgrove；雑誌記者の Frances FitzGerald；ABC の Marlene Sanders；UPI の Maggie Kilgore、Betty Halstead、Kate Webb がいた。Webb とフランスのフリーランス・ジャーナリストの Michele Ray は、捕虜になり後に開放された。*Manchester Union-Leader* の Philippa Schuyler は、1967 年に、ヘリコプターの事故で死亡している。
15. Phillip Knightley の *The First Casualty* (New York: Harcourt Brace Jovanovich, 1975), p. 423 からの引用。
16. ベトナム戦争後に実施された唯一の機会であったこのシンポジウムは、南カリフォルニア大学 (University of Southern California) で開催された。その模様は、ビデオに収録され、後に公開された。85 名の参加者の多くはジャーナリストであった。Fox Butterfield "The New Vietnam Scholarship," *New York Times Magazine* (1983 年 2 月 13 日) 参照。
17. Peter Braestrup, *Big Story* (New Haven: Yale University Press, 1977) から引用。Braestrup によれば、ショックを受けたサイゴンのレポーターたちは、共産主義者の攻撃に対して過剰な反応をし、サイゴンとワシントンの担当者が事実の歪曲を行ったことに困惑していた。Braestrup が編集長に送った手紙（*ASNE Bulletin*, April 1978, p. 20 に掲載）では、自分の仕事に関して答弁している部分がある。
18. Michael Anderegg, ed., *Inventing Vietnam: The War in Film and Television* (Philadelphia: Temple University press, 1991) 参照。
19. Richard Nixon, *The Memoirs* (New York: Grosset and Dunlap, 1978), p. 350.
20. Bruce Cumings, *War and Television* (New York: Verso, 1992) p. 84; Clarence R. Wyatt, *Paper Soldiers: The American Press and the Vietnam War* (New York: W. W. Norton, 1993) p. 7.
21. New York: Oxford University Press, 1986.
22. Berkeley: University of California Press, 1980.
23. Melvin Small, *Covering Dissent: The Media and the Anti-Vietnam War Movement* (New Brunswick, NJ: Rutgers University Press, 1994).
24. Brigitte Lebens Nacos, *The Press, Presidents, and Crises* (New York: Oxford University Press, 1990), p. 187.
25. Roger Morris, "Foreign Policy Reporting: Quarantined for the Campaign," *Columbia Journalism Review* (November-December 1976), 19.
26. Timothy Crouse, *The Boys on the Bus* (New York: Random House, 1973). そのほかのメ

ンバーには、*Los Angeles Times* から *Washington Post* に移った 25 年のベテラン Jules Witcover；有権者の投票傾向のレポートに秀でていた *Washington Post* の Haynes Johnson；こちらも 25 年にわたるベテランで *Washington Star* の政治記者のトップに就任する前に Ganett の記事の責任者を務めていた Jack Germond；信頼の厚い年長者であった *Baltimore Sun* の Phill Potter；the Night 新聞グループの James McCartney；Wilmington の *News Journal* で 1972 年に名をあげ、後には *Boston Globe* のホワイトハウス特派員となった Curtis Wilkie；1976 年の大統領選キャンペーンで注目を集めた *Los Angeles Times* の Kenneth Reich；*National Observer* の Jim Perry などがいた。*Chicago Tribune* の Eleanor Randolph と *Chicago Sun Times* の Roger Simon の記事は 1976 年の新聞に何度も引用された。

何十人もの特派員たちが通信社やテレビのネットワークに記事を提供した。トップの署名入り記事を提供していたものには、AP の Walter Mears、Saul Pett、Karl Leubsdorf、UPI の Arnold Sawislak、Clay Richards、Steve Gerstel などがいた。1976 年の大統領選では、CBS の Ed Bradley、ABC の Sam Donaldson、NBC の Judy Woodruff と Don Oliver が、カーター陣営を担当し、ABC の Tom Jarriel、CBS の Phil Jones、NBC の Bob Jamieson はフォード側の担当であった。また、NBC の Cassie Mackin、ABC の Ann Compton、CBS の Sharon Lovejoy は画面に登場して活躍した。

27. Peggy Noonan, *What I Saw at the Revolution* (New York: Random House, 1990); Mark Hertsgaard, *On Bended Knee: The Press and the Reagan Presidency* (New York: Farrar, Straus & Giroux, 1989).
28. John W. Mashek, with Lawrence T. McGill and Adam Clayton Powell III, *Lethargy '96: How the Media Covered a Listless Campaign* (Arlington, VA: The Freedom Forum, 1997).
29. *New York Times*（1981 年 1 月 21 日）、p. 1。
30. *Los Angeles Times*（1982 年 3 月 9 日）、p.10。
31. *Editor & Publisher*（1982 年 10 月 9 日）によると、"Moonies" が所有していた *Washington Times* がこれほどまでに成功していた（第一線のレポーターたちは、この問題を情報のアクセスに関わる重大な問題であると言及していた）にもかかわらず、*New York Times* は、個別インタビューを妥当とは思っていなかった。*Editor & Publisher*（1983 年 4 月 9 日）参照のこと。
32. *Los Angeles Times*,（1982 年 1 月 24 日）Opinion Section, p. 2。
33. Robert Scheer, *With Enough Shovels: Reagan, Bush, & Nuclear War* (New York: Random House, 1982).
34. Phil Kerby, "When Reagan Chides the Press, There's a Difference," *Los Angeles Times*（1983 年 4 月 14 日）Part II, p. 1。
35. レーガンが大統領にのぼりつめるまでに培った"魔法の演技力"は Garry Wills の *Reagan's America* (New York: Doubleday & Company, 1987) のなかで幼少期にまでさかのぼり検証されている。Leon Wieseltier, "What Went Wrong: An Appraisal of Reagan's Foreign Policy," *The New York Times Magazine*（1986 年 12 月 7 日号）、p. 43 も参照。
36. Doyle McManus のレポートで運営されていた *Los Angeles Times* のワシントン支局は、数々の類まれな記事によって際立っていた。また、不法侵入作戦やアメリカの秘密資料を盗もうとするイスラエルのたくらみを調べあげた 1986 年 11 月 16 日の *Chicago Tribune* の記事も参照のこと。
37. 1986 年 11 月 19 日付大統領によるプレス発表の原稿から。
38. 前掲。

39. *New York Times*（1986 年 11 月 26 日）、p. 26。
40. *Harper's*（1986 年 2 月号）、p. 8。
41. Seymour M. Hersh, "Did They Protect Reagan?" *The New York Times Sunday Magazine*（1990 年 4 月 29 日号）、p. 47 参照。"捕虜との取引なしに銃を提供か"という情報については、Gay Sick, "The Election Story of the Decade," *New York Times*（1991 年 4 月 15 日）、p. A15；Robert Parry が PBS についての一連の調査を、1987 年の 6 月 24 日号の "Did Reagan Steal the 1980 Election," を皮切りに *Frontline*（1991 年 4 月 16 日号）；*In These Times* で Joel Bleifuss が連載したものがあるが（その中には、"Truth: The Last Hostage," 1991 年 4 月 17 日 も含まれる）、Christopher Hitchens が *The Nation* の中で担当した様々なコラムや Barbara Honegger の著書である *October Surprise* なども参照のこと。
42. ペンタゴンは後に、侵攻開始と同時に急襲によって打ち落とされるところであったことを確認した。当時海外には 300 名を超える奇襲隊員がいた。これはベイルートで 241 名のアメリカの海兵隊員が殺されてから 2 日後のことであった。Michael Emery and Ted Curtis Smythe, eds., *Readings in Mass Communication* (Dubuque, IA: William C. Brown Co., 1992) 参照。
43. William A. Dorman, "Peripheral Vision: U.S. Journalism and the Third World," World Policy Journal, III (Summer 1986) 参照。Latin America 特集で引用されるのは、Joseph P. Lyford の批判的な査定である "The Times and Latin America," (Freedom of Information Center, Publication No. 93, School of Journalism, University of Missouri) である。また、Tad Szulc, "Government Deception, Disinformation, Delusion," 1986 年 11 月 2 日付 *Los Angeles Times* の論評も参照のこと。Szulc はかつて *New York Times* のレポーターを務めていた。
44. ニカラグア社会における Sandinismo の歴史にも言及し、その役割の議論を通じてその意義について考察した "Sandinista Foreign Policy: Strategies for Survival," NACLA Report on the Americas, XIX (May-June 1985), 18 参照。
45. John Britton, "Carleton Beals and Central America after Sandino: Struggle to Publish," *Journalism Quarterly*, LX (Summer 1983), p. 240 参照。また似たようなケースとして、中央アメリカとカリブ地域のレポーターを務めた Time の William Krehm、1948 年にこの地域の抱える問題について議論をよぶ著書をスペイン語での発刊を試みたが、政府や企業の思惑に反するものが含まれていると、及び腰であった Time の編集者たちによってこの情報は取り下げられた。Democracies and Tyrannies of the Caribbean という英語の本としてようやく登場したのは 1984 年であった。
46. Marlene Dixon and Susanne Jones, eds., Nicaragua under Siege (San Francisco: Synthesis Publications, 1984) 及び Marlene Dixon, ed., On Trial: Reagan's War Against Nicaragua (San Francisco: Synethesis Publications, 1985) 参照。また、メディアを多く引用している Noam Chomsky, Turning the Tide: U.S. Intervention in Central America and the Struggle for Peace (Boston: South End Press, 1985) も参照のこと。
47. Martha Honey と Tony Avirgan がコントラについて調査し、マイアミにおいてコントラのリーダーに対する訴訟を行い、アメリカ合衆国が殺人とドラッグ密売で告訴することになったいきさつについて詳述しているマイケル・エメリー "Contragate: The Costa Rican Connection," *San Francisco Bay Guardian*（1986 年 12 月 3 日）、p. 1 参照。また、マイケル・エメリーによる 1987 年 2 月 4 日と 5 月 27 日の *San Francisco Bay Guardian* の記事；Michael Emery, Martha Honey, and Tony Avirgan による 1987 年 4 月 1 日の記事；Martha Honey による 5 月 27 日の記事を参照。この *Bay Guardian* によるこの広範囲にわたる陰謀についての記事の 4 シリーズは、詳細を検証すると一致しない部分がある。

48. Martha Honey and Tony Avirgan, "The Carlos File," *Nation* (1985年10月5日); Martha Honey and Tony Avirgan, *La Penca: Pastora, the Press and the CIA* (ペルーのリマで1985年にスペイン語で発刊); Joel Millman, "Whodunit: The Patora Bombing," *Columbia Journalism Review* (March-April 1986); Jacqueline Sharkey, "Disturbing the Peace," *Common Cause* (September-October 1985); Robert Parry, Brian Barger, and Murray Waas, "The Secret Contra War," *New Republic* (November 24, 1986); コントラ武器供与に関わった者へのインタビューを含む番組 West 57 th. St. の1986年6月25日放送分のスクリプトの一部。1993年の時点において、La Penca 爆撃実行者たちは、Sandinista の組織のために働いているという点については記者たちの間で見解の一致が見られた；CIA との関わりについてははっきりしていない。*Miami Herald* (1993年8月8日)、p. 1；*San Francisco Chronicle* (1993年8月9日)、海外ニュース欄参照。La Penca のエピソードについては、Martha Honey の *Hostile Acts: U.S. Policy in Costa Rica in the 1980s* (Gainesville: University Press of Florida, 1994) 参照。
49. *Nicaragua* v. *U.S.A.* (International Court of Justice: The Hague, The Netherlands, June 27,1986).
50. *Los Angeles Times* (1986年12月26日) の論説を参照のこと。
51. Joe Klein, "Our Man in Managua," *Esquire* (November 1986), p. 103 及び、マイケル・エメリーが1986年7月に Kinzer に対して行ったインタビュー参照。
52. *Dallas Morning News* の Chris Hedges, *Washington Post* の Joanne Omang や *Post* の特約記者であった John Lantigua, *Christian Science Monitor* の Dennis Volman、*Philadelphia Inquirer* の Andrew Maykuth、*In These Times* の William Gasperini、フリーランスの Nancy Nusser や June Erick などがいた。また *Pacific News Service* の Mary Jo McConahay は類まれな貢献をした。ホンデュラスを中心に活躍した Reuters の Anne-Marie O'Connor と、エルサルバドルで活躍した Marc Cooper、Frank Smyth Chris Norton なども同様であった。他の新聞の中で、*Boston Globe* は、その報道姿勢、状況分析ともに卓越していたが、それはともに Pamela Constable の活躍に負うところが大きい。AP には、サンホセを基盤として活躍していた反骨精神の Reid Miller がいた。マナグアにはまた、2人の AP 職員が常駐する支局が設置されていた。Tracey Wilkinson は、1985年に UPI が2名常駐の支局を立ち上げた時のメンバーで、後に *Los Angeles Times* に加わった。ともに現地からのレポートは、フルタイムとか非常勤のレポーターであるかに関係なく、常駐国の人びとの活躍に大きく依存していた。中央アメリカの諸国における通信社のレポーターでアメリカ市民権を保有しているものはわずかであった。ABC の Peter Collins は、1986年まで、5年にもわたり中央アメリカに駐在していた；CNN の Leigh Green は、その記事の公平な扱い方に定評があった；NBC の Jamie Gangel は、何度も現地を訪れている；Mike O'Connor は、CBS のために活躍した。

　エルサルバドル特派員の中でそのほかに注目を集めたのは、*Washington Post* の Loren Jenkins；*New York Times* の Raymond Bonner、フリーランスで *Nation* 記者の Anne Nelson；UPI の Geri Smith と Cindy Karp；ABC News の Hilary Brown；CNN の Zoe Trujilo；かつて負傷した経験を持つマナグアの写真家 Susan Meiselas；*Dallas Times Herald* の記者でその写真特集によって1983年のピュリツァー賞を受賞している James Dickson などがいた。
53. この地域へのアメリカからの援助の拡大の実態については、統計資料である Barry and Deb Preusch, *The Central America Fact Book* (New York: Grove Press, 1986), Chapter 3 を参照のこと。
54. 爆撃についての扱いの違いを比較したものとして、Alexander Cockburn が *Nation* (June

1, 1985), p. 662 に書いているコラム記事 "Beat the Devil" にはその一例が述べられている。1960 年代初期から見られるようになったアメリカの果たした役割について詳述したものとしては、"Behind the Death Squads," *Progressive* (May, 1984) も参照のこと。

55. Charles Clements, *Witness to War* (New York: Bantam, 1984) 参照。最終章では、エルサルバドルについて書かれた様々な状況の記述が引用されている。1992 年に国連に後押しされた調査委員会報告は、Bonner と *Washington Post* の Alma Guillermoprieto による 1982 年 1 月の El Mozote の報告は正しかったとしている。*New York Times* 1992 年 10 月 22 日 4 ページ参照。1993 年 12 月 6 日版の *New Yorker* では、Susan Meiselas のオリジナル写真が添えられた Mark Danner の "The Truth of El Mozote" が雑誌の大部分をしめていた。California 州立大学 Hayward 校の Tim McCoy は、*Newspaper Research Journal* (Summer 1992) の "'The New York Times' Coverage of El Salvador" で痛烈な批判を行った。
56. *New York Times* (1989 年 4 月 2 日)、p. 30。
57. Mark Cooper, "The Press and the Panama Invasion," *The Nation* (1990 年 6 月 18 日号)、p. 850。
58. *New York Times* (1990 年 4 月 16 日)、p. 19。
59. David K. Shipler, *Arab and Jew: Wounded Sprits in a Promised Land* (New York: Times Books, 1986) p. 39. これは、non-Arab で non-Jew であるという中道的な立場をとるエルサレム駐在の *Times* 記者による著書であるという点で記念すべきものである。また、Edward W. Said の *After the Last Sky: Palestinian Lives* (New York: Pantheon Books, 1986) と Walter Laqueur and Barry Rubin (New York: Penguin Books, 1985) による *The Israel-Arab Reader*, eds. も参照のこと。Michael Emery がイスラエル軍事史研究者でジャーナリストである Uri Milstein にエルサレムで 1987 年 7 月 30 日に行ったインタビューも参考になる。
60. Terry and Michael Suleiman の著書 *Arab in America: Myths and Realities* (The Media University Press International 1975) を含むさまざまな研究を参照；そのほかの著書としては、Noam Chomsky, *The Fateful Triangle* (Boston: South End Press, 1983)；Jack Shaheen, *The TV Arab* (Bowling Green, Ohio: Bowling Green University, Popular Press, 1984)；Issam S. Mousa, *The Arab Image in the U.S. Press* (New York: Peter Lang Publishers, Inc.,1984)；Russ Braley, *Bad News: The Foreign Policy of the New York Times* (Chicago: Regnary Gateway, 1984)；Howard Davis and Paul Walton, eds., *Language Image, Media* (New York: St. Martin's Press, 1983) などを参照のこと。

Terry は 1948 年から 1974 年までに、3 度にわたりアラブ・イスラエル報道の内容分析を実施している。Abdeen Jabara and Janice Terry, eds., *The Arab World from Nationalism to Revolution* (The Medina University Press International, 1971), pp. 94–113 と "1973 U.S. Press Coverage of the Middle East," *Journal of Palestine Studies* (Autum 1974), p. 120 を参照のこと。四つの研究の中で、Suleiman は、1956 年、1967 年、1973 年の各危機のときにニュース雑誌が描いたアラブのイメージについて研究している。"An Evaluation of Middle East Coverage in Seven American News-Magazines," *Middle East Forum* (Autumn 1965), 9；"American Mass Media and the Time Conflict," in Ibrahim Abu-Lughod, ed., *The Arab Perspective* (Chicago: Northwestern University Press, 1970), pp. 138–154; "National Stereotypes as Weapons in the Arab-Israeli Conflict," *Journal of Palestinian Studies* (Spring 1974), 109 参照。

Janice Monti Belkaoui, "Images of Arabs and Israelis in the Prestige Press, 1966–1974," *Journalism Quarterly*, LVI (Winter 1979), 732；Robert H. Trice, "The American Elite Press and the Arab-Israeli Conflict," *The Middle East Journal* (Summer 1979),

304；David Daugherty and Michael Warden, "Prestige Press Editorial Treatment of the Mid-East during 11 Crisis Years," *Journalism Quarterly*, LVI (Winter 1979), 776；V. M. Mishra, "News From the Middle East in Five U.S. Media," *Journalism Quarterly*, LVI (Summer 1979), 374；Daniel Sneebny "American Correspondents in the Middle East, Perceptions and Problems," *Journalism Quarterly*, LVI (Summer, 1979), 386；Beverly S. Marcus, *The Changing Image of the Palestinians in Three U.S. Publications, 1984–1974* (M.A. Thesis University of Wisconsin, 1975) も参照のこと。

61. 1970年9月の危機に際しての徹底的な扱いは、Salwa Shtieh Rifai の *The Palestinian Guerrillas' Image in the New York during the Jordan Crisis, 1970* (M.A. thesis, California State University, Northridge, 1986) にある。
62. Anderson は1985年に捕虜となり、1991年の時点においても拘束は続いていた。CNN の Jeremy Levin は、1984年に捕らえられ、脱出するまでの11か月間拘束されていた。
63. パレスチナの Intifada に関するさまざまな視点については、Ze'ev Schiff and Ehud Ya'ari, *Intifada: The Palestinians and the Uprising-Israel's Third Front* (New York: Simon and Schuster, 1990); Geoffrey Aronson, *Israel, Palestinians and the Intiada* (London: Kegan Paul International, 1990); Alan Hart, *Arafat: a Political Biography* (Bloomington: Indiana University Press, 1988); Thomas L. Friedman, *From Beirut to Jerusalem* (New York: Farrar Straus Giroux, 1989) などを参照。また、Robert I. Friedman が New York の *Village Voice* や Chicago の *In These Times* のようなオルターナティブな媒体に著している分析なども参考になる。
64. Michael Emery, "New Videotapes Reveal Israeli Coverup," *Village Voice* (1990年11月13日)。
65. Bob Woodward, The Commanders (New York: Simon & Schuster, 1991) や Pierre Salinger and Eric Laurent, *Secret Dossier* (New York: Penguin, 1991) 参照。また、Hussein 国王への特別インタビューを行っている Michael Emery, "The War That Didn't Have to Happen," *Village Voice* (1991年3月5日) を含む、8月から4月にかけての *Village Voice* に掲載された数々の記事や、*Los Angeles Times* (1991年3月3日) の論評欄でこのインタビューについて言及したもの、Christopher Hitchens, "Why We Are Stuck in the Sand," *Harper's Magazine* (1991年1月号)、この危機の間に *New Yorker* に掲載された記事やコメントなども参考になる。
66. Vincent Carroll, "The Scarcity of Anti-War Editorial Voices," *Washington Journalism Review* (January-February 1991) 参照。Carroll によれば、1990年11月半ばの段階で、25の主要な新聞のうち、最後の手段としての軍事介入に対して反対を表明したのは、*Rocky Mountain News* のみであったという。また、1月16日の FAIR (Fairness and Accuracy in Reporting) によると、8月から1月までの兵力増強期間のネットワークテレビの放送時間全体の合計にあたる2855分のうち、"民衆の反対"について触れたのは、わずか29分であり、それはわずか全体の1％であったという。
67. *New York Times* が1991年5月5日と6日の2日にわたって掲載した記事を参照のこと。また、Lewis H. Lapham がニュース・メディアのレポートの問題点について猛烈な批判をした "Trained Seals and Sitting Ducks," *Harper's Magazine* (1991年5月号) と、David Lamb, "Pentagon Harball," *Washington Journalism Review* (1991年4月号) も参照。
68. "The Report to the Secretary-General on Humanitarian Needs in Iraq …" (1991年3月20日); "The Damage Was Not Collateral," *New York Times* (1991年3月24日) の論説記事参照。
69. レポーターの数はあまりに多いため割愛 (Broadcasting, *Editor & Publisher* や他の最新

情報を参照されたい）；テレビの特派員としては、ABC の Linda Patillo と、CBS の Martha Teichner が特筆に値するだろう。*Los Angeles Times* の Kim Murphy と、*Washington Post* の Molly Moore は、最前線で活躍したもたちであるといえるだろう。また、*Wall Street Journal* の Geraldine Brooks は同僚の Tony Horowitz とともに、Over-seas Press Club 賞を受賞している。

70. *New York Times*（1991 年 2 月 15 日）、p. 9。
71. "Newspaper Coverage of Health Care Reform," a joint project of the Kaiser Family Foundation Times Mirror Center for The People & The Press, *Columbia Journalism Review* 1993 年 11–12 月号別冊。.
72. 1994 年 2 月 2 日の Los Angeles World Affairs Council への意見。
73. *New York Times*（1993 年 12 月 24 日）、p. 13。
74. *Los Angeles Times*（1994 年 4 月 3 日）、p. M5。
75. "The People & the Press," Times Mirror Corporation によるメディアへの信頼度の調査, 1986, p. 57。
76. *Los Angeles Times*（1993 年 3 月 31 日）、p. 1。
77. *Editor & Publisher*（1992 年 11 月 21 日）、p. 13。
78. Edith Efron, *The News Twisters* (Los Angles: Nash, 1971); Edward J. Epstein, *News from Nowhere* (New York : Random House, 1973).
79. 1993 年マイアミにて開催された Radio and Television News Directors Association Convention における Rather の挨拶。
80. *Los Angles Daily News*（1994 年 12 月 11 日）、L.A. Life Section, p. 4。
81. John Updike, "The Talk of the Town: Comment," *New Yorker*（1999 年 8 月 2 日号）、p. 24。
82. Barbara Bliss Osborn, *Extra!*（1994 年 9–10 月号）、p. 15。
83. *Editor & Publisher*（1992 年 7 月 18 日）、p. 4。
84. Joe Holley, "Bright Spot in the Lone Star State," *Columbia Journalism Review* (January-February 1994), p. 21.
85. Television Information Office, 1986 年 5 月ニューズレター。
86. *The Winds of War* は、これまでの記録上 2 番目に最も多くの視聴者に見られたミニシリーズであった：全米の 54％の世帯でこの番組のチャンネルがつけられており、これは 66％という史上最高記録を樹立した *Roots* に次ぐものである。しかしながら、1983 年にテレビを所有していたのは 8,300 万世帯であり、(*Roots* 放映時の) 1977 年の 7,120 万というテレビ所有世帯数に比べてみると、実数としてはより多くのものが *The Winds of War* を視聴したことになる。

    番組それぞれの場面でこれまでに最も高い視聴率を記録したものは、1981 年に Dallas のシリーズで悪者の J.R. が、見知らぬものから銃撃される場面であった。*M＊A＊S＊H* の最終回に関しては、それまでに長期間にわたって宣伝効果が蓄積されてきた経過もあり、76％のシェアを示した。しかしながら、*M＊A＊S＊H* の視聴率（これは放送中にテレビを見ていたものの数を母数としてその番組の比率をみる占有率と異なり、全てのテレビに対して、どのくらいの比率のものがテレビのスイッチをつけてその番組にチャンネルを合わせていたかを知る指標であるが）が、60.3％で、*Dallas* は 53.3％であった。*Dallas* に次いで高いランクにあるのは *Roots* の最終回と *The Winds of War* の最初の 2 回であった。*M＊A＊S＊H* は、30 秒のコマーシャルが 45 万ドルというこの時期のコマーシャル広告の最高記録を打ち立てた。*I Love Lucy* の視聴率は、71.8％を示したが、これはこの時間帯にテレビを視ていたもの全体の 92％にあたる。
87. それぞれの視聴率の数値はテレビ所有家庭の数を代表している。1990 年の数値は、世

帯数の1%、すなわち93万世帯のものを用いていた。たとえば、1986年の6月初頭をみると、CBSは視聴率10.3%で占有率22、NBCは視聴率9.7%で占有率22、ABCは、視聴率9.4%で占有率21であった。Alex S. Jones, "The Anchors," *The New York Times Magazine* 1986年7月27日号, p. 13；Peter J. Boyer, "CBS News in Search of Itself," *The New York Times Magazine*（1986年12月28日号）, p. 15 も参照のこと。

88. William A. Henry II, "Don Hewitt: Man of the Hour," *Washington Journalism Review* (May 1986), 25, Judy Flander, "Hewitt's Humongous Hour," *Washington Journalism Review*, (April 1991), p. 26.
89. Lunn Darling, "Country Boy Makes Good," *Esquire*（1986年3月号）, p. 90。
90. *Christian Science Monitor*（1982年11月18日）, magazine section。ニュース・バリューについて詳しく考察したものとしては、Herbert J. Gans, *Deciding the News: A Study of CBS Evening News, NBC Nightly News, Newsweek, and Time* (New York: Vintage, 1979) を参照。
91. Kenneth Bilby, *The General: David Sarnoff and the Rise of the Communications Industry* (New York: Harper & Row, 1987) 参照。RCAにはポスト・サーノフ病が蔓延していたことや、General Electricに買収に至ったいきさつについても著者は言及している。
92. Barbara Matusow, "Sunday Best," *Washington Journalism Review* (June, 1985). 23。
93. "The Network That Couldn't, Did," *Insight*（1990年6月25日）, p. 56 参照。
94. John Carman, "Fox Grows Older, Not Up," *San Francisco Chronicle*（1997年4月3日）, p. E1。
95. "The Broken Promise of Public Television," *Exral!*（1993年9–10月号）, p. 8。
96. *Report of the National Adversory Commission on Civil Disorders* (New York: Bantam Books, 1968).
97. 前掲書、p. 383。
98. 前掲書、p. 365。
99. Edward J. Trayes, "The Negro in Jounalism," *Journalism Quarterly*, XLVI (Spring 1969), 5.
100. Clint Wilson II and Felix Gutierrez, *Minorities and Media* (Beverly Hills, CA: Sage Publications, 1985), p. 161 及び、*Minorities in the Newspaper Business*, the reports of the American Newspaper Publishers Association 参照。
101. Pat Guy, "Black Journalists Cite Frustration," *USA Today*（1993年7月22日）, p. 4B。
102. *New York Times*（1994年12月14日）, p. 13。
103. 統計データが要約されているGerbner博士のビデオである "The Killing Screens: Media and the Culture of Violence" 参照。
104. Eric Sevareid, "What's Right with Sight-and-Sound Journalism," *Saturday Review* (October 10, 1976), 19.
105. George Comstock, "The Impact of Television on American Institutions," in Michael C. Emery and Ted C. Smythe, eds., *Reading in Mass Communication* (Dubuque, IA: Wm. C. Brown, 1983), p. 232 参照。また同書でテレビにおける暴力について考察した George Gerbner and Kathleesn Connolly, "Television as New Religion," も参照のこと。
106. Bernard D. Nossiter, "The FCC's Big Giveaway Show," *Nation*（1985年10月26日）, 402。
107. Channels 1983年3–4月号, 27 参照。レーガン政権の計画、ラジオの規制緩和や低出力テレビ局についての議論は Broadcasting（1981年3月2日）を参照のこと。
108. *Red Lion Broadcasting Co., Inc.*, v. *Federal Communications Commission*, 394 U.S. (1969).

第 19 章　メディアを改善する努力

1. 1960 年に南部以外でケネディを支持した主だった日刊紙は、以下のとおり：ニューヨーク・タイムズ、セントルイス・ポストディスパッチ、ミルウォーキー・ジャーナル、ルイビル・クリアー・ジャーナル、ニューヨーク・ポスト、ニューズデイ、ロングアイランド・プレス、ピッツバーグ・ポスト・ガゼット、トレド・ブラディ、ハートフォード・タイムズ、デンバー・ポスト、サクラメント・ビー。ワシントン・ポストはケネディに好意的ではあったが、表立っての支持は表明しなかった。
2. 1964 年にゴールドウォーターを支持した主な日刊新聞 12 紙は以下のとおり：シカゴ・トリビューン・アンド・アメリカ、ロサンゼルス・タイムズ、オークランド・トリビューン、シンシナティ・エンクワイアラー、コロンバス・ディスパッチ、ミルウォーキー・センチネル、リッチモンド・タイムズ・ディスパッチ、リッチモンド・ニューズ・リーダー、ナッシュビル・バナー、タルサ・ワールド、バーミンガム・ニューズ。
3. 1960 年にニクソンを支持し、1968 年にハンフリー支持に変わった主な日刊新聞 9 紙：ハーストのサンフランシスコ・エグザミナーとボストン・レコード・アメリカン、コールズのミネアポリス・スターとミネアポリス・トリビューンとデモイン・レジスターとデモイン・トリビューン、リダーのセントポール・ディスパッチとパイオニア・プレス。ニューハウスのニューアーク・スターレドガー。1960 年にケネディをバックアップし、その後ニクソンを支持した 4 紙：ニューズデイ、トレド・ブラディ、ガネットのハートフォード・タイムズ、リダーのロングビーチ・プレス・テレグラム。
4. 1972 年にマクガバンを支持した主な日刊新聞 9 紙：ニューヨーク・タイムズ、ニューヨーク・ポスト、ルイビル・クリアー・ジャーナル、ミネアポリス・トリビューン、セントルイス・ポスト・ディスパッチ、ポートランドのオレゴン・ジャーナル、アーカンサス・ガゼット、ニュージャージーのバーゲン・カウンティー・レコード、セント・ピッツバーグ・インディペンデント。
5. 1976 年にカーターを擁立した民主党に支持政党を変えた新聞：シカゴ・サンタイムズ、シカゴ・デイリー・ニューズ、デトロイト・フリープレス。カーターは実質的には完全に南部の支援者だったが、主だった南部の日刊新聞 6 紙からの支持しか得ていなかった。それは、アトランタ・ジャーナル、アトランタ・コンスティテューション、シャーロット・オブザーバー、セント・ピーターズバーグ・インディペンデント、ナッシュビル・テネシアン、リトルロックのアーカンサス・ガゼットだった。他方、1972 年にマクガバンに支持を表明していた新聞以外であらたにカーター支持に回ったものには、デモイン・レジスター、デンバー・ポスト、デイトン・ニューズ、ロングアイランド・プレス、ミルウォーキー・ジャーナル、ミネアポリス・スターなどがあった。
6. 1980 年、カーターは 1972 年にマクガバンを支持していた新聞の中で、ニューヨーク・ポスト（転売されていた）を除くすべての新聞から支持を得ていた。それら以外で主だったカーター支持紙は、フィラデルフィア・インクワイアラー、デトロイト・フリープレス、シカゴ・サンタイムズ、ミルウォーキー・ジャーナル、カンザス・シティースター、ボルチモア・サン、ニューズ・アメリカン、デイトン・ニューズ、アトランタ・コンスティテューション、セントピーターズバーグ・タイムズ、ローリーニューズ・アンド・オブザーバー、サクラメント・ビーだった。
7. 1984 年にモンデールは一様に格調高い新聞から支持を得ていた：ニューヨーク・タイムズ、ワシントン・ポスト、ボストン・グローブ、フィラデルフィア・インクワイアラー、ミルウォーキー・ジャーナル、セントルイス・ポストディスパッチ、ルイビル・クリアー・ジャーナル・アンド・タイムズ、デトロイト・フリープレス、ミネアポリス・スター・アンド・トリビューン、セントポール・パイオニア・プレス・アンド・ディスパッ

チ、アトランタ・コンスティテューション、セントピーターズバーグ・タイムズ、オーランド・センティネル、マイアミニューズ、ナッシュビル・テネシアン、オークランド・トリビューン、デモイン・レジスター、フィラデルフィア・デイリーニューズ。1988年にデュカキスを支持したのは、これと同様（ワシントン・ポスト以外）の新聞だった。
8. クリントンに関するデータは、エディター・アンド・パブリッシャー誌の1992年10月24日号と11月7日号を参照のこと。
9. ブルーンのコラムは、ギルドリポーター誌XVI（1949年12月9日号）に再録されている。そこには、草創期のギルド史とブルーンの履歴が記載されている。ギルドの草創期については、Daniel J. Leab, *A Union of Individuals: The Formation of the American Newspaper Guild 1933–1936.* (New York: Columbia University Press, 1970) を参照。
10. 草創期のAFLの試みについては、*National Labor Relations Board, Collective Bargaining in the Newspaper Industry.* (Washington, DC: Government Printing Office, 1939) と、Alfred McClung Lee, *The Daily Newspaper in America.* (New York: Macmillan, 1937) を参照。最も成功した地域は、スクラントン、ミルウォーキー、ニューヨーク、ボストン、フィラデルフィア、オハイオ州コロンバス。
11. ギルド・レポーター誌やエディター・アンド・パブリッシャー誌に詳細がある。要約は、NLRBの *Collective Bargaining in the Newspaper Industry* や、ギルド・レポーター誌の特集号XVI（1949年12月9日）を参照。
12. *AP通信* v. *NLRB*, 301 U.S. 103 (1937)。
13. このテーマについては、Sam Kuczun, "History of the American Newspaper Guild" (Ph. D. thesis, University of Minnesota, 1970) を参照。これに関するその他いくつかのデータが、ギルドの公文書やその他の文献に対するKuczunの調査から作られている。
14. ASNEによって出版される年刊誌 *Problems of Journalism* が創刊された。
15. 1947年に開かれた第25回ASNE年次総会の報告書の39頁から53頁が草創期の3人に関する回顧録となっている。その3人は、トレド・ブラッドのGrove Patterson、ミルウォーキー・ジャーナルのMarvin H. Creager、オレゴン・ジャーナルのDonald J. Sterling。
16. アメリカ新聞協会は1946年にプロビデンス・ジャーナルやプロビデンス・ブレティンのSevellon Brownの尽力で創設された。
17. NCEWの新聞綱領は、エディター・アンド・パブリッシャー誌LXXXII（1949年10月29日号）7頁に掲載されている。
18. 1948年に刊行されたAPMEの赤本（用字用語集）は、この組織が積み重ねてきた研究と組織化の成果だった。
19. Albert A. Sutton, *Education for Journalism in the United States* (Evanston: Northwestern University Press, 1945) と、Edwin Emery and Joseph P. McKerns, *AEJMC: 75 Years in the Making, Journalism Monographs*, no. 104 (1987) を参照。
20. *Communication Law and Policy* に関しては、ハッチンス委員会報告50周年記念号の中の、vol. 3, no. 2 (Spring 1998), pp. 133–365 と vol. 3, no. 3 (Summer 1998), pp. 367–447 を参照。
21. 全米新聞評議会の概要は、Patrick Brogan, *Spiked: The Short Life and Death of the National News Council* (New York: Priority Press, 1985) を参照。
22. これについては、Claude-Jean Bertrandがパリ大学ナンテール校で、アメリカのメディアを1976–77年に調査した未刊の報告書を参照。
23. Donald M. Gilmore and Jerome A. Barron, *Mass Communication Law: Cases and Comment* (St. Paul: West Publishing, 1969), pp. 250 ff を参照。
24. *New York Times Co.* v. *Sullivan*, 376 U.S. 245 (1964)。

25. *Curtis Publishing Co.* v. *Butts and Associated Press* v. *Walker*, 388 U.S. 130 (1967).
26. *Gertz* v. *Robert Welch, Inc.*, 418 U.S. 323 (1974) や、*Time Inc.* v. *Firestone*, 96 S. Ct. 958 (1976) を参照。Gertz は10万ドルの実際の損害賠償と30万ドルの制裁的な損害賠償を Welch と John Birch Society publication から獲得し、再審と上訴裁判所もこれを追認した。Firestone 夫人は、誤って姦通の告発を報じたタイムの怠慢の度合いをはっきりさせるために再審で詳細を調査するよりも、10万ドルを放棄する方を選んだ。
27. *Moldea* v. *New York Times Co., Inc.*, 22 Med. L. Rptr.1681 (D.C. Cir. 1994).
28. *MMAR Group, Inc.* v. *Dow Jones & Co., Inc.*, 987 F. Supp. 535 (S.D. Tex. 1997).
29. *Food Lion, Inc.* v. *Capital Cities/ABC, Inc.*, 984 F. Supp. 923 (M.D.N.C. 1997).
30. *Cubby, Inc.* v. *CompuServe, Inc.*, 776 F. Supp. 135 (S.D.N.Y. 1991).
31. *Stratton Oakmont, Inc.* v. *Prodigy Services Co.* (unpublished opinion), 1995 WL 323710 (N.Y. Sup. 1995).
32. *Zeran* v. *America Online*, 129 F.3d 327 (4th Cir. 1997); *Blumenthal* v. *Drudge*, 992 F. Supp. 44 (D.D.C. 1998); *Doe* v. *America Online*, No. CL 97–631AE (Fla. Cir., 15 Jud. Cir.,Palm Beach County, June 26, 1997).
33. *Roth* v. *United States*, 354 U.S. 476 (1957).
34. *Ginsburg* v. *United States*, 383 U.S. 463 (1966).
35. *Miller* v. *California*, 413 U.S. 15 (1973).
36. *Pinkus* v. *United States*, 436 U.S. 293 (1978).
37. *Luke Records Inc.* v. *Navarro*, 20 Med. L. Rptr. 1114 (1992).
38. *Reno* v. *American Civil Liberties Union*, 117 S. Ct. 2329 (1997).
39. *Hannegan* v. *Esquire*, 327 U.S. 146 (1946).
40. 議論の全容は、Karl A. Boedecker, Fred W. Morgan, and Linda Berns Wright, "The Evolution of First Amendment Protection for Commercial Speech," *Journal of Marketing* (January 1995), pp. 38–47 を参照。
41. *44 Liquormart* v. *Rhode Island*, 517 U.S. 484 (1996).
42. *Glickman* v. *Wileman Brothers & Elliott, Inc.*, 117 S. Ct. 2130 (1997).
43. Jerome A. Barron, "Access to the Press—A New First Amendment Right," *80 Harvard Law Review* 1641 (1967). 他に、Jerome A. Barron, *Freedom of the Press for Whom? The Right of Access to Mass Media* (Bloomington: Indiana University Press, 1973) も参照。
44. *Miami Herald Publishing Co.* v. *Tornillo*, 418 U.S. 241(1974).
45. *Estes* v. *State of Texas*, 381 U.S. 532 (1965).
46. *Sheppard* v. *Maxwell*, 384 U.S. 333 (1966).
47. *United States* v. *Dickinson*, 46496 (5th Cir. 1972).
48. このブランズバーグのルールは、*In re Poppas* and *U.S.* v. *Caldwell*. でも適用された。ルイビル・クリアー・ジャーナルの Paul Branzburg は、彼が取材した麻薬犯罪に関して法廷で供述することを拒否した。ニューヨーク・タイムズの Earl Caldwell とマサチューセッツテレビの記者 Paul Pappas は、彼らがインタビュー取材したブラックパンサーのメンバーについて法廷で語ることを拒否した。
49. *Nebraska Press Association* v. *Stuart*, 427 U.S. 539(1976).
50. *Gannett* v. *DePasquale*, 99 S. Ct. 2898 (1979).
51. *Richmond Newspapers* v. *Commonwealth of Virginia*, 448 U.S. 555 (1980).
52. *Zurcher* v. *Stanford Daily*, 436 U.S. 547 (1978).

第20章　メディア・テクノロジー：21世紀の挑戦

1. James A. Michener, "You Can Call the 1980s 'The Ugly Decade,'" *New York Times* (1987年1月1日)、p. 19。
2. Jonathan Kozol が ASNE で行ったスピーチ (San Francisco, 1986年4月21日)。Kozol の *Illiterate America* (New York: New American Library, 1985) も参照。
3. "Losing the War of Letters," *Time* (1986年5月5日)、p. 68。
4. *presstime* (1986年10月)、p. 32。
5. "Court Overturns Stanford University Code Barring Bigoted Speech," *New York Times* (1995年3月1日)、p. B8。
6. Sam Fulwood III, "D.C. Mayor under Fire in War of Words over Word Use," *Los Angeles Times* (1999年1月29日)、p. A15。
7. James Reston, *New York Times* (1986年7月2日)、p. 27。
8. *Lies of Our Times* (1992年9–12月)、p. 3。Donna Allen, *Media Without Democracy* (Washington, DC: Women's Institute for Freedom of the Press, 1991) も参照。これは、コミュニケーション・メディアの再構築を扱うブックレットシリーズの第3巻。
9. *Lies of Our Times* (1992年9–12月)、p. 2。Charles M. Young が Noam Chomsky に対して行ったインタビュー "American Radical," *Rolling Stone* (1992年5月28日)、p. 42。
10. Michael Massing, "Ghetto Blasting," *New Yorker* (1995年1月16日)、p. 32。
11. Peter Arnett, "Goodbye, World," *American Journalism Review* (1998年11月)、p. 50。
12. Eileen Shanahan, "How to Fathom the Fed" *Columbia Journalism Review* (1995年1–2月)、p. 38。取材作法に関する包括的かつ批判的視点に関しては、John Quirt, *The Press and the World of Money* (Los Angeles: Anton/Courier, 1993)。
13. Dennis Bernstein, "Interviewing Pete Brewton," *Z Magazine* (1992年11月)、p. 42。
14. Steven Konick, "A Comparison of Verbal and Visual Themes in Network News Coverage of AIDS," Association for Education in Journalism and Mass Communication の総会でのレポート (1994年8月) を参照。
15. Leo Bogart, *The American Media System and Its Commercial Culture* (1991年3月)、p. 14。このブックレットは、コロンビア大学で the Freedom Forum Media Studies のシリーズの中の一冊。
16. *Presstime* 誌の1981年4月号に、割付けに関する先駆的な研究がある。
17. 1980年9月11日の ANPA の報告書 (no. 80–6) によると、全米の日刊新聞の24.7%で全米の日刊新聞発行部数の57.8% (3690万部) を占める。その中の439紙が活版印刷だった。
18. Thomas G. Krattenmaker, "The Telecommunications Act of 1996," 29 *Connecticut Law Review* 123 (1996年秋)、p. 127。
19. Kenneth Edwards, "Delivering Information to the Home Electronically," in Michael Emery and Ted C. Smythe, *Readings in Mass Communication* (Dubuque: Wm.C. Brown, 1983)。Edwards はこれについて詳細に記述している。
20. Ralph Lee Smith, "The Birth of a Wired Nation," *Channels* (1982年4–5月)。
21. "Wall Street's Affairs with the Wire," *Channels Field Guide*, 1987 edition, p. 87.
22. *Standard & Poor's Industry Surveys—Broadcasting & Cable* (1998年7月2日)、*Broadcasting & Cable*, p. 15 からの記載。
23. *Channels* (1981年12月–1982年1月)、p. 36。Robert Lindsey, "Home Box Office Moves in on Hollywood," *New York Times Magazine* (1983年6月12日)、p. 31。
24. *PC Magazine* (1998年3月10日)、p. 10。

25. Saul Hansell, "Geocities' Cyberworld Is Vibrant, But Can It Make Money?" *New York Times*（1998年7月13日）。
26. テレビニュースのあらたなパターンに関する徹底的な分析については、Jerry Jacobs の *Changing Channels* (Mountain View, CA: Mayfield, 1990) を参照。この本では、視聴率競争に関する世界規模の分析を提言している。Dennis Hart, "The 11 O'Clock News—Can You Hear Clicking," *Communicator*（1991年2月）も参照。
27. "Catching the Shortwave," *Christian Science Monitor*（1987年3月11日）、p. 16。
28. David Hinckley, "FCC Sees Bias in Ad Revenues," *New York Daily News*（1999年1月14日）、p. 108。
29. David Shaw, "The AP: It's Everywhere and Powerful," *Los Angeles Times*（1988年4月3日）、pp. 1, 22–24。
30. "Bad Order," *The Times*（1998年9月26日）。
31. AP通信社社長兼総支配人 Louis D. Boccardi の AP通信社年次総会でのコメント（New York, 1987年5月4日）。

訳者あとがき

　アメリカ関係の本が毎月翻訳されている。例えば政治とか経済とか、科学関係の本の翻訳がいろいろ出ている。中には、アメリカのことは翻訳書を見れば、すべて分かると思ってしまう人びともいる。しかし、少なくともマス・メディアやジャーナリズムの歴史に関する本格的な本の翻訳は、どういうわけか、今まであまり出なかった。

　このたび『アメリカ報道史』（松柏社）が出版されたことは大いに喜ばしい。この本の原題は *The Press and America—An Interpretive History of the Mass Media* (Allyn and Bacon, 2000) という。普通ならばアメリカにおけるプレスというわけで *The Press in America* とか *The Press in the U.S.* などの題名がついたと思う。しかし、この本の中で、すでに故人になった Edwin Emery 教授（当時、ミネソタ大学ジャーナリズム学部）が、なぜ *The Press and America* と付けたのであろうか。

　それはプレスとアメリカ史とを対等に扱おうとしたのではないかと推測する。どの国においても、プレスの歴史はその国の歴史の中で成り立っている。その国の歴史が十分描かれていなければ、プレスの意味合いが抜けてしまう。この本は最近の9版を翻訳しているが、B5判698ページもある。プレスの意味と、それに伴うアメリカ史の重要な部分を一緒に掲載している。少なくともメディア史に直接関係のあるアメリカ史はかならず描写されている。

　この本はアメリカでジャーナリズムの歴史をつづった本の中で最も優れていると思う。2000年に出版されているが、アメリカの新聞、雑誌、ラジオ、テレビ、コンピューター技術などを系統的にまとめた本は他に類がない。9版の著者はすでに亡くなった Edwin Emery と死去した息子の Michael Emery（カリフォルニア大学教授）、それに Edwin Emery の教え子の Nancy L. Roberts（ニューヨーク州立大学教授）である。

　第2次世界大戦後に出版されたアメリカのジャーナリズム史関連の書籍は何冊もある。たとえば、ミズーリ大学の Frank Luther Mott の *American Journalism* (The third ed.) (The Macmillan Co., 1962) はすぐれた本ではあるが、著者の死去で1960年ぐらいまでしか記載されていない。

ワシントン大学教授の Robert W. Jones の *Journalism in the United States* (E.P. Dutton & Company, Inc., 1947) も、出版が第 2 次世界大戦直後である。当時、ニューヨーク大学教授の John Tebbel の *The Media in America* (Thomas Y. Crowell Company, 1974) は 70 年代に書かれているが、言論の自由とか技術革命とか 20 世紀のメディアとか、テーマ別の記述になっている。また Sidney Kobre の *Development of American Journalism* (Brum Co., Publishers, 1972) は、立派な内容だが、ややジュニア・カレッジ向けの本になっている。

　テンプル大学教授の Hiley H. Ward の *Mainstreams of American Media History* (Allyn and Bacon, 1997) は新聞、ラジオ、テレビやニュー・メディア技術など一通り書かれているが、内容はメインストリームで、ペーパーバックである。ジョージ・ワシントン大学の Jean Folkerts などの *Voices of a Nation—A History of Mass Media in the United States* (Allyn and Bacon, 1998) も、すぐれているが、やや大学のテキスト的な本である。

　次は百科事典として、ノース・カロライナ大学教授の Margaret A. Blanchard 編集の *History of the Mass Media in the United States* (Fitzroy Dearborn Publishers, 1998) がある。これは約 250 人の研究者が執筆している本で、アルファベティカルにテーマ別、項目別の参考文献で、大変読み応えがある。

　もちろんこれらの本は大いに参考になるが、アメリカのジャーナリズムを一貫して語っているのは Edwin Emery 共編の『アメリカ報道史』以外に、いまのところないと思うのである。

　本書は、大学の 3，4 年生以上から大学院生、アメリカ史の研究者、さらにはジャーナリズム史に詳しい社会人に向けた本といえよう。

　はじめに述べたように原書は *The Press and America* で、副題が *An Interpretive History of the Mass Media* とある。マス・メディアの解説・背景的な歴史になっている。個々の断片的な事実をバラバラに提供するよりも、背景や全体のコンテクスト（前後関係）の中で、個々の事実を位置づけていくことが求められる歴史像といえよう。

　次にアメリカの新聞と日本の新聞の歴史をごく簡単に調べてみよう。とかく日本は歴史の古い国であるから、新聞も日本の方が古いと思ってしまう人もいるかもしれない。しかし、そうではない。新聞の歴史をみただけでも、アメリカと日本とは、かなりの差がある。アメリカは最初の新聞が 1690 年で、ベンジャミン・ハリスのパブリック・オカーレンセズである。これに対して日本の最初の新聞は 1862 年（文久 2 年）、徳川幕府（蕃書調所）がつくったオランダ

の官報の翻訳新聞「官板バタヒヤ新聞」であった（一年前に長崎で、英国人がつくった英字新聞がある）。アメリカと日本では170年以上の差がある。

その間に、アメリカではいろんな経験をつんだといえよう。はじめはイギリスを母国とした植民地時代で言論の自由のない状態。独立後に、言論の自由を認めた憲法修正第1条を定めた。いまも矛盾は抱えつつ、もっともジャーナリズムの発展した国になったのも事実であろう。

『アメリカ報道史』の概要について、ごく簡単に説明しておこう。9版は1章から20章まである。1版前の8版では1章から21章あり、B5判724ページであった。

9版の第1章は「アメリカン・プレスの遺産」である。すぐアメリカのプレスについて書くよりも、ヨーロッパやアジアの歴史について言及している。紀元前のローマの元老院の議事録「アクタ・ディウルナ」の話をはじめ、アルファベットの考案とか、紙の原型などについて一通り述べている。次に15世紀のヨハン・グーテンベルグの活版印刷機を踏まえ、ドイツ、イギリスの新聞史を語り、17世紀後半にアメリカの新聞へたどりつく。このように、世界各地の初期の新聞史に触れながら、アメリカの新聞史へと到達しているのである。

第2章は「植民地時代」。ボストンを中心におもに郵便局長を中心に新聞が発行された。局長はイギリス政府の末端の役人。各州の知事にとっては治安上"安全な"新聞になったのである。それはジョン・キャンベルのニューズ・レターなのである。しかし植民地時代であっても勇気ある記者がいた。ジェイムズ・フランクリンと弟のベンジャミン・フランクリンである。とくに後者はダビンチやミケランジェロのような教養人であった。まずジャーナリストであり、発明家、科学者、外交官、政治家でもあった。また社会学者や教育家でもあった。

1735年にはニューヨークでピーター・ゼンガー裁判が行なわれ、弁護士は「名誉毀損罪は"偽りで、悪意があり、扇動的"でなければ無罪である」と述べて、陪審員から無罪を引き出した。

第3章は「プレスとアメリカ独立革命」である。ジョン・ディキンソンが、イギリス議会に対して「代表なければ課税なし」の要求を行なった。サム・アダムズが独立への宣伝につとめた。一方ジェームズ・リビントンはトーリー党のために働いたが、愛国派の革命派には、その客観的な視点は受け入れられなかった。

第4章は「新国家の建設」。独立したアメリカは再びアメリカを二分するかのような論争に巻き込まれる。フェデラリスト（連邦派）と反フェデラリストである。前者は商業、金融業、製造業などの人びと。ともに経済的な利益の保護、拡大に大きな関心があった。もう一方は農業を中心とした社会で、さらに都市の賃金労働者の支援を受けた。

第5章は「西部への拡大」。アパラチア山脈が征服されると、ジェファソンはルイジアナの領土を購入。最初の労働者の新聞が登場。

第6章は「大衆のための新聞」。1830年代からペニー・プレス時代。それまでの政論新聞から、都市の会社員や労働者を対象とした1ペニーの安いプレスになってきた。記事も政治関係より警察や裁判や街の話題など大衆的な新聞になった。その第1号が1833年に創刊されたベンジャミン・デイのニューヨーク・サンである。

第7章は「抑しがたい対立（南北戦争）」。1861年南部が連邦を離脱した時、南部こそアメリカの伝統から逸脱しているという見方が強かった。しかし、生活方法を発展させたのは南部ではなく、工業化した北部であった。白人、黒人の中に奴隷制廃止論を主張する者もでてきた。

第8章は「国民生活における変革」。南北戦争が終わって経済の成熟や政治、社会の骨格が整備され発展した時代。工業化が大規模に前進。ゴドキンのネーション誌が栄えた。1890年にはニューヨークが150万人でトップ。第2位はシカゴが100万人。ネルソンのカンザスシティー・スターなど地方都市の新聞が繁栄してきた。

第9章は「ニュー・ジャーナリズム」。ジョセフ・ピュリツァーを中心に新たなジャーナリズムが繁栄した。彼はニューヨーク・ワールドを中心にセンセーショナルな報道で活躍。ジャーナリズムでの女性記者がしだいに増え、世界一周の旅行記もものにした。写真製版術などコミュニケーション技術が進んだ。

その後ピュリツァーのライバルであるウィリアム・ランドルフ・ハーストが登場。扇動的なイエロー・ジャーナリズムが登場し、1895年には、キューバの独立を目指して米西戦争が勃発した。

第10章は「庶民の擁護者」。20世紀に入り、アメリカは工業国としての基盤をかためた。それには大衆を受け止めるメディアが必要になってくる。"庶民派の新聞"としてエドワード・ウィルス・スクリップスが中西部から西部の、工業化しつつある町で新聞を発行した。さらにカンザス州のエンポリア・ガゼットを発行したウィリアム・アレン・ホワイトは、共和党の編集者として

全国的な舞台にも登場した。さらに、大衆受けした暴露的な報道で各種の雑誌も登場した。

第11章は「ニュース企業のとりで」。ここでは従来の新聞のように、一人の有名人をもとにした新聞よりも、ニュースの取材体制などを備えた新聞社が登場してくる。それはニューヨーク・タイムズである。1851年に創刊された新聞は1896年にテネシー州出身のアドルフ・オックスが買収。当時栄えていたセンセーショナリズムを廃して、客観的なニュース報道を中心にするようになった。編集長のカール・バン・アンダに恵まれ、25年間にわたり、今日のタイムズ紙を繁栄させた。

1881年ロサンゼルス・タイムズも登場した。1849年にAP通信の前身が創設されるが、1900年には新しい形でのAP通信がニューヨークで誕生した。さらにUP通信も1907年に創刊された。

第12章は「第1次世界大戦とアメリカ」。ここでは1914年8月のヨーロッパにおける第1次世界大戦の勃発。アメリカは1917年4月6日に宣戦布告。軍の広報委員会（CPI）の活動や、シェンク事件やエイブラムズ事件でのオリバー・ウェンデル・ホームズ連邦最高裁判事の活躍が目立った。

第13章は「ラジオ、映画、ジャズ・ジャーナリズムの1920年代」。ラジオが登場したのは1920年。30年代は映画の観客動員数が最高になった。さらにセンセーショナルなタブロイド紙が「ジャズ・ジャーナリズム」の一時代を築いた。ヒューマン・インタレストのプレス時代になってくる。パブリック・リレーションズも繁栄する。

第14章は「大恐慌とニュー・ディール」。1930年代のニュー・ディール政策によって、リベラル派が復権すると、マス・メディア報道に対する批判が先鋭化した。とくにリベラル派の批判はプレス王と呼ばれた新聞発行者たちのグループに向けられた。とくにアプトン・シンクレアの『ブラス・チェック』はウソつきで、臆病な報道機関を描いた。またリーダーズ・ダイジェストやライフ、ルックなどの雑誌が登場した。

第15章は「第2次世界大戦の勃発」。1939年8月23日、第2次世界大戦が勃発。ラジオの特派員も戦場へ。1940年後半になると、CBSのエドワード・R・マローがロンドンで「こちらはロンドンです」で始まる放送をした。

さらに1941年12月7日、日本軍の戦闘機がハワイのパールハーバー基地の太平洋艦隊を爆撃した。検閲とプロパガンダが再登場している。

第16章は「テレビ時代の到来」。この時代はテレビ、ラジオ、映画、雑誌、

書籍という娯楽メディアが読者や聴衆に、それまでにない世界を提供した。テレビは 1952 年までに、アメリカ市場で重要な位置を占めるようになった。さらに連邦通信委員会 (FCC) はカラーテレビをめぐって、チャンネルの数を検討するために、テレビ事業の認可を凍結した。

第 17 章は「挑戦そして異議あり」。この時代に起きた暗殺、人種暴動、ベトナム戦争などのニュースは人びとの怒り、恐怖感などの反応を招いた。その反面、公民権が法的に認められ、政治参加の機会が拡大した。1960 年、リチャード・ニクソンとジョン・F・ケネディとの間で、大統領候補者同士のグレート・ディベートが行なわれた。3 年後の 1963 年 11 月にケネディ大統領が暗殺され、大統領職がわずか 1000 日間で終わりをつげてしまう。1960 年代からゲイ・タリーズなどニュー・ジャーナリズムが登場した。

第 18 章は「信頼のゆらぎ」。1971 年 6 月 30 日、連邦最高裁が、ペンタゴンによる記事差し止めは事前抑制になると断じた。1971 年 3 月、ニューヨーク・タイムズは前国防長官マクナマラの命令によって作成された「ベトナム政策におけるアメリカの意思決定の変遷」と銘打った 47 巻の報告書を入手し、6 月 13 日にシリーズの第 1 弾の印刷を行なった。

さらに 1972 年 6 月ニクソン大統領をめぐってウォーターゲート事件が起こり、最終的に 1974 年 8 月ニクソン大統領が「名誉ある撤退」をした。その間、ワシントン・ポストのボブ・ウッドワードとカール・バーンスタインが調査報道に活躍した。

第 19 章は「メディアを改善する努力」。ここではメディアを改善する団体として 1992 年に設立されたアメリカ新聞協会 (NAA) を取り上げている。その前身はアメリカ新聞発行者協会（ANPA）で 1887 年に設立された。ANPA の新聞広告局を含む 6 つの団体が NAA を設立し、ANPA は消滅した。

一方、メディアの報道内容を問うアメリカ新聞編集者協会 (ASNE) は 1922 年に組織化された。通称「キャノンズ・オブ・ジャーナリズム」と呼ばれる新聞倫理綱領は 1923 年に創設された。一方、学会内部にもいろいろなジャーナリズム向上の組織がある。その 1 つはハーバード大学のニーマン・フェローである。

第 20 章は「メディア・テクノロジー：21 世紀の挑戦」。ここでは携帯電話、FAX, 有線テレビ、パソコン、光ファイバー、衛星放送、メモリーチップ、高品位テレビ、CD-ROM、電子ブック、文字多重放送、インターネットなど各種のニュー・メディアが多面的に取り扱われている。

訳者あとがき 981

　以上、第1章から第20章のごく一部の概要を述べた。その翻訳者としては5人が担当。各章の順番で述べると、前文など序論を含め第1章から第7章までが大井眞二。第8章から第11章までが武市英雄。第12章から第15章までが水野剛也。第16章から第18章までが長谷川倫子。第19章から第20章までが別府三奈子である。

　この翻訳者の中で、原書の中心的な著者エドウィン・エメリー教授にお会いし、アメリカのジャーナリズム史を学んだ者は武市である。2回お会いしており、第1回目は1967年の秋学期、ミネソタ大学ジャーナリズム学科の大学院生。当時、読売新聞記者で、フルブライトの留学生としてミネアポリスに留学。当時の大学は夏学期を入れて四学期制度。秋学期は9月下旬から12月中旬の約2か月半。「ジャーナリズム史」の講義で、エメリー教授は第2版の原書を全部講義した。
　週に3回の授業で、微笑みながら左手を軽く上下にゆすりながらの講義。1週間の授業で3〜5章ぐらい進む。エメリー教授は本の著者（第2版から第3版までは本人。第4版から8版までは息子のMichael Emeryとの共著、9版はNancy Robertsを入れた3者の共著）なので、1つの章を全部講義するのではなく、要点しか述べない。読んでいないところはテキスト本を家や図書館で読んで下さい、ということになる。
　2版の本は800ページもあったから、本を読んでいないと、授業の内容が分からない。毎日、図書館で午後11時ごろまで本を読んで、近くの寮へもどった。2か月半の授業では1か月後にクイズ。発行者名と新聞とを引き合わせる。これが2回あった。1か月半で前期のテスト。12月中旬に最後のテスト。11月末に18–19世紀のマイクロ・フィルムに載っている新聞のレポート。さらに12月中旬に提出する書評が待ち受けている。アメリカの大学では、日本の大学よりも3倍以上勉強をさせられると、つくづく思ったものである。
　第2回目にエドウィン・エメリー教授にお会いしたのは1989年から90年にかけて。当時ミネソタ大学には客員研究員として訪問。エメリー名誉教授は時おりジャーナリズム学部事務室や図書館を訪問していた。当時6版の本を読み直して、日本語訳をしたいと思っていたので、おもだった質問をしながら、1990年1月18日に学内コフマン・ユニオンの4階のキャンパス・クラブで昼食を一緒に2時間ぐらいお会いした。将来、日本語の訳本を出したいのでお願いした。「日本にはアメリカの本格的なジャーナリズムの本があまりなく、5

年ごとに版を変えて出版されている先生の本がとてもすぐれているので、ぜひ翻訳したい」とお願いしたら「日本の読者にもぜひ読んでほしいので、よろしくお願いします」と先生はおっしゃり、出版社の担当者名も紹介して下さった。

　この本を翻訳して、5人の分担を決めて訳し出したのだが、15年以上かかってしまった。まず8版を一通り訳して、出版社へ送り始めたのだが、9版目が出版されかけていた。そこで新しい版のほうがよいだろうということで、9版を訳してみた。

　ただし9版で少し手こずってしまった。アメリカでの学会の帰り、当時ミネソタ大学で教えていたナンシー・ロバーツ先生に会い、9版の今後の可能性を聞いてみた。8版の最後に1章を付け加えるのではなく、以前の記述の中にも手を加える必要があり、各章に削除や付け加えがあるという。9版ができないと、以前翻訳したものの中で、どう調整したらよいのか想像できなかった。

　2008年9月、アメリカの経済界は投資銀行のリーマン・ブラザーズのサブプライム・ローン問題をきっかけに、世界的な経済危機を発生させた。

　その後アメリカの新聞界を始めとするマス・メディアは苦境に立たされている。とくに新聞社は、①広告収入の急減、②コストの割安なインターネット版への移行、③とくに日本と比べて宅配制度の手薄さ、などによって経営難に陥っている。

　2008年暮から2009年前半にかけて例えばシカゴ・トリビューンが米連邦破産法11条の適用を申請。2009年2月にはウィリアム・ランドロフ・ハースト傘下のサンフランシスコ・クロニクルが廃刊。3月にはシカゴ・サンタイムズなど59紙を発行するサンタイムズ・メディア・グループが破産法11条の適用を申請している。

　さらにコロラド州デンバー市のロッキーマウンテン・ニューズも廃刊。シアトル・ポスト・インテリジェンサーもネット版に移行している。ニューヨーク・タイムズも莫大な借金をかかえている。ワシントン・ポストも2013年、インターネット小売最大手アマゾン・コムに買収された。

　このようにアメリカの新聞界は大きな経営難の時代を迎えているが、これらを理解するには、いままでの歴史を知っておく必要があろう。さらにこの景気悪化を打破するには、どの部分をどう処理しなければならないかを考える必要があろう。アメリカの新聞界の苦境は対岸の火事ではない。日本のメディアもリアルタイムで影響を受けつつあり、大きな変革を迫られている。

各翻訳者がそれぞれの大学で忙しく、松柏社の森信久社長には大変な迷惑をおかけした。また8版、9版のすべての翻訳の編集を担当して下さった里見時子さんにも大変お世話になった。原書の出版社が途中で変更するなど予期せぬ出来事もあり、お2人の絶えざる忍耐と勇気がなければ、この本は出版できなかったのではないかと思う。

　最後になるが5人の訳者の用語を統一して下さった元・毎日新聞社の外江卓氏と、一部の固有名詞の英語発音を指導して下さった元・大妻女子大学文学部コミュニケーション文化学科准教授のチャールズ・プリブル氏にお礼を申し上げたい。

「補遺」について

　本書の原文 *The Press and America* が2000年に出版されているので、2000年から2014年までアメリカのジャーナリズムを中心とした主なニュースを記した「補遺」を掲載した。本書と「補遺」を含めて、アメリカのマス・メディアの理解を進めたい。

　2016年初夏

　　　　　　　　　　　　　　　　　　　　　　　　共訳者を代表して
　　　　　　　　　　　　　　　　　　　　　　　　　　武市　英雄

補遺

本書『アメリカ報道史』の原著 The Press and America, 9版が発行されたのは2000年であり、著者3人のうち2人（Dr. Edwin Emeryと息子のDr. Michael Emery）は死亡している。Dr. Edwin Emeryのミネソタ大学での教え子Dr. Nancy L. Robertsがニューヨーク州立大学で教鞭を取っているが、今のところ新しい版の計画が出ていない。

そこで2000年から2014年まで、アメリカのジャーナリズム界の事件、ニュース、著名な記者の死亡情報などを簡単に提示して、読者の参考にしたい。

（参考文献として「朝日」「毎日」「読売」「日経」「産経」「東京」「共同通信」「時事通信」など。さらに「新聞協会報」「新聞研究」〈ともに日本新聞協会〉、The Freedom of Press〈総合ジャーナリズム研究、東京社〉などを使用した）。

（武市英雄、大井眞二）

【2000年】

- アメリカの新聞発行部数は低落傾向が続いている。2000年2月1日の時点では、前年約5,620万部から約5,600万部になった。ただし朝刊では前年4,560万部から約4,600万部に増加。これは夕刊よりも朝刊へ移行した結果と言えよう。
  また、1999年10月に米国新聞協会（NAA）が発表したところによると、新聞閲読率は微減の傾向。平日版の閲読率は97年春に58.8%、99年春は57.9%、さらに99年秋に56.9%となり、新聞を取り巻く環境が悪化している。
- 20世紀の最後の年（ミレニアム）とあって、業界専門誌エディター＆パブリシャー誌は20世紀の米ジャーナリズム史を形成した新聞人を選んだ。①ジョセフ・ピュリツァー　②ロバート・マコーミック　③ウィリアム・ランドルフ・ハースト　④ボブ・ウッドワードとカール・バーンスタイン　⑤アドルフ・オックス　⑥ルーエラ・パーソンズ　⑦ロバート・セングスタック・アボット　⑧ウィリアム・アレン・ホワイト　⑨カレン・ニューハース　⑩H.L. メンケン、であった。
  一方、コロンビア・ジャーナリズム・レビュー誌は、20世紀の米国の代表する優れた新聞を選んだ。①ニューヨーク・タイムズ　②ワシントン・ポスト　③ウォール・ストリート・ジャーナル　④ロサンゼルス・タイムズ　⑤ダラス・モーニング・ニューズ　⑥シカゴ・トリビューン　⑦ボストン・グローブ　⑧サン

ノゼ・マーキュリー・ニューズ　⑨セント・ピーターズバーグ・タイムズ　⑩ボルチモア・サン、などである。
- 米メディアの大手、タイム・ワーナーとイギリスの音楽大手のEMIが2000年1月24日に合併新会社を設立。
- "ピーナッツ"などのマンガを描いたチャールズ・シュルツ氏 (Charles Schulz) が2月12日、心臓病で死亡。77歳。半世紀にわたって1万7,000回以上描いた。
- ドイツのメディア・グループ「イーエム・TV」が2月、米会社「ジム・ヘンソン」(ロサンゼルス) を買収した。同社は世界140か国で放送されている子供向けの人形劇"セサミーストリート"の版権などを所有している。
- シカゴ・トリビューンが3月にロサンゼルス・タイムズを買収。タイムズは1881年に創刊。トリビューンとしてはインターネットに力を入れる予定。情報技術 (IT) 革命を視野に入れた生き残り競争が展開されている。
- 「読売新聞」(4月24日) によると、米国内の大手の新聞とテレビが、原稿や画像を提供し合う戦略的な提携を結ぶ動きが活発化している。例えばワシントン・ポストがNBCと報道内容の共有に踏み切った。ニューヨーク・タイムズもABCテレビと政治ニュースを共同で取材、それぞれのホームページで流す実験を始めた。さらにウォール・ストリート・ジャーナル紙もNBCに経済ニュース専門のホームページを開設した。
- 「読売新聞」(5月17日、夕刊) によると、米国の通信社のUPI通信が世界基督教統一神霊協会 (統一教会) 系メディア会社によって買収された。これに対して、ホワイト・ハウスで40年も取材していた同通信社のヘレン・トーマス記者(79)が同社を辞職した。
- 7月には大手新聞チェーンのハースト・グループがサンフランシスコ・クロニクルの買収を決めた。
- ニューヨーカーの名編集長ウィリアム・マックスウェル氏 (William Maxwell) が7月31日、ニューヨークで死亡。91歳。
- 「東京新聞」(8月21日) によると、東京に滞在しているアメリカのテレビ関係者が減っている。ABCは1人いた東京特派員を香港に移動させた。NBC東京支局も日本人が1人いるだけ。CBSも沖縄で開かれたサミットを報道しなかった。
- 10月30日、テレビ司会者でコメディアンのスティーブ・アレン氏が死去。1953年から続いた「トゥナイト・ショー」の初代司会者になった。
- 11月14日、ニュース司会者のロバート・トラウト氏がニューヨークで死亡。91歳。1938年にCBSラジオの人気ニュース番組の初代キャスターとなった。第2次大戦 (44年6月)、連合軍によるノルマンディー上陸作戦の第1報を伝えた。30年代にルーズベルト大統領が国民に直接、政策を語りかけたラジオ放送を「炉

辺談話」(fireside chat) と名付けたことでも知られている。
- 12月18日、ランドルフ・アパーンソン・ハースト氏が死亡。85歳。アメリカの新聞王ウィリアム・ランドルフ・ハーストの息子。1974年銀行強盗に加わったパトリシア・ハーストの父親。60年代から70年代にかけて新聞グループ・ハースト社の会長を務めた。その後は「ウィリアム・ランドルフ・ハースト」財団の理事長になった。

【2001年】

- 4月、ABC（米国新聞・雑誌部数公査機構）の調べによると、上位15紙中、10紙が前年同期に比べ部数を増やしているが、このうち8紙は伸び率が1%にも満たなかった。調査対象紙（773紙）全体の部数は0.9%減少した。第1位はウォール・ストリート・ジャーナル。第2位はUSAトゥデーである。
- 6月、米連邦最高裁は、新聞・雑誌・フリーランサーが寄稿した記事を電子メディア上で再使用する場合、作者の承諾を改めて得なければならないとの判決を下した。
- 7月17日、ワシントン・ポスト元社主のキャサリン・グラハム (Katharine Graham) 氏（同社グループ最高経営会議議長）が死去した。84歳だった。グラハム氏はアイダホ州サンバレーの会議に出席し、転倒して頭を打ち、意識不明の重体が続いた。

　63年、夫で社主だったフィリップ・グラハム氏がうつ病で自殺、彼女は46歳で新聞経営を引き継いだ。とくに70年代、ベトナム戦争をめぐる米国防総省機密文書を掲載し、ニューヨーク・タイムズと並んで一流の言論機関となった。

　91年、社主を息子のドナルド氏に受け渡した。97年発売した『キャサリン・グラハム　わが人生』は波乱万丈の人生の中で、ジャーナリズム史を綴ったベストセラーになり、98年のピュリツァー賞を受賞した。

　さらにウォーターゲート事件では他紙が追随せず、ポストは孤独の戦いを強いられた。最終的にニクソン大統領を辞任に追い込んだ。
- 7月、米ウォルト・ディズニーは子供向けケーブル・テレビ (CATV) 大手、フォックス・ファミリー・ワールドワイドを買収すると発表した。
- 9月3日に女性映画評論家ポーリン・ケール氏が死去。82歳。1953年から映画批評を始め、67年からニュー・ヨーカーに連載。著書として『今夜も映画で眠れない』(92年) など。
- 9月11日、ニューヨークの世界貿易センタービル南北2棟で、ハイジャックさ

れた航空機による同時多発テロが発生。ワシントン郊外の国防総省なども襲われた。死者は約3,000人。事件は、国際テロ組織アル・カーイダの最高指導者ウサマ・ビンラーディン（サウジアラビア出身）を中心としたものとみられる。潜伏場所はパキスタンとアフガニスタンの国境地帯と考えられている。116紙が号外を発行した。

- 10月13日の「朝日新聞」（第3社会）は、「メディア・テロ」の問題を扱っている。その中で「ナショナリズムをかきたてるような今の報道が、報復ムードを作った」とか「読者の求めるニュースを報じていくのが大事だと思う。現在の報道は読者感情に合うものだ」などの意見が聞かれた。
- 同時テロから数週間で、テレビの看板キャスターに炭疽菌入りの脅迫状が送られた。NBCテレビのトム・ブロコー氏、ABCテレビのピーター・ジェニングス氏とともにCBS名物キャスターのダン・ラザー氏へ脅迫状が送られた。ラザー氏は「CBSはしり込みせず、毅然として心理戦争に屈しない」と語った。
- 10月7日、政治風刺漫画家のハーバート・ブロック氏が死亡。91歳。ハーブロックの筆名でワシントン・ポストなど舞台に55年間にわたって政治風刺漫画を発表。ウォーターゲート事件などで3回のピュリツァー賞を受賞。赤狩り時代に「マッカーシズム」という言葉を生んだのも同氏の漫画であった。

【2002年】

- 『'02版 E&P国際年鑑』によると、2002年2月1日現在で、日刊紙は1,468紙あり、前年の1,480紙から12紙減少した。この減少は、休廃刊によるものではなく、合併や発行形態の転換によるもの。

  一方、朝刊紙と夕刊紙の数は、1974年に1,449紙とピークを迎えた夕刊紙は2000年には紙数が朝夕刊紙で逆転してしまった。
- 「9.11」事件後、アメリカでは第一主義的な報道がメディア全体を覆い、異論を許さない異常な状況が続いた。そうした中で、ワシントンの団体「ジャーナリズム卓越のためのプロジェクト」は「正常への復帰？：メディアはテロ戦争をどのように報じたか」と興味深い報告書を発表した。新聞、ニュース週刊誌、TV、CATVニュース局など全部で2,496件のニュース番組（2001年9月13日～15日、11月13日～15日、12月10日～12日）の大半が愛国主義に傾斜した。とくにバランスや公平さを欠いた報道をしていた。
- 1月13日付け「朝日新聞」によると、「世論調査会社が調べると、〈54％が対テロ戦争に核兵器は有効〉と答えている」。

■2月15日、元CBS、ABC放送のニュース・キャスター、ハワード・スミス氏が死去。87歳。60年のケネディ、ニクソン両候補による歴史的なテレビ討論会を司会。
■3月7日、雑誌記者、作家のシェリー・マイダンス氏が死去。86歳。戦後はタイム誌東京支局長となった夫とともに日本に滞在。同誌に寄稿。さらに夫との共著に『マッカーサーの日本、カール・マイダンス写真集』などがある。
■4月8日、第86回ピュリツァー賞が発表され、ニューヨーク・タイムズがアメリカ同時多発テロ関連の報道を中心に史上最多の7部門で受賞した。とくにニュース写真部門では、2機目の航空機が世界貿易センタービルに突入する場面などの写真20枚を一括評価された同紙が受賞。さらにテロ後の社会の動きを連日報じた紙面で公共サービス報道部門。またアフガニスタンの様子を報じた記事が国際報道部門の賞を受けた。
■4月15日、連邦最高裁のバイロン・ホワイト判事が死亡。84歳。アメリカン・フットボールの選手から弁護士になった。62年ケネディ大統領から連邦最高裁判事に指名され、93年に引退するまで31年間務めた。保守派判事として知られた。73年妊娠中絶を認めた判決では反対意見を表明した。
■5月10日、社会学者のデービッド・リースマン氏が死去。92歳。代表的な社会学者で批評家。代表的な著作は『孤独な群集』(50年)。国民の性格が時代とともに変わり、伝統志向型から内部志向型、他人志向型に変化していると指摘。豊かな社会とそこで生活する人間の問題を分析した。

　ハーバード大学で法律を学び、49年シカゴ大学教授、58年ハーバード大学教授になった。
■5月10日、作家のウォルター・ロード氏が死去。84歳。真珠湾攻撃やミッドウェー海戦などのノンフィクション分野で活躍。55年に出版された『タイタニック号の最後』では、生存者約60人にインタビュー。船がどのように沈んだかを記述。98年の映画「タイタニック」製作でも助言者になった。
■ウォール・ストリート・ジャーナルのダニエル・パール記者(38)が今年はじめパキスタンでイスラム過激派に誘拐・殺害された。その処刑の模様を録画したビデオが6月インターネットに流出した。
■7月2日、UPI通信社長のロデリック・ピートン氏が死去。79歳。第2次世界大戦中に米海軍の記者として太平洋海域に派遣された。72～82年に社長を務めた。
■ウォール・ストリート・ジャーナルのダニエル・パール誘拐殺害事件で、パキスタンの反テロ特別法廷は、主犯格とされるイスラム過激派活動家シェイク・オマル被告に7月15日、死刑判決を言い渡した。
■8月17日、カリフォルニア州サンタローザ市で「スヌーピーの美術館」が開館

した。漫画「ピーナッツ」の作者チャールズ・M・シュルツ氏が2000年2月に死亡。同氏の生涯と作品を紹介する「チャールズ・M・シュルツ・ミュージアム」が同館内に完成した。

- 8月16日、AP通信のヒュー・ライトル氏が死亡。100歳。AP通信ホノルル支局の通信員だったころ、1941年12月、旧日本軍による真珠湾攻撃を打電。アメリカの第2次世界大戦への参戦を最初に報じた記者の1人とされる。戦後は地元紙のホノルル・アドバタイザーの編集を担当した。
- 8月31日、ジャズ界の巨匠でビブラフォーン奏者のライオネル・ハンプトン氏が死去。94歳。ケンタッキー生まれで、はじめドラマーだったが、ルイ・アームストロングの勧めでビブラフォーンに転向。ベニー・グッドマン楽団などを経て、自分のバンドを結成。
- 「新聞協会報」(9月10日)によると、米新聞協会(NAA)が2001年の米新聞界の動向をまとめた *FAN* (*Facts About Newspapers*) 2002年を発行した。広告収入の総額は2000年に比べ9.0%減。景気の悪化と、1年前に起きた9.11の同時テロによる広告出稿の減少が要因とみられる。
- 10月1日、TVガイド誌創刊者のウォルター・アネンバーグ氏が死去。94歳。名門フィラデルフィア・エンクワイアラー紙などを経営していた父の後を継いだ。TVガイドなど17の雑誌を創刊、出版帝国を築いた。米国39番目の富豪であった。
- 12月19日、AP通信編集局長会の元会長のマイケル・オブデン氏が死去。91歳。プロビデンス・ジャーナル紙の記者として勤務。論説委員などを務めた。59年にAP通信加盟社の編集局長会、67年には全米新聞編集者協会のそれぞれの会長を務めた。

【2003年】

- 米新聞協会編 *FAN* 2003年によると、2月1日現在で、日刊新聞は1,457紙。朝刊紙は1紙増え、夕刊紙は12紙減り、前年の1,468紙から11紙減少したことになる。
- ニューヨーク・タイムズは2002年10月、ワシントン・ポストとの共同発行で知られるインターナショナル・ヘラルド・トリビューンのポストの所有株式を買い取り、同紙を単独所有することになった。この買収劇はタイムズの海外展開戦略の一環と見られるが、他方同紙を失ったポストは、すでに海外進出を果たしているウォール・ストリート・ジャーナルの海外版に03年4月から記事を提供す

ることで、タイムズに対して巻き返しを図った。
- 米新聞協会編 FAN 03 年によれば、販売収入は 92 年から連続して増加を示し、前年と同様の前年比 2.3% 増の 110 億 2,600 万ドルを記録した。こうした販売収入増加は前年同様、同時テロに関した報道や、イラク戦争に関する報道に関心が集まったことが要因の 1 つと考えられる。

　広告収入は、91 年以降増加を示してきたが、01 年には景気悪化と 9.11 同時テロのあおりをまともに受けて前年比 9.0% の大幅な減少を示した。
- 1 月 8 日、ジャーナリストのサラ・マクレンドン氏が死去。92 歳。ホワイト・ハウスを取材する女性記者の草分け的な存在。フランクリン・ルーズベルトから 12 人の大統領を取材。記者会見で歴代大統領に対して激しい口調で質問を浴びせることで知られている。
- 1 月 20 日、風刺漫画家のアルバート・ハーシュフェルド氏が死去。99 歳。約 70 年にわたってニューヨーク・タイムズの劇評欄を担当した。作品はメトロポリタン美術館などに収蔵されている。舞台芸術でトニー賞の特別賞を 1975 年に受賞。
- 4 月 7 日、第 87 回ピュリツァー賞が授与された。その中で聖職者による子供らへの性的虐待事件を暴いたボストン・グローブ紙が公共サービス部門に輝いた。事件報道部門では一連の米企業スキャンダルを追ったウォール・ストリート・ジャーナル紙が選ばれた。
- ニュースの信頼性を落とす事件が起きた。ニューヨーク・タイムズのジェイソン・ブレア記者 (27) が記事盗用・ねつ造問題を起こし、編集責任者である編集主幹と編集局長が辞任することになった。4 月、イラクで消息不明になった兵士の家族に関するブレア記者の記事が、地方紙からの盗用ではないかとの疑惑が発端した。同紙の調査では、ブレア記者は取材出張しておらず、また家族と面会の事実もないことが明らかになった。
- イラク戦争によって軍事技術は情報通信技術の急速なハイテク化を受けて、従軍記者たちに 1 つの問題が起きた。従軍した記者たちは軍提供の情報や映像を受け取るだけで、いわば前線から隔離状態におかれた。「クリーンな戦争」をうたい文句にした「軍主導の報道」にメディアは翻弄されたといってよい。
- 4 月 8 日、カタールのアラビア語衛星テレビ「アルジャジーラ」のバグダッド支局が米軍ミサイルによって被弾。このため記者が死亡した同テレビは「我われは現場で本当の姿を報道してきた」と訴えた。米国の名指しは避けたものの、強い抗議のメッセージを送った。
- 5 月 24 日、昨年ピュリツァー賞を受賞したニューヨーク・タイムズのリック・ブラック記者が、カキ漁師の生活について現地取材をほとんどせず、実習生に記事を書かせ、自分の署名記事にしていた。同社は実質的な停職処分にした。

- 6月9日、クリントン前大統領夫人のヒラリー・クリントン上院議員がファースト・レディーとして8年間を振り返った回想録『リビング・ヒストリー』が発売された。クリントン大統領が、元実習生モニカ・ルインスキーさんとの不倫を告白した時の夫婦の様子が描かれている。
- 6月12日、映画俳優のグレゴリー・ペック氏が死去。87歳。「ローマの休日」や「アラバマ物語」「ナバロンの要塞」などに出演した。ハリウッドを代表する二枚目俳優として、映画ファンを魅了した。とくに「ローマの休日」(1953年)では、オードリー・ヘプバーンが演じた王女と恋に落ちる新聞記者役を演じた。
- 7月、ニューヨーク・タイムズが異例の訂正記事を掲載。2ページの訂正欄とビジネス欄の約半分を使って訂正。独立系レコード会社の創業者兼社長が巨額の債務不履行に陥って失敗した、と報じた7月7日付けの記事について「根本的な誤解があった」と大幅に訂正した。
- 7月14日、若手記者のねつ造、盗作事件で揺れたニューヨーク・タイムズは、辞任したハウエル・レーンズ編集主幹の後任に、ビル・ケラー元編集局長（54）をあてることを明らかにした。
- 7月20日、イラク戦争の大がかりな「救出劇」でヒロインになったジェシカ・リンチ陸軍上等兵(20)が、ワシントンの陸軍病院を退院し、故郷のウェスト・バージニア州パレスタインに帰還した。上等兵は3月23日イラクの南部ナシリアで行方不明になり、4月1日特殊部隊の急襲作戦で病院から救出された。この事件は愛国心の象徴になったが、骨折は当初イラク軍との交戦によるものとされたが、後の調査では、攻撃を受けた際の軍用車の衝突事故であった。救出作戦も「誇張された演出があった」との疑問が指摘されている。
- 7月27日、ニクソン大統領を辞任に追い込んだウォーターゲート事件（1972年）の発端が明らかになった。ワシントンの民主党全国委員会本部への侵入を、大統領が直接、指示していたことが判明した。公共放送サービスが製作したドキュメンタリー番組で暴露したのはジェブ・スチュアート・マグルーダー氏。同氏はPBSとの会見で、元大統領が72年3月30日、ジョン・ミッチェル再選委員長に、民主党全国委員会本部への侵入を電話で直接、指示したと語っている。
- 8月、黒人公民権運動の指導者だったキング牧師がワシントンで「私には夢がある (I have a dream)」と大行進の参加者へ向かって演説（1963年8月28日）して40年。黒人はこの運動によって多くの権利を獲得したが、一方では「夢はまだ実現できていない」と訴える人びともいる。
- 8月26日の毎日新聞で『イラク戦争と米国メディア』を特集。「9.11テロ以降、米メディアの報道はナショナリズムの傾向が強まり、イラク戦争では報道とプロパガンダ（宣伝）の垣根があいまいになった」と指摘。さらに「ブッシュ政権は

PR 会社などと組んで"大量破壊兵器疑惑"に関するプロパガンダを成功させた」と論じている。
- ■ 9月3日、漫画家ウィリアム・スタイプ氏が死去。95歳。心優しい緑色の怪物シュレックをはじめ多くのキャラクターを送り出した。映画「シュレック」はアカデミー賞長編アニメ賞を受賞。
- ■ 11月22日はジョン・F・ケネディ大統領が暗殺されて40年。去る5月ベストセラーになった歴史家ロバート・ダレクの伝記『未完の人生〜ジョン・F・ケネディ』が出版され、「現代の学術水準で真相に迫る」など法医学者のシンポジウムが開かれる。
- ■ 12月10日、ウォール・ストリート・ジャーナル紙名誉編集者のロバート・バートリ氏が死去。66歳。72年論談委員長に就任。同紙の保守的な論議を確立した。80年ピュリツァー賞を受賞。ブッシュ大統領から民間人に対する最高勲章である大統領自由勲章を授与された。

【2004年】

- ■ 2月5日、メディア娯楽大手のタイム・ワーナーの本社がニューヨークのセントラルパーク近くに完成した。「タイム・ワーナー・センター」の名前で80階建ての超高層ツインタワーが建てられた。タイム・ワーナー本社や傘下のCNNテレビのスタジオや高級ホテル、レストラン、ブティックなどが入居している。
- ■ 2月19日、ニューヨーク・タイムズ社はラッセル・ルイス社長兼最高経営責任者(CEO)が年末までに退任するのに伴い、後任にジャネット・ロビンソン上級副社長(53)をあてる人事を発表した。大手企業の女性CEOは珍しいと言われている。ロビンソン氏は1983年に入社。女性雑誌、スポーツ雑誌の広告に携わったあとニューヨーク・タイムズ紙の社長兼統括マネージャーに昇任。2001年にはニューヨーク・タイムズ社の上級副社長に昇格した。
- ■ 2月27日、タイムの元香港、元北京支局長サンドラ・バートン氏がインドネシア・バリ島で死亡。62歳。1964年にタイム入社。女性特派員の草分け。83年、フィリピンのアキノ元上院議員の暗殺事件で現場に居合わせた。
- ■ 米国新聞協会(NAA)が2003年の新聞広告費を2月に発表した。通年の広告費は前年より1.9%増の449億ドルだった。とくにナショナル広告が8.1%と過去3年間で最大の伸びを示した。
- ■ 4月5日、ピュリツァー賞が発表され、14部門のうちロサンゼルス・タイムズがカリフォルニア州の山火事取材など5部門で受賞した。イラク戦争関係は2

部門にとどまった。
- 「東京新聞」（4月7日）は、バグダッド没落1年に当たり、マサチューセッツ工科大学のノーム・チョムスキー教授(75)にインタビュー。同教授は2001年9月11日の同時テロ以降、米国の対テロ政策を激しく批判してきた知識人である。「武力行使がテロの拡大を招いた」と述べている。
- 日本新聞協会の「新聞協会報」（4月13日）によると、米紙がイラクの宙吊り遺体の写真を掲載したと述べた。イラク中部のファルージャで起きた米国民間人への襲撃事件の犠牲者が宙吊りにされた生々しい現場写真を報道した。とくにテレビ局は映像が残酷すぎるとして、遺体にモザイクをかけて報じた。
- 5月、バグダッド郊外のアブグレーブ刑務所で、米兵がイラク人を虐待する問題が発生した。女性米兵がイラク人の裸の男性の首にヒモを巻きつけ、引っ張るなど多くの虐待が生じた。
- 5月22日、ブッシュ米政権を批判し、皮肉った米人監督マイケル・ムーア氏の「華氏911」がカンヌ映画祭で最高賞を受賞した。
- 5月30日付けニューヨーク・タイムズは、イラクの大量破壊兵器の開発疑惑をめぐる同紙の一連の報道に猛省を迫る、同紙オンブズマンのダニエル・オクレント氏の記事を掲載した。多数のイラク人亡命者から米当局にもたらされた大量破壊兵器の関連情報の多くが、ねつ造か不確かなものだったにもかかわらず、十分な裏付け取材をしないまま報道した同紙の姿勢を厳しく批判した。
- 6月10日、「我が心のジョージア」などポップス音楽界に影響を与えたレイ・チャールズ氏が死去。73歳。ジョージア州に生まれ、7歳ころから視力を失い、盲学校に入り、点字で作曲・編曲を学び、ピアノやサックスの腕を磨いた。ゴスペルとブルースのミックスした独自の音楽を作り上げた。
- 6月22日、クリントン前大統領の回顧録『マイ・ライフ』（アルフレッド・クノップ社）が出版された。クリントン氏はタイム誌とのインタビューで「読んだ人が解放されて怒りや恨みを忘れ、自分が犯した過ちを恐れずに打ち明けられるようになってもらいたい」と語っている。クリントン氏がホワイト・ハウス実習生との不倫問題など、核心にどこまで触れるかに関心が持たれていた。
- 6月9日、米連邦通信委員会(FCC)は、大手ラジオ局クリア・チャンネル・コミュニケーションがわいせつな放送を行っていた、と認め、175万ドルの罰金を納入。わいせつ放送への罰金は史上最高額。同社がわいせつと認めたのは、放送禁止用語を乱発したディスク・ジョッキーなどの番組である。
- 9月19日、写真家のエディ・アダムズ氏が死去。71歳。朝鮮戦争で米海兵隊所属カメラマンを務めた。AP通信に所属し、ベトナム戦争の際、南ベトナム国家警察長官が解放戦線将校を射殺した瞬間の写真（1968年）で、ピュリツァー賞を

補遺（2005 年）

- 9 月 22 日、ブッシュ米大統領の軍歴疑惑にからむ"偽文書"放映で、CBS テレビは「独立調査委員会」を設置した。CBS が、ブッシュ大統領のテキサス州兵時代の無断欠勤などを示す文書を放映。文書は同州在住の男性が提供したが、偽造の疑いが強まり、CBS は謝罪した。
- 10 月 16 日、ケネディ、ジョンソン両元大統領の報道官を務めたピエール・サリンジャー氏が南仏アビニョンで死去。79 歳。サンフランシスコ・クロニクル紙記者。61 年、ケネディ大統領の報道官に就任。77 年から 20 年間 ABC テレビでパリ支局長などとして活躍。ケネディ兄弟に関する著書多数。
- 11 月 15 日、ニューヨーク・タイムズ紙に 31 年間コラムを書き続けたウィリアム・サファイア氏 (74) が 2005 年 1 月 24 日のコラムを最後に引退することになった。政治コラムニストとして活躍。リベラル色の濃い同紙で、保守派の見解を示し、釣り合いをとっていた。
- 11 月 23 日、ブッシュ大統領に批判的だった CBS テレビの看板ニュース番組のダン・ラザー氏 (73) は近く降板すると発表した。とくに 9 月に報道したブッシュ大統領の軍歴疑惑にからみ、情報源の資料が偽物の可能性があると判明したことが背景にある。
- 12 月、イラク開戦に踏み切ったブッシュ政権に批判的だった元外交官の記事で、中央情報局 (CIA) 工作員の実名をメディアにリークした犯人を教えろと迫る検察当局に、ニューヨーク・タイムズのジュディス・ミラー記者は頑として黙秘を続けた。ジャーナリストとして当然の姿勢も、判事にとっては「法廷に対する侮辱」で、同記者に対して「禁固 18 か月」の厳罰を言い渡した。

【2005 年】

- 米国新聞協会 (NAA) の新聞産業統計によると、2004 年の米国日刊紙は 1,457 紙である。03 年より 1 紙増えただけで比較的平穏な 1 年のように思われるが、その内容を見ると、長期的傾向が非常にはっきりする。夕刊紙から朝刊紙への発行形態転換の流れである。朝刊紙は前年の 787 紙から 814 紙へ 27 紙増え、他方、夕刊紙は 680 紙から 653 紙へと 27 紙減っている。
- 発行部数や他の測定技術よりもきめ細かく新聞読者の実態を分析することが出来るというふれこみで、NAA は新聞読者測定指標 (Newspaper Audience Measurement Index) を使って、さまざまな読者属性を分析した。

　この読者層データによると、市場規模上位 50 紙で、成人の 77.3% が 1 週間に

新聞を読んだことになる（04年度は76.6%）。平日毎日新聞を読む成人の比率は52.3%（7,800万人）で、昨年同期は53.4%であった。

■1990年代米国のメディア界に吹き荒れたM&A（吸収や合併）の嵐は過去の話になった。ここ4年間、目立ったM&Aは影をひそめたが、それでも小規模の日刊紙や週刊新聞の分野ではかなり活発である。

04年の日刊紙のM&Aは、全体で36件。2件以上の州としてはアーカンソー、カリフォルニア、ケンタッキー、メリーランド、ミシガン、ミネソタ、ニューヨーク、ノース・カロライナ、オハイオ、オクラホマ、ウィスコンシンなどである。

■1月22日、ニクソン大統領の秘書であるローズ・ウッズ氏が死去。87歳。74年にニクソン大統領が辞任に追い込まれたウォーターゲート事件で、事件を裏付ける録音テープの核心部分が消去された「空白の18分半」の原因を作った人物として知られている。

■1月23日、CBSテレビの人気トークショー「トゥナイト・ショー」の司会者ジョニー・カーソン氏が死去。79歳。司会者を30年にわたって務めた。62年に同ショーの顔になった。冗談を交えて世相や政治を語り、視聴者の絶大な支援を受けた。ニクソン大統領のウォーターゲート事件による辞任など世論に大きな影響を及ぼした。

■2月4日、ニクソン元米大統領を辞任に追い込んだウォーターゲート事件（1974年）の報道で活躍したワシントン・ポストのボブ・ウッドワード記者とカール・バーンスタイン記者の取材ノートや原稿、下書きが、ラサス大学で初公開された。さらに同大は両氏を招き、シンポジウムを開いた。

■2月10日、劇作家アーサー・ミラー氏が死去。89歳。ニューヨークでユダヤ系の家族に生まれ、44年に「幸運な男で」でブロードウェー・デビューした。子どもに過大な期待を抱いて自滅する男の悲劇を描いた『セールスマンの死』で49年にピュリツァー賞を受賞。

■2月17日、駐ソ大使などを歴任したジョージ・ケナン氏が死去。ケナン氏はプリンストン大学を卒業。外交官となりモスクワに赴任。1947年に「フォーリン・アフェアーズ」に筆名「X」として発表した「ソビエト行動の源泉」で注目された。この論文に盛り込まれた「封じ込め政策」が冷戦時代における米外交の基軸になった。

■2月24日、米連邦地方裁判所はニューヨーク・タイムズに対して、憲法修正第1条に基づき情報源を秘密にする権利があると判断、同紙の訴えを認めた。米政府がニューヨーク・タイムズ記者と情報源との通信記録の提出を要請していたことをめぐり、同紙が提出請求の差し止めを求めていた訴訟に関してであった。

■2月27日、元タイム発行人のヘンリー・グランワルド氏が死去。82歳。オース

トリア出身で、第2次大戦中に米国へ渡り、タイム誌の国際ニュース編集者、編集長を経て第3代の発行人となった。87年に発行人を引退。レーガン政権下でオーストリア大使を務めた。
- ABCの深夜ニュース番組「ナイトライン」のアンカーを25年務めたテッド・コッペル氏(61)が今年12月で、契約満了で降板することが4月上旬明らかになった。NBCのトム・ブロコー氏、CBSのダン・ラザー氏とともにニュース番組を背負った名物アンカーが昨年以降、相次いで去って行くことになった。
- 第89回ピュリツァー賞が4月4日発表された。とくに調査報道部門では、オレゴン州ポートランドの週刊誌ウィラメット・ウィークのナイジュル・ジェイクス記者(42)が受賞した。オレゴン州の元知事が約30年前に14歳のベビー・シッターの少女と性的関係を結んでいたというスクープ「30年の秘密」を報道した。
- ABCニュースは4月5日、20年間アンカーを務めていたピーター・ジェニングス氏(66)が肺がんに侵されていることを明らかにした。
- 4月5日、ノーベル賞作家ソール・ベロー氏が死去。89歳。カナダのモントリオールでユダヤ系移民として生まれ、9歳で米国へ。ノースウェスタン大を卒業し、シカゴ大学で教授を務めた。76年『フンボルトの贈り物』でピュリツァー賞。同年、ノーベル文学賞を贈られた。受賞の理由は「人間についての英知と、現代文化に対する鋭敏な分析」が評価された。
- 「毎日新聞」(2005年5月18日)によると、ニューズウィーク誌が、グァンタナモ米軍基地で取調官がイスラム教聖典コーランを便所に流したとする記事を報じ、イスラム社会では反米デモが拡大している。これに対して、米政府は各国の在外公館を動員し、記事取り消しの周知徹底を目指すとともに、「宗教に寛容な米国」をアピールする広報外交を強化した。
- イラクのフセイン元大統領の下着姿の写真が英、米紙などに掲載された問題で、フセイン氏の弁護団は5月21日、掲載紙を提訴する方針を決めた。

    弁護団長のヨルダン人、ハサウネ氏は「重大な人権侵害であり、ジュネーブ条約に違反する。掲載した英サン紙、米ニューヨーク・ポスト紙に対して、それぞれ英米の裁判所で訴訟を起こす手続きを始める」と説明した。
- 米国史上初めて現職のニクソン大統領が任期途中で辞任に追い込まれたウォーターゲート事件の内部告発者「ディープ・スロート」(Deep Throat)が誰であるかが5月31日判明した。

    この事件を暴いた米紙ワシントン・ポストの2人の記者へ情報提供していた「ディープ・スロート」は30年以上にわたって秘匿にされたままだった。ボブ・ウッドワード、カール・バーンスタイン記者へ情報を提供していたのは連邦捜査局(FBI)のマーク・フェルト元副長官(91)であった。

ウォーターゲート事件は1972年6月ワシントン市内の同名のビル内の民主党本部に、共和党のニクソン陣営関係者が侵入、盗聴器を仕掛けようとして逮捕された。最初、ホワイト・ハウスは関与を否定したが、同記者の調査報道によって、真の犯人がニクソン大統領であったことを追及した。その取材の中で、ノドの奥で声を発するという意味でつけられた内部告発者として活躍したのがマーク・フェルト元副長官であった。

「本人が亡くなるまでは明かさない」という約束で30年以上も秘密が守られたが、フェルト氏の発言を総合月刊誌バニティ・フェアが公表したのが5月31日。これに続きAP、ロイター通信が緊急電を伝えた。さらにCNNテレビも緊急特番を組んだ。

なぜマーク・フェルト元副長官が当時のニクソンに抵抗したのか。元副長官は当時のフーバーFBI長官を尊敬しており、政治圧力を加えるニクソン政権を「腐っている」と批判。一方で、フーバー長官の死後、後任になれなかったという人事の不満もあったらしい。

副長官とウッドワード記者は深夜の密会を重ねた。①ウッドワード記者が会いたいときは、自宅ベランダの赤い旗を立てた花瓶の位置を変える。②フェルト氏から連絡がある場合は、同記者に配達されるニューヨーク・タイムズ紙の中面のページに面会時間を示す時計の針を書き込むなどの手法を取った。

この事件後、ウッドワード記者が書いていた『ザ・シークレット・マン』(秘密の男) が全米で発売された。同書はフェルト氏が亡くなったあと出版する予定でいたが、同氏がバニティ・フェアの取材によってディープ・スロートだったことを認めたため、ウッドワード氏も追記して出版が早まった。

なお、フェルト氏は2008年12月18日、カリフォルニア州サンタ・ローサ市の自宅で死去した。95歳。同氏はうっ血性心不全を患っていた。

■ワシントンの連邦地裁は7月6日、ニューヨーク・タイムズ紙の女性記者ジュディス・ミラー氏(57)を法廷侮辱罪で収監する命令を下した。同記者は即座にワシントン郊外の刑務所に4か月の収監生活に入った。米中央情報局(CIA)工作員情報漏えい疑惑で、「取材源の秘匿」を理由に証言を拒んだもの。

これはジャーナリストの「取材源の秘匿」原則と捜査権限の関係を巡って争われ、報道の自由のあり方について大きな論議につながった。ミラー記者は「ジャーナリストが守秘で信頼されなければ、自由な報道も失われる。収監は望まないが、情報源を守るしかない」と、あらためて証言を拒否した。

漏えい事件そのものは03年7月14日、保守系コラムニストのロバート・ノバク氏が、ジョゼフ・ウィルソン元駐ガボン米大使の妻バレリー・プレイムさんがCIA工作員だったとコラムで明らかにした。ウィルソン元大使がブッシュ政

権を批判していたために、ホワイト・ハウス高官がノバク氏にリークしたのではないかという疑惑が持たれた。

その後、タイム誌のマシュー・クーパー記者は大陪審での証言に応じた。そこでホワイト・ハウス高官の情報源はカール・ローブ政治顧問兼次席補佐官であると証言した。

- ベトナム戦争の駐留米軍司令官、元米陸軍参謀総長ウィリアム・ウェストモーランド氏が7月18日死去。91歳。64年から68年までベトナム戦争での駐留米軍司令官として大量の地上軍投入を指揮した。

  同氏が敵勢力を過小報告したとするCBSテレビのドキュメンタリーをめぐり、同局を訴えていたが、最終的には和解した。

- ブッシュ大統領は7月19日、記者会見し、引退を表明した連邦最高裁のサンドラ・オコーナー判事の後任として、ワシントン連邦高裁判事のジョン・ロバーツ氏 (50) を指名すると発表した。

- ロシア外務省は8月2日、チェチェン共和国の独立派イスラム武装勢力指導者との会見を放映した米ABCテレビに対し、ロシアで取材活動をするための報道機関登録を更新しない、と発表した。報道内容を理由に外国報道機関そのものを事実上追放する措置は91年のソ連崩壊後では初めてである。

- ABCテレビのキャスターであるピーター・ジェニング氏が肺がんのためニューヨークの自宅で死去。67歳。カナダ,トロント生まれ。64年ABCに入局。83年から同社の看板ニュース番組「ワールド・ニュース・トゥナイト」のキャスターを20年以上にわたって務めた。CBSのダン・ラザー氏、NBCのトム・ブロコー氏とともに「三大キャスター」と称された。

- CIA工作員の身元漏えい事件で、ニューヨーク・タイムズ紙のジュディス・ミラー記者は10月30日、法廷侮辱罪で85日間収監されたが、連邦大陪審によって釈放された。

- 公民権運動家ローザ・パークス氏が10月24日老衰のため死去。92歳。人権差別撤廃運動に尽力し「米公民権運動の母」と呼ばれた。アラバマ州生まれ。1955年12月、モンゴメリーの市バス内で白人男性が席を譲るよう求めたのを拒否し逮捕、収監された。

  これをきっかけにキング牧師を中心とした擁護行動に発展。翌56年、米連邦最高裁が差別は憲法違反とする判断を下した。96年には政府が市民に与える最も名誉ある勲章「大統領自由勲章」を受賞した。

- 連邦大陪審は、CIA工作員の身元情報漏えい事件で、10月28日、ブッシュ政権の安全保障政策に大きな影響力を持つルイス・リビー副大統領主席補佐官を偽証や捜査妨害の罪で起訴した。

- ■「読売新聞」(10月8日) は、アメリカの新聞発行部数とオンライン報道の台頭について現状を報告している。新聞部数が前年比で激減。部数4位のロサンゼルス・タイムズが97万部から90万8,000部へ6.5%の減少。5位のワシントン・ポストが2.7%減。8位のシカゴ・トリビューンも6.6%減だった。

  アメリカの新聞は過去20年間、年平均0.7%のペースで部数を減らしてきた。これに対して、新聞がネットを取り込む所まで進んでいるように見える。ニューヨーク・タイムズの場合、紙の113万部に対し、ウェブサイトの読者は10倍近い1,000万人。

- ■「経営学の発明者」と言われるピーター・ドラッカー氏が11月11日に死去。95歳。1909年にオーストリアのウィーンに生まれる。父は外国貿易省長官という裕福な家庭。経済学者のシュンペーターを始め知的な環境で育った。貿易会社、証券ジャーナリストを経て、夕刊紙編集者などをしながら31年フランクフルト大学で博士号を取得。33年、ヒトラー政権下のドイツを逃れ渡英。37年渡米。コンサルタントのかたわら新聞などに精力的に執筆。ニューヨーク大、クレアモント大教授などを歴任。02年、米大統領から外国人に贈られる最高の勲章「自由のメダル」を授与された。

- ■ CIA工作員身元漏洩事件で、ワシントン・ポスト紙は11月16日の紙面で、同紙のボブ・ウッドワード編集局次長もブッシュ記者高官から工作員の身元について情報を得ていたと明らかにした。同記者は14日にフィッツジェラルド特別検察官に対し、高官の名を証言したとみられるが、内容は明らかにされていない。

【2006年】

2006年はアメリカの新聞社に変動が起きた年であろう。

第1は部数の減少にある。米ABCが06年5月8日に公表したデータによると、アメリカの日刊紙の部数は3月末に終わる05年度下半期は前年同期の4,658万9,261部から4,541万9261部へと117万4,282部 (2.5%) 減少した。とくにサンフランシスコ・クロニクルが15.6%、ボストン・グローブが8.5%も減らしている。

他方、米ABCによれば、オンライン新聞読者の増加は続き、同時期読者は500万部以上も増えて5,600万人になった。活字版からオンライン版への読者の移動がみられた。

第2は人員削減である。たとえば05年に入ってニューヨーク・タイムズは編集局が60人、ロサンゼルス・タイムズが85人、新聞チェーンのナイト・リッ

ダー傘下のサンノゼ・マーキュリー・ニューズが16%、フィラデルフィア・インクワイアラーが15%の人員を削減した。ボルチモア・サンも05年10月にロンドンと北京の海外支局を閉鎖した。

第3は新聞社の収入に対する圧力の増加と株価の下落である。業界第1位のチェーンのガネットに次ぐ第2位のチェーンのナイト・リッダーが身売りにされた。ナイト・リッダーは、旗艦紙としてマイアミ・ヘラルドやフィラデルフィア・インクワイアラーを抱える新聞チェーンである。

- フェミニズム運動のベティ・フリーダン氏が2月4日にうっ血性心不全で死去。85歳。イリノイ州生まれ。労働問題などの記者をしていたが、2度目の出産休暇で解雇された。スミス・カレッジの同期生たちの15年後を取材したことから、63年の『新しい女性の創造』につながった。戦後フェミニズム運動に火をつけ、全米女性機構(NOW)初代会長として活躍した。
- 米新聞業界2位のナイト・リッダーは3月12日、8位のマクラッチー社に約45億ドルで身売りすることで合意した。米新聞業界では過去最大規模の売却となる。

  ナイト・リッダーは株価低迷にいらだつ大株主から身売りを迫られていた。ナイト・リッダーはマイアミ・ヘラルド、フィラデルフィア・インクワイアラー、サンノゼ・マーキュリーなど日刊紙32誌を保有している。
- ニューヨーク・タイムズ元編集長でコラムニストのエイブラハム・ローゼンタール氏が5月10日に脳卒中で死去。84歳。インドやポーランドで特派員として活躍、ピュリツァー賞を受賞した。61–63年に東京特派員。帰国後はベトナム戦争に関する米国防総省秘密文書報道を指揮。77-86年編集局長を務めた。

  とくに国防総省のベトナム戦争機密報告書をめぐるニューヨーク・タイムズ紙のスクープで、編集局長として陣頭指揮に立ったが、常に「重大事が起きている時に、沈黙はウソをつくのと同じだ」という姿勢は変わらなかった。
- 「新聞協会報」(5月23日)によると、米ABCが発行部数を公表した。2005年10月から6か月の米紙の発行部数は①USAトゥデー2,272,815部 ②ウォール・ストリート・ジャーナル2,049,786部 ③ニューヨーク・タイムズ1,142,464部 ④ロサンゼルス・タイムズ851,832部 ⑤ワシントン・ポスト724,242部など。1~3位はほぼ前年並み。4~5位は3~5%前年より減少している。
- 写真家のアーノルド・ニューマン氏が6月6日心臓発作で死去。肖像写真の第一人者。ライフ誌などに作品を発表。画家ピカソや女優マリリン・モンローをはじめ芸術家や俳優、政治家たちを撮影。
- CIA工作員情報漏洩事件でブッシュ大統領の選挙参謀として知られるカール・ローブ大統領次席補佐官の弁護士は6月13日、特別検察官がローブ氏を起訴しない意向を伝えてきたことを明らかにした。

- 編集者のバーバラ・エプスタイン氏が肺がんで死去。76歳。出版界に大きな影響を持つ文芸評論誌『ニューヨーク・レビュー・オブ・ブックス』の創刊者で共同編集人。大手出版社に勤務時代には、アンネ・フランクがつづった『アンネの日記』の米国での出版にかかわった。
- CBSテレビは6月20日、看板キャスターだったダン・ラザー氏(74)が退社すると発表した。ラザー氏は2005年3月、ブッシュ大統領の軍歴疑惑をめぐる事実上の誤報をきっかけに、夜の「イブニング・ニュース」のキャスターを降板。その後は報道番組「60ミニッツ」に月1回程度、登場していた。
- シカゴ・トリビューンは7月13日、現在いる社員約3,000人のうち120人を削減することを明らかにした。上半期決算が予想以上の不振だったことが主な理由。一方、インターネットや無料紙など、成長が見込まれる分野に投資を惜しまない方針である。
- 報道写真家のジョー・ローゼンソール氏が8月20日に死去。94歳。AP通信カメラマンとして第2次世界大戦に従事。45年2月28日に米軍が硫黄島で日本軍を激戦で制した後、米兵6人が山頂に星条旗を立てる瞬間を撮影し、ピュリツァー賞を贈られた。
- 「日本経済新聞」(8月22日)によると、ラジオ事業の売却の動きが広がっていると報道。CBSコーポレーションは8月21日、ラジオ局を同業のエンターコム・コミュニケーションズに2億6,200万ドルで売却すると発表した。提携音楽プレーヤーや音楽のネット配信の普及がラジオ苦戦の背景との見方が多い。
- 「東京ローズ」の愛称で呼ばれた日系アメリカ人のアイバ・トグリ・ダキノ氏が9月26日に死去した。90歳。太平洋戦争中、日本政府が流した対米宣伝放送でアナウンサーを務め、米兵たちから「東京ローズ」と呼ばれた。

  日米開戦前に、叔母の病気見舞いで来日したが、帰米できなくなり、ラジオ番組に出演した。

  戦後、戦犯容疑で巣鴨プリズンに一時収監され米国へ戻り、1949年国家反逆罪で禁固刑を受け6年間服役。77年、フォード大統領の恩赦で市民権を回復した。

  正式名はアイバ・郁子・戸栗・ダキノ氏で、日本にいるときに日米戦が始まり帰国できず、NHK海外放送「ラジオ・トウキョウ」の「ゼロ・アワー」に起用され、米兵捕虜らとともにラジオ番組を担当した。ジャズやポップスとおしゃべり、宣伝を織り交ぜた番組は、聴くものに厭戦気分や望郷の念を抱かせることが目的だった。連合国軍兵士は女性アナウンサーを「東京ローズ」と呼び親しんだ。45年にポルトガル人と結婚。晩年はシカゴで暮らしていた。
- ニューヨーク・タイムズ紙元ワシントン支局長のR・W・アップル氏が10月4

日に胸部のガンによる合併症のため死去。71歳。ベトナム戦争、湾岸戦争などを取材、サイゴン（現ホーチミン）、ロンドン、モスクワ支局長などを歴任。政治や外交に関する署名記事を一面に長年執筆し続けた。
■ 大手シカゴ・トリビューンは10月5日傘下のロサンゼルス・タイムズの責任者であるジェフリー・ジョンソン氏を解任したと発表した。彼はトリビューンの進める記者削減案に強く反発しており、親会社との間で対立が高まったのが原因とみられている。
■ テレビ記者のエド・ブラドーリー氏が11月9日白血病で死去。65歳。フィラデルフィア出身。CBSテレビに入社。81年CBSの看板報道番組「60ミニッツ」で記者兼キャスターを務めた。オクラホマの米連邦ビル大爆破のティモー・マロベイ死刑囚との唯一の獄中インタビューが有名。
■ 11月10日の「読売新聞」によると、シカゴのトリビューン社が、人員削減などで対立している傘下のロサンゼルス・タイムズ紙の発行人に続き、編集委任者である編集主幹を更迭することが決まった。

　トリビューン社は2000年に発行部数全米4位のロサンゼルス・タイムズ紙を買収した。しかし、部数が大幅に減り、同紙の幹部が「紙面の質低下を招く」と反発。会社側が10月に同紙の発行人を更迭、10月7日にはディーン・バケット編集主幹を辞職させることも表面化している。
■ 世界的なベストセラー『選択の自由』で徹底した市場主義を唱え、「小さな政府」の理論的支柱となったノーベル賞受賞者の経済学者ミルトン・フリードマン氏が11月16日、心不全のため死去。94歳。

　1946〜76年にシカゴ大学教授を務めた。市場原理に信頼を置き、財政政策より通貨供給などの金融政策を重視するマネタリスト（シカゴ学派）の重鎮であった。
■ ニューヨーク・タイムズ紙元編集長のジェラルド・ボイド氏が11月23日、肺がんのため死去。56歳。1983年にタイムズ紙に移り、01年にアフリカ系米国人としてはじめて編集長に就任。9.11同時テロ事件の報道・編集の指揮にあたった。

　しかし目をかけていた若手のジェイソン・ブレア記者による記事でっちあげ事件が03年に発覚。ハウエル・レーンズ編集主幹とともに引責の形で辞任した。ブレア記者は03年にイラク戦争で話題になった元女性米兵ジェシカ・リンチ氏の実家で取材したかのような記事を書き、でっち上げ、盗作事件を起こした。
■ 全米発行部数2位の経済紙ウォール・ストリート・ジャーナルは12月4日、2007年1月2日から実施する紙面改革を発表した。

　①前日に何が起きたかよりも「そのニュースは何を意味するのか」に重点を置いた報道、②ネット版との住み分け、③紙面のスリム化、の3つを柱としている。

特に第1点は解説や分析、今後の見通しなどに力を入れる。一方、ネット版では「いま起きていること」をいち早く報じる。さらに紙面の幅を現在の5分の4にし、手に取って読みやすいものにする。紙代やインクなどの印刷経費が年1,800万ドル削減できるという。

- CBS社長だったフランク・スタントン氏が12月24日死去。98歳。1946年から71年までCBS社長を務め、ラジオ中心だった同社をテレビネットワークに育て上げた。また60年に大統領選挙史上初のテレビ討論を開催し、ケネディ、ニクソン両候補の直接対決を実現させた。63年のケネディ大統領暗殺事件の際は、4日間コマーシャルなしの放映だった。

【2007年】

- 2007年、米新聞界を取り巻く状況は、デジタル・ジャーナリズムへのシフトである。

  まず発行部数（06年10月30日）は、業界誌E&Pによると平日版770紙が前年同期と比べて2.8%減少した。米国新聞協会（NAA）の分析によると、今期の部数減少は近年では最大の規模であり、部数上位20紙のうち、部数を伸ばしたのはニューヨーク・ポストとデイリー・ニューズの2紙だけだった。

  他方であわせて発表された新聞社のウェブサイトの利用数（ニールセン・ネット・レイティング）は8%増加し、利用時間も10%程度伸びている。

- コロンビア大学ジャーナリズム大学院を母体にしてビュー慈善財団の資金提供を受けた報告書「2007年ニュース・メディアの現状」は「変化のペースは加速した。昨年(2006)、ジャーナリズムを改変する傾向は早まるだけでなく、転換点に近づいたように思われる」と記している。

  報告書では、新聞にかかわる問題を4点紹介している。(1) "縮み思考"になっているこの新しい時代の意味を改めて問い直すことが重要。(2) 新しい経済モデルの開発にもっと積極的に動くべきである。(3) ニュース・ビジネスを衰退産業と捉えるか、移行期にある新興産業と見るか、が重要な問題。(4) ジャーナリストはようやくウェブについて真剣に考え始めたが、オンライン・ジャーナリズムをどのように展開すべきかの明確なモデルがまだない。

- 1月6日の朝日新聞によると、ニューヨーク・タイムズは1月4日、地方テレビ局9局を持つ放送事業を5億7,500万ドルで投資会社に売却すると発表した。本業の新聞や急成長するインターネット関連のデジタル事業に経営を集中するのが狙いだとしている。

- コラムニストで作家のアート・バックウォルド氏が1月17日に死去。81歳。ワシントン・ポスト紙を中心にユーモアのある政治風刺コラムを書き続けて「ワシントンの機知」と呼ばれ、ピュリツァー賞を受けた。刊行された著書は30冊を超えた。
- 歴史家で、ケネディ大統領の特別補佐官を務めたアーサー・シュレジンガー氏が2月28日、ニューヨークのレストランで心臓発作を起こし、搬送された病院で死去した。89歳。リベラル派の大御所として、精力的な執筆活動を続けていた。

  オハイオ州生まれ、ハーバード大教授を経て、61年、ケネディ大統領の特別補佐官に就任。63年の大統領暗殺後、学界に復帰し、ニューヨーク市立大教授などを務めた。『ケネディの1,000日』でピュリツァー賞を受賞した。
- 米中央情報局(CIA)工作員の身元を、複数の米政府高官に暴露して失職したバレリー・プレイム・ウィルソン氏(43)が3月16日、米下院政府改革委員会の公聴会で証言した。その中で、暴露の狙いについて「純粋に政治的動機だった」と述べ、ブッシュ政権からの非難を批判した。

  ウィルソン氏は2003年のイラク戦争開戦を批判したガボン大使の妻。証言によって、身元漏えいの背景が「政権によるイラク政策批判の封じ込め」との見方が一般的。公聴会では、ウィルソン氏は「ホワイト・ハウスと国務省は軽率かつ無責任に私の名前と身元を悪用した」と情報工作の不当性を訴えた。
- タイムは3月26日、報道写真雑誌ライフを4月20日号を最後に廃刊すると発表した。ライフは1936年に週刊誌として創刊されたが、72年に週刊誌としていったん休刊。78年に月刊で復活したが、売れ行きが落ち込んだ。2000年に事実上廃刊。04年以降は新聞に無料で折り込まれる週刊誌になっていた。
- 「新聞協会報」(3月27日)は、米国新聞協会(NAA)の広告費について発表した。2006年の新聞とオンラインを合計した米新聞広告費は493億ドルで、前年比0.3%減となった。紙媒体の減少を、オンライン収入の伸びで補えなかった。
- シカゴ・トリビューンが4月2日、シカゴの有力投資家サム・ゼル氏により買収。買収額は約45億ドルの債務引き受けを含めて総額約129億ドル。

  トリビューンは1847年創業の名門で、全米の日刊紙11紙や23の放送局を持っている。新聞の広告収入や発行部数が減少し、昨秋から身売りを検討していた。人員も削減。ゼル氏は会社が所有する大リーグ球団シカゴ・カブスは買い取らず、2007年のシーズン終了後に第三者に売却する。ゼル氏は主に不動産への投資で成功した富豪である。
- 「毎日新聞」(4月11日)の報道によると、ニクソン米大統領を退陣に追い込んだウォーターゲート事件(72年)をめぐる報道でピュリツァー賞を受賞したワシントン・ポスト紙記者の取材メモなどが、テキサス大学のウェブサイトで公開され

ている。同大が 500 万ドルで 03 年に記者から購入したもの。ボブ・ウッドワード、カール・バーンスタイン記者の取材メモなどが含まれている。
- 米国内の優れた報道を顕彰するピュリツァー賞が 4 月 16 日に発表された。最高の賞とされる公共サービス部門は、ダウ・ジョーンズ社発行のウォール・ストリート・ジャーナルが手掛けた企業でのストック・オプション（株式購入権）の不正に関する一連の資本主義台頭についての報道である。
- 米メディア大手のニューズ・コーポレーションがウォール・ストリート・ジャーナルなどを発行する新聞大手の米ダウ・ジョーンズの買収に乗り出すことが 5 月 1 日に明らかになった。買収総額は 50 億ドルの見通し。成功すれば、時価総額でタイム・ワーナーを上回る世界最大のメディア企業が誕生する。

　ニューズ・コーポレーションは「メディア王」の異名を持つルパート・マードック氏が率いる複合企業で、新聞、テレビや映画などを手掛けている。

　マードックがすでに率いている主要メディアは、アメリカではニューヨーク・ポスト（大衆紙）、フォックス・テレビ（テレビ局）、20 世紀フォックス（映画製作会社）。イギリスではタイムズ（日刊紙）、サンデー・タイムズ（日曜紙）、サン（大衆紙）、B スカイ B（衛星放送）。オーストラリアではオーストラリアン（日刊紙）、デーリー・テレグラフ（大衆紙）、ヘラルド・サン（大衆紙）などがある。
- 「新聞協会報」（5 月 15 日）は、米 ABC の発表（2006 年 10 月から 6 か月）の報告を報道した。平日版 745 紙の部数が前半同期比 2.1% 減の 4,496 万 1,606 部、日曜版 601 紙は 3.1% 減の 4,810 万 2,437 部となった。
- 「朝日新聞」（6 月 1 日）によると、メディア大手ニューズ社から買収提案を受けたダウ・ジョーンズ社は 5 月 31 日、ニューズ社と近く協議に入る意向を明らかにした。提案受け入れに反対していた創業家バニクロワット家一族が、事業の発展には他社との合併や提携を検討する価値がある、との結論に達したという。7 月 31 日にニューズ社がダウ・ジョーンズ社の買収を了承した。ニューズ社オーナーのルパート・マードック氏が、国際的影響力を誇る経済メディアを手にする野望を達成する公算が成り立った。
- 有力経済紙ウォール・ストリート・ジャーナルを発行するダウ・ジョーンズ (DJ) が 7 月 31 日、ルパート・マードック氏率いる巨大メディア企業ニューズ社の傘下に入ることが決まった。身売りの根底にあるのが、インターネットの台頭などによる DJ 社の経営の先行き不安。ネットの影響力が増す中で、これからも世界的なメディア再編のうねりはさらに強まりそうである。

　DJ 社買収をめぐってニューズ社の有力な対抗馬として注目を集めたのは、英経済紙フィナンシャル・タイムズの発行元、英ピアソンとテレビの経済ニュース「CNBC」を抱える米ゼネラル・エレクトリック (GE) との連合軍だった。

■ 第 2 次世界大戦の終結で、ニューヨークで水兵と看護師がキスする姿をとらえた米ライフ誌の有名な写真「勝利のキス」での水兵が誰であるのか 8 月 3 日に報じられた。

AP 通信によると、水兵はヒューストン在住のグレン・マクドゥフィー氏 (80) だったと結論づけた。テキサス州ヒューストン警察のベテラン女性科学捜査官は、長年、「自分が写真の水兵だ」と主張していたマクドゥフィー氏に水兵の格好をさせて撮影。同氏の耳や顔の骨、手首、指などを 1945 年当時の写真と比較し、間違いないとの結論。

■ 写真家のジョー・オダネル氏が 8 月 10 日、脳卒中のためテネシー州ナッシュビルで死亡。85 歳。1945 年、米軍カメラマンとして原爆投下後の広島や長崎に入り、被災した市内の様子を撮影。自らも残留放射能で被爆し、健康被害に苦しんだ。亡くなった赤ん坊を背負い、火葬順番を待つ少年を撮影した「焼き場に立つ少年」が印象的。

■ 広島に原爆を投下した米軍の B29 爆撃機エノラ・ゲイの機長として知られるポール・ティベッツ氏が 11 月 1 日、自宅で死去。92 歳。44 年に原爆開発の「マンハッタン計画」に関与。当時のトルーマン大統領によってエノラ・ゲイの機長としてテニアン島を離陸、45 年 8 月 6 日、広島に原爆を投下した。原爆投下に「悔いなし」と語り続けた。

■ 作家のノーマン・メイラー氏が 11 月 10 日、ニューヨーク市内の病院で、急性腎不全のため死去した。84 歳。1948 年『裸者と死者』で米文壇へデビュー。『夜の軍隊』(68 年)、『死刑執行人の歌』(79 年) で、2 度にわたりピュリツァー賞を受賞した。東部ニュージャージー州のユダヤ系家庭の出身。ハーバード大学在学中に小説を書き始めた。フィリピンで日本軍と戦い、そのときの経験が『裸者と死者』を生んだ。ベトナム反戦運動の体験を描いた『夜の軍隊』など社会問題を題材にしたノンフィクションを次々に世に問うた。

【2008 年】

■ E&P 国際年鑑によると、96 年朝夕刊合計の日刊紙は 1,520 紙あった。10 年後の 06 年は 1,437 紙に減少した。このうち朝刊紙は 686 誌から 833 紙へと増加したが、夕刊紙は 846 紙から 614 紙へと大幅に減少している。一方、日刊紙の発行部数は 96 年の 3 万 7,489 部から 06 年の 3 万 6,415 部へと 1,074 部減少した。

■ E&P (電子版)(2007 年 10 月から 08 年 3 月まで) によると、前年比でわずかに増加したのは、部数トップの USA トゥデー (228 万 4,000 部、前年比 0.27% 増)

と、第2位のウォール・ストリート・ジャーナル（209万9,000部、0.35％増）だけで、それ以外（ニューヨーク・タイムズやロサンゼルス・タイムズなど）は前年比で減少した。

- 報道写真家のバーナード・ボストン氏が1月22日死去。74歳。1967年、ワシントンのベトナム戦争反対デモで、警備の兵士が持ったライフルの銃身に若い男性が花を挿す写真「フラワー・パワー」が世界的に知られている。
- 元米ライフ誌写真記者のアラン・グラント氏は2月1日、肺炎のため死去。88歳。ライフ誌でネバダ州での核実験や、62年、急死する数週間前の女優マリリン・モンローを撮影したことで知られる。
- 保守派コラムニストのウィリアム・バックリ氏が2月27日に死去。82歳。エール大学卒業後、1955年政治誌「ナショナル・レビュー」を創刊。反生産主義、自由資本主義の推進につくした。62年に始めた全米の新聞向けコラムを最後まで執筆した。保守の重鎮として活躍した。
- 「新聞協会報」（2月26日）によると、全米で130の地方紙を傘下に持つメディア大手4社は2月15日、インターネット上の広告販売を共同で行う事業を立ち上げる、と発表した。ニューヨーク・タイムズ、ガネット、ハースト、トリビューンの4社が広告会社「クォビラントワン」を設立し、4月1日までに事業を開始する。
- 元AP通信記者のジョン・ロデリック氏が3月11日、ホノルルで死去。93歳。1937年にAP入社。毛沢東らと知り合い、中国報道の第一人者となった。著書に『中国史の目撃者』がある。65～66年には日本外国特派員協会長を務めた。
- 「新聞協会報」（4月8日）によると、2007年の新聞とウェブサイトを合計した新聞広告費は453億ドルで、前年比7.9％減になった。
- 「新聞協会報」（4月29日）によると、ルパート・マードック氏のニューズ・コーポレーションは、シカゴ・トリビューン社傘下のニューズ・デー紙を5億8,000万ドルで買収することを提案した。デイリー・ニューズ紙も同額での買収を提示している。タブロイド紙のニューズ・デーはロングアイランドに本拠を置いている。部数は50万部を誇った。しかしトリビューン社傘下になって部数が激減、38万部までになった。
- 「新聞協会報」（5月13日）によると、米ABCが4月28日、2007年10月から6か月の米紙の発行部数を発表した。紙、ウェブを合わせた記者数は減少している。米紙の発行部数は、前年に比べ平日版が3.5％、日曜版は4.5％それぞれ減少した。上位10紙のうち、USAトゥデー紙とウォール・ストリート・ジャーナル紙が微増。しかし、ニューヨーク・タイムズ紙は平日版4.0％減、日曜版は9.2％減。

- 兄のロバート・キャパ氏とともに写真家集団マグナムの代表を務めたコーネル・キャパ氏が5月23日死去した。90歳。ニューヨーク市マンハッタンの国際写真センターを設立した。ブタペスト出身。兄ロバートの写真の現像処理を担当し、1937年にニューヨークに移住した。
- 民主党のバラク・オバマ上院議員(46)の大統領指名が確定し、6月4日、共和党のジョン・マケイン上院議員(71)と11月4日の選挙日に向け、5か月にわたる戦いの火ぶたが切って落とされた。
- NBCテレビ・キャスターのティム・ルサート氏が6月13日、ワシントン支局で番組を制作中、心臓発作を起こし、搬送先の病院で死亡。58歳。大統領選挙の報道での過労が一因とみられる。91年から日曜朝の人気討論番組「ミート・ザ・プレス」の司会を担当。各界要人への切れ味鋭い質問で知られていた。米誌タイムで「世界に最も影響を与える100人」に選ばれたこともある。清掃労働者の息子としてニューヨーク州に生まれ、大学で法律を学んだ。
- ワシントン・ポストの編集主幹に、4月ウォール・ストリート・ジャーナル編集長を辞任したマーカス・ブロクリ氏が就任すると、7月7日明らかになった。ブロクリ氏はメディア王ルパート・マードック氏率いるニューズ・コーポレーションがダウ・ジョーンズを買収後、編集方針をめぐり、ニュース側と摩擦があったとされる。もともと経済報道に強かったジャーナル紙が買収後、政治など一般ニュースの扱いを拡大している。
- 「新聞協会報」(7月8日)によると、アメリカの新聞の中に、編集作業の外注化の動きがあるという。景気後退やインターネットの台頭による広告離れなどで、費用を削減する動きが相次いでいる。

  オレンジ・カウンティー・レジスター紙が6月下旬、インドの企業に見出しや割り付け作業などを外注すると発表した。さらにロサンゼルス・タイムズ紙も7月2日、人員削減とページ数減を行うとしている。
- 「新聞協会報」(7月15日)によると、シカゴ・トリビューンは8月末までにニュース編集部門の人員を約80人削減することで、対象者に通告を始めた。ページ数は1週間で13.14%減らし、コスト削減を急ぐという。

  発行部数の減少、新聞広告の落ち込みから経営難が続く同紙の人員削減は2005年以降、今回が4回目という。
- 「新聞協会報」(7月22日)によると時事通信の報道で、米トリビューン社傘下のロサンゼルス・タイムズ社は7月15日、電子版の発行人が辞任したことを明らかにした。一方シカゴ・トリビューン紙も14日、リビンスキー編集長兼上級副社長の辞任を公表している。リストラ策への反発も背景に両紙の幹部人事が迷走の度合いを強めている。

■ 下院は7月29日の本会議で、かつての黒人奴隷制を謝罪する決議を賛成多数で採択した。

決議では、黒人奴隷制と人種隔離政策を「残虐で非人間的な行為だった」と認めた上で「アフリカ系米国人の苦しみは今もなお続いている。下院はアフリカ系米国人に謝罪する」としている。

■ 民主党は8月25日からコロラド州デンバー全国党大会を開き、バラク・オバマ上院議員 (47) を同党の大統領候補に正式に指名する。

■ 「新聞協会報」(8月26日) によると主要新聞グループの2008年上半期の決算がまとまった。景気低迷と広告主のインターネットへの移行による広告の減少により、各グループの広告収入は、ほぼ10%を超す減率を記録した。とくに求人、不動産広告の落ち込みが響いた。

■ 経営危機に陥った米証券大手リーマン・ブラザーズは9月15日、連邦破産法11条の適用を申請し、経営破綻した。

■ 「新聞協会報」(9月23日) によると、人気ニューズ・ブログによる通信社記事の無断引用が論争を巻き起こしている。著作権侵害にあたるとして削除を求めたAP通信に対し、ブロガー側は「著作権法が認めた公正な使用の範囲内」と反発。APはブロガー向けの「引用指針」を作成する方針である。

■ 「新聞協会報」(10月28日) によると、AP通信社は10月23日、加盟紙の分担金を2009年はさらに計900万ドル下げるとともに、配信制限を撤廃して加盟紙がすべての記事を利用できるようにすると発表した。

2009年から始まる料金体系や配信サービスに対し、シカゴのトリビューン社が脱退を通告するなど、加盟紙から批判が高まったことに対応した。

■ 「朝日新聞」(10月30日) によると、創刊百年を誇るクリスチャン・サイエンス・モニター (本社ボストン) が2009年4月から日刊紙の発行をやめ、ウェブサイトを中心にしたニュース媒体に変わる方針を10月28日に発表した。アメリカの全国紙が紙媒体から事実上撤退する初のケースとなる。

同紙の日刊部数はピークの1970年に22万部だったが現在は5万2000部まで減った。長期的にはウェブ広告の拡大とコスト削減努力で経営は改善すると見込んでいる。

■ 「新聞協会報」(11月4日) によると、上位20紙の新聞の部数が、平日版が4.6%減少した。米新聞雑誌部数公査機構 (ABC) は10月27日、4月～9月までの新聞発行部数とオンライン閲読者数を加味した「オーディエンス・ファクス」を発表した。本誌の部数は平日が4.6%、日曜版も4.8%それぞれ前年同期比で減少し、近年では最大の落ち込み。一方、オーディエンス数を本誌の部数上位20紙のうち、前年同期と比較可能な15紙で見ると、14紙が増加させた。

第1位はUSAトゥデー。第2位はウォール・ストリート・ジャーナル。第3位はニューヨーク・タイムズなど。
- ■「ニューヨーク・タイムズ」の偽新聞が11月12日、ニューヨーク・マンハッタン地区で無料配布された。「イラク戦争終わる」の見出しが一面に掲載。左派系の団体によるいたずらで「ブッシュ大統領起訴」などの偽記事で埋め尽くされている。

 団体は「ザ・イエス・メン」で14ページのカラー刷り。社説や広告まで全てが偽物。日付は2009年7月4日（独立記念日）。数千人のボランティアが動員され、ロサンゼルスなどとあわせて全米で合計120万部が配られた。
- ■シカゴ・トリビューンやロサンゼルス・タイムズを傘下に持つトリビューン社（シカゴ）は12月8日、米連邦破産法11条の適用をデラウェア州の連邦破産裁判所に申請した。負債総額は130億ドル。新聞発行や広告収入減少に歯止めがかからず、巨額債務返済に見通しが立たなくなった。

 傘下の大リーグ球団シカゴ・カブスと球団本拠地リグレー・フィールドは破産対象とはしなかった。同社は2007年、シカゴの不動産投資家サミュエル・ゼル氏が買収。ニューヨーク州の日刊紙ニューズ・デーを売却し、資産売却や人員削減をはかったが、金利支払いで圧迫されていた。
- ■タイムは12月17日、その年に最も影響力を持った人物を挙げる恒例の「今年の人」（パーソン・オブ・ザ・イヤー）に初のアフリカ系米大統領となるオバマ次期大統領を選んだ。
- ■連邦捜査局(FBI)の元副長官マーク・フェルト氏が12月18日カリフォルニア州サンタローザで心不全のために死去した。95歳。ワシントン・ポスト紙は1972年、ニクソン大統領側の工作員が盗聴装置を仕掛けるため、ワシントンのウォーターゲート・ビル内の民主党本部に侵入した事実を報道したが、この特報を提供したのがフェルト氏だった。
- ■世界的ベストセラー『文明の衝突』の著者として知られる政治学者サミュエル・ハンチントン氏が12月24日マサチューセッツ州の自宅で死去した。81歳。1927年、ニューヨーク生まれ。23歳から58年間にわたってハーバード大の教壇に立ち、共著を含め17冊の著書と90を超す学術論文を発表した。

【2009年】

 米国新聞業界は09年に入って、金融危機に端を発した深刻な景気減速に見舞われた。いくつかの首都圏の新聞は廃刊の恐れがあり、新聞が1紙あるいはゼ

ロの都市が出現しつつある。最も近いと懸念される都市はニューヘブン（ニュー・ヘブン・レジスターは破産したジャーナル・レジスター・チェーンの旗艦紙）である。さらにサンフランシスコ（サンフランシスコ・クロニクルは多年損失を出し続けている）である。他にも長い歴史と伝統をもつ新聞の破産や廃刊が相次いでいる。

08年に不動産王サム・ゼル氏による買収で130億ドルの巨額な負債を負ったシカゴのトリビューン社は、同年12月、連邦破産法八条の申請をした。

さらにジャーナル・レジスター、フィラデルフィア・ニューズペーパーズ、ミネアポリス・スター・トリビューンの新聞チェーンも大きな負債。09年シアトル・ポスト・インテリジェンサーは廃刊となり、電子版のみとなった。

■写実主義の代表的画家のアンドリュー・ワイエス氏が1月17日ペンシルバニア州の自宅で死亡しているのが見つかった。ベッドの上で横になっており、死因は老衰とみられる。91歳。故郷ペンシルバニア州やメーン州の全景と、そこで暮らす人びととをテーマにした哀愁溢れる生活を描いた。

代表作には、足が不自由な女性を描いた「クリスティーナの世界」（1948年）をはじめ、「海からの風」（47年）、「踏みつけられた草」（51年）などがある。

■バラク・オバマ前上院議員(47)は1月20日正午過ぎ、ワシントンの連邦議会議事堂前で行われた大統領就任式で宣誓し、第44代大統領に就任した。黒人の大統領誕生は、米国史上初めて。就任式演説で、オバマ大統領は「われわれに必要なことは、新しい責任の時代に入ることだ」と述べた。

■「新聞協会報」（3月10日）によると、3月4日付のワシントン・ポスト紙（電子版）は米紙の廃刊、編集局の人員削減などの記事を載せた。その内容はフィラデルフィア、シカゴ、ミネアポリスでは2008年12月以降、有力紙の発行元が連邦破産法の適用を申請した。デンバーでは1紙が廃刊。サンフランシスコでも有力紙の経営危機が表面化した。

新聞はなぜネットにもっと早く対応しなかったのかとの疑問が投げ掛けられている。この理由にたいして、シカゴ・トリビューンに寄稿するジャービス氏は「新聞がドル箱商品だったから」と話す。しかしコロンビア大学ジャーナリズム学部のレマン学部長は、新聞が商品をオンラインに譲り渡したのは誤りだったと指摘する。新聞はオンライン・コンテンツに課金する方策を探らなければならないという専門家がいる。

■北朝鮮の朝鮮中央通信は3月22日、米ケーブル・テレビ局「カレントTV」（本社・サンフランシスコ）の米国人女性記者2人が北朝鮮軍当局に拘束された事件について報道した。つまり「17日、中韓国境地域を通じて不法入国した米国人2人が抑留され、現在、調査中である」と報じた。2人の女性は中国系のロー

ラ・リンと韓国系のユナ・リー記者だった。
- 「日本経済新聞」(4月7日、夕刊)によると、米国の地方紙を中心に、新聞業界の経営難が深まってきた、と報じている。景気悪化に伴う広告収入の急減が主因で、コストの割安なインターネット版への移行に追い込まれている。歴史の長い老舗紙の中にも幕を下ろすケースが目立つ。

  ここ数年の傾向は次の通り。2008年12月、シカゴ・トリビューンを発行するトリビューンが米連邦破産法11条の適用を申請。2009年2月は①日刊紙20紙を発行するジャーナル・レジスターが同11条の適用を申請②地方紙大手のフィラデルフィア・ニューズ・ペーパーズが同11条の適用を申請③ハースト傘下のサンフランシスコ・クロニクル廃刊を検討。
- 「新聞協会報」(4月7日)によると米新聞協会(NAA)はこのほど2008年の米新聞広告費をまとめた。新聞の本紙など印刷媒体とオンラインを合計した広告費は、378億ドルで、前年比16.6%減となった。2けたの減率を記録したのは、1950年の推計開始以来初めてである。
- 「新聞協会報」(5月12日)によると、ニューヨーク発時事電は5月6日、ニューヨーク・タイムズが平日版のスタンド売り価格を1部1.5ドルから2ドルへ引き上げることを決めた。2年前に比べ同紙の価格は2倍に上昇した。
- 「新聞協会報」(5月26日)によると、米新聞雑誌部数公査機構(ABC)が2008年10月から6か月の米紙発行部数とオンライン閲読者数を発表した。平日版(395紙)が前年同期比7.0%減。日曜版は同5.3%減であった。20位の中で第2位のウォール・ストリート・ジャーナル以外はすべて前年比で下がっている。
- 「読売新聞」(5月29日)によると、連邦上院の小委員会で5月6日、「ジャーナリズムの将来」と題する公聴会(議長ジョン・ケリー議員)が開かれた。背景にあるのは「多様で独立した報道機関の存続が米民主主義には不可欠」(ケリー議員)との危機感。新聞やネットの関係者が証人として出席し、新聞社への公的救済の是非などを巡って激論を交わした。

  ワシントン州では新聞社の事業税が40%引き下げられるなど、救済に向けた動きも出ているが、「報道機関として公的支援に頼るべきではない」との声も強い。
- 「新聞協会報」(6月16日)によると、米新聞協会(NAA)はこのほど米新聞広告費(2009年第一四半期)をまとめた。印刷媒体とオンラインを合計した広告費は前年比28.3%減となった。
- テレビ司会者のエド・マクマホン氏は6月23日、ロサンゼルスの病院で死去した。86歳。NBCテレビの人気番組「トゥナイト・ショー」で司会者ジョニー・カーソンの補助役を30年間続けた。他にオーディション番組「スター・サーチ」などで司会を務めた。

- 世界的人気を誇った歌手のマイケル・ジャクソン氏が6月25日死亡した。50歳。詳しい死因や病名は不明。弟のランディさんは25日正午ごろ心不全を起こしたと述べた。ジャクソンさんは「スリラー」などが世界的にヒットし、「ポップス界の王様」と呼ばれた。
- ベトナム戦争時代、ケネディ・ジョンソン政権下で国防長官を務めたロバート・マクナマラ氏が7月6日、ワシントンの自宅で死去した。93歳。引退後は一転して、ベトナム戦争への反省を唱えた。
- 「新聞協会報」(7月7日)によると、USAトゥデー紙のデビド・ハンク発行人は6月10日、同紙ウェブサイトの記事への課金は行わず、携帯電話や携帯情報端末を通じた課金による収入増を目指すことを明らかにした。他の新聞各社がウェブサイトでの記事課金に乗り出すとみられる中で、独自路線となる。
- CBSテレビの看板ニュース番組「イブニング・ニュース」の元キャスターのウォルター・クロンカイト氏が7月17日、ニューヨークの自宅で死去。92歳。1916年ミズーリ州生まれ。通信社記者として第二次世界大戦に従軍。50年にCBSテレビに移った。「イブニング・ニュース」のアンカーを務め、キューバ危機やケネディ大統領暗殺、ウォーターゲート事件などを報道。客観的報道などで、大統領よりも「米国で最も信頼されている男」(1972年の世論調査)とも呼ばれた。ベトナム戦争の継続反対を表明した。

  静かな語り口で知られ、番組の最後では、「では、今日はこんなところです」(That's the way it is) が決まり文句であった。

  ジョージ・ブッシュ大統領は彼を「アメリカ・ジャーナリズムの象徴」と語っている。63年のケネディ大統領暗殺の際は、臨時ニュースを伝えながら、涙をふく姿が共感を呼んだ。
- ビル・クリントン元大統領が8月5日午前、北朝鮮に5か月間近く拘束されていた米国人女性記者2人と会い、帰国の途についた。ローラ・リン氏とユナ・リー氏で、特赦が決まると、クリントン氏は謝意を表し、「両国間の関係改善についての見解」をこめたオバマ米大統領のメッセージを伝えたという。

  クリントンと金正日総書記との会談内容については「米朝の意思決定に悪影響を与えかねない」として具体的言及を控えた。
- 米上院は7月6日の本会議で、オバマ大統領が連邦最高裁判事に指名したソニア・ソトマイヨール氏(55)を賛成多数で承認した。これで米議会から最終的な承認を受けたことになり、同氏はヒスパニック系として初めて、さらに女性として3人目の最高裁判事になることが決まった。
- 保守派の論客のコラムニストのロバート・ノバク氏が8月18日、ワシントンの自宅で死去した。78歳。ブッシュ前政権を揺るがせた中央情報局(CIA)工作員

の身元情報漏えい事件の発端となった記事を書いた。政治コラムを約300もの新聞に掲載していた。
- CBSテレビ元プロデューサーのドン・ヒューイット氏が8月19日、ニューヨークの自宅で膵臓がんのため死去。86歳。テレビ・ジャーナリズム草創期の1948年にCBSに入社。68年同社が放送した「60ミニッツ」の制作を手がけた。

  ニュース番組でキャスター（アンカー）が原稿を読み上げる方式や、字幕スーパーなど今日のテレビ・ニュースの原型をつくり上げ、「テレビ・ニュースの父」と言われた。
- 6月に急死したマイケル・ジャクソン氏の死因についてロサンゼルス郡検視局は強力な麻酔剤プロポフォールの過剰投与と判断した、とCNNなど複数のメディアが8月24日に報じた。
- ジョン・ケネディ元大統領の弟で、上院議員を務めたエドワード・ケネディ氏が8月25日、マサチューセッツ州の自宅で脳腫瘍のため死去した。77歳。歴代政権の外交や社会政策に大きな影響力を与えた。

  1932年、マサチューセッツ州で9人兄弟の末弟として生まれた。ハーバード大学を卒業。兄の後任として上院選に初当選。69年に自動車事故で女性秘書を水死させ、スキャンダルとなった。移民や人種問題などに取り組んだ。外交ではリベラル派。09年1月のオバマ大統領就任式に病を押して駆けつけ、喝采を浴びた。
- コラムニストのウィリアム・サファイア氏が9月27日膵臓がんのため首都ワシントン郊外のホスピスで死去。79歳。ニューヨーク出身。ニクソン大統領のスピーチ・ライター。保守派で70年、ピュリッツァー賞を受賞。歯に衣着せぬ論客として人気を博した。73年から05年までリベラル派のニューヨーク・タイムズで保守色の強い内容のコラムを執筆。同紙の名物コラムニストであった。
- ノルウェーのノーベル賞委員会は10月9日、2009年のノーベル平和賞をバラク・オバマ米大統領に贈ると発表した。オバマ氏が進める国際協調外交と、「核なき世界」に向けた姿勢を評価した。
- 「新聞協会報」(11月3日)によると、米紙の平日部数は前年比9.2%減になった。米新聞雑誌部数公査機構(ABC)は10月26日、2009年4月から6か月間の米紙平均発行部数と、本紙の読者数にオンライン閲読者数を加味したオーディエンス数を発表した。

  米国新聞協会(NAA)によると、前年同期と比較可能な679紙の平日部数は3,665万9,514部で、前年同期比9.2%減。567紙の日曜部数は4,084万695部で7.5%減であった。
- 「産経新聞」(11月26日)によると、ワシントン・ポストの支局が閉鎖される方

針が決まったと報じた。ワシントン・ポスト（電子版）が11月24日に報じたところによると、同紙のニューヨーク、ロサンゼルス、シカゴの各支局を閉鎖し、首都ワシントンを中心とする国内政治の報道に専念する方針を決めたと明らかにした。これは業績が悪化し、経費節減を迫られたための措置であった。

- 「朝日新聞」（12月5日）によると、ワシントン・ポスト紙副社長レナード・ダウニー氏がアメリカン・ジャーナリズム再建のための6つの提言を述べた。①民主主義に必要な制度として報道機関をNPO化　②篤志家や財団から報道機関への寄付を促す仕組みの整備　③公共放送に対する政府資金を増やして地方取材を補充　④大学を調査報道のできる人材育成と公査報道の拠点に　⑤ネット産業・利用者から徴収する「地域報道募金」の創設　⑥政府の持っている情報の報道機関への開示をいっそう進める、など。

【2010年】

- 2010年の新聞界は、依然として続く発行部数減、広告収入減、人員削減、さらに進展するネット・メディアの圧力の中で、変化、適応していっている。
- 米国新聞協会(NAA)の調べによると、09年の主要新聞の広告費は、印刷とオンラインを含めて276億ドルとなり、22年ぶりに300億ドルを割り込んだ。広告収入の減少は06年以降4年連続で、09年の減少率は27.2%であり、3年間で44.1%減らしたことになる。
- 日刊紙の発行部数の減少も深刻である。米新聞雑誌部数公査機構(ABC)とNAAのデータを合わせると、日刊679紙の平日部数は、09年9月までの半年で平均3,666万部、568日曜紙のそれは4,085万部となり、前年同期比で、平日紙は9.2%減、日曜紙は7.5%減であった。
- 米ニュース編集者協会(ASNE)の労働力などに関する調査によると、報道スタッフの人員削減もかなり重症だ。09年までの3年間で、1万5,000人の職が失われ、5万5,000人が約4万人へと落ち込み、3年間で編集局が27%も縮小したことになる。
- ニューヨーク・タイムズでは2011年からネットへの課金を発表した。電子版に対する課金を例にとると、重要課題として取り組んでいるのは13%、検討中とするのは58%、まったく検討していないのは50%、検討したが却下したのは13%であった。将来を考えると、3年間に課金が重要な収入源となると信じるのは23%に過ぎなかった。
- 20世紀米文学を代表する小説『ライ麦畑でつかまえて』で知られる作家J・O・

サリンジャー氏が1月27日ニューハンプシャー州ローニッシュの自宅で死去した。91歳。

　サリンジャー氏はポーランド系ユダヤ人とアイルランド系の両親のもと1919年ニューヨークに生まれた。戦後、ニュー・ヨーカー誌に発表した短編が評判になり、51年の『ライ麦畑でつかまえて』は大ベストセラーになった。
- AP通信社は2月26日、新聞社などの加盟メディアと協力し、米電子機器大手アップルが3月に発表する新しいマルチメディア端末「iPad（アイパッド）」向けに、有料ニューズ配信サービスを開始すると発表した。
- CNNテレビの花形記者、クリスティアン・アマンプール氏(52)が、ABCニューズに移籍することを、ABCが3月18日に発表した。8月から日曜朝の政治番組などを担当する。アマンプール氏は27年間勤めたCNNを4月末に退社する。
- アップルが4月3日、マルチメディア型携帯端末「iPad（アイパッド）」を発売。同社によると発売日に30万台以上を販売し、好調な滑り出しを見せた。
- 経済誌ウォール・ストリート・ジャーナルが4月26日、地域密着型のニューヨーク都市圏版を登場させ、ページを大幅に増やした。

　メディア王のルパート・マードック氏が率いるニューズ社が、同紙を発行するダウ・ジョーンズ社を約56億ドルで傘下におさめたのが、2007年12月。それ以降、同紙は政治、社会ニュースを増やして、一般紙への傾斜を強めている。
- 「新聞協会報」(5月18日)によると、インターネット検索大手グループグーグルが進める書籍の電子化を、米国のほぼすべての出版社が承認したことが5月10日までに明らかになった。電子化の規模が桁違いに大きく、グーグルによる市場独占を懸念する声が強まりそうである。
- 三大ネットワークCBS元会長マイケル・ジョーダン氏が5月25日、ニューヨークでがんのため死去。73歳。電機大手ウェスティングハウス・エレクトリック最高経営責任者だった1995年、CBSを買収し、コングロマリット（複合企業体）としての基礎を築いた。
- 「新聞協会報」(5月25日)は、米紙の平日部数を発表した。米新聞雑誌部数公査機構(ABC)は4月26日、2010年3月までの6か月間の米紙平均発行部数と、本紙閲読者数にオンライン閲読者数を加味したオーディエンス数を発表した。

　米新聞協会(NAA)の分析によると、前年同期と比較可能な657紙の平日部数は8.1％減。553紙の日曜部数は6.4％減になった。
- ホワイト・ハウスの名物女性記者、ヘレン・トーマス氏(89)が6月7日、引退に追い込まれた。「イスラエル人はパレスチナを去るべきだ」などと発言して、国内で猛批判を浴び、失言の責任を取った。1961年に就任したケネディ大統領以降、半世紀にわたり、歴代の米大統領を取材してきた。トーマス氏はレバノン

- 系移民の家族に生まれ、1943年に通信社UPIに入社。60年からホワイト・ハウス担当になった。
- ワシントン・ポスト社は8月2日、傘下のニューズウィーク誌を米音響機器メーカーの創業者シドニー・ハーマン氏に売却すると発表した。インターネット普及に伴い部数が減少。07–09年にかけて赤字を計上した。
- 指揮者とプロデューサーのミッチ・ミラー氏がニューヨークで老衰のため死去。60年代の人気テレビ番組「ミッチと歌おう」や映画「戦場にかける橋」の音楽「クワイ河マーチ」などの演奏で知られた。
- ケネディ大統領のスピーチ・ライターだったセオドア・ソレンセン氏が10月31日に脳卒中の合併症のためニューヨーク市内の病院で死去した。82歳。同氏が起草したケネディ氏の就任演説には「国が諸君に何をしてくれるかではなく、諸君が国のために何ができるかを問いたまえ」(1961年)という名文句が盛り込まれている。
- 「新聞協会報」(11月2日)によると、米紙の平日部数は前年比4.9%減になった。米新聞雑誌部数公査機構(ABC)は10月25日、2010年4–9月の米紙平均発行部数と本紙読者にオンライン読者を加味したオーディエンス数を発表した。米新聞協会(NAA)の分析によると、前年同期と比較可能な661紙の平日部数は4.9%減。前期(10月3日までの6か月間)に記録した8.1%減に比べ減率が縮小した。553紙の日曜部数は4.4%減(前期は6.4%減)だった。
- タイム誌は12月15日、毎年恒例の「今年の人」にソーシャル・ネットワーキング・サービス(SNS)として知られるフェイスブックの創業者マーク・ザッカーバーグ氏(26)を選んだ。フェイスブックは、人々がつながる基本ツールとして発表し、「社会構造に溶け込んだ」としている。利用者は世界で月間5億人を超えると言われている。

【2011年】

- NBCテレビのニュース番組「カウントダウン」のキャスター、キース・オルバーマン氏(51)が1月21日夜の番組中に突然、降板を発表した。同氏はリベラルの旗手で、オバマ民主党政権への「応援団」的な存在だった。
- ルパート・マードック氏率いるニューズ社が2月2日、アップルの新型携帯型端末「iPad〈アイパッド〉」専用の電子日刊新聞の発刊を発表した。名称は「ザ・デイリー」で、購買料は週99セント。同社は約100人の記者を採用した。
- 「新聞協会報」(2月1日)によると、米国のオンライン報道サービス企業オンゴ

- ーが1月25日、米・英紙の記事を閲読できるウェブ・サービスを開始した。基本購読料は月額6.99ドル。AP通信の経営配信、ワシントン・ポスト紙の独自記事、USAトゥデーの全記事、ニューヨーク・タイムズやフィナンシャル・タイムズの一部記事などが読める。
- 女優エリザベス・テイラー氏が3月23日、ロサンゼルスの入院先の病院で死去した。79歳。テーラー氏はうっ血性心不全で入院していた。1932年ロンドン生まれ。美術商だった父の仕事の関係で渡米。10歳で映画界にデビュー。「若草物語」（49年）などに出演。
- オバマ大統領は5月1日、同時テロ事件など反米テロを首謀していたアル・カーイダの指導者ウサマ・ビンラーディン(54)を「米当局による攻撃で殺害した」と発表した。ビンラーディンが潜伏していたのは、パキスタンの首都イスラマバード近くのアボタバードの豪邸。作戦は海軍特殊部隊の少数の要員がヘリコプターで豪邸に近づき、突入。約40分の銃撃戦の末、ビンラーディンを殺害した。
- 「新聞協会報」（5月24日）によると米新聞雑誌部数公査機構(ABC)はこのほど2011年3月までの6か月の米新聞購買者数を発表した。1位はウォール・ストリート・ジャーナル。印刷版の部数は2位のUSAトゥデーを下回るが、パソコンやタブレット端末の有料サービスで50万を超える契約を集めたことが寄与し、総計でトップとなった。
- ニューヨーク・タイムズは6月2日、編集部門の最高責任者である編集主幹に、ジル・エイブラムソン編集局長(57)が就任すると発表した。タイムズの160年の歴史の中で、女性の編集主幹は初めてである。海外特派員の経験なしという経歴も異例だという。
- テレビ・ドラマの「刑事コロンボ」に主演していた俳優ピーター・フォーク氏が6月23日、ロサンゼルス近郊ビバリーヒルズの自宅で死去した。83歳。死因は明らかにされていないが、2008年にアルツハイマー症であることが報じられていた。
- ニューヨークのウォール街の近くで7月ごろから若者たちがデモに参加している。8–9月になっても続いている。市警によって大量の逮捕者が出た後も、衰える気配がない。「ウォール街を占拠せよ」とのスローガンのデモは、若者たちの不満をつのらせ、政治への不信感を広げている。行き過ぎた資本主義を警告するためのデモであると主張している者もいる。若者たちは経済格差や高い失業率に異議を唱えている。
- アップル共同創業者のスティーブ・ジョブズ氏が10月5日膵臓がんで死去。2003年秋にがんと診断されてからの約9か月間も手術を拒否していた。そのかわり食事療法や漢方、はり療法などを試した。

クック CEO は同日、社員に向けたメッセージで「スティーブは彼にしか作れない会社を残してくれた。彼の魂は永遠にアップルという組織に生き続ける」と述べ、ジョブズ氏への敬意を表した。
- CBS テレビのコメンテーターのアンディ・ルーニー氏が 11 月 4 日、ニューヨーク市内の病院で死去。92 歳。1949 年に放送作家として CBS に入局。78 年から報道番組「60 ミニッツ」に出演し、政治や社会問題に鋭い論評を加えた。10 月 2 日の放映分を最後に 33 年間の出演歴に終止符を打った。
- NBC テレビは 11 月 14 日、ビル・クリントン元大統領の一人娘チェルシーさんを記者として採用したと発表した。彼女はオックスフォード大学の博士課程に在籍。さらにクリントン大統領の慈善団体「クリントン財団」の仕事をしており、これらとの掛け持ちになりそうである。
- フィラデルフィアの連邦高裁は 11 月 2 日、CBS テレビの生放送中に女性歌手の胸が露出した問題をめぐり諮議。CBS に罰金 5 万ドルを科した連邦通信委員会 (FCC) の決定を無効とする判決を言い渡した。露出が極めて短時間で「わいせつ性」は適用できないと判断した。
- 「新聞協会報」(11 月 29 日) によると、米新聞雑誌部数公査機構 (ABC) の結果を発表した。2011 年 9 月までの 6 か月間の米日刊紙平均部数を公表。印刷部数とデジタル契約数に分離した新たな方式。印刷、デジタルともに 1 位を占めたのはウォール・ストリート・ジャーナル。印刷 2 位の USA トゥデーはデジタル 9 位。同 3 位のニューヨーク・タイムズはデジタル 2 位だった。同 4 位のニューヨーク・デイリー・ニューズはデジタル 3 位であった。
- 雑誌タイム誌は 12 月 14 日、恒例の「今年の人 (パーソン・オブ・ザ・イヤー)」に中東から全世界に広がった抗議運動を展開した「プロテスター (抗議者)」を選んだ。
- AP 通信 (ニューヨーク) は 12 月 16 日、北朝鮮の首都平壌に支局を開設したと発表した。トーマス・カーリー社長らが出席し、現地で開設の記念式典を開いた。平壌には中国の新華社通信などが常駐、さらに日本の共同通信も 06 年に支局を開設している。

【2012 年】

- イーストマン・コダック社が 1 月 19 日経営破たんに追い込まれた。創業者のジョージ・イーストマンは 19 世紀末に手軽なフィルムを発明、映像文化を支えてきた。小型カメラを発売し、さらに 1935 年にはカラー・フィルム「コダクロー

ム」を大衆化させた。

　同社はフィルムの規格や現像装置の仕様、映画用フィルムの開発など技術面からのリードをとげていた。しかし戦後は、価格の安い日本製との競争が激しくなった。

■インターネット交流サイト最大手のフェイスブックが、1月27日に、2月1日から株式の新規公開を米証券取引委員会に申請すると報じた。フェイスブックはマーク・ザッカーバーグ最高経営責任者が04年にサービスを開始。その後、米マイクロソフトなどが出資。世界で8億人以上が利用するサイトに成長した。

■ニューヨーク・タイムズ特派員のアンソニー・シェイディジ氏は2月16日死去。43歳。2度のピュリツァー賞を受賞。リビア・イラクなど中東問題を担当。タイムズのサルツバーガー社主は「もっともすぐれた記者の1人だった」と述べた。

■「朝日新聞」(3月20日)によると、メディア王のルパート・マードック氏(81)が窮地に立たされている、と報じている。傘下の英大衆紙サンの汚職事件で編集幹部らが逮捕された。英警察は組織的賄賂の可能性を指摘。米当局も捜査に動いている。サンの記者が幹部の了承のもと、警察、軍、医療、政府、刑務所の関係者に賄賂を送った疑い。サンの副編集長や写真部長など10人以上を賄賂の疑いで逮捕した。

■テレビ記者だったマイク・ウォーレス氏が4月7日コネティカット州の福祉施設で死去。93歳。CBSテレビの人気報道番組「60ミニッツ」で1968年の放送開始から2006年の引退まで看板キャスターとして活躍。ウォーレス氏は、イランの最高指導者ホメイニ師(当時)やロシアのプーチン大統領ら各国指導者への厳しい質問で知られた。

■2012年度ピュリツァー賞が4月16日発表された。調査報道部門で、ニューヨーク市警によるイスラム教徒の組織的監視を報じたAP通信が受賞した。報道計14部門で最多受賞はニューヨーク・タイムズとなった。公共サービス報道部門はフィラデルフィア・インクワイアラー。ニューヨークの学校での暴力事件の実態を報じた。

■テキサス州の地方紙ヒューストン・クロニクルの元女性記者がストリッパーとして働いた経験を理由に解雇されたのは性差別に当たるとして、5月11日までに連邦政府の雇用機会均等委員会に解雇は不当だと申し立てた。

　元記者はサラ・トレスラー氏(30)で以前地元のナイトクラブでストリッパーをしていたことがあり、他の地元メディアが報じたあと解雇された。

■「新聞協会報」(5月22日)によると、米新聞雑誌部数公査機構(ABC)は、このほど日刊紙平均部数(2011年10月～12年3月、平日版)を発表した。印刷部

数と電子版契約数の合計では、ウォール・ストリート・ジャーナルが前年と比べ、ほぼ横ばい（0.02 増）の211万8,315部で首位を維持した。2 位は USA トゥデー。3 位はニューヨーク・タイムズ。4 位はロサンゼルス・タイムズ。5 位はニューヨーク・デイリー・ニューズなどであった。

■「新聞協会報」（11月3日）によると、大手ニューズ・コーポレーションは6月28日、自社を収益性の高いテレビや映画などのメディア・娯楽会社と新聞を含む出版会社に分割する方針だと報じた。両社ともルパート・マードック会長が会長を続け、約1年後に完了する見通し。

■インターネット検索大手ヤフーは7月16日、新しい最高経営責任者（CEO）に、グーグル副社長のマリッサ・メイヤー氏（37）を起用すると発表した。業績不振でCEOの解任と辞任が続いたヤフーは、ライバル社から招いた女性の経営トップに再建を託した。

■「新聞協会報」（7月31日）は、トリビューンの再建計画が承認された、と報じた。7月23日、デラウェア州連邦破産裁判所のケビン・ケアリー判事が経営再建中のメディア大手トリビューンの支配権を、投資会社オークツリー・キャピタル・マネジメントを率いる優先債権者グループに譲渡する再建計画を正式に承認した。

　トリビューンは2008年12月、連邦破産法11条に基づく会社更生手続きの適用を申請。同社はロサンゼルス・タイムズやシカゴ・トリビューンなどの有力紙を保有している。

■女性誌コスモポリタン国際版編集長のヘレン・ガーリー・ブラウン氏が8月13日ニューヨーク市内の病院で死去。90歳。1965年、販売不振だったコスモポリタン誌の編集長に就任。恋愛や性などの記事で独身女性の心をつかんだ。97年編集長辞任後も同誌国際版の編集長を務めた。

■ニューヨーク・タイムズは8月14日、次期社長兼最高経営責任者（CEO）に、英BBC放送会長のマーク・トンプソン氏（55）を任命したと発表した。同氏は11月に就任する。

　2004年からBBC会長を務めてきたトンプソン氏は海外事業の強化や、インターネットの活用などで陣頭指揮を執った。ロンドン五輪終了後、会長を辞任する。

　ニューヨーク・タイムズのオーナーで、暫定CEOを兼務するアーサー・サルツバーガー会長は「トンプソン氏は世界展開とデジタル化で我々のリーダーに適任」と理由を述べた。

■ニューヨーク・タイムズの前発行人で前会長のアーサー・サルツバーガー氏は9月29日、ニューヨーク市近郊の自宅で死去。86歳。1963年、発行人に就任。発行人を92年、会長を97年に、息子で現職のアーサー・サルツバーガー・ジ

ュニア氏に引き継ぐまで同紙を率いた。

　ベトナム政策の詳細を書いた国防総省の機密文書「ペンタゴン・ペーパーズ」を 71 年に特報。報道しないよう求めたニクソン政権の要望を拒否。差し止めの訴訟でも勝利し、同紙の名声を高めた。

　経営面でも購読数の低下に歯止めをかけ、100 万部の発行部数に道を開いた。

■ ニューズウィーク誌は 10 月 18 日、12 月末を最後に紙媒体の販売をやめると発表した。すでに約 80 年間（創刊は 1933 年）続けていたが、13 年初めから完全に電子版に移行する（日本版は紙媒体のまま）。

　紙媒体での広告収入が減少する一方、電子版の購読者が増加。タブレット端末の急速な普及もあり、ネット化に踏み切る。電子化後は「ニューズウィーク・グローバル」の名称で世界共通の内容にする。

■ 民主党のバラク・オバマ大統領 (51) と共和党のミット・ロムニー前マサチューセッツ州知事 (65) が挑む大統領選は 11 月 6 日に投票。オバマ大統領が再選を決めた。オバマ氏の獲得選挙人は 300 人を超えた。50 州で 509 人の選挙人で同日現在、当選ラインの 270 人を超えた。

【2013 年】

■ 中東の衛星テレビ、アルジャジーラ（本社はカタール・ドーハ）は 1 月 2 日、米国のニュース専門テレビ局カレント TV を買収したと発表した。

■ シカゴのトリビューンは 1 月 17 日、ピーター・リゴーリ氏を最高経営責任者 (CEO) に任命したと発表した。同氏はディスカバリー・コミュニケーションの最高執行責任者だった。

■ 1 月 30 日の米国メディアの発表によると、雑誌タイムが全従業員の 6% に当たる 500 人の削減を実施する方針であると発表した。

■ ワシントン・ポストは 2 月 1 日、自社のコンピューター・システムが中国からとみられるハッカー攻撃を受けていたと明かした。

■ ニューヨークに本部をおくジャーナリスト保護委員会は 2 月 14 日、2012 年に死亡した記者が世界で 70 人に上っていたと発表。前年の 47 人より大幅に増えた。シリアでの犠牲が多く、日本人の映像記者の山本美香氏（当時 45 歳）ら 28 人が亡くなった。

■ ニューヨーク・タイムズ傘下のボストン・グローブが売却を検討していると、2 月 20 日に発表した。経営資源をニューヨーク・タイムズに集中させるのが狙い。

■ ニューヨーク・タイムズ傘下の国際英字紙インターナショナル・ヘラルド・トリ

ビューンの名称を年内に「インターナショナル・ニューヨーク・タイムズ」に変更すると発表した。
- 雑誌リーダーズ・ダイジェストを発行するRDAホールディングは2月18日までに、ニューヨーク州の連邦破産裁判所に連邦破産法第11条の適用を申請した。
- ワシントン・ポストは3月18日、これまで無料であった電子版の閲覧について、今年夏から一部課金を始めると報じた。
- USAトゥデー創刊者アレン・ニューハース氏はフロリダ州ココア・ビーチで死去。89歳。82年にUSAトゥデーを創刊。グラフィックの採用で、明るく親しみやすい紙面作りを目指した。
- コロンビア大学は4月15日、第97回ピュリツァー賞を発表。とくに国際報道部門では、中国の温家宝首相（当時）一族の蓄財を書いたニューヨーク・タイムズのデービッド・バーボザ記者へ贈られた。
- 司法省は6月21日、エドワード・スノーデン氏をスパイ防止法違反や情報窃盗などの容疑で手配した。同氏はCIA元技術アシスタントで、4年前から国家安全保障局（NSA）に勤務。国の機密情報を持ち出し、香港に滞在。その後ロシア連邦移民局に一時的な亡命を申請した。

　同氏は英紙ガーディアンのコラムニスト（グレン・グリーンウォルド氏）に情報を提供。スノーデン氏はなぜ米国の報道機関でなかったかについて「多発テロ以降、米国の報道機関は過剰な政治を批判するというジャーナリズムの責任を放棄した」と言及した。ガーディアン側は「報道に対する明らかな脅しで、違法だ」と反発している。
- シカゴのトリビューンは7月10日、ロサンゼルス・タイムズやトリビューンを含む新聞部門を分社化すると発表した。とくに新聞部門は、メディアのデジタル化が進む中、広告料収入の低迷などで苦戦を強いられている。
- ワシントン・ポスト社は8月5日、アマゾン・コムの創業者で最高経営責任者(CEO)のジェフ・ベゾス氏に2億5,000万ドルで売却すると発表した。新聞業界は、ネット・ニュースの台頭で広告収入や購読者が減少。1993年には83万部の発行部数が今年上半期では44万7,700部に減り、ベゾス氏をオーナーに迎えることになった。

　同紙は1877年に創刊。グラハム家が80年に渡って経営したが、新聞事業では赤字が続いた。
- ニューヨーク・タイムズ（電子版）は8月27日、同紙のウェブサイトがハッカー集団「シリカ電子軍」によるとみられる攻撃を受け、一時ニュースの閲覧が出来なくなったと明らかにした。
- 中東の衛星テレビ、アルジャジーラの米国版放送「アルジャジーラ・アメリカ」

- が8月20日から放送を開始した。
- ロイター通信は10月2日、編集記者の削減を検討していることを明らかにした。同社が世界で抱える記者の約5%に相当する140人前後が対象になる見通し。
- 米主要メディアは11月21日、オバマ大統領の活動について一部の写真や映像取材が不当に制限されているとしてホワイト・ハウスに抗議した。
- 英紙ガーディアンのアラン・ラスブリッジャー編集長は12月3日、英下院の内務特別委員会で「米中央情報部・元職員スノーデン容疑者から提供された機密文書のうち、報道したのは1%だけだ」と述べ、安全保障に悪影響は与えていないと強調した。
- 米国で電子版に移行しているニューズウィーク誌が、紙媒体に復帰する予定であることが12月3日、明らかになった。
- ニューヨークに本部を置く民間団体ジャーナリスト保護委員会は12月18日、言論活動で各国の当局によって投獄されているジャーナリストは212人だと発表した。前年より20人少なかった。

【2014年】

- 米政府による情報収集活動の内実を暴露したCIAの元職員エドワード・スノーデン容疑者が米NPO法人・報道の自由財団の理事に就任することが1月14日明らかになった。同氏はスパイ活動取締法違反の容疑で追訴され、ロシアに亡命中である。
- オバマ大統領は1月、司法省で演説し、同盟国首脳に対する盗聴自粛などを柱とする情報収集活動の改革案を発表した。2013年10月、国家安全保障局 (NSA) がドイツのメルケル首相の携帯電話を盗聴しているとの疑惑が表面化した。
- 全国紙USAトゥデーを発行している新聞大手ガネットが2月4日、2013年10–12月期決算を発表した。新聞、出版、放送が伸び悩んで、純利益が前年同期比12.0%減になった。
- 北朝鮮に関する機密情報を記者に漏らした罪で起訴された元・国務省職員スティーブン・キム被告が2月7日、ワシントン連邦地裁で開かれた罪状認否で有罪を認めた。
- ワシントン・ポストは3月18日、購読者が同紙電子版を無料で閲読できる計画を5月から始めると発表した。
- メディア大手ニューズ・コーポレーションは3月26日、創業者ルパート・マードック会長の息子ラクラン・マードック氏(42)が非常勤の共同会長に就任する

と発表した。
- コロンビア大学は3月14日、第98回ピュリツァー賞を発表した。特に公共サービス部門では、米国家安全保障局 (NSA) による情報収集活動を暴露した英紙ガーディアンと米紙ワシントン・ポストの報道が選ばれた。さらに速報部門では、ボストン連続爆弾テロをデジタルの手法を用いて報じたボストン・グローブに贈られた。
- ニューヨーク・タイムズは5月14日、女性初の編集主幹を務めたジル・エーブラムソン氏 (60) が職を退き、ディーン・バケット編集長が引き継ぐと発表。バケット氏は同紙で初の黒人の編集主幹になる。
- インターネット通販大手アマゾン・コムは7月18日、月額9.99ドルで電子書籍60万冊以上が読み放題となる定額配信サービスを開始した。
- 下院本会議は7月28日、政府メディアVOAの改革法を可決した。外交の促進がVOAの使命と明記したが、多くの記者や職員は、政府の干渉を受けない客観報道でVOAは信頼を築いたと主張し、法案に反対している。
- シカゴのメディア大手トリビューンは8月4日、トリビューン・メディアに社名変更した。収益が悪化している新聞を切り離し、成長が期待できるテレビ事業に集中する。ロサンゼルス・タイムズやシカゴ・トリビューンなどを発行する新聞部門は「トリビューン・パブリッシング」として株式を上場する。
- 国連安全保障理事会は8月22日、過激派「イスラム国」(IS) による米国人ジャーナリスト、ジェームズ・フォーリー氏の殺害を「凶悪で卑劣」と非難する報道声明を明らかにした。
- シリアで勢力を拡大している「イスラム国」(IS) は9月2日、記者スティーブン・ソトロフ氏 (31) の首を切り殺害したとする映像をインターネット上で公開した。同氏はタイム誌などに記事を提供。シリアで2013年8月に拉致されたとみられる。8月19日、記者ジェームズ・フォーリー氏の殺害映像を公開。空爆をやめなければ、ソトロフ氏も殺害すると警告していた。
- アマゾン・コムの創業者ジェフ・ベゾス氏が買収したワシントン・ポストは9月2日、元・オーナー一族の出身で発行人の女性キャサリン・ウェイマス氏 (48) が10月1日で退任すると明らかにした。同氏は元・オーナーのキャサリン・グラハム氏の孫であった。
- ウォーターゲート報道で活躍したワシントン・ポスト元編集主幹のベン・ブラッドリー氏は10月21日老衰のため死去。93歳。1965年から26年間、同紙編集局長、編集主幹を務めた。ニクソン大統領を辞任に追い込んだウォーターゲート事件や、ベトナム戦争をめぐる国防総省の秘密報告書（ペンタゴン・ペーパーズ）の報道を指揮した。

- 新聞発行部数調査団体 AAM（旧 ABC）が 10 月 28 日、今年 9 月までの半年間の統計によると、平日 1 日当たりの平均発行部数（電子版も含む）で全国紙 USA トゥデーが 414 万部と首位だった。2 位はウォール・ストリート・ジャーナル（228 万部）、3 位はニューヨーク・タイムズ（213 万部）であった。
- オバマ大統領は 11 月 10 日、連邦通信委員会 (FCC) に対して、インターネットを通じた情報の取得や提供の平等性を確保する規制の策定を要請した。
- ワシントン・ポストは 11 月 20 日、アマゾン・コムのタブレット端末「キンドルファイア」の利用者向けに 1 日 2 回、電子版の紙面を半年間無料で配信すると発表した。
- 金融サービス大手ブルームバーグは 12 月 9 日、編集部門の発足時から約 25 年にわたりトップを務めてきたマシュー・ウィンクラー編集主幹が退任する人事を発表した。後任として、英誌エコノミストのジョン・ミクルスウェイト編集長が着任した。

索 引

ア行

アーウィン、ウィル (Irwin, Will) 273, 341, 365, 391, 455, 487
アーガス・オブ・ウェスタン・アメリカ (*Argus of Western America*) 129, 138
アーサー、ウィリアム・B (Arthur, William B.) 523, 825
アーチャー、トマス (Archer, Thomas) 16
アーネット、ピーター (Arnett, Peter) 642, 648, 693, 698–99, 743–45
アーノ、ピーター (Arno, Peter) 515
アービン、サム (Ervin, Sam) 689
アービン、リー (Irvin, Rea) 515
アーマー、フィリップ・D (Armour, Philip D.) 233
アームストロング、エドウィン・H (Armstrong, Edwin H.) 510, 583
アーリー、スティーブン・T (Early, Stephen T.) 466, 542
アーレッジ、ルーン (Arledge, Roone) 639
アーレン、マイケル (Arlen, Michael) 516, 699
アイゼンスタット、アルフレッド (Eisenstaedt, Alfred) 521
アイビス、ハーバート・E (Ives, Herbert E.) 508–09
アイビス、フレデリック・E (Ives, Frederic E.) 288
アウトコールト、リチャード (Outcault, Richard) 297, 440
アウトルック (Outlook) 243, 339, 518
アギナルド、エミリオ (Aguinaldo, Emilio) 311
アグニュー、スパイロ・T (Agnew, Spiro T.) 651, 682, 805
アシュマン、ジョージ (Ashmun, George) 162
アジア系アメリカ人ジャーナリスト協会 (Asian American Journalists Association) 818
アスコリ、マックス (Ascoli, Max) 602
アズウェル、エドワード (Aswell, Edward) 525
アソシエーテッド・プレス AP (Associated Press)
　外国との規制的な関係 (restrictive foreign ties and) 371–72
　ケネディ暗殺と (Kennedy assassination and) 623
　西部の (Western) 271, 371–72
　朝鮮戦争期の (during Korean War) 556–58
　ベトナム戦争期の (during Vietnam War) 641–62, 648, 691, 693, 696
アソシエーテッド・プレス対 NLRB 事件 (Associated Press v. NLRB) 479
アゾウリ、ネギブ (Azouri, Negib) 733
アダムズ、アイザック (Adams, Isaac) 141
アダムズ、エドワード・T (Adams, Edward T.) 693
アダムズ、サミュエル・ホプキンス (Adams, Samuel Hopkins) 342, 365
アダムズ、サミュエル (Adams, Samuel) 70–71
アダムズ、ジェーン (Addams, Jane) 312
アダムズ、チャールズ (Addams, Charles) 515
アダムズ、トマス (Adams, Thomas) 110
アダムズ、フランクリン・P (Adams, Franklin P.) 326, 378, 515
アダムズ、ブルックス (Adams, Brooks) 310
アダムズ、ヘンリー (Adams, Henry) 241
新しいジャーナリズム (Alternative journalism)
　ゲイ・レズビアン・プレス (gay and lesbian press) 677–78
　1960 年代のニュー・ジャーナリズム (New Journalism of 1960s) 661–65
　調査報道 (investigative reporting in) 659–61
アチソン・グローブ (カンザス州) (Atchison Globe (Kansas)) 335
アップダイク、ジョン (Updike, John) 516, 764
アップル、R・W、ジュニア (Apple, R. W., Jr.) 648, 707, 720
アディソン、ジョゼフ (Addison, Joseph) 21, 38, 44
アトランタ・コンスティテューション (*Atlanta Constitution*) 249, 271, 308, 377
アトランタ・コンフェデラシー (*Atlanta Confederacy*) 209
アトランタ・ジャーナル (*Atlanta Journal*) 414, 539
アトランタ・ジョージアン (*Atlanta Georgian*) 329

1029

アトランタ・ヘラルド (*Atlanta Herald*) 249–50, 252
アトランタの他の新聞 (Atlanta, other newspapers) 249–50, 667
アトランティック・マンスリー (*Atlantic Monthly*) 243, 339, 900
アトレー・ギャリック (Utley, Garrick) 699
アドラー、ジュリウス・オックス (Adler, Julius Ochs) 363
アピール・トゥ・リーズン (Appeal to Reason) 322, 400
アフリカ系アメリカ人のメディア (African American media)
　テレビ (television) 781–82
　南北戦争期の (during Civil War) 188–94
　マイノリティ、メディアの雇用 (minorities, media employment of) 786–88
アボット、ウィリス (Abbot, Willis) 814
アボット、ライマン (Abbott, Lyman) 339
アボット、ロバート (Abbott, Robert) 347, 349
アマンポー、クリスティーン (Amanpour, Christiane) 860
アメリカ・ジャーナリズム学部・学科協会 (American Association of Schools and Departments of Journalism) 820
アメリカ・ジャーナリズム学部教職員協会 (American Society of Journalism School Administrators) 822
アメリカ・ジャーナリズム教育審議会 (American Council on Education for Journalism) 822
アメリカ・中国開発公社 (America-China Development Company) 310
アメリカ革命 (American Revolution) 独立戦争 (Revolutionary War) を見よ。
アメリカ広告代理店協会 (American Association of Advertising Agencies) 455, 902–03
アメリカ広報協会 (Public Relations Society of America) 901
アメリカ自由人権協会 (American Civil Liberties Union = ACLU) 631
アメリカ新聞協会 (Newspaper Association of America) 377, 759, 811, 813, 829, 866
アメリカ新聞同業組合 (American Newspaper Guild) 491
アメリカ新聞年鑑 (*American Newspaper Directory*) 283
アメリカ新聞発行者協会 (American Newspaper Publishers Association) 279, 285–86, 345, 419–20, 478, 497, 803, 807, 811, 829, 866
アメリカ新聞編集者協会 (American Society of Newspaper Editors) 439, 461, 667, 756, 813, 830, 842–43, 846
アメリカ先住民ジャーナリスト協会 (Native American Journalists Association) 676, 818
アメリカ通信労働組合 (Communication Workers of America) 811
アメリカ労働者同盟 (American Federation of Labor) 286, 317
アメリカン・ウィークリー (*American Weekly*) 300, 469
アメリカン・ウィークリー・マーキュリー (*American Weekly Mercury*) 42
アメリカン・クォータリー・レビュー (*American Quarterly Review*) 134
アメリカン・テレフォン＆テレグラフ社 (AT&T) (American Telephone & Telegraph Company) 411, 414–17, 456–57, 459, 509, 573, 597, 784, 867, 869, 877, 882, 904
アメリカン・マーキュリー (*American Mercury*) 514
アメリカン・マガジン (*American Magazine*) 46, 300, 343
アメリカン・ミュージアム (American Museum) 126
アリーナ (*Arena*) 243, 341
アリゾナ・リパブリック (*Arizona Republic*) 661, 674, 866
アル、シラー (Al Shiraa) 717
アルバカーキー・トリビューン (*Albuquerque Tribune*) 476
アルフォード、セオドア・C (Alford, Theodore C.) 482
アレオパジティカ (*Areopagitica*) 17–18
アレグザンダー、ピーター・W (Alexander, Peter W.) 209
アレグザンダーソン、アーネスト・F・W (Alexanderson, Ernest F. W.) 509
アレン、ウィリアム・V (Allen, William V.) 310
アレン、ジェイ (Allen, Jay) 484
アレン、フレデリック・ルイス (Allen, Frederick Lewis) 598
アレン、ロバート・S (Allen, Robert S.) 490
アレン・ライリー (Allen Riley) 533

アロンソン、ジェイムズ (Aronson, James) 561
アンソニー、スーザン (Anthony, Susan B.) 320
アンダーソン、シャーウッド (Anderson, Sherwood) 343
アンダーソン、ジャック (Anderson, Jack) 660, 833
アンダーソン、テリー (Anderson, Terry) 737
アンダーソン、マックスウェル (Anderson, Maxwell) 326
アンドルース、J・カトラー (Andrews, J. Cutler) 208–09
アンドロス卿、エドマンド (Andros, Sir Edmund) 31

イーストマン、ジョージ (Eastman, George) 290, 424
イーストマン、マックス (Eastman, Max) 343, 388, 401
イーズ、ベンジャミン (Edes, Benjamin) 72
イーブニング・ポスト (*Evening Post*) 46, 67
イェーツ、テッド (Yates, Ted) 735
イェール・デイリー・ニューズ (*Yale Daily News*) 518
「イエロー・キッド」("Yellow Kid") 297–99, 440
イエロー・ジャーナリズム (Yellow journalism) 273, 290–92, 297–99, 309–10, 353, 439, 481, 856
イギリス情報省 (British Ministry of Information) 524
イズルー、バート (Islew, Bert) 276
イッキーズ、ハロルド (Ickes, Harold) 467
イラン＝コントラ・スキャンダル (Iran-Contra scandal) 681, 716, 730, 777
インガーソル、ラルフ (Ingersol, Ralph) 482
印刷 (Printing) 864
　技術進歩 (technological advances in) 175–76, 217, 285–86, 296, 300, 362, 864
　発展 (development of) 1–9
　普及 (spread of) 128,131
印刷機 (Printing press)
　産業革命 (and Industrial Revolution) 140–43
印刷書籍商組合 (Stationers Company) 13, 16
インターナショナル・ニューズ・サービス　ハースト、ウィリアム・ランドルフ、通信社を見よ (International News Service. See Hearst, William Randolph; Press associations)

インディアナポリス・ジャーナル (*Indianapolis Journal*) 308
インディアナポリス・ニューズ (*Indianapolis News*) 256, 324
インディアナ・ガゼット (*Indiana Gazette*) 120
インディペンデント (*Independent, The*) 243, 339

ウァイラー、ウィリアム (Wyler, William) 524
ウィークス、エドワード (Weeks, Edward) 599
ウィークリー・リハーサル (*Weekly Rehearsal*) 45–46
ウィード、サーロウ (Weed, Thurlow) 157, 195
ウィーラー、ジョン・N (Wheeler, John N.) 377, 482
ウィーロック、ジョゼフ・A (Wheelock, Joseph A.) 255
ウイスコンシン・フォルクスブラット (*Wisconsin Volksblatt*) 206
ウィスナー、ジョージ (Wisner, George) 147
ウィズニュースキー、ウォルター (Wisniewski, Walter) 737
ウィッカー、トム (Wicker, Tom) 624, 731
ウィットマン、ウォルト (Whitman, Walt) 137, 183, 343
ウィメンズ・ジャーナル (*Women's Journal*) 320
ウィメンズ・プレス・クラブ (Women's Press Club) 274
ウィリアム、ブライアン (Williams, Brian) 772
ウィリアム、ワイズ (Williams, Wythe) 392, 486, 487
ウィル、ジョージ (Will, George) 776
ウィルクソン、サミュエル (Wilkeson, Samuel) 167
ウィルキンス、ロイ (Wilkins, Roy) 174
ウィルクス、ジョン (Wilkes, John) 23
ウィルス、ギャリー (Wills, Garry) 662
ウィルソン、ウッドロー (Wilson, Woodrow) 287, 384, 405, 411, 456, 471
　プレスとの関係 (and the press) 317–20
ウィルマー、ランバート (Wilmer, Lambert) 273
ウィンスロー、エドワード (Winslow, Edward) 26
ウィンチェル、ウォルター (Winchell, Walter) 378, 437, 503

ウェーバー、サイモン (Weber, Simon) 658
ウェイクフィールド、ダン (Wakefield, Dan) 663
ウェイランド、J・A (Weyland, J. A.) 322
ウェイルズ、ヘンリー (Wales, Henry) 392, 488
ウェスタン・ユニオン (Western Union) 237, 277–78, 875, 904
ウェスティングハウス (Westinghouse) 411, 413–14, 417, 459, 509, 568
ウェッブ、ジェイムズ・ワトソン (Webb, James Watson) 146, 150, 153, 161, 168, 171
ウェナー、ジャン (Wenner, Jann) 657
ウェブスター、ノア (Webster, Noah) 95
ウェマイヤー、ペギー (Wehmeyer, Peggy) 774
ウェルズ、オーソン (Welles, Orson) 500, 611–12
ウェルズ＝バーネット、アイダ・B (Wells-Barnett, Ida B.) 347
ウェルチ、ジョン・F、ジュニア (Welch, John F., Jr.) 772
ウォーカー、デイビッド (Walker, David) 191
ウォーカー・リポート (Walker Report) 649–50
ウォーターゲート事件 (Watergate scandal) 632, 634, 636, 654, 659–60, 680, 686, 688–91, 693, 712, 719, 770, 805, 911
ウォード、アーチ (Ward, Arch) 476
ウォード、レスター (Ward, Lester) 240
ウォードマン、アービン (Wardman, Ervin) 324, 444
ウォール・ストリート・ジャーナル (*Wall Street Journal*) 702–03, 757–58, 806, 829, 834, 861, 867, 910
ウォーレン、フィッツ＝ヘンリー (Warren, Fitz-Henry) 195
ウォッシュバーン、C・C (Washburn, C. C.) 233
ウォッシュバーン、スタンレイ (Washburn, Stanley) 487
ウォブリーズ 世界産業労働者同盟を見よ (Wobblies. See Industrial Workers of the World)
ウォルコット、アレグザンダー (Woollcott, Alexander) 393, 515
ウォルター、コーネリア (Walter, Cornelia) 166
ウォルター、リンド・M (Walter, Lynde M.) 142
ウォルターズ、バーバラ (Walters, Barbara) 637, 757, 774
ウォルト・ディズニー社 (Walt Disney Co.) 761, 873, 882
ウォルフ、ダニエル (Wolf, Daniel) 652
ウォレス、クリス (Wallace, Chris) 771
ウォレス、デウィット (Wallace, DeWitt) 517
ウォレス、トム (Wallace, Tom) 814
ウォレス、ヘンリー・A (Wallace, Henry A.) 552
ウォレス、マイク (Wallace, Mike) 635, 757, 771
ウォレス、ライラ・アチソン (Wallace, Lila Acheson) 517
ウッダン、シェリル (WuDunn, Sheryl) 704
ウッドハル、ビクトリア (Woodhull, Victoria) 274
ウッドラフ、ジュディー (Woodruff, Judy) 771, 784
ウッドワード、ボブ (Woodward, Bob) 659, 688–89, 741
ウルフ、トム (Wolfe, Tom) 657

エア、N・W・＆サン (Ayer, N. W., & Son) 280, 283, 449–50, 453, 458
ABC 放送 (American Broadcasting Company ＝ABC)
　海外のニュース報道 (foreign news reporting by) 744
　設立 (founding of) 418
　特派員 (correspondents of) 538–39, 637–40, 714, 718, 723, 751
映画 (Motion pictures)
　検閲 (censorship of) 610–14
　最初の映画 (first) 290
　発明 (inventions for) 423–27
英国放送協会 (British Broadcasting Corporation＝BBC) 508, 509, 589, 776, 885, 889, 905
エイトキン、ロバート (Aitken, Robert) 80, 125–26
エイド、ジョージ (Ade, George) 253, 664
エイバーガン、トニー (Avirgan, Tony) 725
エイベル、アルーナ・S (Abell, Arunah S.) 147, 154, 169–70, 173
エイムズ、メアリー・クレマー (Ames, Mary Clemmer) 275
エイモス・アンド・アンディー (*Amos 'n' Andy*)

422–23, 495–96, 574
エイリアネイテッド・アメリカン (*Alienated American, The*) 192
エクスナー、フレデリック・C (Oechsner, Frederick C.) 529
エグルストン、チャールズ (Eggleston, Charles) 695
エスクワイア (*Esquire*) 652, 662, 677, 829, 839, 895
エスニック・プレス (Ethnic press)
　先住アメリカ人 (Native American) 120–21, 676–77
エスパー、ジョージ (Esper, George) 696
エッカード、ウォルフ・フォン (Eckardt, Wolf Von) 665
エッセンス (*Essence*) 671
エディソン、トマス・A (Edison, Thomas A.) 236, 290, 407, 424, 849
エディター＆パブリシャー (*Editor & Pulisher*) 665, 667, 675, 804, 806
エドワーズ、ダグラス (Edwards, Douglas) 580, 632, 768
エバンズ、ウォーカー (Evans, Walker) 523
エバンズ、ジョージ (Evans, George) 136
エフロン、エディス (Efron, Edith) 760
エブリバディーズ (*Everybody's*) 513–14
エプスタイン、イスラエル (Epstein, Israel) 550
エプスタイン、エドワード・J (Epstein, Edward J.) 760
エボニー (*Ebony*) 604–05, 671, 894
エマーソン、グロリア (Emerson, Gloria) 699
MTV 708, 749, 762, 780, 791, 793, 883
エリー、リチャード・T (Ely, Richard T.) 240, 253
エリオット、チャールズ・W (Eliot, Charles W.) 227, 239
エリソン、ロバート (Ellison, Robert) 695
エル・ディアリオ／ラ・プレンサ (*El Diario/La Prensa*) 661, 672, 674–75
エル・マルクリアド (*El Malcriado*) 672
エレベーター (*Elevator, The*) 194
エンポリア・ガゼット（カンザス州）(*Emporia Gazette* (Kansas)) 333–35, 445

オークランド・トリビューン (*Oakland Tribune*) 448, 788
オークランド・ポスト＝エンクワイアラー (*Oakland Post-Enquirer*) 448
オーティス、ハリソン・グレイ (Otis, Harrison Gray) 249–50, 366
オールダー、フリモント (Older, Fremont) 336
オーロラ (*Aurora, The*) 101–02, 108
オクラホマ・ジャーナル (*Oklahoma Journal*) 866
オグデン、ロロ (Ogden, Rollo) 363
オサリバン、ジョン・L (O'Sullivan, John L.) 138
オサリバン、ティモシー・H (O'Sullivan, Timothy H.) 213
オズボン、B・S (Osbon, B. S.) 203
オックス、アドルフ (Ochs, Adolph) 244, 362, 398
オドンネル、ジョン (O'Donnell, John) 465
オニール、ジョン・J (O'Neill, John J.) 481
オハイオ・ステーツマン (*Ohio Statesman*) 202
オマング、ジョアン (Omang, Joanne) 728
オルソップ、ジョゼフ (Alsop, Joseph) 490, 531, 552, 643, 647
オルソップ、スチュアート (Alsop, Stewart) 490, 552, 562, 568
オレゴン・スペクテイター (*Oregon Spectator*) 178

カ行

カー、ウォルター (Kerr, Walter) 506
カーカー、ウィリアム (Kerker, William) 529
カーク、ラッセル (Kirk, Russell) 600
カーター、ジミーとメディア (Carter, Jimmy, and the media) 705–11
カーター、ナサニエル (Carter, Nathaniel) 165
カーター、ボーク (Carter, Boake) 501–02
カーチウェイ、フレダ (Kirchwey, Freda) 601, 654
カーティス、サイラス・H・K (Curtis, Cyrus H. K.) 244, 284, 598
カーティス、ジョージ・ウィリアム (Curtis, George William) 223
カーネギー、アンドルー (Carnegie, Andrew) 233, 242, 312, 383
カーノウ、スタンレイ (Karnow, Stanley) 311, 700
カーハン、エイブラハム (Cahan, Abraham)

322, 658
カービー、ローリン (Kirby, Rollin) 326, 493–94
解説的報道 (Interpretive reporting)
　興隆 (rise in) 480–82
　都市および環境 (urban and environmental) 664–65
カウレス、ジョン・ジュニア (Cowles, John, Jr.) 598
カクストン、ウィリアム (Caxton, William) 4, 11–12, 14, 49
カズンズ、ノーマン (Cousins, Norman) 600
カディヒー、R・J (Cuddihy, R. J.) 495–96
カトー書簡 (Cato's letters) 22, 42, 61
カトリック・ダイジェスト (*Catholic Digest*) 604
カトリック・ワーカー (*Catholic Worker*) 602, 654–56
カニフ、ミルトン (Caniff, Milton) 441, 539
カフマン、レジナルド・ライト (Kauffman, Reginald Wright) 488
カペル、アンドレア (Koppel, Andrea) 779
カポーティ、トルーマン (Capote, Truman) 606, 661, 663
カミングス、エイモス (Cummings, Amos) 271
カミンズ、マリア・S (Cummins, Maria S.) 242
カラー・プレス (Color press) 285–86, 296–97, 300
カラード・アメリカン (*Colored American, The*) 191
カリスチャー、ピーター (Kalischer, Peter) 556, 559
カリフォルニアン (Californian, The) 178
カルズマン、ダン (Kurzman, Dan) 646
カルテンボーン、ハンス・フォン (Kaltenborn, Hans Von) 501, 503–05, 553
カルバロー、S・S (Carvalho, S. S.) 269, 271–72, 280, 297
カルフーン、ウィリアム・B (Calhoun, Willian B.) 138, 140, 162, 188
カルブ、バーナード (Kalb, Bernard) 635
カルブ、マービン (Kalb, Marvin) 635
カレント・ヒストリー (Current History) 514
カン、ピーター (Kann, Peter) 703
カンザス・シティ・スター (*Kansas City Star*) 254, 271, 333, 390, 414, 482
カンザス・シティ・タイムズ (Kansas City Times) 254–55

ガーゲン、デイビッド (Gergen, David) 751
ガーディアン (Guardian) 38
ガードナー、アレグザンダー (Gardner, Alexander) 212–13
ガーベイ、マーカス (Garvey, Marcus) 348–49
ガーランド、ハムリン (Garland, Hamlin) 242, 343
外国人・煽動法 (Alien and Sedition Acts) 104–05, 108, 113, 181
合衆国情報局 (United States Information Agency) 588–89
ガブロー、エミール (Gauvreau, Emile) 433, 435
ガンベル、ブライアント (Gumbel, Bryant) 742, 772, 789

キーマー、サミュエル (Keimer, Samuel) 42, 44
キーリー、ジェイムズ (Keeley, James) 338, 447
「危機」論文 (Crisis papers) 81–83
キネスコープ (Kinescope) 509
キャスロン、ウィリアム (Caslon, William) 47, 49
キャノン、ジョー (Cannon, Joe) 318, 323
キャパ、ロバート (Capa, Robert) 521, 640, 693, 695
キャピタル・シティーズ・コミュニケーションズ (Capital Cities Communications) 775
キャプラ、フランク (Capra, Frank) 427, 524
キャリー、マシュー (Carey, Matthew) 126
キャレンダー、ジェイムズ (Callender, James) 116
キャロル、ジョン (Carroll, John) 696
キャンビー、ヘンリー・S (Canby, Henry S.) 526, 600
キャンフィールド、キャス (Canfield, Cass) 525, 607
キャンベル、ジョン (Campbell, John) 34
キャンベル、ヘレン (Cambell, Helen) 275
キルガーレン、ジェイムズ (Kilgallen, James) 376, 587
キルガーレン、ドロシー (Kilgallen, Dorothy) 378, 587
キルパトリック、ジェイムズ・J (Kilpatrick, James J.) 600
キング、ジョン (King, John) 779

キング、マーチン・ルーサー、ジュニア (King, Martin Luther, Jr.) 566, 617, 621, 627, 629–30, 680, 790
キング、ラリー (King, Larry) 749, 778–79
キング・フィーチャーズ・シンジケート (King Features Syndicate) 377, 378, 440, 469
キングマン、イライアブ (Kingman, Eliab) 165
キンザー、スティーブン (Kinzer, Stephen) 726
キントナー、ロバート (Kintner, Robert) 580
ギトリン、トッド (Gitlin, Todd) 629, 701, 752
ギブス、ウォルコット (Gibbs, Wolcott) 515
ギブソン、チャールズ・デイナ (Gibson, Charles Dana) 243, 387
ギボンズ、フロイド (Gibbons, Floyd) 376, 392, 484, 495–96, 587
ギャラガー、ウェス (Gallagher, Wes) 541, 911
ギャラップ、ジョージと世論調査 (Gallup, George, and polls) 453, 531, 552, 561, 578, 592, 595
ギャリコ、ポール (Gallico, Paul) 587
ギャリソン、ウィリアム・ロイド (Garrison, William Lloyd) 181, 183–85, 188, 192
ギャロウェイ、デイブ (Garroway, Dave) 573
ギリアット、ペネローペ (Gilliatt, Penelope) 516
ギル、ジョン (Gill, John) 72–73, 76
ギルカ、ロバート (Gilka, Robert) 605
ギルド・リポーター (*Guild Reporter*) 808, 810
ギルバート、サミュエル (Gilbert, Samuel) 167
ギルマン、ダニエル・コイト (Gilman, Daniel Coit) 227, 239
ギルモア、エリザベス (Gilmore, Elizabeth) 275
ギングリッチ、アーノルド (Gingrich, Arnold) 662, 895

クーパー、ケント (Cooper, Kent) 583–85
クーリッジ、カルビン (Coolidge, Calvin) 320, 394, 396, 405, 417, 421
クイル (Quill) 818, 825
クイント、バート (Quint, Bert) 646
クラーク、セラ・M (Clarke, Selah M.) 365
クライアー、キャサリン (Crier, Catherine) 776
クライシス (*Crisis, The*) 202
クラウバー、エド (Klauber, Ed) 497–98, 770
クラッパー、レイモンド (Clapper, Raymond) 376, 491–92
クラフリン、テネシー (Claflin, Tennessee) 274
クラルト、チャールズ (Kuralt, Charles) 635, 769
クリーブランド・ニューズ (*Cleveland News*) 251
クリーブランド・プレイン・ディーラー (*Cleveland Plain Dealer*) 251, 385, 861
クリーブランド・プレス (*Cleveland Press*) 251, 330–31
クリール、ジョージ (Creel, George) 385, 458, 535
クリールマン、ジェイムズ (Creelman, James) 305, 309
クリアー・フランセ (*Courrier Français*) 117
クリスチャン、シャーリー (Christian, Shirley) 729
クリスチャン・サイエンス・モニター (*Christian Science Monitor*) 486, 490, 538, 602, 642, 682, 703, 814, 829, 867
クリスチャン・ジャーナル・アンド・アドボケート (*Christian Journal and Advocate*) 128
クリスチャン・ヘラルド (*Christian Herald, The*) 192, 604
クリスト、ジュディス (Crist, Judith) 662
クリストフ、ニコラス・D (Kristof, Nicholas D.) 704
クリストル、アービング (Kristol, Irving) 601
クリスビー、ジョゼフ (Clisby, Joseph) 207
クリントン、ビルとメディア (Clinton, Bill, and the media) 681, 708, 750–55, 858
クレイグ、ダニエル (Craig, Daniel) 168, 171–72
クレイプール、デイビッド・C (Claypoole, David C.) 117
クレイン、スティーブン (Crane, Stephen) 242, 298, 343, 664
クレメンス、サミュエル (Clemens, Samuel) 178, 242, 312
クローズ、アプトン (Close, Upton) 501–02, 527
クローリー、ジェニー・ジューン (Croly, Jennie June) 274
クローリー、ハーバート (Croly, Herbert) 343, 601

クロース、ティモシー (Crouse, Timothy) 707
クロス、リチャード (Cross, Richard) 729
クロスウェル、ハリー (Croswell, Harry) 115–16
クロック、アーサー (Krock, Arthur) 230
クロフト、スティーブ (Kroft, Steve) 770
クロンカイト、ウォルター (Cronkite, Walter) 580, 616, 619, 624, 627, 632–35, 637, 647, 649, 691, 709, 757, 760–61, 767, 800
グーテンベルグ、ヨハン (Gutenberg, Johann) 4, 868
グールド、ジェイ (Gould, Jay) 263
グインズバーグ、ハロルド (Guinzburg, Harold) 524
グッド・ハウスキーピング (Good Housekeeping) 675, 829, 897
グラハム、キャサリン・メイヤー (Graham, Katharine Meyer) 520, 663, 682, 802–03
グラハム、フィリップ・L (Graham, Philip L.) 520, 620, 912
グラハム、フレッド (Graham, Fred) 635
グラスティー、チャールズ (Grasty, Charles) 336
グラフトン、サミュエル (Grafton, Samuel) 490
グラマー (*Glamour*) 829
グリーリー、ホラス (Greeley, Horace) 137, 143–45, 155–61, 163, 165–66, 172–73, 194–95, 197–99, 204, 218, 221–22, 225, 229, 258, 270, 275, 445
グリーリー＝スミス、ニクソラ (Greeley-Smith, Nixola) 275
グリーン、ダフ (Green, Duff) 125, 138, 140
グリーン、チャールズ・ゴードン (Greene, Charles Gordon) 134–35
グリーン、バーソロミュー (Green, Bartholomew) 34, 115
グリーン家 (Green, printing family) 47, 921
グリーンウッド、グレース (Greenwood, Grace) 274–75
グリアーソン、ジョン (Grierson, John) 523
グリスウォルド、ロジャー (Griswold, Roger) 107
グリッグ、ジョゼフ・W (Grigg, Joseph W.) 536
グリドリー、ジェレミー (Gridley, Jeremy) 45–46
グリフィス、D・W (Griffith, D. W.) 424–26
グリベドーフ、バレリアン (Gribayédoff, Valerian) 287
グレイディー、ヘンリー・W (Grady, Henry W.) 247, 249–50
グレイブズ、ラルフ (Graves, Ralph) 522
グロス、ギャド・シュスター (Gross, Gad Schuster) 742

ケーニッヒ、フリードリッヒ (Koenig, Friedrich) 141–42
ケーブル・ニューズ・ネットワーク (Cable News Network=CNN)
  視聴者 (audience of) 777–78
  特派員 (correspondents of) 704, 742–43, 751, 777–79, 860
  湾岸戦争 (in Gulf War) 739–47
ケイシー、ラルフ・D (Casey, Ralph D.) 468, 820
ケイター、ダグラス (Cater, Douglass) 602
ケネディ、エドワード (Kennedy, Edward) 537, 649, 710
ケネディ、ジョン・F (Kennedy, John F.)
  暗殺 (assassination of) 621–28, 636
  メディアとの関係 (and the media) 586, 617–21
ケネディ、ジョン・F、ジュニアとマス・メディア (Kennedy, John F., Jr., and mass media) 764
ケプラー、ジョゼフ (Keppler, Joseph) 243, 493
ケランド、クラレンス・B (Kelland, Clarence B.) 598
ケリー、フロレンス・フリンチ (Kelly, Florence Flinch) 274
ケロッグ、アンセル (Kellogg, Ansel) 377
ケロッグ、マーク (Kellogg, Mark) 270
ケンタッキー・ガゼット (Kentucky Gazette) 119
ケント、アーサー (Kent, Arthur) 744
ケント、フランク・R (Kent, Frank R.) 489
ケンドル、エイモス (Kendall, Amos) 134, 139, 140, 169
ケンドル、ジョージ・ウィルキンス (Kendall, George Wilkins) 174
ケンファート、ウォルデマー (Kaempffert, Waldemar) 481
憲法修正第1条をめぐる判例　プレスの自由も見よ (First Amendment cases. See Freedom of the press)
憲法の批准 (Constitution, adoption of) 90, 92,

94, 97
権利章典 (Bill of Rights) 90–92, 186, 758, 851–52
ゲイ・レズビアン向けのプレス (Gay and lesbian press) 677
ゲイルズ、ジョゼフ・ジュニア (Gales, Joseph, Jr.) 124–25
ゲイン、ヒュー (Gaine, Hugh) 84

コークラン、エリザベス　ブライ、ネリーを見よ。(Cochrane, Elizabeth. See Bly, Nellie)
コークラン、ネグリー・D (Cochran, Negley D.) 333
コーテジー、アルナルド (Cortesi, Arnaldo) 486
コーテルユー、ジョージ・B (Cortelyou, George B.) 319
コーニッシュ師、サミュエル (Cornish, Rev. Samuel) 191
コーネル、エズラ (Cornell, Ezra) 238
コーリック、ケイティ (Couric, Katie) 772
コールサット、ハーマン (Kohlsaat, Herman) 444, 446–47
コールマン、ウィリアム (Coleman, William) 113, 137
公共放送会社 (Corporation for Public Broadcasting) 781
広告 (Advertising)
　広告委員会 (Advertising Council) 534–36, 591
　広告代理店 (agencies) 279–83, 449–55, 589–95, 597, 901–03
　サブリミナル (subliminal) 590, 592
　ペニー・プレス時代の (in penny press period) 148–50, 196–97
　マーケット・リサーチと (market research and) 449–50, 453, 589–90, 592–94
広報 (Public relations) 407, 455, 595–96, 747, 816, 822, 831, 900–01
コウルズ、ガードナー (Cowles, Gardner) 522
コウルズ、ジョン (Cowles, John) 820
国際情報局 (International Communications Agency) 588
国際連盟 (League of Nations) 313, 325, 335, 363, 393–94, 465, 471, 488, 733
黒人メディア (Black media) アフリカ系アメリカ人のメディア (African American media) を見よ。
コグリン、チャールズ神父 (Coughlin, Father Charles) 501–02, 513, 527, 530, 656
コスグレーブ、ジョン・オハラ (Cosgrave, John O'Hara) 341
コスモポリタン (*Cosmopolitan*) 244, 284 , 338, 341, 675, 829
コセル、ハワード (Cosell, Howard) 639
コッカリル、ジョン・A (Cockerill, John A.) 259–61, 265, 269, 271
コックス新聞グループ (Cox newspapers) 860
コックバーン、アレグザンダー (Cockburn, Alexander) 678
コッブ、フランク・I (Cobb, Frank I.) 323–24
コトロウィッツ、ロバート (Kotlowitz, Robert) 599
子供向けテレビのための活動 (Action for Children's Television) 790–92
子供とテレビ法 (Children's Television Act) 794
コナス・コミュニケーションズ (Conus Communications) 761
コニーフ、フランク (Conniff, Frank) 587
コネティカット・クーラント (*Connecticut Courant*) 85, 86
コプキンド、アンドルー (Kopkind, Andrew) 678
コプレイ・ニューズペーパーズ (Copley newspapers) 860
コベット、ウィリアム (Cobbett, William) 96, 104
コペル、テッド (Koppel, Ted) 742, 757, 774
コミック (Comics) 440–41, 609, 790
コメンタリー (Commentary) 603
コモン・センス (*Common Sense*) 80
コモンウィール (*Commonweal*) 603, 656
コラント (*Corantos*) 8–9, 14–16, 18, 20, 26, 29
コリー、ジョン (Corry, John) 599
コリアー、バーナード (Collier, Bernard) 646
コリアーズ (*Collier's*) 244, 273, 284, 338–39, 342, 391, 513–14, 597–98
コリス、ジョゼフ (Collis, Joseph) 811
コリングウッド、チャールズ (Collingwood, Charles) 632
コリンズ、アイザック (Collins, Isaac) 85
コレンバーグ、バーナード・J (Kolenberg, Bernard J.) 695

コロンバス・サン (*Columbus Sun*) 209
コロンビア・ステート (サウス・カロライナ州) (*Columbia State* (South Carolina)) 336, 337
コロンビア・ブロードキャスティング・システム (Columbia Broadcasting System (CBS))
　海外のニュース報道 (foreign news reporting by) 558, 741, 745
　第2次世界大戦 (in World War II) 529, 532, 538
　特派員 (correspondents of) 498, 529, 538, 547, 558, 618, 628–36, 649–50, 695
　批判 (criticism of) 682
コロンビアン・マガジン (*Columbian Magazine, The*) 126
コンウェル、クリストファー・C (Conwell, Christopher C.) 142
コンガー、ビーチ (Conger, Beach) 536
コングレショナル・グローブ (*Congressional Globe*) 125
コンシダイン、ボブ (Considine, Bob) 587
コンプトン、アン (Compton, Ann) 639
コンラド、フランク (Conrad, Frank) 411, 413
コンラド、ポール (Conrad, Paul) 713
ゴールデン・エアラ (*Golden Era, The*) 243
ゴッダード、ウィリアム (Goddard, William) 67, 86
ゴッダード、サラ (Goddard, Sarah) 58–59
ゴッダード、メアリー・キャサリン (Goddard, Mary Katherine) 85–86
ゴッダード、モリル (Goddard, Morrill) 296
ゴディー、ルイス (Godey, Louis) 211
ゴディーズ・レディズ・ブック (*Godey's Lady's Book*) 211
ゴドキン、エドワード・ローレンス (Godkin, Edward Lawrence) 218, 225, 266, 601, 856
ゴブライト、ローレンス・A (Gobright, Lawrence A.) 167, 214
ゴンザレス、N・G (Gonzalez, N. G.) 336–37
ゴンパース、サミュエル (Gompers, Samuel) 246, 312, 673

サ行

サーノフ、デイビッド (Sarnoff, David) 415, 509, 773
サーノフ、ロバート (Sarnoff, Robert) 773
サーバー、ジェイムズ (Thurber, James) 515

サイゴン記者団 (Saigon press corps) 620, 641, 643–44, 648, 695
サイツ、ドン・C (Seitz, Don C.) 280
サイボールド、ルイス (Seibolt, Louis) 324
サイモン、ボブ (Simon, Bob) 741
サイモントン、ジェイムズ・W (Simonton, James W.) 167, 370
サイラント、リチャード (Salant, Richard) 633
サウィスラク、アーノルド (Sawislak, Arnold) 707
サウス・カロライナ・ガゼット (*South Carolina Gazette*) 74, 87
サウスウィック、ソロモン (Southwick, Solomon) 74
サウスワース、E・D・E・N (Southworth, E.D.E.N.) 242
サクラメント・ユニオン (*Sacramento Union, The*) 167, 178
サタデー・イーブニング・ポスト (*Saturday Evening Post*) 244, 284, 339, 344, 391, 453, 549, 597–98, 627, 832
サタデー・レビュー (*Saturday Review*) 598, 600, 895
サタデー・レビュー・オブ・リタラチャー (*Saturday Review of Literature*) 526
サバナ・リパブリカン (*Savannah Republican*) 209
サビオ、マリオ (Savio, Mario) 630
サビッチ、ジェシカ (Savitch, Jessica) 637
サムナー、ウィリアム・グハラム (Sumner, William Graham) 240
サラザール、ルーベン (Salazar, Ruben) 646
サリー、フランソワ (Sully, François) 642, 696
サリバン、アンドルー (Sullivan, Andrew) 678, 896
サリバン、フランク (Sullivan, Frank) 326, 515
サリバン、マーク (Sullivan, Mark) 385, 489
サリンジャー、ピエール (Salinger, Pierre) 619
サルツバーガー、アーサー・オックス (Sulzberger, Arthur Ochs) 677
サワダ、キョウイチ（沢田教一）693
産業化 (Industrialization) 181, 182, 217, 232, 235, 237, 246
サンタ・フェ・リパブリカン (*Santa Fe Republican*) 178
サンダース、マーレン (Sanders, Marlene) 639–40

サンドバーグ、カール (Sandburg, Carl) 333, 343
サンフランシスコ・エグザミナー (*San Francisco Examiner*) 292, 293, 294, 329, 448
サンフランシスコ・クロニクル (*San Francisco Chronicle*) 308, 336, 385, 440, 448, 665, 861
サンフランシスコ・コール (*San Francisco Call*) 178, 329, 385, 448
サンフランシスコ・ブレトゥン (*San Francisco Bulletin*) 178
ザッカーマン、モルティマー (Zuckerman, Mortimer) 894–95
雑誌 (Magazines)
 経営面 (business aspects of) 893
 写真雑誌 (picture magazines) 521–24, 604–05
 宗教的プレス (religious press and) 602–04
 植民地時代 (in colonial era) 45, 79–80
 南北戦争 (in Civil War period) 208–10
雑誌発行者協会 (Magazine Publishers Association) 818

シーアン、ビンセント (Sheean, Vincent) 484, 488, 550
CNN インターナショナル (CNN International) 778
シータ・シグマ・ファイ (*Theta Sigma Phi*) 818
シートン、ウィリアム・W (Seaton, William W.) 124
シーナ、ジェイムズ・B (Sener, James B.) 209
シーハン、ニール (Sheehan, Neil) 641–44, 684, 693
シアーズ、ロバート (Sears, Robert) 191
シィアー、ロバート (Scheer, Robert) 660, 715
シェクター、A・A (Schechter, A. A.) 498
シェパード、ゲアリー (Shepard, Gary) 742
シェパードソン、ウィリアム・G (Shepardson, William G.) 209
シェリー、ジャック (Shelley, Jack) 817
シェリル、ロバート (Sherrill, Robert) 601, 660, 662
シェル、ジョナサン (Schell, Jonathan) 516
シカゴ・アメリカン (*Chicago American*) 329, 447
シカゴ・インター・オーシャン (*Chicago Inter Ocean*) 286
シカゴ・ウィークリー・デモクラット (*Chicago Weekly Democrat*) 177–78
シカゴ・サン (*Chicago Sun*) 438, 475, 585
シカゴ・タイムズ (*Chicago Times*) 202, 366, 438
シカゴ・ディフェンダー (*Chicago Defender*) 347, 349, 665
シカゴ・デイ・ブック (*Chicago Day Book*) 333
シカゴ・デイリー・ニューズ (*Chicago Daily News*)
 コラムニスト (columnists of) 271, 378, 506, 536
 創刊 (founding of) 252–53
 ニュース報道部門 (news enterprise) 506, 643
シカゴ・デイリー・リパブリカン (*Chicago Daily Republican*) 225
シカゴ・トリビューン (*Chicago Tribune*)
 海外のニュース報道 (foreign news report) 482–89, 556, 561, 703, 861
 コラムニスト (columnists of) 378, 491, 494–95
 初期 (early years of) 177
 米西戦争 (in Spanish-American War) 301–13
 マコーミック (and McCormick) 472–75, 579
シカゴ・トリビューン=ニューヨーク・デイリー・ニューズ・シンジケート (Chicago Tribune-New York Daily News Syndicate) 440–41
シカゴ・ヘラルド (*Chicago Herald*) 279, 381
シカゴ・レコード (*Chicago Record*) 339, 494
シグマ・デルタ・カイ (*Sigma Delta Chi*) 714, 818
シスネロス、エバンジェリナ (Cisneros, Evangelina) 305
シバーツエン、ジョージ (Syvertsen, George) 695
シモンズ、アザライア (Simmons, Azariah) 154
シモンズ、エリナ・ブース (Simmons, Eleanor Booth) 321
シモンズ、フランク (Simonds, Frank) 483
シャーウッド、ロバート・E (Sherwood, Robert E.) 531, 607
シャーマン、ハリー (Scherman, Harry) 526
シャイラー、ウィリアム・L (Shirer, William L.) 484, 504, 529
写真製版 (Photoengraving) 285, 287–88, 812, 866

シャスター、リンダ (Schuster, Linda) 729
シャナソン、ロバート (Shnayerson, Robert) 599
シャナハン、エイリーン (Shanahan, Eileen) 861
シャピロ、ヘンリー (Shapiro, Henry) 587
シャプレン、ロバート (Shaplen, Robert) 648, 703
宗教的プレス (Religious press) 602–04
シュッツアー、ポール (Schutzer, Paul) 695, 735
シュライバー、マリア (Shriver, Maria) 772
シュルツ、カール (Schurz, Carl) 160, 222, 258
シュルツ、シグリッド (Schultz, Sigrid) 392, 484
シュルツ、テッド (Szulc, Ted) 646
ショー、アルバート (Shaw, Albert) 339
ショー、バーナード (Shaw, Bernard) 704, 743, 778, 789
ショーアー、ダニエル (Schorr, Daniel) 635, 777
ショーン、ベン (Shahn, Ben) 523
ショウン、ウィリアム (Shawn, William) 516, 894
植民地時代のアメリカの新聞 (Colonial American press)
 イギリス植民地における最初のプレス (first press in English colonies) 26–27
職務中に殺害された記者 (Reporters, Killed on the job) 538, 556, 661, 693, 695, 723–25, 728, 735, 741–42
書籍 (Books)
 初期の発展 (early development of) 1–4
 植民地時代の (in colonial period) 26–27, 31–32, 36–39
 ペーパーバック (paperback) 609–10
書籍出版社 (Publishers, book) 880
シルツ、ランディー (Shilts, Randy) 861
シルベスター、アーサー (Sylvester, Arthur) 619
シンガー、アイザック・バーシェビス (Singer, Isaac Bashevis) 658
シンクレア、アプトン (Sinclair, Upton) 342, 397, 401, 456–57, 467, 856
シンシナティ・エンクワイアラー (Cincinnati Enquirer) 203, 252, 295, 385
シンシナティ・ガゼット (Cincinnati Gazette) 177, 204
シンシナティ・コマーシャル・ガゼット (Cincinnati Commercial Gazette) 252
シンシナティ・コマーシャル (Cincinnati Commercial) 222
シンシナティ・タイムズ＝スター (Cincinnati Times-Star) 252
シンシナティ・ポスト (Cincinnati Post) 251–52, 330
シンジケート (Syndicates) 274, 275, 277, 289, 376–77, 391–92, 418, 423, 440, 446, 477, 482, 489, 493, 500, 538, 659, 787, 808, 888, 912
新聞 (アフリカ系アメリカ人のメディア、エスニック・プレス、アメリカ先住民メディアも見よ) (Newspapers. See also African American media, Ethnic press; Native American media)
 週刊紙 (weekly) 238–39, 246–47
 集中 (consolidations of) 442–43
 政治記者 (political correspondents and) 489–95
 発展 (development of)
  アメリカで初の外国語日刊紙 (first foreign-language American daily) 119
  ペニー・プレス時代 (in penny press era)
   平等主義的政治 (and egalitarian politics) 148–50
   米墨戦争 (Mexican War) 173–75
 夕刊 (evening editions of) 246–47
 労働組合 (unions and guilds) 807–08
新聞広告局 (Newspaper Advertising Bureau) 813
新聞雑誌部数公査機構 (Audit Bureau of Circulations) 455
新聞デザイン協会 (Society of Newspaper Design) 818
新聞保護法 (Newspaper Preservation Act) 812
新聞用紙 (Newsprint, printpaper) 234, 279, 285–87, 332, 377, 429, 812
新聞組合 (Newspaper Guild) 811
シンプソン、O. J. とマス・メディア (Simpson, O. J., and mass media) 763, 858
シンプソン、カーク (Simpson, Kirke) 584
ジアゴ、ティム・A (Giago, Tim A.) 676
ジェイ、ジョン (Jay, John) 92, 104
ジェイムズ、ウィリアム (James, William) 227, 242, 293
ジェイムズ、エドウィン・L (James, Edwin L.) 392
ジェイムズ、ジャック (James, Jack) 556

ジェイムズ、ヘンリー (James, Henry) 160, 242, 300
ジェット (*Jet*) 604, 671
ジェニングズ、ピーター (Jennings, Peter) 638–40, 742, 757, 761, 773
ジェニングズ、ルイス・J (Jennings, Louis J.) 355
ジェファーソン、トマスと新聞 (Jefferson, Thomas, and the press) 55, 63, 67–69, 72–74, 75–79, 84
ジェンキンス、チャールズ・フランシス (Jenkins, Charles Francis) 508
ジェンキンス、ローレン (Jenkins, Loren) 737
ジャーナリズム (Journalism)
　研究 (studies, professional) 823
　プレス・カウンシル (press councils) 823–24
ジャーナリズム＆マス・コミュニケーション学部連合 (Association of Schools of Journalism and Mass Communication) 822
ジャーナリズム界の女性 (Women, in journalism)
　男女同権運動 (equality movement and) 320–21
　特派員 (correspondents) 482–84, 492, 636, 640, 708
　ベトナム戦争 (in Vietnam War) 641–42
ジャーナリズム教育学会 (Association for Education in Journalism) 822
"ジャーナル・オブ・オカーレンセズ" ("Journal of Occurrences") 74
ジャーニーマン・メカニックス・アドボケート (*Journeyman Mechanic's Advocate*) 136
ジャービス、ルーシー (Jarvis, Lucy) 639
ジャクソン、アンドルー (Jackson, Andrew) 111, 123, 132–33, 152
ジャクソン、ソロモン・ヘンリー (Jackson, Solomon Henry) 345
ジャコ、チャールズ (Jaco, Charles) 744
ジャコビー、アナリー (Jacoby, Annalee) 549–50
ジャコビー、メル (Jacoby, Mel) 549
ジャスト、ウォード (Just, Ward) 648
ジャッジ (*Judge*) 243, 285
ジューイッシュ・デイリー・フォーワード (*Jewish Daily Forward*) 658
ジュ―ベジィー、フランク (Gervasi, Frank) 504

自由の息子 (*Sons of Liberty*) 73–75, 87
ジョージ・ヘンリー (George, Henry) 240
ジョーダン、エリザベス・ガーバー (Jordon, Elizabeth Garver) 269
ジョーダン、マックス (Jordan, Max) 506
ジョーンズ、アレグザンダー (Jones, Alexander) 171, 370
ジョーンズ、サミュエル・M (Jones, Samuel M.) 319
ジョーンズ、ジョージ (Jones, George) 160, 223, 263, 355
ジョーンズ、チャールズ・H (Jones, Charles H.) 269
ジョイ、サリー (Joy, Sally) 275
情報自由法 (Freedom of Information Act) 846
ジョンソン、アール (Johnson, Earl) 587
ジョンソン、ウィリアム・H (Johnson, William H.) 120
ジョンソン、サミュエル博士 (Johnson, Dr. Samuel) 22, 50
ジョンソン、ジョン・H (Johnson, John H.) 604–05, 671
ジョンソン、トム (Johnson, Tom) 319, 778
ジョンソン、ナンシー (Johnson, Nancy) 274
ジョンソン、パメラ・マクアリスター (Johnson, Pamela McAllister) 788
ジョンソン、フランシス・B (Johnson, Francis B.) 290
ジョンソン、ヘインズ (Johnson, Haynes) 664
ジョンソン、リンドン・Bとメディア (Johnson, Lyndon B., and the media) 645–49

スウィスヘルム、ジェイン・グレイ (Swisshelm, Jane Grey) 165–66, 274–75
スウィナートン、ジェイムズ (Swinnerton, James) 440
スウィフト、グスタフス・F (Swift, Gustavus F.) 233
スウィング、レイモンド・グラム (Swing, Raymond Gram) 483, 501, 503
スウェイズ、ジョン・キャメロン (Swayze, John Cameron) 580, 632, 638
スウェイン、ウィリアム・M (Swain, William M.) 147, 154, 169–70, 176
スコープ、ハーバート・ベイヤード (Swope, Herbert Bayard) 326
スカーボロー、ハロルド (Scarborough,

Harold) 488
スカル、ジョン (Scull, John) 119
スクリップス、エドワード・W, 2世 (Scripps, Edward W., II) 477
スクリップス、エドワード・W (Scripps, Edward W.) 241, 247, 314–15, 317
スクリップス、エレン (Scripps, Ellen) 274
スクリップス、ジェイムズ・E (Scripps, James E.) 250–51, 280, 477
スクリップス、ジョージ (Scripps, George) 331
スクリップス、ジョン・P (Scripps, John P.) 478
スクリップス、チャールズ・E (Scripps, Charles E.) 477
スクリップス、ロバート・P (Scripps, Robert P.) 476–77
スクリップス・E・W社 (Scripps, E. W. Company) 477
スクリップス・ハワード・ニューズペーパーズ (*Scripps Howard Newspapers*) 477
スクリップス・リーグ (Scripps League) 330–33, 477
スクリップス=マクレイ新聞グループ (Scripps-McRae Newspapers) 330–33, 475–76
スクリブナーズ (Scribner's) 243, 284, 339, 514, 525
スコット、ウオルター (Scott, Walter) 286
スコット、ジェイムズ・W (Scott, James W.) 279–80
スコット、ハーベイ・W (Scott, Harvey W.) 230–31
スター、ケネス (Starr, Kenneth) 754, 824, 827
スターク、ルイス (Stark, Louis) 481
スターズ・アンド・ストライプス (*Stars and Stripes*) 392, 515, 539, 696
スターゼル、フランク (Starzel, Frank) 585
スターチ、ダニエル (Starch, Daniel) 453
スターリング、レン (Sterling, Len) 532
スターリングス、ローレンス (Stallings, Laurence) 326
スタール、レスリー (Stahl, Leslie) 635
スターン、J・デイビッド (Stern, J. David) 446
スターン、ハワード (Stern, Howard) 863
スタイネム、グロリア (Steinem, Gloria) 631, 658, 663
スタインベック、ジョン (Steinbeck, John) 612, 660, 662

スタウト、エリフ (Stout, Elihu) 120
スタックポール、ピーター (Stackpole, Peter) 521
スタブルフィールド、ネイサン (Stubblefield, Nathan) 408
スタントン、エリザベス・キャディー (Stanton, Elizabeth Cady) 320
スタントン、フランク (Stanton, Frank) 577, 607, 682, 770
スタンフォード、リーランド (Stanford, Leland) 233
スタンリー、ヘンリー・M (Stanley, Henry M.) 271
スチュワート、A・T (Stewart, A. T.) 212
スチュワート、パール (Stewart, Pearl) 788
スチュワート、マリア・W (Stewart, Maria W.) 190
スティーブンズ、アン (Stephens, Ann) 211
スティール、A・T (Steele, A. T.) 550
スティール、ジョン (Steele, John) 506
スティール、リチャード (Steele, Richard) 21–22, 38, 44
ステッドマン、アルフレッド・D (Stedman, Alfred D.) 482
ステファンズ、リンカーン (Steffens, Lincoln) 335
ステロ印刷 (Stereotyping) 177, 277, 493
ストークス、トマス・L (Stokes, Thomas L.) 376, 491
ストームズ、ジェイン・マクマナス (Storms, Jane McManus) 175
ストーリー、ウィルバー・F (Storey, Wilbur F.) 202
ストーン、I・F (Stone, I. F.) 561, 579, 651, 654, 716
ストーン、メルビル (Stone, Melville) 247, 254, 371, 480, 584
ストーン、ルーシー (Stone, Lucy) 320
ストウ、リーランド (Stowe, Leland) 484, 529
ストライカー、ロイ・E (Stryker, Roy E.) 523
ストラウト、リチャード・L (Strout, Richard L.) 602
ストリート、アルバート・J (Street, Albert J.) 209
ストリンガー、ハワード (Stringer, Howard) 767
ストロング、アンナ・ルイーズ (Strong, Anna

Louise) 549
ストロング、ウォルター (Strong, Walter) 419
ストロング、ジョサイア (Strong, Josiah) 310
スノー、エドガー (Snow, Edgar) 548–50, 702
スノー、ヘレン・フォスター (Snow, Helen Foster) 549
スピークス、ラリー (Speaks, Larry) 714
スプリングフィールド・リパブリカン (*Springfield Republican*) 146, 162, 197, 218, 222, 228, 341, 351, 356
スペイン語のメディア (Latino media) 120, 178, 344–46, 652, 672–75
スペクテイター (*Spectator, The*) 21
スペンサー、ハーバート (Spencer, Herbert) 240, 714
スポーツ・イラストレイテッド (*Sports Illustrated*) 519, 897
スマート・セット (*Smart Set*) 514
スマイズ、フランク (Smyth, Frank) 742
スミス、キングズベリー (Smith, Kingsbury) 587
スミス、サミュエル・ハリソン (Smith, Samuel Harrison) 79, 84
スミス、シーバ (Smith, Seba) 142
スミス、ジョン (Smith, John) 29
スミス、W・ユージン (Smith, W. Eugene) 521
スミス、ハワード・K (Smith, Howard K.) 618, 638, 775
スミス、バラード (Smith, Ballard) 269
スミス、ピーター (Smith, Peter) 141
スミス、フレッド (Smith, Fred) 500
スミス、メリーマン (Smith, Merriman) 542, 587, 622, 910
スミソニアン (Smithsonian) 604–05, 895
スメドリー、アグネス (Smedley, Agnes) 549
スモーリー、ジョージ・W (Smalley, George W.) 204, 270
スラッシャー、J・S (Thrasher, J. S.) 207
スリーパー、ジョン・S (Sleeper, John S.) 142

セア、E・L (Thayer, E. L.) 294
セア、H・E (Thayer, H. E.) 201
星室庁（法廷）(Star Chamber courts) 13, 54
セイファー、モーリー (Safer, Morley) 635, 647, 691, 698
世界産業労働者同盟 (Industrial Workers of the World (IWW)) 388, 396, 464

世界博・博覧会 (World fairs and expositions) 242
セドウィック、エレリー (Sedgwick, Ellery) 599
セネット、マック (Sennett, Mack) 425
セバレイド、エリック (Sevareid, Eric) 533, 576, 579, 632–35, 638, 650, 769–70, 792, 800
セルシンガー、シーザー (Saerchinger, Cesar) 503
セルデス、ジョージ (Seldes, George) 467, 484, 856
1996年テレコミュニケーション法 (Telecommunications Act of 1996) 837, 868, 869–71
1912年新聞広報法 (Newspaper Publicity Law of 1912) 343
センスタック、ジョン・H (Sengstacke, John H.) 349–50, 667–69
センチュリー (*Century*) 243, 284, 339, 514, 518
セント (*Cent, The*) 142
セント・ニコラス (*St. Nicholas*) 244, 285
セントポール・ディスパッチ (*St. Paul Dispatch*) 481–82
セントポール・パイオニア・プレス (*St. Paul Pioneer Press*) 255, 481–82
セントポール・ミネソタ・パイオニア (St. Paul *Minnesota Pioneer*) 178
セントルイス・ウェストリケ・ポスト (St. Louis *Westliche Post*) 256
セントルイス・オブザーバー (*St. Louis Observer*) 186
セントルイス・グローブ＝デモクラット (*St. Louis Globe-Democrat*) 256, 259, 813
セントルイス・ポスト＝ディスパッチ (*St. Louis Post-Dispatch*) 256, 259–61, 263, 269, 326, 341, 374, 398, 491, 494, 561, 665
セントルイス・ミズーリ・デモクラット (St. Louis *Missouri Democrat*) 177, 256
セントルイス・ミズーリ・リパブリカン (St. Louis *Missouri Republican*) 177, 256, 259
セントルイス・リパブリック (*St. Louis Republic*) 256, 280
1765年の印紙税法 (Stamp Act of 1765) 58, 62, 73
1812年の戦争 (War of 1812) 123
ゼネラル・エレクトリック (General Electric Company) 414, 590, 772, 881, 904
ゼンガー、アンナ (Zenger, Anna) 53

ゼンガー、ジョン・ピーター (Zenger, John Peter) 51–52, 106
ゼンガー事件 (Zenger case) 51, 58–59, 116, 683
全米科学記者協会 (National Association of Science Writers) 481
全米教育テレビ (National Educational Television) 781–82
全米教育放送者協会 (National Association of Educational Broadcasters) 818
全米権利擁護テレビ (National Empowerment Television) 784
全米黒人ジャーナリスト協会 (National Association of Black Journalists) 789, 818
全米新聞協会 (National Newspaper Association) 818
全米ニュース評議会 (National News Council) 825
全米ヒスパニック・ジャーナリスト協会 (National Association of Hispanic Journalists) 818
全米新聞写真家協会 (National Press Photographers Association) 818, 842
全米放送事業者協会 (National Association of Broadcasters) 419, 791, 815
全米ラジオニュース・ディレクター協会 (National Association of Radio News Directors) 817
全米ラジオ放送者協会 (National Radio Broadcasters Association) 818
全米論説委員会議 (National Conference of Editorial Writers) 816
全米論説協会 (National Editorial Association) 280

ソーヤー、ダイアン (Sawyer, Diane) 770, 776
ソーヤー、フォレスト (Sawyer, Forrest) 776
ソールズベリー、ハリソン (Salisbury, Harrison) 627, 647
ソグロウ、オット (Soglow, Otto) 515
ソコルスキー、ジョージ (Sokolsky, George) 492
ソリダリティー (*Solidarity*) 388
ソルトレイクシティー・デゼレト・ニューズ (Salt Lake City *Deseret News*) 179

タ行

ターナー、ジョージ (Turner, George) 341
ターナー、テッド (Turner, Ted) 767–77, 883, 878, 881, 853
ターナー、フレデリック・ジャクソン (Turner, Frederick Jackson) 123, 241
ターナー・ブロードキャスティング・カンパニー (Turner Broadcasting Company) 761
ターベル、アイダ (Tarbell, Ida) 274, 335, 339, 341, 343–44, 456
ターホースト、J・F (terHorst, J. F.) 705
大西洋ケーブル (Atlantic Cable) 383
タイプセッティング・マシン (Typesetting machine) 285–86
タイプライター (Typewriter) 237, 272
タイム (*Time*)
　海外のニュース報道 (foreign news reporting by) 549, 556–67
　ベトナム戦争 (in Vietnam War) 642–43
タイム=ワーナー (Time-Warner) 761, 875, 880–82, 889, 893, 899–900
タイム社 (Time, Inc.) 500, 513, 517–21, 787, 833, 874–76, 880–81, 894, 896
タイムズ・ミラー社 (Times Mirror Company) 520, 755, 758–59, 765
タウン、ベンジャミン (Towne, Benjamin) 80, 117
タウンゼント、エドワード・W (Townsend, Edward W.) 271, 298
タタリアン、ロジャー (Tatarian, Roger) 587
タトラー (*Tatler, The*) 21–22
タフト、ウィリアム・ハワード (Taft, William Howard) 252, 318, 320, 335, 471
　プレスと (and the press) 320
タフト、チャールズ・P (Taft, Charles P.) 252
タブロイド (Tabloids) 147, 158, 326, 333, 348, 378, 403, 405–06, 429–34, 437–38, 444, 446–49, 482, 602, 676, 752, 762
タメン、ハリー・H (Tammen, Harry H.) 438–39, 440
タリーズ、ゲイ (Talese, Gay) 661
タルサ・トリビューン (*Tulsa Tribune*) 539
タルボット、フォックス (Talbot, Fox) 212
タンパの新聞 (Tampa newspapers) 670
ダーウィン、チャールズ (Darwin, Charles) 239, 302

索　引　1045

ダーディン、ティルマン (Durdin, Tillman) 550, 683
ダーリン、ジェイ・"ディン" (Darling, Jay "Ding") 493, 495
ダイアナ、ウェールズ王女とマス・メディア (Diana, Princess of Wales, and mass media) 760–63
ダイアヌル (*Diurnals*) 10, 15, 17–18
ダイアル (*Dial, The*) 273
第2次世界大戦 (World War II)
　アメリカの参戦 (American entry into) 531–32
　検閲局 (Office of Censorship and) 534–36
　原爆の使用 (use of atomic bomb and) 543–45
　戦時の検閲 (censorship during) 534–38
　戦時情報局 (Office of War Information and) 535–36, 588–89
大統領の記者会見 (Presidential news conferences)
　アイゼンハワー (Eisenhower) 567–71
　カーター (Carter) 705–11
　クリントン (Clinton) 709, 748–52
　初期の (early) 319–26
　ジョンソン (Johnson) 645–49
　トルーマン (Truman) 554–55
　ニクソン (Nixon) 681–83
　フォード (Ford) 705–06, 711–12
　ブッシュ (Bush) 708, 729–32
　ルーズベルト、F・D (Roosevelt, F. D.) 465–67, 497
　レーガン (Reagan) 711–16
タウン、ベンジャミン (Towne, Benjamin) Towne 80, 117
ダウンズ、ヒュー (Downs, Hugh) 774–75
ダグラス、フレデリック (Douglass, Frederick) 192–94, 347
ダグラスズ・マンスリー (*Douglass' Monthly*) 194
ダゲール、ルイ (Daguerre, Louis) 212, 423
ダッジ、メアリー・アビゲイル (Dodge, Mary Abigail) 275
ダットン、エドワード・P (Dutton, Edward P.) 525, 899
ダッフィー、エドムンド (Duffy, Edmund) 494
ダニエルズ、ジョセフス (Daniels, Josephus) 250, 337

ダベンポート、ホーマー (Davenport, Homer) 294, 298, 328, 330
ダラス・ニューズ (*Dallas News*) 248, 414
ダラス・モーニング・ニューズ (*Dallas Morning News*) 861
ダン、フィンリー・ピーター (Dunne, Finley Peter) 253, 343, 377
ダンカン、デイビッド・ダグラス (Duncan, David Douglas) 521–22, 558–59, 693, 700
男女同権運動 (Women's equality movements) 320–21, 629–32
ダンラップ、ジョン (Dunlap, John) 81, 83, 117

チェンバレン、ウィリアム・ヘンリー (Chamberlain, William, Henry) 505
チェンバレン、サム (Chamberlain, Sam) 294, 298
チャーチ、フランシス・P (Church, Francis P.) 365
チャールストン・クリアー (*Charleston Courier*) 165, 168, 173, 209
チャールストン・サウス・カロライナ・ガゼット (Charleston *South Carolina Gazette*) 74, 87
チャールストン・マーキュリー (*Charleston Mercury*) 187–88
チャイナ・ウィークリー・レビュー (*China Weekly Review*) 548, 550
チャイルズ、ジョージ (Childs, George) 446
チャイルズ、マーキス (Childs, Marquis) 491, 552
チャタヌーガ・タイムズ (*Chattanooga Times*) 356
チャップリン、チャーリー (Chaplin, Charlie) 404, 425–28
チャペル、ディッケイ (Chapelle, Dickey) 642, 695
チャン、コニー (Chung, Connie) 637, 769, 771
チャンセラー、ジョン (Chancellor, John) 581, 636, 757, 771
チャンドラー家 (Chandler family) 366–67
調査報道編集者会議 (Investigative Reporters and Editors, Inc.) 661
朝鮮戦争 (Korean War) 522, 550, 555–58, 561–63, 566, 576, 588, 654, 656, 702, 792, 890

通信委員会 (Committees of Correspondence)

72

通信社（アソシエーテッド・プレス、ユナイテッド・プレス・インターナショナルも見よ）(Press associations)
　アバス (Havas) 276
　インターナショナル・ニューズ・サービス (International News Service) 376, 392, 468–69, 484, 497, 529, 556, 586–87
　ヴォルフ (Wolff) 276
　AFP (Agence France-Presse) 913
　宗教ニュース・サービス (Religious News Service) 912
　スクリップス・ハワード・ニューズ・サービス (Scripps Howard News Service) 912
　ナイト＝リッダー／トリビューン・インフォメーション・サービシズ (Knight-Ridder/Tribune Information Services) 912
　ニューヨーク・タイムズ・ニューズ・サービス (New York Times News Service) 482–89, 912
　ユナイテッド・フィーチャー・シンジケート (United Feature Syndicate) 475–76, 489–90, 492
　ユナイテッド・プレス 369–78, 475–78, 488, 491, 497–99, 506, 529, 536–39, 556, 559, 586–87, 632
　ロイター (Reuters) 276, 746, 784, 912
ツボルキン、ウラジミール (Zworykin, Vladimir) 507, 509–10

ティッシュ、ローレンス (Tisch, Laurence) 767
ティモシー、エリザベス (Timothy, Elizabeth) 87
ティモシー、ピーター (Timothy, Peter) 74–75, 87
ティリー、ユースティス (Tilley, Eustace) 515
ティレル、R・エメット (Tyrrell, R. Emmett) 600–01
ティロットソン、メアリー (Tillotson, Mary) 830
帝国主義　明白なる運命を見よ (Imperialism. See Manifest Destiny)
テイラー、エドモンド (Taylor, Edmond) 484
テイラー、チャールズ・H (Taylor, Charles H.) 248, 293
テイラー、バート (Taylor, Bert) 378
テキサス・オブザーバー (*Texas Observer*) 599, 656
テッド・ベイツ＆カンパニー (Ted Bates & Company) 592, 595
テュマルティー、ジョゼフ (Tumulty, Joseph) 320
テレビ (Television)
　規制 (regulations on) 572–73
　検閲 (censorship of) 575–79
　広告 (advertising) 589–95, 706–07, 885–86
　子供むけ番組 (children's programming) 573–75
　視聴者 (audience) 623, 762, 763–67
　スポーツ報道 (sports coverage on) 574, 639
　大統領選キャンペーン (presidential campaigns and) 567–69, 580–81, 616, 706–11, 806
　批判 (criticism of) 760–65, 790–95, 872
　もっとも見られたイベント (events, most watched) 765–67
テレビジョン・ラボラトリーズ社 (Television Laboratories, Inc.) 510
デ・トレダーノ、ラルフ (de Toledano, Ralph) 600
デ・ヤング、ミシェル・H (de Young, Michel H.) 249, 295
デーリー、ジョージ・B (Dealey, George B.) 248
ディーツ、デイビッド (Dietz, David) 481
ディープ、ビバリー (Deepe, Beverly) 642
ディオン、E・J・ジュニア (Dionne, E. J., Jr.) 807
ディキンソン、エミリー (Dickinson, Emily) 242, 343
ディキンソン、ジョン (Dickinson, John) 62, 64, 68, 86, 91
ディケンズ、チャールズ (Dickens, Charles) 131, 155
ディッカーソン、ナンシー (Dickerson, Nancy) 639
ディックス、ドロシー (Dix, Dorothy) 275, 329
ディバー、マイケル (Deaver, Michael) 747
ディラー、バリー (Diller, Barry) 494
ディラガナ、ジェイムズ (Dellagana, James) 177
ディロン、ジョン (Dillon, John) 259

デイ、W・H (Day, W. H.) 192
デイ、ドロシー (Day, Dorothy) 602, 654–55
デイ、ベンジャミン・H (Day, Benjamin H.) 225, 432
デイトン・エンパイヤー (*Dayton Empire*) 200
デイビス、エルマー (Davis, Elmer) 501, 527, 531, 535
デイビス、マシュー・L (Davis, Matthew L.) 165
デイビス、リチャード・H (Davis, Richard H.) 271, 364–65, 382, 391, 483, 487, 525
デイビス、ワトソン (Davis, Watson) 481
デイリー、ジョン (Daly, John) 532
デイリー・ワーカー (Daily Worker) 322, 659
デイル、チャールズ (Dale, Charles) 811
デクター、ミッジ (Decter, Midge) 599
デッカー、カール (Decker, Karl) 305
デトロイト・ニューズ (*Detroit News*) 251, 413–14
デトロイト・フリー・プレス (*Detroit Free Press*) 249, 324, 829
デナ、チャールズ (Dana, Charles) 159, 225, 243, 259, 356, 445
デニー、ジョゼフ (Dennie, Joseph) 115, 126
デフォー、ダニエル (Defoe, Daniel) 21, 39
デブス、ユージン・V (Debs, Eugene V.) 390–91, 399, 464
デモイン・レジスター (Des Moines Register) 495
デモクラティック・レビュー (Democratic Review) 138
デュ・ボア、W・E・B (Du Bois, W. E. B.) 347–48, 350–51
デューイ、ジョン (Dewey, John) 242
デュエイン、ウィリアム (Duane, William) 108
デュボア、ジュール (Dubois, Jules) 646
デュモント (DuMont) 572
デュランティー、ウォルター (Duranty, Walter) 483–85
デラニー、マーティン・R (Delaney, Martin R.) 191
電信 (Telegraph) 170–72, 177, 201, 213–14, 237–38, 276–77, 362
デンバー・ポスト (*Denver Post*) 438, 665, 814
デンバー・ロッキー・マウンテン・ニューズ (*Denver Rocky Mountain News*) 179, 439
電話 (Telephone) 237, 272, 276, 317, 327, 361, 376, 391, 407–08, 410, 413, 415–17, 463–64, 507, 509, 532, 538, 542, 576, 584, 617, 622–23, 636, 709, 742–43, 778, 798, 813, 849, 867–70, 872–77, 882, 903–05, 908

トーガソン、ダイアル (Torgerson, Dial) 729
トウィード一味 (Tweed Ring) 199
トウェイン、マーク　クレメンス、サミュエルを見よ (Twain, Mark. See Samuel Clemens)
都市化 (Urbanization) 217, 235, 237, 524
都市の興隆 (Cities, rise of) 232, 235–36
トップリフ、サミュエル、ジュニア (Topliff, Samuel, Jr.) 167
トマス、アイザイア (Thomas, Isaiah) 71, 74, 76, 87, 97, 126, 184
トマス、ヘレン (Thomas, Helen) 714, 718, 751, 910
トマス、ローウェル (Thomas, Lowell) 495–96, 501–03
トラウト、ボブ (Trout, Bob) 633
トラウト、ロバート (Trout, Robert) 504
トリシャス、オット・D (Tolischus, Otto D.) 483, 536
トリリン、カルビン (Trillin, Calvin) 516
トルーマン、ハリーとメディア (Truman, Harry, and the media) 543–45, 554–55, 560–62
トローハン、ウォルター (Trohan, Walter) 474–75
トロッター、ウィリアム (Trotter, William) 347, 349
トロロープ、フランシス (Trollope, Frances) 131
トンプソン、エドワード・K (Thompson, Edward K.) 522, 605
トンプソン、エラ・ベル (Thompson, Era Bell) 671
トンプソン、ドロシー (Thompson, Dorothy) 488–89, 492, 501–02
トンプソン、ハンター (Thompson, Hunter) 657
ド・トックビル、アレキシス (de Tocqueville, Alexis) 122, 131
ド・フォレスト、リー (De Forest, Lee) 409–11, 413
ド・フォンテーヌ、フェリックス・グレゴリー (de Fontaine, Felix Gregory) 209

ド・ロシュモン、ルイ (de Rochemont, Louis) 513
ドア、リタ・チャイルド (Dorr, Rheta Childe) 321
独立宣言 (Declaration of Independence) 80–81
独立戦争 (Revolutionary War)
　原因 (causes of) 61–64
　新聞 (and press) 50–51, 64–87
　新聞の影響 (influence of newspapers during) 83–85
ドナルドソン、サム (Donaldson, Sam) 714, 718, 774, 776
ドノバン、ヘドリー・W (Donovan, Hedley W.) 519
ドノバン、ロバート・J (Donovan, Robert J.) 571
ドライザー、セオドア (Dreiser, Theodore) 242, 344, 610
ドラッジ、マット (Drudge, Matt) 827
ドリスコル、フレデリック (Driscoll, Frederick) 255
ドリトル、アイザック (Doolittle, Isaac) 47
ドルー、エリザベス (Drew, Elizabeth) 516
奴隷制 (Slavery)
　黒人ジャーナリスト (and black journalists) 188–92
　南北戦争の原因 (as cause of Civil War) 182–83
　北部の新聞 (and Northern press) 194–97
　奴隷制廃止主義新聞 (Abolitionist press) 183–92
ドレーパー、J・W (Draper, J. W.) 212
ドレイパー、マーガレット (Draper, Margaret) 87
ドレイン、ウィリアム・L (Drane, William L.) 154

ナ行

ナープ、チャールズ・W (Knapp, Charles W.) 280
ナイルズ、ヘジカイア (Niles, Hezekiah) 126–27
ナイルズ・ウィークリー・レジスター (*Niles' Weekly Register*) 121, 126
ナショナル・エンクワイアラー (*National Enquirer*) 762
ナショナル・オブザーバー (*National Observer*) 695
ナショナル・ガゼット (*National Gazette*) 100–01
ナショナル・ジオグラフィック (*National Geographic*) 604–05, 897
ナショナル・パブリック・ラジオ (NPR) (National Public Radio (NPR)) 776, 781–82
ナショナル・ビジネス・ウーマン (*National Business Woman*) 321
ナショナル・ブロードキャスティング・カンパニー (NBC) (National Broadcasting Company)
　海外のニュース報道 (foreign news reporting by) 742–45
　視聴率 (ratings of) 771–73
　特派員 (correspondents of) 499–504, 529, 538, 580–81, 636–37, 695, 705, 735
　マイノリティの雇用 (minority hiring by) 785
ナショナル・レビュー (*National Review*) 600
ナスト、トマス (Nast, Thomas) 493
ナッシュ、オグデン (Nash, Ogden) 515
ナップ、サミュエル・L (Knapp, Samuel L.) 165
南北戦争 (Civil War)
　検閲 (censorship during) 200–03
　原因 (causes of) 181–83
　奴隷制度 (and slavery) 181–83, 194–97
　奴隷制廃止主義者 (abolitionists and) 183–85
ニーマン、ルシアス (Nieman, Lucius) 255
ニーマン、ルシアス・W (Neiman, Lucius W.) 255, 823
ニーランド、サミュエル (Kneeland, Samuel) 45
ニールセン、A・C、視聴率調査 (Nielson, A. C., rating service) 592, 780
ニアー対ミネソタ事件 (Near v. Minnesota) 400, 478
ニエプス、ジョゼフ (Niepce, Joseph) 212
ニクソン、リチャード・M (Nixon, Richard M.) 705
　ウォーターゲート (Watergate and) 681–91
　1960年のテレビ討論 (and 1960 debates) 618–19, 681
　中国 (China and) 702–04

ベトナム戦争 (Vietnam War and) 691–93, 698, 701
ニグロ・ダイジェスト (*Negro Digest*) 604
ニグロ・ワールド (*Negro World*) 349
ニッカーボッカー (*Knickerbocker*) 243
ニッカーボッカー、H・R (Knickerbocker, H. R.) 376, 484, 587
ニッセン、ベス (Nissen, Beth) 728
ニッセン、ロン (Nessen, Ron) 705
ニュー・ウェスト (*New West*) 663
ニュー・エラ (*New Era, The*) 194
ニュー・ジャーナリズム (New Journalism)
  1880年代 (of 1880s) 241, 246, 250–52, 270, 273–74
  1960年代 (of 1960s) 661–65
  都市部と環境関係プレス (urban and environmental press) 664–65
ニュー・タイムズ (*New Times*) 706
ニュー・ハーモニー・ガゼット (*New Harmony Gazette*) 137
ニュー・マッセズ (*New Masses*) 401
ニュー・リーダー (*New Leader*) 602
ニュー・リパブリック (*New Republic*) 343, 398, 487, 601–02, 659, 677–78, 726, 895–96
ニューイングランド女性プレス協会 (New England Women's Press Association) 275
ニューオリンズ・エル・ミシシッピ (New Orleans *El Misisipi*) 119–20
ニューオリンズ・デイリー・クレオール (*New Orleans Daily Creole*) 192
ニューオリンズ・デルタ (*New Orleans Delta*) 174
ニューオリンズ・ピカユーン (*New Orleans Picayune*) 174, 209
ニューオリンズ・モニトゥール・ド・ラ・ルイジアンヌ (New Orleans *Moniteur de la Louisiane*) 120
ニューオリンズ・ラ・パトリア (New Orleans *La Patria*) 174
ニュージェント、ジョン (Nugent, John) 167
ニュージャージー・ガゼット (*New Jersey Gazette*) 85
ニュース映画 (Newsreels) 511–13, 521, 540, 558, 580, 734
ニュース報道における客観性 (Objectivity, in news reporting) 213–14, 271, 278, 478–82, 518–19, 680–81, 827, 855–57

ニュース・オンブズマン (Organization of News Ombudsmen) 825–26
ニューズウィーク (*Newsweek*) 520, 538, 598, 624, 642, 644, 682, 690, 696, 727, 728, 742, 757, 784, 862, 894
ニューズデイ (*Newsday*) 438, 661, 703, 769
ニューズ・レター (*News-Letter*) 29, 34–36, 40
ニューハウス新聞グループ (Newhouse newspapers) 860
ニューフィールド、ジャック (Newfield, Jack) 652
ニューポート・マーキュリー (*Newport Mercury*) 74, 87
ニューマン、エドウィン (Newman, Edwin) 636
ニューヨーカー (*New Yorker*) 392, 515–16, 545, 648, 662–63, 703, 707, 764, 829, 894–95, 899
ニューヨーカー（1834年創刊）(New Yorker (1834)) 157, 160
ニューヨーク (New York) 652
ニューヨーク・アムステルダム・ニューズ (*New York Amsterdam News*) 347, 667–68
ニューヨーク・アメリカン (*New York American*) 329
ニューヨーク・ウィークリー・ジャーナル (*New York Weekly Journal*) 53
ニューヨーク・エイジ (*New York Age*) 347–48, 668
ニューヨーク・エクスプレス (*New York Express*) 165
ニューヨーク・エンクワイアラー (*New York Enquirer*) 165, 190
ニューヨーク・ガゼット・オブ・ザ・ユナイテッド・ステーツ (New York *Gazette of the United States*) 95
ニューヨーク・ガゼット (*New York Gazette*) 51, 84
ニューヨーク・クリアー・アンド・エンクワイアラー (New York *Courier and Enquirer*) 146, 161, 165, 168–69, 171, 202
ニューヨーク・グローブ (*New York Globe*) 348, 814
ニューヨーク・コマーシャル・アドバタイザー (New York *Commercial Advertiser*) 95, 198, 339
ニューヨーク・サン (*New York Sun*)

デイによる創刊 (founding by Day) 146–50
デイナ時代 (under Dana) 221–26, 258–59, 265–68
米西戦争 (in Spanish-American War) 301–13
米墨戦争 (in Mexican War) 174–75
ニューヨーク写真家協会 (New York City Photo League) 579
ニューヨーク・シュターツ・ツァイトゥンク (New York *Staats-Zeitung*) 206
ニューヨーク・ジャーナル・オブ・コマース (New York *Journal of Commerce*) 146, 168, 171–72, 202
ニューヨーク・ジャーナル（ハースト）(*New York Journal* (Hearst)) 275, 295, 304, 307, 327, 493
ニューヨーク・ジャーナル（ホルト）(*New York Journal* (Holt)) 74–75, 85
ニューヨーク・スター (*New York Star*) 482
ニューヨーク・タイムズ (New York Times)
  ウォーターゲート (Watergate and) 687–90
  オックス時代 (under Ochs) 353–63, 398
  第1次世界大戦 (in World War I) 359–63, 383–85
  第2次世界大戦 (in World War II) 536–37, 543–44
  調査報道 (investigative journalism of) 659, 664
  特派員 (correspondents of) 227, 230, 274, 280, 481, 493, 544, 550, 401, 647
  奴隷制度 (and slavery) 194–97
  南北戦争 (in Civil War) 203–14
  ベトナム戦争 (in Vietnam War) 641, 645–48, 693, 701
  ペンタゴン・ペーパーズ事件 (Pentagon Papers case and) 683–87
  レイモンドによる創刊 (founding by Raymond) 160–61, 217–18
ニューヨーク・タイムズ・マガジン (*New York Times Magazine*) 699
ニューヨーク・デイリー・グラフィック (*New York Daily Graphic*) 288, 430–31, 433
ニューヨーク・デイリー・コンティネント (*New York Daily Continent*) 430
ニューヨーク・デイリー・ニューズ (*New York Daily News*) 253, 431, 440, 444, 465, 473–74, 492, 527
ニューヨーク・デイリー・ニューズ（1855年創刊）(*New York Daily News* (1855)) 248, 253, 444
ニューヨーク・デイリー・ワーカー (*New York Daily Worker*) 322, 659
ニューヨーク・トリビューン (*New York Tribune*)
  グリーリーによる創刊 (founding by Greeley) 155–66, 218
  特派員 (correspondents of) 270, 274–76, 325, 378, 491
  南北戦争 (in Civil War) 194–98, 203–06
  ヘラルドの買収 (buying of Herald by) 444–45
ニューヨーク・フリーマン (*New York Freeman*) 276
ニューヨーク・ヘラルド (*New York Herald*)
  特派員 (correspondents of) 229, 249, 270–71, 274, 376–77, 489, 506, 536, 571
  南北戦争 (in Civil War) 195–200, 203, 214, 219
  米西戦争 (in Spanish-American War) 301–13
  ベネット、ジュニア時代 (under Bennett, Jr.) 363–65, 385
ニューヨーク・ヘラルド・トリビューン (*New York Herald Tribune*)
  創刊 (founding of) 445–47
  特派員 (correspondents of) 415–18, 465, 481, 492, 495, 646, 662
ニューヨーク・ポスト (*New York Post*)
  創刊 (founding of) 113, 268
  特派員 (correspondents of) 339, 363, 488, 492
ニューヨーク・ミラー (*New York Mirror*) 249, 433, 437, 551
ニューヨーク・メイル (*New York Mail*) 321, 378
ニューヨーク・モーニング・ジャーナル (*New York Morning Journal*) 263, 295
ニューヨーク・リビントンズ・ニューヨーク・ガゼッティア (New York *Rivington's New-York Gazetteer*) 66
ニューヨーク・レビュー・オブ・ブックス (*New York Review of Books*) 654
ニューヨーク・ワーキングマンズ・アドボケート (New York *Working Man's Advocate*) 136
ニューヨーク・ワールド (*New York World*)

索 引　1051

ジョゼフ・ピュリツァー (and Joseph
　　Pulitzer)　246, 253, 256, 280, 291–93, 326
　特派員 (correspondents of)　270–73, 323–24,
　　341, 377, 392, 481, 489–92, 494
　南北戦争 (in Civil War)　202–03
　米西戦争 (in Spanish-American War)
　　301–13
　漫画家 (cartoons in)　299, 440–42
ニューヨーク・ワールド・テレグラム (*New
　York World Telegram*)　327, 477
ニュサッド、ダイナ (Nuthead, Dinah)　87

ヌーナン、ペギー (Noonan, Peggy)　708

ネーション (*Nation, The*)　222, 224–28, 230,
　243, 273, 275, 339, 385, 398, 486, 601, 654,
　659–60, 678, 716, 723
ネーダー、ラルフ (Nader, Ralph)　660
ネイサン、ジョージ・ジーン (Nathan, George
　Jean)　364, 514
ネイピア、デイビッド (Napier, David)　142
ネバダ・テリトリアル・エンタープライズ
　(Nevada *Territorial Enterprise*)　178
ネルソン、ウィリアム・ロックヒル (Nelson,
　William Rockhill)　247, 254, 333
ネルソン、ジャック (Nelson, Jack)　659, 690,
　751

ノース・アメリカン・レビュー (*North Ameri-
　can Review*)　127, 243, 339
ノース・スター (*North Star, The*)　193, 347
ノートン、チャールズ・エリオット (Norton,
　Charles Eliot)　227
ノーフォーク・ジャーナル・アンド・ガイド
　(*Norfolk Journal and Guide*)　347, 350, 670
ノア、モーディカイ・M (Noah, Mordecai M.)
　190
ノイズ、フランク・B (Noyes, Frank B.)　447
農業安定局 (Farm Security Administration)
　523
ノックス、フランク (Knox, Frank)　447, 483
ノックスビルの新聞 (Knoxville newspapers)
　335
ノリス、ジョージ (Norris, George)　318
ノリス、ジョン (Norris, John)　280
ノリス、フランク (Norris, Frank)　242, 344, 426

ハ行

ハーウェル、エバン (Howell, Evan)　249
ハーウェル、クラーク・サー (Howell, Clark,
　Sr.)　250
ハーウェル一家 (アトランタ) (Howell family
　(Atlanta))　249
ハーシー、ジョン (Hersey, John)　545, 550
ハーシュ、ジョージ (Hirsch, George)　662
ハーシュ、セイモア (Hersh, Seymour)　659,
　690–91, 700
ハースト、ウィリアム・ランドルフ、ジュニア
　(Hearst, William Randolph, Jr.)　587
ハースト、ウィリアム・ランドルフ (Hearst,
　William Randolph)　249, 284, 292–94, 327,
　356, 385, 447, 468, 470, 611
　インターナショナル・ニューズ・サービス
　　(International News Service and)　369,
　　373–74, 468–69
ハースト、ジョージ (Hearst, George)　249,
　292, 294
ハースト、フィーブ (Hearst, Phoebe)　292
ハースト・コーポレーション (Hearst Corpora-
　tion)　327–30, 448–49, 468, 472–75
ハーディング、ウォーレン・G (Harding,
　Warren G.)　394, 405
ハーディング、ネルソン (Harding, Nelson)
　495
ハーデン、エドワード・W (Harden, Edward
　W.)　310
ハート、ブレット (Harte, Bret)　178, 377
ハートマン、デイビッド (Hartman, David)
　772
ハーバート、B・B (Herbert, B. B.)　280
ハーバート、ボブ (Herbert, Bob)　789
ハーバール、ロン (Haeberle, Ron)　691
ハーパーズ・ウィークリー (*Harper's Weekly*)
　180, 208, 211, 222–23, 228, 243, 284, 287, 493
ハーパーズ・バザー (*Harper's Bazaar*)　829
ハーパーズ・マンスリー (*Harper's Monthly*)
　211, 243, 289
ハーベイ、ジョージ (Harvey, George)　253, 269
ハームズワース、アルフレッド (Harmsworth,
　Alfred)　430–31
ハールバート、アレン (Hurlburt, Allen)　523
ハイル、クリストファー・マイソン (Haile,
　Christopher Mason)　174

ハインズ、ジュディス (Hines, Jidith) 812
ハウ、エド (Howe, Ed) 335
ハウ、クインシー (Howe, Quincy) 775
ハウエルズ、ウィリアム・ディーン (Howells, William Dean) 160, 242
ハガティー、ジェイムズ (Hagerty, James) 570
ハクスタブル、アダ・ルイーズ (Huxtable, Ada Louise) 665
ハス、ピエール (Huss, Pierre) 504
ハストン、ジョン (Huston, John) 524
ハズウェル、アンソニー (Haswell, Anthony) 107
ハデン、ブリトン (Hadden, Briton) 517
ハドソン、フレデリック (Hudson, Frederic) 171, 270
ハニー、マーサ (Honey, Martha) 725
ハバード、スタンレー・S (Hubbard, Stanley S.) 879
ハプグッド、ノーマン (Hapgood, Norman) 342
ハミルトン、アレグザンダー (Hamilton, Alexander) 92-93, 113, 137
ハミルトン、アンドルー (Hamilton, Andrew) 55-56, 106
ハミルトン、エドワード (Hamilton, Edward) 294
ハリス、ベンジャミン (Harris, Benjamin) 19, 31-35
ハリソン、ギルバート (Harrison, Gilbert) 602
ハリントン、フィリップ (Harrington, Phillip) 523
ハリントン、マイケル (Harrington, Michael) 655, 660
ハルステッド、ムラー (Halstead, Murat) 222, 270
ハルデマン、ウォルター・N (Haldeman, Walter N.) 231
ハルバースタム、デイビッド (Halberstam, David) 599, 641-44, 691, 693, 698-99
ハロック、ジェラード (Hallock, Gerard) 146, 168, 172
ハワード、ジャック (Howard, Jack) 309
ハワード、ジョゼフ・ジュニア (Howard, Joseph, Jr.) 202
ハワード、ロイ・W (Howard, Roy W.) 327, 374-75, 475, 476-77, 492, 586
ハンゲン、ウェルズ (Hangen, Welles) 695

ハンター゠ゴールト、チャーレイン (Hunter-Gault, Charlayne) 783-84, 787
ハンチントン、コリス・P (Huntington, Collis P.) 233
反帝国主義 (Anti-imperialism) 311-12, 323, 723
ハント、ジョージ (Hunt, George) 522
ハント、フレイジャー (Hunt, Frazier) 484, 529
ハントレー、チェット (Huntley, Chet) 580-81, 619, 632-633
ハンバーガー、トム (Hamburger, Tom) 806
バーガー、ビクター (Berger, Victor) 389
バーガー、マリリン (Berger, Marilyn) 637
バーク゠ホワイト、マーガレット (Bourke-White, Margaret) 521-22
バークリー、バーブ (*Berkeley Barb*) 653
バージェス、ジョン・W (Burgess, John W.) 240
バージニア・ガゼット (*Virginia Gazette*) 46
バーチャル、フレデリック・T (Birchall, Frederick T.) 488
バートン、ブルース (Barton, Bruce) 492
バーナム、ジェイムズ (Burnham, James) 600
バーニー、ジェイムズ・G (Birney, James G.) 186
バーネイズ、エドワード・L (Bernays, Edward L.) 458-59
バーネット、クロード・A (Barnett, Claude A.) 670
バーバー、ウィルフレド・C (Barber, Wilfred C.) 484
バーモント・ガゼット (*Vermont Gazette*) 107
バール、ミルトン (Berle, Milton) 572-73
バーン、ジュリス (Verne, Jules) 266
バーンスタイン、カール (Bernstein, Carl) 659, 688-89
バーンズ、ジョゼフ (Barnes, Joseph) 482
バーンズ、ジョン (Burns, John) 860
バインダー、キャロル (Binder, Carroll) 483
バグビー、エマ (Bugbee, Emma) 321
バション、ジョン (Vachon, John) 523
バター、ナサニエル (Butter, Nathaniel) 15
バッキンガム、ジョゼフ・I (Buckingham, Joseph, I.) 165
バックリー、ウィリアム・F、ジュニア (Buckley, William F., Jr.) 600
バックリー、サミュエル (Buckley, Samuel) 21
バトラー家 (バッファロー) (Butler family

(Buffalo)) 250
バノカー、サンダー (Vanocur, Sander) 636, 650
バランディガム、クレメント (Vallandigham, Clement) 200, 203
バルカン危機 (1998–99) (Balkan crisis (1998–99)) 226
バルチモア・アフロ・アメリカン (*Baltimore Afro-American*) 347, 665
バレット、エドワード (Barrett, Edward) 536
バロウズ、ラリー (Burrows, Larry) 695
バン、ロバート・L (Vann, Robert L.) 347
バン・アンダ、カール・V (Van Anda, Carr V.) 357, 359, 360–63, 365, 432
バン・サステレン、グレタ (Van Susteren, Greta) 779
バン・ボーリス、ウェストブルック (Van Voorhis, Westbrook) 513
バンダービルト、コーネリウス (Vanderbilt, Cornelius) 233
パーカー、ジェイムズ (Parker, James) 75, 86
パーカー、ジョージ・F (Parker, George F.) 456
パーカー、ジョージ・B (Parker, George B.) 477
パーキンス、マックスウェル (Perkins, Maxwell) 525
パーク、ベンジャミン (Park, Benjamin) 153
パークス、ウィリアム (Parks, William) 46
パークス、ゴードン (Parks, Gordon) 522
パーティザン・レビュー (Partisan Review) 658–59
パーマー、L・F、ジュニア (Palmer, L. F., Jr) 787
パーマー、フレデリック (Palmer, Frederick) 312, 372, 392, 487
パーマー、ボルニー・B (Palmer, Volney B.) 149
パーリック、チャールズ (Perlik, Charles) 811
パイル、アーニー (Pyle, Ernie) 492, 539, 607, 643
パウエル、シルビア (Powell, Sylvia) 550
パウエル、ジョディ (Powell, Jody) 709
パシフィカ・ラジオ (Pacifica radio) 727
パターソン、エレノア・メディル (Patterson, Eleanor Medill) 473
パターソン、ジョゼフ・メディル (Patterson, Joseph Medill) 431, 473

パック (*Puck*) 243, 493, 706
パテ、シャルル (Pathe, Charles) 424, 511
パナマ運河 (Panama Canal) 301, 312, 324, 410, 709, 721, 731
パリ・ヘラルド (*Paris Herald*) 430
パンコースト、ジョージ (Pancoast, George) 295

ヒアター、ゲイブリエル (Heatter, Gabriel) 503
ヒギンズ、マーガリート (Higgins, Marguerite) 556–58, 643
ヒックス、ウィルソン (Hicks, Wilson) 521
ヒックス、ジョージ (Hicks, George) 538–39
ヒューアット、ルイス (Huot, Louis) 506
ヒューストン・ポスト (Houston Post) 829, 861
ヒューズ、チャールズ・エバンズ (Hughes, Charles Evans) 411, 478
ヒューム、ブリット (Hume, Brit) 751, 774
ヒラード、ウィリアム・A (Hilliard, William A.) 787
ヒル、アイザック (Hill, Isaac) 138
ヒル、ジェイムズ・J (Hill, James J.) 233, 310
ヒルドレス、リチャード (Hildreth, Richard) 160
ヒンダス、モウリス (Hindus, Maurice) 486, 506
ヒンマン、ジョージ・W (Hinman, George W.) 366
ビーチ、キーズ (Beech, Keyes) 556, 559, 643, 693, 699, 703
ビーチ、モージズ・Y (Beach, Moses Y.) 150
ビールス、カールトン (Beals, Carleton) 723
ビアス、アンブローズ (Bierce, Ambrose) 294, 329, 343
ビガート、ホーマー (Bigart, Homer) 484, 557–58, 562, 641, 696
ビショップ、ジム (Bishop, Jim) 492
ビショップ、ジョゼフ (Bishop, Joseph) 160
ビジネス・ウィーク (*Business Week*) 520–21, 861, 894
ビスマルク・トリビューン (*Bismarck Tribune*) 270
ビッケル、カール (Bickel, Karl) 586
ビラード、オズワルド・ギャリソン (Villard, Oswald Garrison) 230, 385, 389, 433, 467
ビラード、ヘンリー (Villard, Henry) 196, 206,

228, 230
ビリングズ、ジョン・ショウ (Billings, John Shaw) 522
ビレッジ・ボイス (*Village Voice*) 635, 652–53, 656, 663, 742
PM 482, 551
ピーターソン、チャールズ・J (Peterson, Charles J.) 211
ピーターソンズ・マガジン (*Peterson's Magazine*) 211, 243
PBS (Public Broadcasting Service (PBS)) 700, 757, 781–82, 784, 904
ピープル (*People*) 881, 894, 897
ピープルズ、ジョン (Peoples, John) 174
ピアソン、ドルー (Pearson, Drew) 490, 552
ピアソンズ (*Pearson's*) 342
ピッツバーグ・ガゼット (*Pittsburgh Gazette*) 119
ピッツバーグ・クリアー (*Pittsburgh Courier*) 347, 350, 665–66
ピトック、ヘンリー・L (Pittock, Henry L.) 232
ピュー・リサーチ・センター (Pew Research Center) 759
ピュリツァー、アルバート (Pulitzer, Albert) 295
ピュリツァー、ジョゼフ、ジュニア (Pulitzer, Joseph, Jr.) 326
ピュリツァー、ジョゼフ (Pulitzer, Joseph)
　初期の経歴 (early career of) 258–61
　セントルイス・ポスト＝ディスパッチ (St. Louis Post-Dispatch and) 256, 258–61
　ニューヨーク・ワールド (New York World and) 253, 261–73, 279–80, 295–98, 306–08, 326
　ワールド日曜版 (Sunday World and) 296–97
　ワールドの譲渡 (demise of World) 326–27
ピルスベリー、チャールズ・A (Pillsbury, Charles A.) 233
ピンカートン、アラン (Pinkerton, Allan) 213

フーバー、J・エドガー (Hoover, J. Edgar) 397, 659, 687
フーバー、ハーバート (Hoover, Herbert) 405, 418, 421, 462, 471, 477, 488, 490, 509
ファーガソン、デイビッド (Ferguson, David) 324
ファーガソン、フレッド (Ferguson, Fred) 375, 392
ファース、ホースト (Faas, Horst) 642, 693
ファーソン、ウィリアム (Farson, William) 811
ファーマーズ・ウィークリー・ミュージアム (*Farmer's Weekly Museum*) 115, 126
ファーロン、ジャック (Fallon, Jack) 623
ファーン、ファニー (Fern, Fanny) 274
ファーンズワース、ファイロ・T (Farnsworth, Philo T.) 507, 509–11
ファイファー、ジュレス (Feiffer, Jules) 652
ファクシミリ (*Facsimile*) 507, 583, 586, 869
ファスコ、ポール (Fusco, Paul) 523
ファニング、キャサリン (Fanning, Katherine) 829
ファリス、バリー (Faris, Barry) 376, 587
ファルカス、シャンドル (Farkas, Sandor) 131
フィールド、ケイト (Field, Kate) 274
フィールド、マーシャル (Field, Marshall) 283, 438, 475, 482, 585, 608
フィールド、ユージン (Field, Eugene) 253, 378
フィスク、ジョン (Fiske, John) 240
フィッシャー、ジョン (Fischer, John) 598–99
フィッツジェラルド、フランセス (FitzGerald, Frances) 617, 699
フィッツパトリック、ダニエル (Fitzpatrick, Daniel) 494
フィネガン、リチャード・J (Finnegan, Richard J.) 366
フィラデルフィア・アメリカン・ウィークリー・マーキュリー (Philadelphia *American Weekly Mercury*) 42, 44
フィラデルフィア・インクワイアラー (*Philadelphia Inquirer*) 665, 867
フィラデルフィア・オーロラ (Philadelphia *Aurora*) 101–02, 108
フィラデルフィア・ガゼット・オブ・ザ・ユナイテッド・ステイツ (Philadelphia *Gazette of the United States*) 88
フィラデルフィア・タイムズ (*Philadelphia Times*) 249
フィラデルフィア・ニュー・ワールド (Philadelphia *New World*) 117
フィラデルフィア・パブリック・レッジャー (*Philadelphia Public Ledger*) 154, 169, 175,

492, 502, 548
フィラデルフィア・ブルトゥン (*Philadelphia Bulletin*) 682, 822
フィラデルフィア・ペンシルベニア・ガゼット (Philadelphia *Pennsylvania Gazette*) 42, 44
フィラデルフィア・ペンシルベニア・クロニクル (Philadelphia *Pennsylvania Chronicle*) 67, 69, 74, 86
フィラデルフィア・ペンシルベニア・ジャーナル (Philadelphia *Pennsylvania Journal*) 63, 74, 76
フィラデルフィア・ペンシルベニア・パケット (Philadelphia *Pennsylvania Packet*) 81, 83, 117
フィラデルフィア・ポーキュパインズ・ガゼット (Philadelphia *Porcupine's Gazette*) 96, 102
フィラデルフィア・レコード (*Philadelphia Record*) 291
フィランスロピスト (*Philanthropist*) 186
フィリップス、ウィリアム (Phillips, William) 658
フィリップス、ジョン・S (Phillips, John S.) 335, 339, 343
フィリップス、デイビッド・グハラム (Phillips, David Graham) 341
フェアファックス、ビートリス (Fairfax, Beatrice) 275
フェッセンデン、レジナルド・A (Fessenden, Reginald A.) 409
フェデラリスト (*Federalist, The*) 92
フェノ、ジョン (Fenno, John) 88, 95, 100–01, 104, 108, 124
フェルカー、クレイ (Felker, Clay) 662–63
フェントン、トム (Fenton, Tom) 744
フェントン、ロジャー (Fenton, Roger) 211
フエット、ヘンリー (Huet, Henry) 695
フォーチュン、T・トマス (Fortune, T. Thomas) 347
フォーチュン (*Fortune*) 519, 597, 829, 894
フォード、ジェラルドとメディア (Ford, Gerald, and the media) 705–06
フォード、ジョン (Foord, John) 356
フォード、ジョン (Ford, John) 524, 612
フォードー、M・W (Fodor, M. W.) 506, 529
フォーラム (*Forum*) 243, 514, 596
フォール、バーナード (Fall, Bernard) 695
フォーレイ、ビル (Foley, Bill) 737

フォーレイ、リンダ (Foley, Linda) 811
フォイジー、ジャック (Foisie, Jack) 696
フォックス・ネットワーク (Fox Network) 761, 885
フォトジャーナリズム (Photojournalism) 521–23, 604–05
フォノグラフ (Phonograph) 418
フォン・ウィーガンド、カール (Von Wiegand, Carl) 392, 506
フォルドリニア・プロセス (Fourdrinier process) 286
フオース、ロバート (Fuoss, Robert) 598
フガー・ニューズ・レター (Fugger newsletters) 10
フスト、ヨハン (Fust, Johann) 4
フック、シドニー (Hook, Sydney) 601
フラー、マーガレット (Fuller, Margaret) 128, 159, 166, 274
フライアント、ウィリアム・カレン (Bryant, William Cullen) 128, 137, 146, 218, 226
フライシュマン、ドリス・E (Fleischman, Doris E.) 457, 459
フライシュマン、ラウル (Fleischmann, Raoul) 515
フラッグ、ジェイムズ・モンゴメリー (Flagg, James Montgomery) 386
フラナー、ジャネット (Flanner, Janet) 515
フラハティ、ロバート (Flaherty, Robert) 523
フラワー、ベンジャミン (Flower, Benjamin) 339
フランク・レスリーズ・イラストレイティッド・ニューズペーパー (*Frank Leslie's Illustrated Newspaper*) 211, 243, 275, 287
フランクフルター・ツァイトゥンク (*Frankfurter Zeitung*) 10, 549
フランクリン、アン (Franklin, Anne) 87
フランクリン、ジェイムズ (Franklin, James) 38–42, 87
フランクリン、ベンジャミン (Franklin, Benjamin) 21, 25, 38–40, 42, 44, 48, 65, 79, 125, 164
フリー・エンクワイアラー (*Free Enquirer*) 136–37
フリーソン、ドリス (Fleeson, Doris) 492
フリーダムズ・ジャーナル (*Freedom's Journal*) 189, 191
フリーダン、ベティー (Friedan, Betty) 631

フリート、トマス (Fleet, Thomas) 46, 67
フリードマン、トマス (Friedman, Thomas) 737
フリーナー、ジェイムズ・L (Freaner, James L.) 174
フリント、レオン (Flint, Leon) 468, 819–20
フレイディー、マーシャル (Frady, Marshall) 599
フレッチャー、マーティン (Fletcher, Martin) 744
フレデリック、ポーリーン (Frederick, Pauline) 637
フレデリック・ダグラスズ・ペーパー (*Frederick Douglass' Paper*) 194
フレノー、フィリップ (Freneau, Philip) 95, 98, 100–01
フレンドリー、フレッド・W (Friendly, Fred W.) 576, 577, 579, 760, 770
フロッシュ、フランク (Frosch, Frank) 695
ブードノウ、イライアス (Boudinot, Elias) 121
ブック＝オブ＝ザ＝マンス・クラブ (Book-of-the-Month Club) 526, 600
ブッシュ、ジョージ・H・W とメディア (Bush, George H. W., and the media) 708, 729–32
ブライ、ネリー (Bly, Nellie) 266–67
ブライアン、ウィリアム・ジェニングズ (Bryan, William Jennings) 245, 298, 318, 323, 385, 420, 456, 470
ブライアン、ライト (Bryan, Wright) 539
ブライアント、ウィリアム・カレン (Bryant, William Cullen) 128, 137, 146, 218, 226
ブライス、ジェイムズ (Bryce, James) 227, 241
ブライストーン、リチャード (Blystone, Richard) 744
ブライベン、ブルース (Bliven, Bruce) 601
ブライヤー、ウィラード・G (Bleyer, Willard G.) 447, 468, 819
ブラウン、セシル (Brown, Cecil) 538
ブラウン、マルコム (Browne, Malcolm) 641–42, 693, 745
ブラク、ウィリアム (Bullock, William) 214
ブラック、ウィニフレッド (Black, Winifred) 275, 294
ブラック、キャスリーン (Black, Cathleen) 813, 828–29
ブラックウェル、アリス (Blackwell, Alice) 321
ブラックウェル、ヘンリー (Blackwell, Henry) 321
ブラッドフォード、アンドルー (Bradford, Andrew) 42, 44, 125
ブラッドフォード、ウィリアム (Bradford, William) 41–42, 51
ブラッドフォード、ウィリアム三世 (Bradford, William, III) 74, 76
ブラッドフォード、ジョン (Bradford, John) 119
ブラッドリー、エド (Bradley, Ed) 635
ブリズベーン、アーサー (Brisbane, Arthur) 271, 297, 365, 437, 448, 489
ブリズベーン、アルバート (Brisbane, Albert) 158, 297
ブリッグズ、エミリー (Briggs, Emily) 275
ブリッジズ対カリフォルニア事件 (Bridges v. California) 479
ブリツァー、ウォルフ (Blitzer, Wolf) 744, 751
ブリル、ステファン (Brill, Stephen) 863
ブリルズ・コンテント (*Brill's Content*) 827, 863
ブリンクリー、デイビッド (Brinkley, David) 580–81, 619, 632–33, 636, 757, 760, 776
ブルースター、ウィリアム (Brewster, William) 26
ブルーマー、アミーリア (Bloomer, Amelia) 320
ブルーン、ヘイウッド (Broun, Heywood) 326, 484, 491, 660, 803, 807–09, 811
ブルッカー、ウィリアム (Brooker, William) 36, 38
ブルッカー、ハーバート (Brucker, Herbert) 467
ブルックス、ジェイムズ、イラスタス (Brooks, James and Erastus) 165, 172
ブルックス、ノア (Brooks, Noah) 167
ブルックリン・イーグル (*Brooklyn Eagle*) 202, 495, 501
ブレア、フランシス・P (Blair, Francis P.) 125, 138–40
ブレアリー、ウィリアム・H (Brearley, William H.) 280
ブレイクスリー、ハワード・W (Blakeslee, Howard W.) 481
ブレイディ、マシュー (Brady, Mathew) 210–13, 423
ブレイディー、ジェイムズ (Brady, James) 586, 711

ブレイバー、リタ (Braver, Rita) 769
ブレスリン、ジミー (Breslin, Jimmy) 661, 664
ブレット、ジョージ (Brett, George) 526
ブロック、ルドルフ (Block, Rudolph) 298
ブロッコウ、トム (Brokaw, Tom) 637
プア、ベン・パーリ (Poore, Ben Perley) 167, 278
プライス、ウィリアム (Price, William) 319
プライス、G・ウォード (Price, G. Ward) 506
プライス、バイロン (Price, Byron) 534–35, 585
プリンターズ社 (Printers' Ink) 343, 594
プルマン、ジョージ (Pullman, George) 233
プレイボーイ (*Playboy*) 705
プレス王 (Press lords) 461, 463, 467–68
プレスタイム (presstime) 813
プレスの自由 (Freedom of the press)
  赤狩り (and Red Scare) 385–402, 545–48, 558–59, 575–79
  アレオパジティカ (Areopagitica) 17
  イギリスにおける特許検閲制度 (and licensing in England) 11–14
  カトー書簡 (Cato's letters and) 22–23
  憲法修正第1条 (First Amendment and) 90–92, 398–400, 478–80, 575–79, 653, 681–87, 755–56, 798–801, 831–33
  憲法修正第14条 (Fourteenth Amendment and) 478–80
  権利章典 (Bill of Rights and) 90–92
  新聞の課税 (and tax on paper) 22–23
  事前抑制 (prior restraint and) 11–14, 39–40, 398–400, 478–80, 683–86
  1918年煽動法 (Sedition Act of 1918 and) 390–91, 534–36
  ゼンガー裁判 (Zenger case and) 53–59
  第2次世界大戦 (in World War II) 534–38
  朝鮮戦争 (Korean War and) 559–62
  表現の自由 (free speech and) 628, 651–54
  法廷侮辱罪 (and contempt of court) 478–80
  明白かつ現存する危険 (and clear and present danger) 398–400
  名誉毀損 (libel and) 323–25, 831–32
  わいせつと検閲 (and obscenity and censorship) 836–39, 853–54
プログレッシブ (*Progressive*) 602, 686, 863, 896
プロビデンスの新聞 (Providence newspapers) 86, 248
プロフェッショナル・ジャーナリスト協会 (Society of Professional Journalists/SPJ) 815, 818, 825, 830, 846

ヘア、ジミー (Hare, Jimmy) 312
ヘイ、ジョン (Hay, John) 160
ヘイウッド、ウィリアム・D (Haywood, William D.) 317
ヘイズ、ウィル・H (Hays, Will H.) 389, 429
ヘイズ・オフィス (Hays Office) 429
ヘイル、サラ・J (Hale, Sarah J.) 211
ヘイル、デイビッド (Hale, David) 146, 168, 171–72, 174
ヘザリントン、ヘンリー (Hetherington, Henry) 142
ヘニング、アーサー・シアーズ (Henning, Arthur Sears) 474
ヘブス、ベン (Hibbs, Ben) 598
ヘルツ、ハインリッヒ (Hertz, Heinrich) 407
ヘロルド、シビル (Herrold, Sybil) 410
ヘロルド、チャールズ・デイビッド (Herrold, Charles David) 409–10, 413
ヘンリー、ビル (Henry, Bill) 529
ベアード、ジョン・L (Baird, John L.) 508
ベイカー、ニュートン (Baker, Newton) 319
ベイカー、レイ・スタナード (Baker, Ray Stannard) 335, 339
米軍ベトナム放送 (Armed Forces Vietnam Network) 696
米西戦争 (Spanish-American War) 273, 275, 289, 297, 300–02, 311–12, 323, 356
ベイチ、ベンジャミン・フランクリン (Bache, Benjamin Franklin) 95, 101–02, 104, 108, 109
米墨戦争 (Mexican War) 155, 171, 173–75
ベイリー、ヒュー (Baillie, Hugh) 586
ベック、エドワード・スコット (Beck, Edward Scott) 474
ベックランド、ロウリー (Becklund, Laurie) 728–29
ベトナム戦争 (Vietnam War) 693
  新たなプレス (and alternative press) 654
  起源 (origins of) 640–41
  検閲 (censorship during) 641–45, 695
  サイゴンの記者団 (Saigon press corps and) 641–45
  写真 (photographers and) 693, 701
  評価 (evaluation of) 696–702
  プレスの報道 (and press coverage) 601–02,

643–49, 691–96, 698–702, 739
ベネット、ジェイムズ・ゴードン (Bennett, James Gordon)　144, 150–54, 161, 163, 165, 168–71, 173, 177, 195–96, 199, 203, 213, 218, 229, 248, 263, 272, 294, 296, 356, 363,
ベネット、ジェイムズ・ゴードン・ジュニア (Bennett, James Gordon, Jr.)　363–65, 430, 445
ベバリッジ、アルバート (Beveridge, Albert)　311
ベブレン、ソースタイン (Veblen, Thorstein)　240
ベリマン、クリフォード (Berryman, Clifford)　494
ベリマン、ジェイムズ・T (Berryman, James T.)　494
ベル、アレグザンダー・グハラム (Bell, Alexander Graham)　236–37, 849
ベル、エドワード・プライス (Bell, Edward Price)　392, 483, 487
ベル、ジャック (Bell, Jack)　623
ベル、フィリップ・A (Bell, Phillip A.)　191–92
ベルデン、ジャック (Belden, Jack)　550
ベンジャミン、アンナ (Benjamin, Anna)　275
ベント、サイラス (Bent, Silas)　468
ペイエット、ウィリアム (Payette, William)　623
ペイリー、ウィリアム・S (Paley, William S.)　415, 418, 495, 498, 578, 607, 767, 770
ペイン、トマス (Paine, Thomas)　79–83, 97, 923
ペイン、ロバート・E (Paine, Robert E.)　482
ペイン、ロバート・F (Paine, Robert F.)　331
ペグラー、ウェストブルック (Pegler, Westbrook)　375–76, 491–92
ペティット、トム (Pettit, Tom)　626
ペリー、メート (Perry, Mert)　643
ペレルマン、S・J (Perelman, S. J.)　515
ペンシルベニア・イーブニング・ポスト (*Pennsylvania Evening Post*)　80, 117
ペンシルベニア・ガゼット (*Pennsylvania Gazette*)　42, 44
ペンシルベニア・パケット・アンド・デイリー・アドバタイザー (*Pennsylvania Packet and Daily Advertiser*)　117
ペンシルベニア・マガジン (*Pennsylvania Magazine*)　80, 126
ペンタゴン・ペーパーズ事件 (Pentagon Papers case)　683–86, 693
ペンフェザー、ペネロウプ (Penfeather, Penelope)　275
ホー、R社 (Hoe, R., & Company)　141, 214, 286
ホーガン、スティーブン・H (Horgan, Stephen H.)　288–89, 429
ホーキンズ、ウィリアム・W (Hawkins, William W.)　477
ホーキンソン、ヘレン (Hokinson, Helen)　515
ホートン、ジョージ・モージズ (Horton, George Moses)　191
ホートン、ジョン (Houghton, John)　49
ホーム・ボックス・オフィス (Home Box Office (HBO))　777
ホームズ、オリバー・ウェンデル (Holmes, Oliver Wendell)　240
ホームズ、メアリー・J (Holmes, Mary J.)　242
ホール、バジル (Hall, Basil)　131
ホールデン、L・E (Holden, L. E.)　251
ホア、ジョージ・H (Hoar, George H.)　311
放送 (Broadcasting)　アメリカン・ブロードキャスティング・カンパニー、ケーブル・ニューズ・ネットワーク、コロンビア・ブロードキャスティング・システム、連邦通信委員会、ミューチュアル・ブロードキャスティング・システム、ナショナル・ブロードキャスティング・カンパニー、パブリック・ブロードキャスティング・サービス、ラジオ、テレビジョンも見よ。
　広告 (advertising)　414–18
　公正原則 (fairness doctrine in)　795–801
　批判 (criticism of)　414–20, 790–98
　マイノリティの雇用 (minorities employed in)　785–89
報道における公平性と正確性 (Fairness and Accuracy in Reporting)　774–75
ホッジズ、ウィリス・A (Hodges, Willis A.)　193
ホノルル・スター＝ブルトゥン (*Honolulu Star-Bulletin*)　533
ホプキンズ、ウィリアム (Hopkins, William)　523
ホランド、ジョサイア・ギルバート (Holland, Josiah Gilbert)　162
ホリマン、ジョン (Holliman, John)　743
ホルト、ジョン (Holt, John)　74–75, 85
ホルブルック、エリザ (Holbrook, Eliza)　274
ホワイト、アンドリュー・D (White, Andrew D.)　239

ホワイト、E・B (White, E. B.) 515
ホワイト、ウィリアム・アレン (White, William Allen) 255, 333–34, 445, 530
ホワイト、ウィリアム・S (White, William S.) 491
ホワイト、キャサリン (White, Katharine) 515
ホワイト、セオドア (White, Theodore) 549–50
ホワイト、ホレス (White, Horace) 222
ホワイト、ポール (White, Paul) 421, 498
ホワイト、ロバート・E (White, Robert E.) 729
ホワイト・ハウス特派員協会 (White House Correspondents' Association) 910
ボードレックス、リチャード (Boudreaux, Richard) 727
ボーナス・アーミー (Bonus Army) 462, 502
ボールドウィン、ハンソン・W (Baldwin, Hanson W.) 562, 647
ボーン、ニコラス (Bourne, Nicholas) 16
ボイス・オブ・アメリカ (Voice of America) 536, 588–89, 636, 703–04
ボイル、ハル (Boyle, Hal) 562
ボウルズ、サミュエル三世 (Bowles, Samuel, III) 162
ボストン・ガーディアン (*Boston Guardian*) 347, 349
ボストン・ガゼット (*Boston Gazette*) 25, 28, 36, 42, 72, 76
ボストン・グローブ (*Boston Globe*) 250, 291, 293, 296, 726, 828, 861, 867
ボストン・コロンビアン・センチネル (Boston *Columbian Centinel*) 167
ボストン・ジャーナル (*Boston Journal*) 167, 278, 444
ボストン・トランスクリプト (*Boston Transcript*) 166, 308
ボストン・ニューイングランド・ウィークリー・ジャーナル (Boston *New England Weekly Journal*) 36, 45
ボストン・ニューイングランド・クーラント (Boston *New England Courant*) 36, 41
ボストン・ニューズ・レター (*Boston News-Letter*) 34, 84, 87, 115
ボストン・パブリック・オカーレンセズ (Boston *Publick Occurrences*) 32
ボストン・ヘラルド (*Boston Herald*) 269, 275, 308, 884
ボストン・マサチューセッツ・スパイ (Boston *Massachusetts Spy*) 74, 76–77
ボック、エドワード (Bok, Edward) 244, 284, 342, 377
ボディー、マンチェスター (Boddy, Manchester) 438, 449
ボナー、レイモンド (Bonner, Raymond) 729
ボルチモア・サン (*Baltimore Sun*) 154–55, 169–70, 173–74, 336, 359, 489–90, 494, 514, 538, 676, 696, 829, 861
ボルチモア・パトリオット (*Baltimore Patriot*) 170
ボルチモア・メリーランド・ジャーナル (Baltimore *Maryland Journal*) 74, 86–87
ボンフィルズ、フレッド・G (Bonfils, Fred G.) 438–40
ポーター、エドウィン・S (Porter, Edwin S.) 425
ポート・フォリオ (*Port Folio*) 115, 126–27
ポートランド・オレゴニアン (Portland *Oregonian*) 178, 230–32, 421, 787
ポードレッツ、ノーマン (Podhoretz, Norman) 603
ポウリー、ジェイン (Pauley, Jane) 772
ポグレビン、レティ (Pogrebin, Letty) 658
ポスト、ロバート (Post, Robert) 465
ポッター、ケント (Potter, Kent) 695
ポルク、ジョージ (Polk, George) 547

マ行

マーカム、エドウィン (Markham, Edwin) 294
マーキス、ドン (Marquis, Don) 378
マーゲンサラー、オトマー (Mergenthaler, Ottmar) 285
マーシャル、ジョン (Marshall, John) 106, 128, 130
マース、ピーター (Maas, Peter) 662
マーダー、ミュレイ (Marder, Murrey) 692
マーチ・オブ・タイム、ザ (*March of Time, The*) 499–501, 513, 519
マーツ、チャールズ (Merz, Charles) 326, 398, 487
マーティノー、ハリエット (Martineau, Harriet) 131
マーティン、エバレット (Martin, Everett) 696
マードック、ルパート (Murdoch, Rupert) 663, 761, 779, 883–85, 895, 899
マーフィー、ウィリアム・J (Murphy, William

J.) 255, 820
マーフィー、カーライル (Murphy, Caryle) 742
マーフィー、カール (Murphy, Carl) 348
マーフィー、ジョン・H、サー (Murphy, John H., Sr.) 347, 348
マーブル、マントン (Marble, Manton) 202, 261
マイアミ・ヘラルド (*Miami Herald*) 674, 717, 727, 729, 806, 817, 829
マイダンス、カール (Mydans, Carl) 522–23, 550, 558
マイブリッジ、イードウィアード (Muybridge, Eadweard) 424
マイヤー、フィリップ (Meyer, Philip) 664
マイヤー、ユージン (Meyer, Eugene) 474
マイヤーズ、ディー・ディー (Myers, Dee Dee) 748
マイヤーズ、リサ (Myers, Lisa) 772
マウラー、エドガー・アンセル (Mowrer, Edgar Ansel) 483–85, 504, 536
マウラー、ポール・スコット (Mowrer, Paul Scott) 392, 483–84, 487–88
マギー、カール (Magee, Carl) 476
マクグロウ=ヒル・パブリッシング社 (McGraw-Hill Publishing Company) 521
マクドナルド、ドゥワイト (McDonald, Dwight) 660
マクナミー、グハラム (McNamee, Graham) 404, 416–17
マクニール、ロバート (MacNeil, Robert) 784
マクファデン、バナー (Macfadden, Bernarr) 433, 437
マクユーエン、アーサー (McEwen, Arthur) 294
マクリーシュ、アーチバルド (MacLeish, Archibald) 529
マクリーン、ジョン・R (McLean, John R.) 252, 295
マクレイキング・ジャーナリズム (Muckraking journalism) 322–25, 659–61
マクローリン、メイラ (McLaughlin, Mayra) 635
マグウムプス (Mugwumps) 219–21, 229
マコーミック、アン・オヘア (McCormick, Anne O'Hare) 483
マコーミック、ロバート (McCormick, Robert) 431–32, 437, 440–41, 472–75, 478–79
マザー、インクリース コットン (Mather, Increase and Cotton) 39–40
マシューズ、リンダ (Matthews, Linda) 702
マストヘッド (Masthead) 817
貧しきリチャードの暦 (*Poor Richard's Almanac*) 43, 45
マッカーシー、ジョゼフ・R (McCarthy, Joseph R.) 560, 565–67, 575, 578, 679
マッカーシー、フランシス (McCarthy, Francis) 532
マッカーチン、ジョン・T (McCutcheon, John T.) 484, 494
マッカボイ、トマス (McAvoy, Thomas) 521
マッカラー、J・B (McCullagh, J. B.) 256, 258–59
マッキン、キャサリン (Mackin, Catherine) 637
マッキンリー、ウィリアムとプレス (McKinley, William, and the press) 319, 327–30
マックウィリアムズ、ケアリー (McWilliams, Carey) 601, 654, 660, 673
マックギー、フランク (McGee, Frank) 581, 636
マックスウェル、W・D (Maxwell, W. D.) 474
マックマスター、ジョン・バッハ (McMaster, John Bach) 241
マックルアー、S・S (McClure, S. S.) 244, 284
マックルアーズ (*McClure's*) 513–14
マックレー、ミルトン (McRae, Milton) 331–32
マッケオン、ボブ (McKeown, Bob) 745
マッコールズ (McCall's) 600
M＊A＊S＊H (*M*A*S*H*) 563, 767, 792, 890
マッセズ (*Masses, The*) 388–89, 401, 494
マッド、ロジャー (Mudd, Roger) 633, 635, 771
マディソン、ジェイムズ (Madison, James) 91–93, 98–99
マディソン・プレス・コネクション (Madison Press Connection) 686
マニング、マリー (Manning, Marie) 275
マニング、ロバート (Manning, Robert) 599
マハン、アルフレッド・T (Mahan, Alfred T.) 310
マリオ、ジェシー・ホワイト (Mario, Jessie White) 275
マルクス、カール (Marx, Karl) 159, 401

マルコーニ、グッリエルモ (Marconi, Guglielmo) 361–62, 407–11
マロー、エドワード・R (Murrow, Edward R.) 501, 503–04, 506, 529, 533, 538, 558, 565, 573, 575–80, 596, 632, 635, 637, 660, 743, 762, 916
マロニー、J・ロイ (Maloney, J. Loy) 474
マロン、ポール (Mallon, Paul) 376, 490
マン、アーサー (Mann, Arthur) 529
漫画 (Cartoons)
    作品例 (examples of) 223, 299, 493–94, 516, 720
    ニューヨーカー誌の (in New Yorker) 515–16
    風刺漫画 (editorial) 493–95
    漫画家 (cartoonists) 440–42, 493–95, 713
マンジー、フランク (Munsey, Frank) 430, 444–46, 448
マンジーズ (*Munsey's*) 444
マンチェスター・ガーディアン (*Manchester Guardian*) 486, 549

ミーン、ジョン (Mein, John) 67
ミケルソン、シグ (Mickelson, Sig) 633, 817
ミステリー (*Mystery, The*) 191–92
ミズ (*Ms.*) 658
ミッチ、ダニエル・D (Mich, Daniel D.) 523
ミッチェル、アンドリア (Mitchell, Andrea) 772
ミッチェル、エドワード・P (Mitchell, Edward P.) 365, 445
ミネアポリス・サタデー・プレス (*Minneapolis Saturday Press*) 478
ミネアポリス・ジャーナル (*Minneapolis Journal*) 341
ミネアポリス・スター・トリビューン (*Minneapolis Star Tribune*) 806
ミネアポリス・トリビューン (*Minneapolis Tribune*) 689, 817, 820
ミネソタ・レッド・ウィング・デイリー・リパブリカン (*Minnesota Red Wing Daily Republican*) 280
峯弘道 (Mine, Hiromichi) 695
ミネルバ (Minerva, The) 95–96
ミノウ、ニュートン (Minow, Newton) 760
ミュージック・テレビジョン・ネットワーク MTV (Music Television Network) を見よ
ミューチュアル・ブロードキャスティング・システム (Mutual Broadcasting System) 499
ミュアー、マルコム (Muir, Malcolm) 520
ミラー、ウェブ (Miller, Webb) 375, 392, 488, 529
ミラー、ジェラルド (Miller, Gerald) 695
ミラー、チャールズ・R (Miller, Charles R.) 356
ミラー、ポール (Miller, Paul) 486, 585
ミラー、マージョリー (Miller, Marjorie) 727
ミラード、トマス (Millard, Thomas) 548
ミリ、ギョン (Mili, Gjon) 522
ミルウォーキー・ジャーナル (*Milwaukee Journal*) 255, 414, 665, 823
ミルウォーキー・センティネル (*Milwaukee Sentinel*) 255, 308, 385
ミルウォーキー・リーダー (*Milwaukee Leader*) 321, 389
ミルトン、ジョン (Milton, John) 17

ムーン、ヘンリー・リー (Moon, Henry Lee) 352

メアーズ、ウォルター (Mears, Walter) 707
メイナード、ロバート・C (Maynard, Robert C.) 788
明白なる運命 (Manifest Destiny)
    概念 (concept of) 310–13
    反対 (opposition to) 311, 322–23
    米西戦争 (in Spanish-American War) 723
    米墨戦争 (in Mexican War) 174–75
メイフラワー・ブロードキャスティング・コーポレーション (Mayflower Broadcasting Corporation) 798
メイラー、ノーマン (Mailer, Norman) 599, 607–08, 651–52, 661, 664
メカニックス・フリープレス (*Mechanic's Free Press*) 136
メダリー、サミュエル (Medary, Samuel) 202
メディアと社会問題研究所 (Center for Media and Public Affairs) 764
メディアにおけるテクノロジー (Technology, in the media)
    インターネット (and Internet) 876–78
    未来 (and future) 849–51
メディアの正確性 (Accuracy in Media) 784
メディア批判 (Criticism of the media)
    イラン・コントラ・スキャンダル (and

Iran-Contra scandal) 718–19
過剰なメディア (for media excess) 761–65
テレビ・ニュース (television news) 760–65
"パック"・ジャーナリズム ("pack" journalism) 706
ベトナム戦争 (and Vietnam War) 680–81
メディル、ジョゼフ (Medill, Joseph) 177, 196, 252, 308, 337, 473
メリーランド・ガゼット (*Maryland Gazette*) 46
メリル、ウィリアム (Merrill, William) 269
メレット、ローウェル (Mellett, Lowell) 477
メンケン、ヘンリー・ルイス (Mencken, Henry Louis) 514
メンフィス・アピール (Memphis Appeal) 209

モーガン、J・ピアポント (Morgan, J. Pierpont) 233, 316, 356
モーガン、ロビン (Morgan, Robin) 658
モース、サミュエル・F・B (Morse, Samuel F. B.) 170, 212
モーセル、N・F (Mossell, N. F.) 276
モア、チャールズ (Mohr, Charles) 642–44
モイニハン、ダニエル・P (Moynihan, Daniel P.) 601
モイヤーズ、ビル (Moyers, Bill) 721, 769–70, 773
モウルディン、ビル (Mauldin, Bill) 539
モット、フランク・L (Mott, Frank L.) 468
モニトゥール・ド・ラ・ルイジアンヌ (*Moniteur de la Louisiane*) 120
モビル・アドバタイザー (*Mobile Advertiser*) 209–10
モビル・レジスター (*Mobile Register*) 209
モリス、ウィリー (Morris, Willie) 599
MORI 調査研究所 (MORI Research, Inc.) 756

ヤ行

ヤンク (Yank) 539
ヤング、P・バーナード (Young, P. Bernard) 350
ヤング、アーサー・ヘンリー (Young, Arthur Henry) 494
ヤング&ルビカム広告代理店 (Young & Rubicam agency) 453–54, 594, 595, 597, 901–02

U.S. ニューズ&ワールド・リポート (*U.S. News & World Report*) 598, 894
USA・トゥデー (*USA Today*) 813, 828, 867
ユース・コンパニオン (Youth's Companion) 244, 285
ユーティカ・デイリー・ガゼット (*Utica Daily Gazette*) 171
UPN ネットワーク (UPN Network) 780–81
郵便制度と新聞 (Postal service, and press) 34, 118, 164, 237, 244, 284–85, 388–89
ユナイテッド・ステイツ・インフォメーション・サービス (United States Information Service) 588
ユナイテッド・ステイツ・デイリー (*United States Daily*) 521
ユナイテッド・パラマウント・ネットワーク (United Paramount Network) 761
ユナイテッド・フィーチャーズ・シンジケート (United Features Syndicate) 419
ユナイテッド・プレス　通信社を見よ
ユナイテッド・プレス・インターナショナル (United Press International)
　ケネディの暗殺 (and Kennedy assassination) 622–24
　設立 (founding of) 586–87
　テクノロジー (technology and) 908–11
　特派員 (correspondents of) 586–87, 714, 718
　ベトナム戦争 (in Vietnam War) 641, 693, 695

ヨーロピアン・ニューズ・ラウンドアップ (European News Roundup) 505
ヨスト、キャスパー (Yost, Casper) 467, 813–14
読売新聞 534

ラ行

ラ・クロス・デモクラット (*La Crosse Democrat*) 200
ラ・フォレッツ・ウィークリー (*La Follette's Weekly*) 342, 385
ラ・フォレット、ロバート (La Follette, Robert) 318
ラ・プレンサ (*La Prensa*) 374, 661, 726
ラーティアー、ルイス (Lautier, Louis) 670
ライアン、マシュー (Lyon, Matthew) 107
ライス、グラントランド (Rice, Grantland)

393, 416
ライト、ファニー (Wright, Fanny) 136–37
ライノタイプ機 (Linotype machine) 285
ライフ（1883年創刊）(*Life* (of 1883)) 243
ライフ (*Life*) 465, 517, 519, 521–22, 538, 549, 552, 558–59, 579, 597–98, 604–05, 620, 627, 661, 691, 693, 695, 735, 894
ラインボー、ジョン・H (Linebaugh, John H.) 209
ラコタ・タイムズ (*Lakota Times*) 676
ラサート、ティム (Russert, Tim) 772
ラザー、ダン (Rather, Dan) 624, 627, 633, 635, 639, 649, 690, 704, 742, 757, 761–63, 767–69, 771, 773
ラジオ (Radio)
 規制 (regulations) 869–70
 広告 (advertising) 581–83, 887–89
 娯楽 (entertainment) 421–23, 507
 最初の女性ブロードキャスター (first women broadcasters) 410
 最初の放送 (first broadcasts on) 403–14
 新聞との競争 (competition with newspapers) 420, 497–98
 大統領選挙キャンペーン (presidential campaigns and) 411–13, 420, 465–67
 テレビとの競争 (competition with television) 581–83
 ボイス・オブ・アメリカ (Voice of America) 536, 588
 「炉辺談話」("fireside chats") 463–67, 497
ラジオ・コーポレーション・オブ・アメリカ (RCA) 414–17, 461, 507–11, 564, 573, 607, 772, 875, 881, 889, 904
ラジオ・フリー・ヨーロッパ (Radio Free Europe) 589
ラジオ・リバティ (Radio Liberty) 589
ラジオ＝テレビ・ニュース・ディレクター協会 (Radio-Television News Directors Association) 816–17
ラスカー、アルバート (Lasker, Albert) 450
ラスト、サミュエル (Rust, Samuel) 141
ラスワーム、ジョン・B (Russwurm, John B.) 191
ラズベリー、ウィリアム (Raspberry, Wiilliam) 787
ラッセル、ウィリアム・ハワード (Russell, William Howard) 203

ラックス、ジョージ (Luks, George) 297
ラッセル、チャールズ・エドワード (Russell, Charles Edward) 341
ラッセル、ベンジャミン (Russell, Benjamin) 95–97, 99, 184
ラファム、ルイス (Lapham, Lewis) 719
ラファン、ウィリアム・M (Laffan, William M.) 370–71
ラフリン、ジェイムズ・L (Laughlin, James L.) 253
ラブ、フィリップ (Rahv, Philip) 658
ラブジョイ、イライジャ (Lovejoy, Elijah) 186
ラムズ・ホーン (*Ram's Horn, The*) 193
ラル、ゴービンド・ベハリ (Lal, Gobind Behari) 481
ラルフ、ジュリアン (Ralph, Julian) 271–72, 365
ラング、ドロシー (Lange, Dorothea) 523
ラングス、ジャック (Langguth, Jack) 699
ランドバーグ、フェルディナンド (Lundberg, Ferdinand) 467
ランプーン (Lampoon, The) 293
ランヨン、デイモン (Runyon, Damon) 587

リー、アイビー (Lee, Ivy) 456, 458
リース、ジェイコブ (Riis, Jacob) 272, 317, 365
リーゾナー、ハリー (Reasoner, Harry) 635, 637–40
リーダーズ・ダイジェスト (*Reader's Digest*) 517, 590, 597, 604, 757, 896–97
リーディ、ジョージ (Reedy, George) 700
リード、サミュエル・C、ジュニア (Reid, Samuel C., Jr.) 209
リード、ジョン・C (Reid, John C.) 356
リード、ヘレン・ロジャース (Reid, Helen Rogers) 445
リード、ホワトロウ (Reid, Whitelaw) 160, 204, 241, 263, 270
リーリー、ジョン (Leary, John) 481
リタラリー・ギルド (Literary Guild) 526
リタラリー・ダイジェスト (*Literary Digest*) 243, 463, 495, 514, 518, 520
リチャードソン、アルバート・D (Richardson, Albert D.) 204
リッダー、ハーマン (Ridder, Herman) 345
リッチ、ジョン (Rich, John) 683
リッチー、トマス (Ritchie, Thomas) 113

1064　索　引

リッチモンド・エンクワイアラー (*Richmond Enquirer*) 206, 208
リッチモンド・サザン・イラストレーテッド・ニューズ (Richmond *Southern Illustrated News*) 208
リッチモンド・センティネル (*Richmond Sentinel*) 255
リッチモンド・ディスパッチ (*Richmond Dispatch*) 208–09
リッチモンド・デモクラット (*Richmond Democrat*) 208
リッチモンド・ホイッグ (*Richmond Whig*) 208
リッピンコット、サラ (Lippincott, Sara) 275
リップマン、ウォルター (Lippmann, Walter) 326, 343, 398, 458, 487, 489–90, 552, 601, 606, 808
リテラシー (Literacy) 238–39, 316–17, 524–26
リトル、リチャード・ヘンリー (Little, Richard Henry) 487
リビア、ポール (Revere, Paul) 73
リビントン、ジェイムズ (Rivington, James) 64–69, 77
リブリング、A・J (Liebling, A. J.) 515
リプレイ、ジョージ (Ripley, George) 159
リベレーター (Liberator, The) 184–85, 190
リポーター (*Reporter, The*) 602, 648
リリー (Lily, The) 320
リロイ、キャサリン (Leroy, Catherine) 693
リンカーン、エイブラハムとプレス (Lincoln, Abraham, and the press) 130–32, 133–35, 141–42, 145
リンカーン・スター（ネブラスカ州）(*Lincoln Star* (Nebraska)) 421
リンドレイ、アーネスト・K (Lindley, Ernest K.) 490
リンバウ、ラッシュ (Limbaugh, Rush) 752, 863

ル・マタン (*Le Matin*) 294
ルーカス、J・アンソニー (Lukas, J. Anthony) 692
ルーカス、ジム・G (Lucas, Jim G.) 539, 558, 643
ルース、ヘンリー (Luce, Henry) 517, 530, 548, 550, 579, 597, 604, 620, 893
ルーズベルト、セオドアとメディア (Roosevelt, Theodore, and the media) 309, 317–19, 323–25, 338, 343, 390
ルーズベルト、フランクリン・Dとメディア (Roosevelt, Franklin D., and the media) 461–67, 542
ルーニー、アンディ (Rooney, Andy) 770
ルービン、モリス (Rubin, Morris) 602
ルイス、アルフレッド・ヘンリー (Lewis, Alfred Henry) 298, 377
ルイス、アンソニー (Lewis, Anthony) 752
ルイス、ジョン・W (Lewis, John W.) 670
ルイス、ティモシー (Lewis, Timothy) 87
ルイス、フルトン、ジュニア (Lewis, Fulton, Jr.) 492, 501–02, 527
ルイビル・クリアー＝ジャーナル (*Louisville Courier-Journal*) 230, 249–50, 269, 312, 355, 385, 414, 825, 846
ルイビル・タイムズ (*Louisville Times*) 814
ルウィンスキー、モニカ (Lewinsky, Monica) 754–55, 827, 863
ルック (*Look*) 521–23, 597, 598, 605, 661, 695

レーガン、ロナルドとメディア (Reagan, Ronald, and the media) 711–21
レイ、チャールズ・ベネット (Ray, Charles Bennett) 191
レイディーズ・ホーム・ジャーナル (*Ladies' Home Journal*) 244, 284, 338, 342
レイノルズ、クエンティン (Reynolds, Quentin) 587
レイノルズ、ディーン (Reynolds, Dean) 744
レイノルズ、フランク (Reynolds, Frank) 637–39, 773, 775
レイバンホルト、アルバート (Ravenholt, Albert) 550
レイモンド、アレン (Raymond, Allen) 486
レイモンド、ヘンリー (Raymond, Henry) 159–61, 172, 195–96, 198–99, 203, 218, 223, 227, 229, 270–71, 355
レゲット、ウィリアム (Leggett, William) 137
レストン、ジェイムズ (Reston, James) 855
レスリー、ミリアム・フォリン (Leslie, Miriam Follin) 275
レスリー、ムーア (Moore, Leslie) 816–17
レスリーズ (*Leslie's*) フランク・レスリーズ・イラストレイティッド・ニューズペーパーを見よ
レット、ロバート・バーンウェル (Rhett,

Robert Barnwell) 186, 188
レッドブック (*Redbook*) 829
レデン、ジャック (Redden, Jack) 737
レビタス、サミュエル・M (Levitas, Samuel M.) 602
レビュー・オブ・レビューズ (Review of Reviews) 339, 514
レボルーション (Revolution, The) 320
レミントン、フレデリック (Remington, Frederic) 305
レモイン、ジェイムズ (LeMoyne, James) 726
レラー、ジム (Lehrer, Jim) 784
連邦議会議事録 (Congressional Record) 125
連邦通信委員会 (FCC) 417–20, 510–11, 572–73, 583, 592, 650, 760, 791–92, 795–800, 816, 869, 871–73, 875, 882, 885, 888–89,

ローウェル、ジョージ・P (Rowell, George P.) 280
ローズ、ジェイムズ・フォード (Rhodes, James Ford) 241
ローゼンストック、アーサー (Rosenstock, Arthur) 811
ローソン、ビクター (Lawson, Victor) 247, 253, 447, 483
ロード、チェスター (Lord, Chester) 272, 365
ロード・アイランド・ガゼット (Rhode Island Gazette) 41
ローパー、エルモ (Roper, Elmo) 453
ローパー・オーガニゼーション (Roper Organization) 755
ローブ、ウィリアム、ジュニア (Loeb, William, Jr.) 319
ローリー、アニー (Laurie, Annie) 294, 298, 300, 674
ローリー・ニューズ・アンド・オブザーバー (*Raleigh News and Observer*) 337
ローリー・ホープ・オブ・リバティー (*Raleigh Hope of Liberty*) 191
ローリング・ストーン (*Rolling Stone*) 653, 657–58, 706
ローレンス、ウィリアム・L (Laurence, William L.) 481, 544
ローレンス、ジョン (Laurence, John) 698–99
ローレンス、デイビッド (Lawrence, David) 489–90, 520
ローレンツ、ペア (Lorentz, Pare) 523–24

ローワン、カール・T (Rowan, Carl T.) 643, 787
ロイス、ジョサイア (Royce, Josiah) 293
ロイド、ヘンリー・デマレスト (Lloyd, Henry Demarest) 241
ロイヤル、アン (Royall, Anne) 165
ロイヤル・ガゼット (*Royal Gazette*) 67–68
ロウ、セス (Low, Seth) 319
ロウエル、ジェイムズ・ラッセル (Lowell, James Russell) 227
労働組合 (Labor Unions)
 設立 (founding of) 136–38, 244–46
ロウバー、リチャード (Rovere, Richard) 516
ロサ、ポール (Rotha, Paul) 523
ロサンゼルス・エグザミナー (*Los Angeles Examiner*) 329, 448
ロサンゼルス・スター (*Los Angeles Star*) 178
ロサンゼルス・センティネル (*Los Angeles Sentinel*) 667, 670
ロサンゼルス・タイムズ (*Los Angeles Times*)
 海外のニュース報道 (foreign news reporting by) 702–03, 727–28, 746, 861
 初期 (early years of) 244, 329, 366–67, 385
 チャンドラー家の経営 (under the Chandlers) 366–67, 414
 調査報道 (investigative journalism of) 659–61
ロサンゼルス・デイリー・ニューズ (*Los Angeles Daily News*) 438
ロサンゼルス・ヘラルド＆エクスプレス (*Los Angeles Herald & Express*) 448
ロジェ、ピーター・マーク (Roget, Peter Mark) 423
ロス、ウィリアム・P (Ross, William P.) 121
ロス、チャールズ (Ross, Charles) 554
ロス、ハロルド (Ross, Harold) 393, 515–16, 894
ロス、リリアン (Ross, Lillian) 663
ロススタイン、アーサー (Rothstein, Arthur) 523
ロゼンタール、エイブ (Rosenthal, Abe) 684
ロゼンタール、ジョー (Rosenthal, Joe) 541
ロックナー、ルイス・P (Lochner, Louis P.) 488, 529
ロックフェラー、ジョン・D (Rockefeller, John D.) 233, 239, 339, 436
ロッジ、ヘンリー・カボット (Lodge, Henry Cabot) 310
ロデリック、ジョン (Roderick, John) 683
ロバーツ、コーキー (Roberts, Cokie) 776

ロバーツ、チャールズ (Roberts, Charles) 624
ロバートソン、ジェイムズ (Robertson, James) 211
ロビンソン、エドウィン・アーリントン (Robinson, Edwin Arlington) 242
ロビンソン、クロード (Robinson, Claude) 592, 595
ロビンソン、マックス (Robinson, Max) 639, 773, 789
ロビンソン・クルーソー (*Robinson Crusoe*) 39
ロブ、アイネス (Robb, Inez) 587
ロリマー、ジョージ・ホレス (Lorimer, George Horace) 244, 598
ロング、ウィリアム (Long, William) 727
ロング、ヒューイ (Long, Huey) 479, 513
ロンドン、ジャック (London, Jack) 312, 344, 377, 487
ロンドン・デイリー・メイル (*London Daily Mail*) 506
ロンドンの新聞 (London newspapers)
　19世紀 (in nineteenth century) 429–31
　タイムズ (Times) 141, 165, 209, 274, 309
　タブロイド (tabloids) 430–31

ワ行

ワーキングマンズ・アドボケート (*Working Man's Advocate*) 136
ワーナー、スーザン・B (Warner, Susan B.) 242
ワーナー、デニス (Warner, Denis) 648
ワーナー、マーガレット (Warner, Margaret) 784
ワーナー・ブラザーズ・ネットワーク (Warner Brothers Network) 780
ワーナメイカー、ジョン (Wanamaker, John) 283
ワールズ・ワーク (*World's Work*) 351, 514, 518
ワールド・テレビジョン・ニュース (World Television News) 743
ワールド・レポート (*World Report*) 778
ワイド・ワールド・オブ・スポーツ (*Wide World of Sports*) 639, 775
ワイリー、ルイス (Wiley, Louis) 363
ワイル、フレデリック・ウィリアム (Wile, Fredric William) 487
ワサハ (Wassaja) 674–75
ワシントン、ジョージ (Washington, George) 82–85, 93, 95, 99–104, 116
ワシントン、ブッカー・T (Washington, Booker T.) 348
ワシントン・グリッドアイアン・クラブ (Washington Gridiron Club) 278
ワシントン・グローブ (*Washington Globe*) 125, 138, 140
ワシントン・スター (*Washington Star*) 447, 494, 682
ワシントン・タイムズ (*Washington Times*) 444, 473–474, 894
ワシントン・タイムズ＝ヘラルド (*Washington Times-Herald*) 473, 474
ワシントン・ナショナル・インテリジェンサー (*Washington National Intelligencer*) 123–25, 129, 197
ワシントン・ニューズ (*Washington News*) 477
ワシントン・ポスト (*Washington Post*)
　ウォーターゲート (Watergate and) 681–83, 686–91
　海外のニュース報道 (foreign news reporting by) 702, 727–28, 737, 742, 861
　グラハム一家時代 (under Grahams) 520, 552–53, 620
　調査報道 (investigative journalism of) 659–64
　特派員 (correspondents of) 491–94, 645–48
　批判 (criticism of) 681, 803–04
　ベトナム戦争 (in Vietnam War) 643–48, 693
ワシントン・ユナイテッド・ステイツ・テレグラフ (Washington *United States Telegraph*) 125, 140
ワスプ (Wasp, The) 115
ワターソン、ヘンリー (Watterson, Henry) 209, 385
ワトソン、ハナ・バンス (Watson, Hannah Bunce) 86
ワトソン、モリス (Watson, Morris) 809
湾岸戦争 (Gulf War) 738–40, 749, 762, 765, 769, 774, 777–78, 851, 859, 878, 908–10

訳者紹介 (五十音順)

大井　眞二（おおい　しんじ）

日本大学法学部新聞学科教授。日本大学新聞学科卒。同大学院修了後、専任講師、助教授を経て、98年教授。2001–2年東京大学客員教授、2007–8年日本マスコミュニケーション学会会長。専攻はジャーナリズム理論・歴史。共著『The Global Journalist in the 21st Century』（Routledge、2012年）、他編著、『現代ジャーナリズムを学ぶ人のために』（世界思想社、2007年）、『客観報道——もうひとつのジャーナリズム論』（成文堂、1999年）などジャーナリズム関係の書籍多数。

武市　英雄（たけいち　ひでお）

上智大学名誉教授。1937年、東京出身。上智大学文学部卒業、読売新聞記者。70年上智大学新聞学科専任講師、81年教授。ミネソタ大学院へフルブライト留学、ミズーリ大学へ同・上級研究員。日本時事英語学会と日本マス・コミュニケーション学会の各会長。大妻女子大学教授、2009年退任。著書『日米新聞史話』（福武書店、1984年）、共編著『叢書　現代のメディアとジャーナリズム　全1~8巻』（ミネルヴァ書房、2003~2010年）など。

長谷川　倫子（はせがわ　ともこ）

愛知県出身、上智大学文学部新聞学科及び同大学院を経て1981年より1983年まで東西センターコミュニケーション研究所の奨学生としてハワイ大学マノア校社会学部大学院に学ぶ（社会学部修士）。1996年より東京経済大学コミュニケーション学部及び同大学院コミュニケーション学研究科にてメディア論、英語文化論などを担当。

別府　三奈子（べっぷ　みなこ）

上智大学大学院博士後期課程修了（博士　新聞学）。日本と米国でのメディア制作・編集の現場を経て、2002年より研究職。現在、日本大学大学院新聞学研究科及び法学部教授。専門はジャーナリズム規範（プロフェッション論）の史的国際比較研究、写真ジャーナリズム研究。主著『ジャーナリズムの起源』（世界思想社、2006年）。

水野　剛也（みずの　たけや）

1970年、東京出身。米ジャーナリズム史。ミズーリ州立大学スクール・オブ・ジャーナリズム博士課程修了。2006年4月から東洋大学に勤務、2013年に教授。日本語による主要な業績として『日系アメリカ人強制収容とジャーナリズム　リベラル派雑誌と日本語新聞の第二次世界大戦』（春風社、2005年）、『「敵国語」ジャーナリズム　日米開戦とアメリカの日本語新聞』（春風社、2011年）、『「自由の国」の報道統制　大戦下の日系ジャーナリズム』（吉川弘文館、2014年）など。

アメリカ報道史
ジャーナリストの視点から観た米国史

2016年9月20日 初版発行

著 者 M. エメリー／E. エメリー／N. L. ロバーツ
訳 者 大井 眞二・武市 英雄・長谷川 倫子
　　　別府 三奈子・水野 剛也
発行者 森 信久
発行所 株式会社 松柏社
　　　〒102-0072 東京都千代田区飯田橋1-6-1
　　　電話 03 (3230) 4813（代表）
　　　ファックス 03 (3230) 4857
　　　Eメール info@shohakusha.com
　　　http: www.shohakusha.com

装　丁 常松靖史［TUNE］
ページメーク ほんのしろ
製版・印刷・製本 倉敷印刷（株）
Copyright © 2016 by S. Oi, H. Takeichi, T. Hasegawa, M. Beppu & T. Mizuno
ISBN978-4-7754-0238-2

定価はカバーに表示してあります。
本書を無断で複写・複製することを固く禁じます。

JPCA 日本出版著作権協会
http://www.e-jpca.com/

本書は日本出版著作権協会（JPCA）が委託管理する著作物です。複写（コピー）・複製、その他著作物の利用については、事前にJPCA（電話03-3812-9424、e-mail:info@e-jpca.com）の許諾を得て下さい。なお、無断でコピー・スキャン・デジタル化等の複製をすることは著作権法上の例外を除き、著作権法違反となります。